Notre 106e lettre

Une modernité dans la tradition

Cette année, **l'Almanach** a pris du poids.

Changement de format, passage à la quadrichromie intégrale, meilleure lisibilité des informations font partie des marques les plus visibles des changements opérés sur la forme... Sur le fond, à la refonte totale du livre des Phares et Feux s'ajoute la création d'un chapitre des ports, travail qui prendra encore deux ans pour que l'ensemble du littoral Manche et Atlantique soit entièrement couvert. Ceci explique l'absence de cédérom cette année.

New look ? Modern style ? s'interrogeront certains.

À ces expressions très dans le vent, nous préférons l'image de la refonte d'un navire. Car, comme tout marin le sait, un navire refondu c'est l'alliance réussie de la modernité et de la tradition. C'est en effet sur une coque conservant des qualités qui ont fait leurs preuves que viennent se greffer les éléments d'une nécessaire modernisation.

Dans ce changement opéré, nous restons fidèles à la pensée initiale du fondateur Jacques de Thézac, dont l'ambition était de fournir aux marins, sous une forme réduite mais aussi complète que possible, l'ensemble des informations indispensables à la navigation côtière.

Et nous restons également fidèles à l'idée que, même refondu et modernisé, **l'Almanach** reste l'unique et indispensable outil finançant une action sociale entièrement destinée aux marins en difficulté. Là demeure toute la philosophie de **l'Œuvre du marin breton.**

Œuvre du Marin Breton – 24, quai de la Douane – 29200 Brest - ✆ +33 (0)2 98 44 06 00 – 📠 +33 (0)2 98 44 92 41
Courriel : marin-breton@wanadoo.fr

Les Cross

Centres régionaux opérationnels de surveillance et de sauvegarde

Les CROSS sont chargés, toute l'année et 24 heures sur 24, d'assurer une surveillance constante de la navigation (rail, pêche, etc.) et une permanence opérationnelle permettant de répondre à toute demande d'assistance en mer (sauvegarde de la vie humaine en mer), de prévenir tout risque de pollution, de mettre en œuvre tous moyens (Marine nationale, Gendarmerie, Douanes, Sécurité civile, SNSM) pour faire face à l'alerte et de les coordonner jusqu'à l'aboutissement.

Ils sont aidés en cela par un dense réseau de sémaphores situés sur tout le littoral.

Les CROSS veillent le canal 16 (VHF) et le canal 70 (ASN). Ils diffusent des informations nautiques, des bulletins météorologiques et des avis urgents aux navigateurs (AVURNAV).

Le CROSS Corsen veille la fréquence 2 187,5 kHz (ASN) et aussi la fréquence 2 182 kHz.

De la frontière belge au cap d'Antifer	Du cap d'Antifer au Mont-Saint-Michel	Du Mont-Saint-Michel à la pointe de Penmarc'h	De la Pointe de Penmarc'h à la frontière espagnole
CROSS Gris-Nez 62179 Audinghen	CROSS Jobourg Route d'Auderville - 50400 Jobourg	CROSS Corsen Route de Corsen - 29810 Plouarzel	CROSS-A Étel 40 avenue Louis Bougo - 56410 Étel
	Sauvetage (24h/24h)	**Opération**	
✆ +33 (0)3 21 87 21 87 🖷 +33 (0)3 21 87 78 55 Courriel : grisnezmrcc@hotmail.com Télex : 130680 CROSS G N Inmarsat-C : 4 227 99256	✆ +33 (0)2 33 52 72 13 🖷 +33 (0)2 33 52 71 72 Courriel : jobourg.mrcc@wanadoo.fr	✆ +33 (0)2 98 89 31 31 🖷 +33 (0)2 98 89 18 37 Courriel : cross-corsen@equipement.gouv.fr Télex : 940086 CROCO	✆ +33 (0)2 97 55 35 35 🖷 +33 (0)2 97 55 49 34 Courriel : cross-etel@equipement.gouv.fr Inmarsat : 4 227 99025 (télécopie et télex)
Ces stations n'acceptent pas la correspondance publique. Seul le trafic de détresse, d'urgence et de sécurité est accepté.			
	Administratif ✆ +33 (0)2 33 52 78 23 🖷 +33 (0)2 33 52 03 42 Courriel : cross-jobourg@equipement.gouv.fr	**Administratif** ✆ +33 (0)2 98 89 61 55 🖷 +33 (0)2 98 89 18 37	
N'hésitez pas à leur signaler vos difficultés, vos retards, vos inquiétudes. Notez soigneusement les coordonnées des stations.			

Sémaphores

Les sémaphores veillent le canal 16 (VHF) et trafiquent en général sur le canal 10 (VHF). Ils diffusent les BMS, les AVURNAV, et sur demande - ou parfois même à heures régulières - des bulletins météo. De plus, ils peuvent montrer les signaux d'entrée et de sortie de port, d'avis de tempête, etc.

DUNKERQUE ★	03 28 66 86 18	SAINT-CAST	02 96 41 85 30	PORT-LOUIS ★ (1)	02 97 82 52 10
BOULOGNE	03 21 31 32 10	BRÉHAT	02 96 20 00 12	ÉTEL	02 97 55 35 59
AULT	03 22 60 47 33	PLOUMANACH	02 96 91 46 51	BEG-MELEN	02 97 86 80 13
DIEPPE	02 35 84 23 82	SAINT-QUAY ★	02 96 70 42 18	TALUT	02 97 31 85 07
FÉCAMP ★	02 35 28 00 91	BATZ	02 98 61 76 06	SAINT-JULIEN	02 97 50 09 35
LA HÈVE ★	02 35 46 07 81	BRIGNOGAN ★	02 98 83 50 84	PIRIAC-SUR-MER	02 40 23 59 87
LE HAVRE (Vigie) ★	02 32 74 70 71	OUESSANT LE STIFF (Vigie) ★	02 98 48 81 50	CHEMOULIN ★	02 40 91 99 00
VILLERVILLE	02 31 88 11 13	SAINT-MATHIEU (Vigie) ★	02 98 89 01 59	SAINT-SAUVEUR	02 51 58 31 01
PORT-EN-BESSIN ★	02 31 21 81 51	BREST PORT (Vigie) (can.08) ★	02 98 22 90 01	LES BALEINES	05 46 29 42 06
SAINT-VAAST	02 33 54 44 50	TOULINGUET	02 98 27 90 02	CHASSIRON ★	05 46 47 85 43
BARFLEUR ★	02 33 54 04 37	CAP DE LA CHÈVRE	02 98 27 09 55	POINTE DE GRAVE ★	05 56 09 60 03
LE HOMET (Vigie) ★	02 33 92 60 08	POINTE DU RAZ ★	02 98 70 66 57	CAP-FERRET	05 56 60 60 03
LA HAGUE	02 33 10 03 14	PENMARC'H ★	02 98 58 61 00	MESSANGES	05 58 48 94 10
CARTERET	02 33 53 85 08	BEG-MEIL	02 98 94 98 92	SOCOA ★	05 59 47 18 54
LE ROC	02 33 50 05 85				

★ **armé H 24.** - (1) Relève du ministère de l'Équipement depuis le 01/09/2001.

Information... Sécurité... SHOM...

Des documents nautiques à jour participent à la sécurité de la navigation. Aussi chacun doit-il, à la mesure de ses moyens, aider à leur réactualisation en faisant part de ses observations (anomalies, erreurs, etc.) au SHOM. Celui-ci répercutera les informations dans ses publications (Avis aux navigateurs, Avurnavs,...). Voir bon à découper à la fin de l'Almanach.

Le canal 16 (156,8 MHz - VHF) est le canal d'appel et de sécurité (messages de détresse ou de sécurité ASN). Pour votre propre sécurité et celle des autres, ne perturbez pas le bon écoulement du trafic : NE L'UTILISEZ JAMAIS POUR UN USAGE AUTRE.

(voir les horaires de diffusions des informations nautiques dans le chapitre Météorologie).

SOMMAIRE

2004 - 106e année

Prix de vertu de l'Académie française

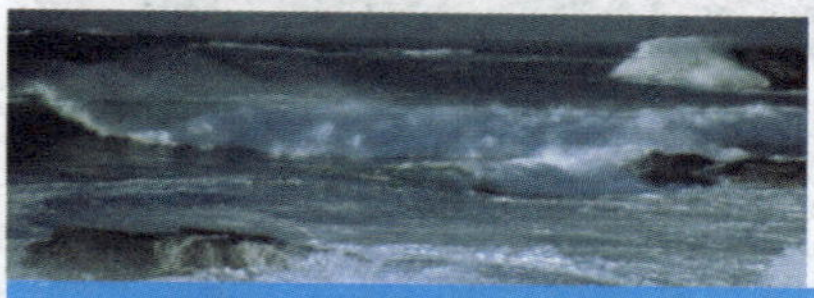

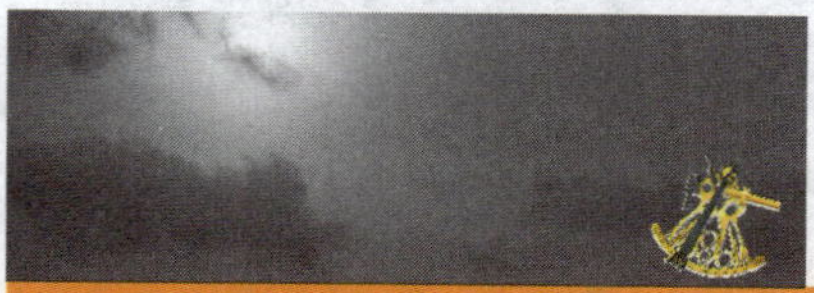

Météorologie
Marées
Courants de marées
Navigation astronomique
Radionavigation
Phares et feux
Les ports
Renseignements administratifs

ISBN 2-902355-26-5

Règles de barre

- **Toute manœuvre décidée doit être exécutée franchement et largement à temps.**
- Le navire privilégié doit maintenir son cap et sa vitesse sauf pour éviter l'abordage si la manœuvre du navire non privilégié n'est pas exécutée ou lui paraît insuffisante.
- Le navire non privilégié doit manœuvrer de bonne heure et franchement.
- Tout navire doit en permanence assurer UNE VEILLE VISUELLE ET AUDITIVE APPROPRIÉE.
- Tout navire doit en cas de navigation difficile (brume...) MAINTENIR UNE VITESSE DE SÉCURITÉ.

Navire à voile recevant le vent d'un bord différent

Navire à voile recevant le vent du même bord

Le **1** bâbord amures s'écarte de la route de **2**.

Le **4** qui est au vent s'écarte de la route du **3** qui est sous le vent.

Si vous êtes bâbord amures et s'il y a risque d'abordage avec un autre navire dont vous n'êtes pas sûr du bord par lequel il reçoit le vent, vous devez vous écarter de sa route.

Risque d'abordage entre deux navires à propulsion mécanique

5 et **6** font des routes opposées et virent sur tribord (sifflet : 1 son bref).

Le navire **7** qui voit un navire **8 sur tribord** doit s'écarter de la route de ce navire et éviter de croiser sa route sur l'avant. Le navire **8** doit conserver sa route et sa vitesse.

Néanmoins :

- Si **8** voit que **7** ne manœuvre pas, il **peut** manœuvrer.
- Si **8** juge que la manœuvre de **7** est insuffisante, il **doit** manœuvrer mais sans abattre sur bâbord.

Sauf dispositions contraires (chenaux, séparation de trafic, navire rattrapant).

- Un NAVIRE À PROPULSION MÉCANIQUE faisant route doit s'écarter de la route d'un navire non maître de sa manœuvre ou à capacité de manœuvre restreinte ou en train de pêcher ou à voile.
- Un NAVIRE À VOILE faisant route doit s'écarter de la route d'un navire non maître de sa manœuvre ou à capacité de manœuvre restreinte ou en train de pêcher.
- Un NAVIRE EN TRAIN DE PÊCHER et faisant route doit dans la mesure du possible s'écarter de la route d'un navire non maître de sa manœuvre ou à capacité de manœuvre restreinte.
- TOUT NAVIRE autre qu'un navire non maître de sa manœuvre ou à capacité de manœuvre restreinte doit, si les circonstance le permettent, éviter de gêner le libre passage d'un navire handicapé par son tirant d'eau.
- TOUT NAVIRE doit éviter de gêner le libre passage d'un navire handicapé par son tirant d'eau.

Navire rattrapant (voile ou propulsion mécanique)

Le navire **9** venant d'une direction de plus de 22,5° sur l'arrière du travers du navire **10** doit s'écarter franchement de la route de ce dernier.

Il ne doit pas faire une route qui risque d'obliger le navire **10** à manœuvrer pour s'écarter de lui.

La manœuvre qui consiste à faire d'abord une route parallèle à celle du navire **10** puis à reprendre la route primitive quand tout risque de collision est écarté, est également valable.

Nota : La nuit, le navire **9** se considère comme rattrapant **10** s'il n'en voit que le seul feu de poupe.

Navire à voile et navire à propulsion mécanique se croisant avec risque d'abordage

12 doit s'écarter de **11** et émet deux sons brefs au sifflet pour indiquer qu'il vient sur bâbord. **11** peut manœuvrer s'il estime la manœuvre de **12** insuffisante.

Navire à propulsion mécanique ne pouvant naviguer que dans un chenal et navire à voile libre de sa manœuvre

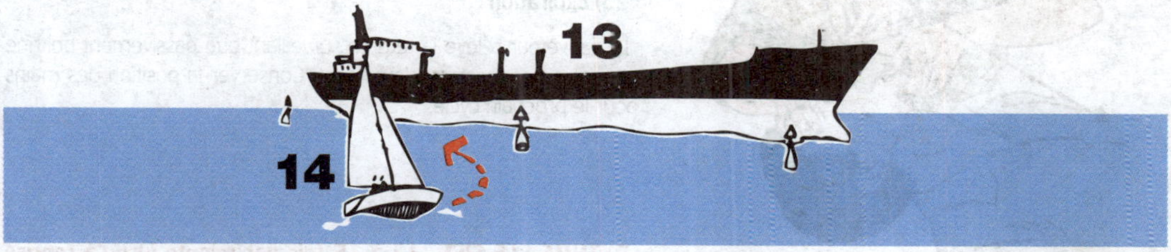

14 ne doit pas gêner **13** dans un chenal étroit. La même règle s'applique si **14** est un navire à propulsion mécanique de moins de 20 m de long.

Secours aux noyés

1. Liberté des voies aériennes :

1a) Desserrer col, cravate, ceinture.

Basculer prudemment la tête de la victime en arrière.

Le sauveteur, d'une main posée sur le front de la victime, appuie vers le bas. Avec l'index et le majeur de l'autre main, posés sous le menton, il tire vers le haut.

1a

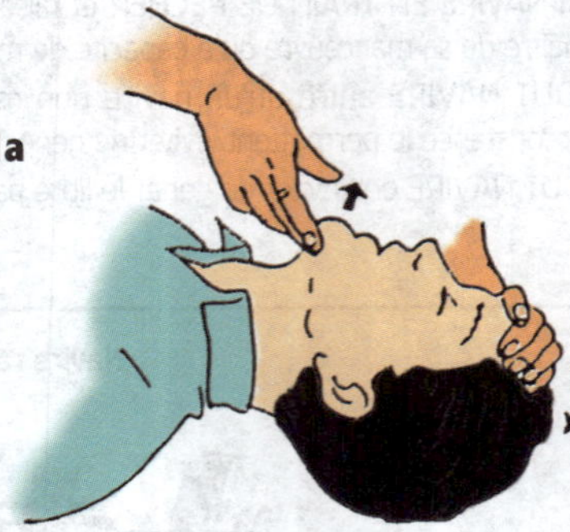

1b

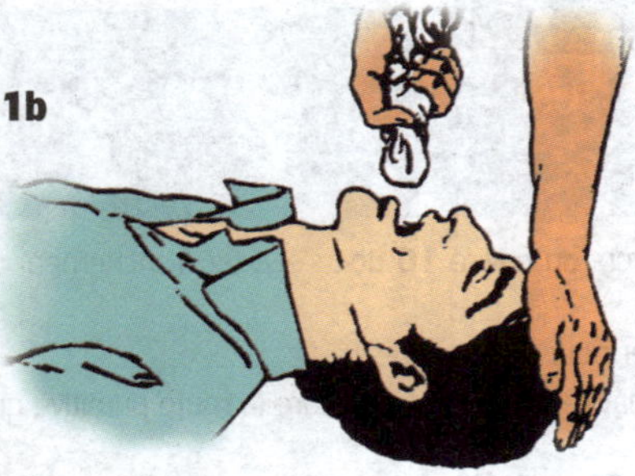

1b) Retirer les corps étrangers.

Avec un ou deux doigts en crochet, si possible coiffés d'un linge, dégager la bouche ou l'arrière gorge des débris et liquides pouvant s'y trouver.

2. Ventilation bouche à bouche :

2a) Libre passage de l'air.

Le sauveteur s'agenouille à côté de la victime, près de son visage :
- avec une main placée sur le front, la tête est maintenue basculée prudemment en arrière,
- avec l'autre, il maintient le menton en le tirant en avant vers le haut (ne jamais appuyer vers le bas).
- Il pince le nez entre le pouce et l'index de la main appuyée sur le front.
- Il plaque la bouche, largement ouverte, sur la bouche du noyé, les lèvres du sauveteur entourant les lèvres de la victime.
- Il souffle tranquillement en surveillant que la poitrine et le ventre se soulèvent.
- Sinon, il faut désobstruer les voies aériennes (1b).

2a

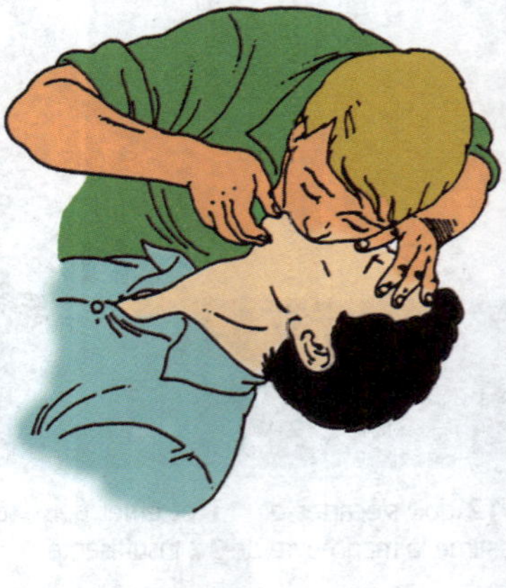

2b

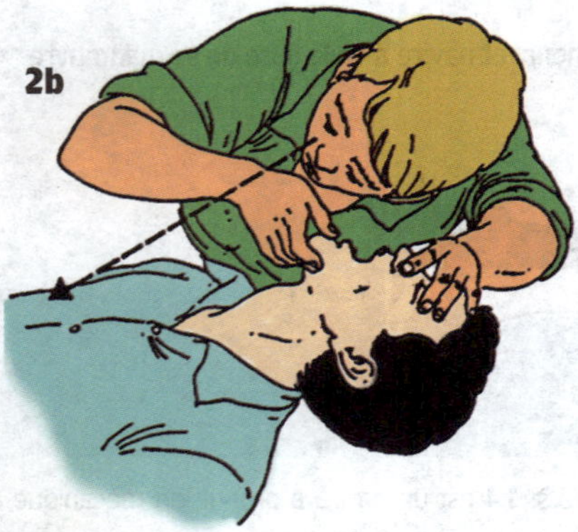

2b) Expiration :

Le sauveteur relève la tête en surveillant que passivement poitrine et ventre de la victime s'affaissent. Conserver la position des mains pour le prochain cycle.

RYTHME : LE SIEN (12 à 15 fois par minute jusqu'à reprise efficace).

Conduite à tenir en présence d'un noyé

1 Est-ce que la victime respire ?

- OUI
  - BIEN → Mettre la victime sur le côté et surveiller
  - MAL → Libérer les voies aériennes
- NON → Libérer les voies aériennes

Libérer les voies aériennes

2 Est-ce que la respiration reprend normalement ?

- OUI → Mettre la victime sur le côté et surveiller
- NON → Bouche à bouche

3 Alerter, déshabiller, mettre au sec...

POURQUOI FAUT-IL BASCULER LA TÊTE EN ARRIÈRE ?

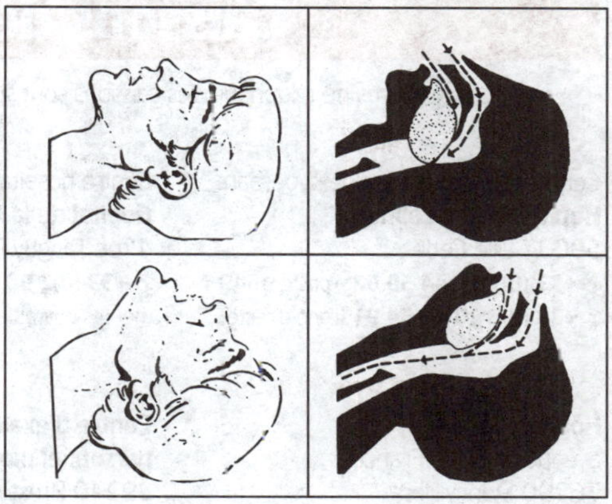

RAPPEL

En V.H.F., le canal 16 - fréquence 156,80 est la fréquence d'appel général et de sécurité.

Conduite à tenir en présence d'un accident de décompression

L'accident de décompression est l'un des accidents de plongée les plus fréquents. Il est différent des accidents de surpression, des barotraumatismes, des narcoses ("ivresse des profondeurs"), des accidents dus à la faune et à la flore.

Ce type d'accident est en rapport avec la quantité d'azote (contenu dans l'air respiré) dissoute dans l'organisme pendant la plongée, quantité directement liée à la profondeur et au temps passé sous l'eau.

L'accident ne se manifeste qu'après la sortie : **"On ne paie qu'en sortant"**. Sa gravité dépend de la localisation des bulles d'azote bloquées lors de la remontée (généralement trop rapide ou omettant des paliers). Il est recommandé de mettre tous les membres de la palanquée sous surveillance et de noter les paramètres des plongées effectuées au cours de la journée ainsi que les noms, les intolérances médicales éventuelles. Ces renseignements seront transmis aux secours lors de l'évacuation (fiche d'évacuation de la Fédération française d'études et de sports sous-marins - FFESSM).

	• Bénin	:	**bulles sous la peau (puces, moutons)**
ACCIDENT	**• Douloureux**	:	**bulles intra-articulaires (bends)**
	• Gravissime	:	**bulles dans la mœlle ou le cerveau**

Un accident de décompression doit être suspecté lors de tout état de fatigue anormale, de grand abattement, de malaise après une plongée. Il faut consulter un médecin compétent (médecin FFESSM, SAMU, Centre hyperbare).

Il s'agit d'un état qui évolue, commençant par une grande fatigue, un malaise, puis apparaissent des picotements ou au contraire un engourdissement des membres, une impossibilité d'uriner et enfin une paralysie avec ou sans trouble de conscience. À toutes ces étapes, il faut agir très rapidement. Il s'agit le plus souvent d'une erreur dans la procédure de plongée (tables, paliers).

Très rapidement, il faut :

- **Allonger le plongeur, le déséquiper en lui interdisant les efforts ;**
- **Lui faire respirer de l'oxygène pur ;**
- **Organiser son transport vers un caisson de recompression :** les CROSS — Canal 16 et 70 (ASN) — et les SAMU sont parfaitement équipés pour prendre en charge cette organisation.
- **Seulement si le sujet est parfaitement conscient, sans vertige ni nausée, et si un médecin n'est pas rapidement accessible, lui faire absorber sans le forcer :**
  - de l'eau en quantité (jusqu'à 1 litre)
  - de l'aspirine (1/2 gramme), sauf si allergie ou ulcère de l'estomac connu

Pas d'alcool, pas d'autre médicament.

Traiter rapidement un accident de décompression, c'est sauver une vie ou éviter une grave paralysie.

À bord d'un bateau en contact régulier avec des plongeurs, on doit disposer d'**oxygène**, d'eau, d'aspirine, de la liste des caissons, peut-être d'une trousse médicale plombée. Un plan de secours et d'évacuation, adapté à la localisation devrait se trouver sur chaque bateau de plongée.

Traiter un plongeur accidenté se prépare :

Caissons de récompression

Les numéros de téléphone des caissons sont susceptibles de changer, aussi vérifiez-les avant de plonger.

Lille

Centre régional médecine hyperbare
Hôpital Albert Calmette
59037 Lille Cedex
✆ **+33 (0)3 20 44 59 62** - poste 35493
✆ **+33 (0)3 20 44 54 91** (ligne directe)

Le Havre

Hôpital J.-Monod
avenue Mendès-France
76290 Montivilliers
✆ **+33 (0)2 32 73 32 06**

Cherbourg

Hôpital Pasteur
Rue Trottebec
50100 Cherbourg Octeville
✆ **+33 (0)2 33 20 70 00**

Brest

Centre hospitalier régional
Hôpital de la Cavale Blanche
4 rue Tanguy Prigent - 29200 Brest
✆ **+33 (0)2 98 34 70 98**
(heures ouvrables)

Brest

Centre d'examen médical du personnel plongeur de la Marine
29240 Brest Armées
✆ **+33 (0)2 98 22 26 00**
(heures ouvrables)

Angers

Centre hospitalier universitaire
Département de réanimation médicale et de médecine hyperbare
4 rue Larrey - 49033 Angers
✆ Jour **+33 (0)2 41 35 38 71**
✆ Nuit **+33 (0)2 41 35 36 54**
Fax **+33 (0)2 41 35 40 83**

Bordeaux

Centre hospitalier Pellegrin
place Amélie-Raba-Léon
33000 Bordeaux
✆ **+33 (0)5 56 79 49 24**

Problème médical à bord

Avant d'embarquer :

- **Vérifier le contenu de la pharmacie**, en conformité avec la liste officielle (voir annexe 224. O.A.8). Éventuellement, contacter le CCMM de Toulouse pour avis.

- **S'assurer des moyens de communications** avec la terre et vérifier les procédures pour appeler le CCMM.

- Il est utile qu'un membre au moins de l'équipage soit titulaire de l'**attestation de formation aux premiers secours** (AFPS) – voir Croix Rouge, Protection civile ou Pompiers – et, pour les professionnels, que le responsable des soins ait suivi une session de recyclage de niveau "**Assistant de télémédecine**" (Institut européen de télémédecine).

Ces formations peuvent être complétées par une attestation de formation complémentaire aux premiers secours avec matériel (AFCPSAM) et le certificat de formation aux premiers secours en équipe (CFAPSE).

Un problème survient :

- Vous pouvez tenter de résoudre seul un problème médical (maladie, accident...) survenant à votre bord, ou attendre le retour à terre.

- Vous pouvez plus utilement **prendre contact avec un médecin** qui :
  - vous renseignera ;
  - vous conseillera ;
  - vous aidera en cas de détresse médicale.

- Si le malade ou le blessé a besoin d'une **prise en charge médicale immédiate**, vous devez entrer en liaison avec une organisation spécialement conçue : le **Centre de consultation médicale maritime de Toulouse**. Celui-ci vous indiquera la procédure à suivre (CROSS, SAMU, etc.)

- Pour une aide efficace et précise :
  - **Évitez de faire appeler par quelqu'un qui n'a pas vu** le malade ou blessé ;
  - Indiquez les raisons de votre appel et les circonstances ;
  - **Décrivez sans interpréter** ce que vous voyez ou savez :
    - le malade ou blessé parle-t-il, est-il conscient ?
    - le malade ou blessé respire-t-il ?
    - âge et sexe,
    - tous autres détails ;
  - **Gardez votre sang-froid** ;
  - **Répondez calmement** aux questions qui vous seront posées.

Vous ferez ainsi gagner du temps en évitant la mise en œuvre des moyens inadaptés à une détresse médicale.

Ceci peut vous sauver la vie !

(Photocopiez et collez-le près de votre radiotéléphone)

Appel prioritaire et gratuit : ✆ **+33 (0)5 61 49 33 33** par **VHF auto** ou par **Inmarsat M et Mini M**

Stations radio côtières, CROSS, sous-CROSS, MRCC, MRSC

- par **VHF en ASN 70** ou **PAN PAN PAN sur 16**
- par **MF en ASN 2 187,5 kHz** ou **PAN PAN PAN médical sur 2 182 kHz**

La communication est gratuite. Demander une consultation avec le CCCM : conférence à 3 (navire - CROSS - CCMM de Toulouse).

Stations radio VHF-BLU (Oostende Radio - Monaco Radio - Bern Radio)

Demander une consultation télémédicale avec le CCMM en phonie ou par radio télex au (42) 530 333

Inmarsat A

Sélectionné la station (LES) France Télécom de Pleumeur-Bodou :
- satellite **Atlantique Est (AOR E)**
- satellite **Atlantique Ouest (AOR W) : 11** (ou 09 en numérotation décimale)

Inmarsat B-M ou Phone Mini M

Station (LES) France Télécom d'Aussaguel : **011** suivi de :
- ✆ ou télex : **32** (consultation télémédicale gratuite) ou **38** (assistance médicale gratuite)
- 🖷 **+33 (0)5 61 77 24 11**

Inmarsat C

Station (LES) France Télécom d'Aussaguel :
- satellite **Atlantique Est ((AOR E) : 121**
- satellite **Atlantique Ouest (AOR W) : 001** (via Comsat-Southbury/USA) suivi de **32** (consultation télémédicale gratuite) ou **38** (assistance médicale gratuite)

SAMU côtiers

Pas-de-Calais (Arras)	✆ **+33 (0)3 21 71 51 51**
Calvados (Caen)	✆ **+33 (0)2 31 06 88 88**
Morbihan (Vannes)	✆ **+33 (0)2 97 01 41 40**
Vendée (La Roche-sur-Yon)	✆ **+33 (0)2 51 44 62 15**
Landes (Mont-de-Marsan)	✆ **+33 (0)5 58 75 44 44**
Pyrénées-Atlantiques (Bayonne)	✆ **+33 (0)5 59 58 22 82**

SAMU de coordination médicale maritime

Nord (Lille)	✆ **+33 (0)3 20 44 00 97**
Seine-Maritime (Le Havre)	✆ **+33 (0)2 32 73 32 15**
Côtes d'Armor (St-Brieuc)	✆ **+33 (0)2 96 75 14 00**
Finistère (Brest)	✆ **+33 (0)2 98 34 79 00**
Loire-Atlantique (Saint-Nazaire)	✆ **+33 (0)2 40 90 62 86**
Charente-Maritime (La Rochelle)	✆ **+33 (0)5 46 27 32 15**
Gironde (Bordeaux)	✆ **+33 (0)5 56 96 70 70**

en liaison étroite avec les CROSS

Nota : à l'étranger (G.B., Irlande et Belgique en particulier) appeler la station côtière la plus proche en VHF et demander à basculer sur le CCMM de Toulouse.

Mémento personnel

Médecin traitant : ....

SAMU de coordination médicale maritime de ma zone : ....

Marques et signaux

Navire faisant route à la voile et au moteur.

Navire au mouillage.

Navire non maître de sa manœuvre.

Navire échoué.

Navire à capacité de manœuvre restreinte (autres que dragues et dragueurs).

Obstructions, dragage, opérations sous-marines (obstruction à bâbord).

Train de remorque de plus de 200 mètres.

***Nota :* Lorsqu'un navire ou un objet remorqué est partiellement submergé et difficile à apercevoir, il doit montrer une ou deux marques biconiques.**

Navire handicapé par son tirant d'eau.

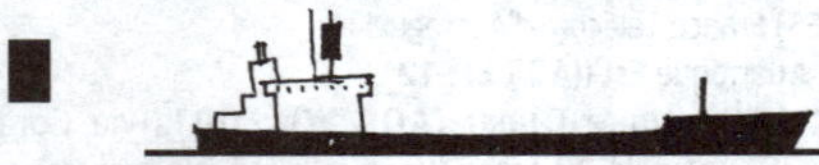

Navire en pêche.

Navire de pêche autre qu'un chalutier avec un engin déployé horizontalement dehors à plus de 150 m sur tribord.

Dragueur de mines.

Navire participant à des opérations de plongée.

SIGNAUX SONORES PAR VISIBILITÉ RÉDUITE : SIFFLET toutes les deux minutes.

Navire à propulsion mécanique :
1. ayant de l'erre
2. faisant route, stoppé sans erre

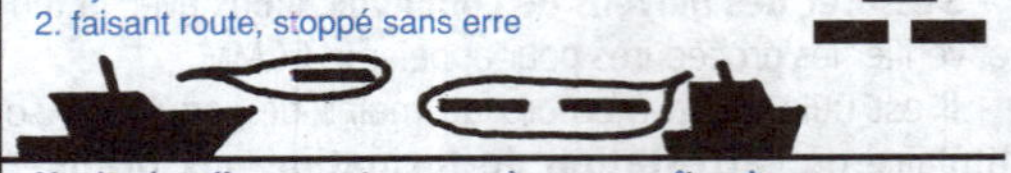

Navire à voile en route ou navire non maître de sa manœuvre même en travaux de mouillage.

Navire à capacité de manœuvre restreinte ou câblier ou baliseur en opération ou navire en pêche même au mouillage.

Navire handicapé par son tirant d'eau.

Navire remorqueur ou pousseur.

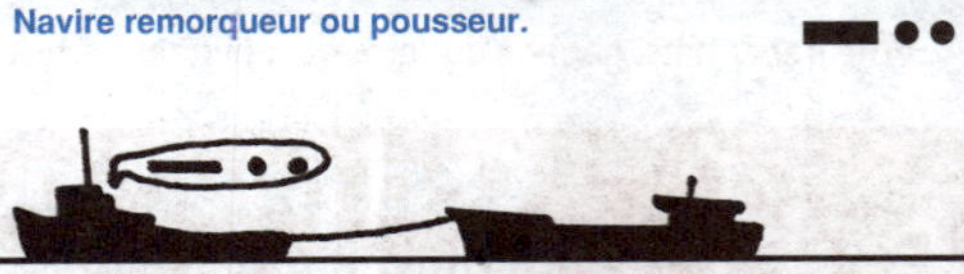

Navire remorqué : après le signal du remorqueur.

Navire au mouillage.

Identification du bateau-pilote.

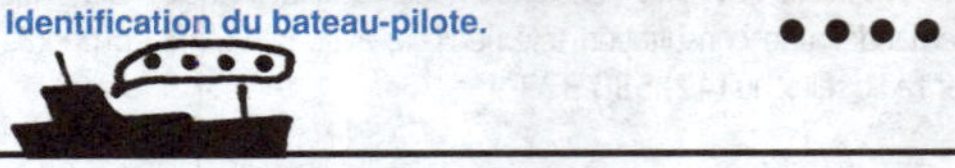

TOUT SIGNAL SONORE EFFICACE
(toutes les 2 minutes) : tout navire de moins de 12 m et embarcation à l'aviron.

1. **CLOCHE : Navire au mouillage (toutes les minutes)**
   ●●●●● (5s) [+ gong (5s) si navire de + 100 m]
2. **CLOCHE : Navire échoué (toutes les minutes)**
   ❙❙❙ ❙❙❙
   ●●● ●●●●● ●●● [+ gong si navire de + 100 m]
3. **En plus des signaux sonores, les navires doivent montrer leurs feux respectifs et distincts.**

SIGNAUX DE MANŒUVRES (sonores et lumineux)

●	« je viens sur tribord »
●●	« je viens sur bâbord »
●●●	« je bats en arrière »
●●●●●	« je ne vous comprends pas »
▬	« à l'approche d'un coude d'un chenal »
▬ ▬ ●	« je compte vous rattraper sur tribord »
▬ ▬ ●●	« je compte vous rattraper sur bâbord »
▬ ● ▬ ●	« vous pouvez me dépasser »

Signaux de détresse (Extrait de l'ouvrage n°3C du SHOM)

Coups de canon ou autres signaux explosifs toutes les minutes environ

Son continu produit par un appareil quelconque pour signaux de brume

Les **fusées à étoiles,** toujours présentées dans le Code international des signaux de l'O.M.I. sont supprimées dans la réglementation française et remplacées par des **fusées à parachute** (arrêté du 20 janv. 1989).

Fusée à parachute ou feu à main produisant une lumière rouge

NC du Code international

Signal de grande distance (couleur indifférente)

Feux ou fumigène orange

Mouvements lents et répétés de haut en bas des bras étendus de chaque côté du corps

Repérage aérien

- Signal radiotéléphonique :
  - (2 182 kHz) "Mayday" ;
  - VHF Canal 16 "Mayday"

1. Ne pas oublier de la faire suivre du nom ou du signal indicatif et de la position du navire
2. Pour attirer l'attention, les navires peuvent utiliser le signal radiotélégraphique d'alarme (série de 12 traits d'une durée de 1 min) ou signal radiotéléphonique d'alarme (2 tonalités transmises alternativement pendant 30 à 60 s).

- Signaux transmis par les radios balises de localisation des sinistres.

Signaux de débarquement (moyen sonore lumineux) :
K (–•–) : meilleur endroit pour débarquer.
S (•••) : débarquement dangereux ici.
SR (•••/•–•) : débarquement plus favorable à droite.
SL (•••/•–••) : débarquement plus favorable à gauche.

Réponses des stations ou navires de sauvetage
"Nous vous voyons - Secours vous sera porté dès que possible"

de JOUR

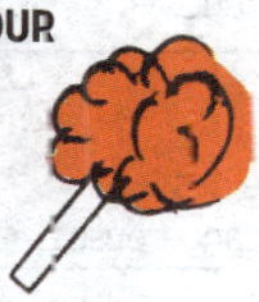

Signal de fumée orange

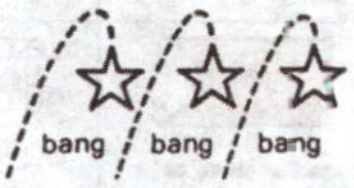

Feu combiné avec un signal sonore (éclair) consistant en 3 signaux simples tirés à 1 minute d'intervalle.

de NUIT

Fusée à étoiles blanches consistant en 3 signaux simples tirés à 1 minute d'intervalle.

Correspondance avion-navire
pour effectuer des opérations de sauvetage

L'aéronef veut diriger un navire vers un aéronef ou un navire ou une personne en détresse (la répétition de ces manœuvres a la même signification). Le contact peut être établi en radio téléphonie sur 121,5 MHz ou 156,8 MHz (can. 16)

1- L'aéronef décrit au moins un cercle autour du navire

2- L'aéronef coupe à basse altitude la route du navire près de l'avant, en balançant les ailes, ou en augmentant et en diminuant le bruit des moteurs, ou en variant le pas de l'hélice.

3- L'aéronef met le cap dans la direction que doit suivre le navire.

L'aide du navire n'est plus demandée (la répétition de ces manœuvres a la même signification).

4- L'aéronef coupe à basse altitude le sillage du navire près de l'arrière, en balançant les ailes, ou en augmentant et en diminuant le bruit des moteurs, ou en variant le pas d'hélice.

(Extrait de l'ouvrage n° 3 C du SHOM)

CODE INTERNATIONAL DES SIGNAUX (Signaux d'une lettre)

	Pavillon	Signification		Pavillon	Signification
A	Alfa · –	J'ai un scaphandrier en plongée ; tenez-vous à distance et avancez lentement.	O	Oscar – – –	Un homme à la mer.
B	Bravo – · · ·	Je charge, ou décharge, ou je transporte des marchandises dangereuses.	P	Papa · – – ·	Au port : toutes les personnes doivent se présenter à bord : le navire doit prendre la mer. À la mer : 1. Fait par un bateau de pêche : « Mes filets sont accrochés par un obstacle. » 2. Voie sonore : « J'ai besoin d'un pilote. »
C	Charlie – · – ·	Oui (réponse affirmative), ou le groupe qui précède doit être compris comme une affirmation.	Q	Québec – – · –	Mon navire est « indemne » et je demande la libre pratique.
D	Delta – · ·	Ne me gênez pas, je manœuvre avec difficulté.	R	Roméo · – ·	Signal de procédure (toute méthode de transmission) : « Reçu » **ou** « J'ai reçu votre dernier signal. »
E	Echo ·	Je viens sur tribord.	S	Sierra · · ·	Je bats en arrière.
F	Foxtrot · · – ·	Je suis désemparé ; communiquez avec moi.	T	Tango –	Accusé de réception pour les signaux lumineux. Par un bateau de pêche : « Ne me gênez pas, je fais du chalutage jumelé. »
G	Golf – – ·	1. J'ai besoin d'un pilote. 2. Fait par un bateau de pêche : « Je relève mes filets. »	U	Uniform · · –	Vous courez vers un danger.
H	Hôtel · · · ·	J'ai un pilote à bord.	V	Victor · · · –	Je demande assistance.
I	India · ·	Je viens sur bâbord.	W	Whiskey · – –	J'ai besoin d'assistance médicale.
J	Juliett · – – –	J'ai un incendie à bord et je transporte des marchandises dangereuses. **Ou**, je perds des matières dangereuses. Tenez vous à distance.	X	X-Ray – · · –	Arrêtez vos manœuvres et veillez mes signaux.
K	Kilo – · –	Je désire entrer en communication avec vous. **Ou**, je vous invite à transmettre.	Y	Yankee – · – –	Mon ancre chasse.
L	Lima · – · ·	Stoppez votre navire immédiatement.	Z	Zulu – – · ·	1. J'ai besoin d'un remorqueur. 2. Par un navire en pêche : « Je mets à l'eau mes filets. »
M	Mike – –	Mon navire est stoppé et n'a plus d'erre.			
N	November – ·	Non (réponse négative, **ou** le signal qui précède doit être compris sous forme négative). À la voix ou la radio, utiliser signal **NO**			

Flamme du code et aperçu	Émetteur	Récepteur	
		Signaux flottants	Signaux à bras
(flamme)		Aperçu (pour chaque drissée)	Aperçu de l'appel
(flamme)	Signal terminé	Compris (pour chaque drissée)	Prêt à recevoir les signaux

Les signaux B, C, D, E, G, H, I, R, S et T ne peuvent être transmis par moyens sonores que conformément aux règles internationales 25, 34 et 35 pour prévenir les abordages en mer.
Les signaux K, L, R et S ont des significations particulières lorsqu'ils sont employés à titre de signaux de débarquement destinés à guider les embarcations transportant des équipages ou des personnes en détresse (voir signaux de sauvetage).

(Extrait de l'ouvrage n° 3 C du SHOM)

CODE INTERNATIONAL DES SIGNAUX (Signaux importants de 2 lettres)

	Pavillon	Signification		Pavillon	Signification
AE	 Alfa Echo	Il me faut abandonner mon navire.	**KP**	 Kilo Papa	Remorquez-moi jusqu'au port ou au mouillage le plus proche.
AF	 Alfa Foxtrot	Je n'ai pas l'intention d'abandonner mon navire.	**NA**	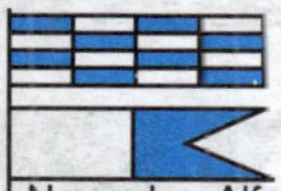 November Alfa	La navigation est interdite.
AG	 Alfa Golf	Vous devriez abandonner votre navire aussi vite que possible.	**NC**	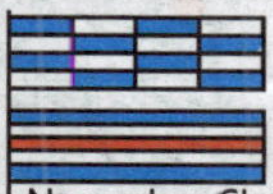 November Charlie	Je suis en détresse et je demande assistance immédiate.
AH	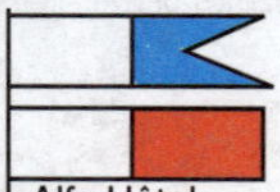 Alfa Hôtel	Vous ne devriez pas abandonner votre navire.	**PM**	 Papa Mike	Suivez dans mon sillage.
AL	 Alfa Lima	J'ai un médecin à bord.	**QQ**	 Québec Québec	Je demande l'autorisation sanitaire : De nuit : un feu rouge supérieur à un feu blanc (seulement dans un port).
ED	 Echo Delta	Vos signaux de détresse sont compris.	**SM**	 Sierra Mike	Je suis en train d'effectuer des essais de vitesse.
FO	 Foxtrot Oscar	Je vais rester près de vous.	**UY**	 Uniform Yankee	Je fais des exercices : tenez-vous à l'écart de moi.
JG	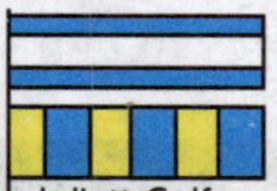 Juliett Golf	Je suis échoué. Je suis dans une situation dangereuse.	**VF**	 Victor Foxtrot	Hissez votre signal distinctif.
KN	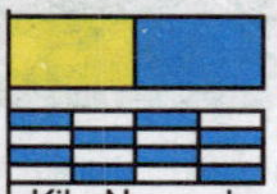 Kilo November	Je ne peux pas vous prendre à la remorque.	**YG**	 Yankee Golf	Il semble que vous n'observiez pas le dispositif de séparation de trafic.

FLAMMES NUMÉRIQUES

1		5		8	
2	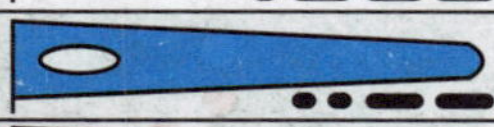	6	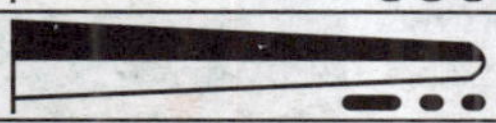	9	
3		7		0	
4					

SUBSTITUTS

Premier substitut : répète le signe flottant le plus élevé de la classe des signes flottants qui le précède immédiatement.

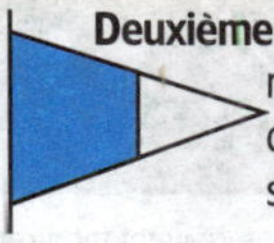

Deuxième substitut : répète le deuxième signe

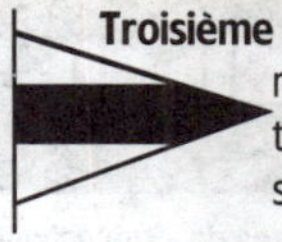

Troisième substitut : répète le troisième signe

Feux des navires

Navires à propulsion mécanique

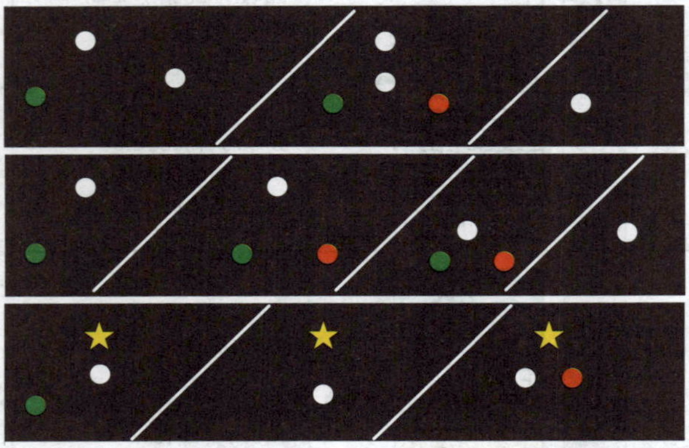

Navire de longueur ≥ 50 m
- de tribord avant.
- de face.
- de l'arrière.

Navire de moins de 50 m
- de tribord avant.
- de face.
- 12 m : feu blanc visible sur tout l'horizon et feux de route.
- - 7 m et - 7 nœuds : feu blanc sur tout l'horizon.

- Hydroglisseur vu de tribord avant.
- Sous-marin ou hydroglisseur de l'arrière.
- Sous-marin vu de bâbord avant.

Remorqueurs et remorqués

- Remorqueur avec remorque de moins de 200 m faisant route vers la gauche de l'observateur.
- Remorque de toute longueur vu de l'arrière.
- Remorqueur avec remorque de plus de 200 m faisant route vers la droite de l'observateur (deux remorqués).

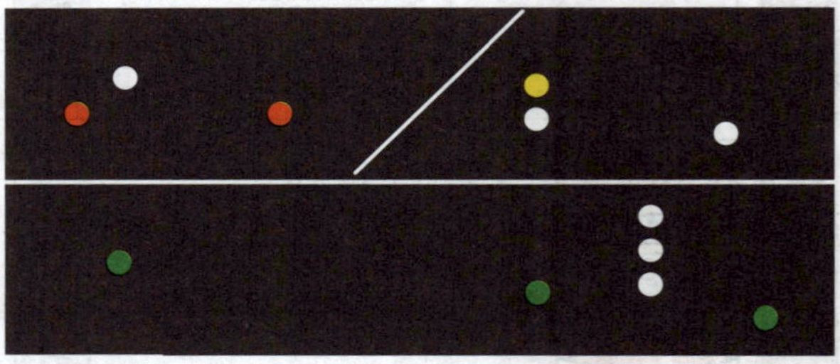

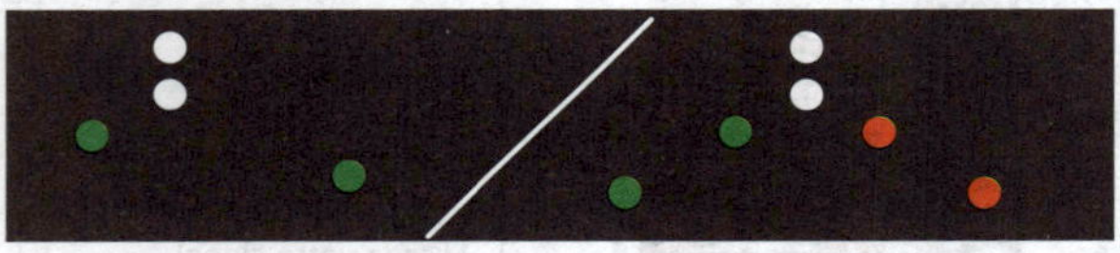

Remorqueurs à couple - pousseurs et poussés

- Remorqués à couple faisant route vers la droite de l'observateur.
- Remorqués à couple venant face à l'observateur.

Dragueurs en opération

- Dragueur en opération vu de bâbord avant.
- Dragueur en opération vu par l'arrière.

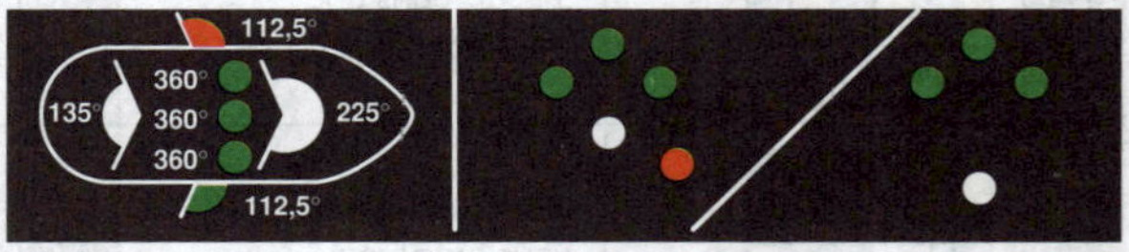

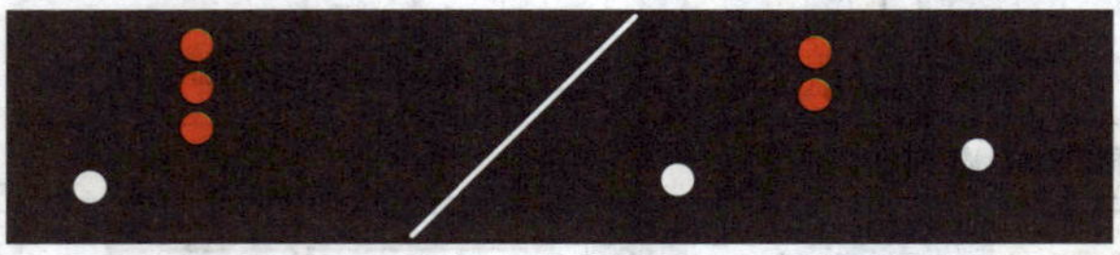

Navire handicapé par son tirant d'eau / navire échoué

- Navire handicapé vu de l'arrière.
- Navire échoué : feux visibles sur tout l'horizon (non obligatoire pour les - 7 m sauf en tout lieu de passage).

Bateau-pilote en service

- Bateau-pilote au mouillage.
- Bateau-pilote faisant route vers la gauche de l'observateur.

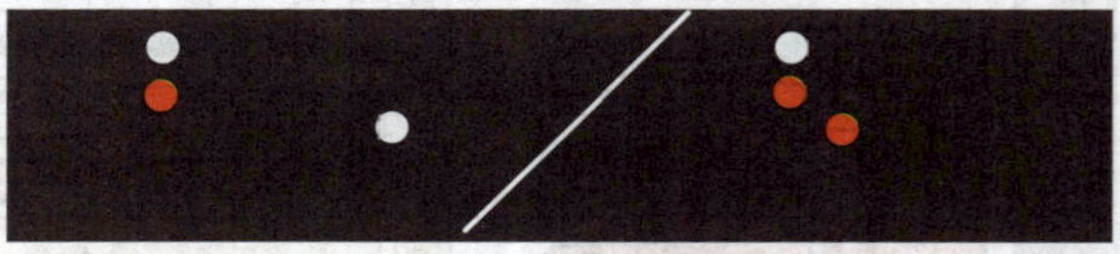

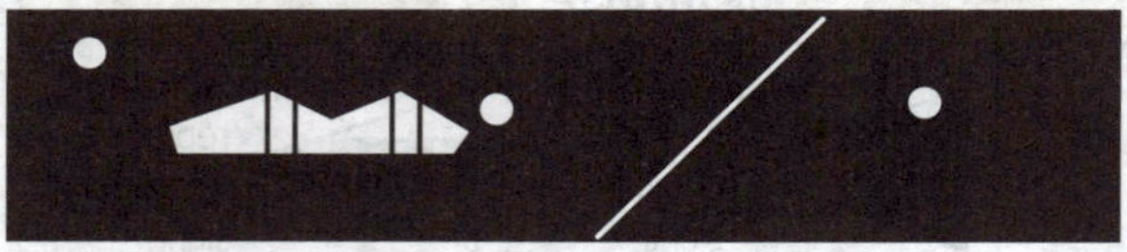

Navires au mouillage

- 2 feux si navire de ≥ 50 m (éclairage de pont si navire > 100 m).
- Navire de moins de 50 m.

Nota : Les navires de - 7 m échoués ou au mouillage doivent montrer les feux prescrits s'ils sont dans un chenal ou sur une route fréquentée.

Navires à propulsion mécanique - cas général

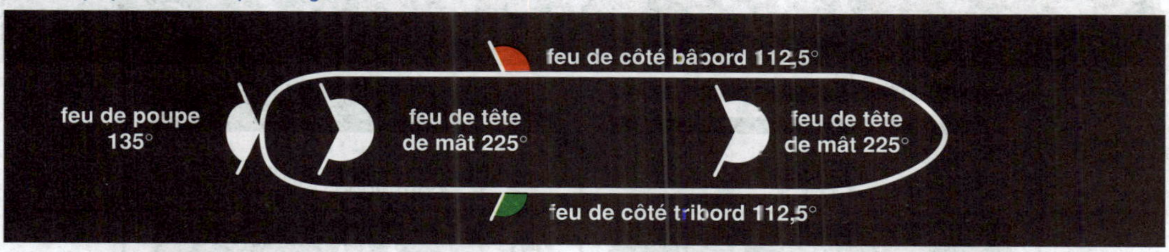

Un fanal combiné peut remplacer les feux de côté sur navire à moteur de - 20 m ; les feux de côté et de poupe sont obligatoires sur voiliers de + 20 m.

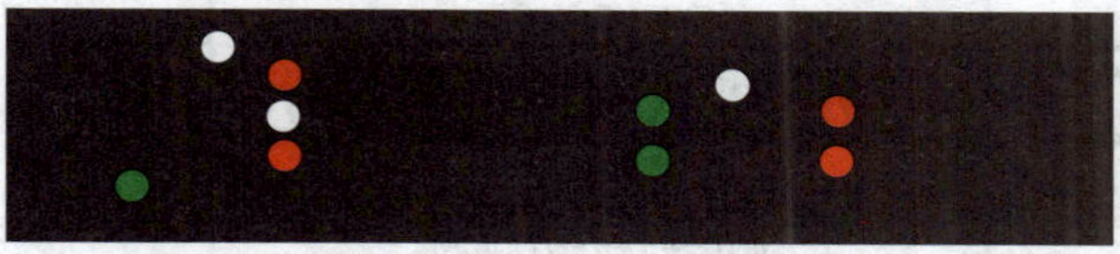

Drague ou navire d'opérations sous-marines

- Drague de plus de 50 m de long avec obstruction sur son bâbord faisant route vers la droite de l'observateur.

Navire non maître de sa manœuvre

- Sans erre.
- Avec erre vu de l'avant.
- Avec erre vu de l'arrière.
- Baliseur au travail.

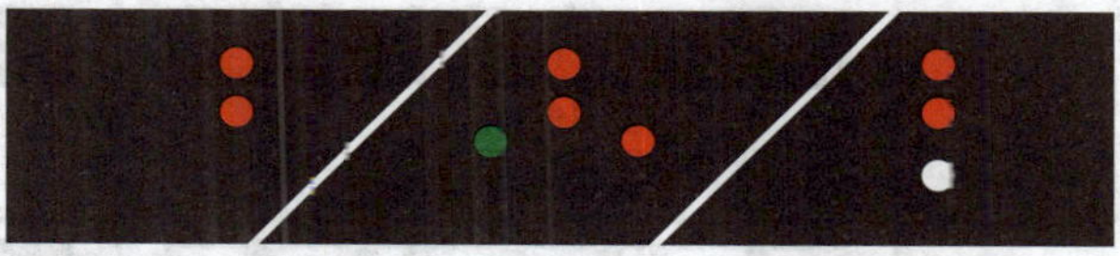

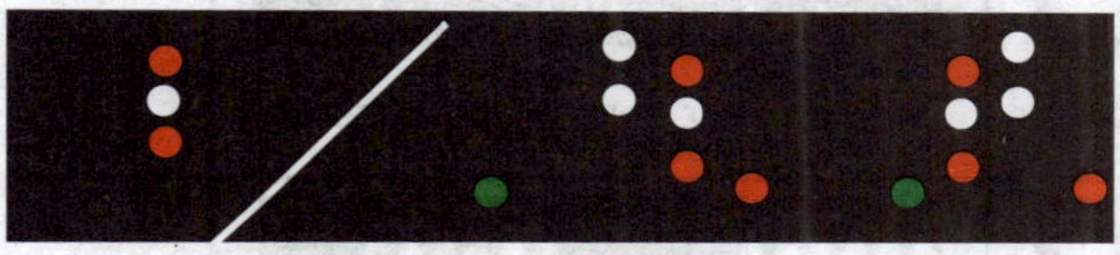

Navire à capacité de manœuvre restreinte

- Baliseur au travail
- Navires effectuant un ravitaillement en mer.

Navires de pêche

- Chalutier de - 50 m faisant route vers la droite.
- Chalutier de + 50 m faisant route vers la gauche.

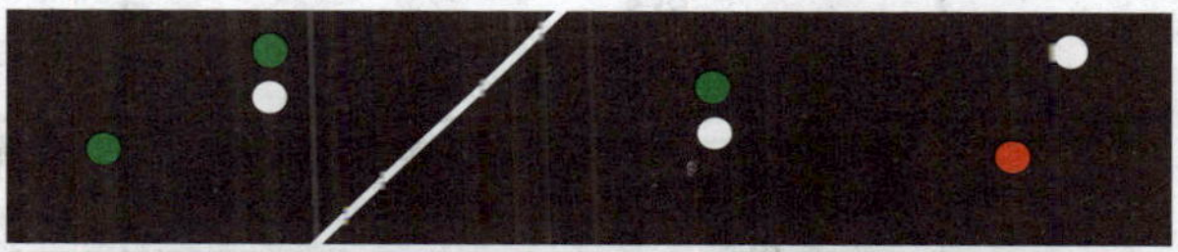

- Chalutier de - 50 m sans erre mettant son chalut à l'eau.
- Chalutier de + 50 m sans erre hissant son chalut.
- Chalutier de - 50 m croché sans erre.

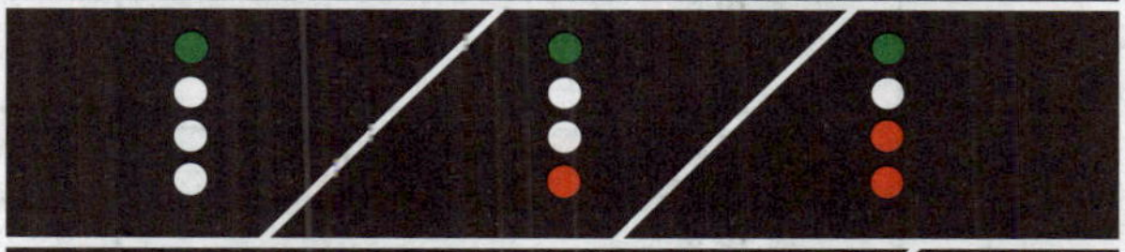

- Chalutier sans erre.
- Navire pêchant avec des lignes traînantes de l'arrière (non considéré comme pêcheur).

- Navire de pêche avec erre et engins de + 150 m. (règle 26 c)
- Navire de pêche avec erre et engins de - 150 m. (règle 26 c)

Note : les navires pêchant à la grande seine à proximité les uns des autres peuvent montrer au-dessous des feux prescrits par la règle 26c deux feux jaunes superposés, s'allumant alternativement toutes les secondes, avec des durées de lumière et d'obscurité égales.
Ces deux feux ne peuvent être montrés que lorsque le navire est gêné par ses apparaux de pêche.
Les navires pêchant avec des lignes traînantes ne sont pas considérés comme en train de pêcher.

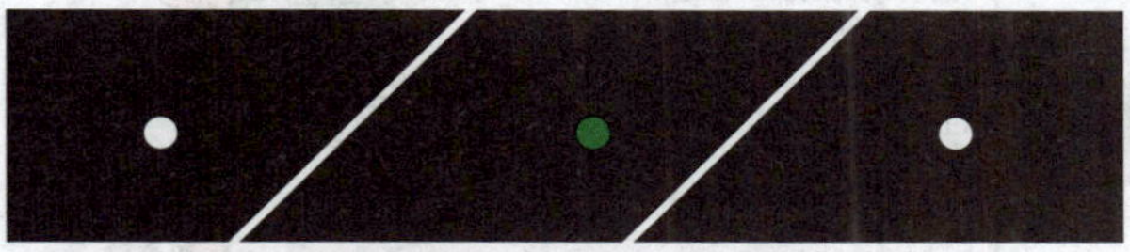

Navires à voile :

Tout navire à voile naviguant au moteur est considéré comme navire à propulsion mécanique.

- Fanal blanc montré par une embarcation à voile de - 7 m ou à avirons.
- Voilier faisant route vers la droite.
- Voilier faisant route vu de l'arrière.

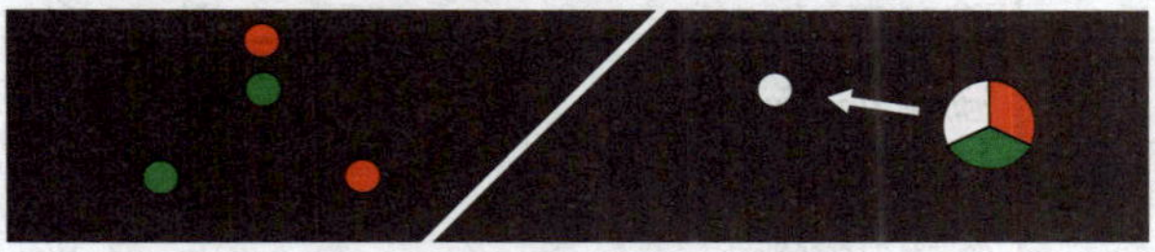

- Voilier en route de face avec feux de misaine facultatifs.
- Voilier de - 20 m avec feu tricolore en tête de mât.

L'attention des navigateurs est appelée sur les dispositions de l'alinéa c) de la règle 1 et sur le fait qu'ils sont susceptibles de rencontrer, notamment sur certains bâtiments militaires, des dispositions qui s'écartent plus ou moins de celles qui sont décrites.

Caractéristiques des phares et feux

F	FEU FIXE *(FIXED)*	FEU SCINTILLANT CONTINU *(CONTINUOUS QUICK)*	Q
Iso	5 s 5 s FEU ISOPHASE *(ISOPHASE)*	10 s FEU À SCINTILLEMENTS GROUPÉS *(GROUP QUICK)*	Q (3)
Oc	12 s FEU À OCCULTATIONS RÉGULIÈRES *(SINGLE OCCULTING)*	15 s FEU SCINTILLANT INTERROMPU *(INTERRUPTED QUICK)*	I Q
Oc (2)	14 s FEU À OCCULTATIONS GROUPÉES *(GROUP OCCULTING)*	FEU SCINTILLANT RAPIDE CONTINU *(CONTINUOUS VERY QUICK)*	V Q
Oc (2 + 1)	12 s FEU À OCCULTATIONS DIVERSEMENT GROUPÉES *(COMPOSITE GROUP OCCULTING)*	5 s FEU À SCINTILLEMENTS RAPIDES GROUPÉS *(GROUP VERY QUICK)*	V Q (3)
Mo (V)	18 s FEU À SIGNES MORSE *(MORSE CODE)*	10 s FEU SCINTILLANT RAPIDE INTERROMPU *(INTERRUPTED VERY QUICK)*	IVQ
Fl	10 s FEU À ÉCLATS (Éclat bref) *(SINGLE FLASHING)*	FEU SCINTILLANT ULTRA-RAPIDE CONTINU *(CONTINUOUS ULTRA QUICK)*	UQ
LFl	10 s FEU À ÉCLATS (Éclat long) *(LONG FLASHING)*	FEU SCINTILLANT ULTRA-RAPIDE INTERROMPU *(INTERRUPTED ULTRA QUICK)*	IUQ
Fl (3)	15 s FEU À ÉCLATS GROUPÉS *(GROUP FLASHING)*	15 s FEU À SCINT. GROUPÉS ET À ÉCLATS LONGS *(GROUP QUICK AND LONG FLASHING)*	Q (6) L Fl
Fl (3 + 1)	20 s FEU À ÉCLATS DIVERSEMENT GROUPÉS *(COMPOSITE GROUP FLASHING)*	10 s FEU À SCINT. RAP. GROUP. ET À ÉCLATS LONGS *(GROUP VERY QUICK AND LONG FLASHING)*	VQ (6) LFl
F Fl	5 s FEU FIXE ET À ÉCLATS *(FIXED AND FLASHING)*	FEU À SECTEURS *(SECTOR LIGHT)* (Secteur Rouge 290° à 330°) *Nota : les relèvements sont toujours comptés de la mer.*	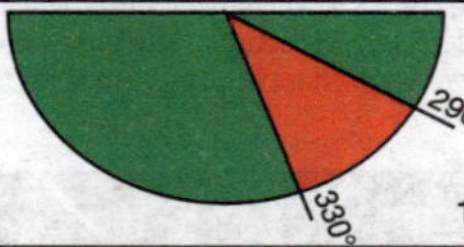 1)
F Fl (2 + 1)	20 s FEU FIXE ET À ÉCLATS GROUPÉS *(FIXED AND GROUP FLASHING)*	FEU DE GUIDAGE *(LEADING LIGHT)* Secteurs : Blancs dans l'axe du chenal, Rouge à gauche, Vert à droite.	 2)
Al RWG	Période FEU ALTERNATIF *(ALTERNATING)*	FEU DE DIRECTION *(DIRECTION LIGHT)* Feu fixe Rouge, intense jusqu'à 5° de chaque côté de l'axe du chenal.	 3)

NOTAS : 1) Les feux à secteurs peuvent ne pas être fixes.
2) Le feu de guidage peut ne pas être fixe.
3) L'intensité du feu de direction peut être modulée.

Comment lire les cartes marines

(françaises et étrangères)

SYMBOLES ET ABRÉVIATIONS

(Extrait de l'ouvrage n° 1 D du S.H.O.M. avec son autorisation - Contrat n° E 28/99)
SHOM, cartes marines et ouvrages nautiques officiels. www.shom.fr

Anciennes normes nationales	Normes internationales	Signification (English translation)
Détails topographiques naturels (Natural features)		
		Côte parfaitement connue (Coastline surveyed)
		Côte parfaitement connue (Coastline surveyed)
Nature du fond (Types of seabed)		
Pi.Gr	St	Zone de pierres et gravier (Areas with stones or gravel)
R S.	S	Zone rocheuse qui couvre et découvre (Rocky area, which covers and uncovers)
S	S	Sable (Sand)
V	M	Vase (Mud)
Caill.	P	Cailloux, galets (Pebbles)
	Cb	Gros galets (Cobbles)
R.	R	Roche (Rock)
H. Al.	Wd	Herbes et algues [Weed (including kelp)]
Goé.		Algues, varech, goémon (Kelp)
		Fonds mobiles, ridens (Sandwaves)
Zones - limites (Areas-Limits)		
Mlg Mage		Mouillage recommandé (Recommended anchorage)
	DW	Mouillage en eau profonde (Deep water anchorage)
Explosifs / Explosifs		Mouillage pour navires chargés d'explosifs (Explosives anchorage area)
Interdit / Mouillage indirect / Mlg. intd		Mouillage interdit (Anchoring prohibited)
Amers (Land marks)		
Msn		Maison (House) - Ho
Cath. / Cath. / Cath.	Ch	Église, cathédrale (Church)
Cler. / Cl^er	Sp / Sp	Flèche d'une église (Church spire)
F^t		Fort, blockhaus (Fort, blockhouse)
T^r	Tr	Tour (Tower)
Ch., Ch^ée, Ch^y	Chée / Chy	Cheminée (Chimney)
Mln, M^in, M^in		Moulin à vent (Windmill)

Anciennes normes nationales	Normes internationales	Signification (English translation)
Amers (Land marks)		
Imm. (rem.) / (rem.) / Hotel (rem.)	IMMEUBLE / CH. D'EAU / HÔTEL / CHÂTEAU D'EAU	Amers remarquables (Conspicuous landmarks)
Services (Services)		
SS / Stn St^on S^l S^al S^x	SS	Station de signaux (Signal station)
C. de G.	CG / CG / CG	Garde-côtes (sémaphore) (Coastguard station)
		Position bateau-pilote (Position of a pilot cruising vessel)
B. de sauv.		Station de sauvetage (Rescue station)
Feux (Lights)		
		Feu principal, secondaire (Major & minor light)
Tle	Bn / Tr	Tourelle avec feu (Lighted beacon tower)
	R / BRB / Bn	Balise avec feu (Lighted beacon)
		Feu flottant principal (Major floating light)
F.Aéro. / F.Aé.	Aero Al.Fl.WG.7,5s11M	Feu aéronautique (Aero light)
F.o(4s).12M / F.o(4s).r. 10M / les 2 feux ≠ 269°18'	Oc.4s12M / Oc & Oc.R ≠ 269°18' / Oc.R. 4s10M	Feux d'alignement: relèvement en degrés/minutes (Leading lights: bearing in degrees and minutes)
Fl.WRG.4s21m 18/12M	F.6(4s)21m	Feu à secteurs (Sectors light)
Fd.2é(5s).11M.10m / 269°	Fl(2)5s10m11M / Dir 269°	Feu directionnel (Direction light)
F.v.5M / alt.br. / o(4s).15M / alt.br. / F.r.5M	Dir WRG 15-5M / Al.WG / Oc.W.4s / Al.WR	Feu de guidage avec secteur étroit encadré par des secteurs colorés et de caractères différents (Direction light with narrow fairway sector flanked by light sectors of different characters)

F.f.	F	feu fixe *(fixed)*
F.o.	Oc	feu à occultations simples
F.2o.	Oc(2)	feu à occultations groupées
	Oc(1+2)	feu à occ. groupées composites
F.é.	Fl	feu à éclats *(flashing)*
F.2é.	Fl(2)	feu à éclats groupés
	Fl(3+1)	feu à éclats groupés composites
F.él.	LFl	feu à éclats longs *(long flashing)* (Éclats > 2 sec.)
F.i.	iso	feu isophase

Ce qui étonne, étonne une fois, mais ce qui est admirable est de plus en plus admiré. (J. Joubert)

Anciennes normes nationales	Normes internationales	Signification (English translation)
F.sc.	Q	scintillant *(quick)*
	Q (3)	à scintill. groupés *(group quick)*
F.sd. ou F.sc disc.	IQ	à scintill. interrompus *(interrupted quick)*
F. sr.	VQ	scintillant rapide *(very quick)*
	VQ (3)	à scintillements rapides groupés
F.srd.	IVQ	à scintillements rapides interrompus
F.su.	UQ	scintillant ultrarapide *(ultra quick)*
F.sud	IUQ	à scintillements ultra-rapides interrompus
F.alt.	Al	alternatif
F.b.é.	FFl	fixe avec éclat *(fixed and flashing)*
F.b.2é.		fixe blanc à éclats groupés
F.Mo.(A)	Mo(K)	code morse (lettre)
vio.	Vi	violet
bl	Bu	bleu
v.	G	vert *(green)*

Anciennes normes nationales	Normes internationales	Signification (English translation)
Org	Or	orange *(orange)*
r.	R	rouge *(red)*
b.	W	blanc *(white)*
j.	Y	jaune *(yellow)*
F.dét.br.	Fog Det Lt	feu détecteur de brume *(fog detector light)*
F.		feu de bouée
occas.	(occas)	occasionnel
v.	(vert)	feux verticaux
S Sect.		feu à secteur
S.b.r.v.		secteur blanc, rouge et vert
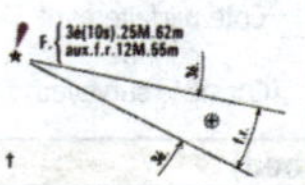		Feu principal omnidirectionnel, avec feu aux. rouge couvrant un danger. *(Main light visible all-around with red subsidiary light seen over danger)*

Bouées - balises (Buoys - beacons)

Marques cardinales (normes nationales)

Voyant : 2 cônes noirs
Topmark : 2 black cones

Feu blanc
(white light)

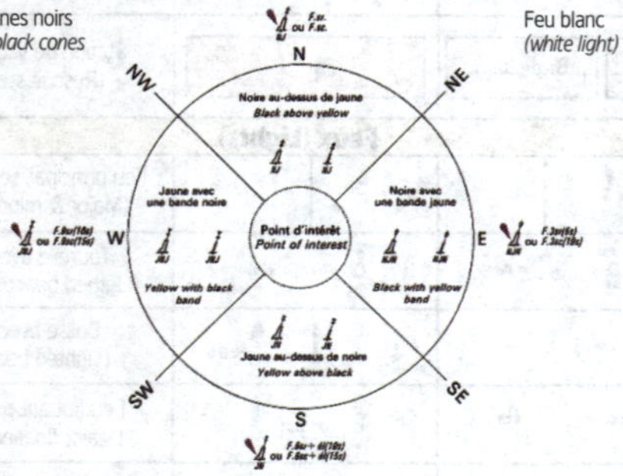

Marques cardinales (normes internationales)

Voyant : 2 cônes noirs
Topmark : 2 black cones

Feu blanc
(white light)

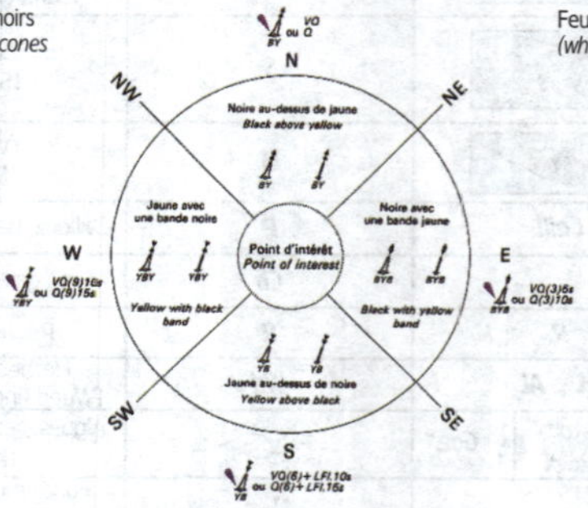

Marques latérales (normes nationales)

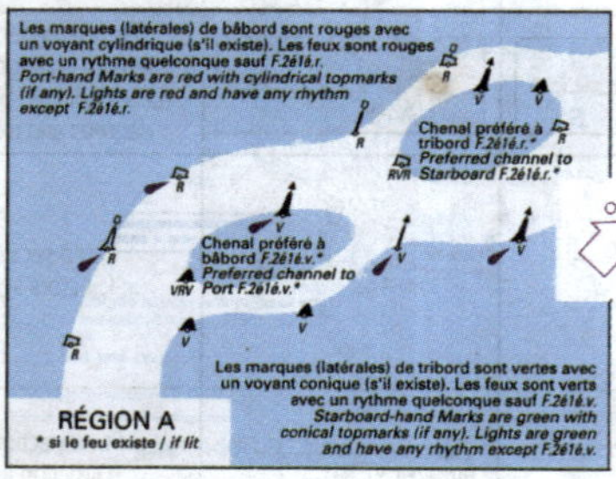

Marques latérales (normes internationales)

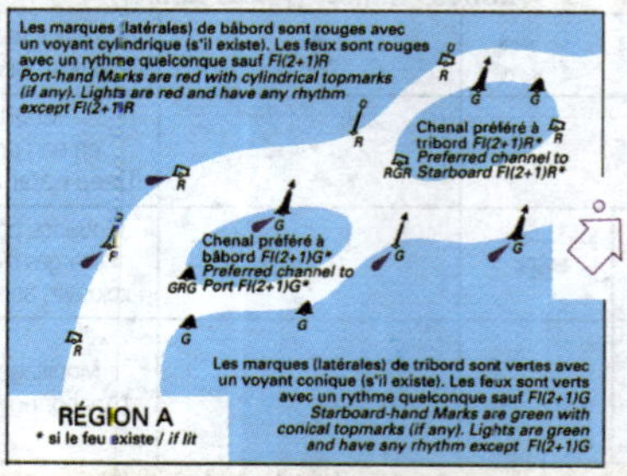

Marques de danger isolé

(placées sur les dangers entourés d'eau navigable)

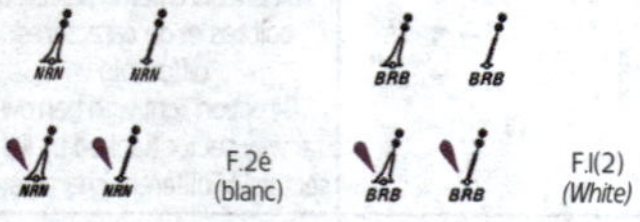

- Couleurs : noir avec bande horizontale rouge
- Voyant (s'il existe) : 2 sphères noires
- Feu blanc à 2 éclats

Marques d'eaux saines

(indiquent les atterrissages ou les milieux de chenaux)

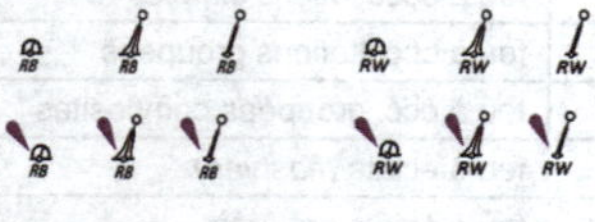

- Couleurs : rouge avec raies verticales blanches
- Voyant (s'il existe) : 1 sphère rouge
- Feu blanc : isophase, à occultation, à éclat long (10 s.) ou lettre morse A

Marques spéciales

(ne concernent pas directement la navigation mais indiquent des points ou des zones particulières : travaux, exercices...)

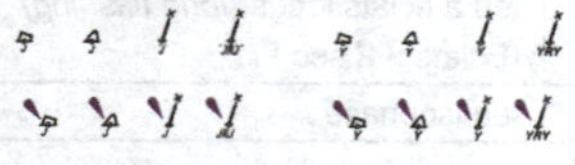

- Couleur : jaune
- Voyant (s'il existe) : X jaune
- Feu jaune

Stations de radio

⊙ RC	⊙ RC	Radiophare circulaire
⊙ RD	⊙ RD	Radiophare directionnel
⊙ RG	⊙ RG	Station radiogonio
⊙ R	⊙ R	Station radio assurant un service QTG
⊙ Ra	⊙ Ra	Station radar
⊙ Racon	⊙ Racon	Balise répondeuse radar
⊙ { R.C. Aé. / R.C. Aéro.	⊙ Aero RC	Radiophare aéronautique

Signaux de brume

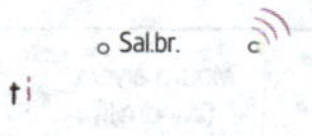 Sal.br.		Station de signaux de brume *(Position of fog signal)*

Anciennes normes nationales	Normes internationales	Signification (English translation)
	Signaux de brume (Suite)	
	Dia	Diaphone (Diaphone)
Sir.	*Siren*	Sirène (Siren)
	Horn	Corne (nautophone, trompette (Horn : nautophone, reed, tyfon)
Cl.	*Bell*	Cloche (Bell)
Sif.	*Whis*	Sifflet (Whistle)
Gg	*Gong*	Gong
	Dangers	
		Rocher ne couvrant jamais : cote rapportée au niveau de référence des altitudes *(not covering rock : height above Height Datum)*
	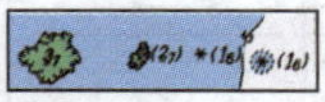	Rocher couvrant et découvrant en référence au zéro hydrographique *(height above chart datum)*
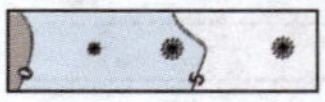	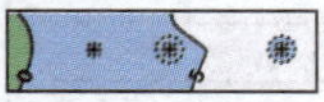	Rocher à fleur d'eau au niveau du zéro hydro *(rock awash at the level chart datum)*
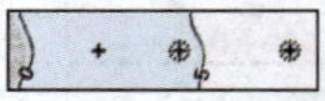	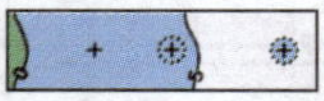	Roche dangereuse toujours submergée de profondeur inconnue *(dangerous underwater rock of unknown depth)*
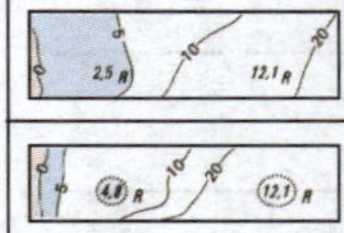	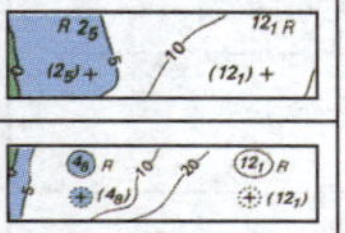	Roche dangereuse toujours submergée de profondeur connue *(dangerous underwater rock of known depth)*
		Épave couvrant et découvrant (cote rapportée au zéro hydro.)
		Épave submergée
		Épave couverte de moins de 20 m d'eau
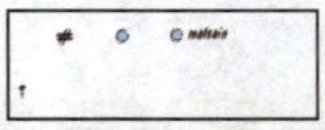	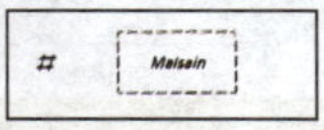	Fond malsain (mouillage ou chalutage dangereux)
		Tourbillon *(Eddies)*
S^c		Banc *(Bank)*
H^t F^d	*Ht. fd.*	Haut - fond *(Shoal - Sh.)*
Rf. R^f	*Rf.*	Récif *(Reef)*
Br.	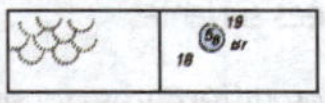	Brisants *(Breakers)*
Bsse, B^sse		Basse *(Shoal)*
R., R^e.	*R.*	Roche immergée *(Sunken rock - Rk)*
Obs. Obs.	Obstn Obstn	Obstruction
25 *Ep.*	25 *Wk.*	Épave *(Wreck)*

Anciennes normes nationales	Normes internationales	Signification (English translation)
	Limites diverses	
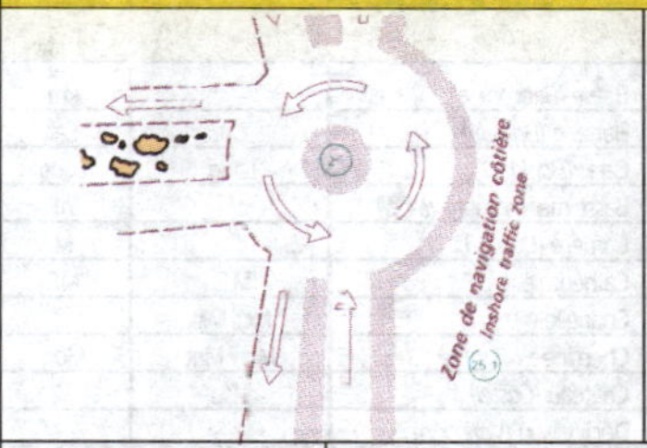		Dispositif de separation de trafic : - rond point - zone de navigation côtière
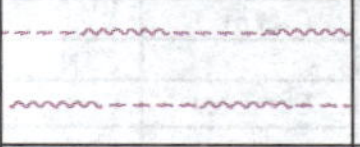		Zone de câbles sous-marins *(Submarine cable area)*
		Câble sous-marin désaffecté *(Disused submarine cable)*
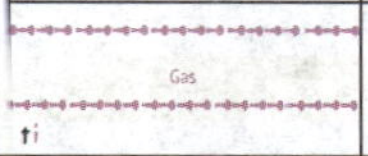	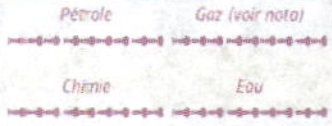	Conduites sous-marines - oléoduc - gazoduc etc.
	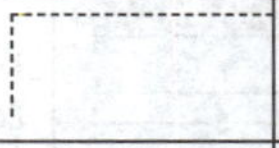	Limite maritime en général (avec obstruction)
		Limite maritime en général (sans obstruction)
	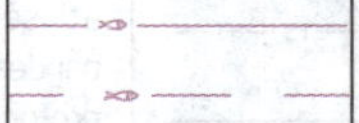	Limites des zones de pêche *(limits of fishery zones)*
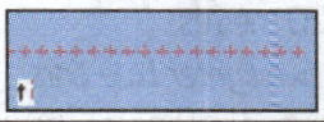		Frontière maritime *(International maritime boundary)*
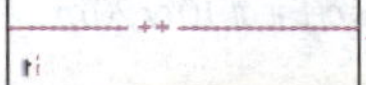	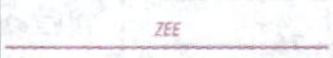	Limite de zone économique exclusive
	Sondes	
200	200	Pas trouvé le fond à la profondeur indiquée
		Sondes découvrantes au-dessus du zéro hydro *(drying heights above Chart Datum)*
	Abréviations	
G.	*G.*	Golfe *(Gulf)*
B^e. B.	*B.*	Baie *(Bay)*
	Cr	Crique *(Creek)*
A^e.	*A*	Anse *(Inlet)*
Det.	*Détr.*	Détroit *(Strait)*
Pas.	*Pas. Pass*	Passage *(Passage)*
C^al Ch^l. Chl.	*Chl.*	Chenal *(Channel)*
Emb^e. Emb.	*Emb*	Embouchure *(Mouth)*
M^ge	*Mg.*	Mouillage *(Anchorage)*
Pt. P.		Port *(Harbour)*
Pr. I.		Presqu'île *(Peninsula)*
	C.	Cap *(Cape)*
P^te Pte.		Pointe *(Point)*
Mgne Mt		Montagne, mont *(Mountain)*
Ch^ne		Chaîne *(Range)*
S^t. Som.		Sommet *(Summit)*
Coll.		Colline *(Hill)*
Pl^au.		Plateau*(Plateau)*
R.	R	Rocher *(Rock)*
B^sse		Basse *(Shoal)*
gd		Grand, grande *(Large)*
anc.		Ancien *(Ancient)*

Au royaume des aveugles, les borgnes sont rois.

Anciennes normes nationales	Normes inter-nationales	Signification (English translation)	Anciennes normes nationales	Normes inter-nationales	Signification (English translation)	Anciennes normes nationales	Normes inter-nationales	Signification (English translation)
Abréviations (suite)								
Bal.		Balise *(Beacon)*		km	Kilomètre	Pt. d'Obs^{on}		Point d'observation
Batt, B^{ie}		Batterie *(Battery)*	Lat.	Lat	Latitude	R.		Rivière
B^{c}		Banc *(Bank)*	Long.	Long	Longitude	(rem.)		Remarquable
B.M.	BM (M)	Basse mer moyenne *(MLW)*		m	Mètre	Res^{r} Rsv.		Réservoirs
Carr^{e}		Carrière *(Quarry)*		M	Mille marin	R^{f} Rf	*Rf*	Récits *(Reef)*
Cath^{le}		Cathédrale	M.E.	ME	Morte-eau		S	Sud
Ch^{le}	Ch	Chapelle	Min, Min		Moulin *(Mill)*		s, sec	Seconde (de temps)
Ch^{ée} Ch.	Chy	Cheminée	Mon^{t} Mnt	Mon	Monument	Sém. C. de G.		Station de garde-côtes *(Coast guard)*
Ch^{au} Cht		Château *(Castel)*	Msn		Maison *(House)*			
Déc^{on}		Déclinaison *(Variation)*	M^{t} S^{x}		Mât de signaux	S^{t} S^{te}	S.	Saint, sainte
détr.		Détruit	M^{t} p^{on}		Mât de pavillon *(Flag staff)*	Stn St^{on}	SS	Station de signaux
D^{n}	Dn(s)	Dauphin, duc d'albe		N	Nord	Tr.	Tr	Tour *(Tower)*
D^{ne}		Douane *(Customs)*	Obs^{er} Obsv.		Observatoire	V.E.	VE	Vive-eau moyenne
	E	Est	occas.	occas	Occasionnel	vis.		Visible
(E.D.)	*ED*	Existence douteuse	*(P.A.)*	*PA*	Position approchée		W	Ouest
Etab^{t} Etabliss^{t}		Établissement du port	*(P.D.)*	*PD*	Position douteuse			
I^{s}		Îles, îlot *(Island, Islet)*	P.M.	P.M. (M)	Pleine mer moyenne			

Lignes de niveau

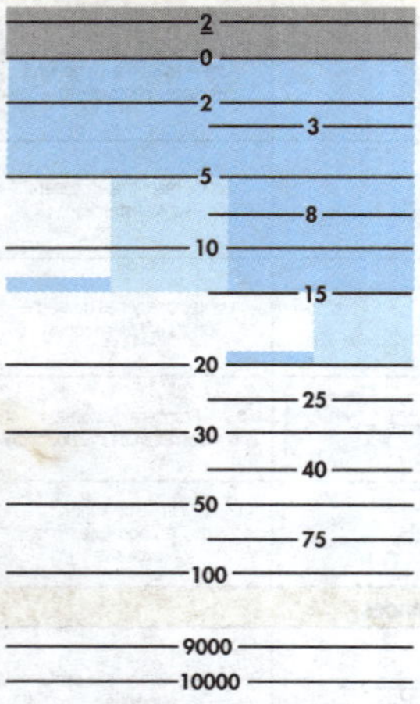

Laisse de basse mer
Low water line

Une ou deux teintes de bleu plus clair peuvent être utilisées à la place du bandeau pour marquer les profondeurs inférieures à 10 ou 20 mètres
One or two lighter blue tints may be used instead of the ribbons of tint at 10 or 20 m

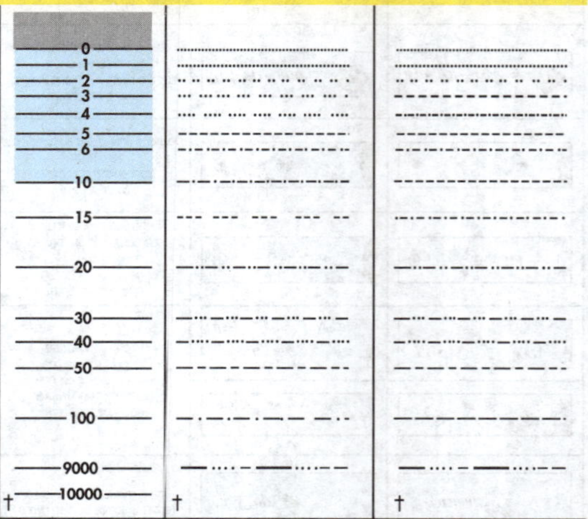

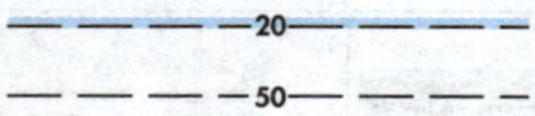

Isobathes approchées
Approximate depth contours

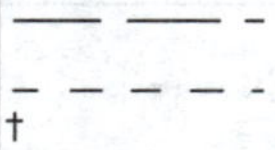

Nota : Le choix des profondeurs marquées par une teinte bleue varie en fonction de l'échelle de la carte et de l'usage auquel elle est destinée, ou en fonction de l'origine des renseignements utilisés.
Sur certaines cartes, les courbes et les cotes peuvent être imprimées en bleu.

Note : The extent of the blue tint varies with the scale and purpose of the chart, or its sources.
On some charts, contours and figures are printed in blue.

Balisage des Plages

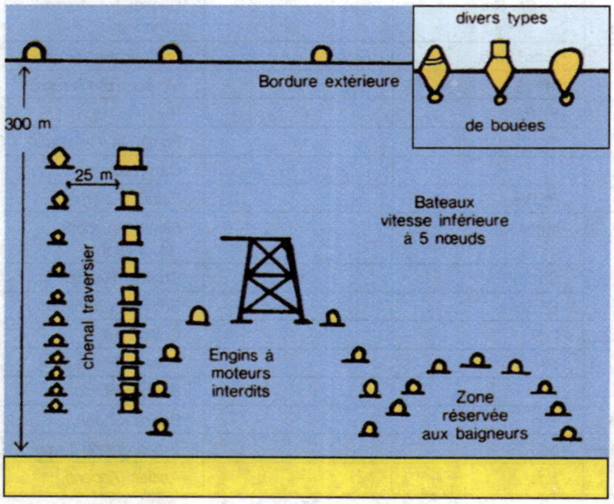

- La bordure extérieure de la bande latérale est balisée par les bouées sphériques jaunes mouillées à 200 m environ les unes des autres.
- Les limites du chenal traversier sont matérialisées par des bouées jaunes, cylindriques à bâbord et coniques à tribord, mouillées de plus en plus près les unes des autres à mesure que l'on se rapproche du rivage ; les deux bouées d'entrée du chenal sont de dimensions supérieures à celles des bouées suivantes.
- Les limites des différentes zones réglementées sont balisées par des bouées sphériques jaunes.
- Des panneaux implantés à terre complètent le balisage flottant.
- Des chenaux traversiers balisés interdits aux baigneurs permettent aux usagers pratiquant des activités nautiques s'exerçant au-delà de la ligne des 300 m (motonautisme, ski nautique, etc.) d'accéder au rivage.

Signalisation des dangers nouveaux

Définition des dangers nouveaux

L'expression "danger nouveau" est utilisée pour désigner les obstructions découvertes récemment qui ne sont pas encore indiquées dans les documents nautiques. Les "dangers nouveaux" comprennent les obstructions naturelles telles que bancs de sable ou écueils ou les dangers résultant de l'action humaine tels que les épaves.

Signalisation des dangers nouveaux

1. - Les dangers nouveaux sont balisés conformément aux présentes règles. Si le service responsable estime que le danger est particulièrement grave, au moins une des marques utilisées est doublée aussitôt que possible.

2. - Les feux de toutes les marques employées pour un tel balisage présentent le rythme scintillant rapide ou scintillant correspondant au type de la marque cardinale ou latérale.

3. - La marque mise en place en double est en tout point identique à la marque avec laquelle elle est couplée.

4. - Un danger nouveau peut être marqué par une balise radar, codée suivant LA LETTRE MORSE "D" et montrant un signal d'une longueur de 1 mille marin sur l'écran radar.

5. - La marque en double peut être enlevée lorsque le service responsable estime que l'information concernant ce danger nouveau a été suffisamment diffusée.

« Pour comprendre les cartes... »

Sur les cartes françaises des côtes de France et des îles Anglo-Normandes, le niveau de référence des sondes, des côtes de l'estran, des hauteurs de marée (zéro des cartes ou zéro hydrographique) est voisin du niveau des plus basses mers possibles aux grandes marées d'équinoxe (coef. 120) ou d'un niveau légèrement inférieur.

Ainsi, en un endroit donné et au moment de la plus basse mer possible, une sonde marquée "7" indique qu'il reste 7 m d'eau et une sonde marquée "3,80" indique un fond découvrant de 3,80 m au-dessus des plus basses mers possibles (zero des cartes). Quand la mer aura monté de 5,20 m, le fond à cet endroit sera recouvert de 1,40 m, soit 5,20 m - 3,80 m.

Si depuis 1972, la plupart des sondes des cartes anglaises sont réduites au niveau des plus basses mers sur les cartes métriques dites *Metric Charts*, celles des cartes anciennes en brasses dites *Fathoms Charts* sont réduites au niveau des basses mers moyennes de vives-eaux (ceci est toujours à vérifier dans le titre).

1 pied (foot) = 0,3048 m   1 brasse (6 pieds) = 1,8288 m   1 mille = 1' de latitude

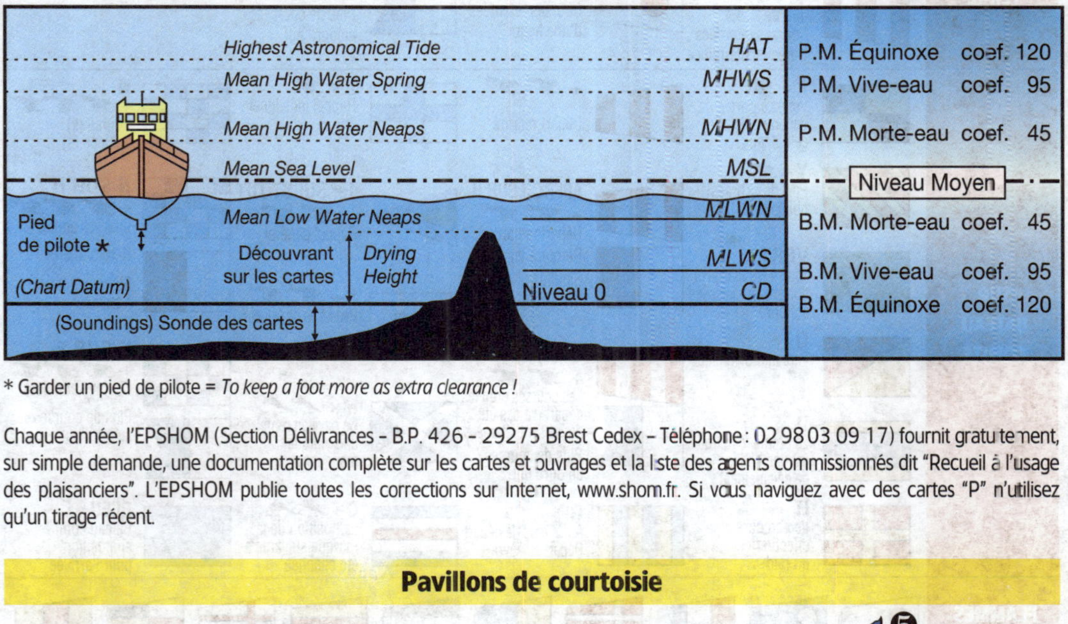

* Garder un pied de pilote = *To keep a foot more as extra clearance !*

Chaque année, l'EPSHOM (Section Délivrances - B.P. 426 - 29275 Brest Cedex - Téléphone : 02 98 03 09 17) fournit gratuitement, sur simple demande, une documentation complète sur les cartes et ouvrages et la liste des agents commissionnés dit "Recueil à l'usage des plaisanciers". L'EPSHOM publie toutes les corrections sur Internet, www.shom.fr. Si vous naviguez avec des cartes "P" n'utilisez qu'un tirage récent.

Pavillons de courtoisie

1. Pavillon national
2. Pavillon du pays visité (tribord)
3. Pavillon de la compagnie
4. Pavillon du propriétaire (bâbord)
5. Pavillon Guidon du club

PAVILLONS DE RÉGATE

FFV

PROCÉDURES DE DÉPART

	AVERTISSEMENT	PRÉPARATOIRE	MINUTE	DÉPART
	5-8	4	1	0
	PAVILLON DE CLASSE ↑ + (coup de canon)	soit P / soit I / soit Z / soit Z + I / soit Noir ↑ + (coup de canon)	↓ + (coup de canon)	PAVILLON DE CLASSE ↓ + (coup de canon)
Dériveurs, planches	- 5'			
Habitables	- 8'			

SYSTÈME DES INSTRUCTIONS DE COURSE TYPE F.F.V.

- P : préparatoire
- I : préparatoire et règle 30.1
- Z : préparatoire et règle 30.2
- Z et I : préparatoire et règles 30.1 + 30.2
- Noir : préparatoire et règle 30.3

À TERRE

- L + (coup de canon) : Avis aux concurrents sur tableau officiel
- APERÇU + (2 coups de canon) : Courses retardées. Durée indéterminée
- APERÇU SUR FLAMME NUMÉRIQUE + (2 coups de canon) : Courses retardées d'une heure
- APERÇU SUR A + (2 coups de canon) : Courses retardées. Plus de courses aujourd'hui
- Y + (coup de canon) : Port de la brassière obligatoire sur l'eau

SUR BATEAU COMITÉ

- L + (coup de canon) : Venez à portée de voix ou suivez ce bateau
- Y + (coup de canon) : Port de la brassière obligatoire
- VERT : Toutes les marques doivent être laissées à tribord
- O : Parcours Olympique
- D : La première marque est une bouée de dégagement
- R : Le parcours à effectuer est un raid
- + (2 coups de canon) : Départ retardé
- APERÇU SUR H + (2 coups de canon) : Départs retardés. Retour à terre. Signaux ultérieurs à terre
- APERÇU SUR A + (2 coups de canon) : Les courses dont le départ n'a pas été donné sont retardées. Plus de courses aujourd'hui
- G : Autre type de départ. Départ au lièvre
- X + (coup de canon) : Rappel individuel
- 1er SUBSTITUT + (2 coups de canon) : Rappel général
- S + (2 coups de canon) : Réduction de parcours
- M + (2 signaux sonores) : Ce pavillon remplace une marque manquante
- C + (2 signaux sonores) : La position de la marque suivante a été changée
- N + (3 coups de canon) : Course (s) annulée (s)
- N SUR H + (3 coups de canon) : Courses annulées. Retour à terre. Signaux ultérieurs à terre
- N SUR A + (3 coups de canon) : Courses annulées. Plus de courses aujourd'hui
- BLEU : Bateau comité en position pour l'arrivée

FLAMMES NUMÉRIQUES

1 2 3 4 5 6 7 8 9 0

FUNBOARD

- R : Course racing
- W : Vague
- D : Longue distance
- S : Slalom

PROCÉDURE DE DÉPART

COURSE →	H-6↑	H-4↓	H-3↑	H-1↓	TOP DÉPART↑	+ (coup de canon) Pour chaque pavillon
SLALOM →	H-4↑	H-3↓	H-2↑	H-1↓	TOP DÉPART↑	

JURY-JAUGE

- À VOTRE BORD
- JURY : Sur bateau jury
- J Jauge : Sur bateau de la jauge
- JAUNE : Je reconnais ma faute pénalité pourcentage
- ROUGE : Je réclame

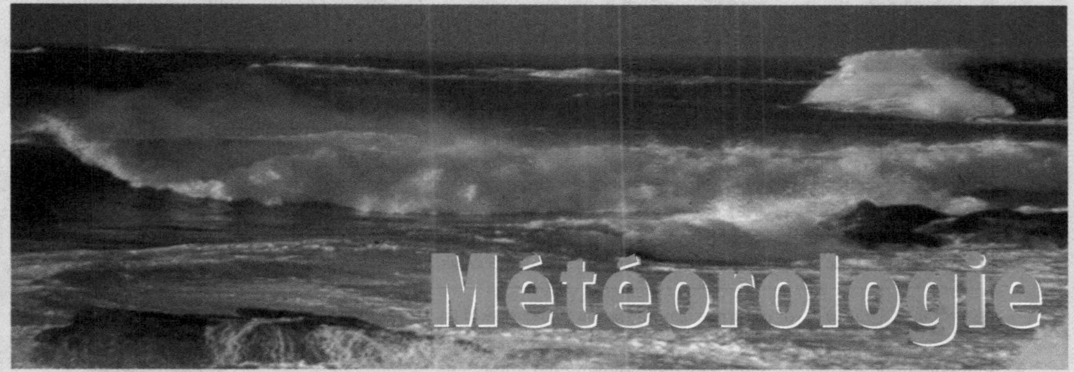

Météorologie

Photo : Claude Fons

Signaux d'avis de tempête

De jour	Signification	De nuit
●	Grand frais toute direction	⚪🟢
▲	Coup de vent ou tempête commençant dans le quadrant Nord-Ouest	🔴🔴
▼	Coup de vent ou tempête commençant dans le quadrant Sud-Ouest	⚪⚪
▲▲	Coup de vent ou tempête commençant dans le quadrant Nord-Est	🔴⚪
▼▼	Coup de vent ou tempête commençant dans le quadrant Sud-Est	⚪🔴
■	Saute de vent : changement de direction dans le sens des aiguilles d'une montre	Pavillons de toute couleur appropriée
■■	Saute de vent : changement de direction dans le sens contraire des aiguilles d'une montre	
✚	Ouragan (ou synonyme local) avec vent de force Beaufort 12 (64 nœuds et plus) dans toute direction	🔴🟢🔴

Affichage de 6 heures avant le début de validité du B.M.S. et pendant toute la période

Codes météorologiques

Échelle Beaufort					Échelle d'état de la mer		
Degrés	**Termes descriptifs**	**Vitesse moyenne en nœuds**	**Vitesse moyenne en km/h**	**État de la mer**	**Degrés**	**Termes descriptifs**	**Hauteur des vagues**
0	Calme	< 1	< 1	comme un miroir	**0**	Calme	0 m
1	Très légère brise	1 à 3	1 à 5	quelques rides	**1**	Ridée	0 à 0,1 m
2	Légère brise	4 à 6	6 à 11	vaguelettes ne déferlant pas	**2**	Belle	0,1 à 0,5 m
3	Petite brise	7 à 10	12 à 19	les moutons apparaissent	**3**	Peu agitée	0,5 à 1,25 m
4	Jolie brise	11 à 16	20 à 28	petites vagues, nombreux moutons	**4**	Agitée	1,25 à 2,5 m
5	Bonne brise	17 à 21	29 à 38	vagues modérées, moutons, embruns	**5**	Forte	2,5 à 4,0 m
6	Vent frais	22 à 27	39 à 49	lames, crêtes d'écume blanche, embruns	**6**	Très forte	4 à 6 m
7	Grand frais	28 à 33	50 à 61	lames déferlantes, traînées d'écume	**7**	Grosse	6 à 9 m
8	Coup de vent	34 à 40	62 à 74	tourbillons d'écume à la crête des lames, traînées d'écume	**8**	Très grosse	9 à 14 m
9	Fort coup de vent	41 à 47	75 à 88	grosses lames et rouleaux	**9**	Énorme	≥ 14 m
10	Tempête	48 à 55	89 à 102	lames déferlantes grosses à énormes	*1 nœud (kt) = 1 mille/heure*		
11	Violente tempête	56 à 63	103 à 117	visibilité réduite par les embruns	*1 mille (M) = 1 852 mètres (m)*		
12	Ouragan	≥ 64	≥ 118		*Les vitesses se rapportent au vent moyenné sur 10 minutes et non aux rafales*		

Pression barométrique

Conversion des mm en hectoPascal (hPa) = 0,75 mm de mercure		
970 hPa = 727,6 mm	1000 hPa = 750 mm	1020 hPa = 765 mm
980 hPa = 735 mm	1010 hPa = 757,6 mm	1030 hPa = 772,6 mm
990 hPa = 742,6 mm	1015 hPa = 760 mm	1040 hPa = 780 mm

INMARSAT Carte M2 : Zone METAREA II

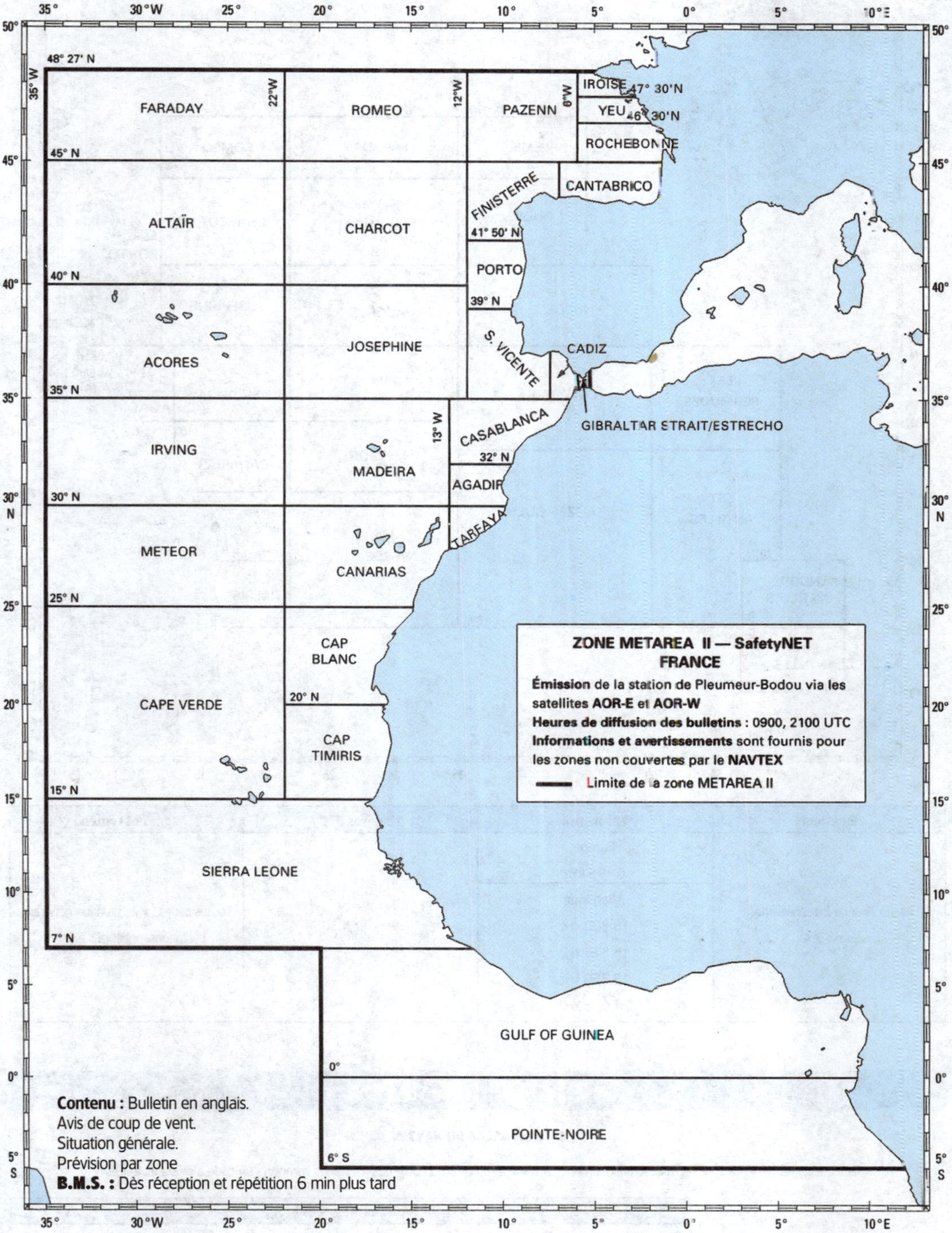

Émetteur	Fréquence	Horaires UTC	Zones et contenu
Monaco Radio carte M2	8 806 kHz 3 152 kHz 17 323 kHz 2 768 kHz	09 h 30	Bulletin pour l'Atlantique

Carte A4 : RFI

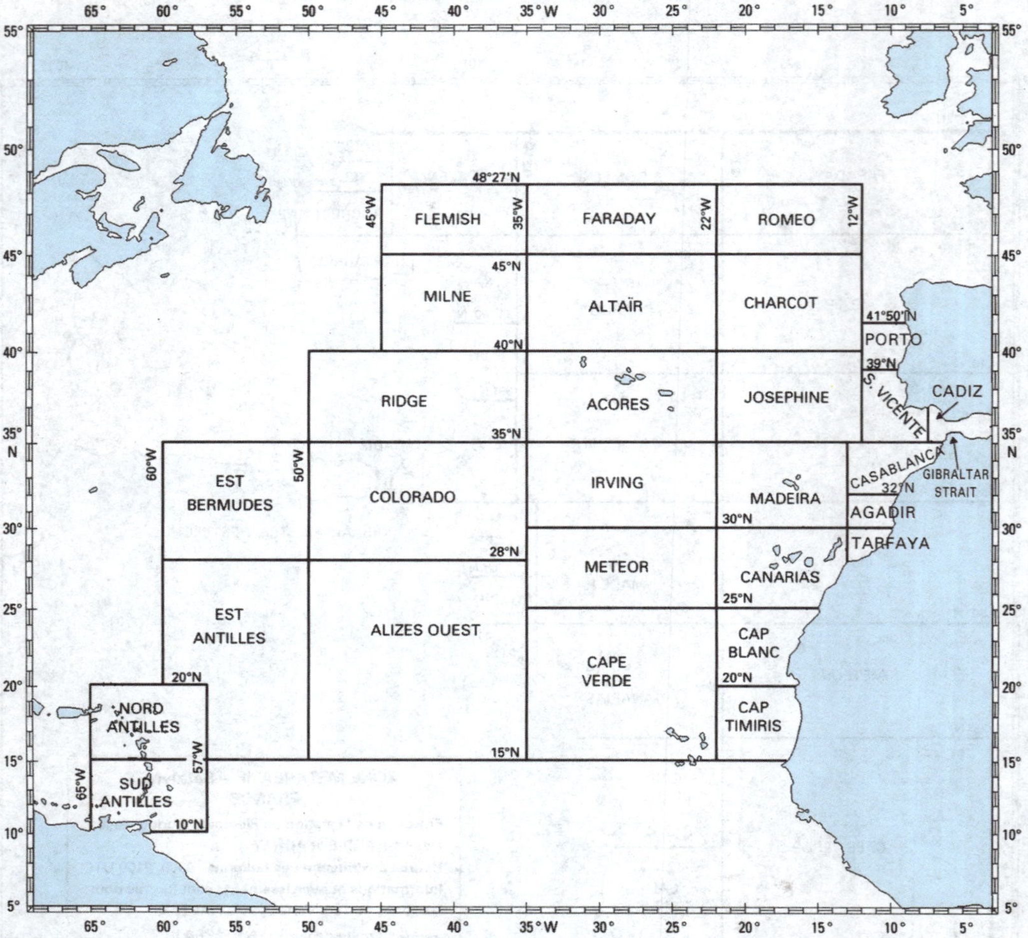

Émetteur	Fréquence	Horaires UTC	Zones et contenu
Radio France Internationale carte A4	**Europe** 6 175 kHz **Atlantique** 15 300 kHz 15 515 kHz 15 750 kHz 21 645 kHz	Vers 11 h 30	Toutes zones : A.T., situation générale, évolutions, prévisions à 24 h

Au large : NAVTEX

DU BON USAGE DU NAVTEX

Les messages NAVTEX sont reçus automatiquement 24 h sur 24 h. Le préambule des messages comporte un code à plusieurs lettres :

ZCZC	Ouverture de l'émission
B1	Station
B2	**Sujet du message**
B3	N° d'ordre du message
B4	

Type des messages B2			
A	Avertissements de navigation	G	Disponible (anciennement DECCA)
B	Avis météorologiques	H	Messages d'informations concernant le LORAN C
C	Rapport sur la situation des glaces	I	Disponible (anciennement OMEGA)
D	Renseignements de recherche et de sauvetage et avertissements d'attaques de pirates	J	Messages d'informations concernant les satellites de navigation SATNAV
E	Prévisions météorologiques	K	Messages concernant d'autres aides radioélectriques à la navigation
F	Messages ayant trait au service de pilotage	L	Avertissements de navigation (relevant de la catégorie A, mais en surnombre) mais qui ne devraient pas être rejetés par le récepteur

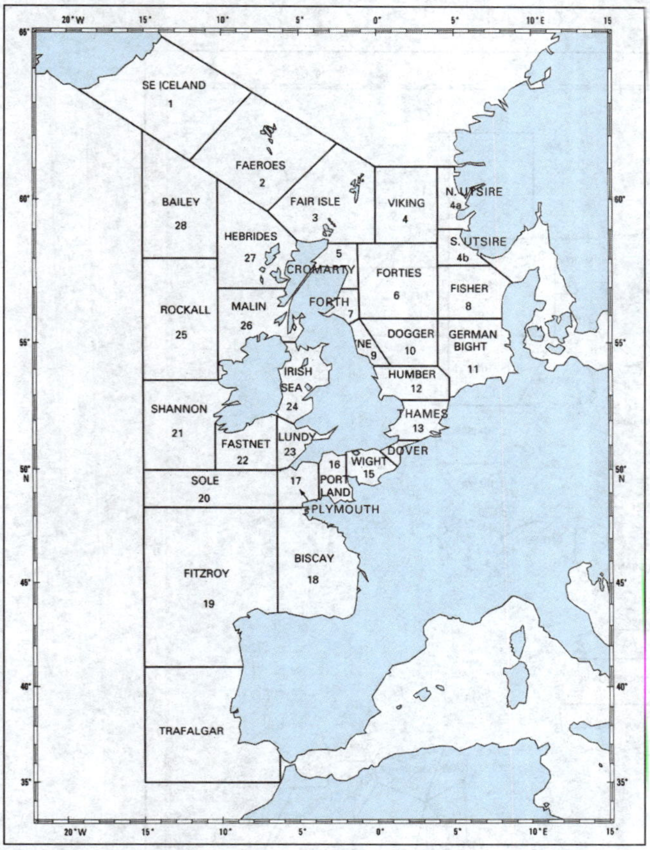

Carte A26

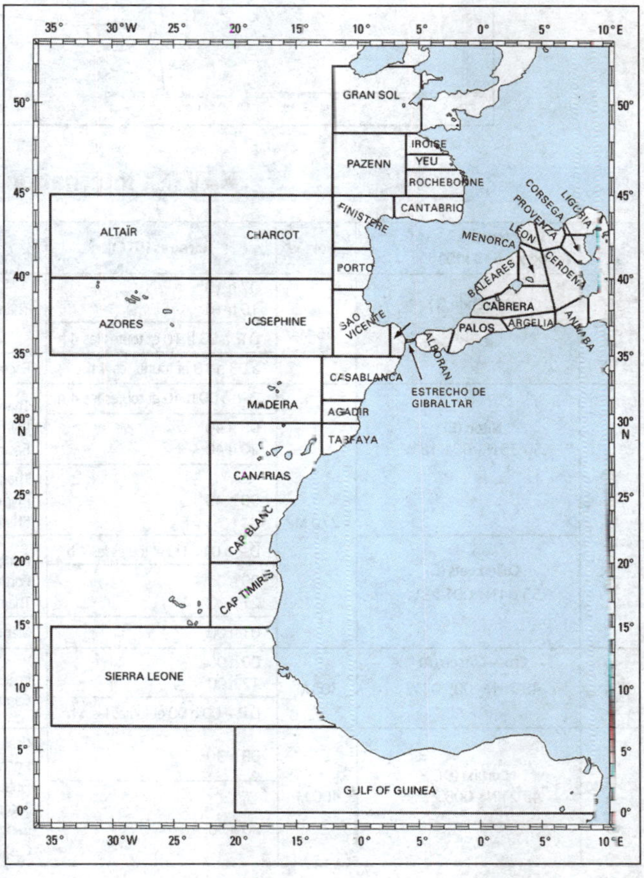

Carte A30

Météorologie

Carte A2

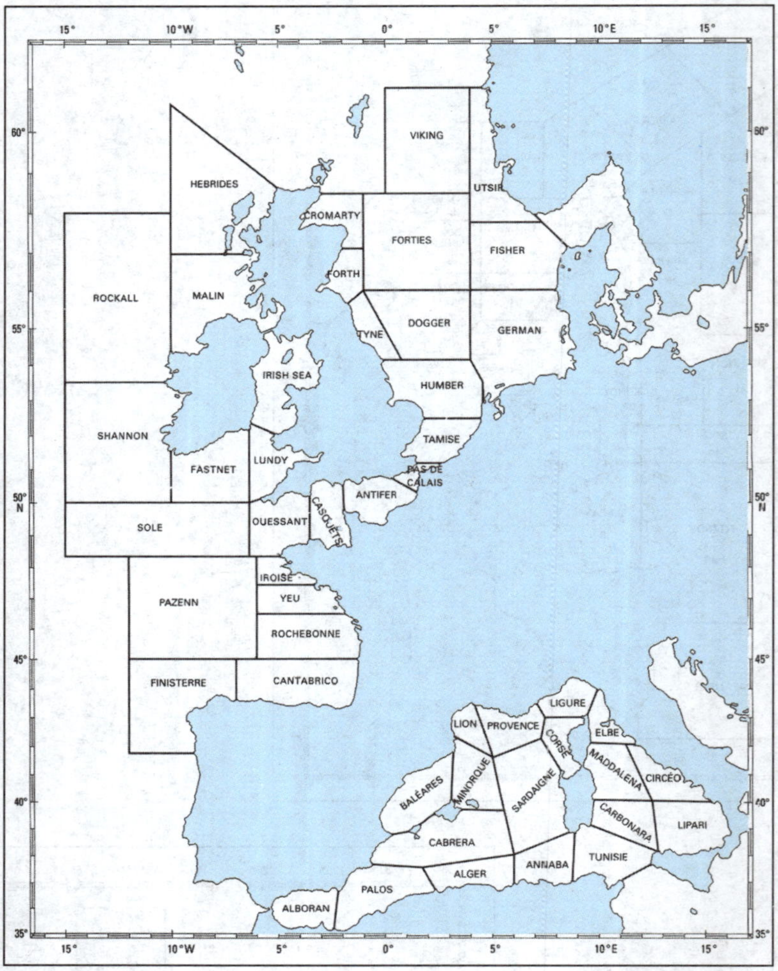

NAVTEX international

	Émetteurs (fréquence 518 kHz)	Portée	Horaires (UTC)	Zones	Contenu (en anglais)
Belgique	Oostende (T) 51°11'N - 002°48'E carte A26	55 M	07 h 10 19 h 10	Thames et Dover	A.T. et prévisions
			D.R. à 03 h 10 et toutes les 4 h		A.T.
			à 03 h 10 et toutes les 4 h	Escault et voie d'accès	Bulletin des glaces
Grande-Bretagne	Niton (E) 50°35'N - 001°18'W carte A26	270 M	D.R. à 00 h 40 et toutes les 4 h	Thames, Dover, Wight, Portland, Plymouth, Biscay, Fitzroy, Sole, Fastnet, Lundy	A.T.
			08 h 40 20 h 40		Bulletin
			00 h 40	Thames, Dover, Wight, Portland, Plymouth, Biscay, Fitzroy, Sole, Shannon, Fastnet, Lundy, Irish Sea	Tendances
	Cullercoats (G) 55°04'N - 001°28'W carte A26		D.R. à 01 h 00 et toutes les 4 h	Fair Isle, Viking, Cromarty, Forties, Forth, Tyne, Dogger, Humber Thames	A.T.
			09 h 00 21 h 00		Bulletin
			01 h 00	Mer du Nord, Manche Est	
France	Cross-Corsen (A) 48°28'N - 005°03'W carte A2	300 M	00 h 00 12 h 00	Iroise, Yeu, Rochebonne Cantábrico, Finisterre, Pazenn	A.T. et prévisions
			D.R. à 00 h 00 et toutes les 4 h		A.T. et B.M.S.
Espagne	Coruña (D) 43°21'N - 008°27'W carte A30	400 M	08 h 30	Gran Sol, Pazenn, Iroise, Yeu, Rochebonne, Altaïr, Charcot, Finisterre. Cantábrico, Azores, Joséphine, Porto, Sao Vicente Cádiz, Estrecho, Madeira Casablanca, Agadir	A.T. et bulletin (prévisions à 18h)
			20 h 30		Bulletin (prévisions à 36 h)

NAVTEX national

	Émetteur (fréquence 490 kHz)	Portée	Horaires (UTC)	Zones	Contenu
Grande-Bretagne	Niton (I) 50°35'N - 001°18'W carte A26	270 M	05 h 20 17 h 20	Zones côtières SE, S et SW de Grande-Bretagne	Bulletin en anglais : A.T. prévisions à 24 h, probabilités à 48 h, vent, temps, visibilité, état de la mer et tendance à 72 h
Grande-Bretagne	Niton (T) 50°35'N - 001°18'W carte A2	270 M	D.R. à 03 h 10 et toutes les 4 h	Humber, Tamise, Pas de Calais, Antifer	En français : A.T. et B.M.S.
Grande-Bretagne	Niton (T)	270 M	07 h 10 19 h 10	Humber, Tamise, Pas de Calais, Antifer, Casquets et Ouessant	En français : A.T. et prévisions
France	Cross-Corsen (E) 48°28'N - 005°03'W carte A2	300 M	D.R. à 00 h 40 et toutes les 4 h	Casquets, Ouessant, Iroise, Yeu, Rochebonne, Cantábrico, Finisterre, Pazenn, Sole, Shannon, Fastnet, Lundy, Irish Sea, Rockall, Malin et Hébrides	En français : A.T. (B.M.S.)

Au large

En grandes ondes

	Émetteur	Fréquence	Horaires	Zones	Contenu
Grande-Bretagne	BBC Radio 4 carte A26	198 kHz	00 h 48 et 05 h 36 loc.	Toutes zones	A.T. prévisions à 24 h, observations des stations côtières
Grande-Bretagne	BBC Radio 4	198 kHz	12 h 01 et 17 h 54 loc.	Toutes zones	A.T. prévisions à 24 h
Grande-Bretagne	BBC Radio 4	198 kHz	Dimanche : 05 h 56 loc.	Toutes zones	Bulletin plaisance
Grande-Bretagne	BBC Radio 4	A.T. : D.R. après le premier bulletin d'informations pour toutes les zones prévisions à long terme : le samedi à 05 h 42 loc. pour toutes les zones			
France	France-Inter carte A2	162 kHz	Vers 20 h 03 loc.	Toutes zones	A.T., situation générale et prévisions à 24 h

En M.F. et en H.F.

	Émetteur	Fréquence	Horaires	Zones	Contenu
Belgique	Oostende (OSU) carte A26	2 761 kHz	D.R. et à la fin des périodes de silence (*)	Portland et Plymouth	A.T.
Belgique	Oostende (OSU)	2 761 kHz	08 h 20 et 17 h 20 UTC	Portland et Plymouth	A.T. et prévisions
Belgique	Oostende (OSU)	2 761 kHz	toutes les 4 h à/c de 01 h 03 UTC	Escault et voie d'accès	Bulletin pour les glaces
Belgique	**(après annonce sur 2 182 kHz et 2 187,5 kHz en ASN)** *(*) Soit 3 mn au début de chaque quart d'heure*				
BBC Radio 4	Plymouth carte A26	774 kHz	00 h 48 et 05 h 35 loc.	Toutes zones	A.T. et prévisions à 24 h pour le large, observations, prévisions, situation générale et prévision à long terme
BBC Radio 4	Plymouth	774 kHz	17 h 54 loc.	Toutes zones	A.T. et prévisions à 24 h, observations
BBC Solent	Fareham carte A26	999 kHz	Semaine : 07 h 35, 08 h 35, 11 h 30, 12 h 30, 13 h 25, 14 h 25, 15 h 5, 16 h 25, 17 h 35, 18 h 35 et 23 h 05 loc.	Côtes	A.T. et coup de vent > force 6 attendu dans les 12 h à 5 M des côtes
BBC Solent	Bournemouth carte A26	1 359 kHz	Samedi : 06 h 35, 07 h 35, 08 h 35, 09 h 35, 10 h 35 12 h 35, 13 h 10 et 17 h 57 loc.	Côtes	A.T. et coup de vent > force 6 attendu dans les 12 h à 5 M des côtes
BBC Solent	Bournemouth	1 359 kHz	Dimanche : 07 h 35, 09 h 35, 15 h 05 et 23 h 05 loc.	Côtes	A.T. et coup de vent > force 6 attendu dans les 12 h à 5 M des côtes
Radio Devon carte A26	Barpstaple	801 kHz	Semaine : 05 h 30, 06 h 05, 08 h 33, 13 h 30 et 15 h 50 loc.	Côtes	A.T. et coup de vent > force 6 attendu dans les 12 h à 5 M des côtes
Radio Devon carte A26	Exeter	990 kHz	Samedi : 06 h 05, 08 h 33 et 13 h 05 loc.	Côtes	A.T. et coup de vent > force 6 attendu dans les 12 h à 5 M des côtes
Radio Devon carte A26	Plymouth	855 kHz	Dimanche : 06 h 05, 08 h 33 et 13 h 07 loc.	Côtes	A.T. et coup de vent > force 6 attendu dans les 12 h à 5 M des côtes
Radio Devon carte A26	Torbay	1 458 kHz	Dimanche : 06 h 05, 08 h 33 et 13 h 07 loc.	Côtes	A.T. et coup de vent > force 6 attendu dans les 12 h à 5 M des côtes
Radio Cornwall	Lanner hill carte A26	630 kHz	Semaine : 06 h 08, 07 h 25, 08 h 25, 10 h 30, 12 h 25, 13 h 25, 17 h 25, 18 h 25, 19 h 25 et 22 h 10 loc.	Côtes	A.T. et coup de vent > force 6 attendu dans les 12 h à 5 M des côtes
Radio Cornwall	Cardinham-Bodmin carte A26	657 kHz	Samedi : 07 h 25, 08 h 25, 10 h 30 et 13 h 15 loc.	Côtes	A.T. et coup de vent > force 6 attendu dans les 12 h à 5 M des côtes
Radio Cornwall	Cardinham-Bodmin	657 kHz	Dimanche : 07 h 10, 09 h 25, 10 h 30 et 13 h 10 loc.	Côtes	A.T. et coup de vent > force 6 attendu dans les 12 h à 5 M des côtes
BBC Radio Wales	N.E. Wales carte A26	657 kHz	Semaine : 06 h 58, 07 h 58, 09 h 03 loc. Samedi : 09 h 03 loc. Dimanche : 08 h 59 loc.	Eaux côtières	Situation et prévisions générales à 24 h
BBC Radio Wales	N.E. Wales	657 kHz	12 h 59 loc.	Eaux côtières	Situation et prévisions après-midi et nuit
BBC Radio Wales	N.E. Wales	657 kHz	Semaine : 17 h 34 loc. Samedi et dimanche : 17 h 59 loc.	Eaux côtières	Situation et prévisions nuit et lendemain

Émetteur		Fréquence	Horaires	Zones	Contenu
BBC Radio Wales	N.E. Wales carte A26	657 kHz	Semaine : 10 h 00 et 11 h 00 loc. Samedi : 06 h 00, 07 h 00, 08 h 00, 10 h 00 et 11 h 00 loc. Dimanche : 07 h 00, 08 h 00 et 10 h 00 loc.	Eaux côtières	Météo succincte pour la journée après les infos
BBC Radio Wales	Ensemble Wales carte A26	882 kHz	Semaine : 12 h 00, 14 h 00, 15 h 00 loc. Samedi : 12 h 00 loc. Dimanche : 17 h 00, 20 h 00 loc.	Eaux côtières	Météo succincte pour après-midi et nuit après les infos
BBC Radio Wales	Centre Wales carte A26	1 125 kHz	Semaine : 16 h 00, 17 h 00, 18 h 00, 19 h 00, 20 h 00, 21 h 00, 22 h 00 loc. Samedi : 17 h 00 loc. Dimanche : 17 h 00, 20 h 00 loc.	Eaux côtières	Météo succincte pour la nuit et le lendemain après les infos
		A.T. : D.R. pour toutes les eaux côtières			
BBC Radio Jersey	Trinity carte A26	1 026 kHz	Semaine : 06 h 35 et 18 h 00 loc. Samedi et dimanche : 07 h 35 loc.		Côtier
		A.T. : D.R. et vent en semaine à 06 h 35, 07 h 10, 07 h 35, 08 h 10, 08 h 35, 17 h 10, 17 h 35 et 18 h 35 loc.			
Jersey Radio	Jersey (GUD) carte A26	1 659 kHz	Du 1er/05 au 31/08 : à 06 h 45, 07 h 45, 08 h 45 loc. Tous les jours à 12 h 45, 18 h 45 et 22 h 45 UTC	Côtier	Au Sud de 50°N et à l'Est de 003°W
		A.T. : D.R. et toutes les 3 heures à/c de 03 h 07 UTC après la fin des périodes de silence (après annonce 2 182 kHz et 2 187,5 kHz en ASN)			
BBC Radio Gernsey	Rohais carte A26	1 116 kHz	Semaine : 08 h 07, 12 h 35 et 17 h 10 loc. Samedi et dimanche : 08 h 10 loc.	Guernsey, Herm et Serk	A.T., situation et prévisions côtières
France Bleu carte A2	Paris	864 kHz	Vers 06 h 40 loc.	Manche et mer du Nord	A.T., situation générale et prévisions à 24 h
France Info carte A2	Lille	1 377 kHz	Vers 06 h 47 loc.	Manche et mer du Nord	
	Rennes	711 kHz		Manche et Atlantique Est	
	Brest	1 404 kHz			
	Bordeaux	1 206 kHz		Gascogne et Atlantique Est	
	Bayonne	1 494 kHz			
Cross carte A2	Gris-Nez	1 650 puis 2 677 kHz	08 h 33 et 20 h 33 loc.	Humber, Tamise, Pas de Calais et Manche Est	Bulletin en français
	Corsen		08 h 15 et 20 h 15 loc.	Antifer, Casquets, Ouessant, Iroise, Yeu, Rochebonne, Cantábrico, Finisterre, Pazenn, Sole, Shannon, Fastnet, Lundy Irish Sea, Rockall, Malin, Hébrides	
		A.T. : D.R. à H + 03 (après annonce 2 182 kHz et 2 187,5 kHz en ASN)			
Monaco	Monaco carte A2	88 806 kHz 13 152 kHz 17 323 kHz 22 768 kHz	09 h 30 loc.	Atlantique Est	Bulletin en français et en anglais
HM Coastguard MRCC carte A26	Falmouth (MRCC)	2 226 kHz	D.R. toutes les 4 h. à/c de 01 h 40 UTC	Plymouth, Sole, Fastnet, Lundy	A.T. large
			09 h 40 et 21 h 40 UTC	Plymouth, Sole, Fastnet, Lundy	Situation, prévisions 24 h
	Solent (MRSC)	1 641 kHz	D.R. et toutes les 4 h à/c de 00 h 40 UTC	Wight, Portland	A.T. côtes (VHF) A.T. large (BLU)
	Yarmouth (MRSC)	1 869 kHz	D.R. et toutes les 4 h à/c de 00 h 40 UTC	Humber et Thames	A.T. côtes (VHF) A.T. large (BLU)
Radio national de España carte A30	San Sebastian	774 kHz	À 11 h 00, 14 h 00, 18 h 00 et 22 h 00 loc.	Cantábrico et Finisterre	A.T. et prévisions à 12 et 18 h
	Oviedo	729 kHz			
	Bilbao	639 kHz			
	Coruña	639 kHz			
	Santander	855 kHz			
Bilbao MRCC carte A30	Cabo Peñas (CCR) 43°39'N - 005°51'W	1 677 kHz	07 h 03 13 h 03 19 h 03	24 h 48 h 24 h	A.T. , situation et prévisions pour l'Atlantique en espagnol
	Machichaco (CCR) 43°27'N - 002°45'W	1 707 kHz			
Coruña MRSC carte A30	Coruña (CCR) 43°22'N - 008°27'W	1 698 kHz			
	Finisterre (CCR) 42°54'N - 009°16'W	1 764 kHz			
(après annonce 2 182 kHz et 2 187,5 kHz en ASN)					

À la côte

En M.F.

Émetteurs		Fréquence	Horaires	Zones	Contenu
BBC Radio 4	Angleterre carte A26	92,4 MHz 94,6 MHz	00 h 48 et 05 h 36 loc.	Toutes zones	A.T. et prévisions 24 h (large), Observations, prévisions, situation générale et prévision à long terme
	Wales carte A26	92,4 MHz 94,6 MHz 96,1 MHz 103,5 MHz 104,9 MHz			
	Angleterre carte A26	92,4 MHz 96,1 MHz	Samedi et dimanche : 17 h 54 loc.		A.T. et prévisions 24 h, observations
	Wales carte A26	103,5 MHz 104,9 MHz			
	A.T. : D.R. après le 1er bulletin d'informations pour toutes les zones et sur toutes les fréquences – Prévisions à long terme le dimanche à 05 h 42 loc. pour toutes les zones sur toutes les fréquences				
BBC Solent	Solent carte A26	96,1 MHz	Semaine : 07 h 35, 08 h 35, 11 h 30, 12 h 30, 13 h 25, 14 h 25, 15 h 25, 16 h 25, 17 h 35, 18 h 35 et 23 h 05 loc.	Côte	A.T. et coup de vent > force 6 attendus dans les 12 h à 5 M des côtes
			Samedi : 06 h 35, 07 h 35, 08 h 35, 09 h 35, 10 h 35, 12 h 35, 13 h 10 et 17 h 57 loc.		
		103,8 MHz	Dimanche : 07 h 35, 09 h 35 15 h 05 et 23 h 05 loc.		
Radio Devon	Devon carte A26	95,8 MHz	Semaine : 05 h 30, 06 h 05, 08 h 33, 13 h 30 et 15 h 50 loc.		
		103,4 MHz	Samedi : 06 h 05, 08 h 33 et 13 h 05 loc.		
		94,8 MHz	Dimanche : 06 h 05, 08 h 33 et 13 h 07 loc.		
Radio Cornwall	Cornwall carte A26	103,9 MHz 95,2 MHz	Semaine : 06 h 08, 07 h 25, 08 h 25, 10 h 30, 12 h 25, 13 h 25, 17 h 25, 18 h 25, 19 h 25 et 22 h 10 loc.	Côte	A.T. et coup de vent > force 6 attendus dans les 12 h à 5 M des côtes
		96,0 MHz	Samedi : 07 h 25, 08 h 25, 10 h 30 et 13 h 15 loc.		
			Dimanche : 07 h 10, 09 h 25, 10 h 30 et 13 h 10 loc.		
BBC Radio Guernsey	Guernsey carte A26	93,2 MHz	Semaine : 08 h 07, 12 h 35 et 17 h 10 loc. Samedi et dimanche : 08 h 10 loc.	Côte : Guernsey, Herm et Serk	
BBC Radio Jersey	Jersey carte A26	88,8 MHz	Semaine : 06 h 35 et 18 h 00 loc. Samedi et dimanche : 07 h 35 loc.	Côte : Jersey	
		A.T. : D.R. et vent en semaine à 06 h 35, 07 h 10, 07 h 35, 08 h 10, 08 h 35, 17 h 10, 17 h 35 et 18 h 35 loc.			

En V.H.F.

Émetteurs	Canal	Horaires	Zones	Contenu
Station côtière Antwerpen carte A26	24	D.R. en H imp. + 05	Escault	A.T. (anglais et néerlandais)
		H + 03 et H + 48	Escault	Avis de vent fort pour petits navires (anglais et néerlandais)
Station côtière Oostende carte A26	27	08 h 20 et 17 h 20 UTC	Thames et Dover	A.T. et prévisions (anglais et néerlandais)
		toutes les 4 h à/c de 01 h 03 UTC	Escault et voie d'accès	Bulletin des glaces
		D.R. et à la fin des périodes silence (*)	Thames et Dover	A.T.
	(après appel sur canal 16 ou 70 en ASN)			

(*) Soit 3 mn au début de chaque quart d'heure

Émetteurs		Canal	Horaires	Zones	Contenu
COASTGUARD MRSC carte A26	Brixham MRSC	Beer Head : 84, Berry Head : 86, Dartmouth : 23, East Prawle : 73, Fowey : 86, Rame Head : 10, Salcombe : 84, Teignmouth : 10	D.R. et toutes les 4 h à/c de 00 h 50	Portland et Plymouth	Prévisions locales à 12 M
			08 h 50 et 20 h 50		A.T., situation, prévisions 24 h
	Dover MRCC	23 et 86	D.R. et toutes les 4 h à/c de 01 h 05	Thames, Dover et Wight	A.T. (large et côtes), prévisions locales
			09 h 05 et 21 h 05		A.T., large et côtes

Émetteurs		Canal	Horaires	Zones	Contenu
COASTGUARD MRSC carte A26	Portland MRCC	10, 73 et 86	D.R. et toutes les 4 h à/c de 02 h20	Wight, Portland et Plymouth	A.T., situation et prévisions à 24 h
			10 h 20 et 22 h 20		A.T., situation et prévisions à 24 h
			Toutes les 4 h à/c de 02 h 20	Côte	prévisions : 12 M
	Falmouth MRCC	23 et 86	D.R. et toutes les 4 h à/c de 01 h 40	Plymouth, Sole, Fastnet, Lundy	A.T. côtes
			09 h 40 et 21 h 40		Situation, prévision 24 h
			Toutes les 4 h à/c de 01 h 40	Local	Prévision côtière
	Solent MRSC	23 et 86	D.R. et toutes les 4 h à/c de 00 h 40	Wight, Portland	A.T. pour côtes
			08 h 40 et 20 h 40		A.T., situation et prévisions à 24 h
			Toutes les 4 h à/c de 00 h 40	Local	Prévision côtière
	Yarmouth MRSC	23, 84 et 86	D.R. et toutes les 4 h à/c de 00 h 40	Humber et Thames	A.T. pour côtes
		23 et 86	08 h 40 et 20 h 40	Humber et Thames	A.T., situation et prévisions à 24 h
			Toutes les 4 h à/c de 00 h 40	Local	Prévision côtière
	A.T. : D.R. et toutes les 4 h				
St Helier Pierheads carte A26		18	en continu toutes les 2 min avec réactualisation toutes les 10 min		Info sur le vent : rafales, vitesse et direction
C.G. stations (channel Islands) carte A2	Jersey (GUD)	25 et 82	05 h 45 en été seulement, 07 h 45, 12 h 45, 18 h 45, 22 h 45 et sur demande	Au Sud de 50° N et à l'Est de 003° W	Météo côtière
	A.T. pour les îles Anglo-Normandes : D.R. et toutes les 4 h à/c de 03 h 07				
	St Peter port (Guernsey)	20 et 62	Toutes les 4 h à/c de 01 h 33	Abords de Guernsey	Bulletin
(après appel sur canal 16 ou 70 en ASN)					

Stations		Canal	Zones Émetteurs	Bulletin côte (UTC)	Large (UTC)	BMS
Cross carte A2			De la frontière belge à la baie de Somme			
	Gris-Nez	79	Dunkerque	07 h 20, 16 h 03 et 19 h 20		Côte en français : D.R. et à H+03
			St Frieux	07 h 10, 15 h 45 et 19 h 10		Bulletin si visibilité < 2 M à H+25
			De la baie de Somme au cap de La Hague			
	Jobourg	80	Ailly	07 h03, 15 h 33 et 19 h 03		Côte en français : D.R. et à H+03
			Jobourg	07 h 33, 16 h 03 et 19 h 33		Côte en français à H+03 Large en anglais pour Antifer et Casquets : D.R. puis H+20 et H+50
			Antifer	08 h 03, 16 h 33 et 20 h 03		
			Port-en-Bessin	07 h 45, 16 h 15 et 19 h 45		
			Du cap de la Hague à la pointe de Penmarc'h			
			Jobourg	07 h 15, 15 h 45 et 19 h 15		
			Granville	07 h 03, 15 h 33 et 19 h 03		
			Du cap de la Hague à la pointe de Penmarc'h			
	Corsen	79	Cap Fréhel	05 h 45, 08 h 03, 12 h 03 (*), 16 h 33 et 20 h 03	Casquets, Ouessant, Iroise et Yeu en français et en anglais toutes les 4 heures à/c de 07 h 50	Large pour Casquets, Ouessant, Iroise et Yeu en français et en anglais : D.R., puis H+10 et H+50
			Île de Batz	05 h 15, 07 h 33, 11 h 33 (*) 16 h 03 et 19 h 33		
			Pointe du Raz	04 h 45, 07 h 03, 11 h 03 (*), 15 h 33 et 19 h 03		
			Le Stiff	05 h 03, 07 h 15, 11 h 15 (*), 15 h 45 et 19 h 15		
			Bodic	05 h 33, 07 h 45, 11 h 45 (*) 16 h 15 et 19 h 45		
			De la pointe de Penmarc'h à l'anse d'Aiguillon			
	Étel	80	Penmarc'h	07 h 03, 15 h 33 et 19 h 03		Côte : D.R., puis H+03
			Île de Groix	07 h 15, 15 h 45 et 19 h 15		
			Belle-Ile	07 h 33, 16 h 03 et 19 h 33		
			Saint-Nazaire	07 h 45, 16 h 15 et 19 h 45		
			Île d'Yeu	08 h 03, 16 h 33 et 20 h 03		
			Les Sables d'Olonne	08 h 15, 16 h 45 et 20 h 15		
			De l'anse d'Aiguillon à la frontière espagnole			
	Étel	79	Chassiron	07 h 03, 15 h 33 et 19 h 03		Côte : D.R., puis H+03
			Soulac	07 h 15, 15 h 45 et 19 h 15		
			Cap Ferret	07 h 33, 16 h 03 et 19 h 33		
			Contis	07 h 45, 16 h 15 et 19 h 45		
			Biarritz	08 h 03, 16 h 33 et 20 h 03		

(*) du 1er mai au 30 septembre

Émetteurs		Canal	Horaires UTC	Zones	Contenu
Bilbao MRCC carte A30		10	D.R., puis à H paire +33 À 00 h 33 et toutes les 4 heures		
Bilbao CCR carte A30	Cabo Peñas	23	08 h 40 et 20 h 10 12 h 40 (48 h)	Côtes	Bulletin en espagnol
	Navia	60			
	Santander	24			
	Bilbao	26			
	Pasajes	27			
Coruña MRSC carte A30		10	À 00 h 05 et toutes les 4 heures	Côtes	Bulletin en anglais et en espagnol
Coruña CCR carte A30	Cabo Ortegal	02	08 h 40 et 20 h 10 12 h 40 (48 h)	Côtes	Bulletin en espagnol
	Coruña	26			
	Finisterre	22			
	Vigo	65			
	La Guardia	21			
Finisterre MRCC		11	À 02 h 33 et toutes les 4 heures	Côtes	Bulletin en anglais et en espagnol
Gijón MRCC		10	Heure paire + 15 de 02 h 15 à 22 h 15		
Santander MRSC		74	À 02 h 45 et toutes les 4 heures		
Vigo MRSC		10	À 00 h 15 et toutes les 4 heures		

Au port

Sources	Tarifs	N°	Procédure	Contenu
Audiotel	0,34 €/min	serveur n° tél. 3250		Météo à 7 jours pour le rivage, la côte et le large ainsi que pour le surf et le funboard
		08 92 68 08 77		Large
		08 92 68 02 XX	XX : n° du département côtier choisi	
Navifax-direct	1,35 €/appel puis 0,34 €/min	08 99 70 18 52		Cartes, BMS et bulletins à courte et moyenne échéance
Navicap	Dans les capitaineries			

Internet

Météo-France	http://www.meteo.fr/marine courriel : marine@meteo.fr	Prévisions France, Europe
Marine US	http://www.fnoc.navy.mil	Prévisions, analyses et cartes (mondial)
Met Office (G.B.)	http://www.met-office.gov.uk	Prévisions mondiales
Aéro. Militaire Italie	http://www.meteoam.it/	
Météo allemande	http://www.wetterzentrale.de	Cartes Europe et Atlantique Nord
Météo-Consult	http://www.meteoconsult.fr/	Prévisions mondiales
Littoclime	http://www.littoclime.com	Cartes France et Atlantique Nord (vents en particulier)
Sail On Line	http://www.sail-online.com	Prévisions, cartes, photos satellite pour côtes françaises
European Centre for Medium-range Weather Forecast	htttp://www.ecmwf.int/	Cartes à 3 - 6 jours pour Europe et Atlantique Nord
Meteorolisk Institut	http://www.met.no/english/index.html	Prévisions pour la mer du Nord, la mer de Norvège et la côte norvégienne
Euro Weather	http://www.euroweather.net/	Prévisions pour l'Europe et la Méditerranée
The Wunderground	http://www.wunderground.com/MAR/	Prévisions mondiales et bulletins pour l'Atlantique
La chaîne Météo	http://www.lachainemeteo.com	Météo détaillée pour l'Europe

Glossaire météo franco-anglo-espagnol

Français	Anglais	Espagnol	Français	Anglais	Espagnol
Situation générale	General synopsis	Situación general	Brume	Mist	Neblina
Avis	Warning	Aviso	Orage	Thunderstorm	Tormenta
Dépression	Low	Depresión	Grain	Squall	Turbonada
Anticyclone	High	Anticiclón	Vent à rafale	Gusty	Ráfaga - Racha
Dorsale	Ridge	Dorsal	Echelle Beaufort	Beaufort scale	Escala Beaufort
Thalweg	Trough	Vaguada	Légère brise	Light breeze	Brisa muy débil
Front froid	Cold front	Frente frío	Bonne brise	Fresh breeze	Brisa fresca
Front chaud	Warm front	Frente cálido	Vent frais	Strong breeze	Brisa fuerte
Pluie	Rain	Lluvia	Grand frais	Near gale	Frescachón
Bruine	Drizzle	Llovizna	Coup de vent	Gale	Viente duro
Grêle	Hail	Granizo	Fort coup de vent	Severe gale	Viento muy duro
Neige	Snow	Nieve	Tempête	Storm	Temporal
Averse	Shower	Chubasco	Ouragan	Hurricane	Huracán
Brouillard	Fog	Niebla			

La météorologie moderne est née d'une tempête

Les 13 et 14 novembre 1854, un ouragan frappe le flotte interalliée, composée de bâtiments français, anglais et turcs, qui opérait en mer Noire durant la guerre de Crimée engagée contre la Russie.

Le navire amiral *Henry IV* fît naufrage au cours de cet événement météorologique. Le retentissement de cette perte fût si grand que le maréchal Vaillant, ministre de la Guerre, chargea l'astronome Le Verrier d'enquêter sur les causes de ce désastre.

Urbain Le Verrier, polytechnicien ingénieur des tabacs, né à Saint-Lô en 1811, est un scientifique très avide de connaissances. Il s'intéresse à la chimie puis à l'astronomie. Arago lui confie l'étude de l'origine de la perturbation d'Uranus et il s'investit tellement dans cette discipline qu'il devient en 1854 directeur de l'Observatoire de Paris.

Naufrage du navire amiral *Henry IV*
(d'après une gravure d'époque)

À cette époque la météorologie faisait partie des préoccupations des astronomes. Soucieux de propulser au tout premier rang mondial l'Observatoire de Paris, Le Verrier pense au développement des services de la météorologie. Il propose donc au ministère de la Marine, dés 1857, la création d'un bureau d'annonce des tempêtes pour les différents ports de France.

Sa démarche, qui n'est pas des plus diplomatiques, se heurte à l'opposition de nombreux scientifiques et ce d'autant plus que dans la lettre de présentation du projet on peut relever cette phrase : *" Il y a des gens qui font et laissent faire, il y en a d'autres qui ne font pas mais laissent faire ; la pire espèce et malheureusement la plus nombreuse, ce sont ceux qui ne font pas et ne veulent pas qu'on fasse ".*

Urbain Le Verrier
(document Météo-France)

On comprend qu'une telle bordée de boulets incommode au plus haut point les personnes visées non citées.

Il ne s'arrête pas en si bon chemin puisqu'il se heurte publiquement au directeur du Bureau des Longitudes qu'il épingle en pleine séance de l'Académie des sciences en exprimant ses plus grands doutes quant à l'exactitude de ses travaux astronomiques.

Belle ambiance ! Aussi c'est avec une grande satisfaction qu'il accepte la mission commanditée par le maréchal Vaillant.

Esprit méthodique, travailleur acharné, au comportement parfois tyrannique, exigeant pour lui-même et pour ses collaborateurs, Le Verrier va enquêter auprès des différents services astronomiques de l'Europe. Il va accumuler quelques 250 réponses, ce qui lui permet de découvrir le premier le caractère migrateur de la tempête qui avait sévi en mer Noire. Le 16 février 1855 il soumet à l'empereur Napoléon III un projet de création d'un vaste réseau d'observation météorologique afin d'avertir les marins de l'arrivée des tempêtes.

Un décret impérial en fixera les modalités de mise en œuvre après que le 20 février 1855, le ministre de l'Instruction publique aura présenté à l'empereur un rapport très complet dans lequel on peut lire : *" La météorologie est une science éminemment pratique à l'avancement de laquelle la navigation, l'agriculture, les travaux publics, l'hygiène sont spécialement intéressés ".*

Le 2 novembre 1857 paraît la première édition du " Bulletin météorologique international de l'Observatoire de Paris ". La météorologie moderne est née.

La carte marine : tout n'y est pas !

Des documents obligatoires : pourquoi ?

Les cartes routières sont prévues pour déterminer l'itinéraire le plus approprié ou le plus rapide et permettre au conducteur de se localiser. En effet, ce dernier évolue sur une surface où la " route " est balisée par des éléments naturels ou construits, directement visibles. Pour cela et parce qu'elle n'engage pas la sécurité de la circulation, l'utilisation des cartes routières n'est pas réglementée.

En mer, le navigateur évolue également dans un espace à deux dimensions (le sous-marinier est un cas à part !). Mais si certains obstacles sont visibles (les îles, les roches découvertes...), nombreux sont ceux que l'œil humain peut difficilement déceler car ils se situent sous une surface réfléchissante et dans un milieu relativement opaque. De plus, des phénomènes naturels affectent cette surface (vents, courants, marée) et modifient en permanence son apparence. Les documents nautiques doivent dès lors répondre aux principales préoccupations des navigateurs : situer son navire et repérer les dangers, pour localiser les zones à éviter et déterminer une route future garantissant une navigation sûre.

C'est donc dans un souci de sécurité que des textes réglementaires définissent les documents nautiques que les navires doivent posséder en fonction de leur catégorie de navigation. Il s'agit en particulier de l'arrêté du 23 novembre 1987, modifié, et son règlement annexé sur la sécurité des navires. Les divisions de ce règlement sont téléchargeables sur le site du ministère des Transports (www.mer.gouv.fr), rubriques " Sécurité " puis " La réglementation " puis " Textes en vigueur applicables aux navires ". Les fichiers sont tenus à jour des modifications apportées par arrêtés.

Les listes des documents réglementaires sont reprises dans le *Guide du navigateur volume 1 : Documentation et information nautiques* et dans *Naviguer en sécurité*.

La carte marine, un outil de base, mais incomplet

Il faut garder à l'esprit qu'une carte donne du terrain une image incomplète. Elle n'est pas une reproduction fidèle comme peut l'être une photographie aérienne. Même les cartes les plus détaillées sont des simplifications de la réalité.

Une carte marine est une représentation géométrique plane et symbolique d'une partie du globe.

C'est une construction sélective dont le contenu est déterminé par l'usage que le navigateur devra en faire et par le souci constant de privilégier la sécurité de la navigation. À ce titre, elle est l'outil de base indispensable aux navigateurs.

Les cartes marines sont obtenues par compilation de nombreux documents d'origines diverses (SHOM, DDE, ports autonomes, particuliers...). Elles doivent décrire des thèmes variés (topographie, bathymétrie, épaves, réglementation, câbles, amers, balisage, feux, marée, courants...) tout en restant parfaitement lisibles et interprétables.

Si l'on ajoute à cela le caractère textuel (réglementation) ou la variabilité temporelle (marée) de certaines données, on comprend aisément que le cartographe ne puisse pas tout représenter sur une feuille de papier de taille limitée ! Les éléments les plus importants pour assurer la sécurité de la navigation sont toujours traités dans le corps de la carte soit par de la symbolique, soit par du texte, soit sous forme de renvois aux autres documents du SHOM.

Apports des autres documents

Les divers documents publiés par le SHOM : cartes, *Instructions nautiques, Feux et signaux de brume, Ouvrages de radiosignaux...* ne donnent pas les mêmes renseignements. Ils se complètent mutuellement, de sorte qu'il est utile de les consulter tous. Depuis le début de l'année 2002, le nota ci-contre est porté sur les cartes marines nouvellement imprimées afin de rappeler ce grand principe aux navigateurs.

Cette carte marine est conçue pour être utilisée conjointement avec d'autres documents publiés par le SHOM.

Les Groupes hebdomadaires d'*Avis aux navigateurs* (incluant les avis permanents, préliminaires et temporaires), l'ouvrage *1D* (symboles et abréviations), le *Guide du Navigateur* (en particulier le volume 1 pour les informations concernant les cartes marines, leur précision et leurs limitations), *Naviguer en sécurité*, les *Instructions Nautiques*, les *Livres des Feux et Signaux de brume*, les ouvrages de radiosignaux, les annuaires des marées, les atlas de courants de marée.
Utilisez toujours la carte appropriée la plus détaillée et tenez à jour les cartes marines et les ouvrages nautiques en votre possession.

Documents relatifs aux marées et aux courants de marée

Les informations de marée portées sur les cartes ne sont pas destinées à calculer la marée mais à indiquer au navigateur si compte tenu des profondeurs rencontrées sur sa route, il doit effectuer un calcul à partir des annuaires.

Des informations permettant de calculer les courants de marée sont également portées sur les cartes.

Pour effectuer ce calcul, le navigateur doit connaître la marée (coefficient et heure).

Les tableaux de courant portés sur les cartes sont volontairement limités à quelques points afin de ne pas nuire à la lisibilité.

COURANTS DE MARÉE
Référence : PM Saint-Malo

Heures	(A) 48° 42,5' N 1° 58,4' W			(B) 48° 40,9' N 2° 04,7' W			(C) 48° 40,1' N 2° 05,2' W			(D) 48° 39,7' N 2° 02,2' W			(E) 48° 39,1' N 2° 02,8' W			
Position géographique	Directions en vive-eau (degrés)	Vitesses en vive-eau (nœuds)	Vitesses en morte-eau (nœuds)													
Avant Pleine Mer 6	241	0,6	0,3	106	0,6	0,3	304	1,1	0,4	068	0,7	0,1	316	1,8	0,8	-6
5	119	0,4	0,2	106	0,2	0,1	022	0,2	0,2	069	0,9	0,3	318	1,8	0,8	-5
4	091	1,4	0,7	074	1,8	0,9	103	1,1	0,7	072	1,1	0,6	326	0,9	0,4	-4
3	076	2,5	1,3	076	2,2	1,1	098	1,5	0,8	070	1,0	0,6	108	0,7	0,3	-3
2	.	.	.	.	.	.	091	1,5	0,8	084	1,0	0,3	107	0,8	0,6	-2
1	.	.	.	.	.	.	087	1,0	0,5	088	0,8	0,3	110	0,5	0,6	-1
Pleine Mer	.	.	.	.	.	.	079	0,4	0,2	127	0,3	0,1	141	0,3	0,4	0
Après Pleine Mer 1	022	0,3	0,2	.	.	.	292	0,3	0,2	223	0,5	0,2	173	0,5	0,3	+1
2	307	0,7	0,4	281	1,6	0,8	289	1,2	0,6	247	0,9	0,4	224	0,4	0,2	+2
3	254	1,5	0,8	293	0,7	0,4	292	1,8	0,9	250	0,9	0,4	288	0,6	0,3	+3
4	256	1,4	0,7	309	0,6	0,3	298	1,9	1,0	263	0,5	0,3	296	0,8	0,4	+4
5	250	1,1	0,6	260	0,5	0,3	300	1,7	0,9	008	0,2	0,1	307	1,3	0,6	+5
6	250	0,7	0,4	085	0,7	0,4	303	1,4	0,6	067	0,6	0,0	315	1,6	0,8	+6

Note : Au point (E), le courant est influencé par le fonctionnement de l'usine marémotrice de la Rance. Les valeurs sont indiquées pour un fonctionnement standard de l'usine.

SAINT-MALO

Heures UT + 1h — HEURES ET HAUTEURS DES PLEINES ET BASSES MERS — Lat. 48° 38' N Long. 2° 02' W

AVRIL 2002						MAI 2002						JUIN 2002					
	Heures h min	Haut. m		Heures h min	Haut. m		Heures h min	Haut. m		Heures h min	Haut. m		Heures h min	Haut. m		Heures h min	Haut. m
1 L	4 19 9 37 16 38 21 56	0,7s 12,8 1,0s 12,3s	16 Ma	3 42 9 06 15 55 21 16	1,9s 11,6 2,1 11,5s	1 Me	4 31 9 54 16 46 22 10	1,7 11,5 2,3s 11,2s	16 J	3 56 9 22 16 10 21 34	2,2s 11,1 2,6 11,1s	1 S	5 24 11 01 17 34 23 18	3,4 9,7 4,0s 9,6s	16 D	5 17 10 49 17 34 23 05	2,7 10,5 3,1 10,5s
2 Ma	4 53 10 14 17 11 22 32	1,4s 11,9s 2,0 11,4s	17 Me	4 10 9 35 16 24 21 46	2,3 11,1s 2,6 11,1	2 J	5 06 10 34 17 18 22 50	2,6 10,5s 3,3 10,3	17 V	4 33 10 01 16 48 22 14	2,7 10,6 3,1 10,6	2 D	6 06 11 48 18 21	4,0 9,1 4,6	17 L	6 08 11 43 18 28	3,0s 10,1 3,4s
3 Me	5 27 10 52 17 44 23 11	2,4 10,8s 3,1 10,4	18 J	4 40 10 07 16 55 22 20	2,8 10,5s 3,2s 10,4s	3 V	5 43 11 19 17 57 23 41	3,5 9,5s 4,2s 9,3s	18 S	5 14 10 46 17 33 23 04	3,2 10,0 3,6s 9,9s	3 L DQ	0 10 6 59 12 45 19 26	9,0s 4,4 8,7 4,9	18 Ma PQ	0 09 7 04 12 45 19 30	10,2 3,3 9,8 3,6s
4 J DQ	6 04 11 37 18 23	3,4s 9,6s 4,1s	19 V	5 15 10 45 17 35 23 03	3,4s 9,8s 3,9 9,7	4 S DQ	6 32 12 21 18 55	4,3 8,7 4,9s	19 D PQ	6 06 11 45 18 32	3,7 9,4 4,1s	4 Ma	1 16 8 05 13 52 20 40	8,7s 4,5s 8,6s 4,8	19 Me	1 11 8 09 13 56 20 38	10,0 3,4 9,8 3,6

Les atlas de courants du SHOM viennent en complément. Ils ont été créés pour fournir des informations sur la variabilité des courants de marée dans l'espace et dans le temps.

Indiquer les variations temporelles de la marée sur les cartes impliquerait que ces dernières soient réimprimées annuellement et que les navigateurs changent leurs cartes avant chaque saison, ce qui est actuellement difficilement envisageable.

Ce sont les annuaires de marée du SHOM qui, fournissant les éléments nécessaires au calcul des variations de hauteur d'eau dues à la marée, permettent d'exploiter les informations de courant portées sur les cartes. Ils sont donc indispensables à la bonne utilisation des cartes marines.

Livres des feux et signaux de brume

Les *Livres des feux* décrivent les établissements de la signalisation maritime (ESM), à terre ou flottant, dans l'ordre géographique déterminé. Ils sont réédités avec une périodicité de un à deux ans.

	Port Maria				
60000 *D.1016*	Feu principal Tour blanche lant. verte 25 m 47.28,8 N	 3.07,5 W	28	B.14 R.10 V.10	**Scint. B. R. V.** 017 - **R.** - 051 - **B.** - 081 - **V.** - 098 - **B.** - 143 - **Obs.** - 246 - **B.** - 252 - **Obs.** - 291 - **B.** - 297 - **V.** - 340 - **B.** - 017

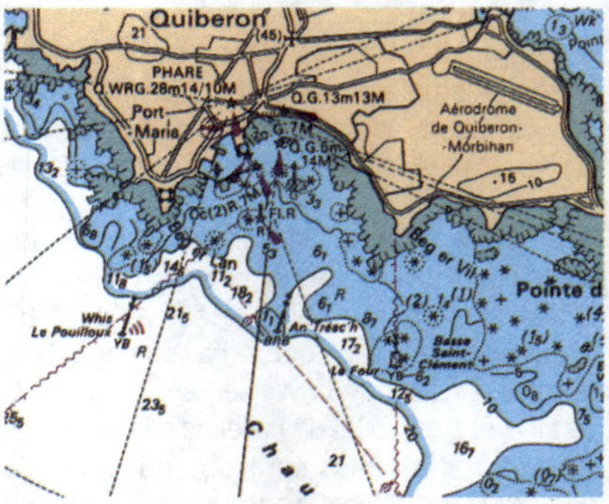

La comparaison, ci-dessus, d'un extrait du *Livre des feux* et de la carte correspondante montre que la description des feux est plus détaillée dans les *Livres des feux*, en particulier en ce qui concerne la structure supportant le feu dont la forme et la couleur sont décrites.

D'autre part la complexité de la zone représentée sur la carte peut rendre ardue la lecture des légendes de feux. Le *Livre des feux*, lui, reste toujours clair et facile d'emploi.

Un autre aspect important est celui de la tenue à jour. Ainsi, lors de l'installation d'un balisage temporaire un avurnav (avis urgents aux navigateurs) est émis.

Si l'installation temporaire se prolonge au-delà de 15 jours, le *Livre des feux* de la zone sera corrigé par avis aux navigateurs. Par contre, ce ne sera pas systématiquement le cas pour la carte marine, pour laquelle une correction est émise si l'état temporaire se prolonge au-delà d'un an. À ce titre, les *Livres des feux* constituent la référence en matière de signalisation maritime.

Dans certaines régions où le fonctionnement des feux est incertain, les cartes marines portent un nota similaire à celui de la carte 7348 :

1-Feux
Aux abords de Beyrouth, le fonctionnement des feux est incertain. Il est conseillé aux navigateurs de consulter le Livre des feux de cette zone.

Instructions nautiques

Les *Instructions nautiques* ont spécialement pour objet de fournir aux navigateurs les renseignements généraux qui peuvent leur être utiles et qui ne figurent pas sur les cartes ou qui y sont indiqués trop sommairement.

Un chapitre de chaque *Instruction nautique* est consacré aux renseignements généraux sur la zone couverte. Ce chapitre fournit des informations essentielles sur la météorologie, l'océanographie, les routes océaniques et les différents pays concernés par l'ouvrage. Ces renseignements indispensables pour la préparation des traversées ne figurent pas sur les cartes marines.

Les *Instructions nautiques* sont une aide précieuse et indispensable pour la lecture des cartes. Elles apportent, en particulier, des compléments d'informations aux thèmes traités au moyen de symboles sur les cartes ainsi que sur tout ce qui ne peut être cartographié pour des raisons d'encombrement ou de lisibilité.

Ces ouvrages décrivent les côtes et les principaux amers, attirent l'attention du navigateur sur les dangers de la zone et donnent des indications sur les atterrissages, les routes recommandées, le pilotage, les mouillages, les villes côtières et leurs installations portuaires (ravitaillement, réparation, communication...). La description des accès à un port est faite pour un navigateur arrivant du large et découvrant peu à peu la côte jusqu'au port et aux mouillages.

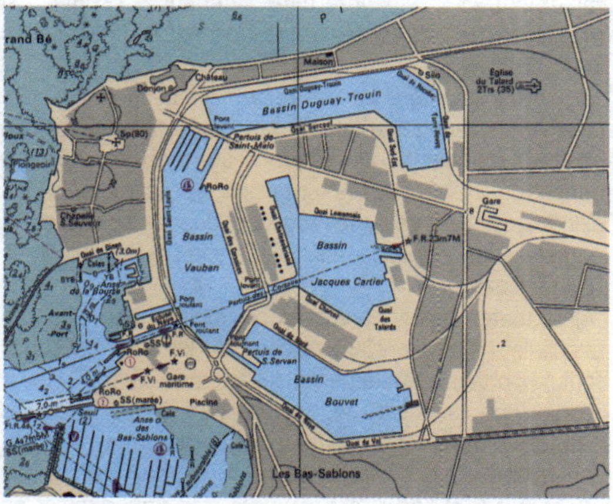

Cet extrait de la carte 7130 " Port de Saint-Malo " montre que celle-ci permet uniquement d'appréhender la configuration des quais. L'apport des *Instructions nautiques* pour la même zone est important : elles décrivent précisément les signaux portuaires d'entrée et de sortie, les procédures de sassement dans les écluses, le passage dans les pertuis, les procédures pour le remorquage. Toutes ces informations ne sont pas cartographiables.

Les ouvrages de radiosignaux du SHOM

Plusieurs ouvrages sont regroupés sous cette appellation. Ils permettent de tirer parti des aides radioélectriques à la navigation, de communiquer avec les organismes à terre et de s'informer de la météorologie.

Les ouvrages *Radionavigation* et *Radiocommunications* décrivent les infrastructures et les procédures à employer dans ces deux domaines.

Les ouvrages *Radiocommunications pour la surveillance du trafic et le pilotage* décrivent les systèmes de compte rendu de mouvements des navires dans les approches de certains ports et dans les eaux côtières resserrées.

Les ouvrages *Météorologie maritime et Stations radio-météorologiques* donnent des renseignements météorologiques à l'usage de la navigation (bulletins, avis) les indicatifs, horaires, fréquences et puissances des stations émettrices.

Une carte marine ne traite pas complètement ces différents thèmes. Elle attire toutefois l'attention des navigateurs sur l'existence de procédures dans la région qu'elle couvre en mentionnant dans un nota le document concerné.

Conclusion

La carte marine est sans aucun doute l'outil le plus utilisé par les navigateurs.

Néanmoins, il faut être conscient que, bien que les opérations de compilation des données et de généralisation cartographique aient été conduites de manière à garantir la sécurité de la navigation,

- tout n'est pas représenté : certaines informations font l'objet d'autres documents ;
- la variabilité dans le temps des informations de marée et de courant nécessite des éditions fréquentes qu'il est plus aisé de réaliser pour un ouvrage que pour une carte ;
- les informations de caractère réglementaire sont difficilement représentables sur une carte sans en altérer grandement la clarté et la lisibilité.

C'est pour ces raisons que les cartes marines doivent être utilisées conjointement avec les autres documents du SHOM. Certes, tout cela prend de la place. Mais le développement de l'information nautique sous forme numérique permettra sans doute, à terme, de réduire considérablement le volume occupé sur les étagères d'un navire par toute la documentation obligatoire.

Les systèmes géodésiques dans les ouvrages nautiques

13 La Pointe d'Ailly (49° 55,0' N—0° 57,5' E) est une falaise sombre, à pic dans sa partie inférieure, surmontée d'une calotte arrondie. Elle porte un phare avec radiophare, tour carrée blanche à sommet vert (24 m) [vue 3.3.2.A]. Les Roches d'Ailly, constituées par des blocs de grès débordent la pointe Jusqu'à 0,5 M au NNE.

Les ouvrages nautiques, Instructions Nautiques, Livres des Feux, Ouvrages de radiosignaux, Annuaire des marées, etc. sont, avec la carte qui est le document de base, les livres les plus couramment utilisés par le navigateur. On trouve fréquemment dans ces ouvrages la position en latitude et longitude de points caractéristiques (amers, balisage,...). Pourquoi ces positions ? A quel système géodésique sont-elles rapportées ? Sont-elles tenues à jour ? Quelles précautions d'utilisation faut-il prendre ? Ce court article vise à répondre à ces questions. Le lecteur trouvera dans le *Guide du Navigateur*, volume 2 ou dans *Naviguer en sécurité* du SHOM, de plus amples détails sur la diversité des systèmes géodésiques auxquels se rapportent les cartes marines, les dangers qui en découlent, et les précautions à prendre.

D'une manière générale, les positions indiquées dans les ouvrages nautiques ont pour seul but de pouvoir identifier rapidement sur la carte l'élément référencé. En conséquence, à quelques exceptions près, leur précision est limitée au mieux à 1/10e de minute près, et le système géodésique auquel elles sont rapportées n'est pas précisé. C'est le cas pour les *Instructions Nautiques*, les *Livres des Feux* et pour la presque totalité des *Ouvrages de radiosignaux*, la connaissance de positions précises n'étant nécessaire au navigateur que pour exploiter les systèmes de radionavigation LORAN C et SYLÉDIS.

Instructions Nautiques et Livres des Feux

Dans les *Instructions Nautiques*, les latitudes et longitudes sont surtout indiquées pour les points de repère importants tels que : caps, îlots isolés, amers remarquables, ports et mouillages. En dehors de ces points, les positions ne sont données qu'exceptionnellement en coordonnées géographiques : par exemple pour un îlot situé à une distance trop grande d'autres points de repère, et les autres positions sont normalement fournies en azimut /distance par rapport à un point déjà cité. Ces coordonnées géographiques proviennent de la carte citée dans le texte. Elles sont exprimées avec une précision de 1/10e de minute et sont rapportées au système géodésique de cette carte. Il en est de même pour les *Livres des Feux*, dans lesquels les positions géographiques des phares, balises, ... sont approchées au 1/10e de minute.

Ces positions ne doivent pas être considérées par le navigateur comme des points de route. De même, les points de référence cités en annexe des *Instructions Nautiques* pour la plaisance (coordonnées en WGS 84, à 1/10e de minute près) ne sont pas non plus des points de route et doivent être utilisés avec la plus grande prudence.

Cependant dans les *Instructions Nautiques*, et par exception, les coordonnées des points délimitant des zones réglementées (zones interdites, chenaux, ...) sont aussi précises que celles des textes de référence qui les établissent.

Du fait de la différence des références géodésiques, des divergences importantes, de l'ordre de plusieurs dixièmes de minute, notamment en longitude, peuvent exister entre ces positions et celles relevées sur la carte en service, en raison d'un changement de système géodésique réalisé lors d'une nouvelle édition de la carte survenue après la publication de l'ouvrage nautique.

Ainsi, toutes les cartes éditées ou publiées par le SHOM depuis le 1er janvier 2001 et couvrant les eaux françaises sont rapportées au système géodésique WGS 84.

Lorsqu'une carte est rééditée en WGS 84, les positions indiquées dans les ouvrages nautiques ne sont alors généralement pas corrigées. Ce genre de modification n'est effectué que si l'écart est vraiment trop important et ne permet plus de relier le texte à la carte, à l'occasion de la réédition de l'ouvrage ou, rarement, lors de la parution d'un avis aux navigateurs.

REFERENCE GEODESIQUE : WGS 84

1.3.1.AA.1015

CHAÎNE SUD EUROPE (6731)

	Latitude	Longitude	P. kW	ED
M - Lessay (France)	49° 08' 55.224" N	1° 30' 17.029" W	250	
X - Soustons (France)	43° 44' 23.099" N	1° 22' 49.584" W	250	13000
Y - Loop Head (Irlande)	52° 35' 01.57" N (± 10")	9° 49' 07.96" W (± 10")	250	27300
Z - Sylt (Allemagne)	54° 48' 29.975" N	8° 17' 36.856" E	250	42100

L'esclave Loop Head est planifiée.

Ouvrages de radiosignaux

Dans les *Ouvrages de radiosignaux* du SHOM, les positions géographiques des stations sont indiquées à la minute près, à l'exception des émetteurs des chaînes LORAN C et SYLÉDIS. En effet, **les positions des stations émettrices de ces deux systèmes doivent être entrées dans les récepteurs, par l'utilisateur, avec un maximum de précision.**

Dans l'ouvrage *Radionavigation maritime*, volume 1, on trouve donc :

- les coordonnées géographiques des stations maîtresses et esclaves de chaque chaîne LORAN C exprimées au 1/1000e de seconde, en WGS 84 ;
- pour chacune des balises d'un réseau SYLÉDIS : ses coordonnées géographiques, avec une précision de 1/100e de seconde et ses coordonnées rectangulaires en projection UTM à 0,1 mètre près, dans le système géodésique européen compensé (ou ED 50).

Enfin quand, après avoir initialisé son récepteur, le navigateur utilise un système de radionavigation, il doit s'assurer, avant tout report d'un point sur la carte, que ses coordonnées sont dans le même système géodésique que celui de la carte.

La documentation nautique forme donc un ensemble cohérent, dont la carte - document de base - est la référence pour les positions géographiques, sauf dans quelques cas particuliers comme les positions de certaines stations de radionavigation. Les ouvrages nautiques s'utilisent avec les cartes et les positions qui y sont indiquées ne servent qu'à établir un lien entre les textes et ces cartes.

Photo : Claude Pons

Marées

Avis importants

Pour utiliser les tableaux de marées, il faut noter que :

Les heures des tableaux des ports principaux sont exprimées en heure locale

Hiver ou été, il n'y a aucune correction à faire.
L'intervalle entre deux P.M. (ou deux B.M.) étant en moyenne de 12 h 25, il arrive que si l'une d'entre elles a lieu aux environs de midi, l'autre peut n'avoir lieu que la veille ou le lendemain.

Les corrections pour les ports rattachés sont exprimées en UTC

Il convient avant toute chose de les corriger en **heure locale**.
Ensuite, pour obtenir les heures et les hauteurs des marées des ports rattachés, il suffit d'ajouter ou de retrancher les corrections aux heures et hauteurs des ports de référence.

Heure
Pour les P.M., il convient d'appliquer :
- soit la correction de V.E. (ou M.E.) aux P.M. dont l'heure (corrigée en heure locale) dans le port de référence est à moins de deux heures de l'heure de la P.M. moyenne de V.E. (ou M.E.) dans ce port ;
- soit la moyenne des corrections (V.E. ou M.E.) dans les autres cas.

On procèdera de la même manière pour les basses mers (B.M.).

Hauteur
Les corrections de hauteur dépendant du cœfficient, pour les marées s'écartant sensiblement des coefficients 95 et 45 (V.E. et M.E.), on interpolera à partir des corrections de hauteurs données pour ceux-ci.

Les marées dépendant étroitement des phases de la Lune, on peut aussi considérer qu'on applique :
a - une correction de M.E. pendant les trois jours suivant le premier et le dernier quartier de lune ;
b - une correction de V.E. pendant les trois jours suivant la nouvelle et la pleine lune ;
c - une correction moyenne dans les autres cas.

Abréviations

UTC : Universal time coordonnated (Temps universel coordonné) **V.E. :** Vive-eau
P.M. : Pleine mer **B.M. :** Basse mer **M.E. :** Morte-eau

Signaux de marée
(sens de variation du niveau)

Étale de basse mer		
Marée montante		
Étale de pleine mer		
Marée descendante		

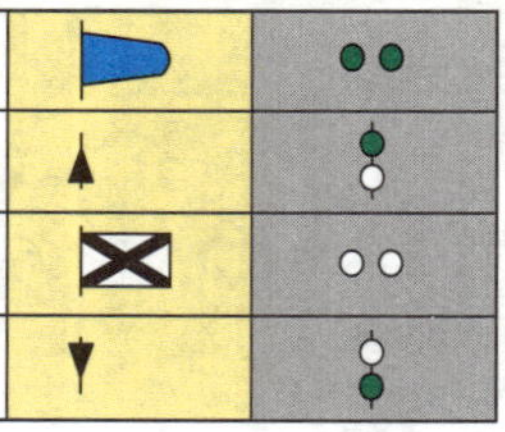

Hauteurs d'eau
au-dessus du zéro des cartes (vu du large)

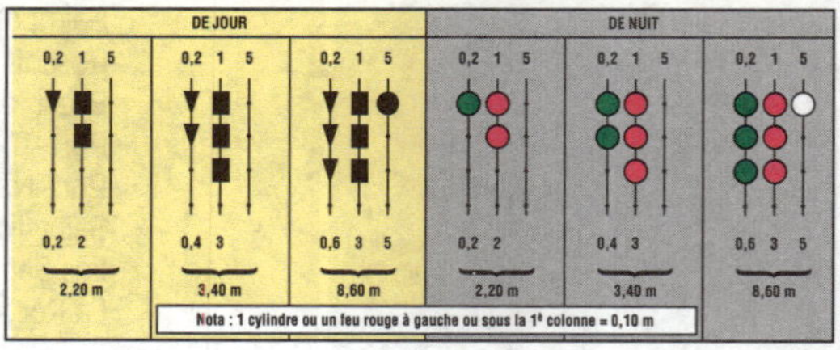

N'oubliez pas !

a) d'ajouter le résultat obtenu à la **sonde des cartes** pour obtenir la profondeur d'eau
b) la correction à ajouter ou à retrancher aux hauteurs de la marée en fonction de la **pression barométrique**

Pression barométrique en hPa	963	973	983	993	1 003	1 013	1 023	1 033
Correction en mètres	+ 0,50	+ 0,40	+ 0,30	+ 0,20	+ 0,10	0	- 0,10	- 0,20

c) n'oubliez pas enfin le **« pied de pilote »**

**Les heures des ports principaux sont en heure légale (temps en usage en France)
et les heures des ports rattachés sont en UTC soit :**

- en été : UTC +2 du 28 mars 2004 au 31 octobre 2004 } pour l'heure légale
- en hiver : UTC +1

Hauteur et heure d'une pleine mer dans un port rattaché

On demande l'heure (instant) et la hauteur de la pleine mer (P.M.) le 21 août 2004 au soir à Santander en Espagne.
Dans les tableaux de correction pour les ports rattachés, nous voyons que Santander a pour port principal de référence Brest.

Heure

Le 21 août 2004 au soir, la P.M. à Brest a lieu à 21 h 18 min locales.

Dans les tableaux de correction pour les ports rattachés, nous trouvons comme heures de P.M. moyennes de V.E. et de M.E. encadrant 21 h 18 min locales : 18 h 50 min (UTC +2) et 00 h 40 min (UTC +2).

Aucune de ces deux heures n'étant à moins de deux heures de 21 h 18 min, nous prenons la moyenne des corrections données pour Santander.

$$\frac{(-00\text{ h }30\text{ min}) + (-00\text{ h }10\text{ min})}{2} = \frac{-00\text{ h }40\text{ min}}{2} = -00\text{ h }20\text{ min}$$

Heure de la P.M. à Brest = 21 h 18 min
Heure de la P.M. à Santander = - 00 h 20 min
20 h 58 min locales (UTC +2)

Hauteur

- Cœfficient du 21 août 2004 au soir 73
- Correction de V.E. (95) pour Santander .... - 2,90
- Correction de M.E. (45) pour Santander .... - 2,25
- À un écart de cœfficient de 50, soit 95 - 45, correspond un écart absolu de hauteur de 0,65 soit .... (|- 2,90| - |- 2,25|)

➡ Donc à un écart de cœfficient de 22, soit 95 - 73, correspond un écart absolu de hauteur de 0,29 m soit .... $\frac{0{,}65\text{ m} \times 22}{50} = 0{,}29\text{ m}$

- Aussi pour un cœfficient de 73, la correction de hauteur à Santander sera de - 2,61 m soit .... (- 2,90 m + 0,29 m)

- Hauteur de la P.M. à Brest .... 6,35 m
➡ Correction pour Santander .... - 2,61 m
3,74 m

Hauteur et heure à un instant quelconque par la règle des douzièmes

Cette règle admet que les mouvements de l'eau sont, par «tranche horaire», réguliers (linéaires).

Une marée est caractérisée par :

A - son marnage	**B - sa durée**
(écart de niveau entre la P.M. et la B.M.)	(intervalle de temps de 6 heures environ entre l'instant de la P.M. et celui de la B.M.)
Le marnage définit donc le « douzième » : c'est le marnage divisé par 12.	**La durée définit « l'heure-marée » : c'est la durée divisée par 6.**

Exemple : Quelle sera la hauteur d'eau à Brest le 21 août 2004 ?

P.M.		21 h 18 min	6,35 m	
B.M.		03 h 48 min	1,75 m	
Durée de la marée	➡	06 h 30 min	4,60 m	⬅ MARNAGE
Heure-marée	➡	01 h 05 min	0,38 m	⬅ Douzième

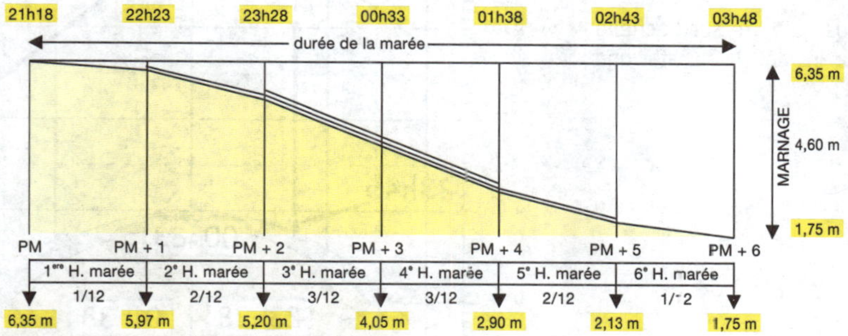

À 23 h 45 locales (soit 17 min après 23 h 28, soit 17/65 d'heure-marée) la hauteur sera de

$$\underbrace{5{,}20\text{ m}}_{\text{Hauteur à 23 h 28 min}} - \left[\underbrace{(3 \times 0{,}38)}_{3/12} \times \underbrace{\frac{17}{65}}_{\text{Écart-temps}}\right] = 4{,}90\text{ m}$$

Plus simplement, en quelques instants, calculez votre marée...

Port concerné : Brest

Rattaché (éventuellement) à : ....

Jour concerné : 21 / 08 / 2004 V. E (M. E.)

Heures	Hauteurs d'eau
(corrigées de)	(corrigées de)
(PM) / BM : ...... h ...... ± ...... h ...... = 21 h 18 min	6 m 35 ± ...... m ...... = 6 m 35
PM / (BM) : ...... h ...... ± ...... h ...... = 03 h 48 min	1 m 75 ± ...... m ...... = 1 m 75

Durée de la marée : 06 h 30

Heure-marée : 01 h 05

Déroulement de la marée :

(P.M.) / B.M. : 21 h 18

+1 h : 22 h 23

+2 h : 23 h 28

+3 h : 00 h 33

+4 h : 01 h 38

+5 h : 02 h 43

P.M. / (B.M.) : 03 h 48

On complète le graphique :

1 - En traçant la "droite-marée" entre le niveau de la P.M. et la B.M.

2 - En plaçant chaque "heure-marée" dans "l'horloge".

3 - En localisant l'instant ou la hauteur qui nous intéresse.

4 - En traçant les correspondances verticales et horizontales jusqu'à la "droite-marée".

Il ne reste plus qu'à lire sur l'échelle voulue (hauteur-instant) le résultat que l'on désire...

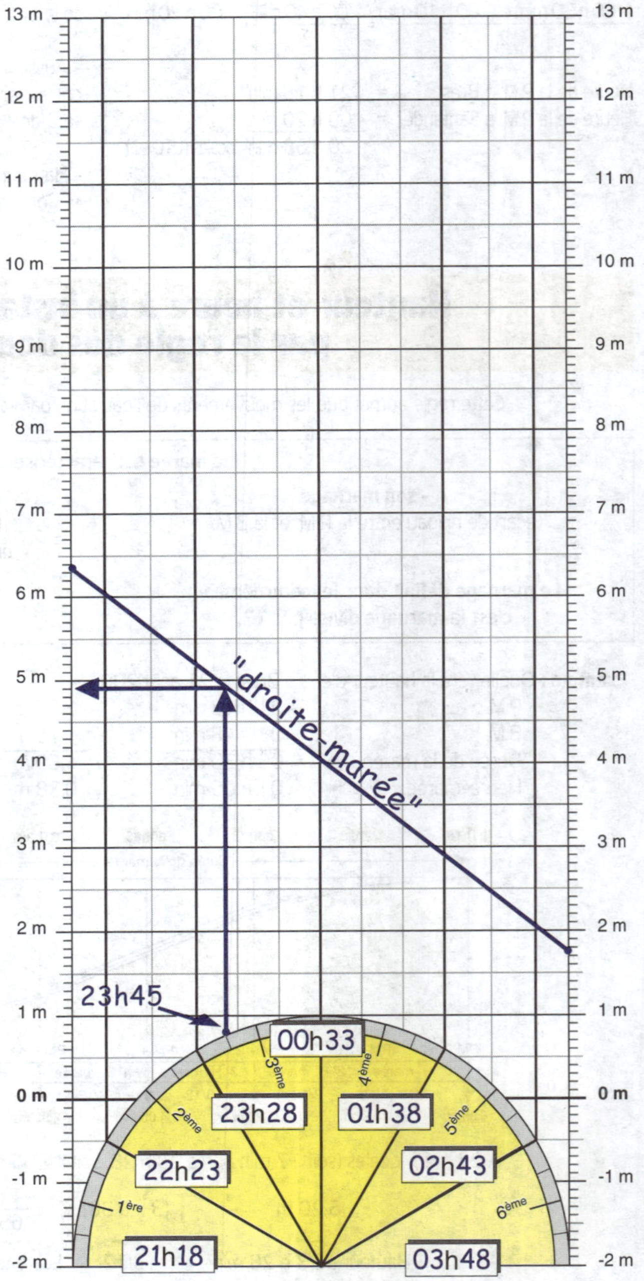

Plus simplement, en quelques instants, calculez votre marée...

Port concerné : ....

Rattaché (éventuellement) à : ....

Jour concerné : .... / .... / .... V. E M. E.

Heures	Hauteurs d'eau
(corrigées de)	(corrigées de)
PM / BM : .... h .... ± .... h .... = ... h.......... min	.... m .... ± .... m .... = ... m ....
PM / BM : .... h .... ± .... h .... = ... h.......... min	.... m .... ± .... m .... = ... m ....

Durée de la marée : ....h..........

Heure-marée : ....h..........

Déroulement de la marée :

P.M. / B.M. : ....h..............

+1 h : ....h..............

+2 h : ....h..............

+3 h : ....h..............

+4 h : ....h..............

+5 h : ....h..............

P.M. / B.M. : ....h..............

On complète le graphique :

1 - En traçant la "droite-marée" entre le niveau de la P.M. et la B.M.

2 - En plaçant chaque "heure-marée" dans "l'horloge".

3 - En localisant l'instant ou la hauteur qui nous intéresse.

4 - En traçant les correspondances verticales et horizontales jusqu'à la "droite-marée".

Il ne reste plus qu'à lire sur l'échelle voulue (hauteur-instant) le résultat que l'on désire...

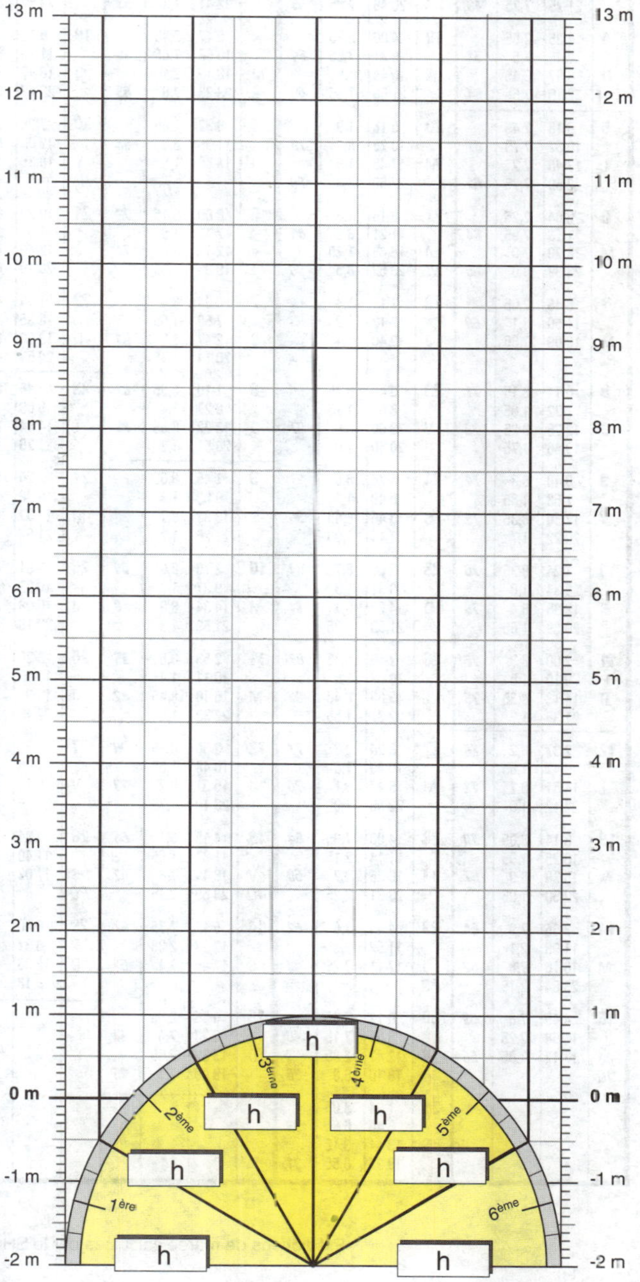

Avis aux lecteurs

Les heures moyennes des marées sont exprimées en **HEURE LÉGALE**.
Elles sont exactes pour toute l'année (heure d'hiver et heure d'été) et ne doivent donc pas être corrigées.

BOULOGNE-SUR-MER	50° 44' N 01° 35' E	Niveau moyen : 4,91 m	Marnages V.E. moyenne : 7,75 m M.E. moyenne : 4,60 m

JANVIER 2004

Jour	h m	haut. m	Coef	Jour	h m	haut. m	Coef
1 J	1 19 6 48 13 55 19 26	2,8 7,15 2,85 7,05	 42 41	16 V	0 26 5 44 12 58 18 18	2,3 7,65 2,4 7,5	 54 52
2 V	2 20 7 52 14 58 20 28	2,9 7,15 2,8 7,1	 41 43	17 S	1 30 6 53 14 10 19 32	2,45 7,6 2,4 7,45	 52 53
3 S	3 24 8 52 16 00 21 25	2,85 7,25 2,65 7,25	 45 48	18 D	2 46 8 08 15 30 20 49	2,45 7,7 2,25 7,65	 55 59
4 D	4 25 9 45 16 57 22 15	2,65 7,5 2,45 7,5	 51 54	19 L	4 06 9 21 16 44 21 59	2,25 7,95 1,9 7,95	 64 69
5 L	5 18 10 32 17 46 22 59	2,45 7,75 2,2 7,75	 57 61	20 M	5 16 10 25 17 48 22 59	1,9 8,3 1,5 8,3	 75 80
6 M	6 04 11 13 18 29 23 39	2,25 7,95 2,0 8,0	 64 66	21 M NL	6 15 11 21 18 46 23 52	1,6 8,6 1,25 8,6	 85 90
7 M PL	6 45 11 50 19 09	2,05 8,1 1,85	 69	22 J	7 11 12 12 19 40	1,4 8,8 1,1	 93
8 J	0 14 7 22 12 25 19 46	8,15 1,95 8,25 1,75	71 73	23 V	0 40 8 02 13 00 20 30	8,75 1,25 8,9 1,0	96 97
9 V	0 48 7 58 12 59 20 22	8,3 1,85 8,35 1,7	74 75	24 S	1 26 8 49 13 46 21 14	8,8 1,2 8,85 1,05	97 96
10 S	1 24 8 34 13 35 20 59	8,35 1,8 8,4 1,65	76 76	25 D	2 09 9 31 14 29 21 53	8,75 1,3 8,7 1,25	94 91
11 D	2 00 9 10 14 13 21 35	8,3 1,8 8,35 1,7	76 75	26 L	2 49 10 07 15 09 22 27	8,55 1,5 8,45 1,55	87 82
12 L	2 37 9 47 14 51 22 12	8,2 1,85 8,2 1,8	74 72	27 M	3 26 10 40 15 47 22 58	8,3 1,8 8,1 1,9	77 70
13 M	3 14 10 25 15 30 22 50	8,05 1,95 8,0 1,95	70 67	28 M	4 03 11 14 16 26 23 31	7,95 2,15 7,7 2,25	64 58
14 M	3 55 11 08 16 16 23 34	7,9 2,1 7,8 2,15	64 62	29 J PQ	4 44 11 52 17 11	7,6 2,5 7,25	52 46
15 J DQ	4 45 11 58 17 12	7,8 2,25 7,65	59 56	30 V	0 12 5 34 12 41 18 10	2,65 7,15 2,85 6,8	 40 36
				31 S	1 04 6 40 13 44 19 27	3,05 6,8 3,15 6,55	 33 31

FÉVRIER 2004

Jour	h m	haut. m	Coef	Jour	h m	haut. m	Coef
1 D	2 15 8 00 15 05 20 47	3,25 6,7 3,15 6,65	 32 34	16 L	2 17 7 54 15 09 20 44	2,75 7,25 2,5 7,2	 46 49
2 L	3 41 9 13 16 24 21 50	3,2 6,9 2,9 7,0	 38 43	17 M	3 52 9 19 16 33 21 58	2,6 7,55 2,15 7,65	 55 61
3 M	4 53 10 10 17 24 22 41	2,85 7,25 2,45 7,4	 48 53	18 M	5 09 10 24 17 42 22 57	2,15 8,0 1,65 8,1	 69 76
4 M	5 47 10 56 18 13 23 23	2,45 7,65 2,1 7,8	 58 63	19 J	6 12 11 18 18 42 23 47	1,7 8,4 1,3 8,5	 83 88
5 J	6 32 11 36 18 56	2,05 8,0 1,8	 68	20 V NL	7 08 12 05 19 35	1,35 8,7 1,05	 93
6 V PL	0 00 7 12 12 12 19 36	8,15 1,8 8,3 1,55	73 77	21 S	0 29 7 55 12 48 20 19	8,75 1,15 8,9 0,95	97 99
7 S	0 34 7 50 12 47 20 14	8,4 1,55 8,5 1,35	81 84	22 D	1 09 8 35 13 28 20 55	8,85 1,05 8,9 0,95	100 100
8 D	1 10 8 27 13 22 20 51	8,55 1,4 8,65 1,2	87 88	23 L	1 46 9 09 14 04 21 26	8,85 1,1 8,8 1,05	99 96
9 L	1 45 9 03 13 58 21 26	8,65 1,3 8,7 1,2	89 90	24 M	2 20 9 38 14 37 21 52	8,7 1,25 8,6 1,3	92 88
10 M	2 19 9 37 14 34 21 59	8,6 1,3 8,6 1,3	89 88	25 M	2 51 10 03 15 08 22 16	8,5 1,55 8,3 1,65	82 76
11 M	2 53 10 11 15 10 22 33	8,5 1,4 8,45 1,5	85 82	26 J	3 20 10 30 15 38 22 43	8,2 1,85 7,9 2,05	70 63
12 J	3 30 10 48 15 51 23 10	8,35 1,65 8,2 1,75	78 73	27 V	3 53 11 00 16 14 23 15	7,8 2,3 7,4 2,5	57 49
13 V DQ	4 15 11 31 16 41 23 55	8,1 1,95 7,8 2,15	68 62	28 S PQ	4 34 11 40 17 02	7,25 2,75 6,8	43 36
14 S	5 12 12 27 17 45	7,75 2,25 7,4	57 51	29 D	0 00 5 31 12 36 18 18	3,05 6,65 3,2 6,3	 30 26
15 D	0 55 6 23 13 39 19 09	2,55 7,4 2,55 7,1	 47 45				

MARS 2004

Jour	h m	haut. m	Coef	Jour	h m	haut. m	Coef
1 L	1 07 7 03 13 59 20 06	3,45 6,3 3,45 6,2	 24 25	16 M	2 06 7 54 15 00 20 46	2,95 7,0 2,65 7,05	 41 46
2 M	2 48 8 42 15 46 21 25	3,55 6,45 3,2 6,65	 30 36	17 M	3 49 9 19 16 30 21 57	2,65 7,4 2,2 7,6	 53 60
3 M	4 26 9 48 16 59 22 19	3,1 6,95 2,65 7,2	 42 49	18 J	5 08 10 21 17 39 22 51	2,1 7,9 1,65 8,1	 68 75
4 J	5 25 10 36 17 51 23 01	2,5 7,5 2,1 7,75	 56 64	19 V	6 09 11 11 18 35 23 35	1,6 8,35 1,3 8,5	 82 88
5 V	6 11 11 16 18 35 23 39	1,95 8,0 1,65 8,2	 70 77	20 S NL	6 58 11 52 19 20	1,3 8,65 1,1	 92
6 S	6 52 11 52 19 17	1,6 8,4 1,3	 83	21 D	0 11 7 38 12 29 19 56	8,75 1,15 8,8 1,0	96 98
7 D PL	0 13 7 32 12 27 19 56	8,55 1,3 8,7 1,05	88 93	22 L	0 45 8 10 13 03 20 26	8,85 1,05 8,85 1,0	99 99
8 L	0 48 8 10 13 02 20 33	8,75 1,05 8,9 0,9	97 99	23 M	1 17 8 39 13 35 20 52	8,85 1,1 8,8 1,1	97 95
9 M	1 23 8 46 13 38 21 07	8,9 0,95 8,95 0,85	101 101	24 M	1 47 9 05 14 05 21 17	8,75 1,2 8,6 1,25	92 87
10 M	1 57 9 21 14 14 21 40	8,9 0,95 8,9 0,95	101 99	25 J	2 16 9 29 14 33 21 39	8,55 1,45 8,3 1,55	83 77
11 J	2 31 9 54 14 51 22 13	8,8 1,05 8,7 1,25	95 91	26 V	2 43 9 54 15 01 22 04	8,25 1,75 7,95 1,95	71 65
12 V	3 09 10 30 15 32 22 48	8,6 1,35 8,35 1,65	85 79	27 S	3 14 10 22 15 34 22 35	7,85 2,15 7,45 2,45	58 51
13 S DQ	3 54 11 12 16 22 23 34	8,2 1,75 7,8 2,15	71 63	28 D	4 50 11 57 17 18	7,3 2,65 6,85	45 38
14 D	4 52 12 08 17 29	7,7 2,25 7,25	55 48	29 L PQ	0 16 5 43 12 47 18 28	2,95 6,65 3,15 6,3	 32 26
15 L	0 36 6 10 13 22 19 05	2,7 7,15 2,65 6,85	 42 40	30 M	1 17 7 12 14 04 20 17	3,45 6,15 3,45 6,1	 23 23
				31 M	2 53 9 01 15 53 21 49	3,6 6,25 3,3 6,5	 27 33

Prédictions de marée calculées par le SHOM (heure légale)

Avis aux lecteurs

Les heures moyennes des marées sont exprimées en **HEURE LÉGALE**.
Elles sont exactes pour toute l'année (heure d'hiver et heure d'été) et ne doivent donc pas être corrigées.

BOULOGNE-SUR-MER	50° 44' N 01° 35' E	Niveau moyen : 4,91 m	Marnages V.E. moyenne : 7,75 m M.E. moyenne : 4,60 m

AVRIL 2004

	h m	haut. m	Coef		h m	haut. m	Coef
1	4 42	3,15		**16**	5 52	2,0	
	10 14	6,8	40		11 05	7,9	68
J	17 18	2,7		V	18 21	1,7	
	22 45	7,15	48		23 30	8,1	74
2	5 46	2,45		**17**	6 47	1,6	
	11 04	7,4	56		11 50	8,25	79
V	18 13	2,1		S	19 10	1,4	
	23 29	7,75	64				
3	6 35	1,9		**18**	0 10	8,4	83
	11 45	8,0	72		7 31	1,4	
S	19 00	1,55		D	12 28	8,5	87
					19 50	1,3	
4	0 08	8,25	79	**19**	0 45	8,6	89
	7 20	1,45			8 06	1,3	
D	12 23	8,45	86	L	13 03	8,6	91
	19 45	1,2		*NL*	20 22	1,25	
5	0 45	8,6	92	**20**	1 16	8,7	91
	8 03	1,15			8 38	1,25	
L	12 59	8,75	98	M	13 35	8,65	91
PL	20 27	0,9			20 50	1,2	
6	1 19	8,9	102	**21**	1 47	8,7	90
	8 45	0,9			9 07	1,25	
M	13 37	8,95	105	M	14 07	8,6	88
	21 07	0,8			21 18	1,25	
7	1 55	9,05	106	**22**	2 17	8,6	85
	9 24	0,8			9 35	1,35	
M	14 15	9,05	107	J	14 37	8,45	82
	21 44	0,75			21 45	1,4	
8	2 32	9,05	105	**23**	2 45	8,45	78
	10 01	0,8			10 01	1,5	
J	14 54	9,0	103	V	15 06	8,2	74
	22 19	0,9			22 10	1,7	
9	3 11	8,95	98	**24**	3 15	8,15	69
	10 37	0,95			10 27	1,75	
V	15 35	8,75	93	S	15 36	7,85	64
	22 55	1,2			22 36	2,0	
10	3 53	8,65	86	**25**	3 47	7,8	58
	11 16	1,25			10 56	2,1	
S	16 20	8,3	78	D	16 11	7,45	52
	23 35	1,65			23 08	2,4	
11	4 43	8,2	70	**26**	4 26	7,3	47
	12 02	1,75			11 31	2,5	
D	17 14	7,75	61	L	16 56	6,95	41
					23 50	2,85	
12	0 25	2,2		**27**	5 17	6,8	36
	5 44	7,6	53		12 20	2,9	
L	13 00	2,25		M	17 58	6,5	31
DQ	18 25	7,15	47	*PQ*			
13	1 32	2,7		**28**	0 48	3,2	
	7 08	7,05	42		6 32	6,4	28
M	14 17	2,6		M	13 28	3,2	
	20 04	6,9	41		19 26	6,3	28
14	3 05	2,85		**29**	2 10	3,3	
	8 49	7,05	44		8 06	6,4	30
M	15 54	2,55		J	14 59	3,1	
	21 36	7,15	48		20 56	6,6	35
15	4 40	2,5		**30**	3 43	3,0	
	10 07	7,4	55		9 23	6,8	41
J	17 17	2,1		V	16 22	2,65	
	22 41	7,65	61		21 58	7,15	48

MAI 2004

	h m	haut. m	Coef		h m	haut. m	Coef
1	4 53	2,4		**16**	6 06	1,8	
	10 18	7,4	55		11 18	8,0	70
S	17 24	2,05		D	18 27	1,7	
	22 47	7,7	63		23 37	8,15	73
2	5 49	1,9		**17**	6 50	1,65	
	11 04	7,9	71		11 58	8,15	76
D	18 16	1,6		L	19 07	1,6	
	23 29	8,2	78				
3	6 39	1,45		**18**	0 14	8,3	78
	11 45	8,35	85		7 29	1,6	
L	19 06	1,25		M	12 35	8,25	79
					19 43	1,55	
4	0 09	8,6	91	**19**	0 48	8,4	79
	7 28	1,15			8 04	1,5	
M	12 26	8,7	96	M	13 10	8,3	79
PL	19 54	1,0		*NL*	20 17	1,5	
5	0 49	8,85	101	**20**	1 20	8,4	79
	8 16	0,95			8 38	1,5	
M	13 08	8,9	103	J	13 44	8,25	78
	20 39	0,85			20 50	1,55	
6	1 27	9,05	105	**21**	1 52	8,35	76
	9 00	0,8			9 10	1,5	
J	13 52	9,0	105	V	14 15	8,2	74
	21 21	0,85			21 21	1,65	
7	2 11	9,05	103	**22**	2 23	8,2	72
	9 42	0,8			9 39	1,65	
V	14 38	8,9	100	S	14 47	8,05	69
	22 01	1,0			21 50	1,85	
8	2 56	8,9	96	**23**	2 57	8,05	66
	10 24	0,95			10 09	1,8	
S	15 25	8,65	90	D	15 22	7,85	63
	22 43	1,25			22 20	2,05	
9	3 44	8,6	84	**24**	3 33	7,75	59
	11 08	1,25			10 41	2,05	
D	16 15	8,3	77	L	16 00	7,55	55
	23 29	1,65			22 54	2,3	
10	4 37	8,15	69	**25**	4 13	7,45	51
	11 58	1,65			11 18	2,3	
L	17 11	7,8	63	M	16 43	7,25	47
					23 36	2,55	
11	0 24	2,1		**26**	5 00	7,15	44
	5 40	7,65	56		12 04	2,55	
M	12 58	2,1		M	17 36	6,95	41
DQ	18 20	7,35	51				
12	1 31	2,5		**27**	0 29	2,8	
	6 59	7,25	48		5 58	6,9	39
M	14 11	2,35		J	13 03	2,75	
	19 46	7,15	47	*PQ*	18 41	6,8	38
13	2 52	2,55		**28**	1 35	2,85	
	8 25	7,2	48		7 08	6,8	38
J	15 30	2,35		V	14 13	2,7	
	21 04	7,3	51		19 53	6,9	41
14	4 09	2,3		**29**	2 49	2,7	
	9 36	7,4	55		8 19	7,0	44
V	16 41	2,1		S	15 26	2,45	
	22 06	7,65	59		20 59	7,25	49
15	5 13	2,05		**30**	3 59	2,35	
	10 32	7,75	63		9 21	7,4	55
S	17 39	1,9		D	16 32	2,1	
	22 55	7,95	67		21 55	7,65	61
				31	5 02	1,95	
					10 16	7,8	67
				L	17 32	1,7	
					22 46	8,1	74

JUIN 2004

	h m	haut. m	Coef		h m	haut. m	Coef
1	6 00	1,55		**16**	6 54	1,9	
	11 06	8,2	80		12 10	7,85	66
M	18 29	1,4		M	19 11	1,9	
	23 33	8,45	85				
2	6 55	1,3		**17**	0 24	8,0	67
	11 56	8,5	90		7 37	1,8	
M	19 22	1,2		J	12 50	7,95	68
				NL	19 52	1,8	
3	0 21	8,7	94	**18**	1 01	8,05	69
	7 49	1,05			8 16	1,75	
J	12 46	8,7	97	V	13 27	8,0	70
PL	20 14	1,05			20 30	1,8	
4	1 08	8,9	98	**19**	1 35	8,1	70
	8 40	0,9			8 52	1,7	
V	13 37	8,8	99	S	14 01	8,05	70
	21 02	1,0			21 05	1,8	
5	1 57	8,95	98	**20**	2 09	8,1	69
	9 28	0,85			9 26	1,7	
S	14 28	8,8	96	D	14 35	8,0	68
	21 50	1,1			21 38	1,85	
6	2 47	8,85	93	**21**	2 45	8,05	67
	10 16	0,95			10 00	1,8	
D	15 19	8,65	90	L	15 10	7,95	66
	22 37	1,25			22 12	1,95	
7	3 39	8,6	85	**22**	3 22	7,95	64
	11 04	1,2			10 34	1,9	
L	16 10	8,35	80	M	15 48	7,8	62
	23 27	1,5			22 47	2,05	
8	4 32	8,25	74	**23**	4 00	7,75	60
	11 55	1,5			11 11	2,0	
M	17 04	8,0	69	M	16 28	7,65	58
					23 26	2,15	
9	0 21	1,8		**24**	4 41	7,5	56
	5 29	7,85	64		11 51	2,15	
M	12 49	1,85		J	17 11	7,45	54
CQ	18 03	7,65	60				
10	1 17	2,1		**25**	0 11	2,3	
	6 34	7,5	56		5 26	7,4	52
J	13 48	2,1		V	12 38	2,25	
	19 09	7,45	53	*PQ*	18 00	7,35	50
11	2 20	2,25		**26**	1 04	2,35	
	7 43	7,35	51		6 20	7,35	49
V	14 49	2,25		S	13 32	2,3	
	20 16	7,35	50		18 56	7,3	49
12	3 22	2,3		**27**	2 03	2,4	
	8 49	7,3	51		7 21	7,35	49
S	15 49	2,3		D	14 35	2,3	
	21 18	7,45	52		19 59	7,4	51
13	4 22	2,25		**28**	3 10	2,3	
	9 48	7,4	54		8 25	7,45	53
D	16 47	2,2		L	15 44	2,2	
	22 13	7,6	56		21 03	7,6	57
14	5 17	2,15		**29**	4 19	2,05	
	10 41	7,55	58		9 31	7,65	61
L	17 39	2,1		M	16 53	1,95	
	23 01	7,75	60		22 07	7,9	66
15	6 08	2,05		**30**	5 27	1,8	
	11 28	7,7	62		10 36	7,95	71
M	13 27	2,0		M	17 59	1,7	
	23 45	7,9	64		23 08	8,2	76

Avis aux lecteurs

Les heures moyennes des marées sont exprimées en **HEURE LÉGALE**.
Elles sont exactes pour toute l'année (heure d'hiver et heure d'été) et ne doivent donc pas être corrigées.

BOULOGNE-SUR-MER	50° 44' N 01° 35' E	Niveau moyen : 4,91 m	Marnages V.E. moyenne : 7,75 m M.E. moyenne : 4,60 m

JUILLET 2004

Jour	h m	haut. m	Coef
1 J	6 30 11 37 18 59	1,5 8,25 1,45	80
2 V PL	0 04 7 29 12 34 19 56	8,5 1,2 8,5 1,25	85 89
3 S	0 58 8 26 13 29 20 50	8,7 1,05 8,65 1,15	92 94
4 D	1 49 9 20 14 22 21 43	8,85 0,95 8,75 1,1	95 96
5 L	2 41 10 11 15 12 22 33	8,8 0,95 8,7 1,15	95 93
6 M	3 31 10 58 15 59 23 20	8,7 1,05 8,55 1,3	91 87
7 M	4 19 11 43 16 46	8,45 1,3 8,3	83 78
8 J	0 05 5 07 12 26 17 32	1,5 8,1 1,6 8,0	72 67
9 V DQ	0 49 5 56 13 09 18 21	1,85 7,75 1,95 7,65	61 56
10 S	1 34 6 51 13 57 19 18	2,15 7,4 2,3 7,35	52 48
11 D	2 27 7 52 14 51 20 22	2,45 7,15 2,55 7,15	45 43
12 L	3 27 8 59 15 53 21 28	2,6 7,0 2,65 7,15	42 43
13 M	4 32 10 04 16 58 22 29	2,6 7,05 2,6 7,25	44 47
14 M	5 34 11 02 17 57 23 22	2,45 7,25 2,45 7,45	49 52
15 J	6 29 11 51 18 50	2,25 7,5 2,2	56
16 V	0 07 7 18 12 35 19 36	7,7 2,05 7,75 2,0	59 62
17 S NL	0 47 8 01 13 13 20 17	7,9 1,85 7,95 1,85	64 67
18 D	1 22 8 40 13 48 20 55	8,05 1,75 8,1 1,75	69 71
19 L	1 57 9 17 14 21 21 30	8,15 1,65 8,15 1,7	73 74
20 M	2 31 9 52 14 55 22 04	8,25 1,6 8,2 1,65	75 75
21 M	3 07 10 26 15 31 22 38	8,25 1,55 8,2 1,65	75 74
22 J	3 41 10 59 16 06 23 13	8,15 1,6 8,1 1,75	73 71
23 V	4 16 11 33 16 42 23 50	8,05 1,75 7,95 1,85	69 67
24 S	4 54 12 10 17 21	7,9 1,9 7,8	64 61
25 D PQ	0 32 5 41 12 55 18 11	2,05 7,7 2,1 7,65	58 55
26 L	1 24 6 38 13 52 19 11	2,2 7,55 2,3 7,5	53 51
27 M	2 28 7 45 15 02 20 24	2,35 7,4 2,45 7,4	50 50
28 M	3 45 9 04 16 24 21 46	2,35 7,35 2,35 7,55	52 56
29 J	5 06 10 24 17 40 22 58	2,05 7,6 2,0 7,9	61 67
30 V	6 16 11 32 18 45 23 58	1,7 8,0 1,65 8,3	73 79
31 S PL	7 18 12 30 19 45	1,35 8,4 1,35	85

AOÛT 2004

Jour	h m	haut. m	Coef
1 D	0 53 8 17 13 22 20 43	8,65 1,1 8,65 1,15	90 94
2 L	1 41 9 12 14 11 21 35	8,85 0,95 8,8 1,0	97 99
3 M	2 29 10 01 14 56 22 21	8,9 0,9 8,85 1,0	100 99
4 M	3 14 10 42 15 38 23 00	8,8 1,0 8,7 1,15	97 94
5 J	3 56 11 17 16 16 23 35	8,6 1,2 8,5 1,4	89 84
6 V	4 34 11 49 16 52	8,3 1,55 8,2	78 72
7 S DQ	0 08 5 13 12 21 17 31	1,8 7,9 1,95 7,8	65 58
8 D	0 43 5 55 12 58 18 16	2,2 7,45 2,4 7,35	51 45
9 L	1 26 6 49 13 48 19 17	2,65 6,95 2,85 6,9	39 35
10 M	2 26 8 02 14 56 20 40	3,0 6,6 3,15 6,65	32 31
11 M	3 46 9 30 16 22 22 02	3,15 6,55 3,15 6,75	32 36
12 J	5 07 10 41 17 37 23 04	2,9 6,85 2,8 7,1	40 45
13 V	6 11 11 35 18 34 23 51	2,5 7,3 2,4 7,5	50 55
14 S	7 03 12 18 19 21	2,15 7,7 2,05	60
15 D	0 31 7 46 12 55 20 03	7,9 1,85 8,05 1,8	65 70
16 L NL	1 06 8 26 13 29 20 40	8,15 1,6 8,3 1,6	74 77
17 M	1 39 9 02 14 01 21 14	8,4 1,45 8,45 1,45	81 83
18 M	2 11 9 36 14 34 21 48	8,5 1,35 8,5 1,35	85 86
19 J	2 45 10 08 15 07 22 20	8,55 1,3 8,5 1,35	87 87
20 V	3 17 10 39 15 39 22 53	8,5 1,35 8,45 1,45	86 84
21 S	3 48 11 09 16 10 23 26	8,4 1,5 8,3 1,6	81 77
22 D	4 24 11 41 16 47	8,2 1,75 8,1	73 68
23 L PQ	0 04 5 10 12 22 17 35	1,9 7,9 2,1 7,75	63 57
24 M	0 53 6 08 13 18 18 40	2,25 7,5 2,5 7,4	52 47
25 M	1 58 7 23 14 34 20 07	2,55 7,15 2,8 7,15	44 43
26 J	3 25 8 59 16 10 21 44	2,65 7,05 2,7 7,35	45 50
27 V	4 57 10 26 17 33 22 57	2,3 7,45 2,2 7,85	56 64
28 S	6 10 11 31 18 39 23 55	1,8 8,0 1,7 8,35	72 79
29 D	7 13 12 24 19 40	1,4 8,45 1,35	86
30 L PL	0 45 8 10 13 11 20 33	8,7 1,1 8,75 1,1	92 97
31 M	1 28 8 59 13 53 21 19	8,95 0,95 8,9 1,0	100 102

SEPTEMBRE 2004

Jour	h m	haut. m	Coef
1 M	2 10 9 39 14 31 21 57	9,0 0,95 8,95 1,0	103 102
2 J	2 48 10 12 15 06 22 29	8,9 1,05 8,85 1,2	100 96
3 V	3 24 10 40 15 39 22 56	8,7 1,3 8,6 1,5	91 86
4 S	3 56 11 05 16 10 23 22	8,4 1,65 8,3 1,85	79 73
5 D	4 28 11 31 16 42 23 50	7,95 2,05 7,85 2,3	65 58
6 L DQ	5 04 12 03 17 21	7,45 2,55 7,35	50 43
7 M	0 28 5 52 12 47 18 16	2,8 6,9 3,1 6,75	36 30
8 M	1 23 7 05 13 55 19 49	3,3 6,35 3,55 6,3	25 23
9 J	2 51 8 54 15 44 21 35	3,55 6,25 3,6 6,4	25 29
10 V	4 41 10 17 17 15 22 42	3,3 6,65 3,1 6,9	35 41
11 S	5 50 11 11 18 12 23 28	2,7 7,25 2,5 7,5	48 55
12 D	6 39 11 52 18 56	2,15 7,8 2,0	62
13 L	0 06 7 20 12 28 19 36	8,0 1,75 8,2 1,65	68 74
14 M NL	0 41 7 59 13 02 20 13	8,35 1,5 8,5 1,45	80 84
15 M	1 12 8 35 13 33 20 49	8,6 1,3 8,7 1,3	89 92
16 J	1 44 9 10 14 05 21 23	8,75 1,15 8,8 1,2	94 96
17 V	2 16 9 43 14 36 21 57	8,85 1,15 8,8 1,2	97 96
18 S	2 49 10 13 15 08 22 30	8,8 1,25 8,75 1,3	94 92
19 D	3 23 10 43 15 41 23 04	8,65 1,45 8,55 1,55	88 83
20 L	4 01 11 16 16 21 23 42	8,35 1,8 8,2 1,9	77 70
21 M PQ	4 50 11 59 17 15	7,9 2,25 7,75	63 55
22 M	0 33 5 53 12 58 18 27	2,35 7,35 2,75 7,25	48 42
23 J	1 43 7 18 14 24 20 09	2,75 6,95 3,05 7,0	39 39
24 V	3 19 9 04 16 09 21 46	2,85 7,0 2,8 7,35	43 50
25 S	4 55 10 25 17 30 22 53	2,4 7,55 2,2 7,9	58 66
26 D	6 05 11 23 18 34 23 45	1,85 8,15 1,65 8,45	74 81
27 L	7 04 12 10 19 28	1,4 8,6 1,3	88
28 M PL	0 30 7 53 12 50 20 14	8,8 1,2 8,85 1,15	93 97
29 M	1 08 8 33 13 26 20 52	8,95 1,1 8,95 1,15	99 100
30 J	1 43 9 06 13 59 21 24	8,95 1,15 8,95 1,2	100 99

Prédictions de marée calculées par le SHOM (heure légale)

Avis aux lecteurs

Les heures moyennes des marées sont exprimées en **HEURE LÉGALE**.
Elles sont exactes pour toute l'année (heure d'hiver et heure d'été) et ne doivent donc pas être corrigées.

BOULOGNE-SUR-MER — 50° 44' N, 01° 35' E — Niveau moyen : 4,91 m — Marnages : V.E. moyenne : 7,75 m ; M.E. moyenne : 4,60 m

OCTOBRE 2004

	h m	haut. m	Coef		h m	haut. m	Coef
1	2 17	8,85	96	16	1 46	9,0	101
	9 34	1,25			9 13	1,15	
V	14 31	8,85	93	S	14 05	9,0	100
	21 51	1,35			21 33	1,15	
2	2 49	8,65	88	17	2 23	8,95	98
	10 00	1,45			9 48	1,3	
S	15 01	8,6	83	D	14 41	8,9	94
	22 17	1,6			22 09	1,25	
3	3 19	8,35	77	18	3 03	8,75	90
	10 25	1,8			10 22	1,5	
D	15 30	8,3	71	L	15 21	8,65	84
	22 42	1,95			22 48	1,55	
4	3 49	7,95	64	19	3 48	8,4	77
	10 50	2,2			11 01	1,9	
L	16 00	7,85	57	M	16 09	8,25	69
	23 09	2,35			23 31	1,95	
5	4 23	7,45	50	20	4 42	7,9	62
	11 20	2,65			11 49	2,4	
M	16 37	7,35	43	M	17 08	7,7	54
	23 43	2,85		PQ			
6	5 08	6,9	36	21	0 27	2,4	
	12 01	3,2			5 49	7,35	47
M	17 29	6,7	30	J	12 55	2,85	
DQ					18 26	7,2	42
7	0 33	3,35		22	1 40	2,8	
	6 18	6,35	24		7 17	7,0	41
J	13 04	3,65		V	14 26	3,05	
	18 58	6,2	22		20 08	7,1	43
8	1 52	3,7		23	3 16	2,8	
	8 04	6,15	22		8 56	7,2	47
V	14 48	3,8		S	16 04	2,7	
	20 51	6,3	26		21 33	7,45	53
9	3 54	3,5		24	4 43	2,35	
	9 36	6,55	33		10 07	7,7	60
S	16 34	3,25		D	17 17	2,1	
	22 03	6,8	40		22 35	7,95	67
10	5 09	2,9		25	5 47	1,9	
	10 32	7,2	47		11 01	8,2	73
D	17 31	2,6		L	18 14	1,65	
	22 50	7,45	54		23 24	8,4	79
11	5 58	2,25		26	6 39	1,6	
	11 14	7,8	62		11 44	8,55	84
L	18 16	2,05		M	19 03	1,45	
	23 30	8,0	69				
12	6 41	1,8		27	0 05	8,65	87
	11 51	8,25	76		7 21	1,45	
M	18 57	1,65		M	12 21	8,75	90
					19 43	1,4	
13	0 05	8,4	82	28	0 42	8,75	92
	7 21	1,5			7 56	1,4	
M	12 25	8,6	88	J	12 55	8,8	92
	19 38	1,4		PL	20 17	1,4	
14	0 40	8,7	92	29	1 14	8,75	92
	8 00	1,25			8 28	1,45	
J	12 58	8,85	96	V	13 27	8,8	91
NL	20 17	1,25			20 48	1,45	
15	1 11	8,9	99	30	1 47	8,7	88
	8 38	1,15			8 58	1,5	
V	13 30	8,95	100	S	13 59	8,7	86
	20 56	1,15			21 18	1,55	
				31	2 19	8,5	82
					8 27	1,7	
				D	13 29	8,5	78
					20 46	1,75	

NOVEMBRE 2004

	h m	haut. m	Coef		h m	haut. m	Coef
1	1 50	8,25	73	16	1 53	8,8	90
	8 54	1,95			9 10	1,55	
L	13 59	8,25	68	M	14 12	8,7	84
	21 13	2,05			21 40	1,5	
2	2 21	7,95	63	17	2 43	8,45	78
	9 21	2,3			9 56	1,9	
M	14 31	7,85	57	M	15 05	8,3	72
	21 41	2,4			22 29	1,35	
3	2 57	7,55	51	18	3 38	8,0	65
	9 53	2,7			10 51	2,3	
M	15 09	7,4	46	J	16 06	7,85	59
	22 16	2,8			23 26	2,25	
4	3 41	7,05	40	19	4 43	7,55	54
	10 33	3,1			11 57	2,6	
J	16 00	6,9	34	V	17 20	7,45	50
	23 02	3,2		PQ			
5	4 41	6,65	30	20	0 35	2,55	
	11 29	3,45			6 02	7,3	49
V	17 13	6,5	27	S	13 17	2,7	
DQ					18 46	7,3	49
6	0 08	3,5		21	1 55	2,6	
	6 04	6,4	26		7 24	7,4	51
S	12 51	3,6		D	14 37	2,5	
	18 45	6,45	28		20 01	7,5	54
7	1 40	3,45		22	3 09	2,4	
	7 32	6,65	32		8 31	7,65	58
D	14 25	3,3		L	15 44	2,2	
	20 03	6,8	38		21 02	7,8	62
8	3 05	3,0		23	4 10	2,15	
	8 36	7,15	45		9 26	8,0	66
L	15 34	2,75		M	16 40	1,95	
	20 58	7,35	51		21 52	8,05	70
9	4 04	2,45		24	5 01	1,95	
	9 25	7,7	59		10 11	8,25	73
M	16 26	2,2		M	17 28	1,8	
	21 43	7,9	65		22 35	8,25	75
10	4 53	1,95		25	5 44	1,85	
	10 06	8,2	72		10 50	8,4	77
M	17 14	1,75		J	18 08	1,7	
	22 23	8,3	79		23 14	8,35	79
11	5 39	1,6		26	6 21	1,8	
	10 43	8,55	85		11 27	8,5	80
J	18 00	1,45		V	18 44	1,7	
	23 03	8,65	90	PL	23 51	8,4	80
12	6 23	1,4		27	6 57	1,75	
	11 20	8,85	94		12 02	8,55	79
V	18 46	1,25		S	19 19	1,65	
NL	23 42	8,85	97				
13	7 06	1,3		28	0 25	8,4	78
	11 59	9,0	99		7 31	1,8	
S	19 30	1,15		D	12 35	8,45	77
					19 53	1,7	
14	0 21	9,0	99	29	0 59	8,35	75
	7 48	1,25			8 04	1,9	
D	12 40	9,05	99	L	13 08	8,35	73
	20 13	1,15			20 26	1,85	
15	1 06	8,95	97	30	1 32	8,2	70
	8 29	1,35			8 35	2,05	
L	13 24	8,95	94	M	13 41	8,15	67
	20 56	1,25			20 56	2,05	

DÉCEMBRE 2004

	h m	haut. m	Coef		h m	haut. m	Coef
1	2 05	7,95	63	16	2 38	8,6	86
	9 06	2,3			9 58	1,65	
M	14 16	7,9	60	J	15 01	8,5	81
	21 27	2,3			22 28	1,55	
2	2 42	7,7	56	17	3 31	8,3	76
	9 39	2,55			10 50	1,9	
J	14 54	7,6	52	V	15 58	8,15	71
	22 02	2,55			23 21	1,85	
3	3 22	7,4	48	18	4 27	7,95	66
	10 17	2,8			11 47	2,15	
V	15 39	7,3	45	S	16 59	7,8	61
	22 43	2,8		PQ			
4	4 10	7,1	41	19	0 15	2,2	
	11 05	3,0			5 29	7,65	57
S	16 33	7,0	39	D	12 47	2,4	
	23 36	3,0			18 06	7,5	54
5	5 10	6,95	37	20	1 14	2,45	
	12 05	3,1			6 36	7,5	51
D	17 40	6,85	36	L	13 51	2,5	
DQ					19 14	7,4	50
6	0 40	3,05		21	2 17	2,55	
	6 19	6,95	37		7 42	7,45	50
L	13 15	3,0		M	14 55	2,5	
	18 50	6,95	39		20 18	7,4	51
7	1 51	2,9		22	3 20	2,55	
	7 25	7,15	43		8 43	7,55	53
M	14 26	2,75		M	15 56	2,4	
	19 54	7,25	47		21 16	7,55	55
8	3 00	2,6		23	4 18	2,45	
	8 24	7,55	53		9 37	7,75	57
M	15 31	2,35		J	16 50	2,25	
	20 50	7,65	58		22 07	7,7	60
9	4 02	2,2		24	5 09	2,3	
	9 15	8,0	64		10 24	7,9	62
J	16 31	1,95		V	17 38	2,1	
	21 41	8,05	70		22 52	7,9	65
10	4 59	1,85		25	5 55	2,15	
	10 03	8,35	76		11 07	8,05	66
V	17 26	1,6		S	18 21	1,95	
	22 30	8,4	81		23 34	8,05	68
11	5 52	1,6		26	6 37	2,05	
	10 50	8,7	86		11 46	8,2	69
S	18 19	1,35		D	19 01	1,85	
	23 19	8,7	90	PL			
12	6 42	1,45		27	0 11	8,15	70
	11 38	8,9	93		7 16	1,95	
D	19 10	1,2		L	12 22	8,25	71
NL					19 39	1,8	
13	0 06	8,9	95	28	0 46	8,2	71
	7 31	1,35			7 52	1,95	
L	12 26	9,0	96	M	12 56	8,25	71
	20 00	1,1			20 15	1,8	
14	0 56	8,9	96	29	1 20	8,2	71
	8 19	1,35			8 26	1,95	
M	13 17	8,95	95	M	13 29	8,2	70
	20 49	1,15			20 48	1,85	
15	1 47	8,8	93	30	1 53	8,15	69
	9 07	1,45			8 58	2,05	
M	14 08	8,8	89	J	14 04	8,1	68
	21 38	1,3			21 20	1,95	
				31	2 28	8,0	66
					9 30	2,15	
				V	14 39	8,0	64
					21 53	2,1	

Prédictions de marée calculées par le SHOM (heure légale)

Avis aux lecteurs

Les heures moyennes des marées sont exprimées en **HEURE LÉGALE**.
Elles sont exactes pour toute l'année (heure d'hiver et heure d'été) et ne doivent donc pas être corrigées.

LE HAVRE	49° 29' N 00° 07' E	Niveau moyen : 4,87 m	Marnages V.E. moyenne : 6,70 m M.E. moyenne : 3,75 m

JANVIER 2004

	h m	haut. m	Coef		h m	haut. m	Coef
1 J	5 39 12 21 18 04	6,6 3,1 6,5	42 41	16 V	4 37 11 27 17 01 23 59	6,9 2,7 6,85 2,6	54 52
2 V	0 46 6 44 13 28 19 13	3,0 6,65 3,1 6,5	41 43	17 S	5 50 12 37 18 23	6,85 2,75 6,8	52 53
3 S	1 54 7 45 14 34 20 14	3,0 6,75 2,9 6,65	45 48	18 D	1 17 7 05 14 03 19 41	2,65 7,0 2,55 6,95	55 59
4 D	2 56 8 36 15 30 21 03	2,8 6,9 2,65 6,85	51 54	19 L	2 39 8 14 15 17 20 50	2,4 7,25 2,15 7,25	64 69
5 L	3 49 9 18 16 18 21 45	2,6 7,1 2,35 7,05	57 61	20 M	3 47 9 16 16 22 21 51	2,05 7,5 1,75 7,55	75 80
6 M	4 34 9 56 17 00 22 23	2,4 7,25 2,1 7,2	64 66	21 M *NL*	4 49 10 11 17 23 22 44	1,75 7,75 1,4 7,75	85 90
7 M *PL*	5 14 10 32 17 39 22 59	2,2 7,4 1,95 7,35	69 71	22 J	5 48 11 01 18 19 23 33	1,5 7,9 1,1 7,9	93 96
8 J	5 52 11 07 18 16 23 35	2,1 7,5 1,8 7,4	73 74	23 V	6 41 11 47 19 07	1,35 8,0 1,0	97
9 V	6 28 11 42 18 52	2,0 7,6 1,7	75	24 S	0 18 7 26 12 31 19 50	7,9 1,3 7,95 1,0	97 96
10 S	0 11 7 05 12 18 19 30	7,4 1,95 7,6 1,7	76 76	25 D	1 00 8 06 13 12 20 26	7,8 1,45 7,85 1,2	94 91
11 D	0 48 7 43 12 55 20 07	7,4 1,95 7,55 1,75	76 75	26 L	1 40 8 42 13 51 20 58	7,65 1,65 7,65 1,55	87 82
12 L	1 27 8 21 13 36 20 44	7,35 2,05 7,45 1,85	74 72	27 M	2 18 9 14 14 29 21 29	7,4 2,0 7,35 1,95	77 70
13 M	2 08 9 00 14 17 21 23	7,25 2,2 7,3 2,05	70 67	28 M	2 55 9 45 15 08 22 00	7,1 2,35 7,05 2,4	64 58
14 M	2 51 9 42 15 02 22 05	7,1 2,35 7,15 2,25	64 62	29 J *PQ*	3 34 10 19 15 53 22 36	6,85 2,75 6,7 2,8	52 46
15 J *DQ*	3 39 10 30 15 54 22 56	7,0 2,55 7,0 2,45	59 56	30 V	4 23 11 04 16 51 23 25	6,55 3,15 6,35 3,2	40 36
				31 S	5 29 12 06 18 11	6,35 3,4 6,15	33 31

FÉVRIER 2004

	h m	haut. m	Coef		h m	haut. m	Coef
1 D	0 36 6 50 13 35 19 35	3,45 6,3 3,4 6,2	32 34	16 L	0 46 6 47 13 47 19 35	2,95 6,7 2,75 6,7	46 49
2 L	2 11 8 02 14 55 20 40	3,35 6,45 3,05 6,45	38 43	17 M	2 23 8 08 15 05 20 51	2,75 6,95 2,35 7,05	55 61
3 M	3 21 8 56 15 53 21 28	3,0 6,75 2,6 6,8	48 53	18 M	3 41 9 13 16 19 21 49	2,3 7,3 1,85 7,4	69 76
4 M	4 15 9 39 16 42 22 08	2,6 7,0 2,2 7,1	58 63	19 J	4 50 10 05 17 23 22 36	1,85 7,6 1,35 7,7	83 88
5 J	5 01 10 17 17 26 22 44	2,25 7,3 1,85 7,35	68 73	20 V *NL*	5 47 10 50 18 13 23 19	1,45 7,85 1,05 7,85	93 97
6 V *PL*	5 43 10 53 18 07 23 20	1,95 7,5 1,6 7,5	77 81	21 S	6 33 11 31 18 54 23 58	1,2 7,95 0,9 7,9	99 100
7 S	6 22 11 29 18 45 23 56	1,7 7,7 1,35 7,6	84 87	22 D	7 10 12 10 19 28	1,15 8,0 0,9	100
8 D	7 01 12 05 19 22	1,55 7,8 1,25	88	23 L	0 34 7 43 12 46 19 58	7,85 1,2 7,95 1,1	99 96
9 L	0 33 7 35 12 42 19 57	7,65 1,45 7,8 1,2	89 90	24 M	1 09 8 12 13 21 20 24	7,75 1,4 7,8 1,4	92 88
10 M	1 10 8 11 13 20 20 32	7,65 1,45 7,75 1,3	89 88	25 M	1 41 8 37 13 53 20 49	7,55 1,75 7,5 1,8	82 76
11 M	1 48 8 46 13 59 21 06	7,6 1,6 7,6 1,55	85 82	26 J	2 10 9 01 14 24 21 11	7,3 2,1 7,2 2,25	70 63
12 J	2 26 9 22 14 38 21 41	7,4 1,85 7,4 1,9	78 73	27 V	2 39 9 27 14 57 21 39	7,0 2,55 6,8 2,7	57 49
13 V *DQ*	3 07 10 03 15 24 22 25	7,2 2,2 7,1 2,3	68 62	28 S *PQ*	3 14 10 02 15 41 22 22	6,65 3,0 6,35 3,2	43 36
14 S	3 58 10 54 16 28 23 23	6,95 2,55 6,75 2,7	57 51	29 D	4 08 10 57 17 00 23 28	6,25 3,4 5,95 3,65	30 26
15 D	5 14 12 03 18 03	6,7 2,8 6,55	47 45				

MARS 2004

	h m	haut. m	Coef		h m	haut. m	Coef
1 L	5 46 12 24 18 54	5,95 3,6 5,9	24 25	16 M	0 35 6 41 13 32 19 38	3,15 6,5 2,8 6,6	41 46
2 M	1 17 7 25 14 17 20 12	3,7 6,1 3,3 6,2	30 36	17 M	2 23 8 04 15 06 20 48	2,85 6,8 2,35 7,0	53 60
3 M	2 53 8 30 15 27 21 05	3,2 6,45 2,75 6,65	42 49	18 J	3 45 9 05 16 20 21 38	2,25 7,15 1,75 7,4	68 75
4 J	3 53 9 17 16 20 21 45	2,65 6,85 2,2 7,1	56 64	19 V	4 47 9 51 17 13 22 19	1,75 7,5 1,3 7,65	82 88
5 V	4 42 9 56 17 07 22 22	2,15 7,25 1,75 7,4	70 77	20 S *NL*	5 35 10 32 17 55 22 56	1,35 7,75 1,05 7,8	92 96
6 S	5 26 10 33 17 48 22 59	1,7 7,55 1,35 7,65	83 88	21 D	6 12 11 09 18 29 23 31	1,15 7,9 1,0 7,85	98 99
7 D *PL*	6 05 11 09 18 27 23 35	1,4 7,8 1,05 7,8	93 97	22 L	6 44 11 44 18 58	1,1 7,95 1,0	99
8 L	6 42 11 46 19 03	1,15 7,95 0,9	99	23 M	0 04 7 13 12 17 19 25	7,85 1,2 7,9 1,2	97 95
9 M	0 11 7 18 12 23 19 38	7,9 1,05 8,0 0,85	101 101	24 M	0 35 7 39 12 49 19 50	7,75 1,35 7,75 1,45	92 87
10 M	0 48 7 53 13 01 20 12	7,9 1,05 7,95 1,0	101 99	25 J	1 05 8 03 13 20 20 11	7,6 1,65 7,45 1,8	83 77
11 J	1 25 8 28 13 40 20 45	7,8 1,25 7,75 1,35	95 91	26 V	1 31 8 24 13 48 20 33	7,35 2,0 7,15 2,2	71 65
12 V	2 02 9 03 14 20 21 19	7,6 1,6 7,45 1,8	85 79	27 S	1 56 8 48 14 18 20 58	7,1 2,4 6,75 2,7	58 51
13 S *DQ*	2 42 9 41 15 07 22 01	7,3 2,0 7,05 2,35	71 63	28 D	3 27 10 20 15 58 22 37	6,7 2,85 6,35 3,2	45 38
14 D	3 34 10 31 16 16 23 02	6,9 2,5 6,6 2,9	55 48	29 L *PQ*	4 14 11 08 17 04 23 38	6,25 3,3 5,95 3,65	32 26
15 L	4 56 11 45 18 01	6,55 2,9 6,4	42 40	30 M	5 38 12 30 19 09	5,85 3,6 5,85	23 23
				31 M	1 28 7 41 14 30 20 34	3,8 5,9 3,4 6,15	27 33

Prédictions de marée calculées par le SHOM (heure légale)

Avis aux lecteurs

Les heures moyennes des marées sont exprimées en **HEURE LÉGALE**.
Elles sont exactes pour toute l'année (heure d'hiver et heure d'été) et ne doivent donc pas être corrigées.

LE HAVRE	49° 29' N 00° 07' E	Niveau moyen : 4,37 m	Marnages V.E. moyenne : 6,70 m M.E. moyenne : 3,75 m

AVRIL 2004

Jour	h m	haut. m	Coef
1	3 14	3,3	
	8 53	6,3	40
J	15 47	2,8	
	21 30	6,65	48
2	4 17	2,65	
	9 44	6,8	56
V	16 44	2,15	
	22 14	7,1	64
3	5 08	2,1	
	10 26	7,25	72
S	17 33	1,65	
	22 52	7,45	79
4	5 54	1,6	
	11 04	7,6	86
D	18 18	1,25	
	23 30	7,75	92
5	6 37	1,25	
	11 43	7,85	98
L	18 59	0,95	
PL			
6	0 07	7,9	102
	7 17	1,0	
M	12 22	8,0	105
	19 38	0,8	
7	0 45	8,0	106
	7 57	0,85	
M	13 02	8,05	107
	20 15	0,8	
8	1 24	8,0	105
	8 33	0,9	
J	13 42	8,0	103
	20 51	1,0	
9	2 03	7,9	98
	9 10	1,1	
V	14 24	7,75	93
	21 27	1,4	
10	2 44	7,65	86
	9 47	1,45	
S	15 09	7,4	78
	22 04	1,9	
11	3 28	7,3	70
	10 28	1,95	
D	16 02	6,95	61
	22 49	2,5	
12	4 25	6,85	53
	11 22	2,45	
L	17 19	6,55	47
DQ	23 56	3,0	
13	5 54	6,5	42
	12 42	2,8	
M	19 01	6,45	41
14	1 39	3,1	
	7 31	6,5	44
M	14 28	2,65	
	20 27	6,65	48
15	3 16	2,7	
	8 48	6,75	55
J	15 52	2,2	
	21 29	7,05	61
16	4 28	2,2	
	9 44	7,1	68
V	16 57	1,8	
	22 15	7,35	74
17	5 23	1,75	
	10 28	7,4	79
S	17 46	1,45	
	22 53	7,55	83
18	6 06	1,5	
	11 07	7,6	87
D	18 24	1,35	
	23 29	7,65	89
19	6 41	1,35	
	11 42	7,7	91
L	18 55	1,3	
NL			
20	0 01	7,7	91
	7 12	1,3	
M	12 16	7,75	91
	19 24	1,3	
21	0 32	7,7	90
	7 41	1,35	
M	12 49	7,65	88
	19 52	1,45	
22	1 03	7,65	85
	8 08	1,45	
J	13 21	7,55	82
	20 17	1,65	
23	1 32	7,5	78
	8 33	1,7	
V	13 53	7,35	74
	20 41	1,95	
24	2 00	7,35	69
	8 57	1,95	
S	14 23	7,05	64
	21 05	2,3	
25	2 27	7,1	58
	9 22	2,3	
D	14 55	6,75	52
	21 33	2,7	
26	3 02	6,75	47
	9 54	2,65	
L	15 37	6,4	41
	22 11	3,1	
27	3 49	6,35	36
	10 39	3,05	
M	16 37	6,1	31
PQ	23 07	3,5	
28	4 59	6,05	28
	11 51	3,3	
M	18 14	6,0	28
29	0 44	3,6	
	6 43	6,0	30
J	13 38	3,2	
	19 44	6,25	35
30	2 31	3,25	
	8 03	6,35	41
V	14 55	2,75	
	20 45	6,7	48

MAI 2004

Jour	h m	haut. m	Coef
1	3 28	2,65	
	9 00	6,75	55
S	15 55	2,2	
	21 33	7,1	63
2	4 22	2,1	
	9 47	7,2	71
D	16 49	1,75	
	22 16	7,45	78
3	5 14	1,65	
	10 31	7,5	85
L	17 39	1,35	
	22 57	7,75	91
4	6 03	1,3	
	11 13	7,75	96
M	18 26	1,1	
PL	23 38	7,9	101
5	6 49	1,0	
	11 57	7,9	103
M	19 10	0,95	
6	0 19	8,0	105
	7 34	0,85	
J	12 41	7,95	105
	19 52	0,95	
7	1 02	8,0	103
	8 15	0,9	
V	13 27	7,9	100
	20 34	1,15	
8	1 45	7,85	96
	8 57	1,05	
S	14 13	7,7	90
	21 14	1,5	
9	2 31	7,6	84
	9 39	1,4	
D	15 04	7,35	77
	21 57	2,0	
10	3 21	7,3	69
	10 25	1,85	
L	16 02	6,95	63
	22 50	2,45	
11	4 23	6,9	56
	11 24	2,3	
M	17 18	6,65	51
DQ			
12	0 02	2,8	
	5 43	6,6	48
M	12 43	2,5	
	18 40	6,6	47
13	1 26	2,85	
	7 04	6,6	48
J	14 01	2,45	
	19 55	6,75	51
14	2 40	2,6	
	8 15	6,75	55
V	15 10	2,25	
	20 56	7,0	59
15	3 45	2,3	
	9 12	7,0	63
S	16 10	2,05	
	21 43	7,2	67
16	4 40	2,0	
	9 59	7,2	70
D	17 00	1,85	
	22 22	7,35	73
17	5 25	1,85	
	10 39	7,35	76
L	17 41	1,75	
	22 58	7,5	78
18	6 03	1,7	
	11 16	7,45	79
M	18 16	1,7	
	23 31	7,55	79
19	6 37	1,65	
	11 50	7,45	79
M	18 49	1,7	
NL			
20	0 03	7,55	79
	7 10	1,6	
J	12 24	7,4	78
	19 21	1,8	
21	0 35	7,5	76
	7 40	1,65	
V	12 59	7,35	74
	19 50	1,9	
22	1 06	7,4	72
	8 09	1,8	
S	13 32	7,2	69
	20 18	2,1	
23	1 38	7,3	66
	8 37	1,95	
D	14 06	7,05	63
	20 47	2,35	
24	2 10	7,1	59
	9 07	2,2	
L	14 42	6,85	55
	21 19	2,6	
25	2 48	6,85	51
	9 41	2,45	
M	15 25	6,6	47
	21 58	2,9	
26	3 35	6,3	44
	10 25	2,7	
M	16 17	6,15	41
	22 50	3,1	
27	4 33	6,4	39
	11 26	2,9	
J	17 25	6,35	38
PQ			
28	0 05	3,2	
	5 45	6,35	38
V	12 45	2,9	
	18 44	6,45	41
29	1 24	3,0	
	7 03	6,45	44
S	13 58	2,65	
	19 50	6,75	49
30	2 32	2,65	
	8 07	6,75	55
D	15 02	2,3	
	20 45	7,05	61
31	3 35	2,25	
	9 03	7,1	67
L	16 03	1,9	
	21 35	7,35	74

JUIN 2004

Jour	h m	haut. m	Coef
1	4 34	1,85	
	9 55	7,35	80
M	17 00	1,6	
	22 23	7,6	85
2	5 30	1,5	
	10 46	7,6	90
M	17 54	1,35	
	23 10	7,8	94
3	6 22	1,2	
	11 36	7,75	97
J	18 45	1,2	
PL	23 57	7,9	98
4	7 12	1,0	
	12 26	7,85	99
V	19 34	1,2	
5	0 45	7,9	98
	8 01	0,95	
S	13 16	7,8	96
	20 21	1,3	
6	1 34	7,85	93
	8 47	1,05	
D	14 07	7,65	90
	21 09	1,55	
7	2 23	7,65	85
	9 34	1,3	
L	15 00	7,4	80
	21 59	1,85	
8	3 16	7,35	74
	10 24	1,6	
M	15 56	7,15	69
	22 52	2,2	
9	4 13	7,05	64
	11 18	1,95	
M	16 57	6,9	60
DQ	23 50	2,45	
10	5 15	6,85	56
	12 18	2,25	
J	18 01	6,8	53
11	0 50	2,6	
	6 21	6,7	51
V	13 17	2,4	
	19 06	6,75	50
12	1 51	2,65	
	7 27	6,7	51
S	14 16	2,45	
	20 08	6,85	52
13	2 51	2,55	
	8 30	6,8	54
D	15 14	2,45	
	21 03	7,0	56
14	3 49	2,4	
	9 25	6,9	58
L	16 09	2,35	
	21 49	7,1	60
15	4 40	2,25	
	10 12	7,05	62
M	16 57	2,25	
	22 29	7,25	64
16	5 26	2,1	
	10 53	7,15	66
M	17 40	2,15	
	23 06	7,3	67
17	6 06	1,95	
	11 31	7,2	68
J	18 20	2,1	
NL	23 40	7,35	69
18	6 44	1,85	
	12 07	7,25	70
V	18 57	2,05	
19	0 14	7,35	70
	7 19	1,8	
S	12 42	7,25	70
	19 30	2,05	
20	0 48	7,35	69
	7 53	1,3	
D	13 17	7,2	68
	20 04	2,1	
21	1 22	7,3	67
	8 26	1,9	
L	13 53	7,15	66
	20 38	2,2	
22	1 58	7,25	64
	9 01	2,0	
M	14 30	7,05	62
	21 14	2,35	
23	2 37	7,1	60
	9 37	2,15	
M	15 11	6,95	58
	21 53	2,5	
24	3 20	6,95	56
	10 18	2,3	
J	15 56	6,8	54
	22 38	2,65	
25	4 07	6,8	52
	11 04	2,45	
V	16 46	6,75	50
PQ	23 31	2,75	
26	5 00	6,7	49
	12 00	2,55	
S	17 45	6,7	49
27	0 31	2,75	
	6 04	6,7	49
D	13 03	2,55	
	18 52	6,8	51
28	1 38	2,65	
	7 15	6,75	53
L	14 11	2,45	
	19 58	6,95	57
29	2 49	2,4	
	8 23	6,9	61
M	15 23	2,2	
	20 59	7,2	66
30	4 01	2,05	
	9 28	7,15	71
M	16 29	1,95	
	21 56	7,45	76

Avis aux lecteurs

Les heures moyennes des marées sont exprimées en **HEURE LÉGALE**.
Elles sont exactes pour toute l'année (heure d'hiver et heure d'été) et ne doivent donc pas être corrigées.

LE HAVRE — 49° 29' N, 00° 07' E — Niveau moyen : 4,87 m — Marnages : V.E. moyenne : 6,70 m ; M.E. moyenne : 3,75 m

JUILLET 2004

	h m	haut. m	Coef		h m	haut. m	Coef
1 J	5 03 10 28 17 29 22 51	1,7 7,45 1,65 7,65	 80 85	16 V	5 43 11 16 17 59 23 24	2,15 7,1 2,3 7,25	 62 64
2 V *PL*	6 01 11 24 18 27 23 44	1,35 7,65 1,45 7,85	 89 92	17 S *NL*	6 25 11 52 18 41 23 59	1,95 7,2 2,15 7,35	 67 69
3 S	6 58 12 18 19 23	1,15 7,8 1,35	 94	18 D	7 05 12 28 19 20	1,8 7,3 2,05	 71
4 D	0 35 7 53 13 09 20 17	7,9 1,0 7,85 1,3	95 96	19 L	0 34 7 43 13 03 19 56	7,4 1,7 7,35 1,95	73 74
5 L	1 25 8 45 13 59 21 06	7,9 0,95 7,75 1,4	95 93	20 M	1 09 8 19 13 38 20 32	7,5 1,65 7,35 1,9	75 75
6 M	2 14 9 32 14 48 21 52	7,75 1,1 7,6 1,6	91 87	21 M	1 44 8 54 14 14 21 07	7,5 1,65 7,35 1,95	75 74
7 M	3 01 10 15 15 35 22 36	7,6 1,35 7,4 1,85	83 78	22 J	2 21 9 29 14 51 21 43	7,4 1,7 7,3 2,0	73 71
8 J	3 48 10 55 16 22 23 18	7,35 1,7 7,15 2,2	72 67	23 V	3 00 10 04 15 30 22 20	7,3 1,85 7,2 2,15	69 67
9 V *DQ*	4 37 11 35 17 11	7,05 2,1 6,9	61 56	24 S	3 40 10 40 16 12 23 01	7,15 2,05 7,05 2,35	64 61
10 S	0 02 5 30 12 22 18 06	2,5 6,8 2,45 6,7	 52 48	25 D *PQ*	4 24 11 23 16 59 23 50	7,0 2,3 6,9 2,55	58 55
11 D	0 54 6 31 13 15 19 08	2,75 6,6 2,75 6,65	 45 43	26 L	5 18 12 16 18 00	6,85 2,55 6,85	53 51
12 L	1 55 7 40 14 20 20 16	2,9 6,5 2,9 6,65	 42 43	27 M	0 53 6 33 13 27 19 19	2,7 6,7 2,7 6,8	 50 50
13 M	3 02 8 51 15 26 21 16	2,85 6,55 2,85 6,75	 44 47	28 M	2 13 7 59 14 53 20 36	2,65 6,7 2,6 7,0	 52 56
14 M	4 03 9 49 16 23 22 06	2,65 6,7 2,7 6,95	 49 52	29 J	3 41 9 16 16 09 21 44	2,3 7,0 2,3 7,3	 61 67
15 J	4 56 10 36 17 14 22 47	2,4 6,9 2,5 7,1	 56 59	30 V	4 45 10 22 17 15 22 44	1,9 7,35 1,9 7,6	 73 79
				31 S *PL*	5 50 11 20 18 19 23 37	1,5 7,65 1,6 7,8	 85 90

AOÛT 2004

	h m	haut. m	Coef		h m	haut. m	Coef
1 D	6 53 12 10 19 19	1,15 7,85 1,35	 94	16 L *NL*	6 52 12 08 19 07	1,65 7,45 1,8	 77
2 L	0 26 7 48 12 58 20 10	7,95 0,9 7,9 1,2	97 99	17 M	0 16 7 29 12 42 19 44	7,6 1,45 7,55 1,65	81 83
3 M	1 11 8 34 13 42 20 53	8,0 0,8 7,9 1,2	100 99	18 M	0 50 8 04 13 17 20 17	7,7 1,35 7,6 1,55	85 86
4 M	1 55 9 14 14 24 21 31	7,95 0,95 7,8 1,35	97 94	19 J	1 25 8 37 13 51 20 50	7,75 1,3 7,65 1,55	87 87
5 J	2 36 9 48 15 03 22 04	7,8 1,2 7,6 1,65	89 84	20 V	2 00 9 10 14 27 21 24	7,7 1,4 7,6 1,65	86 84
6 V	3 15 10 18 15 41 22 36	7,55 1,65 7,3 2,05	78 72	21 S	2 37 9 42 15 03 21 58	7,55 1,6 7,45 1,85	81 77
7 S *DQ*	3 54 10 50 16 19 23 08	7,2 2,1 7,0 2,5	65 58	22 D	3 14 10 16 15 41 22 35	7,35 1,9 7,25 2,15	73 68
8 D	4 37 11 22 17 03 23 49	6,85 2,6 6,7 2,95	51 45	23 L *PQ*	3 56 10 53 16 24 23 20	7,1 2,3 7,0 2,5	63 57
9 L	5 31 12 07 18 04	6,45 3,05 6,4	39 35	24 M	4 50 11 44 17 27	6,8 2,7 6,75	52 47
10 M	0 48 6 48 13 16 19 25	3,25 6,15 3,4 6,25	 32 31	25 M	0 22 6 15 12 59 19 02	2,8 6,5 3,0 6,6	 44 43
11 M	2 15 8 19 14 49 20 47	3,35 6,15 3,4 6,4	 32 36	26 J	1 53 7 56 14 41 20 30	2,9 6,6 2,95 6,85	 45 50
12 J	3 34 9 30 16 00 21 46	3,05 6,4 3,05 6,65	 40 45	27 V	3 27 9 18 16 04 21 42	2,5 6,95 2,45 7,2	 56 64
13 V	4 34 10 20 16 57 22 30	2,65 6,75 2,65 6,95	 50 55	28 S	4 41 10 22 17 14 22 39	1,95 7,4 1,95 7,6	 72 79
14 S	5 25 10 59 17 46 23 07	2,25 7,05 2,3 7,25	 60 65	29 D	5 49 11 12 18 18 23 26	1,45 7,7 1,5 7,9	 86 92
15 D	6 11 11 34 18 29 23 41	1,9 7,3 2,0 7,45	 70 74	30 L *PL*	6 47 11 56 19 10	1,05 7,9 1,2	 97
				31 M	0 09 7 33 12 37 19 52	8,05 0,8 8,0 1,1	100 102

SEPTEMBRE 2004

	h m	haut. m	Coef		h m	haut. m	Coef
1 M	0 50 8 12 13 16 20 28	8,1 0,8 8,0 1,1	103 102	16 J	0 26 7 40 12 50 19 55	7,9 1,15 7,85 1,3	94 96
2 J	1 29 8 44 13 53 20 59	8,05 1,0 7,85 1,3	100 96	17 V	1 01 8 13 13 25 20 29	7,95 1,1 7,85 1,3	97 96
3 V	2 05 9 13 14 27 21 27	7,9 1,3 7,65 1,65	91 86	18 S	1 37 8 47 14 01 21 03	7,9 1,25 7,8 1,45	94 92
4 S	2 40 9 39 14 59 21 52	7,6 1,75 7,4 2,05	79 73	19 D	2 14 9 20 14 37 21 38	7,7 1,5 7,6 1,7	88 83
5 D	3 14 10 02 15 30 22 18	7,25 2,2 7,1 2,55	65 58	20 L	2 54 9 53 15 16 22 14	7,45 1,95 7,3 2,1	77 70
6 L *DQ*	3 49 10 28 16 05 22 51	6,8 2,75 6,7 3,0	50 43	21 M *PQ*	3 38 10 31 16 02 22 59	7,05 2,45 7,0 2,55	63 55
7 M	4 35 11 08 16 58 23 44	6,35 3,25 6,3 3,45	36 30	22 M	4 39 11 25 17 13	6,65 2,95 6,65	48 42
8 M	5 55 12 13 18 35	5,95 3,75 6,0	25 23	23 J	0 06 6 19 12 51 19 01	2,95 6,4 3,3 6,5	 39 39
9 J	1 20 7 46 14 18 20 15	3,7 5,9 3,75 6,1	 25 29	24 V	2 01 8 01 14 45 20 29	2,95 6,6 3,05 6,8	 43 50
10 V	3 08 9 04 15 40 21 21	3,35 6,25 3,3 6,45	 35 41	25 S	3 28 9 17 16 06 21 36	2,45 7,05 2,4 7,25	 58 66
11 S	4 12 9 55 16 37 22 06	2,75 6,7 2,7 6,9	 48 55	26 D	4 40 10 12 17 11 22 25	1,85 7,5 1,85 7,65	 74 81
12 D	5 03 10 34 17 25 22 42	2,25 7,1 2,2 7,3	 62 68	27 L	5 40 10 55 18 04 23 08	1,35 7,8 1,4 7,9	 88 93
13 L	5 48 11 08 18 07 23 17	1,8 7,45 1,85 7,55	 74 80	28 M *PL*	6 28 11 34 18 48 23 47	1,05 7,95 1,2 8,05	 97 99
14 M *NL*	6 28 11 42 18 45 23 51	1,5 7,65 1,6 7,8	 84 89	29 M	7 07 12 11 19 24	1,0 8,0 1,15	 100
15 M	7 05 12 16 19 20	1,25 7,8 1,4	 92	30 J	0 24 7 40 12 45 19 56	8,1 1,05 7,95 1,25	100 99

Prédictions de marée calculées par le SHOM (heure légale)

Avis aux lecteurs

Les heures moyennes des marées sont exprimées en **HEURE LÉGALE**.
Elles sont exactes pour toute l'année (heure d'hiver et heure d'été) et ne doivent donc pas être corrigées.

LE HAVRE	49° 29' N 00° 07' E	Niveau moyen : 4,87 m	Marnages V.E. moyenne : 6 70 m M.E. moyenne : 3,75 m

OCTOBRE 2004

	h m	haut. m	Coef		h m	haut. m	Coef
1	0 59	8,0	96	16	0 36	8,0	101
	8 09	1,25			7 47	1,15	
V	13 18	7,85	93	S	12 57	8,0	100
	20 25	1,4			20 06	1,2	
2	1 33	7,85	88	17	1 15	7,95	98
	8 36	1,55			8 24	1,3	
S	13 50	7,7	83	D	13 35	7,9	94
	20 51	1,7			20 44	1,35	
3	2 07	7,55	77	18	1 56	7,75	90
	9 00	1,9			9 00	1,6	
D	14 19	7,4	71	L	14 15	7,65	84
	21 14	2,1			21 21	1,65	
4	2 38	7,15	64	19	2 40	7,45	77
	9 22	2,35			9 37	2,05	
L	14 47	7,1	57	M	15 00	7,35	69
	21 38	2,55			22 01	2,1	
5	3 10	6,75	50	20	3 32	7,05	62
	9 48	2,85			10 20	2,6	
M	15 17	6,7	43	M	15 53	7,0	54
	22 09	3,0		*PQ*	22 51	2,55	
6	3 50	6,3	36	21	4 42	6,65	47
	10 25	3,4			11 21	3,05	
M	16 04	6,25	30	J	17 14	6,6	42
DQ	22 56	3,45					
7	5 01	5,95	24	22	0 05	2,9	
	11 25	3,85			6 24	6,5	41
J	17 34	5,9	22	V	13 00	3,25	
					18 55	6,55	43
8	0 23	3,75		23	1 55	2,8	
	7 05	5,85	22		7 52	6,75	47
V	13 26	3,95		S	14 41	2,85	
	19 32	5,95	26		20 14	6,85	53
9	2 26	3,5		24	3 17	2,3	
	8 24	6,2	33		9 00	7,15	60
S	15 05	3,4		D	15 51	2,3	
	20 42	6,35	40		21 16	7,25	67
10	3 35	2,9		25	4 21	1,85	
	9 18	6,7	47		9 50	7,5	73
D	16 02	2,8		L	16 49	1,85	
	21 30	6,85	54		22 04	7,6	79
11	4 26	2,3		26	5 14	1,55	
	9 59	7,15	62		10 30	7,75	84
L	16 49	2,25		M	17 37	1,55	
	22 10	7,3	69		22 44	7,8	87
12	5 12	1,85		27	5 57	1,35	
	10 35	7,5	76		11 07	7,85	90
M	17 32	1,8		M	18 17	1,45	
	22 46	7,6	82		23 22	7,9	92
13	5 54	1,5		28	6 33	1,35	
	11 10	7,75	88		11 42	7,9	92
M	18 12	1,5		J	18 52	1,4	
	23 22	7,85	92	*PL*	23 58	7,9	92
14	6 33	1,25		29	7 05	1,4	
	11 45	7,9	96		12 15	7,85	91
J	18 51	1,3		V	19 23	1,45	
NL	23 58	8,0	99				
15	7 10	1,15		30	0 32	7,8	88
	12 21	8,0	100		7 34	1,55	
V	19 29	1,2		S	12 46	7,75	86
					19 53	1,6	
				31	1 06	7,65	82
					7 03	1,8	
				D	12 17	7,6	78
					19 21	1,8	

NOVEMBRE 2004

	h m	haut. m	Coef		h m	haut. m	Coef
1	0 39	7,4	73	16	0 45	7,75	90
	7 29	2,1			7 47	1,7	
L	12 47	7,4	68	M	13 03	7,7	84
	19 46	2,15			20 12	1,55	
2	1 12	7,1	63	17	1 35	7,45	78
	7 54	2,5			8 31	2,05	
M	13 16	7,15	57	M	13 52	7,45	72
	20 12	2,5			20 58	1,95	
3	1 45	6,8	51	18	2 31	7,15	65
	8 22	2,9			9 22	2,5	
M	13 48	6,8	46	J	14 51	7,1	59
	20 43	2,9			21 54	2,35	
4	2 25	6,45	40	19	3 43	6,85	54
	8 59	3,3			10 28	2,85	
J	14 34	6,4	34	V	16 07	6,8	50
	21 26	3,25		*PQ*	23 09	2,6	
5	3 24	6,15	30	20	5 05	6,75	49
	9 53	3,7			11 52	2,95	
V	15 42	6,1	27	S	17 29	6,7	49
DQ	22 36	3,55					
6	5 04	6,05	26	21	0 30	2,6	
	11 27	3,8			6 21	6,85	51
S	17 29	6,05	28	D	13 10	2,75	
					18 41	6,85	54
7	0 21	3,45		22	1 41	2,4	
	6 29	6,25	32		7 26	7,1	58
D	13 11	3,5		L	14 16	2,45	
	18 47	6,3	38		19 44	7,1	62
8	1 38	3,0		23	2 43	2,15	
	7 28	6,65	45		8 18	7,35	66
L	14 09	2,95		M	15 13	2,15	
	19 42	6,75	51		20 36	7,3	70
9	2 36	2,5		24	3 36	1,95	
	8 14	7,1	59		9 01	7,5	73
M	15 02	2,4		M	16 02	1,95	
	20 28	7,15	65		21 19	7,5	75
10	3 26	2,05		25	4 20	1,85	
	8 55	7,45	72		9 40	7,6	77
M	15 50	2,0		J	16 43	1,8	
	21 10	7,5	79		21 59	7,6	79
11	4 13	1,7		26	4 57	1,85	
	9 34	7,7	85		10 15	7,7	80
J	16 36	1,65		V	17 19	1,75	
	21 50	7,75	90	*PL*	22 36	7,6	80
12	4 58	1,45		27	5 32	1,85	
	10 13	7,9	94		10 48	7,7	79
V	17 22	1,35		S	17 54	1,75	
NL	22 31	7,9	97		23 11	7,55	78
13	5 42	1,3		28	6 05	1,9	
	10 52	8,0	99		11 21	7,6	77
S	18 06	1,2		D	18 27	1,8	
	23 14	7,95	99		23 46	7,5	75
14	6 24	1,25		29	6 37	2,05	
	11 34	8,0	99		11 53	7,5	73
D	18 48	1,15		L	18 58	1,9	
	23 59	7,9	97				
15	7 06	1,4		30	0 20	7,35	70
	12 17	7,9	94		7 07	2,25	
L	19 30	1,3		M	12 25	7,4	67
					19 28	2,1	

DÉCEMBRE 2004

	h m	haut. m	Coef		h m	haut. m	Coef
1	0 54	7,15	63	16	1 32	7,6	86
	7 38	2,45			8 34	1,35	
M	12 57	7,2	60	J	13 48	7,5	81
	19 58	2,35			21 00	1,55	
2	1 29	6,95	56	17	2 27	7,4	76
	8 09	2,75			9 26	2,1	
J	13 32	7,0	52	V	14 43	7,35	71
	20 30	2,6			21 51	1,9	
3	2 08	6,7	48	18	3 25	7,15	66
	8 45	3,0			10 20	2,4	
V	14 15	6,75	45	S	15 42	7,05	61
	21 10	2,85		*PQ*	22 45	2,2	
4	2 56	6,5	41	19	4 27	6,95	57
	9 32	3,25			11 17	2,65	
S	15 08	6,5	39	D	16 46	6,9	54
	22 03	3,05			23 44	2,45	
5	3 57	6,4	37	20	5 31	6,85	51
	10 35	3,4			12 19	2,75	
D	16 13	6,4	36	L	17 53	6,8	50
DQ	23 12	3,15					
6	5 13	6,45	37	21	0 47	2,6	
	11 49	3,3			6 36	6,85	50
L	17 31	6,45	39	M	13 24	2,75	
					19 01	6,8	51
7	0 24	3,0		22	1 51	2,65	
	6 24	6,65	43		7 38	6,95	53
M	12 59	3,05		M	14 28	2,65	
	18 40	6,65	47		20 03	6,9	55
8	1 31	2,75		23	2 51	2,55	
	7 21	6,95	53		8 30	7,1	57
M	14 04	2,7		J	15 24	2,45	
	19 39	6,95	58		20 56	7,05	60
9	2 34	2,35		24	3 42	2,45	
	8 11	7,25	64		9 15	7,25	62
J	15 07	2,25		V	16 12	2,25	
	20 31	7,25	70		21 41	7,2	65
10	3 32	2,0		25	4 27	2,3	
	8 58	7,5	76		9 55	7,35	66
V	16 03	1,85		S	16 53	2,1	
	21 21	7,5	81		22 21	7,3	68
11	4 26	1,7		26	5 07	2,2	
	9 44	7,75	86		10 30	7,45	69
S	16 55	1,55		D	17 32	1,95	
	22 10	7,7	90	*PL*	22 57	7,35	70
12	5 17	1,5		27	5 45	2,15	
	10 30	7,9	93		11 04	7,5	71
D	17 46	1,3		L	18 09	1,85	
NL	22 59	7,85	95		23 32	7,35	71
13	6 07	1,4		28	6 22	2,1	
	11 18	7,95	96		11 38	7,5	71
L	18 35	1,15		M	18 44	1,85	
	23 49	7,9	96				
14	6 55	1,45		29	0 06	7,35	71
	12 07	7,95	95		6 55	2,15	
M	19 23	1,15		M	12 11	7,45	70
					19 17	1,9	
15	0 40	7,8	93	30	0 40	7,25	69
	7 44	1,6			7 29	2,25	
M	12 56	7,8	89	J	12 44	7,4	68
	20 11	1,3			19 51	2,0	
				31	1 14	7,15	66
					8 02	2,35	
				V	13 19	7,3	64
					20 23	2,15	

Prédictions de marée calculées par le SHOM (heure légale)

Avis aux lecteurs

Les heures moyennes des marées sont exprimées en **HEURE LÉGALE**.
Elles sont exactes pour toute l'année (heure d'hiver et heure d'été) et ne doivent donc pas être corrigées.

CHERBOURG	49° 39' N 01° 38' W	Niveau moyen : 3,81 m	Marnages V.E. moyenne : 5,30 m M.E. moyenne : 2,55 m

JANVIER 2004

Jour	h m	haut. m	Coef
1	3 36	4,95	42
	10 28	2,75	
J	15 59	4,95	41
	22 52	2,6	
2	4 41	5,0	41
	11 35	2,7	
V	17 06	4,95	43
	23 56	2,55	
3	5 43	5,15	45
	12 35	2,55	
S	18 08	5,1	48
4	0 55	2,45	
	6 35	5,35	51
D	13 27	2,3	
	19 01	5,3	54
5	1 43	2,25	
	7 21	5,55	57
L	14 12	2,1	
	19 46	5,5	61
6	2 26	2,1	
	8 00	5,75	64
M	14 51	1,9	
	20 26	5,65	66
7	3 04	1,95	
	8 37	5,9	69
M	15 28	1,7	
PL	21 02	5,8	71
8	3 41	1,85	
	9 11	6,0	73
J	16 04	1,6	
	21 37	5,85	74
9	4 17	1,8	
	9 46	6,05	75
V	16 40	1,5	
	22 13	5,85	76
10	4 53	1,75	
	10 21	6,1	76
S	17 16	1,5	
	22 49	5,85	76
11	5 29	1,75	
	10 59	6,05	75
D	17 53	1,5	
	23 28	5,75	74
12	6 07	1,8	
	11 38	5,95	72
L	18 31	1,6	
13	0 09	5,65	70
	6 47	1,95	
M	12 18	5,8	67
	19 12	1,7	
14	0 50	5,5	64
	7 32	2,1	
M	13 02	5,6	62
	19 58	1,9	
15	1 38	5,35	59
	8 24	2,25	
J	13 53	5,4	56
DQ	20 53	2,1	
16	2 37	5,25	54
	9 26	2,35	
V	14 58	5,25	52
	21 59	2,25	
17	3 49	5,25	52
	10 40	2,35	
S	16 17	5,25	53
	23 15	2,25	
18	5 06	5,4	55
	11 57	2,2	
D	17 38	5,4	59
19	0 33	2,05	
	6 16	5,65	64
L	13 07	1,85	
	18 49	5,65	69
20	1 39	1,85	
	7 17	5,95	75
M	14 09	1,5	
	19 50	5,95	80
21	2 37	1,6	
	8 12	6,25	85
M	15 05	1,2	
NL	20 46	6,15	90
22	3 30	1,4	
	9 04	6,45	93
J	15 56	1,0	
	21 36	6,3	96
23	4 18	1,25	
	9 51	6,55	97
V	16 43	0,9	
	22 21	6,3	97
24	5 03	1,25	
	10 35	6,55	96
S	17 26	0,9	
	23 03	6,25	94
25	5 44	1,35	
	11 16	6,4	91
D	18 06	1,1	
	23 42	6,05	87
26	6 23	1,55	
	11 55	6,2	82
L	18 43	1,35	
27	0 17	5,8	77
	7 00	1,8	
M	12 31	5,9	70
	19 18	1,7	
28	0 52	5,5	64
	7 37	2,15	
M	13 07	5,5	58
	19 54	2,1	
29	1 30	5,25	52
	8 18	2,45	
J	13 49	5,15	46
PQ	20 36	2,45	
30	2 17	4,95	40
	9 10	2,75	
V	14 44	4,8	36
	21 32	2,75	
31	3 23	4,75	33
	10 22	2,9	
S	16 03	4,6	31
	22 50	2,9	

FÉVRIER 2004

Jour	h m	haut. m	Coef
1	4 48	4,75	32
	11 47	2,85	
D	17 33	4,7	34
2	0 15	2,85	
	6 03	4,95	38
L	12 58	2,6	
	18 40	4,95	43
3	1 20	2,6	
	6 59	5,2	48
M	13 51	2,25	
	19 29	5,25	53
4	2 09	2,3	
	7 43	5,55	58
M	14 35	1,95	
	20 11	5,55	63
5	2 50	2,0	
	8 23	5,8	68
J	15 14	1,65	
	20 49	5,8	73
6	3 28	1,75	
	9 00	6,05	77
V	15 51	1,4	
PL	21 26	5,95	81
7	4 05	1,55	
	9 35	6,2	84
S	16 27	1,2	
	22 02	6,1	87
8	4 41	1,35	
	10 11	6,3	88
D	17 03	1,05	
	22 37	6,15	89
9	5 17	1,3	
	10 48	6,35	90
L	17 38	1,05	
	23 14	6,1	89
10	5 52	1,3	
	11 24	6,3	88
M	18 14	1,1	
	23 50	6,0	85
11	6 29	1,45	
	12 00	6,1	82
M	18 51	1,3	
12	0 25	5,85	78
	7 09	1,65	
J	12 37	5,85	73
	19 31	1,6	
13	1 05	5,6	68
	7 54	1,95	
V	13 22	5,55	62
DQ	20 20	2,0	
14	1 57	5,35	57
	8 51	2,25	
S	14 23	5,2	51
	21 23	2,35	
15	3 10	5,1	47
	10 07	2,45	
D	15 54	4,95	45
	22 49	2,55	
16	4 46	5,1	46
	11 40	2,35	
L	17 34	5,05	49
17	0 24	2,4	
	6 09	5,35	55
M	13 02	2,0	
	18 52	5,4	61
18	1 37	2,05	
	7 15	5,75	69
M	14 07	1,6	
	19 52	5,8	76
19	2 35	1,65	
	8 10	6,1	83
J	15 01	1,2	
	20 43	6,1	88
20	3 24	1,35	
	8 58	6,4	93
V	15 47	0,95	
NL	21 26	6,3	97
21	4 07	1,15	
	9 40	6,55	99
S	16 28	0,8	
	22 05	6,35	100
22	4 46	1,1	
	10 18	6,6	100
D	17 05	0,8	
	22 40	6,35	99
23	5 21	1,1	
	10 53	6,5	96
L	17 38	0,95	
	23 12	6,2	92
24	5 53	1,3	
	11 25	6,3	88
M	18 09	1,2	
	23 42	6,0	82
25	6 24	1,55	
	11 55	6,0	76
M	18 37	1,55	
26	0 09	5,7	70
	6 54	1,85	
J	12 23	5,6	63
	19 07	1,95	
27	0 36	5,4	57
	7 27	2,25	
V	12 54	5,2	49
	19 40	2,4	
28	1 10	5,05	43
	8 07	2,6	
S	13 35	4,8	36
PQ	20 24	2,8	
29	2 01	4,7	30
	9 07	2,95	
D	14 49	4,45	26
	21 37	3,1	

MARS 2004

Jour	h m	haut. m	Coef
1	3 39	4,5	24
	10 47	3,05	
L	17 00	4,4	25
	23 30	3,1	
2	5 31	4,65	30
	12 26	2,8	
M	18 20	4,7	36
3	0 56	2,75	
	6 35	5,0	42
M	13 27	2,35	
	19 10	5,15	49
4	1 48	2,35	
	7 22	5,4	56
J	14 12	1,9	
	19 51	5,5	64
5	2 30	1,95	
	8 03	5,8	70
V	14 52	1,5	
	20 29	5,85	77
6	3 08	1,55	
	8 41	6,1	83
S	15 29	1,15	
	21 06	6,1	88
7	3 45	1,25	
	9 18	6,35	93
D	16 05	0,9	
PL	21 42	6,3	97
8	4 21	1,05	
	9 54	6,55	99
L	16 41	0,75	
	22 18	6,4	101
9	4 57	0,9	
	10 30	6,6	101
M	17 17	0,7	
	22 53	6,4	101
10	5 32	0,95	
	11 05	6,5	99
M	17 52	0,85	
	23 28	6,3	95
11	6 09	1,1	
	11 41	6,3	91
J	18 28	1,15	
12	0 03	6,05	85
	6 48	1,4	
V	12 18	5,95	79
	19 08	1,6	
13	0 41	5,7	71
	7 33	1,8	
S	13 03	5,5	63
DQ	19 56	2,1	
14	1 32	5,3	55
	8 30	2,25	
D	14 07	5,05	48
	21 03	2,55	
15	2 50	4,95	42
	9 53	2,5	
L	15 56	4,75	40
	22 42	2,75	
16	4 40	4,9	41
	11 38	2,4	
M	17 43	4,95	46
17	0 26	2,5	
	6 07	5,25	53
M	13 00	2,0	
	18 54	5,4	60
18	1 35	2,05	
	7 10	5,7	68
J	14 00	1,55	
	19 45	5,8	75
19	2 27	1,65	
	8 00	6,05	82
V	14 48	1,2	
	20 28	6,1	88
20	3 10	1,3	
	8 42	6,35	92
S	15 29	0,95	
NL	21 06	6,3	96
21	3 48	1,1	
	9 19	6,5	98
D	16 05	0,85	
	21 40	6,35	99
22	4 22	1,05	
	9 53	6,5	99
L	16 37	0,9	
	22 11	6,3	97
23	4 53	1,1	
	10 25	6,45	95
M	17 06	1,0	
	22 39	6,25	92
24	5 22	1,2	
	10 54	6,25	87
M	17 34	1,25	
	23 06	6,05	83
25	5 50	1,45	
	11 21	5,95	77
J	18 01	1,55	
	23 30	5,8	71
26	6 18	1,75	
	11 47	5,6	65
V	18 28	1,95	
	23 55	5,5	58
27	6 49	2,1	
	12 15	5,2	51
S	18 59	2,4	
28	0 25	5,15	45
	8 25	2,45	
D	13 52	4,8	38
	20 39	2,8	
29	2 09	4,75	32
	9 16	2,8	
L	14 55	4,45	26
PQ	21 45	3,15	
30	3 32	4,45	23
	10 47	3,0	
M	17 17	4,35	23
	23 40	3,2	
31	5 45	4,5	27
	12 40	2,8	
M	18 49	4,65	33

Prédictions de marée calculées par le SHOM (heure légale)

Avis aux lecteurs

Les heures moyennes des marées sont exprimées en **HEURE LÉGALE**.
Elles sont exactes pour toute l'année (heure d'hiver et heure d'été) et ne doivent donc pas être corrigées.

CHERBOURG	49° 39' N 01° 38' W	Niveau moyen : 3,81 m	Marnages V.E. moyenne : 5,30 m M.E. moyenne : 2,55 m

AVRIL 2004

	h m	haut. m	Coef
1	1 18	2,85	
	7 00	4,85	40
J	13 49	2,4	
	19 39	5,1	48
2	2 13	2,35	
	7 50	5,3	56
V	14 37	1,9	
	20 20	5,5	64
3	2 57	1,9	
	8 32	5,75	72
S	15 19	1,45	
	21 00	5,9	79
4	3 38	1,45	
	9 13	6,1	86
D	15 58	1,05	
	21 38	6,25	92
5	4 17	1,1	
	9 52	6,4	98
L	16 37	0,8	
PL	22 16	6,45	102
6	4 55	0,85	
	10 30	6,6	105
M	17 15	0,65	
	22 53	6,55	106
7	5 33	0,75	
	11 08	6,65	107
M	17 52	0,65	
	23 29	6,55	105
8	6 12	0,75	
	11 46	6,55	103
J	18 30	0,85	
9	0 06	6,4	98
	6 51	0,95	
V	12 25	6,3	93
	19 09	1,2	
10	0 44	6,15	86
	7 33	1,3	
S	13 07	5,9	78
	19 53	1,7	
11	1 26	5,75	70
	8 21	1,75	
D	13 58	5,4	61
	20 46	2,25	
12	2 22	5,3	53
	9 24	2,2	
L	15 10	4,95	47
DQ	22 02	2,7	
13	3 46	4,95	42
	10 53	2,45	
M	17 04	4,8	41
	23 45	2,75	
14	5 33	4,95	44
	12 31	2,3	
M	18 36	5,05	48
15	1 15	2,45	
	6 52	5,25	55
J	13 44	1,95	
	19 36	5,4	61

	h m	haut. m	Coef
16	2 16	2,05	
	7 49	5,65	68
V	14 39	1,55	
	20 22	5,75	74
17	3 05	1,65	
	8 36	5,95	79
S	15 23	1,3	
	21 02	6,0	83
18	3 45	1,4	
	9 16	6,15	87
D	16 01	1,15	
	21 37	6,15	89
19	4 21	1,25	
	9 52	6,25	91
L	16 35	1,1	
NL	22 10	6,2	91
20	4 54	1,2	
	10 25	6,25	91
M	17 05	1,15	
	22 39	6,2	90
21	5 24	1,25	
	10 56	6,2	88
M	17 34	1,25	
	23 07	6,15	85
22	5 53	1,3	
	11 25	6,05	82
J	18 03	1,45	
	23 34	6,0	78
23	6 22	1,5	
	11 53	5,8	74
V	18 31	1,7	
24	0 00	5,8	69
	6 51	1,75	
S	12 21	5,55	64
	19 00	2,05	
25	0 27	5,55	58
	7 22	2,0	
D	12 52	5,2	52
	19 32	2,4	
26	1 00	5,2	47
	7 59	2,35	
L	13 32	4,85	41
	20 14	2,75	
27	1 46	4,9	36
	8 49	2,65	
M	14 33	4,55	31
PQ	21 17	3,0	
28	2 57	4,6	28
	10 06	2,8	
M	16 19	4,45	28
	22 51	3,05	
29	4 43	4,55	30
	11 42	2,7	
J	17 55	4,7	35
30	0 20	2,8	
	6 05	4,85	41
V	12 56	2,35	
	18 53	5,05	48

MAI 2004

	h m	haut. m	Coef
1	1 25	2,35	
	7 03	5,25	55
S	13 50	1,9	
	19 39	5,5	63
2	2 15	1,9	
	7 51	5,65	71
D	14 38	1,45	
	20 22	5,9	78
3	3 01	1,5	
	8 36	6,05	85
L	15 22	1,1	
	21 03	6,2	91
4	3 45	1,15	
	9 20	6,3	96
M	16 06	0,85	
PL	21 45	6,45	101
5	4 28	0,9	
	10 04	6,5	103
M	16 48	0,75	
	22 26	6,55	105
6	5 11	0,75	
	10 47	6,55	105
J	17 30	0,8	
	23 07	6,55	103
7	5 54	0,8	
	11 30	6,45	100
V	18 12	1,0	
	23 48	6,45	96
8	6 38	0,95	
	12 15	6,2	90
S	18 57	1,4	
9	0 32	6,15	84
	7 25	1,3	
D	13 03	5,8	77
	19 47	1,8	
10	1 21	5,8	69
	8 19	1,65	
L	13 59	5,4	63
	20 47	2,25	
11	2 20	5,4	56
	9 24	2,0	
M	15 14	5,05	51
DQ	22 02	2,55	
12	3 39	5,1	48
	10 44	2,2	
M	16 45	4,95	47
	23 27	2,55	
13	5 05	5,1	48
	12 03	2,15	
J	18 02	5,1	51
14	0 40	2,35	
	6 16	5,25	55
V	13 08	1,95	
	19 00	5,35	59
15	1 41	2,1	
	7 13	5,5	63
S	14 02	1,75	
	19 47	5,6	67

	h m	haut. m	Coef
16	2 30	1,85	
	8 01	5,7	70
D	14 48	1,6	
	20 28	5,8	73
17	3 13	1,65	
	8 44	5,85	76
L	15 27	1,5	
	21 05	5,95	78
18	3 51	1,55	
	9 23	5,9	79
M	16 02	1,5	
	21 39	6,0	79
19	4 25	1,5	
	9 58	5,95	79
M	16 35	1,5	
NL	22 10	6,0	79
20	4 58	1,45	
	10 31	5,9	78
J	17 07	1,6	
	22 40	5,95	76
21	5 29	1,5	
	11 02	5,8	74
V	17 38	1,7	
	23 09	5,9	72
22	6 01	1,6	
	11 33	5,65	69
S	18 09	1,9	
	23 39	5,75	66
23	6 33	1,75	
	12 06	5,5	63
D	18 41	2,1	
24	0 12	5,55	59
	7 07	1,95	
L	12 42	5,25	55
	19 17	2,3	
25	0 50	5,35	51
	7 46	2,15	
M	13 25	5,0	47
	20 01	2,55	
26	1 36	5,1	44
	8 34	2,35	
M	14 20	4,8	41
	20 58	2,7	
27	2 35	4,9	39
	9 36	2,45	
J	15 31	4,75	38
PQ	22 09	2,75	
28	3 48	4,35	38
	10 48	2,4	
V	16 49	4,85	41
	23 24	2,65	
29	5 01	4,95	44
	11 59	2,25	
S	17 54	5,1	49
30	0 30	2,35	
	6 06	5,2	55
D	13 00	1,95	
	18 49	5,45	61
31	1 31	1,95	
	7 03	5,55	67
L	13 56	1,6	
	19 40	5,8	74

JUIN 2004

	h m	haut. m	Coef
1	2 24	1,6	
	7 57	5,85	80
M	14 47	1,35	
	20 28	6,1	85
2	3 15	1,3	
	8 50	6,1	90
M	15 37	1,1	
	21 15	6,3	94
3	4 04	1,05	
	9 41	6,3	97
J	16 25	1,05	
PL	22 02	6,45	98
4	4 53	0,9	
	10 31	6,35	99
V	17 13	1,05	
	22 49	6,5	98
5	5 41	0,85	
	11 20	6,3	96
S	18 01	1,2	
	23 37	6,4	93
6	6 31	0,95	
	12 10	6,1	90
D	18 51	1,45	
7	0 26	6,2	85
	7 21	1,2	
L	13 01	5,85	80
	19 44	1,75	
8	1 17	5,9	74
	8 15	1,45	
M	13 56	5,55	69
	20 41	2,05	
9	2 13	5,6	64
	9 13	1,75	
M	14 57	5,3	60
DQ	21 44	2,25	
10	3 15	5,35	56
	10 14	2,0	
J	16 02	5,1	53
	22 49	2,4	
11	4 20	5,2	51
	11 17	2,1	
V	17 08	5,1	50
	23 53	2,4	
12	5 25	5,15	51
	12 19	2,15	
S	18 08	5,2	52
13	0 54	2,3	
	6 26	5,2	54
D	13 15	2,1	
	19 02	5,35	56
14	1 50	2,15	
	7 22	5,35	58
L	14 06	2,0	
	19 50	5,5	60
15	2 38	2,0	
	8 12	5,45	62
M	14 52	1,95	
	20 33	5,65	64

	h m	haut. m	Coef
16	3 22	1,85	
	8 57	5,55	66
M	15 33	1,9	
	21 11	5,75	67
17	4 01	1,75	
	9 37	5,6	68
J	16 11	1,85	
NL	21 47	5,8	69
18	4 37	1,65	
	10 13	5,65	70
V	16 47	1,85	
	22 21	5,85	70
19	5 12	1,65	
	10 47	5,65	70
S	17 21	1,85	
	22 54	5,85	69
20	5 47	1,65	
	11 21	5,6	68
D	17 55	1,9	
	23 27	5,8	67
21	6 21	1,65	
	11 56	5,55	66
L	18 30	2,0	
22	0 03	5,7	64
	6 57	1,75	
M	12 33	5,45	62
	19 07	2,1	
23	0 42	5,6	60
	7 35	1,85	
M	13 14	5,3	58
	19 48	2,2	
24	1 23	5,45	56
	8 17	1,95	
J	14 00	5,2	54
	20 36	2,3	
25	2 10	5,3	52
	9 05	2,05	
V	14 51	5,1	50
PQ	21 31	2,4	
26	3 03	5,15	49
	10 02	2,15	
S	15 50	5,05	49
	22 33	2,45	
27	4 04	5,15	49
	11 06	2,15	
D	16 54	5,15	51
	23 41	2,35	
28	5 11	5,2	53
	12 13	2,05	
L	18 00	5,35	57
29	0 47	2,1	
	6 21	5,4	61
M	13 18	1,85	
	19 02	5,6	66
30	1 53	1,8	
	7 28	5,6	71
M	14 19	1,65	
	20 00	5,9	76

Avis aux lecteurs

Les heures moyennes des marées sont exprimées en **HEURE LÉGALE**.
Elles sont exactes pour toute l'année (heure d'hiver et heure d'été) et ne doivent donc pas être corrigées.

CHERBOURG	49° 39' N 01° 38' W	Niveau moyen : 3,81 m	Marnages V.E. moyenne : 5,30 m M.E. moyenne : 2,55 m

JUILLET 2004

	h m	haut. m	Coef
1 J	2 52 8 30 15 16 20 55	1,5 5,85 1,45 6,15	80 85
2 V PL	3 48 9 28 16 10 21 48	1,2 6,1 1,3 6,35	89 92
3 S	4 42 10 23 17 03 22 40	1,0 6,2 1,25 6,45	94 95
4 D	5 34 11 15 17 54 23 30	0,9 6,25 1,25 6,45	96 95
5 L	6 24 12 05 18 44	0,85 6,2 1,35	93
6 M	0 19 7 12 12 52 19 32	6,35 1,0 6,05 1,5	91 87
7 M	1 06 7 59 13 38 20 20	6,15 1,2 5,8 1,75	83 78
8 J	1 52 8 45 14 23 21 09	5,9 1,55 5,5 2,05	72 67
9 V DQ	2 38 9 31 15 10 22 00	5,6 1,85 5,25 2,3	61 56
10 S	3 29 10 22 16 03 22 58	5,25 2,2 5,1 2,5	52 48
11 D	4 27 11 20 17 06	5,05 2,4 5,0	45 43
12 L	0 02 5 35 12 24 18 13	2,55 4,9 2,5 5,0	42 43
13 M	1 07 6 45 13 28 19 15	2,5 4,95 2,45 5,15	44 47
14 M	2 08 7 47 14 24 20 07	2,35 5,1 2,35 5,35	49 52
15 J	2 58 8 38 15 12 20 51	2,15 5,3 2,2 5,55	56 59
16 V	3 42 9 21 15 54 21 31	1,95 5,45 2,05 5,7	62 64
17 S NL	4 22 10 00 16 32 22 07	1,75 5,6 1,9 5,85	67 69
18 D	4 59 10 35 17 08 22 41	1,6 5,7 1,8 5,9	71 73
19 L	5 34 11 09 17 43 23 15	1,5 5,75 1,75 5,95	74 75
20 M	6 09 11 43 18 18 23 51	1,45 5,75 1,7 5,95	75 75
21 M	6 43 12 19 18 53	1,45 5,75 1,75	74
22 J	0 27 7 17 12 56 19 30	5,9 1,5 5,65 1,8	73 71
23 V	1 04 7 54 13 34 20 10	5,8 1,6 5,55 1,95	69 67
24 S	1 41 8 34 14 14 20 55	5,65 1,75 5,4 2,1	64 61
25 D PQ	2 25 9 22 15 01 21 50	5,45 1,95 5,25 2,3	58 55
26 L	3 19 10 20 16 02 22 57	5,25 2,2 5,15 2,4	53 51
27 M	4 29 11 33 17 19	5,1 2,3 5,2	50 50
28 M	0 15 5 55 12 51 18 38	2,3 5,15 2,2 5,4	52 56
29 J	1 33 7 16 14 03 19 46	2,05 5,4 2,0 5,7	61 67
30 V	2 40 8 25 15 06 20 46	1,65 5,7 1,7 6,05	73 79
31 S PL	3 40 9 25 16 04 21 41	1,3 6,0 1,45 6,35	85 90

AOÛT 2004

	h m	haut. m	Coef
1 D	4 35 10 18 16 56 22 32	1,0 6,25 1,25 6,55	94 97
2 L	5 24 11 07 17 44 23 19	0,8 6,35 1,1 6,6	99 100
3 M	6 10 11 50 18 28	0,75 6,35 1,15	99
4 M	0 03 6 52 12 30 19 09	6,55 0,85 6,2 1,3	97 94
5 J	0 43 7 30 13 07 19 47	6,4 1,1 6,0 1,55	89 84
6 V	1 20 8 06 13 41 20 25	6,05 1,45 5,7 1,9	78 72
7 S DQ	1 56 8 42 14 16 21 05	5,7 1,85 5,4 2,25	65 58
8 D	2 36 9 22 14 58 21 55	5,3 2,3 5,1 2,6	51 45
9 L	3 26 10 14 15 56 23 03	4,9 2,65 4,85 2,85	39 35
10 M	4 42 11 29 17 23	4,6 2,9 4,7	32 31
11 M	0 26 6 17 12 55 18 48	2,85 4,6 2,9 4,85	32 36
12 J	1 43 7 31 14 04 19 48	2,6 4,85 2,65 5,15	40 45
13 V	2 40 8 23 14 56 20 34	2,3 5,15 2,35 5,45	50 55
14 S	3 25 9 05 15 39 21 13	2,0 5,45 2,1 5,7	60 65
15 D	4 04 9 43 16 16 21 50	1,7 5,7 1,85 5,95	70 74
16 L NL	4 40 10 17 16 51 22 25	1,5 5,9 1,65 6,1	77 81
17 M	5 15 10 51 17 25 22 58	1,3 6,0 1,5 6,2	83 85
18 M	5 48 11 24 17 58 23 32	1,2 6,05 1,4 6,25	86 87
19 J	6 21 11 58 18 32	1,15 6,05 1,4	87
20 V	0 05 6 54 12 31 19 06	6,2 1,2 6,0 1,45	86 84
21 S	0 40 7 27 13 04 19 42	6,1 1,35 5,85 1,65	81 77
22 D	1 13 8 04 13 39 20 24	5,85 1,65 5,65 1,95	73 68
23 L PQ	1 53 8 48 14 22 21 15	5,55 2,0 5,4 2,25	63 57
24 M	2 47 9 45 15 24 22 26	5,25 2,35 5,15 2,5	52 47
25 M	4 06 11 06 16 57 23 58	4,95 2,6 5,0 2,5	44 43
26 J	5 55 12 43 18 33	4,95 2,55 5,2	45 50
27 V	1 29 7 22 14 01 19 44	2,15 5,3 2,2 5,65	56 64
28 S	2 37 8 27 15 04 20 42	1,7 5,7 1,8 6,05	72 79
29 D	3 34 9 20 15 56 21 33	1,25 6,1 1,4 6,4	86 92
30 L PL	4 23 10 07 16 43 22 19	0,95 6,35 1,15 6,65	97 100
31 M	5 07 10 48 17 25 23 00	0,75 6,45 1,05 6,75	102 103

SEPTEMBRE 2004

	h m	haut. m	Coef
1 M	5 47 11 25 18 03 23 37	0,75 6,45 1,05 6,65	102 100
2 J	6 22 11 59 18 37	0,9 6,35 1,2	96
3 V	0 12 6 55 12 29 19 10	6,45 1,15 6,1 1,5	91 86
4 S	0 44 7 25 12 57 19 41	6,1 1,5 5,85 1,85	79 73
5 D	1 13 7 54 13 25 20 14	5,7 1,95 5,5 2,25	65 58
6 L DQ	1 45 8 27 13 58 20 55	5,25 2,45 5,15 2,65	50 43
7 M	2 26 9 11 14 45 21 57	4,8 2,85 4,8 3,0	36 30
8 M	3 42 10 27 16 24 23 43	4,45 3,2 4,5 3,1	25 23
9 J	5 56 12 26 18 23	4,45 3,2 4,65	25 29
10 V	1 20 7 15 13 44 19 26	2,8 4,75 2,85 5,0	35 41
11 S	2 17 8 02 14 35 20 10	2,4 5,15 2,45 5,4	48 55
12 D	3 00 8 40 15 15 20 49	2,0 5,55 2,05 5,8	62 68
13 L	3 38 9 16 15 51 21 25	1,65 5,85 1,7 6,1	74 80
14 M NL	4 13 9 51 16 25 22 00	1,35 6,1 1,45 6,3	84 89
15 M	4 47 10 25 16 59 22 34	1,1 6,25 1,25 6,45	92 94
16 J	5 21 10 58 17 33 23 07	1,0 6,35 1,15 6,5	96 97
17 V	5 54 11 30 18 07 23 41	0,95 6,35 1,15 6,45	96 94
18 S	6 27 12 03 18 42	1,05 6,25 1,25	92
19 D	0 15 7 01 12 35 19 18	6,25 1,3 6,1 1,5	88 83
20 L	0 51 7 39 13 11 20 00	5,95 1,7 5,8 1,9	77 70
21 M PQ	1 33 8 23 13 57 20 54	5,55 2,15 5,45 2,3	63 55
22 M	2 32 9 25 15 05 22 12	5,1 2,65 5,05 2,6	48 42
23 J	4 09 11 01 16 56 23 58	4,8 2,9 4,95 2,55	39 39
24 V	6 08 12 47 18 33	4,95 2,65 5,25	43 50
25 S	1 29 7 25 14 00 19 39	2,15 5,4 2,2 5,7	58 66
26 D	2 30 8 19 14 55 20 31	1,65 5,85 1,75 6,15	74 81
27 L	3 20 9 04 15 41 21 16	1,25 6,2 1,35 6,5	88 93
28 M PL	4 04 9 44 16 22 21 56	1,0 6,4 1,15 6,65	97 99
29 M	4 42 10 20 16 59 22 33	0,9 6,5 1,1 6,7	100 100
30 J	5 17 10 53 17 33 23 07	0,9 6,45 1,15 6,55	99 96

Prédictions de marée calculées par le SHOM (heure légale)

Avis aux lecteurs

Les heures moyennes des marées sont exprimées en **HEURE LÉGALE**.
Elles sont exactes pour toute l'année (heure d'hiver et heure d'été) et ne doivent donc pas être corrigées.

CHERBOURG	49° 33' N 01° 33' W	Niveau moyen : 3.81 m	Marnages V.E. moyenne : 5,30 m M.E. moyenne : 2,55 m

OCTOBRE 2004

	h m	haut. m	Coef
1 V	5 48	1,1	
	11 23	6,35	93
	18 04	1,3	
	23 38	6,35	88
2 S	6 18	1,35	
	11 50	6,15	83
	18 34	1,55	
3 D	0 07	6,05	77
	6 46	1,7	
	12 16	5,9	71
	19 03	1,85	
4 L	0 35	5,65	64
	7 14	2,1	
	12 41	5,6	57
	19 33	2,25	
5 M	1 03	5,25	50
	7 45	2,55	
	13 11	5,2	43
	20 10	2,65	
6 M *DQ*	1 41	4,85	36
	8 25	2,95	
	13 54	4,85	30
	21 03	3,0	
7 J	2 49	4,45	24
	9 33	3,3	
	15 18	4,5	22
	22 44	3,2	
8 V	5 18	4,4	22
	11 42	3,35	
	17 40	4,55	26
9 S	0 37	2,95	
	6 41	4,75	33
	13 09	2,95	
	18 49	4,9	40
10 D	1 40	2,5	
	7 27	5,15	47
	13 59	2,5	
	19 34	5,35	54
11 L	2 23	2,05	
	8 05	5,55	62
	14 39	2,05	
	20 13	5,75	69
12 M	3 01	1,65	
	8 42	5,95	76
	15 16	1,7	
	20 51	6,1	82
13 M	3 38	1,3	
	9 17	6,2	88
	15 53	1,35	
	21 28	6,4	92
14 J *NL*	4 14	1,05	
	9 53	6,4	96
	16 30	1,15	
	22 04	6,55	99
15 V	4 51	0,95	
	10 27	6,5	100
	17 06	1,0	
	22 40	6,6	101

	h m	haut. m	Coef
16 S	5 27	0,95	
	11 02	6,55	100
	17 43	1,05	
	23 17	6,5	98
17 D	6 03	1,1	
	11 37	6,45	94
	18 21	1,2	
	23 56	6,3	90
18 L	6 41	1,4	
	12 14	6,2	84
	19 02	1,45	
19 M	0 37	5,95	77
	7 22	1,85	
	12 55	5,85	69
	19 48	1,85	
20 M *PQ*	1 26	5,5	62
	8 13	2,35	
	13 48	5,45	54
	20 48	2,3	
21 J	2 34	5,1	47
	9 24	2,8	
	15 04	5,1	42
	22 13	2,55	
22 V	4 21	4,9	41
	11 08	2,9	
	16 54	5,05	43
	23 55	2,45	
23 S	6 03	5,1	47
	12 40	2,6	
	18 19	5,35	53
24 D	1 13	2,05	
	7 07	5,5	60
	13 43	2,15	
	19 18	5,75	67
25 L	2 10	1,7	
	7 55	5,85	73
	14 34	1,75	
	20 07	6,1	79
26 M	2 56	1,4	
	8 37	6,15	84
	15 17	1,5	
	20 50	6,35	87
27 M	3 36	1,25	
	9 14	6,3	90
	15 56	1,35	
	21 29	6,45	92
28 J *PL*	4 13	1,2	
	9 49	6,35	92
	16 31	1,3	
	22 04	6,45	92
29 V	4 45	1,25	
	10 20	6,35	91
	17 04	1,35	
	22 37	6,35	88
30 S	5 16	1,4	
	10 48	6,25	86
	17 35	1,45	
	23 07	6,15	82
31 D	4 46	1,6	
	10 16	6,1	78
	17 05	1,65	
	22 37	5,9	73

NOVEMBRE 2004

	h m	haut. m	Coef
1 L	5 15	1,9	
	10 43	5,9	68
	17 35	1,9	
	23 06	5,6	63
2 M	5 45	2,25	
	11 11	5,65	57
	18 06	2,2	
	23 38	5,25	51
3 M	6 18	2,6	
	11 44	5,3	46
	18 43	2,55	
4 J	0 18	4,95	40
	6 58	2,9	
	12 28	4,95	34
	19 31	2,85	
5 V *DQ*	1 19	4,6	30
	7 58	3,2	
	13 37	4,7	27
	20 47	3,0	
6 S	3 04	4,5	25
	9 33	3,25	
	15 23	4,65	23
	22 27	2,9	
7 D	4 38	4,7	32
	11 06	3,0	
	16 47	4,85	38
	23 40	2,6	
8 L	5 35	5,1	45
	12 07	2,6	
	17 42	5,25	51
9 M	0 34	2,15	
	6 19	5,5	59
	12 54	2,2	
	18 28	5,65	65
10 M	1 18	1,75	
	7 00	5,85	72
	13 37	1,75	
	19 11	6,0	79
11 J	2 00	1,45	
	7 39	6,2	85
	14 19	1,45	
	19 53	6,3	90
12 V *NL*	2 41	1,2	
	8 18	6,45	94
	15 01	1,2	
	20 35	6,45	97
13 S	3 22	1,05	
	8 57	6,55	99
	15 42	1,05	
	21 17	6,55	99
14 D	4 03	1,1	
	9 37	6,6	99
	16 24	1,0	
	22 00	6,5	97
15 L	4 45	1,25	
	10 18	6,5	94
	17 08	1,15	
	22 45	6,3	90

	h m	haut. m	Coef
16 M	5 29	1,55	
	11 02	6,3	84
	17 54	1,4	
	23 33	5,95	76
17 M	6 17	1,3	
	11 50	5,95	72
	18 47	1,75	
18 J	0 27	5,55	65
	7 14	2,3	
	12 47	5,6	59
	19 49	2,05	
19 V *PQ*	1 36	5,25	54
	8 25	2,6	
	14 01	5,3	50
	21 06	2,3	
20 S	3 05	5,1	49
	9 51	2,7	
	15 27	5,2	49
	22 28	2,3	
21 D	4 27	5,2	51
	11 09	2,55	
	16 43	5,35	54
	23 37	2,1	
22 L	5 30	5,4	58
	12 11	2,25	
	17 43	5,55	62
23 M	0 36	1,9	
	6 20	5,65	66
	13 03	2,0	
	18 35	5,8	70
24 M	1 24	1,75	
	7 04	5,9	73
	13 49	1,8	
	19 20	5,95	75
25 J	2 06	1,65	
	7 43	6,05	77
	14 29	1.65	
	20 01	6,05	79
26 V *PL*	2 43	1,6	
	8 18	6,1	80
	15 06	1,6	
	20 38	6,05	80
27 S	3 18	1,65	
	8 52	6,15	79
	15 40	1,55	
	21 13	6,0	78
28 D	3 51	1,7	
	9 23	6,1	77
	16 13	1,6	
	21 46	5,95	75
29 L	4 24	1,85	
	9 53	6,0	73
	16 45	1,7	
	22 18	5,8	70
30 M	4 56	2,0	
	10 24	5,9	67
	17 18	1,85	
	22 50	5,6	63

DÉCEMBRE 2004

	h m	haut. m	Coef
1 M	5 28	2,2	
	10 56	5,7	60
	17 51	2,05	
	23 25	5,4	56
2 J	6 03	2,45	
	11 32	5,5	52
	18 28	2,25	
3 V	0 05	5,15	48
	6 43	2,65	
	12 14	5,25	45
	19 11	2,45	
4 S	0 56	4,95	41
	7 33	2,85	
	13 07	5,0	39
	20 06	2,6	
5 D *DQ*	2 01	4,8	37
	8 37	2,95	
	14 15	4,9	36
	21 14	2,65	
6 L	3 16	4,85	37
	9 51	2,9	
	15 29	4,95	39
	22 27	2,55	
7 M	4 25	5,05	43
	11 02	2,65	
	16 37	5,15	47
	23 32	2,3	
8 M	5 22	5,35	53
	12 03	2,35	
	17 36	5,4	58
9 J	0 31	2,0	
	6 13	5,7	64
	12 57	1,95	
	18 30	5,75	70
10 V	1 23	1,7	
	7 01	6,0	76
	13 48	1,6	
	19 21	6,05	81
11 S	2 12	1,45	
	7 48	6,3	86
	14 37	1,3	
	20 11	6,25	90
12 D *NL*	3 00	1,3	
	8 34	6,45	93
	15 25	1,1	
	21 01	6,4	95
13 L	3 48	1,25	
	9 20	6,55	96
	16 13	1,0	
	21 50	6,4	96
14 M	4 36	1,3	
	10 08	6,55	95
	17 02	1,05	
	22 40	6,3	93
15 M	5 25	1,45	
	10 57	6,4	89
	17 52	1,15	
	23 32	6,1	86

	h m	haut. m	Coef
16 J	6 16	1,7	
	11 48	6,2	81
	18 44	1,4	
17 V	0 25	5,8	76
	7 10	2,0	
	12 42	5,9	71
	19 40	1,7	
18 S *PQ*	1 22	5,5	66
	8 09	2,25	
	13 40	5,6	61
	20 39	1,95	
19 D	2 24	5,3	57
	9 12	2,45	
	14 44	5,4	54
	21 42	2,2	
20 L	3 30	5,2	51
	10 20	2,5	
	15 50	5,25	50
	22 48	2,3	
21 M	4 35	5,2	50
	11 26	2,5	
	16 56	5,25	51
	23 50	2,3	
22 M	5 35	5,3	53
	12 26	2,35	
	17 58	5,35	55
23 J	0 47	2,25	
	6 28	5,5	57
	13 19	2,15	
	18 52	5,45	60
24 V	1 37	2,15	
	7 14	5,65	62
	14 05	2,0	
	19 39	5,6	65
25 S	2 20	2,05	
	7 56	5,8	66
	14 46	1,85	
	20 21	5,7	68
26 D *PL*	2 59	1,95	
	8 33	5,9	69
	15 23	1,75	
	20 59	5,75	70
27 L	3 36	1,9	
	9 08	5,95	71
	15 59	1,7	
	21 34	5,8	71
28 M	4 11	1,9	
	9 40	5,95	71
	16 33	1,65	
	22 07	5,75	71
29 M	4 45	1,95	
	10 13	5,95	70
	17 07	1,7	
	22 40	5,7	69
30 J	5 18	2,0	
	10 46	5,85	68
	17 41	1,75	
	23 14	5,6	66
31 V	5 52	2,1	
	11 22	5,75	64
	18 15	1.85	
	23 51	5.45	62

Prédictions de marée calculées par le SHOM (heure légale)

Avis aux lecteurs

Les heures moyennes des marées sont exprimées en **HEURE LÉGALE**.
Elles sont exactes pour toute l'année (heure d'hiver et heure d'été) et ne doivent donc pas être corrigées.

SAINT-MALO	48° 38' N 02° 02' W	Niveau moyen : 6,78 m	Marnages V.E. moyenne : 10,70 m M.E. moyenne : 5,05 m

JANVIER 2004

	h m	haut. m	Coef		h m	haut. m	Coef
1 J	1 37 8 23 14 14 20 54	9,05 4,55 9,05 4,35	42 41	**16** V	0 42 7 32 13 10 20 08	9,55 3,85 9,7 3,8	54 52
2 V	2 48 9 31 15 24 21 59	9,0 4,5 9,1 4,25	41 43	**17** S	1 55 8 46 14 28 21 24	9,45 3,9 9,6 3,75	52 53
3 S	3 53 10 35 16 24 22 58	9,3 4,25 9,4 3,95	45 48	**18** D	3 17 10 06 15 50 22 42	9,65 3,6 9,85 3,4	55 59
4 D	4 47 11 30 17 15 23 50	9,75 3,8 9,8 3,55	51 54	**19** L	4 33 11 20 17 04 23 52	10,2 3,05 10,35 2,85	64 69
5 L	5 33 12 18 17 59	10,2 3,4 10,2	57 61	**20** M	5 38 12 27 18 08	10,85 2,35 11,0	75 80
6 M	0 37 6 14 13 01 18 39	3,2 10,65 3,0 10,55	64 66	**21** M *NL*	0 59 6 34 13 28 19 04	2,3 11,5 1,8 11,5	85 90
7 M *PL*	1 18 6 52 13 41 19 17	2,9 10,95 2,75 10,8	69 71	**22** J	1 56 7 25 14 23 19 53	1,9 12,0 1,4 11,85	93 96
8 J	1 56 7 28 14 19 19 53	2,7 11,2 2,5 10,95	73 74	**23** V	2 46 8 12 15 12 20 38	1,6 12,25 1,2 11,95	97 97
9 V	2 34 8 03 14 57 20 28	2,55 11,4 2,4 11,05	75 76	**24** S	3 32 8 55 15 56 21 19	1,55 12,3 1,2 11,85	96 94
10 S	3 11 8 38 15 35 21 04	2,5 11,45 2,35 11,05	76 76	**25** D	4 12 9 35 16 36 21 56	1,7 12,05 1,5 11,55	91 87
11 D	3 49 9 15 16 13 21 40	2,55 11,4 2,4 10,9	75 74	**26** L	4 49 10 12 17 11 22 31	2,05 11,6 2,0 11,05	82 77
12 L	4 27 9 53 16 52 22 18	2,65 11,2 2,6 10,65	72 70	**27** M	5 21 10 48 17 43 23 05	2,6 11,0 2,65 10,45	70 64
13 M	5 06 10 32 17 31 22 58	2,9 10,85 2,9 10,3	67 64	**28** M	5 51 11 22 18 13 23 40	3,25 10,25 3,35 9,8	58 52
14 M	5 47 11 15 18 14 23 44	3,25 10,45 3,25 9,9	62 59	**29** J *PQ*	6 24 12 00 18 48	3,85 9,55 3,95	46
15 J *DQ*	6 34 12 06 19 05	3,55 10,05 3,55	56	**30** V	0 22 7 07 12 50 19 37	9,2 4,45 8,85 4,5	40 36
				31 S	1 22 8 11 14 08 20 47	8,7 4,85 8,45 4,8	33 31

FÉVRIER 2004

	h m	haut. m	Coef		h m	haut. m	Coef
1 D	2 50 9 36 15 40 22 10	8,55 4,85 8,5 4,7	32 34	**16** L	2 53 9 43 15 40 22 25	9,15 4,05 9,2 4,0	46 49
2 L	4 10 10 54 16 50 23 19	8,9 4,45 9,0 4,25	38 43	**17** M	4 26 11 11 17 04 23 46	9,65 3,45 9,85 3,35	55 61
3 M	5 09 11 53 17 41	9,5 3,85 9,6	48 53	**18** M	5 35 12 23 18 07	10,5 2,6 10,7	69 76
4 M	0 16 5 56 12 43 18 25	3,65 10,15 3,25 10,25	58 63	**19** J	0 56 6 30 13 24 18 58	2,55 11,35 1,85 11,4	83 88
5 J	1 03 6 37 13 28 19 04	3,1 10,75 2,7 10,75	68 73	**20** V *NL*	1 50 7 17 14 15 19 42	1,9 12,0 1,3 11,9	93 97
6 V *PL*	1 46 7 16 14 10 19 42	2,6 11,25 2,25 11,15	77 81	**21** S	2 37 7 59 14 59 20 21	1,45 12,35 1,0 12,15	99 100
7 S	2 26 7 54 14 51 20 19	2,2 11,65 1,9 11,45	84 87	**22** D	3 17 8 37 15 38 20 57	1,25 12,5 0,95 12,15	100 99
8 D	3 06 8 30 15 30 20 54	1,9 11,95 1,65 11,65	88 89	**23** L	3 53 9 12 16 11 21 30	1,3 12,35 1,2 11,9	96 92
9 L	3 44 9 06 16 07 21 29	1,7 12,05 1,6 11,65	90 89	**24** M	4 23 9 45 16 40 22 00	1,6 11,95 1,65 11,5	88 82
10 M	4 20 9 42 16 43 22 04	1,75 11,95 1,75 11,45	88 85	**25** M	4 49 10 14 17 05 22 27	2,15 11,35 2,3 10,95	76 70
11 M	4 55 10 18 17 18 22 39	2,0 11,6 2,1 11,05	82 78	**26** J	5 12 10 41 17 27 22 54	2,8 10,6 3,0 10,25	63 57
12 J	5 31 10 55 17 53 23 18	2,45 11,1 2,65 10,5	73 68	**27** V	5 35 11 08 17 52 23 23	3,5 9,8 3,8 9,55	49 43
13 V *DQ*	6 10 11 38 18 35	3,05 10,45 3,3	62	**28** S *PQ*	6 06 11 42 18 28	4,2 8,95 4,5	36
14 S	0 04 6 59 12 34 19 30	9,9 3,65 9,7 3,9	57 51	**29** D	0 04 6 53 12 41 19 29	8,8 4,9 8,2 5,15	30 26
15 D	1 15 8 11 13 57 20 51	9,3 4,05 9,15 4,25	47 45				

MARS 2004

	h m	haut. m	Coef		h m	haut. m	Coef
1 L	1 32 8 21 14 50 21 17	8,2 5,3 7,95 5,35	24 25	**16** M	2 48 9 36 15 43 22 23	8,95 4,3 9,0 4,35	41 46
2 M	3 31 10 17 16 25 22 51	8,35 4,95 8,5 4,75	30 36	**17** M	4 23 11 09 17 01 23 43	9,55 3,55 9,85 3,45	53 60
3 M	4 44 11 29 17 20 23 52	9,05 4,2 9,3 3,95	42 49	**18** J	5 26 12 17 17 56	10,5 2,65 10,75	68 75
4 J	5 34 12 22 18 04	9,9 3,35 10,15	56 64	**19** V	0 47 6 16 13 11 18 41	2,55 11,35 1,9 11,45	82 88
5 V	0 44 6 17 13 09 18 44	3,1 10,7 2,55 10,9	70 77	**20** S *NL*	1 35 6 59 13 56 19 21	1,85 11,95 1,35 11,9	92 96
6 S	1 28 6 57 13 53 19 23	2,35 11,45 1,9 11,5	83 88	**21** D	2 16 7 37 14 35 19 56	1,45 12,3 1,1 12,15	98 99
7 D *PL*	2 11 7 36 14 35 20 00	1,75 12,0 1,4 11,95	93 97	**22** L	2 52 8 12 15 09 20 28	1,3 12,4 1,1 12,2	99 97
8 L	2 51 8 13 15 14 20 36	1,3 12,4 1,05 12,2	99 101	**23** M	3 24 8 44 15 39 20 58	1,35 12,3 1,3 12,05	95 92
9 M	3 29 8 49 15 51 21 10	1,1 12,6 1,0 12,25	101 101	**24** M	3 51 9 14 16 04 21 26	1,6 11,95 1,7 11,7	87 83
10 M	4 05 9 24 16 25 21 44	1,15 12,5 1,2 12,05	99 95	**25** J	4 14 9 40 16 26 21 51	2,05 11,4 2,25 11,2	77 71
11 J	4 39 10 00 16 58 22 19	1,5 12,1 1,75 11,55	91 85	**26** V	4 35 10 05 16 46 22 15	2,65 10,7 2,95 10,55	65 58
12 V	5 13 10 36 17 32 22 55	2,1 11,4 2,5 10,85	79 71	**27** S	4 57 10 29 17 10 22 40	3,35 9,95 3,75 9,8	51 45
13 S *DQ*	5 50 11 17 18 10 23 40	2,85 10,5 3,35 10,0	63 55	**28** D	6 24 11 57 18 41	4,05 9,15 4,5	38
14 D	6 38 12 13 19 05	3,65 9,55 4,2	48	**29** L *PQ*	0 14 7 04 12 44 19 31	9,0 4,75 8,35 5,25	32 26
15 L	0 53 7 51 13 48 20 36	9,2 4,3 8,8 4,7	42 40	**30** M	1 22 8 14 14 49 21 13	8,25 5,3 7,85 5,6	23 23
				31 M	3 40 10 27 16 46 23 13	8,15 5,2 8,3 5,1	27 33

Avis aux lecteurs

Les heures moyennes des marées sont exprimées en **HEURE LÉGALE**.
Elles sont exactes pour toute l'année (heure d'hiver et heure d'été) et ne doivent donc pas être corrigées.

SAINT-MALO	48° 38' N 02° 02' W	Niveau moyen : 6,78 m	Marnages V.E. moyenne : 10,70 m M.E. moyenne : 5,05 m

AVRIL 2004

Jour	h m	haut. m	Coef	Jour	h m	haut. m	Coef
1 J	5 05 11 53 17 47	8,85 4,4 9,2	40 48	16 V	0 25 6 04 12 55 18 32	3,45 10,55 2,75 10,75	68 74
2 V	0 19 6 00 12 49 18 33	4,15 9,75 3,4 10,1	56 64	17 S	1 22 6 51 13 44 19 14	2,7 11,25 2,15 11,35	79 83
3 S	1 11 6 46 13 38 19 14	3,15 10,7 2,5 11,0	72 79	18 D	2 07 7 32 14 26 19 51	2,15 11,7 1,8 11,7	87 89
4 D	1 59 7 29 14 25 19 55	2,3 11,55 1,75 11,7	86 92	19 L *NL*	2 46 8 09 15 02 20 25	1,85 11,9 1,65 11,9	91 91
5 L *PL*	2 44 8 10 15 08 20 33	1,6 12,2 1,2 12,25	98 102	20 M	3 20 8 43 15 34 20 56	1,75 11,95 1,65 11,95	91 90
6 M	3 27 8 49 15 49 21 10	1,1 12,65 0,85 12,55	105 106	21 M	3 50 9 14 16 02 21 25	1,75 11,85 1,75 11,9	88 85
7 M	4 07 9 27 16 27 21 47	0,9 12,85 0,85 12,6	107 105	22 J	4 17 9 42 16 27 21 52	1,95 11,6 2,05 11,65	82 78
8 J	4 45 10 04 17 03 22 23	0,95 12,7 1,15 12,35	103 98	23 V	4 41 10 09 16 51 22 18	2,25 11,2 2,5 11,25	74 69
9 V	5 21 10 42 17 38 22 59	1,35 12,2 1,75 11,8	93 86	24 S	5 05 10 35 17 15 22 44	2,75 10,65 3,1 10,65	64 58
10 S	5 57 11 21 18 14 23 39	2,05 11,4 2,65 11,0	78 70	25 D	5 30 11 02 17 41 23 12	3,3 10,0 3,75 10,0	52 47
11 D	6 37 12 07 18 56	2,9 10,4 3,6	61	26 L	5 59 11 34 18 14 23 48	3,95 9,3 4,45 9,25	41 36
12 L *DQ*	0 29 7 28 13 10 19 56	10,05 3,75 9,4 4,45	53 47	27 M *PQ*	6 39 12 21 19 03	4,55 8,6 5,05	31
13 M	1 51 8 47 14 50 21 34	9,25 4,35 8,85 4,85	42 41	28 M	0 48 7 42 13 55 20 27	8,6 5,0 8,15 5,4	28 28
14 M	3 41 10 31 16 33 23 14	9,1 4,25 9,15 4,35	44 48	29 J	2 40 9 25 15 47 22 16	8,4 5,05 8,4 5,05	30 35
15 J	5 05 11 54 17 42	9,75 3,55 9,95	55 61	30 V	4 10 11 00 16 57 23 30	8,9 4,4 9,15 4,2	41 48

MAI 2004

Jour	h m	haut. m	Coef	Jour	h m	haut. m	Coef
1 S	5 13 12 03 17 50	9,75 3,5 10,05	55 63	16 D	0 42 6 17 13 05 18 40	3,05 10,8 2,7 10,9	70 73
2 D	0 26 6 05 12 58 18 36	3,25 10,65 2,65 10,9	71 78	17 L	1 29 7 00 13 47 19 18	2,7 11,1 2,45 11,25	76 78
3 L	1 21 6 53 13 48 19 20	2,4 11,45 1,9 11,65	85 91	18 M	2 08 7 37 14 24 19 52	2,5 11,25 2,35 11,45	79 79
4 M *PL*	2 11 7 38 14 36 20 02	1,75 12,1 1,35 12,2	96 101	19 M *NL*	2 43 8 12 14 56 20 24	2,35 11,35 2,3 11,55	79 79
5 M	2 58 8 21 15 21 20 43	1,25 12,55 1,1 12,55	103 105	20 J	3 15 8 45 15 27 20 55	2,3 11,3 2,35 11,55	78 76
6 J	3 43 9 04 16 03 21 23	1,05 12,65 1,1 12,6	105 103	21 V	3 45 9 15 15 56 21 24	2,35 11,2 2,5 11,4	74 72
7 V	4 25 9 46 16 43 22 04	1,1 12,5 1,4 12,4	100 96	22 S	4 14 9 45 16 25 21 54	2,55 10,35 2,75 11,15	69 66
8 S	5 05 10 28 17 22 22 46	1,45 12,0 2,0 11,85	90 84	23 D	4 44 10 15 16 55 22 24	2,85 10,6 3,2 10,7	63 59
9 D	5 47 11 14 18 03 23 33	2,1 11,25 2,8 11,05	77 69	24 L	5 14 10 48 17 27 22 58	3,25 10,1 3,65 10,2	55 51
10 L	6 32 12 06 18 52	2,85 10,4 3,65	63	25 M	5 48 11 26 18 04 23 39	3,7 9,6 4,15 9,7	47 44
11 M *DQ*	0 29 7 28 13 11 19 56	10,25 3,6 9,6 4,35	56 51	26 M	6 30 12 14 18 53	4,1 9,1 4,6	41
12 M	1 47 8 41 14 35 21 22	9,6 4,05 9,2 4,55	48 47	27 J *PQ*	0 34 7 26 13 20 19 59	9,2 4,45 8,8 4,8	39 38
13 J	3 15 10 06 16 00 22 43	9,45 4,05 9,35 4,2	48 51	28 V	1 50 8 40 14 42 21 20	9,05 4,5 8,8 4,65	38 41
14 V	4 31 11 18 17 06 23 49	9,8 3,65 9,9 3,6	55 59	29 S	3 09 10 01 15 56 22 35	9,25 4,15 9,25 4,1	44 49
15 S	5 29 12 17 17 57	10,3 3,1 10,45	63 67	30 D	4 18 11 11 16 59 23 39	9,75 3,55 9,9 3,4	55 51
				31 L	5 19 12 13 17 53	10,45 2,9 10,65	67 74

JUIN 2004

Jour	h m	haut. m	Coef	Jour	h m	haut. m	Coef
1 M	0 38 6 14 13 10 18 44	2,7 11,1 2,25 11,35	80 85	16 M	1 31 7 08 13 47 19 23	3,1 10,5 3,0 10,85	66 67
2 M	1 37 7 06 14 04 19 33	2,05 11,7 1,8 11,9	90 94	17 J *NL*	2 11 7 47 14 25 19 59	2,9 10,7 2,35 11,05	68 69
3 J *PL*	2 30 7 56 14 54 20 20	1,6 12,1 1,5 12,3	97 98	18 V	2 47 8 23 15 01 20 33	2,75 10,8 2,8 11,15	70 70
4 V	3 21 8 46 15 42 21 06	1,35 12,25 1,5 12,4	99 98	19 S	3 22 8 57 15 35 21 06	2,7 10,85 2,8 11,2	70 69
5 S	4 09 9 34 16 28 21 53	1,3 12,15 1,7 12,25	96 93	20 D	3 57 9 31 16 09 21 40	2,7 10,8 2,9 11,1	68 67
6 D	4 56 10 22 17 14 22 40	1,55 11,85 2,1 11,85	90 85	21 L	4 31 10 05 16 44 22 14	2,8 10,65 3,05 10,9	66 64
7 L	5 42 11 11 18 00 23 30	1,95 11,3 2,65 11,3	80 74	22 M	5 07 10 41 17 20 22 51	2,95 10,45 3,3 10,65	62 60
8 M	6 31 12 02 18 50	2,55 10,65 3,25	69	23 M	5 44 11 19 17 59 23 31	3,2 10,15 3,6 10,3	58 56
9 M *DQ*	0 24 7 23 12 57 19 46	10,65 3,15 10,05 3,8	64 60	24 J	6 25 12 01 18 43	3,45 9,8 3,85	54
10 J	1 25 8 20 13 59 20 49	10,1 3,6 9,65 4,1	56 53	25 V *PQ*	0 16 7 11 12 50 19 34	9,95 3,7 9,5 4,05	52 50
11 V	2 32 9 23 15 08 21 55	9,75 3,85 9,5 4,15	51 50	26 S	1 10 8 05 13 48 20 35	9,75 3,85 9,35 4,15	49 49
12 S	3 41 10 26 16 15 22 58	9,7 3,85 9,6 3,95	51 52	27 D	2 15 9 09 14 57 21 44	9,65 3,9 9,4 4,0	49 51
13 D	4 43 11 25 17 12 23 55	9,85 3,65 9,9 3,65	54 56	28 L	3 26 10 20 16 07 22 55	9,75 3,7 9,75 3,65	53 57
14 L	5 38 12 18 18 02	10,05 3,4 10,3	58 60	29 M	4 35 11 31 17 14	10,15 3,3 10,3	61 66
15 M	0 45 6 26 13 05 18 45	3,35 10,3 3,2 10,6	62 64	30 M	0 02 5 42 12 37 18 16	3,1 10,6 2,8 10,9	71 76

Prédictions de marée calculées par le SHOM (heure légale)

Avis aux lecteurs

Les heures moyennes des marées sont exprimées en **HEURE LÉGALE**.
Elles sont exactes pour toute l'année (heure d'hiver et heure d'été) et ne doivent donc pas être corrigées.

SAINT-MALO	48° 38' N 02° 02' W	Niveau moyen : 6,78 m	Marnages V.E. moyenne : 10,70 m M.E. moyenne : 5,05 m

JUILLET 2004

	h m	haut. m	Coef		h m	haut. m	Coef
1	1 07	2,5		16	1 48	3,3	
	6 44	11,1	80		7 29	10,25	62
J	13 38	2,3		V	14 04	3,25	
	19 13	11,5	85		19 42	10,75	64
2	2 09	1,95		17	2 30	3,0	
	7 42	11,55	89		8 09	10,55	67
V	14 36	1,95		S	14 45	3,0	
PL	20 07	11,95	92	NL	20 19	11,05	69
3	3 06	1,6		18	3 09	2,75	
	8 37	11,85	94		8 46	10,8	71
S	15 30	1,75		D	15 24	2,8	
	20 58	12,25	95		20 55	11,25	73
4	4 00	1,4		19	3 47	2,55	
	9 29	12,0	96		9 21	10,95	74
D	16 21	1,7		L	16 01	2,65	
	21 47	12,3	95		21 30	11,35	75
5	4 51	1,4		20	4 25	2,45	
	10 17	11,9	93		9 56	11,0	75
L	17 09	1,85		M	16 38	2,6	
	22 34	12,15	91		22 04	11,35	75
6	5 38	1,6		21	5 01	2,45	
	11 03	11,6	87		10 30	10,95	74
M	17 54	2,2		M	17 14	2,65	
	23 20	11,75	83		22 39	11,25	73
7	6 22	2,05		22	5 37	2,55	
	11 47	11,15	78		11 05	10,8	71
M	18 38	2,65		J	17 50	2,8	
					23 15	11,05	69
8	0 04	11,2	72	23	6 13	2,75	
	7 04	2,6			11 41	10,55	67
J	12 30	10,6	67	V	18 27	3,1	
	19 21	3,2			23 54	10,7	64
9	0 50	10,55	61	24	6 51	3,05	
	7 46	3,2			12 20	10,2	61
V	13 15	10,0	56	S	19 08	3,45	
DQ	20 06	3,75					
10	1 41	9,95	52	25	0 36	10,3	58
	8 31	3,7			7 33	3,45	
S	14 07	9,55	48	D	13 06	9,8	55
	20 58	4,2		PQ	19 57	3,8	
11	2 39	9,45	45	26	1 31	9,9	53
	9 24	4,1			8 26	3,8	
D	15 10	9,3	43	L	14 07	9,55	51
	22 00	4,4			21 00	4,05	
12	3 48	9,2	42	27	2 42	9,6	50
	10 27	4,25			9 36	3,95	
L	16 20	9,3	43	M	15 25	9,5	50
	23 06	4,3			22 19	4,0	
13	4 56	9,3	44	28	4 05	9,65	52
	11 31	4,15			10 58	3,85	
M	17 25	9,6	47	M	16 49	9,8	56
					23 39	3,5	
14	0 07	4,05		29	5 26	10,05	61
	5 56	9,55	49		12 16	3,35	
M	12 29	3,9		J	18 04	10,45	67
	18 18	10,0	52				
15	1 00	3,65		30	0 51	2,85	
	6 46	9,9	56		6 38	10,65	73
J	13 20	3,55		V	13 26	2,75	
	19 03	10,4	59		19 07	11,25	79
				31	2 00	2,15	
					7 39	11,3	85
				S	14 28	2,15	
				PL	20 02	11,9	90

AOÛT 2004

	h m	haut. m	Coef		h m	haut. m	Coef
1	3 00	1,6		16	2 57	2,55	
	8 32	11,8	94		8 30	11,1	77
D	15 24	1,7		L	15 12	2,5	
	20 51	12,35	97	NL	20 40	11,55	81
2	3 54	1,2		17	3 36	2,2	
	9 20	12,1	99		9 05	11,4	83
L	16 14	1,45		M	15 50	2,2	
	21 37	12,55	100		21 15	11,85	85
3	4 41	1,1		18	4 13	1,95	
	10 03	12,15	99		9 39	11,55	86
M	16 58	1,4		M	16 26	2,0	
	22 19	12,5	97		21 49	11,95	87
4	5 23	1,25		19	4 48	1,85	
	10 43	12,0	94		10 12	11,6	87
M	17 38	1,7		J	17 00	2,0	
	22 58	12,15	89		22 22	11,95	86
5	6 00	1,65		20	5 22	1,95	
	11 20	11,55	84		10 44	11,5	84
J	18 13	2,2		V	17 34	2,2	
	23 35	11,6	78		22 55	11,7	81
6	6 33	2,3		21	5 54	2,25	
	11 55	11,0	72		11 17	11,15	77
V	18 45	2,85		S	18 07	2,6	
					23 29	11,25	73
7	0 10	10,85	65	22	6 26	2,75	
	7 03	3,0			11 51	10,7	68
S	12 29	10,35	58	D	18 43	3,1	
DQ	19 17	3,6					
8	0 48	10,0	51	23	0 07	10,65	63
	7 35	3,75			7 02	3,35	
D	13 07	9,65	45	L	12 32	10,15	57
	19 56	4,3		PQ	19 26	3,75	
9	1 35	9,25	39	24	0 55	9,95	52
	8 19	4,4			7 51	3,95	
L	14 00	9,05	35	M	13 29	9,55	47
	20 53	4,85			20 28	4,25	
10	2 45	8,65	32	25	2 12	9,3	44
	9 24	4,9			9 03	4,45	
M	15 22	8,75	31	M	15 01	9,15	43
	22 16	5,0			21 58	4,4	
11	4 18	8,55	32	26	3 57	9,15	45
	10 50	4,9			10 44	4,4	
M	16 54	8,9	36	J	16 46	9,5	50
	23 37	4,65			23 32	3,85	
12	5 36	8,95	40	27	5 30	9,75	56
	12 05	4,5			12 13	3,75	
J	17 59	9,45	45	V	18 04	10,35	64
13	0 40	4,1		28	0 48	3,0	
	6 30	9,55	50		6 39	10,6	72
V	13 02	3,9		S	13 24	2,85	
	18 46	10,1	55		19 03	11,3	79
14	1 32	3,5		29	1 57	2,1	
	7 14	10,15	60		7 33	11,45	86
S	13 50	3,35		D	14 23	2,05	
	19 27	10,7	65		19 53	12,1	92
15	2 16	2,95		30	2 52	1,45	
	7 53	10,7	70		8 20	12,05	97
D	14 33	2,9		L	15 13	1,5	
	20 04	11,2	74	PL	20 37	12,6	100
				31	3 39	1,05	
					9 02	12,35	102
				M	15 58	1,2	
					21 18	12,8	103

SEPTEMBRE 2004

	h m	haut. m	Coef		h m	haut. m	Coef
1	4 21	0,95		16	3 51	1,55	
	9 40	12,4	102		9 14	12,1	96
M	16 37	1,2		J	16 05	1,55	
	21 55	12,7	100		21 26	12,45	97
2	4 57	1,15		17	4 26	1,45	
	10 15	12,25	96		9 47	12,15	96
J	17 10	1,5		V	16 40	1,55	
	22 29	12,35	91		21 59	12,4	94
3	5 27	1,6		18	4 59	1,65	
	10 46	11,85	86		10 19	12,0	92
V	17 40	2,05		S	17 13	1,85	
	23 00	11,7	79		22 32	12,1	88
4	5 53	2,3		19	5 31	2,05	
	11 16	11,25	73		10 51	11,65	83
S	18 05	2,8		D	17 46	2,35	
	23 30	10,95	65		23 07	11,5	77
5	6 16	3,05		20	6 02	2,7	
	11 43	10,55	58		11 26	11,05	70
D	18 28	3,55		L	18 22	3,05	
	23 59	10,05	50		23 45	10,7	63
6	6 40	3,85		21	6 37	3,5	
	12 12	9,8	43		12 07	10,25	55
L	18 56	4,35		M	19 05	3,8	
DQ				PQ			
7	0 32	9,15	36	22	0 35	9,75	48
	7 15	4,65			7 27	4,35	
M	12 53	9,0	30	M	13 09	9,45	42
	19 42	5,1			20 11	4,5	
8	1 33	8,35	25	23	2 06	8,95	39
	8 13	5,35			8 49	4,9	
M	14 17	8,35	23	J	15 02	9,0	39
	21 13	5,55			21 54	4,65	
9	3 43	8,05	25	24	4 06	9,0	43
	10 09	5,6			10 48	4,7	
J	16 24	8,45	29	V	16 47	9,5	50
	23 12	5,2			23 33	3,95	
10	5 16	8,6	35	25	5 30	9,85	58
	11 45	5,0			12 14	3,75	
V	17 37	9,15	41	S	17 57	10,5	66
11	0 20	4,4		26	0 44	2,9	
	6 09	9,4	48		6 29	10,8	74
S	12 43	4,15		D	13 16	2,75	
	18 23	9,95	55		18 49	11,45	81
12	1 10	3,55		27	1 44	2,0	
	6 51	10,2	62		7 16	11,6	88
D	13 29	3,35		L	14 07	1,95	
	19 03	10,75	68		19 34	12,2	93
13	1 54	2,8		28	2 32	1,45	
	7 29	10,9	74		7 58	12,15	97
L	14 11	2,7		M	14 52	1,45	
	19 41	11,4	80	PL	20 15	12,6	99
14	2 35	2,25		29	3 14	1,15	
	8 05	11,45	84		8 36	12,4	100
M	14 50	2,15		M	15 32	1,3	
NL	20 17	11,95	89		20 52	12,7	100
15	3 14	1,8		30	3 51	1,2	
	8 41	11,85	92		9 10	12,4	99
M	15 28	1,75		J	16 07	1,4	
	20 52	12,3	94		21 26	12,55	96

Prédictions de marée calculées par le SHOM (heure légale)

Avis aux lecteurs

Les heures moyennes des marées sont exprimées en **HEURE LÉGALE**.
Elles sont exactes pour toute l'année (heure d'hiver et heure d'été) et ne doivent donc pas être corrigées.

SAINT-MALO — 48° 38' N, 02° 02' W — Niveau moyen : 6,78 m — Marnages : V.E. moyenne : 10,70 m ; M.E. moyenne : 5,05 m

OCTOBRE 2004

	h m	haut. m	Coef
1	4 22	1,4	
	9 41	12,25	93
V	16 37	1,7	
	21 57	12,2	88
2	4 49	1,85	
	10 10	11,9	83
S	17 03	2,2	
	22 25	11,6	77
3	5 12	2,45	
	10 36	11,35	71
D	17 25	2,85	
	22 51	10,85	64
4	5 33	3,2	
	11 01	10,7	57
L	17 46	3,55	
	23 16	10,05	50
5	5 56	4,0	
	11 26	9,9	43
M	18 12	4,35	
	23 45	9,2	36
6	6 26	4,8	
	12 00	9,1	30
M	18 51	5,1	
DQ			
7	0 30	8,35	24
	7 16	5,55	
J	13 07	8,3	22
	20 04	5,65	
8	2 52	7,9	22
	9 05	5,9	
V	15 37	8,2	26
	22 27	5,5	
9	4 39	8,4	33
	11 09	5,3	
S	16 57	8,9	40
	23 45	4,65	
10	5 35	9,25	47
	12 08	4,35	
D	17 47	9,8	54
11	0 34	3,7	
	6 17	10,15	62
L	12 54	3,45	
	18 29	10,7	69
12	1 21	2,85	
	6 56	10,95	76
M	13 37	2,65	
	19 09	11,45	82
13	2 03	2,15	
	7 33	11,6	88
M	14 19	2,0	
	19 47	12,05	92
14	2 44	1,65	
	8 10	12,1	96
J	15 00	1,6	
NL	20 24	12,45	99
15	3 23	1,4	
	8 45	12,4	100
V	15 39	1,4	
	21 00	12,65	101

	h m	haut. m	Coef
16	4 00	1,35	
	9 20	12,45	100
S	16 17	1,4	
	21 36	12,55	98
17	4 35	1,6	
	9 54	12,3	94
D	16 53	1,7	
	22 12	12,2	90
18	5 09	2,1	
	10 30	11,9	84
L	17 30	2,3	
	22 50	11,5	77
19	5 44	2,85	
	11 10	11,2	69
M	18 09	3,05	
	23 34	10,6	62
20	6 24	3,7	
	11 57	10,3	54
M	18 58	3,85	
PQ			
21	0 33	9,6	47
	7 20	4,55	
J	13 11	9,45	42
	20 10	4,5	
22	2 12	9,0	41
	8 53	5,0	
V	15 01	9,2	43
	21 53	4,5	
23	3 58	9,2	47
	10 43	4,6	
S	16 32	9,75	53
	23 21	3,8	
24	5 13	9,95	60
	11 57	3,65	
D	17 36	10,6	67
25	0 24	2,95	
	6 06	10,8	73
L	12 53	2,8	
	18 25	11,35	79
26	1 19	2,25	
	6 50	11,45	84
M	13 41	2,15	
	19 09	11,9	87
27	2 03	1,85	
	7 30	11,9	90
M	14 23	1,85	
	19 48	12,2	92
28	2 42	1,7	
	8 05	12,1	92
J	15 00	1,75	
PL	20 23	12,2	92
29	3 15	1,7	
	8 38	12,15	91
V	15 33	1,85	
	20 56	12,05	88
30	3 45	1,9	
	9 08	12,0	86
S	16 02	2,05	
	21 26	11,75	82
31	3 11	2,25	
	8 36	11,75	78
D	15 28	2,4	
	20 54	11,3	73

NOVEMBRE 2004

	h m	haut. m	Coef
1	3 36	2,7	
	9 03	11,35	68
L	15 53	2,9	
	21 21	10,75	63
2	4 01	3,3	
	9 29	10,75	57
M	16 18	3,55	
	21 48	10,05	51
3	4 27	4,0	
	9 57	10,05	46
M	16 47	4,2	
	22 19	9,35	40
4	4 58	4,65	
	10 32	9,35	34
J	17 24	4,8	
	23 03	8,6	30
5	5 45	5,3	
	11 29	8,65	27
V	18 24	5,3	
DQ			
6	0 37	8,15	26
	7 06	5,65	
S	13 18	8,35	28
	20 05	5,35	
7	2 32	8,35	32
	8 58	5,35	
D	14 54	8,75	38
	21 42	4,8	
8	3 41	9,05	45
	10 13	4,55	
L	15 56	9,55	51
	22 43	3,95	
9	4 31	9,9	59
	11 07	3,65	
M	16 45	10,4	65
	23 34	3,1	
10	5 15	10,7	72
	11 56	2,85	
M	17 30	11,2	79
11	0 24	2,35	
	5 56	11,45	85
J	12 43	2,15	
	18 13	11,8	90
12	1 10	1,85	
	6 37	12,0	94
V	13 29	1,7	
NL	18 55	12,25	97
13	1 53	1,55	
	7 16	12,35	99
S	14 13	1,45	
	19 36	12,45	99
14	2 35	1,5	
	7 56	12,5	99
D	14 56	1,4	
	20 17	12,4	97
15	3 15	1,7	
	8 36	12,4	94
L	15 38	1,65	
	20 59	12,05	90

	h m	haut. m	Coef
16	3 55	2,2	
	9 19	11,95	84
M	16 21	2,15	
	21 44	11,4	78
17	4 36	2,85	
	10 05	11,3	72
M	17 06	2,8	
	22 35	10,65	65
18	5 23	3,6	
	11 00	10,5	59
J	18 00	3,5	
	23 37	9,85	54
19	6 24	4,25	
	12 10	9,8	50
V	19 09	4,05	
PQ			
20	0 59	9,35	49
	7 46	4,6	
S	13 36	9,55	49
	20 30	4,1	
21	2 25	9,4	51
	9 11	4,35	
D	14 58	9,8	54
	21 46	3,8	
22	3 37	9,3	58
	10 21	3,3	
L	16 02	10,3	62
	22 49	3,25	
23	4 32	10,4	66
	11 18	3,2	
M	16 53	10,8	70
	23 41	2,8	
24	5 18	10,9	73
	12 07	2,75	
M	17 39	11,15	75
25	0 27	2,55	
	5 58	11,3	77
J	12 49	2,5	
	18 19	11,35	79
26	1 06	2,4	
	6 35	11,5	80
V	13 27	2,35	
PL	18 56	11,4	80
27	1 40	2,35	
	7 09	11,6	79
S	14 01	2,35	
	19 30	11,35	78
28	2 12	2,4	
	7 40	11,6	77
D	14 32	2,4	
	20 02	11,25	75
29	2 43	2,6	
	8 11	11,45	73
L	15 03	2,6	
	20 32	11,0	70
30	3 12	2,85	
	8 40	11,2	67
M	15 32	2,9	
	21 03	10,65	63

DÉCEMBRE 2004

	h m	haut. m	Coef
1	3 42	3,25	
	9 11	10,8	60
M	16 02	3,3	
	21 34	10,2	56
2	4 13	3,7	
	9 44	10,3	52
J	16 35	3,75	
	22 09	9,65	48
3	4 48	4,2	
	10 21	9,8	45
V	17 13	4,2	
	22 51	9,15	41
4	5 31	4,65	
	11 09	9,3	39
S	18 03	4,55	
	23 48	8,75	37
5	6 30	4,9	
	12 13	8,95	36
D	19 08	4,7	
DQ			
6	1 07	8,65	37
	7 45	4,9	
L	13 33	8,95	39
	20 26	4,55	
7	2 27	8,9	43
	9 03	4,55	
M	14 49	9,3	47
	21 39	4,1	
8	3 33	9,5	53
	10 11	3,9	
M	15 52	9,95	58
	22 43	3,45	
9	4 28	10,2	64
	11 11	3,2	
J	16 48	10,6	70
	23 40	2,8	
10	5 19	10,95	76
	12 07	2,5	
V	17 40	11,25	81
11	0 37	2,25	
	6 07	11,6	86
S	13 01	1,95	
	18 30	11,75	90
12	1 27	1,85	
	6 54	12,1	93
D	13 52	1,6	
NL	19 19	12,05	95
13	2 16	1,7	
	7 41	12,35	96
L	14 42	1,4	
	20 07	12,1	96
14	3 04	1,75	
	8 28	12,35	95
M	15 31	1,5	
	20 56	11,95	93
15	3 50	2,0	
	9 16	12,1	89
M	16 19	1,75	
	21 44	11,55	86

	h m	haut. m	Coef
16	4 38	2,45	
	10 05	11,6	81
J	17 08	2,25	
	22 34	11,0	76
17	5 26	2,95	
	10 57	11,0	71
V	17 59	2,8	
	23 27	10,35	66
18	6 19	3,5	
	11 52	10,4	61
S	18 53	3,3	
PQ			
19	0 26	9,8	57
	7 17	3,95	
D	12 55	9,9	54
	19 51	3,7	
20	1 31	9,5	51
	8 21	4,15	
L	14 04	9,65	50
	20 54	3,9	
21	2 41	9,45	50
	9 28	4,1	
M	15 14	9,65	51
	21 57	3,85	
22	3 46	9,65	53
	10 32	3,85	
M	16 15	9,85	55
	22 56	3,6	
23	4 42	10,05	57
	11 28	3,55	
J	17 09	10,15	60
	23 48	3,35	
24	5 29	10,45	62
	12 16	3,2	
V	17 55	10,4	65
25	0 34	3,1	
	6 11	10,75	66
S	12 59	2,95	
	18 36	10,65	68
26	1 14	2,9	
	6 48	11,0	69
D	13 37	2,75	
PL	19 13	10,3	70
27	1 51	2,3	
	7 23	11,15	71
L	14 13	2,65	
	19 48	10,85	71
28	2 26	2,75	
	7 57	11,2	71
M	14 48	2,6	
	20 21	10,85	71
29	3 00	2,8	
	8 30	11,15	70
M	15 22	2,7	
	20 54	10,75	69
30	3 33	2,9	
	9 02	11,0	68
J	15 55	2,85	
	21 27	10,55	66
31	4 07	3,1	
	9 36	10,75	64
V	16 29	3,05	
	22 00	10,25	62

Prédictions de marée calculées par le SHOM (heure légale)

Avis aux lecteurs

Les heures moyennes des marées sont exprimées en **HEURE LÉGALE**.
Elles sont exactes pour toute l'année (heure d'hiver et heure d'été) et ne doivent donc pas être corrigées.

PAIMPOL	48° 47' N 03° 02' W	Niveau moyen : 6,09 m	Marnages V.E. moyenne : 9,45 m M.E. moyenne : 4,50 m

JANVIER 2004

	h m	haut. m	Coef		h m	haut. m	Coef
1	1 28	8,1	42	16	0 33	8,55	54
	7 59	4,1			7 06	3,45	
J	14 02	8,15	41	V	13 00	8,65	52
	20 31	3,95			19 41	3,4	
2	2 37	8,1	41	17	1 45	8,45	52
	9 08	4,1			8 19	3,5	
V	15 12	8,15	43	S	14 18	8,6	53
	21 36	3,85			20 57	3,4	
3	3 42	8,35	45	18	3 07	8,6	55
	10 12	3,8			9 39	3,25	
S	16 13	8,4	48	D	15 40	8,8	59
	22 35	3,6			22 15	3,1	
4	4 37	8,7	51	19	4 22	9,1	64
	11 06	3,45			10 53	2,75	
D	17 05	8,75	54	L	16 55	9,25	69
	23 25	3,25			23 25	2,6	
5	5 24	9,1	57	20	5 28	9,7	75
	11 52	3,05			11 59	2,15	
L	17 49	9,1	61	M	17 59	9,8	80
6	0 10	2,9		21	0 29	2,1	
	6 05	9,45	64		6 25	10,25	85
M	12 33	2,7		M	12 57	1,65	
	18 30	9,4	66	NL	18 55	10,25	90
7	0 50	2,65		22	1 24	1,7	
	6 42	9,75	69		7 17	10,65	93
M	13 12	2,45		J	13 50	1,25	
PL	19 08	9,65	71		19 46	10,5	96
8	1 28	2,45		23	2 13	1,45	
	7 18	10,0	73		8 05	10,9	97
J	13 49	2,25		V	14 38	1,1	
	19 44	9,75	74		20 32	10,6	97
9	2 05	2,3		24	2 57	1,4	
	7 54	10,1	75		8 48	10,9	96
V	14 26	2,1		S	15 22	1,1	
	20 20	9,8	76		21 13	10,5	94
10	2 41	2,25		25	3 38	1,55	
	8 29	10,15	76		9 28	10,7	91
S	15 03	2,1		D	16 01	1,35	
	20 56	9,8	76		21 51	10,25	87
11	3 18	2,3		26	4 15	1,85	
	9 06	10,1	75		10 05	10,3	82
D	15 41	2,15		L	16 37	1,8	
	21 33	9,65	74		22 25	9,8	77
12	3 56	2,4		27	4 49	2,35	
	9 44	9,9	72		10 39	9,75	70
L	16 20	2,3		M	17 11	2,35	
	22 11	9,45	70		22 57	9,25	64
13	4 35	2,6		28	5 22	2,9	
	10 23	9,65	67		11 13	9,15	58
M	17 00	2,55		M	17 44	3,0	
	22 51	9,15	64		23 31	8,75	52
14	5 18	2,9		29	5 58	3,45	
	11 06	9,3	62		11 50	8,5	46
M	17 45	2,9		J	18 22	3,55	
	23 36	8,8	59	PQ			
15	6 06	3,2		30	0 12	8,2	40
	11 57	8,95	56		6 42	4,0	
J	18 37	3,2		V	12 40	7,95	36
DQ					19 13	4,05	
				31	1 12	7,8	33
					7 48	4,35	
				S	13 56	7,6	31
					20 25	4,35	

FÉVRIER 2004

	h m	haut. m	Coef		h m	haut. m	Coef
1	2 38	7,7	32	16	2 41	8,2	46
	9 13	4,4			9 18	3,65	
D	15 27	7,65	34	L	15 29	8,25	49
	21 48	4,25			22 01	3,65	
2	3 59	7,95	38	17	4 13	8,65	55
	10 30	4,0			10 46	3,1	
L	16 37	8,05	43	M	16 53	8,8	61
	22 56	3,85			23 20	3,05	
3	4 58	8,5	48	18	5 24	9,35	69
	11 28	3,45			11 55	2,35	
M	17 30	8,6	53	M	17 58	9,5	76
	23 49	3,3					
4	5 46	9,05	58	19	0 26	2,3	
	12 16	2,9			6 21	10,05	83
M	18 14	9,15	63	J	12 52	1,7	
					18 51	10,15	88
5	0 35	2,8		20	1 17	1,7	
	6 28	9,55	68		7 10	10,6	93
J	12 58	2,4		V	13 41	1,2	
	18 55	9,55	73	NL	19 36	10,55	97
6	1 16	2,35		21	2 02	1,3	
	7 07	10,0	77		7 53	10,95	99
V	13 38	2,0		S	14 25	0,9	
PL	19 34	9,9	81		20 16	10,75	100
7	1 55	1,95		22	2 42	1,15	
	7 45	10,3	84		8 31	11,05	100
S	14 17	1,65		D	15 03	0,9	
	20 11	10,15	87		20 52	10,75	99
8	2 33	1,7		23	3 17	1,2	
	8 22	10,55	88		9 06	10,9	96
D	14 55	1,45		L	15 36	1,05	
	20 47	10,3	89		21 24	10,55	92
9	3 10	1,55		24	3 49	1,45	
	8 58	10,65	90		9 37	10,55	88
L	15 32	1,4		M	16 06	1,45	
	21 22	10,3	89		21 52	10,15	82
10	3 47	1,6		25	4 17	1,9	
	9 34	10,55	88		10 05	10,05	76
M	16 08	1,55		M	16 33	2,0	
	21 57	10,1	85		22 18	9,7	70
11	4 23	1,8		26	4 43	2,45	
	10 10	10,3	82		10 32	9,4	63
M	16 44	1,85		J	16 58	2,7	
	22 33	9,8	78		22 44	9,1	57
12	5 00	2,2		27	5 09	3,1	
	10 47	9,85	73		10 59	8,7	49
J	17 22	2,35		V	17 26	3,4	
	23 10	9,3	68		23 13	8,5	43
13	5 40	2,75		28	5 40	3,8	
	11 29	9,25	62		11 33	8,0	36
V	18 06	2,95		S	18 03	4,1	
DQ	23 57	8,8	57	PQ	23 54	7,85	30
14	6 32	3,25		29	6 29	4,4	
	12 25	8,65	51		12 32	7,4	26
S	19 03	3,5		D	19 06	4,65	
15	1 05	8,35	47				
	7 45	3,7					
D	13 47	8,2	45				
	20 25	3,85					

MARS 2004

	h m	haut. m	Coef		h m	haut. m	Coef
1	1 17	7,35	24	16	2 33	8,0	41
	8 01	4,75			9 13	3,9	
L	14 36	7,15	25	M	15 31	8,05	46
	20 56	4,8			22 00	3,95	
2	3 18	7,45	30	17	4 10	8,55	53
	9 54	4,5			10 43	3,25	
M	16 11	7,6	36	M	16 52	8,8	60
	22 29	4,3			23 17	3,15	
3	4 32	8,05	42	18	5 17	9,35	68
	11 05	3,75			11 48	2,4	
M	17 09	8,35	49	J	17 49	9,55	75
	23 28	3,55					
4	5 24	8,8	56	19	0 16	2,35	
	11 55	3,0			6 09	10,1	82
J	17 54	9,05	64	V	12 39	1,7	
					18 36	10,2	88
5	0 16	2,8		20	1 02	1,7	
	6 08	9,5	70		6 53	10,6	92
V	12 39	2,3		S	13 23	1,25	
	18 36	9,7	77	NL	19 16	10,55	96
6	0 58	2,15		21	1 42	1,35	
	6 49	10,15	83		7 32	10,9	98
S	13 20	1,7		D	14 01	1,05	
	19 15	10,2	88		19 51	10,75	99
7	1 38	1,6		22	2 17	1,2	
	7 28	10,65	93		8 06	10,95	99
D	14 00	1,25		L	14 34	1,0	
PL	19 53	10,6	97		20 23	10,8	97
8	2 16	1,2		23	2 49	1,2	
	8 06	11,0	99		8 37	10,85	95
L	14 38	0,95		M	15 04	1,15	
	20 30	10,8	101		20 51	10,65	92
9	2 54	1,0		24	3 17	1,4	
	8 43	11,15	101		9 06	10,55	87
M	15 15	0,9		M	15 31	1,5	
	21 04	10,85	101		21 17	10,35	83
10	3 30	1,05		25	3 43	1,8	
	9 18	11,05	99		9 31	10,1	77
M	15 50	1,05		J	15 55	2,0	
	21 38	10,65	95		21 42	9,95	71
11	4 05	1,35		26	4 06	2,35	
	9 53	10,7	91		9 56	9,5	65
J	16 24	1,55		V	16 18	2,65	
	22 12	10,25	85		22 05	9,4	58
12	4 41	1,85		27	4 30	3,0	
	10 28	10,1	79		10 20	8,85	51
V	16 59	2,2		S	16 43	3,35	
	22 48	9,65	71		22 30	8,75	45
13	5 20	2,55		28	5 58	3,65	
	11 09	9,35	63		11 48	8,15	38
S	17 41	3,0		D	18 14	4,05	
DQ	23 32	8,95	55				
14	6 10	3,3		29	0 04	8,05	32
	12 04	8,5	48		6 38	4,3	
D	18 39	3,8		L	12 35	7,5	26
				PQ	19 06	4,75	
15	0 43	8,25	42	30	1 06	7,4	23
	7 27	3,9			7 54	4,8	
L	13 37	7,9	40	M	14 33	7,05	23
	20 12	4,25			20 54	5,05	
				31	3 25	7,3	27
					10 04	4,7	
				M	16 32	7,45	33
					22 51	4,6	

Prédictions de marée calculées par le SHOM (heure légale)

Avis aux lecteurs

Les heures moyennes des marées sont exprimées en **HEURE LÉGALE**.
Elles sont exactes pour toute l'année (heure d'hiver et heure d'été) et ne doivent donc pas être corrigées.

PAIMPOL	48° 47' N 03° 02' W	Niveau moyen : 6,09 m	Marnages V.E. moyenne : 9,45 m M.E. moyenne : 4,50 m

AVRIL 2004

	h m	haut. m	Coef		h m	haut. m	Coef
1	4 53	7,9	40	16	5 56	9,4	68
	11 28	3,95			12 26	2,5	
J	17 35	8,2	48	V	18 26	9,55	74
	23 55	3,75					
2	5 50	8,7	56	17	0 50	2,45	
	12 22	3,1			6 45	10,0	79
V	18 23	9,05	64	S	13 13	1,95	
					19 09	10,1	83
3	0 43	2,85		18	1 35	1,95	
	6 37	9,5	72		7 26	10,4	87
S	13 08	2,25		D	13 54	1,65	
	19 06	9,75	79		19 46	10,4	89
4	1 28	2,05		19	2 13	1,7	
	7 21	10,25	86		8 03	10,55	91
D	13 52	1,6		L	14 29	1,5	
	19 47	10,4	92	*NL*	20 19	10,55	91
5	2 11	1,45		20	2 46	1,55	
	8 03	10,8	98		8 36	10,6	91
L	14 34	1,1		M	15 00	1,45	
PL	20 27	10,85	102		20 49	10,6	90
6	2 52	1,05		21	3 16	1,6	
	8 43	11,2	105		9 06	10,5	88
M	15 13	0,8		M	15 29	1,6	
	21 05	11,1	106		21 17	10,55	85
7	3 31	0,85		22	3 44	1,7	
	9 21	11,35	107		9 34	10,3	82
M	15 51	0,8		J	15 56	1,85	
	21 41	11,15	105		21 44	10,35	78
8	4 09	0,9		23	4 11	2,0	
	9 58	11,2	103		10 01	9,95	74
J	16 28	1,05		V	16 22	2,25	
	22 17	10,95	98		22 09	10,0	69
9	4 47	1,25		24	4 36	2,45	
	10 35	10,8	93		10 27	9,5	64
V	17 04	1,6		S	16 47	2,8	
	22 53	10,5	86		22 35	9,5	58
10	5 25	1,85		25	5 02	2,95	
	11 14	10,1	78		10 53	8,95	52
S	17 42	2,35		D	17 14	3,4	
	23 32	9,8	70		23 02	8,9	47
11	6 07	2,6		26	5 32	3,55	
	11 59	9,25	61		11 25	8,35	41
D	18 27	3,25		L	17 47	4,0	
					23 38	8,3	36
12	0 21	9,0	53	27	6 13	4,1	
	7 02	3,4			12 12	7,75	31
L	13 00	8,45	47	M	18 38	4,6	
DQ	19 32	4,05		*PQ*			
13	1 39	8,3	42	28	0 37	7,75	28
	8 24	3,95			7 19	4,5	
M	14 39	7,95	41	M	13 42	7,35	28
	21 11	4,35			20 06	4,9	
14	3 27	8,15	44	29	2 23	7,55	30
	10 06	3,85			9 04	4,55	
M	16 22	8,25	48	J	15 35	7,55	35
	22 50	3,95			21 54	4,55	
15	4 54	8,7	55	30	3 58	7,95	41
	11 27	3,25			10 34	3,95	
J	17 33	8,9	61	V	16 46	8,2	48
	23 58	3,15			23 06	3,8	

MAI 2004

	h m	haut. m	Coef		h m	haut. m	Coef
1	5 02	8,7	55	16	0 14	2,8	
	11 37	3,15			6 09	9,6	70
S	17 40	8,95	63	D	12 36	2,45	
					18 32	9,75	73
2	0 00	2,95		17	0 58	2,45	
	5 56	9,45	71		6 52	9,85	76
D	12 28	2,4		L	13 17	2,25	
	18 27	9,7	78		19 11	10,0	78
3	0 49	2,2		18	1 38	2,25	
	6 45	10,15	85		7 30	10,0	79
L	13 16	1,75		M	13 53	2,1	
	19 13	10,35	91		19 45	10,15	79
4	1 38	1,6		19	2 12	2,1	
	7 31	10,7	96		8 04	10,05	79
M	14 02	1,25		M	14 26	2,05	
PL	19 56	10,85	101	*NL*	20 16	10,25	79
5	2 23	1,15		20	2 44	2,05	
	8 15	11,1	103		8 36	10,05	78
M	14 46	1,0		J	14 57	2,1	
	20 37	11,15	105		20 46	10,25	76
6	3 07	0,95		21	3 15	2,1	
	8 58	11,2	105		9 07	9,95	74
J	15 27	1,0		V	15 27	2,25	
	21 18	11,2	103		21 15	10,15	72
7	3 49	1,0		22	3 45	2,3	
	9 40	11,05	100		9 37	9,75	69
V	16 08	1,3		S	15 57	2,5	
	21 58	11,0	96		21 45	9,9	66
8	4 32	1,35		23	4 15	2,55	
	10 22	10,65	90		10 07	9,45	63
S	16 49	1,8		D	16 27	2,9	
	22 40	10,55	84		22 15	9,55	59
9	5 15	1,9		24	4 46	2,9	
	11 07	10,05	77		10 40	9,05	55
D	17 33	2,55		L	16 59	3,35	
	23 25	9,9	69		22 49	9,1	51
10	6 04	2,6		25	5 21	3,3	
	11 57	9,3	63		11 17	8,6	47
L	18 24	3,3		M	17 37	3,8	
					23 29	8,65	44
11	0 20	9,15	56	26	6 04	3,7	
	7 02	3,25			12 04	8,15	41
M	13 02	8,6	51	M	18 27	4,15	
DQ	19 31	3,9					
12	1 35	8,6	48	27	0 23	8,25	39
	8 17	3,7			7 01	4,0	
M	14 26	8,25	47	J	13 10	7,9	38
	20 56	4,1		*PQ*	19 35	4,35	
13	3 03	8,5	48	28	1 37	8,1	38
	9 40	3,65			8 17	4,05	
J	15 50	8,4	51	V	14 31	7,9	41
	22 18	3,8			20 56	4,2	
14	4 19	8,8	55	29	2 57	8,25	44
	10 52	3,3			9 36	3,75	
V	16 56	8,85	59	S	15 46	8,3	49
	23 22	3,3			22 10	3,75	
15	5 19	9,2	63	30	4 07	8,7	55
	11 49	2,85			10 44	3,25	
S	17 49	9,35	67	D	16 49	8,85	61
					23 12	3,1	
				31	5 09	9,3	67
					11 44	2,65	
				L	17 44	9,5	74

JUIN 2004

	h m	haut. m	Coef		h m	haut. m	Coef
1	0 09	2,45		16	1 03	2,8	
	6 05	9,9	80		6 59	9,4	66
M	12 39	2,05		M	13 20	2,75	
	18 36	10,1	85		19 14	9,7	67
2	1 03	1,9		17	1 43	2,6	
	6 59	10,35	90		7 38	9,55	68
M	13 31	1,65		J	13 57	2,3	
	19 26	10,6	94	*NL*	19 50	9,35	69
3	1 57	1,45		18	2 19	2,5	
	7 50	10,7	97		8 14	9,6	70
J	14 21	1,4		V	14 33	2,55	
PL	20 13	10,9	98		20 24	9,95	70
4	2 47	1,25		19	2 54	2,4	
	8 40	10,85	99		8 48	9,65	70
V	15 08	1,4		S	15 07	2,55	
	21 00	11,05	98		20 57	9,95	69
5	3 35	1,2		20	3 28	2,4	
	9 28	10,8	96		9 22	9,6	68
S	15 55	1,55		D	15 42	2,6	
	21 46	10,9	93		21 30	9,9	67
6	4 23	1,4		21	4 03	2,5	
	10 16	10,5	90		9 57	9,5	66
D	16 41	1,9		L	16 16	2,75	
	22 33	10,6	85		22 05	9,7	64
7	5 11	1,8		22	4 38	2,65	
	11 04	10,05	80		10 32	9,3	62
L	17 29	2,45		M	16 52	3,0	
	23 22	10,1	74		22 41	9,5	60
8	6 01	2,3		23	5 15	2,85	
	11 55	9,5	69		11 11	9,05	58
M	18 21	2,95		M	17 31	3,25	
					23 21	9,2	56
9	0 16	9,55	64	24	5 57	3,1	
	6 54	2,85			11 53	8,75	54
M	12 51	9,0	60	J	18 15	3,5	
DQ	19 18	3,45					
10	1 16	9,05	56	25	0 07	8,9	52
	7 53	3,25			6 44	3,35	
J	13 53	8,65	53	V	12 41	8,5	50
	20 22	3,75		*PQ*	19 07	3,7	
11	2 22	8,75	51	26	1 00	8,7	49
	8 57	3,5			7 39	3,5	
V	15 00	8,5	50	S	13 39	8,35	49
	21 29	3,75			20 08	3,75	
12	3 30	8,7	51	27	2 04	8,6	49
	10 00	3,5			8 44	3,5	
S	16 04	8,65	52	D	14 47	8,45	51
	22 33	3,6			21 18	3,65	
13	4 32	8,8	54	28	3 14	8,7	53
	11 00	3,3			9 54	3,35	
D	17 02	8,9	56	L	15 58	8,7	57
	23 29	3,3			22 28	3,3	
14	5 27	9,0	58	29	4 25	9,0	61
	11 52	3,1			11 03	3,0	
L	17 52	9,2	60	M	17 05	9,2	66
					23 34	2,8	
15	0 19	3,05		30	5 33	9,45	71
	6 16	9,2	62		12 08	2,55	
M	12 38	2,9		M	18 07	9,75	76
	18 35	9,5	64				

Avis aux lecteurs

Les heures moyennes des marées sont exprimées en **HEURE LÉGALE**.
Elles sont exactes pour toute l'année (heure d'hiver et heure d'été) et ne doivent donc pas être corrigées.

PAIMPOL	48° 47' N 03° 02' W	Niveau moyen : 6,09 m	Marnages V.E. moyenne : 9,45 m M.E. moyenne : 4,50 m

JUILLET 2004

	h m	haut. m	Coef		h m	haut. m	Coef
1	0 37	2,3		16	1 21	3,0	
	6 36	9,9	80		7 19	9,2	62
J	13 08	2,15		V	13 38	2,95	
	19 05	10,25	85		19 32	9,6	64
2	1 38	1,8		17	2 02	2,7	
	7 35	10,25	89		7 59	9,45	67
V	14 04	1,8		S	14 18	2,7	
PL	19 59	10,65	92	NL	20 09	9,8	69
3	2 34	1,45		18	2 40	2,45	
	8 30	10,55	94		8 36	9,6	71
S	14 57	1,6		D	14 55	2,55	
	20 50	10,9	95		20 45	10,0	73
4	3 27	1,25		19	3 17	2,3	
	9 22	10,65	96		9 12	9,75	74
D	15 48	1,6		L	15 31	2,4	
	21 40	10,95	95		21 20	10,1	75
5	4 17	1,25		20	3 54	2,2	
	10 11	10,55	93		9 47	9,8	75
L	16 36	1,7		M	16 07	2,35	
	22 27	10,8	91		21 55	10,1	75
6	5 04	1,45		21	4 30	2,15	
	10 57	10,3	87		10 22	9,75	74
M	17 21	2,0		M	16 43	2,4	
	23 13	10,45	83		22 31	10,0	73
7	5 49	1,85		22	5 06	2,25	
	11 41	9,9	78		10 58	9,6	71
M	18 06	2,4		J	17 19	2,55	
	23 58	10,0	72		23 07	9,8	69
8	6 33	2,35		23	5 42	2,45	
	12 24	9,4	67		11 34	9,35	67
J	18 50	2,9		V	17 57	2,8	
					23 45	9,5	64
9	0 43	9,45	61	24	6 21	2,75	
	7 17	2,9			12 12	9,1	61
V	13 08	8,95	56	S	18 39	3,1	
DQ	19 37	3,4					
10	1 32	8,9	52	25	0 28	9,15	58
	8 04	3,35			7 05	3,1	
S	13 59	8,55	48	D	12 58	8,75	55
	20 31	3,8		PQ	19 29	3,45	
11	2 29	8,45	45	26	1 22	8,85	53
	8 59	3,7			8 00	3,4	
D	15 01	8,35	43	L	13 58	8,55	51
	21 34	3,95			20 34	3,65	
12	3 37	8,25	42	27	2 31	8,6	50
	10 03	3,85			9 10	3,6	
L	16 09	8,35	43	M	15 16	8,5	50
	22 42	3,9			21 52	3,6	
13	4 45	8,3	44	28	3 54	8,6	52
	11 08	3,8			10 32	3,45	
M	17 13	8,6	47	M	16 39	8,8	56
	23 43	3,65			23 12	3,2	
14	5 45	8,55	49	29	5 16	8,95	61
	12 05	3,55			11 49	3,05	
M	18 06	8,95	52	J	17 53	9,4	67
15	0 35	3,3		30	0 24	2,6	
	6 35	8,85	56		6 28	9,5	73
J	12 55	3,25		V	12 57	2,5	
	18 52	9,3	59		18 56	10,0	79
				31	1 31	1,95	
					7 31	10,05	85
				S	13 57	2,0	
				PL	19 53	10,6	90

AOÛT 2004

	h m	haut. m	Coef		h m	haut. m	Coef
1	2 28	1,45		16	2 26	2,25	
	8 26	10,5	94		8 21	9,85	77
D	14 51	1,6		L	14 41	2,25	
	20 44	11,0	97	NL	20 31	10,25	81
2	3 19	1,1		17	3 03	1,95	
	9 15	10,75	99		8 57	10,1	83
L	15 39	1,35		M	15 17	2,0	
	21 31	11,15	100		21 06	10,5	85
3	4 06	1,0		18	3 39	1,75	
	9 59	10,8	99		9 32	10,25	86
M	16 23	1,35		M	15 52	1,85	
	22 13	11,1	97		21 41	10,6	87
4	4 48	1,15		19	4 14	1,65	
	10 38	10,6	94		10 05	10,3	87
M	17 03	1,55		J	16 27	1,8	
	22 52	10,8	89		22 14	10,6	86
5	5 26	1,5		20	4 47	1,75	
	11 14	10,25	84		10 37	10,2	84
J	17 39	2,0		V	17 00	2,0	
	23 28	10,3	78		22 48	10,35	81
6	6 00	2,05		21	5 21	2,0	
	11 47	9,75	72		11 10	9,9	77
V	18 13	2,6		S	17 35	2,3	
					23 22	10,0	73
7	0 03	9,65	65	22	5 55	2,45	
	6 33	2,7			11 43	9,55	68
S	12 20	9,2	58	D	18 12	2,8	
DQ	18 48	3,2			23 59	9,45	63
8	0 39	8,95	51	23	6 34	3,0	
	7 08	3,4			12 24	9,05	57
D	12 58	8,65	45	L	18 57	3,35	
	19 29	3,85		PQ			
9	1 24	8,3	39	24	0 48	8,85	52
	7 54	4,0			7 24	3,55	
L	13 50	8,1	35	M	13 21	8,55	47
	20 28	4,35			20 01	3,85	
10	2 34	7,8	32	25	2 02	8,3	44
	9 01	4,45			8 39	4,05	
M	15 12	7,85	31	M	14 51	8,25	43
	21 52	4,5			21 33	4,0	
11	4 06	7,7	32	26	3 45	8,2	45
	10 28	4,45			10 19	4,0	
M	16 41	8,0	36	J	16 33	8,55	50
	23 15	4,25			23 08	3,55	
12	5 23	8,05	40	27	5 19	8,7	56
	11 42	4,1			11 48	3,4	
J	17 46	8,5	45	V	17 52	9,25	64
13	0 16	3,7		28	0 23	2,75	
	6 19	8,55	50		6 29	9,45	72
V	12 38	3,6		S	12 55	2,6	
	18 35	9,05	55		18 53	10,05	79
14	1 05	3,15		29	1 26	1,9	
	7 04	9,1	60		7 26	10,15	86
S	13 23	3,05		D	13 51	1,9	
	19 16	9,55	65		19 45	10,75	92
15	1 47	2,65		30	2 18	1,35	
	7 44	9,5	70		8 14	10,7	97
D	14 04	2,65		L	14 39	1,4	
	19 55	9,95	74	PL	20 31	11,2	100
				31	3 04	1,0	
					8 57	10,95	102
				M	15 23	1,15	
					21 12	11,35	103

SEPTEMBRE 2004

	h m	haut. m	Coef		h m	haut. m	Coef
1	3 45	0,9		16	3 16	1,4	
	9 35	11,0	102		9 08	10,7	96
M	16 01	1,15		J	15 30	1,45	
	21 50	11,3	100		21 19	11,05	97
2	4 21	1,05		17	3 51	1,3	
	10 09	10,85	96		9 41	10,75	96
J	16 35	1,4		V	16 05	1,45	
	22 23	10,95	91		21 53	11,0	94
3	4 53	1,45		18	4 24	1,45	
	10 40	10,5	86		10 13	10,65	92
V	17 05	1,85		S	16 38	1,65	
	22 53	10,4	79		22 26	10,7	88
4	5 21	2,05		19	4 56	1,85	
	11 07	10,0	73		10 45	10,35	83
S	17 33	2,45		D	17 13	2,1	
	23 21	9,7	65		23 00	10,2	77
5	5 47	2,75		20	5 30	2,4	
	11 33	9,4	58		11 18	9,8	70
D	18 00	3,2		L	17 50	2,75	
	23 49	8,95	50		23 38	9,5	63
6	6 14	3,5		21	6 08	3,15	
	12 02	8,75	43		11 59	9,15	55
L	18 31	3,9		M	18 36	3,45	
DQ				PQ			
7	0 23	8,2	36	22	0 28	8,7	48
	6 49	4,25			7 00	3,9	
M	12 43	8,05	30	M	13 01	8,45	42
	19 19	4,6			19 45	4,1	
8	1 22	7,5	25	23	1 54	8,05	39
	7 51	4,9			8 28	4,45	
M	14 04	7,5	23	J	14 48	8,1	39
	20 53	5,0			21 31	4,2	
9	3 29	7,25	25	24	3 53	8,1	43
	9 48	5,05			10 24	4,25	
J	16 10	7,6	29	V	16 35	8,55	50
	22 49	4,7			23 09	3,6	
10	5 02	7,75	35	25	5 21	8,8	58
	11 22	4,55			11 47	3,45	
V	17 23	8,2	41	S	17 47	9,4	66
	23 56	4,0					
11	5 58	8,45	48	26	0 17	2,7	
	12 18	3,8			6 21	9,65	74
S	18 12	8,9	55	D	12 46	2,55	
					18 41	10,25	81
12	0 43	3,25		27	1 12	1,85	
	6 41	9,15	62		7 10	10,35	88
D	13 02	3,05		L	13 35	1,85	
	18 53	9,6	68		19 28	10,85	93
13	1 25	2,55		28	1 59	1,35	
	7 20	9,7	74		7 53	10,8	97
L	13 41	2,45		M	14 19	1,4	
	19 32	10,15	80	PL	20 09	11,2	99
14	2 03	2,05		29	2 40	1,1	
	7 58	10,2	84		8 31	11,0	100
M	14 18	1,95		M	14 57	1,25	
NL	20 09	10,6	89		20 47	11,3	100
15	2 41	1,65		30	3 16	1,1	
	8 34	10,5	92		9 05	11,0	99
M	14 55	1,65		J	15 31	1,3	
	20 45	10,9	94		21 20	11,15	96

Avis aux lecteurs

Les heures moyennes des marées sont exprimées en **HEURE LÉGALE**.
Elles sont exactes pour toute l'année (heure d'hiver et heure d'été) et ne doivent donc pas être corrigées.

PAIMPOL	48° 47' N 03° 02' W	Niveau moyen : 6,09 m	Marnages V.E. moyenne : 9,45 m M.E. moyenne : 4,50 m

OCTOBRE 2004

	h m	haut. m	Coef		h m	haut. m	Coef
1	3 47	1,3		**16**	3 24	1,25	
	9 35	10,85	93		9 14	11,05	100
V	16 02	1,55		S	15 41	1,3	
	21 50	10,8	88		21 30	11,1	98
2	4 15	1,65		**17**	4 00	1,45	
	10 02	10,55	83		9 49	10,9	94
S	16 29	1,95		D	16 18	1,55	
	22 17	10,3	77		22 06	10,8	90
3	4 41	2,2		**18**	4 35	1,9	
	10 27	10,1	71		10 24	10,55	84
D	16 54	2,5		L	16 56	2,05	
	22 42	9,65	64		22 44	10,2	77
4	5 04	2,85		**19**	5 12	2,55	
	10 51	9,55	57		11 02	9,95	69
L	17 19	3,2		M	17 37	2,75	
	23 08	8,95	50		23 27	9,45	62
5	5 29	3,6		**20**	5 55	3,35	
	11 17	8,85	43		11 49	9,2	54
M	17 46	3,9		M	18 29	3,5	
	23 36	8,25	36	*PQ*			
6	5 59	4,35		**21**	0 25	8,65	47
	11 50	8,15	30		6 55	4,15	
M	18 25	4,6		J	13 00	8,5	42
DQ					19 46	4,1	
7	0 22	7,5	24	**22**	2 00	8,1	41
	6 51	5,0			8 32	4,55	
J	12 54	7,5	22	V	14 48	8,25	43
	19 44	5,15			21 29	4,1	
8	2 34	7,1	22	**23**	3 48	8,25	47
	8 48	5,35			10 17	4,2	
V	15 22	7,35	26	S	16 21	8,75	53
	22 05	5,0			22 55	3,5	
9	4 26	7,55	33	**24**	5 04	8,95	60
	10 46	4,85			11 30	3,35	
S	16 45	8,0	40	D	17 26	9,5	67
	23 21	4,2			23 57	2,7	
10	5 24	8,3	47	**25**	5 59	9,65	73
	11 44	4,0			12 24	2,6	
D	17 37	8,75	54	L	18 18	10,15	79
11	0 09	3,35		**26**	0 47	2,05	
	6 07	9,1	62		6 44	10,2	84
L	12 27	3,15		M	13 10	2,0	
	18 20	9,55	69		19 02	10,6	87
12	0 50	2,6		**27**	1 31	1,7	
	6 47	9,8	76		7 24	10,6	90
M	13 08	2,4		M	13 50	1,7	
	19 00	10,2	82		19 41	10,85	92
13	1 32	1,95		**28**	2 09	1,55	
	7 26	10,35	88		7 59	10,75	92
M	13 47	1,85		J	14 27	1,6	
	19 40	10,7	92	*PL*	20 17	10,85	92
14	2 10	1,55		**29**	2 42	1,55	
	8 03	10,75	96		8 31	10,75	91
J	14 26	1,5		V	14 59	1,65	
NL	20 17	11,05	99		20 49	10,7	88
15	2 48	1,3		**30**	3 12	1,75	
	8 39	11,0	100		9 00	10,65	86
V	15 04	1,3		S	15 29	1,85	
	20 54	11,2	101		21 18	10,45	82
				31	2 40	2,0	
					8 27	10,45	78
				D	14 57	2,15	
					20 46	10,05	73

NOVEMBRE 2004

	h m	haut. m	Coef		h m	haut. m	Coef
1	3 07	2,45		**16**	3 22	2,0	
	8 53	10,05	68		9 12	10,65	84
L	15 23	2,6		M	15 47	1,95	
	21 12	9,55	63		21 38	10,15	78
2	3 33	3,0		**17**	4 05	2,6	
	9 20	9,6	57		9 57	10,05	72
M	15 50	3,15		M	16 36	2,55	
	21 40	9,0	51		22 28	9,5	65
3	3 59	3,6		**18**	4 56	3,3	
	9 47	9,0	46		10 51	9,4	59
M	16 19	3,75		J	17 32	3,2	
	22 11	8,35	40		23 29	8,8	54
4	4 31	4,25		**19**	5 59	3,9	
	10 22	8,35	34		12 00	8,8	50
J	16 57	4,35		V	18 43	3,65	
	22 55	7,75	30	*PQ*			
5	5 20	4,8		**20**	0 50	8,4	49
	11 17	7,75	27		7 20	4,15	
V	18 00	4,8		S	13 27	8,6	49
DQ					20 05	3,75	
6	0 23	7,35	26	**21**	2 16	8,45	51
	6 45	5,15			8 45	3,95	
S	13 04	7,5	28	D	14 47	8,8	54
	19 46	4,85			21 21	3,45	
7	2 20	7,5	32	**22**	3 27	8,8	58
	8 37	4,85			9 54	3,45	
D	14 43	7,85	38	L	15 52	9,25	62
	21 19	4,35			22 22	3,0	
8	3 30	8,15	45	**23**	4 23	9,3	66
	9 49	4,15			10 50	2,95	
L	15 45	8,55	51	M	16 45	9,65	70
	22 19	3,55			23 13	2,55	
9	4 21	8,85	59	**24**	5 10	9,75	73
	10 41	3,35			11 37	2,55	
M	16 36	9,3	65	M	17 31	9,95	75
	23 07	2,8			23 57	2,3	
10	5 06	9,55	72	**25**	5 51	10,05	77
	11 27	2,6			12 19	2,25	
M	17 21	9,95	79	J	18 12	10,15	79
	23 52	2,15					
11	5 49	10,2	85	**26**	0 36	2,15	
	12 12	2,0			6 27	10,25	80
J	18 05	10,5	90	V	12 56	2,15	
				PL	18 49	10,15	80
12	0 37	1,7		**27**	1 10	2,15	
	6 30	10,65	94		7 01	10,3	79
V	12 56	1,55		S	13 30	2,1	
NL	18 48	10,9	97		19 22	10,1	78
13	1 19	1,4		**28**	1 43	2,2	
	7 10	10,95	99		7 32	10,3	77
S	13 39	1,35		D	14 02	2,2	
	19 30	11,05	99		19 53	10,0	75
14	2 00	1,35		**29**	2 14	2,35	
	7 50	11,1	99		8 01	10,2	73
D	14 21	1,3		L	14 33	2,35	
	20 11	11,0	97		20 24	9,8	70
15	2 41	1,55		**30**	2 44	2,6	
	8 30	11,0	94		8 31	9,95	67
L	15 03	1,55		M	15 03	2,6	
	20 53	10,7	90		20 54	9,5	63

DÉCEMBRE 2004

	h m	haut. m	Coef		h m	haut. m	Coef
1	3 14	2,95		**16**	4 06	2,2	
	9 02	9,6	60		9 57	10,35	81
M	15 34	2,95		J	16 36	2,05	
	21 26	9,1	56		22 28	9,3	76
2	3 46	3,35		**17**	4 56	2,7	
	9 34	9,2	52		10 49	9,35	71
J	16 07	3,4		V	17 28	2,55	
	22 01	8,65	48		23 21	9,25	66
3	4 21	3,8		**18**	5 49	3,2	
	10 11	8,75	45		11 45	9,3	61
V	16 46	3,75		S	18 23	3,0	
	22 43	8,2	41	*PQ*			
4	5 05	4,2		**19**	0 19	8,75	57
	10 58	8,3	39		6 48	3,55	
S	17 36	4,1		D	12 47	8,9	54
	23 39	7,85	37		19 24	3,4	
5	6 05	4,45		**20**	1 24	8,5	51
	12 02	8,0	36		7 54	3,75	
D	18 43	4,25		L	13 56	8,65	50
DQ					20 28	3,55	
6	0 56	7,75	37	**21**	2 32	8,45	50
	7 21	4,45			9 02	3,75	
L	13 22	8,0	39	M	15 03	8,65	51
	20 02	4,15			21 32	3,5	
7	2 16	8,0	43	**22**	3 36	8,65	53
	8 39	4,15			10 06	3,5	
M	14 38	8,35	47	M	16 05	8,85	55
	21 14	3,7			22 31	3,3	
8	3 22	8,5	53	**23**	4 32	9,0	57
	9 45	3,55			11 01	3,2	
M	15 42	8,9	58	J	16 59	9,1	60
	22 16	3,15			23 22	3,05	
9	4 19	9,1	64	**24**	5 20	9,3	62
	10 43	2,9			11 49	2,9	
J	16 39	9,45	70	V	17 46	9,3	65
	23 12	2,55					
10	5 11	9,75	76	**25**	0 07	2,8	
	11 37	2,3			6 01	9,6	66
V	17 32	10,0	81	S	12 31	2,65	
					18 27	9,5	68
11	0 03	2,05		**26**	0 47	2,65	
	6 00	10,3	86		6 39	9,8	69
S	12 29	1,8		D	13 09	2,5	
	18 23	10,45	90	*PL*	19 04	9,6	70
12	0 55	1,7		**27**	1 23	2,55	
	6 47	10,7	93		7 14	9,9	71
D	13 19	1,45		L	13 44	2,35	
NL	19 13	10,7	95		19 39	9,65	71
13	1 43	1,55		**28**	1 58	2,5	
	7 34	10,95	96		7 47	9,95	71
L	14 08	1,3		M	14 19	2,35	
	20 01	10,75	96		20 12	9,65	71
14	2 30	1,6		**29**	2 32	2,5	
	8 21	10,95	95		8 20	9,9	70
M	14 57	1,35		M	14 52	2,4	
	20 49	10,6	93		20 45	9,55	69
15	3 17	1,8		**30**	3 05	2,65	
	9 09	10,75	89		8 53	9,8	68
M	15 46	1,6		J	15 26	2,5	
	21 38	10,25	86		21 18	9,35	66
				31	3 39	2,8	
					9 26	9,55	64
				V	16 00	2,7	
					21 52	9,1	62

Prédictions de marée calculées par le SHOM (heure légale)

Marées

Avis aux lecteurs

Les heures moyennes des marées sont exprimées en **HEURE LÉGALE**.
Elles sont exactes pour toute l'année (heure d'hiver et heure d'été) et ne doivent donc pas être corrigées.

ROSCOFF	48° 43' N 03° 58' W	Niveau moyen : 5,25 m	Marnages V.E. moyenne : 7,55 m M.E. moyenne : 3,65 m

JANVIER 2004

Jour	h m	haut. m	Coef
1 J	0 44	6,9	42
	7 05	3,6	
	13 10	6,95	41
	19 38	3,5	
2 V	1 50	6,9	41
	8 13	3,65	
	14 16	6,95	43
	20 43	3,45	
3 S	2 52	7,05	45
	9 17	3,45	
	15 18	7,1	48
	21 41	3,25	
4 D	3 47	7,3	51
	10 11	3,15	
	16 11	7,35	54
	22 31	3,0	
5 L	4 33	7,6	57
	10 57	2,85	
	16 56	7,6	61
	23 14	2,7	
6 M	5 13	7,85	64
	11 38	2,55	
	17 36	7,8	66
	23 54	2,5	
7 M PL	5 50	8,1	69
	12 17	2,3	
	18 12	7,95	71
8 J	0 32	2,3	
	6 24	8,25	73
	12 53	2,1	
	18 48	8,05	74
9 V	1 08	2,2	
	6 59	8,35	75
	13 29	2,0	
	19 23	8,1	76
10 S	1 44	2,1	
	7 34	8,4	76
	14 05	1,95	
	19 59	8,1	76
11 D	2 21	2,15	
	8 11	8,35	75
	14 42	2,0	
	20 37	8,0	74
12 L	2 59	2,2	
	8 49	8,25	72
	15 21	2,1	
	21 17	7,85	70
13 M	3 38	2,4	
	9 29	8,05	67
	16 02	2,3	
	22 00	7,65	64
14 M	4 22	2,6	
	10 14	7,85	62
	16 47	2,55	
	22 48	7,45	59
15 J DQ	5 11	2,85	
	11 06	7,6	56
	17 41	2,85	
	23 46	7,3	54

Jour	h m	haut. m	Coef
16 V	6 11	3,05	
	12 10	7,4	52
	18 46	3,0	
17 S	0 56	7,25	52
	7 23	3,1	
	13 27	7,35	53
	20 01	3,0	
18 D	2 14	7,4	55
	8 41	2,95	
	14 48	7,5	59
	21 17	2,8	
19 L	3 28	7,75	64
	9 53	2,5	
	16 01	7,8	69
	22 24	2,4	
20 M	4 31	8,2	75
	10 57	2,0	
	17 03	8,2	80
	23 24	2,0	
21 M NL	5 26	8,6	85
	11 54	1,55	
	17 57	8,5	90
22 J	0 20	1,65	
	6 17	8,9	93
	12 46	1,25	
	18 47	8,7	96
23 V	1 09	1,45	
	7 04	9,05	97
	13 33	1,1	
	19 33	8,75	97
24 S	1 54	1,35	
	7 48	9,1	96
	14 17	1,1	
	20 15	8,65	94
25 D	2 36	1,5	
	8 29	8,95	91
	14 58	1,35	
	20 53	8,45	87
26 L	3 15	1,75	
	9 07	8,6	82
	15 36	1,75	
	21 29	8,1	77
27 M	3 51	2,2	
	9 43	8,2	70
	16 11	2,25	
	22 03	7,7	64
28 M	4 26	2,65	
	10 19	7,75	58
	16 47	2,75	
	22 40	7,3	52
29 J PQ	5 04	3,15	
	11 00	7,25	46
	17 27	3,3	
	23 26	6,95	40
30 V	5 51	3,6	
	11 53	6,8	36
	18 20	3,7	
31 S	0 30	6,65	33
	6 58	3,95	
	13 07	6,55	31
	19 35	3,95	

FÉVRIER 2004

Jour	h m	haut. m	Coef
1 D	1 53	6,55	32
	8 24	3,95	
	14 35	6,55	34
	20 58	3,85	
2 L	3 12	6,8	38
	9 40	3,65	
	15 47	6,85	43
	22 04	3,45	
3 M	4 11	7,2	48
	10 36	3,15	
	16 39	7,25	53
	22 55	3,0	
4 M	4 56	7,6	58
	11 22	2,7	
	17 22	7,65	63
	23 38	2,6	
5 J	5 35	8,0	68
	12 02	2,25	
	18 00	8,0	73
6 V PL	0 19	2,2	
	6 12	8,35	77
	12 40	1,9	
	18 36	8,25	81
7 S	0 56	1,85	
	6 47	8,6	84
	13 17	1,6	
	19 11	8,45	87
8 D	1 32	1,65	
	7 23	8,75	88
	13 53	1,4	
	19 47	8,55	89
9 L	2 09	1,5	
	7 59	8,85	90
	14 29	1,35	
	20 23	8,55	89
10 M	2 45	1,5	
	8 34	8,75	88
	15 05	1,45	
	20 59	8,4	85
11 M	3 22	1,7	
	9 11	8,55	82
	15 42	1,75	
	21 35	8,15	78
12 J	4 00	2,0	
	9 50	8,25	73
	16 22	2,15	
	22 16	7,85	68
13 V DQ	4 43	2,45	
	10 35	7,8	62
	17 09	2,65	
	23 07	7,45	57
14 S	5 36	2,9	
	11 34	7,35	51
	18 09	3,15	
15 D	0 18	7,15	47
	6 50	3,25	
	12 59	7,0	45
	19 32	3,4	

Jour	h m	haut. m	Coef
16 L	1 52	7,05	46
	8 22	3,25	
	14 40	7,05	49
	21 05	3,25	
17 M	3 20	7,4	55
	9 49	2,85	
	16 00	7,5	61
	22 22	2,75	
18 M	4 27	7,95	69
	10 56	2,2	
	17 02	8,0	76
	23 22	2,15	
19 J	5 21	8,45	83
	11 50	1,6	
	17 53	8,4	88
20 V NL	0 13	1,65	
	6 09	8,85	93
	12 37	1,2	
	18 37	8,7	97
21 S	0 58	1,3	
	6 51	9,1	99
	13 19	0,95	
	19 16	8,85	100
22 D	1 37	1,15	
	7 29	9,2	100
	13 57	0,95	
	19 51	8,85	99
23 L	2 13	1,2	
	8 05	9,05	96
	14 31	1,15	
	20 23	8,65	92
24 M	2 46	1,45	
	8 37	8,8	88
	15 03	1,5	
	20 52	8,4	82
25 M	3 16	1,85	
	9 06	8,4	76
	15 32	2,0	
	21 20	8,0	70
26 J	3 45	2,35	
	9 35	7,9	63
	16 00	2,55	
	21 49	7,55	57
27 V	4 15	2,9	
	10 06	7,35	49
	16 31	3,15	
	22 23	7,1	43
28 S PQ	4 51	3,5	
	10 47	6,8	36
	17 12	3,75	
	23 14	6,6	30
29 D	5 45	4,0	
	11 56	6,3	26
	18 22	4,2	

MARS 2004

Jour	h m	haut. m	Coef
1 L	0 43	6,3	24
	7 25	4,25	
	13 48	6,15	25
	20 13	4,25	
2 M	2 34	6,4	30
	9 10	3,95	
	15 23	6,55	36
	21 39	3,8	
3 M	3 46	6,9	42
	10 14	3,35	
	16 19	7,05	49
	22 34	3,2	
4 J	4 34	7,5	56
	11 01	2,7	
	17 01	7,6	64
	23 18	2,55	
5 V	5 14	8,0	70
	11 41	2,1	
	17 40	8,1	77
	23 57	2,0	
6 S	5 52	8,5	83
	12 19	1,6	
	18 16	8,5	88
7 D PL	0 36	1,5	
	6 28	8,85	93
	12 56	1,2	
	18 52	8,8	97
8 L	1 13	1,2	
	7 04	9,1	99
	13 32	0,95	
	19 27	8,95	101
9 M	1 49	1,0	
	7 40	9,2	101
	14 08	0,9	
	20 02	8,95	101
10 M	2 25	1,0	
	8 15	9,1	99
	14 44	1,05	
	20 37	8,8	95
11 J	3 02	1,25	
	8 51	8,85	91
	15 21	1,4	
	21 12	8,5	85
12 V	3 40	1,7	
	9 29	8,35	79
	16 00	2,0	
	21 52	8,0	71
13 S DQ	4 22	2,25	
	10 14	7,75	63
	16 45	2,7	
	22 43	7,5	55
14 D	5 15	2,9	
	11 17	7,15	48
	17 47	3,35	
	23 58	7,0	42
15 L	6 35	3,4	
	12 54	6,75	40
	19 22	3,7	

Jour	h m	haut. m	Coef
16 M	1 45	6,9	41
	8 21	3,4	
	14 43	6,9	46
	21 06	3,45	
17 M	3 16	7,3	53
	9 49	2,85	
	15 59	7,4	60
	22 19	2,8	
18 J	4 20	7,9	68
	10 49	2,15	
	16 54	8,0	75
	23 12	2,1	
19 V	5 10	8,45	82
	11 37	1,6	
	17 38	8,4	88
	23 56	1,6	
20 S NL	5 52	8,8	92
	12 18	1,2	
	18 16	8,7	96
21 D	0 38	1,3	
	6 30	9,05	98
	12 55	1,05	
	18 50	8,85	99
22 L	1 13	1,15	
	7 04	9,1	99
	13 29	1,05	
	19 21	8,85	97
23 M	1 45	1,2	
	7 35	8,95	95
	14 00	1,25	
	19 49	8,75	92
24 M	2 15	1,4	
	8 04	8,7	87
	14 28	1,55	
	20 16	8,5	83
25 J	2 43	1,75	
	8 31	8,35	77
	14 55	2,0	
	20 42	8,15	71
26 V	3 10	2,25	
	8 57	7,9	65
	15 22	2,55	
	21 08	7,7	58
27 S	3 37	2,75	
	9 26	7,35	51
	15 50	3,1	
	21 39	7,25	45
28 D	5 10	3,35	
	11 03	6,8	38
	17 26	3,7	
	23 23	6,7	32
29 L PQ	5 56	3,9	
	12 06	6,3	26
	18 25	4,2	
30 M	0 44	6,3	23
	7 26	4,25	
	13 57	6,05	23
	20 22	4,4	
31 M	2 42	6,3	27
	9 28	4,05	
	15 46	6,4	33
	22 02	3,95	

Prédictions de marée calculées par le SHOM (heure légale)

Avis aux lecteurs

Les heures moyennes des marées sont exprimées en **HEURE LÉGALE**.
Elles sont exactes pour toute l'année (heure d'hiver et heure d'été) et ne doivent donc pas être corrigées.

ROSCOFF	48° 43' N 03° 58' W	Niveau moyen : 5,25 m	Marnages V.E. moyenne : 7,55 m M.E. moyenne : 3,65 m

AVRIL 2004

Jour	h m	haut. m	Coef
1 J	4 07	6,8	40
	10 39	3,4	
	16 46	7,0	48
	23 01	3,25	
2 V	5 00	7,4	56
	11 28	2,7	
	17 30	7,65	64
	23 46	2,55	
3 S	5 43	8,0	72
	12 10	2,0	
	18 09	8,2	79
4 D	0 27	1,9	
	6 23	8,55	86
	12 49	1,45	
	18 47	8,65	92
5 L PL	1 07	1,35	
	7 01	8,95	98
	13 28	1,0	
	19 25	8,95	102
6 M	1 47	0,95	
	7 39	9,2	105
	14 06	0,75	
	20 01	9,15	106
7 M	2 25	0,75	
	8 16	9,3	107
	14 44	0,7	
	20 38	9,15	105
8 J	3 04	0,8	
	8 54	9,15	103
	15 22	0,95	
	21 15	8,95	98
9 V	3 43	1,1	
	9 34	8,8	93
	16 02	1,45	
	21 53	8,6	86
10 S	4 24	1,6	
	10 16	8,3	78
	16 44	2,1	
	22 38	8,05	70
11 D	5 10	2,25	
	11 07	7,6	61
	17 34	2,85	
	23 34	7,45	53
12 L DQ	6 09	2,95	
	12 17	7,0	47
	18 43	3,5	
13 M	0 55	7,0	42
	7 35	3,35	
	13 58	6,7	41
	20 21	3,7	
14 M	2 38	6,95	44
	9 16	3,25	
	15 36	6,95	48
	21 54	3,35	
15 J	4 01	7,35	55
	10 32	2,75	
	16 42	7,45	61
	22 59	2,7	

Jour	h m	haut. m	Coef
16 V	4 59	7,9	68
	11 27	2,15	
	17 31	7,95	74
	23 49	2,15	
17 S	5 46	8,3	79
	12 12	1,75	
	18 11	8,3	83
18 D	0 31	1,75	
	6 26	8,6	87
	12 51	1,5	
	18 46	8,55	89
19 L NL	1 09	1,55	
	7 01	8,7	91
	13 26	1,4	
	19 18	8,65	91
20 M	1 43	1,45	
	7 34	8,75	91
	13 58	1,4	
	19 48	8,65	90
21 M	2 15	1,5	
	8 04	8,65	88
	14 27	1,55	
	20 16	8,6	85
22 J	2 44	1,65	
	8 34	8,45	82
	14 56	1,8	
	20 44	8,4	78
23 V	3 13	1,9	
	9 01	8,15	74
	15 23	2,15	
	21 11	8,1	69
24 S	3 41	2,3	
	9 30	7,75	64
	15 52	2,6	
	21 39	7,75	58
25 D	4 11	2,7	
	10 01	7,35	52
	16 22	3,1	
	22 13	7,35	47
26 L	4 45	3,2	
	10 41	6,85	41
	17 01	3,6	
	22 58	6,9	36
27 M PQ	5 31	3,65	
	11 41	6,45	31
	17 57	4,0	
28 M	0 09	6,5	28
	6 45	3,95	
	13 12	6,25	28
	19 30	4,2	
29 J	1 45	6,45	30
	8 29	3,85	
	14 49	6,5	35
	21 07	3,85	
30 V	3 12	6,8	41
	9 47	3,35	
	15 57	7,0	48
	22 12	3,25	

MAI 2004

Jour	h m	haut. m	Coef
1 S	4 13	7,35	55
	10 42	2,7	
	16 47	7,6	63
	23 03	2,55	
2 D	5 02	7,95	71
	11 30	2,05	
	17 31	8,15	78
	23 49	1,95	
3 L	5 46	8,45	85
	12 14	1,5	
	18 13	8,6	91
4 M PL	0 33	1,4	
	6 29	8,85	96
	12 57	1,1	
	18 53	8,95	101
5 M	1 18	1,0	
	7 11	9,1	103
	13 39	0,85	
	19 34	9,15	105
6 J	2 01	0,8	
	7 54	9,15	105
	14 21	0,9	
	20 15	9,15	103
7 V	2 44	0,85	
	8 38	9,0	100
	15 03	1,1	
	20 57	8,95	96
8 S	3 28	1,15	
	9 23	8,65	90
	15 48	1,6	
	21 43	8,6	84
9 D	4 15	1,6	
	10 12	8,15	77
	16 35	2,2	
	22 33	8,1	69
10 L	5 07	2,2	
	11 08	7,55	63
	17 31	2,8	
	23 33	7,6	56
11 M DQ	6 10	2,75	
	12 17	7,1	51
	18 40	3,3	
12 M	0 49	7,25	48
	7 26	3,05	
	13 43	6,9	47
	20 03	3,45	
13 J	2 14	7,2	48
	8 47	3,05	
	15 04	7,05	51
	21 21	3,2	
14 V	3 26	7,4	55
	9 56	2,75	
	16 05	7,4	59
	22 23	2,8	
15 S	4 24	7,7	63
	10 51	2,4	
	16 54	7,75	67
	23 14	2,45	

Jour	h m	haut. m	Coef
16 D	5 11	7,95	70
	11 37	2,15	
	17 35	8,0	73
	23 58	2,15	
17 L	5 53	8,15	76
	12 17	2,0	
	18 12	8,2	78
18 M	0 37	1,95	
	6 30	8,25	79
	12 53	1,9	
	18 46	8,3	79
19 M NL	1 13	1,9	
	7 05	8,25	79
	13 27	1,9	
	19 18	8,35	79
20 J	1 46	1,9	
	7 38	8,2	78
	13 58	1,95	
	19 49	8,35	76
21 V	2 18	1,95	
	8 09	8,1	74
	14 29	2,1	
	20 19	8,2	72
22 S	2 49	2,1	
	8 41	7,9	69
	15 00	2,35	
	20 50	8,05	66
23 D	3 21	2,35	
	9 13	7,7	53
	15 32	2,6	
	21 22	7,8	59
24 L	3 54	2,6	
	9 48	7,4	55
	16 07	2,95	
	22 00	7,5	51
25 M	4 32	2,95	
	10 31	7,05	47
	16 48	3,3	
	22 46	7,2	44
26 M	5 18	3,25	
	11 24	6,8	41
	17 40	3,55	
	23 45	6,9	39
27 J PQ	6 18	3,45	
	12 32	6,65	38
	18 48	3,7	
28 V	0 56	6,85	38
	7 31	3,45	
	13 48	6,75	41
	20 06	3,6	
29 S	2 11	7,0	44
	8 46	3,2	
	14 59	7,05	49
	21 16	3,2	
30 D	3 18	7,35	55
	9 50	2,75	
	15 58	7,5	61
	22 16	2,65	
31 L	4 16	7,8	67
	10 46	2,25	
	16 49	8,0	74
	23 10	2,1	

JUIN 2004

Jour	h m	haut. m	Coef
1 M	5 09	8,2	80
	11 38	1,75	
	17 38	8,4	85
2 M	0 00	1,65	
	5 59	8,55	90
	12 27	1,4	
	18 25	8,75	94
3 J PL	0 50	1,25	
	6 49	8,8	97
	13 15	1,2	
	19 11	8,95	98
4 V	1 41	1,05	
	7 38	8,85	99
	14 03	1,2	
	19 59	9,0	98
5 S	2 30	1,0	
	8 28	8,75	96
	14 51	1,35	
	20 47	8,9	93
6 D	3 19	1,2	
	9 18	8,5	90
	15 40	1,65	
	21 37	8,65	85
7 L	4 10	1,5	
	10 10	8,15	80
	16 31	2,05	
	22 29	8,3	74
8 M	5 03	1,95	
	11 03	7,75	69
	17 25	2,5	
	23 25	7,9	64
9 M DQ	5 59	2,4	
	12 02	7,4	60
	18 23	2,9	
10 J	0 27	7,55	56
	6 59	2,75	
	13 06	7,15	53
	19 26	3,15	
11 V	1 32	7,35	51
	8 02	2,95	
	14 13	7,1	50
	20 32	3,2	
12 S	2 38	7,3	51
	9 05	2,95	
	15 14	7,2	52
	21 35	3,1	
13 D	3 37	7,35	54
	10 04	2,85	
	16 09	7,4	56
	22 32	2,9	
14 L	4 31	7,5	58
	10 57	2,7	
	16 57	7,6	60
	23 22	2,7	
15 M	5 20	7,6	62
	11 43	2,55	
	17 41	7,8	64

Jour	h m	haut. m	Coef
16 M	0 06	2,5	
	6 03	7,75	66
	12 24	2,45	
	18 20	7,95	67
17 J NL	0 46	2,35	
	6 43	7,3	68
	13 01	2,35	
	18 56	8,05	69
18 V	1 24	2,25	
	7 19	7,85	70
	13 37	2,3	
	19 30	8,1	70
19 S	1 59	2,2	
	7 54	7,85	70
	14 11	2,3	
	20 03	8,1	69
20 D	2 34	2,2	
	8 28	7,85	68
	14 45	2,35	
	20 37	8,05	67
21 L	3 08	2,25	
	9 02	7,75	66
	15 20	2,45	
	21 12	7,95	64
22 M	3 44	2,35	
	9 39	7,6	62
	15 57	2,6	
	21 50	7,8	60
23 M	4 22	2,5	
	10 20	7,45	58
	16 36	2,8	
	22 33	7,6	56
24 J	5 04	2,7	
	11 04	7,25	54
	17 21	3,0	
	23 20	7,4	52
25 V PQ	5 51	2,85	
	11 56	7,15	50
	18 13	3,15	
26 S	0 15	7,25	49
	6 46	3,0	
	12 54	7,05	49
	19 14	3,2	
27 D	1 17	7,25	49
	7 50	3,0	
	14 00	7,15	51
	20 21	3,1	
28 L	2 24	7,35	53
	8 59	2,85	
	15 07	7,35	57
	21 30	2,85	
29 M	3 33	7,55	61
	10 06	2,55	
	16 12	7,75	66
	22 35	2,45	
30 M	4 39	7,85	71
	11 08	2,2	
	17 11	8,1	76
	23 35	2,0	

Prédictions de marée calculées par le SHOM (heure légale)

Avis aux lecteurs

Les heures moyennes des marées sont exprimées en **HEURE LÉGALE**.
Elles sont exactes pour toute l'année (heure d'hiver et heure d'été) et ne doivent donc pas être corrigées.

ROSCOFF	48° 43' N 03° 58' W	Niveau moyen : 5,25 m	Marnages V.E. moyenne : 7,55 m M.E. moyenne : 3,65 m

JUILLET 2004

Jour	h m	haut. m	Coef	Jour	h m	haut. m	Coef
1 J	5 40 12 05 18 06	8,2 1,85 8,5	80 85	16 V	0 27 6 28 12 44 18 41	2,65 7,55 2,6 7,9	62 64
2 V PL	0 32 6 37 13 00 18 59	1,55 8,45 1,6 8,8	89 92	17 S NL	1 08 7 07 13 22 19 16	2,4 7,75 2,4 8,05	67 69
3 S	1 29 7 31 13 52 19 50	1,25 8,6 1,4 8,95	94 95	18 D	1 46 7 42 13 59 19 50	2,2 7,9 2,25 8,2	71 73
4 D	2 22 8 23 14 43 20 41	1,1 8,65 1,35 9,0	96 95	19 L	2 22 8 16 14 34 20 24	2,05 8,0 2,15 8,3	74 75
5 L	3 13 9 13 15 32 21 30	1,1 8,6 1,45 8,85	93 91	20 M	2 56 8 50 15 08 20 59	1,95 8,0 2,1 8,3	75 75
6 M	4 02 10 01 16 20 22 18	1,25 8,35 1,7 8,6	87 83	21 M	3 31 9 25 15 43 21 35	1,9 8,0 2,1 8,25	74 73
7 M	4 48 10 46 17 06 23 04	1,6 8,05 2,1 8,25	78 72	22 J	4 07 10 02 16 20 22 13	2,0 7,9 2,2 8,1	71 69
8 J	5 34 11 31 17 52 23 51	2,05 7,7 2,5 7,85	67 61	23 V	4 44 10 39 16 58 22 52	2,15 7,75 2,4 7,9	67 64
9 V DQ	6 19 12 17 18 40	2,5 7,35 2,9	56	24 S	5 23 11 20 17 41 23 37	2,4 7,55 2,65 7,65	61 58
10 S	0 41 7 08 13 10 19 35	7,45 2,95 7,1 3,25	52 48	25 D PQ	6 09 12 08 18 32	2,65 7,35 2,9	55
11 D	1 39 8 05 14 13 20 38	7,1 3,25 6,95 3,45	45 43	26 L	0 32 7 05 13 09 19 36	7,35 2,95 7,2 3,1	53 51
12 L	2 45 9 10 15 20 21 46	6,95 3,4 6,95 3,4	42 43	27 M	1 41 8 16 14 25 20 54	7,2 3,1 7,2 3,1	50 50
13 M	3 52 10 15 16 24 22 49	6,95 3,35 7,15 3,2	44 47	28 M	3 04 9 36 15 48 22 13	7,2 3,0 7,4 2,8	52 56
14 M	4 53 11 13 17 17 23 42	7,1 3,1 7,4 2,95	49 52	29 J	4 26 10 51 16 59 23 23	7,5 2,65 7,85 2,3	61 67
15 J	5 45 12 01 18 02	7,35 2,85 7,65	56 59	30 V	5 34 11 56 17 59	7,9 2,2 8,35	73 79
				31 S PL	0 25 6 33 12 54 18 53	1,75 8,3 1,75 8,75	85 90

AOÛT 2004

Jour	h m	haut. m	Coef	Jour	h m	haut. m	Coef
1 D	1 24 7 26 13 46 19 43	1,25 8,6 1,4 9,05	94 97	16 L NL	1 29 7 25 13 42 19 34	1,95 8,1 2,0 8,45	77 81
2 L	2 14 8 15 14 33 20 30	0,95 8,75 1,2 9,15	99 100	17 M	2 04 7 59 14 17 20 07	1,7 8,3 1,75 8,6	83 85
3 M	3 00 8 59 15 17 21 14	0,9 8,75 1,2 9,1	99 97	18 M	2 38 8 32 14 50 20 41	1,55 8,4 1,6 8,7	86 87
4 M	3 43 9 39 15 58 21 54	1,0 8,6 1,4 8,85	94 89	19 J	3 12 9 05 15 24 21 14	1,45 8,45 1,6 8,65	87 86
5 J	4 22 10 16 16 37 22 31	1,35 8,35 1,75 8,45	84 78	20 V	3 45 9 37 15 58 21 48	1,55 8,35 1,7 8,5	84 81
6 V	4 59 10 50 17 13 23 07	1,85 7,95 2,25 7,95	72 65	21 S	4 20 10 11 16 34 22 24	1,75 8,15 2,0 8,2	77 73
7 S DQ	5 34 11 25 17 51 23 46	2,45 7,55 2,8 7,45	58 51	22 D	4 56 10 47 17 13 23 04	2,1 7,85 2,4 7,8	68 63
8 D	6 13 12 08 18 35	3,0 7,1 3,35	45	23 L PQ	5 37 11 31 18 00 23 58	2,6 7,5 2,85 7,35	57 52
9 L	0 36 7 01 13 05 19 36	6,95 3,5 6,75 3,8	39 35	24 M	6 31 12 33 19 05	3,1 7,15 3,25	47
10 M	1 46 8 11 14 28 21 02	6,55 3,85 6,55 3,9	32 31	25 M	1 15 7 47 14 03 20 36	6,95 3,45 6,95 3,4	44 43
11 M	3 18 9 38 15 56 22 24	6,45 3,9 6,7 3,65	32 36	26 J	2 58 9 25 15 42 22 10	6,9 3,45 7,2 3,0	45 50
12 J	4 36 10 51 17 00 23 25	6,75 3,55 7,1 3,2	40 45	27 V	4 29 10 50 16 57 23 24	7,3 2,95 7,8 2,35	56 64
13 V	5 31 11 45 17 46	7,1 3,1 7,5	50 55	28 S	5 35 11 54 17 55	7,85 2,25 8,4	72 79
14 S	0 11 6 14 12 28 18 25	2,75 7,5 2,7 7,9	60 65	29 D	0 22 6 28 12 47 18 44	1,65 8,35 1,7 8,9	86 92
15 D	0 51 6 51 13 06 19 00	2,3 7,85 2,3 8,2	70 74	30 L PL	1 14 7 15 13 34 19 30	1,15 8,75 1,25 9,2	97 100
				31 M	1 58 7 57 14 16 20 11	0,85 8,9 1,05 9,3	102 103

SEPTEMBRE 2004

Jour	h m	haut. m	Coef	Jour	h m	haut. m	Coef
1 M	2 39 8 34 14 54 20 48	0,8 8,95 1,05 9,2	102 100	16 J	2 13 8 06 14 26 20 16	1,2 8,8 1,25 9,0	96 97
2 J	3 16 9 08 15 30 21 22	1,0 8,8 1,25 8,95	96 91	17 V	2 47 8 38 15 00 20 49	1,15 8,8 1,25 8,95	96 94
3 V	3 49 9 38 16 02 21 53	1,35 8,5 1,7 8,5	86 79	18 S	3 21 9 10 15 34 21 23	1,25 8,7 1,4 8,7	92 88
4 S	4 20 10 07 16 33 22 23	1,9 8,15 2,2 7,95	73 65	19 D	3 55 9 43 16 11 21 59	1,6 8,45 1,8 8,3	83 77
5 D	4 49 10 37 17 04 22 55	2,5 7,65 2,85 7,4	58 50	20 L	4 32 10 20 16 51 22 42	2,1 8,05 2,3 7,75	70 63
6 L DQ	5 21 11 11 17 40 23 37	3,1 7,15 3,45 6,8	43 36	21 M PQ	5 14 11 07 17 40 23 41	2,7 7,55 2,9 7,15	55 48
7 M	6 01 12 01 18 35	3,75 6,65 4,0	30	22 M	6 11 12 17 18 52	3,35 7,05 3,45	42
8 M	0 46 7 11 13 29 20 16	6,3 4,25 6,3 4,3	25 23	23 J	1 12 7 40 14 01 20 38	6,7 3,8 6,85 3,55	39 39
9 J	2 45 9 05 15 28 22 03	6,15 4,3 6,4 3,95	25 29	24 V	3 08 9 30 15 43 22 14	6,8 3,6 7,25 3,0	43 50
10 V	4 18 10 31 16 38 23 05	6,5 3,85 6,9 3,35	35 41	25 S	4 30 10 48 16 51 23 18	7,35 2,9 7,9 2,25	58 66
11 S	5 11 11 23 17 24 23 48	7,05 3,25 7,45 2,75	48 55	26 D	5 27 11 45 17 43	8,0 2,2 8,5	74 81
12 D	5 51 12 04 18 01	7,6 2,65 8,0	62 68	27 L	0 09 6 14 12 31 18 28	1,6 8,5 1,6 8,95	88 93
13 L	0 26 6 27 12 42 18 36	2,2 8,05 2,1 8,4	74 80	28 M PL	0 53 6 54 13 13 19 08	1,15 8,8 1,25 9,15	97 99
14 M NL	1 03 7 00 13 17 19 10	1,75 8,4 1,7 8,7	84 89	29 M	1 34 7 30 13 51 19 44	0,95 8,95 1,1 9,2	100 100
15 M	1 39 7 33 13 52 19 43	1,4 8,65 1,4 8,95	92 94	30 J	2 10 8 02 14 26 20 16	1,0 8,95 1,15 9,05	99 96

Prédictions de marée calculées par le SHOM (heure légale)

Avis aux lecteurs

Les heures moyennes des marées sont exprimées en **HEURE LÉGALE**.
Elles sont exactes pour toute l'année (heure d'hiver et heure d'été) et ne doivent donc pas être corrigées.

ROSCOFF	48° 43' N 03° 58' W	Niveau moyen : 5,25 m	Marnages V.E. moyenne : 7,55 m M.E. moyenne : 3,65 m

OCTOBRE 2004

	h m	haut. m	Coef
1	2 43	1,2	
	8 32	8,8	93
V	14 58	1,4	
	20 47	8,8	88
2	3 14	1,6	
	9 01	8,55	83
S	15 27	1,8	
	21 16	8,4	77
3	3 42	2,05	
	9 28	8,2	71
D	15 56	2,3	
	21 43	7,9	64
4	4 09	2,65	
	9 55	7,75	57
L	16 25	2,85	
	22 13	7,3	50
5	4 39	3,25	
	10 26	7,25	43
M	16 58	3,45	
	22 51	6,75	36
6	5 15	3,85	
	11 11	6,7	30
M	17 46	4,05	
DQ	23 56	6,25	24
7	6 16	4,35	
	12 33	6,3	22
J	19 22	4,4	
8	1 57	6,05	22
	8 18	4,5	
V	14 38	6,3	26
	21 24	4,1	
9	3 42	6,45	33
	9 53	4,0	
S	15 59	6,8	40
	22 29	3,5	
10	4 36	7,0	47
	10 47	3,35	
D	16 48	7,4	54
	23 13	2,8	
11	5 16	7,6	62
	11 30	2,7	
L	17 27	8,0	69
	23 52	2,2	
12	5 53	8,15	76
	12 08	2,1	
M	18 03	8,45	82
13	0 29	1,7	
	6 28	8,55	88
M	12 46	1,6	
	18 39	8,85	92
14	1 06	1,3	
	7 02	8,8	96
J	13 22	1,3	
NL	19 14	9,05	99
15	1 43	1,1	
	7 36	9,0	100
V	13 59	1,1	
	19 50	9,1	101

	h m	haut. m	Coef
16	2 20	1,05	
	8 10	9,0	100
S	14 36	1,1	
	20 25	9,0	98
17	2 56	1,25	
	8 45	8,9	94
D	15 13	1,3	
	21 03	8,75	90
18	3 34	1,65	
	9 23	8,6	84
L	15 53	1,75	
	21 44	8,25	77
19	4 15	2,2	
	10 06	8,1	69
M	16 38	2,3	
	22 35	7,65	62
20	5 03	2,9	
	11 00	7,6	54
M	17 34	2,95	
PQ	23 43	7,05	47
21	6 08	3,5	
	12 16	7,1	42
J	18 55	3,4	
22	1 19	6,75	41
	7 44	3,8	
V	13 59	7,0	43
	20 37	3,35	
23	3 03	6,95	47
	9 21	3,45	
S	15 29	7,4	53
	21 59	2,85	
24	4 14	7,45	60
	10 30	2,85	
D	16 32	7,95	67
	22 57	2,25	
25	5 05	8,0	73
	11 22	2,25	
L	17 21	8,4	79
	23 44	1,75	
26	5 48	8,4	84
	12 06	1,8	
M	18 03	8,75	87
27	0 26	1,45	
	6 25	8,65	90
M	12 46	1,55	
	18 40	8,85	92
28	1 04	1,4	
	6 58	8,75	92
J	13 23	1,45	
PL	19 14	8,85	92
29	1 39	1,45	
	7 30	8,75	91
V	13 56	1,5	
	19 46	8,75	88
30	2 11	1,6	
	8 00	8,65	86
S	14 27	1,7	
	20 16	8,5	82
31	2 41	1,9	
	7 29	8,45	78
D	13 57	2,0	
	19 46	8,2	73

NOVEMBRE 2004

	h m	haut. m	Coef
1	2 10	2,3	
	7 57	8,15	68
L	14 27	2,4	
	20 15	7,75	63
2	2 39	2,75	
	8 26	7,75	57
M	14 57	2,85	
	20 46	7,3	51
3	3 10	3,25	
	8 59	7,35	46
M	15 32	3,35	
	21 25	6,85	40
4	3 48	3,75	
	9 43	6,9	34
J	16 17	3,8	
	22 25	6,4	30
5	4 43	4,15	
	10 51	6,55	27
V	17 29	4,15	
DQ	23 56	6,25	26
6	6 13	4,35	
	12 25	6,45	28
S	19 12	4,05	
7	1 34	6,45	32
	7 49	4,05	
D	13 54	6,75	38
	20 30	3,6	
8	2 41	6,95	45
	8 54	3,5	
L	14 55	7,25	51
	21 23	3,0	
9	3 29	7,5	59
	9 44	2,85	
M	15 42	7,8	65
	22 08	2,4	
10	4 11	8,05	72
	10 28	2,25	
M	16 24	8,3	79
	22 51	1,85	
11	4 50	8,45	85
	11 10	1,75	
J	17 05	8,7	90
	23 32	1,45	
12	5 29	8,8	94
	11 52	1,4	
V	17 45	8,95	97
NL			
13	0 14	1,25	
	6 07	9,0	99
S	12 33	1,15	
	18 26	9,0	99
14	0 55	1,2	
	6 47	9,05	99
D	13 15	1,1	
	19 08	8,95	97
15	1 37	1,35	
	7 28	8,95	94
L	13 59	1,3	
	19 53	8,65	90

	h m	haut. m	Coef
16	2 21	1,7	
	8 13	8,65	84
M	14 45	1,65	
	20 42	8,25	78
17	3 09	2,25	
	9 03	8,25	72
M	15 36	2,2	
	21 38	7,7	65
18	4 03	2,8	
	10 01	7,8	59
J	16 37	2,7	
	22 45	7,25	54
19	5 09	3,25	
	11 13	7,4	50
V	17 50	3,05	
PQ			
20	0 08	7,0	49
	6 28	3,45	
S	12 37	7,25	49
	19 11	3,1	
21	1 31	7,1	51
	7 48	3,3	
D	13 55	7,45	54
	20 23	2,9	
22	2 38	7,4	58
	8 55	2,95	
L	14 57	7,75	62
	21 23	2,55	
23	3 30	7,75	66
	9 49	2,55	
M	15 48	8,05	70
	22 12	2,25	
24	4 14	8,05	73
	10 36	2,25	
M	16 32	8,25	75
	22 55	2,05	
25	4 53	8,25	77
	11 18	2,05	
J	17 12	8,35	79
	23 34	1,95	
26	5 29	8,4	80
	11 55	1,95	
V	17 48	8,35	80
PL			
27	0 11	2,0	
	6 03	8,45	79
S	12 30	1,95	
	18 23	8,3	78
28	0 45	2,05	
	6 36	8,4	77
D	13 03	2,05	
	18 56	8,2	75
29	1 17	2,2	
	7 07	8,3	73
L	13 36	2,2	
	19 28	8,0	70
30	1 49	2,45	
	7 38	8,1	67
M	14 08	2,4	
	20 00	7,75	63

DÉCEMBRE 2004

	h m	haut. m	Coef
1	2 21	2,7	
	8 10	7,9	60
M	14 41	2,7	
	20 34	7,45	56
2	2 55	3,05	
	8 45	7,6	52
J	15 17	3,05	
	21 13	7,15	48
3	3 33	3,35	
	9 27	7,3	45
V	15 59	3,35	
	22 01	6,85	41
4	4 20	3,65	
	10 19	7,0	39
S	16 52	3,6	
	23 04	6,65	37
5	5 20	3,85	
	11 25	6,85	36
D	17 59	3,7	
DQ			
6	0 18	6,65	37
	6 33	3,8	
L	12 38	6,9	39
	19 13	3,55	
7	1 29	6,9	43
	7 46	3,55	
M	13 48	7,15	47
	20 21	3,2	
8	2 31	7,3	53
	8 50	3,1	
M	14 49	7,55	58
	21 19	2,7	
9	3 24	7,75	64
	9 45	2,6	
J	15 43	7,95	70
	22 11	2,25	
10	4 13	8,2	76
	10 36	2,05	
V	16 34	8,35	81
	23 00	1,85	
11	5 00	8,6	86
	11 25	1,65	
S	17 23	8,65	90
	23 48	1,55	
12	5 46	8,85	93
	12 13	1,35	
D	18 11	8,8	95
NL			
13	0 38	1,4	
	6 33	9,0	96
L	13 02	1,2	
	19 01	8,8	96
14	1 27	1,45	
	7 21	9,0	95
M	13 52	1,2	
	19 51	8,65	93
15	2 16	1,6	
	8 10	8,85	89
M	14 42	1,4	
	20 43	8,4	86

	h m	haut. m	Coef
16	3 07	1,95	
	9 01	8,6	81
J	15 34	1,75	
	21 36	8,05	76
17	3 59	2,35	
	9 55	8,2	71
V	16 29	2,2	
	22 33	7,65	66
18	4 54	2,75	
	10 53	7,35	61
S	17 26	2,6	
PQ	23 34	7,35	57
19	5 54	3,05	
	11 56	7,5	54
D	18 27	2,9	
20	0 38	7,15	51
	6 58	3,25	
L	13 03	7,35	50
	19 32	3,05	
21	1 43	7,15	50
	8 05	3,25	
M	14 08	7,35	51
	20 35	3,05	
22	2 44	7,3	53
	9 08	3,1	
M	15 08	7,4	55
	21 34	2,95	
23	3 38	7,5	57
	10 03	2,9	
J	16 02	7,6	60
	22 24	2,75	
24	4 26	7,75	62
	10 52	2,65	
V	16 49	7,75	65
	23 09	2,6	
25	5 08	7,95	66
	11 34	2,45	
S	17 31	7,9	68
	23 49	2,45	
26	5 46	8,1	69
	12 13	2,3	
D	18 09	7,95	70
PL			
27	0 27	2,35	
	6 21	8,2	71
L	12 49	2,2	
	18 44	8,0	71
28	1 02	2,35	
	6 55	8,25	71
M	13 23	2,2	
	19 17	7,95	71
29	1 36	2,35	
	7 27	8,2	70
M	13 57	2,25	
	19 50	7,9	69
30	2 10	2,45	
	8 00	8,1	68
J	14 30	2,35	
	20 24	7,75	66
31	2 44	2,55	
	8 34	8,0	64
V	15 05	2,5	
	20 59	7,6	62

Prédictions de marée calculées par le SHOM (heure légale)

Avis aux lecteurs

Les heures moyennes des marées sont exprimées en **HEURE LÉGALE**.
Elles sont exactes pour toute l'année (heure d'hiver et heure d'été) et ne doivent donc pas être corrigées.

BREST	48° 23' N 04° 30' W	Niveau moyen : 4,02 m	Marnages V.E. moyenne : 5,90 m M.E. moyenne : 2,80 m

JANVIER 2004

Jour	h m	haut. m	Coef
1 J	6 10	2,75	
	12 14	5,35	41
	18 39	2,7	
2 V	0 53	5,25	41
	7 16	2,75	
	13 19	5,4	43
	19 42	2,65	
3 S	1 54	5,4	45
	8 16	2,6	
	14 18	5,5	48
	20 37	2,5	
4 D	2 45	5,65	51
	9 08	2,4	
	15 07	5,7	54
	21 24	2,3	
5 L	3 29	5,9	57
	9 52	2,2	
	15 50	5,9	61
	22 05	2,1	
6 M	4 08	6,1	64
	10 32	2,0	
	16 29	6,05	66
	22 43	1,95	
7 M PL	4 45	6,25	69
	11 09	1,8	
	17 06	6,2	71
	23 20	1,85	
8 J	5 20	6,4	73
	11 45	1,7	
	17 41	6,25	74
	23 55	1,75	
9 V	5 56	6,5	75
	12 21	1,6	
	18 17	6,3	76
10 S	0 32	1,7	
	6 31	6,55	76
	12 57	1,6	
	18 53	6,3	76
11 D	1 09	1,7	
	7 08	6,5	75
	13 34	1,6	
	19 31	6,2	74
12 L	1 48	1,75	
	7 47	6,4	72
	14 13	1,7	
	20 11	6,1	70
13 M	2 29	1,9	
	8 28	6,25	67
	14 56	1,85	
	20 55	5,9	64
14 M	3 15	2,05	
	9 14	6,05	62
	15 43	2,05	
	21 45	5,75	59
15 J DQ	4 07	2,25	
	10 08	5,85	56
	16 39	2,25	
	22 45	5,6	54
16 V	5 08	2,35	
	11 13	5,7	52
	17 45	2,35	
	23 55	5,6	52
17 S	6 19	2,35	
	12 28	5,7	53
	18 57	2,3	
18 D	1 14	5,75	55
	7 34	2,2	
	13 45	5,85	59
	20 09	2,1	
19 L	2 24	6,05	64
	8 44	1,9	
	14 55	6,1	69
	21 14	1,8	
20 M	3 26	6,45	75
	9 47	1,5	
	15 55	6,45	80
	22 12	1,5	
21 M NL	4 21	6,8	85
	10 43	1,15	
	16 48	6,7	90
	23 04	1,25	
22 J	5 12	7,05	93
	11 33	0,9	
	17 36	6,85	96
	23 52	1,1	
23 V	5 58	7,2	97
	12 20	0,8	
	18 21	6,85	97
24 S	0 41	1,05	
	6 42	7,15	96
	13 05	0,9	
	19 03	6,75	94
25 D	1 23	1,2	
	7 23	7,0	91
	13 46	1,1	
	19 42	6,5	87
26 L	2 04	1,4	
	8 01	6,7	82
	14 26	1,45	
	20 19	6,2	77
27 M	2 43	1,75	
	8 39	6,35	70
	15 04	1,8	
	20 56	5,9	64
28 M	3 23	2,1	
	9 18	5,9	58
	15 45	2,25	
	21 37	5,55	52
29 J PQ	4 08	2,5	
	10 03	5,5	46
	16 31	2,6	
	22 27	5,2	40
30 V	5 01	2,8	
	11 00	5,2	36
	17 28	2,9	
	23 35	5,0	33
31 S	6 08	3,0	
	12 15	5,0	31
	18 40	3,0	

FÉVRIER 2004

Jour	h m	haut. m	Coef
1 D	0 59	5,0	32
	7 28	3,0	
	13 37	5,05	34
	19 57	2,9	
2 L	2 13	5,25	38
	8 39	2,75	
	14 44	5,3	43
	20 58	2,65	
3 M	3 07	5,55	48
	9 31	2,4	
	15 33	5,6	53
	21 45	2,3	
4 M	3 51	5,9	58
	10 14	2,05	
	16 14	5,9	63
	22 26	2,0	
5 J	4 29	6,2	68
	10 53	1,75	
	16 51	6,2	73
	23 04	1,7	
6 V PL	5 06	6,5	77
	11 29	1,5	
	17 27	6,4	81
	23 40	1,5	
7 S	5 42	6,7	84
	12 05	1,3	
	18 02	6,6	87
8 D	0 18	1,3	
	6 17	6,85	88
	12 41	1,15	
	18 37	6,7	89
9 L	0 53	1,2	
	6 52	6,9	90
	13 16	1,15	
	19 12	6,65	89
10 M	1 30	1,25	
	7 28	6,85	88
	13 53	1,25	
	19 49	6,55	85
11 M	2 09	1,4	
	8 06	6,65	82
	14 32	1,45	
	20 28	6,35	78
12 J	2 51	1,65	
	8 47	6,35	73
	15 15	1,75	
	21 12	6,05	68
13 V DQ	3 38	1,95	
	9 35	6,0	62
	16 06	2,15	
	22 07	5,7	57
14 S	4 36	2,25	
	10 38	5,6	51
	17 10	2,45	
	23 18	5,45	47
15 D	5 50	2,5	
	12 01	5,4	45
	18 30	2,6	
16 L	0 53	5,45	46
	7 17	2,45	
	13 36	5,45	49
	19 57	2,45	
17 M	2 18	5,8	55
	8 39	2,1	
	14 54	5,8	61
	21 10	2,05	
18 M	3 23	6,25	69
	9 44	1,65	
	15 53	6,25	76
	22 08	1,6	
19 J	4 16	6,7	83
	10 37	1,2	
	16 41	6,6	88
	22 56	1,25	
20 V NL	5 02	7,0	93
	11 23	0,9	
	17 24	6,85	97
	23 40	1,0	
21 S	5 43	7,2	99
	12 05	0,75	
	18 03	6,95	100
22 D	0 22	0,95	
	6 21	7,25	100
	12 43	0,8	
	18 38	6,9	99
23 L	0 59	1,0	
	6 56	7,1	96
	13 18	1,0	
	19 11	6,7	92
24 M	1 34	1,2	
	7 28	6,85	88
	13 51	1,3	
	19 41	6,45	82
25 M	2 07	1,55	
	7 59	6,45	76
	14 23	1,7	
	20 12	6,1	70
26 J	2 40	1,95	
	8 31	6,05	63
	14 57	2,15	
	20 44	5,75	57
27 V	3 17	2,35	
	9 07	5,55	49
	15 34	2,55	
	21 23	5,35	43
28 S PQ	4 01	2,8	
	9 53	5,15	36
	16 23	2,95	
	22 20	4,95	30
29 D	5 03	3,1	
	11 07	4,8	26
	17 34	3,2	
	23 50	4,8	24

MARS 2004

Jour	h m	haut. m	Coef
1 L	6 32	3,2	
	12 53	4,75	25
	19 11	3,2	
2 M	1 37	4,95	30
	8 07	2,95	
	14 20	5,05	36
	20 31	2,85	
3 M	2 43	5,35	42
	9 07	2,55	
	15 12	5,45	49
	21 22	2,4	
4 J	3 28	5,8	56
	9 51	2,05	
	15 52	5,9	64
	22 03	1,95	
5 V	4 07	6,25	70
	10 29	1,6	
	16 29	6,3	77
	22 41	1,55	
6 S	4 44	6,6	83
	11 06	1,25	
	17 05	6,65	88
	23 18	1,2	
7 D PL	5 20	6,95	93
	11 42	0,95	
	17 40	6,9	97
	23 54	0,95	
8 L	5 55	7,15	99
	12 18	0,8	
	18 14	7,05	101
9 M	0 32	0,85	
	6 30	7,25	101
	12 54	0,8	
	18 49	7,05	101
10 M	1 09	0,85	
	7 06	7,15	99
	13 31	0,95	
	19 25	6,9	95
11 J	1 48	1,05	
	7 44	6,9	91
	14 10	1,25	
	20 04	6,6	85
12 V	2 30	1,4	
	8 25	6,45	79
	14 53	1,7	
	20 48	6,2	71
13 S DQ	3 18	1,85	
	9 14	5,95	63
	15 44	2,2	
	21 43	5,75	55
14 D	4 18	2,3	
	10 20	5,45	48
	16 51	2,65	
	23 01	5,35	42
15 L	5 38	2,6	
	11 56	5,15	40
	18 20	2,8	
16 M	0 49	5,35	41
	7 15	2,5	
	13 41	5,3	46
	19 56	2,55	
17 M	2 15	5,75	53
	8 38	2,1	
	14 52	5,75	60
	21 06	2,05	
18 J	3 15	6,25	68
	9 36	1,6	
	15 43	6,25	75
	21 57	1,6	
19 V	4 03	6,65	82
	10 23	1,2	
	16 26	6,6	88
	22 41	1,2	
20 S NL	4 44	6,95	92
	11 05	0,95	
	17 04	6,8	96
	23 21	1,0	
21 D	5 21	7,1	98
	11 42	0,85	
	17 38	6,9	99
	23 57	0,95	
22 L	5 54	7,1	99
	12 15	0,9	
	18 09	6,9	97
23 M	0 31	1,0	
	6 25	7,0	95
	12 46	1,1	
	18 38	6,75	92
24 M	1 03	1,2	
	6 55	6,75	87
	13 16	1,35	
	19 06	6,55	83
25 J	1 33	1,5	
	7 24	6,45	77
	13 46	1,7	
	19 34	6,25	71
26 V	2 04	1,9	
	7 54	6,05	65
	14 16	2,1	
	20 04	5,85	58
27 S	2 38	2,3	
	8 26	5,6	51
	14 51	2,55	
	20 39	5,45	45
28 D	4 18	2,7	
	10 08	5,15	38
	16 36	2,95	
	22 28	5,05	32
29 L PQ	5 15	3,05	
	11 16	4,75	26
	17 42	3,25	
	23 53	4,8	23
30 M	6 39	3,2	
	13 04	4,65	23
	19 18	3,25	
31 M	1 48	4,9	27
	8 23	3,0	
	14 42	4,95	33
	20 51	2,95	

Prédictions de marée calculées par le SHOM (heure légale)

Avis aux lecteurs

Les heures moyennes des marées sont exprimées en **HEURE LÉGALE**.
Elles sont exactes pour toute l'année (heure d'hiver et heure d'été) et ne doivent donc pas être corrigées.

BREST	48° 23' N 04° 30' W	Niveau moyen : 4,02 m	Marnages V.E. moyenne : 5,90 m M.E. moyenne : 2,80 m

AVRIL 2004

Jour	h m	haut. m	Coef
1 J	3 04 9 30 15 38 21 47	5,3 2,55 5,45 2,45	40 48
2 V	3 54 10 17 16 20 22 31	5,75 2,05 5,95 1,95	56 64
3 S	4 36 10 57 16 59 23 11	6,25 1,55 6,4 1,45	72 79
4 D	5 15 11 36 17 36 23 50	6,7 1,1 6,8 1,05	86 92
5 L *PL*	5 52 12 14 18 12	7,05 0,8 7,1	98 102
6 M	0 28 6 29 12 52 18 48	0,8 7,3 0,65 7,25	105 106
7 M	1 07 7 07 13 30 19 25	0,65 7,35 0,65 7,25	107 105
8 J	1 49 7 45 14 09 20 04	0,7 7,2 0,9 7,05	103 98
9 V	2 31 8 27 14 51 20 46	0,95 6,85 1,25 6,7	93 86
10 S	3 16 9 12 15 38 21 35	1,35 6,35 1,75 6,2	78 70
11 D	4 09 10 07 16 34 22 36	1,85 5,8 2,3 5,75	61 53
12 L *DQ*	5 13 11 21 17 46	2,3 5,3 2,7	47
13 M	0 00 6 36 12 59 19 17	5,4 2,55 5,15 2,75	42 41
14 M	1 42 8 08 14 31 20 44	5,45 2,4 5,4 2,45	44 48
15 J	2 58 9 21 15 34 21 47	5,8 2,05 5,8 2,05	55 61
16 V	3 54 10 15 16 21 22 35	6,2 1,65 6,2 1,6	68 74
17 S	4 39 11 00 17 01 23 18	6,55 1,35 6,5 1,35	79 83
18 D	5 18 11 39 17 37 23 55	6,75 1,2 6,65 1,2	87 89
19 L *NL*	5 53 12 13 18 09	6,85 1,15 6,75	91 91
20 M	0 30 6 25 12 45 18 39	1,15 6,85 1,2 6,75	91 90
21 M	1 02 6 55 13 15 19 08	1,25 6,75 1,3 6,65	88 85
22 J	1 34 7 26 13 45 19 36	1,4 6,55 1,55 6,45	82 78
23 V	2 04 7 56 14 15 20 06	1,6 6,3 1,8 6,2	74 69
24 S	2 36 8 27 14 46 20 37	1,9 5,95 2,15 5,9	64 58
25 D	3 11 9 01 15 22 21 13	2,25 5,55 2,5 5,55	52 47
26 L	3 52 9 44 16 07 22 03	2,6 5,2 2,85 5,2	41 36
27 M *PQ*	4 46 10 48 17 08 23 17	2,85 4,9 3,1 4,95	31 28
28 M	5 59 12 19 18 30	3,0 4,8 3,1	28
29 J	0 50 7 27 13 48 19 56	5,0 2,9 5,0 2,9	30 35
30 V	2 12 8 39 14 50 21 00	5,3 2,5 5,45 2,45	41 48

MAI 2004

Jour	h m	haut. m	Coef
1 S	3 09 9 33 15 38 21 50	5,75 2,05 5,9 1,95	55 63
2 D	3 56 10 18 16 21 22 35	6,2 1,55 6,4 1,5	71 78
3 L	4 40 11 01 17 02 23 18	6,65 1,15 6,8 1,1	85 91
4 M *PL*	5 22 11 43 17 43	7,0 0,85 7,05	96 101
5 M	0 01 6 03 12 25 18 23	0,8 7,2 0,75 7,2	103 105
6 J	0 44 6 46 13 08 19 05	0,65 7,2 0,75 7,2	105 103
7 V	1 31 7 30 13 52 19 49	0,75 7,05 1,0 7,0	100 96
8 S	2 18 8 16 14 39 20 37	0,95 6,7 1,35 6,7	90 84
9 D	3 09 9 08 15 31 21 32	1,35 6,25 1,8 6,25	77 69
10 L	4 05 10 08 16 30 22 36	1,75 5,75 2,2 5,85	63 56
11 M *DQ*	5 10 11 20 17 40 23 52	2,1 5,4 2,5 5,65	51 48
12 M	6 25 12 42 18 58	2,3 5,3 2,55	47
13 J	1 14 7 41 13 58 20 13	5,6 2,25 5,45 2,4	48 51
14 V	2 25 8 48 14 59 21 14	5,8 2,05 5,7 2,1	55 59
15 S	3 21 9 43 15 48 22 04	6,0 1,85 6,0 1,85	63 67
16 D	4 07 10 28 16 30 22 48	6,2 1,65 6,2 1,65	70 73
17 L	4 47 11 08 17 06 23 27	6,35 1,55 6,35 1,55	76 78
18 M	5 24 11 43 17 40	6,4 1,55 6,45	79 79
19 M *NL*	0 02 5 57 12 16 18 11	1,5 6,45 1,55 6,45	79 79
20 J	0 36 6 30 12 48 18 42	1,5 6,4 1,6 6,45	78 76
21 V	1 09 7 02 13 20 19 14	1,6 6,25 1,75 6,35	74 72
22 S	1 43 7 35 13 52 19 46	1,75 6,1 1,95 6,15	69 66
23 D	2 17 8 09 14 26 20 21	1,95 5,85 2,15 5,95	63 59
24 L	2 53 8 46 15 04 21 00	2,15 5,6 2,35 5,7	55 51
25 M	3 35 9 31 15 48 21 48	2,35 5,35 2,6 5,45	47 44
26 M	4 24 10 27 16 43 22 48	2,55 5,15 2,75 5,3	41 39
27 J *PQ*	5 24 11 36 17 48 23 59	2,65 5,05 2,8 5,25	38 38
28 V	6 34 12 49 19 00	2,6 5,15 2,7	41
29 S	1 13 7 43 13 55 20 07	5,4 2,4 5,45 2,4	44 49
30 D	2 17 8 44 14 51 21 04	5,7 2,05 5,85 2,0	55 61
31 L	3 13 9 37 15 42 21 57	6,1 1,7 6,25 1,6	67 74

JUIN 2004

Jour	h m	haut. m	Coef
1 M	4 04 10 27 16 30 22 47	6,45 1,35 6,6 1,25	80 85
2 M	4 54 11 15 17 17 23 36	6,75 1,1 6,9 0,95	90 94
3 J *PL*	5 42 12 03 18 04	6,9 0,95 7,05	97 98
4 V	0 26 6 31 12 51 18 52	0,8 6,95 0,95 7,1	99 98
5 S	1 19 7 21 13 40 19 41	0,8 6,85 1,1 7,0	96 93
6 D	2 10 8 12 14 31 20 33	0,95 6,6 1,35 6,75	90 85
7 L	3 03 9 05 15 24 21 27	1,2 6,25 1,65 6,45	80 74
8 M	3 58 10 01 16 20 22 25	1,55 5,95 1,95 6,15	69 64
9 M *DQ*	4 55 11 01 17 20 23 26	1,85 5,65 2,2 5,85	60 56
10 J	5 56 12 05 18 24	2,1 5,45 2,35	53
11 V	0 30 7 00 13 10 19 29	5,7 2,25 5,4 2,4	51 50
12 S	1 37 8 03 14 13 20 31	5,65 2,25 5,5 2,3	51 52
13 D	2 37 9 01 15 08 21 27	5,7 2,2 5,65 2,2	54 56
14 L	3 30 9 51 15 55 22 16	5,8 2,1 5,85 2,05	58 60
15 M	4 16 10 36 16 37 22 59	5,9 2,0 6,0 1,9	62 64
16 M	4 57 11 15 17 15 23 38	6,0 1,9 6,1 1,85	66 67
17 J *NL*	5 35 11 52 17 50	6,05 1,85 6,2	68 69
18 V	0 15 6 11 12 27 18 24	1,75 6,1 1,85 6,25	70 70
19 S	0 50 6 46 13 01 18 59	1,75 6,05 1,85 6,25	70 69
20 D	1 27 7 21 13 36 19 34	1,75 6,0 1,9 6,2	68 67
21 L	2 02 7 57 14 11 20 10	1,85 5,9 2,0 6,1	66 64
22 M	2 39 8 35 14 49 20 48	1,9 5,8 2,1 5,95	62 60
23 M	3 18 9 16 15 30 21 31	2,05 5,65 2,2 5,8	58 56
24 J	4 01 10 02 16 17 22 19	2,15 5,5 2,35 5,7	54 52
25 V *PQ*	4 50 10 55 17 10 23 14	2,25 5,4 2,45 5,6	50 49
26 S	5 47 11 55 18 10	2,35 5,4 2,45	49
27 D	0 17 6 50 13 00 19 16	5,55 2,3 5,5 2,35	49 51
28 L	1 26 7 56 14 05 20 21	5,65 2,15 5,7 2,15	53 57
29 M	2 32 8 59 15 06 21 24	5,9 1,95 6,0 1,85	61 66
30 M	3 35 9 58 16 04 22 23	6,15 1,65 6,35 1,5	71 76

Prédictions de marée calculées par le SHOM (heure légale)

Avis aux lecteurs

Les heures moyennes des marées sont exprimées en **HEURE LÉGALE**.
Elles sont exactes pour toute l'année (heure d'hiver et heure d'été) et ne doivent donc pas être corrigées.

BREST	48° 23' N 04° 30' W	Niveau moyen : 4,02 m	Marnages V.E. moyenne : 5,90 m M.E. moyenne : 2,80 m

JUILLET 2004

	h m	haut. m	Coef		h m	haut. m	Coef
1 J	4 34 10 54 16 59 23 20	6,4 1,4 6,65 1,2	80 85	16 V	5 19 11 33 17 34 23 58	5,8 2,05 6,05 1,85	62 64
2 V PL	5 30 11 48 17 52	6,65 1,2 6,9	89 92	17 S NL	5 57 12 10 18 10	5,95 1,9 6,2	67 69
3 S	0 14 6 23 12 40 18 44	0,95 6,75 1,1 7,05	94 95	18 D	0 35 6 32 12 45 18 45	1,75 6,1 1,8 6,35	71 73
4 D	1 08 7 14 13 31 19 34	0,8 6,75 1,1 7,05	96 95	19 L	1 11 7 07 13 20 19 20	1,65 6,15 1,7 6,4	74 75
5 L	2 01 8 03 14 20 20 23	0,85 6,65 1,2 6,95	93 91	20 M	1 46 7 42 13 55 19 54	1,55 6,2 1,7 6,4	75 75
6 M	2 51 8 51 15 09 21 11	1,0 6,45 1,4 6,7	87 83	21 M	2 21 8 17 14 31 20 30	1,55 6,15 1,7 6,35	74 73
7 M	3 39 9 38 15 58 21 59	1,3 6,15 1,65 6,4	78 72	22 J	2 57 8 53 15 08 21 07	1,65 6,1 1,8 6,25	71 69
8 J	4 27 10 26 16 48 22 48	1,65 5,85 1,95 6,05	67 61	23 V	3 35 9 32 15 49 21 48	1,75 5,95 1,95 6,05	67 64
9 V DQ	5 16 11 16 17 40 23 41	2,0 5,55 2,25 5,7	56 52	24 S	4 18 10 17 16 35 22 34	1,95 5,8 2,1 5,85	61 58
10 S	6 09 12 12 18 37	2,3 5,35 2,5	48	25 D PQ	5 07 11 09 17 29 23 31	2,15 5,6 2,3 5,65	55 53
11 D	0 39 7 08 13 15 19 41	5,45 2,5 5,25 2,6	45 43	26 L	6 06 12 13 18 34	2,3 5,5 2,4	51
12 L	1 46 8 11 14 22 20 46	5,3 2,6 5,3 2,6	42 43	27 M	0 40 7 15 13 27 19 48	5,55 2,35 5,55 2,35	50 50
13 M	2 52 9 13 15 22 21 46	5,35 2,55 5,45 2,45	44 47	28 M	2 04 8 30 14 42 21 03	5,6 2,25 5,75 2,1	52 56
14 M	3 49 10 07 16 13 22 36	5,45 2,4 5,65 2,25	49 52	29 J	3 21 9 41 15 51 22 12	5,8 2,0 6,15 1,7	61 67
15 J	4 37 10 53 16 56 23 20	5,65 2,2 5,85 2,05	56 59	30 V	4 27 10 44 16 51 23 12	6,15 1,65 6,55 1,3	73 79
				31 S PL	5 25 11 40 17 45	6,5 1,3 6,9	85 90

AOÛT 2004

	h m	haut. m	Coef		h m	haut. m	Coef
1 D	0 07 6 16 12 31 18 34	0,95 6,75 1,05 7,15	94 97	16 L NL	0 16 6 14 12 26 18 26	1,55 6,3 1,6 6,55	77 81
2 L	0 56 7 03 13 18 19 21	0,7 6,85 0,95 7,25	99 100	17 M	0 50 6 47 13 00 18 59	1,35 6,45 1,4 6,7	83 85
3 M	1 46 7 46 14 03 20 04	0,7 6,85 0,95 7,15	99 97	18 M	1 24 7 20 13 34 19 32	1,25 6,55 1,35 6,8	86 87
4 M	2 29 8 26 14 46 20 45	0,85 6,65 1,15 6,9	94 89	19 J	1 58 7 53 14 08 20 06	1,2 6,55 1,35 6,75	87 86
5 J	3 10 9 05 15 27 21 24	1,15 6,4 1,45 6,55	84 78	20 V	2 32 8 27 14 44 20 41	1,3 6,5 1,45 6,6	84 81
6 V	3 50 9 42 16 08 22 03	1,55 6,05 1,85 6,1	72 65	21 S	3 08 9 03 15 23 21 18	1,45 6,3 1,65 6,35	77 73
7 S DQ	4 30 10 22 16 52 22 46	2,0 5,7 2,25 5,65	58 51	22 D	3 48 9 44 16 07 22 02	1,75 6,05 1,95 6,0	68 63
8 D	5 15 11 10 17 43 23 40	2,45 5,35 2,65 5,25	45 39	23 L PQ	4 35 10 33 16 59 22 57	2,1 5,75 2,25 5,65	57 52
9 L	6 09 12 13 18 47	2,8 5,1 2,9	35	24 M	5 33 11 39 18 06	2,45 5,5 2,5	47
10 M	0 50 7 18 13 34 20 06	5,0 2,95 5,0 2,95	32 31	25 M	0 14 6 50 13 06 19 31	5,35 2,65 5,4 2,55	44 43
11 M	2 18 8 38 14 55 21 22	4,95 2,95 5,15 2,75	32 36	26 J	1 56 8 19 14 36 20 59	5,35 2,55 5,65 2,25	45 50
12 J	3 30 9 44 15 54 22 18	5,2 2,7 5,45 2,45	40 45	27 V	3 23 9 38 15 48 22 10	5,65 2,2 6,1 1,75	56 64
13 V	4 22 10 33 16 39 23 02	5,5 2,4 5,8 2,1	50 55	28 S	4 26 10 40 16 45 23 07	6,15 1,7 6,6 1,25	72 79
14 S	5 03 11 14 17 17 23 40	5,8 2,1 6,1 1,8	60 65	29 D	5 17 11 31 17 34 23 56	6,55 1,25 7,05 0,9	86 92
15 D	5 39 11 51 17 52	6,05 1,8 6,35	70 74	30 L PL	6 02 12 17 18 19	6,85 0,95 7,3	97 100
				31 M	0 40 6 43 13 00 19 00	0,7 7,0 0,85 7,35	102 103

SEPTEMBRE 2004

	h m	haut. m	Coef		h m	haut. m	Coef
1 M	1 23 7 20 13 39 19 37	0,7 7,0 0,9 7,25	102 100	16 J	0 56 6 53 13 09 19 06	1,0 6,9 1,05 7,1	96 97
2 J	2 01 7 54 14 16 20 12	0,85 6,85 1,1 7,0	96 91	17 V	1 31 7 26 13 44 19 40	1,0 6,95 1,05 7,05	96 94
3 V	2 36 8 27 14 52 20 45	1,2 6,55 1,4 6,6	86 79	18 S	2 06 8 00 14 20 20 16	1,1 6,85 1,2 6,8	92 88
4 S	3 09 8 58 15 27 21 18	1,6 6,2 1,85 6,15	73 65	19 D	2 43 8 37 15 00 20 54	1,35 6,6 1,5 6,45	83 77
5 D	3 44 9 31 16 06 21 54	2,1 5,8 2,3 5,65	58 50	20 L	3 24 9 19 15 46 21 40	1,75 6,2 1,9 6,0	70 63
6 L DQ	4 22 10 11 16 52 22 42	2,55 5,4 2,75 5,15	43 36	21 M PQ	4 12 10 11 16 42 22 40	2,2 5,8 2,3 5,5	55 48
7 M	5 12 11 10 17 54 23 56	2,95 5,0 3,1 4,8	30 25	22 M	5 15 11 25 17 56	2,65 5,45 2,65	42
8 M	6 24 12 44 19 24	3,25 4,8 3,2	23	23 J	0 10 6 43 13 06 19 31	5,15 2,85 5,35 2,65	39 39
9 J	1 47 8 02 14 28 20 59	4,75 3,2 5,0 2,95	25 29	24 V	2 06 8 21 14 37 21 00	5,3 2,65 5,7 2,25	43 50
10 V	3 11 9 20 15 32 21 56	5,05 2,9 5,35 2,55	35 41	25 S	3 23 9 35 15 42 22 04	5,75 2,15 6,25 1,7	58 66
11 S	4 00 10 09 16 15 22 37	5,45 2,45 5,8 2,1	48 55	26 D	4 16 10 29 16 32 22 54	6,25 1,65 6,75 1,25	74 81
12 D	4 39 10 49 16 52 23 14	5,9 2,05 6,2 1,75	62 68	27 L	5 01 11 16 17 17 23 37	6,65 1,25 7,1 0,9	88 93
13 L	5 14 11 25 17 27 23 49	6,25 1,7 6,55 1,4	74 80	28 M PL	5 41 11 58 17 57	6,9 1,0 7,25	97 99
14 M NL	5 48 12 00 18 00	6,55 1,4 6,8	84 89	29 M	0 17 6 17 12 36 18 33	0,8 7,05 0,9 7,25	100 100
15 M	0 23 6 21 12 35 18 33	1,15 6,8 1,15 7,0	92 94	30 J	0 54 6 50 13 11 19 07	0,85 7,0 1,0 7,15	99 96

Prédictions de marée calculées par le SHOM (heure légale)

Avis aux lecteurs

Les heures moyennes des marées sont exprimées en **HEURE LÉGALE.**
Elles sont exactes pour toute l'année (heure d'hiver et heure d'été) et ne doivent donc pas être corrigées.

BREST — 48° 23' N, 04° 30' W — Niveau moyen 4,02 m — Marnages : V.E. moyenne : 5,90 m ; M.E. moyenne : 2,80 m

OCTOBRE 2004

Jour	h m	haut. m	Coef	Jour	h m	haut. m	Coef
1 V	1 29	1,05		16 S	1 04	0,9	
	7 21	6,85	93		7 00	7,15	100
	13 45	1,2			13 21	0,95	
	19 38	6,9	88		19 17	7,1	98
2 S	2 00	1,35		17 D	1 43	1,1	
	7 50	6,6	83		7 38	7,0	94
	14 18	1,55			14 01	1,15	
	20 09	6,5	77		19 57	6,85	90
3 D	2 32	1,75		18 L	2 24	1,4	
	8 20	6,3	71		8 19	6,7	84
	14 51	1,95			14 46	1,45	
	20 40	6,1	64		20 40	6,45	77
4 L	3 04	2,2		19 M	3 09	1,85	
	8 51	5,9	57		9 06	6,3	69
	15 27	2,4			15 36	1,9	
	21 14	5,6	50		21 32	5,9	62
5 M	3 39	2,65		20 M PQ	4 03	2,35	
	9 27	5,5	43		10 05	5,85	54
	16 10	2,8			16 38	2,3	
	21 57	5,15	36		22 42	5,45	47
6 M DQ	4 25	3,05		21 J	5 13	2,75	
	10 19	5,05	30		11 27	5,5	42
	17 08	3,15			17 56	2,6	
	23 09	4,75	24				
7 J	5 35	3,35		22 V	0 17	5,2	41
	11 51	4,8	22		6 43	2,85	
	18 36	3,3			13 03	5,55	43
					19 28	2,5	
8 V	1 03	4,7	22	23 S	1 59	5,4	47
	7 15	3,35			8 11	2,55	
	13 43	4,95	26		14 23	5,85	53
	20 19	3,05			20 46	2,15	
9 S	2 35	5,0	33	24 D	3 05	5,85	60
	8 41	3,0			9 17	2,1	
	14 53	5,35	40		15 22	6,3	67
	21 19	2,65			21 44	1,7	
10 D	3 25	5,45	47	25 L	3 55	6,25	73
	9 33	2,55			10 09	1,7	
	15 39	5,8	54		16 10	6,65	79
	22 02	2,15			22 31	1,35	
11 L	4 05	5,95	62	26 M	4 37	6,6	84
	10 15	2,05			10 53	1,4	
	16 17	6,25	69		16 53	6,9	87
	22 39	1,7			23 13	1,2	
12 M	4 41	6,35	76	27 M	5 15	6,8	90
	10 53	1,65			11 33	1,2	
	16 54	6,65	82		17 31	7,0	92
	23 16	1,35			23 50	1,1	
13 M	5 16	6,7	88	28 J PL	5 49	6,9	92
	11 30	1,3			12 10	1,2	
	17 30	6,95	92		18 05	7,0	92
	23 51	1,05					
14 J NL	5 50	7,0	96	29 V	0 25	1,2	
	12 06	1,05			6 21	6,85	91
	18 05	7,15	99		12 44	1,25	
					18 38	6,85	88
15 V	0 27	0,9		30 S	0 58	1,35	
	6 25	7,15	100		6 51	6,75	86
	12 43	0,95			13 17	1,45	
	18 40	7,2	101		19 09	6,65	82
				31 D	1 30	1,6	
					6 22	6,55	78
					12 50	1,7	
					18 41	6,35	73

NOVEMBRE 2004

Jour	h m	haut. m	Coef	Jour	h m	haut. m	Coef
1 L	1 01	1,9		16 M	1 13	1,45	
	6 52	6,3	68		7 11	6,8	84
	13 24	2,0			13 39	1,35	
	19 13	6,0	63		19 37	6,4	78
2 M	1 34	2,25		17 M	2 03	1,8	
	7 25	5,95	57		8 04	6,45	72
	13 59	2,35			14 33	1,75	
	19 48	5,6	51		20 34	5,95	65
3 M	2 10	2,6		18 J	3 01	2,2	
	8 01	5,6	46		9 07	6,05	59
	14 41	2,7			15 36	2,1	
	20 31	5,2	40		21 43	5,6	54
4 J	2 55	2,95		19 V PQ	4 09	2,5	
	8 50	5,25	34		10 20	5,8	50
	15 33	3,0			16 47	2,3	
	21 34	4,9	30		23 02	5,4	49
5 V DQ	3 55	3,2		20 S	5 26	2,6	
	10 04	5,0	27		11 38	5,75	49
	16 45	3,15			18 03	2,35	
	23 04	4,8	26				
6 S	5 16	3,25		21 D	0 26	5,5	51
	11 37	5,0	28		6 41	2,45	
	18 13	3,05			12 50	5,9	54
					19 14	2,15	
7 D	0 35	5,0	32	22 L	1 31	5,75	58
	6 41	3,05			7 46	2,2	
	12 54	5,3	38		13 51	6,1	62
	19 24	2,7			20 12	1,95	
8 L	1 35	5,4	45	23 M	2 24	6,05	66
	7 43	2,65			8 40	1,95	
	13 50	5,7	51		14 41	6,3	70
	20 15	2,25			21 02	1,75	
9 M	2 21	5,85	59	24 M	3 08	6,3	73
	8 32	2,2			9 27	1,75	
	14 36	6,15	65		15 26	6,45	75
	20 58	1,85			21 45	1,6	
10 M	3 03	6,3	72	25 J	3 47	6,45	77
	9 15	1,75			10 08	1,6	
	15 17	6,55	79		16 05	6,55	79
	21 39	1,45			22 24	1,55	
11 J	3 42	6,7	85	26 V PL	4 23	6,55	80
	9 57	1,4			10 46	1,55	
	15 58	6,85	90		16 41	6,55	80
	22 19	1,2			22 59	1,6	
12 V NL	4 20	6,95	94	27 S	4 57	6,6	79
	10 38	1,1			11 22	1,6	
	16 38	7,05	97		17 16	6,5	78
	22 59	1,0			23 33	1,65	
13 S	5 00	7,15	99	28 D	5 29	6,55	77
	11 20	0,95			11 56	1,65	
	17 19	7,15	99		17 49	6,4	75
	23 40	1,0					
14 D	5 40	7,2	99	29 L	0 07	1,8	
	12 03	0,95			6 02	6,45	73
	18 01	7,05	97		12 30	1,8	
					18 23	6,2	70
15 L	0 26	1,15		30 M	0 40	2,0	
	6 24	7,05	94		6 35	6,3	67
	12 49	1,1			13 05	2,0	
	18 47	6,8	90		18 57	5,95	63

DÉCEMBRE 2004

Jour	h m	haut. m	Coef	Jour	h m	haut. m	Coef
1 M	1 14	2,2		16 J	1 58	1,55	
	7 10	6,05	60		8 01	6,75	81
	13 41	2,2			14 27	1,4	
	19 34	5,7	56		20 29	6,25	76
2 J	1 51	2,4		17 V	2 52	1,85	
	7 47	5,8	52		8 57	6,45	71
	14 20	2,45			15 22	1,7	
	20 15	5,45	48		21 26	5,9	66
3 V	2 33	2,65		18 S PQ	3 50	2,1	
	8 31	5,6	45		9 55	6,1	61
	15 05	2,65			16 21	2,0	
	21 04	5,25	41		22 27	5,65	57
4 S	3 22	2,85		19 D	4 52	2,35	
	9 25	5,4	39		10 58	5,85	54
	15 59	2,8			17 23	2,25	
	22 07	5,1	37		23 32	5,5	51
5 D DQ	4 23	2,95		20 L	5 57	2,45	
	10 31	5,3	36		12 03	5,75	50
	17 04	2,85			18 28	2,35	
	23 19	5,1	37				
6 L	5 32	2,9		21 M	0 43	5,5	50
	11 43	5,35	39		7 03	2,45	
	18 14	2,7			13 08	5,7	51
					19 31	2,35	
7 M	0 30	5,35	43	22 M	1 44	5,65	53
	6 41	2,7			8 05	2,35	
	12 49	5,55	47		14 07	5,8	55
	19 17	2,45			20 28	2,25	
8 M	1 29	5,7	53	23 J	2 37	5,8	57
	7 41	2,35			8 59	2,2	
	13 47	5,9	58		14 59	5,9	60
	20 12	2,1			21 18	2,15	
9 J	2 20	6,05	64	24 V	3 23	6,0	62
	8 35	2,0			9 46	2,05	
	14 39	6,25	70		15 44	6,0	65
	21 02	1,75			22 01	2,0	
10 V	3 08	6,45	76	25 S	4 04	6,2	66
	9 25	1,6			10 28	1,9	
	15 28	6,55	81		16 24	6,1	68
	21 49	1,45			22 40	1,95	
11 S	3 55	6,8	86	26 D PL	4 41	6,3	69
	10 14	1,25			11 06	1,8	
	16 16	6,8	90		17 01	6,2	70
	22 37	1,25			23 16	1,85	
12 D NL	4 41	7,0	93	27 L	5 16	6,35	71
	11 03	1,05			11 42	1,75	
	17 05	6,95	95		17 36	6,2	71
	23 24	1,15			23 51	1,85	
13 L	5 29	7,15	96	28 M	5 50	6,4	71
	11 52	0,95			12 16	1,75	
	17 53	6,95	96		18 11	6,15	71
14 M	0 16	1,15		29 M	0 26	1,9	
	6 18	7,1	95		6 24	6,35	70
	12 42	0,95			12 51	1,8	
	18 43	6,8	93		18 45	6,1	69
15 M	1 06	1,3		30 J	1 00	1,95	
	7 08	7,0	89		6 58	6,3	68
	13 34	1,1			13 25	1,9	
	19 35	6,55	86		19 19	6,0	66
				31 V	1 35	2,05	
					7 33	6,15	64
					14 00	2,0	
					19 55	5,85	62

Prédictions de marée calculées par le SHOM (heure légale)

Avis aux lecteurs

Les heures moyennes des marées sont exprimées en **HEURE LÉGALE**.
Elles sont exactes pour toute l'année (heure d'hiver et heure d'été) et ne doivent donc pas être corrigées.

PORT-TUDY	47° 39' N 03° 27' W	Niveau moyen : 3,11 m	Marnages V.E. moyenne : 4,25 m M.E. moyenne : 2,00 m

JANVIER 2004

	h m	haut. m	Coef		h m	haut. m	Coef
1 J	5 58 12 06 18 25	2,15 4,1 2,15	 41 	16 V	4 48 11 01 17 25 23 53	1,85 4,3 1,85 4,2	 52 52
2 V	0 56 7 01 13 11 19 26	4,0 2,15 4,1 2,1	41 43 	17 S	5 57 12 24 18 36	1,85 4,3 1,8	 53
3 S	1 51 7 59 14 06 20 18	4,15 2,05 4,2 2,0	45 48 	18 D	1 10 7 08 13 42 19 44	4,35 1,75 4,4 1,65	55 59
4 D	2 35 8 48 14 52 21 02	4,3 1,95 4,3 1,85	51 54 	19 L	2 15 8 16 14 48 20 46	4,55 1,5 4,6 1,45	64 69
5 L	3 14 9 31 15 33 21 41	4,45 1,8 4,4 1,75	57 61 	20 M	3 13 9 18 15 45 21 43	4,85 1,25 4,8 1,25	75 80
6 M	3 50 10 10 16 09 22 18	4,6 1,65 4,55 1,6	64 66 	21 M NL	4 05 10 14 16 35 22 34	5,1 1,0 4,95 1,05	85 90
7 M PL	4 24 10 48 16 45 22 54	4,7 1,5 4,65 1,5	69 71 	22 J	4 54 11 04 17 21 23 22	5,3 0,8 5,05 0,9	93 96
8 J	4 58 11 24 17 19 23 30	4,8 1,4 4,7 1,45	73 74 	23 V	5 39 11 51 18 03	5,35 0,75 5,05	97 97
9 V	5 32 11 59 17 53	4,85 1,35 4,7	75 76	24 S	0 09 6 20 12 36 18 40	0,9 5,35 0,8 4,95	 96 94
10 S	0 06 6 07 12 35 18 29	1,4 4,9 1,35 4,65	 76 76	25 D	0 55 6 58 13 19 19 14	1,0 5,2 0,95 4,75	 91 87
11 D	0 44 6 43 13 12 19 06	1,45 4,85 1,35 4,6	 75 74	26 L	1 38 7 35 14 00 19 47	1,2 5,0 1,2 4,55	 82 77
12 L	1 23 7 22 13 51 19 46	1,5 4,8 1,45 4,5	 72 70	27 M	2 21 8 12 14 42 20 22	1,45 4,75 1,5 4,35	 70 64
13 M	2 05 8 04 14 34 20 32	1,55 4,7 1,55 4,4	 67 64	28 M	3 06 8 51 15 27 21 05	1,7 4,45 1,8 4,1	 58 52
14 M	2 52 8 52 15 22 21 27	1,65 4,55 1,65 4,25	 62 59	29 J PQ	3 56 9 40 16 17 22 04	2,0 4,15 2,1 3,9	 46 40
15 J DQ	3 45 9 50 16 19 22 34	1,8 4,4 1,8 4,15	 56 54	30 V	4 54 10 46 17 17 23 37	2,25 3,9 2,3 3,75	 36 33
				31 S	6 04 12 15 18 30	2,35 3,8 2,35	 31

FÉVRIER 2004

	h m	haut. m	Coef		h m	haut. m	Coef
1 D	1 09 7 19 13 36 19 42	3,85 2,35 3,85 2,3	32 34 	16 L	0 55 6 56 13 42 19 35	4,15 1,9 4,15 1,9	46 49
2 L	2 12 8 23 14 35 20 38	4,0 2,15 4,05 2,1	38 43 	17 M	2 13 8 14 14 52 20 44	4,4 1,65 4,4 1,65	55 61
3 M	2 58 9 12 15 20 21 23	4,25 1,95 4,25 1,85	48 53 	18 M	3 13 9 17 15 45 21 39	4,75 1,35 4,65 1,3	69 76
4 M	3 37 9 54 15 57 22 02	4,45 1,7 4,45 1,65	58 63 	19 J	4 02 10 08 16 29 22 26	5,05 1,0 4,9 1,05	83 88
5 J	4 12 10 31 16 32 22 38	4,65 1,45 4,65 1,4	68 73 	20 V NL	4 44 10 53 17 07 23 09	5,25 0,8 5,05 0,85	93 97
6 V PL	4 45 11 06 17 05 23 13	4,85 1,25 4,8 1,25	77 81 	21 S	5 22 11 34 17 41 23 49	5,4 0,7 5,1 0,8	99 100
7 S	5 19 11 41 17 38 23 48	5,0 1,1 4,9 1,1	84 87 	22 D	5 56 12 13 18 10	5,4 0,75 5,05	100 99
8 D	5 52 12 15 18 11	5,1 1,0 4,95	88 89	23 L	0 30 6 28 12 50 18 38	0,85 5,25 0,9 4,9	 96 92
9 L	0 25 6 26 12 51 18 45	1,05 5,15 1,0 4,95	 90 89	24 M	1 07 6 58 13 26 19 06	1,0 5,1 1,1 4,75	 88 82
10 M	1 02 7 02 13 27 19 21	1,05 5,1 1,05 4,85	 88 85	25 M	1 44 7 30 14 01 19 36	1,25 4,8 1,4 4,5	 76 70
11 M	1 42 7 39 14 07 20 00	1,15 4,95 1,2 4,65	 82 78	26 J	2 22 8 03 14 38 20 10	1,6 4,5 1,75 4,25	 63 57
12 J	2 25 8 21 14 52 20 47	1,3 4,75 1,45 4,45	 73 68	27 V	3 03 8 42 15 19 20 52	1,9 4,15 2,05 4,0	 49 43
13 V DQ	3 15 9 12 15 45 21 48	1,55 4,45 1,7 4,2	 62 57	28 S PQ	3 52 9 34 16 10 22 00	2,2 3,85 2,35 3,75	 36 30
14 S	4 16 10 23 16 51 23 16	1,8 4,2 1,95 4,1	 51 47	29 D	4 59 11 10 17 25	2,45 3,6 2,55	 26
15 D	5 30 12 05 18 11	1,95 4,05 2,05	 45 				

MARS 2004

	h m	haut. m	Coef		h m	haut. m	Coef
1 L	0 10 6 33 13 05 19 00	3,65 2,5 3,65 2,5	24 25 	16 M	0 54 6 55 13 50 19 32	4,1 1,95 4,1 2,0	41 46
2 M	1 43 7 55 14 16 20 11	3,85 2,3 3,85 2,25	30 36 	17 M	2 11 8 12 14 50 20 38	4,4 1,7 4,35 1,65	53 60
3 M	2 37 8 49 15 01 20 59	4,1 2,0 4,15 1,95	42 49 	18 J	3 05 9 08 15 35 21 27	4,7 1,35 4,65 1,3	68 75
4 J	3 16 9 30 15 37 21 38	4,4 1,65 4,45 1,6	56 64 	19 V	3 47 9 54 16 11 22 10	5,0 1,05 4,85 1,05	82 88
5 V	3 50 10 06 16 10 22 14	4,7 1,35 4,7 1,3	70 77 	20 S NL	4 24 10 33 16 43 22 49	5,2 0,85 5,0 0,85	92 96
6 S	4 23 10 40 16 42 22 49	4,95 1,05 4,95 1,05	83 88 	21 D	4 56 11 10 17 11 23 26	5,3 0,8 5,05 0,8	98 99
7 D PL	4 56 11 14 17 14 23 24	5,2 0,85 5,1 0,85	93 97 	22 L	5 26 11 45 17 38	5,3 0,8 5,05	99 97
8 L	5 30 11 49 17 47	5,3 0,75 5,2	99 101	23 M	0 01 5 55 12 18 18 04	0,85 5,2 0,95 5,0	 95 92
9 M	0 00 6 03 12 25 18 21	0,75 5,35 0,7 5,2	 101 101	24 M	0 36 6 24 12 50 18 31	1,05 5,05 1,15 4,85	 87 83
10 M	0 39 6 38 13 02 18 56	0,75 5,3 0,8 5,05	 99 95	25 J	1 10 6 54 13 22 19 00	1,25 4,8 1,4 4,6	 77 71
11 J	1 19 7 15 13 43 19 34	0,9 5,1 1,05 4,85	 91 85	26 V	1 44 7 25 13 56 19 31	1,55 4,5 1,7 4,35	 65 58
12 V	2 03 7 57 14 28 20 19	1,15 4,8 1,4 4,55	 79 71	27 S	2 22 8 00 14 34 20 08	1,85 4,15 2,05 4,1	 51 45
13 S DQ	2 54 8 48 15 22 21 21	1,45 4,4 1,75 4,25	 63 55	28 D	4 06 9 46 16 21 22 03	2,15 3,85 2,35 3,8	 38 32
14 D	3 57 10 08 16 31 23 01	1,8 4,05 2,1 4,05	 48 42	29 L PQ	5 05 11 14 17 29 23 56	2,4 3,6 2,55 3,65	 26 23
15 L	5 19 12 12 18 02	2,05 3,9 2,2	 40 	30 M	6 40 13 23 19 10	2,5 3,6 2,55	 23
				31 M	1 55 8 15 14 42 20 31	3,75 2,3 3,85 2,3	27 33

Prédictions de marée calculées par le SHOM (heure légale)

Avis aux lecteurs

Les heures moyennes des marées sont exprimées en **HEURE LÉGALE**.
Elles sont exactes pour toute l'année (heure d'hiver et heure d'été) et ne doivent donc pas être corrigées.

PORT-TUDY	47° 39' N 03° 27' W	Niveau moyen : 3,11 m	Marnages V.E. moyenne : 4,25 m M.E. moyenne : 2,00 m

AVRIL 2004

	h m	haut. m	Coef		h m	haut. m	Coef
1 J	2 59 9 13 15 28 21 23	4,05 2,0 4,15 1,95	40 48	16 V	3 42 9 48 16 11 22 06	4,7 1,4 4,6 1,35	68 74
2 V	3 42 9 55 16 05 22 04	4,35 1,6 4,45 1,6	56 64	17 S	4 22 10 30 16 43 22 47	4,9 1,15 4,75 1,15	79 83
3 S	4 19 10 32 16 38 22 41	4,7 1,25 4,75 1,2	72 79	18 D	4 56 11 08 17 12 23 25	5,0 1,05 4,9 1,05	87 89
4 D	4 54 11 07 17 12 23 18	5,0 0,95 5,05 0,9	86 92	19 L NL	5 27 11 43 17 40	5,1 1,0 4,95	91 91
5 L PL	5 28 11 43 17 46 23 55	5,25 0,7 5,25 0,7	98 102	20 M	0 00 5 57 12 15 18 07	1,0 5,1 1,05 4,95	 91 90
6 M	6 04 12 20 18 21	5,4 0,6 5,35	105 106	21 M	0 34 6 26 12 46 18 34	1,05 5,0 1,15 4,9	 88 85
7 M	0 34 6 40 12 58 18 57	0,6 5,45 0,6 5,3	 107 105	22 J	1 08 6 56 13 18 19 03	1,2 4,85 1,3 4,8	 82 78
8 J	1 17 7 18 13 39 19 35	0,6 5,3 0,75 5,2	 103 98	23 V	1 41 7 27 13 50 19 33	1,35 4,65 1,5 4,6	 74 69
9 V	2 01 7 58 14 23 20 17	0,8 5,05 1,05 4,95	 93 86	24 S	2 16 7 58 14 24 20 05	1,55 4,4 1,75 4,4	 64 58
10 S	2 49 8 43 15 11 21 08	1,1 4,7 1,45 4,6	 78 70	25 D	2 53 8 34 15 02 20 44	1,8 4,15 2,0 4,2	 52 47
11 D	3 43 9 43 16 09 22 19	1,45 4,25 1,85 4,3	 61 53	26 L	3 36 9 22 15 49 21 39	2,05 3,85 2,25 3,95	 41 36
12 L DQ	4 50 11 18 17 24	1,8 3,95 2,15	 47	27 M PQ	4 32 10 40 16 52 23 07	2,25 3,65 2,45 3,8	 31 28
13 M	0 00 6 17 13 19 18 57	4,1 2,0 3,9 2,2	42 41	28 M	5 50 12 25 18 19	2,35 3,65 2,45	 28
14 M	1 43 7 48 14 40 20 19	4,2 1,9 4,1 1,95	44 48	29 J	0 47 7 20 13 49 19 39	3,8 2,25 3,85 2,25	30 35
15 J	2 53 8 56 15 32 21 18	4,45 1,65 4,35 1,65	55 61	30 V	2 04 8 23 14 42 20 36	4,05 1,95 4,15 1,95	41 48

MAI 2004

	h m	haut. m	Coef		h m	haut. m	Coef
1 S	2 56 9 11 15 24 21 22	4,35 1,6 4,45 1,6	55 63	16 D	3 49 10 01 16 11 22 20	4,65 1,4 4,6 1,4	70 73
2 D	3 39 9 52 16 02 22 04	4,65 1,25 4,75 1,25	71 78	17 L	4 26 10 40 16 42 23 00	4,75 1,3 4,7 1,3	76 78
3 L	4 20 10 32 16 39 22 45	4,95 0,95 5,05 0,95	85 91	18 M	5 00 11 15 17 12 23 36	4,8 1,3 4,8 1,25	79 79
4 M PL	4 59 11 11 17 17 23 27	5,2 0,75 5,25 0,7	96 101	19 M NL	5 32 11 48 17 42	4,8 1,3 4,8	79 79
5 M	5 39 11 52 17 56	5,35 0,65 5,35	103 105	20 J	0 11 6 04 12 20 18 12	1,3 4,75 1,35 4,75	 78 76
6 J	0 11 6 21 12 35 18 38	0,6 5,35 0,7 5,3	 105 103	21 V	0 45 6 36 12 52 18 43	1,35 4,65 1,45 4,7	 74 72
7 V	0 57 7 04 13 20 19 22	0,65 5,2 0,85 5,15	 100 96	22 S	1 20 7 09 13 26 19 16	1,45 4,5 1,6 4,6	 69 66
8 S	1 48 7 51 14 09 20 12	0,8 4,9 1,15 4,95	 90 84	23 D	1 56 7 44 14 02 19 52	1,6 4,35 1,75 4,45	 63 59
9 D	2 41 8 44 15 02 21 11	1,1 4,55 1,5 4,65	 77 69	24 L	2 35 8 23 14 42 20 34	1,75 4,15 1,9 4,25	 55 51
10 L	3 39 9 51 16 03 22 24	1,4 4,2 1,8 4,4	 63 56	25 M	3 17 9 10 15 28 21 27	1,9 4,0 2,05 4,1	 47 44
11 M DQ	4 46 11 19 17 16 23 48	1,7 4,0 2,0 4,25	 51 48	26 M	4 07 10 13 16 24 22 33	2,05 3,85 2,2 4,0	 41 39
12 M	6 03 12 56 18 37	1,85 4,0 2,05	 47	27 J PQ	5 09 11 28 17 32 23 46	2,1 3,8 2,2 4,0	 38 38
13 J	1 12 7 21 14 07 19 49	4,3 1,8 4,1 1,9	48 51	28 V	6 21 12 45 18 42	2,05 3,9 2,1	 41
14 V	2 17 8 25 14 58 20 48	4,4 1,7 4,3 1,7	55 59	29 S	0 59 7 27 13 48 19 43	4,1 1,9 4,15 1,9	44 49
15 S	3 08 9 17 15 37 21 37	4,5 1,5 4,45 1,5	63 67	30 D	2 03 8 22 14 40 20 37	4,3 1,65 4,4 1,6	55 61
				31 L	2 57 9 11 15 26 21 26	4,55 1,35 4,65 1,3	67 74

JUIN 2004

	h m	haut. m	Coef		h m	haut. m	Coef
1 M	3 47 9 58 16 09 22 14	4,8 1,1 4,95 1,05	80 85	16 M	4 38 10 51 16 51 23 16	4,45 1,55 4,55 1,5	66 67
2 M	4 34 10 44 16 54 23 04	5,0 0,9 5,1 0,85	90 94	17 J NL	5 15 11 27 17 25 23 53	4,5 1,5 4,6 1,5	68 69
3 J PL	5 22 11 31 17 39 23 54	5,1 0,8 5,25 0,7	97 98	18 V	5 50 12 01 17 58	4,5 1,5 4,65	70 70
4 V	6 10 12 19 18 27	5,1 0,8 5,25	99 98	19 S	0 29 6 25 12 35 18 32	1,45 4,5 1,5 4,65	 70 69
5 S	0 45 7 00 13 08 19 18	0,7 5,0 0,95 5,15	 96 93	20 D	1 05 7 00 13 10 19 06	1,45 4,45 1,55 4,6	 68 67
6 D	1 41 7 52 14 00 20 13	0,8 4,8 1,15 5,0	 90 85	21 L	1 42 7 35 13 47 19 43	1,5 4,4 1,6 4,55	 66 64
7 L	2 35 8 46 14 54 21 10	1,0 4,55 1,35 4,8	 80 74	22 M	2 20 8 12 14 25 20 23	1,55 4,3 1,7 4,45	 62 60
8 M	3 31 9 45 15 52 22 11	1,25 4,3 1,6 4,6	 69 64	23 M	2 59 8 53 15 08 21 08	1,65 4,2 1,8 4,35	 58 56
9 M DQ	4 30 10 51 16 56 23 16	1,5 4,1 1,8 4,4	 60 56	24 J	3 42 9 41 15 55 21 59	1,7 4,1 1,85 4,25	 54 52
10 J	5 34 12 04 18 03	1,7 4,0 1,9	 53	25 V PQ	4 32 10 38 16 50 22 57	1,8 4,05 1,9 4,2	 50 49
11 V	0 23 6 40 13 14 19 09	4,3 1,8 4,0 1,9	51 50	26 S	5 29 11 44 17 50	1,85 4,0 1,9	 49
12 S	1 27 7 43 14 12 20 10	4,25 1,8 4,1 1,85	51 52	27 D	0 03 6 31 12 53 18 54	4,2 1,8 4,1 1,85	49 51
13 D	2 25 8 40 14 59 21 04	4,25 1,75 4,25 1,75	54 56	28 L	1 13 7 35 13 58 19 56	4,25 1,7 4,3 1,65	53 57
14 L	3 14 9 29 15 40 21 53	4,3 1,7 4,35 1,65	58 60	29 M	2 20 8 35 14 55 20 55	4,4 1,5 4,5 1,45	61 66
15 M	3 58 10 12 16 17 22 36	4,4 1,6 4,45 1,6	62 64	30 M	3 23 9 31 15 48 21 53	4,55 1,3 4,75 1,2	71 76

Prédictions de marée calculées par le SHOM (heure légale)

Marées

Avis aux lecteurs

Les heures moyennes des marées sont exprimées en **HEURE LÉGALE**.
Elles sont exactes pour toute l'année (heure d'hiver et heure d'été) et ne doivent donc pas être corrigées.

PORT-TUDY	47° 39' N 03° 27' W	Niveau moyen : 3,11 m	Marnages V.E. moyenne : 4,25 m M.E. moyenne : 2,00 m

JUILLET 2004

Jour	h m	haut. m	Coef	Jour	h m	haut. m	Coef
1 J	4 20 10 25 16 40 22 49	4,75 1,15 4,95 0,95	80 85	16 V	5 04 11 10 17 13 23 38	4,3 1,65 4,55 1,5	62 64
2 V PL	5 15 11 18 17 32 23 44	4,9 1,0 5,15 0,8	89 92	17 S NL	5 40 11 46 17 47	4,45 1,55 4,65	67 69
3 S	6 08 12 09 18 23	4,95 0,9 5,25	94 95	18 D	0 15 6 14 12 21 18 20	1,4 4,5 1,45 4,7	71 73
4 D	0 37 6 58 12 59 19 14	0,7 4,95 0,9 5,25	96 95	19 L	0 50 6 47 12 55 18 54	1,35 4,55 1,4 4,75	74 75
5 L	1 32 7 46 13 49 20 04	0,7 4,85 1,0 5,15	93 91	20 M	1 25 7 19 13 30 19 28	1,3 4,55 1,35 4,75	75 75
6 M	2 22 8 31 14 39 20 52	0,85 4,7 1,15 4,95	87 83	21 M	2 00 7 53 14 05 20 03	1,3 4,55 1,4 4,7	74 73
7 M	3 12 9 16 15 30 21 39	1,05 4,45 1,35 4,75	78 72	22 J	2 36 8 28 14 43 20 41	1,35 4,45 1,45 4,6	71 69
8 J	4 01 10 01 16 23 22 29	1,3 4,25 1,55 4,5	67 61	23 V	3 14 9 08 15 25 21 24	1,4 4,35 1,55 4,5	67 64
9 V DQ	4 54 10 54 17 20 23 24	1,6 4,05 1,8 4,25	56 52	24 S	3 57 9 54 16 12 22 14	1,5 4,25 1,65 4,35	61 58
10 S	5 50 12 00 18 22	1,85 3,95 1,95	48	25 D PQ	4 47 10 52 17 08 23 16	1,65 4,15 1,75 4,2	55 53
11 D	0 27 6 52 13 15 19 27	4,05 2,0 3,9 2,0	45 43	26 L	5 46 12 04 18 13	1,8 4,1 1,85	51
12 L	1 37 7 57 14 21 20 31	4,0 2,05 4,0 2,0	42 43	27 M	0 33 6 55 13 25 19 25	4,1 1,85 4,15 1,8	50 50
13 M	2 42 8 57 15 14 21 28	4,0 2,0 4,1 1,9	44 47	28 M	1 59 8 08 14 38 20 37	4,15 1,75 4,35 1,6	52 56
14 M	3 37 9 48 15 59 22 17	4,1 1,9 4,25 1,8	49 52	29 J	3 15 9 16 15 40 21 44	4,35 1,55 4,6 1,35	61 67
15 J	4 23 10 32 16 38 23 00	4,2 1,75 4,4 1,65	56 59	30 V	4 19 10 17 16 36 22 44	4,55 1,3 4,9 1,05	73 79
				31 S PL	5 14 11 10 17 27 23 37	4,8 1,05 5,15 0,8	85 90

AOÛT 2004

Jour	h m	haut. m	Coef	Jour	h m	haut. m	Coef
1 D	6 02 12 00 18 15	4,95 0,85 5,3	94 97	16 L NL	5 54 12 01 18 01	4,65 1,25 4,9	77 81
2 L	0 27 6 46 12 46 18 59	0,6 5,0 0,75 5,35	99 100	17 M	0 26 6 25 12 34 18 32	1,1 4,75 1,15 4,95	83 85
3 M	1 16 7 26 13 31 19 40	0,6 4,95 0,8 5,25	99 97	18 M	0 59 6 56 13 07 19 04	1,05 4,8 1,1 5,0	86 87
4 M	2 00 8 01 14 15 20 19	0,7 4,85 0,95 5,1	94 89	19 J	1 33 7 27 13 40 19 37	1,0 4,8 1,1 4,95	87 86
5 J	2 43 8 35 14 59 20 56	0,95 4,65 1,15 4,8	84 78	20 V	2 07 8 00 14 16 20 12	1,05 4,75 1,15 4,85	84 81
6 V	3 25 9 09 15 44 21 35	1,25 4,4 1,45 4,5	72 65	21 S	2 44 8 35 14 56 20 50	1,2 4,65 1,3 4,65	77 73
7 S DQ	4 09 9 48 16 33 22 21	1,6 4,15 1,8 4,2	58 51	22 D	3 26 9 17 15 42 21 37	1,4 4,45 1,5 4,4	68 63
8 D	4 57 10 40 17 30 23 22	1,9 3,95 2,05 3,9	45 39	23 L PQ	4 14 10 10 16 37 22 40	1,65 4,25 1,75 4,15	57 52
9 L	5 55 12 04 18 39	2,15 3,75 2,25	35	24 M	5 13 11 29 17 46	1,9 4,05 1,95	47
10 M	0 48 7 07 13 43 19 57	3,75 2,3 3,8 2,25	32 31	25 M	0 15 6 30 13 10 19 11	3,95 2,05 4,05 1,95	44 43
11 M	2 17 8 25 14 55 21 07	3,75 2,25 3,95 2,1	32 36	26 J	2 02 7 58 14 36 20 35	4,0 2,0 4,3 1,75	45 50
12 J	3 23 9 27 15 45 22 00	3,9 2,1 4,15 1,9	40 45	27 V	3 21 9 13 15 40 21 43	4,25 1,7 4,6 1,35	56 64
13 V	4 11 10 13 16 24 22 42	4,1 1,9 4,35 1,7	50 55	28 S	4 19 10 12 16 31 22 38	4,55 1,35 4,95 1,0	72 79
14 S	4 49 10 52 16 58 23 19	4,3 1,65 4,55 1,45	60 65	29 D	5 06 11 01 17 16 23 25	4,85 1,0 5,25 0,75	86 92
15 D	5 23 11 27 17 30 23 53	4,5 1,45 4,75 1,25	70 74	30 L PL	5 47 11 45 17 57	5,0 0,8 5,4	97 100
				31 M	0 09 6 23 12 27 18 34	0,6 5,1 0,7 5,45	102 103

SEPTEMBRE 2004

Jour	h m	haut. m	Coef	Jour	h m	haut. m	Coef
1 M	0 50 6 55 13 07 19 08	0,6 5,1 0,7 5,35	102 100	16 J	0 28 6 27 12 39 18 37	0,85 5,1 0,85 5,25	96 97
2 J	1 31 7 24 13 47 19 40	0,75 4,95 0,85 5,1	96 91	17 V	1 02 6 59 13 14 19 10	0,8 5,1 0,85 5,2	96 94
3 V	2 09 7 53 14 25 20 12	1,0 4,8 1,15 4,85	86 79	18 S	1 39 7 31 13 51 19 44	0,9 5,0 1,0 5,0	92 88
4 S	2 46 8 23 15 05 20 45	1,3 4,55 1,45 4,5	73 65	19 D	2 17 8 07 14 33 20 23	1,1 4,85 1,2 4,75	83 77
5 D	3 24 8 57 15 48 21 24	1,65 4,3 1,85 4,15	58 50	20 L	3 00 8 49 15 21 21 11	1,4 4,6 1,5 4,4	70 63
6 L DQ	4 06 9 39 16 38 22 20	2,0 4,0 2,15 3,8	43 36	21 M PQ	3 51 9 45 16 19 22 25	1,75 4,3 1,8 4,05	55 48
7 M	4 58 10 50 17 47	2,3 3,75 2,4	30	22 M	4 55 11 18 17 35	2,05 4,05 2,05	42
8 M	0 01 6 13 13 00 19 22	3,6 2,5 3,65 2,45	25 23	23 J	0 24 6 22 13 12 19 12	3,85 2,2 4,1 2,0	39 39
9 J	1 58 7 50 14 33 20 44	3,65 2,5 3,85 2,25	25 29	24 V	2 14 7 57 14 35 20 36	4,0 2,05 4,35 1,75	43 50
10 V	3 06 9 01 15 24 21 36	3,85 2,25 4,1 1,95	35 41	25 S	3 20 9 07 15 32 21 36	4,35 1,7 4,75 1,35	58 66
11 S	3 50 9 48 16 01 22 16	4,1 1,95 4,35 1,65	48 55	26 D	4 08 10 00 16 18 22 23	4,65 1,35 5,05 1,05	74 81
12 D	4 25 10 26 16 34 22 50	4,35 1,65 4,65 1,4	62 68	27 L	4 47 10 44 16 57 23 06	4,9 1,05 5,25 0,8	88 93
13 L	4 56 11 00 17 04 23 23	4,6 1,35 4,9 1,15	74 80	28 M PL	5 21 11 25 17 32 23 45	5,05 0,85 5,4 0,7	97 99
14 M NL	5 26 11 33 17 35 23 56	4,85 1,1 5,05 0,95	84 89	29 M	5 52 12 04 18 04	5,15 0,75 5,4	100 100
15 M	5 56 12 06 18 05	5,0 0,95 5,2	92 94	30 J	0 22 6 21 12 41 18 35	0,75 5,1 0,8 5,25	99 96

Prédictions de marée calculées par le SHOM (heure légale)

Avis aux lecteurs

Les heures moyennes des marées sont exprimées en **HEURE LÉGALE**.
Elles sont exactes pour toute l'année (heure d'hiver et heure d'été) et ne doivent donc pas être corrigées.

PORT-TUDY — 47° 39' N, 03° 27' W — Niveau moyen 3,11 m — Marnages : V.E. moyenne : 4,25 m ; M.E. moyenne : 2,00 m

OCTOBRE 2004

	h m	haut. m	Coef		h m	haut. m	Coef
1	0 58	0,9		16	0 33	0,8	
	6 49	5,05	93		6 32	5,25	100
V	13 17	1,0		S	12 50	0,8	
	19 04	5,05	88		18 47	5,25	98
2	1 34	1,15		17	1 13	0,9	
	7 17	4,85	83		7 09	5,15	94
S	13 53	1,25		D	13 32	0,95	
	19 34	4,8	77		19 26	5,05	90
3	2 08	1,45		18	1 56	1,15	
	7 47	4,65	71		7 49	4,95	84
D	14 30	1,55		L	14 18	1,2	
	20 06	4,5	64		20 09	4,7	77
4	2 44	1,75		19	2 43	1,5	
	8 19	4,4	57		8 37	4,65	69
L	15 09	1,9		M	15 10	1,5	
	20 42	4,15	50		21 06	4,35	62
5	3 23	2,1		20	3 39	1,85	
	8 58	4,1	43		9 45	4,35	54
M	15 55	2,2		M	16 12	1,85	
	21 32	3,8	36	PQ	22 37	4,0	47
6	4 12	2,4		21	4 50	2,15	
	9 57	3,8	30		11 23	4,2	42
M	16 58	2,45		J	17 34	2,05	
DQ	23 14	3,55	24				
7	5 23	2,6		22	0 36	3,95	41
	11 59	3,7	22		6 20	2,2	
J	18 36	2,55		V	13 05	4,25	43
					19 07	1,95	
8	1 24	3,6	22	23	2 07	4,15	47
	7 04	2,6			7 45	2,05	
V	13 51	3,8	26	S	14 19	4,5	53
	20 05	2,35			20 21	1,7	
9	2 33	3,85	33	24	3 02	4,4	60
	8 21	2,35			8 48	1,7	
S	14 48	4,1	40	D	15 12	4,75	67
	20 59	2,05			21 16	1,4	
10	3 16	4,15	47	25	3 45	4,65	73
	9 10	2,0			9 39	1,4	
D	15 27	4,4	54	L	15 55	5,0	79
	21 39	1,7			22 01	1,15	
11	3 50	4,45	62	26	4 21	4,85	84
	9 50	1,65			10 23	1,15	
L	16 00	4,7	69	M	16 32	5,15	87
	22 14	1,35			22 42	1,0	
12	4 22	4,7	76	27	4 53	5,0	90
	10 25	1,35			11 03	1,05	
M	16 32	4,95	82	M	17 05	5,2	92
	22 48	1,1			23 19	0,95	
13	4 53	4,95	88	28	5 22	5,05	92
	11 00	1,1			11 40	1,0	
M	17 04	5,2	92	J	17 36	5,2	92
	23 22	0,9		PL	23 54	1,0	
14	5 25	5,15	96	29	5 51	5,05	91
	11 35	0,9			12 16	1,05	
J	17 37	5,3	99	V	18 07	5,1	88
NL	23 56	0,8					
15	5 58	5,25	100	30	0 28	1,15	
	12 12	0,8			6 20	5,0	86
V	18 12	5,35	101	S	12 51	1,2	
					18 37	4,95	82
				31	1 02	1,35	
					5 50	4,85	78
				D	12 26	1,4	
					18 08	4,7	73

NOVEMBRE 2004

	h m	haut. m	Coef		h m	haut. m	Coef
1	0 37	1,55		16	0 43	1,2	
	6 21	4,7	68		6 45	5,05	84
L	13 02	1,65		M	13 10	1,15	
	18 41	4,45	63		19 12	4,7	78
2	1 12	1,85		17	1 35	1,5	
	6 55	4,45	57		7 42	4,8	72
M	13 41	1,9		M	14 06	1,4	
	19 18	4,15	51		20 16	4,35	65
3	1 52	2,1		18	2 34	1,3	
	7 35	4,2	46		8 51	4,55	59
M	14 25	2,15		J	15 09	1,7	
	20 07	3,9	40		21 39	4,15	54
4	2 39	2,35		19	3 44	2,0	
	8 30	4,0	34		10 12	4,4	50
J	15 20	2,35		V	16 23	1,85	
	21 28	3,7	30	PQ	23 14	4,05	49
5	3 42	2,5		20	5 02	2,05	
	9 56	3,85	27		11 36	4,4	49
V	16 38	2,45		S	17 41	1,9	
DQ	23 16	3,65	26				
6	5 06	2,55		21	0 35	4,15	51
	11 36	3,85	28		6 16	1,95	
S	18 05	2,35		D	12 46	4,5	54
					18 50	1,75	
7	0 38	3,85	32	22	1 31	4,35	58
	6 24	2,35			7 19	1,8	
D	12 50	4,05	38	L	13 41	4,6	62
	19 07	2,1			19 47	1,6	
8	1 28	4,15	45	23	2 15	4,5	66
	7 20	2,1			8 12	1,6	
L	13 40	4,35	51	M	14 27	4,75	70
	19 53	1,8			20 34	1,45	
9	2 08	4,4	59	24	2 52	4,65	73
	8 05	1,75			8 59	1,45	
M	14 20	4,6	65	M	15 06	4,8	75
	20 32	1,45			21 17	1,35	
10	2 44	4,7	72	25	3 26	4,8	77
	8 46	1,45			9 41	1,35	
M	14 58	4,9	79	J	15 41	4,85	79
	21 10	1,2			21 55	1,3	
11	3 20	5,0	85	26	3 58	4,9	80
	9 26	1,15			10 20	1,3	
J	15 35	5,15	90	V	16 15	4,9	80
	21 48	1,0		PL	22 31	1,35	
12	3 56	5,2	94	27	4 30	4,9	79
	10 06	0,95			10 57	1,35	
V	16 13	5,3	97	S	16 48	4,85	78
NL	22 27	0,85			23 06	1,4	
13	4 34	5,3	99	28	5 02	4,9	77
	10 48	0,8			11 33	1,4	
S	16 53	5,3	99	D	17 21	4,75	75
	23 09	0,85			23 40	1,5	
14	5 14	5,3	99	29	5 34	4,8	73
	11 32	0,8			12 08	1,5	
D	17 35	5,2	97	L	17 55	4,6	70
	23 52	0,95					
15	5 57	5,25	94	30	0 15	1,65	
	12 19	0,9			6 08	4,7	67
L	18 20	5,0	90	M	12 45	1,65	
					18 30	4,45	63

DÉCEMBRE 2004

	h m	haut. m	Coef		h m	haut. m	Coef
1	0 52	1,8		16	1 28	1,3	
	6 44	4,55	60		7 42	5,05	81
M	13 22	1,8		J	13 59	1,15	
	19 07	4,25	56		20 12	4,55	76
2	1 31	2,0		17	2 24	1,5	
	7 23	4,4	52		8 39	4,85	71
J	14 03	1,95		V	14 55	1,4	
	19 51	4,05	48		21 13	4,35	66
3	2 15	2,15		18	3 24	1,7	
	8 10	4,2	45		9 40	4,6	61
V	14 50	2,1		S	15 56	1,65	
	20 47	3,9	41	PQ	22 23	4,15	57
4	3 07	2,25		19	4 29	1,85	
	9 09	4,1	39		10 47	4,45	54
S	15 46	2,2		D	17 01	1,8	
	21 59	3,85	37		23 38	4,1	51
5	4 10	2,35		20	5 36	1,95	
	10 19	4,0	36		11 56	4,35	50
D	16 53	2,25		L	18 07	1,9	
DQ	23 17	3,9	37				
6	5 18	2,3		21	0 45	4,15	50
	11 32	4,05	39		6 41	1,95	
L	18 00	2,1		M	13 01	4,3	51
					19 10	1,9	
7	0 26	4,05	43	22	1 40	4,25	53
	6 21	2,1			7 42	1,85	
M	12 39	4,25	47	M	13 56	4,35	55
	18 58	1,9			20 05	1,8	
8	1 19	4,3	53	23	2 27	4,4	57
	7 16	1,85			8 36	1,8	
M	13 35	4,45	58	J	14 44	4,45	60
	19 47	1,65			20 54	1,75	
9	2 06	4,6	64	24	3 07	4,5	62
	8 06	1,6			9 23	1,7	
J	14 24	4,7	70	V	15 25	4,5	65
	20 34	1,4			21 36	1,65	
10	2 50	4,85	76	25	3 44	4,65	66
	8 54	1,3			10 06	1,6	
V	15 10	4,9	81	S	16 03	4,6	68
	21 19	1,2			22 15	1,6	
11	3 33	5,05	86	26	4 19	4,75	69
	9 43	1,1			10 44	1,55	
S	15 57	5,1	90	D	16 39	4,6	70
	22 05	1,05		PL	22 51	1,55	
12	4 18	5,25	93	27	4 53	4,8	71
	10 32	0,9			11 21	1,5	
D	16 44	5,15	95	L	17 13	4,65	71
NL	22 53	0,95			23 25	1,55	
13	5 05	5,3	96	28	5 26	4,8	71
	11 22	0,8			11 56	1,5	
L	17 33	5,15	96	M	17 47	4,6	71
	23 41	1,0					
14	5 55	5,3	95	29	0 01	1,55	
	12 13	0,85			6 00	4,75	70
M	18 23	5,0	93	M	12 31	1,5	
					18 20	4,55	69
15	0 35	1,1		30	0 37	1,6	
	6 47	5,2	89		6 34	4,7	68
M	13 05	0,95		J	13 06	1,55	
	19 16	4,8	86		18 54	4,45	66
				31	1 13	1,7	
					7 09	4,6	64
				V	13 42	1,65	
					19 30	4,35	62

Marées

Avis aux lecteurs

Les heures moyennes des marées sont exprimées en **HEURE LÉGALE**.
Elles sont exactes pour toute l'année (heure d'hiver et heure d'été) et ne doivent donc pas être corrigées.

PORT-NAVALO — 47° 33' N, 02° 55' W — Niveau moyen : 2,99 m — Marnages : V.E. moyenne : 4,25 m ; M.E. moyenne : 2,10 m

JANVIER 2004

	h m	haut. m	Coef		h m	haut. m	Coef
1	0 13	3,8	42	16	5 04	1,65	
	6 12	1,95			11 26	4,15	52
J	12 28	3,95	41	V	17 39	1,65	
	18 39	1,95					
2	1 20	3,9	41	17	0 21	4,05	52
	7 15	1,95			6 12	1,65	
V	13 33	4,0	43	S	12 53	4,15	53
	19 40	1,9			18 48	1,6	
3	2 14	4,0	45	18	1 38	4,2	55
	8 12	1,85			7 22	1,55	
S	14 28	4,05	48	D	14 11	4,3	59
	20 32	1,8			19 57	1,5	
4	2 58	4,15	51	19	2 43	4,45	64
	9 02	1,75			8 31	1,3	
D	15 15	4,2	54	L	15 17	4,5	69
	21 17	1,65			21 01	1,25	
5	3 37	4,35	57	20	3 41	4,7	75
	9 46	1,6			9 33	1,05	
L	15 55	4,3	61	M	16 14	4,7	80
	21 57	1,55			21 58	1,05	
6	4 12	4,45	64	21	4 33	4,95	85
	10 25	1,45			10 30	0,8	
M	16 32	4,4	66	M	17 03	4,85	90
	22 34	1,4		NL	22 50	0,85	
7	4 45	4,6	69	22	5 20	5,1	93
	11 02	1,35			11 21	0,6	
M	17 06	4,5	71	J	17 48	4,9	96
PL	23 10	1,3			23 39	0,75	
8	5 17	4,7	73	23	6 03	5,15	97
	11 38	1,25			12 09	0,55	
J	17 39	4,55	74	V	18 28	4,85	97
	23 46	1,25					
9	5 50	4,75	75	24	0 28	0,7	
	12 15	1,15			6 43	5,15	96
V	18 13	4,55	76	S	12 54	0,6	
					19 03	4,75	94
10	0 24	1,2		25	1 12	0,8	
	6 24	4,75	76		7 18	5,0	91
S	12 52	1,15		D	13 37	0,75	
	18 48	4,55	76		19 33	4,6	87
11	1 02	1,2		26	1 56	0,95	
	7 01	4,7	75		7 51	4,85	82
D	13 29	1,2		L	14 19	1,0	
	19 24	4,5	74		20 01	4,4	77
12	1 40	1,25		27	2 39	1,2	
	7 39	4,65	72		8 25	4,6	70
L	14 08	1,25		M	15 02	1,3	
	20 05	4,4	70		20 33	4,2	64
13	2 22	1,35		28	3 25	1,5	
	8 22	4,55	67		9 03	4,3	58
M	14 50	1,35		M	15 46	1,6	
	20 50	4,25	64		21 13	4,0	52
14	3 09	1,45		29	4 14	1,8	
	9 10	4,4	62		9 50	4,05	46
M	15 39	1,45		J	16 36	1,9	
	21 47	4,15	59	PQ	22 12	3,75	40
15	4 03	1,55		30	5 11	2,05	
	10 09	4,25	56		11 00	3,8	36
J	16 35	1,6		V	17 35	2,1	
DQ	23 00	4,05	54		23 57	3,65	33
				31	6 19	2,15	
					12 35	3,7	31
				S	18 45	2,2	

FÉVRIER 2004

	h m	haut. m	Coef		h m	haut. m	Coef
1	1 32	3,75	32	16	1 26	4,05	46
	7 32	2,15			7 08	1,7	
D	13 59	3,75	34	L	14 14	4,05	49
	19 55	2,1			19 46	1,7	
2	2 37	3,9	38	17	2 43	4,3	55
	8 36	2,0			8 26	1,45	
L	15 00	3,9	43	M	15 21	4,3	61
	20 52	1,9			20 56	1,45	
3	3 24	4,15	48	18	3 41	4,6	69
	9 26	1,75			9 30	1,15	
M	15 45	4,15	53	M	16 14	4,55	76
	21 37	1,65			21 53	1,1	
4	4 01	4,35	58	19	4 28	4,9	83
	10 07	1,5			10 23	0,85	
M	16 22	4,3	63	J	16 56	4,75	88
	22 16	1,45			22 42	0,85	
5	4 34	4,55	68	20	5 09	5,1	93
	10 45	1,25			11 09	0,6	
J	16 55	4,5	73	V	17 33	4,9	97
	22 54	1,2		NL	23 26	0,65	
6	5 06	4,75	77	21	5 45	5,2	99
	11 22	1,05			11 52	0,55	
V	17 27	4,65	81	S	18 04	4,9	100
PL	23 30	1,05					
7	5 38	4,85	84	22	0 08	0,6	
	11 57	0,9			6 17	5,2	100
S	17 59	4,75	87	D	12 31	0,55	
					18 31	4,85	99
8	0 06	0,9		23	0 49	0,65	
	6 12	4,95	88		6 46	5,1	96
D	12 33	0,85		L	13 09	0,7	
	18 32	4,8	89		18 55	4,75	92
9	0 43	0,85		24	1 26	0,8	
	6 46	5,0	90		7 14	4,9	88
L	13 08	0,8		M	13 45	0,9	
	19 06	4,8	89		19 21	4,6	82
10	1 20	0,85		25	2 03	1,05	
	7 21	4,95	88		7 44	4,7	76
M	13 45	0,9		M	14 20	1,2	
	19 41	4,7	85		19 49	4,4	70
11	2 00	0,95		26	2 40	1,35	
	7 58	4,8	82		8 16	4,4	63
M	14 25	1,0		J	14 57	1,55	
	20 19	4,5	78		20 22	4,15	57
12	2 43	1,1		27	3 21	1,7	
	8 39	4,6	73		8 53	4,05	49
J	15 10	1,25		V	15 38	1,85	
	21 04	4,3	68		21 02	3,9	43
13	3 33	1,35		28	4 10	2,05	
	9 29	4,3	62		9 45	3,75	36
V	16 02	1,5		S	16 30	2,15	
DQ	22 06	4,1	57	PQ	22 08	3,6	30
14	4 33	1,6		29	5 16	2,3	
	10 43	4,05	51		11 33	3,5	26
S	17 06	1,75		D	17 43	2,35	
	23 44	3,95	47				
15	5 46	1,75					
	12 39	3,95	45				
D	18 24	1,85					

MARS 2004

	h m	haut. m	Coef		h m	haut. m	Coef
1	0 37	3,55	24	16	1 27	4,0	41
	6 46	2,3			7 06	1,8	
L	13 30	3,55	25	M	14 19	4,0	46
	19 14	2,3			19 42	1,8	
2	2 09	3,75	30	17	2 40	4,3	53
	8 07	2,15			8 24	1,5	
M	14 41	3,75	36	M	15 19	4,3	60
	20 24	2,05			20 50	1,5	
3	3 03	4,0	42	18	3 33	4,6	68
	9 02	1,8			9 22	1,15	
M	15 27	4,05	49	J	16 03	4,55	75
	21 13	1,75			21 42	1,15	
4	3 41	4,3	56	19	4 14	4,85	82
	9 43	1,5			10 09	0,85	
J	16 02	4,3	64	V	16 38	4,7	88
	21 53	1,4			22 26	0,85	
5	4 14	4,55	70	20	4 48	5,0	92
	10 21	1,15			10 50	0,7	
V	16 34	4,6	77	S	17 07	4,85	96
	22 30	1,1		NL	23 06	0,7	
6	4 46	4,8	83	21	5 18	5,1	98
	10 56	0,9			11 28	0,6	
S	17 05	4,8	88	D	17 32	4,9	99
	23 06	0,85			23 44	0,65	
7	5 18	5,0	93	22	5 46	5,1	99
	11 32	0,7			12 04	0,65	
D	17 37	4,95	97	L	17 56	4,9	97
PL	23 42	0,65					
8	5 51	5,15	99	23	0 21	0,7	
	12 07	0,55			6 13	5,05	95
L	18 09	5,05	101	M	12 37	0,75	
					18 21	4,8	92
9	0 20	0,55		24	0 55	0,85	
	6 25	5,2	101		6 41	4,9	87
M	12 43	0,55		M	13 09	0,95	
	18 42	5,0	101		18 47	4,7	83
10	0 58	0,6		25	1 28	1,05	
	6 59	5,1	99		7 10	4,65	77
M	13 21	0,65		J	13 41	1,25	
	19 16	4,9	95		19 15	4,5	71
11	1 37	0,7		26	2 02	1,35	
	7 35	4,9	91		7 40	4,35	65
J	14 01	0,85		V	14 14	1,5	
	19 53	4,7	85		19 45	4,25	58
12	2 21	0,95		27	2 38	1,65	
	8 14	4,6	79		8 12	4,05	51
V	14 46	1,15		S	14 51	1,85	
	20 35	4,4	71		20 19	4,0	45
13	3 12	1,25		28	4 22	1,95	
	9 03	4,25	63		9 55	3,7	38
S	15 39	1,55		D	16 38	2,15	
DQ	21 36	4,1	55		22 09	3,7	32
14	4 14	1,6		29	5 22	2,25	
	10 28	3,9	48		11 33	3,45	26
D	16 47	1,85		L	17 47	2,35	
	23 34	3,9	42	PQ			
15	5 34	1,8		30	0 25	3,5	23
	12 51	3,8	40		6 55	2,35	
L	18 13	2,0		M	13 51	3,5	23
					19 25	2,35	
				31	2 21	3,65	27
					8 28	2,15	
				M	15 06	3,75	33
					20 45	2,1	

Prédictions de marée calculées par le SHOM (heure légale)

Avis aux lecteurs

Les heures moyennes des marées sont exprimées en **HEURE LÉGALE.**
Elles sont exactes pour toute l'année (heure d'hiver et heure d'été) et ne doivent donc pas être corrigées.

PORT-NAVALO — 47° 33' N, 02° 55' W — Niveau moyen : 2,99 m — Marnages : V.E. moyenne : 4,25 m ; M.E. moyenne : 2,10 m

AVRIL 2004

	h m	haut. m	Coef		h m	haut. m	Coef
1	3 24	3,95	40	16	4 11	4,55	68
	9 26	1,8			10 02	1,2	
J	15 53	4,05	48	V	16 39	4,5	74
	21 37	1,75			22 20	1,15	
2	4 07	4,25	56	17	4 48	4,75	79
	10 09	1,45			10 46	0,95	
V	16 30	4,35	64	S	17 09	4,65	83
	22 19	1,4			23 03	0,95	
3	4 43	4,55	72	18	5 19	4,85	87
	10 47	1,1			11 25	0,85	
S	17 03	4,65	79	D	17 35	4,75	89
	22 58	1,05			23 42	0,85	
4	5 17	4,85	86	19	5 47	4,9	91
	11 24	0,8			12 01	0,8	
D	17 36	4,9	92	L	17 59	4,8	91
	23 36	0,75		NL			
5	5 51	5,1	98	20	0 18	0,8	
	12 01	0,55			6 15	4,95	91
L	18 09	5,05	102	M	12 34	0,85	
PL					18 25	4,8	90
6	0 14	0,55		21	0 52	0,85	
	6 26	5,2	105		6 45	4,85	88
M	12 38	0,45		M	13 05	0,95	
	18 44	5,15	106		18 52	4,8	85
7	0 53	0,45		22	1 26	1,0	
	7 03	5,25	107		7 14	4,75	82
M	13 17	0,45		J	13 36	1,1	
	19 19	5,1	105		19 20	4,65	78
8	1 36	0,45		23	1 58	1,15	
	7 39	5,1	103		7 44	4,55	74
J	13 57	0,6		V	14 07	1,3	
	19 56	5,0	98		19 49	4,5	69
9	2 19	0,6		24	2 32	1,35	
	8 18	4,85	93		8 14	4,3	64
V	14 41	0,85		S	14 41	1,55	
	20 36	4,75	86		20 19	4,3	58
10	3 07	0,9		25	3 09	1,6	
	9 02	4,5	78		8 47	4,0	52
S	15 29	1,25		D	15 19	1,8	
	21 23	4,45	70		20 55	4,05	47
11	4 01	1,25		26	3 52	1,9	
	9 59	4,1	61		9 31	3,75	41
D	16 27	1,6		L	16 06	2,05	
	22 37	4,15	53		21 47	3,85	36
12	5 07	1,6		27	4 48	2,1	
	11 59	3,8	47		10 57	3,55	31
L	17 39	1,9		M	17 10	2,25	
DQ				PQ	23 28	3,65	28
13	0 40	4,0	42	28	6 06	2,2	
	6 29	1,8			12 57	3,55	28
M	13 54	3,85	41	M	18 34	2,25	
	19 07	2,0					
14	2 16	4,1	44	29	1 16	3,7	30
	7 58	1,7			7 33	2,05	
M	15 08	4,05	48	J	14 14	3,75	35
	20 29	1,8			19 53	2,05	
15	3 22	4,35	55	30	2 28	3,95	41
	9 09	1,45			8 36	1,8	
J	16 00	4,3	61	V	15 07	4,05	48
	21 31	1,45			20 50	1,75	

MAI 2004

	h m	haut. m	Coef		h m	haut. m	Coef
1	3 20	4,25	55	16	4 14	4,5	70
	9 25	1,45			10 17	1,2	
S	15 49	4,35	63	D	16 36	4,45	73
	21 37	1,4			22 36	1,15	
2	4 03	4,55	71	17	4 47	4,6	76
	10 07	1,1			10 57	1,1	
D	16 27	4,65	78	L	17 02	4,55	78
	22 20	1,05			23 16	1,1	
3	4 43	4,8	85	18	5 18	4,65	79
	10 48	0,8			11 33	1,1	
L	17 04	4,9	91	M	17 30	4,65	79
	23 02	0,75			23 53	1,1	
4	5 23	5,0	96	19	5 51	4,65	79
	11 29	0,6			12 06	1,1	
M	17 42	5,05	101	M	18 00	4,65	79
PL	23 45	0,55		NL			
5	6 04	5,15	103	20	0 28	1,1	
	12 11	0,5			6 23	4,6	78
M	18 21	5,15	105	J	12 38	1,15	
					18 30	4,65	76
6	0 30	0,45		21	1 02	1,15	
	6 45	5,15	105		6 55	4,5	74
J	12 54	0,5		V	13 10	1,25	
	19 01	5,1	103		19 01	4,6	72
7	1 18	0,45		22	1 36	1,25	
	7 28	5,0	100		7 27	4,4	69
V	13 39	0,7		S	13 43	1,4	
	19 44	5,0	96		19 32	4,45	66
8	2 07	0,65		23	2 12	1,4	
	8 14	4,75	90		8 00	4,2	63
S	14 27	0,95		D	14 18	1,55	
	20 32	4,75	84		20 06	4,3	59
9	2 58	0,9		24	2 50	1,55	
	9 06	4,4	77		8 37	4,05	55
D	15 19	1,25		L	14 58	1,7	
	21 31	4,5	69		20 46	4,15	51
10	3 56	1,2		25	3 33	1,7	
	10 18	4,1	63		9 23	3,85	47
L	16 20	1,6		M	15 45	1,85	
	22 53	4,25	56		21 39	4,0	44
11	5 02	1,5		26	4 23	1,85	
	12 03	3,9	51		10 30	3,7	41
M	17 30	1,8		M	16 41	2,0	
DQ					22 51	3,9	39
12	0 26	4,15	48	27	5 25	1,9	
	6 17	1,65			11 57	3,7	38
M	13 32	3,9	47	J	17 48	2,0	
	18 48	1,85		PQ			
13	1 45	4,15	48	28	0 13	3,85	38
	7 33	1,6			6 34	1,9	
J	14 38	4,05	51	V	13 13	3,8	41
	20 01	1,7			18 57	1,9	
14	2 47	4,25	55	29	1 26	4,0	44
	8 38	1,5			7 39	1,7	
V	15 28	4,2	59	S	14 14	4,05	49
	21 01	1,5			19 58	1,7	
15	3 36	4,4	63	30	2 27	4,2	55
	9 32	1,3			8 35	1,45	
S	16 06	4,35	67	D	15 05	4,3	61
	21 51	1,3			20 51	1,4	
				31	3 21	4,45	67
					9 26	1,15	
				L	15 51	4,55	74
					21 42	1,1	

JUIN 2004

	h m	haut. m	Coef		h m	haut. m	Coef
1	4 11	4,65	80	16	4 57	4,35	66
	10 14	0,9			11 07	1,35	
M	16 35	4,75	85	M	17 11	4,45	67
	22 32	0,85			23 31	1,3	
2	5 00	4,85	90	17	5 35	4,4	68
	11 01	0,75			11 43	1,3	
M	17 19	4,95	94	J	17 44	4,5	69
	23 21	0,65		NL			
3	5 48	4,95	97	18	0 08	1,3	
	11 49	0,65			6 10	4,4	70
J	18 05	5,05	98	V	12 17	1,3	
PL					18 17	4,5	70
4	0 12	0,55		19	0 44	1,25	
	6 37	4,95	99		6 45	4,4	70
V	12 37	0,65		S	12 51	1,3	
	18 53	5,05	98		18 50	4,5	69
5	1 03	0,5		20	1 21	1,25	
	7 27	4,85	96		7 18	4,35	68
S	13 27	0,75		D	13 27	1,35	
	19 43	4,95	93		19 23	4,5	67
6	1 58	0,6		21	1 57	1,3	
	8 18	4,65	90		7 52	4,25	66
D	14 17	0,9		L	14 03	1,4	
	20 37	4,8	85		19 59	4,4	64
7	2 52	0,8		22	2 35	1,35	
	9 13	4,4	80		8 29	4,15	62
L	15 11	1,15		M	14 42	1,5	
	21 35	4,6	74		20 38	4,35	60
8	3 47	1,05		23	3 15	1,45	
	10 15	4,15	69		9 10	4,05	58
M	16 08	1,35		M	15 25	1,55	
	22 40	4,45	64		21 24	4,25	56
9	4 46	1,25		24	3 58	1,55	
	11 29	4,0	60		9 59	3,95	54
M	17 11	1,55		J	16 12	1,65	
DQ	23 49	4,25	56		22 17	4,15	52
10	5 49	1,45		25	4 47	1,6	
	12 44	3,9	53		11 00	3,9	50
J	18 17	1,65		V	17 07	1,7	
				PQ	23 19	4,05	49
11	0 56	4,15	51	26	5 44	1,65	
	6 54	1,6			12 10	3,9	49
V	13 49	3,9	50	S	18 06	1,7	
	19 22	1,65					
12	1 55	4,1	51	27	0 28	4,05	49
	7 57	1,6			6 45	1,6	
S	14 43	4,0	52	D	13 20	4,0	51
	20 23	1,6			19 08	1,6	
13	2 49	4,15	54	28	1 38	4,15	53
	8 54	1,55			7 48	1,5	
D	15 26	4,1	56	L	14 24	4,15	57
	21 18	1,55			20 10	1,45	
14	3 36	4,2	58	29	2 45	4,25	61
	9 44	1,5			8 48	1,3	
L	16 03	4,25	60	M	15 21	4,4	66
	22 07	1,45			21 10	1,25	
15	4 18	4,25	62	30	3 49	4,45	71
	10 28	1,4			9 46	1,15	
M	16 37	4,35	64	M	16 15	4,6	76
	22 51	1,4			22 09	1,0	

Avis aux lecteurs

Les heures moyennes des marées sont exprimées en **HEURE LÉGALE**.
Elles sont exactes pour toute l'année (heure d'hiver et heure d'été) et ne doivent donc pas être corrigées.

PORT-NAVALO	47° 33' N 02° 55' W	Niveau moyen : 2,99 m	Marnages V.E. moyenne : 4,25 m M.E. moyenne : 2,10 m

JUILLET 2004

	h m	haut. m	Coef		h m	haut. m	Coef
1	4 48	4,6	*80*	**16**	5 26	4,2	*62*
	10 42	0,95			11 25	1,45	
J	17 07	4,8	*85*	V	17 34	4,4	*64*
	23 06	0,8			23 52	1,35	
2	5 44	4,75	*89*	**17**	6 02	4,3	*67*
	11 35	0,8			12 01	1,3	
V	17 59	4,95	*92*	S	18 07	4,5	*69*
PL				*NL*			
3	0 01	0,6		**18**	0 29	1,2	
	6 36	4,8	*94*		6 35	4,4	*71*
S	12 26	0,7		D	12 36	1,25	
	18 50	5,05	*95*		18 39	4,55	*73*
4	0 54	0,5		**19**	1 05	1,15	
	7 26	4,8	*96*		7 07	4,4	*74*
D	13 17	0,7		L	13 12	1,2	
	19 40	5,05	*95*		19 11	4,6	*75*
5	1 49	0,5		**20**	1 41	1,1	
	8 13	4,7	*93*		7 38	4,45	*75*
L	14 06	0,8		M	13 47	1,15	
	20 28	4,95	*91*		19 45	4,6	*75*
6	2 39	0,65		**21**	2 16	1,1	
	8 57	4,5	*87*		8 11	4,4	*74*
M	14 56	0,9		M	14 23	1,2	
	21 16	4,8	*83*		20 20	4,55	*73*
7	3 29	0,85		**22**	2 52	1,15	
	9 39	4,3	*78*		8 47	4,35	*71*
M	15 47	1,1		J	15 01	1,25	
	22 02	4,55	*72*		20 59	4,5	*69*
8	4 19	1,1		**23**	3 30	1,2	
	10 21	4,1	*67*		9 26	4,25	*67*
J	16 40	1,35		V	15 42	1,35	
	22 50	4,3	*61*		21 41	4,35	*64*
9	5 11	1,4		**24**	4 13	1,35	
	11 13	3,9	*56*		10 12	4,1	*61*
V	17 37	1,55		S	16 30	1,45	
DQ	23 46	4,1	*52*		22 32	4,2	*58*
10	6 07	1,6		**25**	5 02	1,45	
	12 25	3,8	*48*		11 12	4,0	*55*
S	18 37	1,75		D	17 25	1,55	
				PQ	23 37	4,05	*53*
11	0 51	3,95	*45*	**26**	6 01	1,55	
	7 08	1,8			12 29	3,95	*51*
D	13 41	3,8	*43*	L	18 29	1,6	
	19 41	1,8					
12	1 57	3,85	*42*	**27**	0 59	4,0	*50*
	8 11	1,85			7 09	1,6	
L	14 46	3,85	*43*	M	13 52	4,0	*50*
	20 44	1,8			19 39	1,6	
13	3 03	3,9	*44*	**28**	2 27	4,05	*52*
	9 11	1,8			8 21	1,55	
M	15 38	4,0	*47*	M	15 06	4,2	*56*
	21 41	1,7			20 51	1,4	
14	3 59	3,95	*49*	**29**	3 44	4,25	*61*
	10 03	1,7			9 30	1,35	
M	16 22	4,15	*52*	J	16 09	4,5	*67*
	22 31	1,6			21 59	1,15	
15	4 46	4,1	*56*	**30**	4 48	4,45	*73*
	10 47	1,55			10 32	1,1	
J	17 00	4,3	*59*	V	17 04	4,75	*79*
	23 14	1,45			22 59	0,85	
				31	5 42	4,65	*85*
					11 26	0,85	
				S	17 54	5,0	*90*
				PL	23 53	0,6	

AOÛT 2004

	h m	haut. m	Coef		h m	haut. m	Coef
1	6 30	4,8	*94*	**16**	0 08	1,05	
	12 17	0,65			6 16	4,5	*77*
D	18 41	5,1	*97*	L	12 17	1,05	
				NL	18 21	4,75	*81*
2	0 43	0,45		**17**	0 42	0,95	
	7 13	4,85	*99*		6 46	4,6	*83*
L	13 04	0,6		M	12 51	0,95	
	19 24	5,15	*100*		18 51	4,8	*85*
3	1 34	0,4		**18**	1 17	0,85	
	7 51	4,8	*99*		7 15	4,65	*86*
M	13 49	0,6		M	13 25	0,9	
	20 03	5,05	*97*		19 23	4,85	*87*
4	2 18	0,55		**19**	1 51	0,85	
	8 23	4,65	*94*		7 46	4,7	*87*
M	14 34	0,75		J	13 59	0,9	
	20 39	4,9	*89*		19 55	4,8	*86*
5	3 01	0,75		**20**	2 25	0,9	
	8 51	4,45	*84*		8 19	4,6	*84*
J	15 18	0,95		V	14 35	0,95	
	21 12	4,65	*78*		20 30	4,7	*81*
6	3 44	1,05		**21**	3 01	1,0	
	9 20	4,25	*72*		8 53	4,5	*77*
V	16 03	1,25		S	15 14	1,1	
	21 47	4,35	*65*		21 08	4,55	*73*
7	4 28	1,4		**22**	3 42	1,2	
	9 57	4,05	*58*		9 33	4,3	*68*
S	16 52	1,55		D	15 59	1,3	
DQ	22 30	4,05	*51*		21 53	4,3	*63*
8	5 16	1,7		**23**	4 30	1,4	
	10 47	3,8	*45*		10 26	4,1	*57*
D	17 48	1,85		L	16 54	1,5	
	23 34	3,75	*39*	*PQ*	22 58	4,0	*52*
9	6 13	1,95		**24**	5 29	1,65	
	12 18	3,65	*35*		11 51	3,9	*47*
L	18 55	2,05		M	18 02	1,7	
10	1 10	3,6	*32*	**25**	0 46	3,85	*44*
	7 23	2,1			6 44	1,85	
M	14 08	3,65	*31*	M	13 42	3,95	*43*
	20 11	2,1			19 23	1,75	
11	2 41	3,65	*32*	**26**	2 34	3,9	*45*
	8 39	2,1			8 09	1,8	
M	15 21	3,8	*36*	J	15 06	4,2	*50*
	21 20	1,95			20 47	1,55	
12	3 49	3,8	*40*	**27**	3 50	4,15	*56*
	9 41	1,9			9 25	1,5	
J	16 11	4,05	*45*	V	16 08	4,5	*64*
	22 13	1,75			21 57	1,2	
13	4 37	4,0	*50*	**28**	4 47	4,45	*72*
	10 27	1,7			10 26	1,15	
V	16 49	4,25	*55*	S	16 59	4,85	*79*
	22 56	1,5			22 53	0,85	
14	5 14	4,2	*60*	**29**	5 33	4,7	*86*
	11 07	1,45			11 17	0,85	
S	17 21	4,45	*65*	D	17 43	5,05	*92*
	23 33	1,25			23 41	0,55	
15	5 46	4,35	*70*	**30**	6 13	4,85	*97*
	11 42	1,25			12 02	0,6	
D	17 51	4,6	*74*	L	18 22	5,2	*100*
				PL			
				31	0 26	0,4	
					6 47	4,9	*102*
				M	12 45	0,5	
					18 57	5,2	*103*

SEPTEMBRE 2004

	h m	haut. m	Coef		h m	haut. m	Coef
1	1 09	0,4		**16**	0 46	0,65	
	7 17	4,9	*102*		6 48	4,9	*96*
M	13 26	0,55		J	12 58	0,7	
	19 28	5,15	*100*		18 57	5,05	*97*
2	1 50	0,55		**17**	1 21	0,65	
	7 43	4,8	*96*		7 19	4,9	*96*
J	14 06	0,7		V	13 33	0,7	
	19 57	4,95	*91*		19 29	5,0	*94*
3	2 28	0,8		**18**	1 57	0,75	
	8 08	4,65	*86*		7 51	4,85	*92*
V	14 44	0,95		S	14 10	0,8	
	20 26	4,7	*79*		20 04	4,85	*88*
4	3 05	1,1		**19**	2 35	0,9	
	8 36	4,4	*73*		8 26	4,65	*83*
S	15 24	1,25		D	14 51	1,0	
	20 57	4,35	*65*		20 41	4,6	*77*
5	3 43	1,45		**20**	3 17	1,2	
	9 08	4,15	*58*		9 06	4,45	*70*
D	16 06	1,65		L	15 38	1,25	
	21 34	4,05	*50*		21 27	4,25	*63*
6	4 25	1,8		**21**	4 07	1,5	
	9 49	3,9	*43*		10 00	4,15	*55*
L	16 56	2,0		M	16 36	1,6	
DQ	22 27	3,7	*36*	*PQ*	22 44	3,9	*48*
7	5 17	2,15		**22**	5 11	1,85	
	10 56	3,6	*30*		11 45	3,9	*42*
M	18 04	2,25		M	17 50	1,85	
8	0 26	3,45	*25*	**23**	1 07	3,75	*39*
	6 31	2,35			6 35	2,0	
M	13 29	3,55	*23*	J	13 47	4,0	*39*
	19 36	2,3			19 22	1,85	
9	2 23	3,5	*25*	**24**	2 44	3,95	*43*
	8 04	2,3			8 07	1,9	
J	14 59	3,75	*29*	V	15 04	4,3	*50*
	20 57	2,1			20 47	1,55	
10	3 32	3,75	*35*	**25**	3 48	4,25	*58*
	9 14	2,05			9 19	1,55	
V	15 50	4,0	*41*	S	16 00	4,6	*66*
	21 50	1,8			21 49	1,2	
11	4 16	4,0	*48*	**26**	4 35	4,55	*74*
	10 02	1,75			10 14	1,15	
S	16 27	4,25	*55*	D	16 45	4,9	*81*
	22 30	1,5			22 39	0,85	
12	4 50	4,25	*62*	**27**	5 14	4,75	*88*
	10 40	1,45			11 00	0,85	
D	16 57	4,5	*68*	L	17 22	5,1	*93*
	23 05	1,2			23 22	0,65	
13	5 20	4,5	*74*	**28**	5 46	4,9	*97*
	11 16	1,15			11 43	0,65	
L	17 26	4,75	*80*	M	17 55	5,2	*99*
	23 39	0,95		*PL*			
14	5 48	4,7	*84*	**29**	0 03	0,55	
	11 50	0,95			6 14	4,95	*100*
M	17 55	4,9	*89*	M	12 22	0,6	
NL					18 25	5,2	*100*
15	0 12	0,75		**30**	0 41	0,55	
	6 18	4,85	*92*		6 40	4,95	*99*
M	12 24	0,8		J	13 00	0,65	
	18 25	5,05	*94*		18 53	5,1	*96*

Prédictions de marée calculées par le SHOM (heure légale)

Avis aux lecteurs

Les heures moyennes des marées sont exprimées en **HEURE LÉGALE**.
Elles sont exactes pour toute l'année (heure d'hiver et heure d'été) et ne doivent donc pas être corrigées.

PORT-NAVALO	47° 33' N 02° 55' W	Niveau moyen : 2,99 m	Marnages V.E. moyenne : 4,25 m M.E. moyenne : 2,10 m

OCTOBRE 2004

	h m	haut. m	Coef		h m	haut. m	Coef
1 V	1 19 7 06 13 36 19 21	0,7 4,85 0,8 4,9	 93 88	**16** S	0 51 6 54 13 09 19 08	0,6 5,1 0,65 5,1	 100 98
2 S	1 53 7 33 14 12 19 50	0,95 4,75 1,05 4,65	 83 77	**17** D	1 32 7 30 13 50 19 46	0,75 5,0 0,75 4,85	 94 90
3 D	2 27 8 02 14 47 20 21	1,25 4,55 1,35 4,35	 71 64	**18** L	2 14 8 08 14 36 20 29	0,95 4,8 1,0 4,55	 84 77
4 L	3 02 8 32 15 26 20 55	1,55 4,25 1,7 4,05	 57 50	**19** M	3 01 8 54 15 27 21 24	1,25 4,5 1,3 4,2	 69 62
5 M	3 40 9 08 16 11 21 40	1,9 4,0 2,05 3,7	 43 36	**20** M *PQ*	3 56 10 01 16 29 23 13	1,6 4,2 1,6 3,85	 54 47
6 M *DQ*	4 29 10 02 17 14 23 41	2,2 3,7 2,3 3,45	 30 24	**21** J	5 05 12 00 17 47	1,9 4,05 1,8	 42
7 J	5 40 12 34 18 50	2,4 3,55 2,4	 22	**22** V	1 17 6 31 13 40 19 17	3,85 2,0 4,15 1,8	41 43
8 V	1 49 7 18 14 16 20 19	3,5 2,4 3,7 2,2	22 26	**23** S	2 35 7 55 14 48 20 33	4,05 1,85 4,4 1,55	47 53
9 S	2 57 8 35 15 12 21 13	3,75 2,15 4,0 1,85	33 40	**24** D	3 30 9 01 15 41 21 30	4,3 1,55 4,65 1,25	60 67
10 D	3 40 9 25 15 51 21 54	4,05 1,8 4,25 1,5	47 54	**25** L	4 13 9 53 16 22 22 17	4,55 1,2 4,85 1,0	73 79
11 L	4 14 10 05 16 24 22 30	4,35 1,5 4,55 1,2	62 69	**26** M	4 47 10 39 16 56 22 58	4,7 1,0 4,95 0,85	84 87
12 M	4 45 10 41 16 55 23 04	4,6 1,15 4,8 0,9	76 82	**27** M	5 16 11 20 17 26 23 37	4,85 0,85 5,05 0,8	90 92
13 M	5 16 11 17 17 26 23 39	4,85 0,9 5,0 0,75	88 92	**28** J *PL*	5 42 11 58 17 55	4,9 0,8 5,0	92 92
14 J *NL*	5 47 11 53 17 59	5,0 0,7 5,15	96 99	**29** V	0 13 6 09 12 35 18 25	0,85 4,9 0,9 4,95	 91 88
15 V	0 14 6 20 12 30 18 33	0,6 5,1 0,65 5,2	 100 101	**30** S	0 48 6 38 13 10 18 55	0,95 4,85 1,0 4,8	 86 82
				31 D	1 22 6 07 12 44 18 25	1,15 4,75 1,2 4,6	 78 73

NOVEMBRE 2004

	h m	haut. m	Coef		h m	haut. m	Coef
1 L	0 55 6 38 13 19 18 57	1,35 4,55 1,45 4,35	 68 63	**16** M	1 01 7 06 13 28 19 35	1,0 4,85 0,95 4,55	 84 78
2 M	1 29 7 09 13 57 19 32	1,6 4,35 1,7 4,05	 57 51	**17** M	1 53 8 02 14 23 20 43	1,3 4,65 1,2 4,25	 72 65
3 M	2 09 7 46 14 40 20 16	1,9 4,1 2,0 3,75	 46 40	**18** J	2 51 9 16 15 25 22 19	1,55 4,4 1,45 4,0	 59 54
4 J	2 56 8 37 15 36 21 47	2,15 3,85 2,2 3,55	 34 30	**19** V *PQ*	3 59 10 49 16 37 23 52	1,8 4,3 1,65 4,0	 50 49
5 V *DQ*	3 59 10 19 16 53 23 48	2,35 3,7 2,3 3,55	 27 26	**20** S	5 15 12 11 17 53	1,85 4,3 1,7	 49
6 S	5 22 12 06 18 18	2,35 3,75 2,2	 28	**21** D	1 05 6 28 13 18 19 02	4,1 1,75 4,4 1,55	51 54
7 D	1 02 6 38 13 14 19 20	3,75 2,2 3,95 1,95	32 33	**22** L	2 00 7 32 14 11 20 00	4,25 1,6 4,5 1,4	58 62
8 L	1 52 7 35 14 03 20 07	4,05 1,9 4,2 1,6	45 51	**23** M	2 43 8 26 14 54 20 49	4,4 1,4 4,6 1,25	66 70
9 M	2 32 8 20 14 43 20 47	4,3 1,55 4,5 1,3	59 65	**24** M	3 18 9 14 15 30 21 33	4,55 1,25 4,7 1,15	73 75
10 M	3 08 9 02 15 21 21 26	4,6 1,25 4,75 1,0	72 79	**25** J	3 48 9 57 16 02 22 12	4,65 1,15 4,75 1,1	77 79
11 J	3 43 9 43 15 58 22 05	4,85 1,0 4,95 0,8	85 90	**26** V *PL*	4 18 10 37 16 34 22 49	4,75 1,15 4,75 1,15	80 80
12 V *NL*	4 19 10 24 16 36 22 45	5,0 0,8 5,1 0,7	94 97	**27** S	4 48 11 14 17 06 23 24	4,8 1,15 4,7 1,2	79 78
13 S	4 57 11 07 17 16 23 27	5,15 0,65 5,15 0,7	99 99	**28** D	5 20 11 50 17 40 23 58	4,75 1,2 4,65 1,3	77 75
14 D	5 37 11 51 17 58	5,15 0,65 5,05	99 97	**29** L	5 52 12 25 18 13	4,7 1,3 4,5	73 70
15 L	0 13 6 19 12 38 18 43	0,8 5,05 0,75 4,8	 94 90	**30** M	0 32 6 25 13 00 18 47	1,45 4,55 1,45 4,3	 67 63

DÉCEMBRE 2004

	h m	haut. m	Coef		h m	haut. m	Coef
1 M	1 08 6 58 13 38 19 22	1,6 4,45 1,6 4,15	 60 56	**16** J	1 46 8 05 14 16 20 40	1,1 4,85 0,95 4,4	 81 76
2 J	1 48 7 36 14 19 20 05	1,75 4,25 1,8 3,95	 52 48	**17** V	2 41 9 04 15 12 21 47	1,3 4,65 1,2 4,2	 71 66
3 V	2 32 8 22 15 06 21 02	1,95 4,1 1,95 3,8	 45 41	**18** S *PQ*	3 41 10 10 16 12 23 02	1,5 4,45 1,45 4,05	 61 57
4 S	3 24 9 23 16 02 22 25	2,05 3,95 2,05 3,7	 39 37	**19** D	4 44 11 21 17 15	1,65 4,3 1,6	 54
5 D *DQ*	4 26 10 43 17 08 23 46	2,15 3,9 2,05 3,8	 36 37	**20** L	0 14 5 50 12 29 18 20	4,0 1,7 4,2 1,7	51 50
6 L	5 33 12 00 18 13	2,1 3,95 1,95	 39	**21** M	1 16 6 54 13 30 19 23	4,05 1,75 4,2 1,7	50 51
7 M	0 51 6 35 13 04 19 10	3,95 1,9 4,1 1,7	43 47	**22** M	2 09 7 55 14 23 20 19	4,15 1,35 4,25 1,3	53 55
8 M	1 44 7 30 13 59 20 01	4,2 1,7 4,35 1,45	53 58	**23** J	2 52 8 50 15 08 21 09	4,25 1,5 4,3 1,55	57 60
9 J	2 30 8 21 14 48 20 49	4,45 1,4 4,55 1,2	64 70	**24** V	3 30 9 38 15 47 21 52	4,4 1,5 4,4 1,45	62 65
10 V	3 14 9 11 15 35 21 36	4,7 1,15 4,8 1,0	76 81	**25** S	4 05 10 21 16 24 22 31	4,5 1,4 4,45 1,4	66 68
11 S	3 58 10 00 16 22 22 23	4,9 0,9 4,95 0,85	86 90	**26** D *PL*	4 39 11 00 16 59 23 07	4,6 1,35 4,5 1,35	69 70
12 D *NL*	4 43 10 50 17 10 23 11	5,05 0,75 5,0 0,8	93 95	**27** L	5 12 11 36 17 33 23 42	4,65 1,3 4,5 1,35	71 71
13 L	5 31 11 40 17 59	5,15 0,65 4,95	96 96	**28** M	5 45 12 11 18 06	4,65 1,3 4,5	71 71
14 M	0 00 6 20 12 31 18 50	0,8 5,1 0,65 4,85	 95 93	**29** M	0 18 6 17 12 46 18 39	1,35 4,65 1,3 4,4	 70 69
15 M	0 53 7 11 13 22 19 43	0,9 5,0 0,75 4,65	 89 86	**30** J	0 53 6 50 13 21 19 11	1,4 4,6 1,4 4,35	 68 66
				31 V	1 30 7 24 13 58 19 46	1,5 4,5 1,45 4,25	 64 62

Avis aux lecteurs

Les heures moyennes des marées sont exprimées en **HEURE LÉGALE**.
Elles sont exactes pour toute l'année (heure d'hiver et heure d'été) et ne doivent donc pas être corrigées.

SAINT-NAZAIRE	47° 16' N 02° 12' W	Niveau moyen : 3,57 m	Marnages V.E. moyenne : 5,00 m M.E. moyenne : 2,45 m

JANVIER 2004

Jour	h m	haut. m	Coef
1 J	0 26 6 06 12 03 18 32	4,35 2,3 4,55 2,3	42 41
2 V	1 23 7 07 13 26 19 32	4,5 2,35 4,65 2,3	41 43
3 S	2 02 8 05 14 16 20 27	4,7 2,25 4,75 2,2	45 48
4 D	2 38 8 57 14 57 21 14	4,9 2,1 4,95 2,05	51 54
5 L	3 12 9 42 15 35 21 55	5,1 1,95 5,1 1,85	57 61
6 M	3 44 10 23 16 09 22 33	5,25 1,75 5,2 1,7	64 66
7 M *PL*	4 16 11 01 16 42 23 09	5,4 1,6 5,3 1,6	69 71
8 J	4 47 11 38 17 13 23 45	5,5 1,5 5,4 1,5	73 74
9 V	5 20 12 15 17 46	5,55 1,4 5,4	75 76
10 S	0 22 5 54 12 52 18 20	1,45 5,6 1,35 5,4	76 76
11 D	1 00 6 31 13 30 18 57	1,5 5,55 1,4 5,3	75 74
12 L	1 39 7 10 14 10 19 37	1,55 5,45 1,5 5,2	72 70
13 M	2 22 7 52 14 52 20 22	1,65 5,35 1,6 5,05	67 64
14 M	3 08 8 38 15 40 21 18	1,75 5,15 1,75 4,85	62 59
15 J *DQ*	4 01 9 36 16 34 22 42	1,85 4,95 1,85 4,75	56 54
16 V	5 00 11 02 17 36	1,9 4,85 1,95	52
17 S	0 17 6 05 12 52 18 44	4,8 1,9 4,85 1,9	52 53
18 D	1 30 7 15 14 11 19 53	5,0 1,8 5,05 1,75	55 59
19 L	2 31 8 25 15 12 20 57	5,25 1,55 5,25 1,45	64 69
20 M	3 24 9 29 16 02 21 55	5,5 1,2 5,5 1,2	75 80
21 M *NL*	4 10 10 27 16 44 22 49	5,8 0,9 5,65 0,95	85 90
22 J	4 52 11 20 17 21 23 38	5,95 0,7 5,75 0,8	93 96
23 V	5 32 12 09 17 53	6,05 0,6 5,7	97 97
24 S	0 29 6 08 12 54 18 24	0,8 6,05 0,65 5,65	96 94
25 D	1 14 6 43 13 38 18 54	0,95 5,95 0,85 5,45	91 87
26 L	1 57 7 17 14 20 19 25	1,15 5,7 1,15 5,25	82 77
27 M	2 40 7 52 15 01 19 59	1,45 5,45 1,55 5,05	70 64
28 M	3 25 8 29 15 44 20 36	1,8 5,1 1,9 4,75	58 52
29 J *PQ*	4 13 9 12 16 32 21 24	2,15 4,8 2,3 4,5	46 40
30 V	5 08 10 11 17 30 22 47	2,45 4,45 2,55 4,25	36 33
31 S	6 11 12 33 18 37	2,6 4,3 2,65	31

FÉVRIER 2004

Jour	h m	haut. m	Coef
1 D	1 39 7 19 14 02 19 46	4,4 2,6 4,45 2,55	32 34
2 L	2 27 8 24 14 52 20 46	4,65 2,4 4,65 2,3	38 43
3 M	3 03 9 18 15 29 21 33	4,9 2,15 4,9 2,05	48 53
4 M	3 34 10 03 16 01 22 14	5,15 1,85 5,15 1,75	58 63
5 J	4 05 10 43 16 31 22 52	5,35 1,55 5,35 1,5	68 73
6 V *PL*	4 37 11 21 17 02 23 29	5,6 1,3 5,55 1,3	77 81
7 S	5 09 11 58 17 33	5,75 1,1 5,65	84 87
8 D	0 06 5 43 12 34 18 06	1,15 5,85 1,0 5,75	88 89
9 L	0 43 6 17 13 10 18 39	1,05 5,9 0,95 5,7	90 89
10 M	1 20 6 53 13 48 19 14	1,1 5,85 1,05 5,6	88 85
11 M	1 59 7 29 14 27 19 51	1,2 5,7 1,25 5,4	82 78
12 J	2 43 8 08 15 11 20 32	1,35 5,45 1,5 5,1	73 68
13 V *DQ*	3 32 8 53 16 03 21 26	1,6 5,1 1,8 4,8	62 57
14 S	4 31 9 58 17 05 23 52	1,85 4,75 2,05 4,65	51 47
15 D	5 40 12 53 18 19	2,05 4,65 2,15	45
16 L	1 28 6 58 14 15 19 38	4,8 2,0 4,85 2,05	46 49
17 M	2 34 8 17 15 14 20 50	5,1 1,75 5,1 1,7	55 61
18 M	3 25 9 24 15 59 21 49	5,45 1,35 5,4 1,35	69 76
19 J	4 05 10 20 16 34 22 40	5,75 1,0 5,6 1,0	83 88
20 V *NL*	4 40 11 09 17 01 23 26	6,0 0,7 5,75 0,75	93 97
21 S	5 12 11 53 17 28	6,15 0,6 5,8	99 100
22 D	0 11 5 44 12 33 17 56	0,75 6,2 0,65 5,8	100 99
23 L	0 51 6 15 13 10 18 24	0,8 6,1 0,85 5,75	96 92
24 M	1 28 6 46 13 46 18 54	1,05 5,9 1,15 5,55	88 82
25 M	2 05 7 18 14 20 19 24	1,35 5,6 1,5 5,3	76 70
26 J	2 41 7 49 14 56 19 55	1,75 5,25 1,9 5,0	63 57
27 V	3 22 8 23 15 37 20 31	2,1 4,85 2,3 4,65	49 43
28 S *PQ*	4 10 9 05 16 29 21 21	2,45 4,5 2,65 4,3	36 30
29 D	5 12 10 32 17 39	2,75 4,15 2,85	26

MARS 2004

Jour	h m	haut. m	Coef
1 L	0 59 6 30 13 40 19 02	4,2 2,8 4,25 2,8	24 25
2 M	2 02 7 51 14 33 20 15	4,45 2,6 4,55 2,5	30 36
3 M	2 42 8 53 15 09 21 08	4,75 2,25 4,85 2,15	42 49
4 J	3 14 9 39 15 39 21 51	5,05 1,8 5,15 1,75	56 64
5 V	3 45 10 19 16 08 22 29	5,4 1,45 5,45 1,35	70 77
6 S	4 17 10 56 16 39 23 05	5,7 1,1 5,7 1,05	83 88
7 D *PL*	4 50 11 33 17 11 23 42	5,95 0,8 5,95 0,8	93 97
8 L	5 23 12 09 17 43	6,1 0,65 6,05	99 101
9 M	0 20 5 57 12 45 18 16	0,7 6,2 0,65 6,05	101 101
10 M	0 58 6 31 13 23 18 49	0,7 6,1 0,8 5,9	99 95
11 J	1 38 7 06 14 03 19 23	0,85 5,85 1,05 5,6	91 85
12 V	2 21 7 42 14 48 20 01	1,15 5,5 1,4 5,25	79 71
13 S *DQ*	3 12 8 23 15 41 20 49	1,5 5,05 1,85 4,85	63 55
14 D	4 13 9 26 16 47 23 59	1,85 4,55 2,2 4,55	48 42
15 L	5 28 13 01 18 07	2,15 4,5 2,35	40
16 M	1 25 6 53 14 13 19 32	4,75 2,1 4,75 2,15	41 46
17 M	2 27 8 14 15 06 20 44	5,1 1,8 5,1 1,75	53 60
18 J	3 12 9 17 15 44 21 39	5,45 1,4 5,35 1,35	68 75
19 V	3 46 10 07 16 09 22 26	5,7 1,0 5,55 1,0	82 88
20 S *NL*	4 16 10 50 16 31 23 09	5,95 0,8 5,7 0,8	92 96
21 D	4 45 11 30 16 57 23 47	6,1 0,75 5,85 0,75	98 99
22 L	5 15 12 05 17 25	6,15 0,8 5,9	99 97
23 M	0 24 5 46 12 38 17 54	0,9 6,05 1,0 5,85	95 92
24 M	0 57 6 16 13 09 18 23	1,1 5,9 1,25 5,7	87 83
25 J	1 29 6 45 13 40 18 52	1,4 5,6 1,6 5,45	77 71
26 V	2 02 7 14 14 12 19 21	1,7 5,25 1,95 5,1	65 58
27 S	2 38 7 43 14 50 19 51	2,05 4,9 2,3 4,75	51 45
28 D	4 22 9 18 16 39 21 32	2,4 4,5 2,65 4,4	38 32
29 L *PQ*	5 21 10 19 17 48	2,7 4,1 2,85	26
30 M	0 59 6 41 13 59 19 13	4,15 2,8 4,2 2,85	23 23
31 M	2 13 8 09 14 54 20 33	4,35 2,65 4,45 2,6	27 33

Prédictions de marée calculées par le SHOM (heure légale)

Sur la côte Atlantique, de La Baule au Pertuis d'Antioche, lors des marées de morte-eau les plus faibles, un phénomène de « tenue de pleine mer » pendant laquelle le niveau de l'eau ne varie que très lentement, rend la détermination de l'instant de pleine mer imprécise.

Avis aux lecteurs

Les heures moyennes des marées sont exprimées en **HEURE LÉGALE.**
Elles sont exactes pour toute l'année (heure d'hiver et heure d'été) et ne doivent donc pas être corrigées.

SAINT-NAZAIRE	47° 16' N 02° 12' W	Niveau moyen : 3,57 m	Marnages V.E. moyenne : 5,00 m M.E. moyenne : 2,45 m

AVRIL 2004

	h m	haut. m	Coef		h m	haut. m	Coef
1	3 02	4,65	40	16	3 48	5,35	68
	9 17	2,25			9 57	1,4	
J	15 32	4,8	48	V	16 18	5,2	74
	21 31	2,15			22 19	1,4	
2	3 40	5,05	56	17	4 17	5,55	79
	10 06	1,8			10 44	1,15	
V	16 05	5,15	64	S	16 35	5,4	83
	22 17	1,7			23 05	1,15	
3	4 16	5,4	72	18	4 45	5,75	87
	10 46	1,35			11 25	1,05	
S	16 37	5,55	79	D	16 58	5,6	89
	22 57	1,3			23 45	1,0	
4	4 50	5,75	86	19	5 15	5,85	91
	11 24	0,95			12 01	1,0	
D	17 10	5,85	92	L	17 26	5,75	91
	23 36	0,9		*NL*			
5	5 25	6,05	98	20	0 21	1,0	
	12 02	0,65			5 47	5,9	91
L	17 43	6,05	102	M	12 34	1,1	
PL					17 56	5,8	90
6	0 14	0,65		21	0 55	1,1	
	5 59	6,2	105		6 18	5,85	88
M	12 40	0,5		M	13 05	1,2	
	18 17	6,2	106		18 26	5,75	85
7	0 54	0,5		22	1 27	1,25	
	6 34	6,25	107		6 48	5,7	82
M	13 19	0,5		J	13 35	1,4	
	18 51	6,15	105		18 55	5,6	78
8	1 36	0,5		23	1 58	1,5	
	7 09	6,1	103		7 17	5,45	74
J	13 59	0,7		V	14 05	1,65	
	19 25	5,95	98		19 24	5,4	69
9	2 19	0,7		24	2 30	1,75	
	7 45	5,8	93		7 46	5,15	64
V	14 42	1,0		S	14 38	1,95	
	20 01	5,65	86		19 53	5,15	58
10	3 06	1,05		25	3 06	2,0	
	8 23	5,35	78		8 16	4,85	52
S	15 31	1,45		D	15 16	2,25	
	20 42	5,25	70		20 26	4,85	47
11	4 00	1,45		26	3 49	2,3	
	9 07	4,85	61		8 52	4,5	41
D	16 28	1,9		L	16 05	2,5	
	21 38	4,8	53		21 09	4,55	36
12	5 05	1,85		27	4 45	2,5	
	12 27	4,4	47		9 57	4,2	31
L	17 38	2,25		M	17 09	2,7	
DQ				*PQ*	22 46	4,3	28
13	0 55	4,6	42	28	5 57	2,65	
	6 22	2,1			13 01	4,2	28
M	13 58	4,55	41	M	18 25	2,7	
	18 59	2,3					
14	2 12	4,8	44	29	1 11	4,4	30
	7 45	2,0			7 18	2,5	
M	15 03	4,75	48	J	14 02	4,45	35
	20 20	2,1			19 40	2,5	
15	3 08	5,05	55	30	2 10	4,65	41
	8 59	1,75			8 28	2,2	
J	15 49	5,0	61	V	14 47	4,8	48
	21 26	1,75			20 43	2,15	

MAI 2004

	h m	haut. m	Coef		h m	haut. m	Coef
1	2 58	5,0	55	16	3 42	5,25	70
	9 21	1,75			10 14	1,45	
S	15 27	5,15	63	D	16 01	5,2	73
	21 33	1,7			22 36	1,45	
2	3 40	5,35	71	17	4 14	5,4	76
	10 06	1,3			10 55	1,35	
D	16 03	5,5	78	L	16 28	5,4	78
	22 19	1,3			23 17	1,35	
3	4 19	5,7	85	18	4 48	5,5	79
	10 48	0,95			11 31	1,35	
L	16 39	5,8	91	M	16 59	5,5	79
	23 02	0,9			23 54	1,35	
4	4 57	5,95	96	19	5 22	5,55	79
	11 29	0,65			12 04	1,4	
M	17 15	6,05	101	M	17 31	5,55	79
PL	23 45	0,65		*NL*			
5	5 35	6,1	103	20	0 28	1,4	
	12 11	0,5			5 54	5,5	78
M	17 51	6,15	105	J	12 35	1,45	
					18 03	5,55	76
6	0 30	0,5		21	1 01	1,45	
	6 13	6,1	105		6 25	5,4	74
J	12 54	0,55		V	13 07	1,6	
	18 29	6,1	103		18 33	5,45	72
7	1 18	0,5		22	1 34	1,6	
	6 52	5,95	100		6 56	5,25	69
V	13 39	0,75		S	13 40	1,75	
	19 08	5,9	96		19 03	5,3	66
8	2 06	0,7		23	2 09	1,7	
	7 33	5,6	90		7 28	5,05	63
S	14 27	1,05		D	14 15	1,9	
	19 50	5,6	84		19 36	5,15	59
9	2 57	1,0		24	2 47	1,9	
	8 16	5,15	77		8 02	4,8	55
D	15 20	1,45		L	14 55	2,1	
	20 41	5,2	69		20 14	4,9	51
10	3 54	1,35		25	3 29	2,1	
	9 10	4,7	63		8 45	4,6	47
L	16 20	1,8		M	15 42	2,3	
	22 06	4,85	56		21 01	4,7	44
11	4 58	1,7		26	4 20	2,25	
	12 22	4,45	51		9 50	4,4	41
M	17 29	2,1		M	16 39	2,4	
DQ					22 14	4,55	39
12	0 35	4,8	48	27	5 20	2,3	
	6 09	1,9			11 50	4,35	38
M	13 41	4,55	47	J	17 43	2,45	
	18 43	2,15		*PQ*			
13	1 43	4,85	48	28	0 01	4,55	38
	7 22	1,9			6 27	2,25	
J	14 41	4,7	51	V	13 06	4,5	41
	19 54	2,0			18 48	2,3	
14	2 36	4,95	55	29	1 14	4,7	44
	8 29	1,75			7 31	2,05	
V	15 24	4,85	59	S	14 01	4,8	49
	20 56	1,8			19 50	2,05	
15	3 12	5,1	63	30	2 12	4,95	55
	9 26	1,6			8 30	1,75	
S	15 45	5,0	67	D	14 48	5,1	61
	21 50	1,55			20 46	1,75	
				31	3 03	5,2	67
					9 23	1,4	
				L	15 31	5,4	74
					21 39	1,35	

JUIN 2004

	h m	haut. m	Coef		h m	haut. m	Coef
1	3 49	5,5	80	16	4 28	5,1	66
	10 12	1,1			11 04	1,7	
M	16 11	5,65	85	M	16 42	5,25	67
	22 30	1,0			23 29	1,65	
2	4 34	5,7	90	17	5 05	5,2	68
	11 00	0,8			11 39	1,65	
M	16 52	5,85	94	J	17 15	5,35	69
	23 20	0,75		*NL*			
3	5 18	5,8	97	18	0 06	1,6	
	11 48	0,7			5 40	5,2	70
J	17 34	5,95	98	V	12 13	1,65	
PL					17 47	5,35	70
4	0 11	0,6		19	0 42	1,6	
	6 02	5,8	99		6 13	5,2	70
V	12 36	0,7		S	12 48	1,65	
	18 17	5,95	98		18 19	5,35	69
5	1 02	0,55		20	1 18	1,6	
	6 47	5,7	96		6 45	5,15	68
S	13 26	0,8		D	13 23	1,7	
	19 04	5,8	93		18 52	5,3	67
6	1 57	0,65		21	1 55	1,6	
	7 33	5,45	90		7 19	5,1	66
D	14 17	1,05		L	13 59	1,75	
	19 54	5,6	85		19 27	5,25	64
7	2 50	0,9		22	2 32	1,7	
	8 21	5,1	80		7 56	4,95	62
L	15 11	1,3		M	14 39	1,35	
	20 50	5,3	74		20 06	5,1	60
8	3 45	1,15		23	3 13	1,3	
	9 12	4,8	69		8 37	4,35	58
M	16 09	1,6		M	15 22	1,95	
	21 58	5,05	64		20 50	5,0	56
9	4 43	1,45		24	3 57	1,85	
	10 15	4,55	60		9 27	4,7	54
M	17 10	1,8		J	16 10	2,05	
DQ	23 42	4,85	56		21 42	4,85	52
10	5 44	1,7		25	4 46	1,95	
	13 06	4,45	53		10 31	4,6	50
J	18 15	1,95		V	17 04	2,1	
				PQ	22 48	4,75	49
11	1 02	4,75	51	26	5 41	2,0	
	6 47	1,85			11 58	4,6	49
V	14 07	4,5	50	S	18 02	2,1	
	19 18	2,0					
12	1 41	4,75	51	27	0 11	4,75	49
	7 49	1,9			6 41	1,95	
S	14 50	4,6	52	D	13 13	4,7	51
	20 19	1,95			19 03	1,95	
13	2 27	4,8	54	28	1 25	4,85	53
	8 48	1,9			7 42	1,8	
D	15 13	4,75	56	L	14 14	4,95	57
	21 15	1,85			20 04	1,8	
14	3 09	4,9	58	29	2 31	5,0	61
	9 39	1,8			8 44	1,6	
L	15 35	4,95	60	M	15 07	5,15	66
	22 05	1,8			21 05	1,5	
15	3 49	5,0	62	30	3 30	5,2	71
	10 24	1,75			9 43	1,35	
M	16 07	5,1	64	M	15 56	5,4	76
	22 50	1,7			22 05	1,2	

Prédictions de marée calculées par le SHOM (heure légale)

Sur la côte Atlantique, de La Baule au Pertuis d'Antioche, lors des marées de morte-eau les plus faibles, un phénomène de « tenue de pleine mer » pendant laquelle le niveau de l'eau ne varie que très lentement, rend la détermination de l'instant de pleine mer imprécise.

Avis aux lecteurs

Les heures moyennes des marées sont exprimées en **HEURE LÉGALE**.
Elles sont exactes pour toute l'année (heure d'hiver et heure d'été) et ne doivent donc pas être corrigées.

SAINT-NAZAIRE	47° 16' N 02° 12' W	Niveau moyen : 3,57 m	Marnages V.E. moyenne : 5,00 m M.E. moyenne : 2,45 m

JUILLET 2004

	h m	haut. m	Coef
1 J	4 25	5,4	80
	10 39	1,1	
	16 44	5,65	85
	23 03	0,9	
2 V PL	5 16	5,55	89
	11 32	0,9	
	17 32	5,8	92
	23 59	0,7	
3 S	6 04	5,6	94
	12 24	0,8	
	18 19	5,9	95
4 D	0 52	0,55	
	6 50	5,6	96
	13 16	0,8	
	19 06	5,9	95
5 L	1 48	0,6	
	7 31	5,45	93
	14 06	0,9	
	19 50	5,75	91
6 M	2 38	0,7	
	8 10	5,25	87
	14 57	1,05	
	20 33	5,55	83
7 M	3 27	0,95	
	8 46	5,05	78
	15 49	1,3	
	21 14	5,3	72
8 J	4 17	1,3	
	9 23	4,8	67
	16 42	1,6	
	21 57	5,0	61
9 V DQ	5 08	1,6	
	10 06	4,6	56
	17 38	1,85	
	22 47	4,75	52
10 S	6 03	1,95	
	11 02	4,4	48
	18 37	2,1	
	23 55	4,55	45
11 D	7 02	2,15	
	14 06	4,35	43
	19 38	2,2	
12 L	1 34	4,5	42
	8 04	2,25	
	14 51	4,5	43
	20 38	2,2	
13 M	2 47	4,55	44
	9 04	2,2	
	15 27	4,7	47
	21 35	2,1	
14 M	3 39	4,7	49
	9 57	2,1	
	16 02	4,9	52
	22 25	2,0	
15 J	4 22	4,85	56
	10 42	1,95	
	16 36	5,05	59
	23 09	1,85	

	h m	haut. m	Coef
16 V	4 59	5,0	62
	11 21	1,8	
	17 08	5,2	64
	23 49	1,7	
17 S NL	5 33	5,1	67
	11 58	1,65	
	17 39	5,3	69
18 D	0 26	1,55	
	6 04	5,2	71
	12 33	1,55	
	18 09	5,4	73
19 L	1 03	1,45	
	6 36	5,25	74
	13 09	1,5	
	18 42	5,45	75
20 M	1 40	1,4	
	7 08	5,3	75
	13 44	1,45	
	19 15	5,45	75
21 M	2 15	1,4	
	7 42	5,25	74
	14 21	1,5	
	19 51	5,4	73
22 J	2 52	1,4	
	8 18	5,2	71
	14 59	1,55	
	20 29	5,3	69
23 V	3 30	1,5	
	8 57	5,05	67
	15 41	1,7	
	21 10	5,15	64
24 S	4 13	1,65	
	9 41	4,9	61
	16 29	1,8	
	21 58	4,95	58
25 D PQ	5 02	1,8	
	10 38	4,7	55
	17 23	1,9	
	23 01	4,75	53
26 L	5 59	1,9	
	12 16	4,65	51
	18 25	1,95	
27 M	0 51	4,65	50
	7 04	1,95	
	13 53	4,75	50
	19 33	1,9	
28 M	2 22	4,75	52
	8 15	1,85	
	15 02	5,0	56
	20 44	1,7	
29 J	3 35	4,95	61
	9 24	1,65	
	16 00	5,3	67
	21 52	1,4	
30 V	4 33	5,2	73
	10 27	1,3	
	16 50	5,6	79
	22 55	1,05	
31 S PL	5 21	5,45	85
	11 24	1,0	
	17 34	5,85	90
	23 51	0,7	

AOÛT 2004

	h m	haut. m	Coef
1 D	6 02	5,6	94
	12 16	0,8	
	18 14	6,0	97
2 L	0 42	0,5	
	6 38	5,65	99
	13 04	0,65	
	18 52	6,05	100
3 M	1 33	0,5	
	7 11	5,65	99
	13 51	0,7	
	19 27	6,0	97
4 M	2 18	0,65	
	7 42	5,5	94
	14 36	0,9	
	20 01	5,8	89
5 J	3 01	0,9	
	8 12	5,35	84
	15 21	1,15	
	20 35	5,5	78
6 V	3 44	1,25	
	8 44	5,1	72
	16 07	1,55	
	21 10	5,15	65
7 S DQ	4 27	1,7	
	9 19	4,85	58
	16 55	1,9	
	21 50	4,8	51
8 D	5 14	2,1	
	10 02	4,55	45
	17 50	2,25	
	22 42	4,45	39
9 L	6 10	2,4	
	11 06	4,25	35
	18 53	2,5	
10 M	1 01	4,2	32
	7 17	2,6	
	14 33	4,3	31
	20 02	2,5	
11 M	2 44	4,3	32
	8 29	2,55	
	15 22	4,55	36
	21 09	2,4	
12 J	3 38	4,5	40
	9 32	2,35	
	15 59	4,75	45
	22 05	2,15	
13 V	4 17	4,75	50
	10 22	2,1	
	16 29	5,0	55
	22 51	1,85	
14 S	4 49	4,95	60
	11 03	1,8	
	16 57	5,2	65
	23 30	1,6	
15 D	5 19	5,15	70
	11 40	1,55	
	17 25	5,4	74

	h m	haut. m	Coef
16 L NL	0 07	1,35	
	5 48	5,35	77
	12 15	1,35	
	17 54	5,6	81
17 M	0 42	1,2	
	6 18	5,5	83
	12 50	1,2	
	18 25	5,7	85
18 M	1 18	1,1	
	6 48	5,6	86
	13 24	1,15	
	18 57	5,75	87
19 J	1 52	1,05	
	7 20	5,6	87
	13 58	1,15	
	19 29	5,7	86
20 V	2 26	1,1	
	7 53	5,55	84
	14 34	1,25	
	20 03	5,6	81
21 S	3 02	1,25	
	8 27	5,35	77
	15 14	1,4	
	20 40	5,35	73
22 D	3 42	1,45	
	9 04	5,15	68
	15 59	1,6	
	21 20	5,05	63
23 L PQ	4 29	1,75	
	9 49	4,85	57
	16 53	1,85	
	22 14	4,7	52
24 M	5 27	2,0	
	11 10	4,55	47
	17 59	2,05	
25 M	1 08	4,5	44
	6 39	2,2	
	13 55	4,65	43
	19 16	2,1	
26 J	2 35	4,65	45
	8 01	2,15	
	15 05	4,95	50
	20 37	1,85	
27 V	3 41	4,9	56
	9 18	1,8	
	16 00	5,35	64
	21 49	1,45	
28 S	4 31	5,25	72
	10 22	1,4	
	16 45	5,7	79
	22 49	1,0	
29 D	5 11	5,5	86
	11 16	1,0	
	17 22	5,95	92
	23 40	0,65	
30 L PL	5 42	5,65	97
	12 04	0,7	
	17 55	6,15	100
31 M	0 26	0,5	
	6 12	5,75	102
	12 48	0,6	
	18 26	6,2	103

SEPTEMBRE 2004

	h m	haut. m	Coef
1 M	1 11	0,5	
	6 40	5,8	102
	13 30	0,65	
	18 57	6,1	100
2 J	1 51	0,7	
	7 10	5,7	96
	14 10	0,85	
	19 28	5,9	91
3 V	2 29	1,0	
	7 39	5,55	86
	14 49	1,2	
	19 59	5,6	79
4 S	3 05	1,4	
	8 09	5,3	73
	15 28	1,6	
	20 31	5,25	65
5 D	3 43	1,8	
	8 41	5,0	58
	16 10	2,05	
	21 05	4,8	50
6 L DQ	4 24	2,25	
	9 16	4,65	43
	17 00	2,4	
	21 48	4,4	36
7 M	5 17	2,6	
	10 05	4,3	30
	18 04	2,7	
8 M	1 10	4,05	25
	6 28	2,8	
	14 04	4,2	23
	19 24	2,75	
9 J	2 30	4,2	25
	7 52	2,8	
	15 01	4,45	29
	20 43	2,55	
10 V	3 21	4,45	35
	9 04	2,5	
	15 40	4,75	41
	21 42	2,2	
11 S	3 56	4,75	48
	9 57	2,15	
	16 09	5,0	55
	22 26	1,85	
12 D	4 24	5,0	62
	10 38	1,8	
	16 34	5,3	68
	23 04	1,5	
13 L	4 52	5,3	74
	11 15	1,45	
	17 02	5,55	80
	23 40	1,2	
14 M NL	5 22	5,55	84
	11 50	1,2	
	17 31	5,8	89
15 M	0 14	0,95	
	5 52	5,75	92
	12 24	1,0	
	18 02	5,95	94

	h m	haut. m	Coef
16 J	0 48	0,85	
	6 23	5,85	96
	12 59	0,85	
	18 33	6,0	97
17 V	1 23	0,8	
	6 54	5,9	96
	13 34	0,9	
	19 05	5,95	94
18 S	1 58	0,9	
	7 26	5,8	92
	14 11	1,0	
	19 38	5,75	88
19 D	2 36	1,15	
	7 59	5,55	83
	14 51	1,2	
	20 13	5,45	77
20 L	3 17	1,45	
	8 35	5,25	70
	15 38	1,55	
	20 52	5,0	63
21 M PQ	4 07	1,8	
	9 18	4,85	55
	16 35	1,9	
	21 46	4,55	48
22 M	5 10	2,15	
	12 19	4,5	42
	17 47	2,15	
23 J	1 21	4,4	39
	6 29	2,35	
	13 53	4,7	39
	19 13	2,15	
24 V	2 37	4,65	43
	7 58	2,25	
	14 58	5,05	50
	20 37	1,85	
25 S	3 34	5,0	58
	9 14	1,85	
	15 49	5,45	66
	21 44	1,4	
26 D	4 17	5,3	74
	10 12	1,35	
	16 28	5,75	81
	22 37	1,0	
27 L	4 47	5,5	88
	11 02	1,0	
	16 59	6,0	93
	23 23	0,7	
28 M PL	5 13	5,7	97
	11 46	0,75	
	17 27	6,1	99
29 M	0 04	0,6	
	5 40	5,8	100
	12 27	0,7	
	17 56	6,15	100
30 J	0 43	0,7	
	6 09	5,85	99
	13 05	0,8	
	18 26	6,05	96

Prédictions de marée calculées par le SHOM (heure légale)

Sur la côte Atlantique, de La Baule au Pertuis d'Antioche, lors des marées de morte-eau les plus faibles, un phénomène de « tenue de pleine mer » pendant laquelle le niveau de l'eau ne varie que très lentement, rend la détermination de l'instant de pleine mer imprécise.

Avis aux lecteurs

Les heures moyennes des marées sont exprimées en **HEURE LÉGALE**.
Elles sont exactes pour toute l'année (heure d'hiver et heure d'été) et ne doivent donc pas être corrigées.

SAINT-NAZAIRE	47° 16' N 02° 12' W	Niveau moyen : 3,57 m	Marnages V.E. moyenne : 5 00 m M.E. moyenne : 2,45 m

OCTOBRE 2004

Jour	h m	haut. m	Coef
1	1 20	0,9	
	6 39	5,8	93
V	13 41	1,0	
	18 57	5,85	88
2	1 54	1,2	
	7 08	5,65	83
S	14 16	1,3	
	19 27	5,55	77
3	2 27	1,55	
	7 38	5,4	71
D	14 50	1,7	
	19 58	5,2	64
4	3 01	1,95	
	8 08	5,1	57
L	15 28	2,1	
	20 28	4,8	50
5	3 40	2,3	
	8 40	4,7	43
M	16 13	2,45	
	21 05	4,35	36
6	4 29	2,65	
	9 22	4,35	30
M DQ	17 14	2,75	
7	0 39	4,0	24
	5 38	2,85	
J	13 17	4,2	22
	18 37	2,85	
8	1 56	4,15	22
	7 04	2,85	
V	14 21	4,4	26
	20 04	2,65	
9	2 46	4,45	33
	8 22	2,6	
S	15 04	4,7	40
	21 06	2,25	
10	3 20	4,75	47
	9 19	2,2	
D	15 34	5,0	54
	21 52	1,85	
11	3 50	5,05	62
	10 03	1,8	
L	16 03	5,3	69
	22 30	1,45	
12	4 20	5,4	76
	10 42	1,45	
M	16 33	5,6	82
	23 06	1,1	
13	4 51	5,7	88
	11 18	1,1	
M	17 04	5,85	92
	23 41	0,85	
14	5 23	5,9	96
	11 55	0,85	
J NL	17 37	6,05	99
15	0 17	0,75	
	5 55	6,0	100
V	12 32	0,75	
	18 09	6,1	101
16	0 53	0,7	
	6 28	6,0	100
S	13 11	0,75	
	18 43	6,0	98
17	1 33	0,85	
	7 02	5,9	94
D	13 52	0,85	
	19 18	5,75	90
18	2 15	1,1	
	7 38	5,65	84
L	14 37	1,15	
	19 55	5,35	77
19	3 01	1,45	
	8 18	5,25	69
M	15 28	1,5	
	20 38	4,9	62
20	3 56	1,9	
	9 10	4,85	54
M	16 29	1,85	
PQ	23 48	4,45	47
21	5 04	2,2	
	12 22	4,65	42
J	17 43	2,1	
22	1 21	4,5	41
	6 25	2,3	
V	13 42	4,85	43
	19 07	2,05	
23	2 28	4,75	47
	7 47	2,15	
S	14 43	5,15	53
	20 24	1,75	
24	3 19	5,0	60
	8 57	1,8	
D	15 30	5,4	67
	21 25	1,4	
25	3 54	5,25	73
	9 53	1,4	
L	16 04	5,65	79
	22 15	1,1	
26	4 18	5,45	84
	10 41	1,15	
M	16 31	5,8	87
	22 59	0,95	
27	4 42	5,6	90
	11 24	1,0	
M	16 58	5,9	92
	23 39	0,95	
28	5 10	5,75	92
	12 03	0,95	
J PL	17 29	5,95	92
29	0 15	1,0	
	5 41	5,8	91
V	12 39	1,05	
	18 00	5,85	88
30	0 49	1,2	
	6 12	5,75	86
S	13 13	1,25	
	18 31	5,7	82
31	1 22	1,4	
	5 42	5,6	78
D	12 47	1,5	
	18 02	5,45	73

NOVEMBRE 2004

Jour	h m	haut. m	Coef
1	0 55	1,7	
	6 12	5,4	68
L	13 21	1,75	
	18 32	5,15	63
2	1 29	2,0	
	6 43	5,1	57
M	13 58	2,05	
	19 03	4,8	51
3	2 08	2,3	
	7 16	4,8	46
M	14 41	2,35	
	19 41	4,45	40
4	2 56	2,55	
	7 59	4,5	34
J	15 35	2,6	
	20 47	4,1	30
5	3 57	2,75	
	9 31	4,3	27
V DQ	16 45	2,7	
6	0 04	4,2	26
	5 10	2,75	
S	12 13	4,4	28
	18 04	2,6	
7	0 53	4,4	32
	6 24	2,6	
D	13 07	4,6	38
	19 13	2,3	
8	1 34	4,75	45
	7 26	2,3	
L	13 49	4,9	51
	20 05	1,95	
9	2 10	5,05	59
	8 17	1,9	
M	14 26	5,25	65
	20 49	1,55	
10	2 45	5,4	72
	9 01	1,55	
M	15 02	5,55	79
	21 28	1,2	
11	3 20	5,65	85
	9 43	1,2	
J	15 37	5,8	90
	22 07	0,95	
12	3 54	5,9	94
	10 25	0,9	
V	16 13	5,95	97
NL	22 47	0,8	
13	4 30	6,0	99
	11 08	0,7	
S	16 50	6,0	99
	23 29	0,75	
14	5 08	6,05	99
	11 52	0,65	
D	17 28	5,9	97
15	0 14	0,85	
	5 47	5,9	94
L	12 39	0,75	
	18 08	5,65	90
16	1 02	1,1	
	6 30	5,65	84
M	13 29	1,0	
	18 53	5,25	78
17	1 53	1,45	
	7 20	5,35	72
M	14 23	1,3	
	19 47	4,85	65
18	2 51	1,75	
	8 31	5,0	59
J	15 24	1,6	
	22 38	4,6	54
19	3 57	2,0	
	11 00	4,9	50
V PQ	16 32	1,85	
20	0 03	4,6	49
	5 10	2,1	
S	12 18	4,95	49
	17 45	1,9	
21	1 08	4,75	51
	6 22	2,0	
D	13 18	5,05	54
	18 54	1,8	
22	1 57	4,9	58
	7 28	1,85	
L	14 05	5,2	62
	19 55	1,6	
23	2 28	5,05	66
	8 25	1,6	
M	14 37	5,3	70
	20 48	1,45	
24	2 49	5,25	73
	9 15	1,45	
M	15 04	5,45	75
	21 33	1,35	
25	3 16	5,4	77
	10 00	1,35	
J	15 34	5,55	79
	22 14	1,35	
26	3 47	5,55	80
	10 40	1,35	
V	16 08	5,6	80
PL	22 50	1,4	
27	4 20	5,6	79
	11 16	1,4	
S	16 41	5,55	78
	23 24	1,45	
28	4 52	5,6	77
	11 51	1,45	
D	17 14	5,45	75
	23 58	1,6	
29	5 24	5,5	73
	12 26	1,6	
L	17 46	5,3	70
30	0 32	1,75	
	5 56	5,35	67
M	13 01	1,75	
	18 18	5,1	63

DÉCEMBRE 2004

Jour	h m	haut. m	Coef
1	1 08	1,95	
	6 29	5,2	60
M	13 38	1,95	
	18 52	4,9	56
2	1 46	2,1	
	7 05	5,0	52
J	14 18	2,1	
	19 32	4,65	48
3	2 30	2,3	
	7 48	4,8	45
V	15 05	2,3	
	20 26	4,45	41
4	3 22	2,45	
	8 46	4,6	39
S	16 00	2,4	
	22 06	4,35	37
5	4 21	2,5	
	10 15	4,5	36
D	17 02	2,4	
DQ	23 45	4,45	37
6	5 23	2,45	
	11 49	4,6	39
L	18 06	2,3	
7	0 41	4,65	43
	6 25	2,3	
M	12 54	4,8	47
	19 06	2,05	
8	1 28	4,95	53
	7 23	2,0	
M	13 46	5,05	58
	20 00	1,75	
9	2 11	5,25	64
	8 17	1,7	
J	14 33	5,3	70
	20 49	1,45	
10	2 52	5,5	76
	9 08	1,35	
V	15 16	5,55	81
	21 36	1,15	
11	3 33	5,75	86
	9 59	1,0	
S	15 59	5,75	90
	22 23	0,95	
12	4 15	5,9	93
	10 49	0,8	
D	16 43	5,8	95
NL	23 11	0,85	
13	5 00	6,0	96
	11 40	0,65	
L	17 28	5,8	96
14	0 00	0,85	
	5 46	5,95	95
M	12 31	0,65	
	18 14	5,6	93
15	0 53	1,0	
	6 36	5,8	89
M	13 22	0,75	
	19 02	5,35	86
16	1 46	1.2	
	7 28	5.6	81
J	14 16	1.0	
	19 52	5.05	76
17	2 41	1.45	
	8 23	5.35	71
V	15 11	1.3	
	20 49	4.8	66
18	3 40	1.7	
	9 26	5.1	61
S	16 09	1.55	
PQ	23 22	4.6	57
19	4 42	1.85	
	11 08	4.9	54
D	17 11	1,8	
20	0 32	4,55	51
	5 46	2,0	
L	12 38	4,8	50
	18 15	1,95	
21	1 27	4,65	50
	6 50	2,0	
M	13 33	4,85	51
	19 18	1,95	
22	2 04	4,75	53
	7 52	1,95	
M	14 14	4,9	55
	20 16	1,9	
23	2 31	4,95	57
	8 48	1,85	
J	14 48	5,0	60
	21 07	1,85	
24	3 02	5,1	62
	9 37	1,75	
V	15 23	5,15	65
	21 52	1,75	
25	3 36	5,3	66
	10 20	1,7	
S	15 59	5,25	68
	22 31	1,7	
26	4 10	5,4	69
	10 59	1,6	
D	16 35	5,3	70
PL	23 07	1,65	
27	4 43	5,45	71
	11 36	1,55	
L	17 08	5,35	71
	23 41	1,65	
28	5 15	5,5	71
	12 11	1,55	
M	17 39	5,3	71
29	0 16	1,65	
	5 47	5,45	70
M	12 46	1,6	
	18 11	5,25	69
30	0 52	1,7	
	6 20	5,4	68
J	13 22	1,65	
	18 44	5,15	66
31	1 28	1,8	
	6 55	5,3	64
V	13 58	1,75	
	19 19	5,0	62

Prédictions de marée calculées par le SHOM (heure légale)

Sur la côte Atlantique, de La Baule au Pertuis d'Antioche, lors des marées de morte-eau les plus faibles, un phénomène de « tenue de pleine mer » pendant laquelle le niveau de l'eau ne varie que très lentement, rend la détermination de l'instant de pleine mer imprécise.

Avis aux lecteurs

Les heures moyennes des marées sont exprimées en **HEURE LÉGALE**.
Elles sont exactes pour toute l'année (heure d'hiver et heure d'été) et ne doivent donc pas être corrigées.

LES SABLES D'OLONNE — 46° 30' N 01° 48' W — Niveau moyen : 3,20 m — Marnages : V.E. moyenne : 4,45 m ; M.E. moyenne : 2,10 m

JANVIER 2004

Jour	h m	haut. m	Coef
1 J	0 17	4,05	42
	5 44	2,1	
	12 16	4,2	41
	18 13	2,1	
2 V	1 14	4,1	41
	6 46	2,1	
	13 18	4,2	43
	19 15	2,05	
3 S	2 00	4,2	45
	7 45	2,0	
	14 10	4,25	48
	20 09	1,95	
4 D	2 40	4,35	51
	8 36	1,85	
	14 55	4,35	54
	20 55	1,75	
5 L	3 16	4,5	57
	9 21	1,7	
	15 35	4,5	61
	21 35	1,6	
6 M	3 50	4,65	64
	10 01	1,55	
	16 12	4,6	66
	22 12	1,5	
7 M PL	4 23	4,75	69
	10 40	1,4	
	16 46	4,7	71
	22 48	1,4	
8 J	4 54	4,85	73
	11 16	1,3	
	17 19	4,75	74
	23 24	1,3	
9 V	5 25	4,9	75
	11 53	1,2	
	17 52	4,75	76
10 S	0 00	1,3	
	5 59	4,95	76
	12 29	1,2	
	18 26	4,75	76
11 D	0 38	1,3	
	6 36	4,95	75
	13 06	1,25	
	19 03	4,7	74
12 L	1 16	1,35	
	7 16	4,9	72
	13 45	1,35	
	19 44	4,6	70
13 M	1 57	1,45	
	8 00	4,8	67
	14 26	1,5	
	20 32	4,5	64
14 M	2 43	1,6	
	8 51	4,65	62
	15 13	1,65	
	21 32	4,35	59
15 J DQ	3 35	1,7	
	9 55	4,5	56
	16 08	1,75	
	22 50	4,25	54
16 V	4 36	1,8	
	11 16	4,4	52
	17 11	1,85	
17 S	0 13	4,3	52
	5 44	1,8	
	12 40	4,4	53
	18 22	1,8	
18 D	1 24	4,45	55
	6 56	1,65	
	13 54	4,5	59
	19 33	1,65	
19 L	2 25	4,7	64
	8 05	1,4	
	14 58	4,7	69
	20 38	1,4	
20 M	3 20	4,95	75
	9 09	1,1	
	15 55	4,9	80
	21 36	1,1	
21 M NL	4 11	5,2	85
	10 06	0,8	
	16 44	5,05	90
	22 28	0,85	
22 J	4 57	5,35	93
	10 58	0,6	
	17 29	5,15	96
	23 17	0,75	
23 V	5 40	5,45	97
	11 46	0,55	
	18 09	5,15	97
24 S	0 04	0,7	
	6 20	5,4	96
	12 31	0,6	
	18 46	5,0	94
25 D	0 50	0,8	
	6 57	5,25	91
	13 14	0,8	
	19 18	4,85	87
26 L	1 33	1,0	
	7 31	5,05	82
	13 56	1,05	
	19 47	4,6	77
27 M	2 17	1,3	
	8 04	4,8	70
	14 38	1,4	
	20 17	4,4	64
28 M	3 01	1,6	
	8 41	4,5	58
	15 22	1,7	
	20 55	4,15	52
29 J PQ	3 50	1,9	
	9 28	4,2	46
	16 11	2,0	
	21 57	3,9	40
30 V	4 45	2,15	
	10 39	4,0	36
	17 08	2,25	
31 S	0 06	3,85	33
	5 49	2,3	
	12 22	3,85	31
	18 17	2,3	

FÉVRIER 2004

Jour	h m	haut. m	Coef
1 D	1 22	3,9	32
	7 00	2,3	
	13 42	3,95	34
	19 29	2,25	
2 L	2 17	4,05	38
	8 07	2,1	
	14 39	4,1	43
	20 28	2,05	
3 M	3 01	4,25	48
	9 00	1,85	
	15 24	4,3	53
	21 14	1,75	
4 M	3 38	4,5	58
	9 43	1,55	
	16 01	4,45	63
	21 54	1,5	
5 J	4 11	4,7	68
	10 22	1,3	
	16 34	4,65	73
	22 31	1,25	
6 V PL	4 42	4,9	77
	10 59	1,1	
	17 06	4,85	81
	23 07	1,1	
7 S	5 13	5,05	84
	11 34	0,95	
	17 37	4,95	87
	23 42	0,95	
8 D	5 46	5,15	88
	12 10	0,85	
	18 09	5,0	89
9 L	0 19	0,9	
	6 20	5,2	90
	12 45	0,85	
	18 43	5,0	89
10 M	0 56	0,9	
	6 57	5,15	88
	13 21	0,95	
	19 20	4,9	85
11 M	1 35	1,0	
	7 36	5,0	82
	14 00	1,1	
	20 00	4,7	78
12 J	2 17	1,2	
	8 19	4,75	73
	14 43	1,3	
	20 48	4,45	68
13 V DQ	3 06	1,4	
	9 14	4,5	62
	15 34	1,6	
	22 00	4,25	57
14 S	4 05	1,65	
	10 40	4,2	51
	16 37	1,85	
	23 43	4,15	47
15 D	5 17	1,85	
	12 28	4,1	45
	17 56	2,0	
16 L	1 12	4,25	46
	6 40	1,8	
	13 55	4,25	49
	19 22	1,85	
17 M	2 21	4,5	55
	8 01	1,55	
	15 02	4,5	61
	20 35	1,55	
18 M	3 17	4,8	69
	9 07	1,2	
	15 54	4,75	76
	21 32	1,2	
19 J	4 04	5,1	83
	10 00	0,85	
	16 37	4,95	88
	22 20	0,85	
20 V NL	4 44	5,3	93
	10 47	0,6	
	17 13	5,1	97
	23 05	0,65	
21 S	5 19	5,4	99
	11 30	0,5	
	17 44	5,15	100
	23 46	0,55	
22 D	5 52	5,4	100
	12 10	0,55	
	18 13	5,1	99
23 L	0 27	0,65	
	6 23	5,3	96
	12 47	0,7	
	18 39	4,95	92
24 M	1 05	0,85	
	6 52	5,1	88
	13 23	0,95	
	19 04	4,8	82
25 M	1 41	1,15	
	7 22	4,85	76
	13 58	1,3	
	19 31	4,55	70
26 J	2 19	1,45	
	7 54	4,55	63
	14 35	1,65	
	20 02	4,3	57
27 V	2 59	1,8	
	8 32	4,25	49
	15 15	1,95	
	20 42	4,0	43
28 S PQ	3 46	2,15	
	9 25	3,9	36
	16 05	2,3	
	21 57	3,75	30
29 D	4 49	2,4	
	11 21	3,65	26
	17 14	2,45	

MARS 2004

Jour	h m	haut. m	Coef
1 L	0 34	3,7	24
	6 12	2,45	
	13 12	3,7	25
	18 44	2,45	
2 M	1 48	3,9	30
	7 37	2,25	
	14 17	3,95	36
	19 59	2,2	
3 M	2 38	4,15	42
	8 36	1,9	
	15 04	4,2	49
	20 50	1,85	
4 J	3 17	4,45	56
	9 20	1,55	
	15 40	4,45	64
	21 31	1,5	
5 V	3 50	4,7	70
	9 58	1,2	
	16 12	4,75	77
	22 07	1,15	
6 S	4 21	5,0	83
	10 34	0,9	
	16 43	4,95	88
	22 43	0,85	
7 D PL	4 52	5,2	93
	11 08	0,65	
	17 14	5,15	97
	23 19	0,65	
8 L	5 26	5,35	99
	11 43	0,55	
	17 47	5,25	101
	23 55	0,55	
9 M	6 00	5,4	101
	12 19	0,55	
	18 21	5,2	101
10 M	0 34	0,55	
	6 36	5,3	99
	12 56	0,65	
	18 57	5,1	95
11 J	1 13	0,7	
	7 14	5,1	91
	13 36	0,85	
	19 35	4,85	85
12 V	1 57	0,95	
	7 56	4,75	79
	14 20	1,2	
	20 22	4,55	71
13 S DQ	2 46	1,3	
	8 51	4,35	63
	15 11	1,6	
	21 35	4,2	55
14 D	3 47	1,65	
	10 37	4,0	48
	16 18	1,95	
	23 34	4,05	42
15 L	5 05	1,9	
	12 36	3,95	40
	17 46	2,1	
16 M	1 07	4,2	41
	6 39	1,85	
	13 59	4,15	46
	19 20	1,95	
17 M	2 15	4,45	53
	8 01	1,55	
	14 59	4,45	60
	20 29	1,55	
18 J	3 07	4,75	68
	9 00	1,2	
	15 44	4,7	75
	21 21	1,15	
19 V	3 48	5,0	82
	9 47	0,85	
	16 19	4,9	88
	22 05	0,85	
20 S NL	4 22	5,2	92
	10 29	0,65	
	16 47	5,05	96
	22 46	0,65	
21 D	4 52	5,3	98
	11 07	0,55	
	17 13	5,1	99
	23 24	0,6	
22 L	5 21	5,3	99
	11 43	0,6	
	17 38	5,1	97
23 M	0 00	0,65	
	5 50	5,25	95
	12 16	0,75	
	18 03	5,0	92
24 M	0 34	0,85	
	6 19	5,05	87
	12 48	1,0	
	18 30	4,85	83
25 J	1 07	1,1	
	6 48	4,85	77
	13 20	1,3	
	18 57	4,65	71
26 V	1 41	1,4	
	7 19	4,55	65
	13 53	1,6	
	19 26	4,4	58
27 S	2 17	1,75	
	7 53	4,2	51
	14 30	1,95	
	20 02	4,1	45
28 D	4 00	2,1	
	9 39	3,9	38
	16 16	2,25	
	21 58	3,85	32
29 L PQ	4 59	2,35	
	11 26	3,65	26
	17 22	2,5	
30 M	0 28	3,7	23
	6 25	2,45	
	13 35	3,7	23
	18 54	2,5	
31 M	2 05	3,85	27
	7 59	2,3	
	14 43	3,9	33
	20 19	2,3	

Prédictions de marée calculées par le SHOM (heure légale)

Sur la côte Atlantique, de La Baule au Pertuis d'Antioche, lors des marées de morte-eau les plus faibles, un phénomène de « tenue de pleine mer » pendant laquelle le niveau de l'eau ne varie que très lentement, rend la détermination de l'instant de pleine mer imprécise.

Avis aux lecteurs

Les heures moyennes des marées sont exprimées en **HEURE LÉGALE**.
Elles sont exactes pour toute l'année (heure d'hiver et heure d'été) et ne do vent donc pas être corrigées.

LES SABLES D'OLONNE — 46° 30' N, 01° 48' W — Niveau moyen : 3,20 m — Marnages : V.E. moyenne : 4,45 m ; M.E. moyenne : 2,10 m

AVRIL 2004

Jour	h m	haut. m	Coef
1	3 02	4,1	40
	9 02	1,95	
J	15 30	4,2	48
	21 14	1,9	
2	3 44	4,45	56
	9 47	1,55	
V	16 07	4,5	64
	21 57	1,5	
3	4 19	4,75	72
	10 25	1,15	
S	16 40	4,8	79
	22 36	1,1	
4	4 53	5,05	86
	11 01	0,8	
D	17 13	5,1	92
	23 13	0,75	
5	5 27	5,3	98
	11 37	0,55	
L	17 47	5,3	102
PL	23 51	0,5	
6	6 02	5,45	105
	12 14	0,4	
M	18 22	5,35	106
7	0 30	0,35	
	6 39	5,45	107
M	12 53	0,4	
	18 59	5,35	105
8	1 12	0,4	
	7 18	5,3	103
J	13 33	0,55	
	19 39	5,15	98
9	1 55	0,55	
	7 59	5,0	93
V	14 16	0,85	
	20 22	4,9	86
10	2 42	0,9	
	8 46	4,6	78
S	15 04	1,25	
	21 15	4,55	70
11	3 35	1,25	
	9 54	4,2	61
D	16 01	1,65	
	22 41	4,25	53
12	4 40	1,65	
	12 01	3,95	47
L	17 13	2,0	
DQ			
13	0 31	4,15	42
	6 02	1,85	
M	13 39	4,0	41
	18 41	2,1	
14	1 55	4,25	44
	7 32	1,8	
M	14 50	4,2	48
	20 06	1,9	
15	2 59	4,5	55
	8 46	1,55	
J	15 43	4,45	61
	21 09	1,55	

Jour	h m	haut. m	Coef
16	3 47	4,7	68
	9 40	1,25	
V	16 22	4,65	74
	21 59	1,2	
17	4 24	4,9	79
	10 24	1,0	
S	16 51	4,8	83
	22 43	0,95	
18	4 54	5,0	87
	11 04	0,85	
D	17 16	4,9	89
	23 22	0,8	
19	5 23	5,1	91
	11 40	0,8	
L	17 40	5,0	91
NL	23 59	0,8	
20	5 52	5,1	91
	12 13	0,85	
M	18 06	5,0	90
21	0 33	0,85	
	6 21	5,05	88
M	12 45	0,95	
	18 34	4,95	85
22	1 06	1,0	
	6 51	4,9	82
J	13 16	1,15	
	19 02	4,8	78
23	1 38	1,2	
	7 21	4,7	74
V	13 47	1,4	
	19 31	4,65	69
24	2 11	1,45	
	7 52	4,45	64
S	14 20	1,65	
	20 02	4,45	58
25	2 47	1,75	
	8 28	4,2	52
D	14 58	1,95	
	20 40	4,2	47
26	3 29	2,0	
	9 17	3,95	41
L	15 44	2,2	
	21 36	4,0	36
27	4 25	2,25	
	10 48	3,75	31
M	16 46	2,4	
PQ	23 18	3,85	28
28	5 41	2,35	
	12 44	3,75	28
M	18 07	2,45	
29	1 06	3,95	30
	7 07	2,25	
J	13 55	3,95	35
	19 26	2,25	
30	2 11	4,15	41
	8 13	1,95	
V	14 45	4,25	48
	20 26	1,95	

MAI 2004

Jour	h m	haut. m	Coef
1	3 00	4,45	55
	9 02	1,6	
S	15 27	4,55	63
	21 15	1,55	
2	3 42	4,75	71
	9 44	1,2	
D	16 05	4,85	78
	21 58	1,15	
3	4 21	5,05	85
	10 24	0,85	
L	16 42	5,1	91
	22 40	0,8	
4	5 00	5,25	96
	11 05	0,6	
M	17 20	5,3	101
PL	23 23	0,55	
5	5 41	5,4	103
	11 46	0,5	
M	18 01	5,4	105
6	0 07	0,4	
	6 23	5,35	105
J	12 29	0,5	
	18 43	5,35	103
7	0 52	0,4	
	7 07	5,2	100
V	13 15	0,65	
	19 29	5,2	96
8	1 43	0,6	
	7 55	4,9	90
S	14 03	0,95	
	20 20	4,95	84
9	2 34	0,9	
	8 53	4,55	77
D	14 56	1,3	
	21 23	4,65	69
10	3 30	1,25	
	10 15	4,2	63
L	15 57	1,65	
	22 45	4,4	56
11	4 35	1,55	
	12 00	4,05	51
M	17 07	1,9	
DQ			
12	0 14	4,35	48
	5 49	1,75	
M	13 21	4,1	47
	18 23	1,95	
13	1 28	4,35	48
	7 06	1,75	
J	14 25	4,25	51
	19 36	1,8	
14	2 29	4,45	55
	8 14	1,6	
V	15 14	4,4	59
	20 37	1,6	
15	3 16	4,55	63
	9 08	1,4	
S	15 51	4,5	67
	21 29	1,4	

Jour	h m	haut. m	Coef
16	3 53	4,65	70
	9 54	1,25	
D	16 20	4,6	73
	22 15	1,2	
17	4 25	4,75	76
	10 34	1,15	
L	16 45	4,7	78
	22 55	1,1	
18	4 56	4,3	79
	11 11	1,1	
M	17 12	4,3	79
	23 33	1,1	
19	5 28	4,8	79
	11 44	1,15	
M	17 41	4,85	79
NL			
20	0 08	1,1	
	6 00	4,8	78
J	12 17	1,2	
	18 11	4,8	76
21	0 41	1 2	
	6 31	4 7	74
V	12 49	1 35	
	18 42	4 75	72
22	1 15	1 35	
	7 03	4 6	69
S	13 22	1 5	
	19 13	4 65	66
23	1 50	1.5	
	7 36	4.45	63
D	13 57	1.7	
	19 47	4.5	59
24	2 27	1,65	
	8 15	4,25	55
L	14 36	1,85	
	20 29	4,35	51
25	3 09	1,85	
	9 05	4,1	47
M	15 22	2,05	
	21 22	4,2	44
26	3 59	2,05	
	10 13	3,95	41
M	16 17	2,2	
	22 33	4,1	39
27	5 00	2,15	
	11 40	3,95	38
J	17 22	2,25	
PQ	23 56	4,1	38
28	6 09	2,1	
	12 56	4,05	41
V	18 30	2,15	
29	1 11	4,25	44
	7 14	1,95	
S	13 55	4,3	49
	19 33	1,9	
30	2 11	4,45	55
	8 11	1,65	
D	14 45	4,55	61
	20 28	1,6	
31	3 03	4,7	67
	9 01	1,35	
L	15 30	4,8	74
	21 20	1,25	

JUIN 2004

Jour	h m	haut. m	Coef
1	3 52	4,9	80
	9 49	1,05	
M	16 15	5,0	85
	22 09	0,95	
2	4 39	5,1	90
	10 36	0,8	
M	17 00	5,2	94
	22 59	0,7	
3	5 26	5,2	97
	11 24	0,7	
J	17 46	5,3	98
PL	23 49	0,5	
4	6 15	5,2	99
	12 12	0,65	
V	18 35	5,3	98
5	0 40	0,5	
	7 06	5,05	96
S	13 02	0,8	
	19 26	5,2	93
6	1 34	0,6	
	7 59	4,85	90
D	13 54	1,0	
	20 21	5,05	85
7	2 27	0,85	
	8 57	4,6	80
L	14 48	1,25	
	21 20	4,85	74
8	3 22	1,1	
	10 06	4,35	69
M	15 46	1,5	
	22 25	4,65	64
9	4 20	1,4	
	11 27	4,2	60
M	16 47	1,7	
DQ	23 35	4,5	56
10	5 22	1,6	
	12 42	4,15	53
J	17 52	1,8	
11	0 44	4,35	51
	6 26	1,75	
V	13 44	4,15	50
	18 56	1,8	
12	1 42	4,3	51
	7 30	1,75	
S	14 36	4,2	52
	19 58	1,75	
13	2 35	4,3	54
	8 29	1,7	
D	15 16	4,3	56
	20 55	1,65	
14	3 19	4,35	58
	9 20	1,6	
L	15 49	4,4	60
	21 45	1,55	
15	3 58	4,45	62
	10 04	1,5	
M	16 20	4,5	64
	22 29	1,45	

Jour	h m	haut. m	Coef
16	4 35	4,5	66
	10 43	1,45	
M	16 52	4,6	67
	23 09	1,4	
17	5 12	4,55	68
	11 19	1,4	
J	17 25	4,65	69
NL	23 46	1,35	
18	5 46	4,6	70
	11 54	1,4	
V	17 57	4,7	70
19	0 22	1,35	
	6 20	4,55	70
S	12 28	1,45	
	18 29	4,7	69
20	0 58	1,35	
	6 53	4,55	68
D	13 03	1,5	
	19 01	4,7	67
21	1 34	1,4	
	7 26	4,5	66
L	13 40	1,55	
	19 36	4,65	64
22	2 11	1,5	
	8 03	4,4	62
M	14 18	1,65	
	20 16	4,6	60
23	2 51	1,65	
	8 46	4,35	58
M	15 00	1,8	
	21 02	4,5	56
24	3 33	1,75	
	9 37	4,25	54
J	15 47	1,9	
	21 56	4,4	52
25	4 21	1,85	
	10 40	4,2	50
V	16 40	1,95	
PQ	22 58	4,35	49
26	5 16	1,9	
	11 53	4,2	49
S	17 39	1,95	
27	0 10	4,35	49
	6 17	1,85	
D	13 04	4,25	51
	18 42	1,85	
28	1 23	4,4	53
	7 20	1,75	
L	14 07	4,45	57
	19 45	1,7	
29	2 30	4,5	61
	8 22	1,55	
M	15 04	4,55	66
	20 47	1,45	
30	3 31	4,7	71
	9 20	1,3	
M	15 57	4,9	76
	21 46	1,15	

Prédictions de marée calculées par le SHOM (heure légale)

Sur la côte Atlantique, de La Baule au Pertuis d'Antioche, lors des marées de morte-eau les plus faibles, un phénomène de « tenue de pleine mer » pendant laquelle le niveau de l'eau ne varie que très lentement, rend la détermination de l'instant de pleine mer imprécise.

Avis aux lecteurs

Les heures moyennes des marées sont exprimées en **HEURE LÉGALE**.
Elles sont exactes pour toute l'année (heure d'hiver et heure d'été) et ne doivent donc pas être corrigées.

LES SABLES D'OLONNE	46° 30' N 01° 48' W	Niveau moyen : 3,20 m	Marnages V.E. moyenne : 4,45 m M.E. moyenne : 2,10 m

JUILLET 2004

Jour	h m	haut. m	Coef	Jour	h m	haut. m	Coef
1 J	4 27	4,85	80	16 V	5 02	4,4	62
	10 16	1,05			11 00	1,6	
	16 48	5,1	85		17 14	4,6	64
	22 43	0,85			23 29	1,45	
2 V PL	5 21	5,0	89	17 S NL	5 37	4,5	67
	11 09	0,9			11 36	1,45	
	17 39	5,25	92		17 46	4,7	69
	23 38	0,65					
3 S	6 13	5,1	94	18 D	0 05	1,35	
	12 02	0,8			6 09	4,6	71
	18 30	5,35	95		12 11	1,4	
					18 17	4,8	73
4 D	0 31	0,55		19 L	0 41	1,25	
	7 03	5,05	96		6 40	4,65	74
	12 53	0,8			12 46	1,35	
	19 19	5,35	95		18 48	4,85	75
5 L	1 25	0,55		20 M	1 17	1,25	
	7 52	4,95	93		7 11	4,7	75
	13 43	0,85			13 21	1,3	
	20 08	5,25	91		19 21	4,9	75
6 M	2 15	0,7		21 M	1 51	1,25	
	8 39	4,75	87		7 44	4,7	74
	14 34	1,05			13 57	1,35	
	20 56	5,05	83		19 56	4,85	73
7 M	3 04	0,95		22 J	2 27	1,35	
	9 24	4,55	78		8 21	4,65	71
	15 25	1,25			14 35	1,45	
	21 43	4,8	72		20 36	4,8	69
8 J	3 53	1,25		23 V	3 04	1,45	
	10 12	4,3	67		9 02	4,55	67
	16 17	1,5			15 16	1,55	
	22 32	4,55	61		21 21	4,65	64
9 V DQ	4 45	1,55		24 S	3 46	1,55	
	11 13	4,15	56		9 51	4,4	61
	17 13	1,75			16 03	1,7	
	23 29	4,3	52		22 13	4,5	58
10 S	5 40	1,8		25 D PQ	4 33	1,7	
	12 36	4,0	48		10 56	4,3	55
	18 12	1,9			16 57	1,8	
					23 22	4,35	53
11 D	0 39	4,15	45	26 L	5 31	1,85	
	6 40	1,95			12 20	4,25	51
	13 45	4,0	43		18 01	1,85	
	19 15	2,0					
12 L	1 44	4,05	42	27 M	0 47	4,3	50
	7 43	2,05			6 39	1,9	
	14 40	4,1	43		13 41	4,3	50
	20 18	2,0			19 13	1,85	
13 M	2 46	4,1	44	28 M	2 12	4,35	52
	8 43	2,0			7 53	1,8	
	15 25	4,2	47		14 50	4,5	56
	21 16	1,9			20 27	1,65	
14 M	3 38	4,15	49	29 J	3 24	4,5	61
	9 36	1,85			9 04	1,6	
	16 04	4,35	52		15 50	4,8	67
	22 06	1,75			21 35	1,3	
15 J	4 22	4,3	56	30 V	4 26	4,75	73
	10 20	1,7			10 06	1,3	
	16 40	4,5	59		16 44	5,1	79
	22 50	1,6			22 36	0,95	
				31 S PL	5 19	4,95	85
					11 02	1,0	
					17 33	5,3	90
					23 30	0,7	

AOÛT 2004

Jour	h m	haut. m	Coef	Jour	h m	haut. m	Coef
1 D	6 06	5,1	94	16 L NL	5 50	4,75	77
	11 53	0,75			11 51	1,2	
	18 18	5,5	97		17 58	5,0	81
2 L	0 20	0,5		17 M	0 18	1,05	
	6 49	5,15	99		6 19	4,9	83
	12 41	0,65			12 25	1,1	
	19 01	5,5	100		18 27	5,1	85
3 M	1 08	0,5		18 M	0 52	1,0	
	7 28	5,1	99		6 48	4,95	86
	13 26	0,7			12 59	1,05	
	19 41	5,4	97		18 59	5,15	87
4 M	1 54	0,6		19 J	1 26	1,0	
	8 03	4,95	94		7 20	5,0	87
	14 11	0,85			13 33	1,05	
	20 18	5,2	89		19 32	5,15	86
5 J	2 37	0,9		20 V	1 59	1,05	
	8 33	4,75	84		7 53	4,9	84
	14 55	1,1			14 09	1,1	
	20 53	4,95	78		20 08	5,05	81
6 V	3 19	1,2		21 S	2 35	1,2	
	9 01	4,5	72		8 30	4,75	77
	15 41	1,4			14 48	1,3	
	21 28	4,65	65		20 49	4,85	73
7 S DQ	4 03	1,55		22 D	3 14	1,4	
	9 35	4,25	58		9 13	4,55	68
	16 29	1,75			15 33	1,5	
	22 11	4,3	51		21 38	4,55	63
8 D	4 50	1,9		23 L PQ	4 01	1,65	
	10 25	4,05	45		10 13	4,35	57
	17 24	2,05			16 26	1,75	
	23 13	4,05	39		22 51	4,25	52
9 L	5 45	2,2		24 M	4 58	1,9	
	12 22	3,85	35		11 53	4,15	47
	18 28	2,25			17 34	1,95	
10 M	0 56	3,85	32	25 M	0 38	4,1	44
	6 52	2,35			6 13	2,1	
	14 04	3,9	31		13 31	4,25	43
	19 41	2,3			18 57	2,0	
11 M	2 21	3,9	32	26 J	2 14	4,2	45
	8 07	2,3			7 42	2,05	
	15 04	4,1	36		14 45	4,5	50
	20 52	2,15			20 23	1,75	
12 J	3 23	4,05	40	27 V	3 27	4,45	56
	9 11	2,1			9 01	1,75	
	15 49	4,3	45		15 46	4,85	64
	21 48	1,95			21 34	1,4	
13 V	4 10	4,2	50	28 S	4 24	4,75	72
	10 00	1,9			10 02	1,35	
	16 26	4,5	55		16 36	5,15	79
	22 31	1,65			22 30	1,0	
14 S	4 47	4,4	60	29 D	5 10	5,0	86
	10 40	1,65			10 53	0,95	
	16 59	4,7	65		17 19	5,4	92
	23 09	1,4			23 19	0,65	
15 D	5 20	4,6	70	30 L PL	5 49	5,2	97
	11 16	1,4			11 40	0,7	
	17 29	4,85	74		17 58	5,55	100
	23 45	1,2					
				31 M	0 04	0,5	
					6 23	5,25	102
					12 23	0,6	
					18 33	5,6	103

SEPTEMBRE 2004

Jour	h m	haut. m	Coef	Jour	h m	haut. m	Coef
1 M	0 45	0,5		16 J	0 22	0,8	
	6 54	5,25	102		6 22	5,25	96
	13 04	0,6			12 33	0,8	
	19 06	5,5	100		18 34	5,4	97
2 J	1 27	0,65		17 V	0 56	0,75	
	7 22	5,1	96		6 54	5,25	96
	13 44	0,8			13 08	0,8	
	19 38	5,3	91		19 08	5,35	94
3 V	2 04	0,95		18 S	1 31	0,85	
	7 48	4,9	86		7 28	5,15	92
	14 23	1,1			13 45	0,9	
	20 08	5,0	79		19 44	5,15	88
4 S	2 41	1,25		19 D	2 09	1,05	
	8 14	4,7	73		8 05	4,95	83
	15 02	1,45			14 26	1,15	
	20 40	4,65	65		20 25	4,85	77
5 D	3 19	1,65		20 L	2 50	1,35	
	8 45	4,45	58		8 48	4,65	70
	15 45	1,85			15 12	1,45	
	21 17	4,3	50		21 16	4,5	63
6 L DQ	4 01	2,0		21 M PQ	3 39	1,7	
	9 26	4,15	43		9 54	4,35	55
	16 34	2,2			16 09	1,8	
	22 13	3,95	36		22 49	4,15	48
7 M	4 52	2,35		22 M	4 41	2,05	
	10 42	3,85	30		11 51	4,2	42
	17 38	2,45			17 23	2,05	
8 M	0 16	3,75	25	23 J	0 52	4,05	39
	6 01	2,55			6 06	2,25	
	13 24	3,85	23		13 29	4,3	39
	19 04	2,55			18 57	2,05	
9 J	1 59	3,8	25	24 V	2 20	4,25	43
	7 29	2,55			7 42	2,1	
	14 37	4,05	29		14 40	4,6	50
	20 29	2,35			20 25	1,75	
10 V	3 02	4,0	35	25 S	3 24	4,55	58
	8 44	2,3			8 57	1,75	
	15 26	4,3	41		15 36	4,95	66
	21 25	2,0			21 28	1,35	
11 S	3 47	4,25	48	26 D	4 12	4,85	74
	9 35	2,0			9 52	1,3	
	16 03	4,55	55		16 21	5,25	81
	22 07	1,65			22 18	0,95	
12 D	4 22	4,5	62	27 L	4 51	5,05	88
	10 15	1,65			10 38	0,95	
	16 35	4,8	68		16 59	5,45	93
	22 43	1,35			23 01	0,7	
13 L	4 53	4,75	74	28 M PL	5 23	5,2	97
	10 50	1,35			11 21	0,7	
	17 03	5,05	80		17 32	5,55	99
	23 17	1,1			23 41	0,6	
14 M NL	5 22	4,95	84	29 M	5 51	5,3	100
	11 25	1,1			12 01	0,65	
	17 32	5,25	89		18 03	5,55	100
	23 50	0,9					
15 M	5 51	5,15	92	30 J	0 19	0,65	
	11 58	0,9			6 19	5,25	99
	18 02	5,35	94		12 39	0,7	
					18 33	5,45	96

Prédictions de marée calculées par le SHOM (heure légale)

Sur la côte Atlantique, de La Baule au Pertuis d'Antioche, lors des marées de morte-eau les plus faibles, un phénomène de « tenue de pleine mer » pendant laquelle le niveau de l'eau ne varie que très lentement, rend la détermination de l'instant de pleine mer imprécise.

Avis aux lecteurs

Les heures moyennes des marées sont exprimées en **HEURE LÉGALE**.
Elles sont exactes pour toute l'année (heure d'hiver et heure d'été) et ne doivent donc pas être corrigées.

LES SABLES D'OLONNE	46° 30' N 01° 48' W	Niveau moyen : 3,20 m	Marnages V.E. moyenne : 4,45 m M.E. moyenne : 2,10 m

OCTOBRE 2004

Jour	h m	haut. m	Coef
1	0 56	0,8	
	6 45	5,15	93
V	13 16	0,9	
	19 02	5,25	88
2	1 31	1,05	
	7 12	5,0	83
S	13 51	1,2	
	19 32	4,95	77
3	2 05	1,4	
	7 39	4,8	71
D	14 27	1,55	
	20 03	4,65	64
4	2 40	1,75	
	8 10	4,55	57
L	15 05	1,9	
	20 39	4,3	50
5	3 18	2,1	
	8 48	4,25	43
M	15 50	2,25	
	21 33	3,95	36
6	4 07	2,4	
	9 52	3,95	30
M	16 51	2,55	
DQ	23 41	3,75	24
7	5 14	2,65	
	12 32	3,85	22
J	18 19	2,6	
8	1 28	3,85	22
	6 44	2,65	
V	13 56	4,05	26
	19 52	2,45	
9	2 29	4,05	33
	8 04	2,4	
S	14 50	4,3	40
	20 51	2,1	
10	3 13	4,35	47
	8 58	2,05	
D	15 29	4,6	54
	21 32	1,7	
11	3 48	4,6	62
	9 40	1,7	
L	16 02	4,85	69
	22 08	1,4	
12	4 20	4,9	76
	10 17	1,35	
M	16 33	5,15	82
	22 43	1,1	
13	4 51	5,15	88
	10 53	1,05	
M	17 04	5,35	92
	23 17	0,85	
14	5 22	5,3	96
	11 29	0,8	
J	17 37	5,45	99
NL	23 51	0,7	
15	5 56	5,4	100
	12 06	0,7	
V	18 12	5,5	101
16	0 27	0,7	
	6 31	5,4	100
S	12 45	0,7	
	18 49	5,4	98
17	1 06	0,85	
	7 09	5,25	94
D	13 27	0,85	
	19 29	5,15	90
18	1 49	1,1	
	7 51	5,05	84
L	14 12	1,1	
	20 15	4,8	77
19	2 35	1,4	
	8 42	4,75	69
M	15 03	1,45	
	21 20	4,4	62
20	3 29	1,8	
	10 03	4,45	54
M	16 04	1,8	
PQ	23 16	4,1	47
21	4 39	2,15	
	11 53	4,35	42
J	17 22	2,0	
22	0 58	4,15	41
	6 05	2,25	
V	13 19	4,5	43
	18 53	2,0	
23	2 13	4,35	47
	7 31	2,05	
S	14 25	4,7	53
	20 11	1,7	
24	3 09	4,6	60
	8 38	1,7	
D	15 18	4,95	67
	21 09	1,35	
25	3 52	4,85	73
	9 31	1,35	
L	16 00	5,15	79
	21 56	1,1	
26	4 26	5,0	84
	10 17	1,1	
M	16 34	5,25	87
	22 38	0,9	
27	4 54	5,1	90
	10 58	0,9	
M	17 05	5,35	92
	23 16	0,85	
28	5 21	5,2	92
	11 38	0,85	
J	17 35	5,3	92
PL	23 53	0,9	
29	5 48	5,2	91
	12 14	0,95	
V	18 05	5,25	88
30	0 27	1,05	
	6 17	5,1	86
S	12 50	1,1	
	18 36	5,05	82
31	1 01	1,25	
	5 46	5,0	78
D	12 24	1,35	
	18 07	4,85	73

NOVEMBRE 2004

Jour	h m	haut. m	Coef
1	0 34	1,5	
	6 15	4,8	68
L	12 59	1,6	
	18 39	4,6	63
2	1 09	1,8	
	6 47	4,6	57
M	13 36	1,9	
	19 17	4,3	51
3	1 47	2,1	
	7 27	4,35	46
M	14 20	2,2	
	20 09	4,05	40
4	2 34	2,35	
	8 25	4,15	34
J	15 15	2,45	
	21 50	3,85	30
5	3 35	2,55	
	10 12	4,0	27
V	16 28	2,55	
DQ	23 36	3,9	26
6	4 52	2,6	
	11 54	4,1	28
S	17 52	2,45	
7	0 41	4,1	32
	6 08	2,45	
D	12 57	4,3	38
	18 58	2,2	
8	1 29	4,35	45
	7 08	2,15	
L	13 44	4,55	51
	19 47	1,85	
9	2 09	4,6	59
	7 56	1,8	
M	14 23	4,8	65
	20 27	1,5	
10	2 45	4,9	72
	8 38	1,45	
M	15 00	5,05	79
	21 05	1,2	
11	3 20	5,15	85
	9 19	1,1	
J	15 37	5,3	90
	21 43	0,95	
12	3 56	5,3	94
	10 01	0,85	
V	16 15	5,4	97
NL	22 23	0,8	
13	4 35	5,4	99
	10 43	0,7	
S	16 56	5,4	99
	23 04	0,75	
14	5 16	5,4	99
	11 28	0,65	
D	17 39	5,3	97
	23 48	0,85	
15	6 01	5,3	94
	12 15	0,8	
L	18 27	5,05	90
16	0 37	1,1	
	6 51	5,1	84
M	13 05	1,0	
	19 23	4,75	78
17	1 28	1,4	
	7 51	4,85	72
M	13 59	1,3	
	20 37	4,45	65
18	2 27	1,7	
	9 08	4,65	59
J	15 01	1,6	
	22 17	4,25	54
19	3 34	1,95	
	10 36	4,55	50
V	16 12	1,8	
PQ	23 41	4,3	49
20	4 49	2,05	
	11 54	4,6	49
S	17 27	1,85	
21	0 50	4,4	51
	6 02	1,95	
D	12 59	4,7	54
	18 38	1,75	
22	1 44	4,55	58
	7 07	1,75	
L	13 52	4,8	62
	19 38	1,55	
23	2 26	4,65	66
	8 03	1,5	
M	14 35	4,85	70
	20 28	1,35	
24	3 00	4,8	73
	8 51	1,35	
M	15 10	4,95	75
	21 12	1,25	
25	3 29	4,9	77
	9 35	1,25	
J	15 42	4,95	79
	21 51	1,2	
26	3 58	4,95	80
	10 16	1,2	
V	16 14	5,0	80
PL	22 28	1,2	
27	4 28	5,0	79
	10 53	1,2	
S	16 47	4,95	78
	23 03	1,25	
28	4 59	4,95	77
	11 29	1,3	
D	17 20	4,85	75
	23 37	1,4	
29	5 30	4,9	73
	12 04	1,4	
L	17 54	4,75	70
30	0 12	1,55	
	6 02	4,8	67
M	12 40	1,6	
	18 28	4,55	63

DÉCEMBRE 2004

Jour	h m	haut. m	Coef
1	0 47	1,75	
	6 36	4,65	60
M	13 17	1,75	
	19 05	4,4	56
2	1 26	1,95	
	7 14	4,55	52
J	13 58	1,95	
	19 50	4,2	48
3	2 09	2,15	
	8 03	4,4	45
V	14 44	2,15	
	20 52	4,05	41
4	2 59	2,3	
	9 06	4,25	39
S	15 39	2,3	
	22 15	4,0	37
5	3 59	2,35	
	10 26	4,2	36
D	16 44	2,3	
DQ	23 34	4,1	37
6	5 04	2,35	
	11 45	4,3	39
L	17 49	2,2	
7	0 35	4,25	43
	6 07	2,15	
M	12 48	4,45	47
	18 49	2,0	
8	1 25	4,5	53
	7 04	1,9	
M	13 41	4,65	58
	19 40	1,7	
9	2 10	4,75	64
	7 57	1,6	
J	14 29	4,85	70
	20 27	1,4	
10	2 54	4,95	76
	8 47	1,3	
V	15 16	5,05	81
	21 14	1,15	
11	3 38	5,2	86
	9 37	1,0	
S	16 03	5,2	90
	22 00	0,95	
12	4 23	5,35	93
	10 26	0,75	
D	16 50	5,25	95
NL	22 48	0,85	
13	5 10	5,4	96
	11 17	0,65	
L	17 40	5,2	96
	23 36	0,85	
14	6 00	5,4	95
	12 07	0,65	
M	18 32	5,1	93
15	0 30	0,95	
	6 53	5,3	89
M	12 59	0,8	
	19 27	4,9	86
16	1 22	1,15	
	7 49	5,1	81
J	13 52	1,0	
	20 29	4,65	76
17	2 18	1,4	
	8 49	4,9	71
V	14 48	1,3	
	21 42	4,45	66
18	3 16	1,6	
	9 56	4,7	61
S	15 47	1,55	
PQ	23 00	4,3	57
19	4 18	1,75	
	11 08	4,55	54
D	16 49	1,75	
20	0 10	4,25	51
	5 23	1,35	
L	12 17	4,15	50
	17 54	1,35	
21	1 09	4,3	50
	6 28	1,35	
M	13 17	4,45	51
	18 58	1,8	
22	1 58	4,35	53
	7 29	1,8	
M	14 09	4,45	55
	19 56	1,75	
23	2 37	4,45	57
	8 25	1,7	
J	14 51	4,5	60
	20 46	1,65	
24	3 12	4,6	62
	9 14	1,55	
V	15 28	4,55	65
	21 30	1,5	
25	3 45	4,7	66
	9 58	1,45	
S	16 04	4,65	68
	22 10	1,45	
26	4 18	4,8	69
	10 37	1,4	
D	16 40	4,7	70
PL	22 46	1,4	
27	4 51	4,85	71
	11 14	1,35	
L	17 14	4,7	71
	23 20	1,4	
28	5 22	4,85	71
	11 49	1,35	
M	17 46	4,7	71
	23 55	1,45	
29	5 53	4,85	70
	12 24	1,4	
M	18 18	4,65	69
30	0 30	1,55	
	6 25	4,8	68
J	12 59	1,5	
	18 51	4,55	66
31	1 06	1,65	
	6 59	4,75	64
V	13 35	1,6	
	19 25	4,45	62

Prédictions de marée calculées par le SHOM (heure légale)

Sur la côte Atlantique, de La Baule au Pertuis d'Antioche, lors des marées de morte-eau les plus faibles, un phénomène de « tenue de pleine mer » pendant laquelle le niveau de l'eau ne varie que très lentement, rend la détermination de l'instant de pleine mer imprécise.

Avis aux lecteurs

Les heures moyennes des marées sont exprimées en **HEURE LÉGALE**.
Elles sont exactes pour toute l'année (heure d'hiver et heure d'été) et ne doivent donc pas être corrigées.

LA ROCHELLE	46° 10' N 01° 13' W	Niveau moyen : 3,84 m	Marnages V.E. moyenne : 5,10 m M.E. moyenne : 2,45 m

JANVIER 2004

	h m	haut. m	Coef		h m	haut. m	Coef
1	0 34	4,65	42	16	4 41	2,2	
	5 47	2,55			11 35	5,15	52
J	12 35	4,85	41	V	17 15	2,25	
	18 15	2,55					
2	1 26	4,8	41	17	0 28	5,1	52
	6 50	2,55			5 49	2,2	
V	13 34	4,9	43	S	12 56	5,2	53
	19 17	2,55			18 26	2,25	
3	2 07	4,95	45	18	1 34	5,3	55
	7 49	2,5			7 00	2,1	
S	14 20	5,0	48	D	14 05	5,4	59
	20 11	2,45			19 36	2,05	
4	2 42	5,1	51	19	2 33	5,6	64
	8 41	2,35			8 09	1,85	
D	14 59	5,15	54	L	15 05	5,6	69
	20 58	2,25			20 40	1,75	
5	3 15	5,3	57	20	3 26	5,85	75
	9 26	2,2			9 12	1,5	
L	15 35	5,3	61	M	15 58	5,8	80
	21 39	2,1			21 38	1,45	
6	3 47	5,45	64	21	4 15	6,1	85
	10 06	2,0			10 09	1,15	
M	16 10	5,4	66	M	16 46	5,95	90
	22 17	1,9		NL	22 31	1,15	
7	4 18	5,55	69	22	5 01	6,25	93
	10 45	1,8			11 01	0,9	
M	16 43	5,5	71	J	17 30	6,0	96
PL	22 53	1,75			23 20	1,0	
8	4 50	5,65	73	23	5 43	6,3	97
	11 22	1,65			11 50	0,75	
J	17 16	5,55	74	V	18 09	5,95	97
	23 30	1,65					
9	5 22	5,7	75	24	0 09	0,95	
	11 58	1,55			6 20	6,2	96
V	17 48	5,55	76	S	12 36	0,8	
					18 42	5,75	94
10	0 08	1,6		25	0 56	1,05	
	5 54	5,75	76		6 52	6,05	91
S	12 35	1,5		D	13 20	0,95	
	18 21	5,55	76		19 07	5,55	87
11	0 46	1,6		26	1 40	1,25	
	6 30	5,7	75		7 22	5,8	82
D	13 12	1,5		L	14 02	1,3	
	18 57	5,45	74		19 30	5,35	77
12	1 25	1,65		27	2 23	1,6	
	7 10	5,65	72		7 54	5,55	70
L	13 51	1,6		M	14 44	1,7	
	19 39	5,35	70		19 58	5,1	64
13	2 06	1,75		28	3 08	1,95	
	7 55	5,55	67		8 32	5,25	58
M	14 32	1,75		M	15 28	2,1	
	20 29	5,2	64		20 35	4,85	52
14	2 51	1,9		29	3 55	2,35	
	8 49	5,35	62		9 20	4,95	46
M	15 19	1,95		J	16 15	2,5	
	21 38	5,05	59	PQ	21 30	4,65	40
15	3 42	2,05		30	4 47	2,65	
	10 04	5,2	56		10 43	4,7	36
J	16 12	2,1		V	17 09	2,8	
DQ	23 05	5,0	54				
				31	0 18	4,55	33
					5 49	2,85	
				S	12 40	4,65	31
					18 15	2,9	

FÉVRIER 2004

	h m	haut. m	Coef		h m	haut. m	Coef
1	1 30	4,7	32	16	1 26	5,15	46
	7 00	2,85			6 42	2,35	
D	13 51	4,75	34	L	14 05	5,2	49
	19 27	2,85			19 21	2,4	
2	2 22	4,9	38	17	2 29	5,45	55
	8 08	2,7			8 01	2,05	
L	14 44	4,95	43	M	15 05	5,45	61
	20 28	2,6			20 34	2,05	
3	3 03	5,1	48	18	3 22	5,8	69
	9 02	2,4			9 08	1,65	
M	15 26	5,15	53	M	15 55	5,7	76
	21 17	2,3			21 33	1,6	
4	3 39	5,35	58	19	4 08	6,05	83
	9 47	2,1			10 03	1,2	
M	16 02	5,35	63	J	16 38	5,9	88
	21 58	1,95			22 23	1,2	
5	4 11	5,55	68	20	4 48	6,25	93
	10 27	1,75			10 52	0,9	
J	16 34	5,55	73	V	17 14	6,0	97
	22 36	1,65		NL	23 09	0,9	
6	4 42	5,75	77	21	5 22	6,35	99
	11 04	1,45			11 36	0,7	
V	17 05	5,7	81	S	17 43	6,0	100
PL	23 13	1,4			23 52	0,8	
7	5 12	5,9	84	22	5 50	6,3	100
	11 41	1,25			12 16	0,75	
S	17 35	5,85	87	D	18 06	5,95	99
	23 50	1,25					
8	5 43	6,05	88	23	0 34	0,9	
	12 17	1,1			6 16	6,2	96
D	18 06	5,9	89	L	12 54	0,9	
					18 26	5,85	92
9	0 28	1,15		24	1 13	1,1	
	6 16	6,1	90		6 43	6,0	88
L	12 53	1,1		M	13 31	1,25	
	18 38	5,9	89		18 50	5,65	82
10	1 05	1,15		25	1 51	1,45	
	6 52	6,05	88		7 14	5,75	76
M	13 30	1,2		M	14 08	1,6	
	19 14	5,75	85		19 18	5,45	70
11	1 45	1,3		26	2 29	1,85	
	7 30	5,85	82		7 47	5,4	63
M	14 09	1,4		J	14 44	2,05	
	19 54	5,55	78		19 49	5,15	57
12	2 28	1,5		27	3 08	2,25	
	8 13	5,6	73		8 22	5,05	49
J	14 53	1,7		V	15 24	2,5	
	20 43	5,3	68		20 23	4,85	43
13	3 16	1,8		28	3 53	2,65	
	9 10	5,25	62		9 09	4,65	36
V	15 43	2,05		S	16 10	2,85	
DQ	22 13	5,0	57	PQ	21 17	4,5	30
14	4 13	2,1		29	4 50	2,95	
	11 07	5,0	51		11 57	4,45	26
S	16 44	2,35		D	17 13	3,1	
15	0 06	4,95	47				
	5 22	2,35					
D	12 50	5,0	45				
	17 59	2,5					

MARS 2004

	h m	haut. m	Coef		h m	haut. m	Coef
1	0 54	4,5	24	16	1 22	5,15	41
	6 10	3,05			6 40	2,4	
L	13 26	4,55	25	M	14 05	5,15	46
	18 41	3,1			19 19	2,5	
2	1 58	4,75	30	17	2 24	5,45	53
	7 38	2,85			8 01	2,05	
M	14 24	4,8	36	M	15 01	5,4	60
	20 00	2,8			20 30	2,0	
3	2 45	5,0	42	18	3 14	5,75	68
	8 39	2,5			9 03	1,6	
M	15 08	5,1	49	J	15 45	5,7	75
	20 53	2,35			21 25	1,55	
4	3 22	5,3	56	19	3 55	6,0	82
	9 24	2,05			9 53	1,15	
J	15 43	5,35	64	V	16 21	5,85	88
	21 35	1,9			22 11	1,15	
5	3 54	5,6	70	20	4 28	6,15	92
	10 04	1,6			10 36	0,9	
V	16 14	5,65	77	S	16 50	5,95	96
	22 14	1,5		NL	22 53	0,9	
6	4 24	5,9	83	21	4 55	6,25	98
	10 41	1,2			11 15	0,8	
S	16 44	5,9	88	D	17 11	6,0	99
	22 51	1,15			23 32	0,85	
7	4 54	6,15	93	22	5 19	6,25	99
	11 17	0,95			11 52	0,85	
D	17 14	6,1	97	L	17 31	6,0	97
PL	23 28	0,9					
8	5 25	6,3	99	23	0 09	0,95	
	11 53	0,8			5 45	6,2	95
L	17 44	6,2	101	M	12 26	1,05	
					17 54	5,95	92
9	0 05	0,8		24	0 45	1,15	
	5 58	6,35	101		6 13	6,0	87
M	12 29	0,8		M	12 59	1,35	
	18 17	6,2	101		18 20	5,8	83
10	0 45	0,85		25	1 19	1,45	
	6 32	6,25	99		6 44	5,75	77
M	13 07	0,95		J	13 32	1,7	
	18 51	6,0	95		18 49	5,55	71
11	1 25	1,0		26	1 53	1,8	
	7 09	6,0	91		7 15	5,4	65
J	13 48	1,25		V	14 05	2,05	
	19 29	5,75	85		19 18	5,25	58
12	2 09	1,3		27	2 29	2,2	
	7 49	5,6	79		7 47	5,0	51
V	14 32	1,65		S	14 41	2,45	
	20 14	5,35	71		19 49	4,95	45
13	2 58	1,7		28	4 10	2,6	
	8 41	5,15	63		9 28	4,65	38
S	15 24	2,1		D	16 25	2,8	
DQ	21 51	5,0	55		21 34	4,6	32
14	3 57	2,15		29	5 04	2,9	
	11 19	4,8	48		12 21	4,35	26
D	16 27	2,5		L	17 26	3,1	
				PQ			
15	0 01	4,9	42	30	1 07	4,45	23
	5 11	2,45			6 25	3,05	
L	12 55	4,9	40	M	13 54	4,5	23
	17 49	2,65			18 56	3,15	
				31	2 19	4,65	27
					8 03	2,85	
				M	14 52	4,75	33
					20 23	2,85	

Prédictions de marée calculées par le SHOM (heure légale)

Sur la côte Atlantique, de La Baule au Pertuis d'Antioche, lors des marées de morte-eau les plus faibles, un phénomène de « tenue de pleine mer » pendant laquelle le niveau de l'eau ne varie que très lentement, rend la détermination de l'instant de pleine mer imprécise.

Avis aux lecteurs

Les heures moyennes des marées sont exprimées en **HEURE LÉGALE**.
Elles sont exactes pour toute l'année (heure d'hiver et heure d'été) et ne doivent donc pas être corrigées.

LA ROCHELLE	46° 10' N 01° 13' W	Niveau moyen : 3,84 m	Marnages V.E. moyenne : 5,10 m M.E. moyenne : 2,45 m

AVRIL 2004

	h m	haut. m	Coef		h m	haut. m	Coef
1	3 11	4,95	40	**16**	3 58	5,65	68
	9 06	2,4			9 45	1,55	
J	15 36	5,05	48	V	16 28	5,6	74
	21 19	2,35			22 05	1,5	
2	3 52	5,3	56	**17**	4 35	5,8	79
	9 52	1,95			10 32	1,25	
V	16 13	5,4	64	S	16 59	5,7	83
	22 04	1,85			22 50	1,2	
3	4 27	5,65	72	**18**	5 03	5,95	87
	10 32	1,45			11 13	1,1	
S	16 46	5,75	79	D	17 20	5,8	89
	22 44	1,4			23 31	1,05	
4	5 00	5,95	86	**19**	5 26	6,0	91
	11 11	1,05			11 50	1,05	
D	17 18	6,05	92	L	17 38	5,9	91
	23 23	1,0		*NL*			
5	5 32	6,25	98	**20**	0 08	1,05	
	11 48	0,8			5 51	6,05	91
L	17 49	6,25	102	M	12 23	1,15	
PL					18 00	5,9	90
6	0 02	0,75		**21**	0 43	1,15	
	6 04	6,4	105		6 19	6,0	88
M	12 26	0,65		M	12 55	1,3	
	18 22	6,35	106		18 27	5,9	85
7	0 41	0,65		**22**	1 17	1,35	
	6 39	6,4	107		6 49	5,8	82
M	13 05	0,7		J	13 27	1,55	
	18 57	6,25	105		18 55	5,75	78
8	1 24	0,7		**23**	1 50	1,6	
	7 16	6,2	103		7 20	5,6	74
J	13 45	0,9		V	13 59	1,8	
	19 34	6,05	98		19 25	5,55	69
9	2 08	0,9		**24**	2 23	1,85	
	7 55	5,9	93		7 52	5,3	64
V	14 29	1,25		S	14 32	2,1	
	20 16	5,75	86		19 56	5,25	58
10	2 55	1,25		**25**	2 59	2,15	
	8 41	5,4	78		8 26	4,95	52
S	15 17	1,7		D	15 10	2,4	
	21 11	5,35	70		20 31	4,95	47
11	3 48	1,7		**26**	3 41	2,45	
	10 13	4,95	61		9 14	4,6	41
D	16 13	2,15		L	15 54	2,7	
	23 16	5,0	53		21 25	4,65	36
12	4 51	2,1		**27**	4 32	2,75	
	12 29	4,8	47		11 32	4,4	31
L	17 22	2,5		M	16 52	2,95	
DQ				*PQ*	23 58	4,5	28
13	0 53	5,0	42	**28**	5 44	2,85	
	6 09	2,35			13 06	4,5	28
M	13 51	4,9	41	M	18 10	3,0	
	18 46	2,6					
14	2 10	5,15	44	**29**	1 23	4,65	30
	7 36	2,25			7 11	2,75	
M	14 56	5,15	48	J	14 06	4,7	35
	20 08	2,35			19 32	2,75	
15	3 10	5,4	55	**30**	2 22	4,9	41
	8 49	1,9			8 19	2,35	
J	15 47	5,4	61	V	14 54	5,05	48
	21 13	1,9			20 33	2,35	

MAI 2004

	h m	haut. m	Coef		h m	haut. m	Coef
1	3 10	5,25	55	**16**	4 09	5,5	70
	9 10	1,9			10 03	1,55	
S	15 35	5,4	63	D	16 31	5,5	73
	21 22	1,9			22 23	1,5	
2	3 53	5,6	71	**17**	4 36	5,6	76
	9 54	1,45			10 44	1,45	
D	16 13	5,75	78	L	16 50	5,55	78
	22 07	1,45			23 04	1,45	
3	4 31	5,9	85	**18**	5 00	5,65	79
	10 35	1,1			11 21	1,45	
L	16 50	6,0	91	M	17 10	5,65	79
	22 50	1,05			23 42	1,45	
4	5 09	6,15	96	**19**	5 29	5,7	79
	11 17	0,8			11 54	1,5	
M	17 26	6,2	101	M	17 36	5,7	79
PL	23 34	0,8		*NL*			
5	5 46	6,25	103	**20**	0 16	1,5	
	11 58	0,7			6 00	5,65	78
M	18 03	6,25	105	J	12 26	1,6	
					18 06	5,7	76
6	0 18	0,65		**21**	0 50	1,55	
	6 26	6,2	105		6 32	5,55	74
J	12 41	0,75		V	12 58	1,7	
	18 42	6,2	103		18 37	5,6	72
7	1 03	0,7		**22**	1 25	1,7	
	7 08	6,0	100		7 04	5,4	69
V	13 26	0,95		S	13 32	1,9	
	19 27	6,0	96		19 08	5,4	66
8	1 54	0,9		**23**	2 00	1,35	
	7 55	5,65	90		7 38	5,15	63
S	14 15	1,3		D	14 08	2,05	
	20 20	5,7	84		19 42	5,25	59
9	2 45	1,2		**24**	2 38	2,05	
	9 00	5,25	77		8 16	4,95	55
D	15 07	1,65		L	14 47	2,25	
	21 39	5,35	69		20 23	5,05	51
10	3 41	1,55		**25**	3 19	2,25	
	10 46	4,9	63		9 08	4,7	47
L	16 06	2,05		M	15 31	2,45	
	23 13	5,2	56		21 21	4,85	44
11	4 45	1,9		**26**	4 07	2,4	
	12 18	4,85	51		10 37	4,55	41
M	17 14	2,3		M	16 23	2,6	
DQ					22 53	4,75	39
12	0 32	5,15	48	**27**	5 04	2,5	
	5 57	2,1			12 04	4,6	38
M	13 32	4,9	47	J	17 26	2,7	
	18 29	2,35		*PQ*			
13	1 45	5,15	48	**28**	0 16	4,8	38
	7 12	2,1			6 12	2,5	
J	14 34	5,05	51	V	13 11	4,75	41
	19 41	2,2			18 34	2,55	
14	2 45	5,3	55	**29**	1 25	4,95	44
	8 20	1,9			7 21	2,3	
V	15 24	5,25	59	S	14 06	5,05	49
	20 43	1,9			19 39	2,3	
15	3 33	5,4	63	**30**	2 24	5,2	55
	9 16	1,7			8 20	1,95	
S	16 03	5,4	67	D	14 56	5,35	61
	21 36	1,65			20 36	1,95	
				31	3 16	5,45	67
					9 12	1,6	
				L	15 41	5,65	74
					21 28	1,55	

JUIN 2004

	h m	haut. m	Coef		h m	haut. m	Coef
1	4 04	5,7	80	**16**	4 41	5,3	66
	10 00	1,3			10 52	1,85	
M	16 24	5,9	85	M	16 51	5,4	67
	22 18	1,2			23 16	1,8	
2	4 50	5,9	90	**17**	5 14	5,35	68
	10 47	1,05			11 28	1,8	
M	17 07	6,05	94	J	17 21	5,5	69
	23 08	0,95		*NL*	23 53	1,75	
3	5 35	6,0	97	**18**	5 48	5,4	70
	11 35	0,9			12 02	1,8	
J	17 51	6,15	98	V	17 53	5,5	70
PL	23 58	0,8					
4	6 22	6,0	99	**19**	0 29	1,75	
	12 22	0,9			6 22	5,35	70
V	18 38	6,1	98	S	12 37	1,8	
					18 26	5,5	69
5	0 48	0,75		**20**	1 05	1,7	
	7 11	5,85	96		6 55	5,3	68
S	13 12	1,0		D	13 12	1,8	
	19 30	6,0	93		18 59	5,45	67
6	1 43	0,85		**21**	1 43	1,75	
	8 06	5,6	90		7 29	5,2	66
D	14 02	1,2		L	13 49	1,9	
	20 30	5,8	85		19 33	5,35	64
7	2 36	1,05		**22**	2 20	1,8	
	9 11	5,3	80		8 06	5,1	62
L	14 56	1,5		M	14 28	2,0	
	21 37	5,55	74		20 13	5,25	60
8	3 30	1,35		**23**	2 59	1,9	
	10 26	5,05	69		8 49	5,0	58
M	15 53	1,75		M	15 09	2,1	
	22 46	5,35	64		21 01	5,15	56
9	4 28	1,65		**24**	3 41	2,0	
	11 44	4,9	60		9 45	4,9	54
M	16 53	2,0		J	15 54	2,2	
DQ	23 54	5,2	56		22 00	5,05	52
10	5 29	1,9		**25**	4 28	2,1	
	12 57	4,85	53		10 57	4,8	50
J	17 57	2,15		V	16 45	2,3	
				PQ	23 11	5,0	49
11	1 02	5,1	51	**26**	5 22	2,2	
	6 33	2,05			12 12	4,85	49
V	14 00	4,9	50	S	17 44	2,3	
	19 02	2,15					
12	2 04	5,05	51	**27**	0 26	5,0	49
	7 37	2,1			6 24	2,2	
S	14 52	5,0	52	D	13 20	5,0	51
	20 04	2,1			18 47	2,25	
13	2 57	5,1	54	**28**	1 41	5,1	53
	8 37	2,05			7 29	2,1	
D	15 33	5,1	56	L	14 20	5,25	57
	21 01	2,05			19 51	2,05	
14	3 37	5,15	58	**29**	2 46	5,3	61
	9 28	2,0			8 32	1,9	
L	16 02	5,2	60	M	15 15	5,5	66
	21 51	1,95			20 53	1,75	
15	4 10	5,25	62	**30**	3 45	5,5	71
	10 13	1,9			9 30	1,6	
M	16 25	5,3	64	M	16 06	5,75	76
	22 36	1,85			21 52	1,45	

Prédictions de marée calculées par le SHOM (heure légale)

Sur la côte Atlantique, de La Baule au Pertuis d'Antioche, lors des marées de morte-eau les plus faibles, un phénomène de « tenue de pleine mer » pendant laquelle le niveau de l'eau ne varie que très lentement, rend la détermination de l'instant de pleine mer imprécise.

Avis aux lecteurs

Les heures moyennes des marées sont exprimées en **HEURE LÉGALE**.
Elles sont exactes pour toute l'année (heure d'hiver et heure d'été) et ne doivent donc pas être corrigées.

LA ROCHELLE	46° 10' N 01° 13' W	Niveau moyen : 3,84 m	Marnages V.E. moyenne : 5,10 m M.E. moyenne : 2,45 m

JUILLET 2004

Jour	h m	haut. m	Coef
1 J	4 40 10 25 16 56 22 49	5,7 1,35 5,95 1,15	80 85
2 V PL	5 32 11 18 17 46 23 43	5,8 1,1 6,1 0,9	89 92
3 S	6 22 12 09 18 36	5,9 1,0 6,15	94 95
4 D	0 36 7 11 12 59 19 26	0,75 5,85 0,95 6,1	96 95
5 L	1 31 7 59 13 49 20 16	0,75 5,7 1,05 6,0	93 91
6 M	2 21 8 46 14 40 21 05	0,85 5,45 1,2 5,75	87 83
7 M	3 11 9 33 15 31 21 55	1,1 5,2 1,45 5,5	78 72
8 J	4 01 10 24 16 23 22 46	1,45 4,95 1,75 5,2	67 61
9 V DQ	4 52 11 39 17 18 23 47	1,8 4,75 2,05 5,0	56 52
10 S	5 47 13 04 18 16	2,15 4,65 2,3	48
11 D	1 03 6 46 14 07 19 18	4,8 2,4 4,7 2,4	45 43
12 L	2 06 7 49 14 57 20 20	4,8 2,5 4,85 2,45	42 43
13 M	3 04 8 49 15 36 21 19	4,85 2,45 5,0 2,35	44 47
14 M	3 51 9 43 16 10 22 10	4,95 2,35 5,15 2,2	49 52
15 J	4 31 10 27 16 43 22 55	5,05 2,2 5,25 2,05	56 59
16 V	5 07 11 07 17 15 23 34	5,2 2,0 5,4 1,9	62 64
17 S NL	5 41 11 44 17 46	5,3 1,85 5,5	67 69
18 D	0 11 6 13 12 20 18 17	1,7 5,35 1,7 5,55	71 73
19 L	0 47 6 44 12 55 18 47	1,6 5,4 1,6 5,6	74 75
20 M	1 24 7 14 13 31 19 18	1,5 5,45 1,55 5,6	75 75
21 M	2 00 7 46 14 07 19 53	1,45 5,4 1,6 5,6	74 73
22 J	2 36 8 21 14 45 20 32	1,5 5,35 1,65 5,5	71 69
23 V	3 13 9 03 15 26 21 17	1,65 5,25 1,8 5,4	67 64
24 S	3 55 9 55 16 11 22 14	1,8 5,1 1,95 5,2	61 58
25 D PQ	4 43 11 10 17 04 23 34	2,0 4,95 2,1 5,05	55 53
26 L	5 40 12 40 18 06	2,2 4,95 2,25	51
27 M	1 08 6 47 13 56 19 17	5,0 2,3 5,1 2,2	50 50
28 M	2 29 8 01 15 01 20 29	5,1 2,2 5,35 2,0	52 56
29 J	3 37 9 10 15 58 21 37	5,3 1,95 5,65 1,65	61 67
30 V	4 36 10 12 16 51 22 38	5,55 1,6 5,95 1,25	73 79
31 S PL	5 28 11 07 17 39 23 34	5,8 1,2 6,15 0,9	85 90

AOÛT 2004

Jour	h m	haut. m	Coef
1 D	6 14 11 59 18 24	5,9 0,95 6,3	94 97
2 L	0 25 6 56 12 47 19 06	0,65 5,95 0,8 6,3	99 100
3 M	1 16 7 33 13 33 19 43	0,6 5,85 0,8 6,2	99 97
4 M	2 01 8 01 14 18 20 15	0,7 5,65 0,95 5,95	94 89
5 J	2 45 8 24 15 03 20 44	1,0 5,45 1,25 5,65	84 78
6 V	3 28 8 49 15 48 21 16	1,35 5,2 1,65 5,3	72 65
7 S DQ	4 12 9 20 16 36 21 58	1,8 4,95 2,05 5,0	58 51
8 D	4 58 10 04 17 28 23 04	2,25 4,7 2,45 4,7	45 39
9 L	5 50 12 49 18 28	2,6 4,5 2,7	35
10 M	1 16 6 54 14 20 19 40	4,55 2,85 4,65 2,8	32 31
11 M	2 38 8 10 15 15 20 52	4,6 2,85 4,85 2,7	32 36
12 J	3 35 9 16 15 58 21 50	4,8 2,65 5,05 2,4	40 45
13 V	4 20 10 07 16 34 22 36	5,0 2,35 5,25 2,1	50 55
14 S	4 56 10 48 17 05 23 15	5,2 2,0 5,45 1,8	60 65
15 D	5 27 11 25 17 33 23 51	5,35 1,75 5,65 1,55	70 74
16 L NL	5 55 12 01 18 00	5,55 1,5 5,8	77 81
17 M	0 26 6 23 12 35 18 27	1,3 5,65 1,3 5,9	83 85
18 M	1 00 6 50 13 09 18 56	1,2 5,75 1,2 5,95	86 87
19 J	1 35 7 20 13 44 19 28	1,15 5,8 1,2 5,95	87 86
20 V	2 10 7 52 14 20 20 03	1,2 5,75 1,3 5,85	84 81
21 S	2 47 8 29 14 59 20 43	1,35 5,6 1,5 5,6	77 73
22 D	3 27 9 12 15 44 21 31	1,65 5,35 1,75 5,3	68 63
23 L PQ	4 13 10 16 16 35 22 56	1,95 5,05 2,05 4,95	57 52
24 M	5 09 12 18 17 39	2,3 4,9 2,35	47
25 M	1 01 6 20 13 47 18 57	4,85 2,5 5,05 2,4	44 43
26 J	2 29 7 46 14 55 20 21	5,0 2,45 5,35 2,2	45 50
27 V	3 36 9 04 15 53 21 34	5,25 2,1 5,7 1,75	56 64
28 S	4 31 10 07 16 42 22 33	5,6 1,65 6,05 1,25	72 79
29 D	5 17 11 00 17 26 23 24	5,85 1,2 6,3 0,85	86 92
30 L PL	5 56 11 47 18 04	6,0 0,85 6,4	97 100
31 M	0 10 6 29 12 31 18 36	0,6 6,05 0,7 6,4	102 103

SEPTEMBRE 2004

Jour	h m	haut. m	Coef
1 M	0 53 6 55 13 12 19 03	0,55 6,0 0,7 6,3	102 100
2 J	1 36 7 15 13 53 19 28	0,75 5,85 0,9 6,05	96 91
3 V	2 15 7 38 14 32 19 56	1,05 5,7 1,25 5,75	86 79
4 S	2 52 8 05 15 12 20 27	1,45 5,45 1,7 5,4	73 65
5 D	3 30 8 35 15 53 21 04	1,9 5,15 2,15 5,05	58 50
6 L DQ	4 11 9 08 16 40 21 54	2,4 4,85 2,6 4,65	43 36
7 M	4 57 10 02 17 38	2,8 4,55 2,9	30
8 M	0 41 6 00 13 44 18 59	4,4 3,05 4,5 3,05	25 23
9 J	2 14 7 30 14 49 20 29	4,5 3,05 4,75 2,85	25 29
10 V	3 13 8 50 15 36 21 29	4,7 2,8 5,0 2,45	35 41
11 S	3 57 9 43 16 13 22 12	5,0 2,4 5,25 2,05	48 55
12 D	4 32 10 24 16 43 22 49	5,25 1,95 5,55 1,65	62 68
13 L	5 01 11 01 17 10 23 25	5,5 1,6 5,8 1,35	74 80
14 M NL	5 28 11 36 17 36 23 59	5,75 1,25 6,0 1,1	84 89
15 M	5 55 12 10 18 03	5,95 1,05 6,15	92 94
16 J	0 33 6 23 12 45 18 32	0,95 6,05 0,95 6,2	96 97
17 V	1 08 6 54 13 20 19 04	0,95 6,1 0,95 6,15	96 94
18 S	1 44 7 27 13 57 19 39	1,05 5,95 1,1 5,95	92 88
19 D	2 22 8 03 14 38 20 18	1,3 5,75 1,35 5,65	83 77
20 L	3 04 8 45 15 24 21 05	1,65 5,4 1,7 5,2	70 63
21 M PQ	3 52 9 52 16 18 23 12	2,05 5,05 2,1 4,8	55 48
22 M	4 51 12 18 17 26	2,45 4,9 2,45	42
23 J	1 13 6 11 13 43 18 54	4,8 2,7 5,1 2,5	39 39
24 V	2 30 7 45 14 49 20 23	5,0 2,55 5,4 2,15	43 50
25 S	3 30 9 00 15 43 21 29	5,35 2,05 5,75 1,65	58 66
26 D	4 19 9 58 16 29 22 22	5,65 1,55 6,05 1,15	74 81
27 L	4 59 10 46 17 07 23 08	5,85 1,1 6,25 0,85	88 93
28 M PL	5 31 11 30 17 38 23 50	6,0 0,85 6,35 0,7	97 99
29 M	5 56 12 11 18 04	6,05 0,75 6,35	100 100
30 J	0 29 6 16 12 49 18 28	0,7 6,05 0,8 6,25	99 96

Prédictions de marée calculées par le SHOM (heure légale)

Sur la côte Atlantique, de La Baule au Pertuis d'Antioche, lors des marées de morte-eau les plus faibles, un phénomène de « tenue de pleine mer » pendant laquelle le niveau de l'eau ne varie que très lentement, rend la détermination de l'instant de pleine mer imprécise.

Avis aux lecteurs

Les heures moyennes des marées sont exprimées en **HEURE LÉGALE**.
Elles sont exactes pour toute l'année (heure d'hiver et heure d'été) et ne doivent donc pas être corrigées.

LA ROCHELLE	46° 10' N 01° 13' W	Niveau moyen : 3,84 m	Marnages V.E. moyenne : 5,10 m M.E. moyenne : 2,45 m

OCTOBRE 2004

	h m	haut. m	Coef		h m	haut. m	Coef
1	1 06	0,95		16	0 39	0,85	
	6 39	5,95	93		6 32	6,2	100
V	13 26	1,05		S	12 57	0,85	
	18 54	6,05	88		18 46	6,2	98
2	1 42	1,25		17	1 20	1,0	
	7 05	5,8	83		7 08	6,05	94
S	14 02	1,35		D	13 38	1,0	
	19 23	5,75	77		19 24	5,9	90
3	2 17	1,65		18	2 02	1,3	
	7 33	5,55	71		7 48	5,75	84
D	14 38	1,75		L	14 23	1,3	
	19 55	5,4	64		20 06	5,5	77
4	2 52	2,05		19	2 48	1,7	
	8 03	5,25	57		8 38	5,4	69
L	15 15	2,2		M	15 13	1,7	
	20 29	5,0	50		21 10	5,0	62
5	3 29	2,45		20	3 41	2,1	
	8 35	4,9	43		10 27	5,05	54
M	15 58	2,6		M	16 11	2,1	
	21 14	4,6	36	PQ	23 39	4,75	47
6	4 14	2,85		21	4 47	2,5	
	9 22	4,55	30		12 13	5,0	42
M	16 52	2,95		J	17 24	2,35	
DQ							
7	0 10	4,35	24	22	1 10	4,85	41
	5 14	3,1			6 10	2,6	
J	12 56	4,45	22	V	13 30	5,2	43
	18 13	3,1			18 51	2,35	
8	1 40	4,45	22	23	2 20	5,1	47
	6 45	3,15			7 35	2,4	
V	14 09	4,65	26	S	14 34	5,45	53
	19 54	2,9			20 11	2,05	
9	2 38	4,7	33	24	3 16	5,35	60
	8 11	2,85			8 43	1,95	
S	14 59	4,95	40	D	15 28	5,7	67
	20 55	2,5			21 12	1,6	
10	3 21	5,0	47	25	4 00	5,6	73
	9 06	2,4			9 38	1,55	
D	15 38	5,25	54	L	16 10	5,95	79
	21 37	2,05			22 01	1,25	
11	3 56	5,3	62	26	4 35	5,75	84
	9 49	1,95			10 26	1,2	
L	16 10	5,55	69	M	16 44	6,05	87
	22 15	1,6			22 45	1,05	
12	4 27	5,6	76	27	5 01	5,85	90
	10 28	1,55			11 08	1,05	
M	16 40	5,85	82	M	17 11	6,1	92
	22 51	1,25			23 25	1,0	
13	4 57	5,9	88	28	5 22	5,95	92
	11 05	1,2			11 47	1,0	
M	17 09	6,1	92	J	17 35	6,1	92
	23 27	1,0		PL			
14	5 27	6,1	96	29	0 02	1,05	
	11 41	0,95			5 45	5,95	91
J	17 40	6,25	99	V	12 24	1,1	
NL					18 01	6,05	88
15	0 03	0,85		30	0 37	1,25	
	5 58	6,2	100		6 11	5,9	86
V	12 19	0,85		S	12 59	1,3	
	18 11	6,3	101		18 30	5,9	82
				31	1 11	1,5	
					5 40	5,75	78
				D	12 34	1,55	
					18 01	5,65	73

NOVEMBRE 2004

	h m	haut. m	Coef		h m	haut. m	Coef
1	0 45	1,8		16	0 48	1,3	
	6 10	5,55	68		6 51	5,8	84
L	13 09	1,85		M	13 14	1,2	
	18 33	5,3	63		19 19	5,4	78
2	1 20	2,1		17	1 39	1,65	
	6 41	5,3	57		8 00	5,5	72
M	13 45	2,2		M	14 07	1,5	
	19 08	4,95	51		20 51	5,05	65
3	1 57	2,45		18	2 36	1,95	
	7 16	5,0	46		9 32	5,3	59
M	14 26	2,5		J	15 06	1,85	
	19 55	4,6	40		22 29	4,9	54
4	2 41	2,75		19	3 41	2,25	
	8 08	4,7	34		10 53	5,2	50
J	15 16	2,8		V	16 14	2,1	
	22 15	4,4	30	PQ	23 48	4,95	49
5	3 38	2,95		20	4 54	2,35	
	10 43	4,55	27		12 06	5,25	49
V	16 23	2,95		S	17 28	2,15	
DQ	23 47	4,45	26				
6	4 52	3,0		21	0 59	5,05	51
	12 06	4,65	28		6 07	2,25	
S	17 49	2,85		D	13 11	5,4	54
					18 40	2,05	
7	0 47	4,7	32	22	1 54	5,25	58
	6 12	2,85			7 13	2,0	
D	13 04	4,9	38	L	14 06	5,5	62
	19 00	2,55			19 42	1,8	
8	1 34	4,95	45	23	2 37	5,4	66
	7 15	2,5			8 10	1,75	
L	13 51	5,2	51	M	14 49	5,6	70
	19 51	2,15			20 33	1,6	
9	2 14	5,3	59	24	3 10	5,55	73
	8 04	2,05			8 59	1,55	
M	14 31	5,5	65	M	15 22	5,7	75
	20 34	1,75			21 19	1,5	
10	2 51	5,6	72	25	3 34	5,65	77
	8 48	1,65			9 44	1,45	
M	15 08	5,8	79	J	15 47	5,75	79
	21 14	1,35			21 59	1,45	
11	3 26	5,9	85	26	3 56	5,75	80
	9 30	1,3			10 24	1,45	
J	15 44	6,05	90	V	16 13	5,75	80
	21 53	1,1		PL	22 36	1,5	
12	4 02	6,1	94	27	4 22	5,8	79
	10 12	1,0			11 01	1,5	
V	16 20	6,2	97	S	16 43	5,75	78
NL	22 33	0,95			23 11	1,6	
13	4 38	6,2	99	28	4 52	5,75	77
	10 54	0,85			11 36	1,55	
S	16 58	6,2	99	D	17 15	5,65	75
	23 15	0,95			23 44	1,7	
14	5 17	6,2	99	29	5 24	5,65	73
	11 38	0,85			12 11	1,7	
D	17 38	6,05	97	L	17 48	5,5	70
	23 58	1,05					
15	6 00	6,05	94	30	0 20	1,85	
	12 25	0,95			5 56	5,5	67
L	18 23	5,8	90	M	12 47	1,85	
					18 22	5,25	63

DÉCEMBRE 2004

	h m	haut. m	Coef		h m	haut. m	Coef
1	0 56	2,05		16	1 30	1,35	
	6 30	5,35	60		8 00	5,8	81
M	13 24	2,05		J	13 58	1,2	
	18 59	5,05	56		20 39	5,25	76
2	1 34	2,25		17	2 25	1,6	
	7 07	5,15	52		9 07	5,55	71
J	14 03	2,25		V	14 53	1,5	
	19 43	4,8	48		21 55	5,05	66
3	2 17	2,45		18	3 23	1,85	
	7 55	4,95	45		10 16	5,35	61
V	14 47	2,45		S	15 51	1,3	
	20 55	4,6	41	PQ	23 11	4,35	57
4	3 05	2,6		19	4 24	2,05	
	9 10	4,8	39		11 26	5,2	54
S	15 38	2,6		D	16 52	2,05	
	22 32	4,55	37				
5	4 01	2,7		20	0 24	4,9	51
	10 44	4,75	36		5 28	2,2	
D	16 40	2,65		L	12 36	5,15	50
DQ	23 42	4,7	37		17 58	2,2	
6	5 06	2,7		21	1 24	5,0	50
	11 57	4,9	39		6 33	2,25	
L	17 48	2,55		M	13 37	5,15	51
					19 02	2,2	
7	0 42	4,95	43	22	2 11	5,1	53
	6 11	2,55			7 35	2,15	
M	12 57	5,1	47	M	14 25	5,2	55
	18 51	2,35			20 00	2,15	
8	1 31	5,2	53	23	2 47	5,25	57
	7 11	2,25			8 31	2,05	
M	13 51	5,35	58	J	15 03	5,3	60
	19 45	2,0			20 51	2,05	
9	2 17	5,5	64	24	3 15	5,35	62
	8 05	1,9			9 20	1,95	
J	14 39	5,6	70	V	15 33	5,4	65
	20 35	1,65			21 35	1,95	
10	3 00	5,8	76	25	3 42	5,5	66
	8 56	1,5			10 03	1,85	
V	15 24	5,85	81	S	16 03	5,45	68
	21 22	1,35			22 15	1,85	
11	3 43	6,0	86	26	4 12	5,6	69
	9 46	1,2			10 42	1,8	
S	16 09	6,0	90	D	16 35	5,5	70
	22 09	1,15		PL	22 51	1,8	
12	4 27	6,15	93	27	4 45	5,65	71
	10 35	0,95			11 18	1,75	
D	16 54	6,05	95	L	17 09	5,5	71
NL	22 56	1,05			23 26	1,8	
13	5 14	6,2	96	28	5 17	5,65	71
	11 24	0,85			11 54	1,7	
L	17 42	6,0	96	M	17 42	5,5	71
	23 44	1,05					
14	6 04	6,15	95	29	0 01	1,8	
	12 14	0,85			5 49	5,6	70
M	18 33	5,8	93	M	12 29	1,7	
					18 14	5,4	69
15	0 38	1,15		30	0 38	1,85	
	6 59	6,0	89		6 21	5,5	68
M	13 05	0,95		J	13 05	1,75	
	19 31	5,55	86		13 47	5,3	66
				31	1 15	1,9	
					6 54	5,45	64
				V	13 41	1,9	
					19 21	5,15	62

Prédictions de marée calculées par le SHOM (heure légale)

Sur la côte Atlantique, de La Baule au Pertuis d'Antioche, lors des marées de morte-eau les plus faibles, un phénomène de « tenue de pleine mer » pendant laquelle le niveau de l'eau ne varie que très lentement, rend la détermination de l'instant de pleine mer imprécise.

Avis aux lecteurs

Les heures moyennes de PM et BM de VE et ME sont exprimées en **UTC**
Il faut donc, avant tout calcul, rajouter 1 h en hiver et 2 h en été.

PORTS RATTACHÉS	PLEINES MERS				BASSES MERS			
	Correction heures		Correction hauteurs		Correction heures		Correction hauteurs	
	V.E.	M.E.	V.E.	M.E.	V.E.	M.E.	V.E.	M.E.
	h min	h min	m cm	m cm	h min	h min	m cm	m cm
Référence BOULOGNE	**11 55 23 55**	**5 45 17 45**	**8,85**	**7,20**	**7 10 19 10**	**0 30 12 30**	**1,10**	**2,60**
Dunkerque	+ 0 45	+ 1 00	- 2 80	- 2 20	+ 0 25	+ 0 45	- 0 50	- 1 10
Calais	+ 0 20	+ 0 30	- 1 55	- 1 15	+ 0 15	+ 0 25	- 0 25	- 0 50
Le Tréport	- 0 10	- 0 25	+ 0 60	+ 0 30	- 0 33	- 0 33	- 0 20	- 0 05
Dieppe	- 0 15	- 0 25	+ 0 45	+ 0 20	- 0 40	- 0 40	- 0 30	- 0 10
Saint-Valéry-sur-Somme	+ 0 20	+ 0 10	+ 1 35	+ 0 95	?	?	?	?
Référence LE HAVRE	**10 40 22 40**	**4 35 16 35**	**7,90**	**6,60**	**5 40 17 40**	**10 55 22 55**	**1,20**	**2,85**
Saint-Valéry-en-Caux	+ 0 55	+ 0 40	+ 0 90	+ 0 40	+ 0 30	+ 0 40	- 0 45	- 0 45
Fécamp	+ 0 45	+ 0 35	+ 0 45	+ 0 25	+ 0 10	+ 0 25	0 00	- 0 05
Trouville	- 1 00(1)	- 0 10	+ 0 40	+ 0 30	+ 0 05	0 00	+ 0 10	+ 0 25
Arromanches	- 0 55	- 0 25	- 0 60	- 0 60	- 0 35	- 0 27	- 0 15	- 0 25
Ouistreham	- 0 45(1)	- 0 10	- 0 30	- 0 30	0 00	- 0 05	- 0 25	- 0 25
Courseulles-sur-Mer	- 0 45	- 0 15	- 0 50	- 0 45	- 0 25	- 0 20	- 0 10	- 0 15
Port-en-Bessin	- 0 55	- 0 30	- 0 65	- 0 65	- 0 35	- 0 30	- 0 10	- 0 25
Référence CHERBOURG	**8 45 20 45**	**2 30 14 30**	**6,40**	**5,05**	**3 20 15 20**	**9 00 21 00**	**1,10**	**2,50**
Grandcamp (entrée chenal Carentan)	+ 0 50	+ 1 15	+ 0 80	+ 0 85	+ 1 30	+ 1 17	+ 0 15	+ 0 15
Saint-Vaast-La-Hougue	+ 0 50	+ 1 20	+ 0 35	+ 0 45	+ 1 20	+ 1 15	- 0 05	0 00
Barfleur	+ 0 55	+ 1 10	+ 0 10	+ 0 25	+ 0 52	+ 0 52	+ 0 05	0 00
Référence SAINT-MALO	**7 05 19 05**	**0 25 12 25**	**12,20**	**9,30**	**1 50 13 50**	**6 55 18 55**	**1,50**	**4,25**
Goury	+ 1 00	+ 1 05	- 4 05	- 2 70	+ 0 25	+ 0 45	- 0 10	- 0 75
Alderney (Braye)	+ 1 00	+ 1 15	- 6 00	- 4 60	+ 0 30	+ 1 20	- 0 60	- 1 75
Carteret	+ 0 20	+ 0 30	- 1 55	- 1 20	+ 0 15	+ 0 30	- 0 15	- 0 50
Guernesey (St-Peter Port)	+ 0 30	+ 0 25	- 2 90	- 2 30	0 00	+ 0 15	- 0 10	- 0 65
Jersey (St-Hélier)	+ 0 20	+ 0 25	- 1 20	- 1 20	+ 0 05	+ 0 15	- 0 10	- 0 25
Granville	+ 0 05	+ 0 05	+ 0 75	+ 0 50	+ 0 20	+ 0 10	+ 0 10	+ 0 30
Cancale	- 0 02	- 0 02	+ 0 85	+ 0 60	+ 0 10	+ 0 10	+ 0 15	+ 0 30
Minquiers	+ 0 05	+ 0 05	- 1 15	- 0 90	- 0 15	- 0 10	- 0 15	- 0 40
Saint-Cast	- 0 02	- 0 02	- 0 20	- 0 15	- 0 05	- 0 05	- 0 05	- 0 10
Erquy	- 0 05	- 0 10	- 0 60	- 0 45	- 0 23	- 0 17	0 00	- 0 05
Dahouët	- 0 10	- 0 10	- 0 90	- 0 65	- 0 25	- 0 20	- 0 15	- 0 25
Le Légué (bouée)	- 0 05	- 0 10	- 0 75	- 0 50	- 0 20	- 0 15	- 0 05	- 0 20
Binic	- 0 08	- 0 08	- 0 80	- 0 65	- 0 30	- 0 15	- 0 15	- 0 25
St-Quay-Portrieux	- 0 05	- 0 10	- 0 90	- 0 65	- 0 25	- 0 20	- 0 05	- 0 25
Référence PAIMPOL	**7 00 19 00**	**0 15 12 15**	**10,80**	**8,35**	**1 15 13 15**	**6 30 18 30**	**1,35**	**3,85**
Les Héaux de Bréhat	- 0 10	- 0 10	- 1 00	- 0 75	- 0 20	- 0 10	- 0 15	- 0 30
Ile Bréhat (Port Clos)	- 0 05	- 0 05	- 0 50	- 0 40	- 0 10	- 0 10	- 0 10	- 0 20
Lézardrieux	- 0 10	- 0 10	- 0 30	- 0 35	- 0 20	- 0 20	- 0 05	- 0 10
Port Béni	- 0 20	- 0 15	- 0 95	- 0 70	- 0 30	- 0 25	0 00	- 0 25
Tréguier	- 0 15	- 0 10	- 0 90	- 0 60	- 0 25	- 0 20	- 0 05	- 0 25
Perros-Guirec	- 0 40	- 0 30	- 1 45	- 1 00	- 0 45	- 0 40	- 0 10	- 0 45
Ploumanac'h	- 0 35	- 0 25	- 1 50	- 1 00	- 0 45	- 0 35	0 00	- 0 30
Référence ROSCOFF	**5 55 17 55**	**11 35 23 35**	**8,85**	**7,05**	**0 15 12 15**	**5 40 17 40**	**1,30**	**3,40**
Trébeurden	+ 0 05	+ 0 05	+ 0 35	+ 0 30	+ 0 05	+ 0 05	+ 0 10	+ 0 15
Morlaix (Ch. du Taureau)	0 00	0 00	+ 0 05	+ 0 05	0 00	0 00	0 00	0 00
L'Aber-Wrac'h	- 0 35	- 0 25	- 1 10	- 0 95	- 0 35	- 0 20	- 0 25	- 0 60
L'Aber Ildut	- 0 55	- 0 45	- 1 50	- 1 30	- 0 50	- 0 45	- 0 30	- 0 75

(1) : VOIR EN FIN DE CHAPITRE

Ces tableaux permettent d'obtenir les heures et les hauteurs des pleines et des basses mers des ports qui y sont indiqués, au moyen des heures et hauteurs données dans le calendrier pour le port de référence.

Ils donnent les éléments à ajouter ou à retrancher aux heures et hauteurs données pour le port de référence, suivant qu'on se trouve en vive-eau (V.E.) ou en morte-eau (M.E.). Les heures imprimées en caractères gras sont les heures moyennes des pleines mers et basses mers de V.E. et M.E. dans les ports de référence situés en regard. Ces heures moyennes sont exprimées en UTC. Les corrections de hauteur sont fonction du coefficient. Les termes V.E et M.E se rapportent à des coefficients de 95 et 45.

Avis aux lecteurs

Les heures moyennes de PM et BM de VE et ME sont exprimées en **UTC**

Il faut donc, avant tout calcul, rajouter 1 h en hiver et 2 h en été.

PORTS RATTACHÉS	PLEINES MERS				BASSES MERS			
	Correction heures		Correction hauteurs		Correction heures		Correction hauteurs	
	V.E.	M.E.	V.E.	M.E.	V.E.	M.E.	V.E.	M.E.
	h min	h min	m cm	m cm	h min	h min	m cm	m cm
Référence BREST	**4 50 16 50**	**10 40 22 40**	**6,95**	**5,40**	**11 00 23 00**	**4 45 16 45**	**1,05**	**2,30**
Ouessant (Lampaul)	+ 0 05	+ 0 05	- 0 05	- 0 05	- 0 05	+ 0 03	0 00	- 0 05
Molène	+ 0 12	+ 0 12	+ 0 35	+ 0 35	+ 0 17	+ 0 17	+ 0 10	+ 0 20
Le Conquet	0 00	- 0 05	- 0 15	- 0 10	+ 0 07	+ 0 07	- 0 05	- 0 05
Camaret-sur-Mer	- 0 10	- 0 10	- 0 30	- 0 25	- 0 13	- 0 13	- 0 05	- 0 10
Morgat	- 0 08	- 0 08	- 0 40	- 0 35	- 0 20	- 0 10	- 0 05	- 0 15
Douarnenez	- 0 15	- 0 10	- 0 55	- 0 45	- 0 18	- 0 08	- 0 10	- 0 25
Ile de Sein	- 0 05	- 0 05	- 0 75	- 0 55	- 0 10	- 0 05	- 0 10	- 0 20
Référence PORT-TUDY	**4 25 16 25**	**10 40 22 40**	**5,15**	**4,05**	**10 35 22 35**	**4 30 16 30**	**0,90**	**2,05**
Audierne	- 0 05	- 0 35	+ 0 10	+ 0 05	- 0 10	- 0 15	- 0 05	0 00
Penmarc'h	- 0 05	- 0 15	0 00	- 0 05	- 0 10	- 0 05	- 0 05	- 0 10
Loctudy	- 0 05	- 0 10	- 0 20	- 0 20	- 0 05	- 0 05	- 0 15	- 0 15
Bénodet	+ 0 05	0 00	0 00	0 00	+ 0 02	+ 0 02	- 0 10	- 0 05
Concarneau	- 0 05	- 0 10	- 0 15	- 0 15	- 0 05	- 0 05	- 0 10	- 0 10
Port-Louis (Locmalo)	+ 0 04	+ 0 04	0 00	0 00	+ 0 03	+ 0 03	+ 0 05	0 00
Lorient	+ 0 03	+ 0 03	+ 0 00	+ 0 00	+ 0 05	+ 0 05	- 0 10	- 0 05
Port d'Étel	+ 0 15	+ 0 20	- 0 20	+ 0 05	+ 0 55	+ 0 25	+ 0 65	+ 0 15
Référence PORT-NAVALO	**4 45 16 45**	**11 10 23 10**	**4,95**	**3,95**	**10 50 22 50**	**4 40 16 40**	**0,70**	**1,85**
Port-Haliguen	- 0 15	- 0 15	+ 0 30	+ 0 20	- 0 05	- 0 05	0 00	+ 0 15
Belle-Ile (Le Palais)	- 0 23	- 0 23	+ 0 15	+ 0 10	- 0 15	- 0 15	0 00	+ 0 10
La Trinité-sur-Mer	- 0 15	- 0 10	+ 0 45	+ 0 35	- 0 05	0 00	+ 0 15	+ 0 25
GOLFE DU MORBIHAN								
Auray (St Goustan)	+ 0 05	+ 0 25	- 0 05	+ 0 05	+ 0 30	+ 0 10	+ 0 10	0 00
Arradon	+ 1 50	+ 1 25	- 1 70	- 1 20	+ 1 55	+ 1 35	- 0 15	- 0 80
Vannes	+ 2 05	+ 1 50	- 1 65	- 1 20	+ 2 10	+ 1 30	- 0 20	- 0 80
St-Armel (Passage)	+ 2 05	+ 1 35	- 1 50	- 1 05	+ 2 20	+ 1 45	- 0 15	- 0 70
Le Logeo	+ 1 45	+ 1 25	- 1 70	- 1 20	+ 1 55	+ 1 30	- 0 15	- 0 80
Port du Crouesty	- 0 17	- 0 17	+ 0 35	+ 0 25	- 0 07	- 0 07	+ 0 05	+ 0 15
Penerf	- 0 20	- 0 10	+ 0 50	+ 0 35	- 0 05	- 0 10	+ 0 05	+ 0 20
Ile de Hoëdic	- 0 30	- 0 20	+ 0 20	+ 0 10	- 0 17	- 0 17	0 00	+ 0 05
Référence SAINT-NAZAIRE	**4 10 16 10**	**11 10 23 10**	**5,85**	**4,65**	**10 50 22 50**	**4 35 16 35**	**0,85**	**2,20**
Le Croisic	0 00	- 0 15	- 0 40	- 0 35	- 0 10	- 0 05	- 0 10	- 0 20
Le Pouliguen	+ 0 15	- 0 10	- 0 40	- 0 30	- 0 10	- 0 15	- 0 10	- 0 15
Nantes (Chantenay)	+ 1 35	+ 1 05	+ 0 50	+ 0 45	+ 2 25	+ 1 35	+ 0 05	- 0 40
Pornic	- 0 10	0 00	- 0 05	0 00	0 00	0 00	- 0 05	0 00
Noirmoutier (L'Herbaudière)	- 0 07	- 0 07	- 0 35	- 0 25	- 0 10	- 0 10	- 0 05	- 0 10
Référence LES SABLES D'OLONNE	**4 20 16 20**	**10 55 22 55**	**5,20**	**4,15**	**10 25 22 25**	**4 10 16 10**	**0,75**	**2,05**
Ile d'Yeu (Port Joinville)	- 0 10	0 00	- 0 15	- 0 10	0 00	+ 0 05	0 00	- 0 10
Saint-Gilles-Croix-de-Vie	0 00	0 00	- 0 05	- 0 05	+ 0 03	+ 0 03	0 00	- 0 05
Référence LA ROCHELLE	**4 25 16 25**	**11 15 23 15**	**6,05**	**4,90**	**10 35 22 35**	**4 15 16 15**	**0,95**	**2,45**
Ile d'Aix	- 0 10	0 00	+ 0 05	+ 0 05	- 0 05	- 0 05	- 0 05	0 00
Royan	+ 0 25	- 0 15	- 0 90	- 0 70	+ 0 15	+ 0 20	+ 0 10	- 0 35
Pointe de Grave	+ 0 30	- 0 15	- 0 65	- 0 50	+ 0 20	+ 0 25	+ 0 10	- 0 35
Bordeaux	+ 2 55	+ 1 45	- 0 70	- 0 65	+ 4 25	+ 3 55	- 0 90	- 2 00
Cap Ferret	+ 0 35	- 0 30	- 2 00	- 1 65	+ 0 35	+ 0 20	- 0 45	- 1 15
Arcachon (Eyrac)	+ 0 55	- 0 05	- 1 70	- 1 50	+ 0 40	+ 0 25	- 0 50	- 1 15
Bayonne (Le Boucau)	- 0 05	- 0 45	- 1 80	- 1 55	- 0 20	0 00	- 0 20	- 0 75
Saint-Jean-de-Luz	- 0 15	- 0 55	- 1 75	- 1 55	- 0 25	- 0 05	- 0 35	- 0 90
Référence BOULOGNE	**11 55 23 55**	**5 45 17 45**	**8,85**	**7,20**	**7 10 19 10**	**0 30 12 30**	**1,10**	**2,60**
Oostende (Belgique)	+ 1 10	+ 1 40	- 3 95	- 3 00	+ 0 30	+ 1 10	- 0 60	- 1 40
Nieuwport (Belgique)	+ 0 55	+ 1 30	- 3 55	- 2 90	+ 0 30	+ 1 05	- 0 60	- 1 40
Douvres (GB)	0 00	+ 0 10	- 2 05	- 1 90	+ 0 05	+ 0 10	- 0 30	- 0 50
Portsmouth (GB)	+ 0 20	+ 0 35	- 4 15	- 3 40	- 1 45	- 0 55	- 0 30	- 0 70
Cowes (Wight) (GB)	+ 0 05	+ 0 50	- 4 65	- 3 70	- 1 45	- 1 15	- 0 30	- 0 80
Poole (entrée) (GB)	- 2 20[1]	+ 1 40[1]	- 6 65[1]	- 5 50[1]	- 2 45	- 1 25	- 0 50	- 1 40

Avis aux lecteurs

Les heures moyennes de PM et BM de VE et ME sont exprimées en **UTC**
Il faut donc rajouter 1 h en hiver et 2 h en été.

PORTS RATTACHÉS	PLEINES MERS				BASSES MERS			
	Correction heures		Correction hauteurs		Correction heures		Correction hauteurs	
	V.E.	M.E.	V.E.	M.E.	V.E.	M.E.	V.E.	M.E.
	h min	h min	m cm	m cm	h min	h min	m cm	m cm
Référence PAIMPOL	**7 00 19 00**	**0 15 12 15**	**10,80**	**8,35**	**1 15 13 15**	**6 30 18 30**	**1,35**	**3,85**
Portland (GB)	+ 0 40	+ 0 35	- 8 70	- 6 95	- 1 00 (1)	- 1 00 (1)	- 1 25 (1)	- 3 05 (1)
Dartmouth (GB)	+ 0 05	- 0 05	- 5 90	- 4 55	- 0 30	- 0 40	- 0 75	- 1 85
Devonport (GB)	- 0 20	- 0 20	- 5 30	- 3 95	- 0 30	- 0 35	- 0 55	- 1 65
Référence BREST	**4 50 16 50**	**10 40 22 40**	**6,95**	**5,40**	**11 00 23 00**	**4 45 16 45**	**1,05**	**2,60**
Falmouth (GB)	+ 1 20	+ 0 45	- 1 55	- 1 10	+ 1 35	+ 1 00	- 0 25	- 0 50
Saint-Mary's (Scilly) (GB)	+ 0 40	+ 0 45	- 1 25	- 1 10	+ 0 45	+ 0 50	- 0 35	- 0 60
Penzance (Newlyn) (GB)	+ 0 45	+ 0 35	- 1 35	- 1 00	+ 1 00	+ 0 50	- 0 25	- 0 60
Cardiff (GB)	+ 3 10	+ 2 35	+ 5 25	+ 3 80	+ 3 05	+ 2 15	- 0 05	+ 1 30
Kinsale (Irlande du sud)	+ 1 05	+ 1 05	- 3 05	- 2 20	+ 1 05	+ 1 20	- 0 45	- 1 20
Valentia (Irlande du sud)	+ 0 10	+ 0 30	- 3 45	- 2 60	- 0 05	+ 0 35	- 0 65	- 1 40
Pasajès	- 0 35	- 0 30	- 2 80	- 2 20	- 0 50	- 0 35	- 0 55	- 1 20
Bilbao (Portugalete)	- 0 35	- 0 15	- 2 25	- 2 20	- 0 40	- 0 25	- 0 65	- 0 70
Santander (Espagne)	- 0 30	- 0 10	- 2 90	- 2 25	- 0 40	- 0 25	- 0 50	- 1 25
Gijón (Espagne)	- 0 25	+ 0 10	- 2 90	- 2 20	- 0 35	- 0 05	- 0 50	- 1 20
La Corogne (Espagne)	- 1 00	- 0 45	- 3 15	- 2 50	- 1 15	- 0 55	- 0 50	- 1 25

Les cases marquées d'un point d'interrogation représentent des cas pour lesquels on n'a pas d'élément.

Les cases marquées (1) représentent des ports à double pleine mer (la mer monte au maximum, puis descend un peu, puis remonte aussitôt). L'heure et la hauteur données se rapportent au premier maximum.

Remarque : Lors du calcul de hauteur d'eau, il convient de retenir une marge de sécurité appelée «pied de pilote» en raison des circonstances atmosphériques (pression barométrique, influence des vents sur le niveau de la mer, état de la mer).

Les grandes marées en 2004

Janvier

mercredi	21	85 - 90
jeudi	22	93 - 96
vendredi	23	97 - 97
samedi	24	96 - 94
dimanche	25	91 - 87

Février

vendredi	20	93 - 97
samedi	21	99 - 100
dimanche	22	100 - 99
lundi	23	96 - 92

Mars

dimanche	7	93 - 97
lundi	8	99 - 101
mardi	9	101 - 101
mercredi	10	99 - 95
jeudi	11	91 - 85
samedi	20	92 - 96
dimanche	21	98 - 99
lundi	22	99 - 97
mardi	23	95 - 92

Avril

dimanche	4	86 - 92
lundi	5	98 - 102
mardi	6	105 - 106
mercredi	7	107 - 105
jeudi	8	103 - 98
vendredi	9	93 - 86
lundi	19	91 - 91
mardi	20	91 - 90

Mai

lundi	3	85 - 91
mardi	4	96 - 101
mercredi	5	103 - 105
jeudi	6	105 - 103
vendredi	7	100 - 96
samedi	8	90 - 84

Juin

mercredi	2	90 - 94
jeudi	3	97 - 98
vendredi	4	99 - 98
samedi	5	96 - 93
dimanche	6	90 - 85

Juillet

vendredi	2	89 - 92
samedi	3	94 - 95
dimanche	4	96 - 95
lundi	5	96 - 91
samedi	31	85 - 90

Août

dimanche	1	94 - 97
lundi	2	99 - 100
mardi	3	99 - 97
mercredi	4	94 - 89
dimanche	29	86 - 92
lundi	30	97 - 100
mardi	31	102 - 103

Septembre

mercredi	1	102 - 100
jeudi	2	96 - 91
mercredi	15	92 - 94
jeudi	16	96 - 97
vendredi	17	96 - 94
samedi	18	92 - 88
lundi	27	88 - 93
mardi	28	97 - 99
mercredi	29	100 - 100

Octobre

vendredi	1	93 - 88
mercredi	13	88 - 92
jeudi	14	96 - 99
vendredi	15	100 - 101
samedi	16	100 - 98
dimanche	17	94 - 90
mercredi	27	90 - 92
jeudi	28	92 - 92
vendredi	29	91 - 88

Novembre

jeudi	11	85 - 90
vendredi	12	94 - 97
samedi	13	99 - 99
dimanche	14	99 - 97
lundi	15	94 - 90

Décembre

samedi	11	86 - 90
dimanche	12	93 - 95
lundi	13	96 - 96
mardi	14	95 - 93

Quelques rappels de navigation : définitions et désignations

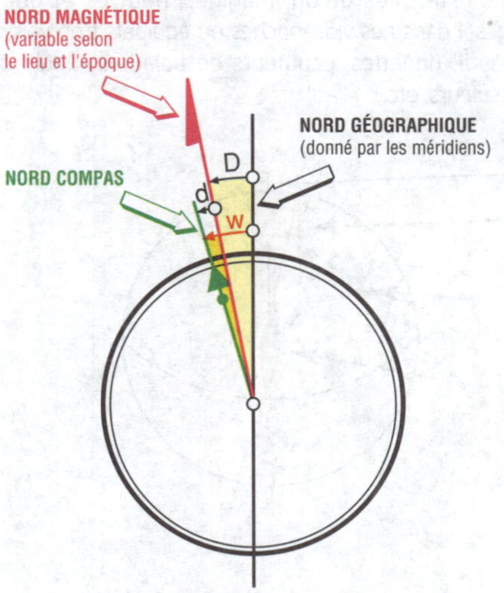

D : Déclinaison

= Écart angulaire entre Nord magnétique et Nord carte (indiqué sur les cartes).

d : Déviation

= Écart angulaire entre Nord compas et Nord magnétique.

C'est la déviation (du Nord) du compas, due à des effets magnétiques divers, présents **dans** le bateau :
→ courant électrique continu, hauts-parleurs, radio, baladeur, masses métalliques : moteur, outils, lunettes, décapsuleurs, etc.

W : Variation

= Écart angulaire entre Nord compas et Nord carte.

→ C'est donc aussi l'écart entre les lectures faites sur la carte et sur le compas.

Cap (*"Heading"*)

= C'est la direction orientée de l'axe longitudinal du navire (*"Fore and aft line"*).

Si elle se rapporte au **Nord "vrai" de la carte**
Alors, on dira : "cap ... vrai" → (Cv)

Si elle se rapporte au **Nord ...... "magnétique"**
Alors, on dira : "cap ...magnétique" → (Cm)

Si elle se rapporte au **Nord ... du ... compas**
Alors, on dira : "cap ... compas" → (Cc)

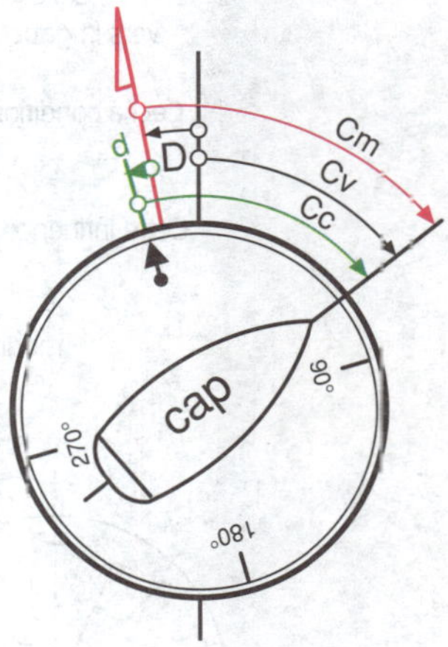

Route

= C'est le "chemin orienté" (*"track or course"*) d'un point de **départ**... à un point d'**arrivée (indépendamment du cap)**.

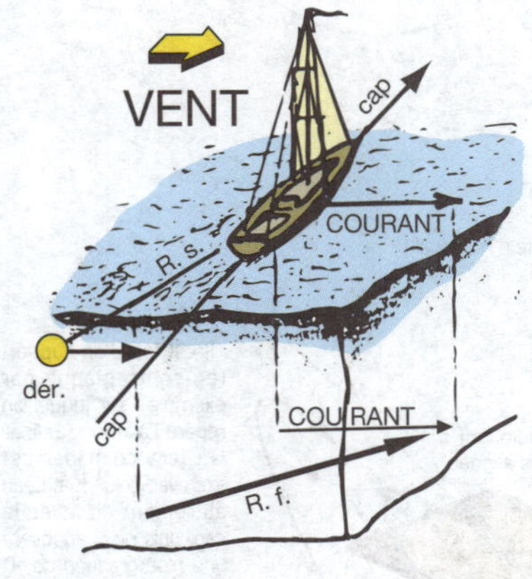

1) par rapport à la **SURFACE**, on parlera de route surface, (Rs - *Wake course*) laquelle se déplace en même temps que le courant s'il y en a !!!

Nota : On dit aussi "route vraie" → Veiller à ne pas commettre la confusion avec la Rf, d'ailleurs wake signifiant sillage, celui-ci ne peut être laissé qu'à la surface ...

2) par rapport au **FOND**, (*Sea bed*), on parlera de route fond (Rf - *True course*)

Dérive

Effet dû au vent - angle entre la Rs réellement suivie (à cause du vent) et celle que l'on suivrait (s'il n'y avait pas de vent).

Cv : Cap vrai	Rs : Route surface
Cm : Cap magnétique	Rf : Route fond
Cc : Cap compas	dér. : dérive (en degrés)

Nota : ces notions sont développées dans les cédéroms de l'Almanach du Marin Breton.

Confection d'une courbe de déviation

Tout utilisateur d'un navire doté d'un **compas magnétique** et d'équipements tels que moteur, radio (donc des hauts-parleurs) et/ou toute installation utilisant l'électricité (courant continu) doit savoir que le compas est susceptible de subir leur(s) influence(s) magnétique(s).

Celles-ci peuvent d'ailleurs être très pernicieuses, quand il s'agit d'ustensiles qu'on imagine... neutres et qui sont « rangés » dans des vide-poches ou équipets trop voisins du compas !!! (lunettes, écouteurs de baladeur, petits outils, décapsuleurs, etc.).

La direction du **Nord magnétique du lieu** où on se trouve est déterminée par l'équilibre des forces magnétiques du **pôle Nord** de la Terre **et** l'influence **magnétique locale** (due à la nature géophysique de la région où l'on se trouve).

Le Nord du compas **devrait** donc normalement se stabiliser à la position du Nord magnétique du lieu où l'on se trouve : Toute autre position signifiant qu'il subit une... **DÉVIATION.**

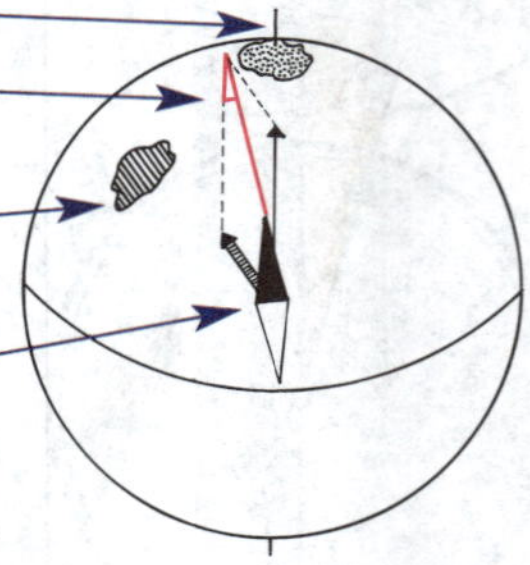

Celle-ci, par rapport au Nord magnétique, ne pouvant s'établir que vers la **gauche** (vers l'Ouest) ◀ **OU** ▶ vers la **droite** (vers l'Est).

Ceci a conditionné le choix du signe qui lui a été affecté, à savoir respectivement :
« - » à gauche ◀ **ET** ▶ **« + » à droite**

Cette influence est le résultat d'un équilibre magnétique qui s'établit **sur** le bateau.
Cet équilibre qui par définition est **changeant**
puisque le bateau – **en changeant de cap** –
modifie la direction de l'influence magnétique qu'il transporte.

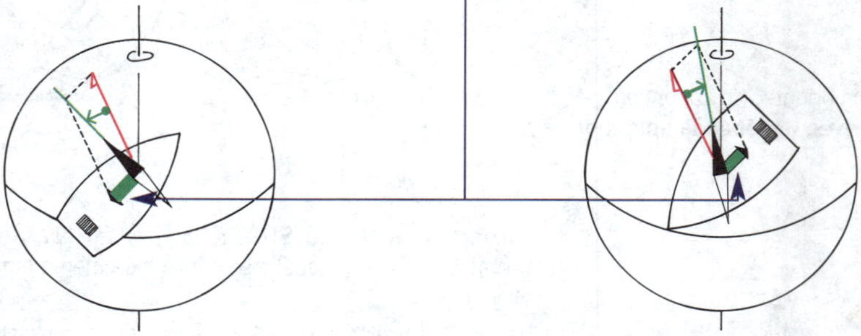

Il faut donc repérer les différentes **déviations** en fonction des différents **caps** du navire – une douzaine répartis régulièrement de 0 à 360° convenant à l'établissement d'une courbe récapitulative.

Il conviendrait donc d'utiliser douze alignements connus et de les prendre pour cap, puis de comparer les lectures faites sur le **compas** avec celles que l'on **devrait** lire « normalement » (en l'absence de toute perturbation).

C'est une situation plus facile à envisager qu'à... trouver ! Il est donc plus commun de n'avoir à disposition qu' **un alignement**.

Dans ce cas, il est nécessaire de faire usage d'un **instrument *Pelorus*** (*) : il permet de relever le **Gisement** (Gi) de l'alignement utilisé (ceci au moment où on le franchit). Ce gisement, combiné à chaque **cap compas**, permettra *ipso facto* d'en obtenir le... **relèvement compas (Zc) !!!**

(*) *Pelorus* était le pilote d'Hannibal !

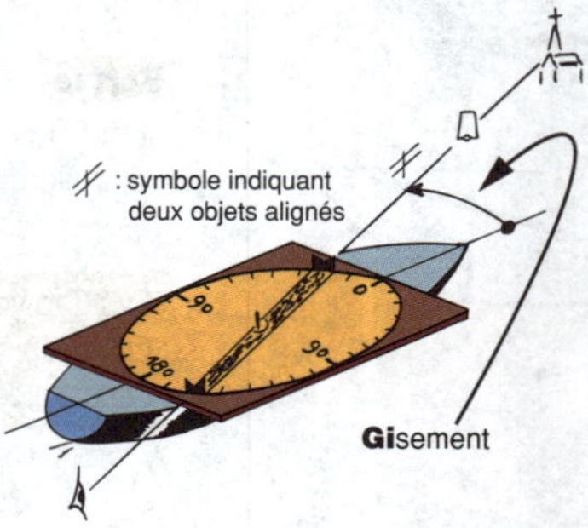

L'outil est simple.
Il est fait d'un support (en contreplaqué par exemple), sur lequel on repère l'axe longitudinal. On fera coïncider cet axe avec celui du bateau autrement dit, avec le cap, puis on y apposera une rose graduée de 0 à 180° symétriquement à l'axe, sur laquelle on placera un système mobile de visée (alidade ou taximètre) qui permettra de lire les gisements nécessaires.

Il suffit alors de comparer ces **Zc** au relèvement magnétique **(Zm)**

1. si Zc est **plus grand** que Zm ➠ alors le Nord du compas a dévié vers la gauche de *x* degrés,
2. si Zc est **plus petit** que Zm ➠ la déviation s'est produite vers la... droite, tout simplement !

Exemple :

Sur la carte 7033 (de Quiberon au Croisic),
(D = - 3° en 2004).

On prend l'alignement Abbaye de Prières par le phare de Penlan.

Le relèvement vrai (Zv) est 052,
ce qui détermine son relèvement magnétique.

(Zm) = 052 + 3° = 055°

C'est la valeur que l'on devrait toujours obtenir, si le compas ne subissait aucune déviation.

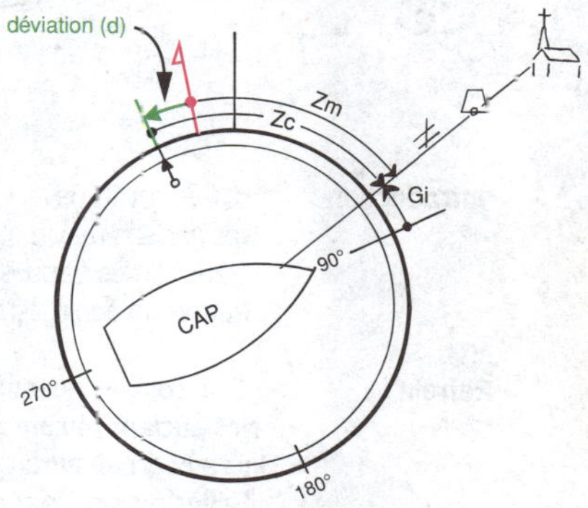

Supposons qu'au cap compas (Cc) 090°, nous notions cet alignement au gisement Gi = 032° bâbord.

Cela correspondrait à un relèvement compas (Zc) de 090° - 032° = **058**°, soit 3° de plus que Zm

➠ le Nord du compas a dévié (pour ce cap) de 3° vers la gauche (du Nord magnétique).

En prenant d'autres caps compas, il reste à répéter les mêmes opérations autant de fois qu'on le souhaite et à compléter le verso de votre **garde-page.**

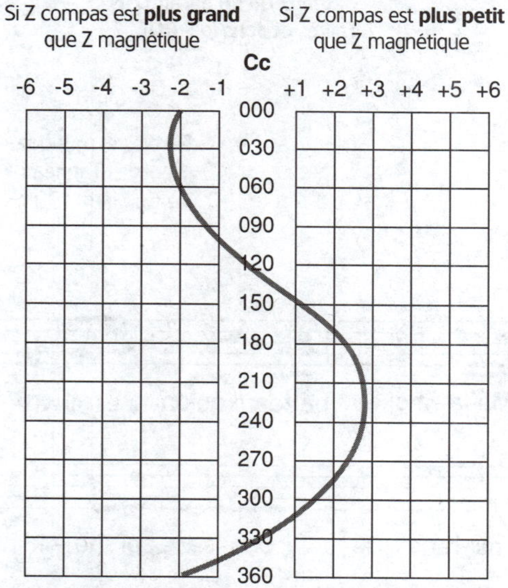

Il est bon de rappeler ici la formule suivante :
Cap vrai = Cap compas + déviation + Déclinaison magnétique
Cv = Cc + d + D

En effet la déclinaison magnétique est l'angle formé par la direction du Nord vrai et celle du Nord magnétique.

La valeur est variable selon la date et l'endroit où l'on se trouve sur le globe. Elle est indiquée sur les cartes. Ainsi à la pointe de Bretagne, par 47° 55′ N et 005° 32′ W, elle était de 6° 45′ W en 1985 et diminue de 11′ tous les ans (11′ E).
La combinaison de la déclinaison et de la déviation est la variation (W) qui, ajoutée au Cap compas (Cc), donne le Cap vrai (Cv).

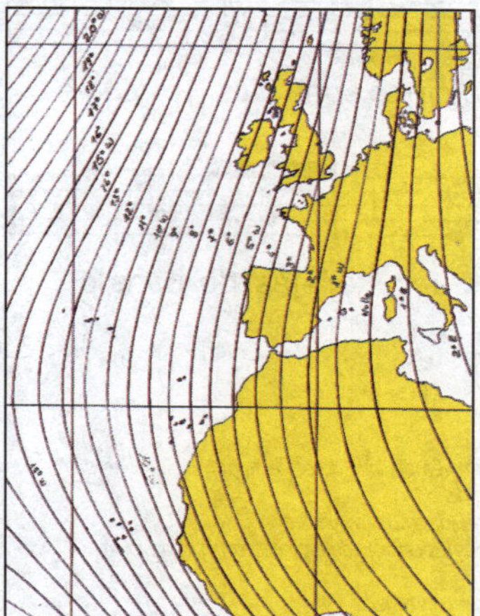

BONNE ROUTE !

DÉCLINAISON = D

L'aiguille du compas s'oriente, en raison de son aimantation, vers le Nord magnétique de la Terre, qui est un peu différent de la direction des méridiens (c'est-à-dire du pôle Nord) appelée direction du Nord vrai. L'angle de la direction du Nord vrai avec celle du Nord magnétique s'appelle déclinaison et se désigne par D. Il varie selon le lieu où l'on se trouve et selon l'époque (variation annuelle). Sa valeur est donnée sur les cartes et dans les instructions nautiques.
Les lignes reliant à la surface terrestre des points de même déclinaison magnétique sont dites **isogones.**

Déclinaisons magnétiques isogones (2001)

D'après la carte du SHOM n°0101GSA - Autorisation de reproduction n° 484/2003

Les malamoks

Introduction :

Que sont-ils devenus
Nos anciens malamoks[1],
Aux allures trapues,
Parfois un peu mastoc.

Refrain :

Que sont-ils devenus
Nos anciens malamoks,
Bateaux qu'on aurait crus
Taillés dedans le roc ?

Dites-moi, cormorans
De la Basse Spinek[2],
Et vous les goélands
Des toits du Guilvinec.

Dites-moi, les marsouins,
Bélougas[3] de l'Iroise,
Et vous les vieux marins,
Assis à Tal-ar-Groaz[4].

Quand ils appareillaient,
C'est au fond de mon cœur
Que longtemps résonnait
Le bruit de leurs moteurs.

Ils étaient le courage,
La hargne et puis l'entrain
De tous les équipages
Du Pays bigouden.

Et leurs proues labouraient
La mer comme des socs.
Leurs mâtures tremblaient
Parfois dessous le choc.

Les grands vents lacéraient
à la draille du foc,
Un vieux juron anglais :
Putain de Molly Hawk[5] !

Que sont-ils devenus
Nos anciens malamoks,
Bateaux qu'on aurait crus
Taillés dedans le... ROC[6] ?

Paroles et musique
Georges Tanneau
Le Guilvinec 1991

Notes et explications :

[1] Nom donné à un type de bateau de pêche à moteur dont les premiers ont été construits en 1929. C'est aussi le nom vernaculaire du pétrel fulmar à plumage clair. Ce nom provient d'un patois frison (Allemagne, Hollande) : mallemük, qui donnera mallemok et molly hawk en anglais.

[2] Nom d'une bouée signalant un haut fond (ou basse) au large du port du Guilvinec. Spinec est le nom breton de l'aiguillat ou chien de mer.

[3] Bélouga ou béluga : réservé d'abord au vrai bélouga blanc, ce nom a été donné ensuite par les marins bretons à tous les cétacés du type marsouin et dauphin.

[4] Carrefour : lieu de rendez-vous des vieux marins du Guilvinec.

[5] De l'un des surnoms donnés par les Anglo-Saxons au pétrel fulmar Molly Hawk signifiant approximativement " putain d'épervier ".

[6] Le dernier " Roc " est dit ici d'une voix forte et parlée.

La narration d'une expérience en Alcooliques Anonymes,

n'a rien d'extraordinaire et celle-ci n'a d'autre ambition que d'être un paragraphe, parmi tant d'autres, de la merveilleuse aventure que nous vivons tous dans notre association.

Après une enfance heureuse, de bonnes études, j'entrai dans la marine marchande où je découvris le whisky. Comme le terrain s'y prêtait fort bien, il s'y installa et prit les commandes. Très rapidement, il fit son œuvre — je l'aidais beaucoup — et ma première cure de désintoxication eut lieu à l'hôpital de Saint-Brieuc, à 23 ans.

La suite ne fut qu'une descente accélérée aux enfers, avec moult changements de navires et d'affectations, dues au fait que j'étais bien noté comme technicien, mais mal comme cadre... Bizarre, n'est-ce pas ? Le tout entrecoupé de " soins " aux quatre coins du monde et d'aventures tragi-comiques dont un mariage inconséquent qui prit fin rapidement, noyé qu'il était dans un océan d'alcool.

La dernière péripétie de cette période illustre parfaitement l'état d'irresponsabilité dans lequel j'avais sombré...

Alors que le navire naviguait en Gironde, à 5 heures du matin, j'étais aux commandes de la machine et ne trouvai rien de mieux que d'aller prendre le frais sur le pont... et un whisky super tassé, dans la cabine... Par chance pour les 45 hommes d'équipage, le bateau et le pont de pierre qui eut fort chaud ce matin là, le chef mécanicien et le second capitaine étaient là eux aussi, mais pas pour les mêmes raisons... nous avons évité le pire !

Un matelot fit mes valises et j'eus " l'honneur " d'être le premier à descendre l'échelle de coupée... à toute volée. Je crois même que mon sac arriva avant moi !

Je plaisante comme cela, mais croyez moi, j'étais très malheureux. *Comedia Dell'Arte* mélangée à une vraie souffrance. De plus, je risquais le tribunal maritime et la révocation, à juste titre d'ailleurs.

Après de nombreux soins pour " dépression nerveuse " (j'avais un bon environnement avec un cousin psychiatre qui m'a compris et aidé), je repris la mer pour le Japon. J'avais bénéficié d'une grâce due à l'intervention d'un parent bien placé...

Il n'y avait eu aucun dégât, on me laissa courir ma chance.

Mon divorce, lui aussi, courait bon train !

Je tombais par bonheur sur un carré constitué de jeunes officiers sobres et super sympas.
Je ne buvais que de l'eau et tout semblait bien se passer. Mon travail marchait à merveille et j'ai, paraît-il, fait des miracles mais... j'avais très soif !

Au bout de trois mois de navigation, mon alter ego sur le pont, le second capitaine, m'invita pour son anniversaire et j'acceptai une petite coupe de champagne " qui ne fait de mal à personne " après m'être bien fait prier pour la forme, mais avec quelle joie !

Le premier verre...

Je n'ai que ce souvenir avant de me réveiller à l'hôpital (...) d'Istanbul, après un coma éthylique profond de 24 heures. C'est là que je pris conscience du fait que j'avais un gros problème d'alcool. Étonnant, non ?

Ne sachant plus à quel saint me vouer, j'en connaissais tant aux noms évocateurs, de la région de Bordeaux notamment, je me mis à genoux sur les dalles froides.

Première acceptation. Premier coup de pied au cul de mon orgueil dément. Je priais : " Si Tu existes, montre-moi le chemin. Je suis prêt à tout ce que Tu voudras pour enfin vivre, et non crever à grands feux ! J'aime tant la vie. "

À cet instant, un curieux phénomène, encore pas clair, eut lieu. Ou n'était-ce que le reflet d'une imagination enfiévrée par l'alcool ? Ma chambre sembla se remplir d'une lumière blanche, très belle, apaisante et s'inscrivirent deux lettres A.A. rouges sur fond blanc.

Après cette ahurissante transe onirique, je me souvins d'une lecture faite bien longtemps auparavant.

Il s'agissait d'un *Sélection du Reader Digest* acheté sur les quais lors d'une escale bien arrosée (normale donc) à New-York. Un jeune américain de mon âge y narrait son odyssée. Il était membre des Alcooliques Anonymes. Il y avait vingt questions pour répondre à ma relation avec l'alcool et même en mentant comme souvent un alcoolique sait le faire, je touchais le gros lot sans conteste !

En pleine mer, j'ai balancé ce " bouquin à la con " par le hublot de ma cabine. Mais cela m'avait choqué à un point tel que c'était inscrit, indélébile, dans mon subconscient.

Le déclic fit ressortir ce souvenir. La souffrance est parfois salvatrice.

Après avoir narré ma troublante expérience au médecin-chef de l'hôpital, ce dernier réfléchit longuement avant de me répondre le lendemain : " À votre place, je suivrai mon intuition et irai voir les Alcooliques Anonymes. " Il semblait les connaître.

Rapatrié sanitaire sur Paris, contrairement à mon habitude (fuir) je rencontrai délibérément mes employeurs pour leur dire la vérité. Au lieu de me virer, comme à l'accoutumée, ils m'ont écouté et m'ont déclaré : " Lorsque vous serez soigné, revenez nous voir. Il y aura toujours du travail pour vous chez nous. "
Ma stupeur fut à son comble lorsqu'ils me donnèrent de l'argent en déclarant que je le leur rendrai plus tard...

J'avais, toujours sans le savoir, entamé plusieurs étapes de notre programme... pour me rétablir.

À Paris, au bout de trois jours, je trouvais les A.A. grâce à S.O.S-Amitiés (merci à eux) et me rendis à une première réunion au Quai d'Orsay où je fus bien accueilli.
Ce soir-là, j'étais saoul bien sûr, et de bons amis, des utopistes sans doute, tentèrent de me raisonner.

À la deuxième, on me gronda (j'étais le petit jeunot... 27 ans !). Cela ne me plut pas du tout. J'errai dans Paris et finis par échouer sous le pont de Neuilly – quand même ! dans une caisse en bois avec de vieux journaux, des copains de cloche et de boisson.

Le déclic ne s'était toujours pas manifesté car je n'avais pas pigé le " truc " du premier verre.

Ne plus boire, signifiait toujours pour ce putain d'orgueil " ne plus me saouler ".
Boire modérément : mon rêve s'en allait, quoi !

Puis, un matin blême, je me traînai jusqu'à la réunion, ayant trouvé à boire suffisamment en cours de chemin et, en fin d'argent, bien sûr... C'est là qu'un ami eut une idée de génie à mon égard. Après en avoir parlé à d'autres qui pensaient de même, il me déclara : " Surtout, Marcel, n'arrête pas de boire, tu es trop marrant quand tu as bu ! "

Une bombe n'aurait pas eu plus d'effet. J'étais furieux de ne pas être pris au sérieux. D'être démasqué, démystifié. J'étais un clown, *moi*, l'officier de marine d'une bonne famille, etc. etc. Toute la sérénade quoi !

Je décidai, rien que pour les faire ch..., d'arriver dans l'abstinence totale à la quatrième réunion. Ça dure depuis le 1er avril 1964. Bizarre non ?

À partir de ce jour, j'ai appris et compris qu'il suffisait de vivre un jour à la fois sans alcool et non pas de considérer toute sa vie. Hier n'est plus avec son cortège de déceptions, d'illusions perdues, de manquements, de mensonges. Seul aujourd'hui compte car je peux intervenir sur lui. Quant à demain, je ne peux l'appréhender, il est " à venir ", il ne m'appartient pas.

Mais tout ceci s'apprend jour après jour, petit à petit, grâce à un programme de récupération mis en forme par une méthode très simple pour individus compliqués.

Nous avons une littérature qui baigne du reste dans une forme de philosophie spirituelle (dans le sens des choses de l'esprit). En effet Alcooliques Anonymes n'est allié à aucune confession, institution, quelle que soit sa nature et son objectif, reste indépendant et respecte toutes les opinions de ses membres.

Pour notre association et ses membres,
le but est de rester abstinents et d'aider d'autres alcooliques à parvenir à l'abstinence.
Nous demeurons Anonymes. Essentiellement par humilité et respect d'autrui (tous égaux devant la maladie)
Et pour éviter le culte de la personnalité.

Du premier groupe à Paris en 1960 à aujourd'hui, nous avons progressé pour dénombrer aujourd'hui quelque 600 groupes à travers l'Hexagone et dans la plupart des ports du monde.
Nous essayons de transmettre ce que nous avons reçu : une joie de vivre sans alcool.
Notre fonctionnement est basé sur l'attrait plutôt que sur la réclame et toujours ce même désir d'aller mieux afin d'aider tous ceux et celles qui souffrent dans l'alcool.
Notre association vient de recevoir en 2003 la médaille vermeil de l'Académie de médecine qui reconnaît notre utilité.

À partir du jour où j'ai accepté mon problème d'alcool, puis ma maladie, je me suis libéré d'un poids. J'ai compris que je pouvais mener une vie simple et utile. Ma dépendance à l'alcool ne faisait que cacher un mal de vivre, des peurs. J'ai appris à accepter mes émotions difficiles, à les confier à des amis alcooliques qui ont vécu les mêmes expériences malheureuses.

Grâce à l'association, j'ai admis que seul, je ne pouvais rien. Je devais demander de l'aide. Et tous ensemble, dans un esprit d'unité, nous pouvons progresser dans le bien-être. Je ne peux oublier non plus, l'association Al-Anon qui vient en aide aux conjoint(e)s et proches de ceux qui ont ou qui ont eu un problème avec l'alcool.

Aujourd'hui, marin en retraite, je vais bien.
J'ai le désir, nous avons le désir, en Alcooliques Anonymes, de partager cette belle et nouvelle vie sans alcool.

MARCEL-HENRY.
D'un petit port, aujourd'hui en Bretagne.

Alcooliques Anonymes – 24h /24h – ✆ +33 (0)1 43 25 75 00

Photo : Claude Fons

Courants côtiers et courants de marée

Les tableaux suivants vous donnent de manière synthétique les renseignements sur les courants côtiers en certains points précis : heures des renverses, direction générale et vitesse maximum en nœuds au fort du courant de vive-eau (V.E.). Ils peuvent faciliter les entrées ou sorties de quelques ports et rivières. Mais il revient à chaque marin d'en user avec sa prudence habituelle.

Nous invitons particulièrement les débutants (et aussi les autres) à se méfier de la mer hachée provoquée par un bon vent soufflant contre un fort courant, ce phénomène étant souvent aggravé par la proximité des hauts-fonds.

Les étales, surtout celles de pleine mer, sont en général les moments les plus favorables pour négocier les passages réputés délicats.

		Lieu d'observation	Flot			Jusant		
			Début	Direction	Vitesse V.E.	Début	Direction	Vitesse V.E.
Réf : Cherbourg	Blanchard	Milieu du Raz	4 h 00 av. PM	NNE	6	2 h 00 ap. PM	SW	6
		Hague : 2,5 M à l'WSW du phare	3 h 00 av. PM	N	8,5	3 h 00 ap. PM	S	8
		500 m à l'Ouest de la Foraine	3 h 00 av. PM	NNW	10,0	3 h 00 ap. PM	S	7
	Guernsey	Petit Russel	2 h 00 ap. BM	NNE	5	2 h 00 ap. PM	SW	5
		Grand Russel	2 h 00 ap. BM	NE	5	2 h 00 ap. PM	SW	5
		Au Sud de l'île	0 h 30 ap. BM	E	4	0 h 10 ap. PM	W	4
Réf : Saint-Malo	Jersey	Au Sud de l'île	0 h 15 ap. BM	E	4	0 h 30 ap. PM	W	4
		Entrée de Saint-Hélier	0 h 15 ap. BM	N	2,5	3 h 15 ap. PM	S	2,5
		Rade de Gorey	2 h 10 av. PM	NNW	3	4 h 15 ap. PM	SSE	3
		Baie de Sainte-Catherine	3 h 00 ap. BM	NW	2	4 h 15 ap. PM	SSE	2
	Chausey	Près du Grand Phare	BM	ENE	3	1 h 00 ap. PM	SW	2
		Dans le Sound	0 h 15 ap. BM	NW	3	3 h 30 ap. PM	SE	3
		Au Sud des îles	BM	E	4	0 h 20 ap. PM	W	4
	Saint-Malo	Entrée chenal Petits Pointus	0 h 15 ap. BM	E	3	0 h 15 ap. PM	W	3
		Bouée d'atterrage	0 h 45 ap. BM	E	3	0 h 45 ap. PM	W	3
		Chenal de la Grande Porte	0 h 30 ap. BM	E	4	0 h 30 ap. PM	W	4
		Début du chenal intérieur	0 h 20 ap. BM	ESE	3	0 h 20 ap. PM	WNW	3
		Tourelle Buron	0 h 10 ap. BM	SE	4	PM	NW	4
Réf : Les Héaux-de-Bréhat	Lézardrieux	Approches du Ferlaz par l'Est	0 h 15 ap. BM	SSE	4	0 h 15 ap. PM	NNW	4
		Le Ferlaz	BM	E	4	0 h 15 ap. PM	W	4
		Bouée Nord-Horaine	0 h 40 ap. BM	ESE	5	0 h 40 ap. PM	W	5
		Bouée Les Echaudés	0 h 30 ap. BM	ESE	5	0 h 30 ap. PM	WNW	5
		Bouée Les Sirlots	0 h 15 ap. BM	SE	4	0 h 15 ap. PM	WNW	4
		Bouée Guarine (Est Bréhat)	0 h 10 ap. BM	SSE	5	0 h 15 ap. PM	NWN	5
	Tréguier	Bouée Jument des Héaux	0 h 30 ap. BM	E	5	0 h 30 ap. PM	W	5
		Bouée Crublent	0 h 30 ap. BM	E	5	0 h 30 ap. PM	W	5
		Bouée du Corbeau	BM	ESE	3	PM	WNW	3
		Bouée de la Gaine	0 h 30 av. BM	ENE	3	2 h 00 av. PM	WSW	3
		Entre Pen Ar Guezec - La Corne	BM	S	3	0 h 15 av. PM	N	3
	Perros-Guirec	Chenal à terre des Sept Îles :						
		Bouée Dervinis	BM	ENE	4	0 h 15 av. PM	WSW	4
		Bouée Couillons de Tomé	0 h 15 av. BM	E	4	1 h 00 av. PM	W	4
		Passe Est de Perros	0 h 15 av. BM	ENE	3	0 h 15 av. PM	WSW	3
		Passe Ouest de Perros	0 h 15 av. BM	SE	3	0 h 15 av. PM	NW	3
Réf : Roscoff	Morlaix - Roscoff	Bouée La Méloine	0 h 30 ap. BM	E	2,5	0 h 30 ap. PM	W	2,5
		Bouée Pot-de-Fer	0 h 20 ap. BM	ESE	3	0 h 20 ap. PM	NNW	3
		Grand chenal de Morlaix	BM	S	2	PM	N	2
		Château du Taureau	BM : Axe du chenal jusqu'à Morlaix			PM : axe du chenal entre Morlaix et le château du Taureau		
		Bouée Astan	BM	SE	3,5	0 h 15 ap. PM	NW	3,5
		Canal à terre de l'Île de Batz	BM	E	4	0 h 15 ap. PM	W	4
Réf : Brest	Aber-Wrac'h	Entrée chenal La Malouine	1 h 00 ap. BM	ENE	3	1 h 00 ap. PM	WSW	3
		Bouée Libenter	0 h 45 ap. BM	ENE	3	0 h 50 ap. PM	WSW	3
		À partir de la bouée Libenter, vers l'Aber-Wrac'h, les courants s'orientent peu à peu dans le sens du chenal.						
		Chenal à terre des Roches de Porstall	BM	ENE	4	PM	WSW	4

	Lieu d'observation	Flot – Début	Flot – Direction	Flot – Vitesse V.E.	Jusant – Début	Jusant – Direction	Jusant – Vitesse V.E.
Réf : Brest – Environs Roches Portsall	Chenal du Relec	0 h 15 ap. BM	ENE	4	0 h 15 ap. PM	WSW	4
	Chenal du Raous	BM	E	5	PM	W	5
	Chenal de Men Glas	0 h 30 ap. BM	ENE	4	0 h 30 ap. PM	WSW	4
	Chenal méridional de Porstall	BM	ENE	4	PM	WSW	4
	Près de la Grande Basse de Porstall	0 h 45 ap. BM	E	4	1 h 00 ap. PM	W	4
	Au NE du phare du Four :						
	Chenal Hélorete (*)	0 h 30 ap. BM	ENE	4	0 h 30 ap. PM	WSW	4
	(*) Amer Porz Don à droite de la tourelle Men Hir Occidental.						
Chenal du Four	1 M à l'Ouest du phare du Four	1 h 00 ap. BM	N	3,5	1 h 00 ap. PM	SSW	3
	Ouest des Liniou	0 h 30 ap. BM	N	2	0 h 30 ap. PM	SSW	2
	Entre île Melon et les Liniou	0 h 45 av. BM	N	3	0 h 15 av. PM	S	3
	Les Plâtresses	0 h 20 ap. BM	NNE	3	0 h 20 ap. PM	SSW	3
	Chenal de la Helle (Saint-Charles)	0 h 45 ap. BM	ENE	3	0 h 45 ap. PM	WSW	3
	Chenal de la Helle (Est du Faix)	0 h 30 ap. BM	NNE	3	1 h 30 av. PM	SW	3
	Pointe de Corsen	1 h 00 av. BM	N	3	0 h 30 av. PM	S	3
	Bouée La Valbelle	0 h 20 ap. BM	N	3	0 h 20 ap. PM	SSW	3
	Bouée Saint-Pierre	0 h 15 ap. BM	N	3,5	0 h 15 ap. PM	S	3,5
	Ouest tourelle Vinotière	0 h 15 ap. BM	N	6	0 h 15 ap. PM	S	6
	Bouée Les Renards	BM	N	4,5	PM	S	5
Ouessant	Bouée les Pierres Vertes	0 h 15 av. BM	NNE	4	0 h 15 av. PM	SW	4
	1,5 M au SW de la Jument	0 h 15 ap. BM	NW	4	0 h 15 ap. PM	S	4
	1 M à l'Ouest de la Pointe de Pern	0 h 15 ap. BM	N	6	0 h 45 ap. PM	SW	6
	Milieu du Fromveur	0 h 45 ap. BM	NE	8	0 h 45 ap. PM	SW	7
	Le long de la côte Sud d'Ouessant	2 h 45 av. BM	ENE	2	2 h 45 av. PM	WSW	2
	Au SW d'An Ividig	0 h 15 ap. BM	NE	5,5	0 h 45 ap. PM	SW	5,5
	Entre le Creac'h et île Keller	0 h 15 ap. BM	NE	3,5	de 2 h 45 av. PM à BM (*)	SW	3,5
	(*) Soit 9 h 00 de jusant : c'est le « Fleurus ».						
	Devant la baie du Stiff	de 1 h 30 à 2 h 30 ap. BM	SE	2	Reste de la marée	NW	3
	Côte SE : Enez An Ein	2 h 00 av. BM	SW	1	2 h 00 av. PM	NE	1
	Côte SE : Pen An Roch (Sud)	2 h 20 av. BM	ENE	2	2 h 45 av. PM	WSW	2
	Entre la Jument et la côte :						
	– À la Jument (en V.E.)	1 h 25 av. BM	NW	4,5	0 h 45 av. PM	S	4,5
	– À la Jument (en M.E.)	2 h 00 av. BM	NW	2	1 h 30 av. PM	S	2
	Chenal de la Fourche (en V.E.)	2 h 50 av. BM	NNW	3,5	0 h 45 av. PM	S	3,5
	Chenal de la Fourche (en M.E.)	2 h 10 av. BM	NNW	2	1 h 30 av. PM	S	2
Molène - Ouessant	Entre la Helle et les Trois Pierres	0 h 15 av. BM	N	3	0 h 15 av. PM	S	3
	Est du Grand Ledenez de Molène	0 h 45 av. BM	N	3	1 h 00 av. PM	S	3
	Chenal NW de Molène	0 h 15 av. BM	ENE	6	0 h 15 av. PM	WSW	6
	NE des Pierres Vertes	0 h 15 av. BM	NNE	4	0 h 15 av. PM	SSW	4
	Phare de Kereon (Men Tensel)	0 h 30 av. BM	NNE	8	0 h 30 av. PM	SSW	7
	Sud Men Korn (Fromveur)	0 h 45 ap. BM	NE	8 à 9	0 h 45 ap. PM	SW	7 à 8
Corsen - Basse Royale	La Grande Vinotière	BM	N	6	0 h 30 av. PM	S	6
	Bouée Tournant et Lochrist	0 h 15 ap. BM	N	6	0 h 15 ap. PM	S	5
	Sud bouée de la Fourmi	BM	N	4	0 h 30 av. PM	S	4
	Basse Royale	0 h 15 av. BM	NW puis NE	3	1 h 15 ap. PM	SW	3
Goulet de Brest	Passe Nord	0 h 30 ap. BM	E	5	0 h 30 ap. PM	W	5
	Passe Sud	BM	E	4,5	PM	W	3
	De jusant dans la passe Nord, il existe un contre-courant de flot le long de terre entre la pointe du Minou et la pointe du Dellec. De même, dans la passe Sud, il existe un contre-courant de flot le long de terre entre la pointe des Capucins et la pointe des Espagnols.						
Raz de Sein	1 M à l'Est de Tevennec	0 h 45 av. BM	NNE	6	0 h 45 av. PM	S	5
	Entre Sein et Tevennec	0 h 30 av. BM	NNW	4	0 h 30 av. PM	SSE	4
	Au milieu du Raz	0 h 45 av. BM	NNE	7	0 h 45 av. PM	SW	6
	500 m à l'Ouest de la Plate	1 h 00 av. BM	NNW	7	1 h 00 av. PM	SSE	6

NB : L'EPSHOM édite des atlas de courants de marée :

- n° 550 : Manche et côtes françaises de l'Atlantique
- n° 557 : Pas de Calais
- n° 558 : Sud Bretagne, de Penmarc'h à Noirmoutier
- n° 559 : de Saint-Nazaire à Royan
- n° 560 : de Goulven à Penmarc'h
- n° 561 : Baie de Seine, de Cherbourg à Fécamp
- n° 562 : Golfe Normand-Breton, de Cherbourg à Paimpol
- n° 563 : Bretagne Nord, des Héaux de Bréhat à la pointe de Portsuval
- n° 564 : Manche, de Dunkerque à Brest
- n° 565 : Golfe de Gascogne

Comprendre les cartes de courants de marée

Chaque flèche représente le courant de marée, à une heure ronde par rapport à la pleine mer (P.M.) du port de référence, au point correspondant au milieu de la flèche. Les flèches matérialisent par leur épaisseur et leur longueur la vitesse du courant, dont la valeur, portée au-dessus des flèches, est donnée en dixièmes de nœuds :

- pour une vive-eau moyenne de coefficient 95, les deux premiers chiffres ;
- pour une morte-eau moyenne de coefficient 45, les deux premiers chiffres.

On obtient la vitesse estimée du courant pour une marée de coefficient quelconque par interpolation ou extrapolation des valeurs de vive-eau moyenne (V.E.) et de morte-eau moyenne (M.E.) en utilisant une abaque.

Courants de marée de Dunkerque à Brest (Manche)

(Extrait de l'ouvrage n° 564 du SHOM – Autorisation de reproduction n° E 28/99)

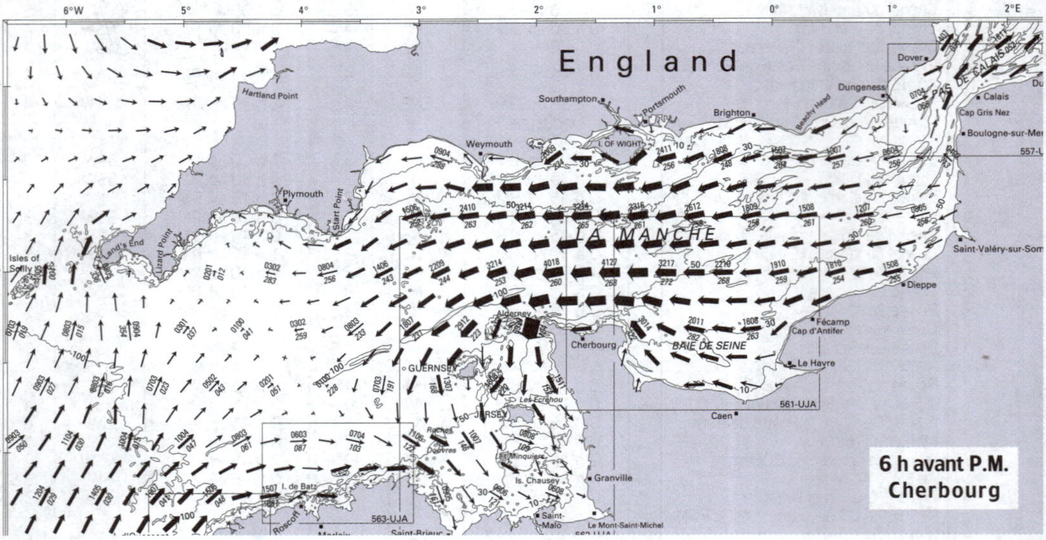

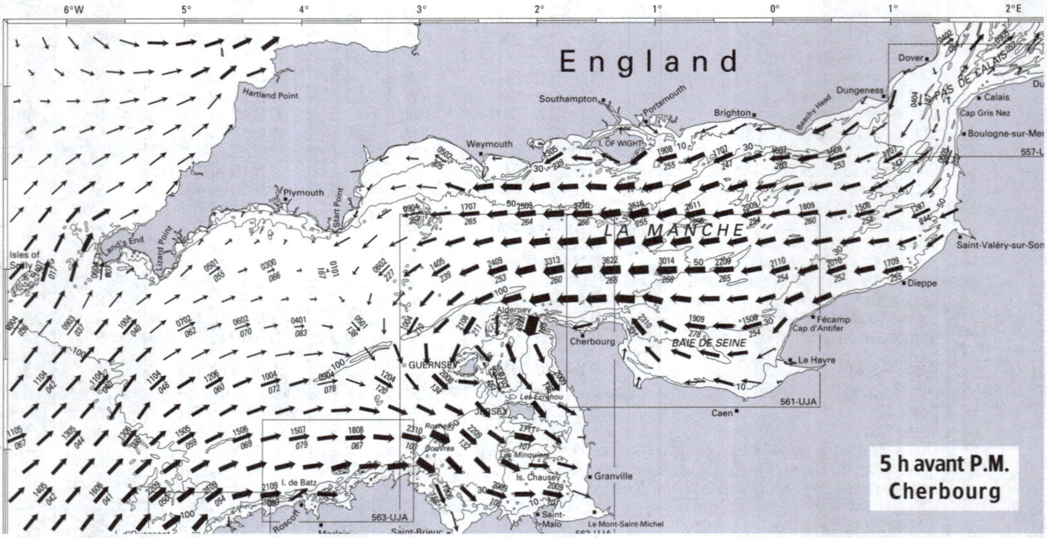

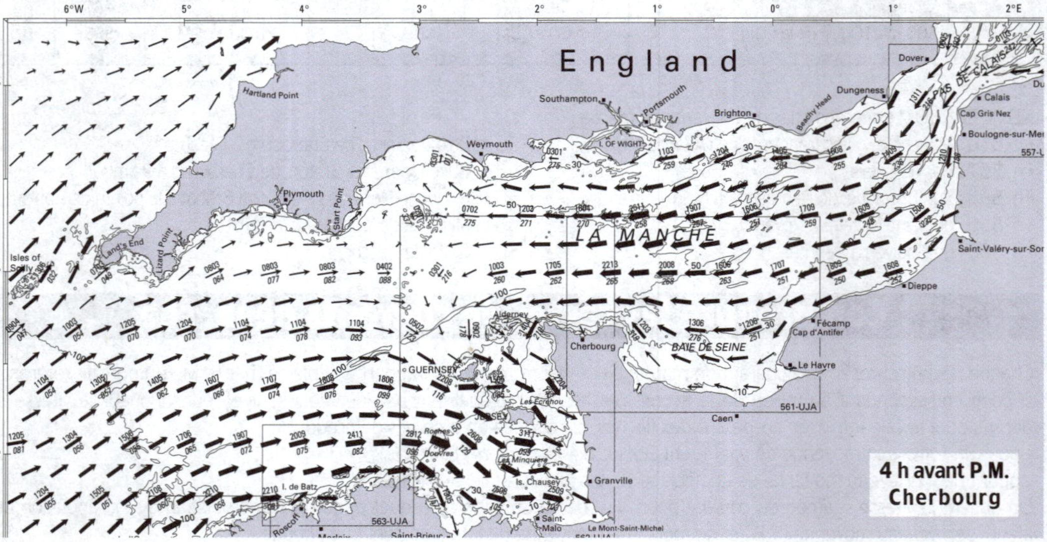

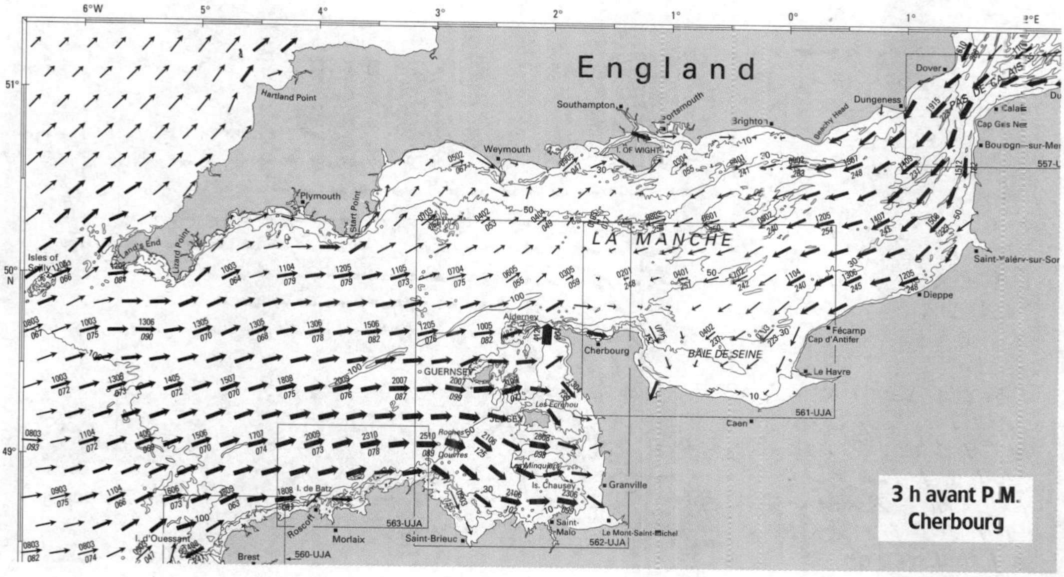

3 h avant P.M.
Cherbourg

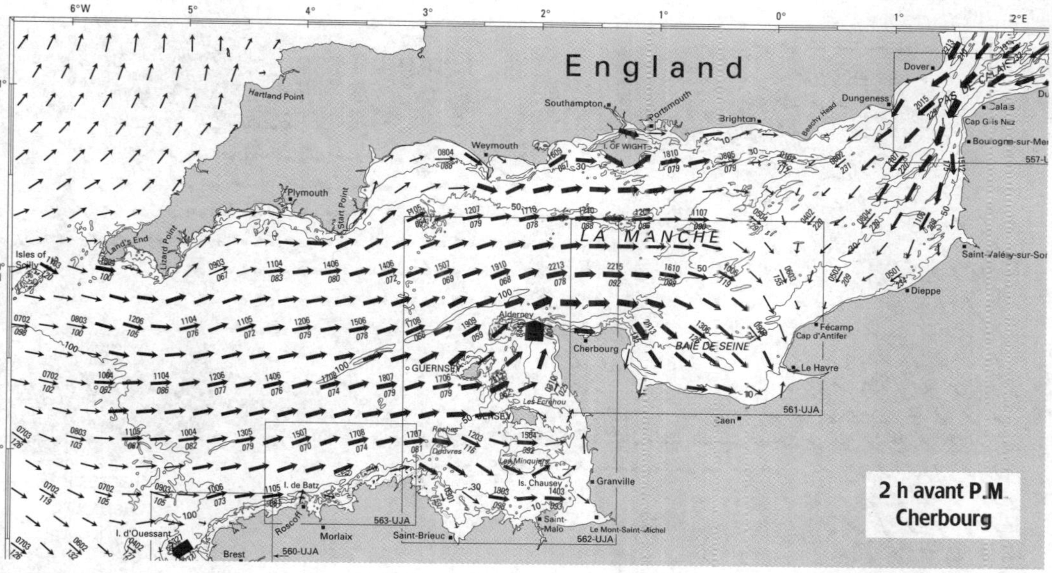

2 h avant P.M.
Cherbourg

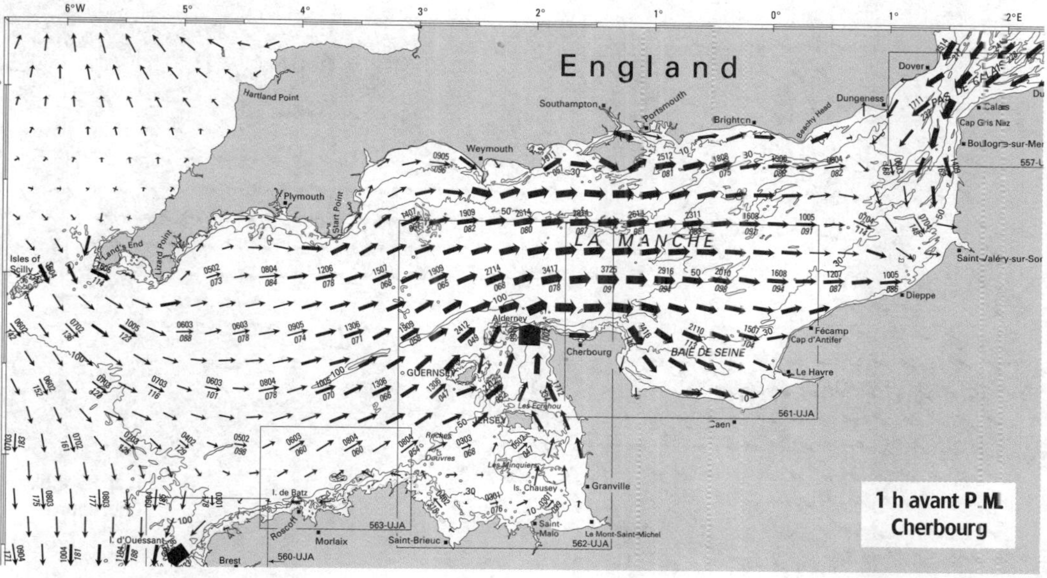

1 h avant P.M.
Cherbourg

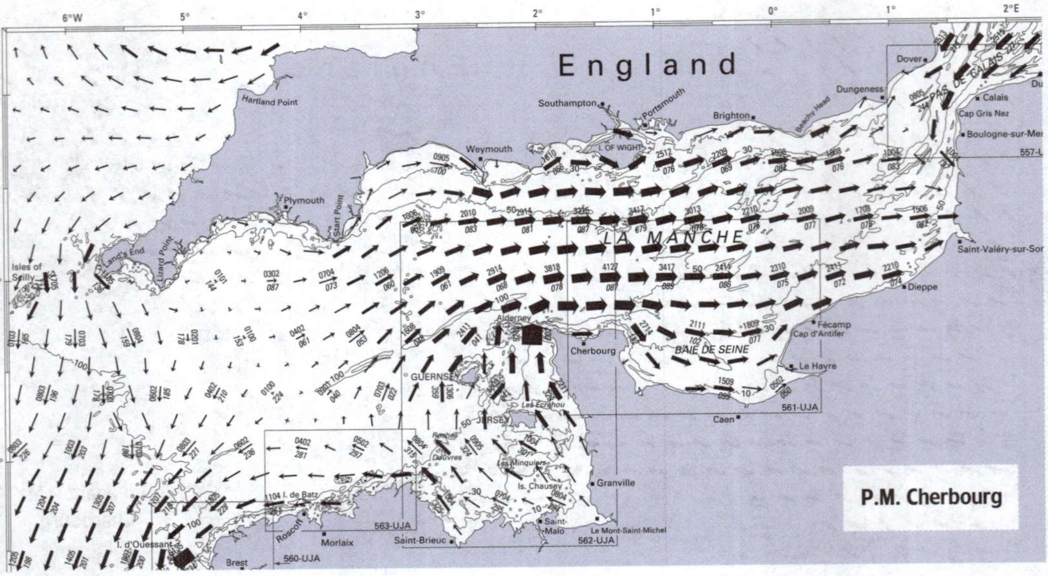
England
LA MANCHE
BAIE DE SEINE
Hartland Point
Plymouth
Start Point
Weymouth
Southampton
Portsmouth
I. OF WIGHT
Brighton
Beachy Head
Dungeness
Dover
PAS DE CALAIS
Calais
Cap Gris Nez
Boulogne-sur-Mer
Saint-Valéry-sur-Som
Dieppe
Fécamp
Cap d'Antifer
Le Havre
Caen
Cherbourg
Alderney
GUERNSEY
JERSEY
Les Écrehou
Les Minquiers
Is. Chausey
Granville
Saint-Malo
Le Mont-Saint-Michel
Saint-Brieuc
Morlaix
Roscoff
I. de Batz
I. d'Ouessant
Brest
Isles of Scilly
Land's End
Lizard Point
561-UJA
562-UJA
563-UJA
560-UJA
P.M. Cherbourg

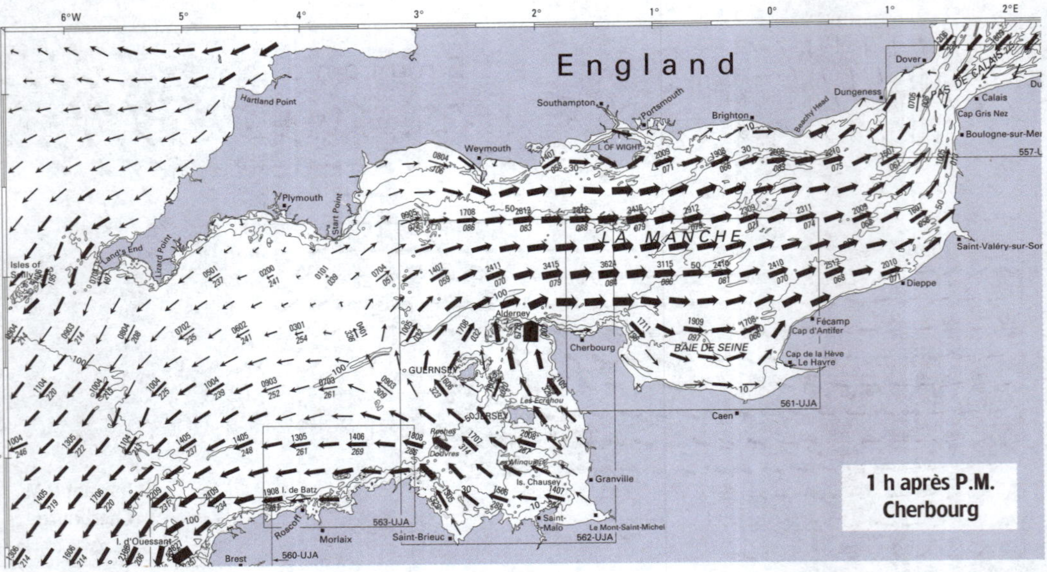
England
LA MANCHE
BAIE DE SEINE
Hartland Point
Plymouth
Start Point
Weymouth
Southampton
Portsmouth
I. OF WIGHT
Brighton
Beachy Head
Dungeness
Dover
PAS DE CALAIS
Calais
Cap Gris Nez
Boulogne-sur-Mer
Saint-Valéry-sur-Som
Dieppe
Fécamp
Cap d'Antifer
Cap de la Hève
Le Havre
Caen
Cherbourg
Alderney
GUERNSEY
JERSEY
Les Écrehou
Les Minquiers
Is. Chausey
Granville
Saint-Malo
Le Mont-Saint-Michel
Saint-Brieuc
Morlaix
Roscoff
I. de Batz
I. d'Ouessant
Brest
Isles of Scilly
Land's End
Lizard Point
561-UJA
562-UJA
563-UJA
560-UJA
1 h après P.M. Cherbourg

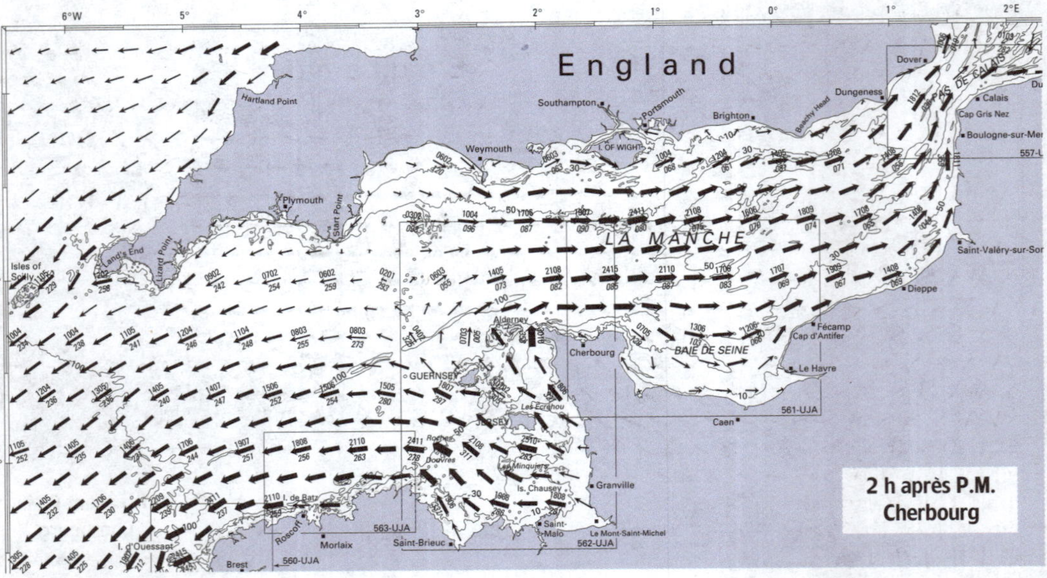
England
LA MANCHE
BAIE DE SEINE
Hartland Point
Plymouth
Start Point
Weymouth
Southampton
Portsmouth
I. OF WIGHT
Brighton
Beachy Head
Dungeness
Dover
PAS DE CALAIS
Calais
Cap Gris Nez
Boulogne-sur-Mer
Saint-Valéry-sur-Som
Dieppe
Fécamp
Cap d'Antifer
Le Havre
Caen
Cherbourg
Alderney
GUERNSEY
JERSEY
Les Écrehou
Les Minquiers
Is. Chausey
Granville
Saint-Malo
Le Mont-Saint-Michel
Saint-Brieuc
Morlaix
Roscoff
I. de Batz
I. d'Ouessant
Brest
Isles of Scilly
Land's End
Lizard Point
561-UJA
562-UJA
563-UJA
560-UJA
2 h après P.M. Cherbourg

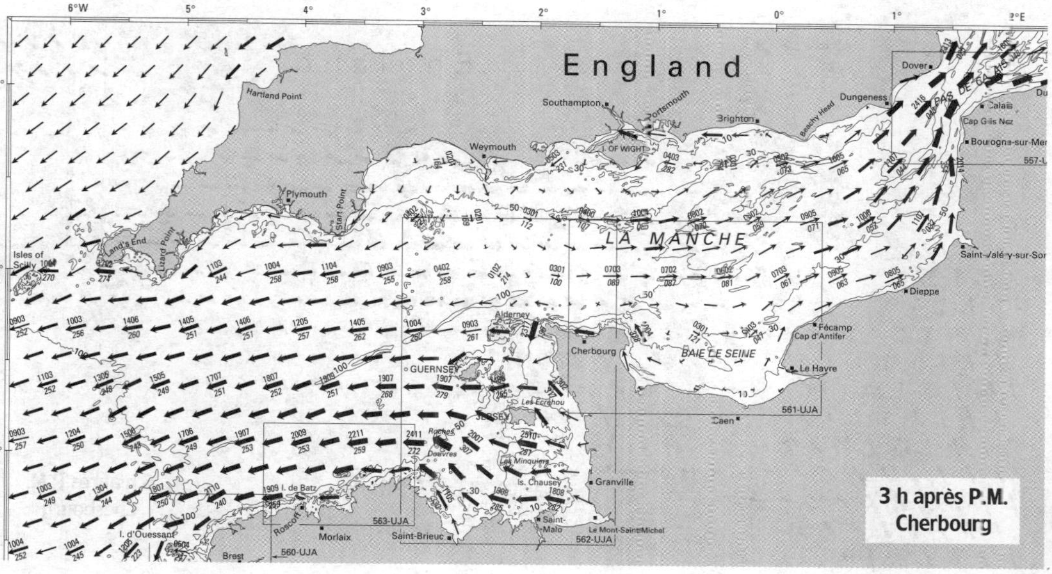

3 h après P.M. Cherbourg

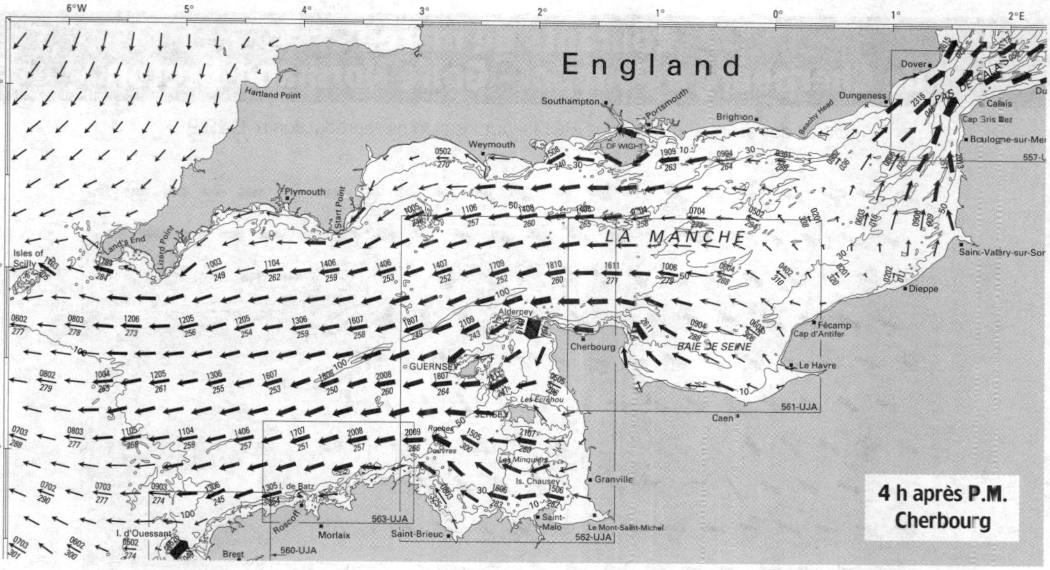

4 h après P.M. Cherbourg

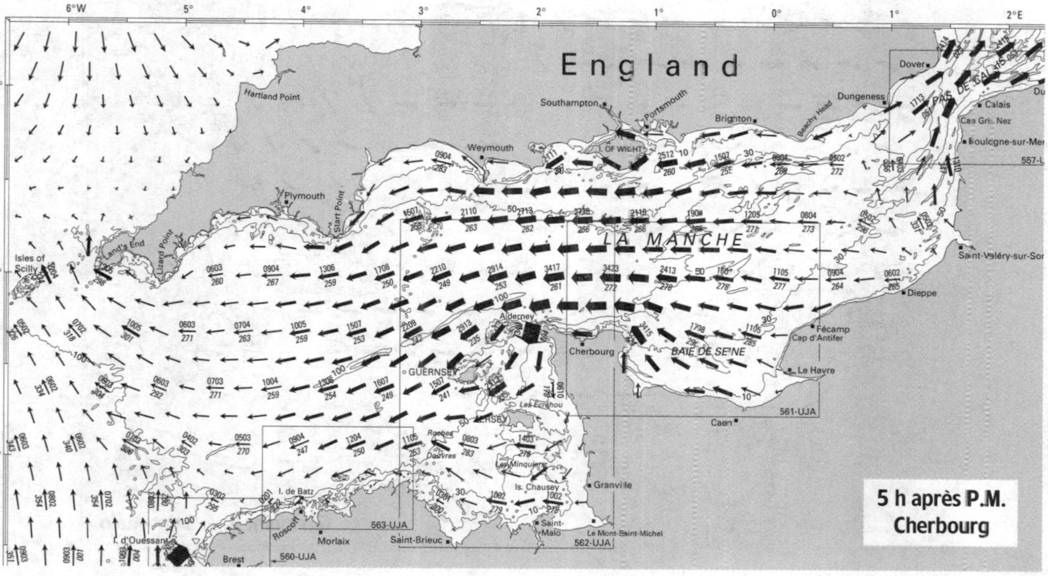

5 h après P.M. Cherbourg

Courants de marées

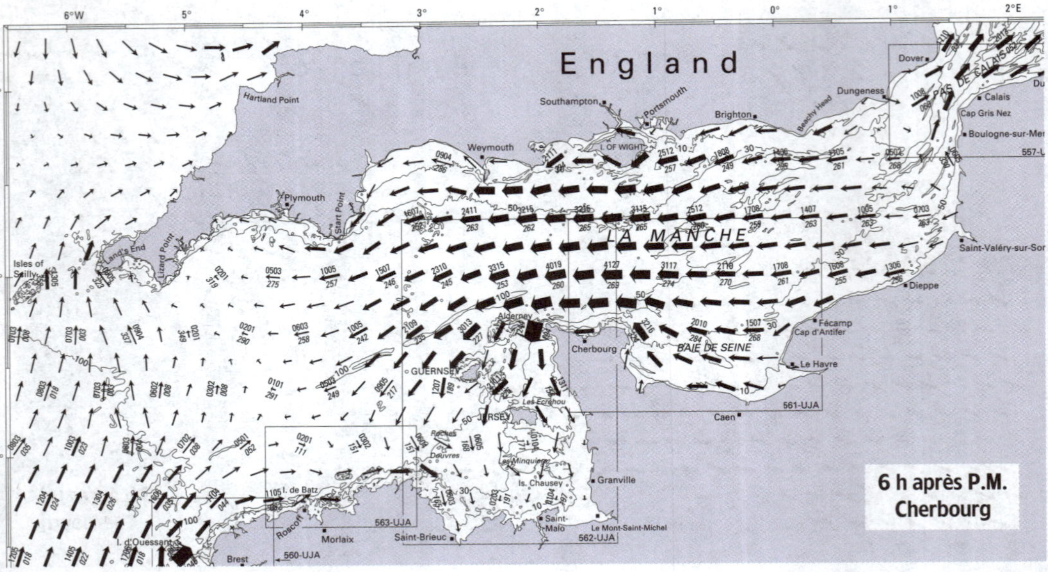

Courants de marée de Cherbourg à Paimpol - Golfe Normand-Breton

(Extrait de l'ouvrage n° 562 du SHOM - Autorisation de reproduction n° E 28/99)

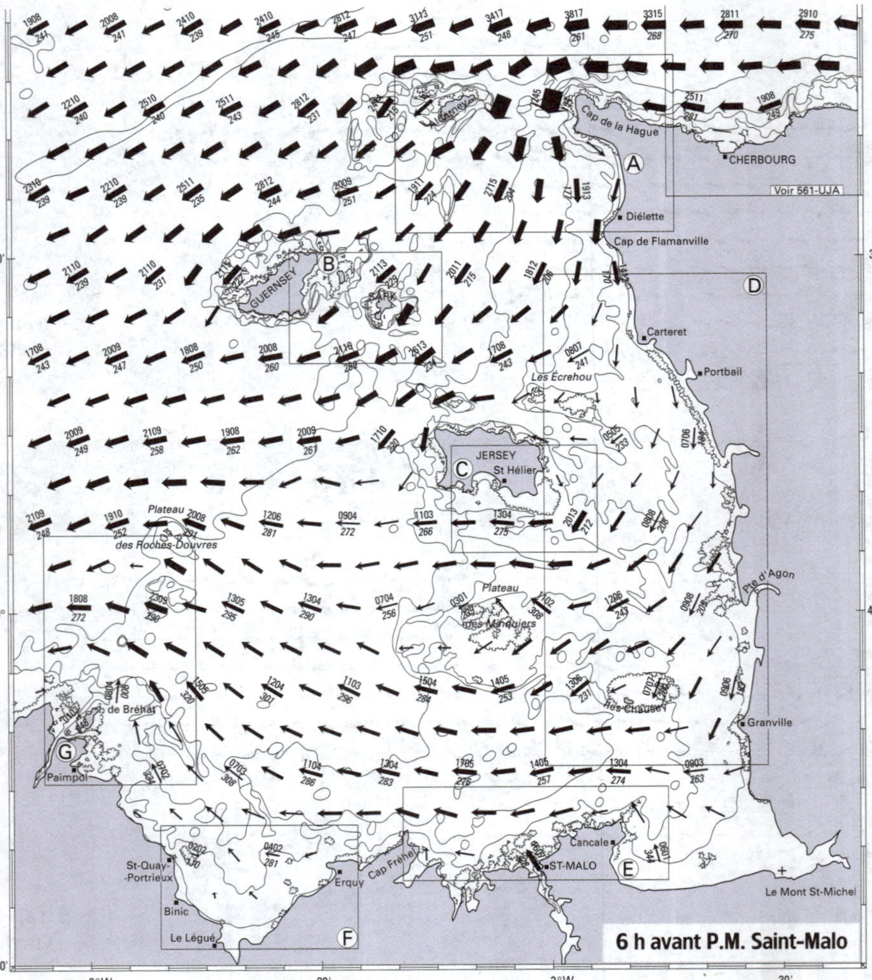

5 h avant P.M. Saint-Malo

4 h avant P.M. Saint-Malo

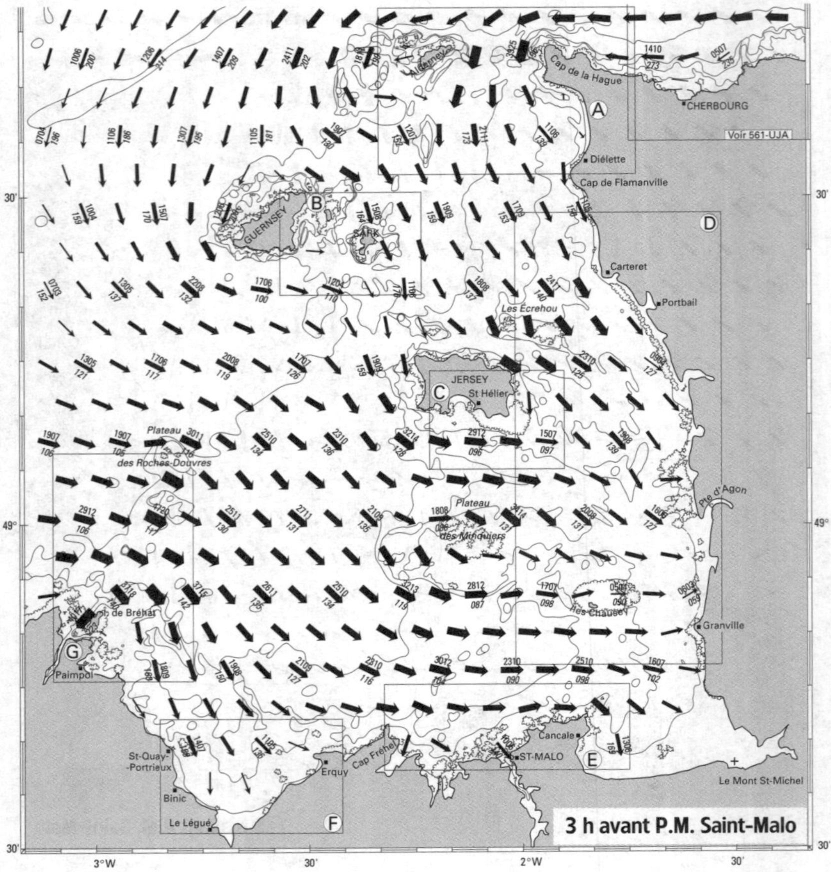

3 h avant P.M. Saint-Malo

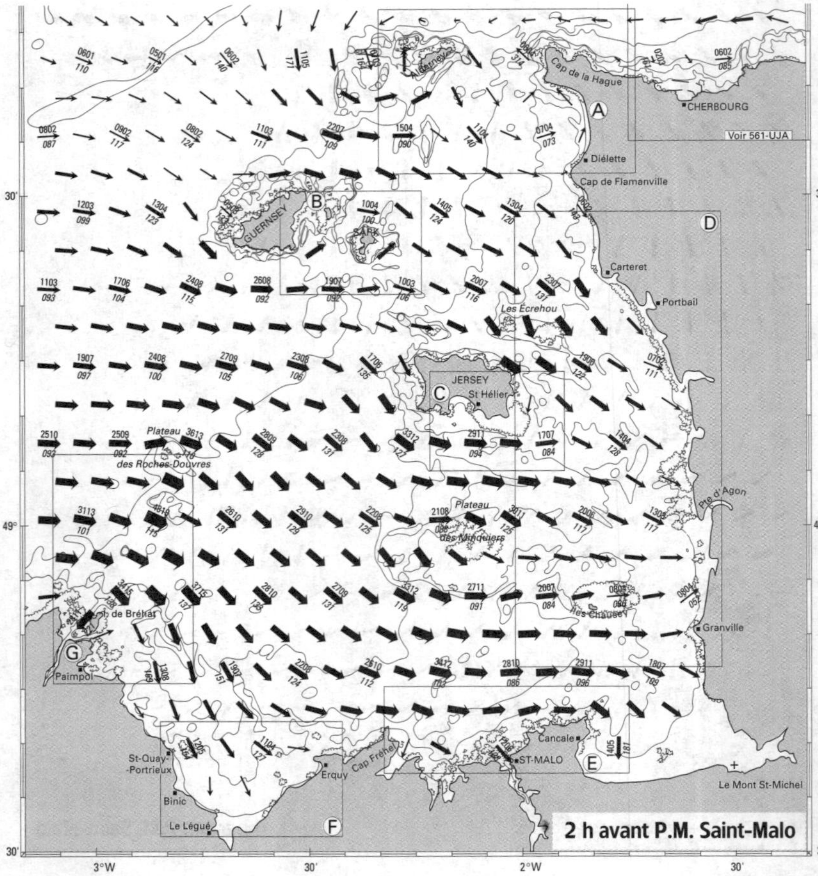

2 h avant P.M. Saint-Malo

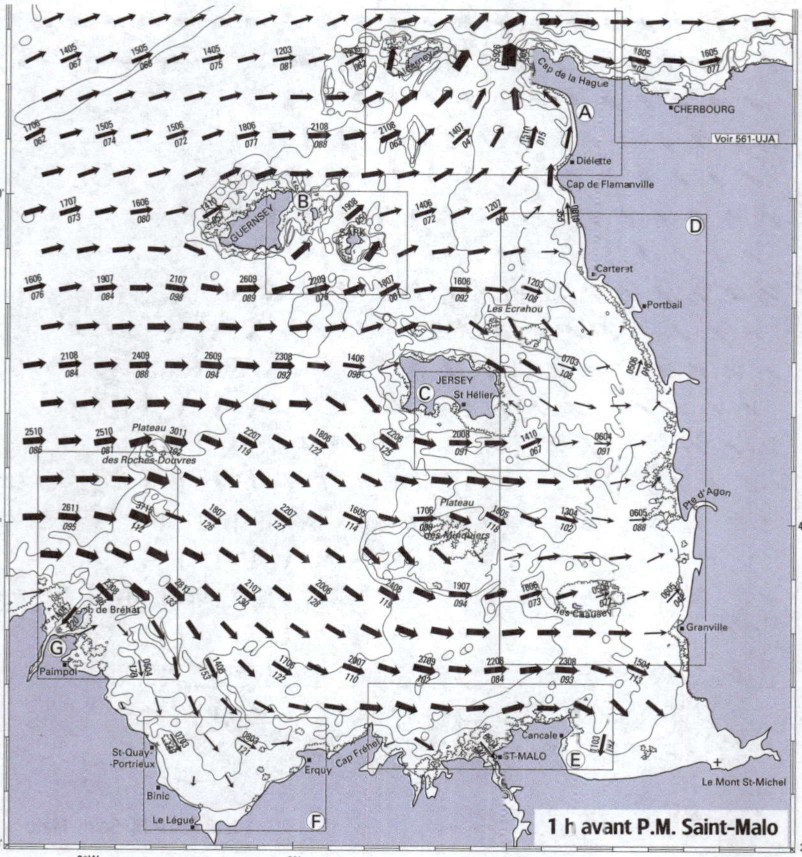
Cap de la Hague
CHERBOURG
Voir 561-UJA
Diélette
Cap de Flamanville
GUERNSEY
SARK
Carteret
Portbail
Les Ecrehou
JERSEY
St Hélier
Plateau des Roches-Douvres
Pte d'Agon
Plateau des Minquiers
Iles Chausey
Granville
Paimpol
St-Quay-Portrieux
Binic
Le Légué
Erquy
Cap Fréhel
ST-MALO
Cancale
Le Mont St-Michel
3°W
30'
2°W
49°
1 h avant P.M. Saint-Malo

Cap de la Hague
CHERBOURG
Voir 561-UJA
Diélette
Cap de Flamanville
GUERNSEY
SARK
Carteret
Portbail
Les Ecrehou
JERSEY
St Hélier
Plateau des Roches-Douvres
Pte d'Agon
Plateau des Minquiers
Iles Chausey
Granville
Paimpol
St-Quay-Portrieux
Binic
Le Légué
Erquy
Cap Fréhel
ST-MALO
Cancale
Le Mont St-Michel
3°W
30'
2°W
49°
P.M. Saint-Malo

Mieux vaut vivre un jour comme un lion que cent ans comme un mouton.
(Proverbe italien)

1 h après P.M. Saint-Malo

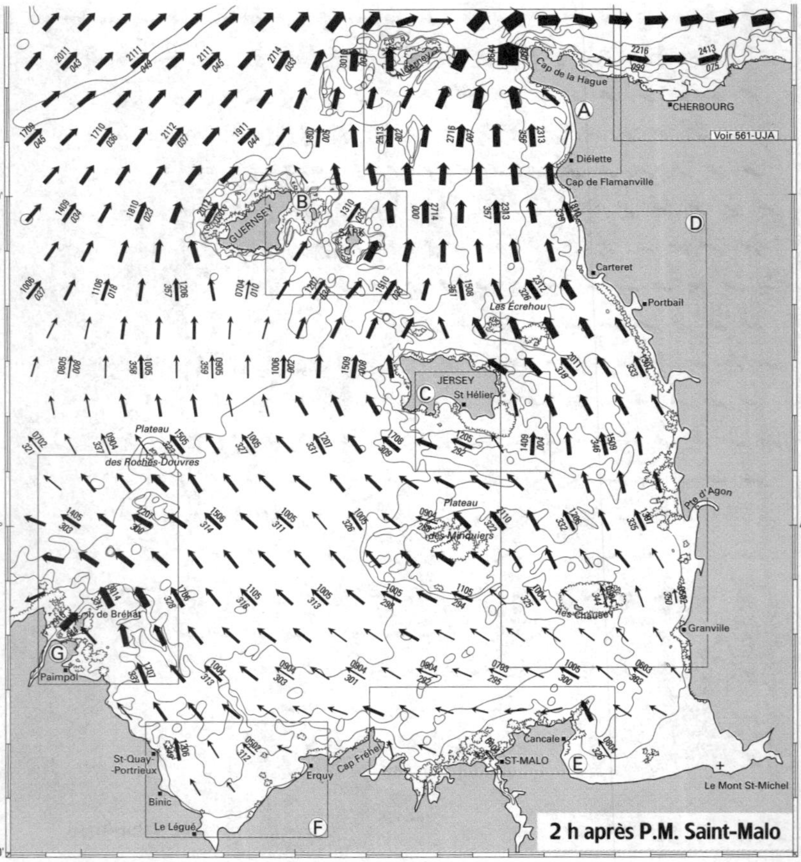

2 h après P.M. Saint-Malo

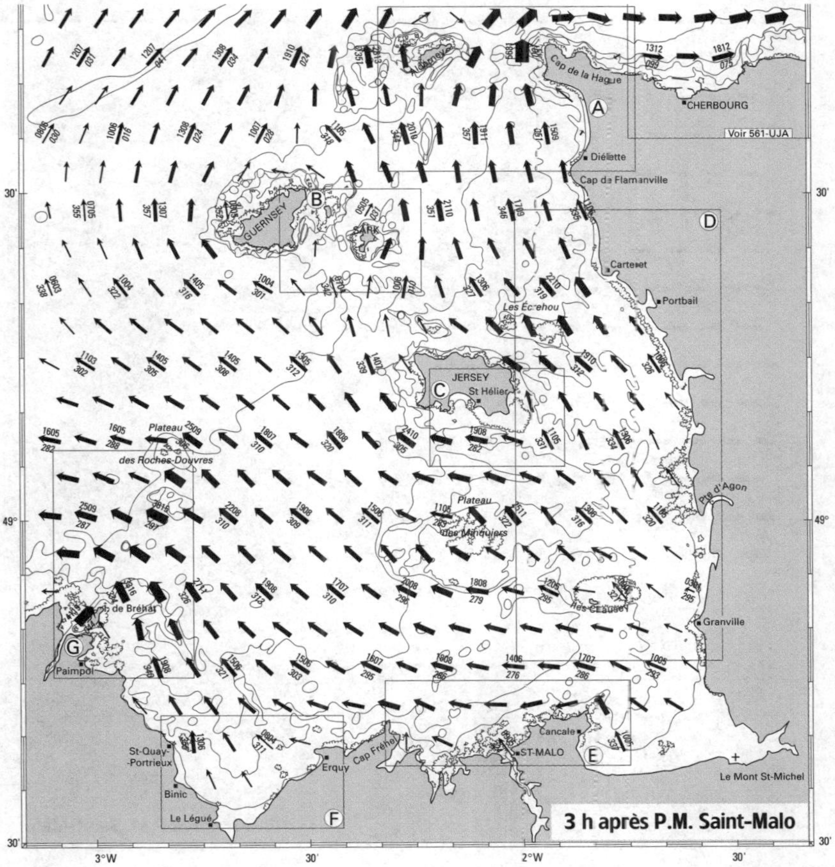
Cap de la Hague
CHERBOURG
Voir 561-UJA
Diélette
Cap de Flamanville
GUERNSEY
SARK
Carteret
Portbail
Les Écréhou
JERSEY
St Hélier
Plateau des Roches-Douvres
Plateau des Minquiers
Pte d'Agon
Granville
Paimpol
St-Quay-Portrieux
Binic
Le Légué
Erquy
Cap Fréhel
Cancale
ST-MALO
Le Mont St-Michel
3 h après P.M. Saint-Malo
3°W
30'
2°W
49°

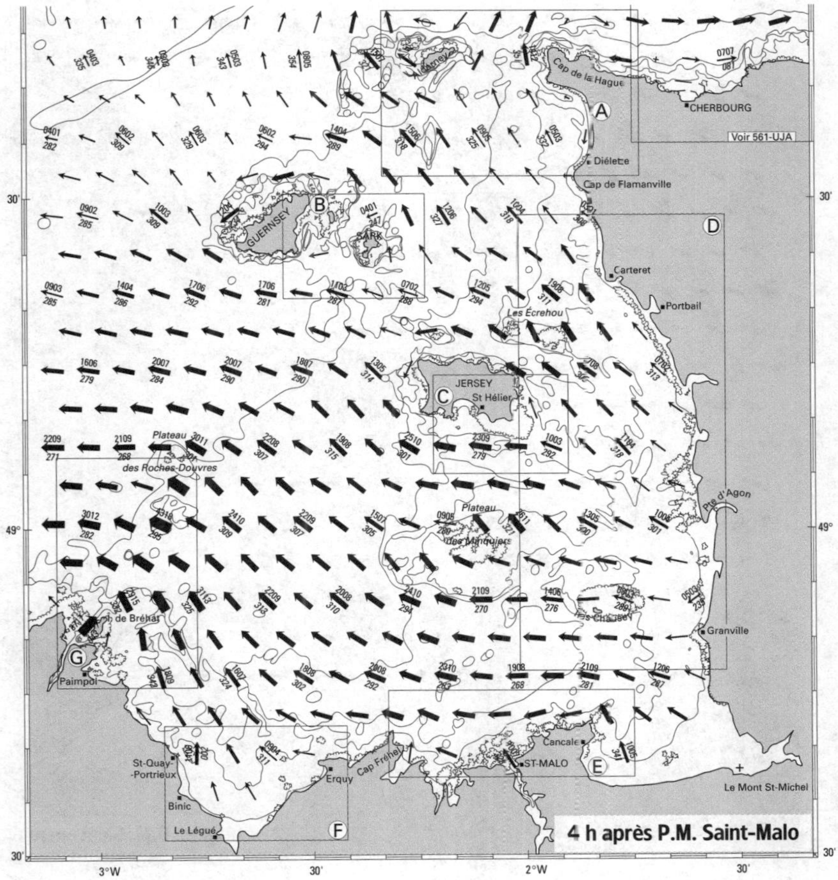
Cap de la Hague
CHERBOURG
Voir 561-UJA
Diélette
Cap de Flamanville
GUERNSEY
SARK
Carteret
Portbail
Les Écréhou
JERSEY
St Hélier
Plateau des Roches-Douvres
Plateau des Minquiers
Pte d'Agon
Granville
Paimpol
St-Quay-Portrieux
Binic
Le Légué
Erquy
Cap Fréhel
Cancale
ST-MALO
Le Mont St-Michel
4 h après P.M. Saint-Malo
3°W
30'
2°W
49°

On s'aperçoit qu'on est devenu un spécialiste quand les choses dont on parle avec plaisir ennuient les autres. (Gilbert Cesbron)

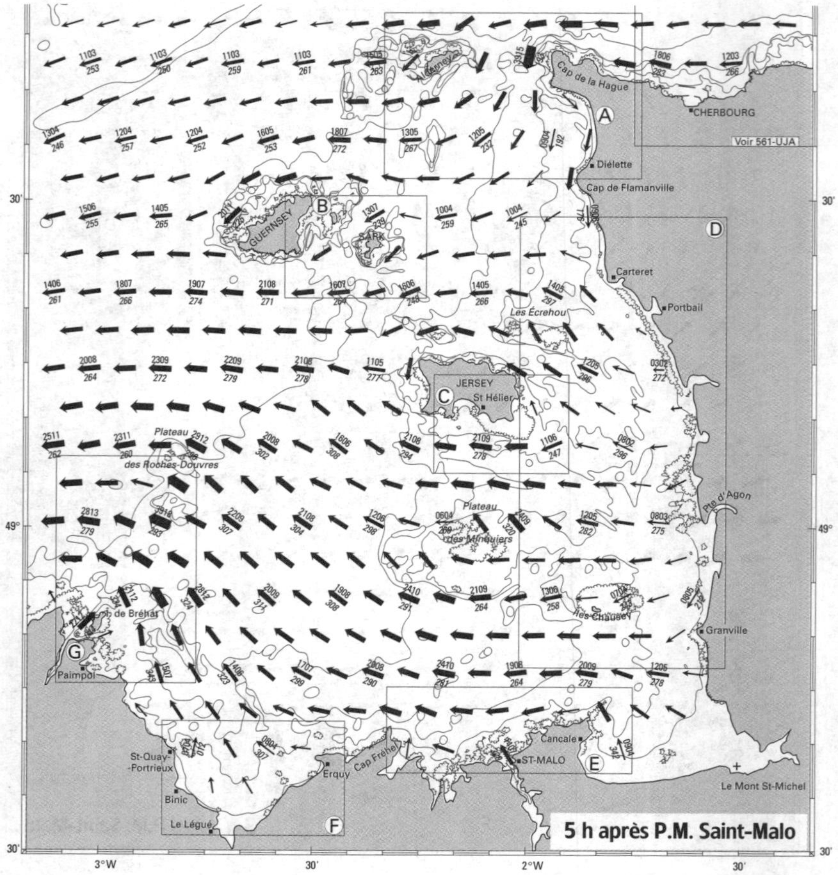

5 h après P.M. Saint-Malo

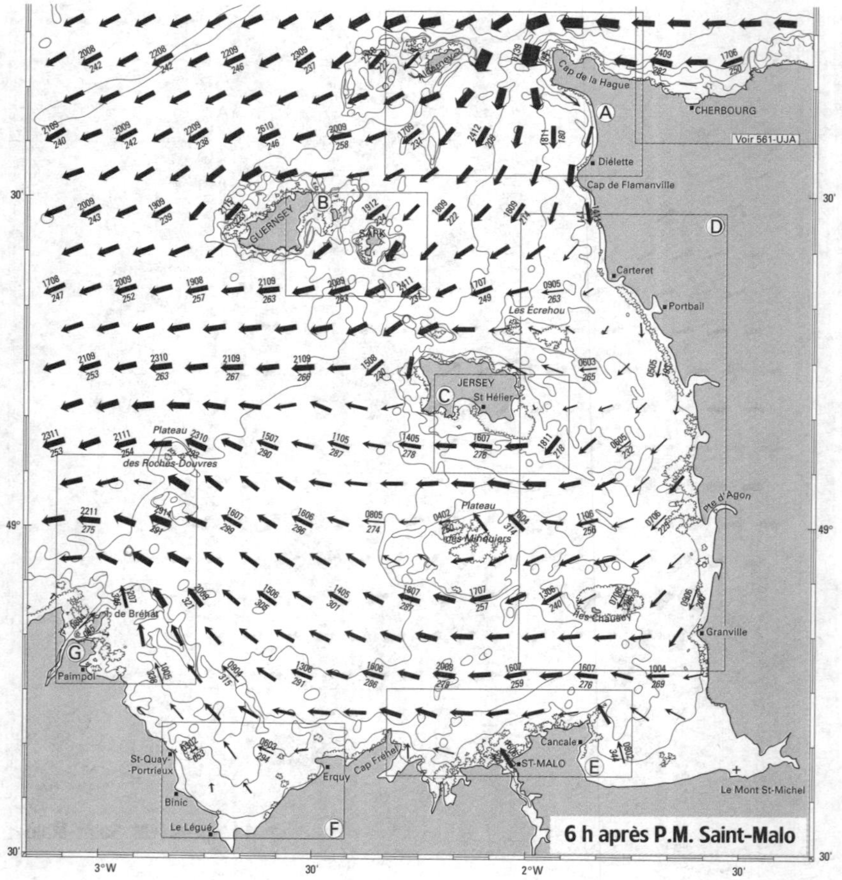

6 h après P.M. Saint-Malo

Courants de marée : Côte Ouest Bretagne de Goulven à Penmarch

(Extrait de l'ouvrage n° 560 du SHOM - Autorisation de reproduction n° E 28/99)

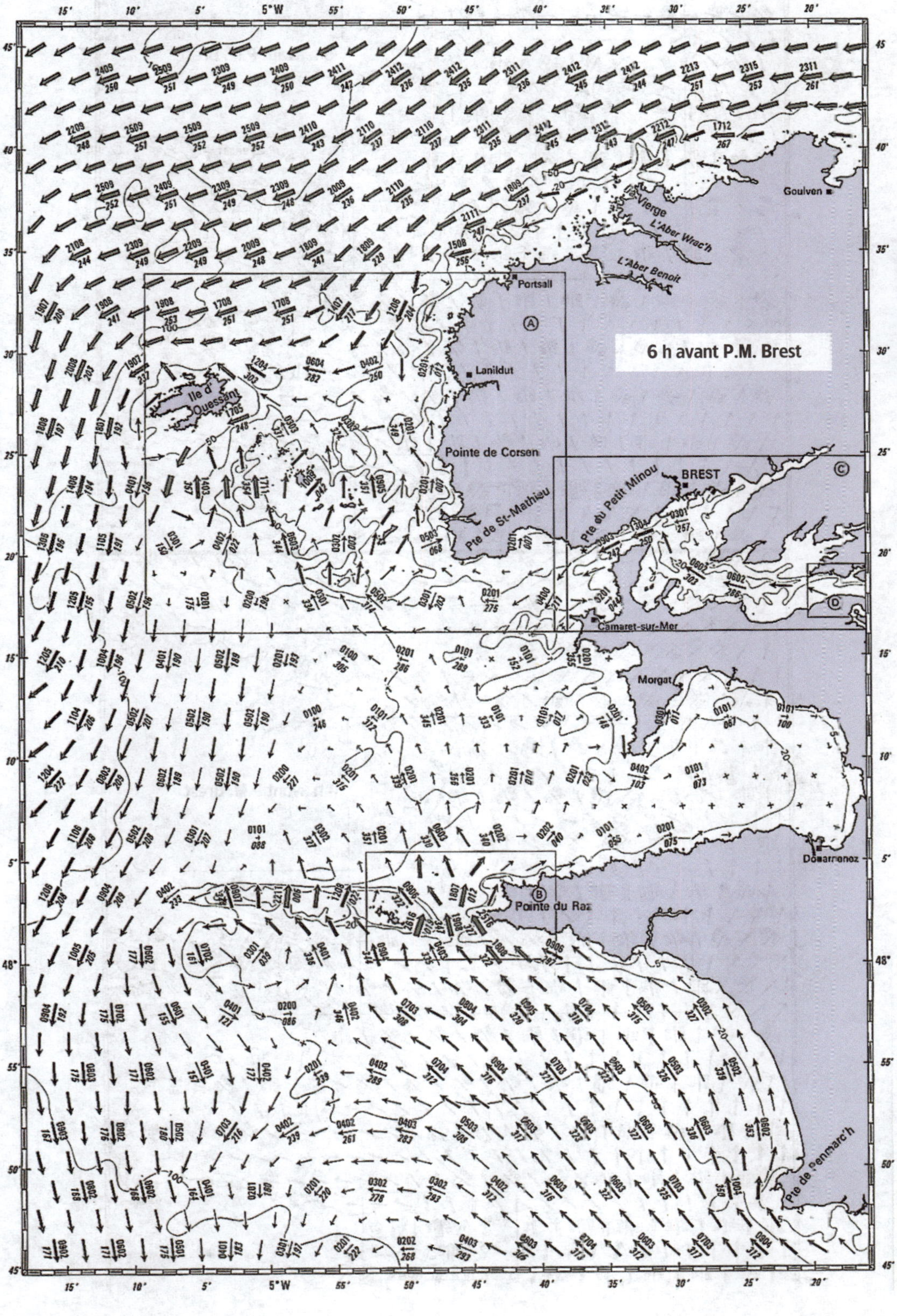

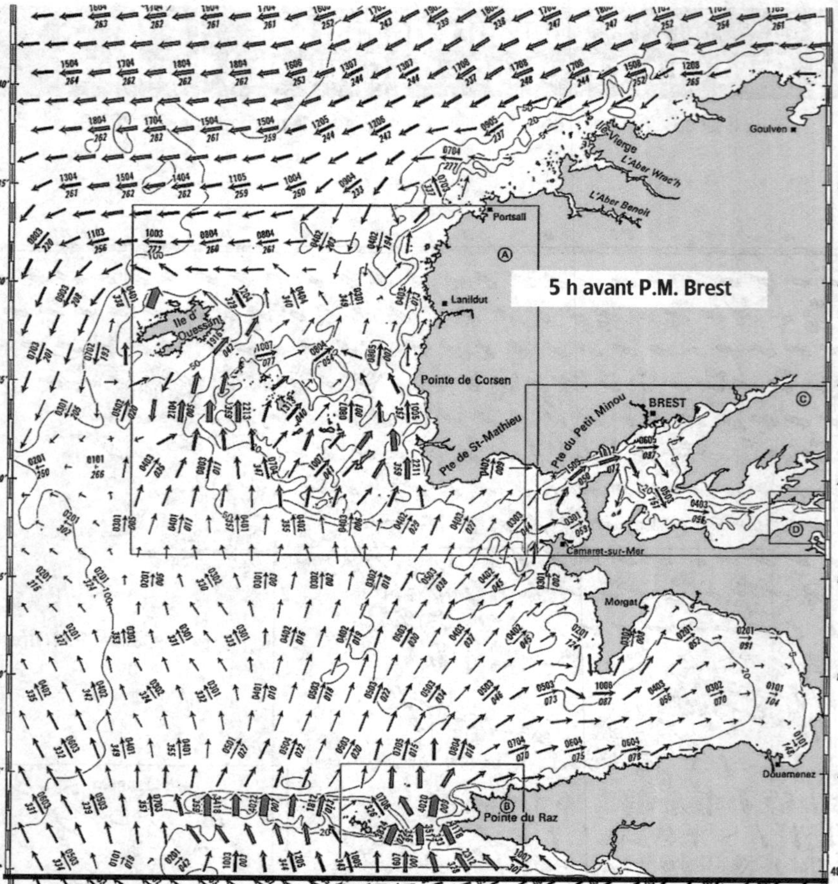
5 h avant P.M. Brest
Goulven
Ile Vierge
L'Aber Wrac'h
L'Aber Benoit
Portsall
Lanildut
Ile d'Ouessant
Pointe de Corsen
Pte de St-Mathieu
Pte du Petit Minou
BREST
Camaret-sur-Mer
Morgat
Douarnenez
Pointe du Raz

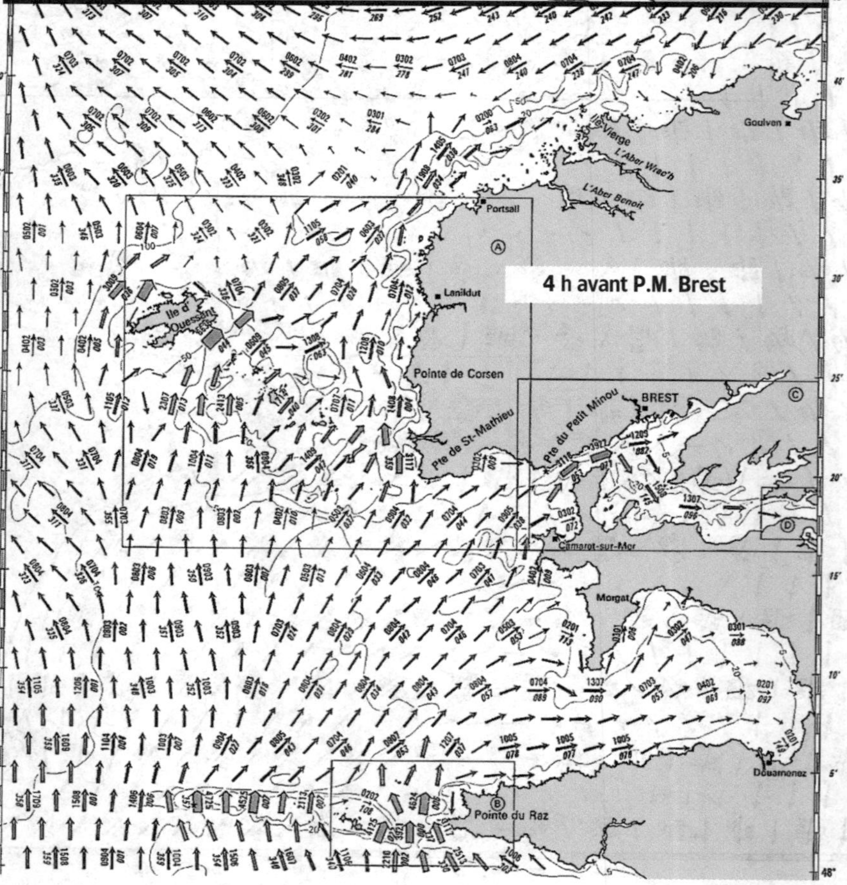
4 h avant P.M. Brest
Goulven
Ile Vierge
L'Aber Wrac'h
L'Aber Benoit
Portsall
Lanildut
Ile d'Ouessant
Pointe de Corsen
Pte de St-Mathieu
Pte du Petit Minou
BREST
Camaret-sur-Mer
Morgat
Douarnenez
Pointe du Raz

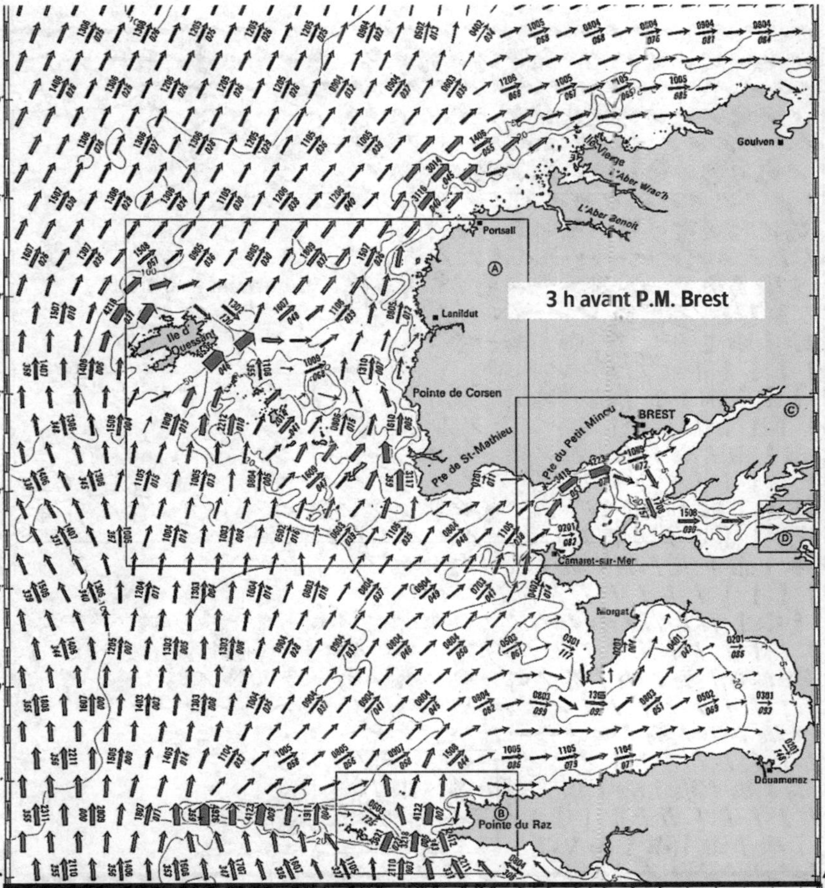
3 h avant P.M. Brest
Goulven
Vierge
L'Aber Wrac'h
L'Aber Benoit
Portsall
Lanildut
Ile d'Ouessant
Pointe de Corsen
Pte de St-Mathieu
Pte du Petit Minou
BREST
Camaret-sur-Mer
Morgat
Douarnenez
Pointe du Raz

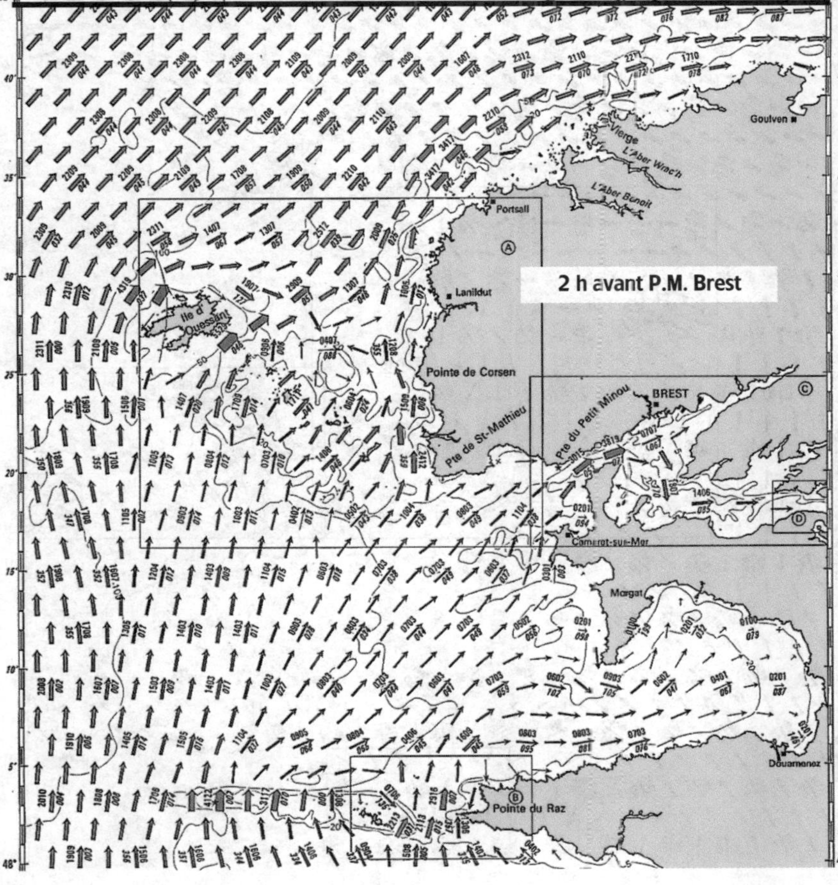
2 h avant P.M. Brest
Goulven
Vierge
L'Aber Wrac'h
L'Aber Benoit
Portsall
Lanildut
Ile d'Ouessant
Pointe de Corsen
Pte de St-Mathieu
Pte du Petit Minou
BREST
Camaret-sur-Mer
Morgat
Douarnenez
Pointe du Raz

Si nous n'avions pas tant de défaut, nous ne prendrions pas tant de plaisir à en remarquer chez les autres. (La Rochefoucauld)

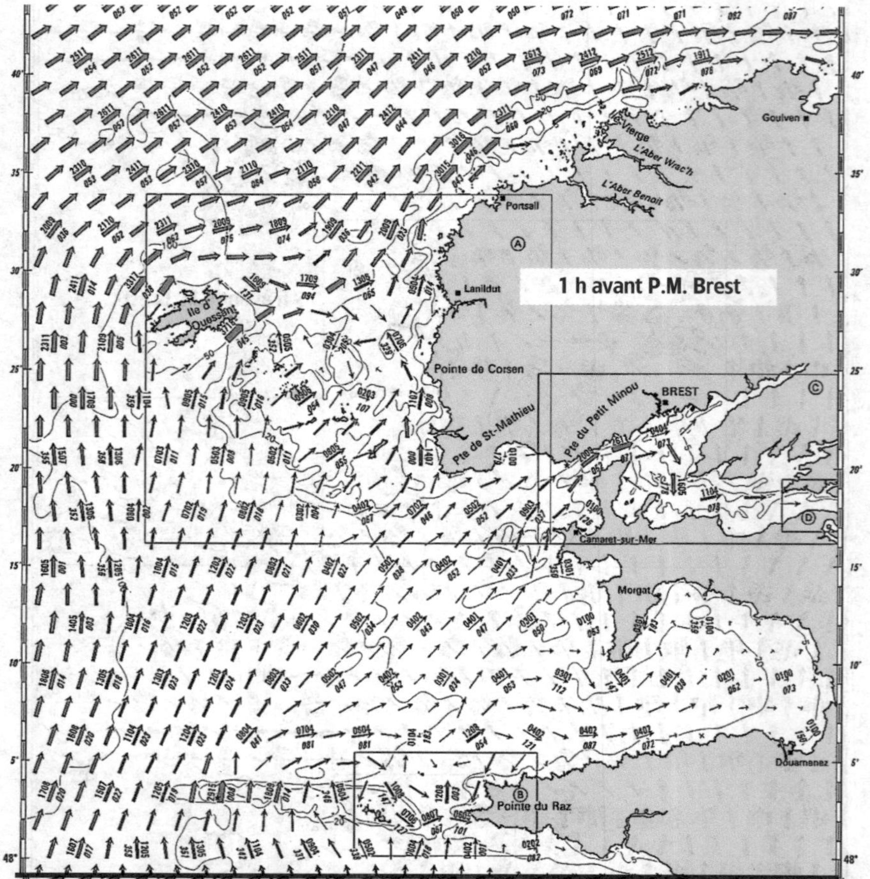

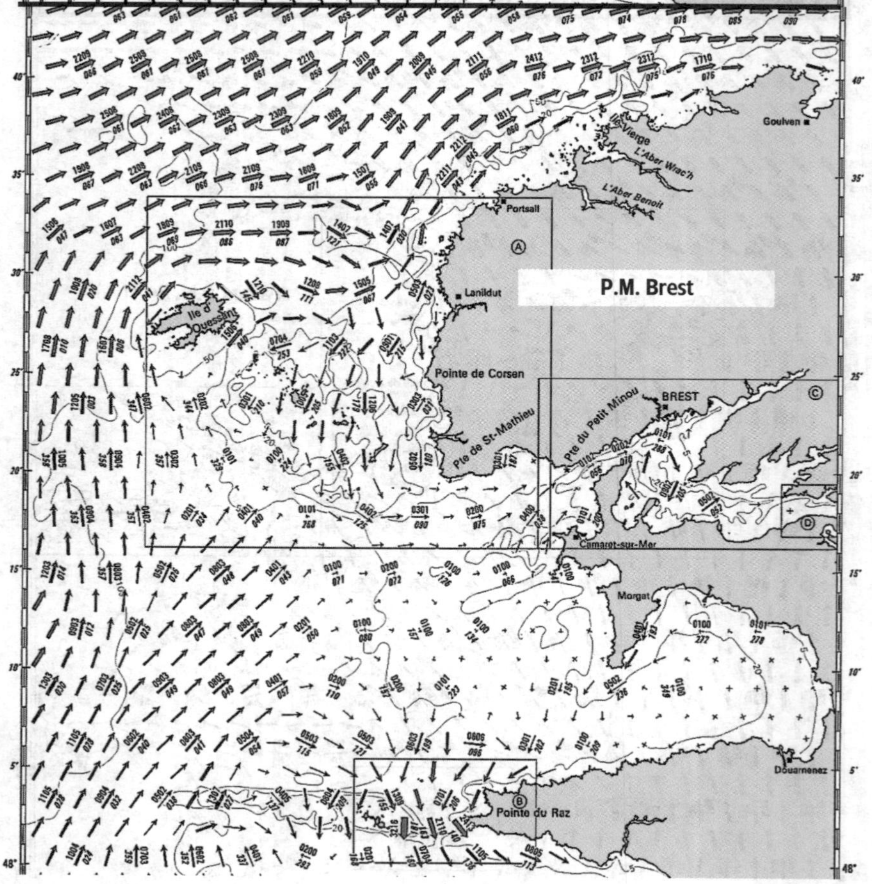

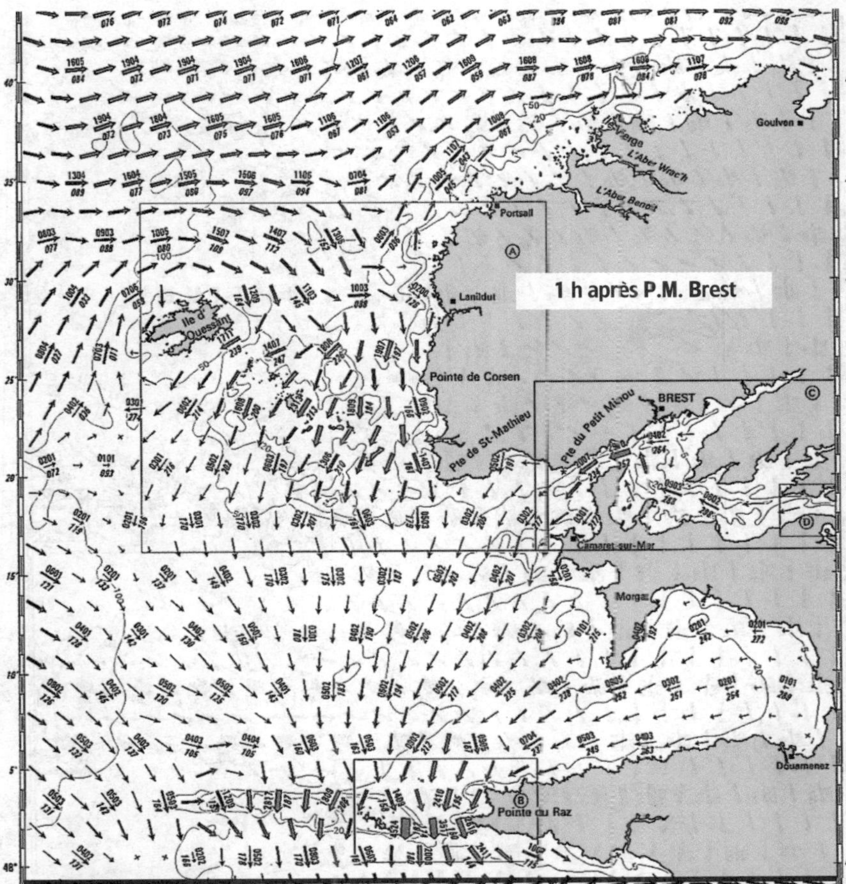
1 h après P.M. Brest
Goulven
L'Aber Wrac'h
L'Aber Benoit
Portsall
Lanildut
Ile d'Ouessant
Pointe de Corsen
Pte de St-Mathieu
Pte du Petit Minou
BREST
Camaret-sur-Mer
Morgat
Douarnenez
Pointe du Raz

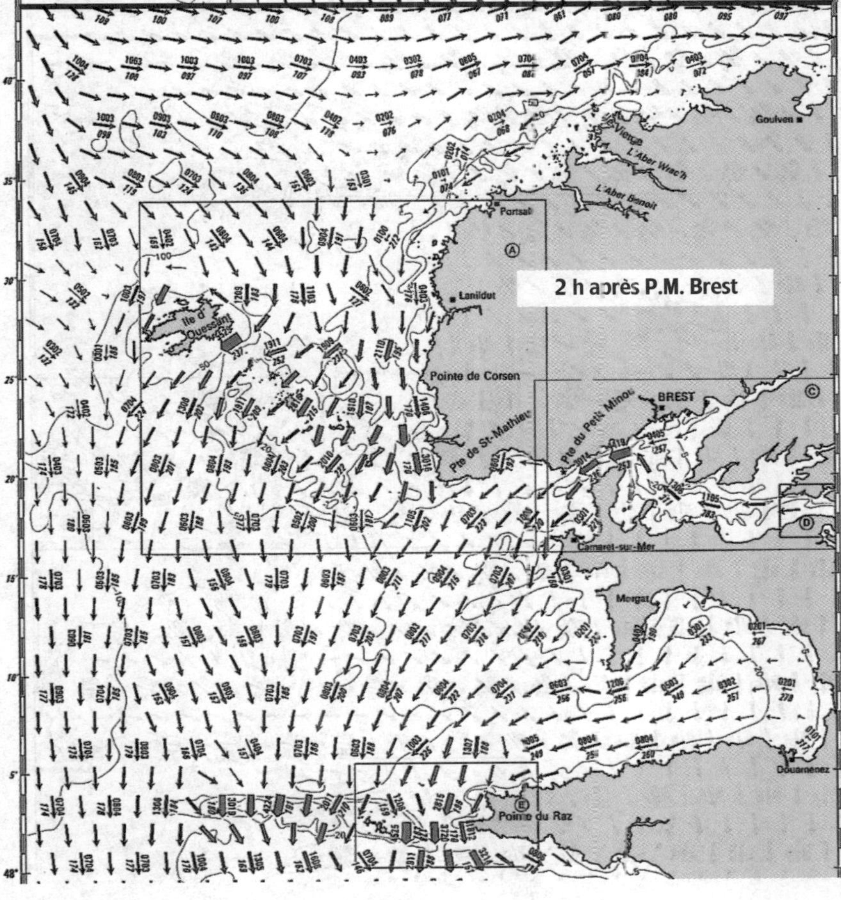
2 h après P.M. Brest
Goulven
L'Aber Wrac'h
L'Aber Benoit
Portsall
Lanildut
Ile d'Ouessant
Pointe de Corsen
Pte de St-Mathieu
Pte du Petit Minou
BREST
Camaret-sur-Mer
Morgat
Douarnenez
Pointe du Raz

3 h après P.M. Brest
Goulven
Ile Vierge
L'Aber Wrac'h
L'Aber Benoit
Portsall
Lanildut
Ile d'Ouessant
Pointe de Corsen
Pte de St-Mathieu
Pte du Petit Minou
BREST
Camaret-sur-Mer
Morgat
Douarnenez
Pointe du Raz

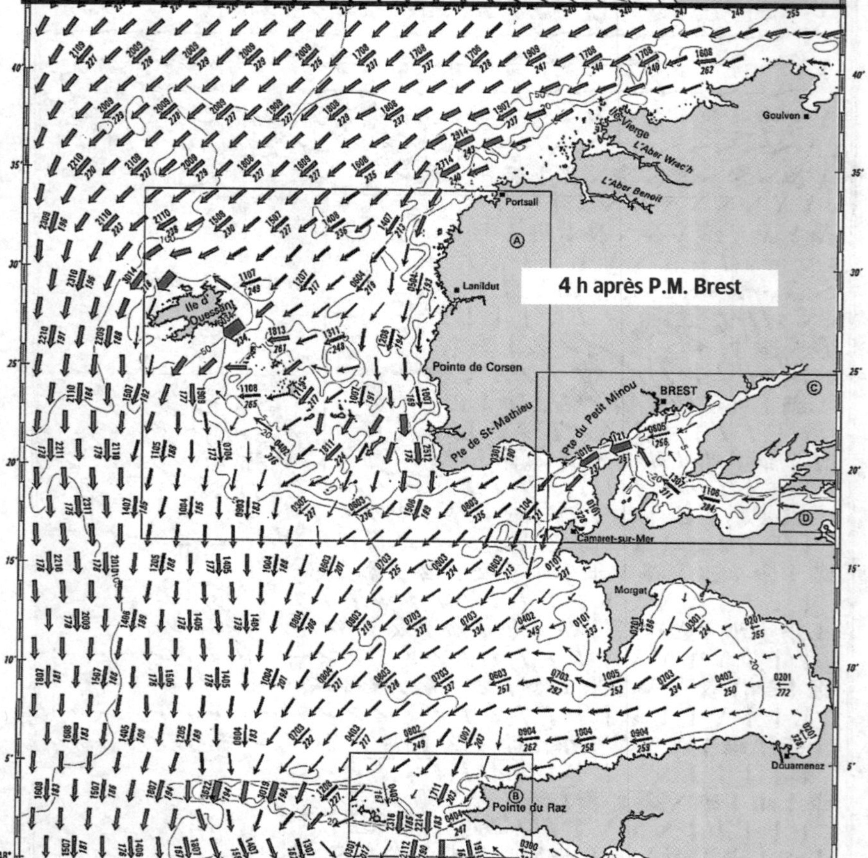
4 h après P.M. Brest
Goulven
Ile Vierge
L'Aber Wrac'h
L'Aber Benoit
Portsall
Lanildut
Ile d'Ouessant
Pointe de Corsen
Pte de St-Mathieu
Pte du Petit Minou
BREST
Camaret-sur-Mer
Morgat
Douarnenez
Pointe du Raz

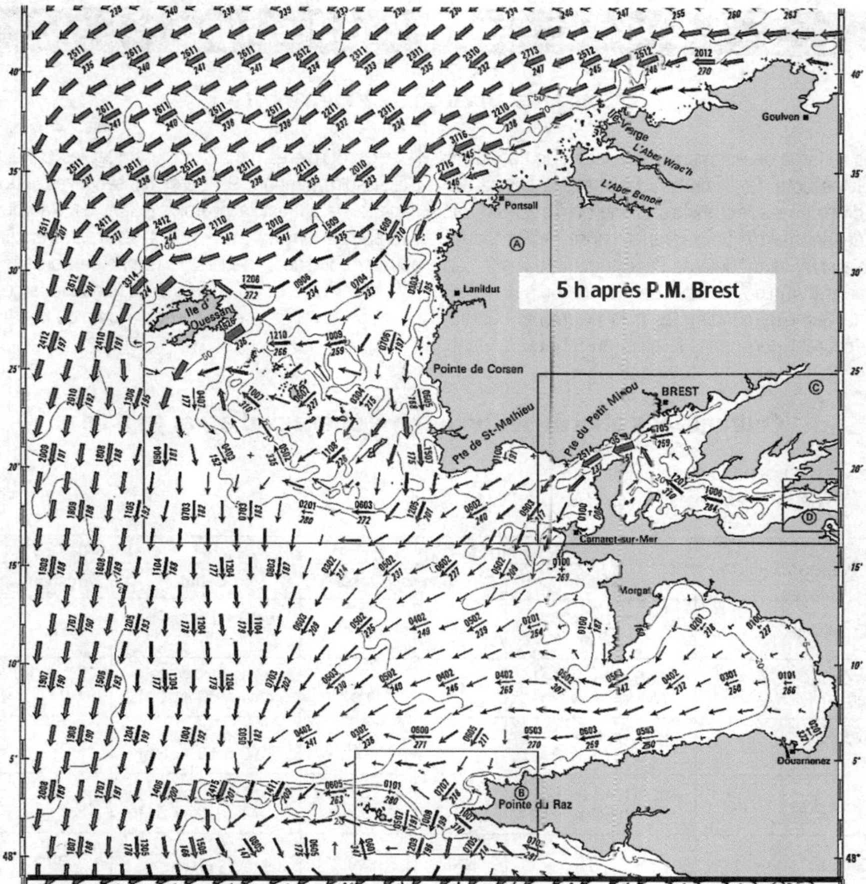
5 h après P.M. Brest
Goulven
L'Aber Wrac'h
L'Aber Benoît
Portsall
Lanildut
Ile d'Ouessant
Pointe de Corsen
Pte de St-Mathieu
Pte du Petit Minou
BREST
Camaret-sur-Mer
Morgat
Douarnenez
Pointe du Raz

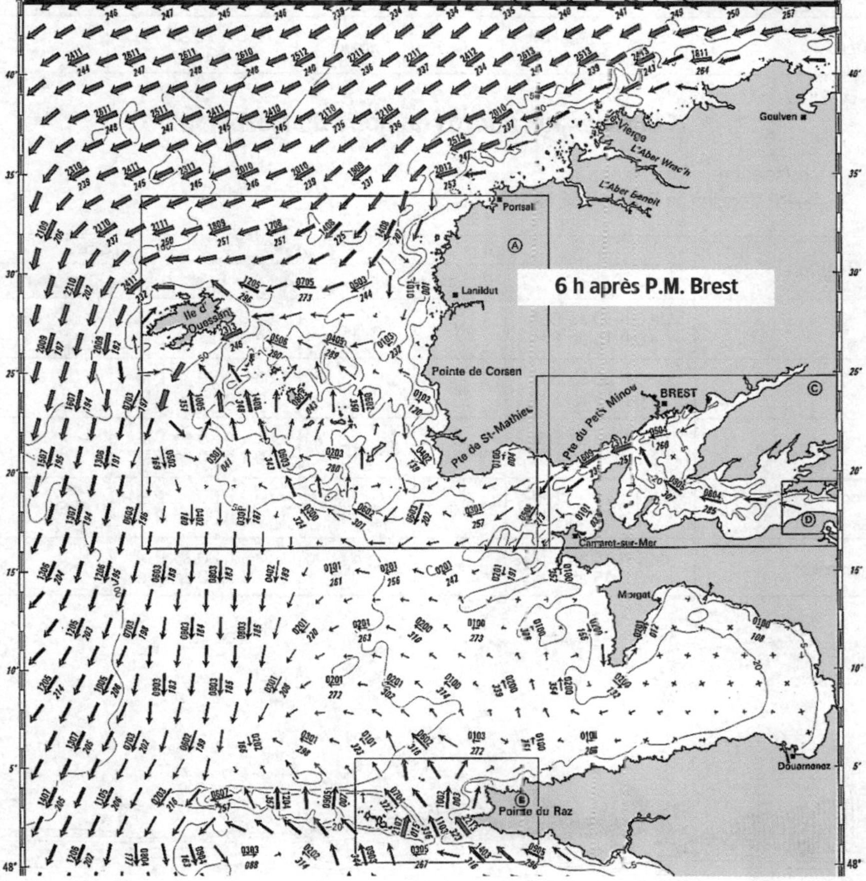
6 h après P.M. Brest
Goulven
L'Aber Wrac'h
L'Aber Benoît
Portsall
Lanildut
Ile d'Ouessant
Pointe de Corsen
Pte de St-Mathieu
Pte du Petit Minou
BREST
Camaret-sur-Mer
Morgat
Douarnenez
Pointe du Raz

Courants dans le Sud Bretagne

Courants au large de Penmarc'h

À 10 milles au large de Penmarc'h, le courant de flot porte au NE en pleine côte. Le lit qui vient sur Notre-Dame de Penhors se divise en deux branches : l'une qui va au SSE et fait le tour de Penmarc'h pour gagner l'anse de Bénodet, l'autre qui va au NW vers Audierne et porte dans le Raz.

Tous les marins d'Audierne s'accordent à dire qu'à 2 milles au large de la Gamelle, pendant les trois premières heures de jusant, le courant porte dans la baie (au SE), et pendant les trois dernières heures de jusant et les 6 heures de flot, c'est-à-dire pendant 9 heures consécutives, il porte au NW dans le Raz. C'est le premier jusant du Raz qui forme ce courant portant au SE pendant les trois premières heures, puis au bout de 2 heures, le retour de courant portant au NW se forme tout à fait à terre et gagne le large peu à peu pour conserver sa direction jusqu'à la fin du flot.

Courants aux abords de Quiberon - Chenaux d'accès en baie

Références : - cœfficient de marée 100 ;
- heure d'origine de P.M. et B.M. : Port-Louis.

Position	Flot			Jusant		
	Début	Direction	Vitesse	Début	Direction	Vitesse
Chenal des Esclassiers	de 0 h 15 ap. B.M. à P.M.	NE	3 nœuds	de 0 h 15 ap. P.M. à B.M.	SW	3 nœuds
Port Maria et chenal des Trois-Pierres	de 0 h 45 av. B.M. à 1 h 30 av. P.M.	E	3 nœuds	de 1 h 15 av. P.M. à 1 h 00 av. B.M.	W	3 nœuds
Entre Banc Nouvelle et Teignouse	de B.M. à 0 h 15 av. P.M.	N	3 nœuds	de P.M. à 0 h 15 av. B.M.	S	3 nœuds
Chenal d'Er Toull Bras	de 0 h 45 av. B.M. à 1 h 30 av. P.M.	N	4 nœuds	de 1 h 15 av. P.M. à 1 h 00 av. B.M.	S	4 nœuds
Chenal des Sœurs	de B.M. à P.M.	NNE	3 nœuds	de P.M. à B.M.	SSW	3 nœuds
Au NW de Meaban	de 0 h 30 ap. B.M. à 0 h 30 ap. P.M.	NE	2 nœuds	de 0 h 30 ap. P.M. à 0 h 30 av. B.M.	SW	2 nœuds

Courants aux abords du golfe du Morbihan

Références : - cœfficient de marée 100 ;
- heure d'origine de P.M. et B.M. : Port-Louis.

Position	Flot			Jusant		
	Début	Direction	Vitesse	Début	Direction	Vitesse
Devant La Trinité	de 0 h 30 ap. B.M. à 0 h 15 ap. P.M.	N	2 nœuds	de 0 h 30 ap. P.M. à 0 h 15 ap. B.M.	S	3 nœuds
Au NW de Meaban	de 0 h 30 ap. B.M. à 0 h 15 ap. P.M.	NE	2 nœuds	de 0 h 30 ap. P.M. à 0 h 15 ap. B.M.	SW	2 nœuds
À la pointe de Port-Navalo	de 1 h 45 ap. B.M. à 1 h 00 ap. P.M.	N	8 nœuds	de 1 h 15 ap. P.M. à 1 h 30 ap. B.M.	S	8 nœuds
Entre Le Grand Mouton et l'île Berder	de 2 h 15 ap. B.M. à 1 h 45 ap. P.M.	ENE	8 nœuds	de 2 h 00 ap. P.M. à 2 h 00 ap. B.M.	WSW	10 nœuds
Devant Locmariaquer	de 1 h 45 ap. B.M. à 0 h 45 ap. P.M.	N	2 nœuds	de 1 h 00 ap. P.M. à 1 h 00 ap. B.M.	S	2,4 nœuds

Courants dans le golfe du Morbihan

Entrée du Golfe et Passage du Mouton à la Jument :
Courant très fort en période de vives-eaux (8 à 9 nœuds). Le Grand Mouton est le seul danger du golfe où les courants portent sur le sec.

Saint-Goustan (port d'Auray) :
Des corps-morts sont installés au fond du bassin à gauche. Un ponton est réservé uniquement aux annexes permettant un débarquement à tous moments. À marée haute, le tirant d'air sous le pont est limité à 14 m.

Partie Est du Golfe :
Il faut tenir compte d'un décalage de 2 heures de retard.

Entrée du Golfe :
Les vents contre courants lèvent un fort clapot pouvant être dangereux pour les petites embarcations.

Port de Vannes (*) :
Il ne pose aucun problème sinon de tenir compte des heures d'ouverture du pont et de l'écluse (ponton d'attente avant et après).
(*) voir chapitre des ports

À l'Est de l'île d'Arz :
Cette zone très envasée constitue une réserve naturelle d'oiseaux marins. La navigation y est donc limitée et il convient de faire attention à ne pas laisser échouer à marée descendante.

Attention !
Les vents forts peuvent modifier considérablement le marnage et les horaires de marée. Ainsi l'ouragan de 1987 a transformé une marée de 26 en une marée de 100.

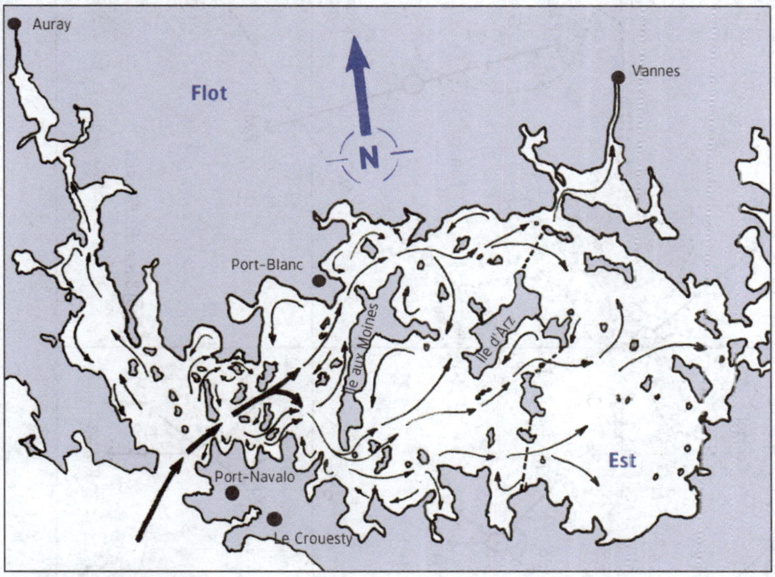

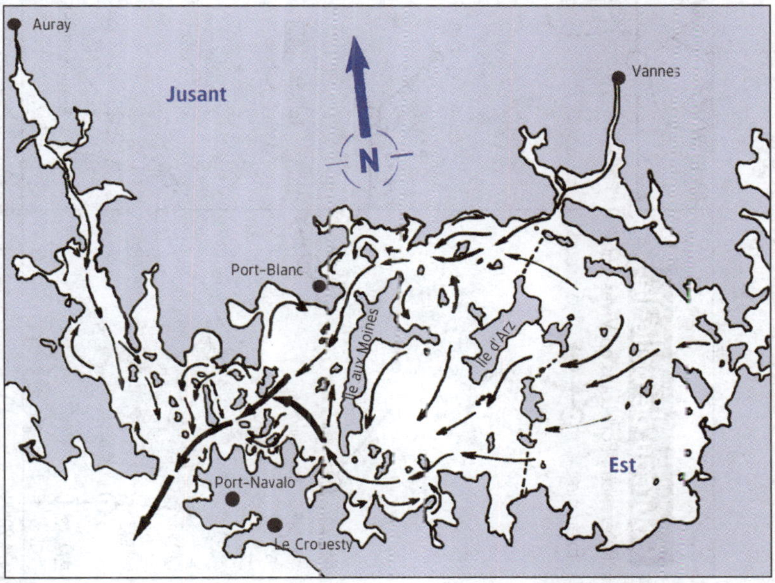

Le coureau de Belle-Île

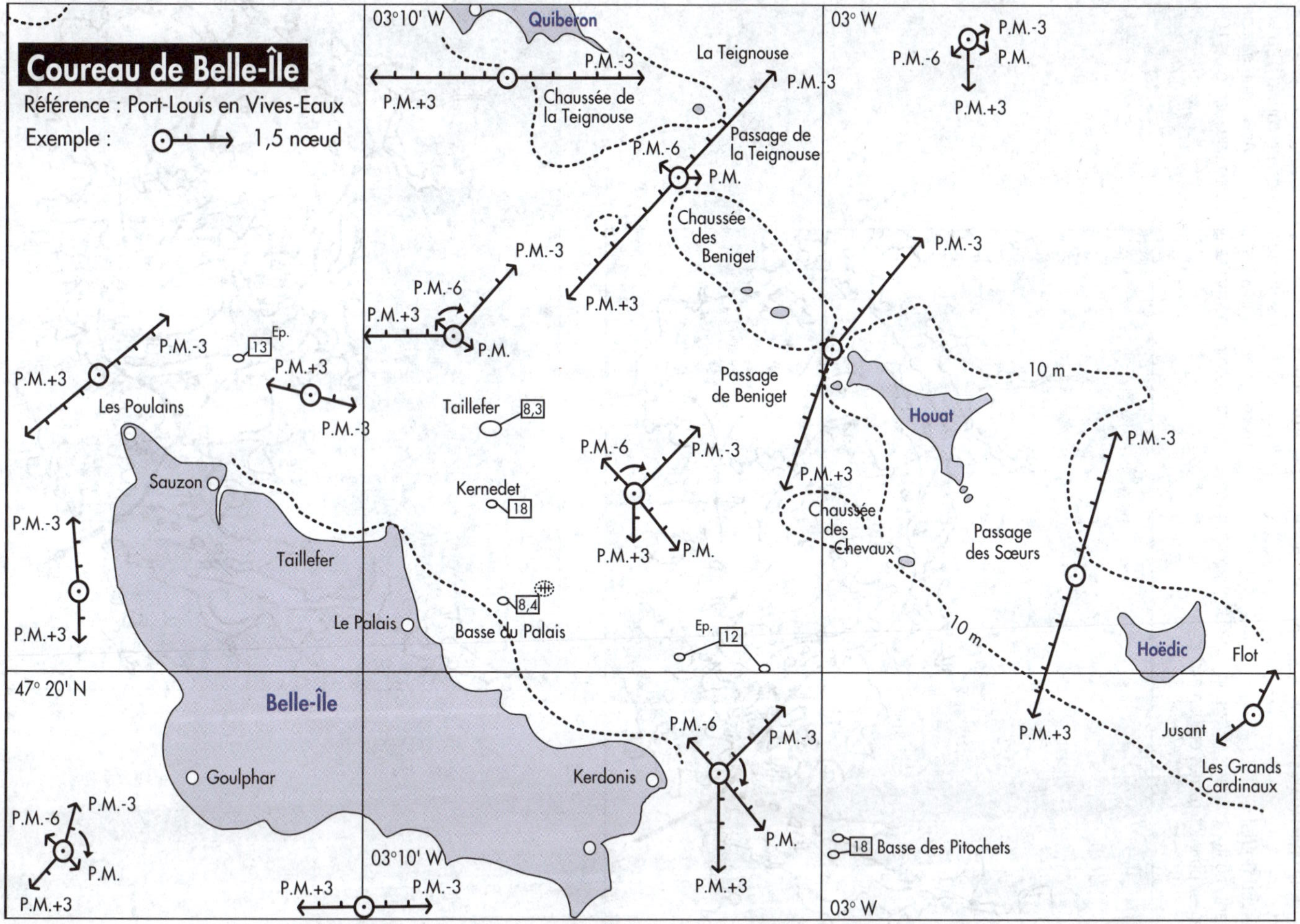

Les chenaux situés entre la presqu'île de Quiberon et les Grands-Cardinaux ne sont pas difficiles à suivre par beau temps et bonne visibilité. Mais par temps bouché ou incertain, les petits navires à destination des ports de la baie de Quiberon feront bien, surtout en flot, d'utiliser seulement le passage de l'Est, en contournant Hoëdic et les Grands-Cardinaux, pour entrer en baie de Quiberon.

Dans ces chenaux, les courants ont une giration assez nette vers la droite qui les rendent traversiers à certains moments de la marée, notamment au cours des premières heures de montée et de baissée des eaux. Mais des maxima marqués ont lieu à mi-marée montante et descendante en direction des chenaux.

Dans le coureau de Belle-Île, le courant est, sauf au voisinage immédiat des côtes, nettement giratoire :

- il porte, en général dans le NW à basse mer (-06 h 00 Port-Louis) ;
- il est NE à la mi-marée montante ;
- E à SE à pleine mer ;
- SW à W à partir de + 03 h 00.

La phase de courant portant au Sud est, en général, courte et de peu de vitesse en raison de la présence de l'île à proximité. Les vitesses sont maxima en direction N à NE (appel d'eau de la baie de Quiberon) et Ouest et sont de 1 à 1,5 nœuds environ.

Courants de marée : les pertuis charentais (Breton, Antioche et Maumusson)

(Extrait de l'ouvrage n° 559 du SHOM - Autorisation de reproduction n° E 28/99)

Dans le coureau d'Oléron et le pertuis de Maumusson les courants varient selon l'évolution des chenaux et des bancs
Dans le pertuis de Maumusson, par mauvais temps d'ouest, il se forme une barre dangereuse.

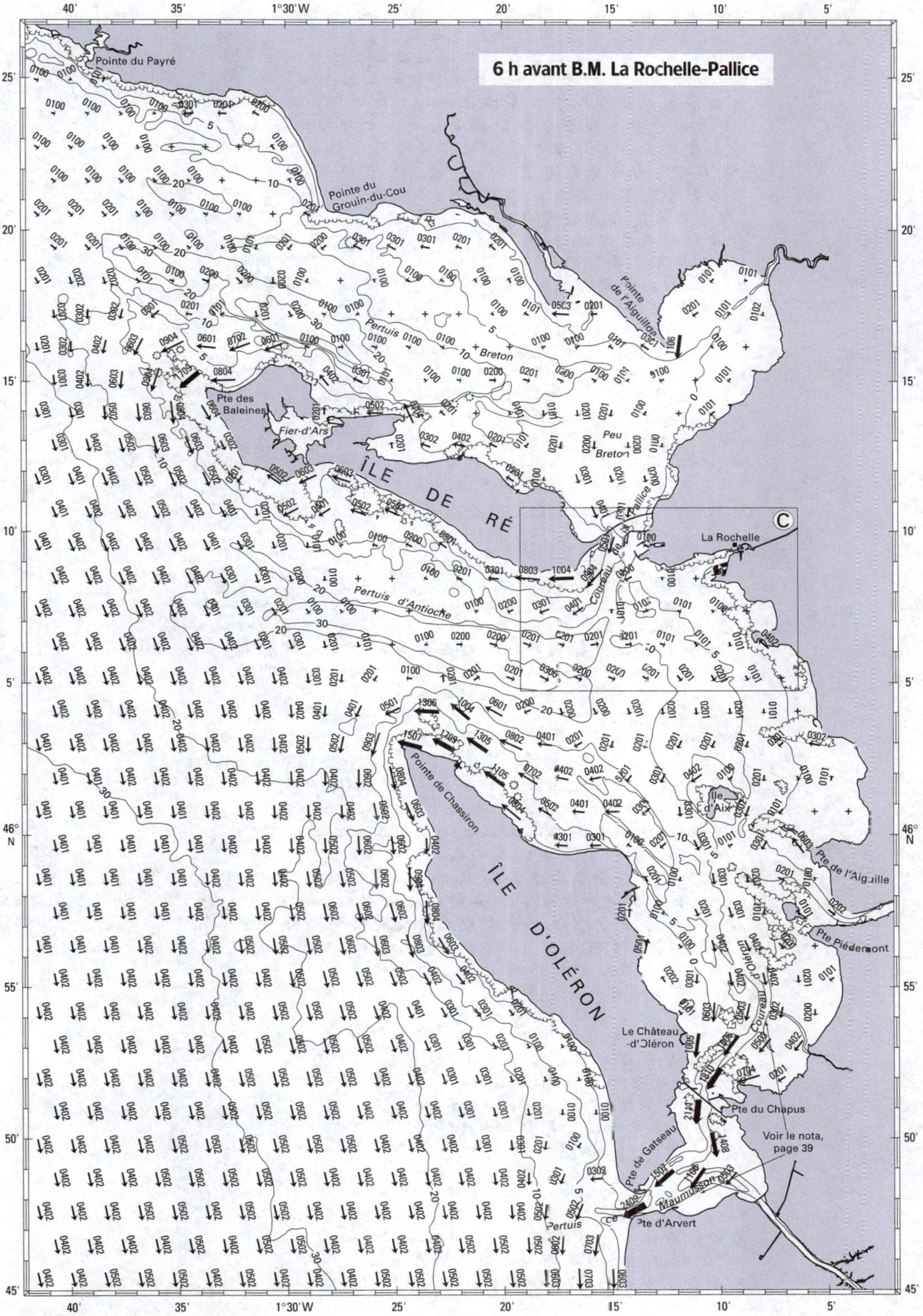

Les mots peuvent ressembler aux rayons X, si l'on s'en sert convenablement, ils transpercent n'importe quoi. (Aldous Huxley)

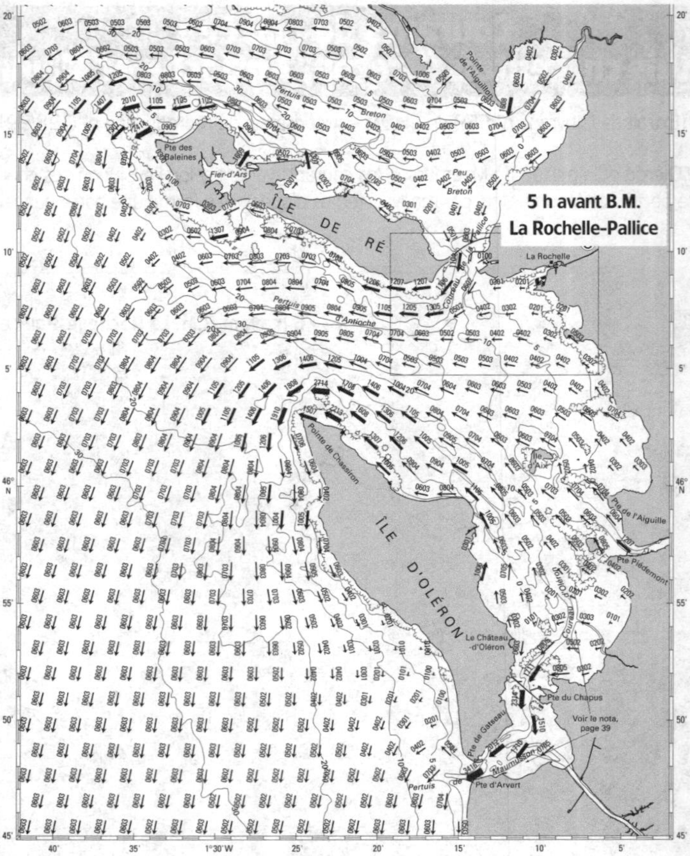

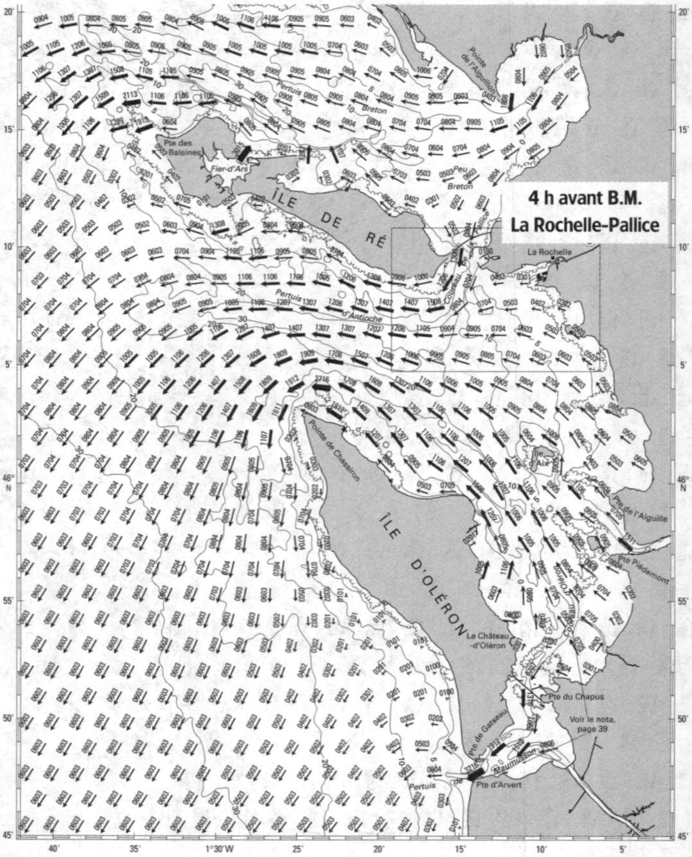

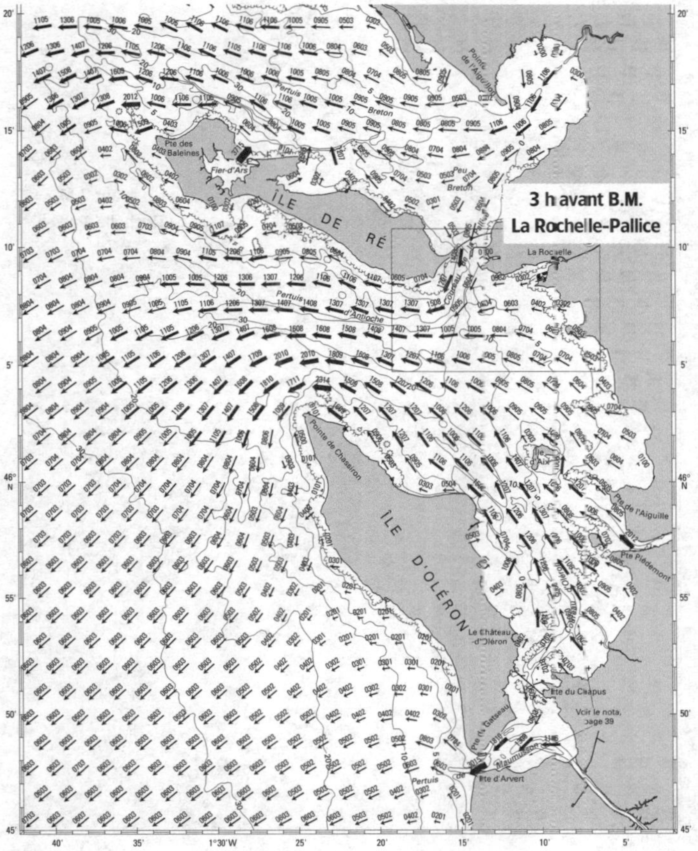
3 h avant B.M.
La Rochelle-Pallice
Pointe de l'Aiguillon
Pertuis Breton
Pte des Baleines
Fier-d'Ars
ÎLE DE RÉ
La Rochelle
Pertuis d'Antioche
Pointe de Chassiron
ÎLE D'OLÉRON
Pte de l'Aiguille
Pte Piédemont
Le Château d'Oléron
Pte du Chapus
Voir le nota, page 39
Maumusson
Pte d'Arvert
Pertuis de Maumusson

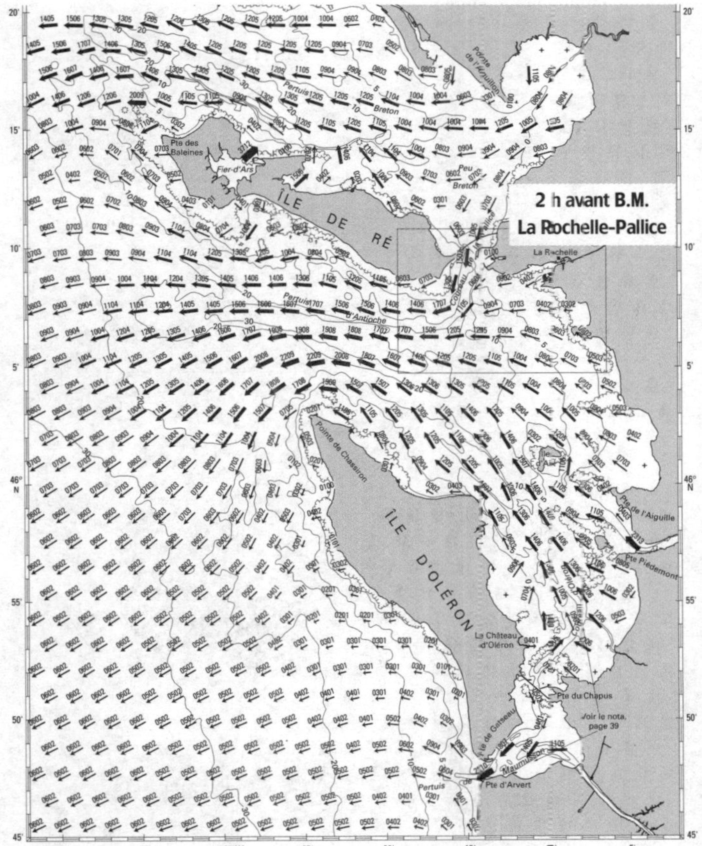
2 h avant B.M.
La Rochelle-Pallice
Pointe de l'Aiguillon
Pertuis Breton
Pte des Baleines
Fier-d'Ars
ÎLE DE RÉ
La Rochelle
Pertuis d'Antioche
Pointe de Chassiron
ÎLE D'OLÉRON
Pte de l'Aiguille
Pte Piédemont
Le Château d'Oléron
Pte du Chapus
Voir le nota, page 39
Maumusson
Pte d'Arvert

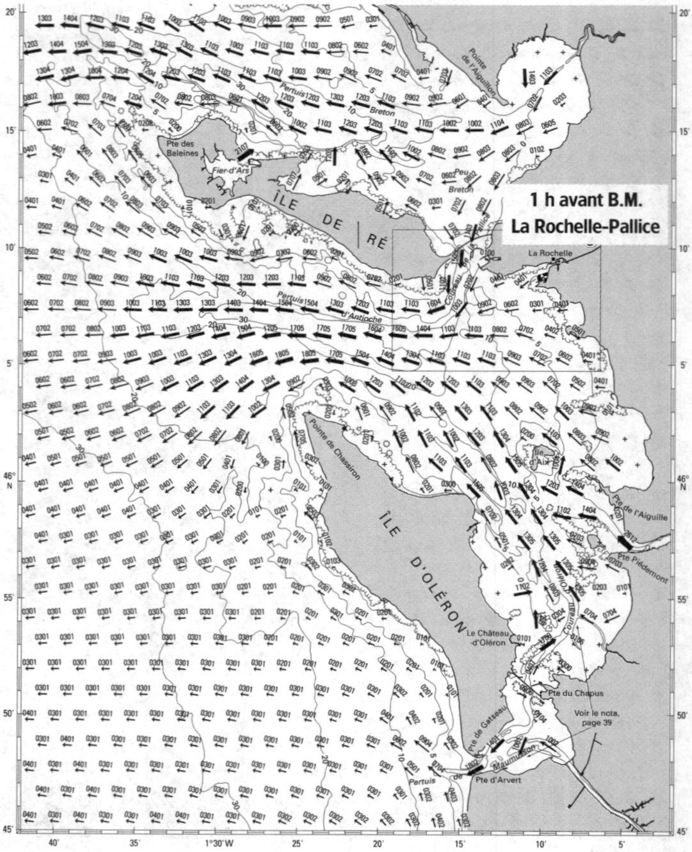
1 h avant B.M.
La Rochelle-Pallice
Pointe de l'Aiguillon
Pertuis Breton
Pte des Baleines
Fier-d'Ars
ÎLE DE RÉ
Peu Breton
La Rochelle
Pertuis d'Antioche
Pointe de Chassiron
ÎLE D'OLÉRON
Île d'Aix
Pte de l'Aiguille
Pte Piédemont
Le Château-d'Oléron
Pte du Chapus
Voir le nota, page 39
Pte de Gatseau
Pertuis de Maumusson
Pte d'Arvert

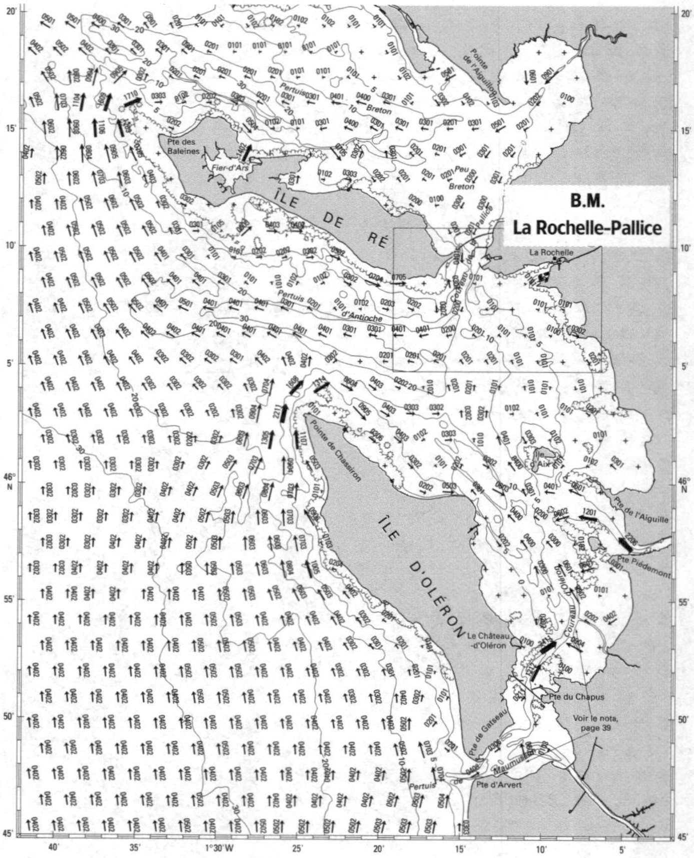
B.M.
La Rochelle-Pallice
Pointe de l'Aiguillon
Pertuis Breton
Pte des Baleines
Fier-d'Ars
ÎLE DE RÉ
Peu Breton
La Rochelle
Pertuis d'Antioche
Pointe de Chassiron
ÎLE D'OLÉRON
Île d'Aix
Pte de l'Aiguille
Pte Piédemont
Le Château-d'Oléron
Pte du Chapus
Voir le nota, page 39
Pte de Gatseau
Pertuis de Maumusson
Pte d'Arvert

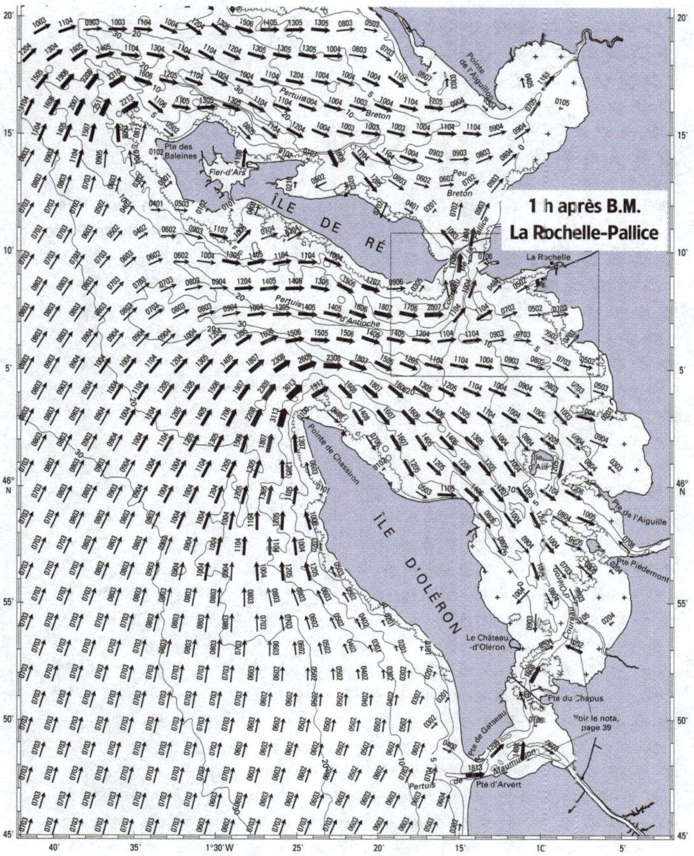
1 h après B.M.
La Rochelle-Pallice
ÎLE DE RÉ
ÎLE D'OLÉRON
Pertuis Breton
Pertuis d'Antioche
Pertuis de Maumusson
Pointe de l'Aiguille
Pte des Baleines
Fier-d'Ars
La Rochelle
Pointe de Chassiron
Pte de l'Aiguille
Pte Piédemont
Le Château-d'Oléron
Pte du Chapus
Pte de Gatseau
Pte d'Arvert
Voir le nota, page 39

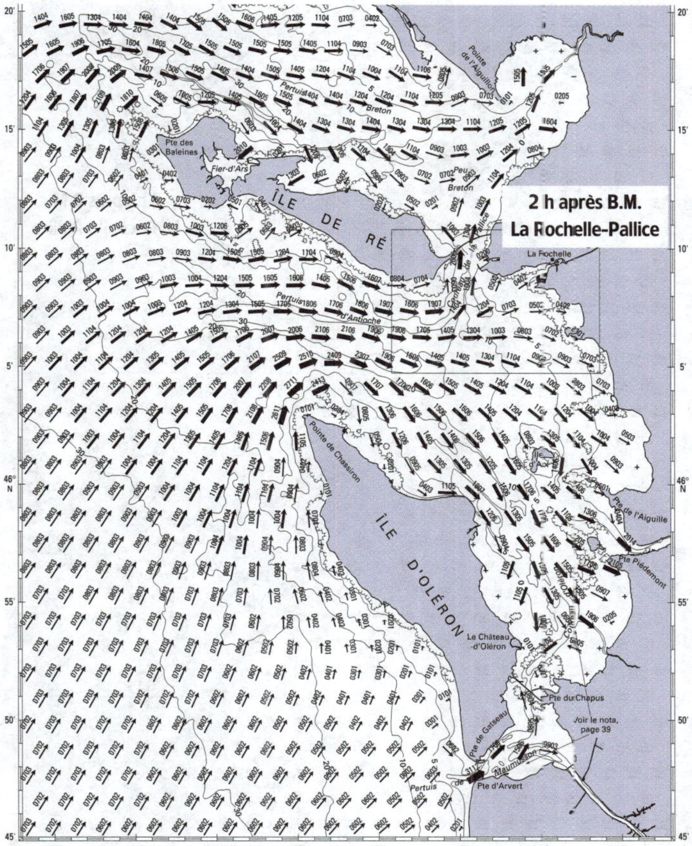
2 h après B.M.
La Rochelle-Pallice
ÎLE DE RÉ
ÎLE D'OLÉRON
Pertuis Breton
Pertuis d'Antioche
Pertuis de Maumusson
Pointe de l'Aiguille
Pte des Baleines
Fier-d'Ars
La Rochelle
Pointe de Chassiron
Pte de l'Aiguille
Pte Piédemont
Le Château-d'Oléron
Pte du Chapus
Pte de Gatseau
Pte d'Arvert
Voir le nota, page 39

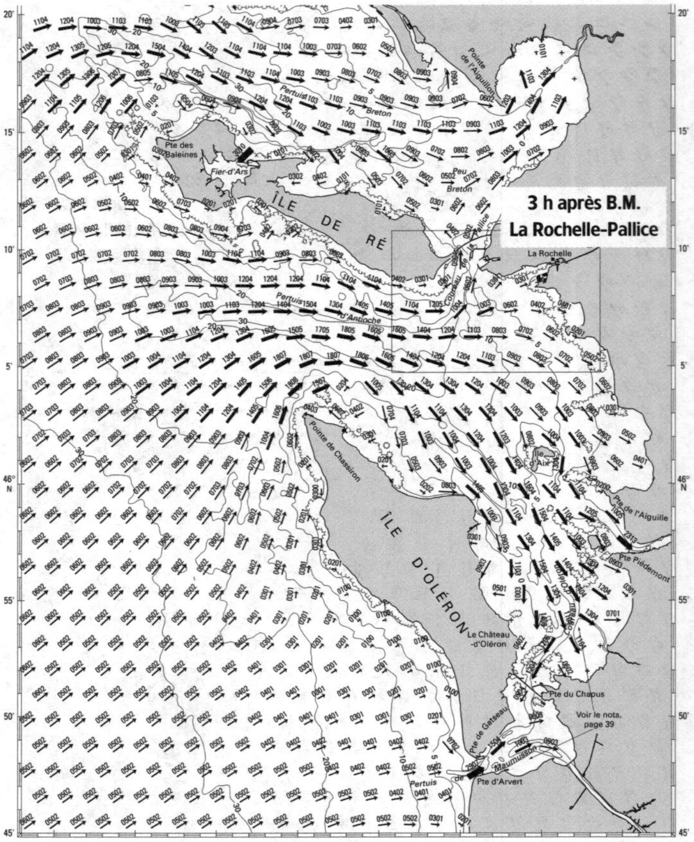
3 h après B.M.
La Rochelle-Pallice
Pointe de l'Aiguillon
Pertuis Breton
Pte des Baleines
Fier-d'Ars
Peu Breton
ÎLE DE RÉ
La Rochelle
Pertuis d'Antioche
Pointe de Chassiron
Île d'Aix
Pte de l'Aiguille
Pte Piédemont
ÎLE D'OLÉRON
Le Château-d'Oléron
Pte du Chapus
Voir le nota, page 39
Pte de Gatseau
Pertuis de Maumusson
Pte d'Arvert
1°30'W
46° N

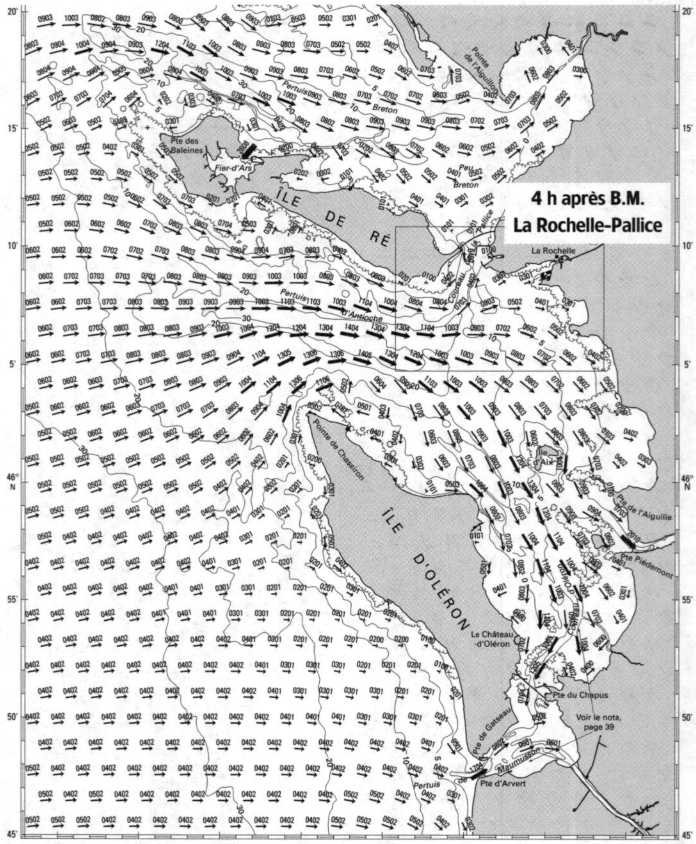
4 h après B.M.
La Rochelle-Pallice
Pointe de l'Aiguillon
Pertuis Breton
Pte des Baleines
Fier-d'Ars
Peu Breton
ÎLE DE RÉ
La Rochelle
Pertuis d'Antioche
Pointe de Chassiron
Île d'Aix
Pte de l'Aiguille
Pte Piédemont
ÎLE D'OLÉRON
Le Château-d'Oléron
Pte du Chapus
Voir le nota, page 39
Pte de Gatseau
Pertuis de Maumusson
Pte d'Arvert
1°30'W
46° N

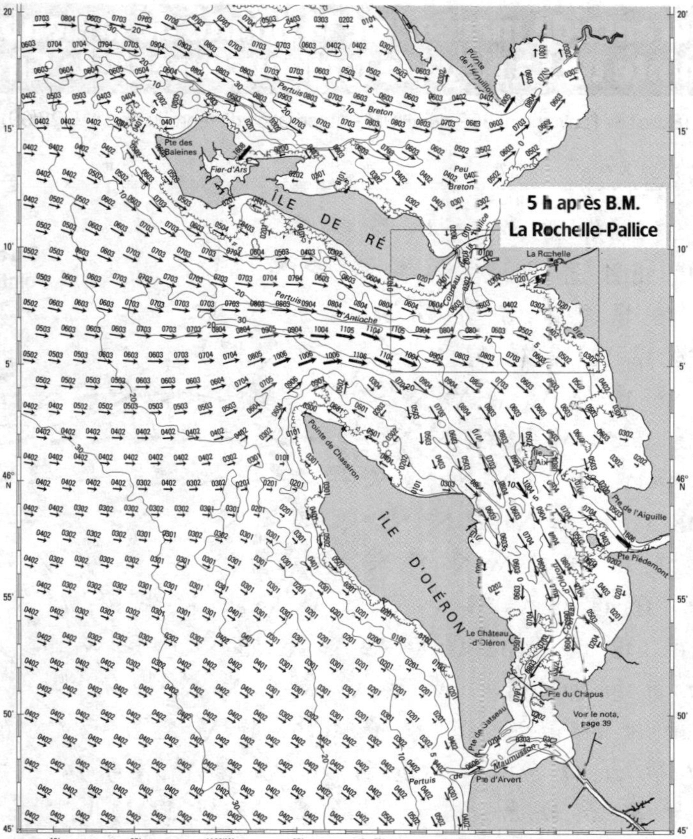
5 h après B.M.
La Rochelle-Pallice
Pte des Baleines
Fier-d'Ars
ÎLE DE RÉ
Pertuis Breton
La Rochelle
Pertuis d'Antioche
Pointe de Chassiron
ÎLE D'OLÉRON
Pte de l'Aiguille
Pte Piédemont
Le Château-d'Oléron
Pte du Chapus
Voir le nota, page 39
Pte de Gatseau
Pertuis de Maumusson
Pte d'Arvert
1°30'W
46° N

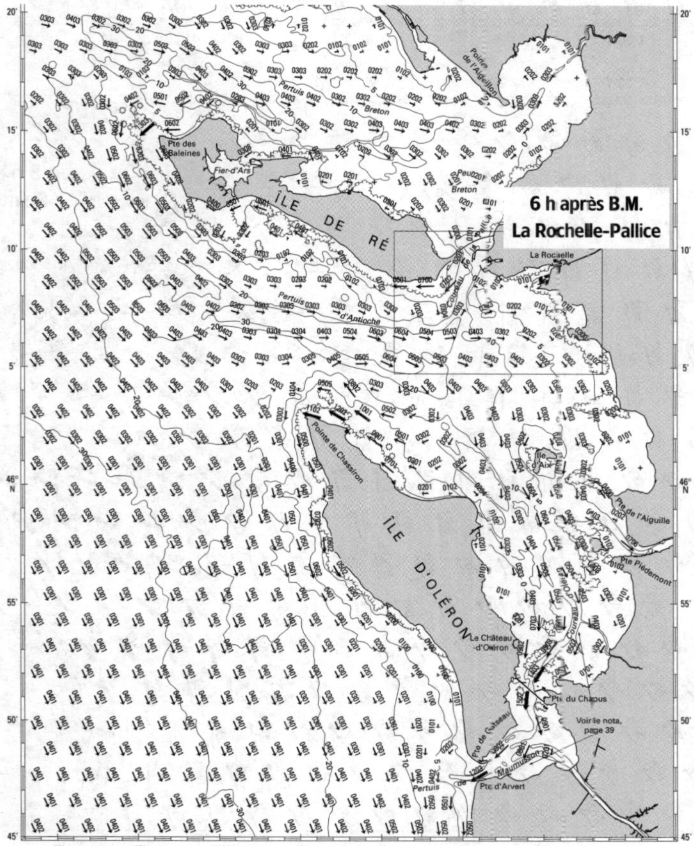
6 h après B.M.
La Rochelle-Pallice
Pte des Baleines
Fier-d'Ars
ÎLE DE RÉ
Pertuis Breton
La Rochelle
Pertuis d'Antioche
Pointe de Chassiron
ÎLE D'OLÉRON
Pte de l'Aiguille
Pte Piédemont
Le Château-d'Oléron
Pte du Chapus
Voir le nota, page 39
Pte de Gatseau
Pertuis de Maumusson
Pte d'Arvert
1°30'W
46° N

Courants de marée : de la pointe de la Coubre à la pointe de La Négade (embouchure de la Gironde)

(Extrait de l'ouvrage n° 559 du SHOM - Autorisation de reproduction n° E 28/99)

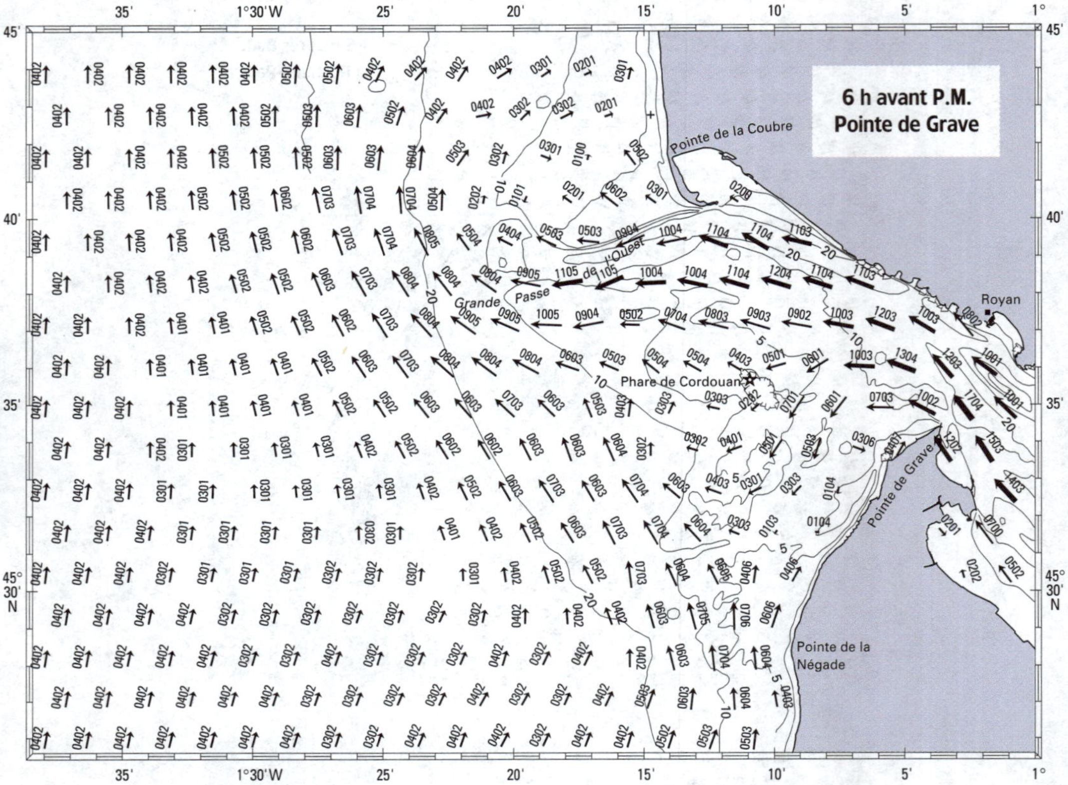

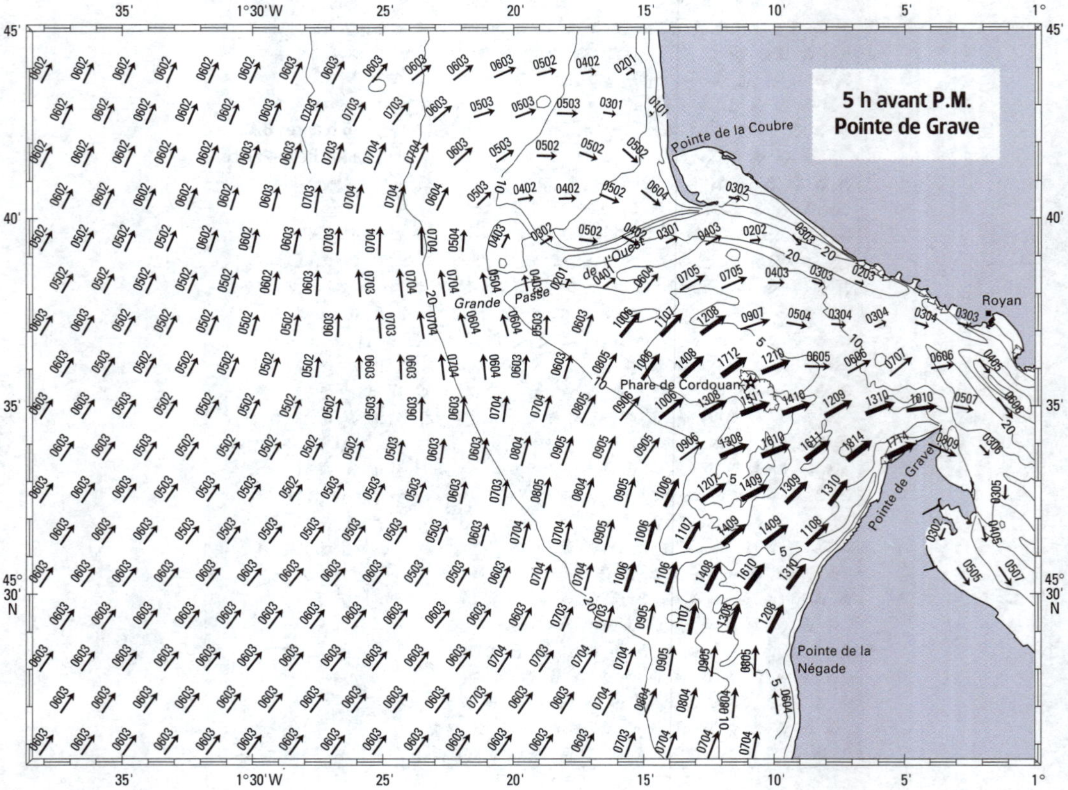

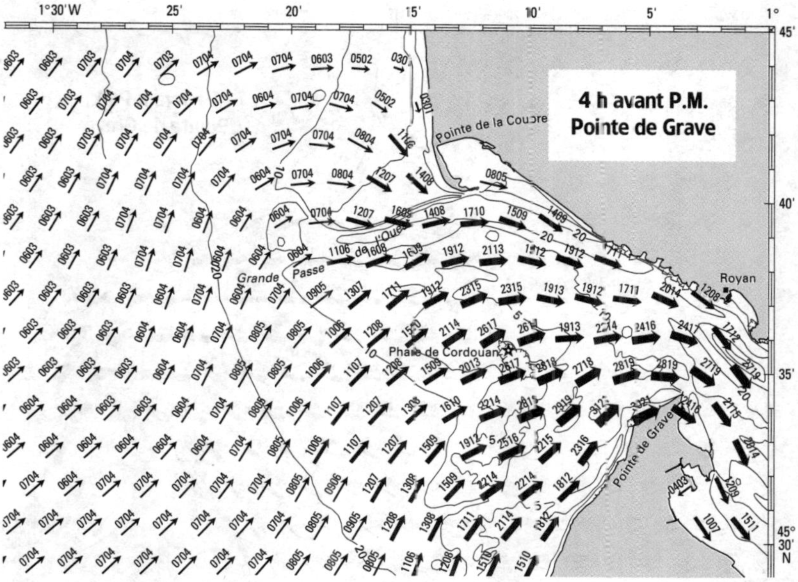
4 h avant P.M.
Pointe de Grave
Pointe de la Coubre
Passe de l'Ouest
Grande Passe
Phare de Cordouan
Royan
Pointe de Grave
1°30'W
25'
20'
15'
10'
5'
1°
45'
40'
35'
45° 30' N

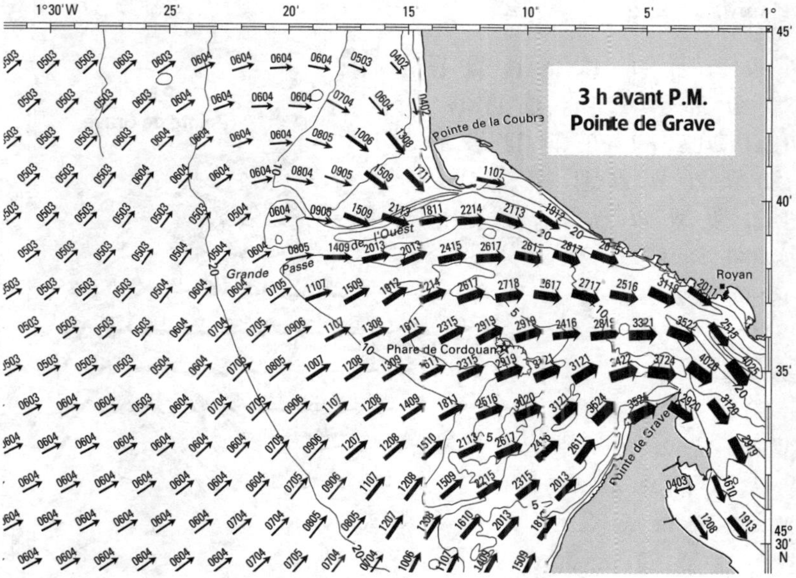
3 h avant P.M.
Pointe de Grave
Pointe de la Coubre
Passe de l'Ouest
Grande Passe
Phare de Cordouan
Royan
Pointe de Grave
1°30'W
25'
20'
15'
10'
5'
1°
45'
40'
35'
45° 30' N

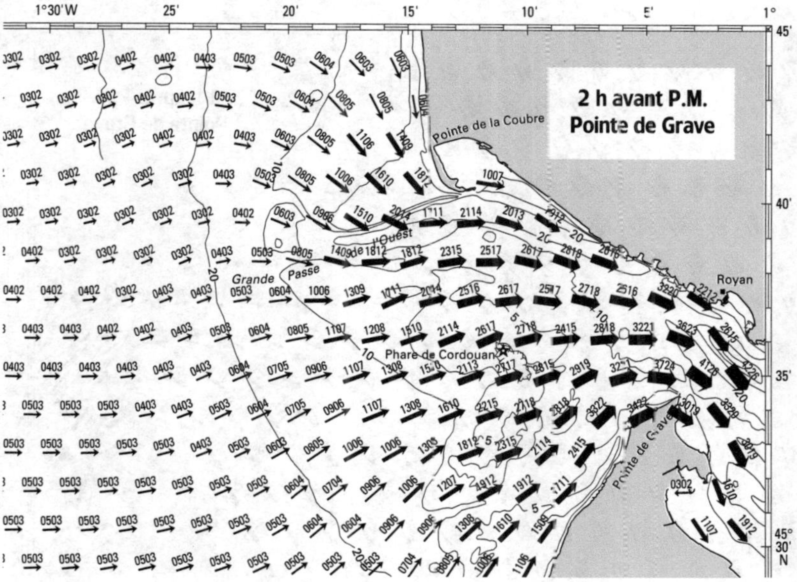
2 h avant P.M.
Pointe de Grave
Pointe de la Coubre
Passe de l'Ouest
Grande Passe
Phare de Cordouan
Royan
Pointe de Grave
1°30'W
25'
20'
15'
10'
5'
1°
45'
40'
35'
45° 30' N

L'absence est à l'amour ce qu'est au feu le vent : il éteint le petit, il allume le grand.
(Roger comte de Bussy-Rabutin)

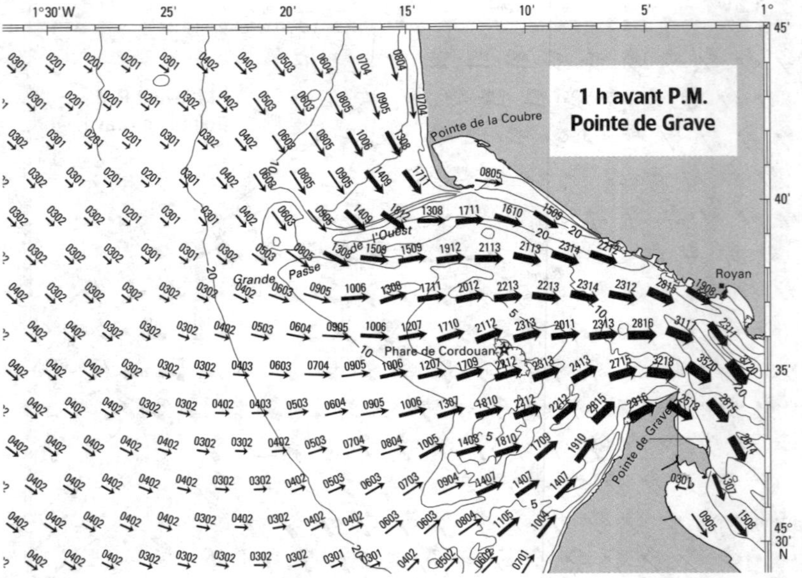

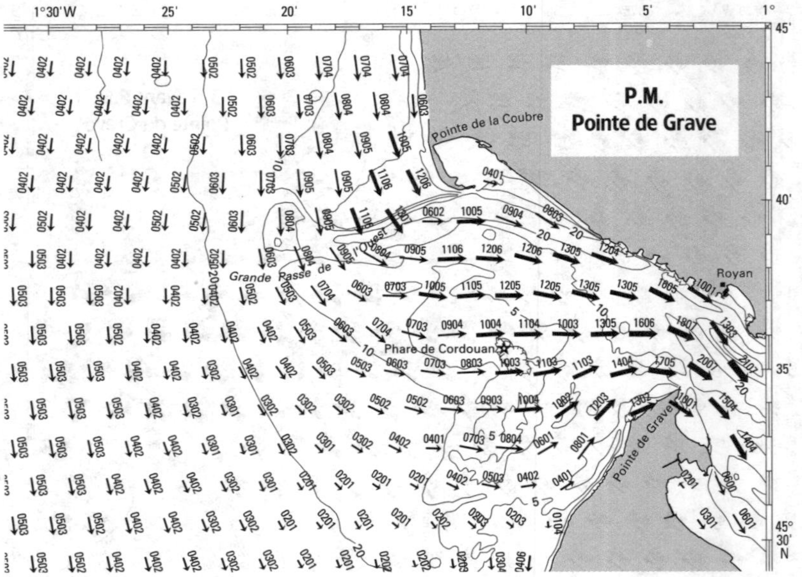

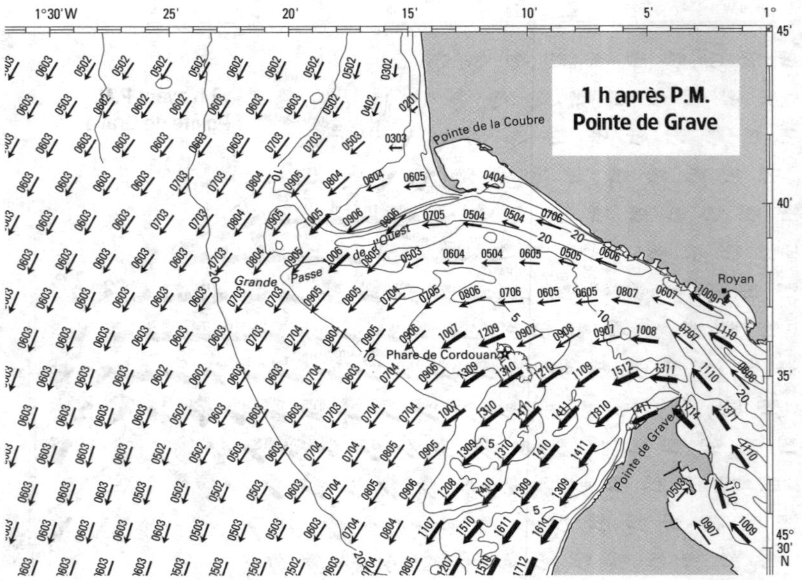

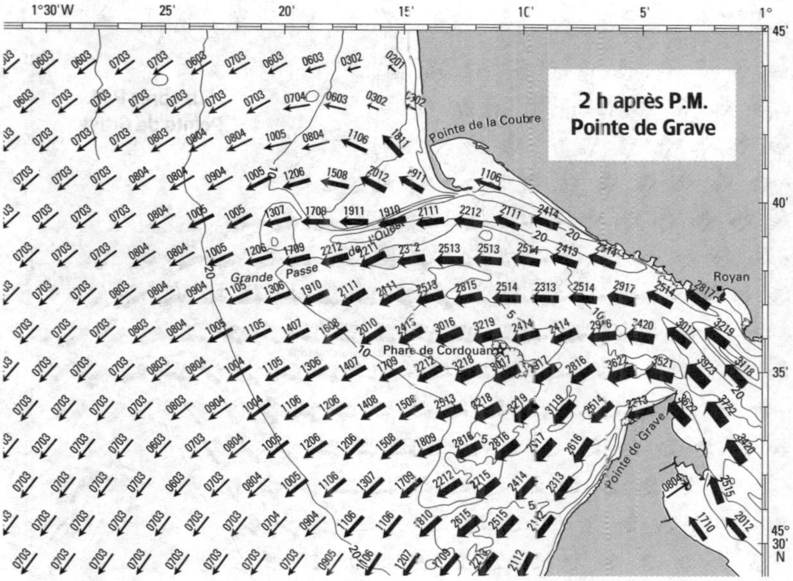
2 h après P.M.
Pointe de Grave
Pointe de la Coubre
Grande Passe
Phare de Cordouan
Royan
Pointe de Grave
1°30'W
25'
20'
15'
10'
5'
1°
45'
40'
35'
45° 30' N

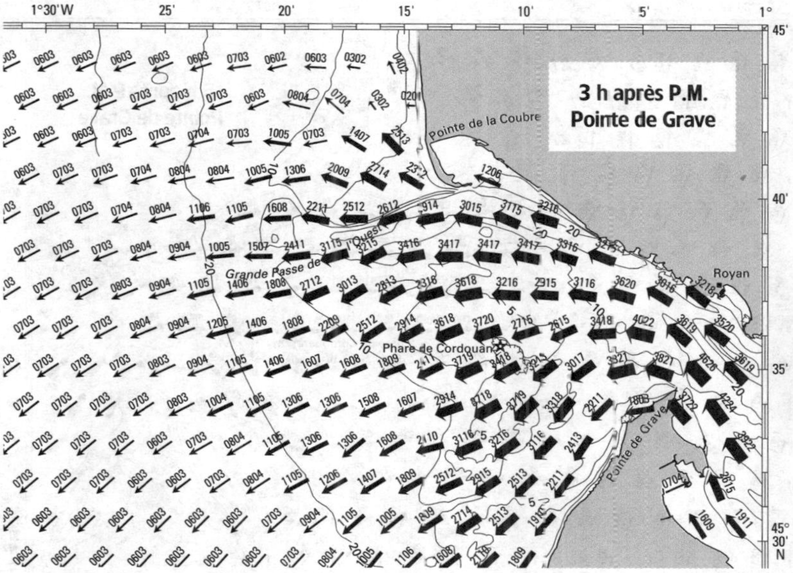
3 h après P.M.
Pointe de Grave
Pointe de la Coubre
Grande Passe de l'Ouest
Phare de Cordouan
Royan
Pointe de Grave
1°30'W
25'
20'
15'
10'
5'
1°
45'
40'
35'
45° 30' N

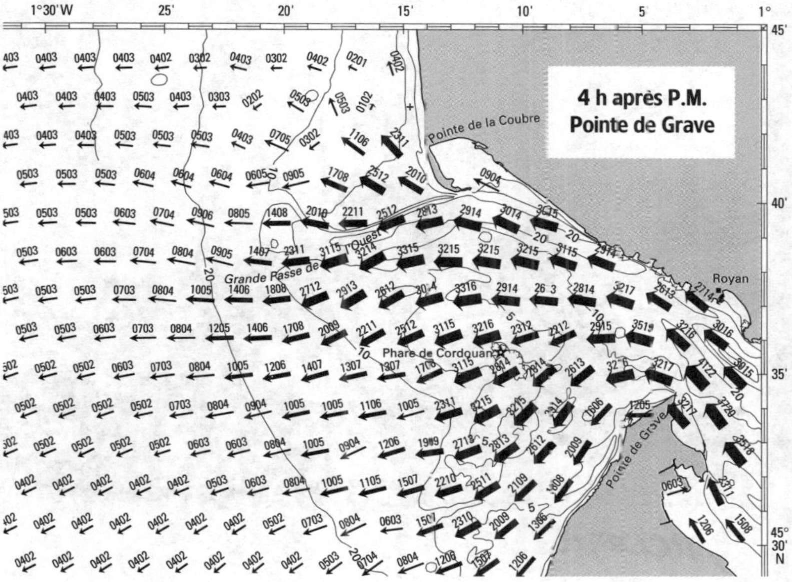
4 h après P.M.
Pointe de Grave
Pointe de la Coubre
Grande Passe de l'Ouest
Phare de Cordouan
Royan
Pointe de Grave
1°30'W
25'
20'
15'
10'
5
1°
45'
40'
35'
45° 30' N

Je pleurais quand je vins au monde, et chaque jour me montre pourquoi.
(Proverbe espagnol)

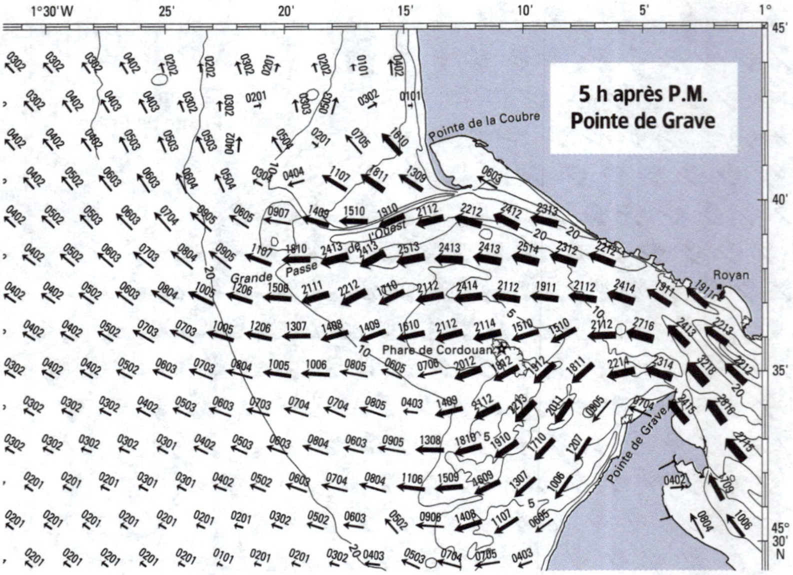

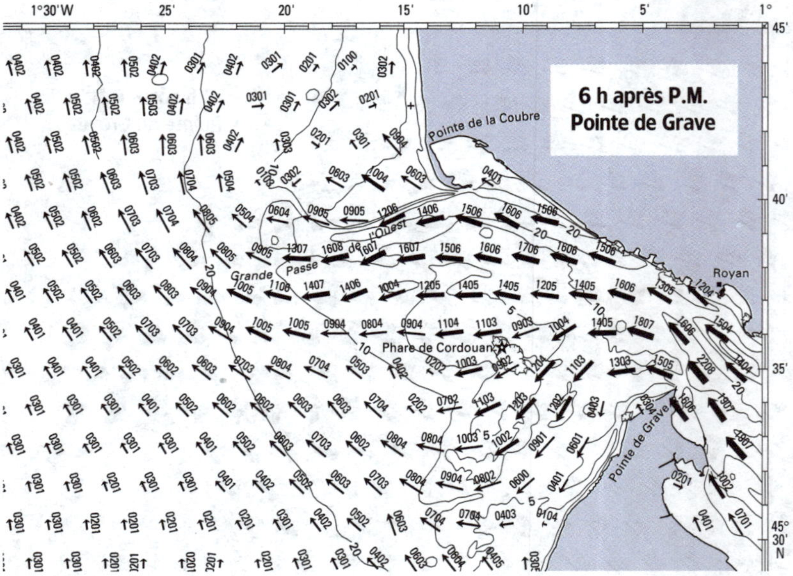

Les nouvelles voies du rail d'Ouessant

Du large vers la côte, le nouveau dispositif de séparation du trafic comporte :

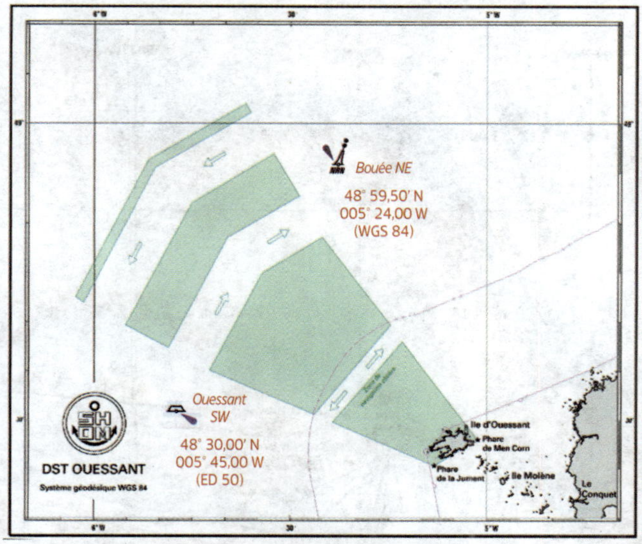

Le nouveau dispositif d'Ouessant

- Deux voies de circulation orientées sud-ouest/nord-est (chacune large de 5 milles) et séparées par une zone dite de séparation (également large de 5 milles) interdite à la navigation marchande mais restant ouverte à la navigation traversière pour les bateaux de pêche se rendant sur les zones situées au nord-ouest. La voie la plus éloignée est la voie descendante pour les navires sortant de la Manche et la voie la plus proche d'Ouessant, à 24 milles, est la voie montante réservée aux navires entrant en Manche ;

- Une zone de séparation intermédiaire large de 12 milles et interdite à la navigation sauf traversière ;

- Une voie de navigation à double sens, réservée au cabotage, où seuls sont autorisés certains navires en transit entre les ports situés entre le cap Finisterre et la cap de La Hague (voie soumise aux arrêtés du préfet maritime en ce qui concerne les navires et cargaisons transportées) ;

- une zone de navigation côtière (de la voie à double sens à Ouessant) où seuls sont autorisés les bateaux à moteur de moins de 20 m et les voiliers de plaisance.

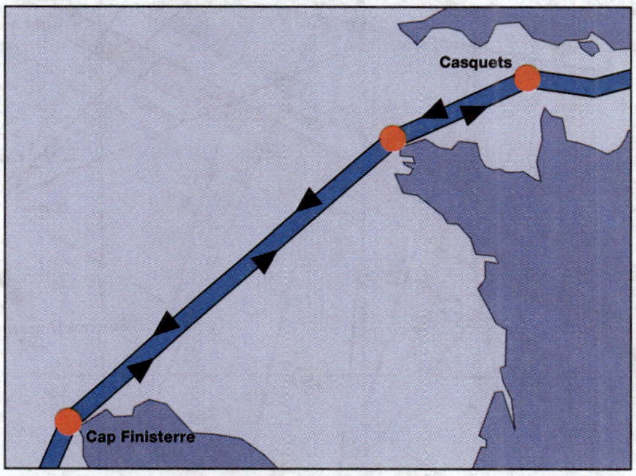

À noter que, conformément à la règle 10 du règlement international prévenant les abordages en mer, la pratique de la pêche n'est pas interdite dans l'ensemble du dispositif, mais à condition que les navires de pêche ne gênent pas le passage des navires suivant une voie de circulation.

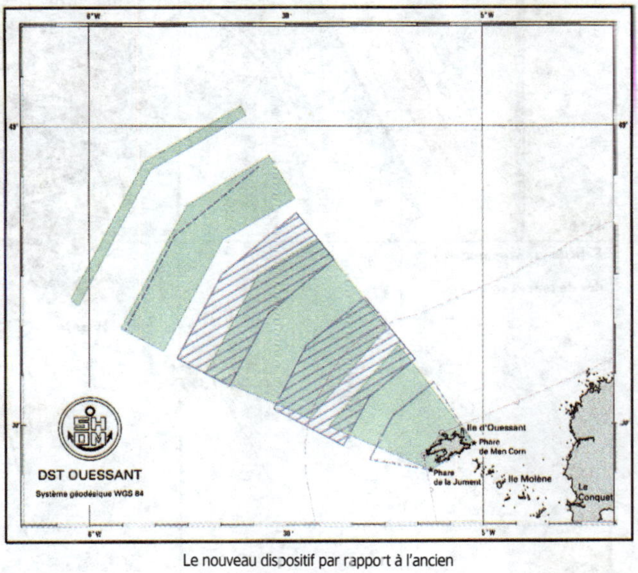

Le nouveau dispositif par rapport à l'ancien

Dispositif en vigueur depuis le 1er mai 2003

Distances en milles en Manche

Les routes sont comptées de 0° à 360° à partir du Nord Vrai et vers l'Est. Elles sont à prendre avec beaucoup de

Distances en milles en Manche

précautions. Ces renseignements ne dispensent pas le navigateur de l'usage des cartes marines.

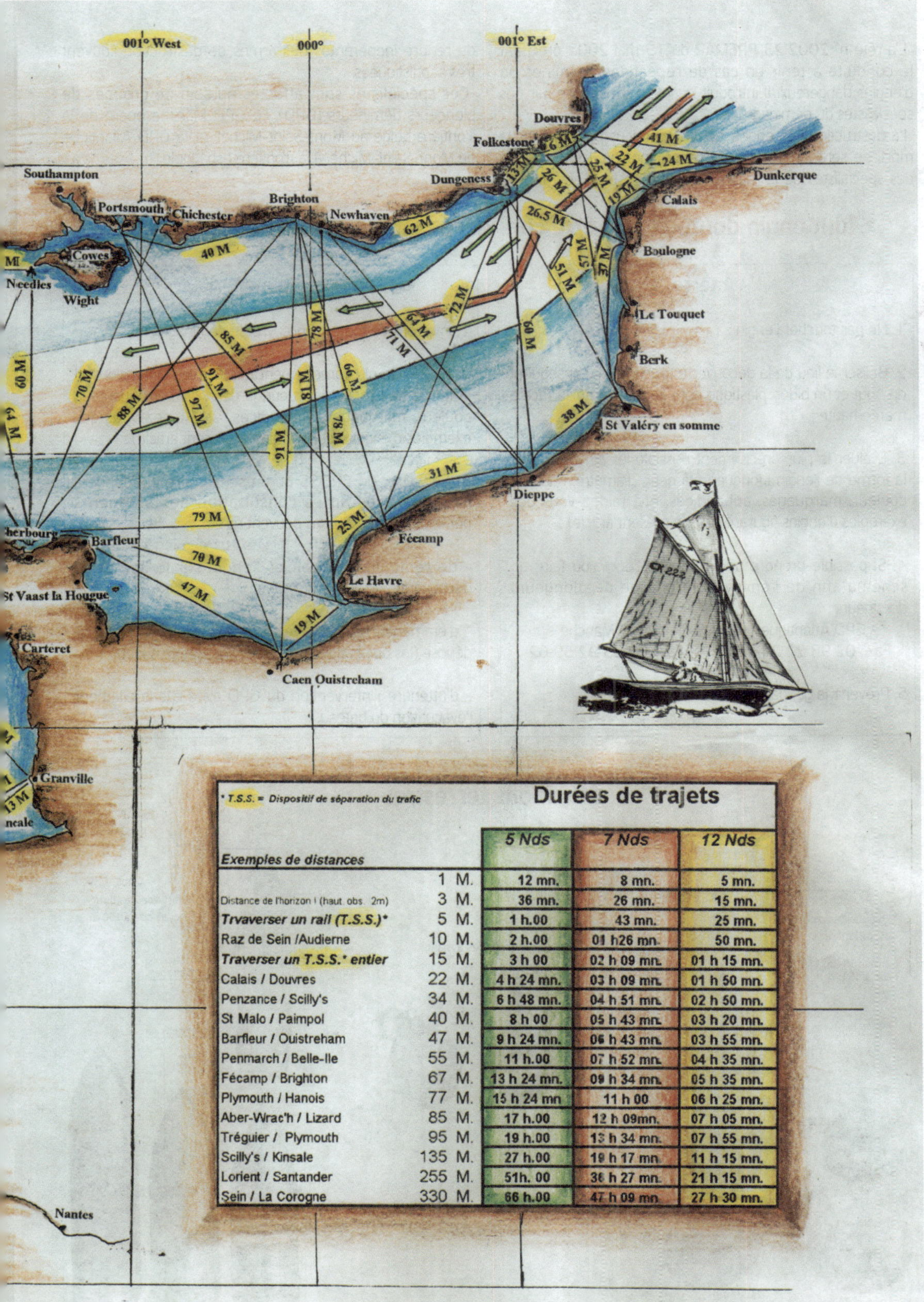

* T.S.S. = Dispositif de séparation du trafic

Durées de trajets

Exemples de distances		5 Nds	7 Nds	12 Nds
	1 M.	12 mn.	8 mn.	5 mn.
Distance de l'horizon ! (haut. obs. 2m)	3 M.	36 mn.	26 mn.	15 mn.
Trvaverser un rail (T.S.S.)*	5 M.	1 h.00	43 mn.	25 mn.
Raz de Sein /Audierne	10 M.	2 h.00	01 h26 mn.	50 mn.
Traverser un T.S.S.* entier	15 M.	3 h 00	02 h 09 mn.	01 h 15 mn.
Calais / Douvres	22 M.	4 h 24 mn.	03 h 09 mn.	01 h 50 mn.
Penzance / Scilly's	34 M.	6 h 48 mn.	04 h 51 mn.	02 h 50 mn.
St Malo / Paimpol	40 M.	8 h 00	05 h 43 mn.	03 h 20 mn.
Barfleur / Ouistreham	47 M.	9 h 24 mn.	06 h 43 mn.	03 h 55 mn.
Penmarch / Belle-Ile	55 M.	11 h.00	07 h 52 mn.	04 h 35 mn.
Fécamp / Brighton	67 M.	13 h 24 mn.	09 h 34 mn.	05 h 35 mn.
Plymouth / Hanois	77 M.	15 h 24 mn	11 h 00	06 h 25 mn.
Aber-Wrac'h / Lizard	85 M.	17 h.00	12 h 09mn.	07 h 05 mn.
Tréguier / Plymouth	95 M.	19 h.00	13 h 34 mn.	07 h 55 mn.
Scilly's / Kinsale	135 M.	27 h.00	19 h 17 mn.	11 h 15 mn.
Lorient / Santander	255 M.	51h. 00	36 h 27 mn.	21 h 15 mn.
Sein / La Corogne	330 M.	66 h.00	47 h 09 mn.	27 h 30 mn.

Conduite à tenir en cas de découverte d'un engin de guerre jusqu'à la laisse de haute mer

L'arrêté n° 2002/23 PREMAR du 15 mai 2002 précisant la conduite à tenir en cas de repêchage de mines ou d'engins dangereux. Il introduit la notion d'expertise par des spécialistes du déminage.

La destruction des engins explosifs, conçus pour donner la mort, ne sera jamais une opération anodine. L'intervention des spécialistes de la marine nationale reste le seul moyen de rendre inopérantes des armes de destruction souvent très sophistiquées.

Ces spécialistes sont affectés au sein de groupes de plongeurs démineurs (GPD). Le GPD Manche opère de la frontière belge au Mont-Saint-Michel, et le GPD Atlantique du Mont-Saint-Michel à la frontière espagnole.

Tout engin douteux doit être considéré comme suspect et dangereux

À terre

1. Ne pas toucher l'engin ;

2. Baliser le lieu de la découverte avec un lest conséquent du bout et un bidon plastique pour le repérer en surface à marée haute ;

3. Évaluer le plus précisément possible les dimensions et la forme de l'engin : longueur, largeur, diamètre, hauteur, couleur, marquages, appendices, etc. (aidez-vous des exemples d'engins figurant dans le présent article) ;

4. Si possible prendre une photo de l'engin ou faire un schéma afin de l'envoyer au groupe de plongeurs démineurs ;

GPD Atlantique — Fax : 02 98 22 24 47

GPD Manche — Fax : 02 33 92 59 62

5. Prévenir la gendarmerie.

En mer

1. Interrompre toute manœuvre de déminage ;

2. Évaluer le plus précisément possible les dimensions et la forme de l'engin : longueur, largeur, diamètre, hauteur, couleur, marquages, appendices, etc. (aidez-vous des exemples d'engins figurant dans le présent article) ;

3. Contacter un CROSS ou un sémaphore qui donnera des directives après consultation des plongeurs démineurs. Les solutions peuvent être :

- de remouiller et baliser l'engin sur le lieu de la découverte

- d'emmener, remouiller et baliser l'engin à un point de dépose (les points de dépose sont précisés plus loin)

- d'attendre l'intervention du GPD avec éventuellement l'évacuation du bateau.

Munitions terrestres

Grenades à main

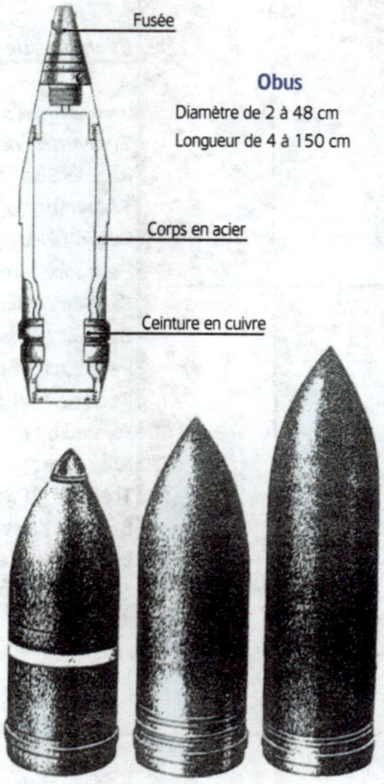

Grenades à fusil

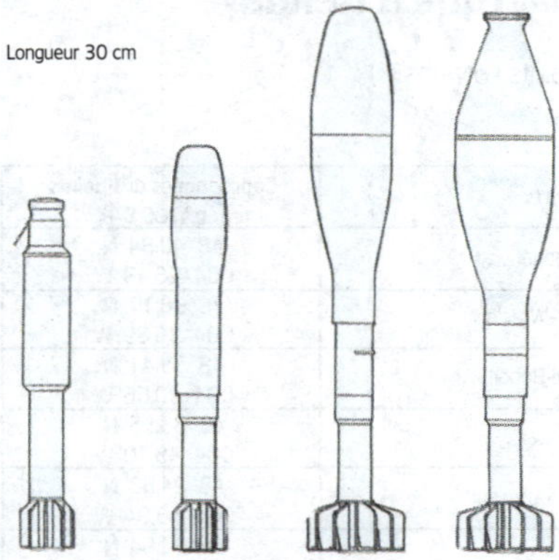

Grenade à manche

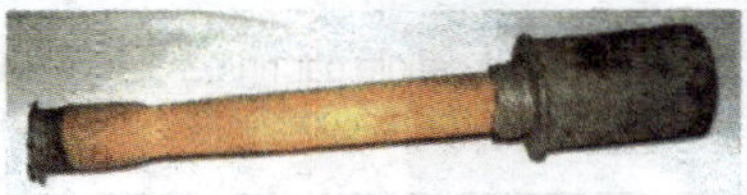

Bombe d'emploi général

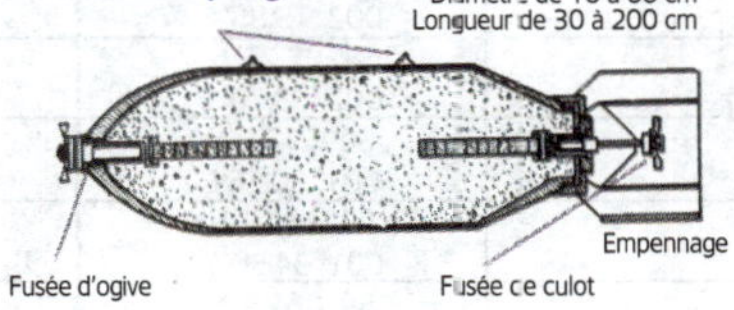

Grenades à main

Projectiles de mortier

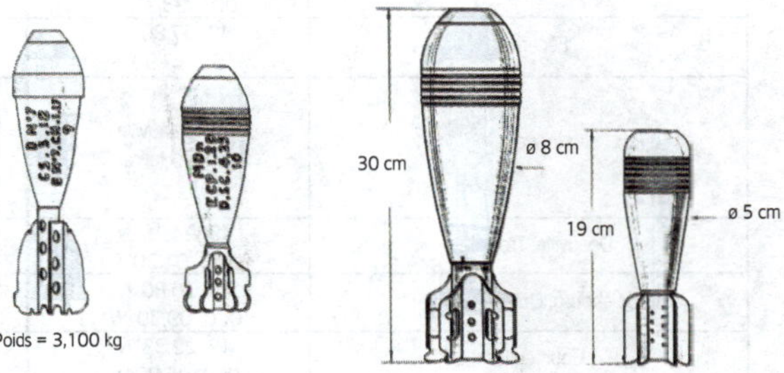

Poids = 3,100 kg

Munitions sous-marines

Marqueurs automatiques

Mine allemande type G.G.

(magnétique ou acoustique)

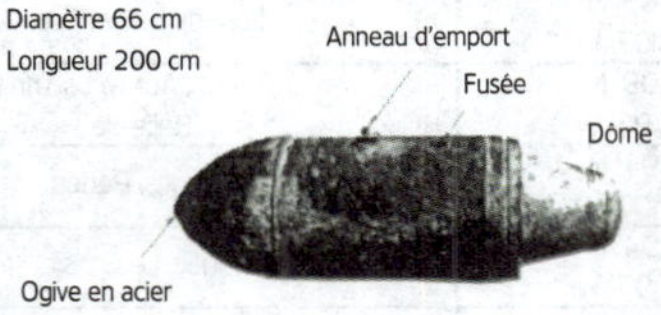

Flotteur de mine à orin

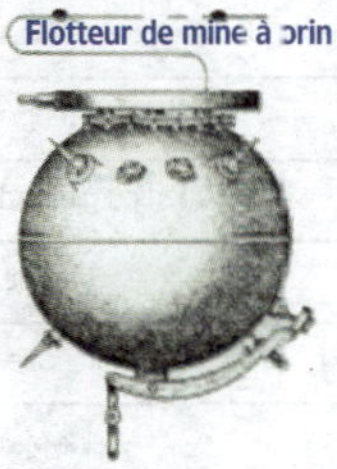

Diamètre maximum 120 cm

Mine de fond

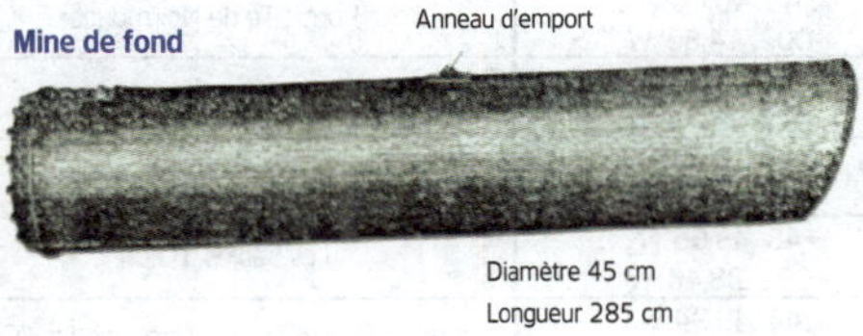

Mortier sous-marin

Diamètre 20 cm
Hauteur 90 cm

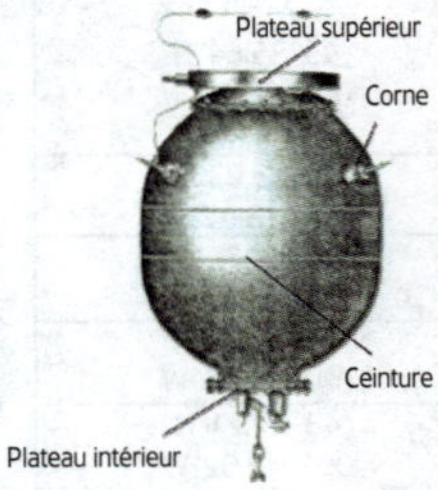

Roquette anti sous-marin

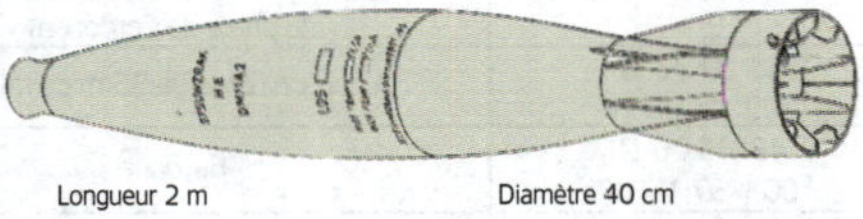

Grenade sous-marine

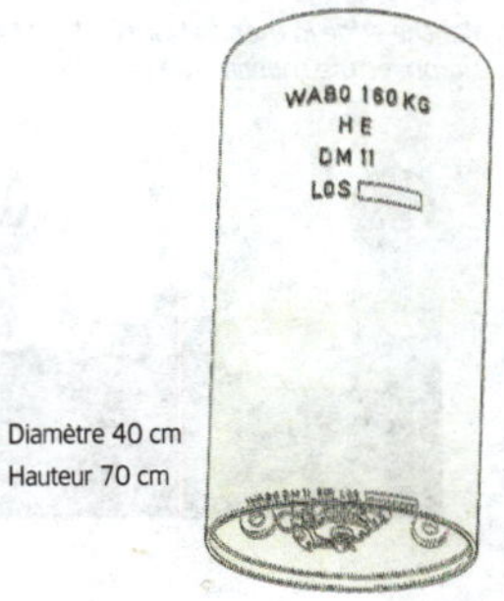

Grenade sous-marine

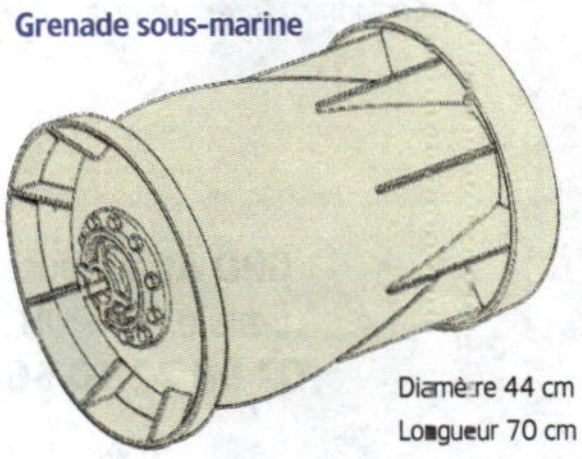

Torpille

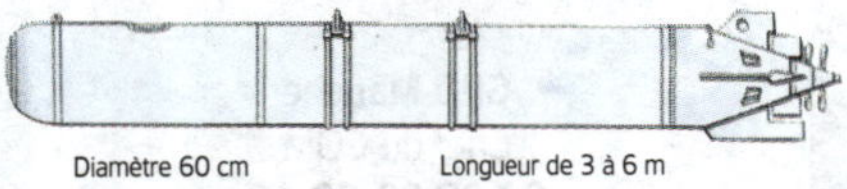

Zone de dépôt d'engins explosifs de Dunkerque à Hendaye

Chaque zone est définie par un cercle de 200 mètres de rayon centré sur les points suivants (*) :
(*) sauf Camaret et Arcachon

Ports	Coordonnées des points en WGS 84	Ports	Coordonnées des points en WGS 84
Dunkerque	51° 05,65' N 002° 19,85' E	Kerlouan	48° 40,84' N 004° 26,43' W
Gravelines	51° 02,25' N 002° 03,70' E	L'Aber-Wrac'h	48° 38,17' N 004° 36,89' W
Calais	50° 59,75' N 001° 50,56 E	L'Aber-Benoit	48° 35,41' N 004° 40,66' W
Boulogne	50° 46,10' N 001° 34,50' E	Portsall	48° 33,55' N 004° 45,70' W
Le Tréport	50° 06,75' N 002° 03,70' E	Molène, Ouessant	48° 24,33' N 004° 55,84' W
Dieppe	51° 02,25' N 001° 23,25' E	Le Conquet	48° 22,64' N 004° 47,71' W
Fécamp	49° 57,80' N 001° 17,90' E	Brest	48° 21,24' N 004° 27,68' W
Honfleur	Voir Deauville ou Le Havre	Camaret-sur-Mer (Bande de 500 m de large longeant la côte de la presqu'île de Quelern entre la pointe des Capucins et la pointe du Diable)	48° 18,99' N — 004° 34,94' W 48° 18,89' N — 004° 35,30' W 48° 18,39' N — 004° 34,99' W 48° 18,49' N — 004° 34,63' W
Deauville, Trouville	49° 24,75' N 000° 01,20' E	Anse de Dinan	48° 14,51' N 004° 35,39' W
Cabourg, Ouistreham	49° 20,80' N 000° 09,30' W	Morgat, Douarnenez	48° 10,97' N 004° 21,0.7' W
Courseulles	49° 22,33' N 000° 26,90 W	Île de Sein	48° 02,98' N 004° 50,24' W
Port-en-Bessin	49° 22,84' N 000° 45,80' W	Audierne	47° 59,06' N 004° 32,06' W
Grandcamp	49° 25,40' N 001° 02,60' W	Le Guilvinec	47° 45,36' N 004° 16,29' W
Barfleur, Saint-Vaast-la-Hougue	49° 34,14' N 001° 12,80' W	Concarneau	47° 47,34' N 003° 53,18' W
Cherbourg (engins lourds)	49° 41,65' N 001° 38,07' W	Lorient, Étel et Groix	47° 38,04' N 003° 23,08' W
Cherbourg (engins légers)	49° 40,09' N 001° 36,96' W	Quiberon, Auray, La Trinité, Belle-Île	47° 21,98' N 003° 01,20' W
Granville	48° 48,91' N 001° 37,07' W	Vannes, Penerf	47° 27,72' N 002° 43,79' W
Cancale	48° 42,94' N 001° 47,97' W	Piriac, Le Croisic	47° 19,70' N 003° 32,68' W
Saint-Malo	48° 42,52' N 001° 58,81' W	Saint-Nazaire	47° 10,13' N 002° 16,93' W
Saint-Jacut, Saint-Cast	48° 40,48' N 002° 14,86' W	Pornic, île de Noirmoutier	47° 03 ,84' N 002° 08,26' W
Cap Fréhel	48° 39,81' N 002° 24,54' W	Île d'Yeu	46° 42,47' N 002° 12,99' W
Erquy, Saint-Brieuc	48° 38,79' N 002° 36,06' W	Saint-Gilles-Croix-de-Vie	46° 40,64' N 001° 59,58' W
Saint-Quay-Portrieux	48° 43,66' N 002° 38,46' W	Les Sables d'Olonne	46° 31,23' N 001° 51,47' W
Paimpol	48° 49,94' N 002° 50,08' W	La Rochelle, La Pallice, Marennes, Île d'Oléron	45° 54,24' N 001° 08,93' W
Tréguier	48° 54,24' N 003° 08,93' W	Marennes, Bordeaux (Zone de 200 m de rayon centrée sur un point situé à 6 400 m dans le 082° du phare de Cordouan)	45° 35,64' N 001° 05,48' W
Perros-Guirec	48° 51,33' N 003° 24,06' W	Arcachon (Zone de 35 m de rayon)	44° 35,93' N 001° 13,27' W
Lannion	48° 45,06' N 003° 37,18' W	Bayonne	43° 33,75' N 001° 31,52' W
Morlaix, Carantec et Roscoff	48° 44,08' N 003° 55,06' W	Biarritz, Saint-Jean-de-Luz	43° 27,38' N 001° 36,92' W
Île de Batz	48° 45,27' N 004° 03,28' W	Saint-Jean-de-Luz, Hendaye	43° 24,21' N 001° 43,52' W

Conforme à l'arrêté de la préfecture maritime de la Manche et de la mer du Nord n° 13/89 du 11 juillet 1989 à jour des corrections n° 18/89 et 29/91.
Conforme à l'arrêté de la préfecture maritime de l'Atlantique n° 2002/23 du 15 mai 2002.

GPD Atlantique
Cellule SERPUB
02 98 22 10 56

GPD Manche
Chef du COM
02 98 92 60 40

Navigation astronomique

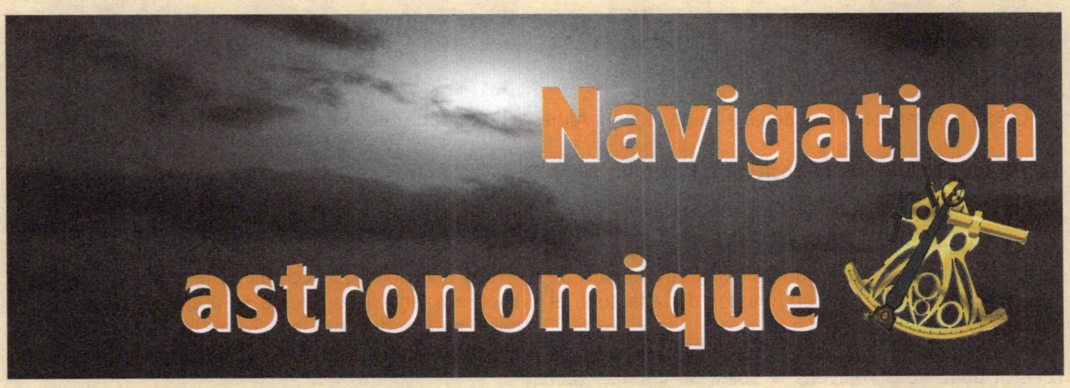

Photo : Claude Fons

La navigation astronomique suppose quelques rudiments de connaissances en cosmographie ainsi qu'une pratique familière des tables. Les calculatrices scientifiques, voire programmables, facilitent notablement les calculs.

Ceux qui suivent sont réalisables à l'aide du seul Almanach du Marin Breton :

a) Calcul simplifié de la position à l'aide du soleil et de la méridienne

b) Variation au lever et au coucher vrai du soleil
Une table donne l'amplitude du soleil au moment de son lever ou coucher vrai en fonction de la latitude et de la déclinaison.
Avec l'amplitude nous obtenons le relèvement vrai (Zv). Si donc nous relevons le soleil au compas (Zc) au moment de son lever ou coucher vrai, nous obtenons une variation.

c) Heure approximative du lever ou du coucher vrai du soleil
Nous précisons que ce calcul ne sert qu'à dégrossir l'heure à laquelle on devra se préparer à observer le soleil en vue d'obtenir son Zc au moment du lever ou du coucher vrai.

Institut de mécanique céleste et de calcul des éphémérides
MINITEL : 3616 code BDL (Bureau des Longitudes)
Internet : http : //www.imcce.fr

Dans ce service du Bureau des Longitudes, organisme officiel chargé d'élaborer les éphémérides astronomiques, vous trouverez :

- Calendriers et fêtes
- Éphémérides astronomiques
- Planètes et satellites (positions et phénomènes)
- Changements d'heure
- Date des saisons
- Phases de la Lune
- Levers et couchers de Soleil et de Lune n'importe où et à n'importe quelle date
- Éclipses de Lune et de Soleil

Phases de la Lune 2004 (UTC)

JANVIER					
PL	le	7	à	15 h 40	○
DQ	le	15	à	04 h 46	◗
NL	le	21	à	21 h 05	●
PQ	le	29	à	06 h 03	◖
FÉVRIER					
PL	le	6	à	08 h 47	○
DQ	le	13	à	13 h 40	◗
NL	le	20	à	09 h 18	●
PQ	le	28	à	03 h 24	◖
MARS					
PL	le	6	à	23 h 14	○
DQ	le	13	à	21 h 01	◗
NL	le	20	à	22 h 41	●
PQ	le	28	à	23 h 48	◖
AVRIL					
PL	le	5	à	11 h 03	○
DQ	le	12	à	03 h 46	◗
NL	le	19	à	13 h 21	●
PQ	le	27	à	17 h 32	◖
MAI					
PL	le	4	à	20 h 33	○
DQ	le	11	à	11 h 04	◗
NL	le	19	à	04 h 52	●
PQ	le	27	à	07 h 57	◖
JUIN					
PL	le	3	à	04 h 20	○
DQ	le	9	à	20 h 02	◗
NL	le	17	à	20 h 27	●
PQ	le	25	à	19 h 08	◖

JUILLET					
PL	le	2	à	11 h 09	○
DQ	le	9	à	07 h 34	◗
NL	le	17	à	11 h 24	●
PQ	le	25	à	03 h 37	◖
PL	le	31	à	18 h 05	○
AOÛT					
DQ	le	7	à	22 h 01	◗
NL	le	16	à	01 h 24	●
PQ	le	23	à	10 h 12	◖
PL	le	30	à	02 h 22	○
SEPTEMBRE					
DQ	le	6	à	15 h 11	◗
NL	le	14	à	14 h 29	●
PQ	le	21	à	15 h 54	◖
PL	le	28	à	13 h 09	○
OCTOBRE					
DQ	le	6	à	10 h 12	◗
NL	le	14	à	02 h 48	●
PQ	le	20	à	21 h 59	◖
PL	le	28	à	03 h 07	○
NOVEMBRE					
DQ	le	5	à	05 h 53	◗
NL	le	12	à	14 h 27	●
PQ	le	19	à	05 h 50	◖
PL	le	26	à	20 h 07	○
DÉCEMBRE					
DQ	le	5	à	00 h 53	◗
NL	le	12	à	01 h 29	●
PQ	le	18	à	16 h 40	◖
PL	le	26	à	15 h 06	○

Abrégé de navigation astronomique

On sait situer Brest, Strasbourg, Biarritz, Marseille, etc. en azimut et distance par rapport à Paris.
Inversement, situer Paris par rapport à chacune de ces villes procède de la même démarche...
Ceci étant bien compris et admis, alors vous n'aurez aucune difficulté à saisir ce qui suit, ce sont les mêmes principes simples qu'on utilise !!!

Maintenant, embarquons et quittons un port (point localisé très précisément).
À la vitesse « v », durant un temps « t », on aura parcouru une certaine distance.

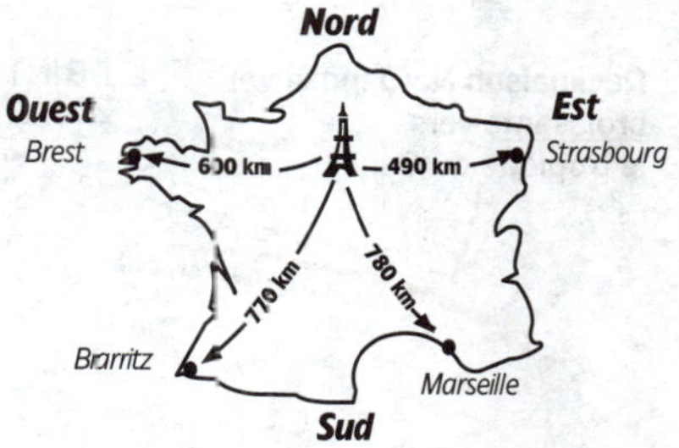

On peut donc se localiser **« très probablement !!! »**
Ce qui définit la **position estimée.**

Mais en est-on si sûr ?

On peut s'en remettre au Ciel pour conforter notre conviction...

Justement ! profitons-en pour observer le Soleil (ou tout autre astre d'ailleurs...).

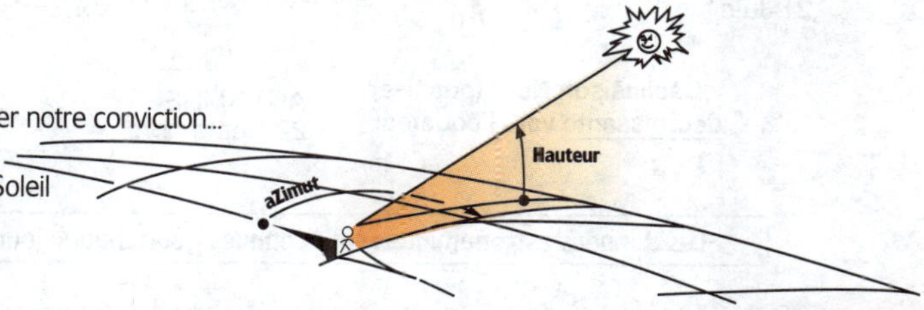

Ce sera à un **instant** bien **précis**, à une certaine **hauteur au-dessus de l'horizon** et dans une **direction** bien **déterminée**..

Et au même instant, le Soleil ne pourrait voir que nous - et nous seuls - **dans telle direction**, à **telle distance**.
Isolée dans le système (Soleil-Terre), cette relation est donc **vraie**, **absolue** et **unique**, mais **instantanée**.
Un seul lieu et **un** seul instant... la Terre tourne sur elle-même au rythme de 15° (environ) par heure, ou encore 1 minute d'arc toutes les 4 secondes - ça va donc plutôt... vite !!!

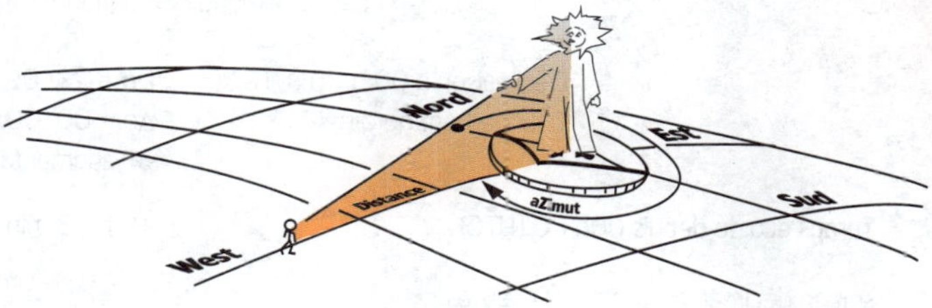

Navigation astronomique

A - Latitude - Déclinaison

Au-delà de la mesure de sa hauteur au-dessus de l'horizon, utiliser le Soleil lui-même n'est pas toujours très facile, il est bien plus pratique d'utiliser son pied P à la surface de la Terre - ce qui présente l'avantage supplémentaire de limiter nos spéculations à la seule sphère terrestre, et d'y appliquer les principes de la trigonométrie sphérique.

Le « Pied » du Soleil sur la Terre sera en fait le lieu où **un** rayon joignant le centre du Soleil au centre de la Terre, percera la croûte terrestre. Son positionnement se détermine par le jeu (classique et supposé connu), des relations entre équateur, méridiens et parallèles *(voir cédérom Almanach Marin Breton 2000 - n°2).*

S'agissant de sa **Latitude**, on parlera de sa **Déclinaison (D)**.

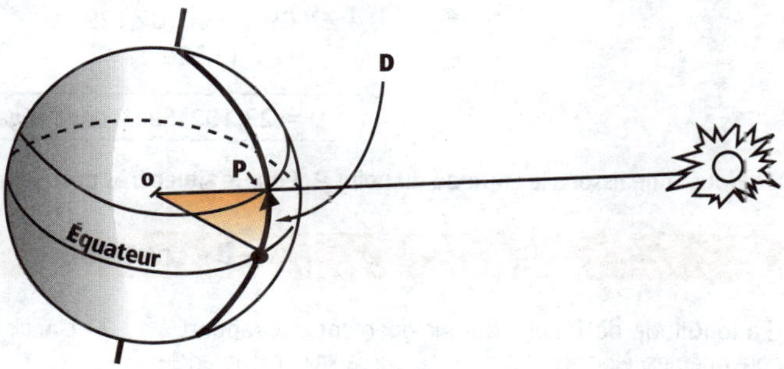

Nota *: Du jour du printemps, (où P est sur l'équateur) jusqu'au jour de l'été, P s'élève graduellement jusqu'à occuper une position maximale, correspondant au tropique du Cancer (ligne elle-même définie du fait de la rotation de la Terre) puis P redescend vers l'équateur où il se trouve le jour de l'automne. P passe alors dans l'hémisphère Sud, jusqu'à atteindre le tropique du Capricorne, le jour de l'hiver.*

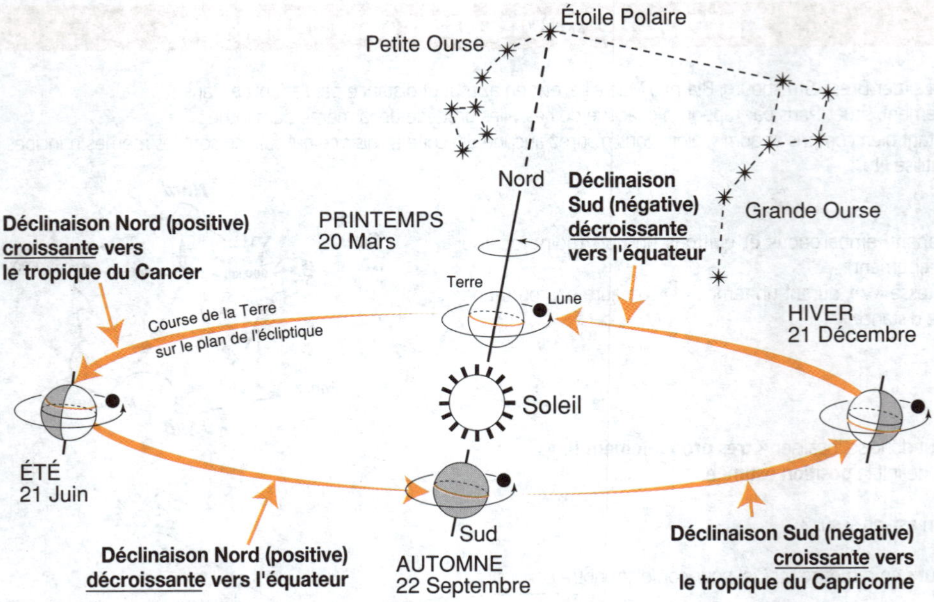

Les données astronomiques sont connues pour chaque jour et par tranche horaire.

Exemple de calcul de la Déclinaison :
Le 13 décembre 2004 à 10 h 38 min 43 s en route des Sables d'Olonne à Gijón en Espagne

Les éphémérides indiquent :

	Déclinaison à 00 h 00 (UTC)	Do = 23° 09,4' Sud
	Changement horaire	Δo = 00° 00,2' /h vers le tropique du Capricorne ➚ augmentation
Temps écoulé depuis 00h 00 (UTC)		10 h 38 min 43 s
soit en décimal :	10 heures	10 h
	+ 38/60 èmes d'heure	+ 0,6333 h
	+ 43/3600 èmes d'heure	+ 0,0119 h
	Total :	10,6453 heures
Changement en 10,645 h		0,2' x 10,645 = 2,129'
Déclinaison à 10 h 38 min 43 s		

D = Do + Δo
D = 23° 09,4' + 00° 02,129'
= 23° 11,529'

(**augmente**, parce que P descend vers le tropique du Capricorne)

D = 23,192° Sud... donc négative

☞ **Nous connaissons la Latitude du point P. Pour le situer très précisément, il ne nous manque que sa lonGitude !**

B - LonGitude

La lon**G**itude de P sera son éloignement par rapport à nous-mêmes, éloignement exprimé par la valeur d'un angle dépendant de la vitesse de rotation de la Terre sur elle-même, ce qui nous amènera dans chaque énoncé à parler d'**A**ngle **H**oraire (*voir cédérom Almanach Marin Breton 2000 - n°2*).

1 - L'**A**ngle **H**oraire de P à 00 h 00 ➡ c'est **AHvO**
(angle donné par les éphémérides par rapport à Greenwich)

2 - L'**A**ngle **H**oraire de P à l'instant envisagé ➡ c'est **AHvP**

3 - L'**A**ngle **H**oraire de P par rapport à notre position estimée ➡ c'est **AHvG**

(idem, mais selon les variations horaires du jour)
*(où **G** est l'évocation de notre lon**G**itude estimée)*
*(bien noter que **si** la lon**G**itude estimée est **Ouest**, alors on la retranche de **AHvP**)*

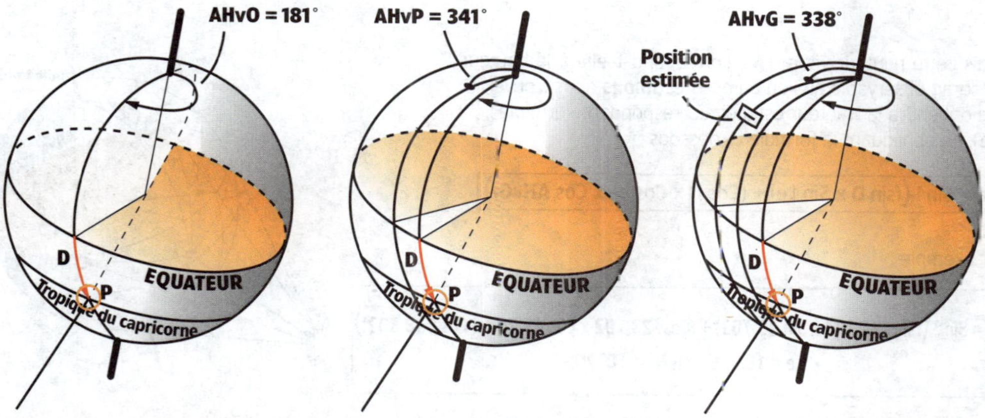

C - Angle Horaire

- Date : 13 décembre 2004
- Instant : 10 h 38 min 43 s soit 10,645 h
- **L**atitude **e**stimée (**Le**) : 45° 42,2' N 45,703° N
- Lon**G**itude **e**stimée (**Ge**) : 002° 47,1' W 002,785° W

L'**A**ngle **H**oraire à 00h00 UTC du méridien de Greenwich par rapport à P est :

AHv0 = 181° 27,9', soit en décimal : 181,465°

La vitesse angulaire horaire ***v*** est de 14,995°.

L'angle horaire du méridien de Greenwich (**AHvP**), devient alors :

181,465° + (14,995° x 10,645) = 341,0868°

AHvP = 341,087°

Et par suite, l'angle horaire que fait le méridien où nous estimons nous trouver (AHvG) sera :

341,087° - 002,785° soit **AHvG = 338,302°**

D - Hauteur de l'astre (Soleil)

Nous allons la mesurer à l'aide du sextant qui devra être réglé aussi parfaitement que possible, et manipulé avec la plus grande délicatesse, sans crispation !!!

Cette hauteur mesurée **réellement** sera donc ... la **H**auteur **v**raie **Hv** tout simplement !!!

Hi ☉ = 18° 11,6'

Vous la rectifierez cependant de valeurs dépendant :

1) de la collimation (correction instrumentale) = + 0,1'
2) de la hauteur de l'œil (2 m) pour une hauteur observée de 18° = + 10,7'
3) du calendrier pour le mois de décembre = + 0 3''

Hv = 18° 22,7'

Attention ! Sous 20° les observations peuvent être incertaines du fait de réfractions irrégulières.

Cette hauteur est nulle au lever du Soleil - il est sur l'horizon ! - nous nous trouvons sur le **cercle d'illumination** faisant la limite entre le jour et la nuit.

Cette notion de **cercle** est réellement fondamentale, car si dans le cas présent, il est bien **réel**, on peut, de manière similaire, imaginer des **cercles fictifs** d'où le Soleil serait observable sous un angle (hauteur d'observation) constant, ceci de différents lieux, dont un en particulier,...le **nôtre** !!!

Un ensemble de lieux d'observation constitue donc un **cercle** (grand !) dont on peut **localement** considérer qu'il est fait d'une ligne... **droite**.

Cette acception est aussi celle qui permet la compréhension de l'appellation de **droite de hauteur** (de... l'observation).

En fait, c'est la tangente au cercle sur lequel on se trouve !

Mais cette hauteur vraie (Hv), correspond-t-elle à la hauteur qui serait observable au lieu où nous **estimons** nous trouver ? On obtiendra la **H**auteur **e**stimée correspondante du Soleil, (He), en appliquant la formule ci-dessous :

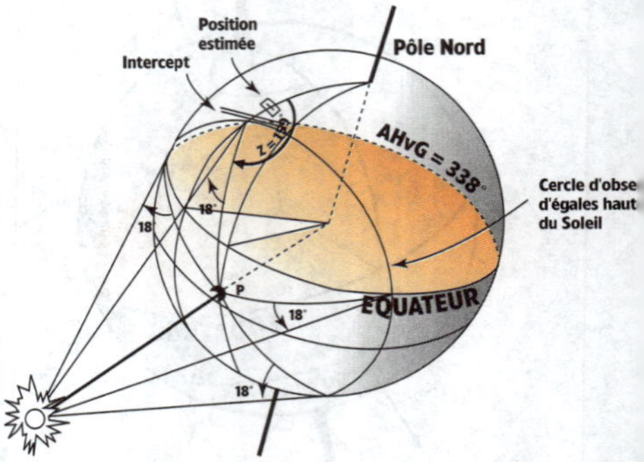

He = Sin⁻¹ ((sin D x Sin Le) + (Cos D x Cos Le x Cos AHvG))

Par exemple :

He = Sin⁻¹ ((Sin -23,192 x Sin 45,703) + (Cos -23,192 x Cos 45,703 x Cos 338,302))
He = 18,336° soit He = 18° 20,2'

Notons bien :

1) qu'il est tout à fait commun qu'il y ait une différence entre Hauteur estimée et Hauteur vraie,

2) que si la Hauteur vraie (Hv) est plus grande que la Hauteur estimée (He), nous serions plus près du Soleil que nous ne le pensions !

Plus on se rapproche du Soleil, plus sa hauteur d'observation (l'angle au-dessus de l'horizon) grandit.

Il faudra alors déplacer notre position estimée afin d'observer le Soleil sous le « bon » angle, c'est-à-dire nous rapprocher ou nous éloigner de P.

Ceci constitue **l'intercept**.

C'est la conversion des minutes d'angle (différence entre He et Hv) en minutes d'arc à la surface de la Terre, c'est-à-dire en... **milles** marins !

En l'occurence : **Hv - He = 18° 22,7' - 18° 20,2' = 2,5 milles** (vers le Soleil parce que Hv > He)

L'angle mesuré est plus grand que la hauteur estimée. On doit donc se rapprocher du Soleil de 2,5 milles.

Mais plus précisément, dans quelle **direction** ?
Celle du Soleil (ou de l'astre utilisé) bien sûr !

On pourrait la relever à l'aide du compas, mais comme ce n'est pas très facile, alors on procède (encore !) par le calcul. C'est **l'aZimut** défini par la formule ci-après :

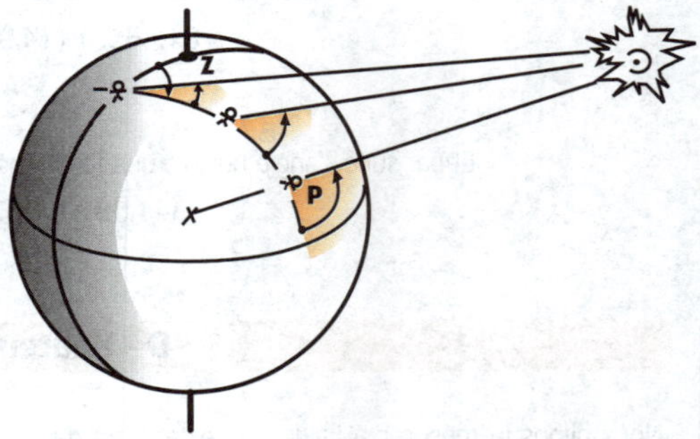

Z = Cos⁻¹ ((sin D - (Sin Le x Sin He)) ÷ (Cos Le x Cos He))

Par exemple :

Z = Cos⁻¹ ((Sin -23,192 - (Sin 45,703 x Sin 18,336)) ÷ (Cos 45,703 x Cos 18,336))

Z = 159°

Dans les 2 formules, **D** est la déclinaison et **Le** la **L**atitude **e**stimée à l'instant de l'observation.

Nota : effectuer tous les calculs avec 3 voire 4 décimales au moins *(en effet la Terre tourne sur elle-même à raison d'une minute d'arc toutes les 4 secondes - or 4 secondes c'est 4/3 600e d'heure soit 0,00111... heure ! ➡ tout défaut à ce niveau multiplié par telle valeur, multiplie finalement le nombre de... milles d'incertitude de positionnement).*

E - Méridienne

Il s'agit ici d'exploiter le cas particulier où on se trouve sur le méridien P (il est alors midi vrai solaire **local**).

Pour l'observateur, c'est l'instant qui correspond au point le plus haut de la course apparente du Soleil.

Il est difficile d'observer visuellement ce fait, on va donc exploiter l'état créé par des situations semblables, à savoir des hauteurs identiques du Soleil, et faire les moyennes des instants où ils se produisent.

Ceci est assez facile à réaliser, les courses ascendante et descendante du Soleil étant aisément observables.

Nota : *Il faut, autant que possible, utiliser une montre précise, les réglages s'opérant à partir des « tops » horaires fournis par les stations de radio telles que Radio France Internationale, France Inter, BBC Radio 4, BBC World Service, etc.*

La précision est requise, tout simplement, parce que la Terre tourne à raison d'une minute d'arc toutes les 4 secondes !!!

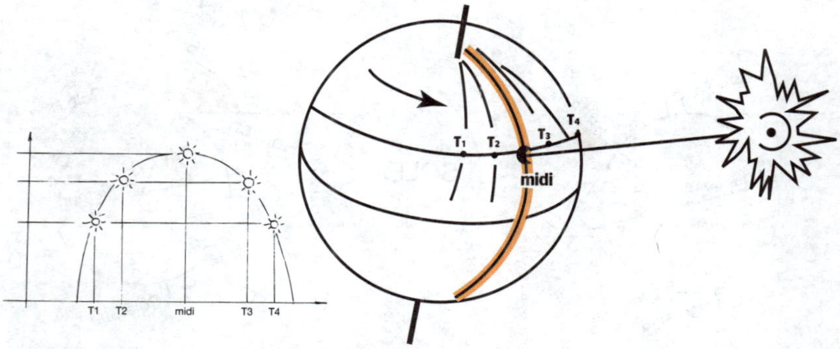

1 - Déclinaison

Le 14 décembre 2004, toujours en route vers Gijón (Espagne).
On suppose que l'instant défini par les calculs est 12 h 14 min 11 s (soit 12,236 h) et que la hauteur du bord inférieur du Soleil soit Hi ☉ = 22° 24,1′.
Supposons que notre altitude au-dessus de l'eau soit de 2 m, la correction instrumentale est donc de + 0,1′.

L'ensemble des corrections à apporter sera donc :

• correction instrumentale :	+ 00° 00,1′
• 1/2 diamètre du Soleil combiné avec l'élévation de l'opérateur et la valeur d'observation de la hauteur du Soleil (voir table des corrections des hauteurs observées du Soleil) :	– 00° 11,3′
• correction calendaire (décembre)	+ 00° 00,3′
soit au total :	**+ 00° 11,7′**

Ce qui définit la Hauteur vraie du Soleil :
Hv = 22° 24,1′ + 00° 11,7′ = 22° 35,8′

La déclinaison du Soleil à cette heure (12 h 14 min 11 s) sera donc :
Do = 23° 13,1′ S, laquelle croît (vers le tropique du Capricorne) de 00° 00,1′ par heure
ΔD = 00° 00,1′ x 12,236 h = 00° 01,2′
D = 23° 13,1′ S + 00° 01,2′ = 23° 14,3′ S

2 - Distance zénithale

Observons les figures ci-dessous :

Il faut comprendre cette situation en admettant, ce qui est quasiment vrai (!), que les rayons du Soleil arrivent sur la Terre, tous parallèles les uns aux autres.

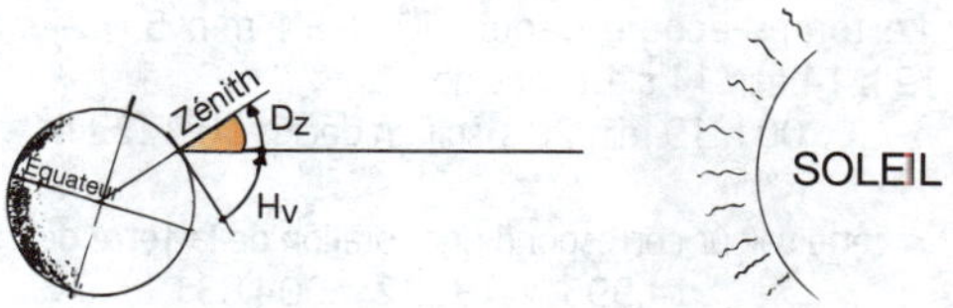

À l'échelle de notre imagination, le Soleil serait un ballon de 1,10 m de diamètre distant de 117 m d'une bille de 1 cm de diamètre qui serait... la Terre.

La distance zénithale **Dz** est la valeur de l'angle complémentaire (à 90°) de la Hauteur vraie du Soleil.

Ainsi dans notre exemple, la distance zénithale =
Dz = 90° - Hv = 90° - 22° 35,8′ = 67° 24,2′.

Cet angle a la même valeur que l'angle formé par la direction de l'axe "Terre/Soleil", passant par P, **et** la verticale du lieu où on se trouve ("pénétration" de la direction Zénithale jusqu'au centre de la Terre).

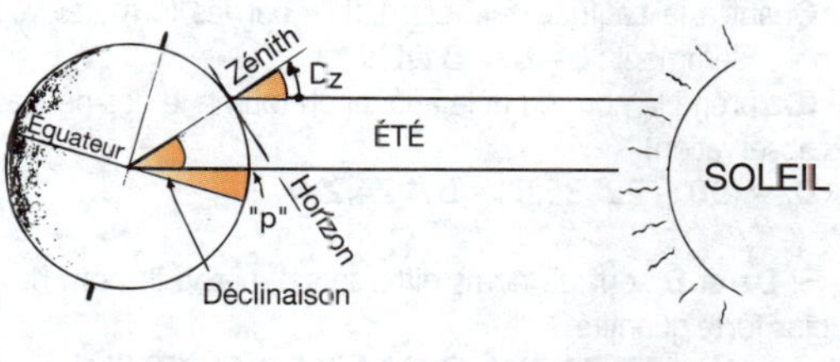

Il devient alors très visible que la Latitude du lieu où on se trouve est composée de la combinaison de la **D**éclinaison du Soleil **et** de l'angle équivalent à la **D**istance **z**énithale.

• en **été**, on les ajoute	L = Dz + D
• en **hiver**, on ôte D de Dz	L = Dz – D

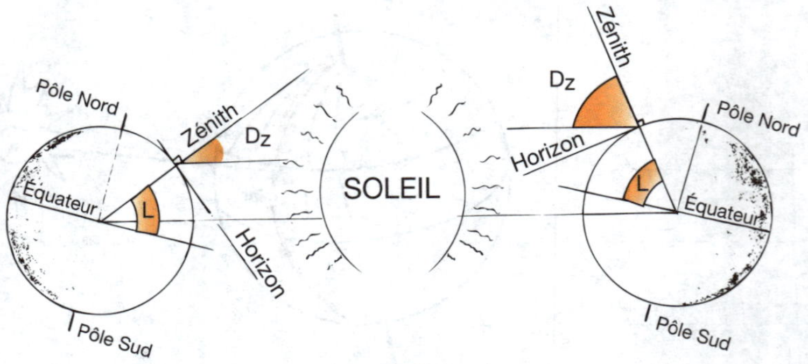

Attention !
Cas particulier où l'on se trouve entre l'équateur et la latitude de P (déclinaison) :

L = D - Dz

(voir schéma ci-contre)

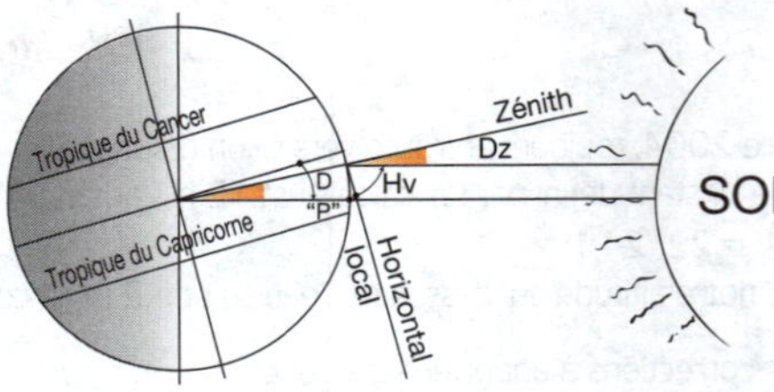

3 - Le point à la méridienne

A - LonGitude
Ici encore, la manipulation est simple.

Elle consiste à faire correspondre la vitesse de rotation de la Terre sur elle-même, avec le temps qui s'est écoulé depuis le passage du point P sur le méridien de Greenwich.
Cet instant est connu pour chaque jour de l'année.

Le 14 décembre 2004, ce sera à 11 h 54 min 51 s.

Nota : ceci figure dans les éphémérides sous la désignation "Temps de Passage". Il est plus rigoureux de dire, sinon de penser, à "l'instant" de passage.

Le temps écoulé depuis 11 h 54 min 51 s jusqu'à 12 h 14 min 11 s est donc de :
00 h 19 min 20 s, soit en décimal 0,3222 h.

À cette valeur correspond une rotation de la Terre de
14,995° x 0,3222 = 004,831°
soit en clair 004° 49,9' ce qui est notre... lon**G**itude

G = 004° 49,9' W

B - Latitude
Quant à la **L**atitude, elle est définie par les formules vues précédemment : **L = Dz - D en hiver**
(**Dz** prend le nom du pôle auquel on tourne le dos pendant l'observation)
Dz = (90° - 22° 35,8') = 67° 24,2' N

Si **Dz** et **D** sont de noms différents, L prend le nom de la plus forte quantité.
L = 67° 24,2' N - 23° 14,3' S = 44° 09,9' N

La position définie à la méridienne est donc :

L = 44° 09,9' N - G = 004° 49,9' W

Annexe
Si nous considérons la figure ci-dessous, il est très visible que l'angle d'observation de la hauteur du Soleil, est plus grand vu de « l'altitude » de l'observateur.

Il faut aussi avoir bien conscience du fait que la planète Terre est plutôt... petite !

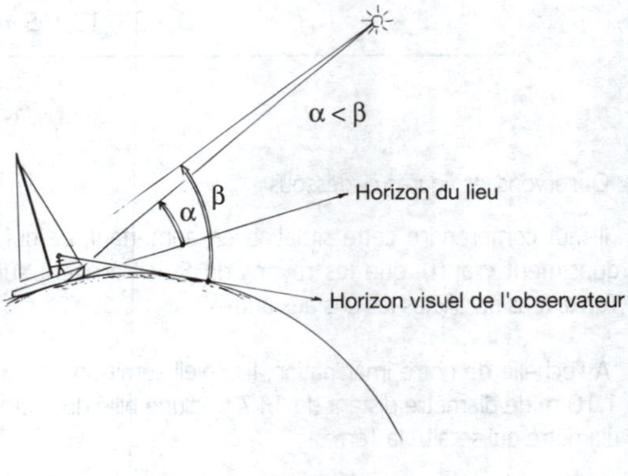

En effet, la distance à laquelle se trouve l'horizon est définie par la formule suivante :

Distance en milles = 2,1 $\sqrt{\text{altitude de l'observation}}$

Il faut en tenir compte !!!

De même, il faut tenir compte de la dimension du Soleil (énorme !) dont le diamètre observé depuis la Terre occupe un angle de 32 minutes :
➡ son centre sera donc à 16 minutes au-dessus de son bord inférieur !

Nota : toute mesure de hauteur inférieure à 20° est délicate du fait d'une réfraction irrégulière.

PROGRAMMATION POUR CALCULETTE PROGRAMMABLE TI 83 OU PLUS (VERSION DU 12/03/01)
PARTIE « ALGORITHME ASTRO »
ÉTABLIE D'APRÈS LA PUBLICATION DE YALLOP ET HOHENKERK DU ROYAL GREENWICH OBSERVATORY

(extrait de la revue P.B.O de mai 1999 par B. Holden)

Le programme suivant ne nécessite qu'une montre et un sextant ! vous pourrez vérifier les résultats. Ils seront proches de ceux produits dans les précédentes éditions de l'almanach. Cela dit, les éphémérides demeurent obligatoires en catégorie A (ou 1ère)

INSTANT DES MESURES :
transformation de l'heure sexagésimale
en heure décimale

```
: Disp « Heure GMT » : Input H
: Disp « Minutes » : Input N
: Disp « Secondes » : Input S
: H + ( N ÷ 60) + (S ÷ 3600 ) → H
```

DATE :
mécanique céleste dans le calendrier julien

```
: Disp « Jour » : Input D
: Disp « Mois » : Input M
: Disp « Année » : Input Y
: If M >2 : Then : M - 3 → M :
    Else : M + 9 →M : Y - 1→Y : End
: Int (365.25 ( Y + 4712 ) )
    + Int ( 30.6 M +.5 ) + 58.5 +D → B
: 38 - Int (.75 Int ( 49 + ( Y E-2 ) ) ) → G
: B + G → J
: J + ( H ÷ 24 ) - 2451545 → A
: A ÷ 36525 → T
: Int (.808 ( ( T-2 )²) ) E-8 → S
: T + S → R
: ( ( 280.46607 + ( 36000.7698 R )
    + ( 3025 E-7 R² ) ) ÷ 360 → K
: 360 ( K - Int ( K ) ) → L
: ( 357.528 + 35999.05035 R ) ÷ 360 → V
: 360 ( V - Int ( V ) ) → G
: 23.4393 - .013 R - 2 E-7 R² + 5 E-7 R³ → B
: (1.9146 - 484 E-5 R - 14 E-6 R²)
    ( Sin ( G ) ) → N
: ( 1999 E-5 - 8 E-5 R ) Sin ( 2 G ) → P
: N + P → C
: ( 125.045 - ( 1934.136 R ) ) ÷ 360 → V
: 360 ( V - Int ( V ) ) → E
: B + ( 26 E-4 Cos ( E ) ) → N
: ( L + C - 57 E-4 - ( 48 E-4 Sin ( E ) ) ) ÷ 360 → Q
: 360 ( Q - int ( Q ) ) → P
: Cos ( P ) → X
: Cos ( N ) - Sin ( P ) → Y
: Sin ( N ) Sin ( P ) → J
: Sin⁻¹ ( J ) → D
```

AFFICHAGE :
Angle horaire de « P »

```
: Disp « Déclinaison : » , D
: Tan⁻¹ ( Cos ( N ) Tan ( P ) ) → A
: If X < 0 : A + 180 → A
: If Y < 0 : A + 360 → A
: E2 R → I
: ( 360 ( I - Int ( I ) ) ) + ( 77 E-2 R )
    + ( 388 E-6 R² ) → K
: 100.4606 + 15 H
    - ( 48 E-4 Sin ( E ) Cos ( N ) ) - A → J
: K + J → X
: If X < 1 : X + 360 → X
: If X > 360 : X - 360 → X
: Disp « AhvP = » , X
: Pause
```

POSITION ESTIMÉE :
angle horaire du point estimé

```
Disp « Degrés de Lat. » : Input V
    ( Introduire le signe - si elle est SUD)
: Disp. « Minutes de Lat. » : Input W
    ( Introduire le signe - si elle est SUD)
: Disp « Degrés de Long. » : Input E
    ( introduire le signe « - » si elle est EST)
: Disp « Minutes de Long. » : Input F
    ( introduire le signe « - » si elle est EST)
: V + ( W ÷ 60 ) → Z
: E + ( F ÷ 60 ) → W
: X - W → Y : Disp « AhvG » , Y : Pause
```

OBSERVATIONS :
sextant

```
: Disp « Degrés du Sext. » : Input R
: Disp « Minutes du Sext. » : Input U
: Disp « Hauteur de l'œil » : Input C
: R + ( U ÷ 60 ) → A
: A - 293 E-4 √C → F
: 162 E-4 Tan ( 90 - F ) → R
: F + ( 4 ÷ 15 ) + 24 E-4 Cos ( F ) - R → U
: Sin⁻¹ ( Cos ( Y ) Cos ( Z ) Cos ( D )
    + Sin ( Z ) Sin ( D ) ) → H
: 60 ( U - H ) → I
```

Intercept :

```
: If I > 0 : Disp « Milles vers l'astre » , I
: If I < 0 : Disp « Milles en-deçà de l'Astre » , I
: Sin⁻¹ ( Sin ( Y ) Cos ( D ) ÷ Cos ( H ) ) → A
: If A < I : - A → A
: Disp « AM = 1 , PM = 2 » : Input B
: If B = 1 : Then : Goto θ : Else : Goto C
```

Azimut :

```
: Lbl θ
: 180 - A → A
: Disp « Azimut » , A ▸DMS : Pause : Goto D
: Lbl C
: 180 + A → A
: Disp « Azimut = » , A ▸DMS : Pause : Goto D
```

NOUVELLE POSITION
(AFFINÉE PAR LE « POINT ASTRO. ») :
transformation de coordonnées polaires en coordonnées rectangulaires

```
: Lbl D
: P▸Rx ( I, A ) ÷ 60 → L
: P▸Ry ( I, A) → G : G ÷ ( 60 Cos ( Z ) ) → G
: Z + L → L
: Disp « New Latitude » , L ▸DMS
: W - G → G
: Disp « New Longitude » , G ▸DMS
: Stop
```

NOTA :

Programme adaptable à d'autres machines. Mais attention ! Des résultats différents peuvent être publiés selon les processeurs utilisés.

Nous vous remercions de bien vouloir nous faire part de votre expérience et même de vos suggestions.

Guide de calculs

Droite de hauteur le : ....

Introduire les latitudes et les déclinaisons Sud comme des valeurs négatives

Hauteur du Soleil selon notre position estimée ➡ $He = Sin^{-1}$ (Sin D Sin L + Cos D Cos L Cos AHvG)

Azimut du Soleil ➡ $Z = Cos^{-1}\left(\frac{\text{Sin D - Sin L Sin He}}{\text{Cos L Cos He}}\right)$

Azimut Vrai ➡ Zv = Z le matin et (360° - Z) l'après-midi

Intercept : si Hv est plus grand que He, alors porter vers le Soleil sinon... faire l'inverse.

Position estimée

Latitude N ou S = ...° ..... ', ... soit en décimal **Le = ... °, ... N ou S**

LonGitude W ou E = ...° ..... ', ... soit en décimal **Ge = ... °, ... W ou E**

heure

Instant de la mesure .... = ... h .... min .... s

Temps écoulé depuis 00 h 00 UTC .... = ... h .... min .... s

Temps écoulé .... **= .... h .... min .... s**

Temps écoulé en décimal .... **Δt = ... h, ...**

Hauteur du soleil

Hauteur **i**nstrumentale observée au sextant .... **Hi** = ... ° .... ' ....

(bord inférieur du Soleil ☉)

Collimation (décalage de lecture sur le sextant)........................ **ϵ** = ± 0° .... ',.........

Hauteur **o**bservée du Soleil : .... **HO** = ... ° .... ',.........

Hauteur de l'observateur au-dessus de l'eau : .... m.

1ère correction :

Correction globale en fonction de la Hauteur de l'observateur, de la Hauteur observée et le demi diamètre du Soleil .... = + 0° .... ',.........

2ème correction : (calendaire) .... = ± 0° .... ',.........

Hauteur vraie .... **Hv = ... ° .... ', ...**

Déclinaison

Déclinaison à **00** h UTC .... **D0** = ... ° .... ', N ou S

D croît / décroît

et subit une variation horaire **d = . ' ,.**

(en fonction de la saison, cf. rubrique A - Latitude - Déclinaison de l'abrégé d'astro, et les éphémérides)

Variation de la **D**éclinaison

à l'instant de la mesure depuis 00 h 00 UTC :

d X Δt = 00° .... ', ... x .... h, ... = ... **ΔD** = 00° .... ', ...

Déclinaison = **D0** ± **ΔD** = ... **D** = ... ° .... ', N ou S

Déclinaison en décimal .... **D = ... ° .... ', N ou S**

...alors vous découvrirez que l'argent ne se mange pas.
(Proverbe des indiens Cree du Canada)

	Angle Horaire AHvG
AHvO à 00 h 00 UTC = ... ° ...., ... soit en décimal	**AHvO =** .... °, ...
AH subit une variation horaire **v** = ... °, ...	
Variation de **AH** à l'instant de la mesure depuis 00 h 00 UTC : **v X Δt** = ... °, ... x .... h, ...	**ΔAH =** .... °, ...
d'où AHvO + ΔAH	**AHvP =** .... °, ...
LonGitude estimée (négative si W)	**Ge =** .... °, ...
Angle Horaire (de la position estimée)	**AHvG =** .... ° .... '

Calcul de la méridienne

L = Dz + D
Distance zénithale = 90 - Hv
Dz prend le nom du pôle auquel on tourne le dos pendant l'observation.

	Latitude
Prendre la **H**auteur **v**raie du Soleil et repérer le moment du midi vrai solaire local	**Hv =** .... ° ...., ...
Calculer la **D**istance **z**énithale (90° - Hv) soit (90° - .... ° ...., ...)	**(*)Dz =** .... ° ...., ... N ou S
Calculer la **D**éclinaison du Soleil pour le midi vrai local, soit (**DO ± (v X Δt)**)	**D =** .... ° ...., ... N ou S
Latitude (Dz ± D)	**L =** .... ° .... ', ... **N ou S**
....	**LonGitude**
Noter l'instant du **« T. Pass. »** du Soleil au méridien de Greenwich	**Tp** = ... h .... min .... s
Noter l'instant du midi vrai solaire du lieu d'observation	**T. lieu** = ... h .... min .... s
Calculer l'écart de temps entre ces deux instants	**Écart T** = ... h .... min .... s
Transformer ceci en valeur angulaire	
LonGitude	**G =** .... ° .... ', ... **W / E**

(*) **Dz** est aussi désigné par **« N »**.

Éphémérides du Soleil

Janv.		Déclinaison à 00 h UTC	d	AHvO à 00 h UTC	V	UTC T. Pass.	UTC Lever	UTC Coucher
		° '	'	° '	°	h min s	h min	h min
1	J	23 04,3S		179 14,0		12 03 18	07 59	16 08
2	V	22 59,5	0,2	179 06,9		12 03 46	07 59	16 09
3	S	22 54,3		178 59,9	14,995	12 04 14	07 58	16 10
4	D	22 48,6		178 53,0		12 04 42	07 58	16 11
5	L	22 42,5		178 46,2		12 05 09	07 58	16 12
6	M	22 35,9	0,3	178 39,4		12 05 36	07 58	16 14
7	M	22 28,8		178 32,8		12 06 02	07 57	16 15
8	J	22 21,4		178 26,3		12 06 28	07 57	16 16
9	V	22 13,4		178 20,0		12 06 53	07 57	16 17
10	S	22 05,1		178 13,7		12 07 17	07 56	16 19
11	D	21 56,3	0,4	178 07,6	14,996	12 07 42	07 56	16 20
12	L	21 47,1		178 01,7		12 08 05	07 55	16 21
13	M	21 37,5		177 55,8		12 08 28	07 55	16 23
14	M	21 27,4		177 50,1		12 08 51	07 54	16 24
15	J	21 16,9		177 44,6		12 09 12	07 53	16 26
16	V	21 06,0		177 39,3		12 09 34	07 52	16 27
17	S	20 54,8	0,5	177 34,1		12 09 54	07 52	16 29
18	D	20 43,1		177 29,0		12 10 14	07 51	16 30
19	L	20 31,0		177 24,2		12 10 33	07 50	16 32
20	M	20 18,5		177 19,5	14,997	12 10 51	07 49	16 33
21	M	20 05,7		177 15,0		12 11 09	07 48	16 35
22	J	19 52,4		177 10,6		12 11 26	07 47	16 36
23	V	19 38,8		177 06,5		12 11 42	07 46	16 38
24	S	19 24,9	0,6	177 02,6		12 11 57	07 45	16 40
25	D	19 10,6		176 58,8		12 12 12	07 44	16 41
26	L	18 55,9		176 55,3		12 12 26	07 42	16 43
27	M	18 40,9		176 52,0		12 12 39	07 41	16 45
28	M	18 25,5		176 48,9	14,998	12 12 51	07 40	16 46
29	J	18 09,8		176 45,9		12 13 02	07 39	16 48
30	V	17 53,8	0,7	176 43,2		12 13 12	07 37	16 50
31	S	17 37,4S		176 40,7		12 13 22	07 36	16 51

Fév.		Déclinaison à 00 h UTC	d	AHvO à 00 h UTC	V	UTC T. Pass.	UTC Lever	UTC Coucher
		° '	'	° '	°	h min s	h min	h min
1	D	17 20,8S		176 38,4		12 13 31	07 35	16 53
2	L	17 03,8	0,7	176 36,3		12 13 39	07 33	16 55
3	M	16 46,6		176 34,5		12 13 46	07 32	16 56
4	M	16 29,0		176 32,8	14,999	12 13 52	07 30	16 58
5	J	16 11,2		176 31,3		12 13 57	07 29	17 00
6	V	15 53,1		176 30,0		12 14 02	07 27	17 02
7	S	15 34,7		176 29,0		12 14 06	07 26	17 03
8	D	15 16,1		176 28,1		12 14 09	07 24	17 05
9	L	14 57,2	0,8	176 27,5		12 14 11	07 22	17 07
10	M	14 38,0		176 27,0		12 14 13	07 21	17 09
11	M	14 18,6		176 26,7	15,000	12 14 13	07 19	17 10
12	J	13 59,0		176 26,6		12 14 13	07 17	17 12
13	V	13 39,1		176 26,7		12 14 13	07 15	17 14
14	S	13 19,0		176 27,0		12 14 11	07 14	17 15
15	D	12 58,6		176 27,5		12 14 09	07 12	17 17
16	L	12 38,1		176 28,1		12 14 06	07 10	17 19
17	M	12 17,4		176 28,9		12 14 02	07 08	17 21
18	M	11 56,4		176 29,9		12 13 58	00 06	17 22
19	J	11 35,3		176 31,1	15,001	12 13 53	07 05	17 24
20	V	11 14,0		176 32,4		12 13 47	07 03	17 26
21	S	10 52,5		176 33,9		12 13 41	07 01	17 27
22	D	10 30,8	0,9	176 35,6		12 13 34	06 59	17 29
23	L	10 09,0		176 37,4		12 13 27	06 57	17 31
24	M	09 47,0		176 39,4		12 13 18	06 55	17 33
25	M	09 24,9		176 41,5		12 13 09	06 53	17 34
26	J	09 02,7		176 43,8		12 13 00	06 51	17 36
27	V	08 40,3		176 46,2	15,002	12 12 50	06 49	17 38
28	S	08 17,7		176 48,8		12 12 39	06 47	17 39
29	D	07 55,1S		176 51,5		12 12 28	06 45	17 41

Mars		Déclinaison à 00 h UTC	d	AHvD à 00 h UTC	V	UTC T. Pass.	UTC Lever	UTC Coucher
		° '	'	° '	°	h min s	h min	h min
1	L	7 32,3S		176 54,4		12 12 16	06 43	17 43
2	M	7 09,5		176 57,4		12 12 04	06 41	17 44
3	M	6 46,5		177 00,5	15,002	12 11 51	06 39	17 46
4	J	6 23,4		177 03,7		12 11 38	06 37	17 48
5	V	6 00,3		177 07,1		12 11 25	06 35	17 49
6	S	5 37,1		177 10,5		12 11 11	06 32	17 51
7	D	5 13,8		177 14,1		12 10 56	06 30	17 52
8	L	4 50,4		177 17,8		12 10 41	06 28	17 54
9	M	4 27,0		177 21,5		12 10 26	06 26	17 56
10	M	4 03,5		177 25,4		12 10 11	06 24	17 57
11	J	3 39,9		177 29,3		12 09 55	06 22	17 59
12	V	3 16,3		177 33,3		12 09 39	06 20	18 01
13	S	2 52,7		177 37,3		12 09 22	06 17	18 02
14	D	2 29,1		177 41,4		12 09 06	00 15	18 04
15	L	2 05,4		177 45,6		12 08 49	06 13	18 05
16	M	1 41,7	1,0	177 49,9		12 08 32	06 11	18 07
17	M	1 17,9		177 54,1		12 08 15	06 09	18 09
18	J	0 54,2		177 58,5		12 07 57	06 07	18 10
19	V	0 30,5		178 02,8	15,003	12 07 40	06 05	18 12
20	S	0 06,7S		178 07,2		12 07 22	06 02	18 13
21	D	0 17,0N		178 11,7		12 07 04	06 00	18 15
22	L	0 40,7		178 16,1		12 06 46	05 58	18 17
23	M	1 04,4		178 20,6		12 06 28	05 56	18 18
24	M	1 28,0		178 25,1		12 06 10	05 54	18 20
25	J	1 51,6		178 29,6		12 05 52	05 51	18 21
26	V	2 15,2		178 34,2		12 05 34	05 49	18 23
27	S	2 38,7		178 38,7		12 05 16	05 47	18 24
28	D	3 02,2		178 43,2		12 04 58	05 45	18 26
29	L	3 25,6		178 47,8		12 04 40	05 43	18 28
30	M	3 48,9		178 52,3		12 04 22	05 41	18 29
31	M	4 12,2N		178 56,8		12 04 04	05 38	18 31

Avril		Déclinaison à 00 h UTC	d	AHvD à 00 h UTC	V	UTC T. Pass.	UTC Lever	UTC Coucher
		° '	'	° '	°	h min s	h min	h min
1	J	4 35,4N		179 01,3		12 03 46	05 36	18 32
2	V	4 58,5	1,0	179 05,7		12 03 28	05 34	18 34
3	S	5 21,5		179 10,2		12 03 10	05 32	18 35
4	D	5 44,4		179 14,6		12 02 53	05 30	18 37
5	L	6 07,2		179 18,9		12 02 36	05 28	18 39
6	M	6 29,9		179 23,2		12 02 18	05 25	18 40
7	M	6 52,5		179 27,5		12 02 02	05 23	18 42
8	J	7 15,0		179 31,7	15,003	12 01 45	05 21	18 43
9	V	7 37,3		179 35,8		12 01 28	05 19	18 45
10	S	7 59,6		179 39,9		12 01 12	05 17	18 46
11	D	8 21,6		179 43,9		12 00 56	05 15	18 48
12	L	8 43,6	0,9	179 47,8		12 00 41	05 13	18 50
13	M	9 05,4		179 51,7		12 00 26	05 11	18 51
14	M	9 27,1		179 55,4		12 00 11	00 09	18 53
15	J	9 48,6		179 59,1		11 59 56	05 07	18 54
16	V	10 10,0		180 02,7		11 59 42	05 05	18 56
17	S	10 31,1		180 06,2		11 59 29	05 03	18 57
18	D	10 52,2		180 09,5		11 59 15	05 01	18 59
19	L	11 13,0		180 12,8		11 59 02	04 59	19 00
20	M	11 33,6		180 16,0		11 58 50	00 57	19 02
21	M	11 54,1		180 19,1		11 58 38	04 55	19 04
22	J	12 14,4		180 22,0	15,002	11 58 26	04 53	19 05
23	V	12 34,4		180 24,9		11 58 15	04 51	19 07
24	S	12 54,3		180 27,6		11 58 04	04 49	19 08
25	D	13 13,9	0,8	180 30,3		11 57 54	04 47	19 10
26	L	13 33,3		180 32,8		11 57 44	04 45	19 11
27	M	13 52,5		180 35,2		11 57 35	04 43	19 13
28	M	14 11,5		180 37,4		11 57 26	04 41	19 15
29	J	14 30,2		180 39,6		11 57 18	04 40	19 16
30	V	14 48,7N		180 41,6	15,001	11 57 10	04 38	19 18

Les heures de lever et coucher sont données pour L : 50° N et G : 0°.
T. Pass. est donné pour G : 0°.
"d" : variation horaire de la Déclinaison – "v" : variation horaire de AHvO

Ces heures sont celles des levers et couchers apparents du bord supérieur du Soleil pour un observateur situé au niveau de la mer.

Éphémérides du Soleil

Mai		Déclinaison à 00 h UTC	d	AHvO à 00 h UTC	V	UTC T. Pass.	UTC Lever	UTC Coucher
		° ′	′	° ′	°	h min s	h min	h min
1	S	15 06,9N		180 43,5		11 57 03	04 36	19 19
2	D	15 24,9		180 45,2		11 56 56	04 34	19 21
3	L	15 42,7		180 46,9		11 56 50	04 32	19 22
4	M	16 00,1		180 48,3	15,001	11 56 44	04 31	19 24
5	M	16 17,3	0,7	180 49,7		11 56 39	04 29	19 25
6	J	16 34,3		180 50,9		11 56 34	04 27	19 27
7	V	16 50,9		180 52,0		11 56 30	04 26	19 28
8	S	17 07,3		180 52,9		11 56 27	04 24	19 30
9	D	17 23,4		180 53,7		11 56 24	04 23	19 31
10	L	17 39,2		180 54,3		11 56 22	04 21	19 33
11	M	17 54,8		180 54,8		11 56 20	04 20	19 34
12	M	18 10,0		180 55,1		11 56 19	04 18	19 36
13	J	18 24,9	0,6	180 55,3		11 56 19	04 17	19 37
14	V	18 39,5		180 55,4	15,000	11 56 19	04 15	19 38
15	S	18 53,8		180 55,2		11 56 19	04 14	19 40
16	D	19 07,7		180 55,0		11 56 21	04 12	19 41
17	L	19 21,4		180 54,6		11 56 23	04 11	19 43
18	M	19 34,7		180 54,1		11 56 25	04 10	19 44
19	M	19 47,7		180 53,4		11 56 28	04 09	19 45
20	J	20 00,3		180 52,6		11 56 32	04 07	19 47
21	V	20 12,7	0,5	180 51,6		11 56 36	04 06	19 48
22	S	20 24,6		180 50,5		11 56 40	04 05	19 49
23	D	20 36,2		180 49,3		11 56 45	04 04	19 50
24	L	20 47,5		180 48,0		11 56 51	04 03	19 52
25	M	20 58,4		180 46,6	14,999	11 56 57	04 02	19 53
26	M	21 08,9		180 45,0		11 57 03	04 01	19 54
27	J	21 19,1	0,4	180 43,3		11 57 10	04 00	19 55
28	V	21 28,9		180 41,5		11 57 18	03 59	19 56
29	S	21 38,3		180 39,6		11 57 26	03 58	19 57
30	D	21 47,3		180 37,6		11 57 34	03 57	19 59
31	L	21 56,0N	0,3	180 35,4	14,998	11 57 43	03 56	20 00

Juin		Déclinaison à 00 h UTC	d	AHvO à 00 h UTC	V	UTC T. Pass.	UTC Lever	UTC Coucher
		° ′	′	° ′	°	h min s	h min	h min
1	M	22 04,3N		180 33,2		11 57 52	03 56	20 01
2	M	22 12,2		180 30,9		11 58 01	03 55	20 02
3	J	22 19,7	0,3	180 28,5		11 58 11	03 54	20 03
4	V	22 26,8		180 26,0		11 58 21	03 54	20 03
5	S	22 33,6		180 23,4		11 58 32	03 53	20 04
6	D	22 39,9		180 20,3		11 58 42	03 53	20 05
7	L	22 45,9		180 18,0		11 58 54	03 52	20 06
8	M	22 51,4		180 15,2		11 59 05	03 52	20 07
9	M	22 56,5	0,2	180 12,3		11 59 17	03 51	20 08
10	J	23 01,3		180 09,3		11 59 29	03 51	20 08
11	V	23 05,6		180 06,3		11 59 41	03 51	20 09
12	S	23 09,6		180 03,2		11 59 53	03 51	20 09
13	D	23 13,1		180 00,1		12 00 06	03 50	20 10
14	L	23 16,2		179 56,9		12 00 19	03 50	20 11
15	M	23 18,9	0,1	179 53,7	14,998	12 00 32	03 50	20 11
16	M	23 21,2		179 50,5		12 00 45	03 50	20 11
17	J	23 23,1		179 47,2		12 00 58	03 50	20 12
18	V	23 24,5		179 44,0		12 01 11	03 50	20 12
19	S	23 25,6		179 40,7		12 01 24	03 50	20 12
20	D	23 26,2	0,0	179 37,4		12 01 37	03 51	20 13
21	L	23 26,4		179 34,1		12 01 50	03 51	20 13
22	M	23 26,2		179 30,8		12 02 03	03 51	20 13
23	M	23 25,6		179 27,6		12 02 16	03 51	20 13
24	J	23 24,6		179 24,3		12 02 29	03 52	20 13
25	V	23 23,2		179 21,1		12 02 42	03 52	20 13
26	S	23 21,4	0,1	179 18,0		12 02 54	03 52	20 13
27	D	23 19,1		179 14,8		12 03 07	03 53	20 13
28	L	23 16,4		179 11,8		12 03 19	03 53	20 13
29	M	23 13,4		179 08,7		12 03 31	03 54	20 13
30	M	23 09,9N	0,2	179 05,8		12 03 43	03 55	20 13

Juillet		Déclinaison à 00 h UTC	d	AHvO à 00 h UTC	V	UTC T. Pass.	UTC Lever	UTC Coucher
		° ′	′	° ′	°	h min s	h min	h min
1	J	23 06,0N		179 02,9		12 03 54	03 55	20 12
2	V	23 01,7		179 00,0		12 04 05	03 56	20 12
3	S	22 57,0	0,2	178 57,3		12 04 16	03 57	20 12
4	D	22 52,0		178 54,6		12 04 27	03 57	20 11
5	L	22 46,5		178 52,0	14,998	12 04 37	03 58	20 11
6	M	22 40,6		178 49,4		12 04 47	03 59	20 10
7	M	22 34,3		178 47,0		12 04 57	04 00	20 10
8	J	22 27,7		178 44,6		12 05 06	04 01	20 09
9	V	22 20,6	0,3	178 42,4		12 05 15	04 02	20 08
10	S	22 13,2		178 40,2		12 05 23	04 03	20 08
11	D	22 05,4		178 38,2		12 05 31	04 04	20 07
12	L	21 57,2		178 36,2		12 05 39	04 05	20 06
13	M	21 48,6		178 34,4		12 05 46	04 06	20 05
14	M	21 39,6		178 32,6		12 05 53	04 07	20 04
15	J	21 30,3	0,4	178 31,0	14,999	12 05 59	04 08	20 03
16	V	21 20,6		178 29,6		12 06 05	04 09	20 03
17	S	21 10,6		178 28,2		12 06 10	04 10	20 02
18	D	21 00,2		178 27,0		12 06 14	04 11	20 00
19	L	20 49,4		178 25,9		12 06 18	04 12	19 59
20	M	20 38,3		178 25,0		12 06 22	04 14	19 58
21	M	20 26,8		178 24,2		12 06 25	04 15	19 57
22	J	20 15,0	0,5	178 23,5		12 06 27	04 16	19 56
23	V	20 02,9		178 23,0		12 06 29	04 17	19 55
24	S	19 50,4		178 22,6		12 06 30	04 19	19 53
25	D	19 37,6		178 22,4		12 06 30	04 20	19 52
26	L	19 24,5		178 22,4	15,000	12 06 30	04 21	19 51
27	M	19 11,0		178 22,5		12 06 30	04 23	19 49
28	M	18 57,3		178 22,7		12 06 28	04 24	19 48
29	J	18 43,2	0,6	178 23,1		12 06 26	04 25	19 47
30	V	18 28,8		178 23,7		12 06 24	04 27	19 45
31	S	18 14,1N		178 24,4	15,001	12 06 21	04 28	19 44

Août		Déclinaison à 00 h UTC	d	AHvO à 00 h UTC	V	UTC T. Pass.	UTC Lever	UTC Coucher
		° ′	′	° ′	°	h min s	h min	h min
1	D	17 59,1N	0,6	178 25,3		12 06 17	04 30	19 42
2	L	17 43,9		178 26,3		12 06 12	04 31	19 40
3	M	17 28,3		178 27,5		12 06 07	04 32	19 39
4	M	17 12,5		178 28,8	15,001	12 06 02	04 34	19 37
5	J	16 56,3		178 30,3		12 05 56	04 35	19 36
6	V	16 39,9		178 31,9		12 05 49	04 37	19 34
7	S	16 23,3	0,7	178 33,6		12 05 42	04 38	19 32
8	D	16 06,3		178 35,5		12 05 34	04 40	19 30
9	L	15 49,1		178 37,6		12 05 25	04 41	19 29
10	M	15 31,7		178 39,8		12 05 16	04 43	19 27
11	M	15 14,0		178 42,1		12 05 07	04 44	19 25
12	J	14 56,0		178 44,6		12 04 57	04 46	19 23
13	V	14 37,8		178 47,2		12 04 46	04 47	19 22
14	S	14 19,4		178 49,9	15,002	12 04 35	04 49	19 20
15	D	14 00,8		178 52,7		12 04 23	04 50	19 18
16	L	13 41,9		178 55,7		12 04 11	04 51	19 16
17	M	13 22,8	0,8	178 58,9		12 03 58	04 53	19 14
18	M	13 03,5		179 02,1		12 03 45	04 54	19 12
19	J	12 44,0		179 05,5		12 03 31	04 56	19 10
20	V	12 24,3		179 09,0		12 03 17	04 57	19 08
21	S	12 04,4		179 12,6		12 03 02	04 59	19 06
22	D	11 44,3		179 16,4		12 02 47	05 00	19 04
23	L	11 24,0		179 20,3		12 02 31	05 02	19 02
24	M	11 03,6		179 24,2		12 02 15	05 03	19 00
25	M	10 42,9		179 28,3	15,003	12 01 58	05 05	18 58
26	J	10 22,1		179 32,5		12 01 41	05 06	18 56
27	V	10 01,2	0,9	179 35,8		12 01 24	05 08	18 54
28	S	09 40,1		179 41,2		12 01 06	05 09	18 52
29	D	09 18,8		179 45,7		12 00 48	05 11	18 50
30	L	08 57,4		179 50,3		12 00 30	05 12	18 48
31	M	08 35,8N		179 54,9		12 00 11	05 14	18 46

Les heures de lever et coucher sont données pour L : 50° N et G : 0°.
T. Pass. est donné pour G : 0°.
"d" : variation horaire de la Déclinaison – "V" : variation horaire de AHvO

Ces heures sont celles des levers et couchers apparents du bord supérieur du Soleil pour un observateur situé au niveau de la mer.

Une âme peut se dire généreuse, quand elle prend plus de plaisir à donner qu'à recevoir.
(Chevalier de Méré)

Éphémérides du Soleil

Sept.		Déclinaison à 00 h UTC	d	AHvD à 00 h UTC	V	UTC T. Pass.	UTC Lever	UTC Coucher
		° ′	′	° ′	°	h min s	h min	h min
1	M	8 14,1N		179 59,7		11 59 52	05 15	18 43
2	J	7 52,3		180 04,5		11 59 32	05 17	18 41
3	V	7 30,3		180 09,3	15,003	11 59 13	05 18	18 39
4	S	7 08,3		180 14,3		11 58 53	05 20	18 37
5	D	6 46,1	0,9	180 19,3		11 58 33	05 21	18 35
6	L	6 23,8		180 24,3		11 58 13	05 23	18 33
7	M	6 01,3		180 29,4		11 57 52	05 24	18 30
8	M	5 38,8		180 34,5		11 57 32	05 26	18 28
9	J	5 16,2		180 39,7		11 57 11	05 27	18 26
10	V	4 53,5		180 44,9		11 56 50	05 29	18 24
11	S	4 30,7		180 50,2		11 56 29	05 30	18 22
12	D	4 07,8		180 55,4		11 56 08	05 32	18 20
13	L	3 44,9		181 00,7		11 55 47	05 33	18 17
14	M	3 21,9		181 06,0		11 55 25	05 35	18 15
15	M	2 58,8		181 11,3		11 55 04	05 36	18 13
16	J	2 35,7		181 16,7	15,004	11 54 43	05 38	18 11
17	V	2 12,5		181 22,0		11 54 21	05 39	18 09
18	S	1 49,3		181 27,3		11 54 00	05 41	18 06
19	D	1 26,0		181 32,7		11 53 39	05 42	18 04
20	L	1 02,7	1,0	181 38,0		11 53 18	05 44	18 02
21	M	0 39,4		181 43,3		11 52 56	05 45	18 00
22	M	0 16,0N		181 48,6		11 52 35	05 47	17 58
23	J	0 07,3S		181 53,9		11 52 14	05 48	17 55
24	V	0 30,7		181 59,1		11 51 53	05 50	17 53
25	S	0 54,0		182 04,3		11 51 32	05 51	17 51
26	D	1 17,4		182 09,5		11 51 12	05 53	17 49
27	L	1 40,8		182 14,6		11 50 51	05 54	17 47
28	M	2 04,1		182 19,7		11 50 31	05 56	17 44
29	M	2 27,4		182 24,7	15,003	11 50 11	05 57	17 42
30	J	2 50,7S		182 29,7		11 49 52	05 59	17 40

Oct.		Déclinaison à 00 h UTC	d	AHvD à 00 h UTC	V	UTC T. Pass.	UTC Lever	UTC Coucher
		° ′	′	° ′	°	h min s	h min	h min
1	V	3 14,0S		182 34,6		11 49 32	06 00	17 38
2	S	3 37,3		182 39,4		11 49 13	06 02	17 36
3	D	4 00,5		182 44,1		11 48 54	06 03	17 34
4	L	4 23,6		182 48,8		11 48 36	06 05	17 31
5	M	4 46,7	1,0	182 53,3		11 48 18	06 07	17 29
6	M	5 09,8		182 57,8		11 48 00	06 08	17 27
7	J	5 32,8		183 02,1	15,003	11 47 43	06 10	17 25
8	V	5 55,7		183 06,4		11 47 26	06 11	17 23
9	S	6 18,5		183 10,5		11 47 10	06 13	17 21
10	D	6 41,3		183 14,6		11 46 54	06 14	17 19
11	L	7 04,0		183 18,5		11 46 39	06 16	17 17
12	M	7 26,6		183 22,2		11 46 24	06 17	17 14
13	M	7 49,0		183 25,9		11 46 09	06 19	17 12
14	J	8 11,4		183 29,4		11 45 56	06 21	17 10
15	V	8 33,7		183 32,8		11 45 42	06 22	17 08
16	S	8 55,8		183 36,0		11 45 30	06 24	17 06
17	D	9 17,8		183 39,1		11 45 18	06 25	17 04
18	L	9 39,7	0,9	183 42,1	15,002	11 45 06	06 27	17 02
19	M	10 01,4		183 44,9		11 44 55	06 29	17 00
20	M	10 23,0		183 47,6		11 44 45	06 30	16 58
21	J	10 44,4		183 50,1		11 44 35	06 32	16 56
22	V	11 05,7		183 52,4		11 44 26	06 34	16 55
23	S	11 26,8		183 54,6		11 44 18	06 35	16 53
24	D	11 47,7		183 56,6		11 44 10	06 37	16 51
25	L	12 08,4		183 58,4		11 44 03	06 39	16 49
26	M	12 29,0		184 00,0	15,001	11 43 57	06 40	16 47
27	M	12 49,4		184 01,5		11 43 51	06 42	16 45
28	J	13 09,5		184 02,8		11 43 47	06 43	16 43
29	V	13 29,5	0,8	184 03,9		11 43 43	06 45	16 42
30	S	13 49,2		184 04,8		11 43 39	06 47	16 40
31	D	14 08,7S		184 05,5	15,000	11 43 37	06 48	16 38

Nov.		Déclinaison à 00 h UTC	d	AHvD à 00 h UT	V	UTC T. Pass.	UTC Lever	UTC Coucher
		° ′	′	° ′	°	h min s	h min	h min
1	L	14 28,1S		184 06,0		11 43 35	06 50	16 36
2	M	14 47,1		184 06,3		11 43 34	06 52	16 35
3	M	15 06,0	0,8	184 06,4	15,000	11 43 34	06 53	16 33
4	J	15 24,5		184 06,3		11 43 35	06 55	16 31
5	V	15 42,9		184 06,0		11 43 37	06 57	16 30
6	S	16 01,0		184 05,5		11 43 39	06 58	16 28
7	D	16 18,8		184 04,7		11 43 43	07 00	16 27
8	L	16 36,3		184 03,8		11 43 47	07 02	16 25
9	M	16 53,6		184 02,5		11 43 52	07 03	16 24
10	M	17 10,5	0,7	184 01,2	14,999	11 43 58	07 05	16 22
11	J	17 27,2		183 59,5		11 44 05	07 07	16 21
12	V	17 43,6		183 57,8		11 44 13	07 08	16 20
13	S	17 59,7		183 55,8		11 44 21	07 10	16 18
14	D	18 15,4		183 53,6		11 44 30	07 12	16 17
15	L	18 30,9		183 51,1		11 44 41	07 13	16 16
16	M	18 46,0		183 48,4		11 44 52	07 15	16 14
17	M	19 00,8	0,6	183 45,6	14,998	11 45 04	07 16	16 13
18	J	19 15,2		183 42,5		11 45 16	07 18	16 12
19	V	19 29,3		183 39,2		11 45 30	07 20	16 11
20	S	19 43,1		183 35,8		11 45 44	07 21	16 10
21	D	19 56,4		183 32,1		11 45 59	07 23	16 09
22	L	20 09,4		183 28,2		11 46 15	07 24	16 08
23	M	20 22,1		183 24,2		11 46 31	07 26	16 07
24	M	20 34,4	0,5	183 19,9	14,997	11 46 49	07 27	16 06
25	J	20 46,2		183 15,5		11 47 07	07 29	16 05
26	V	20 57,7		183 10,9		11 47 26	07 30	16 04
27	S	21 08,8		183 06,1		11 47 45	07 32	16 04
28	D	21 19,5		183 01,1		11 48 06	07 33	16 03
29	L	21 29,9	0,4	182 55,9	14,996	11 48 27	07 34	16 02
30	M	21 39,8S		182 50,6		11 48 48	07 36	16 02

Déc.		Déclinaison à 00 h UTC	d	AHvD à 00 h UTC	V	UTC T. Pass.	UTC Lever	UTC Coucher
		° ′	′	° ′	°	h min s	h min	h min
1	M	21 49,2S		182 45,1		11 49 11	07 37	16 01
2	J	21 58,3	0,4	182 39,4		11 49 34	07 38	16 00
3	V	22 07,0		182 33,6		11 49 57	07 40	16 00
4	S	22 15,2		182 27,6	14,996	11 50 22	07 41	16 00
5	D	22 23,0	0,3	182 21,5		11 50 46	07 42	15 59
6	L	22 30,3		182 15,2		11 51 12	07 43	15 59
7	M	22 37,3		182 08,8		11 51 38	07 44	15 59
8	M	22 43,7		182 02,2		11 52 04	07 46	15 58
9	J	22 49,8		181 55,6		11 52 31	07 47	15 58
10	V	22 55,4		181 48,8		11 52 58	07 48	15 58
11	S	23 00,5	0,2	181 41,9		11 53 26	07 49	15 58
12	D	23 05,2		181 34,9		11 53 54	07 50	15 58
13	L	23 09,4		181 27,9		11 54 23	07 50	15 58
14	M	23 13,1		181 20,7		11 54 51	07 51	15 58
15	M	23 16,4		181 13,5		11 55 20	07 52	15 58
16	J	23 19,3	0,1	181 06,2		11 55 50	07 53	15 59
17	V	23 21,6		180 58,9		11 56 19	07 54	15 59
18	S	23 23,5		180 51,6		11 56 48	07 54	15 59
19	D	23 24,9		180 44,2	14,995	11 57 18	07 55	16 00
20	L	23 25,9		180 36,7		11 57 48	07 56	16 00
21	M	23 26,4	0,0	180 29,3		11 58 18	07 56	16 00
22	M	23 26,4		180 21,8		11 58 47	07 57	16 01
23	J	23 25,9		180 14,4		11 59 17	07 57	16 02
24	V	23 25,0		180 07,0		11 59 47	07 57	16 02
25	S	23 23,6		179 59,5		12 00 17	07 58	16 03
26	D	23 21,7	0,1	179 52,1		12 00 46	07 58	16 04
27	L	23 19,4		179 44,7		12 01 16	07 58	16 04
28	M	23 16,6		179 37,4		12 01 45	07 58	16 05
29	M	23 13,3		179 30,1		12 02 14	07 59	16 06
30	J	23 09,6	0,2	179 22,9		12 02 43	07 59	16 07
31	V	23 05,4S		179 15,7		12 03 12	07 59	16 08

Les heures de lever et coucher sont données pour L : 50° N et G : 0°.
T. Pass. est donné pour G : 0°.
"d" : variation horaire de la Déclinaison – "v" : variation horaire de AHvO

Ces heures sont celles des levers et couchers apparents du bord supérieur du Soleil pour un observateur situé au niveau de la mer.

HORIZON

Relèvement vrai (Zv) du Soleil à son lever et à son coucher

(à utiliser pour vérifier la déviation de son compas, par exemple !!)

Calcul de l'amplitude

Pour déterminer le relèvement vrai (Zv) du soleil à son lever et à son coucher, on obtient l'amplitude en appliquant la formule suivante (dans laquelle D et L ont des valeurs absolues).

$$\text{AMPLITUDE} = \text{Sin}^{-1} (\text{Sin D} \div \text{Cos L})$$

L'amplitude est par définition un écart (et en l'occurence, c'est l'écart angulaire par rapport à des valeurs " idéales " de lever du soleil à l'Est = 90° ou de coucher du soleil à l'Ouest = 270°).

Ainsi pour déterminer le relèvement vrai (Zv) :

Au printemps et en été : D est **Nord**

➪ au lever,
ôter l'amplitude de 90°

➪ au coucher,
ajouter l'amplitude à 270°

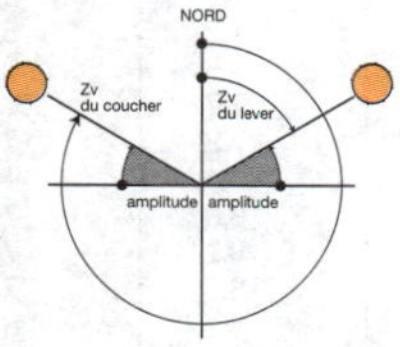

En automne et en hiver : D est **Sud**

➪ au lever,
ajouter l'amplitude à 90°

➪ au coucher,
ôter l'amplitude de 270°

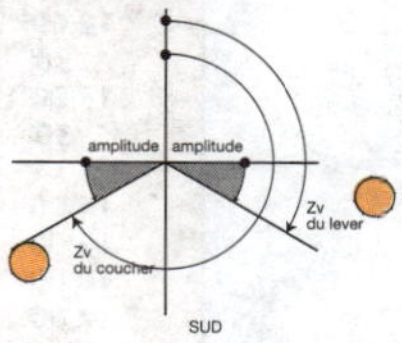

Déclinaison

Latitude	1°	2°	3°	4°	5°	6°	7°	8°	9°	10°	11°	12°
0°	1,0	2,0	3,0	4,0	5,0	6,0	7,0	8,0	9,0	10,0	11,0	12,0
10°	1,0	2,0	3,0	4,1	5,1	6,1	7,1	8,1	9,1	10,2	11,2	12,2
20°	1,1	2,1	3,2	4,3	5,3	6,4	7,4	8,5	9,6	10,6	11,7	12,8
25°	1,1	2,2	3,3	4,4	5,5	6,6	7,7	8,8	9,9	11,1	12,2	13,3
30°	1,2	2,3	3,5	4,6	5,8	6,9	8,1	9,3	10,4	11,6	12,7	13,9
32°	1,2	2,4	3,5	4,7	5,9	7,1	8,3	9,5	10,6	11,8	13,0	14,2
34°	1,2	2,4	3,6	4,8	6,0	7,3	8,5	9,7	10,9	12,1	13,3	14,5
36°	1,2	2,5	3,7	4,9	6,2	7,4	8,7	9,9	11,1	12,4	13,6	14,9
38°	1,3	2,5	3,8	5,1	6,4	7,6	8,9	10,2	11,4	12,7	14,0	15,3
40°	1,3	2,6	3,9	5,2	6,5	7,8	9,1	10,5	11,8	13,1	14,4	15,8
42°	1,3	2,7	4,0	5,4	6,7	8,1	9,4	10,8	12,2	13,5	14,9	16,3
44°	1,4	2,8	4,2	5,6	7,0	8,3	9,8	11,2	12,6	14,0	15,4	16,8
46°	1,4	2,9	4,3	5,8	7,2	8,6	10,1	11,6	13,0	14,5	16,0	17,4
48°	1,5	3,0	4,5	6,0	7,5	9,0	10,5	12,0	13,5	15,1	16,6	18,1
50°	1,6	3,1	4,7	6,2	7,8	9,4	10,9	12,5	14,1	15,7	17,3	18,9
52°	1,6	3,3	4,9	6,5	8,1	9,8	11,4	13,1	14,7	16,4	18,1	19,7
54°	1,7	3,4	5,1	6,8	8,5	10,2	12,0	13,7	15,4	17,2	18,9	20,7
56°	1,8	3,6	5,4	7,2	9,0	10,8	12,6	14,4	16,2	18,1	19,9	21,8
58°	1,9	3,8	5,7	7,6	9,5	11,4	13,3	15,2	17,2	19,1	21,1	23,1
60°	2,0	4,0	6,0	8,0	10,0	12,1	14,1	16,2	18,2	20,3	22,4	24,6

Déclinaison

Latitude	13°	14°	15°	16°	17°	18°	19°	20°	21°	22°	23°	24°
0°	13,0	14,0	15,0	16,0	17,0	18,0	19,0	20,0	21,0	22,0	23,0	24,0
10°	13,2	14,2	15,2	16,3	17,3	18,3	19,3	20,3	21,3	22,4	23,4	24,4
20°	13,8	14,9	16,0	17,1	18,1	19,2	20,3	21,3	22,4	23,5	24,6	25,6
25°	14,4	15,5	16,6	17,7	18,8	19,9	21,1	22,3	23,3	24,4	25,5	26,7
30°	15,0	16,2	17,4	18,6	19,7	20,9	22,1	23,3	24,5	25,6	26,8	28,0
32°	15,4	16,6	17,8	19,0	20,2	21,4	22,6	23,8	25,0	26,2	27,4	28,7
34°	15,8	17,0	18,2	19,4	20,6	21,9	23,1	24,4	25,6	26,9	28,1	29,3
36°	16,2	17,4	18,7	19,9	21,2	22,5	23,7	25,0	26,3	27,6	28,9	30,2
38°	16,6	17,9	19,2	20,5	21,8	23,1	24,4	25,7	27,1	28,4	29,7	31,1
40°	17,1	18,4	19,8	21,1	22,4	23,8	25,2	26,5	27,9	29,3	30,7	32,1
42°	17,6	19,0	20,4	21,8	23,2	24,6	26,0	27,4	28,8	30,3	31,7	33,2
44°	18,2	19,6	21,1	22,5	24,0	25,4	26,9	28,4	29,9	31,4	32,9	34,4
46°	18,9	20,4	21,9	23,4	24,9	26,4	27,9	29,5	31,1	32,6	34,2	35,8
48°	19,6	21,2	22,7	24,3	25,9	27,5	29,1	30,7	32,4	34,1	35,7	37,4
50°	20,5	22,1	23,7	25,4	27,1	28,7	30,4	32,1	33,9	35,6	37,4	39,3
52°	21,4	23,1	24,9	26,6	28,4	30,1	31,9	33,7	35,6	37,5	39,4	41,4
54°	22,5	24,3	26,1	28,0	29,8	31,7	33,6	35,6	37,6	39,6	41,7	43,8
56°	23,7	25,6	27,6	29,5	31,5	33,6	35,6	37,7	39,8	42,1	44,3	46,7
58°	25,1	27,2	29,2	31,3	33,5	35,7	37,9	40,2	42,6	45,0	47,5	50,1
60°	26,7	28,9	31,2	33,4	35,8	38,2	40,6	43,2	45,8	48,6	51,4	54,4

La valeur de l'amplitude est indépendante de la dénomination de la latitude : elle s'applique vers le pôle de même nom que la déclinaison à partir de l'Est au lever et de l'Ouest au coucher.

Exemples :

1. Coucher vrai
Latitude 45° N
Déclinaison 13° 28,807 N
Amplitude = W 19,25° → N
Zv = 270° + 19,25° = 289,25°

2. Lever vrai
Latitude 32° N
Déclinaison 7° N
Amplitude = E 8,3° → N
Zv = 90° - 8,3° = 81,7°

3. Lever vrai
Latitude 40° N
Déclinaison 16° S
Amplitude = E 21,1° → S
Zv = 90° + 21,1° = 111,1°

4. Coucher vrai
Latitude 25° N
Déclinaison 10° S
Amplitude = W 11,1° → S
Zv = 270° - 11,1° = 258,9°

Corrections des hauteurs observées du Soleil (bord inférieur)

Exemple :

Le 14 décembre 2004, en route vers Gijón en Espagne, on observe la hauteur du bord inférieur du Soleil Hi ☉ = 22° 24,1' à 12 h 14 min 11 s.

Notre altitude sur l'eau (« élévation de l'œil ») est de 2 m et la correction instrumentale est de + 0,1'

Quelle est la hauteur vraie du centre du soleil Hv ⊖ ?

1ère correction

(Réfraction moyenne - dépression + parallaxe + demi-diamètre)

Hauteur observée	Élévation de l'œil					
	0 m	2 m	4 m	6 m	8 m	10 m
10°00'	10,8	8,3	7,3	6,5	5,8	5,2
20'	11,0	8,5	7,4	6,6	5,9	5,3
40'	11,2	8,6	7,6	6,8	6,1	5,5
11°00'	+ 11,3	+ 8,8	+ 7,7	+ 6,9	+ 6,3	+ 5,7
30'	11,5	9,0	7,9	7,1	6,5	5,9
12°00'	11,7	9,2	8,1	7,3	6,7	6,1
30'	11,9	9,4	8,3	7,5	6,8	6,2
13°00'	12,0	9,5	8,5	7,7	7,0	6,4
30'	12,2	9,7	8,6	7,8	7,1	6,5
14°00'	+ 12,3	+ 9,8	+ 8,8	+ 8,0	+ 7,3	+ 6,7
15°00'	12,6	10,1	9,0	8,2	7,5	6,9
16°00'	12,8	10,3	9,3	8,5	7,8	7,2
17°00'	13,0	10,5	9,5	8,7	8,0	7,4
18°00'	13,2	10,7	9,6	8,8	8,2	7,6
19°00'	13,4	10,8	9,8	9,0	8,3	7,7
20°00'	+ 13,5	+ 11,0	+ 9,9	+ 9,1	+ 8,5	+ 7,9
22°00'	13,8	11,3	10,2	9,4	8,7	8,1
24°00'	14,0	11,5	10,4	9,6	8,9	8,3
26°00'	14,2	11,7	10,6	9,8	9,1	8,5
28°00'	14,3	11,8	10,8	10,0	9,3	8,7
30°00'	14,5	12,0	10,9	10,1	9,4	8,8
32°00'	+ 14,6	+ 12,1	+ 11,0	+ 10,2	+ 9,6	+ 9,0
34°00'	14,7	12,2	11,1	10,3	9,7	9,1
36°00'	14,8	12,3	11,2	10,4	9,8	9,2
38°00'	14,9	12,4	11,3	10,5	9,9	9,3
40°00'	15,0	12,5	11,4	10,6	10,0	9,4
45°00'	15,1	12,6	11,6	10,8	10,1	9,5
50°00'	+ 15,3	+ 12,8	+ 11,7	+ 10,9	+ 10,3	+ 9,7
55°00'	15,4	12,9	11,9	11,1	10,4	9,8
60°00'	15,5	13,0	12,0	11,2	10,5	9,9
70°00'	15,7	13,2	12,2	11,4	10,7	+ 10,1

2ème correction

(Date)

Janvier	Février	Mars	Avril	Mai	Juin	Juillet	Août	Septembre	Octobre	Novembre	Décembre
+ 0,3'	+ 0,2'	+ 0,1'	+ 0,0'	- 0,2'	- 0,2'	- 0,2'	- 0,2'	- 0,1'	+ 0,1'	+ 0,2'	+ 0,3'

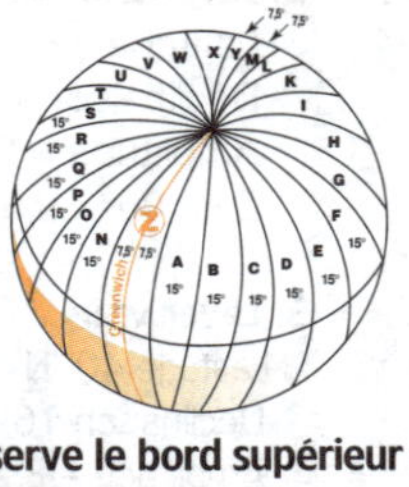

Hi ☉	=		22° 24,1'
ε	=	+	0,1'
1ère correction	=	+	11,3'
2ème correction	=	+	0,3'
Hv ⊖	=		**22° 35,8'**

Si on observe le bord supérieur du soleil, il faut tenir compte de son diamètre.

Fuseaux horaires

N°	12	13	14	15	16	17	18	19	20	21	22	23	0
Limites	180°	172,5 W	157,5 W	142,5 W	127,5 W	112,5 W	97,5 W	82,5 W	67,5 W	52,5 W	37,5 W	22,5 W	7,5 W
Notations	+ 12	+ 11	+ 10	+ 9	+ 8	+ 7	+ 6	+ 5	+ 4	+ 3	+ 2	+ 1	0
Internationales	Y	X	W	V	U	T	S	R	Q	P	O	N	Z
N°	1	2	3	4	5	6	7	8	9	10	11	12	
Limites	7,5 E	22,5 E	37,5 E	52,5 E	67,5 E	82,5 E	97,5 E	112,5 E	127,5 E	142,5 E	157,5 E	172,5 E	180
Notations	- 1	- 2	- 3	- 4	- 5	- 6	- 7	- 8	- 9	- 10	- 11	- 12	
Internationales	A	B	C	D	E	F	G	H	I	K	L	M	

Conversion d'unités d'arc en unités de temps (et inversement)

1. - Unités d'arc en unités de temps

ex. : Transformer 04° 50' en temps.

	04°	correspond en unités de temps à	00 h16 min
	50'	correspond en unités de temps à	3 min 20 s
Ainsi	**04° 50'**	**correspond en unités de temps à**	**00 h19 min 20 s**

2. - Unités de temps en unités d'arc

ex. : Transformer 12 h 14 min 11 s en unités d'arc

	12 h 12 min	correspond en unités d'arc à	183°
	2 min 11 s	correspond en unités d'arc à	32,75'
Ainsi	**12 h 14 min 11 s**	**correspond en unités d'arc à**	**183° 32,75' soit 183° 32' 45"**

0°-59°			60°-119°			120°-179°			180°-239°			240°-299°			300°-359°			0,00'			0,25'		0,50'		0,75'	
°	h	min	°	h	min	°	h	min	°	h	min	°	h	min	°	h	min	'	min	s	min	s	min	s	min	s
0	0	00	**60**	4	00	**120**	8	00	**180**	12	00	**240**	16	00	**300**	20	00	**0**	0	00	0	01	0	02	0	03
1	0	04	**61**	4	04	**121**	8	04	**181**	12	04	**241**	16	04	**301**	20	04	**1**	0	04	0	05	0	06	0	07
2	0	08	**62**	4	08	**122**	8	08	**182**	12	08	**242**	16	08	**302**	20	08	**2**	0	08	0	09	0	10	0	11
3	0	12	**63**	4	12	**123**	8	12	**183**	12	12	**243**	16	12	**303**	20	12	**3**	0	12	0	13	0	14	0	15
4	0	16	**64**	4	16	**124**	8	16	**184**	12	16	**244**	16	16	**304**	20	16	**4**	0	16	0	17	0	18	0	19
5	0	20	**65**	4	20	**125**	8	20	**185**	12	20	**245**	16	20	**305**	20	20	**5**	0	20	0	21	0	22	0	23
6	0	24	**66**	4	24	**126**	8	24	**186**	12	24	**246**	16	24	**306**	20	24	**6**	0	24	0	25	0	26	0	27
7	0	28	**67**	4	28	**127**	8	28	**187**	12	28	**247**	16	28	**307**	20	28	**7**	0	28	0	29	0	30	0	31
8	0	32	**68**	4	32	**128**	8	32	**188**	12	32	**248**	16	32	**308**	20	32	**8**	0	32	0	33	0	34	0	35
9	0	36	**69**	4	36	**129**	8	36	**189**	12	36	**249**	16	36	**309**	20	36	**9**	0	36	0	37	0	38	0	39
10	0	40	**70**	4	40	**130**	8	40	**190**	12	40	**250**	16	40	**310**	20	40	**10**	0	40	0	41	0	42	0	43
11	0	44	**71**	4	44	**131**	8	44	**191**	12	44	**251**	16	44	**311**	20	44	**11**	0	44	0	45	0	46	0	47
12	0	48	**72**	4	48	**132**	8	48	**192**	12	48	**252**	16	48	**312**	20	48	**12**	0	48	0	49	0	50	0	51
13	0	52	**73**	4	52	**133**	8	52	**193**	12	52	**253**	16	52	**313**	20	52	**13**	0	52	0	53	0	54	0	55
14	0	56	**74**	4	56	**134**	8	56	**194**	12	56	**254**	16	56	**314**	20	56	**14**	0	56	0	57	0	58	0	59
15	1	00	**75**	5	00	**135**	9	00	**195**	13	00	**255**	17	00	**315**	21	00	**15**	1	00	1	01	1	02	1	03
16	1	04	**76**	5	04	**136**	9	04	**196**	13	04	**256**	17	04	**316**	21	04	**16**	1	04	1	05	1	06	1	07
17	1	08	**77**	5	08	**137**	9	08	**197**	13	08	**257**	17	08	**317**	21	08	**17**	1	08	1	09	1	10	1	11
18	1	12	**78**	5	12	**138**	9	12	**198**	13	12	**258**	17	12	**318**	21	12	**18**	1	12	1	13	1	14	1	15
19	1	16	**79**	5	16	**139**	9	16	**199**	13	16	**259**	17	16	**319**	21	16	**19**	1	16	1	17	1	18	1	19
20	1	20	**80**	5	20	**140**	9	20	**200**	13	20	**260**	17	20	**320**	21	20	**20**	1	20	1	21	1	22	1	23
21	1	24	**81**	5	24	**141**	9	24	**201**	13	24	**261**	17	24	**321**	21	24	**21**	1	24	1	25	1	26	1	27
22	1	28	**82**	5	28	**142**	9	28	**202**	13	28	**262**	17	28	**322**	21	28	**22**	1	28	1	29	1	30	1	31
23	1	32	**83**	5	32	**143**	9	32	**203**	13	32	**263**	17	32	**323**	21	32	**23**	1	32	1	33	1	34	1	35
24	1	36	**84**	5	36	**144**	9	36	**204**	13	36	**264**	17	36	**324**	21	36	**24**	1	36	1	37	1	38	1	39
25	1	40	**85**	5	40	**145**	9	40	**205**	13	40	**265**	17	40	**325**	21	40	**25**	1	40	1	41	1	42	1	43
26	1	44	**86**	5	44	**146**	9	44	**206**	13	44	**266**	17	44	**326**	21	44	**26**	1	44	1	45	1	46	1	47
27	1	48	**87**	5	48	**147**	9	48	**207**	13	48	**267**	17	48	**327**	21	48	**27**	1	48	1	49	1	50	1	51
28	1	52	**88**	5	52	**148**	9	52	**208**	13	52	**268**	17	52	**328**	21	52	**28**	1	52	1	53	1	54	1	55
29	1	56	**89**	5	56	**149**	9	56	**209**	13	56	**269**	17	56	**329**	21	56	**29**	1	56	1	57	1	58	1	59
30	2	00	**90**	6	00	**150**	10	00	**210**	14	00	**270**	18	00	**330**	22	00	**30**	2	00	2	01	2	02	2	03
31	2	04	**91**	6	04	**151**	10	04	**211**	14	04	**271**	18	04	**331**	22	04	**31**	2	04	2	05	2	06	2	07
32	2	08	**92**	6	08	**152**	10	08	**212**	14	08	**272**	18	08	**332**	22	08	**32**	2	08	2	09	2	10	2	11
33	2	12	**93**	6	12	**153**	10	12	**213**	14	12	**273**	18	12	**333**	22	12	**33**	2	12	2	13	2	14	2	15
34	2	16	**94**	6	16	**154**	10	16	**214**	14	16	**274**	18	16	**334**	22	16	**34**	2	16	2	17	2	18	2	19
35	2	20	**95**	6	20	**155**	10	20	**215**	14	20	**275**	18	20	**335**	22	20	**35**	2	20	2	21	2	22	2	23
36	2	24	**96**	6	24	**156**	10	24	**216**	14	24	**276**	18	24	**336**	22	24	**36**	2	24	2	25	2	26	2	27
37	2	28	**97**	6	28	**157**	10	28	**217**	14	28	**277**	18	28	**337**	22	28	**37**	2	28	2	29	2	30	2	31
38	2	32	**98**	6	32	**158**	10	32	**218**	14	32	**278**	18	32	**338**	22	32	**38**	2	32	2	33	2	34	2	35
39	2	36	**99**	6	36	**159**	10	36	**219**	14	36	**279**	18	36	**339**	22	36	**39**	2	36	2	37	2	38	2	39
40	2	40	**100**	6	40	**160**	10	40	**220**	14	40	**280**	18	40	**340**	22	40	**40**	2	40	2	41	2	42	2	43
41	2	44	**101**	6	44	**161**	10	44	**221**	14	44	**281**	18	44	**341**	22	44	**41**	2	44	2	45	2	46	2	47
42	2	48	**102**	6	48	**162**	10	48	**222**	14	48	**282**	18	48	**342**	22	48	**42**	2	48	2	49	2	50	2	51
43	2	52	**103**	6	52	**163**	10	52	**223**	14	52	**283**	18	52	**343**	22	52	**43**	2	52	2	53	2	54	2	55
44	2	56	**104**	6	56	**164**	10	56	**224**	14	56	**284**	18	56	**344**	22	56	**44**	2	56	2	57	2	58	2	59
45	3	00	**105**	7	00	**165**	11	00	**225**	15	00	**285**	19	00	**345**	23	00	**45**	3	00	3	01	3	02	3	03
46	3	04	**106**	7	04	**166**	11	04	**226**	15	04	**286**	19	04	**346**	23	04	**46**	3	04	3	05	3	06	3	07
47	3	08	**107**	7	08	**167**	11	08	**227**	15	08	**287**	19	08	**347**	23	08	**47**	3	08	3	09	3	10	3	11
48	3	12	**108**	7	12	**168**	11	12	**228**	15	12	**288**	19	12	**348**	23	12	**48**	3	12	3	13	3	14	3	15
49	3	16	**109**	7	16	**169**	11	16	**229**	15	16	**289**	19	16	**349**	23	16	**49**	3	16	3	17	3	18	3	19
50	3	20	**110**	7	20	**170**	11	20	**230**	15	20	**290**	19	20	**350**	23	20	**50**	3	20	3	21	3	22	3	23
51	3	24	**111**	7	24	**171**	11	24	**231**	15	24	**291**	19	24	**351**	23	24	**51**	3	24	3	25	3	26	3	27
52	3	28	**112**	7	28	**172**	11	28	**232**	15	28	**292**	19	28	**352**	23	28	**52**	3	28	3	29	3	30	3	31
53	3	32	**113**	7	32	**173**	11	32	**233**	15	32	**293**	19	32	**353**	23	32	**53**	3	32	3	33	3	34	3	35
54	3	36	**114**	7	36	**174**	11	36	**234**	15	36	**294**	19	36	**354**	23	36	**54**	3	36	3	37	3	38	3	39
55	3	40	**115**	7	40	**175**	11	40	**235**	15	40	**295**	19	40	**355**	23	40	**55**	3	40	3	41	3	42	3	43
56	3	44	**116**	7	44	**176**	11	44	**236**	15	44	**296**	19	44	**356**	23	44	**56**	3	44	3	45	3	46	3	47
57	3	48	**117**	7	48	**177**	11	48	**237**	15	48	**297**	19	48	**357**	23	48	**57**	3	48	3	49	3	50	3	51
58	3	52	**118**	7	52	**178**	11	52	**238**	15	52	**298**	19	52	**358**	23	52	**58**	3	52	3	53	3	54	3	55
59	3	56	**119**	7	56	**179**	11	56	**239**	15	56	**299**	19	56	**359**	23	56	**59**	3	56	3	57	3	58	3	59

Corrections aux heures des levers et couchers du Soleil selon les latitudes

La table ci-dessous donne le temps à ajouter ou retrancher aux heures des levers et couchers.
Données pour L 50° N et G 0° (voir éphémérides)

Époque	Latitude en degrés 0°	10° N	20° N	30° N	35° N	40° N	45° N	50° N	52° N	54° N	56° N	58° N	60° N
	Ajouter au lever / Retrancher du coucher								Retrancher du lever / Ajouter au coucher				
	h min	h min	h min	h min	h min	h min	h min	h min	h min	h min	h min	h min	h min
Mars 20	0 03	0 03	0 02	0 02	0 02	0 01	0 01	0 00	0 00	0 00	0 01	0 01	0 02
31	0 19	0 17	0 14	0 10	0 08	0 06	0 03	0 00	0 02	0 04	0 06	0 08	0 10
Avril 10	0 42	0 36	0 29	0 22	0 18	0 13	0 07	0 00	0 03	0 07	0 11	0 15	0 20
20	0 58	0 49	0 40	0 30	0 24	0 17	0 09	0 00	0 05	0 10	0 15	0 22	0 29
30	1 14	1 03	0 52	0 39	0 32	0 23	0 13	0 00	0 05	0 12	0 19	0 27	0 36
Mai 10	1 33	1 20	1 06	0 49	0 40	0 29	0 16	0 00	0 07	0 16	0 25	0 35	0 48
20	1 45	1 30	1 14	0 56	0 45	0 33	0 18	0 00	0 09	0 18	0 29	0 42	0 57
31	1 58	1 42	1 24	1 03	0 51	0 37	0 21	0 00	0 10	0 21	0 34	0 49	1 07
Juin 10	2 05	1 47	1 29	1 07	0 54	0 40	0 22	0 00	0 10	0 22	0 36	0 52	1 12
20	2 08	1 50	1 31	1 09	0 56	0 41	0 23	0 00	0 11	0 23	0 37	0 54	1 15
30	2 05	1 48	1 29	1 07	0 54	0 40	0 22	0 00	0 11	0 23	0 37	0 53	1 13
Juil. 10	2 00	1 43	1 25	1 04	0 52	0 38	0 21	0 00	0 10	0 21	0 34	0 50	1 08
20	1 51	1 35	1 18	0 59	0 48	0 35	0 19	0 00	0 09	0 20	0 31	0 45	1 01
31	1 36	1 22	1 08	0 51	0 41	0 30	0 17	0 00	0 07	0 16	0 25	0 36	0 49
Août 10	1 22	1 10	0 58	0 44	0 35	0 26	0 14	0 00	0 06	0 13	0 21	0 30	0 41
20	1 02	0 53	0 44	0 33	0 26	0 19	0 10	0 00	0 05	0 10	0 16	0 22	0 30
31	0 45	0 39	0 32	0 24	0 19	0 14	0 07	0 00	0 04	0 08	0 12	0 17	0 22
Sept. 10	0 24	0 21	0 17	0 13	0 11	0 08	0 05	0 00	0 01	0 03	0 06	0 08	0 11
20	0 07	0 06	0 05	0 04	0 03	0 02	0 01	0 00	0 01	0 01	0 02	0 03	0 04
	Retrancher du lever / Ajouter au coucher								Ajouter au lever / Retrancher du coucher				
Sept. 30	0 10	0 08	0 07	0 05	0 04	0 03	0 02	0 00	0 00	0 01	0 02	0 02	0 03
Oct. 10	0 32	0 27	0 22	0 16	0 13	0 09	0 05	0 00	0 02	0 05	0 08	0 11	0 14
20	0 59	0 41	0 34	0 25	0 20	0 14	0 08	0 00	0 03	0 07	0 11	0 16	0 21
31	1 09	0 58	0 48	0 35	0 22	0 20	0 11	0 00	0 06	0 11	0 18	0 25	0 33
Nov. 10	1 24	1 11	0 58	0 43	0 35	0 25	0 13	0 00	0 07	0 14	0 22	0 31	0 41
20	1 37	1 23	1 08	0 51	0 41	0 29	0 16	0 00	0 08	0 16	0 25	0 36	0 49
30	1 52	1 36	1 18	0 59	0 48	0 35	0 19	0 00	0 08	0 18	0 30	0 43	0 58
Déc. 10	1 58	1 41	1 23	1 02	0 50	0 36	0 20	0 00	0 10	0 21	0 33	0 47	1 04
20	2 02	1 44	1 26	1 04	0 52	0 38	0 21	0 00	0 10	0 21	0 33	0 48	1 06
31	2 00	1 43	1 24	1 03	0 51	0 37	0 21	0 00	0 09	0 20	0 33	0 47	1 04
Janv. 1	1 59	1 42	1 23	1 03	0 51	0 37	0 21	0 00	0 09	0 20	0 32	0 46	1 03
10	1 51	1 35	1 17	0 58	0 47	0 34	0 18	0 00	0 09	0 19	0 31	0 43	0 59
20	1 41	1 26	1 10	0 52	0 42	0 30	0 16	0 00	0 08	0 17	0 27	0 36	0 51
31	1 24	1 11	0 58	0 44	0 35	0 25	0 14	0 00	0 06	0 13	0 21	0 30	0 40
Fév. 10	1 09	0 59	0 48	0 36	0 29	0 21	0 11	0 00	0 05	0 11	0 17	0 24	0 32
20	0 53	0 45	0 37	0 28	0 22	0 16	0 09	0 00	0 03	0 08	0 12	0 18	0 24
28	0 37	0 31	0 25	0 19	0 15	0 11	0 06	0 00	0 02	0 05	0 08	0 12	0 16
Mars 10	0 20	0 17	0 13	0 10	0 08	0 06	0 03	0 00	0 01	0 03	0 05	0 06	0 08

1. Trouver l'heure approximative du lever ou du coucher du Soleil le 14 décembre 2004 vers 07 h 30 min UTC

Notre position estimée est : L = 44° 20′ et G = 004° 34′

Heure du lever pour L 50° N et G 0° (table)	07 h 51 min UTC
Correction pour L = 44° 20′ N	- 00 h 23 min UTC
Heure approximative du lever du Soleil	07 h 28 min UTC

Latitudes	40° N	**44°20′ N**	45° N
Décembre 10	➡	0 h 36 min ➡	0 h 20 min
Décembre 14	**(moyenne)**	**0 h 37 min** ➡	**0 h 20,5 min**
Décembre 20	➡	0 h 38 min ↓ ➡	0 h 21 min
		23,7 min ➡	**24 min**

De 37 min à 20,5 min, il y a une diminution de 16,5 min pour une différence de 5° de latitude.
Donc de 40° N à 44° 20′, la diminution est de 14,3 min.
Ainsi, il faut retrancher du lever :
37 min - 14,3 min = 22,7 min soit 23 min

2. Trouver la variation du compas

Pour une latitude moyenne de 44° et une déclinaison de 23°, l'amplitude donnée par le tableau du relèvement vrai du Soleil est de 32,9°.

Pour le lever, il faut ajouter cette valeur à 90°, soit
Zv = 90° + 32,9° ≈ 123°.

En utilisant une calculette, le calcul de l'amplitude se fait ainsi :
$A = \sin^{-1} (\sin D \div \cos L) = \sin^{-1} (\sin 23{,}2 \div \cos 44{,}33) = 33{,}416°$ soit ≈ 33°.

Si par exemple, on avait relevé le lever du Soleil au Zc = 117°, la variation serait de 117° - 123° soit W = - 006°
La déclinaison magnétique locale (voir sur la carte) est de D = - 003°.

La déviation (d) du compas est de d = - 003° pour le cap suivi au compas (Cc = 219° depuis le point «astro» de la veille).

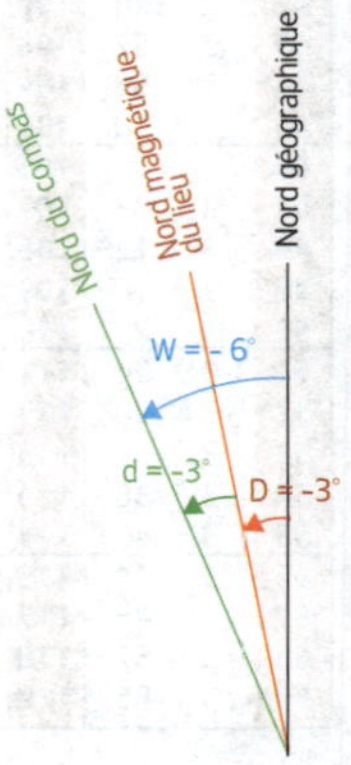

Le tour du monde à l'envers ou par le détroit de Magellan sur un cotre de 10 tonneaux

I. - L'homme et son bateau

(Le Verdon, Gironde, 30 mai 1938)

Un chaud soleil de juin sous lequel le fleuve assoupi roule ses eaux sablonneuses... Les rives sont basses. On dirait un estuaire lointain, moins les palétuviers et les caïmans sur la vase... Tout repose ou plutôt semble dormir.

Sur le grand appontement, un petit groupe s'agite, seule apparence de vie dans ce paysage maritimo-forestier. Il y a là le commandant du port du Verdon, un redacteur de la *Petite Gironde*, une jeune femme, Renée Hamon, envoyée spéciale de *L'Intransigeant*, une autre femme plus âgée, dont l'émotion demeure visible et qui ne quitte pas des yeux celui qui vient de débarquer d'un petit cotre agité par le flot... Un homme de taille moyenne aux cheveux grisonnants et au clair regard... son mari, qu'elle attend depuis vingt et un mois...

Bernicot !...

Réception liminaire, toute de modestie comme l'arrivant lui-même. Celui-ci n'a pas cru devoir alerter ou faire alerter les pouvoirs publics. Nul fonctionnaire de la préfecture, nul représentant d'un quelconque ministre ne se trouve sur ce wharf pour l'accueillir au nom du pays qu'il honore, sous les plis du drapeau duquel il vient d'accomplir le prodigieux périple, seul à son bord, avec pour compagnie l'invisible présence de sa force d'âme et de ses rares vertus...

Sa femme !... deux ou trois amis...
L'homme tout entier est là !...

L'*Anahita* [1], cotre de 10 tonneaux, largeur 12,50 m, voilure 65 mètres carrés comportant grand-voile, foc et trinquette... L'*Anahita* est le chef-d'œuvre d'Eugène Maguereau, constructeur à Carantec. Conçue d'après les plans de son futur capitaine et propriétaire, elle est dépourvue du vaigrage intérieur qui emmagasine l'humidité, donc la pourriture. Coque solide aux couples apparents et supérieurement pontée, elle défie les coups de mer dans les " sacrés temps du large ". C'est un bateau " marin " qui tient bien la cape et gouverne au gré du " patron ".

Le patron : Louis Bernicot, déjà présenté, capitaine au long cours, ancien officier de la Compagnie transatlantique, commandant pendant la Grande Guerre le *Saint-Louis* et l'*Indiana*, puis agent à la Nouvelle-Orléans et à Galveston. Bernicot a dépassé la cinquantaine. Il jouissait non loin de Bergerac, d'où Mme Bernicot est originaire, d'un repos déjà bien gagné, partageant son temps entre la lecture, qu'il adore, et sa famille, qu'il aime et qui l'aime, mais au demeurant s'ennuyant ferme comme tout vrai marin qui n'a pas un pont sous les pieds ou qui, trop jeune encore, s'est figuré qu'il pourrait dire adieu à la mer.

Beaucoup - j'en connais - sont dans ce cas, qui promènent leur mélancolie sur les quais des ports, à travers le régal des musées nautiques ou dans l'intime " retour " que procurent les livres... Et à la longue cela leur suffit... mais ils ne sont pas Bernicot.

Un Bernicot qui rencontre un jour L'*Anahita* !...

Il la rencontre, la découvre plutôt par un beau soir d'été où la lumière crée d'étranges reflets sur la Dordogne...

D'agreste qu'il était le paysage d'alentour change aussitôt et peu à peu les lointains s'estompent, chassés par la forte marée du rêve... Les falaises grandissent face à l'Océan, qui reprend ses droits... Du clocher voisin sort un appel grêle et les sentiers s'ornent de coiffes blanches... Un grand vent s'élève, un grand vent qui n'est pas d'ici, mais mieux à sa place à gonfler les voiles qu'à secouer les frêles branches ces arbustes ; un vent qui tout soudain ouvre béante la porte tandis qu'au loin danse un bateau dans le petit port.

Un petit port breton... là-bas !... tout à l'autre bout de la route... Alors, Bernicot fait sa malle et s'en va...

II. - Le périple

De Carantec, d'où elle appareille le 22 août 1936, l'*Anahita* atteint Madère (îles du Cap-Vert) le 8 septembre, soit dix-sept jours en tout, et met le cap ensuite sur l'Atlantique-Sud... Gros coups de temps dans la première partie de cette traversée sous le parallèle des Açores... Le patron prend possession de son bateau, l'étudie, l'éprouve... Il l'a déjà bien en main... Les longues années passées loin du large n'ont pas détruit son sens marin. À peine assoupi, le voici pleinement réveillé, dès le premier contact avec l'élément qui s'impose... Et déjà c'est la première des récompenses.

À Mar del Plata (côte de l'Argentine), le 11 décembre, l'*Anahita* jette l'ancre pour une escale de mise au point de douze jours seulement, car l'été approche [2] et Bernicot vise autre chose ; il veut tenter ce qu'aucun autre n'a jamais fait : seul, avec son bateau, il veut passer par Magellan...

Il passera...

Parvenu dès le 16 janvier de l'année suivante au cap des Vierges, il entame une lutte héroïque contre le mauvais temps.

Aux confins de l'Amérique et de la Terre de Feu, en cet endroit du globe dénommé par les long-courriers l' " Enfer du monde " et délimité géographiquement par les Falklands dans l'Est, l'archipel des îles de la Désolation dans le Pacifique, le Horn, cap des tempêtes, dresse son promontoire au seuil de l'immense chaos liquide où toutes les houles des deux océans se rencontrent... Magellan, dans sa rude aventure, découvrit entre les îles et la terre ferme le détroit auquel il a donné son nom... Chenal sinueux au pied des pics de glace qu'un pâle soleil éclaire à la courte époque des beaux jours.

Refoulée hors des passes, puis acceptée pour se voir refouler encore, et cela pendant deux jours et deux nuits, l'*Anahita* parvient le 19 au mouillage de Punta Delgada et le 23 à Magallanes [3].

Profitant d'une accalmie, Bernicot, dès le 26, poursuit sa route à travers les méandres du chenal rocheux et le Pacifique s'ouvre à lui le 29, l'accueillant par un coup de noroît qui arrache sa trinquette de rechange, brisant en outre plusieurs étais...

Il faut tenir coûte que coûte... Entraîné dans la tempête, Bernicot, tout en veillant nuit et jour, doit remplacer la voile manquante !... Il a de la toile et du filin. Pendant deux longues semaines, il faut, les doigts en sang, manier l'aiguille et l'épissoire... Dormir et se nourrir deviennent des occupations impossibles, voire superflues. Il faut vivre avant tout... Le patron de l'*Anahita* vivra donc " encore " le quinzième jour...

Six semaines plus tard, le navigateur solitaire aperçoit l'île de Pâques et met le cap sur les Gambier, qu'il atteint dès le 4 avril... Il en repart le 10 pour Tahiti...

Navigation du Pacifique austral agrémentée de " calme " et de vents contraires. De temps à autre apparaît un atoll perdu dans l'immensité bleue...

Bernicot se dirige au moyen d'un octant (4) et sans chronomètre... avec une simple montre d'habitacle dont il connaît l'état et les variations. Il observe le plus souvent les étoiles lors de leur passage au méridien, quelquefois aussi les planètes... Jupiter et Vénus ont ses prédilections... La pureté de l'atmosphère lui permet d'observer cette dernière ordinairement noyée dans la lumière solaire...

Il se nourrit de conserves, mais surtout de café, de chocolat et de lait concentré... De temps à autre ses lignes dérivantes lui apportent le réconfort d'un plat de poisson, qu'il prépare amoureusement sur son petit réchaud à essence.

Il atteint Papeete le 2 mai. Il s'agit cette fois d'un long séjour. Remise en état du cotre pour affronter le dangereux détroit de Torrès, renouvellement des provisions, entretien du matériel. Aucune réception officielle... ceci l'ennuierait prodigieusement... Ce qu'il vient d'accomplir est tout simplement magnifique. On le lui dit, mais il n'a pas l'air de comprendre. Il repart le 25 à destination des îles Banks, aperçoit les Nouvelles-Hébrides et passe le détroit de Torrès du 8 au 12 juillet pour mouiller le 12 à l'île Thursday, d'où il appareille trois jours plus tard et jette l'ancre le 7 août dans l'archipel des Cocos (océan Indien).

Le 22 août, anniversaire de son départ de Carantec, l'*Anahita* repart, cap à l'ouest, à destination de l'île Maurice, touche à Port-Louis du 11 au 16 septembre, à la Réunion (pointe des Galets) jusqu'au 20 octobre et atteint Durban (côte orientale d'Afrique) le 6 novembre.

Là, l'héroïque marin et son petit navire reçoivent un accueil chaleureux. Pour une fois - la seule de tout son long récit - Bernicot laisse transpercer son émotion. Terre étrangère, hélas ! mais dont il garde un cher souvenir.

Et le vagabond reprend sa route vers le cap de Bonne-Espérance, où il fait escale jusqu'au 4 janvier 1938... C'est ensuite la remontée de la côte occidentale d'Afrique avec arrêt à Pointe-Noire, d'où il repart le 2 mars pour les Açores... et l'embouchure de la Gironde, le 30 mai dernier...

III.- Le trésor du sage

(...)

Les dates ont leur éloquence quand il s'agit d'une entreprise aventureuse conçue et exécutée point par point, du premier jusqu'au dernier mille de l'immense parcours, par celui-là même qui s'était donné pour tâche cet itinéraire...

Et qu'on n'aille surtout pas tenter de diminuer l'utilité du geste et sa valeur.

D'autres ont précédé peut-être Bernicot sur ce long chemin solitaire, mais leur but, avant tout sportif, ne pouvait se passer des trompettes de la renommée résonnant par avance à chaque escale, ni des accueils intéressés que leur imposaient, souvent malgré eux, les managers omnipotents du snobisme international...

Et puis aucun d'eux n'était jamais passé par Magellan !...

(...)

BERNARD FRANK

prix des Vikings, 1938.

Extrait de L'*Illustration*, juillet 1938

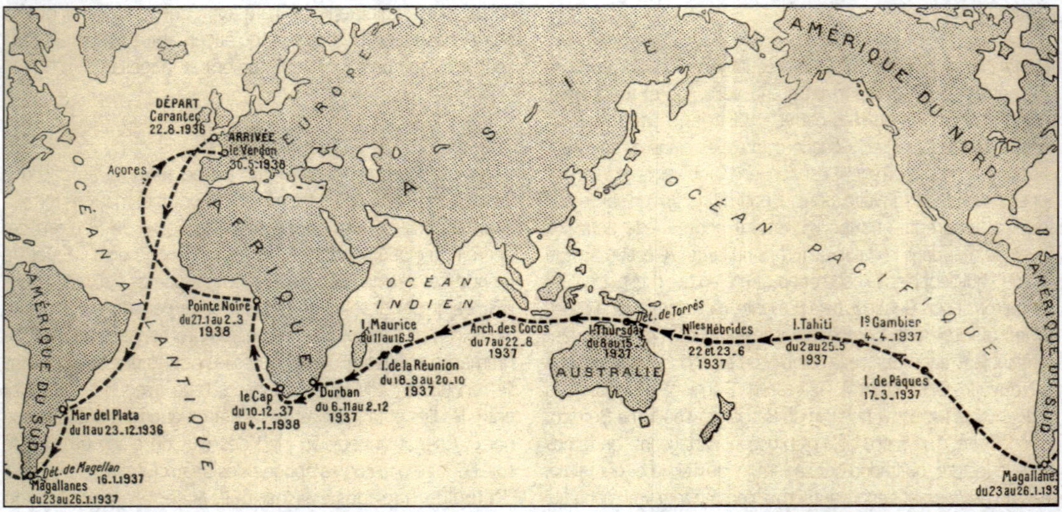

Le périple accompli autour de la Terre en vingt-et-un mois par Louis Bemicot sur un cotre de 10 tonneaux.

---

(1) - Déesse des eaux

(2) - L'été austral

(3) - Magellan

(4) - Arc de 45 degrés servant à observer en mer la distance angulaire des astres

Photo : Claude Fons

Utilisation du gonio

Le radiogoniomètre permet d'obtenir un relèvement d'un radiophare circulaire, mais ce lieu de position est peu précis. L'intérêt actuel du gonio est de permettre d'obtenir le relèvement d'un navire demandant assistance et de le rejoindre.

Mode opératoire

À bord des navires équipés d'une installation à cadres fixes, une courbe des déviations du gonio, en fonction des gisements instrumentaux de l'émetteur, a été établie antérieurement.

Cette courbe a généralement une allure "quadrantale", ce qui signifie que les déviations sont faibles pour les gisements 000°, 090°, 180°, 270° et maximales pour les gisements 045°, 135°, 225°, 315°.

L'observateur note le gisement instrumental Gi correspondant à l'extinction du signal et le cap au compas Cc à cet instant, puis effectue les calculs suivants :

gisement vrai	:	Gv	=	Gi	+	déviation du gonio
cap vrai	:	Cv	=	Cc	+	variation du compas
relèvement vrai	:	Zv	=	Cv	+	Gv

Ce relèvement Zv est porté sur la carte comme un relèvement habituel.

Les plaisanciers utilisent le plus souvent un radiogonio portatif constitué d'une ferrite associée à un compas magnétique de relèvement.

Le relèvement lu sur le compas (Zc) est simplement corrigé de la variation W de ce compas pour obtenir le relèvement vrai (Zv = Zc + W), ce qui revient à négliger la déviation du gonio, généralement faible à bord des navires non métalliques de dimensions modestes.

Précision

La qualité de l'extinction du signal est souvent médiocre. Sur les gonios à cadres, on peut l'améliorer à l'aide d'un réglage utilisant le signal issu d'une antenne filaire (à condition que celle-ci soit en bon état). Un accord de la ferrite doit être recherché sur les gonios portatifs.

À bord des navires métalliques de grandes dimensions, l'exactitude des déviations tirées de la courbe est problématique car elle dépend notamment de la répartition des structures et du gréement métalliques au voisinage des cadres.

La précision du relèvement est de l'ordre de 5 degrés mais les observations crépusculaires ou nocturnes donnent lieu à des erreurs beaucoup plus importantes si la distance du radiophare est supérieure à 30 milles.

Répertoire des radiosignaux

Le SHOM édite un répertoire des radiosignaux (ouvrage 99-RNA) à l'usage du petit cabotage, de la pêche et de la plaisance, couvrant l'Europe occidentale, les Açores et les Antilles, composé de cartes index (à ne pas utiliser pour la navigation).

Vous pouvez le commander au SHOM ou chez les agents commissionnés.

Les radiophares maritimes

(D'après les ouvrages 911 et 912 du SHOM avec l'aimable autorisation du Service hydrographique et océanographique de la marine).

Les fréquences sont données en kHz, la portée en milles.

Tous les radiophares transmettent en classe d'émission A1A (télégraphie à ondes entretenues) une simple porteuse et pas de modulation. La porteuse sera réglée pour fournir un signal en code morse pour l'identification de la station. Un récepteur de recherche de direction devra utiliser l'équipement B.F.O. pour produire une tonalité audible dans le casque du récepteur (voir manuel d'utilisation du récepteur).

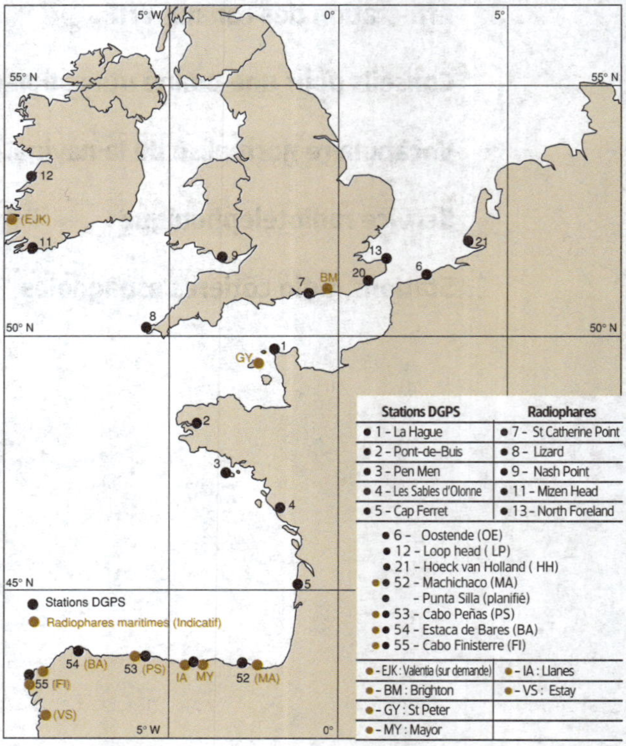

Position	Radiophares	Indicatif	Portée	Fréquence
	Irlande			
51° 55,8' N - 010° 20,9' W	Valentia	EJK •/•–––/–•–	QTG sur demande	
	Sud Grande-Bretagne			
50° 48,7' N - 000° 05,9' W	Brighton Marina (R.C.)	BM –•••/––	10	294,5
	Iles Anglo-Normandes			
49° 27,4' N - 002° 31,4' W	Saint Peter Port (R.C.) Au feu du brise-lames	GY ––•/–•––	10	304,5

Synchronisation pour mesure de distances : Le signal de brume est émis à partir du début du trait long qui suit les 4 indicatifs. Le nombre de secondes séparant le début du trait long et la réception du signal de brume multiplié par 018, donne la distance en milles par rapport à la corne.

Position	Radiophares	Indicatif	Portée	Fréquence
	Espagne			
43° 27,5' N - 002° 45,1' W	Cabo Machichaco (R.C.) Secteur fiable : 110° - 220 °	MA ––/•–	100	284,5
43° 29,5' N - 003° 47,4' W	Cabo Mayor (R.C.) Au feu	MY ––/–•––	100	283,5
43° 25,2' N - 004° 44,9' W	Llanes (R.C.) Au feu	IA ••/•–	50	303,5
43° 39,4' N - 005° 50,8' W	Cabo Peñas (R.C.) Au feu	PS •––•/•••	50	297,5
43° 47,2' N - 007° 41,1' W	Punta Estaca de Barès (R.C.) Au feu	BA –•••/•–	100	292,5
42° 53,0' N - 009° 16,2' W	Cabo Finisterre (R.C.) Au feu	FI ••–•/••	100	288,5
42° 11,2' N - 008° 48,7' W	Cabo Estay, ria de Vigo (R.C.). Au feu	VS •••–/•••	50	312,5

⚠ **Cette liste est à jour au 2 juin 2003 et ne sera désormais plus suivie.**

Les CROSS (contact VHF sur canal 16, 11 et 67), les sémaphores et vigies de la Marine nationale (contact VHF sur canal 16 ou 10) peuvent, à des fins exclusives de sécurité, effectuer des relevés goniométriques des émissions faites sur le canal 16 ou sur l'une des 7 fréquences VHF préréglées prises dans les séries de canaux 01 (156,050 MHz) à 29 (157,450 MHz), et 60 (156,025 MHz) à 88 (157,425 MHz). Ces fréquences ne sont pas les mêmes pour toutes les stations.

Alphabet morse

A	•–	Alfa	H	••••	Hôtel	Q	––•–	Québec	0	–––––	Nadazéro
Ä	•–•–		I	••	India	R	•–•	Roméo	1	•––––	Unaone
À	•––•–		J	•–––	Juliett	S	•••	Sierra	2	••–––	Bissotwo
B	–•••	Bravo	K	–•–	Kilo	T	–	Tango	3	•••––	Terrathree
C	–•–•	Charlie	L	•–••	Lima	U	••–	Uniform	4	••••–	Kartefour
CH	––––		M	––	Mike	Ü	••––		5	•••••	Pantafive
D	–••	Delta	N	–•	November	V	•••–	Victor	6	–••••	Soxisix
E	•	Echo	Ñ	––•––		W	•––	Whisky	7	––•••	Setteseven
É	••–••		O	–––	Oscar	X	–••–	X-Ray	8	–––••	Oktoeight
F	••–•	Foxtrot	Ö	–––•		Y	–•––	Yankee	9	––––•	Novenine
G	––•	Golf	P	•––•	Papa	Z	––••	Zulu			

Sylédis

Le Sylédis (SYstème LÉger de mesure de DIStance) est un système de radionavigation de moyenne portée fonctionnant soit en mode circulaire, soit en mode hyperbolique, par compression d'impulsions. Dans les conditions normales d'utilisation, on peut obtenir sur une distance les précisions suivantes : 1 à 2 m jusqu'à l'horizon radioélectrique et 3 à 5 m jusqu'à 2 fois cet horizon.

La portée moyenne est de 120 km (système géodésique Europe 50).

• Baie de Somme • Baie de Seine • Bretagne : Brest-Lorient

GPS (*Global positioning system*)

Un ensemble de 24 satellites, en orbite autour de la Terre, permet d'obtenir, en permanence et en tout lieu, l'heure exacte et la position du récepteur.

Le calculateur associé au récepteur fournit une évaluation de la qualité du point, qui dépend du nombre et de la répartition des satellites exploitables au-dessus de l'horizon de l'observateur. Il permet aussi de résoudre les problèmes de navigation usuels et de suivre la trajectoire du navire sur un écran (*plotter*).

Mise en service

Il faut initialiser le récepteur lors de la première mise en service ou si la mémoire du calculateur a été effacée. Pour cela, il suffit d'entrer la date, l'heure approximative et la position estimée à quelques degrés près.

Il faut aussi opérer un certain nombre de choix, en particulier :
- Ellipsoïde de référence (WGS 84, EUR 50...)
- Nord (vrai/magnétique)
- Heure (UTC/locale)
- Fonctionnement en :
  * 3 dimensions (3D : latitude - longitude - altitude)
  * 2 dimensions (2D : latitude - longitude)
  * ou automatique (avec commutation 3D/2D par le calculateur en fonction du nombre de satellites reçus)
- Unité de distance (km/mille), etc.

Précision du point

En mer, il est préférable de choisir le fonctionnement 2D. Le récepteur fournit alors une précision de quelques dizaines de mètres.

Un équipement supplémentaire, appelé GPS différentiel, permet d'obtenir une précision de quelques mètres, au voisinage de nos côtes.

Il est nécessaire d'introduire dans le récepteur le nom de l'ellipsoïde de référence de la carte utilisée. Le point calculé peut alors être reporté sans correction sur la carte. Si la référence géodésique de l'appareil ne correspond pas à celle de la carte, l'erreur sur la position peut atteindre plusieurs centaines de mètres. Des corrections en latitude et longitude figurent sur les cartes récentes du SHOM.

L'imprécision de la cartographie de nombreux dangers immergés, si elle résulte de travaux anciens, peut atteindre quelques centaines de mètres. Dans ces conditions, il est dangereux de prétendre se situer avec précision par rapport à ces dangers en utilisant les indications du GPS ou du GPS différentiel.

Enfin, un satellite peut émettre un signal erroné pendant 1 ou 2 heures avant d'être neutralisé, ce qui entraîne un mauvais positionnement pendant ce temps.

Comparé aux autres systèmes de navigation, le GPS peut être considéré comme particulièrement fiable car la réception n'est pas affectée par les conditions météorologiques.

Ce n'est pas une raison pour lui faire totalement confiance.

De graves accidents récents sont là pour le rappeler et une bonne navigation estimée reste indispensable ainsi qu'un recoupement systématique avec les indications des autres procédés de navigation disponibles.

La position de l'antenne est capitale pour obtenir un fonctionnement correct. Sa position idéale à bord doit être recherchée en appelant à l'affichage la fonction d'évaluation de la qualité de la réception.

Il faut devenir méfiant si une dégradation des performances ou une mauvaise qualité de l'alimentation du récepteur est affichée.

Conseils pour une navigation facile et sûre

Il est possible d'entrer dans la mémoire du calculateur quelques centaines de positions géographiques, appelées *Way Points* (WP).

Un WP est généralement un point que l'on désire atteindre : mouillage, entrée de port, lieu de pêche, point de changement de route, etc.

Chaque WP est caractérisé par son nom de code (alphanumérique, choisi par le navigateur) et ses coordonnées géographiques lues sur la carte - ou dans l'Almanach du Marin Breton - puis soigneusement vérifiées après leur entrée à l'affichage.

Un choix raisonné des WP, évitant les zones dangereuses pour la navigation, est fondamental.

Ils seront, si possible, entrés à tête reposée au port et figureront de manière bien claire sur les cartes avec leur nom de code.

En mer, les WP seront appelés à l'affichage, en fonction des besoins de la navigation, à partir du catalogue dans lequel ils auront été classés par le calculateur. Celui-ci fournira alors le relèvement et la distance du WP sélectionné, ainsi que la route fond et la vitesse fond du navire. Ces éléments, comparés à la route surface et à la vitesse surface, déduits du compas et du loch, permettront d'évaluer le courant subi par le navire et la dérive à adopter pour faire route vers le WP.

À la voile, si on remonte au près, en eaux resserrées, pour atteindre un WP, l'utilisation de latitudes limites, longitudes limites ou de relèvements limites du WP permettront de naviguer en sécurité sans être obligé de reporter constamment le point sur la carte.

On pourra aussi utiliser les alarmes sonores disponibles (écart de la route choisie, distance fixée d'un WP, etc.).

L'utilisation d'une carte électronique de qualité, sur laquelle le GPS ou le GPS différentiel place le navire en permanence, est la solution la plus séduisante pour le navigateur professionnel effectuant de fréquents changements de route.

Tableau des messages standard

Type de message	Désignation	Périodicité
1	Correction GPS	aussi souvent que possible
3	Paramètre station de référence	2 fois par heure
5	Santé de la constellation GPS	H + 5 et H + 20 min
6	Message vide	H + 35 et H + 50 min
7	Paramètres radiophares	toutes les 15 min
9	Corrections GPS	aussi souvent que possible
16	Message spécial	à la demande

Pour l'exploitation, il importe d'utiliser un récepteur compatible au format RTCM Sc 104. Les positions des stations sont données, sauf indication contraire, dans le système WGS 84. Mais le point peut être indifféremment calculé par le récepteur GPS dans le système WGS 84 ou dans celui de la carte selon le choix de l'utilisateur.

Les numéros d'identification sont indiqués en tête des messages de type 1 ou 9 du message de correction, le numéro de l'émetteur en tête du message de type 7 du message de correction.

N.D.L.R. : Il est recommandé de se reporter à l'ouvrage « GPS et navigation maritime » (940-ROA) des Guides du S.H.O.M., réédité en 2003.

Station GPS différentiel

Nom de la station	Vitesse en bits/s	Portée en milles	N° identification	Émetteur	Situation
Fréquence en kHz			Position		Types de messages transmis
Grande-Bretagne					
Nash Point			689	449	opérationnelle
309,5	100	100	51° 24,0' N	003° 33,1' W	3 - 7 - 9 - 16
North Foreland			688	448	opérationnelle
299,5	100	100	51° 22,5' N	001° 26.7' W	3 - 7 - 9 - 16
St Catherine's Point			680	440	opérationnelle
307,5	100	100	50° 34,54' N	001° 17,87' W	3 - 7 - 9 - 16
Lizard			681	441	opérationnelle
306	100	150	49° 57,6' N	005° 12,1' W	3 - 7 - 9 - 16
Irlande					
Loop Head			665	432	en expérimentation
293	100	150	52° 33,6' N	009° 55,9' W	3 - 7 - 9 - 16
Mizen Head			660	430	en expérimentation
284	100	150	51° 27,1' N	009° 49,2' W	3 - 7 - 9 - 16
Hollande					
Hoek van Holland			660/651	425	en expérimentation
312,5	200	120	51° 58,9' N	004° 06,8' E	2 - 3 - 5 - 7 - 9 - 16
Belgique					
Oostende			640/641	420	en expérimentation
312	200	38	51° 14,36' N	002° 55,94' E	1 - 3 - 6 - 7 - 16
France					
La Hague			460		opérationnelle
299	100	97	49° 34,9' N	001° 46,7' W	1 - 3 - 5 - 7 - 9
Pont-de-Buis			462		opérationnelle
308,5	100	108	48° 18' N	004° 05' W	1 - 3 - 5 - 7 - 9
Pen Men			463		opérationnelle
309	100	97	47° 38,9' N	003° 30,5' W	1 - 3 - 5 - 7 - 9
Les Sables d'Olonne			464		opérationnelle
307	100	108	46° 31' N	001° 48' W	1 - 3 - 5 - 7 - 9
Cap Ferret			466	336	opérationnelle
310	100	97	44° 39' N	001° 15' W	1 - 3 - 5 - 7 - 9
Espagne					
Punta Silla			502/503	351	planifiée
289	100	100	43° 24' N	004° 25' W	-
Machichaco			500/501	350	en expérimentation
285	100	100	43° 27,4' N	002° 45,1' W	-
Cabo Peñas			503/504	352	en expérimentation
295	100	100	43° 39,4' N	005° 50,8' W	-
Estaca de Bares			505/506	353	opérationnelle
293	100	100	43° 47,2' N	007° 41,1' W	3 - 5 - 6 - 7 - 9 - 16
Cabo Finisterre			507/508	354	opérationnelle
289	100	100	42° 52,9' N	009° 16,2' W	3 - 5 - 6 - 7 - 9 - 16

Loran C

Le système Loran C (LOng RAnge Navigation) est un système de radiolocalisation à infrastructure terrestre. Il comporte un secteur terrestre (émetteurs et station de contrôle) et un secteur utilisateur (équipement de réception).
L'unité de base du secteur terrestre est un couple de stations composé d'un émetteur maître M et d'un émetteur esclave (V, W, X, Y, Z) déclenché par le premier et définissant un lieu hyperbolique de réception. Plusieurs couples « maître-esclave » définissent un réseau hyperbolique.

Le Loran C fonctionne sur 100 kHz à partir d'émissions à forte puissance.

Stations	Latitude	Longitude	P.kW	Emission Delay
Chaîne Est Europe - Nels Sylt (7 499) - Référence géodésique WGS 84				
M - Sylt (Allemagne)	54° 48' 29,975" N	008° 17' 36,856" E	250	
X - Lessay (France)	49° 08' 55,224" N	001° 30' 17,029" W	250	14 100
Y - Vœrlandet (Norvège)	61° 17' 49,435" N	004° 41' 46,618" E	250	29 500
Renseignements : NODECA (Norwegian Defence Communications and Data Services Administration) - Oslo mil/Akershus, N - 0015 Oslo - Norway Tél. : + 47 22 40 24 76 - Fax : + 47 22 40 23 91				
Chaîne Sud Europe - Nels Sylt (6 731) - Référence géodésique WGS 84				
M - Lessay (France)	49° 08' 55,224" N	001° 30' 17,029" W	250	
X - Soustons (France)	43° 44' 23,099" N	001° 22' 49,584" W	250	13 000
Z - Loop Head (Irlande)*	52° 35' 01,57" N (± 10")	009° 49' 07,96" W (± 10")	250	27 300
Y - Sylt (Allemagne)	54° 48' 29,975" N	008° 17' 36,856" E	250	42 100
*Planifié Renseignements : DCN Brest - Centre de contrôle du réseau NELS (NELS/CCB) Tél. : + 33 02 98 27 60 44 - Fax : + 33 02 98 27 60 54 - Courriel : loranccb@cedocar.fr				

Balises radar (Racons)

Les balises radar sont des balises dotées d'un dispositif d'émission radioélectrique fonctionnant dans l'une ou les deux bandes de fréquences utilisées par les radars de navigation embarqués sur les navires.
L'émission d'une telle balise permet au navire de l'identifier grâce à l'image caractéristique qu'elle donne sur l'écran radar de celui-ci, en réponse aux émissions de son radar.
Dans le tableau ci-dessous, les portées sont exprimées en milles. Sauf indications contraires, le signal est soit un trait continu soit une lettre morse (par ex. : O/ – – –) et le secteur est de 360°.

Sud Grande-Bretagne

Position	Nom	Bande	Période	Portée	Signal
50°03,6' N - 006°04,3' W	**Seven Stones** - Au feu flottant	3 et 10 cm		15	**O** / – – –
49°58,7' N - 006°19,4' W	**Round Island** - Au feu	3 et 10 cm		10	**M** / – –
49°52,3' N - 006°26,7' W Secteur 254° à 215°	**Bishop Rock** - Au feu	3 et 10 cm		18	**T** / –
49°56,7' N - 005°48,5' W	**Wolf Rock** - Au feu	3 et 10 cm		10	**T** / –
50°10,8' N - 004°15,9' W	**Eddystone** - Au feu	3 et 10 cm		10	**T** / –
50°39,6' N - 001°36,8' W	**Bridge** - À la bouée lumineuse	3 et 10 cm		10	**T** / –
50°47,2' N - 001°18,6' W	**West Bramble** - À la bouée lumineuse	3 cm	45 s	3	**T** / –
50°40,1' N - 000°57,1' W	**Nab** - Au feu	3 et 10 cm		10	**T** / –
50°38,6' N - 000°41,1' W	**Owers** - Bouée lumineuse	3 et 10 cm		10	**O** / – – –
50°24,5' N - 000°00,1' W	**Greenwich** - Bateau-feu	3 et 10 cm		10	**M** / – –
51°01,3' N - 001°24,0' E	**Varne** - Au bateau-feu	3 et 10 cm		10	**T** / –
51°06,1' N - 001°38,4' E	**MPC** - À la bouée lumineuse	3 et 10 cm		10	**O** / – – –
51°09,4' N - 001°47,2' E	**Sandettié** - Au feu flottant	3 et 10 cm		10	**T** / –
51°13,2' N - 001°36,5' E	**East Goodwin** - Au bateau-feu	3 et 10 cm		10	**T** / –
51°20,3' N - 001°34,3' E	**N.E. Goodwin** - À la bouée lumineuse	3 et 10 cm		10	**M** / – –
51°16,4' N - 001°52,3' E	**Inter Bank** - À la bouée lumineuse	3 et 10 cm		10	**M** / – –
51°23,8' N - 002°00,6' E	**Dover Strait DST** - Au bateau-feu *F3*	3 et 10 cm		10	**T** / –

Hollande

Position	Nom	Bande	Période	Portée	Signal
52°10,95' N - 003°04,85' E	**Noord Hinder Noord** - À la bouée lumineuse	3 cm	120 s	10	**K** / – • –
52°00,1' N - 002°51,2' E	**Noord Hinder** - À la bouée lumineuse	3 et 10 cm		12 - 15	**T** / –
51°36,4' N - 003°58,1' E	**Keeten B** - À la bouée lumineuse	3 cm			**K** / – • –

Belgique

Position	Nom	Bande	Période	Portée	Signal
51°23,4' N - 002°26,3' E	**Westhinder** - Au feu	3 cm			**W** / • – –
51°21,1' N - 002°42,9' E	**Westhinder Route** - À la bouée *KB*	3 cm			**K** / – • –
51°16,49' N - 002°26,85' E	**Oostdyck** - À la tour radar	3 et 10 cm			**O** / – – –
51°23,4' N - 003°12,0' E	**Bol Van Heist** - Au feu *MOW 3*	3 et 10 cm		10	**H** / • • • •
51°23,7' N - 003°02,8' E	**Wandelaar** - Au feu *MOW 0*	3 et 10 cm		10	**S** / • • •

Radionavigation

Manche Est - France et îles Anglo-Normandes					
Position	**Nom**	**Bande**	**Période**	**Portée**	**Signal**
51°03,03' N - 001°51,84' E	**Dunkerque** - À la bouée *Dyck*	3 et 10 cm			**B / –•••**
50°39,7' N - 001°22,3' E	**Vergoyer Nord** - À la bouée	3 et 10 cm		5-8	**C / –•–•**
50°32,8' N - 000°57,8' E	**Bassurelle** - À la bouée	3 et 10 cm		5-8	**B / –•••**
49°31,7' N - 000°09,9' W	**Le Havre** - À la bouée-phare	3 et 10 cm		8-10	
49°45,9' N - 000°17,5' W	**Le Havre - Antifer** - À la bouée *A5*	3 cm			**K / –•–**
50°12,1' N - 001°12,5' W	**English Channel** - À la bouée *EC 2*	3 et 10 cm		10	**T / –**
49°54,4' N - 002°53,7' W	**Channel** - Au feu flottant	3 et 10 cm		15	**O / –––**
49°58,7' N - 002°28,9' W	**East Channel** - À la bouée-phare	3 et 10 cm		10	**T / –**
49°43,4' N - 002°22,5' W	**Les Casquets** - Au feu	3 et 10 cm		25	**T / –**
49°30,9' N - 002°29,0' W	**Platte Fougère** - Au feu	3 cm			**P / •––•**
49°09,1' N - 002°06,0' W	**Saint-Hélier (Demie-de-Pas)** - Au feu	3 cm	120 s	10	**T / –**

Atlantique - France					
Position	**Nom**	**Bande**	**Période**	**Portée**	**Signal**
48°45,9' N - 005°11,6' W	**Ouessant NE** - Bouée lumineuse	3 cm	120/150 s	20	**B / –•••**
48°31,2' N - 005°49,1' W	**Ouessant SW** - Bouée-phare	3 et 10 cm	15 s	10	**M / ––**
48°03,8' N - 005°07,7' W	**Chaussée de Sein** - Bouée	3 cm	120/150 s	10	**O / –––**
48°27,55' N - 005°07,75' W	**Creac'h** - Phare	3 et 10 cm			**C / –•–•**
Secteur : 355° - 275°					
47°00,0' N - 002°40,0' W	**Saint-Nazaire** - Bouée *SN 1*	3 cm		3/8	**Z / ––••**
47°07,6' N - 002°20,1' W	**Saint-Nazaire** - *La Couronnée*	3 cm		3/5	
Signal : 4 groupes de 2 points espacés régulièrement, émission de 15 s toutes les 30 s					
45°37,6' N - 001°28,6' W	**BXA** - Bouée	3 cm	120/150 s		**B / –•••**

Atlantique - Espagne					
Position	**Nom**	**Bande**	**Période**	**Portée**	**Signal**
43°20,2' N - 001°55,4' W	**Pasajès** - Station de pilotage	3 cm	72 s	20	**K / –•–**
43°19,90' N - 001°55,6' W	**Puerto de Pasajès** - Au feu directionnel de Senocozulúa	3 et 10 cm		6	**M / ––**
43°19,5' N - 002°24,9' W	**Ondarroa** - Au feu	10 cm		12	**G / ––•**
43°22,7' N - 003°05,0' W	**Bilbao (digue Punta Lucero)** - Au feu	3 cm	72 s	20	**X / –••–**
43°28,0' N - 003°46,3' W	**Punta Rabiosa** - Au feu antérieur	3 et 10 cm		10	**K / –•–**
43°23,1' N - 008°21,2' W	**Punta Mera** - Au feu antérieur	3 et 10 cm		18	**M / ––**
Secteur 020° à 196°					
43°20,7' N - 008°22,2' W	**Punta Fiaiteira** - Au feu antérieur	3 et 10 cm		11/21	**X / –••–**
43°09,7' N - 009°12,7' W	**Cabo Villano** - Phare	3 et 10 cm		35	**M / ––**
43°01,8' N - 009°16,4' W	**Cabo Toriñana** - À la tour radar de Monte Xatas	3 et 10 cm		35	**T / –**
42°53,0' N - 009°16,2' W	**Cabo Finisterre** - Phare	3 et 10 cm		35	**O / –––**
42°34,6' N - 009°05,3' W	**Cabo Corrubedo** - Au feu	3 et 10 cm			**K / –•–**
42°33,0' N - 008°56,3' W	**Isla Rua** - Au feu	3 et 10 cm		10/20	**G / ––•**
Secteur 211° - 121°					
42°11,2' N - 008°48,7' W	**Cabo Estay**		72 s	22	**B / –•••**

Affectation des canaux VHF

1 - Canal 16 : **Veille - Sécurité et sauvegarde de la vie humaine en mer**
Canal 70 : Appel sélectif numérique (ASN) pour la détresse et la sécurité

Veille obligatoire ! Attention à la bonne formulation des messages PAN PAN et MAYDAY !

2 - Navire-Navire : Canaux 06 - 08 - 72 et 77
(À plus de 40 milles des côtes et à condition de ne gêner aucun des services publics, les canaux simplex non affectés à ceux-ci peuvent être utilisés)

3 - Opérations portuaires :
- Canal 09 : ports de plaisance
- Canal 12 : ports de pêche ou de commerce
- Canal 14 : entrées des estuaires

N.B. : Les CROSS, les sémaphores annoncent sur le canal 16 leur canal de dégagement pour la diffusion des bulletins météo, des AVURNAV, etc.

Conseils pour une bonne utilisation de la VHF

1 - Choisir le bon canal : éviter de prendre un canal réservé par convention à un service (CROSS, sémaphore, opération portuaire, etc.).
2 - Ménager un intervalle entre chaque communication et limiter la conversation.
3 - Limiter la puissance d'émission au minimum nécessaire.
4 - Le canal 16 et le canal 70 (appel sélectif numérique) sont réservés.

Vocabulaire normalisé de la navigation maritime

(communication radio relative à l'assistance)

Français	Anglais
- **J'ai besoin d'aide** • Je coule • J'ai eu un abordage • Je suis échoué	- **I need help** • I am sinking • I have been in collision • I am aground
- **J'ai un incendie à bord** • dans la salle des machines • dans la cale • dans les locaux d'habitation	- **I am on fire** • in the engine room • in the hold • in the accomodation
- **J'ai perdu un homme en mer** • Prière d'aider à la recherche et au sauvetage	- **I have lost a man overboard** • Please help with search and rescue
- **Quelle est votre position ?** • Quelle est la position du navire en détresse ?	- **What is your position ?** • What is the position of the vessel in detress ?
- **De quelle aide avez-vous besoin ?**	- **What assistance is required ?**
- **J'ai besoin** • d'une embarcation de sauvetage • d'un hélicoptère • d'aide médicale • d'aide pour combattre un incendie • d'un remorqueur	- **I require** • a lifeboat • an helicopter • medical assistance • fire-fighting assistance • a tug
- **Je viens à votre aide**	- **I am coming to your assistance**
- **Je compte vous atteindre à ... heures**	- **I expect to reach you at ... hours**
- **Je vous envoie une embarcation**	- **I am sending a boat to you**
- **Protégez** • mon navire • l'embarcation	- **Make a lee for** • my vessel • the boat
- **Je ne peux pas envoyer une embarcation**	- **I cannot send a boat**
- **Peut-on tirer une fusée en toute sécurité ?**	- **Is it safe to fire a rocket ?**
- **Prière d'organiser la recherche et le sauvetage**	- **Please take command of search and rescue**
- **Je n'ai pas besoin d'assistance**	- **Assistance is not required**
- **Je n'ai plus besoin d'assistance**	- **Assistance is no longer required**
- **Vous devez garder le silence radio dans cette zone sauf s'il s'agit de messages relatifs à l'accident**	- **You must keep radio silence in this area unless you have messages about the casualty**

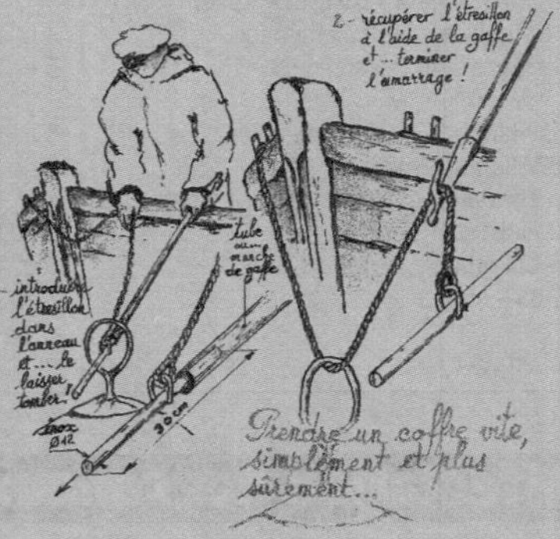

Service radiotéléphonique

Les fréquences sont exprimées en kHz - La puissance est exprimée en kW.

Oostende Radio (OST) (OSU)
51° 11' N – 002° 48' E
Tél. + 32 59 705 565 Telex : 81257/81080Z CSRAD B
Tél. + 32 59 701339 Courriel : rmd@navy.mil.be

Fréquence émission	Fréquence réception	Puissance	Veille
2 182 (MF)	2 182		H24
4 387 (HF)	4 095		
6 504 (HF)	6 203	10	
8 761(HF)	8 237		H24
13 095 (HF)	12 248		Heures paires entre 8 h 00 et 21 h 00
17 278 (HF)	16 396		Heures impaires entre 9 h 00 et 20 h 00
22 750 (HF)	22 054		

- MF : Liste de trafic sur 2 182 et 2 176 kHz aux heures paires à H + 20
- HF : Liste de trafic sur 8 761 et 13 095 kHz à H + 00 de 8 h 00 à 21 h 00 et sur 17 278 kHz à H + 00 de 09 h 00 à 20 h 00

Monaco Radio (3AC) (3AF) Inmarsat C +583 4920 808 98
43° 43' N – 007° 25' E
de 07 h 00 à 23 h 00 locales
Tél. HF + 377 9330 7300 Telex : +42 469300 MCORAD
Tél. VHF + 377 9330 1313 Fax + 377 9330 1300
Courriel : monaco-radio@monaco-telecom.mc

Fréquence émission	Fréquence réception	Puissance	Veille
4 363	4 071		
8 806	8 282		
13 152	12 305	10	Heures de service
17 323	16 441		
22 846	22 150		

- Liste de trafic à H + 00

Bern Radio (HEB) (HEC)
41° 01' N – 007° 27' E
Tél. + 41 31 688 44 22 Fax + 41 31 688 44 88
Courriel : office@bernradio.ch http://www.bernradio.ch

Fréquence émission	Fréquence réception	Puissance	Veille
4 378	4 086		
8 782	8 258		Heures de service
13 164	12 317	10	(6 h 00 - 22 h 00)
17 272	16 390		1 heure plus tôt en été
22 789	22 093		

- Liste de trafic à 07 h 15, 11 h 15, 15 h 15 et 19 h 15 UTC

Madrid Radio (Espagne)
40° 22' N – 003° 17' E
Télécommandée par le CCR Madrid
Tél. + 34 915 84 33 00 Fax + 34 915 84 33 08

Fréquence émission	Fréquence réception	Puissance	Veille en UTC
8 728	8 204		H 24
8 746	8 222		21 h 00 - 06 h 00
13 077	12 230		H 24
13 176	12 329	10	21 h 00 - 06 h 00
17 329	16 447		18 h 00 - 22 h 00
17 350	16 468		05 h 00 - 22 h 00
19 755	18 780		06 h 00 - 11 h 00
22 780	22 084		11 h 00 - 18 h 00

- Liste de trafic toutes les 4 heures à partir de 02 h 03 UTC

Radio Vacation Pêche
Tél. +33 (0)2 98 58 57 56 Fax +33 (0)2 98 58 64 12

Horaires (loc.)	Émission	Réception	Écoute
de 9 h 00 à 9 h 20 : navires éloignés	4 411 kHz	4 119 kHz	2 096 kHz
de 9 h 30 à 12 h par criée	**1 671 kHz**	**2 096 kHz**	**4 119 kHz**
de 9 h 30 à 9 h 40	Yeu	10 h 05 à 10 h 20	Penmarc'h
de 9 h 40 à 9 h 55	Concarneau	10 h 20 à 10 h 40	Loctudy - Lesconil
de 9 h 55 à 10 h 05	Douarnenez - Audierne	10 h 40 à 11 h 00	Le Guilvinec

- Fréquence de secours : 3 722 kHz en émission et 3 317 kHz en réception
- Écoute des navires du lundi au vendredi jusqu'à 12 h et de 15 h à 16 h
- Appel des navires le samedi, le dimanche et jours fériés de 9 h à 11 h
- Les navires en partance doivent indiquer aux opérateurs le moment où ils seront en zone de vacation « navires éloignés »

Stations radio côtières espagnoles

Télécommandées par la Téléfónica de España (Centro de communicaciones Radiomaritimas)
CCR Bilbao : Tél. + 34 94 416 02 60 - Fax + 34 94 488 38 44
CCR Coruña : Tél. + 34 98 118 38 29 - Fax + 34 98 113 14 10
En VHF, contacter les stations sur les canaux de travail

	Stations	Fonctionnement	Fréquences		Avertissements	
			Émission	Réception		
Bilbao CCR - Bilbao radio	**Machichaco**					
	43° 27' N - 002° 45' W	**M**	1 707	2 132	Zone côtière frontière France-Espagne jusqu'au méridien 6°W à 07 h 03 et 19 h 03 Liste de trafic à H imp. + 33 min sauf à 01 h 33 et 21 h 33 UTC	
		AL	2 586	3 287		
	Cabo Peñas					
	43° 39' N - 005° 51' W	**M**	1 677	2 102	Zone côtière frontière France-Espagne jusqu'au méridien 6°W à 07 h 03 et 19 h 03 Liste de trafic à H imp. + 33 min sauf à 01 h 33 et 21 h 33 UTC	
		AL	2 649	3 231		
	Pasajes					
	43° 17' N - 001° 55' W	**M**	Can. 27	Can. 27		
		AL	Can. 25	Can. 25		
	Bilbao					
	43° 21' N - 003° 02' W	**M**	Can. 26	Can. 26		
		AL	Can. 04	Can. 04		
	Santander					
	43° 25' N - 003° 36' W	**M** **AL**	Can. 24	Can. 24		
	Cabo Peñas					
	43° 39' N - 005° 51' W	**M**	Can. 23	Can. 23		
		AL	Can. 25	Can. 25		
	Navia					
	43° 25' N - 006° 50' W	**M**	Can. 60	Can. 60		
Coruña CCR - Coruña Radio	**Coruña**					
	43° 22' N - 008° 27' W	**M**	1 698	2 123	Liste trafic H imp. + 33 min (sauf 01 h 33 et 21 h 33 UTC)	Avertissements d'ordre général à 7 h 03 et 19 h 03 UTC
		AL	2 806	3 283		
	Finisterre					
	42° 54' N - 009° 16' W	**M**	1 764	2 108	Liste trafic H imp. + 33 min (sauf 01 h 33 et 21 h 33 UTC)	Avertissements d'ordre général à 7 h 03 et 19 h 03 UTC
		AL	2 596	3 280		
	Cabo Ortegal					
	43° 35' N - 007° 47' W	**M**	Can. 02	Can. 02	Avertissements d'ordre général à 8 h 40 et 20 h 10 UTC	
	Coruña					
	43° 22' N - 008° 27' W	**M**	Can. 26	Can. 26	Avertissements d'ordre général à 8 h 40 et 20 h 10 UTC	
		AL	Can. 28	Can. 28		
	Finisterre					
	42° 54' N - 009° 16' W	**M**	Can. 22	Can. 22	Avertissements d'ordre général à 8 h 40 et 20 h 10 UTC	
		AL	Can. 27	Can. 27		
	Vigo					
	42° 10' N - 008° 41' W	**M**	Can. 65	Can. 65	Avertissements d'ordre général à 8 h 40 et 20 h 10 UTC	
		AL	Can. 62	Can. 62		
	La Guardia					
	41° 53' N - 008° 52' W	**M**	Can. 21	Can. 21	Avertissements d'ordre général à 8 h 40 et 20 h 10 UTC	

*M = manuel - **AL** = autolink

Photo : Claude Fons

Phares et Feux

N'appareillez pas avec des documents qui ne sont pas à jour !

En France, dans tous les ports importants existe un Bureau d'information.
On peut y consulter les groupes hebdomadaires d'Avis aux navigateurs.

Cet almanach est à jour au 1er septembre 2003.
Nous nous tenons à votre disposition pour vous fournir la mise à jour au 1er janvier et au 1er juin des principales corrections publiées par le SHOM et reproduites avec son aimable autorisation.
Voir coupon en fin d'Almanach.

Extrait des livres des feux et signaux de brume (CA-CB-E) et des instructions nautiques (C21-C22-C23) du SHOM - Contrat n° E28/99.

Caractéristiques des feux

1° Feux fixes
Ce sont des feux qui, sur un relèvement donné, laissent apparaître une lumière continue et uniforme.

2° Feux à occultations
Durées de lumière nettement plus longues que les durées d'obscurité.

3° Feux à éclats
Durées de lumière nettement plus courtes que les durées d'obscurité.

4° Feux isophases
Feux montrant des apparitions égales et successives de lumière et d'obscurité.

5° Feux scintillants
Alternances de lumière et d'obscurité paraissant très rapides. Elles sont en moyenne ≥50/minute (feu scintillant rapide de 80 à 160 éclats/minute et feu scintillant ultra-rapide ≥160 éclats/minute).

6° Feux alternatifs
Alternance de couleurs différentes.

7° Feux à secteurs
Le même feu peut avoir des couleurs et des caractères différents suivant l'endroit d'où on l'observe : il est appelé dans ce cas feu à secteurs. Le plus souvent la couleur varie d'un secteur à un autre. La description de ces feux consiste à donner les relèvements qui limitent chaque secteur ou à indiquer ses caractères. Les relèvements limites sont indiqués en degrés, de l'observateur vers le feu. L'ordre des secteurs est donné dans le sens des aiguilles d'une montre. Les limites des secteurs et les amplitudes correspondantes ne sont pas rigoureuses. On doit s'abstenir de naviguer systématiquement sur ces limites.

8° Périodes
On appelle période l'intervalle de temps au bout duquel un feu qui n'est pas fixe reprend les mêmes aspects dans le même ordre.

9° Hauteurs des feux
Dans la liste qui suit les hauteurs des feux sont données au-dessus du niveau de pleine mer moyenne de vive-eau (coefficient 95) et calculées en mètres.

10° Portée des feux
a) Portée lumineuse

La distance à laquelle on peut apercevoir un feu dépend évidemment de la puissance de son foyer lumineux. Elle change pour un même feu avec la transparence de l'air.

Les portées lumineuses par temps moyen sont données en milles (1 852 m). Elles indiquent les distances pour lesquelles on a cinquante chances sur cent d'apercevoir la lumière du feu.

b) Portée géographique

Pour qu'un observateur puisse apercevoir un feu à distance déterminée, l'intensité lumineuse ne suffit pas. Encore faut-il qu'à cette distance le feu se trouve au-dessus de l'horizon apparent. La plus grande distance à laquelle un feu réalise cette condition est sa portée géographique.

La portée géographique dépend :
1° de la hauteur de l'œil de l'observateur au-dessus de l'eau ;
2° de la hauteur du feu au-dessus du niveau de la mer ;
3° de la réfraction.

Le tableau ci-dessous, établi pour une valeur moyenne du coefficient de réfraction, permet de calculer approximativement la portée géographique d'un feu. On prend dans la colonne " Élévation " les deux hauteurs, celle de l'œil et celle du feu, et on additionne les " portées en milles " correspondantes.

Exemple : L'œil de l'observateur étant à 8 m au-dessus de l'eau et la hauteur du foyer lumineux étant de 40 m, je trouve dans la colonne " Élévation " en face des deux hauteurs 8 m et 40 m les portées 5, 9 et 13,1.

La portée géographique approchée est : 5,9 + 13,1 = 19 milles.

Élévation en mètres	Portée en milles	Élévation en mètres	Portée en milles
2	2,9	45	13,9
3	3,6	50	14,7
4	4,2	55	15,4
5	4,6	60	16,1
6	5,1	70	17,4
7	5,5	80	18,6
8	5,9	90	19,7
9	6,2	100	20,8
10	6,6	120	22,8
12	7,2	140	24,6
14	7,8	160	26,3
16	8,3	180	27,9
18	8,8	200	29,4
20	9,3	250	32,9
25	10,4	300	36,0
30	11,4	350	38,9
35	12,3	400	41,6
40	13,1		

c) Portée nominale

Il s'agit de la portée par visibilité météorologique de 10 milles pour un observateur à l'œil normal, placé dans des conditions de contraste normales.

C'est cette portée qui est généralement indiquée dans l'Almanach (1).

11° Antérieur - Postérieur
Antérieur désigne le feu en aval ;
Postérieur, le feu en amont.

(1) En ce qui concerne les bouées du large, on peut considérer que, vues d'un petit bateau par temps clair, leur portée moyenne est de 5 milles.

***Nota :** les azimuts, les routes et les relèvements sont comptés de 0° à 360° à partir du nord vrai et vers l'est.*

Caractéristiques des signaux de brume

Les signaux sonores se différencient les uns des autres par la nature des sons émis ou par le rythme suivant lequel ils se succèdent.

Le diaphone
Son puissant sur une note grave, se terminant par une chute brusque de son plus grave.

La sirène
Son de puissance moyenne, soit sur une note basse, soit sur une note élevée ou encore une combinaison des deux.

La trompette
Son assez élevé mais de puissance faible surtout lorsque l'appareil est actionné à la main.

Le nautophone
Son assez élevé, de puissance faible comme la trompette.

Le sifflet

La cloche.

Observation importante : Les navigateurs doivent se montrer très prudents dans l'utilisation d'un signal sonore, même si sa nature et son rythme ont été parfaitement reconnus. Dans tous les cas, il est indispensable de contrôler les indications des signaux sonores à l'aide de celles que fournit la sonde.

En effet :
1° La portée des signaux de brume est très variable ;
2° La distance ne peut être appréciée d'après l'intensité du son ;
3° La direction dans laquelle on croit entendre le signal peut être complètement erronée ;
4° Dans certaines conditions atmosphériques, lorsqu'un signal est une combinaison de sons élevés et bas, l'un des sons peut être inaudible ;
5° Dans une certaine zone, le signal peut ne pas être perçu en raison de l'orientation des cornets ;
6° La brume peut être proche d'une station et n'en pas être vue. Par suite, le signal correspondant peut ne pas être actionné ;
7° Sur les bouées, la cloche et le sifflet sont généralement actionnés par les vagues. Les sons émis sont irréguliers.

Abréviations utilisées

1° En vert, le nom des feux ou alignements
2° Une étoile magenta en marge du nom du feu signale les feux importants
3° En gras les caractères et couleurs d'éclairage

Abréviations Almanach	Abréviations internationales	Français	Anglais
Al	Al	Alternatif	Alternating
Dir	Dir	Directionnel	Direction Light
Fixe	F	Fixe	Fixed
Fl	Fl	Éclat	Flashing
intens	intens	Intensifié	Intensified sector
IQ	IQ	Scintillant discontinu	Interrupted Quick Flashing
Iso	Iso	Isophase	Isophase
IUQ	IUQ	Scintillant rapide discontinu	Interrupted Ultra Quick
LFl	LFl	Éclat long	Long Flashing
Mo (K)	Mo (K)	Lettre morse (K)	Morse Code (K)
obscd	obscd	Obscur	Obscur
Oc	Oc	Occultation	Occulting
Oc (2)	Oc (2)	Occultation groupée	Group occulting
Occas	Occas	Occasionnel	Occasional
Q	Q	Scintillant	Quick Flashing
unintens	unintens	Atténué	Unintensified
UQ	UQ	Scintillant ultra rapide	Ultra Quick Flashing
vis	vis	Visible	Visible
VQ	VQ	Scintillant rapide	Very Quick Flashing
Bu	Bu	Bleu	Blue
G	G	Vert	Green
Or	Or	Orange	Orange
R	R	Rouge	Red
Vi	Vi	Violet	Violet
W	W	Blanc	White
Y	Y	Jaune, orange	Yellow, orange
M	M	Milles	Nautical miles
m	m	Mètre	Metre
s	s	Secondes	Seconds
Réflecteur radar		Réflecteur radar	Radar reflector
(horiz)	(hor)	Horizontal	Horizontal
(vertic)	(vert)	Vertical	Vertical
Dia	Dia	Diaphone	Diaphone
Aéro		Aéromaritime	

Phares et feux

Irlande - Côte sud

De Tuskar Rock à Rosslare

★ **Tuskar Rock Q (2) 7,5 s**
(52°12,2 N - 006°12,4 W) - 33 m - 24 M
Tour blanche 34 m - Corne 4 sons 45 s - Racon
Allumé en permanence

South Rock Q (6) + LFl 15 s
(52° 10,8 N - 006° 12,8 W)
Bouée cardinale Sud

South Shear - Splaugh Fl R 6 s
(52° 14,3 N - 006° 16,7 W)
Bouée latérale bâbord

South Shear - South Long VQ (6) + LFl 10 s
(52° 14,8 N - 006° 15,6 W)
Bouée cardinale Sud - Sifflet

South Shear - Calmines Fl R 2 s
(52° 14,9 N - 006° 17,7 W)
Bouée latérale bâbord

Holdens Bed - South Holdens Fl (2) G 6 s
(52° 15,3 N - 006° 17,5 W)
Bouée latérale tribord

Holdens Bed - West Holdens Fl (3) G 10 s
(52° 15,7 N - 006° 18,7 W)
Bouée latérale tribord

Rosslare - Extrémité jetée Oc WRG 5 s
098-**G**-188-**W**-208-**R**-246-**G**-283-**W**-286-**R**-320
(52° 15,4 N - 006° 20,2 W) - 15 m - W 13M, R 10 M, G 10 M
Tourelle métallique rouge 5 m
Nota : Fixe R sur château d'eau à 0,8 M au SSE

De Rosslare à Wexford

North Shear - West Long Q G
(52° 18,2 N - 006° 17,9 W)
Bouée latérale tribord

Lucifer VQ (3) 5 s
(52° 17,0 N - 006° 12,7 W)
Bouée cardinale Est

North Shear - North Long Q
(52° 21,4 N - 006° 17,0 W)
Bouée cardinale Nord - Sifflet

De Tuskar Rock à Youghal

Fundale Fl (2) R 10 s
(52° 10,7 N - 006° 20,2 W)
Bouée latérale bâbord

Barrels Q (3) 10 s
(52° 08,3 N - 006° 22,0 W)
Bouée cardinale Est - Sifflet

Kilmore - Extrémité brise-lames QRG
269- **R**-354-**G**-003-**R**-077
(52° 10,2 N - 006° 35,1 W) - 7 m - 5 M
Colonne métallique blanche 3 m

★ **Bateau-feu *Coningbeg* Fl (3) 30 s**
(52° 02,4 N - 006° 39,4 W) - 12 m - 24 M
Coque rouge, deux mâts - Allumé en permanence - Corne 3 sons 60 s - Racon - Détecteur de brume VQ W

★ **Hook Head Fl 3 s**
(52° 07,3 N - 006° 55,7 W) - 46 m - 23 M
Tour blanche, 2 bandes noires, 35 m
Allumé de jour quand le signal de brume fonctionne
Corne 2 sons 45 s - Racon

Waterford - Duncannon Dir Oc WRG 4 s
358-**G**-001,7-**W**-002,2-**R**-006
(52° 13,2 N - 006° 56,2 W) - 13 m - W 11 M, R 8 M, G 8 M
Tour blanche sur le fort 8 m

— Feu auxiliaire **Oc WR 4 s**
119-**R**-149-**W**-172
même support - 13 m - W 9 M, R 7 M

★ **Dunmore East - Extrémité quai Est Fl WR 8 s**
225-**W**-310-**R**-004
(52° 08,9 N - 006° 59,3 W) - 13 m - W 17 M, R 13 M
Tour grise, lanterne blanche 16 m

Dungarvan - Ballinacourty Point Fl (2) WRG 10 s
245-**G**-274-**W**-302-**R**-325-**W**-117
(52° 04,7 N - 007° 33,1 W) - 16 m - W 10 M, R 8 M, G 8 M
Tour blanche 13 m

Helvick Q (3) 10 s
(52° 03,7 N - 007° 32,0 W)
Bouée cardinale Est

★ **Mine Head Fl (4) 20 s**
vis 228 - 052
(51° 59,6 N - 007° 35,2 W) - 87 m - 28 M
Tour blanche, bande noire, 21 m

★ **Youghal - Entrée côté Ouest Fl WR 2,5 s**
183-**W**-273-**R**-295-**W**-307-**R**-351-**W**-003
(51° 56,5 N - 007° 50,5 W) - 24 m - W 17 M, R 13 M
Tour blanche 15 m

De Youghal à Cork

★ **Ballycotton Fl WR 10 s** (Allumé quand le signal de brume fonctionne)
238-**W**-048-**R**-238
(51° 49,5 N - 007° 59,1 W) - 59 m - W 21 M, R17 M
Tour noire, murs blancs, lanterne noire, 15 m
Corne 4 sons 90 s

The Smiths Fl (3) R 10 s
(51° 48,6 N - 008° 00,8 W)
Bouée latérale bâbord - Réflecteur radar

Pollock Rock Fl R 6 s
(51° 46,2 N - 008° 07,8 W)
Bouée latérale bâbord - Réflecteur radar

Power Q (6) + LFl 15 s
(51° 45,6 N - 008° 06,6 W)
Bouée cardinale Sud

★ **Roche's Point Fl WR 3 s** (Allumé quand le signal de brume fonctionne)
Terre-**R**-292-**W**-016-**R**-033-**W** unintens-159-**R**-Terre
(51° 47,6 N - 008° 15,3 W) - 30 m - W 20 M, R 16 M
Tour blanche 15 m - Corne 1 son 30 s
Nota : Fixe R sur mât à 1,5 M à l'W
2 Fixes R sur mât à 2,9 M à l'ENE

Cork bouée d'atterrissage LFl 10 s
(51° 42,9 N - 008° 15,5 W)
Bouée marque d'eaux saines - Sifflet - Racon

Cork chenal est - Alignement 354,1°
- Antérieur **Fort Davis Oc 5 s**
  (51° 48,8 N - 008° 15,8 W) - 29 m - 10 M
  Pylône voyant rectangulaire orange 4 m
- Feu auxiliaire **Dir WRG & Al WRG**
  351,5-**Fixe G**-352,2-**Al WG**-353-**Fixe W**-355-**Al WR**-355,7-**Fixe R**-356,5
  (même support qu'Antérieur)
- Postérieur **Dognose Oc 5 s** - Synchronisé avec Antérieur (à 203 m d'Antérieur) - 37 m - 10 M
  Pylône voyant rectangulaire orange 12 m

Phares et feux

Cork chenal Ouest - White Bay - Alignement 034,6°
- Antérieur **R Oc 5 s**
(51° 48,5 N - 008° 15,2 W) - 11 m - 5 M
Cabane blanche 2 m
- Postérieur **R Oc 5 s**
(à 113 m d' Antérieur) - 21 m - 5 M
Cabane blanche 2 m
Synchronisé avec Antérieur

Outer Harbour Rock - Bouée E2 Fl R 2,5 s
(51° 47,5 N - 008° 15,6 W)
Bouée latérale bâbord

Chicago Knoll - Bouée E1 Fl G 5 s
(51° 47,7 N - 008° 15,5 W)
Bouée latérale tribord

Bouée W1 Fl G 10 s
(51° 47,7 N - 008° 16,0 N)
Bouée latérale tribord

Bouée W2 Fl R 10 s
(51° 47,7 N - 008° 16,3 W)
Bouée latérale bâbord

Bouée W4 Fl R 5 s
(51° 48,0 N - 008° 15,9 W)
Bouée latérale bâbord

De Cork à Mizen Head

Daunt Rock Fl (2) R 6 s
(51° 43,5 N - 008° 17,6 W)
Bouée latérale bâbord

Bulman Rock Q (6) + L Fl 15 s
(51° 40,1 N - 008° 29,7 W)
Bouée cardinale Sud - Cloche

Kinsale - Charles's Fort Fl WRG 5 s
348-**G**-358-**W**-004-**R**-168
(51° 41,7 N - 008° 29,9 W) - 18 m - W 8 M, R 5 M, G 6 M
Lanterne sur rempart Sud-Ouest - Allumé en permanence
Nota : Fixes G (2 vertic) marquent les extrémités nord et sud de la digue extérieure de la marina

★ **Old Head of Kinsale - Pointe sud Fl (2) 10 s**
(Allumé de jour quand le signal de brume fonctionne)
(51° 36,3 N - 008° 31,9 W) - 72 m - 25 M
Tour noire, 2 bandes blanches, 30 m - Corne 3 sons (45 s)

★ **Galley Head Fl (5) 20 s**
vis 256-065
(51° 31,7 N - 008° 57,1 W) - 53 m - 23 M
Tour blanche 21 m

Castle Haven - Reen Point Fl WRG 10 s
Terre-**G**-338-**W**-001-**R**-Terre
(51° 30,9 N - 009° 10,5 W) - 9 m - W 5 M, R 3 M, G 3 M
Tourelle blanche 4 m

Bouée d'épave - Kowloon Bridge Q (6) + LFl 15 s
(51° 27,6 N - 009° 13,7 W)
Bouée cardinale Sud

Baltimore Harbour - Barrack Point Fl (2) WR 6 s
168-**R**-294-**W**-038
(51° 28,3 N - 009° 23,6 W) - 40 m - W 6 M, R 3 M
Tour blanche 8 m

Schull Harbour - Alignement 346°
- Antérieur **Oc 5 s**
(51° 31,7 N - 009° 32,4 W) - 5 m - 11 M
Mât métallique blanc
- Postérieur **Oc 5 s**
(à 91 m d'Antérieur) - 8 m, 11 M
Mât métallique blanc

Long Island - Copper Point - Extrémité Est Q (3) 10 s
(51° 30,2 N - 009° 32,0 W) - 16 m - 8 M
Tour blanche

★ **Fastnet Rock - Extrémité Ouest Fl 5 s**
(51° 23,3 N-009° 36 1 W) - 49 m - 27 M
Tour grise 54 m - Racon - Corne 4 sons (60 s)

Crookhaven - Rock Island Point LFl WR 8 s
Terre-**W**-281-**R**-340 à l'extérieur du port
281-**R**-348-**W**-Terre à l'intérieur du port
(51° 28,6 N - 009° 42,2 W) - 20 m - W 13 M, R 11 M
Tour blanche 14 m

★ **Mizen Head Iso 4 s**
vis 313-133
(51° 26,9 N - 009° 49,2 W) - 55 m - 15 M
Plate-forme et lanterne

De Mizen Head à Bantry

★ **Sheep's Head Fl (3) WR 15 s**
007-**R**-017-**W**-212
(51° 32,5 N - 009° 50,8 W) - 83 m - W 18 M, R 15 M
Immeuble blanc 7 m

★ **Bearhaven-Ardnakinna Point Fl (2) WR 10 s**
319-**R**-348-**W**-066-**R**-Terre
(51° 37,1 N - 009° 55,0 W) - 62 m - W 17 M, R 14 M
Tour blanche 20 m - Allumé en permanence
Nota : Fixe R sur mât radio à 3,45 M au 295°

Bearhaven-Oilean na gCadrach Q W
(51° 38,4 N - 009 °53,8 W) - 3 m - 3 M
Balise noire, socle jaune, 5 m

Bearhaven-Walter Scott Q (6) + LFl 15 s
(51° 38,5 N - 009° 54,2 W)
Bouée cardinale Sud

Bearhaven-Castletown Dir Oc WRG 5 s
020,5-**G**-024-**W**-024,5-**R**-027,5
(51° 38,8 N - 009° 54,3 W) - 4 m - W 14 M, R 11 M, G 11 M
Cabane blanche, bande verticale rouge, 6 m

Banc Hornet Rock Q (6) + LFl 10 s
(51° 38,9 N - 009° 52,1 W)
Bouée cardinale Sud

Banc George Rock Fl (2) 10 s
(51° 39,0 N - 009° 49,7 W)
Bouée marque de danger isolé

★ **Roancarrigmore Fl WR 3 s**
312-**W**-050-**R**-122-**R unintens**-242-**R**-312
(51° 39,1 N - 009° 44 8 W) -18 m - W 18 M, R 14 M
Tour blanche, bande noire - Feu de secours W 8 M, R 6 M

Whiddy Island - Pointe Ouest Oc 2 s
vis 073-106
(51° 41,0 N - 009° 31,8 W) - 22 m - 3 M
Mât blanc voyant (3 rectangles)

De Bull Rock à Dingle

★ **Bull Rock Fl 15 s**
vis 220-186
(51° 35,5 N - 010° 18,1 W) - 83 m - 21 M
Tour blanche 15 m - Racon

★ **Skelligs Rock Fl (3) 10 s**
vis 262-115
(51° 46,2 N - 010° 32,5 W) - 53 m - 27 M
Tour blanche 12 m

Valentia - Fort Point Fl WR 2 s
104-**W**-304-**R**-351
(51° 56,0 N - 010°19,3 W) - 16 m - W 17 M, R 15 M
Masqué par Doulus Head aux relèvements supérieurs à 180°
Nota : Fixes R sur mâts radio à 1,25 M à l'WSW

Valentia - Alignement 141°
- Antérieur **Oc WRG 4 s**
134-**G**-140-**W**-142-**R**-148
(51° 55,5 N - 010° 18,3 W) - 25 m - W 11 M, R 8 M, G 8 M
Tour blanche bande verticale rouge
- Postérieur **Oc 4 s**
vis 133-233 - Synchronisé avec Antérieur
(à 122 m d'Antérieur) - 43 m - 5 M

The Foot VQ (3) 5 s
(51° 55,7 N - 010° 17,0 W)
Bouée cardinale Est

L'optimiste pense qu'une nuit est entourée de deux jours, le pessimiste qu'un jour est entouré de deux nuits. (Francis Picabia)

★ **Inishtearaght Fl (2) 20 s**
vis 318-221 - Allumé de jour pour visibilité réduite
(52°04,5 N - 010° 39,7 W) - 84 m - 27 M
Tour blanche 17 m - Racon

Dingle-Entrée - Côté Nord-Est Fl G 3 s
(52° 07,3 N - 010° 15,5 W) - 20 m - 6 M
Tour métallique blanche 7 m

Angleterre - Côte sud

Îles Scilly (Îles Sorlingues)

★ **Bishop Rock Fl (2) 15 s**
Partiellement masqué 204-211 - Masqué 211-233 & 236-259
(49° 52,3 N - 006° 26,7 W) - 44m - 24 M
Tour grise - Plate-forme hélicoptère 49 M
Corne Mo (N) 90 s - Racon

Spencers Ledge Q (6) + LFl 15 s
(49° 54,8 N - 006° 22,0 W)
Bouée cardinale Sud

Steeple Rock Q (9) 15 s
(49° 55,4 N - 006° 24,2 W)
Bouée cardinale Ouest

★ **Peninnis Head Fl 20 s**
vis 231-117 - Masqué 048-083 en deçà de 5 M
(49° 54,2 N - 006° 18,2 W) - 36 m -17 M
Tour métallique blanche dôme noir sur pylône noir 14 m
Nota : 4 Fixes R sur mâts radio à 1,66 M au Nord - Fixe R à 0,7 M au Nord-Est

Spanish Ledge Q (3) 10 s
(49° 53,9 N - 006° 18,8 W)
Cloche - Réflecteur radar
Bouée cardinale Est

Bartholomew Ledges Q R
(49° 54,4 N - 006° 19,8 W)
Poteau rouge voyant rectangulaire 12 m

★ **North Bartholomew Fl R 5 s**
(49° 54,5 N - 006° 20 W)
Bouée latérale bâbord

Bacon Ledge Fl R 5 s
(49° 55,2 N - 006° 19,3 W)
Bouée latérale bâbord

St Mary's Pool - Extrémité jetée Fl WRG 2 s
070-**R**-100-**W**-130-**G**-070
(49° 55,1 N - 006° 19,0 W) - 5 m - 4 M
Maison toit blanc 3m

St Mary - Alignement 097,3°
- Antérieur **Iso RW 2 s (vertic)**
  (49° 55,1 N - 006° 18,5 W)
  Balise blanche voyant triangulaire
- Postérieur **Oc WR 10 s (vertic)**
  (à 110 m d'Antérieur)
  Balise blanche X orange

Crow Rock Fl (2) 10 s
(49° 56,2 N - 006° 18,4 W)
Balise de danger isolé

Tresco - Hulman Fl G 4 s
(49° 56,3 N - 006° 20,3 W)

★ **Round Island Fl 10 s**
(49° 58,7 N - 006° 19,4 W) - 55 m - 18 M
vis 021-288 - Corne 4 sons 60 s - Racon
Tour blanche 19 m - Allumé par temps de brume

De Wolf Rock à Longships

★ **Wolf Rock Fl 15 s** - Temporairement éteint en 2003
(49° 56,7 N - 005° 48,6' W) - 34 m - 23 M
Tour grise - Lanterne noire - Plate-forme hélicoptère 41 m
Corne 1 son 30 s - Temporairement interrompue en 2003
Racon - Temporairement interrompu en 2003
Nota : Fl (2) 15 s - 5 M sur 4 feux synchronisés placés au N, à l'E, au S et à l'W de la Tour - Fl 15 s - 16 M par visibilité réduite

★ **Feu flottant Wolfback Fl 30 s** - Allumé en permanence
(49° 55,4' N - 005° 48,9' W) - 23 M
Coque rouge - Corne 1 son 30 s

★ **Seven Stones** (feu flottant) **Fl (3) 30 s**
(50° 03,6 N - 006° 04,3 W) - 12 m - 25 M
Allumé en permanence - Coque rouge
Corne 3 sons 60 s - Racon

★ **Longships Iso WR 10 s**
189-**R**-208-**R unintens**-307-**R**-327-**W**-189
(50° 04,0 N - 005° 44,8 W) - 35 m - W 18 M, R 15 M, R 14 M
Tour grise - Plate-forme hélicoptère 35 m
Allumé en permanence - Corne 1 son 10 s
Nota : Fixe R sur mât radio à 4,9 M au Nord-Est

De Longships à Trevose (Nord Cornouailles)

★ **Pendeen Fl (4) 15 s**
vis 042-240
(50° 09,8 N - 005° 40,2 W) - 59 m - 16 M
Tour blanche 17 m - Corne 1 son (20 s)

The Stones Q
(50° 15,6 N - 005° 25,4 W) - Cloche
Bouée cardinale Nord

★ **Godrevy Fl WR 10 s**
022-**W**-101-**R**-145-**W**-272
(50° 14,5 N - 005° 23,9 W) - 37 m - W 12 M, R 9 M
Tour octogonale blanche 26 m
Nota : 4 Fixes R sur mât radio à 6,5 M à l'ESE

Newquay - Extrémité jetée Sud 2 Fixe R (vertic)
(50° 25,0 N - 005° 05,1 W) - 4 m - 2 M
Tourelle 2 m

★ **Trevose Head Fl 7,5 s**
(50° 32,9 N - 005° 02,1 W) - 62 m - 21 M
Tour blanche et maisons 27 m - Corne 2 sons 30 s
Nota : Fixe R sur mât radio à 180 m à L'ESE

De Land's End au cap Lizard (Sud Cornouailles)

Runnel Stone Q (6) + LFl 15 s
(50° 01,2 N - 005° 40,3 W) - Sifflet
Bouée cardinale Sud

★ **Tater Du Fl (3) 15 s**
vis 241-074
(50° 03,1 N - 005° 34,6 W) - 34 m - 20 M
Tour blanche 15 m - Corne 2 sons 30 s
— Feu auxiliaire **Fixe R**
vis 060-074
(même support) - 31 m - 13 M

Mousehole - Extrémité jetée Nord 2 Fixes G (vertic)
(50° 04,9 N - 005° 32,2 W) - 8 m - 4 M
Mât métallique 3 m - Remplacés par Fixe R quand le port est fermé

Low Lee Q (3) 10 s
(50° 05,5 N - 005° 31,3 W)
Bouée cardinale Est

Newlyn - Extrémité jetée Sud Fl 5 s
vis 253-336
(50° 06,1 N - 005° 32,5 W) - 10 m - 9 M
Tour métallique blanche, base et haut rouges 10 m

Newlyn - Extrémité jetée Nord Fixe WG
238-**G**-248-**W** sur le port
(50° 06,1 N - 005° 32,6 W) - 4 m - 2 M
Poteau métallique rouge

★ **Penzance - Extrémité jetée Sud Fl WR 5 s**
159-**R unintens**-224-**R**-268-**W**-344,5-**R**-Terre
(50° 07,0 N - 005° 31,6 W) - 11 m - W 17 M, R 12M
Tour blanche base noire 9 m

Penzance - Extrémité Albert Pier Fixe G (2 vertic)
(50° 07,1 N - 005° 31,7 W) - 11 m - 2 M
Colonne métallique grise 6 m

Porthleven - Jetée Sud Fixe G Occas
(50° 04,9 N - 005° 19,1 W) - 10 m - 4 M
Colonne verte 6 m

★ **Lizard - Tour Est Fl 3 s**
vis 250-120
(49° 57,6 N - 005° 12,1 W) - 70 m - 26 M
Corne 1 son 30 s - Station GPS différentiel
Tour octogonale blanche 19 m

Du cap Lizard à Falmouth

Manacle Q (3) 10 s
(50° 02,8 N - 005° 01,9 W) - Cloche - Réflecteur radar
Bouée cardinale Est

Helston Fl Y 2,5 s
(50° 04,9 N - 005° 00,8 W)
Bouée marque spéciale

★ **Saint Anthony Head Iso WR 15 s**
295-**W**-004-**R**-022-**W**-172 - Allumé en permanence
(50° 08,4 N - 005° 00,9 W - 22 m - W 16 M, R 14 M
Corne 1 son 30 s - Tour octogonale blanche 19 m

Falmouth - Black Rock Q (3) 10 s
(50° 08,6 N - 005° 01,7 W)
Bouée cardinale Est

Falmouth - Castle Point Fl G 2,5 s
(50° 09,0 N - 005° 01,6 W)
Bouée latérale tribord

Falmouth - The Governor VQ (3) 5 s
(50° 09,1 N - 005° 02,3 W)
Bouée cardinale Est

De Falmouth à Fowey

Bouée A Fl Y 10 s
(50° 08,5 N - 004° 46,3 W)
Bouée marque spéciale

Bouée B Fl Y 5s
(50° 10,9 N - 004° 45,5 W)
Bouée marque spéciale

Bouée C Fl Y 2 s
(50° 11,0 N - 004° 46,4 W)
Bouée marque spéciale

Gwineas Rock Q (3) 10 s
(50° 14,5 N - 004° 45,3 W)
Cloche - Réflecteur radar
Bouée cardinale Est

Mevagissey - Extrémité jetée Sud Fl (2) 10 s
(50° 16,1 N - 004° 46,9 W) - 9 m - 12 M
Tour métallique blanche base noire 8 m
Dia 1 son 30 s Occas

Cannis Rock Q (6) + LFl 15 s
(50° 18,3 N - 004° 39,9 W) - Cloche - Réflecteur radar
Bouée cardinale Sud

Fowey Harbour LFl WR 5 s
284-**R**-295-**W**-028-**R**-054
(50° 19,6 N - 004° 38,8 W) - 28 m - W 11 M, R 9 M
Tourelle octogonale blanche, lanterne rouge 6 m
Nota : Fixes R sur mât radio à 13,7 M au Nord-Est

Fowey - Saint Catherine's Point - Côté Nord-Est Fl R 2,5 s
vis 150-295
(50° 19,7 N - 004° 38,7 W) - 15 m - 2 M
Lanterne

Lamp Rock Fl G 5 s
vis 088-205
(50° 19,7 N - 004° 38,3 W) - 7 m - 2 M
Lanterne

White House Point - Feu de guidage Iso WRG 3 s
017-**G**-022-**W**-032-**R**-037
(50° 20,0 N - 004° 38,2 W) - 11 m - W 11 M, R 8 M, G 8 M

De Fowey à Eddystone

Polperro - Spy House Point Iso WR 6 s
288-**W**-060-**R**-288
(50° 19,8 N - 004° 30,6 W) - 30 m - W 7 M, R 7 M
Pylône blanc 3 m

Looe - Mid Main Q (3) 10 s
(50° 20,5 N - 004° 27,0 W) - 2 M
Balise cardinale Est

★ **Looe - Extrémité Banjo Pier Oc WR 3 s**
207-**R**-267-**W**-313-**R**-332
(50° 21,1 N - 004° 27,1 W) - 8 m - W 15 M, R 12 M
Colonne métallique rouge 6 m

Hand Deeps Q (9) 15 s
(50° 12,6 N - 004° 21,0 W)
Bouée cardinale Ouest

★ **Eddystone Fl (2) 10 s**
(50° 10,8 N - 004° 15,9 W) - 41 m - 17 M
Tour grise lanterne rouge - Plate-forme hélicoptère 49 m
Corne 1 son 30 s - Racon - Feu de secours 10 M

— Feu auxiliaire **Iso R 10 s**
vis 110,5-130,5
(même support) - 28 m - 8 M

Entrée Plymouth - Chenal ouest

Draystone Fl (2) R 5 s
(50° 18,8 N - 004° 11,0 W)
Bouée latérale bâbord

OSR South Fl Y 2 s
(50° 18,8 N - 004° 10,1 W)
Bouée marque spéciale

OSR North Fl Y 2 s
(50° 18,9 N - 004° 09,9 W)
Bouée marque spéciale

Knap Fl G 5 s
(50° 19,5 N - 004° 09,9 W)
Bouée latérale tribord

Queens Ground Fl (2) R 10 s
(50° 20,3 N - 004° 10,0 W)
Bouée latérale bâbord

Brise-lame détaché - Extrémité Ouest Fl WR 10 s
262-**W**-208-**R**-262
(50° 20,1 N - 004° 09,5 W) - 19 m - W 12 M, R 9 M
Corne 15 s - Tour blanche 23 m
Signaux de trafic portuaire à 1,3 M au NNE

— Feu auxiliaire **Iso 4 s**
vis 033-037
(même support) - 12 m - 10 M

Hooe Lake Point - Maker Fl (2) WRG 10 s
270-**G**-330-**W**-004-**R**-050
(50° 20,5 N - 004° 10,8 W) - 16 m - W 11 M, R 6 M, G 6 M
Tour blanche, bande verticale rouge 5 m

Withyhedge Dir Fixe WRG & Al WRG
060-**Fixe G**-065-**Al WG**-069-**Fixe W**-071-**Al WR**-075-**Fixe R**-080
(50° 20,7 N - 004° 07,4 W) - 13 m - W 13 M, R 5 M, G 5 M
Colonne voyant triangulaire blanc, bande verticale orange
Allumé en permanence - Fl Y en cas de défaillance du feu principal
Nota : Fixes R sur mâts radio à 650 m à l'Est et 750 m à l'ENE
— Feu auxiliaire **Fl (2) Bu 5 s**
vis 120-160
(même support) - 10 M

Alignement 349°
- Antérieur **Mallard Shoal Q WRG**
233-**G**-043-**R**-067-**G**-087-**W**-099-**R**-108
(50° 21,6 N - 004° 08,3 W) - 5 m - W 10 M, R 3 M, G 3 M
Colonne voyant triangulaire blanc, bandes orange
Q Y permanent en cas de défaillance du feu principal

Phares et feux

– Feu auxiliaire **Fl 5 s**
vis 232-110
(même support) – Allumé par temps de brume

– Postérieur **Hoe Oc G 1,3 s**
vis 310-040
(à 396 m d'Antérieur) - 11 m - 3 M
Colonne voyant triangulaire blanc, bande verticale orange
Nota : QY permanent en cas de défaillance du feu principal.

Plymouth - Chenal est

East Tinker Q (3) 10 s
(50° 19,2 N - 004° 08,2 W)
Bouée cardinale Est

West Tinker VQ (9) 10 s
(50° 19,2 N - 004° 08,6 W)
Bouée cardinale Ouest

Brise-lame détaché - Extrémité Est LFl WR 10 s
001-**R**-018-**W**-190-**R**-353-**W**-001
(50° 20,0 N - 004° 08,2 W) - 9 m - W 8 M, R 6 M
Tour 15 m

Whidbey Oc (2) WRG 10 s - Allumé en permanence
000-**G**-137,5-**W**-139,5-**R**-159
(50° 19,5 N - 004° 07,2 W) - 29 m - W 8 M, R 6 M, G 6 M
Colonne métallique orange et blanche
Nota : QY permanent en cas de défaillance du feu principal.

Duke Rock VQ (9) 10 s
(50° 20,3 N - 004° 08,2 W)
Bouée cardinale Ouest

De Plymouth à Start Point

NGS West Fl Y 5 s
(50° 11,1 N - 004° 00,8 W)
Bouée marque spéciale

NGS East Fl Y 10 s
(50° 11,2 N - 003° 59,0 W)
Bouée marque spéciale

Salcombe - Sandhill Point Dir Fl WRG 2 s
002,5-**R**-182,5-**G**-357,5-**W**-002,5
(50° 13,8 N - 003° 46,7 W) - 27 m - W 10 M, R 7 M, G 7 M
Mât blanc, voyant losange rouge et blanc, 12 m

Wolf Rock Q G
(50° 13,5 N - 003° 46,5 W)
Bouée latérale tribord

Bass Rock Q R
(50° 13,5 N - 003° 46,7 W)
Bouée latérale bâbord

Blackstone Rock Q (2) G 8 s
(50° 13,6 N - 003° 46,5 W) - 4 m - 2 M
Balise verte et blanche

Salcombe - Alignement 042,5°
- Antérieur **Q**
  (50° 14,5 N - 003° 45,3 W) - 5 m - 8 M
  Mât
- Postérieur **Q**
  (à 180 m d'Antérieur) - 45 m - 8 M
  Colonne 2 m

Start Point Fl (3) 10 s
vis 184-068
(50° 13,3 N - 003° 38,5 W) - 62 m -25 M
Tour blanche 28 m - Corne 1 son 60 s

— Feu auxiliaire **Fixe R**
vis 210-255 sur Skerries Bank
(même support) - 55 m - 12 M

De Start Point à Brixham

Homestone Q R
(50° 19,5 N - 003° 33,5 W)
Bouée latérale bâbord

Dartmouth - Castle Ledge Fl G 5 s
(50° 20,0 N - 003° 33,0 W)
Bouée latérale tribord

Dartmouth - Checkstone Fl (2) R 5 s
(50° 20,4 N - 003° 33,7 W)
Bouée latérale bâbord

Dartmouth - Kingswear - Feu de guidage Iso WRG 3s
318-**G**-325-**W**-331-**R**-340
(50° 20,8 N - 003° 34,1 W) - 9 m - 8 M
Tour blanche

★ **Berry Head - Fl (2) 15 s**
vis 100-023
(50° 24,0 N - 003° 29,0 W) - 58 m - 14 M
Tourelle blanche 5 m
Nota : Fixe R sur mât radio à 25 m à l'Ouest
Feux R sur mât radio à 5,7 M au Nord-Ouest

Brixham - Extrémité Victoria Pier Oc R 15 s
(50° 24,3 N - 003° 30,8 W) - 9 m - 6 M
Tourelle blanche 6 m

Brixham - Feu de guidage Dir Iso WRG 5 s
145-**G**-157-**W**-161-**R**-173
(50° 23,8 N - 003° 30,6 W) - 4 m - 6 M
Lanterne sur colonne métallique 3 m

De Brixham à Teignmouth

Black Rock Q (3) 10 s
(50° 26,0 N - 003° 33,1 W) - 5 m - 3 M
Balise cardinale Est

Paignton - Quai Est Q R
(50° 26,0 N - 003° 33,3 W) - 7 m - 3 M
Colonne métallique rouge 5 m

Torquay - Jetée Ouest Princess Pier Q R
(50° 27,5 N - 003° 31,7 W) - 9 m - 6 M
Colonne métallique 7 m

Torquay - Jetée Est Haldon Pier Q G
(50° 27,4 N - 003° 31,7 W) - 9 m - 6 M
Colonne métallique 7 m
Nota : QG sur bouée à 60 m à l'Ouest (de mai à septembre)

Teignmouth - The Den Fixe R
vis 225-070 environ
(50° 32,6 N - 003° 29,8 W) - 10 m - 6 M
Tourelle grise 6 m

Powderham Terrace Fixe R
(À 62 m de The Den) - 11 m - 3 M
Colonne noire 10 m

De Exmouth à Bridport

E Exe Q (3) 10 s
(50° 36,0 N - 003° 22,3 W)
Bouée cardinale Est

Exmouth n° 1 Q G
(50° 36,2 N - 003° 22,8 W) - au Sud-Est d'Orcombe Point
Bouée latérale tribord

Straight Point Fl R 10 s
vis 246-071
(50° 36,5 N - 003° 21,8 W) - 34 m - 7 M
Mât métallique 7 m
Nota : Fixes R sur mât radio à 15,4 M au Nord-Est

Sidmouth Fl R 5 s
vis 230-100
(50° 40,5 N - 003° 14,4 W) - 5 m - 2 M

Axmouth - Extrémité jetée Fl G 4 s
(50° 42,1 N - 003° 03,3 W) - 7 m - 2 M
Colonne métallique voyant triangulaire

Lyme Regis - Alignement 296°
- Antérieur **Extrémité jetée intérieure Oc WR 8 s**
296-**R**-116-**W**-296
(50° 43,2 N - 002° 56,2 W) - 6 m - W 9 M, R 7 M
Colonne métallique bleue 5 m
- Postérieur **Sur un immeuble Fixe G**
(à 240 m d'Antérieur) - 8 m - 9 M

Bridport - Jetée Ouest - Bureau du port Iso R 2 s
(50° 42,6 N - 002° 45,8 W) - 9 m - 5 M

Nota : Fl Y 5 s sur bouée marque spéciale marquant l'extrémité d'un émissaire à 0,8 M au Sud-Ouest

Bridport - Extrémité jetée Ouest Fixe R Occas
(50° 42,6 N - 002° 45,9 W)

Bridport - Extrémité jetée Est Fixe G Occas
(50° 42,6 N - 002° 45,8 W) - 3 m - 2 M

De Portland Bill à Poole

★ **Bill of Portland Fl (4) 20 s**
vis 221-passe de **1 à 4 éclats**-244-**4 éclats**-117-passe de **4 à 1 éclat**-141
(50° 30,9 N - 002° 27,4 W) - 43 m - 25 M
Tour blanche, bande rouge, 41 m - Dia 1 son 30 s (puissance maximum de 005° à 085°)

— Feu auxiliaire **Fixe R**
vis 271-291 sur The Shambles
(même support) - 19 m - 13 M

West Shambles Q (9) 15s
(50° 29,7 N - 002° 24,3 W) - Cloche
Bouée cardinale Ouest

East Shambles Q (3) 10 s
(50° 30,7 N - 002° 20,0 W) - Cloche
Bouée cardinale Est

Portland - Nord-Est Breakwater - Extrémité Sud A Head Fl 10 s
(50° 35,2 N - 002° 25,1 W) - 22 m - 20 M
Tour métallique blanche 22 m

Portland - Outer Breakwater - Extrémité Nord Fort Head Q R
vis 013-268
(50° 35,1 N - 002° 24,9 W) - 14 m - 5 M
Pylône 2 m

Weymouth - Extrémité jetée Sud Q
(50° 36,5 N - 002° 26,4 W) - 10 m - 9 M
Mât blanc sur plate-forme métallique grise 8 m
Nota : station de signaux à 190 m au Sud-Ouest

Weymouth - Extrémité jetée Nord 2 Fixes G (vertic)
(50° 36,6 N - 002° 26,6 W) - 9 m - 6 M
Colonne verte - Cloche (Occas)

Weymouth - Alignement 239,6°
- Antérieur **Ballast Quay Fixe R**
(50° 36,4 N - 002° 26,8 W) - 5 m - 4 M
Poteau blanc losange rouge 3 m
- Postérieur **Fixe R**
(à 17 m d'Antérieur) - 7 m - 4 M
Mât blanc losange rouge 5 m

★ **Anvil Point Fl 10 s**
vis 237-076
(50° 35,5 N - 001° 57,6 W) - 45 m - 19 M
Tour blanche et maison 12 m - Allumé en permanence

Swanage Bay - Peveril Ledge Q R
(50° 36,4 N - 001° 56,1 W)
Bouée latérale bâbord

Swanage - Jetée 2 Fixes R (vertic)
(50° 36,6 N - 001° 57,0 W) - 6 m - 3 M

Poole - Swash Channel - Bar n°1 Q G
(50° 39,3 N - 001° 55,1 W)
Bouée latérale tribord

Poole - Swash Channel - Bar n°2 Fl R 2 s
(50° 39,2 N - 001° 55,2 W)
Bouée latérale bâbord

Poole - Swash Channel - Hook Sand 11 Fl G 3 s
(50° 40,5 N - 001° 56,0 W) - Réflecteur radar
Bouée latérale tribord

Poole - Looe Channel - North Hook Fl (2) R 5 s
(50° 41,0 N - 001° 56,4 W)
Bouée latérale bâbord

Poole - Looe Channel - East Looe 16A Q R
(50° 41,1 N - 001° 55,9 W)
Bouée latérale bâbord

Île de Wight : de Saint Catherine's Point à Yarmouth (chenal des Needles)

★ **Saint Catherine's Point Fl 5 s**
vis 257-117
(50°34,5 N - 001° 17,9 W) - 41 m - 26 M
Tour octogonale blanche crénelée 26 m

— Feu auxiliaire **Fixe R**
vis 099-116
(même support)
Nota : Fixes R (5 vertic) sur mât à 4,5 M au NNW - Fl sur mât à 6,7 M au NNW

Needles Fairway LFl 10 s
(50° 38,2 N - 001° 38,9 W) - Sifflet
Bouée marque d'eaux saines

Sud-Ouest Shingles Fl R 2,5 s
(50° 39,3 N - 001° 37,3 W)
Bouée latérale bâbord

Bridge VQ (9) 10 s
(50° 39,6 N - 001° 36,8 W)
Racon
Bouée cardinale Ouest

★ **Needles Oc (2) WRG 20 s**
Terre-**R**-300-**W**-083-**R unintens**-212-**W**-217-**G**-224
(50° 39,7 N - 001° 35,5 W) - 24 m - W 17 M, R 14 M, R 13 M, G 14 M
Tour bande rouge lanterne rouge - Plate-forme hélicoptère 31 m
Corne 2 sons 30 s - Allumé en permanence

Shingles Elbow Fl (2) R 5 s
(50° 40,3 N - 001° 36,0 W)
Bouée latérale bâbord

Mid Shingles Fl (3) R 10 s
(50° 41,2 N - 001° 34,6 W)
Bouée latérale bâbord

★ **Warden Fl G 2,5 s**
(50° 41,4 N - 001° 33,5 W)
Bouée latérale tribord - Cloche

Nord-Est Shingles Q (3) 10 s
(50° 41,9 N - 001° 33,3 W)
Bouée cardinale Est

Hurst Point Fl (4) WR 15 s
080-**W unintens**-104-**obscd**-234-**W**-244-**R**-250-**W**-053-**obscd**-080
(50° 42,5 N - 001° 32,9 W) - 23 m - W 14 M, W 13 M, R 11 M

— Feu de guidage **Iso WRG 4s**
038,6-**G**-040,6-**W**-041,6-**R**-043,6
(même support) - 19 m - W 21 M, R 18 M, G 17 M
De jour : W 7 M, R 5 M, G 5 M

North Head Fl (3) G 10 s
(50° 42,6 N - 001° 35,4 W)
Bouée latérale tribord

Sconce Q
(50° 42,5 N - 001° 31,3 W)
Bouée cardinale Nord - Cloche

Black Rock Fl G 5 s
(50° 42,6 N - 001° 30,6 W)
Bouée latérale tribord

Phares et feux

Yarmouth Ouest - Fairway Fl G 2 s
(50° 42,5 N - 001° 30,1 W)
Bouée latérale tribord

Yarmouth Est - Fairway Fl R 2 s
(50° 42,5 N - 001° 29,9 W)
Bouée latérale bâbord

Yarmouth - Alignement 187,6 °
- Antérieur **Fixe G**
  (50° 42,4 N - 001° 30,1 W) - 5 m - 2 M
  Poteau métallique noir losange blanc
- Postérieur **Fixe G**
  (à 63 m d' Antérieur) - 9 m - 2 M
  Mât blanc, bande noire, losange blanc

Lymington - Jack in the Basket Fl R 2 s
(50° 44,3 N - 001° 30,6 W) - 9 m
Poteau, voyant sphérique et voyant rectangulaire rouges, 12 m

Lymington - Cross Boom n° 1 Fl G 2 s
(50° 44,4 N - 001° 30,5 W) - 2 m - 3 M
Poteau voyant triangulaire vert 6 m

Lymington - Cross Boom n° 2 Fl R 2 s
(50° 44,4 N - 001° 30,6 W) - 4 m - 3 M
Voyant rectangulaire rouge sur pilier 8 m

Lymington - Alignement 319,5°
- Antérieur **Fixe R**
  vis 309,5-329,5
  (50° 45,2 N - 001° 31,7 W) - 12 m - 8 M
  Colonne métallique 11 m
- Postérieur **Fixe R**
  vis 309,5-329,5
  (à 363 m d'Antérieur) - 17 m - 8 M
  Colonne métallique 17 m

Berthon Fl Y 4 s (de mars à décembre)
(50° 44,2 N - 001° 29,1 W)
Bouée marque spéciale

Hampstead Ledge Fl (2) G 5 s
(50° 43,8 N - 001° 26,0 W)
Bouée latérale tribord

Salt Mead Fl (3) G 10 s
(50° 44,5 N - 001° 22,9 W)
Bouée latérale tribord

West Lepe Fl R 5 s
(50° 45,2 N - 001° 24,0 W)
Bouée latérale bâbord

Gurnard Ledge Fl (4) G 15 s
(50° 45,5 N - 001° 20,5 W)
Bouée latérale tribord

East Lepe Fl (2) R 5 s
(50° 46,1 N - 001° 20,8 W)
Cloche - Réflecteur radar
Bouée latérale bâbord

Lepe Spit Q (6) LFl 15 s
(50° 46,7 N - 001° 20,5 W)
Bouée cardinale Sud

Gurnard Q
(50° 46,2 N - 001° 18,7 W)
Bouée cardinale Nord

Nord-East Gurnard Fl (3) R 10 s
(50° 47,0 N - 001° 19,3 W)
Bouée latérale bâbord

West Bramble VQ (9) 10 s
(50° 47,2 N - 001° 18,6 W)
Cloche 1 son 15 s (interrompu 1996)
Racon (interrompu 1996)
Bouée cardinale Ouest

Thorn Knoll Fl G 5 s
(50° 47,5 N - 001° 18,3 W)
Bouée latérale tribord

Bourne Gap Fl R 3 s
(50° 47,8 N - 001° 18,2 W) - Réflecteur radar
Bouée latérale bâbord

North Thorn Q G
(50° 47,9 N - 001° 17,7 W)
Bouée latérale tribord

★ **Feu flottant Calshot Spit Fl 5 s**
(50° 48,4 N - 001° 17,7 W) - 12 m - 6 M
Coque rouge - Corne 2 sons (60 s)

Nord-Est Solent : de Cowes à Portsmouth

South Bramble Fl G 2,5 s
(50° 46,9 N - 001° 17,6 W)
Bouée latérale tribord

Prince Consort VQ
(50° 46,4 N - 001° 17,6 W)
Bouée cardinale Nord
Nota : Fl Y 5 s sur coffre à 0,15 M au Sud-Ouest

Cowes n° 1 Fl G
(50° 46,0 N - 001° 17,9 W)
Bouée latérale tribord

Cowes n° 2 Q R
(50° 46,0 N - 001° 17,8 W)
Bouée latérale bâbord

West Ryde Middle Q (9) 15 s
(50° 46,4 N - 001° 15,7 W)
Bouée cardinale Ouest

Norris Fl (3) R 10 s
(50° 45,9 N - 001° 15,4 W)
Bouée latérale bâbord

Nord Ryde Middle Fl (4) R 20 s
(50° 46,6 N - 001° 14,3 W)
Bouée latérale bâbord

Sud Ryde Middle Fl G 5 s
(50° 46,1 N - 001° 14,1 W)
Bouée latérale tribord

Peel Bank Fl (2) R 5 s
(50° 45,6 N - 001° 13,2 W)
Bouée latérale bâbord

Sud-Est Ryde Middle VQ (6) + LFl 10 s
(50° 45,9 N - 001° 12,0 W)
Bouée cardinale Sud

Nord-Est Ryde Middle Fl (2) R 10 s
(50° 46,2 - 001° 11,8 W
Bouée latérale bâbord

Mother Bank Fl R 3 s
(50° 45,4 N - 001° 11,1 W)
Bouée latérale bâbord

North Sturbridge VQ
(50° 45,3 N - 001° 08,2 W)
Bouée cardinale Nord

Horse Sand Fort Iso G 2 s
(50° 45,0 N - 001° 04,4 W) - 21 m - 8 M
Support en pierre
Nota : marque d'extrémité d'une digue submergée

Portsmouth - Saddle VQ (3) G 10 s
(50° 45,2 N - 001° 04,8 W)
Bouée latérale tribord

Portsmouth - Horse Sand Fl G 2,5 s
(50° 45,5 N - 001° 05,2 W)
Bouée latérale tribord

Portsmouth - Outer Spit Q (6) + LFl 15 s
(50° 45,5 N - 001° 05, 4 W)
Bouée cardinale Sud

Portsmouth - Boyne Fl G 5 s
(50° 46,2 N - 001° 05,3 W)
Bouée latérale tribord

Portsmouth - Spit Refuge Fl R 5 s
(50° 46,2 N - 001° 05,5 W)
Bouée latérale bâbord

Portsmouth - Southsea Castle - Angle Nord Iso 2 s
vis 337-071
(50° 46,7 N - 001° 05,3 W) - 16 m - 11 M
Tour blanche bande noire 10 m

— Feu auxiliaire **Dir WRG** & **Dir Al WRG**
351,5-**Fixe G**-357,5-**Al WG**-000-**Fixe W**-003-**Al WR**-005,5-**Fixe R**-011,5
(même support) - 11 m - W 13 M, R 5 M, G 5 M
Allumé en permanence

Est Île de Wight - Solent par Tour Nab

West Princessa Q (9) 15 s
(50° 40,1 N - 001° 03,6 W)
Bouée cardinale Ouest

Bembridge Ledge Q (3) 10 s
(50° 41,0 N - 001° 02,8 W)
Bouée cardinale Est

Bembridge - Saint Helen's Fort Fl (3) 10 s
(50° 42,3 N - 001° 05,1 W) - 16 m - 8 M
Support en pierre

★ **Nab Tower Fl 10 s**
(50° 40,1 N - 000° 57,2 W) - 27 m - 16 M
Corne 2 sons 30 s - Racon
Tour métallique, lanterne rouge, plate-forme hélicoptère

Outer Nab Fl Y 2,5 s
(50° 41,0 N - 000° 56,6 W)
Bouée marque spéciale

Bouée n° 1 VQ (9) 10 s
(50° 41,2 N - 000° 56,4 W)
Bouée cardinale Ouest

Bouée n° 2 Fl Y 2,5 s
(50° 41,7 N - 000° 56,7 W)
Bouée marque spéciale

Bouée n° 3 Fl Y 2,5 s
(50° 42,2 N - 000° 57,0 W)
Bouée marque spéciale

New Grounds VQ (3) 5 s
(50° 42,0 N - 000° 58,5 W)
Bouée cardinale Est

Nab End Fl R 5 s
(50° 42,6 N - 000° 59,4 W)
Bouée latérale bâbord - Sifflet

Dean Tail Fl G 5 s
(50° 43,0 N - 000° 59,2 W)
Bouée latérale tribord

Dean Tail South Q (6) + LFl 10 s
(50° 43,0 N - 000° 59,5 W)
Bouée cardinale Sud

Dean Tail North Q
(50° 43,1 N - 000° 59,5 W)
Bouée cardinale Nord

Nab East Fl (2) R 10 s
(50° 42,8 N - 001° 00,8 W)
Bouée latérale bâbord

Dean Elbow Fl (3) G 15 s
(50° 43,7 N - 001° 01,8 W)
Bouée latérale tribord

Horse Elbow Q G
(50° 44,2 N - 001° 03,8 W)
Bouée latérale tribord

Warner Q R
(50° 43,8 N - 001° 03,9 W)
Bouée latérale bâbord - Sifflet

No Man's Land Fort Iso R 2 s
(50° 44,4 N - 001° 05,7 W) - 21 m - 8 M
Support en pierre

De Langstone à Sovereign

Langstone - Épave Roway Fl (2) 5 s
(50° 46,1 N - 001° 02,3 W)
Poteau noir bandes rouges 2 sphères noires superposées
Nota : bouée jaune à 210 m au Nord-Est

Langstone - Balise Fairway LFl 10 s
(50° 46,3 N - 001° 01,4 N) - 7 m - 5 M
Bouée marque d'eaux saines

Langstone - Eastney Point Q R
(50° 47,2 N - 001° 01,7 W) - 2 m - 2 M
Poteau
Nota : Fixes R sur mâts à 610 m et 670 m à l'WSW

Chichester - West Pole - Balise Fl WR 5 s
321-**W**-081-**R**-321
(50° 45,7 N - 000° 56,5 W) - 10 m - W 7 M, R 5 M
Poteau noir voyant rectangulaire

Chichester Bar Fl (2) R 10 s
(50° 45,9 N - 000° 56,5 W) - 14 m - 2 M
Balise rouge

Chichester - Eastoke - Balise Q R
(50° 46,7 N - 000° 56,2 W) - 2 m
Poteau voyant rectangulaire rouge

Boulder Fl G 2,5 s
(50° 41,5 N - 000° 49,0 W)
Bouée latérale tribord

Street Q R
(50° 41,7 N - 000° 48,9 W)
Bouée latérale bâbord

Pullar Q (9) 15 s
(50° 40,5 N - 000° 50,1 W)
Bouée cardinale Ouest

South Pullar VQ (6) + LFl 10 s
(50° 38,8 N - 000° 49,2 W)
Bouée cardinale Sud

The Mixon Fl R 5 s
(50° 42,4 N - 000° 46,3 W)
Balise voyant rectangulaire rouges

Owers Q (6) + LFl 15 s
(50° 38,6 N - 000° 41,1 W) - 7 M
Bouée cardinale Sud - Sifflet - Racon

East Borough Head Q (3) 10 s
(50° 41,5 N - 000° 39,0 W)
Bouée cardinale Est - Cloche

Littlehampton - Jetée Est - Alignement 346°
- Antérieur **Fixe G**
  (50° 48,1 N - 000° 32,5 W) - 6 m - 7 M
  Colonne métallique noire
- Postérieur **Oc WY 7,5 s**
  290-**W**-356-**Y**-042
  (à 64 m d' Antérieur) - 9 m - 10 M
  Tour blanche

Shoreham - Brise-lames Ouest Fl R 5 s
(50° 49,4 N - 000° 14,8 W) - 7 m - 7 M
Colonne rouge 3 m

Shoreham - Brise-lames Est Fl G 5 s
(50° 49,5 N - 000° 14,7 W) - 7 m - 8 M
Colonne verte 3 m - Sirène 1 son 120 s

Brighton - Bouée Fl Y (4s)
(50° 48,1 N - 000° 06,4 W)
Bouée marque spéciale

Brighton - Extrémité jetée Marine Palace 2 Fixes R (vertic)
(50° 48,8 N - 000° 08,1 W) - 10 m - 2 M
Mât sur cabane 7 m

Ce n'est pas parce que les choses sont difficiles que nous n'osons pas, c'est parce que nous n'osons pas qu'elles sont difficiles. (Sénèque)

Brighton Marina - Brise-lames Est - Musoir Fl (4) WR 20 s
260-**R**-295-**W**-100
(50° 48,6 N - 000° 06,3 W) - 16 m - W 10 M, R 8 M
Poteau blanc bandes vertes

Brighton Marina - Brise-lames Est - Extrémité Q G
(50° 48,6 N - 000° 06,4 W) - 8 m - 7 M

Brighton Marina - Brise-lames Ouest - Extrémité Q R
(50° 48,5 N - 000° 06,4 W) - 10 m - 7 M
Corne 2 sons 30 s - Support blanc bandes rouges
Nota : feux à l'intérieur des ports

★ **Newhaven - Extrémité brise-lames Oc (2) 10 s**
(50° 46,5 N - 000° 03,6 E) - 17 m - 12 M
Tour 14 m - Corne 1 son 30 s
Nota : radiogoniomètre à 321° et 900 m

Newhaven - Extrémité Sud jetée Est Iso G 10 s
(50° 46,6 N - 000° 03,7 E) - 12 m - 6 M
Pylône blanc 12 m

★ **Beachy Head Fl (2) 20 s**
vis 248-101
(50° 44,0 N - 000° 14,6 E) - 31 m - 20 M
Tour blanche bande rouge 43 m - Corne 1 son 30 s
Allumé en permanence

Royal Sovereign Fl 20 s
(50° 43,4 N - 000° 26,2 E) - 28 m - 12 M
Tour blanche bande rouge - Plate-forme hélicoptère
Corne 2 sons 30 s - Allumé de jour quand le diaphone fonctionne

Bouée Royal Sovereign Q R
(50° 44,2 N - 000° 25,9 E)
Bouée latérale bâbord

Pas de Calais

Angleterre - Côte sud-est

★ **North Foreland Fl (5) WR 20 s**
Terre-**W**-150 -**R**-181-**R unintens**-200-**W**-011
(51° 22,5 N - 001° 26,7 E) - 57 m - W 19 M, R 16 M, R unintens 16 M
Tour octogonale blanche 26 m - Allumé en permanence

Goodwin Sands – Balisage extérieur

Nord-Est Goodwin Q (3) 10 s
(51° 20,3 N - 001° 34,3 E)
Bouée cardinale Est - Sifflet - Racon

East Goodwin Q (3) 10 s
(51° 15,6 N - 001° 35,8 E)
Bouée cardinale Est

★ **Feu flottant East Goodwin Fl 15 s**
(51° 13,2 N - 001° 36,5 E) - 12 m - 23 M
Allumé en permanence - Coque rouge - Corne 1 son 30 s - Racon

South East Goodwin Fl (3) R 10 s
(51° 12,9 N - 001° 34,5 E)
Bouée latérale bâbord

South Goodwin Fl (4) R 15 s
(51° 10,6 N - 001° 32,4 E)
Bouée latérale bâbord

South West Goodwin Q (6) + LFl 15 s
(51° 08,6 N - 001° 28,8 E)
Bouée cardinale Sud

★ **Feu flottant South Goodwin Fl (2) 20 s**
(51° 07,9 N - 001° 28,6 E) - 12 m - 15 M
Coque rouge - Corne 2 sons 60 s
Allumé de jour quand la corne fonctionne

Broadstairs - Jetée - Extrémité Sud-Est 2 Fixes R (vertic)
(51° 21,5 N - 001° 26,7 E) - 7 m - 4 M
Colonne métallique 5 m

Ramsgate - Old Cudd Channel - Alignement 291,6°
- Antérieur **Extrémité East Pier Oc 10 s**
  vis 250-195
  (51° 19,6 N - 001° 25,4 E) - 8 m - 4 M
  Colonne métallique rouge et blanche 4 m - Corne 1 son 60 s
- Postérieur **Extrémité West Pier Fixe R**
  vis 256-251
  (à 91 m d' Antérieur) - 12 m - 7 M
  Tour 11 m

★ **Dover - Admiralty Pier - Prolongement extrémité Fl 7,5 s**
vis 096-090
(51° 06,7 N - 001° 19,7 E) - 21 m - 20 M
Tour blanche 22 m - Corne 1 son 10 s
Signaux internationaux de trafic portuaire

Dover - Southern Breakwater - Extrémité Ouest R Oc 30 s
(51° 06,7 N - 001° 19,8 E) - 21 m - 18 M
Tour blanche 21 m

Dover - Southern Breakwater - Knuckle Fl (4) WR 10 s
059-**R**-239-**W**-059
(51° 07,0 N - 001° 20,5 E) - 15 m - W 15 M, R 13 M
Tour blanche 16 m

Dover - Southern Breakwater - Extrémité Nord
Fl R 2,5 s & Fl (2) 10 s par temps de brume
(51° 07,2 N - 001° 20,6 E) - 11 m - 5 M
Nota : Fixes R sur mât radio à 1,25 M et 0,75 M au Nord

Dover - Southern Breakwater - Extrémité Eastern Arm
Fl G 5 s & Q par temps de brume
(51°07,3 N - 001° 20,6 E) - 12 m - 5 M
Corne 2 sons 30 s - Réflecteur radar
Signaux internationaux de trafic portuaire

★ **Folkstone Harbour - Brise-lames - Extrémité**
Fl (2) 10 s - Fl 2 s par temps de brume
vis 246-306 - intens 271,5-280,5
(51°04,6 N - 001°11,7 E) - 14 m - 22 M
Tour 13 m - Dia 4 sons 60 s à proximité au Sud-Ouest
Nota : 5 Fixes R sur mât radio à 2,9 M au Nord-Est et Q R sur mât à 4,5 M à l'WNW

Rye Harbour - Éperon Ouest - Extrémité balise 2
Fl (2) R 5 s
(50° 55,6 N - 000° 46,6 E)
Tripode 9 m - Réflecteur radar

Rye Harbour- East Bank - Balise 11 Q G
(50° 56,3 N - 000° 45,9 E) - 3 m - 6 M
Support en bois - Triangle vert 3 m - Signaux de trafic

Hastings - Hastings Pier - Extrémité 2 Fixes R (vertic)
(50° 51,0 N - 000° 34,5 E) - 8 m - 5 M
Cabane blanche 3 m

Hastings - Alignement 356,3° 2 Fixes R
- Antérieur
  (50° 51,3 N - 000° 35,5 E) - 14 m - 4 M
  Colonne métallique blanche 8 m
- Postérieur **West Hill**
  (à 357 m d' Antérieur) - 55 m - 4 M
  Tourelle polygonale blanche 6 m

Sovereign Harbour - Marina Fl (3) 15 s
(50° 47,1 N - 000° 19,9 E) - 12 m - 7 M
Tour

Séparation du trafic - Couloir descendant

★ **Feu flottant Fox-Trot 3 Fl 10 s**
(51° 23,8 N - 002° 00,6 E) - 12 m - 15 M
Allumé par temps de brume - Coque rouge - Tour centrale
Corne 1 son 10 s - Racon

F2 Fl (4) Y 15 s
(51° 20,4 N - 001° 56,3 E)
Bouée marque spéciale - Cloche

Banc South Falls

★ **CS 5 Fl Y 2,5 s**
(51° 23,1 N - 001° 50,0 E)
Bouée marque spéciale - Réflecteur radar

Mid Falls Fl (3) R 10 s
(51° 18,7 N - 001° 47,1 E)
Bouée latérale bâbord - Réflecteur radar - Cloche

Inter Bank **Fl Y 5 s**
(51° 16,5 N - 001° 52,3 E)
Bouée marque spéciale - Racon

South Falls **Q (6) + LFl 15 s**
(51° 13,8 N - 001° 44,0 E)
Bouée cardinale Sud - Sifflet - Réflecteur radar

Bouée **VQ (9) 10 s**
(51° 13,9 N - 001° 42,3 E)
Bouée cardinale Ouest - Racon

F1 **Fl (4) Y 15 s**
(51° 11,3 N - 001° 45,1 E) - 7 m - 8 M
Bouée marque spéciale - Réflecteur radar

CS 4 **Fl (4) Y 15 s**
(51° 08,6 N - 001° 34,0 E)
Bouée marque spéciale - Sifflet
Nota : zone à éviter de 0,3 M de rayon centrée sur cette bouée

Banc du Varne

★ **Feu flottant Varne** **Fl R 20 s**
(51° 01,2 N - 001° 24,0 E) - 12 m - 19 M
Allumé en permanence - Rouge - Feu de mouillage Fixe W
Corne 1 son 30 s - Racon

Est Varne **VQ (3) 5 s**
(50° 58,2 N - 001° 20,9 E)
Bouée cardinale Est - Réflecteur radar

Mid Varne **VQ (9) 10 s**
(50° 58,9 N - 001° 19,9 E)
Bouée cardinale Ouest - Réflecteur radar

Sud Varne **Q (6) + LFl 15 s**
(50° 55,7 N - 001° 17,4 E)
Bouée cardinale Sud - Sifflet - Réflecteur radar

CS 3 **Fl Y 10 s**
(50° 52,0 N - 001° 02,3 E)
Bouée marque spéciale - Cloche

Le Colbart

Colbart Nord **VQ**
(50°57,5 N - 001° 23,4 E) - 7 m - 6 M
Bouée cardinale Nord - Réflecteur radar

Colbart Sud-Ouest **VQ (6) + LFl 10 s**
(50° 48,9 N - 001° 16,5 E) - 8 m - 6 M
Bouée cardinale Sud - Sifflet - Réflecteur radar

Bullock Bank **VQ**
(50° 46,9 N - 001° 07,7 E)
Bouée cardinale Nord - Sifflet - Réflecteur radar

★ **Dungeness** **Fl 10 s**
Masqué de 078° jusqu'à la côte
(50° 54,8 N - 000° 58,7 E) - 40 m - 21 M
Tour noire éclairée bandes et lanterne blanches 43 m
Corne 3 sons 60 s orientée à 130°

— Feu auxiliaire **Fixe RG**
057-**R**-073-**G**-078-**obscd**-196-**R**-216-**obscd**-057
(Même support) - 37 m - 10 M
Nota : Fixe R sur mât radio à 1,2 M au Nord-Ouest
Fixes R entre 2,4 M et 5,2 M à l'WNW pendant les tirs

CS 2 **Fl Y 5 s**
(50° 39,1 N - 000° 32,7 E)
Bouée marque spéciale - Sifflet

CS 1 **Fl Y 5 s**
(50° 33,7 N - 000° 03,8 W)
Bouée marque spéciale - Sifflet

★ **Feu flottant Greenwich** **Fl W 5 s**
(50° 24,5 N - 000° 00,1' E) - 15 M
Allumé par mauvaise visibilité (temporairement 2003)
Rouge - Feu de mouillage Fixe
Corne 1 son 30 s - Racon - Réflecteur radar

Séparation du trafic - Couloir montant

Vergoyer Sud-Ouest **10 s**
(50° 27,0 N - 001° 00,0 E)
Bouée cardinale Ouest - Réflecteur radar

Bassurelle **Fl (4) 15 s**
(50° 32,8 N - 000° 57,8 E) - 5 m - 4 M
Bouée latérale bâbord - Sifflet - Racon - Réflecteur radar

Vergoyer Nord **VQ**
(50° 39,7 N - 001° 22,3 E)
Bouée cardinale Nord - Racon

Vergoyer Nord-Ouest **Fl (2) 6 s**
(50° 37,2 N - 001° 17,9 E)
Bouée latérale tribord

Vergoyer Ouest **Fl G 4 s**
(50° 34,7 N - 001° 13,6 E)
Bouée latérale tribord - Réflecteur radar

Vergoyer Est **VQ (3) 5 s**
(50° 35,8 N - 001° 19,7 E)
Bouée cardinale Est - Réflecteur radar

Ridens Sud-Est **VQ (3) 5 s**
(50° 43,4 N - 001° 19,0 E)
Bouée cardinale Est - Réflecteur radar

ZC 1 **Fl (4) Y 15 s**
(50° 45,0 N - 001° 27,1 E)
Bouée marque spéciale - Réflecteur radar

ZC 2 **Fl (3) (2 + 1)Y 15 s** (retiré (T) 2003)
(50°53,6 N - 001° 30,9 E)
Bouée marque spéciale

MPC **Fl Y 2,5 s**
(51° 06,2 N - 001° 38,3 E)
Bouée marque spéciale - Réflecteur radar - Racon

Ruytingen Sud-Ouest **Fl (3) G 12 S**
(51° 05,0 N - 001° 47,0 E)
Bouée latérale tribord - Cloche (interrompue 2001)
Réflecteur radar

Banc de Sandettié

★ **Feu flottant Sandettié** **Fl 5 s**
(51° 09,3 N - 001° 47,2 E) - 12 m - 15 M
Allumé par visibilité réduite - Coque rouge - Racon
Corne 1 son 30 s

Sandettié Sud-Ouest **Q (9) 15 S**
(51° 09,8 N - 001°45,7 E) - 7 m - 4 M
Bouée cardinale Ouest - Réflecteur radar

Sandettié WSW **Fl G 5 s**
(51° 12,4 N - 001° 51,2 E) - 7 m - 5 M
Bouée latérale tribord - Réflecteur radar

Sandettié Ouest **Fl (3) G 12 s**
(51° 15,2 N - 001° 54,5 E) - 7 m - 4 M
Bouée latérale tribord - Réflecteur radar

Sandettié Est **Fl R 4 s**
(51° 14,9 N - 002° 02,7 E) - 7 m - 3 M
Bouée latérale bâbord - Réflecteur radar

MDW **VQ (6) + LFl 10 s**
(51°19,1 N - 001° 59,4 E) - 7 m - 4 M
Bouée cardinale Sud - Réflecteur radar

Sandettié Nord **VQ**
(51° 18,4 N - 002° 04,8 E) - 7 m - 6 M
Bouée cardinale Nord - Réflecteur radar

Hinder 1 **Fl (2) 6 s**
(51° 20,8 N - 002° 11,0 E) - 7 m - 7 M
Bouée marque de danger isolé - Réflecteur radar

Banc Fairy

Fairybank Sud **VQ (6) + LFl 10 s**
(51° 21,2 N - 002° 17,4 E) - 7 m - 6 M
Bouée cardinale Sud - Réflecteur radar

Fairy Ouest **VQ (9) 10 s**
(51° 23,9 N - 002° 09,4 E) - 7 m - 6 M
Bouée cardinale Ouest - Réflecteur radar

Bouée épave *Tricolor* **VQ (6) + LFl 10 s**
(51° 21,6 N - 002° 12,2 E) - 2 M
Bouée cardinale Sud

Nota : 4 bouées cardinales lumineuses (Ouest, Nord, Est et Sud) avec racon entre 800 et 2 000 m au Nord-Est

West Hinder Fl (4) 30 s
(51° 23,4 N - 002° 26,4 E) - 23 m - 12 M
Plate-forme rouge 22 m - Corne Mo (U) 30 s - Racon

Nieuwpoort - Dunkerque - Zone côtière

Bergues Fl G 4s
(51° 17,2 N - 002° 18,7 E) - 7 m - 4 M
Bouée latérale tribord - Sifflet

Out Ruytingen

Ruytingen Nord VQ
(51° 13,2 N - 002° 10,4 E) - 7 m - 4 M
Bouée cardinale Nord - Réflecteur radar

Ruytingen Nod-Ouest Fl G 4 s
(51° 09,0 N - 001° 57,4 E) - 7 m - 3 M
Bouée latérale tribord - Réflecteur radar

Ruytingen Ouest VQ
(51° 06,8 N - 001° 50,7 E) - 7 m - 4 M
Bouée cardinale Nord - Réflecteur radar

Route des bancs de Flandre

Oost Dyck Ouest Q (9) 15 s
(51° 17,2 N - 002° 26,4 E)
Bouée cardinale Ouest

Bergues Sud - Passe de Bergues Q (6) + LFl 15 s
(51° 15,1 N - 002° 19,5 E) - 4 m - 4 M
Bouée cardinale Sud - Réflecteur radar

Ruytingen Est - Passe de Bergues VQ
(51° 14,6 N - 002° 18,0 E) - 4 m - 4 M
Bouée cardinale Nord - Réflecteur radar

Ruytingen Sud-Est - Passe de Ruytingen VQ (3) 5 s
(51° 09,2 N - 002° 09,0 E) - 4 m - 3 M
Bouée cardinale Est - Réflecteur radar

Dick Est - Passe du Dyck Q (3) W 10 s
(51° 05,7 N - 002° 05,8 E)
Bouée cardinale Est - Réflecteur radar

Haut-fond de Gravelines - Passe du haut-fond de Gravelines VQ (9) 10 s
(51° 04,1 N - 002° 05,1 E) - 4 m - 4 M
Bouée cardinale Ouest - Réflecteur radar

Banc du Dyck central

DY 3 Q
(51° 11,5 N - 002° 22,5 E) - 4 m - 4 M
Bouée cardinale Nord - Réflecteur radar

DY 2 Fl (2) 6 s
(51° 09,5 N - 002° 19,5 E) - 4 m - 3 M
Bouée latérale bâbord - Réflecteur radar

DY 1 Fl G 4 s
(51° 09,0 N - 002° 15,0 E) - 4 m - 3 M
Bouée latérale tribord - Réflecteur radar

Passe Est de Dunkerque

L'entrée Nord de la passe Est est balisée par les bouées E11 et E12 à réflecteur radar. Chenaler ensuite entre les bouées à réflecteur radar E10, E8, E7, E6 et E4.

Passe Ouest de Dunkerque

RCW VQ
(51° 01,3 N - 001° 45,4 E) - 4 m - 6 M
Bouée cardinale Nord - Réflecteur radar

Bouée Dick Fl 3 s (interrompu 2002)
(51° 03,0N - 001° 51,8 E) - 8 M
Rouge - Racon
Remplace à titre expérimental la bouée-phare Dunkerque (1998)

RCE Iso G 4 s
(51° 02,5 N - 001° 53,3 E) - 4 m - 3 M
Bouée latérale tribord - Réflecteur radar
Nota : deux bouées de marque spéciale à 300 m au Sud-Est et à 300 m au Sud-Ouest
La passe Ouest est signalée par des bouées à numéros pairs au Nord et impairs au Sud. Ces bouées, à réflecteur radar, portent en outre les lettres DW précédant le numéro.
Sifflet sur DW16 - Cloche sur DW23

DK A Fl 10 s
(51° 02,6 N - 001° 57,1 E) - 4 m - 3 M
Bouée marque d'eaux saines

DK B Q (9) 10 s
(51° 03,0 N - 002° 09,2 E) - 7 m - 4 M
Bouée cardinale Ouest - Réflecteur radar

Dunkerque Ouest

★ **Port Ouest de Dunkerque - Passe d'entrée - Alignement 120°**
2 Dir Fixes (W de jour & G de nuit)
Allumés selon les mouvements des navires
Temporairement Iso 4 s et occasionnellement Fixes
intens 119-121
- Antérieur
  (51° 01,7 N - 002° 12,0 E) - 16 m - 21 M
  Colonne blanche sommet vert 9 m
- Postérieur
  (à 600 m d'Antérieur) - 20 m - 21 M
  Colonne blanche sommet vert 20 m

★ **Jetée du Dyck - Extrémité Fl (4) G 15 s**
(51° 02,3 N - 002° 09,9 E) - 24 m - 16 M
Colonne blanche sommet vert 23 m
Nota : feu aérien sur l'appontement pétrolier des Flandres

★ **Jetée du Clipon - Musoir Fl (4) R 15 s**
vis 278-243
(51° 02,7 N - 002° 09,8 E) - 24 m - 16 M
Cylindre blanc haut rouge 23 m

— Feu auxiliaire de brume **Fl (4) 15 s** - 20 M

Dunkerque Est

Feu principal Fl (2) 10 s
(51° 03,0 N - 002° 21,9 E) - 59 m - 26 M
Tour blanche sommet noir 56 m

Alignement 185° 2 feux Dir fixes Vi
- Antérieur à 100 m à l'Ouest de l'écluse Watier
  intens 183-187 - 10 m - 3 M
  (51° 03,2 N - 002° 21,2 E)
  Colonne blanche sommet rouge 6 m

Alignement 179,5° 2 feux Dir Fixes Vi
- Antérieur (à 120 m à l'Ouest de l'écluse Watier)
  intens 177,5-181,5
  (51°03,2 N - 002°21,1 E) - 10 m - 3 M
  Colonne blanche sommet vert 6 m
- Postérieur
  intens 183,7-186,2 & 178,2-180,7
  (à 640 m d'Antérieur de l'alignement à 185°) -
  Angle Nord-Ouest - 24 m - 4 M
  Môle 5 - Commun aux 2 alignements
  Pylône gris 30 m

★ **Jetée Est - Musoir Fl R 10 s**
(51° 03,6 N - 002° 21,2 E) - 12 m - 16 M
Pylône blanc sommet rouge 8 m

— Feu auxiliaire de brume **Fl (2) 10 s**

★ **Jetée Ouest - Musoir Fl (3) 6 s**
(51° 03,7 N - 002° 21,2 E) - 35 m - 11 M
Tour blanche sommet brun 36 m

Alignement 137,5° - Accès à l'Écluse Trystram
2 feux Oc (2) 6 s synchrones
- Antérieur
  (51° 03,0 N - 002° 22,2 E) - 7 m - 12 M
  Colonne blanche sommet rouge 5 m
- Postérieur
  (à 114 m d'Antérieur) - 10 m - 12 M
  Colonne blanche sommet rouge 8 m

Gravelines

Jetée Ouest - Chenal extérieur Fl (2) WG 6 s
317-**W**-327-**obscd**-078-**G**-085-**W**-224-**obscd**-317
(51° 01,0 N - 002° 05,6 E) - 9 m - W 8 M, G 6 M
Tour jaune et grise haut vert 15 m

Jetée Est - Chenal extérieur Fl (3) R 12 s
(51° 01,0 N - 002° 05,7 E) - 5 m - 6 M
Tube métallique haut rouge 10 m

Jetée Est - Épi submersible - Extrémité VQ
(51° 01,1 N - 002° 05,6 E) - 6 m - 4 M
Tube métallique cardinale Nord 14 m

Calais

★ **Cap Gris-Nez Fl 5 s**
vis 005-232
(50° 52,2 N - 001° 35,1 E) - 72 m - 29 M
Tour blanche sommet noir 31 m
Corne 1 son 60 s (interrompue 2002)
Radiotéléphone - Radiogoniomètre

Abbeville VQ (9) 10 s
(50° 56,2 N - 001° 37,7 E) - 4 m - 4 M
Bouée cardinale Ouest - Réflecteur radar

Les Quénocs - CA 3 Fl G 4 s
(50° 56,9 N - 001° 41,2 E) - 7 m - 3 M
Bouée latérale tribord - Sifflet - Réflecteur radar

CA 2 - Ridens de Calais Q
(51° 00,9 N - 001° 48,8 E) - 4 m - 4 M
Bouée cardinale Nord - Réflecteur radar

CA 4 - Ridens de Calais VQ (9) 10 s
(50° 58,9 N - 001° 45,2 E) - 8 m - 6 M
Bouée cardinale Ouest - Sifflet - Réflecteur radar

★ **Sangatte Oc WG 4 s**
065-**G**-089-**W**-152-**G**-245
(50° 57,2 N - 001° 46,6 E) - 13 m - W 8 M, G 5 M
Pylône blanc haut vert 8 m

CA 5 - Ridens de la rade Q G (Éteint 1996)
(50° 57,7 N - 001° 46,2 E) - 4 m - 3 M
Bouée latérale tribord

CA 6 - Ridens de la rade VQ R
(50° 58,3 N - 001° 45,7 E) - 4 m - 2 M
Bouée latérale bâbord - Réflecteur radar

CA 8 - Ridens de la rade Q R
(50° 58,4 N - 001° 48,7 E) - 4 m - 4 M
Bouée latérale bâbord - Cloche - Réflecteur radar

CA 10 - Ridens de la rade Fl (2) R 6 s
(50° 58,7 N - 001° 50,0 E) - 4 m - 4 M
Bouée latérale bâbord - Réflecteur radar

★ **Feu principal Fl (4) 15 s**
vis 073-260
(50° 57,7 N - 001° 51,3 E) - 59 m - 22 M
Tour octogonale blanche sommet noir 51 m

Jetée Est - Extrémité Fl (2) R 6 s
(50°58,4 N - 001° 50,5 E) - 12 m - 17 M
Tour grise sommet rouge 10 m - Corne 2 sons 40 s
Réflecteur radar

— Feu auxiliaire 2 feux **Fl (2) 6 s (vertic)**
(même support) - Allumé sur demande par temps de brume

Jetée Ouest - Extrémité Iso G 3 s
(50° 58,3 N - 001°50,4 E) - 12 m - 9 M
Tour blanche sommet vert 12 m - Cloche 1 coup 5 s

— Feu auxiliaire **Fl 5 s**
(même support) - Allumé sur demande par temps de brume

Quai de marée
(50° 58,1 N - 001° 50,9 E)
Poteau gris 8 m - Corne 4 sons 30 s

Chemin de halage de l'Ouest Dir Fixe G
intens 291-297
(50° 58,0 N - 001° 50,8 E) - 5 m - 14 M
Colonne grise sommet vert 4 m

Boulogne

Bassure de Baas VQ
(50° 48,6 N - 001° 33,1 E) - 7 m - 6 M
Bouée cardinale Nord - Cloche - Réflecteur radar

Approches Boulogne VQ (6) + LFl 10 s
(50° 45,4 N - 001° 31,1 E) - 8 m - 6 M
Bouée cardinale Sud - Sifflet - Réflecteur radar

Ophélie Fl G 4 s
(50° 43,9 N - 001° 30,9 E) - 4 m - 3 M
Bouée latérale tribord - Réflecteur radar

Alignement 122,4°
- Antérieur **Gare maritime - Éperon Nord-Ouest**
  Fixe G & triangle lumineux
  vis 033-213
  (50° 43,7 N - 001° 35,7 E) - 4 m - 5 M
  Pylône octogonal gris sommet vert 9 m
- Postérieur **Quai Gambetta Fixe R**
  intens 113-133
  (à 560 m d'Antérieur) - 44 m - 11 M
  Immeuble gris sommet rouge 43 m

★ **Digue Nord - Caisson terminal Fl R (2) 6 s**
(50° 44,8 N - 001° 34,3 E) - 10 m - 7 M
Tourelle rouge 4 m

Digue Sud (Carnot) - À 19 m de l'extrémité Nord
Fl (2 + 1) 15 s
(50° 44,5 N - 001° 34,1 E) - 25 m - 19 M
Tour blanche sommet vert 22 m
Corne 3 sons (2 + 1) 60 s à 16 m au Nord
Nota : feu de secours **Fl (2 + 1) 15 s**

RC 1 Fl G 4 s
(50° 44,0 N - 001° 34,5 E) - 3 m - 3 M
Bouée latérale tribord
Nota : marque la limite Est d'une zone non draguée

RC 2 Fl (2) R 6 s
(50° 43,9 N - 001° 34,8 E) - 3 m - 3 M
Bouée latérale bâbord
Nota : marque la limite Est d'une zone d'évitage.

Darse Sarraz-Bournet - Extrémité jetée Ouest
Iso G 4 s
(50° 43,7 N - 001° 34,6 E) - 8 m - 5 M
Pylône blanc sommet vert 7 m

Darse Sarraz-Bournet - Extrémité jetée Est
Oc (2) R 6 s
(50° 43,7 N - 001° 34,7 E) - 8 m - 6 M
Pylône blanc sommet rouge 7 m

Alignement 197°
- Antérieur **Duc d'Albe Fixe G**
  vis 107-287
  (50° 43,7 N - 001° 34,1 E) - 16 m - 8 M
  Duc d'Albe 6 m
- Postérieur **Terre-plein Fixe R**
  vis188-206
  (à 488 m d'Antérieur) - 23 m - 13 M
  Poteau rouge bande blanche 15 m

Jetée Sud-Ouest - Extrémité Fixe G
(temporairement Q G en 2001)
(50° 43,9 N - 001° 35,2 E) - 17 m - 5 M
Colonne blanche sommet vert 13 m - Corne 1 son 30 s
Nota : feux dans le port

Jetée Nord-Est - Extrémité Fixe R
(temporairement Q R en 2001)
(50°.43,9 N - 001° 35,3 E) - 11 m - 7 M
Tour rouge 10 m

Cap d'Alprech Fl (3) 15 s
(50° 42,0 N - 001° 33,8 E) - 62 m - 23 M
Tour blanche sommet noir 17 m
Nota : 3 feux fixes R sur pylône à 600 m au Nord-Est

Étaples - Cap d'Antifer

Camiers - Rive Nord de la Canche WRG Oc (2) 6 s
015-**G**-090-**W**-105-**R**-141
(50° 32,9 N - 001° 36,4 E) - 17 m - W 10 M, R & G 7 M
Pylône rouge 11 m

Canche 2 - Chenal balisé Fl R 1,2 s
(50° 32,5 N - 001° 34,0 E) - 3 m - 2 M
Bouée latérale bâbord

Épi submersible Nord - Extrémité VQ W (9) 10 s
(50° 33,2 N - 001° 35,2 E) - 6 m - 3 M
Cardinale Ouest

Digue submersible Nord - Extrémité Fl R 4 s
(50° 32,6 N - 001° 35,6 E) - 8 m
Plate-forme sur colonne métallique rouge
(Ensuite le chenal est balisé jusqu'à Étaples)

★ **Le Touquet - La Canche Fl (2) 10 s**
(50° 31,4 N - 001° 35,6 E) - 54 m - 25 M
Tour octogonale orange bande brune sommet blanc et vert 56 m

★ **Berck-Plage - Pointe du Haut-Blanc Fl 5 s**
(50° 23,9 N - 001° 33,7 E) - 44 m - 23 m
Tour à bandes rouges et blanches sommet vert 45 m

Baie de la Somme

AT-SO - Atterrissage Mo (A) W 12 s
(50° 14,0 N - 001° 28,1 E)
Marque d'eaux saines - Réflecteur radar

BIF -Bouée de bifurcation Q (9) 15 s
(50° 12,8 N - 001° 36,3 E) - 4 m
Bouée cardinale Ouest
Nota : les chenaux de la Somme sont marqués par des bouées, lumineuses ou non, fréquemment déplacées.

S 1 - Passe Sud-Ouest Q G
(50° 14,4 N - 001° 30,5 E)
Bouée latérale tribord

Pointe du Hourdel Oc (3) WG 12 s
053-**W**-248-**G**-323
(50° 12,3 N- 001° 34,7 E) - 19 m - W 12 M, G 9 M
Tour blanche sommet vert 18 m - Corne 3 sons 30 s

Le Crotoy

Le Crotoy - Rive Nord de la Somme R Oc (2) 6 s
vis 285-135
(50° 12,9 N - 001° 37,5 E) - 19 m - 8 M
Pylône pyramidal blanc 11 m - Feu de secours

Port de plaisance - Appontement côté Ouest - Extrémité Sud Fl R 2 s
(50° 12,9 N - 001° 37,8 E) - 4 m - 2 M
Poteau rouge

Digue submersible - Extrémité Fl G 2 s
(50° 13,0 N - 001° 37,9 E) - 4 m - 2 M
Poteau vert

Saint-Valéry-sur-Somme

Digue de Halage Iso G 4 s
vis 347-222
(50° 11,5 N - 001° 37,6 E) - 9 m - 9 M
Pylône blanc sommet vert 7 m

Digue submersible - Extrémité Fl G 2,5 s
(50° 12,3 N - 001° 35,9 E) - 2 m - 2M
Pylône vert 6 m - Réflecteur radar
Nota : la digue submersible est munie de balises dont 3 lumineuses

La Ferté - Extrémité digue du large Fl R 4 s
vis 360-250
(50° 11,2 N - 001° 38,7 E) - 9 m - 9 M
Pylône blanc sommet rouge 6 m

★ **Cayeux-sur-Mer - Rive Sud de la Somme Fl R 5 s**
(50° 11,7 N - 001° 30,7 E) - 32 m - 22 M
Tour blanche sommet rouge 32 m

★ **Ault WR Oc (4) 12 s**
040-**W**-175-**R**-220
(50° 06,3 N - 001° 27,2 E) - 95 m - W 15 M, R 11 M
Tour blanche sommet rouge 28 m

Le Tréport

★ **Extrémité jetée Ouest Fl (2) G 10 s**
(50° 03,9 N - 001° 22,2 E) - 15 m - 20 M
Tour blanche sommet vert 14 m

Jetée Est - À 4 m de l'extrémité Oc R 4 s
(50° 03,9 N - 001° 22,2 E) - 8 m - 6 M
Colonne blanche sommet rouge 7 m

Penly - Jetée Ouest - Extrémité 4 Fl (4) Y 15 s
(49° 58,8 N - 001° 12,3 E)

Penly 1 Fl (3) Y 12 s
(49° 59,1 N - 001° 11,4 E) - 4 m - 3 M
Bouée marque spéciale

Penly 2 Fl Y 4 s
(49° 59,5 N - 001° 12,1 E) - 4 m - 3 M
Bouée marque spéciale

Dieppe

Daffodils VQ (9) 10 s
(50° 02,5 N - 001° 04,2 E) - 7 m - 6 M
Bouée cardinale Ouest - Réflecteur radar
Nota : bouée d'épave cardinale Ouest à 2 M au Nord-Est

D I - Atterrissage VQ (3) 5 s
(49° 57,1 N - 001° 01,2 E) - 7 m - 6 M
Bouée cardinale Est - Cloche - Réflecteur radar

Falaise du Pollet Q 1,2 s
vis 105,5-170,5
(49° 56,0 N - 001° 05,3 E) - 35 m - 11 M
Construction rouge et blanche 4 m

Jetée Est - Extrémité Iso R 4 s
(49° 56,2 N - 001° 05,1 E) - 12 m - 8 M
Tour blanche sommet rouge 10 m

Jetée Ouest - Extrémité Iso G 4 s
(synchrone avec jetée Est - Extrémité)
(49° 56,3 N - 001° 05,0 E) - 11 m - 8 M
Tour blanche sommet vert 7 m - Corne 1 son 30 s (Interrompu 2000)

La Morgue - Extrémité quai de la Marne Q R 1,2 s
(49° 56,0 N - 001° 05,2 E) - 12 m - 3 M
Colonne rouge 8 m

★ **Roches d'Ailly VQ**
(49° 56,5 N - 000° 56,8 E) - 7 m - 6 M
Bouée cardinale Nord - Sifflet

Pointe d'Ailly Fl (3) 20 s
(49° 55,0 N - 000° 57,6 E) - 95 m - 31 M
Tour carrée blanche sommet vert 24 m
Corne 3 sons 60 s à 178 m au NNE (Interrompu en 1989)

Saint-Valéry-en-Caux

Jetée Ouest Fl (2) G 6 s
(49° 52,5 N - 000° 42,5 E) - 13 m - 14 M
Tour tronconique verte 12 m

Jetée Est Fl (2) R 6 s
(49° 52,4 N - 000° 42,7 E) - 8 m - 4 M
Mat blanc sommet rouge 6 m

Paluel Q
(49° 52,3 N - 000° 38,1 E) - 4 m - 6 M
Bouée cardinale Nord - Réflecteur radar

Fécamp

★ **Jetée Nord - Extrémité Fl (2) 10 s**
(49° 46,0 N - 000° 21,8 E) - 15 m - 16 M
Tour grise sommet rouge 14 m

Jetée Sud - Extrémité Q G
Masqué par la falaise à plus de 217°
(49° 45,9 N - 000° 21,8 E) - 14 m - 9 M
Tour grise sommet vert 10 m

Feu des pilotes Q R
(49° 46,0 N - 000° 21,7 E) - 10 m - 4 M
Poteau blanc sommet rouge voyant circulaire métallique 7 m
(Forme un alignement à 082° avec le feu de la jetée Sud - Extrémité)

Yport - Alignement d'accès (166°) 2 feux Oc 4 s
- Antérieur
  (49° 44,4 N - 000° 18,5 E) - 11 m
  Poteau blanc sommet vert 7 m
- Postérieur
  (à 30 m d'Antérieur) - 14 m
  Pylône blanc sommet vert sur maison 6 m

Zone d'attente

A5 VQ (9) 10 s
(49° 45,9 N - 000° 17,5 W) - 7 m - 3 M
Bouée cardinale Ouest - Réflecteur radar - Racon

A7 Q
(49° 44,6 N - 000° 06,9 W) - 7 m - 4 M
Bouée cardinale Nord - Réflecteur radar

A8 Iso R 4 s
(49° 45,3 N - 000° 06,3 W) - 7 m - 3 M
Bouée latérale bâbord - Réflecteur radar
Ensuite, balisage latéral avec bouées à réflecteur radar

Chenal d'accès - Alignement 127,5° feux Dir Oc 4 s
vis 127-128
de jour : 2 feux Dir Fixes - vis 126,5-128,5 - 33 M
(Occas - allumés lors du chenalage des pétroliers)
- Antérieur
  (49° 38,3 N - 000° 09,2 E) - 113 m - 22 M
  Pylône blanc sommet vert 7 m
- Postérieur
  (à 430 m d'Antérieur) - 135 m - 22 M
  Pylône blanc sommet vert 13 m
  Des feux de guidage à secteurs WRG sont installés sur les digues

★ **Cap d'Antifer Fl 20 s**
vis 021-222
(49° 41,1 N - 000° 09,9 E) - 128 m - 29 M
Tour octogonale grise sommet vert 38 m

Bassin de Caux

★ **Feu de guidage Dir WRG Oc 4 s**
006,5-G-017,5-W-019,5-R-036,5
(49° 39,3 N - 000° 09,1 E) - 11 m - W 15 M, R & G 11 M
Pylône 5 m

Extrémité môle Ouest Fl R 4 s
(49° 39,0 N - 000° 08,8 E) - 13 m - 5 M
Mât blanc sommet rouge 8 m

Jetée Est - Extrémité Fl G 4 s
(49° 39,0 N - 000° 09,0 E) - 13 m - 5 M
Mât blanc sommet vert 8 m

Entrée du Havre et baie de Seine

Entrée du Havre

★ **Bouée-phare LHA Mo (A) 12 s**
(49° 31,4 N - 000° 09,8 W) 10 m - 9 M
Marque d'eaux saines - Racon
Nota : feu de secours Mo (A)

HP - Zone d'attente (Le Havre n° 1) Fl Y 4 s
(49° 29,6 N - 000° 03,6 W) 7 m - 3 M
Bouée marque spéciale - Sifflet

LH 3 Q G
(49° 30,9 N - 000° 04,0 W) - 7 m - 3 M
Bouée latérale tribord - Réflecteur radar

LH 4 Q R
(49° 31,1 N - 000° 03,9 W) - 7 m - 2 M
Bouée latérale bâbord - Réflecteur radar

LH 5 Fl G 4 s
(49° 30,6 N - 000° 02,4 W) - 7 m - 3 M
Bouée latérale tribord - Réflecteur radar

LH 6 Q R
(49° 30,8 N - 000° 02,2 W) - 4 m - 5 M
Bouée latérale bâbord - Réflecteur radar

LH 7 Iso G 4 s
(49° 30,3 N - 000° 00,8 W) - 7 m - 3 M
Bouée latérale tribord - Réflecteur radar

LH 8 Iso R 4 s
(49° 30,5 N - 000° 00,7 W) - 7 m - 4 M
Bouée latérale bâbord - Réflecteur radar

LH 10 Q R
(49° 30,2 N - 000° 00,8 E) - 7 m - 2 M
Bouée latérale bâbord - Réflecteur radar

LH 11 VQ (9) 10 s (Temporairement retiré en 2001)
(49° 29,7 N - 000° 02,3 E) - 4 m - 4 M
Bouée cardinale Ouest - Réflecteur radar

LH 12 VQ R
(49° 29,9 N - 000° 02,4 E) - 4 m - 2 M
Bouée latérale bâbord - Réflecteur radar

LH 13 Fl G 4s
(49° 29,5 N - 000° 03,3 E) - 4 m - 3 M
Bouée latérale tribord - Réflecteur radar

LH 14 Q R
(49° 29,7 N - 000° 03,4 E) - 4 m - 2 M
Bouée latérale bâbord - Réflecteur radar

LH 15 Iso G 4 s (temporairement déplacé à 100° et 450 m)
(49° 29,3 N - 000° 04,3 E) - 4 m - 3 M
Bouée latérale tribord - Réflecteur radar

LH 16 VQ R
(49° 29,5 N - 000° 04,4 E) - 4 m - 2 M
Bouée latérale bâbord - Réflecteur radar

Balisage au nord du chenal

Général Metzinger VQ
(49° 32,7 N - 000° 01,9 W) - 7 m - 6 M
Bouée cardinale Nord - Réflecteur radar

Dépôt de Dragages Fl Y 4 s
(49° 33,1 N - 000° 01,6 E) - 4 m - 4 M
Bouée marque spéciale

Partie centrale de la zone d'épaves

Grande rade Sud VQ (3) 5 s
(49° 31,2 N - 000° 00,2 E) - 7 m - 4 M
Bouée cardinale Est - Réflecteur radar
Nota : temporairement marque spéciale Fl Y (2+1) 15s (2002)

Octeville Ouest VQ (6) + LFl 10 s
(49° 31,6 N - 000° 01,8 E) - 7 m - 3 M
Bouée cardinale Sud - Réflecteur radar

★ **Cap de la Hève Fl 5 s**
vis 225-196
(49° 30,8 N - 000° 04,1 E) - 123 m - 24 M
Tour octogonale blanche sommet rouge 32 m
Nota : 2 feux fixes R (horiz) à 3,2 M au Nord-Est sur le clocher d'Octeville-sur-Mer
3 feux Fl R sur pylône radar à 0,1 M au SSW

Entrée baie de Seine

Zone d'attente (Rouen)

RP Fl (2) 6 s
(49° 28,7 N - 000° 01,1 W) - 7 m - 4 M
Bouée marque de danger isolé

RNA Iso 4 s
(49° 28,7 N - 000° 05,4 W) - 7 m - 4 M
Bouée marque d'eaux saines

Nord du mouillage Fl (4) 15 s
(49° 28,6 N - 000° 01,3 E) - 4 m - 3 M
Bouée marque spéciale

Duncan L. Clinch VQ (9) 10 s
(49° 27,2 N - 000° 02,5 E) - 4 m - 4 M
Bouée cardinale Ouest - Réflecteur radar

Sud Carosse Q
(49° 27,2 N - 000° 02,9 E) - 4 m - 4 M
Bouée cardinale Nord - Réflecteur radar

4 - Épave du Friesland Q R
(49° 27,0 N - 000° 02,6 E) - 4 m - 3 M
Bouée latérale bâbord - Réflecteur radar

Ratier NW VQ G
(49° 26,8 N - 000° 02,5 E) - 3 m - 2 M
Bouée latérale tribord - Réflecteur radar

Ratelets Q (9) 15 s
(49° 25,3 N - 000° 01,8 E) - 3 m - 4 M
Bouée cardinale Ouest - Réflecteur radar

Digue du Ratier - Balise A VQ
(49° 26,0 N - 000° 06,7 E) - 10 m - 4 M
Colonne métallique avec abri sur plate-forme noirs10 m - Réflecteur radar

Digue du Ratier - Balise Saint-Siméon - Déversoir VQ (9) 10 s
(49° 25,8 N - 000° 12,8 E) - 8 m - 5 M
Pylône cardinal Ouest

Ratier Sud VQ (6) + LFl 10 s
(49° 25,2 N - 000° 07,2 E)
Bouée cardinale Sud - Réflecteur radar
Plusieurs autres bouées lumineuses se trouvent à l'entrée de la Seine

★ **Falaise des Fonds Fl (3) WRG 12 s**
040-**G**-080-**R**-084-**G**-100-**W**-109-**R**-162-**G**-260-**obscd**-040
(49° 25,5 N - 000° 12,9 E) - 15 m - W 17 M, R & G 13 M
Tour blanche sommet vert18 m

Tancarville - Digue Nord - km 337,4 Q R
(49° 28,8 N - 000° 28,2 E) - 9 m - 6 M
Colonne rouge et blanche 9 m

Tancarville Q G 1,2 s
(49° 28,4 N - 000° 28,1 E) - 3 M
Bouée latérale tribord - Réflecteur radar

Estuaire de la Seine : les chenaux donnant accès à la Seine changent fréquemment.
On ne doit normalement s'y engager qu'avec un pilote.
En aval de la limite de la mer (2 km en aval du confluent de la Risle), les plaisanciers doivent, en toutes circonstances, laisser le libre passage aux autres bâtiments et formations. Du pont Jeanne-d'Arc à Rouen, jusqu'à la limite de la mer, la circulation de nuit leur est interdite.

Le Havre

★ **Passe Nord-Ouest - Alignement 106,8°**
intens 106-108
- Antérieur **Quai Roger Meunier Dir Fixe**
  (49° 29,0 N - 000° 06,5 E) - 36 m - 25 M
  Tour grise sommet vert 35 m
- Postérieur **Quai Joannès - Couvert Dir Fixe**
  (à 1 370 m d'Antérieur) - 78 m - 25 M
  Tour grise sommet vert 77 m - Réflecteur radar

Nota : sur les mêmes tours que les feux de nuit fonctionnent de jour des feux à intensité modulée

Feu de guidage du bassin Théophile Ducrocq Dir WRG Oc 4 s
183-**G**-190-**W**-194-**R**-201
(49° 28,4 N - 000° 07,0 E) -15 m - W 11 M, R & G 10 M
Support blanc sommet vert 13 m
Nota : des alignements lumineux matérialisent l'axe des bassins
(Le feu est allumé en permanence)

Alignement 090° 2 feux Dir Fixes R Occas
intens 088,7-091,2
- Antérieur
  (49° 29,5 N - 000° 05,8 E) - 21 m - 19 M
  Pylône blanc sommet rouge 18 m
- Postérieur
  (à 620 m d'Antérieur) - 43 m - 19 M
  Socle carré lanterne rouge sur la terrasse d'un immeuble 41 m

★ **Digue Nord - Extrémité Fl R 5 s**
(49° 29,2 N - 000° 05,4 E) - 15 m - 21 M
Tour blanche sommet rouge 15 m - Corne 1 son 15 s
Nota : le feu est allumé de jour pendant la durée du signal sonore

Digue Sud - Extrémité VQ (3) G 2 s
(49° 29,1 N - 000° 05,4 E) - 15 m - 11 M
Tour blanche sommet vert 14 m

Feu de guidage du bassin René Coty Dir WRG Oc 4 s
118-**G**-119-**W**-120-**R**-121
(49° 28,1 N - 000° 08,3 E) - 8 m - W 12M, R & G 11 M
Lanterne sur pylône pyramidal blanc sommet vert 6 m
(allumé en permanence)

Port de plaisance - Extrémité digue de protection Fl (2) 6 s (temporairement masqué 073-163)
(49° 29,3 N - 000° 05,6 E) - 3 M
Poteau métallique blanc sommet rouge

Port de plaisance - Extrémité digue Augustin Normand Fl (2) G 6 s
(49° 29,3 N - 000° 05,6 E) - 5 m - 2 M
Tube blanc sommet vert 3 m

Quai des Abeilles - Extrémité Q R
(49° 29,1 N -000° 06,1 E) - 9 m - 7 M
Tube blanc et rouge 6 m - Cloche 1 son 2,5 s

★ **Quai Roger Meunier - Quai d'escale - Angle Ouest Fl (3) 15 s Occas**
(49° 29,0 N - 000° 06,4 E) - 4 m - 23 M
Lanterne verte 3 m

Bassin Théophile Ducrocq - Extrémité môle Nord Oc (2) R 6 s
(49° 28,9 N - 000° 06,3 E) - 7 m - 6 M
Support blanc sommet rouge 5 m
Corne 2 sons 20 s (Occas) - Réflecteur radar

Bassin Théophile Ducrocq - Môle Sud - Extrémité Oc (2) G 6 s
(49° 28,8 N - 000° 06,2 E) - 7 m - 6 M
Support blanc sommet vert 5 m - Réflecteur radar

Honfleur

Digue Ouest Q G
(49° 25,7 N - 000° 13,8 E) - 10 m - 6 M
Pylône vert 8 m

Digue Est Q
(49° 25,7 N - 000° 13,9 E) - 9 m - 8 M
Bouée cardinale Nord
Pylône 8 m - Corne 5 sons 40 s

Jetée Est - À 25 m de l'extrémité Oc (2) R 6 s
073-**R**-253-**R unintens**-073
(49° 25,5 N - 000° 14,1 E) - 12 m - 6 M
Tour blanche sommet rouge 12m

Quai n°1 et quai n°2 - À chaque extrémité (aval et amont) 2 feux Fixes G vertic
Nota : le chenal possède un balisage lumineux

Trouville

***Semoy* - Épave VQ (3) 5 s**
(49° 24,1 N - 000° 02,3 E) - 3 m - 4 M
Bouée cardinale Est

Trouville SW VQ (9)10 s - Disparu (2003)
(49° 22,7 N - 000° 02,6 E) - 3 m - 4 M
Bouée cardinale Ouest - Réflecteur radar

Alignement 148° - Pointe de La Cahotte 2 feux Oc R 4 s synchrones
- Antérieur **Extrémité jetée Est**
  vis 330-150
  (49° 22,1 N - 000° 04,6 E) - 11 m - 12 M
  Corne 2 sons 30 s de PM - 3 h à PM + 3 h (interrompu 2000)
  Tour métallique blanche sommet rouge 11 m
- Postérieur **Enracinement de la jetée Est**
  vis 120-170 **synchrone avec antérieur**
  (à 217 m d'Antérieur) -17 m - 10 M
  Pylône blanc sommet rouge 15 m

Enrochements Est - Duc d'Albe Fl (4) WR 12 s
131-**W**-175-**R**-131
(49° 22,3 N - 000° 04,3 E) - 8 m - W 7 M, R 4 M
Pylône blanc sommet rouge 15 m

Enrochements Ouest - Extrémité Fl WG 4 s
005-**W**-176-**G**-005
(49° 22,4 N - 000° 04,1 E) - 10 m - W 9 M, G 6 M
Pylône noir sommet vert 16 m

Entrée du port - Côté Ouest - Môle - Extrémité Iso G 4 s
(49° 22,2 N - 0.04,3 E) - 9 m - 5 M
Mât vert 7 m

Jetée Ouest - À 21 m de l'extrémité Q G
(49° 22,1 N - 000° 04,4 E - 11 m - 9 M
Tour métallique blanche sommet vert 10 m

Dives-sur-Mer - Chenal d'accès - Bouée d'atterrissage DI Fl 10 s
(49° 19,2 N - 000° 05,8 W) - 2 m - 3 M
Bouée marque d'eaux saines

Dives-sur-Mer - Feu du port Oc (2 + 1) WRG 12 s
125-**G**-157-**W**-162- **R**-194-**obscd**-125
(49° 17,8 N - 000° 05,2 W) - 6 m - W 12 M R & G 9 M
Cabane rouge 5 m
Nota : le secteur blanc n'est utilisable que jusqu'à la porte formée par le feu 3 et la bouée 4. Suivre ensuite le balisage.

Ouistreham

Ouistreham VQ (3) 5 s
(49° 20,5 N - 000° 14,7 W) - 4 m - 3 M
Bouée cardinale Est

Alignement 185° 2 feux Dir R Oc (4) (3 + 1) 12 s synchrones
intens 183,5-186,5 - Allumés jour et nuit
★ - Antérieur **Extrémité jetée Est**
  (49° 17,2 N - 000° 14,7 W) - 10 m - 17 M
  Tube métallique blanc sommet rouge 11 m - Réflecteur radar
  Nota : Q R sur duc d'Albe à 30 m à l'Ouest
★ - Postérieur **Terre-plein des écluses**
  (à 610 m d'Antérieur) - 30 m - 17 M
  Tripode 25 m

Merville VQ
(49° 19,7 N - 000° 13,3 W) - 4 m - 3 M
Bouée cardinale Nord

1 Q G
(49° 19,2 N - 000° 14,6 W) - 4 m - 2 M
Bouée latérale tribord

2 Q R
(49° 19,2 N - 000° 14,3 W) - 4 m - 2 M
Bouée latérale bâbord

3 Fl G 4 s
(49° 18,8 N - 000° 14,6 W) - 4 m - 2 M
Bouée latérale tribord - Réflecteur radar

4 Fl R 4 s
(49°18,8 N - 000° 14,4 W) - 4 m - 3 M
Bouée latérale bâbord

5 Q G
(49° 18,5 N - 000° 14,7 W) - 4 m - 2 M
Bouée latérale tribord

6 Q R
(49° 18,5 N - 000° 14,5 W) - 4 m - 4 M
Bouée latérale bâbord

Barnabé Iso G 4 s
(49° 18,1 N - 000° 14,7 W) - 7 m - 3 M
Pylône blanc sommet vert 17 m

★ **Feu principal (à l'Est des écluses) Oc WR 4 s**
090-**W**-115-**R**-151-**W**-090
(49° 16,8 N - 000° 14,9 W) - 37 m - W 17 M, R 13 M
Tour blanche sommet rouge 38 m
Nota : un feu de signalisation optique du vent est installé sur la plate-forme de la tour : IQ (4) 8 s = prévision de vents ≥ force 6 dans les 6 heures - Q = prévision de vents ≥ force 6 dans les 3 heures.

Enrochements Ouest Iso G 4 s
(49° 17,6 N - 000° 14,7 W) - 11 m - 7 M
Tube blanc sommet vert avec plate-forme 16 m - Réflecteur radar

Banc des Corbeilles Iso R 4 s
(49° 17,6 N - 000° 14,6 W) - 11 m - 3 M
Pylône blanc sommet rouge 16 m

Zone d'évitage Nord - Feu Est Fl R 4 s
330-**R**-150-**obscd**-330
(49° 17,3 N - 000° 14,5 W) - 9 m - 5 M
Pylône blanc sommet rouge 13 m

Saint-Médard Oc (2) R 6 s
(49° 18,1 N - 000° 14,5 W) - 7 m - 8 M
Pylône blanc sommet rouge 17 m

Porte intermédiaire - Feu Est Quilbé VQ R (3) 5 s
(49° 17,8 N - 000° 14,6 W) - 9 m - 3 M
Pylône blanc haut rouge 16 m

Porte intermédiaire - Feu Ouest Riva VQ G (3) 5 s
(49° 17,8 N - 000° 14,7 W) - 9 m - 3 M
Pylône blanc haut vert 16 m

Poste des transbordeurs -Duc d'Albe Nord Q G
(49° 17,2 N - 000° 14,3 W) - 11 m - 5 M
Pylône vert 14 m
Nota : balisage de la zone d'évitage par rapport au feu du poste des transbordeurs
- Axe : **Alignement 188,5° - Q**
  - Antérieur (à 181° et 667 m)
  - Postérieur (à 150 m d'Antérieur)
- Limite Est : **Alignement 188° - Iso**
  - Antérieur (162° et 388 m)
  - Postérieur (à 327 m d'Antérieur)

Essarts de Langrune
(49° 22,7 N - 000° 21,3 W) - 5 m
Bouée cardinale Nord - Cloche

Courseulles-sur-Mer

Courseulles - Atterrissage Iso 4 s
(49° 21,3 N - 000° 27,7 W) - 4 m - 6 M
Bouée marque d'eaux saines

Jetée Est - Extrémité Oc (2) R 6 s
(49° 20,3 N - 000° 27,4 W) - 9 m - 7 M
Pylône brun sommet rouge 12 m

Cordon d'enrochements Ouest - Extrémité Iso WG 4 s
135-**W**-235-**G**-135
(49° 20,4 N - 000° 27,4 W) - 7 m - W 9 M, G 6 M
Pylône brun sommet vert sur duc d'Albe 14 m
Corne 1 son 30 s de 2 h avant à 2 h après la P.M.

Bouée d'émissaire Q W (temporairement retiré 2002)
(49° 21,3 N - 000° 26,5 W) - 3 m - 3 M
Bouée cardinale Nord

★ **Ver-sur-Mer - Sur la pointe Fl (3) 15 s**
(49° 20,5 N - 000° 31,1 W) - 42 m - 26 M
Tour blanche sommet gris 16 m

Port-en-Bessin

Cussy VQ (9) 10 s
(49° 29,5 N - 000°43,0 W) - 7 m - 6 M
Bouée cardinale Ouest

Alignement 204° 2 feux Oc (3) 12 s synchrones
- Antérieur **Sur la falaise**
  vis 069-339
  (49° 21,0 N - 000° 45,5 W) - 25 m - 10 M
  Pylône blanc sommet vert 8 m
- Postérieur
  vis 114-294
  (à 93 m d'Antérieur) - 42 m - 11 M
  Maison blanche et grise 12 m

Phares et feux

Môle Est - Extrémité Oc R 4 s
(49° 21,2 N - 000° 45,4 W) - 14 m - 7 M
Pylône rouge 10 m

Môle Ouest - Extrémité Fl WG 4 s
065-**G**-114,5-**W**-065
(49° 21,2 N - 000° 45,4 W) - 14 m - W 10 M, G 7 M
Pylône vert 9 m
Nota : feux à l'intérieur du port

Broadsword Q W (3) 10 s
(49° 25,3 N - 000° 52,9 W) - 7 m - 4 M
Bouée cardinale Est

Grandcamp-Maisy

Est du Cardonnet VQ (3) 5 s
(49° 26,8 N - 001° 01,1 W) - 4 m - 9 M
Bouée cardinale Est

Accès au port - Alignement 146° 2 feux Dir Q
vis 144,5-147,5
- Antérieur
  (49° 23,4 N - 001° 02,8 W) - 9 m - 15 M
  Tube métallique blanc sommet rouge avec plate-forme 7 m
- Postérieur
  (à 102 m d'Antérieur) - 12 m - 15 M
  Mât blanc sommet rouge, panneaux de contre-jour rouges, 11 m

Feu du Perré Oc 4 s
vis 083-263
(49° 23,4 N - 001° 02,5 W) - 8 m - 12 M
Pylône vert sur abri blanc 7 m
Forme alignement 221° avec la Maresquerie

Jetée Est - Extrémité Oc (2) R 6 s
(49° 23,5 N - 001° 02,9 W) - 9 m - 9 M
Colonne blanche sommet rouge 8 m
Corne Mo (N) 30 s - Détecteur de brume

Enrochements Ouest - Extrémité Fl G 4 s
(49° 23,5 N - 001° 03,0 W) - 9 m - 6 M
Colonne blanche sommet vert 14 m

La Maresquerie Oc 4 s
vis 090-270
(49° 23,2 N - 001° 02,7 W) - 28 m - 12 M
Poteau blanc 12 m (voir feu du Perré)

Isigny-sur-Mer (Carentan)

Isigny - Alignement 172,5° 2 feux Dir Oc (2 + 1) 12 s synchrones
intens 170,5-174,5
- Antérieur
  (49° 19,6 N - 001° 06,7 W) - 7 m - 18 M
  Poteau blanc 7 m
- Postérieur
  (à 625 m d'Antérieur) - 19 m - 18 M
  Pylône blanc sommet noir 23 m

C.I. - Atterrissage Iso 4 s
(49° 25,5 N - 001° 07,0 W) - 4 m - 4 M
Bouée marque d'eaux saines - Réflecteur radar

Nota : le chenal de Carentan est ensuite balisé par des bouées latérales lumineuses et non lumineuses jusqu'aux digues submersibles en enrochement signalées par des perches

Carentan - Alignement 209,5° synchrones
intens 208,2-210,7
- Antérieur **Dir Oc (3) R 12 s**
  (49° 20,5 N - 001° 11,1 W) - 6 m - 18 M
  Poteau blanc sommet rouge 6 m
- Postérieur **Oc (3) 12 s**
  vis 120-005
  (à 723 m d'Antérieur) - 14 m - 10 M
  Potence blanche sommet vert 15 m

Saint-Vaast-la-Hougue

Norfolk Q (3) 10 s
(49° 29,0 N - 001° 03,7 W) - 7 m - 4 M
Bouée cardinale Est

Îles Saint-Marcouf - Île du Large VQ (3) 5 s
(49° 29,9 N - 001° 08,8 W) - 18 m - 8 M
Tour carrée grise sommet vert 17 m

Ouest Saint-Marcouf Q (9) 15 s
(49° 29,7 N - 001° 11,9 W) - 4 m - 4 M
Bouée cardinale Ouest

Quinéville VQ (9) 10 s
(49° 31,8 N - 001° 12,4 W) - 4 m - 4 M
Bouée cardinale Ouest

Gavendest Q (6) + LFl 15 s
(49° 34,4 N - 001° 13,8 W) - 4 m - 3 M
Bouée cardinale Sud

Entrée en rade - Alignement 267°
- Antérieur **La Hougue - Sur le Fort Oc 4 s**
  (49° 34,3 N - 001° 16,4 W) - 9 m - 10 M
  Pylône blanc sommet vert 7 m
- Postérieur **Morsalines Oc (4) WRG 12 s**
  171-**W**-316-**G**-321-**R**-342-**W**-355
  (49° 34,2 N - 001° 19,0 W) - 90 m - W 11 M, R & G 8 M
  Tour octogonale blanche sommet vert 13 m

Saint-Vaast-La Hougue - Extrémité jetée Oc (2) WRG 6 s
219-**R**-237-**G**-310-**W**-350-**R**-040-**W unintens**-219
(49° 35,2 N - 001° 15,4 W) - 12 m - W 10 M, R & G 7 M
Tour octogonale métallique blanche sommet rouge 11 m
Sirène 2 sons 30 s

Épi - Extrémité Oc (4) R 12 s
Masqué 278-018
(49° 35,2 N - 001° 15,6 W) - 6 m - 6 M
Abri blanc sommet rouge 6 m

Brise-lames - Extrémité Iso G 4 s
(49° 35,1 N - 001° 15,6 W) - 6 m - 3 M
Réservoir métallique blanc sommet vert 6 m

Pour entrer à Saint-Vaast, se tenir sur l'alignement du feu de La Hougue par celui de Morsalines à 267°, jusqu'à ce qu'on voie disparaître le feu de Réville.
Gouverner alors sur le feu Ouest de la jetée qu'on laisse par bâbord et après avoir dépassé ce feu Ouest, mettre le cap entre les feux R et G de l'entrée du port.

Réville - Pointe de Saire Oc (2 + 1) 10 s
(49° 36,4 N - 001° 13,8 W) - 11 m - 10 M
Tour carrée blanche sommet vert 10 m

Barfleur

Entrée au port - Alignement 219,5° 2 feux Oc (3) 12 s synchrones
- Antérieur
  (49° 40,2 N - 001° 15,5 W) - 7 m - 10 M
  Tour carrée blanche 7 m
- Postérieur
  vis 085-355
  (à 288 m d'Antérieur) - 13 m - 10 M
  Tour grise et blanche sommet vert 13 m

Jetée Est - Extrémité Oc R 4 s
(49° 40,4 N - 001° 15,4 W) - 5 m - 6 M
Abri blanc sommet rouge 4 m

Jetée Ouest - Extrémité Fl G 4 s
(49° 40,4 N - 001° 15,5 W) - 8 m - 6 M
Pylône blanc sommet vert 7 m

★ **Pointe de Barfleur-Gatteville Fl (2) 10 s**
(49° 41,8 N - 001° 15,9 W) - 72 m - 29 M
Tour grise sommet noir 75 m - Corne 2 sons 60 s (à 60 m au Nord-Est)

De Barfleur à La Hague

Les Equets Q
(49° 43,7 N - 001° 18,4 W) - 8 m - 3 M
Bouée cardinale Nord

Basse du Rénier VQ
(49° 44,9 N - 001° 22,1 W) - 8 m - 4 M
Bouée cardinale Nord - Sifflet

Anse de Vicq - Alignement 158° Fixes R
- Antérieur
  (49° 42,3 N - 001° 23,9 W) - 8 m - 7 M
  Pylône blanc, sommet rouge triangle blanc et rouge, 5 m
- Postérieur
  (à 403 m d' Antérieur) - 14 m - 7 M
  Pylône blanc, sommet rouge, triangle blanc et rouge, 8 m

La Pierre Noire Q (9) 15 s
(49° 43,6 N - 001° 29,1 W)
Bouée cardinale Ouest

★ **Cap Lévi Fl R 5 s**
(49° 41,8 N - 001° 28,4 W) - 36 m - 22 M
Tour carrée grise sommet blanc 28 m

Port de Cap Lévi Fixe RG
050-**G**-109-**R**-140-**obscd**-050
(49° 41,3 N - 001° 23,8 W) - 7 m - R & G 7 M
Mur blanc, abri gris, lanterne blanche 6 m

Cherbourg

Le Becquet - Alignement 186,3° 2 feux Dir synchrones
intens183-190
- Antérieur **Dir Oc (2 + 1) 12 s**
  (49°39,3N - 001°32,8W) - 8 m - 10 M
  Tour octogonale blanche 6 m
- Postérieur **Dir Oc (2 + 1) 12 s**
  (à 49 m d'Antérieur) - 13 m - 7M
  Tour carrée octogonale, sommet rouge 10 m

Passe de Cabout-Danneville (Collignon) - Au Sud de la digue Est Fl (2) R 6 s
(49° 39,6 N - 001°34,2 W) - 5 m - 4 M
Réservoir métallique blanc sommet rouge 4 m

Passe Est

Alignement 189° 2 Dir Q 1,2 s
- Antérieur **Jetée des Flamands - Extrémité Est**
  (49°39,4 N - 001°35,9 W) - 9 m - 13 M
  Pylônes métalliques sur abris blancs 8 m
- Postérieur **Terre-plein des Mielles**
  (à 520 m d'Antérieur) - 16 m - 13 M
  Colonne bandes noires et blanches haut blanc 15 m
  Feu de secours

Roches du Nord-Ouest Fl R 2,5 s
(49° 40,7 N - 001° 35,2 W)
Bouée latérale bâbord temporairement retirée (2003)

Fort de l'Île Pelée Oc (2) WR 6 s
055-**W**-120-**R**-055
(49° 40,2 N - 001° 35,1 W) - 19 m - W 10 M, R 7 M
Support rouge et blanc 8 m

Digue centrale - Fort de l'Est Iso G 4 s
(49° 40,3 N - 001°35,9 W) - 19 m - 9 M
Pylône blanc sommet vert 9 m

Digue centrale - Fort central VQ (6) + Fl 10 s
vis 322-032
(49° 40,5 N - 001° 37,0 W) - 5 m - 4 M
Colonne cardinale Sud 3 m

La Truite Fl (4) R 15 s
(49° 40,4 N - 001° 35,4 W) - 4 m - 4 M
Bouée latérale bâbord - Réflecteur radar

Passe Ouest

Alignement 140,3° à 142,2°
★ - Antérieur **Coude de la jetée du Homet**
  2 feux horizontaux Dir Q (écartement des feux 63 m)
  intens 137,3-143,3 & 139,2 - 145,2
  (49° 39,6 N - 001° 37,9 W) - 5 m - 17 M
  Fanal sur triangles blancs 4 m
  Nota : feu de signalisation optique du vent installé au fort du Homet
★ - Postérieur **Gare maritime Dir Q**
  intens 140 - 142,5
  (à 1 835 m d'Antérieur) - 35 m - 19 M
  Pylône gris voyant triangulaire blanc 35 m

Nota : ces deux alignements marquent les limites Sud-Ouest et Nord-Est du chenal dragué.

CH1 - Atterrissage LFl 10 s
(49° 43,3 N - 001° 42,0W) - 8 m - 4 M
Bouée marque d'eaux saines - Sifflet - Réflecteur radar
À 3,4 M dans le Nord-Ouest de la passe de l'Ouest

★ **Fort de l'Ouest - Digue centrale Fl (3) WR 15 s**
122-**W**-355-**R**-122
(49° 40,5 N - 001° 38 9 W) - 19 m - W 24 M, R 20 M
Tour grise sommet rouge 9 m - Corne 3 sons 60 s

Bouée des enrochements Fl R 4 s
(49° 40,5 W - 001° 38,9 W) - 7 m - 2 M
Bouée latérale bâbord - Réflecteur radar

Digue de Querqueville - Extrémité Fl (4) G 15 s
(49° 40,3N - 001° 39,8W) - 8 m - 4 M
Support blanc haut vert 7 m

Alignement 124,5°
- Antérieur **Jetée du Homet - Extrémité Fixe G**
  (49° 39,5 N - 001° 36,9 W) - 10 m - 8 M
  Support blanc sommet vert 9 m
- Postérieur **Terre-Plein des Mielles Dir Iso G 4 s**
  intens 114,5-134,5
  (à 1 397 m d'Antérieur) - 16 m - 7 M
  Colonne bandes noires et blanches haut blanc 15 m
  Nota : peut être masqué par les navires à quai

La Ténarde VQ
(49° 39,8 N - 001° 37,8 W) - 3 m - 3 M
Bouée cardinale Nord

Entrée en petite rade

Jetée des Flamands - Extrémité Ouest VQ R
(49° 39,5 N - 001° 36,5 W)
Bouée latérale bâbord - Réflecteur radar
Nota : jetée partiellement couverte en P.M. de vives eaux - Fl (5) Y 20 s sur bouée de mesure de houle à 180 m au Sud-Est

Chantereyne - Port de plaisance - Môle - Extrémité Oc (2) G 6 s
(49° 38,9 N - 001° 37,2 W) - 7 m - 6 M
Pylône vert 6 m

Angle Nord-Ouest de la Gare Maritime - Darse transatlantique - Q R
(49° 39,0 N - 001° 37,1 W) - 6 m - 5 M
Colonne blanche lanterne rouge 6 m

Chantereyne - Ponton brise-clapot - Extrémité Fl G 2,5 s
(49° 38,8 N - 001° 37,1 W) - 4 m - 2 M
Pieu blanc haut vert 3 m

Gare maritime - Quai Ouest - Extrémité Oc (2) R 6 s
vis 006-186
(49° 38,8 N - 001° 37,0 W) - 3 m - 3 M
Support rouge 1 m

Côte nord-ouest du Cotentin

Omonville-la-Rogue - Au fond du port Iso WRG 4 s
180-**G**-252-**W**-262-**R**-287-**obscd**-180
(49° 42,3 N - 001° 50,2 W) - 13 m - W 10M R & G 7M
Pylône blanc sommet rouge

Basse Bréfort VQ
(49°43,8 N - 001° 51,1 W) - 8 m - 4 M
Bouée cardinale Nord - Sifflet

Phares et feux

Le chagrin est comme un grand trésor : on ne s'en ouvre qu'à ses intimes. (Proverbe malgache)

La Plate Fl (2 + 1) WR 10 s
115-**W**-272-**R**-115
(49° 44,0 N - 001° 55,7 W) - 11 m - W 9 M, R 6 M
Tour octogonale cardinale Nord 19 m

★ **Cap de La Hague - Gros du Raz Fl 5 s**
(49° 43,4 N - 001° 57,3 W) - 48 m - 23 M
Tour grise haut blanc 51 m - Corne 1 son 30 s
Nota : Fixe R sur cheminée et mât radio à 3,8 et 4,5 M au Sud-Est

Nord des Casquets - Séparation trafic

Bouée EC 2 Fl (4) Y 15 s
(50° 12,1 N - 001° 12,4 W) - 4 M
Bouée marque spéciale - Sifflet - Racon
Nota : bouée à plan focal élevé

East Channel Fl Y 5 s
(49° 58,7 N - 002° 28,9 W) - 6 M
Bouée marque spéciale - Sifflet - Racon
Nota : bouée à plan focal élevé

★ **Feu flottant Channel Fl 15 s** - Allumé en permanence
(49° 54,4 N - 002° 53,7 W) - 12 m - 25 M
Coque rouge - Corne 1 son 20 s - Racon

Île d'Aurigny

★ **Pointe Quenard - Au Nord-Est de l'île Fl (4) 15 s**
vis 085-027°
(49° 43,8 N - 002° 09,8 W) - 37 m - 23 M
Tour blanche bande noire 32 m - Corne 1 son 30 s
Allumé en permanence

Château à l'Etoc Point Iso WR 4 s
071,1-**R**-111,1-**W**-151,1
(49° 44,0 N - 002° 10,6 W) - 20 m - W 10 M, R 7 M
Colonne blanche 20 m

Port-Braye - Alignement 215°
★ - Antérieur **Ancienne jetée - Coude Q**
vis 210-220
(49° 43,4 N - 002° 11,8 W) - 8 m - 17 M
Poteau métallique sur base blanche 2 m
- Postérieur **Q**
vis 210-220
(à 335 m d'Antérieur) - 17 m - 18 M
Poteau métallique sur colonne blanche 5 m
Nota : Fixes R sur tours à 0,4 M au Sud et à 0,5 M à l'ESE

Brise-lames - Extrémité Fl 10 s
(49° 43,8 N - 002° 11,5 W) - 7 m - 5 M

Jetée intérieure - Extrémité Fixe R (2 vertic)
(49° 43,5 N - 002° 11,9 W) - 8 m - 5 M

★ **Les Casquets - Tour Nord-Ouest Fl (5) 30 s**
(49° 43,4 N - 002° 22,5 W) - 37 m - 24 M
Allumé en permanence - Racon
Phare sur la plus Nord-Ouest et la plus haute des trois tours
Tour blanche 2 bandes rouges, 23 m
Corne 2 sons 60 s sur tour Est

Île de Guernesey

★ **Platte Fougère - Au Nord-Est de l'île Fl WR 10 s**
155-**W**-085-**R**-155
(49° 30,9 N - 002° 29,0 W) - 15 m - 16 M
Tour octogonale blanche bande noire 25 m - Corne 1 son 45 s
Fonctionne également lorsque le feu est en avarie - Racon

Passage du Petit Russel

À n'emprunter que par temps clair en venant du Nord et en suivant le feu de Belvédère par le feu du brise-lames du Castle Cornet à 220°.
À la hauteur des feux de Saint-Sampson, obliquer légèrement sur la gauche pour parer les Trois Grunes.
Pour entrer au port de Saint-Pierre faire route entre le feu de la jetée White Rock et le feu du brise-lames Sud

Beaucette Yacht Marina - Alignement 276°
- Antérieur **Fixe R**
(49° 30,2 N - 002° 30,1 W)
Voyant rectangulaire blanc bande verticale rouge
- Postérieur **Fixe R**
(à 185 m d'Antérieur)
Voyant rectangulaire rouge bande verticale blanche

Petite Canupe Q (6) + LFl 15 s
(49° 30,2 N - 002° 29,1 W)
Balise cardinale Sud

Le Petit Russel

Tautenay Q WR (3) 6 s
050-**W**-215-**R**-050
(49° 30,2 N - 002° 26,7 W) - 7 m - W 7 M, R 6 M
Pyramide bandes verticales noires et blanches

Le Roustel - Extrémité Sud Q
(49° 29,3 N - 002° 28,9 W) - 8 m - 7 M
Pylône métallique base à damiers noirs et blancs haut noir 8 m

La Platte Fl WR 3 s
024-**R**-219-**W**-024
(49° 29,1 N - 002° 29,5 W) - 6 m - W 7 M, R 5 M
Tour conique verte 9 m

Brehon Iso 4 s
(49° 28,3 N - 002° 29,2 W) - 19 m - 9 M
Tour et balise

Percée Pass - Gate Rock Q (9) 15 s
(49° 27,9 N - 002° 27,4 W)
Balise cardinale Ouest

Herm Hazbour - Jetée - Extrémité 2 Fixes G
(49° 28,3 N - 002° 27,2 W)
Latérale tribord

Herm - Vermerette Fl (2) Y 5 s
(49° 28,3 N - 002° 27,0 W)
Balise à voyant " V " orange

Épec Fl G 3 s
(49° 28,0 N - 002° 27,9 W)
Mât vert voyant " E " noir

Petit Creux Q R
(49° 28,1 N - 002° 28,6 W)
Poteau lettre " C " rouge fluo

Alligande Fl (3) G 5 s
(49° 27,9 N - 002° 28,8 W)
Mât noir voyant " A " orange - Réflecteur radar

Fourquies Q
(49° 27,4 N - 002° 26,4 W)
Bouée cardinale Nord

Saint Sampson - Alignement 286°
- Antérieur **Extrémité jetée Sud Fixe R**
vis 230-340
(49° 28,9 N - 002° 30,8 W) - 3 m - 5 M
Poteau 2 m
- Postérieur **Tour d'horloge Fixe G**
(à 390 m d'Antérieur) - 13 m

Saint Sampson Harbour - Jetée Nord - Extrémité Fixe G
vis 230-340
(49° 29,0 N - 002° 30,7 W) - 3 m - 5 M
Poteau 2 m

Saint Peter Port

★ **Alignement 220°**
- Antérieur **Brise-lames de Castle Cornet - Au Sud de l'entrée Al WR 10 s (W 7,5 s, R 2,5 s)**
vis 187-007
(49° 27,4 N - 002° 31,4 W) - 14 m - 16 M
Tour sombre, blanche au Nord-Est 12 m - Corne 1 son 15 s
- Postérieur **Belvédère Oc 10 s**
vis 179-269 - intens 217-223
(à 990 m d'Antérieur) - 61 m - 14 M
Tour blanche voyant carré blanc bande verticale orange 4 m

White Rock - Extrémité jetée Oc G 5 s
intens 174-354

Phares et feux

(49° 27,4 N - 002° 31,5W) - 11 m - 14 M
Tour en pierre 10 m

Victoria Marina (Old Harbour) - Alignement 265°
- Antérieur **Extrémité jetée Sud Oc R 5 s**
  (49° 27,4 N - 002° 31,9 W) - 10 m - 14 M
  Pylône blanc lanterne rouge 7 m
- Postérieur **Iso R 2 s**
  vis 260-270
  (à 160 m d'Antérieur) - 22 m - 3 M
  Nota : des feux marquent les angles des jetées intérieures dans ***The Pool***

Reffée VQ (6) + LFl 10 s
(49° 27,8 N - 002° 31,2 W)
Bouée cardinale Sud

Queen Elizabeth II Marina Dir Oc WRG 3 s
258-**G**-268-**W**-272-**R**-282
(49° 27,8 N - 002° 31,8 W) - 5 m - 6 M

Lower Heads Q (6) + LFl 15 s
(49° 25,9 N - 002° 28,5 W)
Bouée cardinale Sud - Cloche

Saint-Martin's Point Fl (3) WR 10 s
185-**R**-191-**W**-011-**R**-081
(49° 25,3 N - 002° 31,7 W) - 15 m - 14 M
Maison blanche à toit plat 5 m - Corne 3 sons 30 s
Radiogoniomètre sur mât radio à 2,8 M à l'WNW

★ **Les Hanois Fl (2) 13 s**
vis 294-237
(49° 26,2 N - 002° 42,1 W) - 33 m - 20 M
Tour grise lanterne noire avec plate-forme hélicoptère 33 m
Corne 2 sons 60 s
Nota : 4 Fixes R sur mâts à 1,27 M à l'ESE

Le Grand Russel

Corbée du Nez Fl (4) WR 15 s
057-**W**-230-**R**-057
(49° 27,1 N - 002° 22,1 W) - 14 m - 8 M
Structure blanche en bois 1 m

Noire Pute Fl (2) WR 15 s
220-**W**-040-**R**-220°
(49° 28,3 N - 002° 24,9 W) - 8 m - 6 M
Sur rocher

Sercq

Basse Blanchard - Bouée Q (3) 10 s
(49° 25,4 N - 002° 17,3 W)
Bouée cardinale Est - Cloche

★ **Point Robert Fl 15 s**
vis 138-353
(49° 26,2 N - 002° 20,7 W) - 65 m - 20 M
Tour octogonale blanche 17 m - Corne 2 sons 30 s

Jersey Nord et Est

Banc Desormes - Bouée Q (9)15 s
(49° 19,0 N - 002° 17,9 W)
Bouée cardinale Ouest - Réflecteur radar

★ **Grosnez Point Fl (2) WR 15 s**
081-**W**-188-**R**-241
(49° 15,5 N - 002°14,7 W) - 50 m - W 19 M, R 17 M
Abri blanc

★ **Sorel Point LFl WR 7,5 s**
095-**W**-112-**R**-173-**W**-230-**R**-269-**W**-273
(49° 15,7 N - 002° 09,4 W) - 50 m - 15 M
Tour damiers noirs et blancs 3 m
Nota : Fixes rouges sur tour radio à 1,25 M à l'ESE

Bonne Nuit Bay - Alignement 223°
- Antérieur **Extrémité jetée Fixe G**
  (49° 15,1 N - 002° 07,0 W) - 7 m - 6 M
- Postérieur **Fixe G**
  (à 170 m d'Antérieur) - 34 m - 6 M

Rozel Bay - Feu de guidage Dir Fixe WRG
240-**G**-244-**W**-246-**R**-250
(49° 14,3 N - 002° 02,7 W) - 11 m - 5 M

Saint-Catherine Bay - Verclut Point - Brise-lames - Extrémité Fl 1,5 s
(49° 13,4 N - 002° 00,5W) - 18 m - 13 M
Pylône blanc 9 m

Rade de Gorey - Bouée Q G
(49° 11,5 N - 002° 00,2 W)
Bouée latérale tribord

Gorey - Alignement 298°
- Antérieur **Jetée - Extrémité Oc RG 5 s**
  304-**R**-352-**G**-304
  (49° 11,9 N - 002° 01,3 W) - 8 m - 12 M
  Pylône blanc 5 m
- Postérieur **Oc R 5 s**
  (à 490 m d'Antérieur) - 24 m - 8 M
  Mur en pierre voyant carré orange 1 m

Violet Channel - Bouée Violet LFl 10 s
(49° 07,9 N - 001° 57,1 W)
Bouée marque d'eaux saines

Canger Rock - Bouée Q (9) 15 s
(49° 07,4 N - 002° 00,3 W)
Bouée cardinale Ouest

Frouquier-Aubert - Bouée Q (6) + LFl 15 s
(49° 06,2 N - 001° 58,8 W)
Bouée cardinale Sud

Jersey Sud (de l'ouest vers l'est)

★ **La Corbière Iso WR 10 s**
Terre-**W**-294-**R**-328-**W**-148-**R**-Terre
(49° 10,8 N - 002° 14,9 W) - 36 m - W 18 M, R 16 M
Tour en pierre 19 m - Corne Morse (C) 60 s
Radiogoniomètre sur tour à 0,4 M à l'Est

Point Corbière Fixe R
vis 331-151
(49° 10,9 N - 002° 14,3 W)
Voyant rectangulaire rouge bande verticale blanche

Saint Aubin

Western Passage - Alignement 082°
- Antérieur **Grève d'Azette Oc 5 s**
  vis 034-129
  (49° 10,2 N - 002° 05,0 W) - 23 m - 14 M
  Pylône blanc voyant rectangulaire rouge 20 m
- Postérieur **Mont Ubé Oc R 5 s**
  vis 250-095
  (à 1 850 m d'Antérieur) - 46 m - 12 M
  Pylône blanc 14 m - Feu de secours

Nota : cet alignement donne la direction de Western Passage et conduit du large à l'alignement de Albert Pier

Bouée directionnelle de houle Fl (5) Y 20 s
(48° 53,5 N - 002° 26,6 W)
Bouée marque spéciale

Passage Rock - Bouée VQ
(49° 09,6 N - 002° 12,2 W)
Bouée cardinale Nord - Réflecteur radar

Les Fours - Bouée Q
(49° 09,7 N - 002° 10,1 W)
Bouée cardinale Nord

Noirmont Point Fl (4) 12 s
(49° 10,0 N - 002° 10,0 W) - 18 m - 13 M
Tour noire bande blanche 10 m

Ruaudière Rock - Bouée Fl G 3 s
(49° 09,8 N - 002° 08,5 W)
Bouée latérale tribord - Cloche

Diamond Rock - Bouée Fl (2) R 6 s
(49° 10,2 N - 002° 08,6 W)
Bouée latérale bâbord

Fort - Extrémité jetée Fl R 4 s
(49° 11,2 N - 002° 09,5 W) - 8 m - 1 M

Phares et feux

Extrémité jetée Nord Iso R 4 s
(49° 11,2 N - 002° 09,9 W) - 12 m - 10 M
Colonne métallique

Feu auxiliaire - Feu de guidage Dir Fixe WRG
248-**G**-253-**W**-255-**R**-260
Même support - 5 m

Venant de Granville arrivée à Saint Helier par Eastern Passage

Eastern Passage - Hinguette - Bouée Fl (4) R 15 s
(49° 09,4 N - 002° 07,2 W)
Bouée latérale bâbord

Eastern Passage - Demie-de-Pas Morse (D) WR 12 s
303-**W**-130-**R**-303
(49° 09,1 N - 002° 06,0 W) - 11 m - W 14 M, R 10 M
Tour noire haut jaune - Corne 3 sons 60 s - Racon

Saint Helier

East La Cloche Q G
(49° 10,0 N - 002° 07,2 W)
Bouée latérale tribord

Platte Rock Fl R 1,5 s
(49° 10,2 N - 002° 07,3 W) - 6 m - 5 M
Colonne métallique rouge

Albert Pier - Alignement 022,7°
- Antérieur **Poste Elizabeth Est sur duc d'Albe Oc G 5 s**
  (49° 10,7 N - 002° 06,9 W) - 10 m - 11 M
  Pylône voyant rectangulaire rouge
- Postérieur **Au coude - Albert Pier Oc R 5 s**
  (à 230 m d'Antérieur) - 18 m - 12 M
  Pylône voyant rectangulaire rouge 15 m - Feux synchrones

Alignement à 078° - New Harbour
- Antérieur : **Fixe G**
  (49° 10,7 N - 002° 06,7 W)
  Colonne blanche
- Postérieur : **Fixe G**
  (à 80 m d'Antérieur)
  Colonne blanche

Venant de Saint Aubin

Feu de guidage 106° Dir Fixe WRG
096-**G**-104-**W**-108-**R**-119
(49° 10,8 N - 002° 07,0 W)
Voyant rectangulaire rouge bande verticale noire

La Vrachière Fl (2) 5 s
(49° 11,0 N - 002° 07,4 W) - 4 m - 1 M
Espar marque de danger isolé

Fort Charles East VQ (3) 5 s
(49° 10,8 N - 002° 07,2 W) - 2 m - 1 M
Poteau cardinal Est

Elisabeth Marina - Entrée côté Nord Oc R 4 s
(49° 10,9 N - 002° 07,1 W) - 4 m - 2 M

Elisabeth Marina - Entrée côté Sud Oc G 4 s
(49° 10,9 N - 002° 07,1 W) - 4 m - 2 M

De La Hague au cap Fréhel

Côte occidentale du Cotentin

Goury - Alignement 065,2°
- Antérieur **Q R**
  (49° 42,9 N - 001°56,7 W) - 5 m - 7 M
  Marque blanche carré rouge sur musoir
- Postérieur **Q**
  intens 056,2-074,2
  (à 116 m d'Antérieur) - 11 m - 7 M
  Pylône blanc sur abri en maçonnerie

La Foraine VQ (9) 10 s
(49° 43,0 N - 001° 58,2 W) - 12 m - 6 M
Tourelle cardinale Ouest 13 m

Diélette

Digue Ouest - Feu de guidage Iso WRG 4 s
070-**G**-135-**W**-145-**R**-180
(49° 33,2 N -001° 51,7 N) - 12 m - W 10 M, R & G 7 M
Tour blanche haut vert 11 m

Digue Ouest - Extrémité Fl 4 s
vis 115-358 - 6 m - 2 M
(même support)

Digue Nord - Extrémité Fl R 4 s
(49° 33,3 N - 001° 51,7 W) - 8 m - 5 M
Tour métallique blanche haut rouge 6 m

Épi du bassin de Commerce Fl R 6 s
(49° 33,2 N - 001° 51,6 W) - 6 m - 1 M
Pieu métallique 3 m

Épi de l'Écluse Fl (2) G 6 s
(49° 33,2 N -001° 51,6 W) - 6 m - 1 M
Pieu métallique blanc haut vert 3 m

Flamanville - Bouée Q (9) 15 s
(49° 32,6 N - 001° 54,0 W) - 7 m - 4 M
Bouée cardinale Ouest

★ **Cap de Carteret Fl (2 + 1) 15 s**
(49° 22,4 N - 001° 48,4 W) - 81 m - 26 M
Tour grise haut vert 18 m
5 feux R allumés en permanence sur pylône hertzien à 80 m au NNE

Les Trois Grunes Q (9) 15 s
(49° 21,9 N - 001° 55,1 W) - 3 m - 4 M
Bouée cardinale Ouest - Réflecteur radar

Carteret

Extrémité jetée Ouest Oc R 4 s
(49°22,1 N - 001° 47,2 W) - 7 m - 7 M
Poteau métallique blanc haut rouge 3 m

Extrémité digue submersible Fl G 2,5 s
(49° 22,2 N - 001° 47,2 W) - 4 m - 2 M
Poteau métallique blanc haut vert 3 m

Au coude à bâbord Fl (2) R 6 s
(49° 22,6 N - 001° 47,1 W) - 5 m - 1 M
Pylône rouge 3 m

Au coude à tribord Fl (2) G 6 s
(49° 22,6 N - 001° 47,1 W) - 5 m - 1 M
Pylône vert 3 m
Nota : la passe est dangereuse par mauvais temps de Sud à Sud-Ouest

Barneville-Carteret - Port des Isles - Port de plaisance

Porte Nord Fl (3) R 12 s
(49° 22,7 N - 001° 46,7 W)
Pylône rouge, 3 m

Porte Sud Fl (3) G 12 s
(49° 22,7 N - 001° 46,7 W)
Pylône vert, 3 m

Portbail

P.B. - Atterrissage
(49° 18,4 N - 001° 44,8 W) - 2 m
Bouée marque d'eau saines - Cloche - Réflecteur radar

Alignement 042°
- Antérieur **La Caillourie Q**
  (49° 19,8 N - 001° 42,5 W) - 14 m - 10 M
  Pylône blanc sommet rouge 8 m
- Postérieur **Oc 4 s**
  (à 870 m d'Antérieur) - 20 m - 10 M
  Clocher 35 m

Digue submersible - Extrémité Fl (2) R 5 s
(49° 19,5 N - 001° 43,0 W) - 5 m - 1 M
Mât blanc sommet rouge 7 m

Les Écrehou - Écrevière Bank - Écrevière Q (6) + LFl 15 s
(49° 15,3 N - 001° 52,1 W)
Bouée cardinale Sud - Cloche - Réflecteur radar

Basse Jourdan Q (3) 10 s
(49° 06,9 N - 001° 44,1 W) - 3 m - 4 M
Bouée cardinale Est - Sifflet - Réflecteur radar

Le Sénéquet Fl (3) WR 12 s
083,5-**R**-116,5-**W**-083,5
(49° 05,5 N - 001° 39,7 W) - 18 m - W 13 M, R 10 M
Tour blanche 26 m

Les Nattes
(49° 03,5 N - 001° 41,7 W)
Bouée cardinale Ouest - Cloche - Réflecteur radar

La Basse Le Marié Q (9) 15 s
(49° 01,8 N - 001° 48,5 W
Bouée cardinale Ouest

Règneville

Le Ronquet Fl (2) WR 6 s
293-**W**-100-**R**-293
(49° 00,1 N - 001° 38,1 W) - 11 m - W 6 M, R 4 M
Tourelle tronconique rouge et noire - Marque de danger isolé

Pointe d'Agon Oc (2) WR 6 s
110-**W**-063-**R**-110
(49° 00,2 N - 001° 34,6 W) - 12 m - W 10 M, R 7 M
Tour et maison blanches sommet rouge 12 m

Régneville - Feu de guidage Dir Oc WRG 4 s
024-**G**-027-**W**-029-**R**-033
(49° 00,7 N -001° 33,3 W) - 9 m - W 12 M, R & G 9 M
Maison 6 m

Les Ardentes - Bouée Q (3) 10 s
(48° 57,9 N - 001° 51,4 W) - 5 m - 4 M
Bouée cardinale Est

La Catheue Q (6) + LFl 15 s
(48° 57,7 N - 001° 42,0 W) - 3 m - 4 M
Bouée cardinale Sud - Réflecteur radar

Le Pignon - Bord Est des Chausey Fl (2) WR 6 s
005-**R**-150-**W**-005
(48° 53,5 N - 001° 43,4 W) - 10 m - W 9 M, R 6 M
Tour noire bande blanche 20 m

Le Founet Q (3) 10 s
(48° 53,3 N - 001° 42,4 W) - 3 M
Bouée cardinale Est

Granville

Le Videcoq VQ (9) 10 s
(48° 49,7 N - 001° 42,1 W) - 3 m - 5 M
Bouée cardinale Ouest - Sifflet - Réflecteur radar

Pointe du Roc - Phare de Granville Fl (4) 15 s
(48° 50,1 N - 001° 36,8 W) - 49 m - 23 M
Tour grise sommet rouge 16 m
Nota : corne 4 sons 60 s sur la tourelle Fourchie à 310 m au NW (Interrompue en 1996)

Le Loup Fl (2) 6 s
(48° 49,6 N -001° 36,2 W) - 8 m - 11 M
Tour marque de danger isolé 24 m - Réflecteur radar

Jetée Ouest - Extrémité Fl R 2,5 s
(48° 49,9 N - 001° 36,2 W) - 12 m - 4 M
Pylône rouge 9 m
Synchrone avec jetée Est

Jetée Est - Extrémité Fl G 2,5 s
(48° 50,0 N - 001° 36,1 W) 11 m - 4,5 M
Pylône blanc haut vert sur abri 8 m - Synchrone avec jetée Ouest

Hérel - Extrémité digue principale Fl R 6 s
(48° 49,9 N - 001° 35,9 W) - 12 m - 5 M
Poteau blanc sommet rouge 9 m
Corne 2 sons 40 s (interrompue en 1999)

Digue secondaire - Extrémité Fl (2) G 6 s
(48° 50,0 N - 001° 35,9 W - 4 m - 5 M
Support vert 13 m
Nota : Fl (5) Bu 4 s - 3 M sur des mâts qui balisent la digue submersible (éteint 2002)

Bassin de mouillage - Extrémité Ouest Oc (2) R 6 s
(48° 50,0 N - 001° 35,9 W) - 4 m - 2 M
Pylône gris sommet rouge 13 m

Bassin de mouillage - Extrémité Est Oc (2) G 6 s
(48° 50,0 N - 001° 35,9 W) - 4 m - 2 M
Pylône gris sommet vert 13 m

Sound-Chausey

★ **Chausey - Grande île Fl 5 s**
(48° 52,2 N - 001° 49,3 W) - 39 m - 23 M
Tour carrée grise 19 m - Corne 1 son 30 s à 80 m au Sud-Est

Les Épiettes Fl G 2 s
(48° 52,2 N - 001° 49,1 W) - 3 m - 3 M
Bouée latérale tribord- Réflecteur radar

La Crabière Est Oc WRG 4 s
079-**W**-291-**G**-329-**W**-335-**R**-79
(48° 52,5 N - 001° 49,4 W) - 5 m - W 9 M, R & G 6 M
(temporairement W 4 M, R & G 3 M en 2000)
Pylône jaune et noir 11 m

Minquiers

Nord-Est Minquiers (des Caux) VQ (3) 5 s
(49° 00,9 N - 001° 55,2 W)
Bouée cardinale Est - Cloche - Réflecteur radar

Nord Minquiers (La Nuisible) Q
(49° 01,7 N – 002° 00, 5 W)
Bouée cardinale Nord - Réflecteur radar

Nord-Ouest Minquiers Q
(48° 59,7 N - 002° 20,5 W)
Bouée cardinale Nord - Cloche - Réflecteur radar

Sud-Ouest Minquiers (brisants du Sud) Q (9) 15 s
(48° 54,4 N - 002° 19,3 W) - 5 M
Bouée cardinale Ouest - Sifflet - Réflecteur radar

Sud Minquiers (Le Four) Q (6) + LFl 15 s
(48° 53,1 N - 002° 10,1 W)
Bouée cardinale Sud - Réflecteur radar

Sud-Est Minquiers (Les Sauvages) Q (3) 10 s
(48° 53,5 N - 002° 00,0 W)
Bouée cardinale Est - Cloche - Réflecteur radar

Abords de Cancale

La Fille
(48° 44,2 N - 001° 48,4 W) - 4 m
Bouée cardinale Nord - Sifflet

★ **Le Herpin Oc (2) 6 s**
(48° 43,8 N - 001° 48,9 W) - 20 m - 17 M
Tour blanche sommet et base noirs 28 m - Sirène Mo (N) 60 s
(fonctionne du lever au coucher du soleil)

Ruet
(48° 43,4 N - 001° 50,1 W) - 2 m
Bouée cardinale Ouest - Cloche

La Houle-sous-Cancale - Extrémité môle Oc (3) G 12 s
(48° 40,1 N - 001° 51,1 W) - 12 m - 7 M
Pylône blanc sommet et abri vert 11 m

Abords de Saint-Malo

Passe Nord-Est

Les Létruns
(48° 40,8 N - 002° 00,6 W)
Bouée latérale tribord - Cloche

La Plate Q WRG 1,2 s
(48° 40,8 N - 002° 01,8 W) - 11 m - W 10 M, R et G 7 M
140-**W**-203-**R**-210-**W**-225-**G**-140
Tour cardinale Nord 22 m

La Saint-Servantine Fl G 2,5 s
(48° 42,0 N - 002° 01,0 W) - 1 m - 2 M
Bouée latérale tribord - Cloche
Nota : Fl (5) 20 s sur bouée de mesure de houle à 50 m au N

Phares et feux

Roches aux Anglais Fl G 4 s (Éteint en 2002)
(48° 39,7 N - 002° 02,2 W) - 3 m - 2 M
Bouée latérale tribord - Réflecteur radar

Crapauds du Bé Fl R 4 s
(48° 39,4 N - 002° 02,5 W) - 4 m - 2 M
Bouée latérale bâbord - Réflecteur radar

Grande passe

Vieux-Banc Est Q
(48° 42,5 N - 002° 09,4 W) - 7 m - 3 M
Bouée cardinale Nord - Cloche

Atterrissage Saint-Malo Iso 4 s
(48° 41,4 N - 002° 07,2 W) - 7 m - 4 M
Bouée marque d'eaux saines - Sifflet

Bunel Q (9) 15 s
(48° 40,8 N - 002° 05,3 W) - 4 m - 3 M
Bouée cardinale Ouest - Cloche - Réflecteur radar

Alignement 129,7° du chenal de la Petite Porte
★ - Antérieur **Le Grand Jardin Fl (2) R 10 s**
(48° 40,2 N - 002° 04,9 W - 24 m - 15 M
Tour grise sommet rouge 38 m
★ - Postérieur **La Balue Dir Fixe G** (allumé en permanence)
intens 128-129,5
(48° 37,6 N - 002° 00,2 W - à 7 600 m d'Antérieur) - 69 m - 25 M
Tour carrée grise 37 m - Forme alignement 128,6° avec les Bas-Sablons

Les Courtis Fl G 4 s
(48° 40,5 N - 002° 05,7 W) - 14 m - 7 M
Tour verte 21 m

Alignement 158,2° 2 feux Iso 4 s synchrones
- Antérieur **Saint-Enogat**
vis 126-236
(48° 38,4 N - 002° 04,0 W) - 3 m - 6 M
Mât métallique blanc 3,5 m
- Postérieur **Dinard**
vis 143-210
(48° 37,0 N - 002° 03,2 W) - 85 m - 8 M
Château d'eau blanc 35 m

Chenal Ouest

Vieux-Banc Ouest VQ (9) 10 s
(48°41,9 N - 002° 10,1 W) - 7 m - 3 M
Bouée cardinale Ouest - Réflecteur radar

Banchenou Fl (5) G 20 s
(48° 40,5 N - 002° 11,4 W) - 7 m - 2 M
Bouée latérale tribord - Réflecteur radar

★ **Rochebonne Dir Fixe R**
intens 088,2-089,7
(48° 40,3 N - 001° 58,7 W - à 7 700 m d'Antérieur) - 40 m - 24 M
Tour carrée grise face Ouest blanche sommet rouge 20 m
Forme alignement 089,1° du chenal de la Grande Porte avec le feu du Grand Jardin

Buharats Est n° 4
(48° 40,2 N - 002° 07,2 W)
Bouée latérale bâbord - Cloche

Buharats Ouest n° 2 Fl R 2,5 s
(48° 40,3 N - 002° 07,4 W) - 7 m - 2 M
Bouée latérale bâbord - Sifflet

Basse du Boujaron n° 1 Fl (2) G 6 s
(48° 40,2 N - 002° 05,9 W) - 7 m - 2 M
Bouée latérale tribord - Sifflet

Entrée de Saint-Malo et de la Rance

★ **Les Bas-Sablons Dir Fixe G** (allumé en permanence)
intens 127,2-130,2
(48° 38,2 N - 002° 01,3 W) - 20 m - 22 M
Tour carrée blanche sommet noir 19 m
Forme alignement à 128,6° avec La Balue

Le Sou VQ (3) 5 s
(48° 40,2 N - 002° 05,2 W)
Boue cardinale Est - Cloche - Réflecteur radar

Les Pierres Garnier n° 8 Fl (2) R 6 s
(48° 40,0 N - 002° 04,4 W) - 2 M
Bouée latérale bâbord

Clef d'Aval n° 10 Fl (3) R 12 s
(48° 39,7 N - 002° 03,9 W) - 2 M
Bouée latérale bâbord

Les Patouillets FL (3) G 12 s
(48° 39,7 N - 002° 04,2 W) - 4 m - 3 M
Bouée latérale tribord

Le Buron Fl (4) G 15 s
(48° 39,4 N - 002° 03,6 W) - 15 m - 7 M
Tour verte 23 m

La Basse du Buron n° 12 Fl (4) R 15 s
(48° 39,5 N - 002° 03,4 W) - 3 m - 1 M
Bouée latérale bâbord - Réflecteur radar

Bouée Les Grelots Q (6) + LFl 10 s
(48° 39,2 N - 002° 02,9 W) - 5 m - 3 M
Bouée cardinale Sud - Réflecteur radar

Plateau Rance Nord VQ
(48° 38,7 N - 002° 02,3 W) - 3 m - 2 M
Bouée cardinale Nord

Plateau Rance Sud Q (6) + LFl 15 s
(48° 38,5 N - 002° 02,2 W) - 4 m - 4 M
Bouée cardinale Sud - Réflecteur radar

Môle des Noires Fl R 5 s
(48° 38,6 N - 002° 01,9 W) - 11 m - 13 M
Tour pyramidale blanche sommet rouge 10 m - Corne 2 sons 20 s

Écluse du Naye - Alignement 070,4°
- Antérieur **Fixe R**
(48° 38,6 N - 002° 01, 5 W] - 7 m - 3 M
Sur portes amont et aval de l'écluse
- Postérieur **Fixe R**
vis 030-120
(48° 38,8 N - 002° 00,7 W) - 23 m - 7 M
Colonne blanche voyant circulaire blanc bordé de rouge 23 m

Poste transbordeur - Quatrième caisson Fl 2 s
(48° 38,5 N - 002° 01,7 W]
Allumé en cas de brume

Poste transbordeur - Troisième caisson Fl R 4 s
vis 080-260
(48° 38,5 N - 002° 01,7 W) - 3 m - 1 M
Support gris haut rouge 1 m

Bas-Sablons - Port de plaisance - Môle - Extrémité Fl G 4 s
(48° 38,5 N - 002° 01,7 W) - 7 m - 5 M
Mât gris 5 m

Crapaud de la Cité Q G
(48° 38,4 N - 002° 01,9 W) - 3 m - 2 M
Bouée latérale tribord

La Jument Fl G 4 s
(48° 37,5 N - 002° 01,7 W) - 6 m - 4 M
Tour verte, 15 m - Synchrone avec le mât de signaux du barrage

Barrage de la Rance

Milieu Fl 4 s
(48° 37,1 N - 002° 01,4 W) - 11 m - 3 M
Mât de signaux 9 m - Synchrone avec la Jument

Zone interdite - ZI n° 12 Fl R 4 s
(48° 37,5 N - 002° 01,6 W) - 3 m - 2 M
Bouée latérale bâbord

Écluse - Duc d'Albe - Côté Nord-Est Fl (2) R 6 s
vis 040-200
(48° 37,1 N - 002° 01,8 W) - 6 m - 5 M
Pylône rouge 5 m

Écluse - côté Nord-Ouest Fl (2) G 6 s
vis 191-291
(48° 37,1 N. - 002° 01,8 W) - 6 m - 5 M
Pylône vert 4 m

Zone interdite ZI n° 24 Fl (4) R 15 s
(48° 36,7 N - 002° 01,2 W)
Bouée latérale bâbord

Phares et feux

Saint-Briac - Saint-Cast

Bouée Port-Blanc - Émissaire Q
(48° 38,8 N - 002° 05,0 W)
Cardinale Nord

Saint-Briac - Embouchure du Frémur Dir Iso WRG 4 s
121,5-**G**-124,5-**W**-125,5-**R**-129,5
(48° 37,1 N - 002° 08,2 W) - 10 M - W 13 M, R & G 11 M
Tube blanc sur abri 6 m

Saint-Cast - Môle - Extrémité Iso WG 4 s
204-**W**-217-**G**-233-**W**-245-**G**-204
(48° 38,5 N - 002° 14,6 W) - W 11 M, G 8 M
Support vert et blanc 9 m

Cap Fréhel - Héaux de Bréhat

★ **Cap-Fréhel Fl (2) 10 s**
(48° 41,1 N - 002° 19,2 W) - 85 m - 29 M
Tour carrée grise lanterne verte 33 m
Corne 2 sons 60 s à 400 m au NNE
Nota : feu de secours - 15 M

Baie de Saint-Brieuc

★ **Le Grand Léjon Fl (5) W R 20 s**
015-**R**-058-**W**-283-**R**-350-**W**-015
(48° 44,9 N - 002° 39,9 W) - 17 m - W 18 M, R 14 M
Tour tronconique à bandes rouges et blanches 25 m

Erquy - Môle Nord-Sud - Extrémité Sud
WRG Oc (2 + 1) 12 s
055-**R**-081-**W**-094-**G**-111-**W**-120-**R**-134
(48° 38,1 N - 002° 28,7 W) - 11 m - W 11 M, R & G 8 M
Tour blanche sommet rouge 10 m

Erquy - Extrémité jetée intérieure Fl R 2,5 s
(48° 38,1 N - 002° 28,4 W) -10 m - 3 M
Tour rouge et blanche 10 m

Basse du Courant VQ (6) + LFl 10 s
(48° 39,3 N - 002°29,2 W) - 3 m - 4 M
Bouée cardinale Sud - Réflecteur radar

Les Justières Q (6) + LFl 15 s
(48° 40,6 N - 002° 26,5 W) - 3 m - 4 M
Bouée cardinale Sud - Réflecteur radar

Les Landas Q
(48° 41,5 N - 002° 31,3 W) - 4 m - 4 M
Bouée cardinale Nord - Réflecteur radar

Petit Léjon
(48° 41,8 N - 002° 37,6 W)
Bouée cardinale Ouest - Cloche - Réflecteur radar

Dahouët - La Petite Muette Fl WRG 4 s
055-**G**-114-**W**-146-**R**-196
(48° 34,9 N - 002° 34,3 W) - 10 m - W 9 m, R & G 6 M
Tour verte et blanche 17 m
Nota : Fl (2) G 6 s - vis 156-286° à 240 m au Sud-Est

Dahouët - Entrée Fl (2) G 6 s
vis 156-286
(48° 34,8 N. - 002° 34,2 W)
Pylône vert 6 m

Le Rohein VQ (9) WRG 10 s
072-**R**-105-**W**-180-**G**-193-**W**-237-**G**-282-**W**-301-**G**-330-**W**-072
(48° 38,9 N - 002° 37,8 W) - 13 m - W 10 M, R & G 7 M
Tour cardinale Ouest 15 m

Le Légué - Atterrissage Mo (A) 12 s
(48° 34,3 N - 002° 41,2 W)
Bouée marque d'eaux saines - Sifflet - Réflecteur radar

Bouée n° 1 Fl G 2,5 s
(48° 32,5 N - 002° 42,4 W) - 1 M
Bouée latérale tribord - Réflecteur radar

Bouée n° 2 Fl R 2,5 s
(48° 32,4 N - 002° 42,3 W) - 1 M
Bouée latérale bâbord - Réflecteur radar

Le Légué - Pointe à l'Aigle - Extrémité jetée VQ G
vis 160-070
(48° 32,2 N - 002° 43,1 W) - 13 m - 8 M
Tour blanche sommet vert 14 m

Jetée de la Douane - Extrémité Iso G 4 s
(48° 31,9 N - 002° 43,4 W) - 6 m - 2 M
Colonne blanche sommet vert 9 m
Plusieurs bouées et balises lumineuses marquent le chenal

Caffa Q (3) 10 s
(48° 37,9 N - 002° 43,1 W) - 4 m - 3 M
Bouée cardinale Est - Réflecteur radar

Les Hors
(48° 39,6 N - 002° 44,1 W)
Bouée cardinale Est - Cloche - Réflecteur radar

La Roselière VQ (9) 10 s
(48° 37,5 N - 002° 46,4 W) - 3 m - 3 M
Bouée cardinale Ouest - Réflecteur radar

Île Harbour - Roches de Saint-Quay Oc (2) WRG 6 s
011-**R**-133-**G**-270-**R**-306-**G**-358-**W**-011
(48° 40,0 N - 002° 48,5 W) - 16 m - W 10 M, R & G 8 M
Maison et tour blanches sommet rouge 13 m

Binic - Môle de Penthièvre Oc (3) 12 s
Unintens 020-110
(48° 36,1 N - 002° 49,0 W) - 12 m - 11 M
Tour cylindrique blanche lanterne verte 12 m

Herflux - Roches de Saint-Quay Dir Fl (2) WRG 6 s
115-**G**-125-**W**-135-**R**-145-**obscd**-115
(48° 39,1 N - 002° 47,9 W) - 10 m - W 8 M, R & G 6 M
Tourelle cardinale Sud

Saint-Quay-Portrieux

Port d'échouage - Extrémité môle Nord Fl G 2,5 s
vis 265-155
(48° 38,7 N - 002° 49,4 W) - 11 m - 2 M
Tour octogonale métallique verte et blanche 12 m

Port d'échouage - Extrémité môle Sud Fl R 2,5 s
(48° 38,7 N - 002° 49,4 W) - 8 m - 2 M
Mât blanc haut rouge 6 m

Port en eau profonde - Coude môle Nord-Est
Dir Iso WRG 4 s
(48° 39,0 N - 002° 49,1 W) - 16 m - W 15 M, R & G 11 M
159-**W**-179-**G**-316-**W**-320,5-**R**-159
Tour béton 12 m - Feux de secours 11 M & 8 M

Port en eau profonde - Môle Nord-Est - Extrémité
Fl (3) G 12 s
(48° 38,9 N - 002° 48,9 W) - 10 m - 2 M
Tourelle verte 6 m

Port en eau profonde - Môle Sud-Est - Extrémité
Fl (3) R 12 s
(48° 38,9 N - 002° 49,1 W) - 10 m - 2 M
Tourelle rouge 6 m

Paimpol

Lost-Pic Oc WR 4 s
105-**W**-116-**R**-221-**W**-253-**R**-291-**W**-329
(48° 46,8 N - 002° 56,5 W) - 20 m - W 11 M, R 8 M
Deux tours blanches sommets rouges 15 m

★ **Pointe de Porz-Don Oc (2) WR 6 s**
269-**W**-272-**R**-279
(48° 47,5 N - 003° 01,6 W) - 13 m - W 15 M, R 11 M
Maison blanche 8 m

Alignement 262,2°
- Antérieur **Extrémité jetée de Kernoa Q R**
  (48° 47,1 N - 003° 02,4 W) - 5 m - 7 M
  Abri rouge et blanc 4 m
- Postérieur **Kerpalud Q R**
  intens 260,2-264,2
  (à 360 m d'Antérieur) - 12 m - 14 M
  Pylône blanc sommet rouge 10 m

Phares et feux

Extrémité terre-plein Q G
(48° 47,2 N - 003° 02,4 W) - 2 M
Bouée latérale tribord
Nota : à partir de la balise latérale tribord El Bras, prendre le chenal balisé par des bouées latérales. Les couples principaux de bouées sont lumineux. Attention ! le 1er tronçon s'écarte de l'alignement pour contourner une butte de vase découvrant de 5,5 m.

1 Fl G 2,5 s
(48° 47,3 N - 003° 01,4 W)
Bouée latérale tribord

2 Fl R 2,5 s
(48° 47,2 N - 003° 01,4 W)
Bouée latérale bâbord

3 Fl G (2) 6 s
(48° 47,3 N - 003° 01,6 W)
Bouée latérale tribord

4 Fl (2) R 6 s
(48° 47,2 N - 003° 01,6 W)
Bouée latérale bâbord

5 Fl (3) G 12 s
(48° 47,2 N - 003° 01,9 W)
Bouée latérale tribord

6 Fl (3) R 12 s
(48° 47,2 N - 003° 01,9 W)
Bouée latérale bâbord

Île de Bréhat (Ferlas)

Men-Joliguet au Sud Iso WRG 4 s
255-**R**-279-**W**-283-**G**-175
(48° 50,2 N - 003° 00,2 W) - 6 m - W 13 M, R & G 10 M
Tour cardinale Ouest 8 m

Chenal du Ferlas - Roch Quinonec - Feu de guidage Dir Q WRG
254-**G**-257-**W**-257,7-**R**-260,7
(48° 49,4 N - 003° 03,7 W) - 12 m - W 10 M, R & G 8 M
Tourelle grise 6 m

Embouchure du Trieux - Kermouster - Feu de guidage Dir Fl WRG 2 s
267-**G**-270-**W**-272-**R**-274
(48° 49,6 N - 003° 05,2 W) - 16 m - W 10 M, R & G 8 M
Support blanc 2 m

Entrée du Trieux

★ **Les Roches Douvres Fl 5 s**
(49° 06,5 N - 002° 48,8 W) - 60 m - 28 M
Tour rose à sommet vert sur édifice 65 m - Sirène 1 son 60 s
Radiogoniomètre

Barnouic - Au Nord-Est du plateau VQ (3) 5 s
(49° 01,6 N - 002° 48,4 W) - 15 m - 7 M
Tour octogonale cardinale Est 19 m - Feu de secours

Roche Gautier VQ (9) 10 s
(49° 00,5 N - 002° 53,0 W)
Bouée cardinale Ouest - Sifflet

Grand Chenal - Alignement 224,7°
- Antérieur **La Croix Oc 4 s**
  intens 215-235
  (48° 50,3 N - 003° 03,3 W) - 15 m - 19 M
  Deux tours grises accolées face Nord-Est, blanche, haut rouge 23 m
- Postérieur **Bodic Dir Q**
  intens 221-229
  (à 3 800 m d'Antérieur) - 55 m - 22 M
  Façade trapèzoïdale blanc sommet vert 23 m

★ **Héaux de Bréhat Oc (3) WRG 12 s**
227-**R**-247-**W**-270-**G**-302-**W**-227
(48° 54,5 N - 003° 05,2 W) - 48 m - W 15 M - R & G 11 m
Tour grise 57 m - Feu de secours

La Horaine Fl (3) 12 s
(48° 53,5 N - 002° 55,3 W) - 13 m - 11 M
Tour octogonale grise surmontée d'un abri noir 23 m

Les Sirlots
(48° 53,0 N - 002° 59,6 W)
Bouée latérale tribord - Sifflet - Réflecteur radar

Le Paon - Île de Bréhat - Pointe Nord Fixe WRG
033-**W**-078-**G**-181-**W**-196-**R**-307-**W**-316-**R**-348
(48° 52,0 N - 002° 59,2 W) - 22 m - W 11 M, R & G 8 M
Tour jaunâtre 12 m

★ **Rosedo - Île de Bréhat - Côté Nord-Ouest Fl 5 s**
(48° 51,5 N - 003° 00,2 W) - 29 m - 20 M
Tour blanche lanterne verte 13 m - Feu de secours 15 M

Men Grenn Q (9) 15 s
(48° 51,3 N - 003° 03,9 W) - 7 m - 7 M
Tour cardinale Ouest 10 m

Coatmer - Alignement 218,7°
- Antérieur **Fixe RG**
  200-**R**-250-**G**-053
  (48° 48,3 N - 003° 05,8 W) - 16 m - 9 M
  Pignon blanchi vers l'alignement, 11 m
- Postérieur **Fixe R**
  vis197-242
  (à 660 m d'Antérieur) - 50 m - 9 M
  Pignon blanchi vers l'alignement, 8 m

Les Perdrix Fl (2) WG 6 s
165-**G**-197-**W**-202,5-**G**-040-**obscd**-165
(48° 47,8 N - 003° 05,8 W) - 5 m - W 6 M, G 3 M
Tour verte 11 m
Nota : balisage lumineux signalant l'accès au bassin à flot de Lézardrieux

Héaux de Bréhat - Île de Batz

Entrée de la rivière Le Jaudy (Tréguier)

La Jument des Héaux VQ
(48° 55,4 N - 003° 08,1 W) - 7 m - 4 M
Bouée cardinale Nord - Cloche

Basse Crublent Fl (2) R 6 s
(48° 54,3 N - 003° 11,2 W) - 3 m - 2 M
Bouée latérale bâbord - Sifflet - Réflecteur radar

★ **Rivière de Tréguier - Grande passe - Alignement 137°**
- Antérieur **Port La Chaîne Oc 4 s**
  vis 042-232
  (48° 51,6 N - 003° 07,9 W) - 12 m - 11 M
  Maison blanche 5 m
- Postérieur **Saint-Antoine Dir Oc R 4 s**
  intens 134-140
  (à 1 400 m d'Antérieur) - 34 m - 15 M
  Maison rouge et blanche 6 m

La Corne Fl (3) WRG 12 s
173-**G**-213-**W**-220-**R**-052-**W**-059-**R**-173
(48° 51,4 N - 003° 10,7 W) - 14 m - W 11 M, R & G 8 M
Tour blanche base rouge 23 m

Guarivinou Fl R 4 s
(48° 50,9 N - 003° 11,5 W) - 3 m - 3 M
Bouée latérale bâbord
Nota : la rivière est ensuite balisée par des bouées latérales lumineuses jusqu'à Tréguier

Port-Blanc - Le Voleur Fl WRG 4 s
140-**G**-148-**W**-152-**R**-160
(48° 50,2 N - 003° 18,5 W) - 17 m - W 14 M, R & G 11 M
Tour blanche 12 m

Perros-Guirec

Roche-Guazer
(48° 51,6 N - 003° 21,0 W)
Bouée latérale bâbord - Sifflet

Passe de l'Est - Alignement 224,5°
- Antérieur **Le Colombier Dir Oc (4) 12 s**
intens 214,5-234,5
(48° 47,9 N - 003° 26,7 W) - 28 m - 15 M
Maison blanche 7 m

★ - Postérieur **Kerprigent Dir Q**
intens 221-228
(à 2 865 m d'Antérieur) - 79 m - 21 M
Tour blanche 14 m

★ **Passe de l'Ouest - Kerjean Dir Oc (2 + 1) WRG 12 s**
133,7-**G**-143,2-**W**-144,8-**R**-154,3
(48° 47,8 N - 003° 23,4 W) - 78 m - W 15 M, R & G 12 M
Tour blanche sommet noir 16 m

Port de Perros-Guirec - Jetée Est (Linkin) Fl (2) G 6 s
(48° 48,3 N - 003° 26,3 W) - 4 m - 9 M
Construction blanche sommet vert 4 m

Bouée Fl R 2,5 s
(48° 48,2 N - 003° 26,4 W) - 1 m - 1 M
Bouée latérale bâbord

Môle Ouest Fl (2) R 6 s
(48° 48,2 N - 003° 25,5 W) - 4 m - 9 M
Construction blanche sommet rouge 4 m

Mean-Ruz - Entrée de Ploumanac'h Oc WR 4 s
242-**R**-226-**W**-242
(48° 50,3 N - 003° 29,0 W) - 26 m - W 12 M, R 9 M
Tour carrée rose 15 m

Trébeurden

★ **Les Sept-Îles - Île aux Moines Fl (3) 15 s**
(48° 52,8 N - 003° 29,5 W) - 59 m - 24 M
Tour grise et maison 20 m

Les Triagoz Oc (2) WR 6 s
010-**W**-339-**R**-010
(48° 52,3 N - 003° 38,8 W) - 31 m - W 14 M, R 11 M
Tour carrée grise lanterne rouge 30 m
Feu de secours portée W 10 M, R 7 M

Port de Trébeurden - Chenal d'accès

Pointe de Lan Kerellec Iso WRG 4 s
058-**G**-064-**W**-069-**R**-130
(48° 46,8 N - 003° 35,0 W) - 15 m - W 8 M, R & G 5 M
Tour grise 4 m

Bar ar Gall VQ (9) 10 s
(48° 49,8 N - 003° 36,1 W) - 7 m - 15 M
Bouée cardinale Ouest - Réflecteur radar

Le Crapaud Q (9) 15 s
(48° 46,6 N - 003° 40,5 W) - 3 m - 4 M
Bouée cardinale Ouest

Ar Gouredec VQ (6) + LFl 10 s
(48° 46,5 N - 003° 36,5 W) - 3 m - 3 M
Bouée cardinale Sud

An Erviniou Fl (2) R 6 s
(48° 46,5 N - 003° 35,9 W) - 1 m - 1 M
Bouée latérale bâbord

Bouée Milliau Q (3) G 10 s
(48° 46,4 N - 003° 35,6 W) - 1 m - 1 M
Bouée latérale tribord

Bouée Roch Derrien Q (3) R 10 s
(48° 46,4 N -003° 35,5 W) - 1 m - 1 M
Bouée latérale bâbord

Trébeurden - Extrémité Nord digue de protection Fl G 2,5 s
(48° 46,4 N - 003° 35 1 W) - 8 m - 2 M
Colonne blanche haut vert 6 m

Le Léguer (rivière de Lannion)

Beg-Léguer Oc (4) WRG 12 s
007-**G**-084-**W**-098-**R**-129
(48° 44,4 N - 003° 32,9 W) - 60 m - W 12 M, R & G 9 M
Maison blanchie vers l'Ouest, lanterne rouge, 8 m

Kinierbel
(48° 44,2 N - 003° 35,1 W)
Bouée latérale tribord - Cloche

Locquémeau - Alignement 121°
- Antérieur **Fixe R**
vis 068-228
(48° 43,5 N - 003° 34,4 W) - 21 m - 6 M
Pylône blanc sommet rouge 19 m
- Postérieur **Oc (2 + 1) R 12 s**
vis 016-232
(à 484 m d'Antérieur) - 39 m - 7 M
Bâtiment blanc à pignon, lanterne rouge, 6 m

Locquémeau
(48° 43,9 N - 003° 35,8 W)
Bouée latérale tribord - Sifflet

Anse de Primel

Alignement 152°
- Antérieur **Fixe R**
vis 134-168
(48° 42,5 N - 003° 49,1 W) - 35 m - 6 M
Pylône blanc, voyant blanc bande verticale rouge, 7 m
- Postérieur **Fixe R**
(à 172 m d'Antérieur) - 56 m - 6 M
Mur rectangulaire sommet pyramide blanche bande verticale rouge, 4 m

Port de Plaisance - Extrémité môle d'accostage Fl G 4 s
(48° 42,8 N - 003° 49,5 W) - 6 m - 7 M
Abri et colonne blancs, sommet vert, 5 m

Rivière de Morlaix

Méloine
(48° 45,6 N - 003° 50,7 W)
Bouée cardinale Ouest - Sifflet - Réflecteur radar

Pot de Fer
(48° 44,3 N - 003° 54,0 W)
Bouée cardinale Est - Cloche

Chenal de Tréguier - Alignement 190,5°
- Antérieur **Île Noire Oc (2) WRG 6 s**
051-**G**-135-**R**-211-**W**-051
(48° 40,4 N - 003° 52,6 W) - 15 m - W 11 M, R & G 8 M
Tour carrée blanchie vers le large, lanterne rouge, 14 m
- Postérieur **La Lande - Au fond de la baie Fl 5 s**
(48° 38,2 N - 003° 53,1 W) - 85 m - 23 M
Tour carrée blanche sommet noir 19 m

★ **Île Louet (forme alignement 176,4° avec La Lande) Oc (3) WG 12 s**
305-**W**-244-**G**-305
(48° 40,5 N - 003° 53,4 W) - 17 m - W 15 M, G 10 M
Tour carrée blanche sommet noir 12 m

Chenal de Tréguier : suivre le feu de La Lande par le feu de l'île Noire à 190,5°
Quand on voit le feu de l'île Louet devenir vert à 244°, faire route au 220°. Quand le feu de l'île Noire devient vert à 135°, faire route au 195° jusqu'au moment où l'on voit en même temps devenir blancs les feux de l'île Noire et de l'île Louet. Faire alors route au Sud sur le mouillage.
Attention ! Passe par des fonds découvrant de 0,80 m.

Grand chenal : venant du large, suivre le feu de La Lande par le feu de l'île Louet à 176,4° jusqu'à ce qu'on voit la lumière verte du feu de l'île Noire à 135°.
Venir alors à gauche. Faire route au 160°.
Dans le secteur vert de l'île Louet — quand l'île est au 278° — faire route au 145° jusqu'au moment où l'on voit en même temps devenir blancs les feux de l'île Noire et de l'île Louet. Faire alors route au Sud sur le mouillage.

Accès au port de Bloscon

Astan VQ (3) 5 s
(48° 44,9 N - 003° 57,7 W) - 9 m - 6 M
Bouée cardinale Est - Sifflet - Réflecteur radar

Basse de Bloscon VQ
(48° 43,8 N - 003° 57,4 W) - 3 m - 4 M
Bouée cardinale Nord - Réflecteur radar

Bouée criée de Bloscon Fl R (2) 6 s
(48° 43,2 N - 003° 57,8 W) - 1 M
Bouée latérale bâbord

Le Menk Q (9) WR 15 s
188-**R**-160-**W**-188
(48° 43,3 N - 003° 56,7 W) - 6 m - W 6 M, R 4 M
Tour cardinale Ouest 11 m

Ar Pourven Q
(48° 43,1 N - 003° 57,7 W) - 2 m - 3 M
Bouée cardinale Nord - Réflecteur radar

Roscoff-Bloscon - Extrémité jetée Fl WG 4 s
200-**W**-210-**G**-200
(48° 43,3 N - 003° 57,6W) - 9 m - W 10 M, G 7 M
Tourelle blanche sommet vert 6 m

— Feu auxiliaire **Fl 2 s**
Même support
Allumé par temps de brume pour l'entrée des transbordeurs

Accès au vieux port de Roscoff

Ar Chaden - Canal de l'île de Batz Q (6) + LFl WR 15 s
262-**R**-289,5-**W**-293-**R**-326-**W**-110-**obscd**-262
(48° 44,0 N - 003° 58,3 W) - 14 m - W 8 M, R 6 M
Tour cardinale Sud 22 m

Men Guen Bras - Canal de l'île de Batz Q WRG
068-**W**-073-**R**-197-**W**-257-**G**-068
(48° 43,8 N - 003° 58,1 W) - 14 m - W 9 M, R & G 6 M
Tour cardinale Nord 20 m

Alignement 209°
- Antérieur **Extrémité jetée Nord Oc (2 + 1) G 12 s**
  vis 078-318
  (48° 43,6 N - 003° 58,6 W) - 7 m - 7 M
  Colonne blanche sommet vert 7 m
- Postérieur **Oc (2 + 1) 12 s**
  vis 062-242
  (à 430 m d'Antérieur) - 24 m - 15 M
  Tour carrée grise blanchie vers l'alignement 24 m
  Cale d'accostage Extrémité Q (48° 44,0 N - 003° 59,0 W) - 5 m - 1 M
  Colonne cardinale Nord, 14 m

Pour entrer au port de Roscoff se tenir dans le secteur blanc de Men-Guen-Bras. Traverser le secteur rouge de Ar-Chaden. Quand il passe au blanc, suivre ce secteur et passer légèrement au Sud du feu de Ar-Chaden jusqu'à rejoindre l'alignement des 2 feux de Roscoff à 209°.

île de Batz

★ **Île de Batz Fl (4) 25 s**
(48° 44,8 N (004° 01,6 W) - 69 m - 23 M
Tour grise lanterne noire 43 m

— Feu auxiliaire **Fixe R**
vis 024-059
65 m - 7 M
Même tour

Île aux Moutons - Cale - Extrémité Sud VQ (6) + LFl 10 s
(48° 44,3 N - 004° 00,6 W) - 3 m - 7 M
Balise cardinale Sud 12 m

De l'Île de Batz au Raz de Sein

Moguériec - Alignement 162°
- Antérieur **Iso WG 4 s**
  158-**W**-166-**G**-158
  (48° 41,4 N - 004° 04,5 W) - 9 m - W 11 M, G 6 M
  Tour blanche sommet vert 10 m
- Postérieur **Fixe G**
  vis142-182
  (à 440 m d'Antérieur) - 22 m - 7 M
  Tour blanche sommet vert 11 m

Pontusval - Pointe de Beg-Pol - Au Nord-Ouest du port Oc (3) WR 12 s
056-**R**-096-**W**-056
(48° 40,7 N - 004° 20,8 W) - 16 m - W 10 M, R 7 M
Tour carrée et maison blanches, sommet noir, 15 m - Feu de secours

Nota : Q (3) Or à la base (Occas) & Fixes R (7 verticaux) sur pylône radio de Kerlouan à 2,4 M au Sud

Aman-ar-Ross Q
(48° 41,9 N - 004° 27,0 W) - 9 m - 7 M
Bouée cardinale Nord - Sifflet

Lizen-Wen-Ouest VQ (9) 10 s
(48° 40,6 N - 004° 33,7 W) - 8 m - 5 M
Bouée cardinale Ouest - Sifflet - Réflecteur radar

★ **Île Vierge Fl 5 s**
vis 337-325
(48° 38,4 N - 004° 34,1 W) - 77 m - 27 M
Tour tronconique grise près de l'ancien phare, 82 m - Corne 1 son 60 s

L'Aber-Wrac'h

Libenter Q (9) 15 s
(48° 37,5 N - 004° 38,4 W) - 8 m - 6 M
Bouée cardinale Ouest - Sifflet - Réflecteur radar

Grand Chenal - Alignement 100,1° donnant la direction à suivre dans la partie extérieure du grand chenal de l'Aber-Wrac'h
- Antérieur **Île Wrac'h Q R 1,2 s**
  (48° 36,9 N - 004° 34,6 W) - 20 m - 7 M
  Tour carrée blanche à sommet orange et maison 15 m
- Postérieur **Lanvaon Dir Q synchrone avec Antérieur**
  intens 090-110°
  (à 3 000 m d'Antérieur) - 55 m - 12 M
  Tour rectangulaire blanche sommet triangulaire orange 27 m

Basse de la Croix Fl (3) G 12 s
(48° 37,0 N - 004° 36,0 W) - 3 m - 2 M
Bouée latérale tribord

Bouée de l'île Enez Terc'h Fl (2) R 6 s
(48° 36,3 N - 004° 34,4 W) - 1 m - 4 M
Bouée latérale bâbord

Grand Chenal - Feu de guidage Dir Oc (2) WRG 6 s donnant la direction à suivre dans le chenal intérieur de l'Aber-Wrac'h pour se rendre au mouillage, au Sud-Ouest de l'abri du canot de sauvetage
125,7-**G**-127,2-**W**-128,7-**R**-130,2
(48° 35,9 N - 004° 33,9 W) - 5 m - W 13 M, R & G 11 M
Support blanc 4 m

Breac'h Verr Fl G 2,5 s
(48° 36,7 N - 004° 35,4 W) - 6 m - 3 M
Tour tronconique latérale tribord 13 m

Rusven Ouest
(48° 36,1 N - 004° 39,4 W) - 1 m
Bouée cardinale Ouest - Cloche

Grande Basse de Portsall VQ (9) 10 s
(48° 36,8 N - 004° 46,0 W) - 9 m - 4 M
Bouée cardinale Ouest - Sifflet - Réflecteur radar

Corn-Carhai Fl (3) 12 s
(48° 35,2 N - 004° 43,9 W) - 19 m - 9 M
Tour octogonale blanche sommet noir 20 m

Portsall - Au Nord du village Oc (4) WRG 12 s
058-**G**-084-**W**-088-**R**-058
(48° 33,9 N - 004° 42,3 W) - 9 m - W 13 M, R & G 10 M
Colonne blanche sommet rouge 7 m

★ **Le Four Fl (5) 15 s**
(48° 31,4 N - 004° 48,3 W) - 28 m - 18 M
Tour grise tronconique 28 m - Corne 5 sons (3 + 2) 60 s

Ouessant et ses abords

★ **Le Stiff Fl (2) R 20 s**
(48° 28,5 N - 005° 03,4 W) - 85 m - 24 M
2 tours blanches accolées 32 m
Nota : feux aéro sur tour radar du rail à ± 360 m à 0,2 M dans le Nord-Est du phare : de jour Q - de nuit Fixes R

★ **Créac'h Fl (2) 10 s**
vis 255-247°
(48° 27,6 N - 005° 07,8 W) - 70 m - 32 M
Tour à bandes noires et blanches 55 m
Corne 2 sons 120 s - Racon - Radiogoniomètre

An-Ividig VQ (9) 10 s
vis 290-225
(48° 26,8 N - 005° 09,1 W) - 28 m - 10 M
Tour octogonale grise avec plate-forme hélicoptère 36 m

Dispositif de séparation de trafic

★ **Bouée-phare Sud-Ouest Fl 4 s**
(48° 30, N - 005° 45,0 W) - 10 m - 20 M
Bouée marque d'eaux saines - Racon
Nota : 3 feux de gabarit Q sur la bouée

Bouée Nord-Est Fl 10 s
(48° 59,5 N - 005° 24,0 W) - 9 m - 5 M
Bouée marque d'eaux saines - Sifflet - Racon

Passage du Fromveur

Port du Stiff - Extrémité môle Est - Feu de guidage Dir Q WRG
251-**G**-254-**W**-264-**R**-267-**obscd**-251
(48° 28,2 N - 005° 03,2 W) - 11 m - W 10 M, R & G 7 M
Tour blanche sommet vert 6 m

Men-Korn VQ (3) WR 5 s
vis 119-58
145-**W**-040-**R**-145
(48° 28,0 N - 005° 01,4 W) - 21 m - 8 M
Tour cardinale Est 29 m

★ **Keréon ou Men-Tensel Oc (2 + 1) WR 24 s**
019-**W**-248-**R**-019
(48° 26,3 N - 05° 01.6 W) - 38 m - W 17 M, R 7 M
Tour grise 41 m - Corne 3 sons (2 + 1) 120 s

★ **La Jument Fl (3) R 15 s**
vis 241-199
(48° 25,4 N - 005° 03,1 W) - 36 m - 22 M
Tour octogonale grise sommet rouge 48 m - Corne 3 sons 60 s

Pierres-Vertes VQ (9) 10 s
(48° 22,2 N - 005° 04,7 W) - 9 m - 5 M
Bouée cardinale Ouest - Sifflet - Réflecteur radar

Molène

Les Trois-Pierres (au Nord-Est de l'île) Iso WRG 4 s
147-**W**-185-**R**-191-**G**-197-**W**-213-**R**-070-**G**-147
(48° 24,7 N - 004° 56,8 W) - 15 m - W 9 M, R & G 6 M
Colonne blanche - 16 m

Roche Goulin VQ (9) 10 s
(48° 24,6 N - 004° 56,9 W) - 2 M
Bouée cardinale Ouest - Réflecteur radar

Chenal de Molène - Ancien môle - Feux de guidage Nord Dir Fl (3) WRG 12 s
183-**G**-190-**W**-192-**R**-203
(48° 23,9 N - 004° 57,3 W) - 6 m - W 9, R & G 7 M
Colonne sur abri 5 m

Chenal des Las - Ancien môle - Feux de guidage Est Dir Fl (2) WRG 6 s
252,5-**G**-259,5-**W**-262,5-**R**-269,5
Même support - 9 m - W 9 M, R & G 7 M

Chenal de la Helle

Luronne
(48° 26,7 N - 004° 53,7 W) - 3 m
Bouée cardinale Ouest - Cloche

Le Faix VQ
(48° 25,8 N - 004° 53,9 W) - 16 m - 8 M
Tour cardinale Nord 21 m

Pourceaux Q
(48° 24,1 N - 004° 51,5 W) - 7 m - 5 M
Bouée cardinale Nord

★ **Kermorvan Fl 5 s**
(48° 21,7 N - 004° 47,3 W) - 20 m - 22 M
Tour carrée blanche 20 m - Corne 1 son 60 s

Forme avec le feu de direction de Saint-Mathieu l'alignement 158,5° du chenal du Four

★ **Lochrist - Alignement 137,9° avec le feu de Kermorvan Dir Oc (3) 12 s**
intens 135,4-140,4
(48° 20,6 N - 004° 45,7 W) - 49 m - 22 M
Tour octogonale blanche sommet rouge 17 m

Venant du Nord-Ouest suivre le feu de Lochrist par le feu de Kermorvan à 137,9°.
Ensuite, faire route au 113 en prenant la tourelle du Faix par le phare du Stiff pour rejoindre la partie Nord du chenal du Four près de la pointe de Corsen (Saint-Mathieu-Kermorvan).

Chenal du Four

★ **L'Aber-Ildut - Feu de guidage Dir WR Oc (2) 6 s**
081-**W**-085-**R**-087
(48° 28,3 N - 004° 45,6W) - 12 m - W 25 M, R 20 M
Constructions blanches 5 m

Valbelle Fl (2) R 6 s
(48° 26,5 N - 004° 50,0 W) - 8 m - 5 M
Bouée latérale bâbord - Sifflet

Les Platresses Fl RG 4 s
153-**G**-333-**obscd**-343-**R**-153
(48° 26,3 N - 004° 50,9 W) - 17 m - 6 M
Tour octogonale blanche 23 m

★ **Saint-Mathieu Fl 15 s**
(48° 19,8 N - 004° 46,3 W) - 56 m - 29 M
Tour tronconique blanche sommet rouge 37 m

Nota : feux Fixes R sur le pylône radio de Plougonvelin à 1,7 M à l'ENE

★ — **Feu auxiliaire directionnel** - Alignement 158,5° avec le phare de Kermorvan **Dir Fixe**
intens 157,5-159,5
(même support) - 54 m - 28 M

Saint-Paul Oc (2) R 6 s
(48° 24,9 N - 004° 49,1 W) - 7 m - 4 M
Bouée latérale bâbord

Corsen - Feu de guidage Dir Q WRG
008-**R**-012-**W**-015-**G**-021
(48° 24,9 N - 004° 47,7 W) - 33 m - W 12 M, R & G 8 M
Abri et murs blancs 3 m
Nota : feux R sur pylône à 400 m à l'ESE

★ **Trézien - Alignement 007° avec le feu de Kermorvan**
Dir Oc (2) 6 s
intens 003-011
(48° 25,4 N - 004° 46,8 W) - 84 m - 20 M
Tour tronconique grise blanche vers le Sud 37 m

La Grande Vinotière LFl R 10 s
(48° 22,0 N - 004° 48,5 W) - 15 m - 5 M
Tour octogonale rouge 24 m

Rouget Fl G 4 s
(48° 22,0 N - 004° 48,9 W) - 7 m - 5 M
Boué latérale tribord - Sifflet

Port du Conquet - Môle de la pointe Sainte-Barbe
Oc G 4 s
(48° 21,6 N - 004° 47,1 W) - 5 m - 6 M
Mât vert 4 m

Tournant et Lochrist Iso R 4 s
(48° 20,6 N - 004° 48,3 W) - 7 m - 2 M
Bouée latérale bâbord

— Feu auxiliaire **Saint-Mathieu Q WRG**
085-**G**-107-**W**-116-**R**-134
(à 291° et 54 m du feu principal) - 26 m - W 14 M, R & G 11 M
Tourelle blanche

Les Vieux Moines Fl R 4 s
vis 280-133
(48° 19,4 N - 004° 46,5 W) - 16 m - 5 M
Tour octogonale rouge 19 m

Venant du Nord suivre le feu de Saint-Mathieu par Kermorvan au 158°.
Traverser le secteur vert de Corsen et lorsque celui-ci devient blanc faire route au 192° pour passer entre la bouée du Rouget et la tourelle de la Grande Vinotière.
Laisser la bouée du Tournant et Lochrist à bâbord.
Quand le feu auxiliaire de Saint-Mathieu passe du rouge au blanc faire route en laissant les Vieux Moines à bâbord.

Iroise (partie Nord)

Pierres Noires
(48° 18,5 N - 004° 58,2 W) - 5 m
Bouée cardinale Sud - Cloche - Réflecteur radar

★ **Les Pierres Noires Fl R 5 s**
(48° 18,7 N - 004° 54,9 W) - 27 m - 19 M
Tour tronconique blanche sommet rouge 28 m - Corne 2 sons 60 s

Basse Royale Q (6) + LFl 15 s
(48° 17,5 N - 004° 49,5 W) - 7 m - 6 M
Bouée cardinale Sud - Réflecteur radar

Charles Martel Fl (4) R 15 s
(48° 18,9 N - 004° 42,2) - 7 m - 5 M
Bouée latérale bâbord - Sifflet - Réflecteur radar

Iroise (partie Sud)

Vandrée VQ (9) 10 s
(48° 15,3 N - 004° 48,2 W) - 7 m - 8 M
Bouée cardinale Ouest - Sifflet - Réflecteur radar

La Parquette Fl RG 4 s
285-**G**-244-**R**-285
(48° 15,9 N - 004° 44,3 W) - 17 m - 6 M
Tour octogonale bandes obliques noires et blanches 25 m

Basse du Lis Q (6) + LFl 15 s
(48° 13,1 N - 004° 44,6 W) - 9 m - 6 M
Bouée cardinale Sud - Sifflet

Le Bouc Q (9) 15 s
(48° 11,6 N - 004° 37,3 W)
Bouée cardinale Ouest - Cloche - Réflecteur radar

★ **Pointe du Toulinguet Oc (3) WR 12 s**
Terre-**W**-028-**R**-090-**W**-Terre
(48° 16,8 N - 004° 37,8 W) - 49 m - W 15 M, R 11 M
Tour carrée et maison blanches 14 m
- Fixe G détecteur de brume à proximité - Fixes R sur pylône à 0,2 M à l'ESE

Swansea Vale - À l'Ouest de l'épave Fl (2) 6 s
(48° 18,2 N - 004° 38,8 W) - 7 m - 4 M
Marque de danger isolé - Sifflet
Nota : Fl (5) Y 20 s sur bouée de mesure de houle à 0,2 M à l'ENE

Camaret-sur-Mer - Extrémité môle Nord Iso WG 4 s
135-**W**-182-**G**-027
(48° 16,9 N - 004° 35,2 W) - 7 m - W 12 M, G 9 M
Pylône vert et blanc, 7 m

Camaret-sur-Mer - Extrémité môle Sud Fl (2) R 6 s
(48° 16,7 N - 004° 35,2 W) - 9 m - 5 M
Pylône rouge, 8 m

Ferme marine - Bouée Nord Q
(48° 17,2 N - 004° 34,7 W)
Bouée cardinale Nord

Balise Ouest VQ (9) 10 s
(48° 17,0 N - 004° 34,8 W)
Espar cardinale Ouest

Goulet de Brest

★ **Pointe du Petit Minou Fl (2) WR 6 s**
Terre-**R**-252-**W**-260-**R**-307-**W unintens**-015-**W**-065,5-**obscd**-070,5-**W**-Terre
(48° 20,2 N - 004° 36,9 W) - 32 m - W 19 M, R 15 M
Tour grise blanchie vers le Sud-Ouest, sommet rouge, accolée à une tour plus petite, blanche à bandes noires 26 m - Corne 1 son 60 s
Nota : Fixe R à 1,5 et 2,7 M au Nord-Est
- Fixe G détecteur de brume à 0,2M au Nord-Est (intens 036,5-039,5)

★ — Feu auxiliaire **Minou Dir Q**
intens 067,3-068,8
Même tour - 22 m - 30 m - 23 M
Alignement 068° de la passe Nord avec le feu auxiliaire directionnel de la pointe du Portzic

Anse de Ste-Anne - IFREMER - Duc d'Albe - Angle Sud-Est Fl R 2 s
(48° 21,6 N - 004° 33,0 W) - 1 m - 2 M
Support gris 2 m

★ **Pointe du Portzic Oc (2) WR 12 s**
219-**R**-259-**W**-338-**R**-000-**W**-065,5-**obscd**-070,5-**W**-219
vis 041-069 dans l'Ouest du Goulet
(48° 21,6 N - 004° 32,0 W) - 56 m - W 19 M, R 15 M
Tour octogonale grise 35 m

— 2 Feux auxiliaires
Dir Q
intens 065-071 sur l'alignement 068°
Même tour que le feu principal (passe Nord)

Dir Q (6) LFl 15 s
intens 045-050 sur la passe Sud
(Même tour) - 54 m - 23 M

Plateau des Fillettes

Fillettes VQ (9) 10 s
(48° 19,8 N - 004° 35,6 W) - 7 m - 6 M
Bouée cardinale Ouest - Sifflet - Réflecteur radar

Kerviniou Fl (2) R 6 s
(48° 19,8 N - 004° 35,2 W) - 7 m - 5 M
Bouée latérale bâbord - Réflecteur radar

Basse Goudron Q R
(48° 20,1 N - 004° 34,8 W) - 7 m - 3 M
Bouée latérale bâbord - Réflecteur radar

Roche Mengam Fl (3) WR 12 s
054-**W**-034-**R**-054
(48° 20,4 N - 004° 34,5 W) - 10 m - W 11 M, R 8 M
Tour marque de danger isolé 15 m

Rade-abri de Brest

Pénoupèle Fl (3) R 12 s
(48° 21,5 N - 004° 30,5 W) - 7 m - 4 M
Bouée latérale bâbord - Réflecteur radar

Passe Sud - Extrémité Est jetée Sud Q R
vis 094-048
Synchrone avec passe Sud extrémité Sud jetée Est suivante
(48° 22,2 N - 004° 29,4 W) - 10 m - 7 M
Tour blanche sommet rouge 9 m

Passe Sud - Extrémité Sud jetée Est Q G
vis 299-163
Synchrone avec autre feu de la jetée Sud, passe Sud, extrémité Est
(48° 22,2 N - 004° 29,1 W) - 10 m - 7 M
Tour blanche sommet vert 10 m

Passe Sud

Alignement 344°
- Antérieur **Tour vigie DP VQ WRG 0,6 s**
334-**G**-342-**W**-346-**R**-024
(48° 22,9 N - 004° 29,5 W) - 24 m - W 10, R & G 5 M
Tour blanche
- Postérieur **Rempart du château Dir VQ 0,6 s**
intens 342-346
(à 115 m d'Antérieur) - 32 m - 10 M

Port de commerce de Brest

Passe de l'Ouest (communique avec la rade-abri)

Jetée Ouest - Extrémité Iso R 4 s
(48° 22,7 N - 004° 29,0 W) - 10 m - 7 M
Colonne blanche sommet rouge 11 m

Jetée Sud - Extrémité Ouest Fl G 4 s
vis 022-257
(48° 22,6 N - 004° 29,2 W)
Cylindre blanc sommet vert 10 m

Chenal d'accès à la passe Est

R2 Fl (2) R 6 s
(48° 22,1 N - 004° 28,7 W) - 3 m - 4 M
Bouée latérale bâbord - Réflecteur radar

R1 Fl G 4 s
(48° 21,9 N - 004° 28,2 W) - 3 m - 5 M
Bouée latérale tribord

R4 LFl R 10 s
(48° 22,3 N - 004° 28,1 W) - 3 m - 4 M
Bouée latérale bâbord - Réflecteur radar

R3 Q (6) + LFl 15 s
(48° 22,5 N - 004° 27,3 W) - 3 m - 5 M
Bouée cardinale Sud (à l'intersection du chenal de l'Elorn et du chenal d'accès au port)

R6 Fl R 4 s
(48° 22,5 N - 004° 28,0 W) - 3 m - 5 M
Bouée latérale bâbord - Réflecteur radar

Passe Est - Côté Nord - Extrémité môle de l'Est Oc (2) G 6 s
Synchrone avec autre feu de la passe Est
(48° 22,8 N - 004° 28,6 W) - 8 m - 7 M
Pylône blanc sommet vert 9 m

Passe Est - Côté Sud - Extrémité Est jetée Sud Oc (2) R 6 s
vis 018-301 - Synchrone avec autre feu de la passe Est
(48° 22,7 N - 004° 28,5 W) - 8 m - 5 M
Pylône blanc sommet rouge 7 m

Moulin-Blanc

Océanopolis Fl (4) R 15 s
(48° 22,7 N - 004° 26,5 W) - 2 M
Balise latérale bâbord

Moulin-Blanc Fl (3) R 12 s
(48 22,8 N - 004° 25,9 W)
Bouée latérale bâbord

Chenal d'accès

MB1 Fl G 2 s
(48° 23,3 N - 004° 25,6 W) - 1 m - 2 M
Bouée latérale tribord

MB2 Fl R 2 s
(48° 23,3 N - 004° 25,7 W) - 1 m - 2 M
Bouée latérale bâbord

Brise-lames flottant Est - Extrémité Sud MB3 Fl G 2 s
(48° 23,5 N - 004° 25,6 W) - 2 m - 1 M
Pylône vert

Brise-lames flottant - Extrémité Nord Fl R 2 s
(48° 23,5 N - 004° 25,7 W) - 2 m - 1 M
Pylône rouge, 2 m

★ **MBA Q (3) 10 s**
(48° 23,6 N - 004° 25,7 W) - 3 m - 2 M
Balise cardinale Est sur ponton

Keraliou Iso G 4 s
(48° 23,2 N - 004° 24,9 W) - 3 m - 2 M
Bouée latérale tribord

Pont Albert-Louppe - Arche Nord Fixe R au Nord et **Fixe G** au Sud de la passe à 30 m de part et d'autre de l'axe
(48° 23,4 N - 004° 24,1 W)
Nota : 1° Fixes au sommet des deux autres arches
2° Tous ces feux sont visibles de l'aval et de l'amont
Le chenal est ensuite balisé par des bouées jusqu'à Landerneau

Zône de contrôle de Lanvéoc - Rade Sud

Le Renard VQ (9) 10 s
(48° 19,8 N - 004° 29,1 W) - 7 m - 5 M
Bouée cardinale Ouest - Réflecteur radar

D Fl Y 4 s
(48° 18,7 N - 004° 29,3 W) - 4 m - 3 M
Marque spéciale - Réflecteur radar

E Fl (2) R 6 s
(48° 18,4 N - 004° 29,5 W) - 4 m - 2 M
Bouée latérale bâbord - Réflecteur radar

F Q (3) 10 s
(48° 17,9 N - 004° 29,7 W) - 3 m - 4 M
Bouée cardinale Est
Nota : ces trois bouées balisent l'entrée du port de l'Île Longue (zone interdite)

Zone de contrôle de Lanvéoc

Lanvéoc 1 Fl G 4 s
(48° 19,2 N - 004° 28,5 W) - 3 m - 4 M
Bouée latérale tribord

L3 Fl (5) G 20 s
(48° 18,8 N - 004° 28,3 W) - 4 m - 2 M
Bouée latérale tribord

L5 Fl (3) G 12 s
(48° 18,4 N - 004° 28,4 W) - 3 m - 3 M
Bouée latérale tribord

L4 VQ R
(48° 17,9 N - 004° 28,4 W - 3 m - 2 M
Bouée latérale bâbord

Appontement pétrolier Q
(48° 17,9 N - 004° 27,1 W
Bouée cardinale Nord - Réflecteur radar

Pen-ar-Vir Q
(48° 17,7 N - 004° 25,0 W) - 3 m - 4 M
Bouée cardinale Nord - Réflecteur radar
Polygone RASCAS : zone interdite si balisage en place

Nord-Ouest Fl Y 4 s (Occas)
(48° 18,4 N - 004° 24,7 W)
Bouée marque spéciale

Sud-Ouest Fl Y 4 s (Occas)
(48° 18,0 N - 004° 24,8 W)
Bouée marque spéciale

Sud-Est Fl Y 4 s (Occas)
(48° 18,0 N - 004° 23,7 W)
Marque spéciale

Nord-Est Fl Y 4 s (Occas)
(48° 18,3 N - 004° 23,7 W)
Bouée marque spéciale

Le chemin du devoir est toujours proche, mais l'homme le cherche loin de lui. (Proverbe chinois)

Baie de Douarnenez

Basse Vieille - Au Sud-Ouest de la Basse Fl (2) 6 s
(48° 08,3 N - 004° 35,7 W) - 8 m - 7 M
Marque de danger isolé - Sifflet - Réflecteur radar

Morgat

★ **Pointe de Morgat Oc (4) WRG 12 s**
Terre-**W**-281-**G**-301-**W**-021-**R**-043
(48° 13,2 N - 004° 29,7 W) - 77 m - W 15 M, R 11 M, G 10 M
Tour carrée blanche sommet rouge, maison 15 m

Extrémité môle Oc (2) WR 6 s
007-**W**-257-**R**-007
(48° 13,6 N - 004° 29,9 W) - 8 m - W 9 M, R 6 M
Pylône rouge et blanc 6 m

Côté Est de l'entrée Fl R 4 s
(48° 13,6 N - 004° 29,6 W) - 3 m - 2 M
Bouée latérale bâbord

Pontons brise-lames - Extrémité Ouest Fl R 4 s (retiré 2003)
(48° 13,6 N - 004° 29,6 W)
Support rouge 1 m
Temporairement : Fl R 4 s sur bouée latérale bâbord

Pontons détachés - Extrémité Est Fl G 4 s
(48° 13,6 N - 004° 29,7 W) - 2 M
Support vert 1 m

★ **Pointe du Millier Oc (2) WRG 6 s**
080-**G**-087-**W**-113-**R**-120-**W**-129-**G**-148-**W**-251-**R**-258
(48° 05,9 N - 004° 27,9 W) - 34 m - W 16 M, R 12 M, G 11 M
Maison blanche 8 m

Douarnenez

Île Tristan Oc (3) WR 12 s
Terre-**W**-138-**R**-153-**W**-Terre
(48° 06,2 N - 004° 20,3 W) - 35 m - W 13 M, R 10 M
Tour grise bande blanche, sommet noir 11 m

Tréboul - Extrémité pointe Biron Q G
(48° 06,1 N - 004° 20,4 W) - 7 m - 6 M
Colonne métallique blanche sommet vert 7 m

Port-Rhu - Feu de guidage Dir Fl (5) WRG 20 s
154-**G**-156-**W**-158-**R**-160
(48° 05,5 N - 004° 19,9 W) - 16 m - W 5 M, R & G 4 M
Lanterne sur pont routier

Port de Rosmeur - Extrémité Est - Môle Est-Ouest - Côté Nord de l'entrée Iso G 4 s
(48° 06,0 N - 004° 19,3 W) - 9 m - 4 M
Pylône vert et blanc 8 m

Môle Nord-Sud - Extrémité Nord - Côté Sud de l'entrée Oc (2) R 6 s
(48° 05,9 N - 004° 19,3 W) - 6 m - 6 M
Pylône rouge et blanc 5 m

Môle de Rosmeur - Coude Oc G 4 s
vis 170-097
(48° 05,8 N - 004° 19,2 W) - 6 m - 6 M
Pylône blanc sommet vert 6 m

Île de Sein et ses abords

Chaussée de Sein VQ (9) 10 s
(48° 03,8 N - 005° 07,7 W)
Bouée cardinale Ouest - Sifflet - Réflecteur radar - Racon

★ **Ar-Men Fl (3) 20 s**
(48° 03,0 N - 004° 59,9 W) - 29 m - 23 M
Tour tronconique blanche base sombre sommet noir 37 m

★ **Grand phare - Au Nord-Ouest de l'île Fl (4) 25 s**
(48° 02,6 N - 004° 52,1 W) - 49 m - 29 M
Tour tronconique blanche sommet noir 51 m

Cornoc-an-ar-Braden Fl G 4 s
(48° 03,3 N - 004° 50,8 W) - 7 m - 3 M
Bouée latérale tribord - Sifflet - Réflecteur radar

★ **Men-Brial Oc (2) WRG 6 s**
149-**G**-186-**W**-192-**R**-221-**W**-227-**G**-254
(48° 02,3 N - 004° 51,0 W) - 16 m - W 12 M, R 9 M, G 7 M
Tour verte et blanche 14 m

Raz de Sein

Raz de Sein en venant du Sud

Ce croquis réalisé pour vous faciliter l'entrée, vous indique l'essentiel mais ne peut en aucun cas vous dispenser de l'usage des document officiels tenus à jour.

Tevennec Q WR
090-**W**-345-**R**-090
(48° 04,3 N - 004° 47,6 W) - 28 m - W 9 M, R 6 M
Tour et maison blanches 15 m

— Feu auxiliaire **Dir Fl 4 s**
intens 324-332
(même tour) - 24 m - 12 M

La Vieille Oc (2 + 1) WRG 12 s
290-**W**-298-**R**-325-**W**-355-**G**-017-**W**-035-**G**-105-**W**-123-**R**-158-**W**-205
(48° 02,5 N - 004° 45,4 W) - 33 m - W 18 M, R 13 M, G 14 M
Tour carrée grise sommet noir 27 m - Corne 3 sons (2 + 1) 60 s (interrompue 2002)

La Plate VQ (9) 10 s
(48° 02,4 N - 004° 45,5 W) - 19 m - 8 M
Tour octogonale cardinale Ouest 26 m

Le Chat Fl (2) WRG 6 s
096-**G**-215-**W**-230-**R**-271-**G**-286-**R**-096
(48° 01,5 N - 004° 48,8 W) - 27 m - W 9 M, R & G 6 M
Tour cardinale Sud 31 m - Réflecteur radar

On peut franchir le raz de Sein en passant soit dans l'Est, soit dans l'Ouest de Tévennec :
- Passage dans l'Est : route au Sud sur le feu de La Vieille (secteur blanc). Après avoir dépassé Tévennec faire route au 222 sur le feu du Chat (secteur blanc) jusqu'à prendre le feu de direction de Tévennec par l'arrière au 328.
- Passage dans l'Ouest : route au 187 sur le feu de Men-Brial dans son secteur blanc puis au 115 sur le feu de La Vieille dans son secteur blanc. Quand Tévennec de rouge devient blanc au 345, venir légèrement à droite pour prendre le feu de direction de Tévennec par l'arrière au 328.
On est paré des dangers Sud du raz quand le feu du Chat de vert devient rouge.

Du Raz de Sein à Lorient

Audierne

Pointe de Lervily Fl (3) WR (2 + 1) 12 s
211-**W**-269-**R**-294-**W**- 087-**R**-121
(48° 00,1 N - 004° 34,0 W) - 20 m - W 14 M, R 11 M
Tour blanche de l'ancien sémaphore sommet rouge 12 m

Kergadec - Feu de guidage Dir Q WRG
000-**G**-005,3-**W**-006,7-**R**-017
(48° 01,0 N - 004° 32,8 W) - 43 m - W 12 M, R & G 9 M
Tour octogonale blanche sommet rouge 15 m

— Feu auxiliaire **Fixe R**
(postérieur de l'alignement 331° avec le feu de la jetée de Raoulic)
intens 321-341
(même tour que le feu de guidage) - 44 m - 9 M

Pour entrer dans le port d'Audierne, laisser à tribord le plateau de la Gamelle signalé par la bouée Gamelle Ouest

Gamelle Ouest VQ (9) 10 s
(47° 59,5 N - 004° 32,8 W) - 6 m - 5 M
Bouée cardinale Ouest - Sifflet - Réflecteur

Gamelle Est
(47° 59,5 N - 004° 32,0 W) - 4 m
Bouée cardinale Sud - Cloche

Par mauvaise visibilité se méfier de l'éperon rocheux découvrant du Sillon des Galets à 0,2 M à l'Est de la pointe de Lervily et s'étendant jusqu'à 0,3 M au large.
De jour suivre au 006° l'alignement Kergadec-Trescadec.
De nuit faire route au 006° dans le secteur blanc du feu de guidage de Kergadec. Suivre ensuite l'alignement à 034° du clocher de Poulgoazec par le phare de Raoulic (limite du secteur vert et du secteur blanc).

Jetée de Sainte-Évette - Extrémité Oc (2) R 6 s
vis 090-000
(48° 00,3 N - 004° 33,1 W) - 2 m - 7 M
Socle cylindrique rouge 2 m
Le port de Sainte-Évette, bien abrité, est accessible à toute marée.

Passe de l'Est - Alignement 331° avec le feu auxiliaire de Kergadec
- Antérieur **Jetée de Raoulic - Extrémité Fl (3) WG 12 s**
  Terre-**W**-034-**G**-Terre
  (48° 00,6 N - 004° 32,5 W) - 11 m - W 14 M, G 9 M
  Tour blanche 11 m

Pors-Poulhan Q R
(47° 59,1 N - 004° 28,0 W) - 14 m - 9 M
Tour blanche sommet rouge 6 m

Pointe de Penmarc'h

Le Menhir Fl (2) WG 6 s
315-**W**-135-**G**-315
(47° 47,8 N - 004° 23,9 W) - 19 m - W 7 M, G 4 M
Tour blanche et noire 21 m

★ **Eckmühl Fl 5 s**
(47° 47,9 N - 004° 22,4 W) - 60 m - 23 M
Tour octogonale grise, 65 m - Corne 1 son 60 s - Toran

Entrée de Saint-Guénolé

Alignement 123° donnant la direction du Chenal de Groumilli
Colonne à bandes noires et blanches voyant carré orange
- Antérieur **Fixe G**
  (47° 48,2 N - 004°22,6 W) - 9 m - 9 M
  Colonne bandes noires et blanches, voyant carré orange, 11 m
- Postérieur **Fixe G**
  (à 300 m d'Antérieur) - 13 m - 9 M
  Colonne bandes noires et blanches, voyant carré orange, 14 m

Basse Gaouac'h Fl G 4 s
(47° 48,7 N - 004° 24,2 W) - 7 m - 3 M
Bouée latérale tribord - Sifflet - Réflecteur radar

Men ar Ganol Fl (2) R 6 s (disparu 2002)
(47° 48,5 N - 004° 23,3 W)
Bouée latérale bâbord - Réflecteur radar

Scoedec Fl (2) G 6 s
(47° 48,5 N - 004° 23,1 W) - 6 m - 3 M
Tour verte 7 m

Alignement 055,4°
Tubes métalliques verts et blancs avec plate-forme
- Antérieur **VQ**
  (47° 48,7 N - 004° 22,7 W) - 5 m - 2 M
- Postérieur **Fixe Vi**
  vis 040-070
  (à 320 m d'Antérieur) - 15 m - 1 M

Alignement 026,5° Feux synchrones
- Antérieur **Q R**
  (47° 49,1 N - 004° 22,6 W) - 8 m - 4 M
  Poteau gris rouge vers le large, 13 m
- Postérieur **Q R**
  (à 51 m d'Antérieur) - 12 m - 4 M
  Poteau à bandes rouges et blanches, 10 m
  Nota : balisage latéral lumineux ensuite par bouées et tourelles (1 à 4)

Cap Caval Q (9) 15 s
(47° 46,5 N - 004° 22,6 W) - 6 m - 6 M
Bouée cardinale Ouest

Men Hir Fl R 2,5 s
(47° 47,3 N - 004° 20,4 W) - 6 m - 2 M
Pylône

Kerity - Extrémité estacade Fl (2) G 6 s
(47° 47,6 N - 004° 20,9 W) - 5 m - 1 M
Tube métallique vert 4 m

Locarec Iso WRG 4 s
271-**W**-285-**R**-298-**G**-340-**R**-063-**G**-068-**R**-271
(47° 47,3 N - 004° 20,3 W) - 11 m - W 9, R & G 6 M
Colonne métallique sur rocher 8 m

Spineg Q (6) + LFl 15 s
(47° 45,3 N - 004° 18,8 W) - 7 m - 8 M
Bouée cardinale Sud - Sifflet - Réflecteur radar

Le Guilvinec

Nevez Fl G 2,5 s
(47° 45,9 N - 004° 20,0 W) - 7 m - 4 M
Bouée latérale tribord - Réflecteur radar

Alignement 053° donnant la direction à suivre pour se rendre dans le port en passant sur la Basse aux Herbes - **3 feux synchrones**
- Antérieur **Môle de Léchiagat - Épi Q**
  vis 233-066
  (47° 47,5 N - 004° 17,0 W) - 7 m - 8 M
  Pylône blanc 6 m
- Intermédiaire **Rocher Le Faoutès Q WG**
  006-**W**-293-**G**-006
  (à 210 m d'Antérieur) -12 m - W 14 M & G 11 M
  Pylône blanc voyant carré rouge 11 m
- Postérieur **Dir Q**
  vis 051,5-054,5
  (à 1 043 m d'Antérieur) - 26 m - 8 M
  Tour rectangulaire blanche bande verticale rouge voyant carré rouge 25 m

Lost-Moan Fl (3) WRG 12 s
327-**R**-014-**G**-065-**R**-140-**W**-160-**R**-268-**W**-273-**G**-317-**W**-327
(47° 47,1 N - 004° 16,7 W) - 8 m - W 9 M, R & G 6 M
Tour blanche sommet rouge 13 m

Capelan Fl (2) G 6 s
(47° 47,2 N - 004° 17,5 W) - 3 m - 2 M
Bouée latérale tribord - Réflecteur radar

Entrée côté Nord - Extrémité digue extérieure Fl R 4 s
(47° 47,6 N - 004° 17,0 W) - 11 m - 9 M
Tour blanche sommet rouge 10 m

Môle en épi - Extrémité Fl (2) R 6 s
(47° 47,5 N - 004° 17,1W) - 4 m - 5 M
Poutrelle horizontale rouge 2 m

Entrée côté Sud - Extrémité môle de Léchiagat Fl G 4 s
(47° 47,5 N - 004° 17,1 W) - 5 m - 7 M
Abri blanc sommet vert 3 m

Épi de Léchiagat Fl (2) G 6 s
vis 078-258
(47° 47,5 N - 004° 17,0 W) - 4 m - 5 M
Poutrelle horizontale verte 2 m

Lesconil

Karek-Greis Q (3) 10 s
(47° 46,1 N - 004° 11,4 W) - 7 m - 5 M
Bouée cardinale Est - Sifflet

Men-ar-Groas Fl (3) WRG 12 s
268-**G**-313-**W**-333-**R**-050
(47° 47,8 N - 004° 12,6 W) - 14 m - W 10 M, R & G 7 M
Tour blanche sommet vert 11 m

Digue Est - Extrémité Q G
(47° 47,8 N - 004° 12,6 W) - 5 m - 5 M
Tour verte 4 m

Jetée Sud - Extrémité Oc R 4 s
(47° 47,7 N - 004° 12,6 W) - 5 m - 6 M
Pylône blanc sommet rouge 4 m

Boulanger VQ (6) + LFl 10 s
(47° 47,4 N - 004° 09,2 W)
Bouée cardinale Sud - Réflecteur radar

Bilien VQ (3) 5 s
(47° 49,2 N – 004° 08,0 W)
Bouée cardinale Est - Sifflet - Réflecteur radar

Rivière de Pont-l'Abbé

Loctudy - Pointe de Langoz Fl (4) WRG 12 s
115-**W**-257-**G**-284-**W**-295-**R**-318-**W**-328-**R**-025
(47° 49,9 N - 004° 09,6 W) - 12 m - W 15 M, R & G 11 M
Tour blanche sommet rouge 13 m

Karek-Saoz Fl R 2,5 s
(47° 50,1 N - 004° 09,3 W) - 3 m - 1 M
Tour tronconique rouge, 10 m - Réflecteur radar

Karek Croisic - Bouée Fl (2) R 6 s
(47° 50,2 N - 004° 09,4 W) - 3 M
Bouée latérale bâbord

Bouée n° 1 Fl (2) G 6 s
(47° 50,3 N - 004° 09,6 W) - 3 M
Bouée latérale tribord

Bouée n° 3 Fl (3) G 12 s
(47° 50,3 N - 004° 09,9 W) - 1 M
Bouée latérale tribord

Le Blas Fl (4) G 15 s
(47° 50,3 N - 004° 10,1 W) - 5 m - 1 M
Colonne tronconique verte 11 m

Port de pêche - Extrémité épi Q 1,2 s
(47° 50,3 N - 004° 10,3 W) - 3 m - 10 M
Mât métallique cardinale Nord

Rivière de l'Odet Bénodet

Alignement 000,5°
- Antérieur **Pointe de Combrit - Sainte-Marine - Embouchure de l'Odet Oc (3 + 1) WR 12 s**
  017-**R**-325-**W**-017
  (47° 51,9 N - 004° 06,7 W) - 19 m - W 12 M, R 9 M
  Tour carrée blanche angles gris 17 m
- Postérieur **Pyramide (Grand Phare) Oc (2 + 1) 12 s**
  vis 338-016
  (à 348 m du Coq) - 48 m - 11 M
  Tour blanche sommet vert 39 m

★ **Pointe du Coq Dir Oc (3) (2 + 1) G 12 s**
intens 344,5-346,5
(47° 52,4 N - 004° 06,6 W) - 11 m - 17 M
Tour blanche bande verticale verte 13 m
Forme avec le feu de la Pyramide l'alignement 345,5° (synchrones)

Le feu de Bénodet par celui de Combrit au Nord indique l'alignement du Grand Chenal.

Pour entrer dans l'Odet venir à droite au 045° au moment où le feu de Loctudy de rouge devient blanc au 295°.
Ensuite suivre le feu de la Pyramide par le feu du Coq au 345,5°.

Pont de Cornouaille
(47° 53,1 N. - 004° 07,3 W)
- Aval **Fixe R**
  2 M - Panneau blanc, carré rouge sur le tablier du pont
- Amont **Fixe G**
  3 M - Panneau blanc triangle vert sur le tablier du pont

Pointe de Toulgoet Fl R 2,5 s
(47° 52,3 N - 004° 06,8 W) - 2 m - 1 M
Mât métallique rouge, 4 m

La Voleuse Q (6) + LFl 15 s
(47° 48,8 N - 004° 02,5 W) - 7 m - 5 M
Bouée cardinale Sud - Sifflet

Passage entre les Moutons et les Pourceaux

Rouge de Glénan VQ (9) 10 s
(47° 45,5 N - 004° 03,9 W) - 8 m - 8 M
Bouée cardinale Ouest - Sifflet - Réflecteur radar

Grands Pourceaux Q
(47° 46,1 N - 004° 01,0 W) - 7 m - 6 M
Bouée cardinale Nord - Réflecteur radar

★ **Île aux Moutons Oc (2) WRG 6 s**
035-**W**-050-**G**-063-**W**-081-**R**-141-**W**-292-**R**-035
(47° 46,5 N - 004° 01,7 W) - 18 m - W 15 M, R & G 11 M
Tour et maison blanches 17 m

★ — Feu auxiliaire **Dir Oc (2) 6 s**
intens 278,5-283,5
(sur la même tour et synchrone du précédent) - 17 m - 24 M

Passage entre l'île aux Moutons et la bouée des Pourceaux :
- Venant du Sud-Ouest : suivre le secteur blanc de l'île aux Moutons à 036° jusqu'à la hauteur de la bouée de la Basse Rouge puis abattre sur la droite pour passer entre l'île aux Moutons et la bouée des Pourceaux.
- Venant de l'Est : route au 281° sur le secteur blanc renforcé de l'île aux Moutons, contourner la bouée des Grands Pourceaux et faire route au 232° en laissant la Basse Rouge par tribord.

Accès Fouesnant

Beg-Meil - Extrémité de la cale Fl R 2,5 s
(47° 51,7 N - 003° 58,8 W) - 6 m - 1 M
Colonne bandes rouges et blanches 4 m

Linuen Q (3) 10 s
(47° 50,8 N - 003° 57,2 W) - 3 m - 3 M
Bouée cardinale Est

La Forêt-Fouesnant - Cap Coz - Extrémité môle
Fl (2) WRG 6 s
335-**G**-340-**W**-346-**R**-335
(47° 53,5 N - 003° 58,1 W) - 5 m - W 7, R & G 5 M
Poteau gris lanterne rouge sur abri blanc 3 m
Nota : Fl Y sur bouées balisant une zone de cultures marines à 1,2 M au Sud

Bouée 1 - Entrée - Côté Est Fl G 2,5 s
(47° 53,5 N - 003° 58,0 W) - 2 m - 1 M
Bouée latérale tribord

Bouée 2 - Entrée - Côté Ouest Fl R 2,5 s
(47° 53,5 N - 003° 58,1 W) - 2 m - 1 M
Bouée latérale bâbord

Port-La-Forêt - Kerleven - Entrée côté Est - Extrémité jetée Fl G 4 s
(47° 53,7 N - 003° 58,3 W) - 8 m - 1 M
Poteau gris lanterne verte sur abri blanc 7 m

Port-La-Forêt - Extrémité jetée intérieure Iso G 4 s
(47° 54,0 N - 003° 58,2 W) - 5 m - 1 M
Poteau gris lanterne verte sur abri blanc 4 m

Concarneau

Alignement 028,5° conduisant dans la petite rade de Concarneau en laissant dans l'Est le Cochon
- Antérieur **La Croix Oc (3) 12 s**
  vis 006,5-093
  (47° 52,2 N - 003° 55,1 W) - 14 m - 13 M
  Tour rouge et blanche 12 m
- Postérieur **Beuzec Dir Q**
  intens 026,5-030,5
  (à 2 490 m d'Antérieur) - 87 m - 23 M
  Clocher 32 m

Le Cochon FL (3) WRG 12 s
048-**G**-205-**R**-352-**W**-048
(47° 51,5 N - 003° 55,5 W) - 5 m - W 9, R & G 6 M
Tour verte 11 m

Basse du Chenal Q R
(47° 51,6 N - 003° 55,6)
Bouée

Men-Fall Fl G 4 s
(47° 51,8 N - 003° 55,3 W) - 3 m - 3 M
Bouée latérale tribord - Réflecteur radar

Lanriec Q G
vis 063-078
(47° 52,1 N - 003° 54,6 W) - 13 m - 8 M
Pignon blanc panneau vert 8 m

La Médée Fl R 2,5 s
(47° 52,1 N - 003° 54,9 W) - 9 m - 4 M
Tour rouge 16 m

Port de Plaisance - Extrémité pontons brise-clapot Fl (3) R 12 s
vis 018-340
(47° 52,3 N - 003° 54,7 W) - 3 m - 1 M
Tube rouge voyant bâbord 4 m

Passage de Lanriec - Ville Close - Extrémité Sud Oc (2) WR 6 s
209-**R**-354-**W**-007-**R**-018-**obscd**-209
(47° 52,3 N - 003° 54,8 W) - 4 m - W 9 M, R 6 M
Tourelle rouge 5 m

Passage de Lanriec - Côté Est - Feu n° 1 Fl G 4 s
(47° 52,2 N - 003° 54,6 W)
Tour verte 5 m
Nota : le passage est ensuite balisé par trois tourelles lumineuses

Pouldohan Fl G 4 s
vis 053-065
(47° 51,0 N - 003° 53,7 W) - 6 m - 8 M
Tourelle carrée blanche base et sommet verts 6 m

Chaussée Les Soldats - Roche Le Dragon VQ (9) 10 s
(47° 47,9 N - 003° 53,3 W) - 6 M
Tour cardinale Ouest 11 m

Trévignon - Brise-lames Oc (3 + 1) WRG 12 s
322-**R**-351-**obscd**-004-**W**-051-**G**-085-**W**-092-**R**-127
(47° 47,6 N - 003° 51,3 W) - 11 m - W 14 M, R & G 11 M
Tour carrée blanche sommet vert 8 m

Trévignon - Extrémité môle abri Fl G 4 s
(47° 47,7 N - 003° 51,3 W) - 5 m - 8 M
Colonne blanche sommet vert 4 m

Îles de Glénan

Basse Pérennès Q (9) 15 s
(47° 41,1 N - 004° 06,3 W) - 8 m - 5 M
Bouée cardinale Ouest - Sifflet - Réflecteur radar

Jument de Glénan Q (6) + LFl 15 s
(47° 38,8 N - 004° 01,3 W) - 10 m - 4 M
Bouée cardinale Sud - Sifflet - Réflecteur radar

★ **Penfret Fl R 5 s**
(47° 43,3 N - 003° 57,2 W) - 36 m - 21 M
Tour pyramidale carrée blanche sommet rouge 24 m
Nota : 5 Fixes R sur aérogénérateur à 2,12 M à l'Ouest du phare

— Feu auxiliaire **Q**
vis 295-315
(même tour) - 34 m - 11 M

Pointe de la Baleine VQ (3) 5 s
(47° 43,3 N - 003° 59,1 W) - 2 M
Balise cardinale Est

La Pie Fl (2) 6 s
(47° 43,8 N - 003° 59,8 W) - 9 m - 3 M
Balise de danger isolé

Jaune de Glénan Q (3) 10 s
(47° 42,6 N - 003° 49,7 W) - 7 m - 8 M
Bouée cardinale Est - Sifflet - Réflecteur radar

Dangers du large - 2 bouées cible radar
Marques spéciales à réflecteur radar
1 Fl Y 2,5 s (retiré 2001)
(47° 32,0 N - 003° 52,6 W)

2 Fl (5) Y 20 s (retiré 2001)
(47° 40,0 N - 003° 43,0 W)

Port-Manech (Pointe de Beg-ar-Vechen) Oc (4) WRG 12 s
296-**G**-303-**W**-311-**R**-328-**W**-050-**W unintens**-140-**W**-296
(47° 48,0 N - 003° 44,4 W) - 38 m - W 10 M, R & G 7 M
Tour rouge et blanche 10 m

Brigneau - Atterrissage
(47° 46,1 N - 003° 40,1 W) - 9 M
Bouée marque d'eaux saines - Sifflet

Brigneau - Jetée Oc (2) WRG 6 s
280-**G**-329-**W**-339-**R**-034
(47° 46,9 N - 003° 40,2 W) - 7 m - W 12 M, R & G 9 M
Colonne métallique rouge et blanche 7 m

Merrien Q R
vis 004-009
(47° 47,1 N - 003° 39,0 W) - 26 m - 7 M
Tour carrée blanche sommet rouge 8 m

Doelan - Alignement 013,8° (donnant la direction d'entrée au port)
- Antérieur **Oc (3) WG 12 s**
  Terre-**W**-305-**G**-314-**W**-Terre
  (47° 46,3 N - 003° 36,5 W) - 20 m - W 13 M, G 10 M
  Tour blanche bande et sommet verts 15 m
- Postérieur **Q R**
  (à 326 m d'Antérieur) - 27 m - 9 M
  Tour blanche bande et sommet rouges 14 m

Île de Groix

★ **Pen Men Fl (4) 25 s**
vis 309-275
(47° 38,9 N - 003° 30,5 W) - 60 m - 29 M
Tour carrée blanche sommet noir 28 m

Les Chats Q (6) + LFl 15 s
(47° 35,8 N - 003° 23,5 W) - 7 m - 3 M
Bouée cardinale Sud - Réflecteur radar

★ **Pointe des Chats - Au Sud-Est Fl R 5 s**
(47° 37,3 N - 003° 25,3 W) - 16 m - 19 M
Tour carrée blanche maison 15 m

Pointe de la Croix Oc WR 4 s
(47° 38,1 N - 003° 25,0 W) - 16 m - W 12, R 9 M
Support blanc lanterne rouge 4 m

Port-Tudy - Môle Est Fl (2) R 6 s
vis 112-226
Masqué 071-110
(47° 38,7 N - 003° 26,8W) - 11 m - 7 M
Tour blanche sommet rouge 10 m

Port-Tudy - Môle Nord Iso G 4 s
(47° 38,7 N - 003° 26,7 W) - 12 m - 7 M
Tour blanche sommet vert 10 m

Lorient

Kerroch Oc (2) WRG 6 s
096,5-**R**-112,5-**G**-132-**R**-302-**W**-096,5
(47° 42,0 N - 003° 27,7 W) - 22 m - W 11 M, R & G 8 M
Tour tronconique blanche sommet rouge 8 m

Lomener - Anse de Stole Dir Q WRG
349,2-**G**-355,2-**W**-359,2-**R**-005,2
(47° 42,4 N - 003° 25,5 W) - 13 m - W 10 M, R & G 8 M
Tour blanche haut rouge 9 m

Passe Ouest

Alignement 057°
- Antérieur **Les Sœurs Dir Q**
  intens 042,5-058,5
  (47° 42,2 N - 003° 21,7 W) - 11 m - 13 M
  (4 M de 058,5 à 042,5)
  Tourelle rouge bande horizontale blanche
- Postérieur **Port-Louis Dir Q**
  (à 740 m d'Antérieur) - 22 m - 18 M
  Pylône pyramidal, voyant de visibilité bandes horizontales rouges et blanches

Chenaler ensuite entre les bouées à réflecteur radar A2, A4, A6, A8 (bâbord), A5 et A7 (tribord)

L-Banc des Truies Q (9) 15 s
(47° 40,8 N - 003° 24,5 W) - 7 m - 6 M
Bouée cardinale Ouest

Les Truies Ouest
(47° 41,1 N - 003° 23,4 W) - 3 m
Bouée latérale tribord - Sifflet

Les Trois Pierres Q RG
060-**G**-196-**R**-002-**obscd**-060
(47° 41,5 N - 003° 22,5 W) - 11 m - 6 M
Tour octogonale bandes noires et blanches sommet noir 18 m
La passe Ouest rejoint la passe Sud après les Trois Pierres

Citadelle de Port-Louis - Feu de guidage Dir Q WRG
168-**G**-169,5-**W**-170,5-**R**-173,5
(47° 42,7 N - 003° 21,7 W) - W 7, R & G 5 M
(Occasionnel, sur demande du pilote)

Passe Sud

Alignement 008,5° Synchrones
- ★ Antérieur **Halles du port de pêche Dir Q R**
  intens 006-011
  (47° 43,8 N - 003° 21,7 W) - 16 m - 17 M
  Pylône gris, voyant blanc, bandes vertes et rouges 15 m
  Nota : à 188,5° et 140 m voyant rectangulaire blanc à bande verticale rouge
- ★ Postérieur **Kergroise-La Perrière Dir Q R**
  intens 006-011
  (à 515 m d'Antérieur) - 34 m - 16 M
  Pylône gris, voyant rectangulaire rouge, bande verticale blanche, 31 m

Bastresses Sud Q G
(47° 40,8 N - 003° 22,0 W) - 4 m - 2 M
Bouée latérale tribord - Réflecteur radar - Cloche

Bastresses Nord Fl (2) G 6 s
(47° 41,1 N - 003° 22,2 W) - 4 m - 2 M
Bouée latérale tribord - Réflecteur radar

Les Errants Fl (2) R 6 s
(47° 41,2 N - 003° 22,3 W)
Bouée latérale bâbord - Réflecteur radar

La Citadelle Oc G 4 s - Détruit (2003)
vis 012-192
(47° 42,6 N - 003° 21,9 W) - 6 m - 6 M
Tour verte 11 m
Temporairement V Q G 2,3 M sur espar vert

La Petite Jument Oc R 4 s
vis 182-024
(47° 42,6 N - 003° 21,9 W) - 5 m - 6 M
Tour rouge 12 m

Bouée Fl G 2,5 s
(47° 41,9 N - 003° 21,8 W)
Bouée latérale tribord

Île aux Souris Dir Q WG
041,5-**W**-043,5-**G**-041,5
(47° 42,2 N - 003° 21,4 W) - 6 m - W 3 M, G 2 M
Pylône tripode vert 6 m

Basse Jaune - Bouée Fl G 2,5 s
(47° 42,2 N - 003° 21,1 W) - 2 m - 1 M
Bouée latérale tribord

Ban-Gâvres - Nouveau port de plaisance - Extrémité digue Fl (2) G 6 s
(47° 42,1 N - 003° 21,1 W) - 3 M
Bouée latérale tribord

Ponton brise-clapot - Extrémité Fl (2) R 6 s
(47° 42,1 N - 003° 21,0 W) - 3 M
Bouée latérale bâbord

Le Cochon Fl R 4 s
(47° 42,9 N - 003° 21,9 W) - 5 m - 5 M
Tour rouge bande verte 10 m

Port-Louis - Jetée Iso G 4 s
vis 043-301
(47° 42,8 N - 003° 21,3 W) - 7 m - 6 M
Tour tronconique blanche sommet vert 7 m

Accès au port de plaisance de Kernével

★ **Île Saint-Michel - Alignement 016,5°**
2 feux Dir G Oc (3) 12 s (synchrones)
intens 014,5-017,5
- Antérieur
  (47° 43,5 N - 003° 21,7 W) - 8 m - 16 M
  Tour blanche sommet vert 14 m
- Postérieur
  (à 306 m d'Antérieur) - 14 m - 16 M
  Tour blanche sommet vert 19 m

2 Fl R 2,5 s
(47° 43,0 N - 003° 21,9 W) - 3 m - 2 M
Bouée latérale bâbord - Réflecteur radar

Entrée Sud – Extrémité brise-clapot Est Fl Y 2,5 s
(47° 43,2 N - 003° 21,9 W) - 4 m - 2 M
Structure métallique sommet jaune 14 m

Alignement 350° - Ouest Keroman - Base des sous-marins
2 feux Dir Q G (Occasionnels, sur demande du pilote)
Voyant de visée haut vert bas blanc
- Antérieur
  (47° 43,7 N – 003° 22,0 W) - 25 m - 13 M
- Postérieur
  (à 95 m d'Antérieur) - 32 m - 13 M

Banc du Turc Fl G 2,5 s
(47° 43,4 N - 003° 21,8 W) - 5 m - 2 M
Bouée latérale tribord

Kernével - Alignement 217° 2 feux Dir Q R
intens 215-219
- Antérieur
  (47° 43,1 N - 003° 22,2 W) - 10 m - 15 M
  Pylône rouge et blanc voyant trapézoïdal rouge 10 m
- Postérieur
  (à 290 m d'Antérieur) - 18 m - 15 M
  Tour carrée blanche et rouge 16 m

Entrée Nord - Bouée bâbord Fl Y 2,5 s
(47° 43,5 N - 003° 22,0 W)
Biconique jaune voyant carré

Entrée Nord - Bouée tribord Fl (4)Y 15 s
(47° 43,5 N - 003° 22,0 W)
Biconique jaune voyant conique

Phares et feux

Port de plaisance - Locmiquelic - Sainte-Catherine

Extrémité brise-clapot Q G 1,2 s
(47° 43,6 N - 003° 21,0 W) - 5 m - 3 M
Poteau métallique vert 8 m

Bouée Q R 1,2 s
(47° 43,6 N - 003° 21,0 W) - 2 m - 2 M
Bouée latérale bâbord

11 Q G
(47° 44,1 N - 003° 20,9 W) - 2 m - 1 M
Bouée latérale tribord

Entrée de Keroman

Alignement 350° - Est Keroman - Base des sous-marins
2 feux Dir Oc (2) R 6 s (synchrones)
intens 349-351
- Antérieur
  (47° 43,7 N - 003° 21,9 W) - 25 m - 15 M
  Abri bandes rouges et blanches 5 m
- Postérieur
  (à 91 m d'Antérieur) - 31 m - 15 M
  Pylône gris, sommet rouge, voyant bandes rouges et blanches, 12 m

Port de Pêche - Côté Est de l'entrée Fl R G 4 s
000-**G**-235-**R**-000
(47° 43,7 N - 003° 21,8 W) - 7 m - 6 M
Tourelle tronconique blanche sommet vert 6 m

5 FL (2) G 6 s
(47° 43,6 N - 003° 21,6 W) - 2 m - 1 M
Bouée latérale tribord

7 Fl (3) G 12 s
(47° 43,7 N - 003° 21,5 W) - 2 m - 2 M
Bouée latérale tribord

Pengarne Fl G 2,5 s
(47° 43,9 N - 003° 21,1 W) - 3 m - 3 M
Tourelle verte 6 m

Pointe de l'Espérance - Feu de guidage Dir Q WRG
034,2-**G**-036,7-**W**-037,2-**R**-047,2
(47° 44,6 N - 003° 20,6 W) - 8 m - W 10 M, R & G 8 M
Tour blanche sommet vert 7 m

Poste roll on-roll off - Extrémité passerelle de service Oc (2) R 6 s
(47° 44,5 N - 003° 20,9 W) - 7 m - 6 M
Support métallique rouge 20 m

8 Fl R 2,5 s
(47° 44,6 N - 003° 20,9 W) - 2 m - 2 M
Bouée latérale bâbord

Blavet - Port de plaisance de Pen Mané

Penn-Mané - Brise-clapot Nord - Extrémité Ouest Fl (2) G 6 s
(47° 44,2 N - 003° 20,8 W) - 4 m - 4 M

1 Fl (2 + 1) G 10 s
(47° 44,3 N - 003° 20,7 W) - 2 m - 1 M
Marque de chenal préféré à babord

2 Fl R 2,5 s
(47° 44,3 N - 003° 20,6 W) - 2 m - 1 M
Bouée latérale bâbord - Réflecteur radar

3 Fl G 2,5 s
(47° 44,3 N - 003° 20,2 W) - 2 m - 1 M
Bouée latérale tribord
Nota : le chenal est ensuite balisé par des bouées lumineuses jusqu'au quai du Rohu.

De Lorient à Saint-Nazaire

Étel - Entrée côté Ouest Oc (2) WRG 6 s
022-**W**-064-**R**-123-**W**-330-**G**-022
(47° 38,7 N - 003° 12,8 W) - 13 m - W 9 M, R & G 6 M
Pylône rouge 11 m

Épi de Plouhinec - Extrémité Fl R 2,5 s
(47° 38,6 N - 003° 12,8 W) - 7 m - 2 M
Poteau tripode rouge 8 m

Plateau des Birvideaux Fl (2) 6 s
(47° 29,2 N - 003° 17,4 W) - 24 m - 10 M
Tour de danger isolé 35 m

Belle-Île

★ **Goulphar Fl (2) 10 s**
(47° 18,7 N - 003° 13,6 W) - 87 m - 27 M
Tour grise lanterne rouge 52 m

★ **Pointe des Poulains Fl 5 s**
vis 023-291
(47° 23,3 N - 003° 15,1 W) - 34 m - 23 M
Tour carrée et maison blanches, lanterne rouge, 18 m

Sauzon

Jetée Ouest Q G
vis 194-045
(47° 22,4 N - 003° 13,1 W) - 9 m - 5 M
Tour blanche sommet vert 9 m

Jetée Nord-Ouest - Extrémité Fl G 4 s
vis 190-078
(47° 22,5 N - 003° 13,0 W) - 8 m - 8 M
Tourelle tronconique blanche, sommet vert, 5 m

Jetée Sud-Est - Extrémité Fl R 4 s
vis 315-0272
(47° 22,5 N - 003° 13,0 W) - 8 m - 8 M
Tour tronconique blanche sommet rouge 5 m

Le Palais

Jetée Nord Fl (3) (2 + 1) G 12 s
(47° 20,9 N - 003° 09,1 W) - 8 m - 7 M
Tour blanche sommet vert 10 m

Jetée Sud Oc (2) R 6 s
(47° 20,8 N - 003° 09,1 W) - 8 m - 11 M
Tour blanche lanterne rouge 10 m

★ **Pointe de Kerdonis Fl (3) R 15 s**
(47° 18,6 N - 003° 03,6 W) - 35 m - 15 M
Tour carrée blanche sommet rouge maison blanche 14 m

Bouée - Cible radar Fl Y 2,5 s (disparu 2000)
(47° 09,6 N - 003° 01 5 W)
Bouée marque spéciale - Reflecteur radar

Quiberon

Port-Maria

Feu principal Q WRG
017-**R**-051-**W**-081-**G**-098-**W**-143-**obscd**-246-**W**-252-**obscd**-291-**W**-297-**G**-340-**W**-017
(47° 28,8 N - 003° 07,5 W) - 28 m - W 14 M, R & G 10 M
Tour blanche lanterne verte 25 m

Alignement d'accès 006,5° Dir Q G
Tour tronconique blanche bande médiane et sommet noirs
intens 005-008 (feux synchrones)
- Antérieur
  (47° 28,6 N - 003° 07,2 W) - 5 m - 16 M
  Tour 13 m
- Postérieur
  (à 230 m d'Antérieur) - 13 m - 17 M
  Tour 11 m

Les Deux Frères Fl R 2,5 s
vis 175-047
(47° 28,4 N - 003° 07,2 W) - 6 m - 2 M
Balise latérale bâbord 10 m

Môle Est - Entrée côté Nord Iso G 4 s
(47° 28,6 N - 003° 07,4 W) - 9 m - 7 M
Tour blanche lanterne verte 7 m

Brise-lames - Extrémité entrée côté Sud Oc (2) R 6 s
(47° 28,5 N - 003° 07,3 W) - 9 m - 7 M
Tourelle blanche lanterne rouge 5 m

Basse Cariou
(47 27,0 N - 3 06,4 W) - 1 m
Bouée cardinale Ouest - Cloche - Réflecteur radar

Passage de la Teignouse

★ **La Teignouse Fl WR 4 s**
033-**W**-039-**R**-033
(47° 27,5 N - 003° 02,8 W) - 20 m - W 15, R 11 M
Tour et soubassement blancs, sommet rouge, 20 m

Goué Vas Sud Q (6) + LFl 15 s
(47° 25,8 N - 003° 04,9 W) - 7 m - 3 M
Bouée cardinale Sud

Goué Vas Est Fl (3) R 12 s
(47° 26,3 N - 003° 04,2 W) - 7 m - 2 M
Bouée latérale bâbord - Réflecteur radar

Basse du Milieu Fl (2) G 6 s
(47° 25,9 N - 003° 04,2 W) - 9 m - 2 M
Bouée latérale tribord

Basse Nouvelle Fl R 2,5 s
(47° 27,0 N - 003° 02,0 W) - 4 m
Bouée latérale bâbord - Réflecteur radar

Nord-Est Teignouse Fl (3) G 12 s
(47° 26,6 N – 003° 01,9 W) - 4 m - 3 M
Bouée latérale tribord

Passage de la Teignouse : venant du Sud-Ouest faire route au 036° sur le feu de la Teignouse dans le milieu de son secteur blanc en laissant Goué Vas Est à bâbord et Basse du Milieu à tribord. Ensuite faire route au 068° pour passer entre Basse Nouvelle au Nord et Nord-Est Teignouse au Sud

Port-Haliguen

Sud Banc Quiberon Q (6) + LFl 15 s
(47° 28,0 N - 003° 02,4 W) - 4 m - 4 M
Bouée cardinale Sud

Entrée - Côté Sud-Est Oc (2) WR 6 s
233-**W**-240,5-**R**-299-**W**-306-**R**-233
(47° .29,4 N - 003° 06,0 W) - 10 m - W 11, R 8 M
Tour blanche sommet rouge 8 m

Ancien brise-lames - Extrémité Fl R 4 s
vis 322-206
(47° 29,3 N - 003° 06,0 W) - 10 m - 5 M
Tour tronconique blanche sommet rouge 7 m

Entrée - Côté Nord-Ouest Fl G 2,5 s
(47° 29,4 N - 003° 06,1 W) - 9 m - 6 M
Support blanc sommet vert 9 m

Appontement - Extrémité Fl Vi 2,5 s
(47° 29,3 N - 003° 06,0 W)
Tube pourpre 3 m

Rivière du Crac'h (La Trinité-sur-Mer)

Alignement 347° Feux synchrones
- Antérieur **Embouchure - Côté Est Q WRG**
  321-**G**-345-**W**-013,5-**R**-080-**obscd**-321
  (47° 34,1 N - 003° 00,4 W) - 11 m - W 10 M, R & G 7 M
  Tourelle tronconique blanche sommet vert 6 m
- Postérieur **Q**
  intens 337-357
  (à 560 m d'Antérieur) - 21 m - 15 M
  Tour blanche sommet vert 15 m

Petit Trého Fl (4) R 15 s
(47° 33,5 N - 003° 00,7 W) - 3 m - 2 M
Bouée latérale bâbord - Réflecteur radar

La Trinité-sur-Mer

La Trinité-sur-Mer - Feu de guidage Dir WRG Oc 4 s
(47° 35,0 N - 003° 01,0 W) - 9 m - W 13, R & G 11 M
345-**G**-346-**W**-348-**R**-349
Tourelle blanche 6 m

Appontements Sud - Extrémité Oc (2) WR 6 s
090-**R**-293,5-**W**-300,5-**R**-329-**obscd**-090
(47° 35,1 N - 003° 01,5 W) - 6 m - W 9, R 6 M
Tourelle blanche sommet rouge 6 m

Appontement Nord - Extrémité Iso R 4 s
(47° 35,3 N - 003° 01,5 W) - 8 m - 5 M
Pylône blanc sommet rouge 7 m

Port-Navalo

★ **Port-Navalo Oc (3) WRG 12 s**
317-**G**-359-**W**-015-**R**-105-**obscd**-155-**W**-220
(47° 32,9 N – 002° 55,1 W) - 32 m - W 15, R & G 11 M
Tour blanche et maison 21 m

Grégan Q (6) + LFl 15 s
(47° 33,9 N - 002° 54,9 W) - 3 m - 7 M
Tour tronconique cardinale Sud 7 m

Le Grand Mouton Q G
(47° 33,8 N - 002° 54,8 W)
Tripode vert 8 m

Roguedas Fl G 2,5 s
(47° 37,2 N - 002° 47,2 W) - 4 m - 4 M
Tour quadrangulaire verte 8 m

Crouesty-en-Arzon

Alignement 058°
- Antérieur **Dir Q**
  intens 056,5-059,5
  (47° 32,6 N - 002° 53,9 W) - 10 m - 19 M
  Pylône blanc voyant rouge bande verticale blanche 9 m
- Postérieur **Dir Q**
  intens 056,5-059,5
  (à 315 m d'Antérieur) - 27 m - 19 M
  Tour blanche 30 m

Bouée 1 - Chenal Q G
(47° 32,2 N - 002° 54,6 W)
Bouée latérale tribord

Extrémité digue Nord Oc (2) R 6 s
(47° 32,5 N - 002° 54,2 W) - 9 m - 7 M
Tour quadrangulaire blanche sommet rouge 7 m

Digue Sud - Extrémité Fl G 4 s
(47° 32,5 N - 002° 54,1 W) - 9 m - 7 M
Tour quadrangulaire blanche et verte 7 m

Saint-Jacques-en-Sarzeau Oc (2) R 6 s
(47° 29,2 N - 002° 47,4 W) - 7 m - 6 M
Tourelle octogonale blanche sommet rouge 5 m

Île de Houat

Port de Saint-Gildas - Môle Nord Fl (2) WG 6 s
168-**W**-198-**G**-210-**W**-240-**G**-168
(47° 23,6 N - 002° 57,3 W) - 8 m - W 9 M, G 6 M
Tourelle tronconique blanche sommet vert 5 m

Zone conchylicole

Bouée - Angle Nord VQ
(47° 25,1 N - 002° 56,5 W) - 3 m - 3 M
Bouée cardinale Nord - Réflecteur radar

Bouée - Angle Est VQ (3) 5 s
(47° 24,9 N - 002° 56,1 W) - 3 m - 3 M
Bouée cardinale Est - Réflecteur radar

Île de Hoëdic

Port d'Argol - Extrémité digue Fl WG 4 s
143-**W**-163-**G**-183-**W**-194-**G**-143
(47° 20,7 N - 002° 52,5 W) - 10 m - W 9, G 6 M
Tour tronconique blanche sommet vert 7 m

Câble électrique - Bouée Fl Y 2,5 s
(47° 21,0 N - 002° 52,8 W) - 2 M
Bouée marque spéciale

Les Grands Cardinaux Fl (4) 15 s
(47° 19,3 N - 002° 50,1 W) - 28 m - 13 M
Tour rouge à large bande blanche 27 m

Recherche Q (9) 15 s
(47° 25,6 N - 002° 50,4 W) - 5 m - 3 M
Bouée cardinale Ouest

Le Pignon - Entrée rivière de Penerf Fl (3) WR 12 s
028,5-**R**-167-**W**-175-**R**-349,5-**W**-028,5
(47° 30,1 N - 002° 38,9 W) - 6 m - W 9 M, R 6 M
Tour rouge 14 m

Entrée de la Vilaine

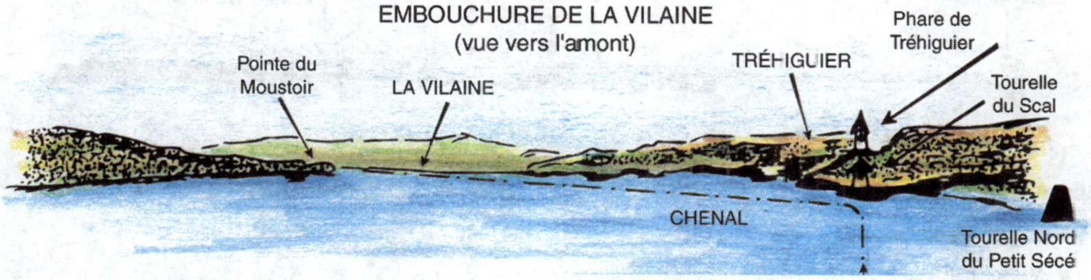

Ce croquis, réalisé pour vous faciliter l'entrée, vous indique l'essentiel mais ne peut en aucun cas vous dispenser de l'usage des documents officiels tenus à jour.

Île Dumet Fl (3) WRG 12 s
335-**W**-090-**G**-272-**W**-285-**R**-335
(47° 24,7 N - 002° 37,2 W) - 14 m - W 7M, R & G 4 M
Colonne métallique blanche, sommet vert sur fort, 6 m

Basse de Kervoyal Dir Q WR
269-**W**-271-**R**-269
(47° 30,4 N - 002° 32,6 W) - 7 m - W 6 M, R 4 M
Tour cardinale Sud 12 m

★ **Penlan - Port de Billiers Oc (2) WRG 6 s**
025-**G**-052-**W**-060-**R**-138-**G**-180-**obscd**-292,5-**R**-025
(47° 31,0 N - 002° 30,2 W) - 26 m - W 15 M, R & G 11 M
Tour à bandes rouges et blanches 18 m

Basse Bertrand Iso WG 4 s
040-**W**-054-**G**-227-**W**-234-**G**-040
(47° 31,1 N - 002° 30,7 W) - 6 m - W 9 M, G 6 M
Tour verte 14 m

Bouée n° 1 Fl G 2,5 s
(47° 30,4 N - 002° 28,6 W) - 2 m - 1 M
Bouée latérale tribord

Bouée n° 2 Fl R 2,5 s
(47° 30,5 N - 002° 28,6 W) - 2 m - 1 M
Bouée latérale bâbord
Nota : le chenal est ensuite balisé par des bouées lumineuses et non lumineuses jusqu'au barrage d'Arzal

Pointe du Scal Q G
(47° 29,7 N - 002° 26,8 W) - 8 m - 4 M
Tour carrée blanche sommet vert 5 m

La passe de la Grande Accroche se fait en suivant les alignements ci-après : venant du Sud-Ouest faire route sur le feu de Penlan à 056° secteur blanc.
Quand on relève Tréhiguier à 103°, venir à droite pour faire route à l'Est et emprunter le chenal balisé qui conduit en rade de Tréhiguier.

Mesquer - Jetée de Merquel - À 8 m de l'extrémité Oc WRG 4 s
067-**W**-072-**R**-102-**W**-118-**G**-067
(47° 25,3 N - 002° 28,1 W) - 7 m - W 10 M, R & G 7 M
Colonne blanche sommet vert constructions blanches 7 m

Basse-Est - Île Dumet Q (3) 10 s
(47° 25,2 N - 002° 34,9 W) - 3 m - 3 M
Bouée cardinale Est

Grand Norven Q (en essai 1999)
(47° 23,6 N - 002° 32,8 W)
Balise cardinale Nord

Les Bayonnelles Q (9) 15 s
(47° 22,6 N - 002° 35,2 W) - 4 m - 4 M
Bouée cardinale Ouest - Réflecteur radar

Basse Castouillet Q (9) 15 s
(47° 18,2 N - 002° 34,3 W) - 3 M
Bouée cardinale Ouest

Piriac-sur-mer

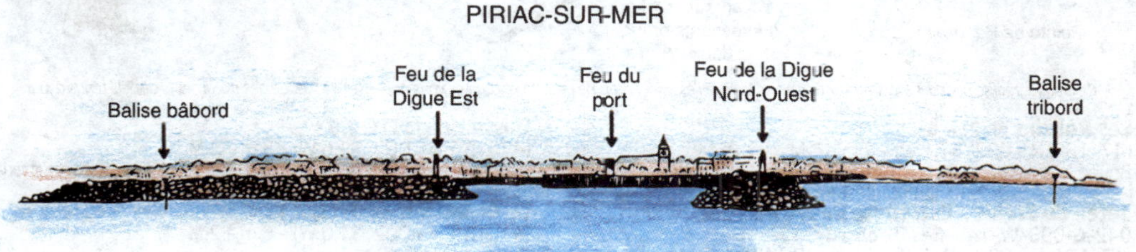

Ce croquis, réalisé pour vous faciliter l'entrée, vous indique l'essentiel mais ne peut en aucun cas vous dispenser de l'usage des documents officiels tenus à jour.

Feu principal Oc (2) WRG 6 s
066-**R**-148-**G**-194-**W**-201-**R**-221-**obscd**-066
(47° 23,0 N - 002° 32,6 W) - 8 m - W 10 M, R & G 7 M
Tour tronconique blanche 8 m - Sirène 1 son 120 s (Occas) à 0,2 M au Sud-Ouest

Digue enrochement - Extrémité Fl G 4 s
(47° 23,0 N - 002° 32,7 W) - 5 m - 5 M
Pylône blanc sommet vert 2 m

Digue Est - Extrémité Ouest Fl R 4 s
(47° 23,0 N - 002° 32,7 W) - 4 m - 5 M
Pylône blanc sommet rouge 2 m

Plateau du Four

Ouest Basse Capella Q (9)15 s
(47° 15,7 N - 002° 42,7 W) - 7 m - 3 M
Bouée cardinale Ouest - Sifflet - Réflecteur radar

★ **Le Four Fl 5 s**
(47° 17,9 N - 002° 38,1 W) - 23 m - 18 M
Tour à bandes obliques noires et blanches sommet vert 27 m

Bonen du Four Q
(47° 18,5 N - 002° 39,3 W) - 7 m - 3 M
Bouée cardinale Nord - Sifflet - Réflecteur radar

Goué Vas du Four Q (6) + LFl 15 s
(47° 14,9 N - 002° 38,2 W) - 7 m - 4 M
Bouée cardinale Sud - Réflecteur radar

La Turballe

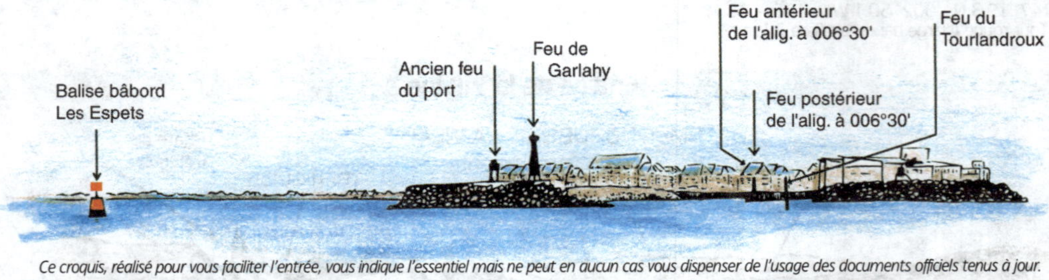

Ce croquis, réalisé pour vous faciliter l'entrée, vous indique l'essentiel mais ne peut en aucun cas vous dispenser de l'usage des documents officiels tenus à jour.

Alig. 006,5° 2 feux Dir Iso R 4 s
intens 004-009
- Antérieur
  (47° 20,8 N - 002° 30,9 W) - 11 m - 3 M
  Mât sommet orange 5m
- Postérieur
  (à 200 m d'Antérieur) - 19 m - 3 M
  Pylône sommet orange 12 m

Jetée de Garlahy - À l'Ouest du port Fl (4) WR 12 s
315-**W**-060-**R**-315
(47° 20,7 N - 002° 31,0 W) - 13 m - W 10 M, R 7 M
Colonne élancée blanche, haut rouge, 11 m

Tourlandroux - À l'Ouest Fl G 4 s
(47° 20,8 N - 002° 30,8 W) - 4 m - 2 M
Poteau vert

Le Croisic

Passe d'entrée - Alignement 156°
2 feux Dir Q 1,2 s synchrones
intens154-158
- Antérieur
  (47° 18,0 N - 002° 31,0 W) - 10 m - 19 M
  Pylône blanc voyant orange 12 m
- Postérieur
  (à 116 m d'Antérieur) - 14 m - 19 M
  Pylône blanc sommet vert voyant orange 15 m

L'accès au Croisic est complété par 2 alignements :

Alignement 174° 2 feux Dir Q G
Pylône blanc sommet vert voyant rectangulaire jaune bande verticale verte
- Antérieur
  intens171-177
  (47° 18,0 N - 002° 31,2 W) - 5 m - 11 M
  Pylône 5 m
- Postérieur
  vis 171-177
  (à 48 m d'Antérieur) - 8 m - 11 M
  Pylône 9 m

Alignement 134°,5 2 feux Dir Q R synchrones
intens125,5-143,5
Pylône blanc sommet rouge voyant rectangulaire damier rouge et blanc
- Antérieur
  (47° 17,9N - 002° 30,8W) - 6 m - 8 M
  Pylône 6 m
- Postérieur
  (à 52 m d'Antérieur) - 10 m - 8 M
  Pylône 10 m

ENTRÉE DU CROISIC

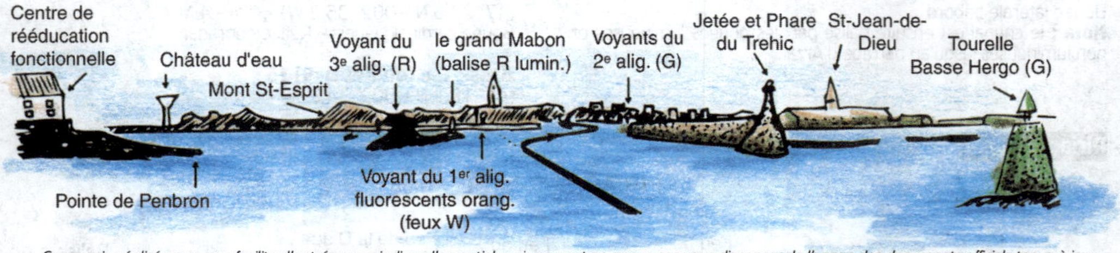

Ce croquis, réalisé pour vous faciliter l'entrée, vous indique l'essentiel mais ne peut en aucun cas vous dispenser de l'usage des documents officiels tenus à jour.

Les Rouzins Fl (2) R 6 s
(47° 18,2 N - 002° 31,1 W) - 2 m - 1 M
Bouée latérale bâbord

Jetée du Tréhic - Extrémité Iso WG 4 s
042-**G**-093-**W**-145-**G**-345-**obscd**-042
(47° 18,5 N - 002° 31,4 W) - 12 m - W 14 M, G 11 M
Tour tronconique grise haut vert 12 m

Basse Hergo Fl G 2,5 s
(47° 18,7 N - 002° 31,6 W) - 5 m - 2 M
Tour tronconique verte sommet triangulaire vert 12 m - Réflecteur radar

Le Grand Mabon Fl (3) R 12 s
(47° 18,1 N - 002° 31,0 W) - 6 m - 2 M
Pylône rouge 8 m

Sud Banc de Guérande VQ (6) + LFl 10 s
(47° 08,8 N - 002° 42,8 W) - 7 m - 3 M
Bouée cardinale Sud - Sifflet - Réflecteur radar

Plateau de la Banche

★ **La Banche Fl (2) R 6 s**
280-**W**-266-**R**-280
(47° 10,6 N - 002° 28,1 W) - 22 m - W 15 M, R 11 M
Tour à bandes noires et blanches 30 m

Nord-Ouest Banche Q
(47° 12,9 N - 002° 31,0 W) - 7 m - 3 M
Bouée cardinale Nord - Cloche - Réflecteur radar

Banche Ouest VQ (9) 10 s
(47° 11,6 N - 002° 32,4 W) - 7 m - 3 M
Bouée cardinale Ouest - Réflecteur radar

Le Pouliguen

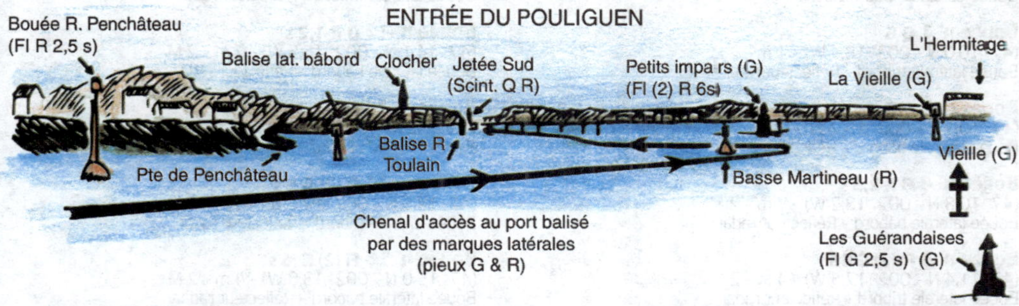

Ce croquis, réalisé pour vous faciliter l'entrée, vous indique l'essentiel mais ne peut en aucun cas vous dispenser de l'usage des documents officiels tenus à jour.

Penchâteau Fl R 2,5 s
(47° 15,3 N - 002° 24,5 W) - 4 m - 2 M
Bouée latérale bâbord - Réflecteur radar

Guérandaises Fl G 2,5 s
(47° 15,0 N - 002° 24,3 W) - 4 m - 2 M
Bouée latérale tribord - Réflecteur radar

Les Petits Impairs Fl (2) G 6 s
(47° 16,0 N - 002° 24,6 W) - 6 m - 2 M
Pylône sur cabine-abri métallique vert 8 m

Le Pouliguen - Jetée Sud Q R
vis 171-081
(47° 16,4 N - 002° 25,4 W) - 13 m - 9 M
Colonne blanche lanterne rouge 15 m

Pornichet - La Baule - Extrémité digue Sud Iso WRG 4 s
180-**obscd**-303-**G**-081-**W**-084-**R**-180
(47° 15,5 N - 002° 21,1 W) - 11 m - W 10 M, R & G 7 M
Tour tronconique blanche sommet vert 10 m

Nota : Q R & G 1,2 s sur pieux noirs, sommet rouge 10 m au pied des enrochements Nord et Sud - 3 m - 1 M

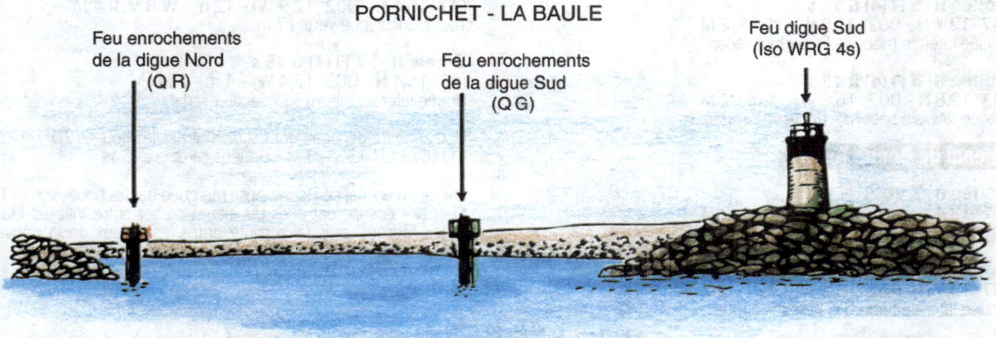

Ce croquis, réalisé pour vous faciliter l'entrée, vous indique l'essentiel mais ne peut en aucun cas vous dispenser de l'usage des documents officiels tenus à jour.

Entrée de la Loire

Chenal du Nord

Le Grand Charpentier Q WRG
020-**G**-054-**W**-062-**R**-092-**W**-111-**R**-310-**W**-020
(47° 12,8 N - 002° 19,1 W) - 22 m - W 14 M, R & G 10 M
Tour tronconique grise lanterne verte 27 m
Nota : feu de signalisation optique des vents allumé de jour à 1,5 M au Nord-Est du 1er juin au 15 septembre

— Feu auxiliaire **Q R**
vis 321-034 - 10 m - 11 M
(même tour)

Thérèsia Fl R 2,5 s
(47° 04,9 N - 002° 27,2 W) - 7 m - 2 M
Bouée latérale bâbord - Réflecteur radar

Les Chevaux Fl G 2,5 s
(47° 03,6 N - 002° 26,3 W) - 7 m - 2 M
Bouée latérale tribord - Réflecteur radar

Chenal Sud

Venant du Sud ou du Sud-Ouest, les navires à destination de Saint-Nazaire devront reconnaître S-N1 pour faire route sur S-N2 et suivre ensuite les feux de l'alignement.
Cet alignement constitue le chenal du Sud balisé latéralement et laisse dans l'Est la Couronnée, et dans l'Ouest La Lambarde et le Grand Charpentier, puis aboutit au chenal de Bonne Anse.

Bouée S-N1 - Atterrissage LFl 10 s
(47° 00,0 N - 002° 40,0 W) - 7 m - 4 M
Bouée marque d'eaux saines - Sifflet - Racon

Bouée S-N2 Iso 4 s
(47° 02,2 N - 002° 33,4 W) - 7 m - 4 M
Bouée marque d'eaux saines - Réflecteur radar

★ **Île du Pilier Fl (3) 20 s**
(47° 02,6 N - 002° 21,6 W) - 33 m - 29 M
Tour pyramidale grise près de l'ancien phare 34 m

★ **Portcé - Alignement 025,5°** donnant l'axe du chenal dragué à travers la barre des Charpentiers **2 feux Dir Q synchrones**
- Antérieur
  intens 024,7-026,2
  (47° 14,6 N - 002° 15,4 W) - 6 m - 22 M
  Colonne blanche 23 m
- Postérieur **Sur la Falaise** (allumé en permanence)
  intens 024-027
  (à 1 350 m d'Antérieur) - 36 m - 24 M
  Tour voyant rectangulaire blancs 19 m

La Couronnée Fl (2) G 6 s
(47° 07,6 N - 002° 20,1 W) - 7 m - 2 M
Bouée latérale tribord - Réflecteur radar - Racon

Lancastria Fl (2) R 6 s
(47° 08,9 N - 002° 20,4 W) - 7 m - 2 M
Bouée latérale bâbord - Réflecteur radar
Nota : Fl (5) Y sur bouée de mesure de houle à 0,3 M au Nord-Est

Bouée Y Fl (3) R 12 s
(47° 09,9 N - 002° 19,5 W) - 4 m - 2 M
Bouée latérale bâbord - Réflecteur radar

Sud-Est Lambarde Q (6) + LFl 15 s
(47° 10,1 N - 002° 20,8 W) - 7 m - 3 M
Bouée cardinale Sud - Cloche

Bouée n° 1 Q G
(47° 10,0 N - 002° 18,4 W) - 7 m - 2 M
Bouée latérale tribord - Réflecteur radar

Bouée n° 2 Q R
(47° 10,1 N - 002° 18,7 W) - 7 m - 2 M
Bouée latérale bâbord - Réflecteur radar

Bouée n° 4 Fl R 2,5 s
(47° 10,8 N - 002° 18,2 W) - 7 m - 2 M
Bouée latérale bâbord - Réflecteur radar

Bouée n° 3 Fl (2) G 6 s
(47° 11,4 N - 002° 17,5 W) - 4 m - 2 M
Bouée latérale tribord - Réflecteur radar

Euler VQ (6) + LFl 10 s
(47° 11,7 N - 002° 18,3 W) - 5 m - 3 M
Bouée cardinale Sud - Réflecteur radar

Pointe d'Aiguillon Oc (3) WR 12 s
207-**R**-233-**W**-293-**obscd**-297-**W**-300-**R**-327-**W**-023-**obscd**-027-**R**-069-**obscd**-207
(47° 14,6 N - 002° 15,8 W) - 28 m - W 13 M, R 10 M
Tour blanche 19 m

Bouée n° 6 Fl (3) R 12 s
(47° 12,1 N - 002° 17,3 W) - 4 m - 2 M
Bouée latérale bâbord - Réflecteur radar

Bouée n° 5 Fl (4) G 15 s
(47° 12,7 N - 002° 16,5 W) - 4 m - 2 M
Bouée latérale tribord - Réflecteur radar

Bouée n° 8 Fl (4) R 15 s
(47° 12,8 N - 002° 16,8 W) - 4 m - 2 M
Bouée latérale bâbord - Réflecteur radar

Chenal de Bonne Anse

Bouée n° 7 VQ G
(47° 13,4 N - 002° 16,1 W) - 7 m - 2 M
Bouée latérale tribord - Réflecteur radar

Bouée n° 10 VQ R
(47° 13,7 N - 002° 16,1 W) - 7 m - 2 M
Bouée latérale bâbord - Réflecteur radar

Santiago de Bougado Q (6) + LFl 15 s
(47° 13,8 N - 002° 16,7 W) - 4 m - 3 M
Bouée cardinale Sud - Réflecteur radar

Bouée n° 9 Q G 1,2 s
(47° 14,0 N - 002° 15,4 W) - 7 m - 2 M
Bouée latérale tribord - Réflecteur radar

Bouée n° 12 Q R 1,2 s
(47° 14,1 N - 002° 15,5 W) - 7 m - 2 M
Bouée latérale bâbord - Réflecteur radar

Bouée n° 14 Fl R 2,5 s
(47° 14,5 N - 002° 14,7 W) - 4 m - 2 M
Bouée latérale bâbord - Réflecteur radar

Bouée n° 11 Fl (2) G 6 s
(47° 14,5 N - 002° 14,2 W) - 5 m - 2 M
Bouée latérale tribord - Réflecteur radar

Bouée n° 16 Fl (2) R 6 s
(47° 15,0 N - 002° 13,8 W) - 4 m - 2 M
Bouée latérale bâbord - Réflecteur radar

Bouée n° 13 Fl (3) G 12 s
(47° 14,9 N - 002° 13,3 W) - 4 m - 2 M
Bouée latérale tribord - Réflecteur radar

Ville-ès-Martin - Jetée Fl (2) 6 s
(47° 15,3 N - 002° 13,7 W) - 10 m - 10 M
Tour tronconique blanche sommet rouge, 14 m

Bouée n° 18 Fl (3) R 12s
(47° 15,4 N - 002° 12,9 W) - 4 m - 2 M
Bouée latérale bâbord - Réflecteur radar

Les Morées Fl (3) WR 12 s
058-**W**-224-**obscd**-300-**R**-058
(47° 15,1 N - 002° 12,9 W) - 12 m - W 6 M, R 4 M
Tour tronconique verte17 m

Bouée n° 15 Fl (4) G 15 s
(47° 15,4 N - 002° 12,4 W) - 4 m - 2 M
Bouée latérale tribord - Réflecteur radar

Une zone de dégagement est balisée par les bouées ZD 1 à ZD 7 - Q (6) + LFl 15 s - 3 M - Bouées cardinales Sud

Entrée du chenal de Bonne Anse marquée par les bouées 7 et 10. Chenaler ensuite entre les bouées et passer entre Ville-ès-Martin et les Morées, puis faire route entre les 2 feux de la nouvelle entrée du port de Saint-Nazaire.

Port de Saint-Nazaire

Jetée Ouest Oc (4) R 12 s synchrone avec Jetée Est
(47° 16,0 N - 002° 12,2 W) - 11 m - 8 M
Tour blanche sommet rouge 10 m

Jetée Est Oc (4) G 12 s synchrone avec Jetée Ouest
(47° 16,0 N - 002° 12,1 W) - 11 m - 11 M
Tour blanche sommet vert 10 m

Vieux môle Q (3) 10 s
vis 153,5-063,5
(47° 16,3 N - 002° 11,8 W) - 18 m - 11 M
Tour blanche sommet rouge 17 m

Entrée Est (vieille entrée) Fl (3) R 12 s
(47° 16,5 N - 002° 11,8 W) - 9 m - 9 M
Pylône rouge 7 m
Nota : - alignement d'entrée de la forme-écluse Joubert 2 Fixes R Occas
- station de pompage du bassin de Saint-Nazaire 2 VQ Vi

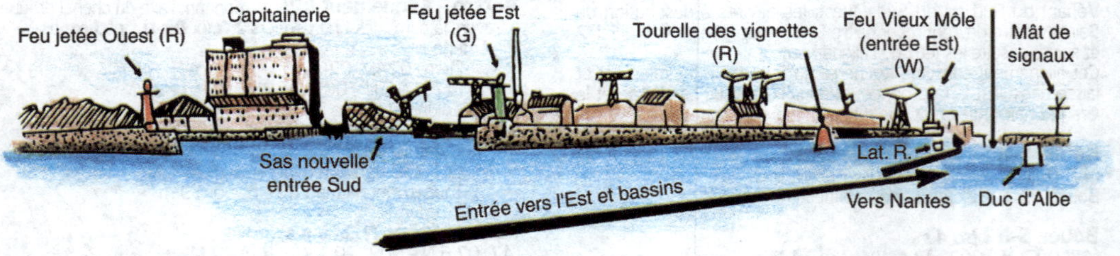

Ce croquis, réalisé pour vous faciliter l'entrée, vous indique l'essentiel mais ne peut en aucun cas vous dispenser de l'usage des documents officiels tenus à jour.

En amont de Saint-Nazaire

Bouée n° 17 Q G 1,2 s
(47° 16,0 N - 002° 11,2 W) - 4 m - 2 M
Bouée latérale tribord - Réflecteur radar

Bouée n° 20 Q R 1,2 s
(47° 16,3 N - 002° 11,3 W) - 4 m - 2 M
Bouée latérale bâbord - Réflecteur radar

Bouée n° 19 Fl G 2,5 s
(47° 16,6 N - 002° 10,6 W) - 4 m - 2 M
Bouée latérale tribord - Réflecteur radar

Bouée n° 22 Fl R 2,5 s
(47° 16,9 N - 002° 10,6 W) - 4 m - 2 M
Bouée latérale bâbord - Réflecteur radar

Bouée n° 24 VQ R
(47° 17,2 N - 002° 10,3 W) - 4 m - 2 M
Bouée latérale bâbord - Réflecteur radar

Bouée n° 21 VQ G
(47° 17,0 N - 002° 10,2 W) - 4 m - 2 M
Bouée latérale tribord - Réflecteur radar

Côte sud de la Loire

Pointe de Mindin Fl G 2,5 s
(47° 16,2 N - 002° 10,1 W) - 6 m - 3 M
Pylône blanc

Le Pointeau - Extrémité digue Sud Fl WG 4 s
050-**G**-074-**W**-149-**G**-030-**W**-050
(47° 14,0 N - 002° 11,0 W) - 4 m - W 10 M, G 7 M
Cabine cylindrique blanche et verte 4 m

Saint-Michel-Chef-Chef - Port de Comberge - Jetée Sud Fl (2) WG 6 s
123-**W**-140-**G**-123
(47° 10,7 N - 002° 09,9 W) - 7 m - W 9 M, G 6 M
Tour blanche sommet vert 5 m

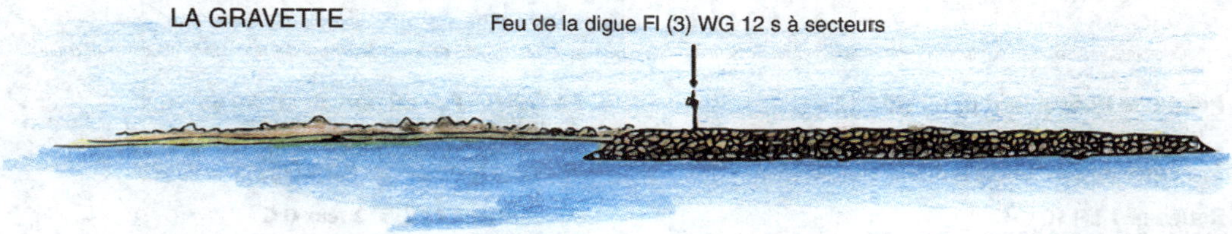

Ce croquis, réalisé pour vous faciliter l'entrée, vous indique l'essentiel mais ne peut en aucun cas vous dispenser de l'usage des documents officiels tenus à jour.

Port de la Gravette - Extrémité digue Fl (3) WG 12 s
(47° 09,7 N - 002° 12,8 W) - 7 m - W 8 M, G 5 M
183-**W**-188-**G**-124-**W**-138-**G**-183
Support métallique blanc sommet vert 6 m

Nord Couronnée Q
(47° 07,4 N - 002° 17,7 W)
Bouée cardinale Nord

Baie de Bourgneuf

Passe de la Grise Q (6) LFl 15 s
(47° 01,7 N - 002° 19,9 W) - 3 m - 4 M
Bouée cardinale Sud

Port de Noirmoutier - L'Herbaudière - Extrémité jetée Ouest Oc (3) WG 12 s
187,5-**W**-190-**G**-187,5
(47° 01,6 N - 002° 17,9 W) - 9 m - W 10 M, G 7 M
Abri et colonne blancs sommet vert 7 m

Alignement 187,5° 2 feux Q
vis 098-278
- Antérieur
  (47° 01,6 N - 002° 17,8 W) - 5 m - 7 M
  Poteau gris haut rouge 4 m
- Postérieur
  (47° 01,4 N - 002° 17,9 W) - 21 m - 7 M
  Poteau gris 15 m

Chenal d'accès - Bouée bâbord Fl R 2,5 s
(47° 01,7 N - 002° 17,8 W) - 1 m - 1 M
Bouée latérale bâbord

2ème bouée tribord Fl G 2 s
(47° 01,8 N - 002° 17,9 W) - 1 m - 1 M
Bouée latérale tribord

1ère bouée tribord Fl G 2,5 s
(47° 01,9 N - 002° 17,8 W) - 1 m - 1 M
Bouée latérale tribord

Jetée Est - Extrémité Fl (2) R 6 s
(47° 01,6 N - 002° 17,9 W) - 8 m - 4 M
Mât tripode métallique rouge 6 m

Éperon intérieur - Extrémité Fl R 2,5 s
(47° 01,6 N - 002° 17,9 W) - 3 m - 1 M
Boîtier rouge

Basse du Martroger Q WRG
033-**G**-055-**W**-060-**R**-095-**G**-124-**W**-153-**R**-201-**W**-240-**R**-033
(47° 02,6 N - 002° 17,1 W) - 11 m - W 9 M, R & G 6 M
Tour cardinale Nord 16 m

Pointe St-Gildas Q WRG
078-**W**-088-**R**-174-**W**-180-**G**-264-**R**-308-**G**-078
(47° 08,0 N - 002° 14,8 W) - 20 m - W 14 M, R & G 10 M
Colonne sur maison blanche, sommet vert, 17 m

Anse du Boucau - Digue - Extrémité Fl (2) G 6 s
(47° 08,5 N - 002° 14,7 W)
Tube métallique 6,5 m
Nota : Fl G sur bouée conique verte à 250 m au Nord-Ouest (du 15 mai au 1er octobre)

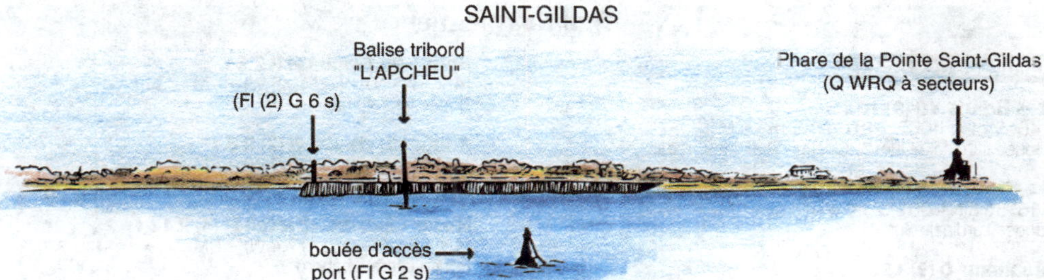

Ce croquis, réalisé pour vous faciliter l'entrée, vous indique l'essentiel mais ne peut en aucun cas vous dispenser de l'usage des documents officiels tenus à jour.

La Pierre Moine Fl (2) 6 s
(47° 03,4 N - 002° 12,4 W) - 14 m - 7 M
Tour de danger isolé 18 m

Notre-Dame VQ (9) 10 s
(47° 05,5 N - 002° 08,2 W) - 7 m - 3 M
Tour cardinale Ouest 11 m

★ **Pointe des Dames - Côte Nord-Est Oc (3) WRG 12 s**
357-**R**-016,5-**G**-057-**R**-124-**G**-165-**W**-191-**R**-267-**W**-357
(47° 00,7 N - 002° 13,3 W) - 34 m - W 19 M, R & G 15 M
Tour carrée blanche 19 m

Port de Noirmoutier - Extrémité jetée Oc (2) R 6 s
(46° 59,3 N - 002° 13,1 W) - 6 m - 6 M
Colonne blanche sommet rouge 7 m

Pornic

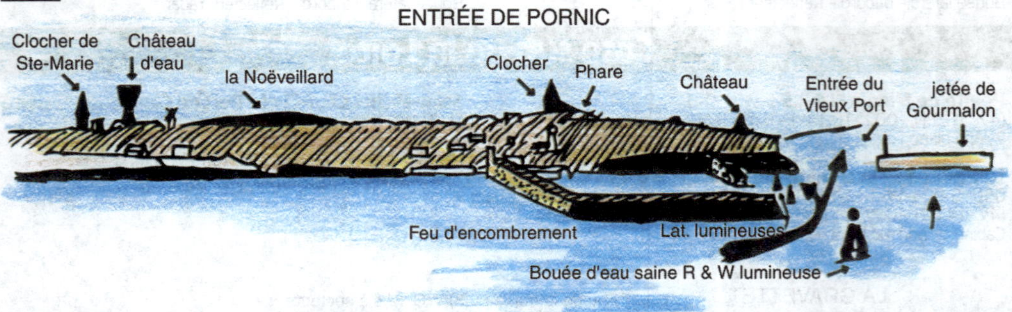

Ce croquis, réalisé pour vous faciliter l'entrée, vous indique l'essentiel mais ne peut en aucun cas vous dispenser de l'usage des documents officiels tenus à jour.

Pointe de Noëveillard Oc (4) WRG 12 s
Terre-**G**-051-**W**-079-**R**-Terre
(47° 06,6 N - 002° 06,9 W) - 23 m - W 13 M, R & G 9 M
Tour carrée verte et blanche et maison blanche 15 m

Bouée n° 1 LFl 10 s
(47° 06,5 N - 002° 06,6 W) - 2 m - 1 M
Bouée marque d'eaux saines

Port de plaisance de la Noëveillard - Coude Sud - Ouest de la digue Ouest Fl 2,5 s
(47° 06,5 N - 002° 07,0 W) - 4 m - 3 M
Support gris 1 m
Nota : Fl Y 2,5 s sur bouée d'émissaire à 1 020 m au Sud-Ouest

Digue Ouest - Extrémité Fl (2) R 6 s
(47° 06,4 N - 002°06,7 W) - 4 m - 2 M
Colonne noire sommet rouge 9 m

Digue Est - Extrémité Fl (2) G 6 s
(47° 06,5 N - 002° 06,7 W) - 4 m - 2 M
Colonne noire sommet vert 9 m

Pointe de Gourmalon - Extrémité brise-lames Fl (3) G 12 s
(47° 06,6 N - 002° 06,5 W) - 4 m - 7 M
Poteau métallique blanc haut vert 5 m

Nota : le chenal est ensuite balisé jusqu'au port de pêche par des balises et des bouées latérales lumineuses.

Port de pêche 2 feux Fl (2) R 6 s au Nord et Fl (2) G 6 s au Sud
(47° 06,9 N - 00° .06,2 W) - 2 m - 7 M
Support métallique blanc 1 m

Le Collet

Pierre du Chenal
(47° 04,3 N - 002° 07,8 W)
Espar de danger isolé - Cloche

La Bernerie-en-Retz - Extrémité jetée Fl R 2 s
(47° 04,6 N - 002° .02,3 W) - 4 m - 5 M
Tube blanc sommet rouge 3 m

Le Collet - Feu du port Oc (2) WR 6 s
Terre-**W**-093-**R**-Terre
(47° 01,8 N - 001° 59,0 W) - 7 m - W 7 M, R 5 M
Abri carré blanc sommet rouge 6m

Alignement 118,5° 2 feux Q G
- Antérieur
  (47° 01,6 N - 001° 59,1 W) - 4 m - 6 M
  Pylône blanc, voyant carré blanc, bande verticale verte, 8 m
- Postérieur
  (à 550 m d'Antérieur) - 12 m - 6 M
  Pylône blanc sommet vert, voyant carré vert bande verticale blanche 15 m

Étier des Brochets Oc (3) WRG 12 s
071-**G**-091-**W**-102,5-**R**-116,5-**W**-119,5-**R**-164,5-**obscd**-071
(46° 59,9 N - 002° 01,9 W) - 8 m - W 10 M, R & G 7 M
Tour verte bande blanche 7 m

Bec de l'Époids - Feu de guidage Dir Iso WRG 4 s
106-**G**-113,5-**R**-122-**G**-157,5-**W**-158,5-**R**-171,5-**W**-176-**obscd**-106
(46° 56,4 N - 002° 04,5 W) - 6 m - W 10 M, R & G 7 M
Tour carrée blanche sommet rouge 7 m

Passage du Gois

Côté Est (continent) Fl R 4 s
vis 038-218
(46° 55,3 N - 002° 06,3 W) - 6 m - 6 M
Bâtiment rouge 4 m

Tournant Est Fl 2 s
(46° 55,6 N - 002° 07,0 W) - 5 m - 5 M
Pyramide plate forme grise 8 m

Tournant Ouest Fl 2 s
(46° 56,1 N - 002° 08,3 W) - 5 m - 3 M
Pyramide plate-forme grise 8 m

La Bassotière (sur Noirmoutier) Fl G 2 s
vis 180-000
(46° 56,1 N - 002° 08,9 W) - 7 m - 2 M
Tripode métallique blanc lanterne verte 7 m

Sud Noirmoutier

Chaussée des Bœufs

Les Bœufs VQ (9) 10 s
(46° 55,1 N - 002° 28,0 W) - 7 m - 5 M
Bouée cardinale Ouest - Cloche - Réflecteur radar

Le Bavard VQ (6) + LFl 10 s
(46° 56,8 N - 002° 23,4 W) - 3 m - 4 M
Bouée cardinale Sud

Réaumur Q (9) 15 s
(46° 57,5 N - 002° 24,2 W) - 3 m - 4 M
Bouée cardinale Ouest - Réflecteur radar

Morin - Pointe de Devin Oc (4) WRG 12 s
314-**G**-028-**W**-035-**R**-134-**obscd**-314
(46° 59,1 N - 002° 17,6 W) - 10 m - W 11 M, R & G 8 M
Abri et colonnes blancs sommet vert 7 m

Bouée du Griglio Fl R 2,5 s
(46° 57,5 N - 002° 19,5 W) - 1 M
Bouée latérale bâbord

Bouée du chenal Fl (2) R 6 s
(46° 58,8 N - 002° 17,9 W) - 1 M
Bouée latérale bâbord

Morin - Extrémité jetée Fl (3) R 12 s
(46° 58,9 N - 002° 17,4 W) - 1 M
Bouée latérale bâbord

Goulet de Fromentine

Fromentine - Atterrissage LFl 10 s
(46° 53,1 N - 002° 11,4 W) - 3 m - 6 M
Bouée marque d'eaux saines - Réflecteur radar

Tourelle Milieu **Fl (4) R 15 s**
(46° 53,6 N - 002° 09,6 W) - 6 m - 5 M
Tour tronconique rouge 12 m

Pointe Notre-Dame-de-Monts **Dir Oc (2) WRG 6 s**
000-**G**-043-**W**-063-**R**-073-**W**-094-**G**-113-**W**-116-**R**-175-**G**-196-**R**-230-**obscd**-000
(46° 53,3 N - 002° 08,5 W) - 21 m - W 13 M, R & G 10 M
Tour blanche sommet noir 10 m

★ **Pont de Noirmoutier** **2 feux Iso 4 s**
(46° 53,5 N - 002° 09,0 W) - 32 m - 18 M
Allumés en permanence. Sur le garde-corps du pont, matérialisent l'axe de la passe en aval et en amont.

Bouée Est de la fosse de Fromentine - Au Sud-Est de deux épaves **Fl R 2 s**
(46° 53,6 N - 002° 08,6 W) - 1 m - 2 M
Bouée latérale bâbord

Île d'Yeu

★ **Petite Foule - Feu principal** **Fl 5 s**
(46° 43,1 N - 002° 22,9 W) - 56 m - 24 M
Tour carrée blanche lanterne verte 38 m

Les Chiens Perrins **Q WG (9) 15 s**
330-**G**-350-**W**-200-**obscd**-300
(46° 43,6 N - 002° 24,6 W) - 16 m - W 7 M, G 4 M
Tour cardinale Ouest 19 m

Bouée de mesure de houle **Fl (5) Y 20 s** (retirée 2002)
(46° 40,1 N - 002° 23,0 W)
Cylindre jaune
Nota : Fl Y 4 s sur bouée de marque spéciale à 0,5 M au Nord

Alignement 219° pour Port-Joinville **2 feux Q R**
vis 169-269
- Antérieur **Quai du Canada**
  (46° 43,7 N - 002° 20,9 W) - 11 m - 6 M
  Pylône 9 m
- Postérieur
  (à 85 m d'Antérieur) - 16 m - 6 M
  Mât métallique 15 m

Quai du Canada - Extrémité **Iso G 4 s**
Unintens 337-067
(46° 43,6 N - 002° 20,8 W) - 7 m - 6 M
Tour tronconique blanche sommet vert 5 m

Jetée Galiote - Extrémité **Fl R 2,5 s**
(46° 43,7 N - 002° 20,8 W) - 6 m - 1 M
Poteau métallique rouge

Port-Joinville (Port-Breton) - Jetée Nord-Ouest **Oc (3) WG 12 s**
Terre-**G**-150-**W**-232-**G**-279-**W**-285-**G**-Terre
(46° 43,8 N - 002° 20,7 W) - 6 m - W 11, G 8 M
Quadripode blanc sommet vert

★ **Pointe des Corbeaux** **Fl (2 + 1) R 15 s**
(46° 41,4 N - 002° 17,1 W) - 25 m - 20 M
Tour carrée blanche sommet rouge 19 m

La Meule **Oc WRG 4 s**
007,5-**G**-018-**W**-027,5-**R**-041,5
(46° 41,7 N - 002° 20,6 W) - 9 m - W 9, R & G 6 M
Tourelle et tube gris sommet rouge 6 m
Nota : Fixes R sur pylône à 0,6 M à l'Est

La Sablaire **Q (6) + LFl 15 s**
(46° 43,7 N - 002° 19,4 W) - 4 m - 3 M
Bouée cardinale Sud

Saint-Jean-de-Monts - Estacade **Fl (2) R 6 s**
(46° 47,1 N - 002° 05,1 W) - 10 m - 1 M
Poteau blanc sommet rouge 9 m

Zone de mouillage - 2 bouées Fl Y 2,5 s
- Nord-Ouest
  (46° 47,2 N - 002° 05,4 W)
- Sud-Est
  (46° 47,0 N - 002° 05,4 W)
  Bouées marque spéciale sans voyant en place du 15 mai au 15 septembre

Saint-Gilles-Croix-de-Vie

★ **Pointe de Grosse-Terre** **Fl (4) WR 12 s**
290-**R**-339-**W**-125-**R**-145-**obscd**-290
(46° 41,6 N - 001° 57,9 W) - 25 m - W 18 M, R 15 M
Tour tronconique blanche 17 m

Saint-Gilles-Croix-de-Vie - Alignement 043,7°
2 feux Dir Q 1,2 s synchrones
vis 033,5 053,5
- Antérieur
  (46° 41,9 N - 001° 56,7 W) - 7 m - 15 M
  Tour carrée blanche sommet rouge 7 m
- Postérieur
  (à 260 m d'Antérieur) - 28 m - 15 M
  Tour pyramidale blanche, sommet rouge, 24 m

Bouée Pilours **Q (6) + LFl 15 s**
(46° 41,0 N - 001° 58,0 W) - 4 m - 3 M
Bouée cardinale Sud - Réflecteur radar - Cloche

Jetée de Boisvinet - Entrée côté Nord-Ouest **Fl R 4 s**
(46° 41,6 N - 001° 57,2 W) - 8 m - 6 M
Abri blanc colonne métallique rouge 6 m

Jetée de la Garenne - Entrée côté Sud-Est **Fl G 4 s**
(46° 41,5 N - 001° 57,2 W) - 8 m - 6 M
Support blanc haut vert 8 m
Nota : le chenal à l'intérieur du port est balisé par des bouées lumineuses

Les Sables d'Olonne

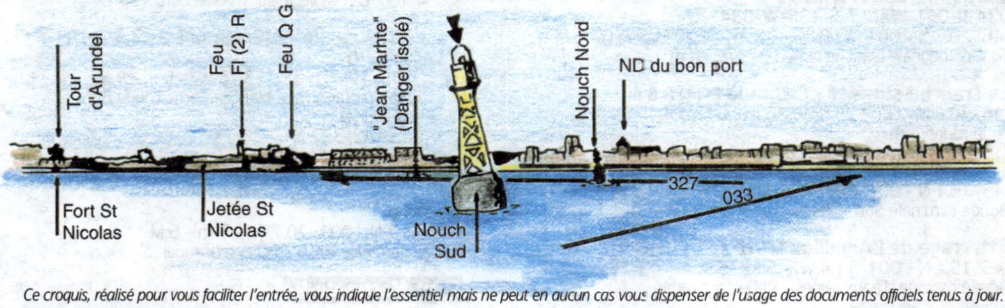

Ce croquis, réalisé pour vous faciliter l'entrée, vous indique l'essentiel mais ne peut en aucun cas vous dispenser de l'usage des documents officiels tenus à jour.

Les Barges **Fl (2) R 10 s**
(46° 29,7 N - 001° 50,4 W) - 25 m - 13 M
Tour grise 29 m

La Petite Barge **Q (6) + LFl 15 s**
(46° 28,9 N - 001° 50,6 W) - 8 m - 3 M
Bouée cardinale Sud - Sifflet - Réflecteur radar

★ **L'Armandèche** **Fl (2 + 1) 15 s**
vis 295-130
(46° 29,4 N - 001° 48,3 W) - 42 m - 24 M
Tour hexagonale blanche sommet rouge 39 m

★ **Passe du Sud-Ouest - Alignement 033°**
2 feux Iso 4 s allumés en permanence
- Antérieur
  (46° 29,5 N - 001° 46,3 W) - 12 m - 16 M
  Poteau métallique 12 m
- ★ Postérieur **La Potence**
  (à 330 m d'Antérieur) - 33 m - 16 M
  Tour carrée et maison blanches 20 m

Nota : Fl (2) Bu 4 s sur ducs d'Albe marquant l'accès au slipway

Nouch-Sud Q (6) + LFl 15 s
(46° 28,6 N - 001° 47,3 W) - 7 m - 4 M
Bouée cardinale Sud - Réflecteur radar

Passe du Sud-Est - Alignement 320° synchrones
- Antérieur **Extrémité jetée des Sables Q G**
  (46° 29,4 N - 001° 47,5 W) - 11 m - 8 m
  Tour blanche sommet vert, 9 m
- Postérieur **La Chaume - Tour d'Arundel Q 1,2 s**
  (à 465 m d'Antérieur) - 33 m - 12 M
  Tour carrée crénelée grise surmontée d'une tourelle blanche 27 m

Jetée Saint-Nicolas - Entrée - Extrémité Q (2) R 1 s
vis 143-094
(46° 29,3 N - 001° 47,4 W) - 16 m - 8 M
Tour blanche sommet rouge 14 m

Alignement d'entrée 328,1° 2 feux Iso R 4 s synchrones
Allumés en permanence - Voyants rectangulaires rouges
- Antérieur
  (46° 29,7 N - 001° 47,7 W) - 6 m - 9 M
  Abri blanc sommet rouge 6 m
- Postérieur
  (à 65 m d'Antérieur) - 9 m - 9 M
  vis 324-330
  Tour blanche lanterne rouge 9 m

Bourgenay

Bouée d'atterrissage LFl 10 s
(46° 25,3 N - 001° 41,8 W) - 4 m - 5 M
Bouée marque d'eaux saines

Alignement 040° 2 feux Q G
- Antérieur
  vis 020-060
  (46° 26,4 N - 001° 40,5 W) - 9 m - 7 M
  Tour blanche voyant rectangulaire vert sur fond blanc 8 m
- Postérieur
  vis 010-070
  (à 162 m d'Antérieur) - 19 m - 7 M
  Pylône blanc voyant rectangulaire blanc bordure verte 17 m

Digue Ouest - Extrémité Fl R 4 s
(46° 26,3 N - 001° 40,7 W) - 8 m - 9 m
Support rouge

Môle Est - Extrémité Iso G 4 s non visible du large
(46° 26,4 N - 001° 40,7 W) - 6 m - 5 M

Épi brise-lames - Extrémité Fl (2) R 6 s non visible du large
(46° 26,4 N - 001° 40,7 W) - 3 m - 5 M

Plateau de Rochebonne

Rochebonne Nord-Ouest Q (9) 15 s
(46° 12,9 N - 002° 31,9 W) - 8 m - 4 M
Bouée cardinale Ouest - Sifflet - Réflecteur radar

Rochebonne Nord-Est Iso G 4 s
(46° 12,7 N - 002° 25,0 W) - 8 m - 3 M
Bouée latérale tribord - Réflecteur radar

Rochebonne Sud-Ouest Fl (2) R 6 s
(46° 10,1 N - 002° 27,0 W) - 9 m - 3 M
Bouée latérale bâbord - Réflecteur radar

Rochebonne Sud-Est Q (3) 10 s
(46° 09,2 N - 002° 21,2 W) - 8 m - 4 M
Bouée cardinale Est - Cloche - Réflecteur radar

De l'Île de Ré à la Charente

Pertuis breton

★ **Les Baleines Fl (4) 15 s**
(46° 14,7 N - 001° 33,7 W) - 53 m - 27 M
Tour octogonale grise lanterne rouge 57 m
Nota : 3 Fixes R sur pylône radio à 0,1 M au Sud-Ouest près du sémaphore

Les Baleinaux Oc (2) 6 s
(46° 15,8 N - 001° 35,2 W) - 23 m - 11 M
Tour rose sommet rouge 32 m

★ **Grouin-du-Cou Fl WRG 5 s**
034-**R**-061-**W**-117-**G**-138-**W**-034
(46° 20,7 N - 001° 27,8 W) - 29 m - W 20 M, R & G 16 M
Tour octogonale blanche lanterne noire 16 m

La Tranche-sur-Mer - Estacade Fl (2) R 6 s
(46° 20,6 N - 001° 25,5 W) - 6 m - 6 M
Tube rouge 4 m

Le Lay Q (6) + LFl 15 s
(46° 16,1 N - 001° 16,4 W) - 3 m - 5 M
Bouée cardinale Sud - Réflecteur radar

Atterrage de l'Aiguillon LFl 10 s
(46° 15,4 N - 001° 11,4 W) - 3 m - 5 M
Bouée marque d'eaux saines - Réflecteur radar

Pavé de Charron - Embouchure de la Sèvre niortaise Fl G 4 s
(46° 18,1 N - 001° 08,0W) - 9 m - 7 M
Colonne blanche sommet vert 12 m

Port du Plomb - Môle Ouest Fl R 4 s
(46° 12,4 N - 001° 12,1 W) - 9 m - 7 M
Colonne blanche sommet rouge 12 m
Nota : aéro Morse (Q) 10 s Occas sur aérodrome La Rochelle-Laleu à 1,6 M au SSE

Ars-en-Ré

Le Fier-d'Ars - Alignement 265,8° synchrones
- Antérieur **Iso 4 s**
  vis 141-025
  (46° 14,1 N - 001° 28,6 W) - 5 m - 11 M
  Carré de 2 m de côté sur abri en maçonnerie blanc 7 m
- Postérieur **Dir Iso G 4 s**
  intens 264-266
  (à 370 m d'Antérieur) - 13 m - 15 M
  Tour carrée verte sur maison ocre 12 m

Port d'Ars-en-Ré - Alignement 232,5°
- Antérieur **Q**
  (46° 12,8 N - 001° 30,5 W) - 5 m - 9 M
  Abri rectangulaire blanc lanterne rouge 6 m
- Postérieur **Q**
  vis 142-322
  (à 370 m d'Antérieur) - 13 m - 11 M
  Pylône blanc, sommet vert, voyant rectangulaire noir,14 m

Rocha Q
(46° 14,7 N - 001° 20,7 W) - 7 m - 6 M
Bouée cardinale Nord - Réflecteur radar

Saint-Martin-de-Ré

Au Sud-Est de l'entrée Oc (2) WR 6 s
Terre-**W**-245-**R**-281-**W**-Terre
(46° 12,5 N - 001° 21,9 W) - 18 m - W 10 M, R 7 M
Tour blanche sommet rouge 13 m

Au Nord de l'entrée - Extrémité môle Iso G 4 s
(46° 12,6 N - 001° 21,9 W) - 10 m - 6 M
Tripode blanc sommet vert, 7 m

Au Nord de l'entrée - Extrémité Ouest brise-lames Fl R 2,5 s
(46° 12,6 N - 001° 21,8 W) - 5 m - 2 M
Tubes métalliques blancs haut rouge

Phares et feux

La Flotte Fl WG 4 s
130-**G**-205-**W**-220-**G**-257
(46° 11,4 N - 001° 19,2 W) - 10 m - W 12 M, G 9 M
Tour blanche sommet vert, 10 m
Mire lumineuse de guidage à 212,5° (marque à effet de moiré)

Rivedoux-Plages - Alignement 194,5° feux synchrones
- Antérieur **Q G**
  (46° 09,8 N - 001° 16,6 W) - 6 m - 6 M
  Tour blanche sommet vert 5 m
- Postérieur **Q G**
  (à 100 m d'Antérieur) - 9 m - 6 M
  2 colonnes blanches sommet vert voyant à damier vert et blanc
  Panneau de contre-jour 8 m

Pointe des Sablanceaux - Extrémité appontement VQ (3) 5 s
(46° 09,8 N - 001° 15,1 W) - 10 m - 5 M
Poteau cardinal Est 7 m

Pont de l'île de Ré - Passe Nord-Sud

Bouée tribord Fl (3) G 12 s
(46° 10,3 N - 001° 14,8 W) - 3 m - 3 M
Bouée latérale tribord - Réflecteur radar

Bouée bâbord Fl (3) R 12 s
(46° 10,3 N - 001° 14,7 W) - 3 m - 3 M
Bouée latérale bâbord - Réflecteur radar

Axe de la passe sous tablier du pont Iso 4 s
vis 061-236
(46° 10,2 N - 001° 14,6 W) - 34 m - 8 M

Pont de l'île de Ré - Passe Sud-Nord

Bouée tribord Fl G 4 s
(46° 10,2 N - 001° 14,3 W) - 3 m - 3 M
Latérale tribord - Réflecteur radar

Bouée bâbord Fl R 4 s
(46° 10,2 N - 001° 14,4 W) - 3 m - 3 M
Bouée latérale bâbord - Réflecteur radar

Axe de la passe sous tablier du pont Iso 4 s
vis 245-059
(46° 10,3 N - 001° 14,4 W) - 34 m - 8 M

Pertuis d'Antioche

Bouée de mesure de houle Fl (5) Y 20 s
(46° 06,4 N - 001° 35,2 W) - Marque spéciale
Bouée de marquage à 200 m au NE Fl (5) Y 20 s

PA - Atterrissage Iso 4 s
(46° 05,6 N - 001° 42,4 W) - 8 m - 7 M
Bouée marque d'eaux saines - Sifflet - Réflecteur radar
Nota : marque à l'Ouest l'épave du *Sauerland*

Chanchardon - Au Sud de l'île de Ré Fl WR 4 s
110-**R**-290-**W**-110
(46° 09,8 N - 001° 28,3 W) - 15 m - W 11 M, R 8 M
Tour octogonale noire soubassement blanc 20 m

★ **Chassiron - Pointe Nord-Ouest île d'Oléron Fl 10 s**
(46° 02,9 N - 001° 24,5 W) - 50 m - 28 M
Tour à bandes blanches et noires près du sémaphore 46 m

Rocher d'Antioche Q
(46° 04,0 N - 001° 23,6 W) - 20 m - 11 M
Tour cardinale Nord 27 m

Saint-Denis-d'Oléron

Feu de guidage Dir Iso WRG 4 s
190-**G**-204-**W**-206-**R**-220
(46° 01,7 N - 001° 21,8 W) - 14 m - W 11 M, R & G 8 M
Poteau blanc avec nacelle 10 m

Digue Sud - Extrémité Fl (2) R 6 s
(46° 02,2 N - 001° 22,1 W) - 9 m - 6 M
Abri maçonnerie carré 1 m

Digue Est - Extrémité Fl (2) WG 6 s
205-**G**-277-**W**-292-**G**-165-**obscd**-205
(46° 02,1 N - 001° 21,9 W) - 11 m - W 9, G 6 M
Abri métallique carré avec poteau 4 m

La Pallice

★ **Chauveau - Île de Ré - Au Sud-Est des enrochements Oc (3) WR 12 s**
057-**W**-094-**R**-104-**W**-342-**R**-057
(46° 08,1 N - 001° 16,3 W) - 27 m - W 15 M, R 11 M
Tour tronconique blanche sommet rouge 31 m

Le Lavardin Fl (2) WG 6 s
169-**W**-160-**G**-169
(46° 08,1 N - 001° 14,5 W) - 14 m - W 11 M, G 8 M
Tour de danger isolé 21 m

Marie-Anne Q (3) 10 s
(46° 09,3 N - 001° 15,0 W) - 3 m - 4 M
Bouée cardinale Est - Réflecteur radar

Môle d'escale - Feu de guidage Dir Q WRG
009-**G**-014,7-**W**-017,3-**R**-031
(46° 09,8 N - 001° 14,3 W) - 33 m - W 14 M, R & G 13 M
Tour carrée grise 36 m

Môle d'escale - Angle Sud-Est Oc R 4 s
(46° 09,6 N - 001° 14,4 W) - 7 m - 6 M
Pylône blanc sommet rouge 4 m

Môle d'escale - Angle Nord-Ouest Fl G 4 s
(46° 09,9 N - 001° 14,4 W) - 5 m - 6 M
Cylindre vert 1 m

Appontement pétrolier - Extrémité Q (6) LFl 15 s
(46° 09,4 N - 001° 14,4 W) - 6 m - 9 M
Mât métallique cardinal Sud 3 m

Avant-port - Extrémité digue Nord Oc (2) R 6 s
234-**R**-144-**R unintens**-184-**obscd**-234
(46° 09,5 N - 001° 13,8 W) - 10 m - 7 M
Tour grise haut rouge 9 m

Avant-port - Jetée Sud - Extrémité Oc (3) G 12 s
(46° 09,5 N - 001° 13,5 W) - 6 m - 7 M
Support blanc sommet vert 4 m

Bassin Chef-de-Baie - Extrémité nouvelle jetée Sud Oc (2) G 6 s
(46° 09,3 N - 001° 14,0 W) - 13 m - 9 M
Support blanc sommet vert 11 m

Alignement 085° donnant l'axe de l'écluse
2 feux Q R synchrones
- Antérieur **Base sous-marine**
  (46° 09,6 N - 001° 12,5 W) - 21 m - 7 M
  Support rouge 19 m
- Postérieur
  (à 154 m d'Antérieur) - 27 m - 7 M
  Colonne blanche haut rouge voyant rectangulaire rouge bande verticale blanche 29 m

Port de pêche de Chef-de-Baie

Feu de guidage à 102° Dir Oc (3) WRG 12 s
096-**G**-101-**W**-103-**R**-108
(46° 08,9 N - 001° 13,2 W) - 10 m - W 10 M, R & G 7 M
Abri cylindrique et tubes métalliques bandes blanches et rouges

Bouée de Chef-de-Baie Q (9) 10 s
(46° 09,5 N - 001° 13,5 W) - 3 m - 3 M
Bouée cardinale Ouest - Réflecteur radar
Nota : Q (6) + LFl 15 s sur bouée cardinale Sud à 150 m au Sud-Est

Jetée Ouest - Extrémité Fl R 2,5 s
(46° 09,0 N - 001° 13,5 W) - 7 m - 4 M
Tour blanche haut rouge

Jetée Sud - Extrémité Fl G 2,5 s
(46° 09,0 N - 001° 13,6 W) - 7 m - 4 M
Tour blanche haut vert

La Rochelle

Bouée Chauveau Q (6) LFl 10 s
(46° 06,6 N - 001° 16,1 W) - 7 m - 6 M
Bouée cardinale Sud - Réflecteur radar

Bouée Roche du Sud Q (9) 15 s
(46° 06,4 N - 001° 15,1 W) - 4 m - 4 M
Bouée cardinale Ouest - Réflecteur radar

Alignement 059° conduisant à l'entrée du port
feux synchrones
- Antérieur **Dir Q** (de jour Fl 4 s)
  vis 056-062
  (46° 09,4 N - 001° 09,1 W) - 15 m - 14 M
  Tour blanche sommet rouge bandes rouges et blanches vers l'alignement 14 m
- Postérieur **Q** (de jour Fl 4 s)
  vis 044-074
  masqué 061-065 par la tour Saint-Nicolas
  (à 235 m d'Antérieur) - 25 m - 14 M
  Tour octogonale blanche sommet vert 23 m

Chenal d'accès

Bouée Nord Q R 1,2 s
(46° 08,7 N - 001° 10,9 W) - 5 M
Bouée latérale bâbord

Bouée Sud Q G 1,2 s
(46° 08,6 N - 001° 10,8 W) - 5 M
Bouée latérale tribord

Les Minimes Q (9) 15 s
(46° 08,1 N - 001° 11,4 W) - 3 m - 5 M
Bouée cardinale Ouest

Phare du Bout du monde Fl (3) WG 12 s
059-**W**-213-**obscd**-313-**G**-059
(46° 08,3 N - 001° 10,7 W)
Tour octogonale en bois sur pieux métalliques 15 m

Tour Richelieu Fl (4) R 15 s
(46° 08,9 N - 001° 10,4 W) - 10 m - 9 M
Tour octogonale rouge 17 m

Extrémité digue du Bout blanc Fl (2) R 6 s
(46° 08,9 N - 001° 10,0 W) - 6 m - 5 M
Tour blanche sommet rouge 5 m

Extémité digue du Lazaret Fl G 4 s
(46° 08,9 N - 001° 10,1 W) - 9 m - 7 M
Tour blanche sommet vert, 7 m

Île d'Aix

★ **Île d'Aix - Phare Fl WR 5 s**
118-**W**-103-**R**-118
(46° 00,6 N - 001° 10,7 W) - 24 m - W 24 M, R 20 M
2 tours blanches à sommets rouges 17 m
Nota : la tour WNW porte l'écran du secteur rouge

Île d'Aix - Jetée Barbotin - Extrémité Q (6) + LFl 15 s
(46° 00,5 N - 001° 10,4 W) - 5 m - 4 M
Poteau cardinal Sud 3 m

Fort Boyard Q (9) 15 s
(46° 00,0 N - 001° 12,8 W)
Bouée cardinale Ouest
Nota : marque une plate-forme d'accès établie à proximité Ouest du fort

Zone de culture marine

Bouée Nord-Ouest Q (Éteint 2003)
(46° 00,3 N - 001° 15,3 W)
Bouée cardinale Nord

Bouée Nord-Est Q (3) 10 s
(45° 59,9 N - 001° 14,7 W) - 4 M
Bouée cardinale Est

Bouée Nord Wakamer VQ
(46° 00,7 N - 001° 17,3 W) - 3 M
Bouée cardinale Nord

Fouras

Port Nord - Extrémité jetée Oc (3 + 1) WG 12 s
084-**G**-127-**W**-084
(45° 59,8 N - 001° 05,9 W) - 9 m - W 11 M, G 8 M
Pylône blanc sommet vert 7 m

Jetée de la Fumée - Extrémité Q G
(46° 00,3 N - 001° 07,1 W) - 5 m - 5 M
Poteau vert 8 m

Port Sud - Extrémité jetée Fl WR 4 s
115-**R**-177-**W**-115
(45° 59,0 N - 001° 05,7 W) - 6 m - W 9 M, R 6 M
Support blanc sommet rouge 5 m

Port Sud - Passe aux Filles - Alignement 042,5°
2 feux Oc (2) R 6 s synchrones
vis 315-135
2 tubes avec plate-forme blancs sommet rouge
- Antérieur
  (45° 59,0 N - 001° 05,7 W) - 8 m - 6 M
- Postérieur
  (à 75 m d'Antérieur) - 19 m - 6 M

Pointe de la Perrotine - Île d'Oléron Fl R 6 s
(45° 58,2 N - 001° 13,8 W) - 8 m - 5 M
Abri tripode blanc sommet rouge 7 m

Les Palles Q
(45° 59,5 N - 001° 09,6 W) - 3 m - 4 M
Bouée cardinale Nord

Coureau d'Oléron

Tour Juliar Q (3) WG 10 s
147-**W**-336-**G**-147
(45° 54,1 N - 001° 09,5 W) - 12 m - W 11 M, G 8 M
Cardinale Est 21 m

Brouage Fl (2) R 6 s
(45° 54,0 N - 001° 07,8 W) - 1 m - 1 M
Bouée latérale bâbord

Le Château d'Oléron - Alignement 319° de l'entrée du port feux synchrones
- Antérieur **Q R**
  vis 191-087
  (45° 53,1 N - 001° 11,4 W) - 11 m - 7 M
  Tourelle blanche sommet rouge voyant rectangulaire rouge 3 m
- Postérieur **Q R**
  (à 240 m d'Antérieur) - 24 m - 7 M
  Tour tronconique blanche sommet rouge 20 m

Saint-Trojean-les-Bains - Au Nord du port Fl G 4 s
(45° 50,9 N - 001° 12,4 W) - 8 m - 5 M
Poteau électrique gris 8 m
Nota : les passes sous le viaduc Oléron-continent possèdent un éclairage feux Fixes W

La Charente

★ **Soumard - Alignement 115° 2 feux Dir Q R**
intens 113-117
- Antérieur
  (45° 58,0 N - 001° 04,3 W) - 8 m - 19 M
  Tour carrée blanche sommet rouge 9 m
- Postérieur
  (à 600 m d'Antérieur) - 21 m - 20 M
  Tour carrée blanche sommet rouge 23 m

— Feu auxiliaire **Q R**
vis 322-067 sur le mouillage de Port des Barques
(même support que le feu postérieur)

Port des Barques - Alignement 134,3°
feux synchrones Iso G 4 s
intens125-145
- Antérieur
  (45° 56,9 N - 001° 04,2 W) - 5 m - 9 M
  Tour carrée blanche 6 m
- Postérieur
  (à 490 m d'Antérieur) - 13 m - 11 M
  Tour carrée blanche face Ouest bande noire 16 m

De Chassiron à la Gironde

La Cotinière

Feu de guidage Dir Oc WRG 4 s
033-**G**-046-**W**-050-**R**-063-**obscd**-033
(45° 54,3 N - 001° 18,7 W) - 13 m - W 11, R & G 9 M
Colonne métallique blanche, voyant rectangulaire blanc, bordure noire, 6 m

Alignement 339° feux synchrones
- Antérieur **Dir Oc (2) 6 s**
  vis 329-349
  (45° 54,8 N - 001° 19,6 W) - 6 m - 13 M
  Tour blanche sommet rouge 5 m
- Postérieur **Dir Oc (2) 6 s**
  intens 329-349
  (à 425 m d'Antérieur) - 14 m - 12 M
  Pylône à bandes rouges et blanches 10 m

Grande jetée - Coude Oc R 4 s
unintens 133-218
(45° 54,9 N - 001° 19,7 W) - 11 m - 8 M
Tour blanche sommet rouge 11 m
Nota : bordure lumineuse synchrone Oc R 4 s à la jonction jetée-épi

Grande jetée - Extrémité enrochements Fl R 4 s
(45° 54,7 N - 001° 19,6 W) - 10 m - 6 M
Tour blanche sommet rouge 10 m

Digue Sud - Extrémité Iso G 4 s
(45° 54,9 N - 001° 19,6 W) - 9 m - 6 M
Tour blanche sommet vert 8 m

Épi du Colombier Fixe Bu
(45° 54,8 N - 001° 19,6 W) - 6 m - 3 M
Tourelle blanche sommet violet 5 m

Pertuis de Maumusson

Att. Maumusson - Atterrissage Fl 10 s (Éteint 2002)
(45° 47,0 N - 001° 17,8 W) - 2 m
Bouée marque d'eaux saines

Pont de la Seudre - Axe de la passe
(45° 48,0 N - 001° 08,2 W)
- Aval **Entre piles 6 et 7 Q**
  vis 054-234
  20 m - 9 M
  Tube blanc 1 m
- Amont **Q**
  vis 234-054
  20 m - 10 M
  Tube blanc 1 m

Pointe Mus-de-Loup Oc G 4 s
vis 118-147
(45° 47,8 N - 001° 08,6 W) - 8 m - 6 M
Colonne verte et blanche 8 m

Bouée cible radar Fl Y 4 s
(45° 55,0 N - 001° 50,0 W) - 4 m - 4 M
Bouée marque spéciale

Passe ouest de la Gironde

Les alignements à suivre dans la nouvelle passe de l'Ouest sont : après avoir reconnu la bouée-radiobalise BXA, mouillée sur l'alignement du chenal, venir prendre la passe marquée au début par les bouées 1 et 2 jusqu'à la bouée n° 5 en suivant l'alignement à 081,5° des feux de la Palmyre. Après la bouée n° 5 ne plus utiliser l'alignement de la Palmyre et chenaler entre les nombreuses bouées. À partir de la bouée n° 13 prendre par l'arrière l'alignement à 327° du phare de la Palmyre par Terre-Nègre qui conduit en rade du Verdon.
Nota : le moment le plus favorable pour entrer en Gironde se situe entre la mi-marée de flot et la P.M.

⚠ Attention danger ! Toujours se présenter au début du chenal. Éviter à tout prix de se laisser tenter par un raccourci coupant le banc de La Mauvaise (au niveau de la Grande Basse Ouest) pour viser les bouées 4 ou 6, quel que soit le temps. Gros risques de déferlantes.

★ **La Coubre Fl (2) 10 s**
(45° 41,8 N - 001° 14,0 W) - 64 m - 28 M
Tour tronconique blanche sommet rouge 65 m
Station DGPS différentiel

— Feu auxiliaire **Fixe RG**
030-**R**-043-**G**-060-**R**-110
(même tour) - 42 m - 10 M

★ **Cordouan Oc (2 + 1) WRG 12 s**
014-**W**-126-**G**-178,5-**W**-250-**W unintens**-267-**R unintens**-294,5-**R**-014
(45° 35,2 N - 001° 10,4 W) - 60 m - W 22 M, R & G 18 M
Tour blanche haut gris 68 m

BXA Iso 4 s
(45° 37,6 N - 001° 28,6 W) - 8 m - 7 M
Bouée marque d'eaux saines - Sifflet - Racon - Réflecteur radar

★ **La Palmyre - Alignement 081,5°**
- Antérieur **Dir Iso 4 s**
  intens 080,5-082,5
  (45° 39,6 N - 001° 08,7 W) - 21 m - 20 M
  Pylône blanc sur duc d'Albe 27 m
- Postérieur **Dir Q**
  intens 080,7-082,2
  (à 2 000 m d'Antérieur) - 57 m - 27 M
  Tour blanche du radar 36 m à 2 000 m d'Antérieur

Nota : antenne radar station de surveillance du Verdon au sommet

— Feu auxiliaire du feu antérieur **Fl (2) 5 s**
(même tour) - 10 m - 2 M

★ — Feu auxiliaire du feu postérieur **Dir Fixe R**
intens 325,5-328,5
(même tour) - 57 m - 17 M
Forme alignement à 327° avec le feu de Terre-Nègre

Bouée n° 1 Q G
(45° 38,1 N - 001° 21,8 W) - 8 m - 4 M
Bouée latérale tribord - Réflecteur radar

Bouée n° 2 Q R
(45° 38,4 N - 001° 21,9 W) - 8 m - 5 M
Bouée latérale bâbord- Réflecteur radar

Bouée n° 2a Fl R 2,5 s
(45° 38,5 N - 001° 20,7 W) - 9 m - 4 M
Bouée latérale bâbord - Réflecteur radar

Bouée n° 3 Fl G 2,5 s
(45° 38,2 N - 001° 20,7 W - 8 m - 4 M
Bouée latérale tribord - Réflecteur radar

Bouée n° 4 Fl (2) R 6 s
(45° 38,6 N - 001° 19,6 W) - 7 m - 5 M
Bouée latérale bâbord - Réflecteur radar

Bouée n° 5 Fl (2) G 6 s
(45° 38,3 N - 001° 19,5 W) - 7 m - 5 M
Bouée latérale tribord - Réflecteur radar

Bouée n° 6 VQ (6) + LFl 10 s
(45° 38,5 N - 001° 18,1 W) - 9 m - 4 M
Bouée cardinale Sud

Bouée n° 7 Iso G 4 s
(45° 38,0 N - 001° 18,0 W) - 8 m - 6 M
Bouée latérale tribord - Réflecteur radar

Bouée n° 7a Fl G 4 s
(45° 39,2 N - 001° 14,6 W) - 8 m - 5 M
Bouée latérale tribord - Réflecteur radar

Bouée n° 8 Fl R 2,5 s
(45° 39,4 N - 001° 15,1 W) - 8 m - 4 M
Bouée latérale bâbord - Réflecteur radar

Bouée n° 8a Fl (2) R 6 s
(45° 40,1 N - 001° 12,9 W) - 7 m - 5 M
Bouée latérale bâbord - Réflecteur radar

Bouée n° 9 Q
(45° 39,5 N - 001° 12,7 W) - 8 m - 4 M
Bouée cardinale Nord - Réflecteur radar

★ **Terre-Nègre Oc (3) WRG 12 s**
304-**R**-319-**W**-327-**G**-000-**W**-004-**G**-097-**W**-104-**R**-116
(45° 38,8 N - 001° 06,4 W) - 39 m - W 18 M, R & G 14 M
Tour blanche sommet rouge vers l'Ouest 27 m - Forme alignement à 327° avec le feu auxiliaire du feu postérieur de la Palmyre

Bouée n° 10 Iso R 4 s
(45° 39,6 N - 001° 10,6 W) - 6 m - 4 M
Bouée latérale bâbord - Sifflet - Réflecteur radar

Bouée n° 11 Iso G 4 s
(45° 39,1 N - 0001° 10,5 W) - 6 m - 5 M
Bouée latérale tribord - Réflecteur radar

Bouée n° 10a Fl R 2,5 s
(45° 39,1 N - 001° 08,1 W) - 8 m - 5 M
Bouée latérale bâbord - Réflecteur radar

Bouée n° 11a Fl G 2,5 s
(45° 38,4 N - 001° 07,8 W) - 8 m - 4 M
Bouée latérale tribord - Réflecteur radar

Bouée n° 13 Fl (2) G 6 s
(45° 37,4 N - 001° 06,3 W)
Bouée latérale tribord

Bouée n° 13A Fl (3) G 12 s
(45° 35,8 N - 001° 04,1 W) - 6 m - 4 M
Bouée latérale tribord - Réflecteur radar

Bouée n° 12 Fl (3) R 12 s
(45° 36,2 N - 001° 03,3 W) - 8 m - 3 M
Bouée latérale bâbord - Réflecteur radar

Bouée n° 13b Q G
(45° 34,7 N - 001° 02,9 W) - 7 m - 7 M
Bouée latérale tribord - Réflecteur radar

Banc de Saint-Georges Q (6) + LFl 15 s
(45° 35,0 N - 001° 01,1 W) - 3 m - 6 M
Bouée cardinale Sud - Réflecteur radar

Bouée M1 VQ (temporairement latérale bâbord Fl R 4 s -2002)
(45° 34,1 N - 001° 01,2 W) - 3 m - 7 M
Bouée cardinale Nord - Réflecteur radar

Bouée n° 12a Fl (2) R 6 s
(45° 33,2 N - 001° 01,4 W) - 4 m - 2 M
Bouée latérale bâbord - Réflecteur radar

Bouée n° 14 Fl R 2,5 s
(45° 32,7 N - 001° 00,7 W) - 5 m - 2 M
Bouée latérale bâbord - Réflecteur radar
Nota : des bouées de travaux sont fréquemment mouillées à titre temporaire au voisinage du chenal et à des emplacements variables

Pointe de Grave - Extrémité jetée Nord Q
(45° 34,5 N - 001° 03,6 W) - 8 m - 2 M
Bouée cardinale Nord 6 m

Pointe de Grave - Éperon Est Iso G 4 s
vis 190-045
(45° 34,4 N - 001° 03,6 W) - 8 m - 3 M
Balise tribord 6 m

Banc des Marguerites - Au Nord-Ouest - Bouée Fl (2) 6 s
(45° 33,1 N - 000° 58,9 W) - 4 m - 5 M
Bouée marque de danger isolé - Réflecteur radar

Passe sud de la Gironde

Bouée G - Atterrissage
(45° 30,4 N - 001° 15,5 W)
Bouée marque d'eaux saines - Sifflet (interrompu 2002) - Réflecteur radar

Alignement 063°
★ - Antérieur **Saint-Nicolas Dir Q G**
intens 061,5-064,5
(45° 33,8 N - 001° 04,9 W) - 22 m - 16 M
Tour carrée blanche 13 m
★ - Postérieur **Pointe de Grave Oc WRG 4 s**
025-**obscd**-033-**W unintens**-054-**W**-233,5-**R**-303-**W**-312-**G**-330-**W**-341-**W unintens**-025
(à 1 550 m d'Antérieur) - 26 m - W 19 M, R & G 15 M
Tour carrée blanche angles et sommet noirs 25 m
Nota : Fixes R sur pylône à 180 m au Nord

Alignement 041°
★ - Antérieur **Le Chay Dir Q R**
intens 039,5-042,5
(45° 37,3 N - 001° 02,4 W) - 33 m - 18 M
Tour blanche sommet rouge 15 m
★ - Postérieur **Saint-Pierre Dir Q R synchrone avec Antérieur**
intens 039-043
(à 1 800 m d'Antérieur) - 61 m - 18 M
Château d'eau et support rouge 40 m

Royan

Bouée R1 Iso G 4 s
(45° 36,7 N - 00° 01,8 W) - 4 m - 4 M
Bouée latérale tribord - Réflecteur radar
Nota : bouée de mesure de houle à 100 m dans le Sud-Est

Jetée Sud - Débarcadère Fl (2) R 10 s
(45 37,1 N - 1 01,7 W) - 11 m - 12 M
Tour blanche soubassement rouge 10 m

Digue Sud - Extrémité Fl G 4 s
vis 311-151
(45° 37,2 N - 001° 01,5 W) - 2 m - 6 M
Poteau blanc sommet vert 4 m

Digue Sud - Angle Nord-Ouest Fixe (sur bordure lumineuse)
(45° 37,3 N - 001° 01,6 W)

Digue Ouest - Extrémité Oc (2) R 6 s
(45° 37,2 N - 001° 01,5 W) - 8 m - 6 M
Mât métallique blanc sommet rouge 7 m

Épi du môle Nord Iso 4 s (sur bordure lumineuse)
(45° 37,2 N - 001° 01,6 W)

Le Verdon

Port-Bloc - Pointe de Grave Allumés de jour par temps de brume

Estacade Nord Fl G 4 s
(45° 34,2 N - 001° 03,7 W) - 9 m - 3 M
Tour blanc sommet vert 18 m

Estacade Sud Fl R 4 s
(45 34,2 N - 001° 03,6 W) - 8 m - 4 M
Tour blanche sommet rouge 17 m

Feu de guidage - Le Verdon-sur-Mer - Pointe de la Chambrette - Duc d'Albe Nord Dir IsoWRG 4 s (Éteint 2002)
165-**G**-170-**W**-173-**R**-178
(45° 31,9 N - 001° 02,1 W) - 4 m - W 12 M, R & G 8 M
Blanc, haut noir, bandes latérales blanches, 2 plates-formes superposées 11 m
Nota : feu auxiliaire de signalisation du duc d'Albe Fl G 2,5 s - Même support.

Appontement pétrolier
- Feu aval **Fl (3) G 12 s**
(45° 33,1 N - 001° 02,6 W) - 13 m - 2 M
Support vert 3 m
- Feu amont **Fl G 2,5 s**
vis 180-060
(45° 32,8 N - 001° 02,3 W) - 13 m - 2 M
Support vert 3 m

Phares et feux

De la Gironde à la côte espagnole

Bouée ODAS Gascogne Fl (5) Y 20 s
(45° 14,2 N - 004° 59,5 W) - 4 m
Bouée marque spéciale

★ **Hourtin Fl 5 s**
(45° 08,5 N - 001° 09,7 W) - 55 m - 23 M
Tour carrée en briques rouges sommet gris 24 m
Autre tour à 200 m au Sud

Bouée de mesure de houle Fl Y 20 s
(44° 39,1 N - 001° 26,8 W) - 1 M
Bouée marque spéciale
Nota : trois bouées Fl Y 2,5 s - Fl Y 5 s - F (4) Y 15 s marquent une zone interdite à la navigation

★ **Cap-Ferret Fl R 5 s**
(44° 38,7 N - 001° 15,0 W) - 53 m - 27 M
Tour tronconique blanche sommet rouge 52 m
Nota : Fixes rouge sur mâts à 3,8 M au NNE et 3,6 M à l'Est

— Feu auxiliaire **Oc (3) 12 s**
vis 045-135
(même tour) - 46 m - 14 M

Bassin d'Arcachon

ATT-ARC - Atterrissage Arcachon LFl 10 s
(44° 34,6 N - 001° 18,7 W) - 8 m - 5 M
Bouée marque d'eaux saines - Réflecteur radar
Nota : cette bouée marque l'approche de la passe (balisée)

La Vigne Iso R 4 s (Occas)
(44° 50,5 N - 001° 14,2 W) - 7 m - 5 M
Poteau métallique blanc sommet rouge 3 m

Arcachon - Port de Plaisance - Extrémité jetée Ouest Q G
(44° 39,8 N - 001° 09,1 W) - 6 m - 6 M
Mât métallique vert 3 m

Arcachon - Port de Plaisance - Extrémité - Jetée Est Q R
(44° 39,8 N - 001° 09,0 W) - 6 m - 6 M
Mât métallique rouge 3 m
Nota : des bouées non lumineuses bâbord et tribord (positions variables selon l'état des fonds) permettent de pénétrer en baie d'Arcachon. Attention ! Fonds variables à l'entrée, moment favorable 1 h avant P.M. Avant de s'engager, contacter le sémaphore de Cap-Ferret.

★ **Andernos-les-Bains - Enrochements Est - Extrémité Fl G 4 s**
(44° 44,6 N - 001° 06,5 W)
En essai depuis 1999

★ **Andernos-les-Bains - Enrochements Ouest - Extrémité Fl R 4 s**
(44° 44,6 N - 001° 06,5 W)
En essai depuis 1999

Bouée Est - Émissaire Fl (2) 6 s
(44° 30,5 N - 001° 17,7 W) - 6 m - 8 M
Bouée marque de danger isolé - Réflecteur radar

La Salie - Extrémité du wharf Q (9) 15 s
(44° 30,9 N - 001° 15,6 W) - 19 m - 10 M (portée réduite 1998)
Pylône cardinal Ouest

Centre d'essais des Landes - Zone de tir
(info. sur répondeur tel. : +33 (0)5 58 82 22 42/43)

C.E.L. Fl (4) Y 15 s
(44° 22,9 N - 001° 25,4 W) - 3 m - 2 M
Bouée marque spéciale
Nota : Fl (5) Y 20 s sur bouée de mesure de houle à proximité

ADREMCA Fl Y 2,5 s (temporairement retiré 2001)
(44° 11,1 N - 001° 19,5 W) - 3 m - 2 M
Bouée marque spéciale

★ **Contis Fl (4) 25 s**
(44 05,7 N - 001° 19,2 W) - 50 m - 23 M
Tour à bandes obliques noires et blanches, 42 m

Cap breton - Estacade Sud - À 30 m de l'WNW de l'extrémité Fl (2) G 6 s
(43° 39,4 N - 001° 26,8 W) - 9 m - 12 M
Tube métallique blanc haut vert, 8 m
Nota : plate-forme submergée à mi-marée entre la balise et l'ancien feu situé à l'extrémité de l'estacade

Cap breton - Hossegor - Extrémité digue Nord Fl (2) R 6 s
(43° 39,4 N - 001° 26,8 W) - 13 m - 12 M
Tourelle blanche sommet rouge 6 m - Corne 1 son 30 s

Entrée de l'Adour

BA - Atterrissage LFl 10 s
(43° 32,7 N - 001° 32,8 W) - 8 m - 5 M
Bouée marque d'eaux saines - Réflecteur radar
Nota : Fl (5) Y 20 s - Bouée houlographe à 200 m au NE

Bouée de mesure de houle Fl (5) Y 20 s
(43° 31,8 N - 001° 36,8 W)
Bouée marque spéciale

Alignement du Boucau 090° 2 feux Dir Q
intens 086,5-093,5
- Antérieur
  (43° 31,9 N - 001° 31,2 W) - 9 m - 19 M
  Pylône blanc sommet rouge 6 m
- Postérieur
  (à 250 m d'Antérieur) - 15 m - 19 M
  Pylône blanc sommet rouge 12 m

Digue Jean Lesbordes - Extrémité Q R
(43° 32,0 N - 001° 31,9 W) - 11 m - 8 M
Tour carrée blanche sommet rouge 9 m

Jetée Nord - Extrémité Oc (2) R 6 s
vis 296-116
(43° 31,9 N - 001° 31,3 W) - 12 m - 8 M
Pylône blanc sommet rouge 10 m

Alignement 111,5° 2 feux Dir Fixes G
intens 109-114
- Antérieur
  (43° 31,6 N - 001° 31,0 W) - 6 m - 14 M
  Abri métallique blanc bande verte côté alignement 4 m
- Postérieur
  (à 149 m d'Antérieur) - 10 m - 14 M
  Tour carrée blanche bande verte vers Nord-Est et Nord-Ouest sur bâtiment 9 m

Digue Sud Q (9) 15 s (éteint en 2002)
(43° 31,6 N - 001° 31,7 W) - 15 m - 6 M
Pylône cardinal Ouest 14 m

Jetée Sud Iso G 4 s
(43° 31,8 N - 001° 31,4 W) - 9 m - 10 M
Tour carrée blanche sommet vert 8 m

★ **Pointe Saint-Martin - Au nord de Biarritz Fl (2) 10 s**
(43° 29,6 N - 001° 33,3 W) - 73 m - 29 M
Tour tronconique blanche sommet noir 47 m

Port des Pêcheurs - Alignement 174° 2 feux Fl R 2 s
Mâts métalliques blancs 4 m
- Antérieur
  (43° 29,1 N - 001° 33,9 W) - 7 m - 3 M
- Postérieur
  (à 83 m d'Anterieur) - 19 m - 3 M

Guéthary - Alignement 133° 2 feux Q R
- Antérieur
  (43° 25,6 N - 001° 36,5 W) - 11 m - 6 M
  Poteau blanc sommet rouge voyant rectangulaire blanc 8 m
- Postérieur
  (à 66 m d'Anterieur) - 33 m - 6 M
  Tour blanche 7 m

Saint-Jean-de-Luz

Passe d'Illarguita - Alignement 138,5°
- Antérieur **Le Socoa Q WR**
  Terre-**W**-264-**R**-282-**W**-Terre
  (43° 23,8 N - 001° 41,1 W) - 36 m - W 12 M, R 8 M
  Tour carrée et maison blanches, bandes verticales noires, 12 m
  Sirène (Occas) à 300 m à l'Est sur le fort

Phares et feux

- Postérieur **Bordagain Dir Q**
intens 134,5-141,5
(à 1 430 m d'Antérieur) - 67 m - 20 M
Pylône bandes noires et blanches, voyant rectangulaire noir à bande blanche, 12 m

Sainte-Barbe - Alignement 101° 2 feux Dir R Oc (4) 12 s
intens 095-107
- Antérieur
(43° 24,0 N - 001° 39,8 W) - 30 m - 18 M
Abri carré blanc partie supérieure triangulaire blanche 7 m
- Postérieur
(à 340 m d'Antérieur) - 47 m - 18 M
Tour carrée blanche partie supérieure triangulaire noire 15 m

Alignement d'entrée 150,7°
★ - Antérieur **Jetée Est - Enracinement Dir Q G**
intens 149,5-152
(43° 23,3 N - 001° 40,1 W) - 18 m - 16 M
Tour pyramidale blanche, bande verticale rouge côté alignement, 14 m
- Postérieur **Dir Q G**
intens 149,7-152,2
(à 410 m d'Antérieur) - 27 m - 16 M
Tour pyramidale blanche, bande verticale verte côté alignement, 27 m

Nota : bordure lumineuse fixe rouge extrémité jetée Est (éteinte 2003)
Cet alignement à 150,7° conduit au mouillage indiqué par le secteur rouge du feu de Socoa

Épi de protection de la plage - Extrémité Nord Fl Bu 4 s
(43° 23,4 N - 001° 40,1 W) - 3 m - 5 M
Support blanc 3 m

Digue des Criquas - Jetée de Socoa Iso G 4 s
(43° 23,9 N - 001° 40,6 W) - 11 m - 6 M
Tour carrée vert 6 m

Hendaye

Épi Socoburu - Épi en mer Fl R 10 s
(43° 22,7 N - 001° 47,1 W) - 8 m - 5 M
Colonne blanche haut rouge 4 m

Punta Roca (Espagne) Fl G 5 s
(43° 22,4 N - 001° 47,4 W) - 3 M
Bouée latérale tribord

Épi Socoburu - Feu aval Fl R 2,5 s
vis 346,5-181,5
(43° 22,4 N - 001° 47,3 W) - 6 m - 4 M
Colonne métallique rouge 5 m

Chenal Bidassoa - Feu aval VQ (3) G 5 s
(43° 22,2 N - 001° 47,2 W) - 3 m - 3 M
Colonne métallique verte 7 m

Chenal Bidassoa - Feu amont LFl G 10 s
(43° 22,1 N - 001° 47,0 W) - 3 m - 4 M
Colonne métallique verte 7 m

Espagne - Côte nord

De Hendaye à Cabo Villano

★ **Cabo Higuer Fl (2) 10 s**
vis. 072-340
(43° 23,5 N - 001° 47,5 W) - 65 m - 23 M
Tour carrée grise lanterne rouge 21 m aéromaritime

Pasajès - Cabo de la Plata Oc 4 s
vis 285-250
(43° 20,1 N - 001° 56,0 W) - 153 m - 13 M
Construction blanche, 13 m
Nota : 6 fixes R sur tour radio 90 m à 1,1 M à l'WSW

Pasajès - Alignement 154,8°
- Antérieur **Q**
(43° 20,0 N - 001° 55,6 W) - 69 m - 18 M
Tourelle blanche 5 m
- Postérieur **Oc 3 s**
(à 45 m d'Antérieur) - 88 m - 18 M
Tourelle blanche 5 m

Pasajès - Bouée d'atterrissage Morse (A) 6 s
(43° 21,4 N - 001° 56,3 W) - 11 M
Bouée marque d'eaux saines

Pasajès - Bancha del Este Fl R 5 s
(43° 20,3 N - 001° 55,6 W) - 20 m - 11 M
Tour métallique rouge 16 m

Pasajès - Bancha del Oeste Fl G 5 s
(43° 20,3 N - 001° 55,8 W) - 20 m - 11 M
Tour métallique verte 16 m

Punta Arando Aundi Fl (2) R 7 s
(43° 20,2 N - 001° 55,6 W) - 12 m - 11 M
Tour blanche bandes rouges 8 m

Dique de Senocozulúa Fl (2) G 7 s
(43° 19,9 N - 001° 55,6 W) - 14 m - 11 M
Tourelle banche bandes vertes

Punta Teodoro Arroka Fl (3) R 9 s
(43° 19,9 N - 001° 55,3 W) - 21 m - 10 M
Tourelle métallique blanche et rouge 9 m

★ **Igueldo - San Sebastian Fl (2 + 1) 15 s**
(43° 19,4 N - 002° 00,6 W) - 134 m - 26 M
Tour cylindrique et maisons blanches, 13 m

La Concha - Alignement 158°
intens sur l'alignement
Poteau métallique gris
- Antérieur **Dir Q R**
vis 143-173
(43° 18,9 N - 001° 59,5 W) - 12 m - 7 M
- Postérieur **Dir Oc R 4 s**
vis 154-162
(à 25 m d'Antérieur) - 18 m - 7 M

★ **Guetaria - Isla de San Antón Fl (4) 15 s**
(43° 18,6 N - 002 12,1 W) - 93 m - 21 M
Tour octogonale blanche 14 m

Zumaia Oc (1 + 3) 12 s
(43° 18,1 N - 002° 15,1 W) - 41 m - 12 M
Tour octogonale haut bleu et maisons blanches 12 m

Ondárroa - Brise-lame Nord-Est Fl (3) G 8 s
(43° 19,5 N - 002° 24,9 W) - 15 m - 12 M
Mât tripode vert, 3 m - Sirène Mo (O) 20 s - Racon

★ **Cabo de Santa-Catalina Fl (1 + 3) 20 s**
(43° 22,6 N - 002° 30,6 W) - 46 m - 17 M
Tour tronconique grise 13 m - Nautophone Morse (L) 20 s

★ **Cabo Machichaco Fl 7 s**
(43° 27,2 N - 002° 45,2 W) - 122 m - 24 M
Tour grise à l'angle Nord-Ouest d'une maison 20 m
Sirène Morse (M) 60 s

★ **Cabo Villano Gorliz Fl (1 + 2) 16 s**
(43° 26,0 N - 002° 56,6 W) - 165 m - 22 M
Tour blanche 21 m

De Cabo Villano à Santander

★ **Punta Galea - Atterrissage Bilbao Fl (3) 8 s**
vis 011-227
(43° 22,4 N - 003° 02,0 W) - 84 m - 19 M
Tour et maison 8 m - Sirène Morse (G) 30 s à 180 m au NNW sur l'ancien phare

Nota : feu d'obstacle aérien (Oc R 3 s) sur Monte Serantes (452 m) à 2,6 M au Sud-Ouest

Digue de Punta Lucero - Extrémité Fl G 5 s
(43° 22,7 N - 003° 04,9 W) - 23 m - 10 M
Tripode vert 4 m - Réflecteur radar - Racon

Bilbao - Contramuelle de Algorta - Feu de guidage
Oc WR 4 s
134-**W**-149-**R**-174
(43° 20,5 N - 003° 01,2 W) - 13 m - 3 M
Colonne grise 6 m

★ **Castillo de Santa Ana - Castro-Urdiale Fl (4) 24 s**
(43° 23,1 N - 003° 12,9 W) - 49 m - 20 M
Tourelle blanche sur la tour Sud-Est du château 16 m - Sirène Morse (C) 60 s

Punta de Pescador - Santoña Fl (3 + 1) 18 s
(43° 27,9 N - 003° 26,1 W - 39 m - 17 M
Tour conique blanche sur maison blanche 13 m

Ría de Santoña - Alignement 283,5°
- Antérieur **Fl 2 s**
  (43° 26,3 N - 003° 27,6 W) - 7 m - 8 M
  Pylône avec voyant triangulaire
- Postérieur **Dir Oc (2) 5 s**
  vis 279,5-287,5
  (à 1 300 m d'Antérieur)
  Pylône avec voyant circulaire
  Nota : plusieurs feux balisent les passes et le chenal de Santoña

★ **Cabo Ajo Oc (3) 16 s**
(43° 30,7 N - 003° 35,7 W) - 71 m - 17 M
Tour cylindrique blanche 8 m

★ **Cabo Major - Santander Fl (2) 10 s**
(43° 29,5 N - 003° 47,4 W) - 91 m - 21 M
Tour grise 30 m - Nautophone Morse (M) 40 s à 50 m au Nord

De Santander à Cabo Peñas

Santander - Isla Mouro Fl (1 + 2) 21 s
(43° 28,5 N - 003° 45,3 W) - 39 m - 11 M
Tour et maison 18 m

Santander - Puntal - Alignement 235,8°
intens 231,8-239,8 sur poteaux métalliques
- Antérieur **Q**
  (43° 27,5 N - 003° 46,4 W) - 9 m - 6 M
  Racon
- Postérieur **Iso R 4 s**
  (à 100 m d'Antérieur) - 12 m - 6 M

Santander - Alignement 259,5°
intens 255,5-263,5
- Antérieur **Iso 3 s**
  (43° 27,3 N - 003° 48,6 W) - 19 m - 6 M
  Tour métallique jaune et noire16 m
- Postérieur **Oc R 4 s**
  (à 158 m d'Antérieur) - 22 m - 6 M
  Construction 19 m
  Nota : le chenal est balisé par des bouées. Plusieurs feux dans le port

Suances - Punta Torco de fuera Fl (1 + 2) 24 s
Masqué près de terre 091-113
(43° 26,5 N - 004° 02, 6 W) - 35 m - 22 M
Tour 9 m

Rio de Suancès - Alignement 149,5° :
- Antérieur **Sur la digue Q**
  (43° 26,3 N - 004° 02,0 W) - 10 m - 5 M
  Tour tronconique blanche, 6 m
- Postérieur **Punta Marzán Iso 4 s**
  (à 212 m d'Antérieur) - 14 m - 5 M
  Tour blanche 10 m

Puerto de Comillas - Alignement 194°
Sur piliers coniques bande noire 4 m
- Antérieur **Iso 2 s**
  (43° 23,3 N - 004° 17,2 W) - 36 m - 4 M
- Postérieur **Oc 4 s**
  (à 30 m d'Antérieur) - 40 m - 4 M

Puerto de Comillas - Alignement 245°
Sur tourelle blanche bande noire 4 m - 3 M
- Antérieur **Iso 2 s**
  (43° 23,4 N - 004° 17,4 W) - 16 m
- Postérieur **Fixe R**
  Masqué aux relèvements inférieurs à 231°
  (à 90 m d'Antérieur) - 20 m

Punta Silla Oc 3,5 s
vis 115-250
(43° 23,6 N - 004° 23,5 W) - 43 m - 13 M
Tour 9 m - Nautophone Morse (V) 30 s

★ **Punta Santa Emeterio Fl 5 s**
(43° 23,9 N - 004° 32,1 W) - 68 m - 20 M
Tour cylindrique blanche et maison 10 m

★ **Llanes - Punta de San Anton Fl (4) 15 s**
(43° 25,2 N - 004° 44,9 W) - 18 m - 15 M
Tour octogonale blanche, coupole grise sur maison 8 m

Puerto de Ribadesella - Somos Fl (1 + 2) 12 s
(43° 28,4 N - 005° 05,0 W) - 115 m - 25 M
Tour, coupole grise et maison 8 m

★ **Cabo Lastres Fl (5) 25 s**
(43° 32,1 N - 005° 13,0 W) - 118 m - 23 M
Tour blanche, coupole verte

★ **Tazones Fl 7,5 s**
(43° 32,9 N - 005° 23,9 W) - 127 m - 20 M
Tour grise octogonale et maison blanche. 11 m
Nautophone Morse (V) 30 s à 150 m au NNW

★ **Cabo de Torres Fl (2) 10 s**
(43° 34,3 N - 005° 41,9 W) - 82 m - 18 M
Tour octogonale blanche sur bâtiment rectanguaire 12 m

Gijòn - Muelles Locales - Dique de Liquerica - Extrémité Q (2) R 6 s
(43° 32,8 N - 005° 40,2 W) - 9 m - 10 M
Tourelle métallique rouge 5 m

Candás - Punta del Cuerno Oc (2) 10 s
(43° 35,7 N - 005° 45,7 W) - 40 m - 15 M
Tour rougeâtre maison blanche, 12 m - Nautophone Morse (C) 60 s

Puerto de Luanco - Alignement 255°
- Antérieur **Extrémité môle Fl R 3 s**
  (43° 36,9 N - 005° 47,4 W) - 6 m - 4 M
  Voyant carré sur un mur 2 m
- Postérieur **Oc R 8 s**
  (à 240 m d'Antérieur) - 10 m - 4 M
  Tour blanche 7 m

De Cabo Peñas à Punta Estaca de Bares

★ **Cabo Peñas Fl (3)15 s**
(43° 39,4 N - 005° 50,8 W) - 117 m - 35 M
Tour octogonale grise 18 m - Sirène Morse (P) 60 s

★ **Aviles - Punta del Castillo Oc WR 5 s**
091,5-**R**-113-**W**-091,5
(43° 35,7 N - 005° 56,7 W) - 40 m - W 20 M, R 17 M
Tour carrée blanche 14 m
Sirène Morse (A) 30 s à 0,1 M au NNW

San Esteban de Pravia - Dique del Oeste - Au phare Fl (2) 12 s
(43° 34,3 N - 006° 04,6 W) - 20 m - 15 M
Tour blanche 10 m - Sirène Morse (N) 30 s

Puerto de San Esteban de Pravia - Alignement 182° 2 fixes R
3 M
- Antérieur
  (43° 33,5 N - 006° 04,7 W) - 8 m
  Poteau blanc 4 m
- Postérieur
  (à 160 m d'Antérieur) - 12 m
  Colonne à damier blanc et rouge 8 m

Puerto de San Esteban de Pravia - Alignement 202,5°
Masqué à l'Ouest du phare de la Dique del Oeste
Signale la limite du brise-lames
- Antérieur **Fl 2 s**
  (43° 33,8 N - 006° 04,7 W) - 9 m - 3 M
  Poteau métallique gris 7 m
- Postérieur **Oc 2 s**
  (à 200 m d'Antérieur) - 12 m - 3 M
  Poteau métallique gris 8 m

★ **Punta Rebellera - Cudillero Oc (4) 16 s**
(43° 33,9 N - 006° 08 6 W) - 44 m - 16 M
Tour octogonale blanche sur maison - Sirène Morse (D) 30 s

Phares et feux

★ **Cabo Vidio Fl 5 s**
(43° 35,6 N - 006° 14,7 W) - 101 m - 25 M
Tour et maison 9 m - Sirène Morse (V) 60 s

★ **Cabo Busto Fl (4) 20 s**
(43° 34,1 N - 006° 28,2 W) - 86 m - 25 M
Tour carrée blanche et maison 9 m

Punta Atalaya (Blanca) - Luarca Oc (3) 15 s
(43° 33,0 N - 006° 32,0 W) - 65 m - 14 M
Tour carrée blanche 9 m - Sirène Morse (L) 30 s

Luarca - Alignement 170°
2 M sur colonne blanche bandes rouges
- Antérieur **Fl 5 s**
(43° 32,8 N - 006° 32,1 W) - 20 m
- Postérieur **Oc 4 s**
(à 41 m d'Antérieur) - 27 m

★ **Cabo San Agustin - Navia Oc (2) 12 s**
(43° 33,8 N - 006° 44,1 W) - 72 m - 25 M
Tour blanche bandes noire 10 m

★ **Isla Tapia Fl (1 + 2) 19 s**
(43° 34,4 N - 006° 56,8 W) - 24 m - 18 M
Tour blanche et maison 10 m

★ **Isla Pancha - Ribadeo Fl (3 + 1) 20 s**
(43° 33,4 N - 007° 02,5 W) - 28 m - 21 M
Tour bandes blanches et noires 13 m - Sirène Morse (R) 30 s

Ribadeo - Punta Aerojo - Alignement 140°
5 M sur tourelle blanche à losange rouge 6 m
- Antérieur **Iso R**
(43° 32,8 N - 007° 01,5 W) - 20 m
- Postérieur **Oc R 4 s**
(à 228 m d'Antérieur) - 26 m

Ria de Foz - Extrémité - Épi Fl G 3 s
(43° 34,3 N - 007° 14,7 W)
Poteau 2 m

★ **Punta Atalaya - Puerto de San Ciprián Fl (5) 20 s**
(43° 42,0 N - 007° 26,2 W) - 41 m - 20 M
Tour blanche bande verticale noire 14 m

★ **Punta Roncadoira Fl 7,5 s**
(43° 44,1 N - 007° 31,5 W) - 94 m - 21 M
Tour blanche 14 m

De Punta Estaca de Bares à Cabo Finisterre

★ **Punta Estaca de Barès Fl (2) 7,5 s**
Masqué aux relèvements supérieurs à 291°
(43° 47,3 N - 007° 41,0 W) - 101 m - 25 M
Tour octogonale et maison 10 m
Sirène Morse (B) 60 s à 150 m au NNW

★ **Cabo Ortegal Oc 8 s**
(43° 46,3 N - 007° 52,2 W) - 124 m - 18 M
Tour blanche et rouge 10 m

★ **Punta Candalaria Fl (3 + 1) 24 s**
(43° 42,7 N - 008° 02,8 W) - 89 m - 21 M
Tour octogonale blanche sur maison 9 m

Ría de Cedeira - Punta Promontorio Oc (4) 10 s
(43° 39,1 N - 008° 04,2 W) - 26 m - 11 M
Tour hexagonale blanche 7 m

Ría de Cedeira - Punta Sarridal Oc WR 6 s
Terre-**R**-145-**W**-172-**R**-Terre
(43° 39,6 N - 008° 04,5 W) - 41 m - 11 M
Tour rouge 7 m

★ **Punta de la Froueira Fl (5) 15 s**
(43° 37,1 N - 008° 11,3 W) - 75 m - 20 M
Tour de béton, coupole verte, 30 m

★ **Cabo Prior - Mi-pente de la falaise Fl (1 + 2) 15 s**
vis 055,5-310
(43° 34,1 N - 008° 18,9 W) - 107 m - 22 M
Tour hexagonle et maison 7 m

★ **Cabo Prioriño Chico Fl 5 s**
vis 225-129,5
(43° 27,5 N - 008° 20,4 W) - 36 m - 23 M
Tour octogonale blanche et maison 5 m

★ **Torre de Hercules - La Coruña Fl (4) 20 s**
Masqué sur l'entrée de Ensenada de Orzán
(43° 23,2 N - 008° 24,4 W) - 106 m - 23 M
Tour carrée haut octogonal 49 m
Sirène Morse (L) 30 s à 165 m au Nord

Punta Fiaiteira - Alignement 182° sur tour à damier blanc et rouge 10 m
- Antérieur **Iso WRG 2 s**
146,4-**G**-180-**W**-184-**R**-217,6
(43° 20,7 N - 008° 22,2 W) - 29 m - W 10 M, R & G 7 M
- Postérieur **Oc R 4 s**
(à 380 m d'Antérieur) - 54 m - 3 M

★ **Islas Sisargas - Au sommet de Isla Sisarga Grande Fl (3) 15 s**
(43° 21,6 N - 008° 50,7 W) - 110 m - 23 M
Tour octogonale et maison blanches 11 m
Sirène Morse (S) 30 s sur édifice à 140 m à l'WNW

★ **Punta Nariga Fl (3 + 1) 20 s**
(43° 19,3 N - 008° 54,5 W) - 55 m - 22 M
Tour blanche 39 m

Ría de Corme y Lage - Punta del Roncudo Fl 6 s
(43° 16,5 N - 008° 59,5 W) - 38 m - 10 M
Tour cylindrique blanche 11 m

★ **Punta Lage Fl (5) 20 s**
(43° 13,9 N - 009° 00,7 W) - 66 m - 20 M
Tour tronconique blanche, 11 m

★ **Cabo Villano Fl (2) 15 s**
vis 31,5-228,5
(43° 09,6 N - 009° 12,6 W) - 104 m - 28 M
Tour octogonale jaunâtre coupole grise 25 m
Sirène Morse (V) 60 s
Nota : feu obstacle aérien (à 0,6 M au Sud-Est) sur éolienne

★ **Cabo Toriñana Fl (2 + 1) 15 s**
vis 340,5-235,5
(43° 03,2 N - 009° 17,9 W) - 65 m - 24 M
Tour blanche 11 m

★ **Cabo Finisterre Fl 5 s**
Masqué aux relèvements supérieurs à 149°
(42° 52,9 N - 009° 16,3 W) - 143 m - 23 M
Tour octogonale et maison 17 m
Sirène 2 sons 60 s

Cette liste de phares est à jour à la date du 1er septembre 2003

Nous déclinons toute responsabilité pour les erreurs qui auraient pu se glisser dans ces indications malgré l'extrême soin que nous apportons à ce travail.
Nous prions les marins pêcheurs et les navigateurs de nous signaler les erreurs s'ils en constatent. D'avance nous les remercions vivement.

Les ports

Photo : Claude Fons

Avis au lecteur

L'Œuvre du Marin Breton remercie les bénévoles et services officiels qui ont permis la collecte de toutes les informations publiées dans le présent chapitre et en particulier le SHOM, les services de l'Équipement, Météo-France, les capitaineries, les pilotes, les chambres de commerce, les offices de tourisme...
Nous vous remercions vivement de nous faire part de vos expériences, critiques et suggestions.

Malgré tout le soin apporté par le comité de rédaction dans la réalisation de l'Almanach, ces informations peuvent présenter quelques erreurs ou omissions.
La consultation de l'Almanach ne dispense donc nullement les navigateurs de l'utilisation des cartes et documents officiels.

Les orthophotographies des ports présentées dans ce chapitre sont issues des fichiers de l'IGN (Institut géographique national) archivés au CETE-Normandie (Centre d'études techniques de l'Équipement) : ©Ortholittorale 2000.

Chaque cliché a été réalisé dans les conditions suivantes :
- prises de vue effectuées sur la zone intertidale (estran) à des dates et des heures prédéfinies en fonction des conditions de marée : coefficient supérieur ou égal à 95 avec une hauteur d'eau (tableau de marée) inférieure ou égale à 1 mètre ;
- prises de vue dans les estuaires, rias, abers et havres avec les mêmes conditions que pour l'estran et si possible, jusqu'à la limite de salure des eaux.

Un traitement informatique de l'image a été réalisé afin de réduire autant que faire se peut les anomalies de contraste et de couleur liées à l'angle d'incidence des rayons solaires, aux conditions météorologiques et à l'objectif utilisé.

Le nord géographique est porté par la verticale médiane de la page de l'Almanach. La présentation des ports se base sur une numérotation de paragraphes qui est toujours la même. Ceci permet un repérage plus aisé des différentes rubriques. Les *way points* proposés (système WGS 84) se situent à l'entrée du port ou sur un alignement qui permet d'y accéder. Ces lieux sont voisins de balises ou de points aisément repérables, et toujours en eaux saines.

Quartiers des Affaires maritimes (ports et initiales)

Dunkerque	DK	Brest	BR	Yeu	YE	Toulon	TL
Boulogne	BL	Camaret	CM	Les-Sables-d'Olonne	LS	Nice	NI
Dieppe	DP	Douarnenez	DZ	La Rochelle	LR	Bastia	BI
Fécamp	FC	Audierne	AD	Marennes-Oléron	MN	Ajaccio	AJ
Le Havre	LH	Le Guilvinec	GV	Bordeaux	BX	Pointe-à-Pitre	PP
Rouen	RO	Concarneau	CC	Arcachon	AC	Fort-de-France	FF
Caen	CN	Lorient	LO	Bayonne	BA	Cayenne	CY
Cherbourg	CH	Auray	AY	Port-Vendres	PV	La Réunion	RU
Saint-Malo	SM	Vannes	VA	Sète	ST	St-Pierre-et-Miquelon	SP
Saint-Brieuc	SB	Saint-Nazaire	SN	Martigues	MT	Nouméa	NC
Paimpol	PL	Nantes	NA	Marseille	MA	Papeete	PY
Morlaix	MX	Noirmoutier	NO				

Signaux de trafic portuaire

Message principal			
Danger grave Tous les navires doivent s'arrêter ou se dérouter en fonction des instructions reçues	À éclats	1	
Les navires ne doivent pas passer	Fixe ou à occultations lentes	2	
Les navires peuvent passer Trafic à sens unique		3	
Les navires peuvent passer Trafic à double sens		4	
Un navire ne peut passer que s'il a reçu les instructions spéciales l'y autorisant.		5	

Remarques importantes :

1. Dans de nombreux cas, les messages ne sont pas les mêmes dans toutes les directions et le signal est directionnel. Toutefois certains signaux peuvent être visibles sur tout l'horizon (message 1, 2 et 4).

2. Les messages d'exemption (avec feu additionnel **à gauche** et au niveau du feu supérieur du message principal) s'adressent aux navires qui peuvent naviguer en sécurité hors du chenal principal.

Signaux et messages d'exemption			
Les navires ne doivent pas passer. Toutefois les navires qui naviguent hors du chenal principal n'ont pas à respecter le message principal.	Fixe ou à occultations lentes	2a	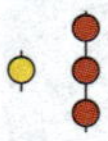
Un navire ne peut passer que s'il a reçu les instructions spéciales l'y autorisant. Toutefois les navires qui naviguent hors du chenal principal n'ont pas à respecter le message principal.		5a	

Signaux auxiliaires

Des signaux auxiliaires peuvent être ajoutés autant que de besoin : ils sont normalement placés à droite de la colonne portant le message principal et n'utilisent normalement que des feux blancs ou jaunes dont la configuration est fixée par l'autorité portuaire locale.
De tels signaux auxiliaires peuvent, par exemple, être ajoutés au message n°5 pour donner des informations sur la situation du trafic en direction opposée ou être utilisés pour indiquer qu'une drague travaille dans le chenal.

Pictogrammes utilisés dans ce chapitre : Capitainerie **V** Visiteur

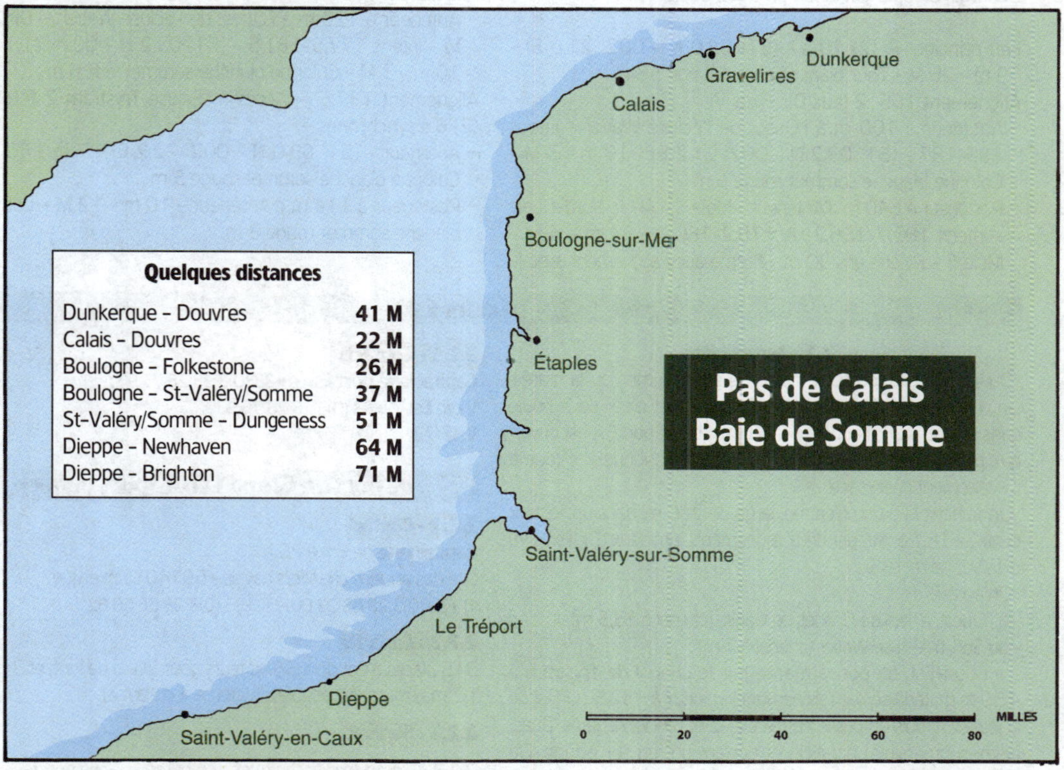

Quelques distances

Dunkerque - Douvres	41 M
Calais - Douvres	22 M
Boulogne - Folkestone	26 M
Boulogne - St-Valéry/Somme	37 M
St-Valéry/Somme - Dungeness	51 M
Dieppe - Newhaven	64 M
Dieppe - Brighton	71 M

Dunkerque

51° 03,7' N - 002° 21,1' E — cartes 7057 et 6651

1. - Approches

1.1 - Environnement

Les bancs de Flandres s'étendent au large de la côte de Flandre, de l'Escaut à Calais selon une orientation NNE-SSW à partir de l'Est puis ENE-SW.

La forme et la position des bancs sont stables. On trouve 20 à 25 m d'eau au Sud-Ouest des bancs Sandettié et Out Ruytingen.

1.2 - Courants

Le courant devant les jetées de Dunkerque s'établit depuis P.M. -3 h jusque P.M. +2 h 30. Il peut atteindre 2,5 à 3 nœuds en V.E. Il suit la direction des bancs de Flandres aussi bien en flot (vers l'ENE) qu'en jusant (vers l'WSW). Les étales de courant ne durent jamais très longtemps (15 à 20 min). L'intensité du courant dépend énormément des vents.

1.3 - Balisage

De jour

Amers remarquables :
- trois tours voisines de l'hôtel de ville ;
- le grand phare (tour blanche, sommet noir, 56 m) ;
- le phare du musoir de la jetée Ouest (en brique brune, 36 m) ;
- à 1 M à l'WSW du port, une cheminée de 113 m ;
- à l'Ouest du port Est, les hauts-fourneaux de l'usine sidérurgique ;
- à l'Ouest de Dunkerque, au Sud-Est du port Ouest : tour radar bleue et blanche de 45 m, 9 éoliennes.

Venant de l'Ouest, on emprunte la passe de l'Ouest :
À l'entrée du chenal, à 4 milles au Nord de Calais soit à 1 M

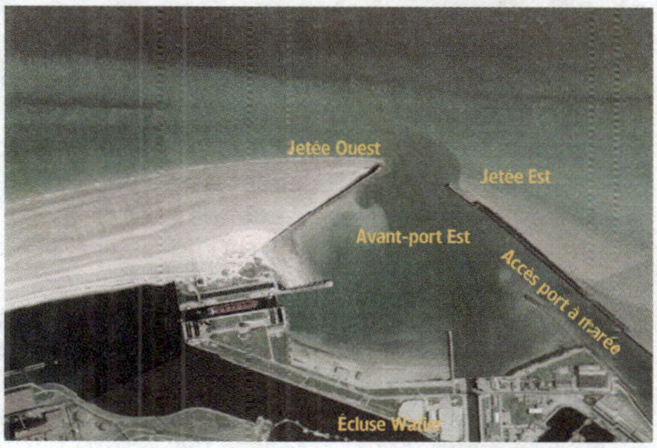

Dunkerque : l'entrée du port

au Sud-Ouest de la bouée Dyck, on rencontre la bouée RCE en limite des hauts-fonds puis deux bouées jaunes (aide radar) et la bouée lumineuse DKA, marque d'eaux saines. Le chenal est balisé par des couples de bouées espacées de 1 M et nommées DW5/DW6 à DW29/DW30.

Venant de l'Est, on emprunte la passe de Zuydcoote et la passe de l'Est
- la passe de Zuydcoote, fonds de 4 m maximum, à 7 M à l'ENE de l'entrée du port Est est balisée par les bouées lumineuses E11 et E12 et conduit, par des fonds de 4,30 m, à la bouée lumineuse E10 à l'Est du banc Hills puis sur E7 et E8 (067°-247°) ;
- la passe de l'Est (078°-258°) mène à l'entrée du port Est en longeant le banc Hills par le Sud entre E6 et E4.

Les ports

De nuit

Du large, on aperçoit le feu principal du port Est.

Feu principal Fl (2) 10 s - (51° 03,0 N - 002° 21,9 E) - 59 m - 26 M - Tour blanche sommet noir 56 m ;

Alignement 185° 2 feux Dir Fixes Vi

- Antérieur à 100 m à l'Ouest de l'écluse Watier - Intens 183-187 - (51° 03,2 N - 002° 21,2 E) - 10 m - 3 M - Colonne blanche sommet rouge 6 m
- Postérieur à 640 m d'Antérieur - Môle 5 - Angle Nord-Ouest - intens 183,7-186,2 & 178,2-180,7 - 24 m - 4 M - Môle 5 - Pylône gris 30 m - Forme aussi alignement avec le feu Antérieur de l'alignement à 179,5° ;

Alignement 179,5°

- Antérieur à 120 m à l'Ouest de l'écluse Watier - **Dir Fixe Vi** - intens 177,5-181,5 - (51° 03,2 N - 002° 21,1 E) - 10 m - 3 M - Colonne blanche sommet vert 6 m ;

Alignement 137,5° - Accès à l'Écluse Trystram **2 feux Oc (2) 6 s synchrones**

- Antérieur - (51° 03,0 N - 002° 22,2 E) - 7 m - 12 M - Colonne blanche sommet rouge 5 m
- Postérieur à 114 m d'Antérieur - 10 m - 12 M - Colonne blanche sommet rouge 8 m.

2. - Le port Est

2.1 - Accessibilité

Dunkerque est accessible quel que soit le temps ou la marée. Un vent frais de Nord-Ouest à Nord-Est peut créer de la houle dans l'avant-port (dragué à 13,50 m). Seul le port Est est ouvert aux plaisanciers. On y trouve tous les professionnels et tout le ravitaillement nécessaire.

On franchit la passe d'entrée, large de 280 m, dans un secteur centré à 182° limité par deux alignements lumineux (Dir Fixes Vi) à 179,5° et à 185°.

On accède alors :

- à l'Ouest, à l'écluse Charles de Gaulle (chenal à 13,5 m) ;
- au Sud, à l'écluse Watier (chenal à 7 m) ;
- au Sud-Est, au port à marée par le chenal de Trystram à 4,50 m matérialisé par l'alignement lumineux à 137,5°. On longe la jetée Est, puis on passe entre celle-ci et l'ancienne jetée Ouest (semi-submersible) parallèle et portant un feu sur pylône. On quitte l'alignement 700 m après ce feu pour franchir l'écluse Trystram au Sud ou se rendre vers le fond du port à marée au Sud-Est.

Des feux de police pour les navires de pêche et de plaisance sont montés sur le fût de la jetée Ouest du port Est. Trois feux rouges superposés interdisent le passage.

On accède par un avant-port ouvert au Nord entre deux jetées (Est et Ouest) convergentes. L'avant-port comprend :

- un étroit port à marée (ancien port) s'étendant au Sud-Est jusqu'à 3 000 m de la passe d'entrée ;
- un vaste bassin s'étendant de l'extrémité Sud-Est du port à marée jusqu'à 8 000 m à l'Ouest de celui-ci.

Le bassin à flot est accessible depuis l'avant-port par :

- l'écluse Charles de Gaulle (au Sud-Ouest de la passe) : 1 son bref et 2 sons longs ;
- l'écluse Watier (au Sud de la passe) : 230 m de long - 39 m de large - radier à -8 m). Elle fonctionne en continu sauf en cas de vent de Nord-Ouest à Nord-Est à P.M. (3 sons longs) ;
- l'écluse Trystram (à 2 000 m) : 150 m de long - 23,5 m de large - radier à -5 m). Elle fonctionne en cas de fermeture de Watier et pour la plaisance de 8 h à 20 h en saison (2 sons longs). Des signaux lumineux règlent les mouvements d'écluse.

2.2 - Description

Le port comprend :

- le bassin Freycinet ;
- le bassin de la Marine ;
- le bassin du Commerce.

Les plaisanciers ont le choix entre les ports à marée du Grand Large et du Yacht club de la mer du Nord ou les ports à flot du bassin du Commerce et du bassin de la Marine, nécessitant le franchissement de l'écluse Trystram et de ponts routiers.

Il convient de rester très vigilant dans la surveillance des mouvements des grands navires car Dunkerque est avant tout un grand port de commerce.

2.2.1 - Contacts

Capitainerie port Est ✆ +33 (0)3 28 28 75 96

Vigie Est ✆ +33 (0)3 28 28 76 03

VHF 73

Le port du Grand Large (port public)

2.2.1 - Contact

Capitainerie de 8 h à 20 h

Site des anciens chantiers navals - 59140 Dunkerque

✆ +33 (0)3 28 63 23 00 - 📠 +33 (0)3 28 66 66 62

2.2.2 - Capacité

315 places à flot dont 35 visiteurs pour 20 m de long et 3 m de T.E. maximum. Accessible directement de la mer.

2.2.3 - Services

2.2.3.1 - Services techniques : carburant - élévateur de 32 T - mâtage (✆ +33 (0)3 28 65 07 75) - cale de halage.

2.2.3.2 - Autres services : eau - électricité à quai - sanitaires - laverie - glace - téléphone - surveillance.

2.2.3.3 - Tarifs 2003

Longueur	Jour	Semaine
6,50 à 7,99	12,00 €	60,00 €
8,00 à 9,49	14,50 €	72,50 €
9,50 à 10,99	17,90 €	89,50 €
11,00 à 12,49	21,40 €	107,00 €
12,50 à 13,99	23,90 €	119,50 €

Le port du Yacht club de la mer du Nord

2.2.1 - Contact

Capitainerie de 8 h à 12 h et de 14 h à 20 h

Quai des Monitors - 59140 Dunkerque

✆ +33 (0)3 28 66 79 90 - 📠 +33 (0)3 28 66 36 62

VHF 9

2.2.2 - Capacité

250 places dont 50 visiteurs pour 30 m de long et 3 m de T.E. maximum. Bassin à marée accessible à toute heure.

2.2.3 - Services

2.2.3.1 - Services techniques : carburant (✆ +33 (0)3 08 66 79 90) - mât de charge de 7 T - slip de 17 T

2.2.3.2 - Autres services : eau - électricité à quai - sanitaires - téléphone.

2.2.3.3 - Tarifs 2003 : 2 € le mètre

Bassin à flot du Commerce (Yacht club de Dunkerque)

2.2.1 - Contact

Capitainerie

16 quai de la Citadelle – 59140 Dunkerque

✆ 🖷 +33 (0)3 28 21 13 77

2.2.2 - Capacité

170 places dont 15 visiteurs pour 15 m de long et 5 m de T.E. maximum nécessitant le franchissement d'une écluse et de trois pertuis avec ponts tournant ou basculant. Bassin en centre ville.

2.2.3 - Services

2.2.3.2 - Autres services : eau - électricité - sanitaires - récupération des eaux usées.

2.2.3.3 - Tarifs 2003

Longueur	Jour	Semaine
6,50 à 7,99	9,70 €	48,50 €
8,00 à 9,49	11,80 €	59,00 €
9,50 à 10,99	14,00 €	70,00 €
11,00 à 12,49	15,90 €	79,50 €
12,50 à 13,99	17,50 €	87,50 €

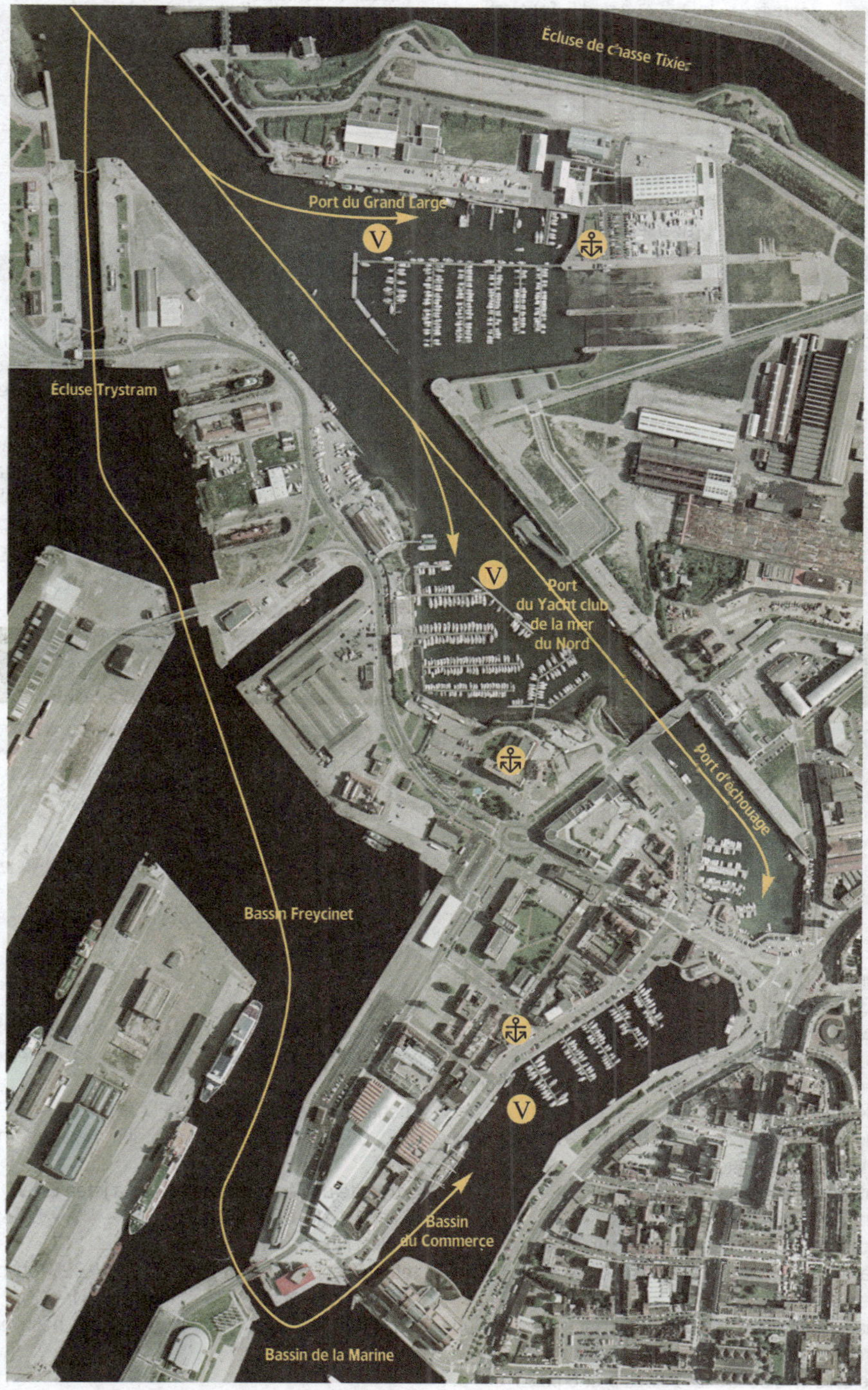

Vue d'ensemble du port de Dunkerque

2.2.4 - Bassins et écluses

On y accède depuis le bassin Freycinet par le pertuis d'Amont, équipé d'un pont basculant. Un autre pont basculant permet le franchissement du pertuis de la Marine à l'entrée du bassin du Commerce. Le passage nécessite une demande VHF à Dunkerque-Port sur le canal 73 et l'accord de la capitainerie. Il convient de se placer devant le poste de commande central près de l'écluse Watier.

Horaires : en saison du 1er juin au 16 septembre

Sorties tous les jours

Départ bassin du Commerce	Passage du pertuis	Môle 2	Pont de Trystram
08 h 30	08 h 30	08 h 40	08 h 50
10 h 45	10 h 45	10 h 55	11 h 05
14 h 15	14 h 15	14 h 25	14 h 35
18 h 30	18 h 30	18 h 40	19 h 00

Après la sortie de 08 h 35, les plaisanciers désirant rentrer dans le port en profitant du renversement de sas doivent prendre contact avec Dunkerque-Port en VHF sur canal 73 qui les informe si leur entrée est retardée en raison de la priorité donnée au trafic commercial.

Entrées tous les jours

Trystram (sassée)	Pont de Trystram	Môle 2	Pertuis
10 h 20 - 10 h 50	10 h 50	11 h 00	11 h 10 (*)
15 h 30 - 16 h 00	16 h 00	16 h 10	16 h 20
18 h 30 - 19 h 00	19 h 00	19 h 10	19 h 20
21 h 00 - 21 h 30	21 h 30	21 h 40	21 h 50

(*) sauf en semaine

2.3 - Distances en milles

Oostende	23	Étaples	51
Nieuwpoort	18	Saint-Valery-sur-Somme	69
Calais	22	Dieppe	96
Boulogne	42		

3. - Tourisme

Office de tourisme de Dunkerque
Dunes de Flandre - Le Beffroi
Rue Amiral Ronarc'h - 59140 Dunkerque
✆ +33 (0)3 28 66 79 21 - 🖷 +33 (0)3 28 63 38 34 ou accueil
dunesdeflandre@ot-dunkerque.fr

Connue pour son port, ses industries et son légendaire carnaval, Dunkerque, cité du corsaire Jean Bart, est également une station balnéaire agrémentée de cafés-terrasses sur la célèbre digue de Malo.

Voir, visiter, faire :
- le phare et le port en bateau ainsi que le *Duchesse Anne*, ancien navire école de la marine marchande allemande ;
- de nombreux témoignages des guerres mondiales ;
- centre de production thermique EDF ;
- nombreux musées dans la région : Beaux-Arts, Fonds régional d'art contemporain, portuaire, aquariophilie, dentelle, faïence, céramique, verrerie, textile, terrils, etc.
- en ville : de nombreux témoignages architecturaux. En saison, l'office de tourisme organise des visites guidées du patrimoine architectural.
- etc.

Gravelines

51° 01,1' N - 002° 05,5' E — cartes 6651 et 7182

1. - Approches

1.1 - Environnement

Le port de Gravelines — Grand-Fort-Philippe — situé à l'embouchure de la rivière Aa, est un port d'échouage complété d'un bassin à flot (écluse Vauban).
Accès fluvial si largeur inférieure à 4,30 m.

1.2 - Courants

De 2 h avant à 3 h après la P.M., le courant porte à l'ENE. De 4 h après à 3 h avant la P.M., il porte à l'WSW. Les vents d'Ouest à Nord élèvent le niveau de la mer de 0,50 m. Soufflant d'autres directions, ils abaissent le niveau jusqu'à 0,70 m.

On peut mouiller devant Gravelines pour attendre la bonne heure par des fonds de bonne tenue de 6 à 10 m mais c'est inconfortable par vent d'Ouest à Est. Bien sûr, on ne mouille pas entre les musoirs des jetées !

Les courants sont traversiers aux jetées.

Chenal : longueur totale 1,5 M

La passe d'entrée — cotée 0,50 m sur 350 m — est prolongée par le chenal extérieur orienté à 143° — coté 0,30 m à 0,90 m — sur une largeur de 10 m en son milieu. Enfin on arrive au chenal intérieur balisé et on aperçoit sur la rive Sud un feu fixe rouge marquant le coude d'accès au bassin à flot. Le mouillage est interdit entre les balises 5 et 8 puis 7 et 10.

1.3 - Balisage

☀ **De jour**

Amers remarquables :
- le phare de Gravelines - 27 m - bandes obliques blanches et noires ;
- les églises de Grand-Fort-Philippe (38 m) et de Petit-Fort-Philippe (46 m).

☾ **De nuit**

La passe d'entrée, large de 100 m, ouverte au Nord-Ouest entre deux jetées presque parallèles porte les feux suivants :

Chenal extérieur - Jetée Est **Fl (3) R 12 s** - (51° 01,0 N - 002° 05,7 E) - 5 m - 6 M - Tube métallique haut rouge, 10 m ;

Extrémité de l'épi submersible de la jetée Est **VQ** - (51° 01,1 N - 002° 05,6 E) - 6 m - 4 M - Tube métallique cardinal Nord 14 m ;

Jetée Ouest **Fl (2) WG 6 s** - 317- **W**-327-**obscd**-078-**G**-085-**W**-224-**obscd**-317- (51° 01,0 N - 002° 05,6 E) - 9 m - W 8 M, G 6 M - Tour jaune et grise, haut vert., 15 m.

2. - Le port

2.1 - Accessibilité

On y trouve :
- un avant-port entre Petit-Fort-Philippe et Grand-Fort-Philippe ;
- un quai de pêche en béton de 170 m sur la rive Sud-Ouest devant Grand-Fort-Philippe ;
- des pontons sur la rive Nord-Est à 150 m et 500 m en amont.

Étant un port à marée, l'accès à Gravelines implique le franchissement d'une porte d'eau (seuil à 0,83 m) ouverte à ± 2 h 30 de la P.M. ainsi que la manœuvre d'un pont.

Le port est soumis aux variations de niveaux lors de l'évacuation des eaux de l'Aa à marée basse : longueur maximum 15 m - T.E. maximum 2,50 m.
Une écluse en amont permet d'accéder par l'Aa aux canaux du Nord (contact 12 h avant).

2.2 - Description

2.2.1 - Contacts

Bureau du port de plaisance
✆ +33 (0)3 28 65 45 24
VHF 9
Bureau du port départemental de 8 h 30 à 12 h 30 et de 13 h 30 à 17 h 30
Bassin Vauban - B.P. 235 - 59820 Gravelines
✆ +33 (0)3 28 23 13 42
www.plaisance-opale.com
Courriel :
Port.de.plaisance.gravelines@wanadoo.fr
Capitainerie
✆ +33 (0)3 28 23 19 45
VHF 9

2.2.2 - Capacité

450 places dont 40 places visiteurs

2.2.3 - Services

2.2.3.1 - Services techniques : shipchandlers (grues de quai de 12 et 7 T) - station service 24 h/24 h à 100 m des quais, rue des Islandais. **2.2.3.2 - Autres services :** eau et électricité sur pontons - téléphone - laverie au centre ville - Club House avec bar, sanitaires et douches gratuites - avitaillement en ville.

2.2.3.3 - Tarifs en saison (2003)
- à la journée : 1,50 € par mètre et par jour ;
- à la semaine :1 € par mètre et par jour.

Ces tarifs comprennent l'appontement, l'eau, l'électricité et les sanitaires quel que soit l'emplacement.

Vue générale du chenal de Gravelines

2.3 - Distances en milles

Dunkerque Est	10	Nieuwpoort	28	Calais	10
Newhaven	84	Boulogne-sur-Mer	33	Douvres	30

3. - Tourisme

Office de tourisme et des loisirs
11 rue de la République - B.P. 139 - 59820 Gravelines
✆ +33 (0)3 28 51 94 00 - 🖷 +33 (0)3 28 65 58 19
www.tourisme.fr/gravelines
Courriel : gravelines.cote.opale@wanadoo.fr

Gravelines est une ancienne ville fortifiée (depuis le comte de Flandre en 1160 jusqu'à Vauban).

Voir, visiter, faire :
- fortifications Vauban ;
- croisières fluviales sur l'Aa ;
- musée de la faune et de la taxidermie ;
- la maison de la mer et la maison du sauvetage ;
- etc.

Calais

50° 58,4' N - 001° 50,2' E — cartes 7258, 6651 et 7323

1. - Approches

1.1 - Environnement

Devant Calais nous trouvons :
- le banc des Ridens de Calais (7,90 m) ;
- au Sud-Ouest le banc des Ridens de la rade (couvert de très peu d'eau où la mer brise).

Ces bancs sont parallèles à la côte, balisés de bouées lumineuses. Il faut prendre un large tour pour contourner la bordure Nord du chenal d'accès.

1.2 - Courants

Référence P.M. Calais à 0,5 M au Nord-Ouest des jetées

	Début	Direction	Vitesse V.E.
Flot	02 h 40 avant P.M.	ENE	3
Jusant	03 h 30 après P.M.	WSW	1,8
Étale de 15 min à 03 h **avant** P.M. et à 02 h 30 **après** P.M.			

1.3 - Balisage

De jour

Amers remarquables :

À l'Est de Calais :
- ancien phare de Walde à 3 M à l'ENE de l'entrée - cabine noire sur pylône ;
- la grande cheminée rouge et blanche à 1 M à l'Est de l'arrière port - 78 m.

À Calais :
- le phare de Calais (feu principal) à 0,2 M de l'arrière port ;
- l'église Notre-Dame à 0,4 M ;
- le beffroi de l'hôtel de ville à 0,7 M ;
- les silos et la tour de signaux de trafic portuaire avec radar (30 m) sur la jetée Est.

À l'Ouest de Calais :
- nombreux immeubles avec lampadaires ;
- un château d'eau ;
- le feu de Sangatte portant une antenne radar ;
- le cap Blanc-Nez avec le monument de la *Dover Patrol* à 5,5 M à l'WSW.

Reconnaître la bouée CA4 pour embouquer le chenal entre les bouées CA5 et CA6.

Passe large de 230 m par 9 m d'eau entre la jetée Est et la jetée Ouest.

Depuis CA10 à 0,25 M au Sud-Est, faire route au 141° sur le feu principal remarquable jusqu'à l'entrée. Sur la jetée Est, une mire (rectangle rouge et blanc) constitue, avec l'extrémité de la jetée Ouest, l'alignement sur lequel on trouve CA5 matérialisant la limite Sud de la pêche plaisance. On franchit alors la jetée Ouest débordée par un plateau rocheux à 30 m (2,50 m à 3 m d'eau).

De nuit

Feu principal **Fl (4) 15 s** - vis 073-260 - (50° 57,7 N - 001° 51,3 E) - 59 m - 22 M - Tour octogonale blanche sommet noir, 51 m ;

Feu de Sangatte **Oc WG 4 s** - 065-G-089-W-152-G-245 (50° 57,2 N - 001° 46,6 E) - 13 m - W 8 M, G 5 M - Pylône blanc haut vert, 8 m ;

CA4 VQ (9) 10 s - (50° 58,9 N - 001° 45,2 E) - 8 m - 6 M - Bouée cardinale Ouest - Sifflet - Réflecteur radar ;

CA5 Q G - (50° 57,7 N - 001° 46,2 E) - Bouée latérale tribord ;

CA6 VQ R - (50° 58,3 N - 001° 45,7 E) - Bouée latérale bâbord - Réflecteur radar ;

Jetée Est Fl (2) R 6 s - (50° 58,4 N - 001° 50,5 E) - 12 m - 17 M - Tour grise sommet rouge 10 m - Corne 2 sons 40 s - Réflecteur radar ;

Jetée Ouest - Extrémité Iso G 3 s - (50° 58,3 N - 001° 50,4 E) - 12 m - 9 M - Tour blanche haut vert 12 m - Cloche 1 coup 5 s ;

CA10 Fl (2) R 6 s - (50° 58,7 N - 001° 50,0 E) - 4 m - 4 M - Bouée latérale bâbord - Réflecteur radar.

2. - Le port

2.1 - Accessibilité

Le port comprend :
- un avant-port où par vent fort de Nord-Ouest à Nord-Est se forme une forte houle ;
- un arrière-port ouvrant sur le bassin de l'Ouest et le bassin Carnot, relié aux canaux du Nord.

Un pertuis de 100 m de large (7,20 m d'eau) permet l'accès à l'arrière-port. Au sud, se trouve le bassin d'échouage du Paradis réservé aux pêcheurs-plaisanciers et au Sud-Ouest le bassin de l'Ouest fermé par une porte-écluse. Une vingtaine de postes d'attente sur bouées sont disponibles près de l'écluse.

L'approche doit se faire en dehors du chenal balisé :
- au Nord, par les bouées CA6, CA8 et CA10 ;
- au Sud, par l'alignement de la marque triangle blanc pointe en haut sur fond carré rouge, située sur la jetée Nord-Est, par l'extrémité de la jetée Ouest.

Les navires de commerce ont priorité dans ce chenal.

Vu le trafic ferry très important, les signaux lumineux internationaux et les instructions données par la tour de contrôle doivent être **strictement respectés** en entrée comme en sortie. La vitesse est limitée à 5 nœuds dans tout le port. Le mouillage est interdit dans l'arrière-port.

2.2 - Description

2.2.1 - Contact

Bureau de plaisance du port de Calais
Bassin Ouest - 62100 Calais
✆ +33 (0)3 21 34 55 23 - 🖷 +33 (0)3 21 96 10 78
www.calais-port.com
Courriel : calais-marina@calais-port.com

2.2.2 - Capacité

- 300 places (T.E. de 3 à 5 m) dont 130 dans la darse de plaisance ;
- 50 places visiteurs sur ponton le long du quai Nord.

2.2.3 - Services

2.2.3.1 - Services techniques : carburant - grue de 3 T, 18 T et 30 T (sur commande) - cuve de vidange - gril de carénage au bassin du paradis (3,40 m).

2.2.3.2 - Autres services : eau - électricité - téléphone - glace - sanitaires - avitaillement en ville et tous professionnels.

2.2.3.3 - Tarifs : non communiqués

2.2.4 - Bassins et écluses

La tour de contrôle porte les signaux de trafic portuaire et les plaisanciers doivent attendre le signal n° 4 (voir code international) pour pratiquer le chenal **au moteur**. L'appel sur VHF 12 est **obligatoire** pour tout mouvement dans l'avant port et dans l'arrière-port. Contacter Calais Port et garder la veille.

Bassin de l'Ouest
Largeur 17 m - Seuil à - 2 m ;
Horaires d'ouverture : P.M. -02 h 00, P.M. -01 h 00, P.M., P.M. +01h 15 et P.M. +02 h 30

Bassin Carnot
Fermé par une écluse à sas avec 1,78 m au milieu et 0,70 m sur les côtés, ce bassin est suivi d'un arrière-bassin accédant au bassin de la Batellerie et aux canaux intérieurs (3,50 m de tirant d'air, 2 m de T.E. et 38,5 m de longueur hors-tout).

Le port de Calais

2.3 - Distances en milles

Dunkerque	22	Saint-Valéry-sur- Somme	50	Boulogne	20
Dieppe	74	Étaples	32	Saint-Valéry-en-Caux	81

3. - Tourisme

Office de tourisme et des loisirs
12 boulevard Clémenceau - 62100 Calais
✆ +33 (0)3 21 96 62 40 - 🖷 +33 (0)3 21 96 01 92
www.ot-calais.fr
Courriel : ot@ot-calais.fr

Calais est la capitale mondiale de la dentelle.

Voir, visiter, faire :
- le phare (271 marches) ;
- les canaux de la citadelle ;
- les forts Nieulay et Risban ;
- les musées et témoignages architecturaux : 2ème guerre mondiale, Beaux-Arts, dentelle... ;
- les caps Blanc-Nez, Gris-Nez et panoramas ;
- etc.

Boulogne-sur-Mer

50° 47,7' N - 001° 33,0' E — cartes 7247, 7323 et 7085

1. - Approches

1.2 - Courants

Référence P.M. Boulogne-sur-Mer

	Début	Direction	Vitesse V.E.
Flot	01 h 50 avant P.M.	Nord	4,8
Jusant	03 h 30 après P.M.	185°	4,2
Étale de 15 min à 03 h **avant** P.M. et à 02 h 30 **après** P.M.			

1.3 - Balisage

De jour
Amer remarquable : la cathédrale

De nuit
Phare du cap Gris-Nez au Nord **Fl 5 s** - vis 005-232 - (50° 52,2 N - 001° 35,1 E) - 72 m - 29 M - Tour blanche sommet noir - Corne 1 son 60 s (interrompue 2002) ;
Phare d'Alprech **Fl (3) 15s** - (50° 42,0 N - 001° 33,8 E) - 62 m - 23 M - Tour blanche sommet noir 17 m - 3 feux Fixes R sur pylône à 600 m au Nord-Est ;
Approches Boulogne **VQ (6) + LFl 10 s** - (50° 45,4 N - 001° 31,1 E) - Bouée cardinale Sud - Sifflet - Réflecteur radar ;
Digue Nord - Caisson terminal **Fl R(2) 6 s** - (50° 44,8 N - 001° 34,3 E) - 10 m - 7 M - Tourelle métallique rouge 4 m ;
Digue Sud (Carnot) - À 19 m de l'extrémité Nord **Fl (2 + 1) 15 s** - (50° 44,5 N - 001° 34,1 E) - 25 m - 19 M - Tour blanche sommet vert 22 m - Corne 3 sons (2 + 1) 60 s à 16 m au Nord - Feu de secours **Fl (2 + 1) 15 s** ;
Alignement 122,4°
- Antérieur Gare maritime - Éperon Nord-Ouest - **Fixe G & triangle lumineux** - vis 033-213 - (50° 43,7 N - 001° 35,7 E) - 4 m - 5 M - Pylône octogonal gris sommet vert 9 m
- Postérieur Quai Gambetta à 560 m d'Antérieur - **Fixe R** - intens 113-133 - 44 m - 11 M - Immeuble gris sommet rouge 43 m.

2. - Le port

2.1 - Accessibilité

Le cheminement recommandé démarre de la bouée lumineuse cardinale Sud «Approches Boulogne». En raison des forts courants, les heures les plus favorables d'entrée sont 3 h avant et 2 h après la P.M.

Contacter la capitainerie sur VHF canal 12 ou par Boulogne Port Dispatching (✆ +33 (0)3 21 31 52 43). La plus grande prudence s'impose pour tenir compte du fort trafic commercial : **pas de louvoyage dans le chenal**. Une tour de contrôle, équipée d'un radar, domine la jetée Sud-Ouest du port intérieur et communique par VHF, par hauts-parleurs ou par signaux lumineux.

Des mâts de signaux sont placés :
- dans le port extérieur sur la jetée Nord-Est de la darse Sarraz-Bournet ;
- dans le port intérieur au musoir aval de la jetée Sud-Ouest ;
- sur le terre-plein au Nord du quai Gambetta ;
- à l'avant-port sur la rive Sud-Ouest du chenal d'accès.

Signaux portuaires :

Entrée spéciale	R/W/R/W/R Gambetta et darse port	G/W/W/W/G jetée et darse rade
Sortie spéciale	G/W/W/W/G Gambetta et jetée darse port	R/W/W/W/R jetée et darse rade
Entrée et sortie interdites	R/W/R/W/R	
Drague	W	
Danger grave	R/W/R/W/R Fl 1 s	

2.2 - Description

On pénètre en rade Carnot (largeur 500 m) entre le caisson terminal de la Digue Nord et l'extrémité Nord de la digue Sud Carnot.

L'axe du chenal (T.E. maximum 5 m au centre) est matérialisé par l'alignement à 122,4° de la gare maritime par le quai Gambetta.

Le mouillage en rade Carnot est interdit.

2.2.1 - Contact

Bureau du port (de 6 h à 21 h)
quai Chanzy - 62200 Boulogne-sur-Mer
✆ +33 (0)3 21 31 70 01 - 🖷 +33 (0)3 21 99 62 02
www.portboulogne.com
VHF 9

2.2.2 - Capacité

470 anneaux
T.E. de 6 m dans l'avant-port et 3 m dans les bassins.
- 130 places (10 à 12 m de long) dans le port à marée dont 80 pour les visiteurs ;
- 190 places à l'arrière-port ;
- 150 places dans le bassin Napoléon (de 12 à 25 m de long.) : accès par l'écluse Jean Samson à la cote 0,25 m après appel au PC Loubet en VHF canal 12.

2.2.3 - Services

2.2.3.1 - Services techniques : carburant (quai Chanzy) - gril de carénage au fond du port à marée - portique élévateur de 35 T.

2.2.3.2 - Autres services : eau et station de pompage des eaux usées sur le ponton - électricité - téléphone - Club House avec sanitaires (accès handicapés) - laverie - avitaillement en ville - etc.

2.2.3.3 - Tarifs en saison (2003)

Longueur HT en m	Jour	Semaine
6,49	9,45 €	56,71 €
6,50 à 7,99	12,04 €	72,26 €
8,00 à 9,49	14,79 €	88,73 €
9,50 à 10,99	18,29 €	109,76 €
11,00 à 12,49	21,95 €	131,72 €
12,50 à 13,99	24,70 €	148,18 €
Nota : remise de 20% pour appontement dans le bassin Napoléon		

2.2.4 - Bassins et écluses

	P.M. avant 12 h 00	P.M. après 12 h 00
P.M. -03 h 00	Sortie	Entrée
P.M. -02 h 00	Ouverture de portes	
P.M.	Fermeture des portes	
P.M. +00 h 45	Sortie	Entrée
P.M. +01 h 30	Entrée	Sortie
P.M. +02 h 15	Sortie	Entrée
P.M. +03 h 00	Entrée	Sortie
P.M. +03 h 45	Sortie	Entrée

2.3 - Distances en milles

Calais	19	Le Tréport	42
Douvres	26	Dieppe	52
Saint-Valéry-sur-Somme	30	Saint-Valéry-en-Caux	61
Dunkerque	42	Fécamp	76

Le port de Boulogne-sur-Mer

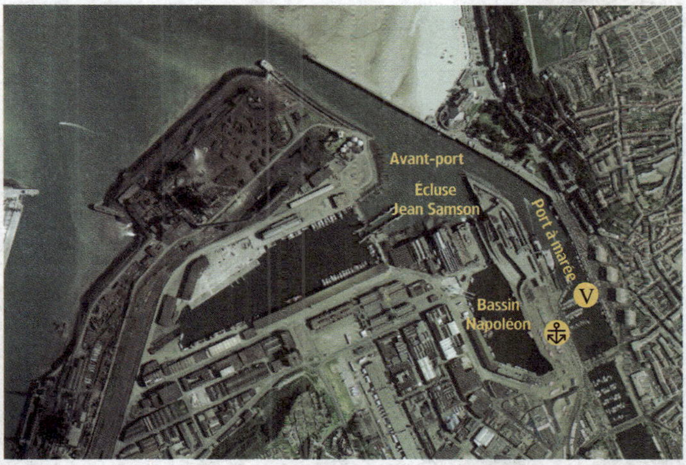

3. - Tourisme

Office de Tourisme
24 quai Gambetta - B.P. 187 - 62203 Boulogne-sur-Mer Cedex
✆ +33 (0)3 21 10 88 10 - 🖷 +33 (0)3 21 10 88 11
www.tourisme-boulognesurmer.com

Le port de Boulogne-sur-Mer est le point de départ idéal pour découvrir la côte d'Opale, du site des caps au Marquenterre.

Voir, visiter, faire :
- Nausicaa (complexe entièrement consacré à la mer) ;
- centre national de la mer ;
- en ville : le musée, de nombreux monuments architecturaux, etc.

Étaples

50° 32,3' N - 001° 33,6' E — cartes 7416

1. - Approches

1.1 - Environnement

La bouée cardinale Ouest Merida marque une épave à 1,2 M à l'WSW de la pointe du Touquet.

L'approche et l'entrée ne sont pas faciles car l'estuaire de la Canche assèche et des vents > force 4 de Sud-Ouest à Ouest peuvent lever des brisants.

1.2 - Courants

Le meilleur moment pour s'engager est à P.M. -1 h pour arriver au port à l'étale car on y rencontre un fort courant.

1.3 - Balisage

☽ **De nuit**

- Phare de Camiers sur la rive Nord de la Canche - **Oc (2) WRG 6 s** - 015-**G**-090-**W**-105-**R**-141 - (50° 32,9 N - 001° 36,4 E) - 17 m - W 10 M, R 7 M, G 7 M - pylône rouge 11 m ;

Canche n°2 **Fl (2) R 6 s** - (50° 32,5 N - 001° 34,0 E) - Bouée latérale bâbord ;

- Digue submersible - Extrémité Nord **Fl R 4 s** - (50° 32,6 N - 001° 35,6 E) - 8 m ;

- Phare de la Canche - Le Touquet **Fl (2) 10 s** - (50° 31,4 N - 001° 35,6 E) - 54 m - 25 M - Tour octogonale orange, bande brune, sommet blanc et vert, 56 m.

2. - Le port

2.1 - Accessibilité

La position du chenal (cote 5 m) est très variable et est marquée par la bouée latérale tribord 1 et la bouée latérale bâbord Canche 2. Sur la côte Nord de la baie on voit des épis en enrochements (épi Nord-Ouest : cardinale Ouest lumineuse, épi Sud-Est : marque spéciale). Le chenal balisé au tracé variable mène à l'extrémité de digues submersibles. Il est ensuite balisé par des bouées latérales puis par des balises sur les digues : 4 à tribord marquées 1 à 17, 9 à bâbord marquées 2 (lumineuse) à 16. Des bouées supplémentaires aident au chenalage.

2.2 - Description

Accueil visiteurs à l'extrémité du ponton.

2.2.1 - Contact

Capitainerie au parking du syndicat d'initiative
62630 Étaples-sur-Mer
✆ 🖷 +33 (0)3 21 21 84 54 33
www.plaisance-opale.com
Courriel : cm.canche@wanadoo.fr
VHF 9 aux heures de marée

2.2.2 - Capacité

170 places dont 15 visiteurs (longueur maximum 10 m et T.E. maximum 1,30 m)

2.2.3 - Services

2.2.3.1 - Services techniques : carburant (✆ +33 (0)3 21 94 66 96) - élévateur à bateau de 130 T - enfourcheur de 7 T - cale - récupération des déchets et huiles usagées - carénage possible au centre nautique (levage 6 T)

2.2.3.2 - Autres services : eau - électricité - sanitaires - téléphone - glace - laverie en ville - 3 shipchandlers.

2.2.3.3 - Tarifs 2003

	Jour	Semaine
bord de talus	7,30 €	46,00 €
- de 5 m	9,50 €	57,00 €
5 à 8 m	12,20 €	66,30 €
+ de 8 m	14,20 €	89,00 €

2.3 - Distances en milles

Épave du *Merida*	3,7	Saint-Valéry-sur-Somme	19
Boulogne-sur-Mer	12	Douvres	30

Étaples

3. - Tourisme

Office de Tourisme
Boulevard Bigot Descelers - B.P. 102 - 62630 Étaples
✆ +33 (0)3 21 09 56 94 - 🖷 +33 (0)3 21 09 76 96
www.etaples-sur-mer.com
Courriel : office.tourisme.etaples@wanadoo.fr

Saint-Valéry-sur-Somme

50° 14,7' N - 001° 29,4' E — carte 7416

1. - Approches

1.1 - Environnement

La baie de Somme est ouverte à l'Ouest et peut présenter des dangers par vents de secteur Nord à Nord-Ouest >6. Les bancs de sable extérieurs, très mobiles, sont dangereux à l'échouement car le courant affouille. En effet, la baie assèche jusqu'à 1,5 M au large d'une ligne Ault-pointe de Saint-Quentin. L'entrée de la baie est déconseillée par mauvais temps et il ne faut pas hésiter à reprendre le large en cas de dificulté.

Le secteur rouge du phare d'Ault (175-220) couvre les dangers.

1.3 - Balisage

De jour

Commencer l'approche à P.M. - 2 h 30 à la bouée d'approche AT-SO pour se rendre à Saint-Valéry-sur-Somme.

Le chenal (5 M) permettant d'accéder aux ports de la baie débouche dans la partie Sud et est balisé par les bouées numérotées S1 et S2.

Sans essayer de couper court, suivre ensuite le chenal marqué par les bouées S1 à S50 (certaines sont lumineuses). Une bouée cardinale Ouest indique la bifurcation vers Le Crotoy ou Saint-Valéry-sur-Somme.

Le chenal d'accès à Saint-Valéry-sur-Somme, large de 170 m dans sa partie aval et asséchant de 5,80 m, est signalé de bouées numérotées.

L'extrémité de la digue de halage porte un feu.

La digue du large matérialise l'entrée de la marina.

De nuit

Bouée d'atterrissage AT-SO VQ - (50° 14,0 N - 001° 28,1 E) - Marque d'eaux saines - Réflecteur radar ;

S1 - Passe Sud-Ouest QG (50° 14,4 N - 001° 30,5 E) - Bouée latérale tribord ;

Phare de la pointe de Hourdel Oc (3) WG 12 s - 053-W-248-G-323 (50° 12,3 N - 001° 34,7 E) - 19 m - W 12 M, G 9 M - Tour blanche sommet vert 18 m - Corne 3 sons 30 s ;

Digue submersible - Extrémité

Fl G 2,5 s - (50° 12,3 N - 001° 35,9 E) - 2 m - 2 M - Pylône vert 6 m - Réflecteur radar - Plusieurs balises dont 3 lumineuses (Fl (2) 5 s) marquent la digue ;

Digue de Halage Iso G 4 s - vis 347-222 - (50° 11,5 N - 001° 37,6 E) - 9 m - 9 M - Pylône blanc sommet vert 7 m ;

La Ferté - Extrémité digue du large

Fl R 4 s - vis 360-250 - (50° 11,2 N - 001° 38,7 E) - 9 m - 9 M - Pylône blanc sommet rouge 6 m.

Les ports

2. - Le port

2.1 - Accessibilité

Le port de plaisance accessible à ±2 h de P.M. est dragué à 2 m et se trouve au fond sur la rive gauche.

Une écluse large de 8,60 m avec pont tournant (✆+33 (0)3 22 60 80 23 - ouverture 1 h avant P.M.) permet de rejoindre le canal maritime de la Somme vers Abbeville (seuils 5 et 5,30 m).

2.2 - Description

2.2.1 - Contact

Capitainerie de 7 h à 23 h en saison
✆ +33 (0)3 22 60 24 80 - 🖷 +33 (0)3 22 60 24 82
www.portsaintvalery.com
Courriel : snval@wanadoo.fr
VHF 9

2.2.2 - Capacité

280 places et 30 visiteurs (longueur maximum 12 m)

2.2.3 - Services

2.2.3.1 - Services techniques : carburant en ville - grue de 10 T - gril de carénage - chantiers.

2.2.3.2 - Autres services : eau - électricité - glace - laverie - sanitaires - 2 shipchandlers.

2.3 - Distances en milles

Le Tréport	8	Boulogne	30	Dieppe	35

3. - Tourisme

Office du tourisme
2 place Guillaume Le Conquérant
80230 Saint-Valéry -sur-Somme
✆ +33 (0)3 22 60 93 50 - 🖷 +33 (0)3 22 60 80 34
officetourismestvalery80@wanadoo.fr

Sa position stratégique sur un promontoire calcaire a valu à Saint-Valéry-sur-Somme une histoire riche et mouvementée.

Voir, visiter, faire :
- l'immense réserve naturelle de la baie, la maison de l'Oiseau, le parc ornithologique de Marquenterre ;
- la cité médiévale, le Courtgrain (quartier traditionnel des marins), le musée Picarvie (les métiers d'autrefois) ;
- l'Herbarium et les rue fleuries, le chemin de fer de la baie de Somme (train à vapeur) ;
- etc.

Le Tréport

50° 04,0' N - 001° 22,0' E — cartes 7416 et 7207

1. - Approches

1.1 Environnement

Il faut se méfier des bancs de Somme au large de l'embouchure et passer au large de Quemer et du Bassurelle de la Somme.

Devant le Tréport (et Dieppe) s'étendent des bancs de galets :
- le banc Franc-Marqué : 3,60 m à 2 M au Nord du Tréport ;
- les Ridens du Tréport : 5,10 m ;
- les Ridens de Dieppe.

De Ault à la Pointe d'Ailly, des bancs rocheux présentent un danger aux navires qui longent la côte de trop près.

1.2 - Courants

Aux abords du port, les courants de 0,2 à 1,6 nœuds sont giratoires dans le sens inverse de la montre.

	Début	Direction	Vitesse V.E.
Flot	B.M. Dieppe	Est	1,4
Étale 15 min			
Jusant	P.M.	Ouest	1,4

1.3 - Balisage

☀ **De jour**

Amers remarquables du Nord au Sud :
- la statue blanche de Notre-Dame de la falaise ;
- le pylône radio de Mers-les-Bains ;
- l'église du Tréport ;
- l'église de Mers-les-Bains au pied de la falaise ;
- la tour carrée (53 m) du silo implanté sur le quai Nord du bassin à flot du Tréport ;
- le calvaire (illuminé de nuit) en haut de la falaise à 0,3 M au SSW de l'entrée du port.

☽ **De nuit**

Jetée Est - À 4 m de l'extrémité **Oc R 4 s** - (50° 03,9 N - 001° 22,2 E) - 8 m - 6 M - Colonne blanche sommet rouge 7 m ;

Extrémité jetée Ouest **Fl (2) G 10 s** - (50° 03,9 N - 001° 22,2 E) - 15 m - 20 M - Tour blanche sommet vert 14 m.

2. - Le port

2.1 - Accessibilité

Une zone de mouillage extérieure à 3 M dans le Nord-Ouest par des fonds de 8 à 15 m permet d'attendre pour entrer dans le port. Une veille VHF sur 12 est indispensable.

Le port est constitué d'un avant-port conduisant :
- au Nord par une écluse au bassin à flot du port de commerce ;
- au Sud, par un sas, au bassin à flot du port de pêche et de plaisance.

L'entrée ouverte au Nord-Ouest est large de 65 m et se situe entre deux jetées :
- feu de la jetée Est ;
- feu de la jetée Ouest.

Des signaux de trafic portuaire sont visibles au mât radar à 200 m dans le Sud-Est du feu de la jetée Est.

Le chenal large de 57 m a une cote de navigation de +2 m (voire +4 m selon sondage). Par fort vent de Sud-Ouest à Nord-Ouest, une barre peut se former à l'entrée. Avant la P.M., on se présente en laissant le feu rouge de la jetée Est ouvert à gauche du phare de la jetée Ouest et le mât de signaux à droite du feu vert. Donner un large tour à ce phare (50 m) en tenant compte du courant traversier qui fait venir à droite aussitôt à l'abri de la digue.

L'avant-port assèche à B.M. Il se crée un fort ressac par vent du large. Les quais sont accostables à P.M. et on y échoue sur vase à la cote 4 à 5 m. L'avant-port, bien que marnant, dispose de 80 bouées qui sont très exposées au ressac (vent de Sud-Ouest à Nord-Ouest).

L'accès au bassin de pêche et de plaisance se fait en empruntant le chenal (mouillage interdit) coté +2 m, orienté Sud-Est puis Est, jusqu'au sas (signaux à 100 m à l'Ouest du sas près du pertuis) large de 9,50 m et long de 28 m. Il convient de suivre les alignements successifs constitués de disques blancs sur fond rouge. Le sas est ouvert à ±4 h de P.M. après appel sur VHF 12. Un fort courant se fait sentir au Nord-Ouest entre le pertuis et le sas de P.M. +1 h 30 à P.M. +2 h 30.

2.2 - Description

Le port de plaisance est situé dans la partie Est du bassin de pêche et de plaisance.

Au fond du bassin, un pertuis avec pont mobile communique avec le canal d'Eu où on trouve des postes à flot sur corps-morts pour des bateaux à faible tirant d'eau.

2.2.1 - Contact

Capitainerie pêche-plaisance
Quai Sadi Carnot - 76470 Le Tréport
✆ 🖷 +33 (0)2 35 50 63 06
Veille VHF 12 -4 h et +4 h P.M.

Sinon contacter la CCI : ✆ +33 (0)2 35 86 27 67 -
🖷 +33 (0)2 35 50 22 96
www.treport.cci.fr - courriel : accueilcci@treport.cci.fr

2.2.2 - Capacité

110 places dont 20 visiteurs.

Les navires de passage peuvent aussi être reçus dans le bassin de commerce en cas de nécessité.

2.2.3 - Services

2.2.3.1 - Services techniques : carburant en ville - récupération d'huiles - grue mobile sur demande (CCI) au 02 35 50 28 31.

2.2.3.2 - Autres services : eau - électricité - sanitaires - glace - laverie- 2 shipchandlers - tous commerces en ville.

2.2.3.3 - Tarif saisonnier visiteurs 2003

Jour	Semaine
1,93 € par ml	11,58 € par ml (dimanche gratuit) + mois à 38,60 € par ml

2.3 - Distances en milles

Le Crotoy	17	Boulogne	42	New Haven	56
Saint-Valéry-en-Caux	28	Dieppe	14	Étaples	33

Le Tréport

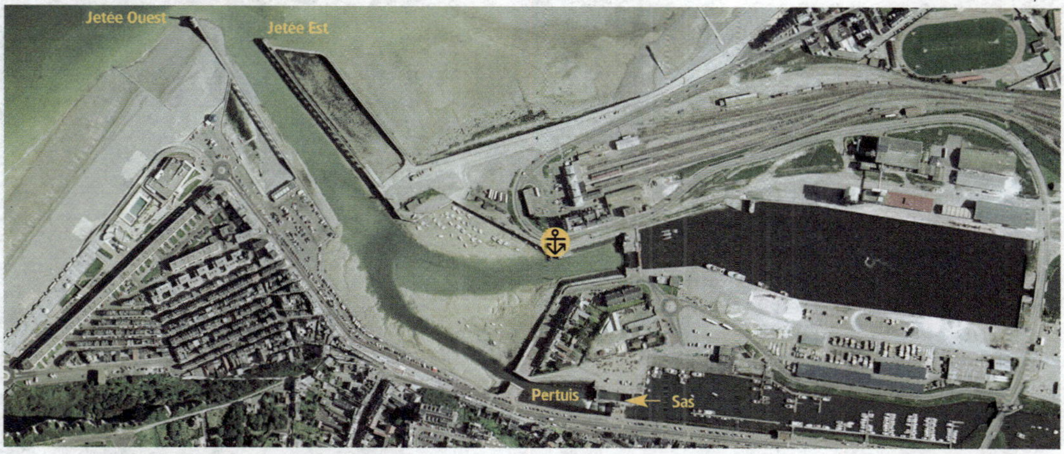

3. - Tourisme

Office du tourisme (ouvert de 10 h à 19 h)
Quai Sadi Carnot - 76470 Le Tréport
✆ +33 (0)2 35 86 05 69 - 🖷 +33 (0)2 35 86 73 96
www.ville-letreport.fr
Courriel : officetourismeletreport@wanadoo.fr

L'office organise régulièrement des animations.

Voir, visiter, faire :
- pêche en mer avec des professionnels ;
- train routier touristique, côte d'albâtre ;
- nombreux monuments religieux, architecturaux...
- le musée du Vieux Tréport ;
- etc.

Dieppe

49° 56,3' N - 001° 05,0' E — cartes 7417 et 7317

1. - Approches

1.1 - Environnement

Dieppe est un grand port de voyageurs (ferries transmanche), de commerce, de pêche et de plaisance.

1.2 - Courants

Devant Dieppe, ils sont alternatifs. Le flot porte à l'ENE et le jusant à l'WSW. Par vent d'Est, la décote peut atteindre 0,60 m.

Situation à 310° et à 0,30 M du mousoir de la jetée Ouest

Heures	Direction	Vitesse en V.E.
P.M. -5	Renverse	
P.M. -3	068°	1,9
P.M. -30 min	Renverse	
P.M. +3	262°	1,6

1.3 - Balisage

De jour

L'atterrissage se fait sur la bouée DI.

On dispose d'un mouillage d'attente, après autorisation de Dieppe-Port (VHF 12) de P.M. -2 à P.M. +1, au Nord-Ouest par un fond de bonne tenue de 6 à 12 m. L'entrée, ouverte au Nord, est protégée à l'Ouest par une jetée de 400 m portant à son extrémité un feu.

Le chenal d'entrée, coté 5 m, conduit au port extérieur entre les jetées Ouest et Est, puis au Sud-Ouest à l'avant-port et enfin au Sud, par le pertuis Colbert avec pont tournant. Le courant porte dans l'axe du chenal au flot ou au jusant et un vent fort peut créer un gros ressac. La forte courbure du chenal nécessite vigilance.

L'avant-port communique avec le bassin Duquesne par l'écluse Jehan Ango. L'arrière-port communique par l'écluse Amiral Rolland avec les bassins du Canada et de Paris, réservés au commerce.

De nuit

D I - Atterrissage VQ (3) 5 s - (49° 57,1 N - 001° 01,2 E) - 7 m - 6 M - Bouée cardinale Est - Cloche - Réflecteur radar ;

Jetée Ouest - Extrémité Iso G 4 s (synchrone avec jetée Est - Extrémité) - (49° 56,3 N - 001° 05,0 E) - 11 m - 8 M - Tour blanche sommet vert 7 m - Corne 1 son 30 s ;

Jetée Est - Extrémité Iso R 4 s - (49° 56,2 N - 001° 05,1 E) - 12 m - 8 M - Tour métallique blanche sommet rouge 10 m ;

Falaise du Pollet Q 1,2 s - vis 105,5-170,5 - (49° 56,0 N - 001° 05,3 E) - 35 m - 11 M - Construction rouge et blanche 4 m ;

Pointe d'Ailly Fl (3) 20 s - (49°55,0 N - 000° 57,6 E) -95 m - 31 M - Tour carrée blanche sommet vert 24 m.

Pour Dieppe, relever :
- le phare d'Ailly ;
- le feu blanc de la falaise du Pollet au-dessus de l'avant-port ;
- la bouée DI.

On aperçoit alors les deux feux synchrones de la passe de l'avant-port. Suivre ensuite le chenal (balisé sur le côté Est).

Le port de Dieppe

2. - Le port

2.1 - Accessibilité

Sur la falaise du Pollet la capitainerie dispose d'une vigie, équipée en VHF, portant un feu Fixe G à détecteur de brume (Dieppe-Port, canal 12).

Plusieurs mâts de signaux internationaux, allumés jour et nuit de P.M. -2 h à P.M. +1 h, sont situés sur :
- l'enracinement de la jetée Ouest ;
- le toit de la capitainerie ;
- le ponton anti-houle de l'avant-port, à l'écluse Amiral Rolland ;
- au pont Jehan Ango.

Un feu jaune à la jetée Ouest et à la capitainerie informe du dragage.

Les mouvements dans le port sont soumis à l'autorisation de Dieppe-Port en VHF sur canal 12.

Les plaisanciers sont accueillis dans l'avant-port et dans le Nord-Ouest du bassin Duquesne plutôt utilisé par les pêcheurs.

Le bassin Duquesne protégé par l'écluse Jehan Ango (15 m de large et seuil à la cote 0) est ouvert de P.M. -2 h à P.M. +1 h après autorisation en VHF sur canal 9. Le tirant d'eau moyen est de 4 m.

2.2 - Description

2.2.1 - Contacts

Capitainerie Dieppe-port
VHF 12 de P.M. -2 h à P.M. +1 h

Bureau du port Jehan Ango
✆ 🖷 +33 (0)2 35 40 19 79
Courriel : port.jehan-ango@wanadoo.fr
VHF 9 de 7 h à 22 h en saison et de 9 h à 12 h et de 14 h à 17 h hors saison.

Les ports

2.2.2 - Capacité
- Bassin Duquesne : 50 places de –15 m dont 15 visiteurs ;
- Avant-port Jehan Ango : 350 places sur 10 pontons et 50 visiteurs.

2.2.3 - Services
2.2.3.1 - Services techniques : carburant - récupération des déchets et des huiles usées - élévateurs de 7 T et de 1 T - slip de 300 T - motoriste.

2.2.3.2 - Autres services : eau - sanitaires - glace - laverie - shipchandlers - tous commerces en ville à 3 km.

2.2.3.3 - Tarifs en saison (2003)
Les tarifs pour l'accostage à la journée, à la semaine et au mois s'appliquent :
- dans le bassin Duquesne avec un coefficient de 0,50 ;
- dans les autres bassins avec un coefficient de 0,25.

Longueur en m	Largeur maximum en m	Semaine	Jour
6 à 6,99	2,60	79,87 €	13,77 €
7 à 7,99	2,90	96,84 €	16,64 €
8 à 8,99	3,10	115,42 €	20,33 €
9 à 9,99	3,40	136,86 €	23,85 €
10 à 10,99	3,70	157,19 €	25,61 €
11 à 11,99	4,00	176,88 €	29,14 €
12 m à 12,99	4,50	198,01 €	32,66 €

2.3 - Distances en milles

Le Tréport	14	Newhaven	66,5
Boulogne	53	Brighton	72
Nieuwpoort	109	Saint-Valéry-en-Caux	15
Oostende	118	Fécamp	30
Breskens	145	Le Havre	52,5

3. - Tourisme

Office du Tourisme
Pont Jehan Ango - B.P. 152 - 76024 Dieppe cedex
✆ +33 (0)2 32 14 40 60
dieppetourisme.com
Courriel : officetour.dieppe@wanadoo.fr

Dominée à l'Est par le Pollet, vieux quartier de pêcheurs, et à l'Ouest par le château-musée, d'époque médiévale, la ville de Dieppe est un haut lieu historique.

Voir, visiter, faire :
- la Cité de la mer (musée et centre scientifique et technique dédié à la pêche et à la biologie marine) ;
- le Pollet (ancien quartier des marins et paludiers) ;
- le château-musée, de nombreux sites et monuments ;
- etc.

Saint-Valéry-en-Caux
49° 52,5' N - 000° 42,6' E — carte 7417

1. - Approches

1.1 - Environnement

Saint-Valéry-en-Caux est le plus grand port de plaisance du Nord de la France même si l'accès n'est possible qu'à partir de la mi-marée montante.

1.2 - Courants

Au large, les courants sont alternatifs et parallèles au rivage. Le flot débute à B.M. Dieppe et porte à l'Est à 2,5 nœuds maximum alors que le jusant débute à P.M. Dieppe et porte à l'Ouest à 2 nœuds maximum.

Situation à 290° et 7,3 M de Saint-Valéry-en-Caux

Heures	Direction	Vitesse en V.E.
P.M. Dieppe -5	Renverse	
P.M. Dieppe -3	065°	2,8
P.M. Dieppe +30 min	Renverse	
P.M. Dieppe +4	247°	2,0

1.3 - Balisage

De jour
Situé entre deux falaises blanches, au débouché d'une vallée étroite, on aperçoit d'Est en Ouest les amers suivants :

À l'Est :
- un pylône de télévision (82 m) ;
- l'église de Saint-Valéry-en-Caux à mi-pente à l'Est de la vallée ;
- un château d'eau de 51 m ;
- un pylône.

À l'Ouest de la plage :
- les jetées d'entrée Est et Ouest portant des tourelles lumineuses ;
- des ridens (0,60 m) s'étendant jusqu'à 0,7 M au large au Nord-Est de Saint-Valéry-en-Caux.

À 3 M à l'Ouest de Saint-Valéry-en-Caux :
- les 4 tours remarquables (72 m) de la centrale nucléaire de Paluel.

De nuit
Jetée Est Fl (2) R 6 s - (49° 52,4 N - 000° 42,7 E) - 8 m - 4 M - Mât blanc sommet rouge 6 m ;
Jetée Ouest Fl (2) G 6 s - (49° 52,5 N - 000° 42,5 E) - 13 m - 14 M - Tour tronconique verte 12 m ;
Paluel Q - (49° 52,3 N - 000° 38,1 E) - Bouée cardinale Nord - Réflecteur radar.

2. - Le port

2.1 - Accessibilité

Le port est constitué d'un chenal de 600 m conduisant à l'avant-port puis au port de plaisance par le passage d'une écluse.

Les fonds assèchent jusqu'à 200 m au large et les navires de plaisance au T.E. de 1,40 m peuvent entrer à mi-marée (ou mieux juste avant la P.M. pour profiter de l'étale).

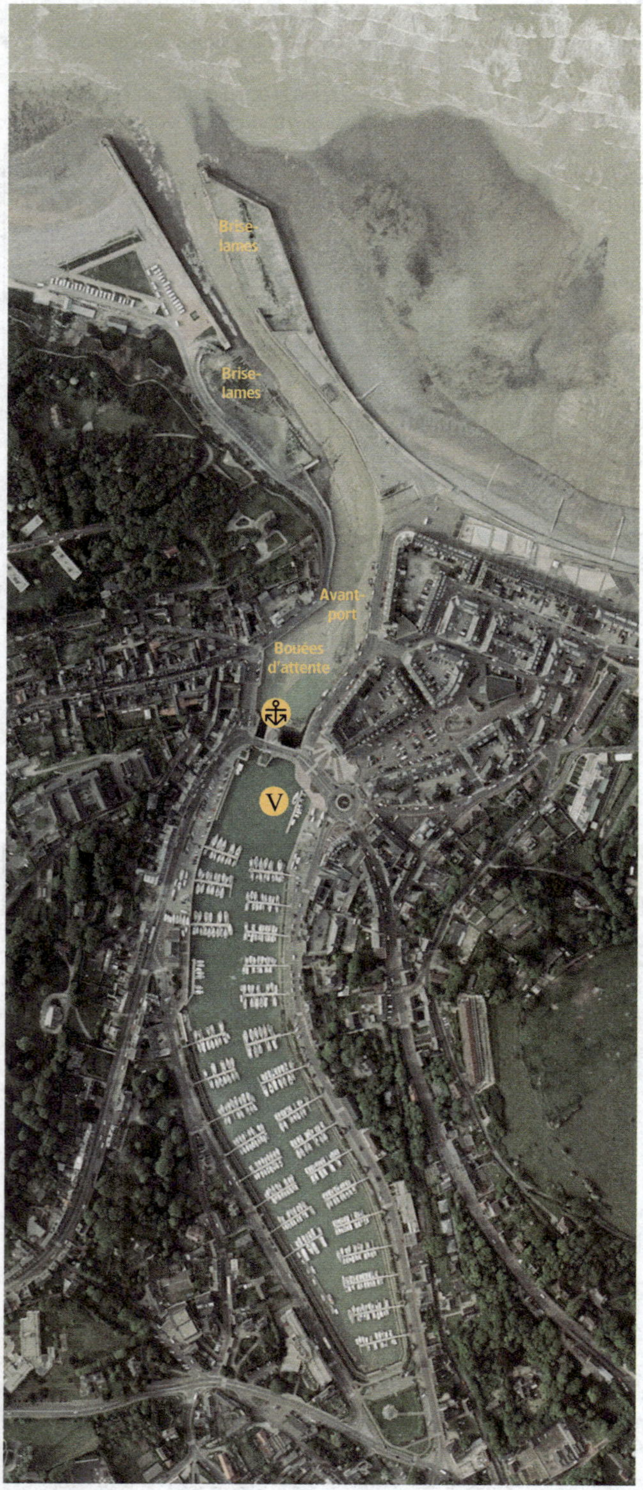

Le port de Saint-Valéry-en-Caux

La mer déferle devant l'entrée par mauvais temps d'Ouest à Nord-Ouest alors qu'une petite barre (le Varpally) peut se former au jusant par vent de Nord à Nord-Est. Dans ce cas, approcher par le Nord-Ouest et serrer le musoir de la jetée Est.

Des pieux rouge et vert délimitent la pente brise-lame des perrés de rive. Le chenal est dégagé côté Est mais peut être encombré de galets à l'Ouest.

Des bouées d'attente sont placées devant le sas à l'Est du chenal dans une souille (0 m). Sinon le fond de l'avant-port assèche (2,50 m à 3,00 m) — T.E. de 1,80 m à P.M. ±3 h. Un fort ressac peut se faire sentir dans l'avant-port par mauvais temps de Ouest à Nord-Est.

Le bassin à flot communique avec l'avant-port par un sas de 8,40 m de large au seuil à 3,30 m et un pont-levis. Il est ouvert à P.M. ±2 h 15 de jour et à PM ±0 h 30 de nuit, en coefficient < 80.

Près de la capitainerie, des signaux régulent le trafic. Les sortants sont prioritaires. T.E. de 3,50 m, 2 h 15 après P.M.

2.2 - Description

2.2.1 - Contact

Capitainerie
de 8 h à 12 h et de 12 h 30 à 18 h
✆ +33 (0)2 35 97 01 30 ou +33 (0)6 07 31 56 95
Fax +33 (0)2 35 97 79 81
VHF 9

2.2.2 - Capacité

600 places sur pontons dont 20 visiteurs pour une longueur maximum de 20 m.

L'accueil se fait derrière l'écluse côté Ouest, à droite en entrant.

2.2.3 - Services

2.2.3.1 - Services techniques : récupération des déchets et huiles - cale - grues de 6 T et 10 T - gril de carénage (quai Ouest).

2.2.3.2 - Autres services : eau - électricité sur pontons - sanitaires - téléphone - laverie automatique - shipchandlers (vente de glace) - tous commerces en ville.

2.2.3.3 - Tarifs : 2003

Longueur en m	/ nuit
< 8,00	14,00 €
8,00 à 9,99	17,00 €
10,00 à 11,99	21,00 €
12,00 à 14,99	23,00 €

2.3 - Distances en milles

Dieppe	16	Le Tréport	28	Étaples	58
Fécamp	15	Le Havre	38	Honfleur	45

3. - Tourisme

Office de tourisme
Maison Henri IV - B.P. 24 - 76460 Saint-Valéry-en-Caux
✆ +33 (0)2 35 97 00 63 - Fax +33 (0)2 35 97 32 65
www.cauxmaritime.com

Voir, visiter, faire :
- le calvaire des marins ;
- la Maison Henri IV et son musée d'histoire locale ;
- la rue Saint-Léger ;
- etc.

Baie de Seine

Quelques distances

Le Havre - Dives-sur-Mer	**13 M**
Fécamp - Le Havre	**25 M**
Le Havre - Ouistreham	**28 M**
Saint-Valéry-en-Caux - Fécamp	**15 M**
Cherbourg - Ouistreham	**66 M**
Grandcamp-Maisy - Saint-Vaast-la-Hougue	**16 M**
Saint-Vaast-la-Hougue - Cherbourg	**71 M**

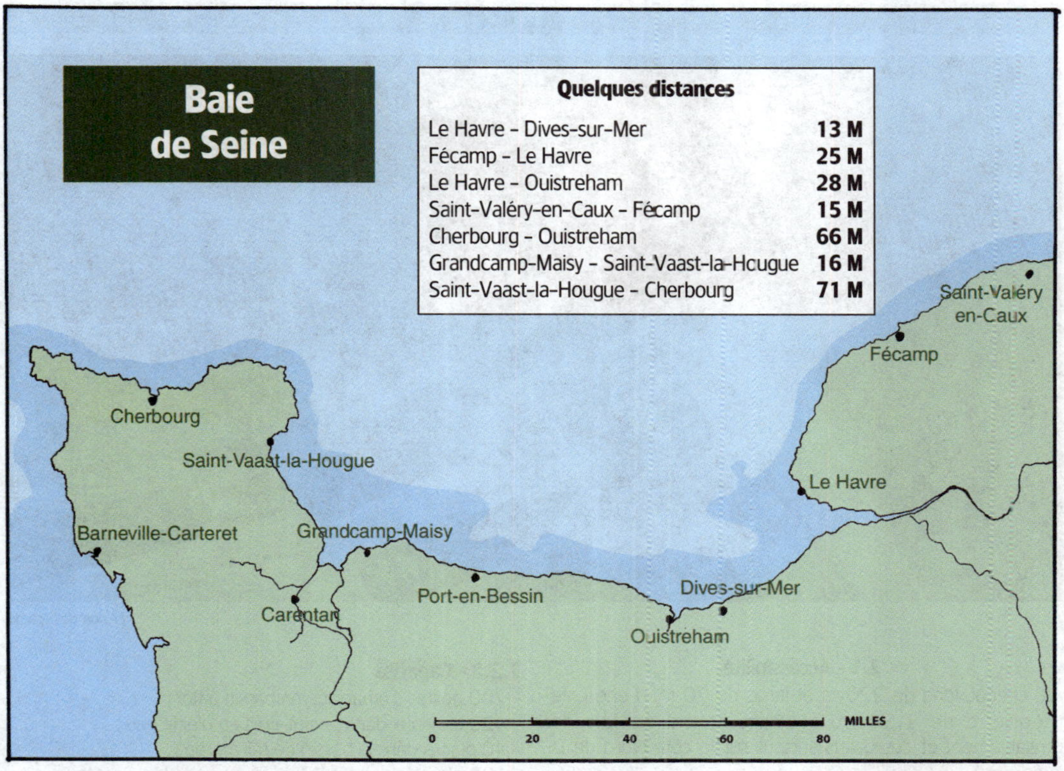

Fécamp

49° 45,9' N - 000° 21,7' E — cartes 7057 et 6651

1. - Approches

1.1. Environnement

On repère le cap Fagnet (49° 46,1' N - 000° 22,1' E), haute falaise dominée par le sémaphore construit sur l'ancien phare, par :
- la chapelle Notre-Dame-du-Salut ;
- un pylône de télévision ;
- la cheminée d'une usine d'incinération à 0,8 M à l'Est.

On reconnaît à Fécamp :
- le clocher de Saint-Étienne, tour carrée à quatre clochetons ;
- le clocher de l'Abbaye, grosse tour carrée à toit pointu ;
- la flèche de la Bénédictine ;
- un grand château d'eau.

1.2. Courants

Dans le chenal, le courant de 0,5 à 1 nœud entre pendant le flot et sort pendant le jusant.

Selon l'orientation des vents, la hauteur d'eau varie. Par vent d'Ouest il faut compter +0,10 à +0,50 m et par vent d'Est -0,20 m à - 0,40 m.

Près des jetées, à 150 m dans l'Ouest :

	Direction	Horaire	Vitesse
Flot	NNE	de P.M. Fécamp -4 h à P.M. Fécamp	1,5 à 2,9
Jusant	SSW		plus faible

⚠ Attention ! Il n'y a pas de bon mouillage extérieur du fait de la houle et d'une mauvaise tenue du plein sur fonds de galets..

Le moment favorable pour entrer est la fin du flot environ 30 min avant la P.M. (étale).

Le flot portant au Nord-Est, il est conseillé d'approcher par l'Ouest de manière à :
- ne pas se faire «embarquer» dans le Trou au Chien, dangereuse zone de ressac entre la digue Nord et la falaise d'amont ;
- maintenir la liaison VHF dont l'antenne pourrait être masquée par la falaise.

Par le vent de WNW et de force 6 à 7, se forme une barre entre les jetées rendant l'entrée dangereuse à la voile (sous-vente de Cap Fagnet). La houle reste alors forte dans le chenal.

1.3. Balisage

Accès de jour

Prendre l'alignement à 082° du feu des pilotes, poteau blanc à sommet rouge avec un voyant circulaire métallique (7 m), implanté à l'enracinement de la jetée Nord par la tour grise à sommet vert (10 m) de l'extrémité de la jetée Sud jusqu'à arrondir largement la jetée Sud.

Accès de nuit

Feu principal - Jetée Nord - Extrémité Fl (2) 10 s - (49° 46,0 N - 000° 21,8 E) - 15 m - 16 M - Tour grise sommet rouge 14 m ;

Suivre l'alignement à 082° :

Feu des pilotes Q R - (49° 46,0 N - 000° 21,7 E) - 10 m - 4 M - Poteau blanc sommet rouge voyant circulaire métallique 7 m ;

Jetée Sud - Extrémité Q G - Masqué par la falaise à plus de 217° - (49° 45,9 N - 000° 21,8 E) - 14 m - 9 M - Tour grise sommet vert 10 m.

2. - Le port

Le port de Fécamp

2.1 - Accessibilité

Le chenal, long de 220 m et large de 70 m, a une cote théorique de 1,50 m, souvent moins du fait de l'ensablement et des galets surtout sur le côté Nord de la jetée Nord.

L'avant-port, coté 1,50 m, subit un ressac par mauvais temps du large. Des pieux métalliques marquent à l'Est un brise-lames en enrochements de 60 m le long du Grand Quai. On peut embarquer des passagers sur un ponton tenu par deux pieux. Le quai de la Vicomté au Sud et le quai Vauban à l'Ouest sont réservés à la plaisance. L'écluse du bassin Bérigny est située au Sud-Est de l'avant-port

On accède :
- à l'arrière-port par la passe Botton, large de 40 m à la cote de 1 m ;
- puis au bassin de mi-marée par la passe Gayant ;
- enfin à l'écluse du bassin Freycinet.

2.2 - Description

On trouve de nombreux signaux d'entrée et de sortie :
- à l'enracinement de la jetée Sud ;
- à l'entrée des deux bassins à flot ;
- sur le bâtiment du bureau du port (bassin de mi-marée) ;
- sur le bâtiment de la Direction du port (Bassin Bérigny).

Un signal auxiliaire est allumé si les portes-écluses sont ouvertes. En l'absence de message principal, l'entrée est libre.

2.2.1 - Contacts

Capitainerie du port
Bureau du port Bérigny - 76400 Fécamp
✆ +33 (0)2 35 28 23 76 - 🖷 +33 (0)2 35 29 94 60
VHF 12

Bureau du port de plaisance
Chaussée Édouard Levasseur et Fils - 76400 Fécamp
✆ +33 (0)2 35 28 13 58 - 🖷 +33 (0)2 35 28 60 46
www.fecamp.cci.fr
Courriel : renier@fecamp.cci.fr
VHF 9

2.2.2 - Capacité

- 200 postes d'amarrage en bassin à flot ;
- 420 anneaux dans l'avant-port en pleine eau ;
- 40 places dans le bassin de mi-marée ;
- 100 places visiteurs.

2.2.3 - Services

Les plaisanciers disposent de l'avant-port (partie Sud et Ouest) par 0,30 à 1,30 m d'eau, de l'angle Sud-Ouest et de la partie Est du bassin Bérigny, ainsi que de la partie Est du bassin Freycinet.

2.2.3.1 - Services techniques : carburant - grutage jusqu'à 25 T - récupération de déchets et huiles - surveillance - cale (-500 kg) - gril de carénage - ateliers - accastilleurs - chantier naval.

2.2.3.2 - Autres services : eau - électricité - toilettes et douches - téléphone - poubelles - laverie.
Port en centre ville à proximité des commerces.

2.2.3.3 - Tarifs 2003 H.T. (T.V.A. 19,6 % en plus)

Longueur en m	Tarif de passage		Taxe d'exploitation dans les limites du port de plaisance	
	Journée	Semaine	Journée	Semaine
0 à 6,99	7,93 €	47,58 €	1,27 €	7,62 €
7 à 8,99	10,35 €	62,10 €	1,36 €	8,16 €
9 à 11,99	13,43 €	80,58 €	2,46 €	14,76 €
12 à 13,99	16,46 €	98,76 €	2,77 €	16,62 €

2.2.4 - Bassins et écluses

Le bassin Freycinet (6,00 m d'eau) est fermé par une écluse large de 18 m à la cote 0,70 m, ouverte de P.M. -2 h à P.M., voire plus selon le coefficient.

Le bassin Bérigny fermé par une écluse large de 16,50 m à la cote 1,30 m et traversée par une passerelle piéton, offre de 4,90 à 7,20 m d'eau. Il est ouvert de 2 h 30 avant la P.M. à P.M. +0 h 45 min, voire plus selon le coefficient.

Les ports

2.3 - Distances en milles

Oostende	169	Le Havre	25	Îles Anglo-Normandes	127
Nieuwpoort	129	Ouistreham	42	Douvres	90
Calais	94	Saint-Vaast-la-Hougue	72	Brighton	65
Boulogne	75	Saint-Valéry-en-Caux	15	Cowes	104
Dieppe	30	Cherbourg	84	Brixham	131

3. - Tourisme

Office municipal de tourisme
113 rue Alexandre Le Grand - B.P. 122 - 76403 Fécamp
✆ +33 (0)2 35 28 51 01 - 🖷 +33 (0)2 35 27 07 77
www.fecamptourisme.com
Courriel : fecamp-tourisme@wanadoo.fr

Fécamp, le pays des hautes falaises, est la capitale des Terre-Neuvas sur la côte d'Albâtre. C'est une ville d'art et d'histoire.

Voir, visiter, faire :
- le palais Bénédictine (liqueur), l'abbatiale de la Sainte-Trinité et son horloge astronomique, le palais ducal, la chapelle Notre-Dame-du-Salut (ex-voto), l'église Saint-Etienne ;
- musées : des Terre-Neuvas, de la pêche, des Arts et de l'enfance ;
- etc.

Le Havre

49° 29,1' N - 000° 05,4' E — cartes 6796, 7418 et 6857

1. - Approches

1.1 - Environnement

Le vent contre le courant peut créer une mer assez dure au large du cap de la Hève ainsi qu'en Petite Rade sur le banc de l'Éclat.
Du cap d'Antifer au cap de la Hève s'élève une haute falaise.

On relève successivement :
- le port pétrolier d'Antifer (quatre réservoirs blancs et la vigie du port pétrolier d'Antifer à 1,5 M au Sud du cap d'Antifer) ;
- Saint-Jouin-Bruneval (clocher, château, château d'eau) ;
- Octeville (clocher à 3,2 M au NNE du phare de la Hève) ;
- château d'eau à 2 M au sud d'Octeville.

Le franchissement du chenal d'Antifer par les navires de plaisance de moins de 20 m ne peut se faire qu'à l'Ouest des bouées A21 et A22.

Il convient de :
- prendre les plus grandes précautions ;
- ne pas couper la route des grands navires par l'avant ;
- contacter si possible Antifer sur canal 12 ou le Havre-Port sur canal 16 ou 12.

Les falaises de la Haute-Normandie s'estompent au Sud du cap de la Hève dominé par un phare et deux pylônes hertziens.
Au sud du cap de la Hève, on repère :
- le clocher pointu de Sainte-Adresse ;
- la tour de l'hôtel de ville du Havre (85 m) ;
- le clocher de Saint-Joseph (115 m) ;
- la tour blanche de la vigie (65 m) ;
- les deux pylônes gris (77 m et 35 m) de l'alignement d'entrée à 106,8° ;
- les deux cheminées de la centrale électrique (250 m).

Au fond, apparaissent les deux piles du pont de Normandie et, au Sud, Honfleur avec sa tour de vigie et le phare de Falaise-des-Fonds se détachant sur fond boisé.
De nombreuses épaves, en particulier à 4 M à l'WNW de la Hève sont balisées dans un quadrilatère formé par les bouées :
- Général Metzinger ;
- Grande rade Sud ;
- LH8 ;
- LH4.
Il va de soi que le mouillage est interdit dans les chenaux d'approche et d'accès à Antifer ou au Havre.

1.2 - Courants

On rencontre des courants alternatifs au large. Le flot porte à l'Est puis au Nord-Est entre le cap d'Antifer et le cap de la Hève à 2 nœuds en V.E. moyenne. Le jusant porte à l'Ouest puis au Sud-Ouest entre les caps.
À l'embouchure, un phénomène de tenue du plein à B.M. +4 h (étalement de la P.M.) perturbe ce bel ordonnancement. On a une montée de 5 h 30 pour une baissée de 7 h.
Les étales sont à P.M. -04 h 45 et à P.M. +01 h 15. Il y a une courte période d'étale de jusant à P.M. -04 h 15. Le maximum du flot est atteint à P.M. -02 h 45 et décroît jusqu'à P.M. +01 h 15. Le maximum du jusant va de P.M. +03 h 15 à P.M. -05 h 15.
Le courant dit Le Verhaule, s'établit en fin de montant et durant la tenue du plein. Le flot porte alors au Nord à l'entrée jusqu'à P.M. +01 h 15 et au Nord-Ouest près des passes.

1.3 - Balisage

Accès de jour

Rejoindre la bouée-phare d'atterrissage LHA. Le chenal, dragué à 15,5 m et large de 300 m, est fait pour les navires de commerce. Il est marqué par des bouées latérales lumineuses de LH3 à LH16. Seule LH11 est une cardinale Ouest signalant un haut-fond au Sud du chenal. Les navires de plaisance doivent longer le chenal en bordure Nord ou Sud et sont autorisés à traverser le chenal (contacter Havre-Port sur canal 16 ou 12).
L'alignement d'entrée à 106,8° est fait pour les navires de commerce Sur la digue Nord, des signaux de trafic portuaire règlent l'entrée du port. Les navires de plaisance doivent se tenir en bordure Nord du chenal et raser la digue Nord d'entrée.

Accès de nuit

Cap de la Hève Fl 5 s - vis 225-196 - (49° 30,8 N - 000° 04,1 E) - 123 m - 24 M - Tour octogonale blanche sommet rouge 32 m - 3 feux Fl R sur pylône radar à 0,1 M au SSW ;
Passe Nord-Ouest - Alignement 106,8° - intens 105-108
– Antérieur **Quai Roger Meunier Dir Fixe** - (49° 29,0 N - 000° 06,5 E) - 36 m - 25 M - Tour grise sommet vert 35 m
– Postérieur **Quai Joannès Couvert Dir Fixe** - (à 1 370 m d'Antérieur) - 78 m - 25 M - Tour grise sommet vert 77 m
– Réflecteur radar - Sur les mêmes tours que les feux de nuit fonctionnent de jour des feux à intensité modulée ;

Falaise des Fonds Fl (3) WRG 12 s - 040-**G**-080-**R**-084-**G**-100-**W**-109-**R**-162-**G**-260-**obscd**-040 - (49° 25,5 N - 000° 12,9 E) - 15 m - W 17 M, R & G 13 M - Tour blanche sommet vert18 m ;

Bouée-phare LHA Mo (A) 12 s - (49° 31,4 N - 000° 09,8 W) 10 m - 9 M - Marque d'eaux saines - Racon - Feu de secours Mo (A).

2. - Le port

Le port du Havre

2.1 - Accessibilité

Une extrême vigilance est nécessaire car les grands navires marchands sont prioritaires. Souvent à fort tirant d'eau, ils sont peu manœuvrants et suivent des routes très précises et balisées desquelles **ils ne peuvent se dégager.**

Le port de plaisance du Havre est accessible 24 h sur 24 h. On accède d'abord dans l'avant-port entre les digues Nord et Sud par une passe de 250 m ouverte à l'WNW.

Le port est constitué de deux bassins (l'anse des Régates au Nord et l'anse de Joinville au Sud) séparés par la digue Charles Olsen. Il s'ouvre par la passe située entre la digue Nord et la digue Augustin Normand. Pour y accéder il faut se tenir bien à droite car les navires sortants peuvent alors être masqués. La vitesse maximum autorisée dans le port est de 3 nœuds.

2.2 -Description du port

2.2.1 - Contacts

Bureau du port ouvert de 8 h 30 à 12 h 30 et de 13 h 30 à 18 h 30 en saison
125 boulevard Clémenceau - 76600 Le Havre
✆ +33 (0)2 35 21 23 95 - 🖷 +33 (0)2 35 22 72 72
www.lehavre-stationnautique.com
Courriel : lehavre.plaisance@wanadoo.fr
VHF 9

Vigie Le Havre-Port
✆ +33 (0)2 32 74 70 71
VHF 12

2.2.2 - Capacité

- 1 080 places dont 65 visiteurs ;
- Longueur maximum 16 m - T.E. maximum 3 m.

Accueil des visiteurs :
- ponton O à l'anse de Joinville ;
- ponton A à l'anse des Régates.

2.2.3 - Services

2.2.3.1 - Services techniques : grue mobile de 4 T - élévateur 30 T - cale et gril de carénage à l'anse des Régates - carburant au Sud de l'anse de Joinville - récupération des huiles usées - tous professionnels.

2.2.3.2 - Autres services : eau - électricité - sanitaires complets - téléphones - laverie - tous commerces en ville.

2.2.2.3 - Tarifs 2003

Longueur en m	Largeur en m	Semaine	Journée
6,51 à 7,00	2,70	65 €	12 €
7,01 à 7,50	2,80	70 €	13 €
7,51 à 8,00	2,95	75 €	
8,01 à 8,50	3,10	80 €	15 €
8,51 à 9,00	3,25	85 €	
9,01 à 9,50	3,40	90 €	18 €
9,51 à 10,00	3,55	95 €	
10,01 à 10,50	3,70	105 €	23 €
10,51 à 11,00	4,00	110 €	
11,01 à 11,50	4,15	120 €	25 €
11,51 à 12,00	4,30	130 €	
12,01 à 12,50	4,45	140 €	28 €
12,51 à 13,00	4,60	150 €	
Pas de franchise 1ère nuit			

2.3 - Distances en milles

Niewpoort	157	Fécamp	26	Saint-Vaast-la-Hougue	54
Boulogne	98	Honfleur	12	Cherbourg	69
Dunkerque	142	Deauville	8	Guernsey	126
Dieppe	58	Ouistreham	18	Saint-Malo	156

3. - Tourisme

Office de tourisme
186 boulevard Clémenceau - B.P. 649 - 76059 Le Havre cedex
✆ +33 (0)2 32 74 04 05 - 🖷 +33 (0)2 35 42 38 39
www.lehavretourisme.com

Voir, visiter, faire :
- espace maritime et portuaire des docks Vauban ;
- visite guidée du pont de Normandie ;
- nombreux musées : ancien Havre, Malraux, Museum d'histoire naturelle... et monuments prieurés, abbaye de Montivilliers...
- etc.

Honfleur

49° 25,8' N - 000° 13,8' E — carte 7420

1. - Approches

1.1 - Environnement

Honfleur est situé sur la rive Sud de l'estuaire de la Seine.

1.2 - Courants

Un fort courant, pouvant atteindre 4,7 nœuds peu avant le début de la tenue du plein, affecte le chenal de Rouen. Ce fort courant oblige à conserver une erre conséquente pour s'en extraire ou alors il faut attendre l'étale.

1.3 - Balisage

Phare de la falaise des Fonds Fl (3) WRG 12 s - 040-G-080-R-084-G-100-W-109-R-162-G-260-obscd-040 - (49° 25,5 N - 000° 12,9 E) - 15 m - W 17 M, R & G 13 M- Tour blanche sommet vert18 m ;
Ratier NW VQ G - (49° 26,8 N - 000° 02,5 E) - Bouée latérale tribord - Réflecteur radar ;
Ratelets Q (9) 15 s - (49° 25,3 N - 000° 01,8 E) - Bouée cardinale Ouest - Réflecteur radar ;
Ratier Sud VQ (6) + LFl 10 s - (49° 25,2 N - 000° 07,2 E) - Bouée cardinale Sud - Réflecteur radar.

2. - Le port

2.1 - Accessibilité

Emprunter le chenal de Rouen, encadré de digues hautes à pylônes lumineux jusqu'à l'écluse de l'avant-port. On aperçoit la tour radar de la vigie (37 m) sur la jetée Est. On arrive alors au pertuis d'accès à l'avant-port dont la cote varie de 1 à 2,20 m selon l'envasement.

Au pied de la tour radar, une échelle à marée indique la hauteur d'eau, ce qui ne dispense pas de contacter la capitainerie (VHF 17) pour connaître la hauteur d'eau disponible.

2.2 - Description

Le port est constitué d'un port extérieur (2 appontements) en amont de la tour radar et d'un port intérieur accessible par une écluse.

Le port intérieur comprend un avant-port accessible par deux écluses conduisant :
- au vieux bassin ;
- au bassin de l'Est ;
- au bassin Carnot.

Les plaisanciers de passage sont accueillis au quai de la digue Ouest et éventuellement au vieux bassin.

Le port de Honfleur

2.2.1 - Contacts

Capitainerie ouvert de 9 h à 12 h et de 14 h à 17 h
Lieutenance - BP 80120 - 14600 Honfleur
✆ +33 (0)2 31 14 61 09
Veille VHF 17

Centre nautique de Honfleur (gestionnaire)
de 8 h à 12 h et de 16 h à 20 h
✆ +33 (0)2 31 98 87 13

2.2.2 - Capacité

- 120 places dans le vieux bassin (15 m sur 3 m maximum) ;
- 10 visiteurs dans le vieux bassin ;
- 20 visiteurs dans l'avant-port.

2.2.3 - Services

2.2.3.1 - Services techniques : élévateur de 65 T - cale à la digue de l'Est dans l'avant-port - chantiers navals et motoriste.

2.2.3.2 - Autres services : eau - électricité au vieux port - téléphone.

2.2.3.3 - Tarifs (2003)

Longueur en m	Vieux bassin	Avant-port
< 8	12 €	10 €
8 à 8,99	14 €	11 €
9 à 9,99	17 €	14 €
10 à 10,99	21 €	17 €
11 à 11,99	24 €	20 €
12 à 12,99	26 €	22 €

Nota :
- ces tarifs s'entendent pour des monocoques
- réduction de 20 % pour plus de 8 jours consécutifs
- multicoques et bateaux à moteur >10 m : +50 %

2.2.4 - Bassins et écluses

L'écluse menant à l'avant-port, longue de 36 m et large de 23 m est ouverte à H +00 pour l'entrée et à H +30 pour la sortie, après contact VHF 17. Des signaux de trafic portuaire sont montrés sur le mât au milieu du terre-plein du bajoyer Est.

⚠ Attention ! Un feu fixe violet, de jour comme de nuit, affiche une chasse éventuelle.

Les professionnels sont prioritaires et les bateaux de plaisance s'amarrent à couple au quai de la digue Est.

On accède au vieux bassin par une écluse large de 10,5 m et franchie par un pont mobile. En saison, le pont est ouvert à 8 h 30, 9 h 30, 10 h 30, 11 h 30, 16 h 30, 17 h 30, 18 h 30 et 19 h 30.

Les bateaux en attente d'entrer dans le vieux bassin s'amarrent au quai de la Lieutenance.

2.3 - Distances en milles

Boulogne	106	Le Havre	7
Le Tréport	74	Deauville	7
Dieppe	63	Ouistreham	21
Saint-Valéry-sur-Somme	88	Saint-Vaast-la-Hougue	59
Saint-Valéry-en-Caux	46	Cherbourg	75

3. - Tourisme

Office du tourisme
Quai Lepaulmier - BP 20070 - 14600 Honfleur cedex
✆ +33 (0)2 31 89 23 30 - 🖷 +33 (0)2 31 89 31 82
www.ot-honfleur.fr
Courriel : office-du-tourisme-honfleur@wanadoo.fr
Visites organisées.

À la fois port de pêche, de commerce et de plaisance, la ville a su préserver et mettre en valeur un riche patrimoine historique et artistique. De nombreux marins et capitaines y sont nés.

Voir, visiter, faire :
- la côte de Grâce ;
- quartiers : Sainte-Catherine (quartier maritime), de l'Enclos et les greniers à sel...
- musées : de la Marine, de l'ethnographie, Eugène Boudin...
- Naturospace ;
- etc.

Deauville

49° 22,5' N - 000° 04,0' E — carte 7418

1. - Approches

1.1 - Environnement

Le port situé à l'embouchure de la Touques comprend :
- un avant-port suivi d'un port d'échouage ;
- la marina privée de Port-Deauville ;
- le port public constitué de deux bassins.

Les amers remarquables sont le casino de Trouville, le Mont Canisy, la piscine de Deauville et l'Hôtel Royal.

1.2 - Courants

Un courant traversier peut gêner l'entrée.

	Début	Direction	Vitesse V.E.
Flot	P.M. -5 h 15	ENE	3
Jusant	P.M. -0 h 30	WSW	

1.3 - Balisage

Semoy - **Épave VQ (3) 5 s** - (49° 24,1 N - 000° 02,3 E) - Bouée cardinale Est ;

Trouville SW VQ (9) 10 s - (49° 22,7 N - 000° 02,6 E) - Bouée cardinale Ouest - Réflecteur radar ;

Enrochements Ouest - Extrémité Fl WG 4 s - 005-W-176-G-005 - (49° 22,4 N - 000° 04,1 E) - 10 m - W 9 M, G 6 M - Pylône noir sommet vert 16 m ;

Enrochements Est - Duc d'Albe Fl (4) WR 12 s - 131-W-175-R-131 - (49° 22,3 N - 000° 04,3 E) - 8 m - W 7 M, R 4 M - Pylône blanc sommet rouge 15 m ;

Alignement 148° - Pointe de La Cahotte 2 feux Oc R 4 s synchrones
- Antérieur **Extrémité jetée Est** - vis 330-150 - (49° 22,1 N - 000° 04,6 E) - 11 m - 12 M - Tour métallique blanche sommet rouge 11 m
- Postérieur **Enracinement de la jetée Est** - vis 120-170 - (à 217 m d'Antérieur) -17m - 10 M - Pylône blanc sommet rouge 15m ;

Entrée du port - Côté Ouest - Môle - Extrémité Iso G 4 s - (49° 22,2 N - 000° 04,3 E) - 9 m - 5 M - Mât vert 7 m ;

Jetée Ouest - À 21 m de l'extrémité Q G - (49° 22,1 N - 000° 04,4 E) - 11 m - 9 M - Tour métallique blanche sommet vert 10 m.

2. - Le port

2.1 - Accessibilité

Au-delà de force 7, il est conseillé de chercher refuge au Havre.

Le moment favorable pour entrer est à PM ±15 min. L'accès peut être délicat par vent de Nord-Ouest à Nord-Est.

☀ **Accès de jour**

On vient chercher la bouée Semoy (en venant de la Hève, on évite le banc de Trouville à 0,90 m) dans l'alignement d'entrée du port à 2,5 milles du trait de côte. La cote est de 1,5 m à 2 m asséchant suivant les endroits, notamment vers les berges.

On pénètre entre deux cordons d'enrochements asséchants portant sur toute la longueur des perches latérales.

La digue extérieure de la Marina de Port-Deauville est marquée par deux balises latérales tribord.

Accès de nuit

Chercher Trouville Sud-Ouest puis suivre l'alignement jusqu'au feu de l'enrochement Ouest et emprunter le chenal endigué. Attention au banc de sable à la cote variable autour de 1,20 m qui barre l'entrée.

À P.M. -1 h, des retours de courant en sens inverse du flot sont possibles à l'entrée du bassin des Yachts.

Arrondir largement le musoir de la marina. En avant de son écluse, une souille à 0 m environ permet d'attendre la marée à l'abri des vents d'Ouest. L'entrée de Port-Deauville Marina est difficile par vents de Nord-Ouest ≥ 8 et à mi-marée.

La vitesse est limitée à 3 nœuds entre les jetées et à 2 nœuds dans l'avant-port.

Les écluses portent des signaux de trafic portuaire.

2.2 - Description

- Le port d'échouage (cote 3 à 4 m) est utilisé par les pêcheurs ;
- Le vieux port (public) a deux bassins : le bassin des Yachts et le bassin Morny ;
- La marina de Port-Deauville est un bassin à flot privé.

Ces trois bassins sont protégés par des écluses.

Le port de Deauville

2.2.1 - Contacts

Deauville - Vieux port

Bureau du port ouvert de 8 h 30 à 13 h et de 14 h à 18 h 00 en saison
Quai de la Marine - 14800 Deauville
✆ +33 (0)2 31 98 50 40
VHF 9

Port-Deauville - Marina

Bureau du port ouvert de 9 h à 12 h et de 14 h à 18 h
Quai des Marchands - 14800 Deauville
✆ +33 (0)2 31 98 30 01 - 🖷 +33 (0)2 31 81 98 92
www.cep-a.com
VHF 9

Bureau de l'écluse ✆ +33 (0)2 31 88 95 66

2.2.2 - Capacité

Deauville - Vieux port

- 360 places à flot dont 60 visiteurs accueillis au quai Sud du bassin des Yachts ;
- T.E. maximum 2,80 m en V.E.

Port-Deauville - Marina

- 900 places dont 200 visiteurs sur pontons le long de la digue brise-lames ;
- T.E. maximum 3 m.

2.2.3 - Services

2.2.3.1 - Services techniques : gril au quai de la Touques - cale dans l'avant-port au quai des Yachts - chantier naval - électronicien - motoriste - shipchandler.

- Deauville - Vieux Port : grue de 8 T - carburant - cale.

- Port-Deauville - Marina : carburant - élévateur de 45 T - gardiennage - grue de mâtage de 6 T - récupération des huiles usagées.

2.2.3.2 - Autres services :

- Deauville - Vieux Port : eau - électricité - sanitaires complets - téléphone.

- Port-Deauville - Marina : eau - électricité - laverie auto - sanitaires complets - téléphone.

2.2.3.3 - Tarifs 2003 en juillet et août

Deauville - Vieux Port

Longueur en m	Largeur en m	Semaine	Jour
6,01 à 7,00	2.60	63,40 €	12,80 €
7,01 à 8,00	2.80	74,90 €	14,50 €
8,01 à 9,00	3.10	86,60 €	17,50 €
9,01 à 10,00	3.40	99,00 €	19,90 €
10,01 à 11,00	3.70	112,00 €	21,80 €
11,01 à 12,00	4.00	124,50 €	24,90 €
12,01 à 13,00	4.30	138,20 €	27,60 €

Port-Deauville

Longueur en m	Largeur en m	Semaine	Jour
6,00 à 6,99	2,60	67,00 €	10,00 €
7,00 à 7,99	2,80	74,00 €	12,00 €
8,00 à 8,99	3,00	98,00 €	16,00 €
9,00 à 9,99	3,20	123,00 €	21,00 €
10,00 à 10,99	3,50	141,00 €	24,00 €
11,00 à 11,99	3,80	156,00 €	26,00 €
12,00 à 12,99	4,00	170,00 €	29,00 €

2.2.4 - Bassins et écluses

Deauville - Vieux Port

Le bassin des Yachts est protégé par une écluse automatique s'ouvrant à +5,50 m soit à ±2 h de la P.M.

Port-Deauville - Marina

L'ouverture de l'écluse (chenal d'accès dragué à +1,60 m et radier à -1 m) se fait à la demande à partir de +3,50 m et est en accès libre à partir de +7 m.

2.3 - Distances en milles

Dunkerque	148	Saint-Valéry-en-Caux	49
Calais	128	Fécamp	34
Boulogne	118	Le Havre	8
Le Tréport	77	Ouistreham	9
Dieppe	63	Saint-Vaast-la-Hougue	53
Carentan	56	Cherbourg	76
Portsmouth	100	Honfleur	7
Wight	90	New Haven	85

3. - Tourisme

Office du tourisme de Deauville
Place de la Mairie - 14800 Deauville
✆ +33 (0)2 31 14 40 00 - 🖷 +33 (0)2 31 88 78 88
www.deauville.org

Deauville, un musée à ciel ouvert.
Des visites guidées sont organisées tout au long de l'été et toute l'année pour des groupes.

Voir, visiter, faire :
- la jetée ;
- le Mont Canisy et le point de vue du cap de la Hève à l'estuaire de l'Orne ;
- la mairie ;
- l'hippodrome ;
- le casino ;
- etc.

Dives-sur-Mer — Port-Guillaume

49° 18,8' N - 000° 05,8' W — cartes 7418 et 7420

1. - Approches

1.1 - Environnement

Port-Guillaume, protégé par un long cordon dunaire, est situé à l'embouchure de la Dives. Des bancs de sable asséchant s'étendent jusqu'à 1 mille au large.

1.2 - Courants

À l'embouchure :

	Début	Direction	Vitesse V.E.
Flot	P.M. Le Havre -5 h	ENE	2
Jusant	P.M. Le Havre -15 min	W	2

À l'embouchure de la rivière, le flot est de 4 à 5 nœuds et le jusant de 3 nœuds. De ce fait l'entrée peut s'avérer délicate.

1.3 - Balisage

Dives-sur-Mer - Feu du port WRG Oc (3) (2+1) 12 s - 125-G-157-W-162-R-194-obscd-125 - (49° 17,3 N - 000° 05,2 W) - 6 m - W 12 M R & G 9 M - Cabane rouge 5 m ;

Chenal d'accès :

Bouée d'atterrissage Dl Fl 10 s - (49° 19,2 N - 000° 05,8 W) - 2 m - 3 M - Bouée marque d'eaux saines ;

Bouée 1 : latérale tribord et **bouées 2, 4, 6 et 8** : latérales bâbord ;
Feu 3 Q G - (49° 18,3 N - 000° 05,5 W) - 7 m - 4 M - Pylône blanc haut vert 12 m ;
Feu 5 Fl G 4 s - (49° 18,1 N - 000° 05,4 W) - 8 m - 4 M - Pylône blanc haut vert 14 m ;
Bouée 7 Fl (2) G 6 s - (49° 18,0 N - 000° 05,2 W)- 2 m - 1 M - Latérale tribord.

2. - Le port

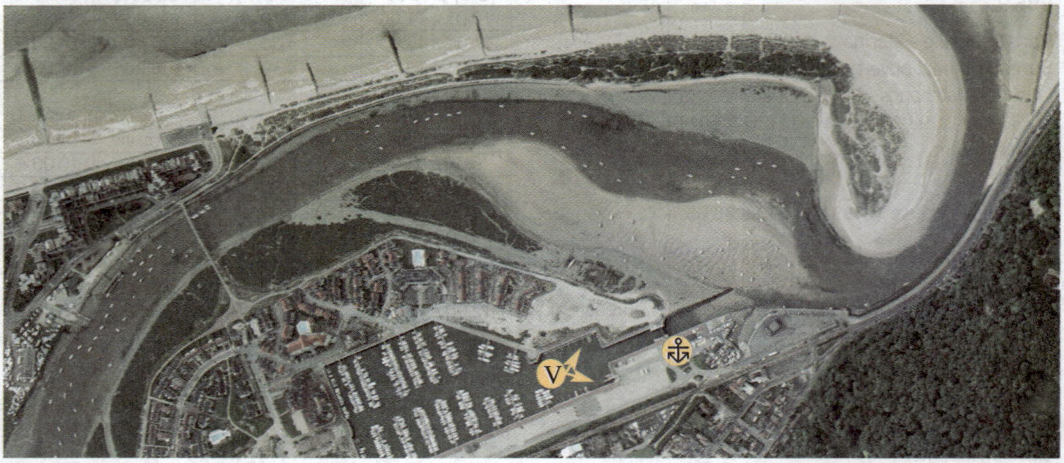

Le port de Dives-sur-Mer

2.1 - Accessibilité

Un chenal balisé, à la cote 4,30 m, conduit de la bouée DI à l'entrée située entre la pointe de Cabourg et Houlgate. On ne doit l'emprunter qu'aux environs de la P.M. et il est impératif de suivre scrupuleusement le balisage.

De nuit, le secteur blanc du feu de Dives-sur-Mer couvre l'approche mais n'est utilisable que jusqu'à la porte formée par le feu 3 et la bouée 4. Suivre ensuite le balisage.

La vitesse est limitée à 5 nœuds dans le chenal.

2.2 - Description

2.2.1 - Contact

Bureau du port de plaisance ouvert de 9 h 30 à 12 h 30 et de 14 h à 18 h - permanence H 24
Rue G. Landry - B.P. 46 - 14160 Dives-sur-Mer
✆ +33 (0)2 31 24 48 00 - 📠 +33 (0)2 31 24 73 02
Courriel : portguillaume@libertysurf.fr
VHF 9

2.2.2 - Capacité

600 places dont 50 visiteurs (longueur maximum de 20 m et un T.E maximum de 2 m).
Les visiteurs sont accueillis sur les 2 premiers pontons de part et d'autre de l'entrée. Une navette de port peut aider à la manœuvre. La vitesse est limitée à 3 nœuds dans le port.
Un mouillage sur corps-morts est possible sur la rive Sud de la rivière.

2.2.3 - Services

2.2.3.1. Services techniques : carburant - élévateur de 30 T - cale en aval de l'écluse - motoriste - chantier naval - shipchandlers.

2.2.3.2 - Autres services : eau - électricité - blocs sanitaires et bacs à linge - téléphone - laverie et tous commerces en ville.

2.2.3.3 - Tarifs 2003 en juillet et août

Longueur HT en m	Largeur maximum en m	Semaine	Jour
6,50 à 6,99	2,60	76 €	14 €
7,00 à 7,49	2,70	83 €	15 €
7,50 à 7,99	2,80	90 €	16 €
8,00 à 8,49	2,95	97 €	17 €
8,50 à 8,99	3,10	105 €	18 €
9,00 à 9,49	3,25	111 €	19 €
9,50 à 9,99	3,40	116 €	20 €
10,00 à 10,49	3,55	138 €	22 €
10,50 à 10,99	3,70	149 €	23 €
11,00 à 11,49	3,85	161 €	25 €
11,50 à 11,99	4,00	171 €	26 €
12,00 à 12,49	4,30	180 €	27 €
12,50 à 12,99	4,60	183 €	28 €

2.2.4 - Bassins et écluses

La cote théorique du bassin à flot est de 1,80 m et le niveau d'eau est maintenu à 4,50 m. Le bassin est protégé par un sas à porte automatique sur la rive Sud de la Dives qui s'ouvre à partir de 4,50 m de hauteur d'eau.

2.3 - Distances en milles

Dunkerque	156	Fécamp	38
Calais	136	Le Havre	13
Boulogne	116	Honfleur	15
Le Tréport	80	Courseulles	15
Dieppe	68	Saint-Vaast-la-Hougue	48

3. - Tourisme

Syndicat d'initiative
Rue du Général de Gaulle -14160 Dives-sur-Mer
✆ +33 (0)2 31 91 24 66 - 📠 +33 (0)2 31 24 42 28
www.dives-sur-mer.com
Courriel : mairie-dives-sur-mer@wanadoo.fr

Ville historique d'où Guillaume le conquérant partit à la conquête de l'Angleterre.

Voir, visiter, faire :
- monuments architecturaux et religieux : église, demeure seigneuriale, halles, village d'art Guillaume le Conquérant ;
- visites guidées du Dives historique ;
- etc.

Ouistreham

49° 19,4' N - 000° 15,5' W — cartes 7420 et 7418

1. - Approches

1.1 - Environnement

Le port de Ouistreham, à fort trafic commercial, est installé sur l'estuaire de l'Orne. On y accède par un chenal de 3 M.

La ville de Caen est reliée au port par un canal.

Les principaux amers sont :

- l'immeuble imposant blanc du C.H.U. de Caen ;
- la cheminée rouge et blanche de la cimenterie de Ranville à 4 M au SSW ;
- le château d'eau ;
- le clocher ;
- le phare de Ouistreham.

1.2. Courants

Embouchure de l'Orne

	Début	Direction	Vitesse V.E.
Flot	P.M. Le Havre -4 h 45	E	≈1,5
Jusant	P.M. Le Havre +30 min	W	≈1,5

Le courant de l'Orne l'emporte à la mi-marée descendante et s'inscrit alors dans l'orientation du chenal.

Il se produit, comme dans l'ensemble de la baie de Seine, une tenue du plein de 1 h 30 à 2 h. La forte influence du vent, de secteur Ouest, peut créer une surcote de 0,70 m et, de secteur Nord à Nord-Est, une décote de 0,50 m.

1.3. Balisage

Feu principal (à l'Est des écluses) **Oc WR 4 s** - 090-W-115-R-151-W-090 - (49° 16,8 N - 000° 14,9 W) - 37 m - W 17 M, R 13 M - Tour cylindrique blanche sommet rouge 38 m - Un feu de signalisation optique du vent est installé sur la plate-forme de la tour : IQ (4) 8 s = prévision de vents ⩾ force 6 dans les 6 heures - Q = prévision de vents ⩾ force 6 dans les 3 heures.

Ouistreham **VQ (3) 5 s** - (49° 20,5 N - 000° 14,7 W) - Bouée cardinale Est ;

Alignement 185° **2 feux Dir R Oc (4) (3+1) 12 s synchrones** intens 183,5-186,5 - Allumés jour et nuit

- Antérieur Extrémité jetée Est - (49° 17,2 N - 000° 14,7 W) - 10 m - 17 M - Tube métallique blanc sommet rouge 11 m - Réflecteur radar - Nota : Q R sur duc d'Albe à 30 m à l'Ouest
- Postérieur Terre-plein des écluses - (à 610 m d'Antérieur) - 30 m - 17 M - Tripode 25 m ;

Chenal à balisage latéral 1, 2, 3, 4, 5 et 6

Barnabé **Iso G 4 s** - (49° 18,1 N - 000° 14,7 W) - 7 m - 3 M - Pylône blanc sommet vert 17 m ;

Saint-Médard **Oc (2) R 6 s** - (49° 18,1 N - 000° 14,5 W) - 7 m - 8 M - Pylône blanc sommet rouge 17 m ;

Porte intermédiaire - Feu Est Quilbé **VQ R (3) 5 s** - (49° 17,8 N - 000° 14,6 W) - 9 m - 3 M - Pylône blanc haut rouge 16 m

Porte intermédiaire - Feu Ouest Riva **VQ G (3) 5 s** - (49° 17,8 N - 000° 14.7 W) - 9 m - 3 M - Pylône blanc haut vert 16 m ;

Enrochements Ouest **Iso G 4 s** - (49° 17,6 N - 000° 14.7 W) - 11 m - 7 M - Tube blanc sommet vert avec plate-forme 16 m - Réflecteur radar ;

Banc des Corbeilles **Iso R 4 s** - (49° 17,6 N - 000° 14.6 W) - 11 m - 3 M - Pylône blanc sommet rouge 16 m ;

Zone d'évitage Nord - Feu Est **Fl R 4 s** - 330-R-150-obscd-330 - (49° 17,3 N - 000° 14,5 W) - 9 m - 5 M - Pylône blanc sommet rouge 13 m ;

Poste des transbordeurs - Duc d'Albe Nord **Q G** - (49° 17,2 N - 000° 14,8 W) - 11 m - 5 M - Pylône vert 14 m.

2. - Le port

2.1 - Accessibilité

⚠ Priorité absolue au trafic commercial !

La vitesse est limitée à :

- 5 nœuds dans l'avant-port ;
- 7 nœuds sur le canal de Caen ;
- 2 nœuds dans le bassin de plaisance.

Le chenal d'accès, long de 3 milles, dragué à 7 m, est balisé par trois couples de bouées (1-2, 3-4, 5-6) et trois couples de balises (Barnabé-Saint-Médard, Quilbé-Riva, Enrochements Ouest-Banc des Corbeilles) jusqu'à la zone d'évitage. L'alignement lumineux à 184,5° matérialise l'axe du chenal.

Au Sud de l'avant-port, deux écluses donnent accès au canal maritime de Caen, à la mer et au port de plaisance. L'écluse Ouest (radier -3,25 m) est affectée au trafic de commerce. L'écluse Est (radier -0,20 m) est affectée à la plaisance et fonctionne jour et nuit.

La partie aval entre la zone d'évitage et les écluses est draguée à 3 m mais au ponton d'attente la profondeur est voisine de 0 m en B.M. de V.E.

Le canal de Caen à la mer, long de 14 km, a une profondeur d'environ 9 m et un tirant d'air de 33 m. La vitesse est limitée à 7 nœuds. Les ponts à la descente sont ouverts à 08 h 45, 12 h 00 et 15 h 00. Les ponts à la montée sont ouverts à 10 h 10, 13 h 30 et 16 h 30.

La capitainerie, sur le terre-plein central, montre les signaux de trafic portuaire.

2.2 - Description

2.2.1 - Contacts

Port de plaisance de Ouistreham ouvert de 8 h à 20 h en saison

Esplanade E. Tabarly - 14150 Ouistreham

✆ +33 (0)2 31 96 91 37 - 🖷 +33 (0)2 31 96 91 47

www.ouistreham-plaisance.com

VHF 9

Port de commerce de Caen

Ouistreham sur le terre-plein

✆ +33 (0)2 31 36 22 00 - 🖷 +33 (0)2 31 96 39 52

VHF 16 et 74

2.2.2 - Capacité

650 places à flot dans un long bassin creusé près de la rive Est du canal dont 70 places visiteurs au Nord sur le ponton D. Une navette pour l'aide à la manœuvre est disponible.

2.2.3 - Services

2.2.3.1 - Services techniques : carburant - cale de mise à l'eau - slipway de 7,5 T - récupération des huiles usagées et des ordures ménagères - présence de tous professionnels sur le port.

2.2.3.2 - Autres services : eau, électricité sur pontons - laverie et sèche-linge - sanitaires complets - téléphone - glace - location de vélos - tous commerces en ville.

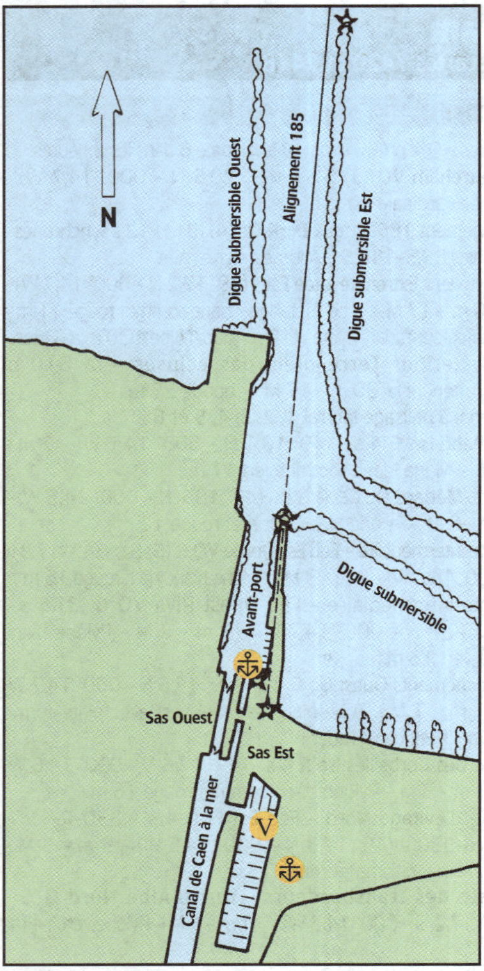

2.2.3.3 - Tarifs 2003 en saison

Longueur en m	Largeur en m	Jour	Semaine
6,50 à 6,99	2,60	12,50 €	63,27 €
7,00 à 7,49	2,70	13,87 €	68,45 €
7,50 à 7,99	2,80	14,94 €	74,24 €
8,00 à 8,49	2,95	16,01 €	79,58 €
8,50 à 8,99	3,10	17,07 €	84,61 €
9,00 à 9,49	3,25	17,99 €	89,94 €
9,50 à 9,99	3,40	19,08 €	95,28 €
10,00 à 10,49	3,55	20,12 €	100,16 €
10,50 à 10,99	3,70	21,04 €	105,49 €
11,00 à 11,49	3,85	22,26 €	110,83 €
11,50 à 11,99	4,00	23,32 €	116,01 €
12,00 à 12,99	4,30	25,61 €	124,09 €

2.2.4 - Bassins et écluses

Horaires de l'écluse du canal par rapport à la P.M.					
Entrée	-02 h 45	-01 h 15	+0 h 30	+02 h 15	+03 h 45
Sortie	-03 h 15	-01 h 45	P.M.	+01 h 45	+03 h 15

2.3 - Distances en milles

Dunkerque	150	Cherbourg	61
Calais	130	Saint-Valéry-en-Caux	53
Boulogne	112	Fécamp	38
Le Tréport	85	Le Havre	17
Dieppe	70	Saint-Vaast-La-Hougue	43
Brighton	94	Cherbourg	62

3. - Tourisme

Office du tourisme
Jardin du casino - Place Alfred Thomas
14150 Ouistreham
✆ +33 (0)2 31 97 18 63 - 🖷 +33 (0)2 31 96 87 33
Courriel : office.ouistreham@wanadoo.fr
www.ot-ouistreham.fr

Voir, visiter, faire :
- les maisons de pêcheurs ;
- les villas ;
- les musées du Débarquement et du Mur de l'Atlantique ;
- etc.

Courseulles-sur-Mer

49° 22,1' N - 000° 27,9' W — cartes 7420 et 7421

1. - Approches

1.3 - Balisage

De jour

- Prendre l'alignement à 133,5° des deux clochers de l'église de Douvres, la Délivrande, par le clocher des Bernières. ;
- rejoindre la bouée Courseulles, poursuivre sur 0,5 M ;
- faire alors route au 198° sur le pylône brun de la jetée Est.

Attention à la traversée du plateau du Calvados.

On peut mouiller, sauf par vent du large, près de la bouée Courseulles sur fonds de sable, vase et roche de 3 à 5 m.

De nuit

Venir chercher la bouée d'atterrissage Courseulles située à 1 M dans le 350 de la Jetée Est. On aperçoit le feu à secteurs de l'extrémité du cordon d'enrochements Ouest sur duc d'albe. Le chenal d'accès est bordé d'enrochements submersibles Est et Ouest, marqué par deux paires de balises latérales non lumineuses. Enfin on voit le feu de l'enracinement de la digue submersible Est, à l'extrémité de la jetée Est.

Courseulles - Atterrissage Iso 4 s - (49° 21,3 N - 000° 27,7 W) - 4 m - 6 M - Bouée marque d'eaux saines ;

Cordon d'enrochements Ouest - Extrémité Iso WG 4 s - 135-**W**-235-**G**-135 - (49° 20,4 N - 000° 27,4 W) - 7 m - W 9 M, G 6 M - Pylône brun sommet vert sur duc d'albe 14 m - Corne 1 son 30 s de 2 h avant à 2 h après la P.M. ;

Jetée Est - Extrémité Oc (2) R 6 s - (49° 20,3 N - 000° 27,4 W) - 9 m - 7 M - Pylône brun sommet rouge 12 m.

2. - Le port

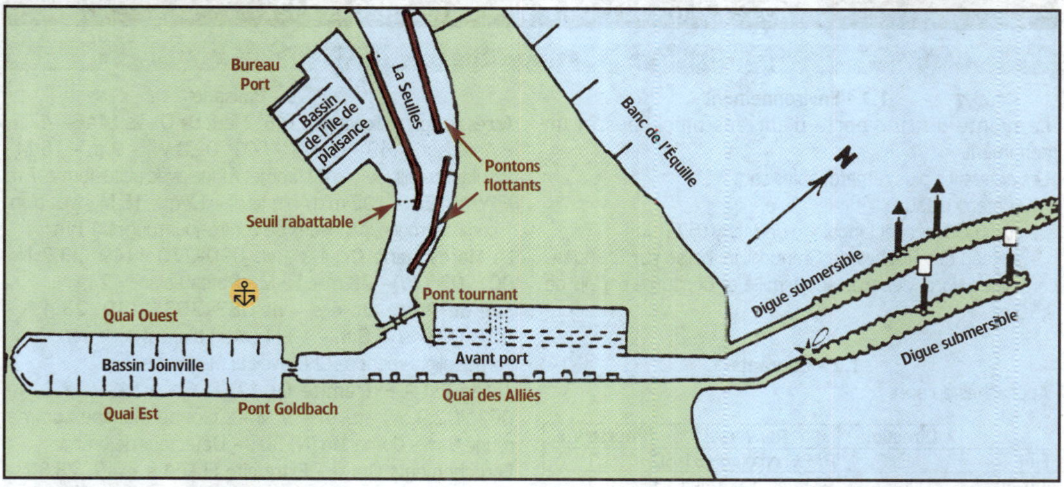

2.1. Accessibilité

Le chenal, asséchant de 2,60 m, long de 0,8 M, large de 30 m environ, est délicat par vent de NNE (houle et ressac). Il est prudent de serrer la jetée Est pour éviter le banc de sable et les enrochements submersibles. Il est bon d'attendre l'étale de la P.M. (1 h 30) pour entrer dans l'avant-port.

2.2. Description

Le port est constitué d'un avant-port, du bassin de l'île de plaisance et du bassin Joinville.

Dans l'avant-port, les fonds assèchent de 2,4 à 3,50 m mais à l'Ouest il est possible d'échouer le long d'un plan incliné.

2.2.1 - Contact

Bureau du port ouvert en semaine de saison de 9 h à 12 h et de 15 h à 18 h et le dimanche matin
Quai Ouest - 14470 Courseulles-sur-Mer
✆ 🖷 +33 (0)2 31 37 51 69
VHF 9

2.2.2 - Capacité

750 places dont :
- 300 dans le bassin Joinville (environ 20 visiteurs) ;
- 150 sur les appontements de la Seulles ;
- 250 dans le nouveau bassin de plaisance.

2.2.3 - Services

2.2.3.1 - Services techniques : grue privée de 25 T - récupération huiles usagées - carburant à 800 m - cale - gril de carénage - tous professionnels.

2.2.3.2 - Autres services : eau - électricité - sanitaires - téléphone.

2.2.3.3 - Tarifs 2003

Longueur en m	Tarif
6	11,40 €
7	15,00 €
8	18,60 €
9	22,20 €
10	25,80 €
11	29,40 €
12	33,00 €
13	36,60 €

2.2.4 - Bassins et écluses

L'entrée du bassin de l'île de plaisance, à l'Ouest de l'avant-port, est barrée par un pont routier mobile ouvert à la demande à P.M. ±3 h. Elle se fait en remontant le cours de la Seulles asséchant de 2,80 m. Sur la rive gauche on trouve des appontements. Le bassin de l'île de plaisance est fermé par une porte basculante ouverte à P.M. ±3 h. Longueur et T.E. maximum : 11 m et 1,50 m.

Le bassin à flot de Joinville, dans le prolongement de l'avant-port, est barré par un pont routier ouvert à la demande. Il est protégé par une écluse (seuil à +2,30 m) large de 9,60 m, ouverte à P.M. ±2 h et signalée de nuit par un feu. Un pavillon bleu signale la possibilité de chasses, en V.E. en particulier. Longueur et T.E. maximum : 14 m et 3 m.

2.3 - Distances en milles

Cherbourg	54	Honfleur	28
Saint-Vaast-la-Hougue	35	Fécamp	40
Ouistreham	11	Dieppe	75
Deauville	21	Calais	140

3. - Tourisme

Office du tourisme
54 rue de la Mer - 14470 Courseulles-sur-Mer
✆ +33 (0)2 31 37 46 80 / (0)2 31 37 29 25
🖷 +33 (0)2 31 36 17 18
Courriel : tourisme.courseulles@wanadoo.fr

Voir, visiter, faire :
- Maison de la mer, aquarium ;
- circuit des plages du Débarquement ;
- églises et châteaux du Bessin ;
- etc.

Grandcamp-Maisy

49° 25,2' N - 001° 04,7' W — cartes 7420 et 7422

1. - Approches

1.1 - Environnement

La pointe du Hoc porte d'anciens blockhaus et un monument.

Les amers les plus remarquables sont :
- le château d'eau ;
- le grand clocher rectangulaire de Maisy (67 m).

Le plateau des Roches de Grandcamp, balisé par 3 bouées cardinales Nord, déborde sur 1 mille et découvre parfois de 2,50 m.

1.2 - Courants

Approches du port

	Direction	Renverses	Vitesse V.E.
Flot	Est	P.M. Cherbourg +3 h 30	1,1
Jusant	Ouest	P.M. Cherbourg -3 h 10	1,2

1.3 - Balisage

Accès au port - Alignement 146° 2 feux Dir Q - vis 144,5-147,5
- Antérieur - (49° 23,4 N - 001° 02,8 W) - 9 m - 15 M - Tube métallique blanc sommet rouge avec plate-forme 7 m
- Postérieur (à 102 m d'Antérieur) - 12 m - 15 M - Mât blanc sommet rouge, panneaux de contre-jour rouges, 11 m ;

La Maresquerie Oc 4 s - vis 090-270 - (49° 23,2 N - 001° 02,7 W) - 28 m - 12 M - Poteau blanc 12 m ;

Feu du Perré Oc 4 s - vis 083-263 - (49° 23,4 N - 001° 02,5 W) - 8 m - 12 M - Abri blanc pylône vert 7 m - Forme alignement à 221° avec la Maresquerie ;

Jetée Est - Extrémité Oc (2) R 6 s - (49° 23,5 N - 001° 02,9 W) - 9 m - 9 M - Colonne blanche sommet rouge 8 m - Corne Mo (N) 30 s - Détecteur de brume ;

Enrochements Ouest - Extrémité Fl G 4 s - (49° 23,5 N - 001° 03,0 W) - 9 m - 6 M - Colonne blanche sommet vert 14 m.

2. - Le port

2.1- Accessibilité

Prendre l'alignement à 146° visible à droite du château d'eau. Passer entre les bouées cardinales Nord 3 et 5 des roches de Grandcamp. L'alignement conduit à la passe d'entrée formée de deux cordons d'enrochements prolongeant les jetées. Le chenal d'entrée est large de 18 m et est à la cote +2 m. L'accès peut être délicat par fort vent de Nord-Ouest à Nord-Est.

2.2 - Description

La pêche occupe les parties Est et Sud. La plaisance est à l'Ouest.

2.2.1. Contacts

Bureau du port ouvert de 6 h à 22 h en saison
Quai du Petit Nice - 14450 Grandcamp-Maisy
✆ +33 (0)2 31 22 63 16
VHF 9

Bureau de l'écluse
✆ +33 (0)2 31 22 19 17
VHF 9

2.2.2. Capacité

245 places sur pontons dont 12 visiteurs sur le ponton C
Longueur et T.E. maximum : 16 m et 2,50 m.

2.2.3 - Services

2.2.3.1 - Services techniques : carburant à 200 m - grue mobile privée de 5 T - cale de mise à l'eau et gril de carénage dans le bassin - shipchandler - chantier naval - motoriste.

2.2.3.2 - Autres services : eau - électricité - sanitaires - téléphone - tous commerces alimentaires en ville.

2.2.3.3 - Tarifs 2003 : non communiqués

2.2.4 - Bassins et écluses

On accède au bassin par une écluse, large de 14,3 m au radier à +2,30 m. Elle est ouverte à P.M. ±2 h 30. Le bureau de manœuvre de l'écluse montre des signaux de trafic.

Un pavillon noir signifie qu'il y a des chasses (en V.E.). La porte est alors fermée à la P.M.

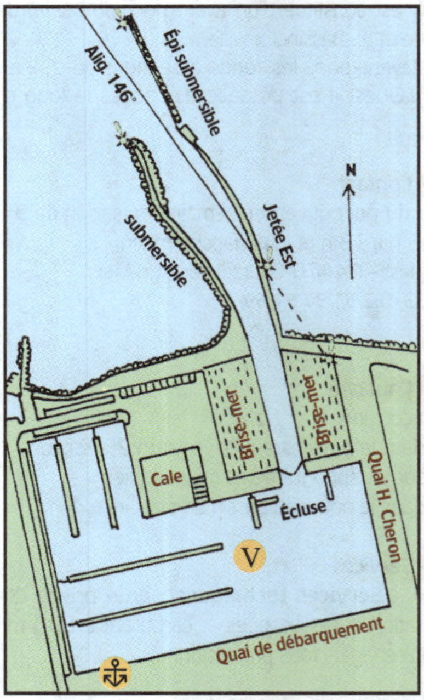

2.3 - Distances en milles

Saint-Vaast-la-Hougue	16	Carentan	13
Courseulles-sur-Mer	23	Cherbourg	35

3. - Tourisme

Office de tourisme
118 rue A. Briand - 14450 Grandcamp-Maisy
✆ +33 (0)2 31 22 6244 - 🖷 +33 (0)2 31 22 99 95
Courriel : grandcamp-maisy@wanadoo.fr

Voir, visiter, faire :
- site de la pointe du Hoc ;
- plages d'Omaha-Beach et Utah-Beach ;
- châteaux et monuments ;
- musée des Rangers, cimetières militaires ;
- etc.

Carentan

49° 22,0' N - 001° 09,9' W — carte 7422

1. - Approches

1.1 - Environnement

À partir de la bouée d'atterrissage C.I., on peut se diriger au 200° vers les bouées de la passe de Carentan. Les bouées latérales lumineuses 1 et 2 à 1,4 M au Sud-Ouest forment une porte.

Un amer remarquable : les iles Saint-Marcouf à 5 M dans le Nord.

À partir de la baie des Veys, l'entrée du port se fait d'abord par une passe balisée puis par un chenal endigué qui conduit à une écluse devant laquelle se rejoignent 2 rivières : la Taute et la Douve. Le port est situé à 4 M à l'intérieur des terres.

La porte s'ouvre ensuite sur un canal d'environ 1 M et de 60 m de large bordé d'arbres. Ce canal conduit au bassin principal, en forme de " T ", situé à proximité de la ville et regroupant les bâtiments techniques et les pontons.

La passe est balisée par 8 couples de bouées dont 6 lumineuses. Toutes les bouées sont numérotées sauf 2, amovibles, qui sont déplacées en fonction de la position du cours d'eau. À partir des feux d'entrée du chenal endigué, suivre l'alignement lumineux à 209,5°, difficile à voir de jour.

La vitesse dans le chenal est limitée à 5 nœuds.

1.2 - Courants

La marée a un retard de 1 h sur la P.M. et de 1 h 20 sur la B.M. de Cherbourg.

Ajouter 0,80 m à la P.M. (1,95 m en V.E. et 1,80 m en M.E. à l'écluse du Haut-Dick) et 0,15 m à la B.M.

1.3 - Balisage

C.I. - Atterrissage **Iso 4 s** - (49° 25,5 N - 001° 07,0 W) - 4 m - 4 M - Bouée marque d'eaux saines - Réflecteur radar ;

Carentan - Alignement 209,5° **synchrones** - intens 208,2-210,7

– Antérieur **Dir Oc (3) R 12 s** - (49° 20,5 N - 001° 11,1 W) - 6 m - 18 M - Poteau blanc sommet rouge 6 m

– Postérieur **Oc (3) 12 s** - vis 120-005 - (à 723 m d'Antérieur) - 14 m - 10 M - Potence blanche sommet vert 15 m

Îles Saint-Marcouf - Île du Large **VQ (3) 5 s** - (49° 29,9 N - 001° 08,8 W) - 18 m - 8 M - Tour carrée grise sommet vert 17 m ;

Ouest Saint-Marcouf **Q (9) 15 s** - (49° 29,7 N - 001° 11,9 W) - Bouée cardinale Ouest ;

Quinéville **VQ (9) 10 s** - (49° 31,8 N - 001° 12,4 W) - Bouée cardinale Ouest.

2. - Le port

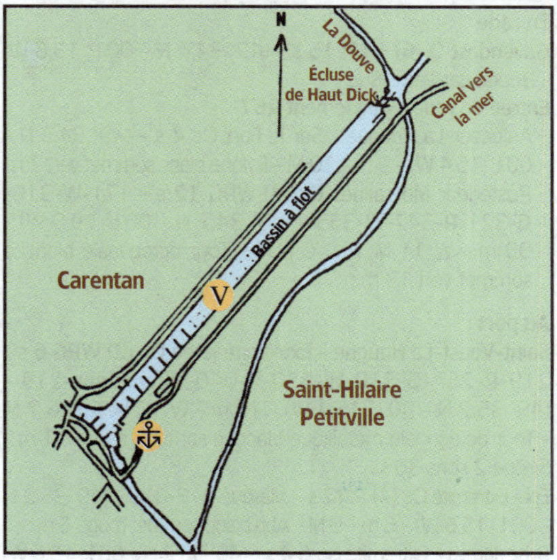

2.1 - Accessibilité

Il est conseillé d'embouquer la passe depuis la bouée à l'heure de l'ouverture de l'écluse du port.

Le chenal démarre entre deux digues submersibles signalées par 2 perches lumineuses. Il est balisé sur toute sa longueur par des perches rouges et vertes. Le chenal qui traverse le parc naturel des marais du Cotentin et du Bessin conduit devant l'écluse où un ponton d'attente permet l'amarrage d'un bateau en attente d'éclusage.

La P.M. a une heure de retard sur Cherbourg et la baie de Veys est soumise comme toute la baie de Seine à une tenue du plein. Le meilleur moment pour entrer est donc à P.M. ±2 h à partir de la bouée C.I.

2.2 - Description

2.2.1 - Contacts

Bureau du port ouvert de 8 h à 12 h et de 14 h à 18 h en saison, pendant l'éclusage, de jour comme de nuit

Rue de Remblais - BP 450 - 50500 Carentan

✆ +33 (0)2 33 42 24 44 et 06 89 13 15 56

📠 +33 (0)2 33 42 00 03

VHF 9

Bureau de l'écluse

✆ +33 (0)2 33 71 10 85

2.2.2 - Capacité

270 places - Longueur et T.E. maximum : 20 m et 3 m

Les visiteurs sont accueillis au ponton K.

2.2.3 - Services

2.2.3.1 - Services techniques : carburant - 2 cales - grue de mâtage - grues de 25 T - élévateurs de 16 et 40 T - chantier - motoriste - récupération des huiles usagées.

2.2.3.2 - Autres services : eau - électricité - sanitaires complets gratuits - téléphone - glace - tous commerces en ville.

2.2.3.3 - Tarifs 2003

Longueur en m	Largeur en m	Surface en m²	Mois d'été	Visiteurs /jour/été
6,25	2,45	15	73,30 €	8,00 €
7,50	2,48	19	92,80 €	10,10 €
8,20	2,90	24	114,00 €	12,00 €
9,80	3,10	30	138,45 €	14,10 €
9,16	3,35	31	142,50 €	14,40 €
10,00	3,50	35	158,80 €	15,85 €
11,00	3,70	41	183,10 €	17,90 €
13,00	4,00	52	227,95 €	21,80 €

2.2.4 - Bassins et écluses

L'écluse du Haut-Dick qui protège le bassin à flot fonctionne 5 heures par marées soit de P.M. -2 h à P.M. +3 h. En saison, la vigie assure une permanence à chaque marée (sinon utiliser le téléphone placé sous la vigie). Se servir des bouts verticaux dans le sas pour assurer un bon éclusage. Des feux rouges et verts indiquent les possibilités d'entrée. Priorité est donnée aux sortants.

L'écluse est longue de 30 m, large de 9 m au seuil à la cote de +1,80 m.

La vitesse dans le bassin est limitée à 3 nœuds.

2.3 - Distances en milles

Grandcamp-Maisy	3	Ouistreham	45
Saint-Vaast-la-Hougue	18	Port-en-Bessin	25
Courseulles-sur-Mer	37	Cherbourg	43

3. - Tourisme

Office de tourisme
Boulevard de Verdun - 50500 Carentan
✆ +33 (0)2 33 71 23 50 - 🖷 +33 (0)2 33 42 74 01

Voir, visiter, faire :
- églises : romane, gothique ;
- les arcades médiévales ;
- monuments ;
- etc.

Saint-Vaast-la-Hougue

49° 34,3' N - 001° 15,2' W — cartes 7090 et 7422

1. - Approches

1.1 - Environnement

La côte Est du Cotentin est protégée des vents dominants d'Ouest. La pointe de Saire sépare la côte sableuse du Sud de la côte rocheuse du Nord.

Au large, se méfier des dangers constitués par :
- le banc du Cardonnet (3 m d'eau au Nord-Ouest) marqué à l'Est par la bouée Est du Cardonnet et la bouée d'épave Norfolk ;
- les îles Saint-Marcouf : l'île du Large porte un fort et un phare et l'île de Terre un fort bas. Les îles sont marquées par la bouée Ouest Saint-Marcouf ;
- les bancs de Saint-Marcouf et de la rade (2,56 m et 3,50 m d'eau) marqués par la bouée Quinéville ;
- les dangers à l'Est et au SSE marqués par la cardinale Sud à cloche la Dent et la bouée Gravendest.

Les amers remarquables au large sont :
- une plage basse ;
- le grand monument américain ;
- la chapelle des Gougins ;
- les clochers pointus de Quinéville et de Montebourg ;
- les châteaux d'eau de Saint-Floxel et d'Ozeville.

Les amers près du port sont :
- le phare de Morsalines à mi-pente ;
- la tour du fort de La Hougue ;
- le feu de la grande jetée ;
- le feu de l'Îlet ;
- la tour grise du fort de Tatihou.

1.2 - Courants

Le flot porte au Sud sur la côte Est du Cotentin. Devant Saint-Vaast-la-Hougue, le courant est giratoire et porte à terre en fin de flot et de jusant.

1.3 -Balisage

Au large

Est du Cardonnet **VQ (3) 5 s** - (49° 26,8 N - 001° 01,1 W) - 4 m - 9 M - Bouée cardinale Est ;
Norfolk **Q (3) 10 s** - (49° 29,0 N - 001° 03,7 W) - Bouée cardinale Est ;
Ouest Saint-Marcouf **Q (9) 15 s** - (49° 29,7 N - 001° 11,9 W) - Bouée cardinale Ouest ;
Quinéville **VQ (9) 10 s** - (49° 31,8 N - 001° 12,4 W) - Bouée cardinale Ouest.

En rade

Gavendest **Q (6) + LFl 15 s** - (49° 34,4 N - 001° 13,8 W) - Bouée cardinale Sud ;
Entrée en rade - Alignement 267°
- Antérieur La Hougue - Sur le Fort **Oc 4 s** - (49° 34,3 N - 001° 16,4 W) - 9 m - 10 M - Pylône blanc sommet vert 7 m
- Postérieur Morsalines **Oc (4) WRG 12 s** - 171-**W**-316-**G**-321-**R**-342-**W**-355 - (49° 34,2 N - 001° 19,0 W) - 90 m - W 11 M, R & G 8 M - Tour octogonale blanche sommet vert 13 m ;

Au port

Saint-Vaast-La Hougue - Extrémité jetée **Oc (2) WRG 6 s** - 219-**R**-237-**G**-310-**W**-350-**R**-040-**W** unintens-219 - (49° 35,2 N - 001° 15,4 W) - 12 m - W 10 M, R & G 7 M - Tour octogonale métallique blanche sommet rouge 11 m - Sirène 2 sons 30 s ;
Épi - Extrémité **Oc (4) R 12 s** - Masqué 278-018 - (49° 35,2 N - 001° 15,6 W) - 6 m - 6 M - Abri blanc sommet rouge 6 m ;
Brise-lames - Extrémité **Iso G 4 s** - (49° 35,3 N - 001° 15,6 W) - 6 m - 3 M - Pylône métallique blanc sommet vert 6 m ;
Réville - Pointe de Saire **Oc (3) (2 + 1) 10 s** - (49° 36,4 N - 001° 13,8 W) - 11 m - 10 M - Tour carrée blanche sommet vert 10 m.

2. - Le port

2.1 - Accessibilité

De jour

- En venant du Nord ou de l'Est, on emprunte la passe Nord : déborder l'île de Tatihou et le banc de la Rade, prendre l'alignement à 267° jusqu'au Sud de Gravendest. Faire alors route au 310° sur l'extrémité de la grande jetée selon la hauteur d'eau.
- En venant du Sud, on emprunte la passe Sud qui fait déborder les bancs de Saint-Marcouf et de la Rade. Prendre le clocher de Réville par l'extrémité de la jetée de Tatihou au 349°. Après la cardinale Est le Bout du Roc, faire route sur l'extrémité de la grande jetée.

De nuit

- Venant du Nord, se tenir à l'Est de l'alignement formé par le phare de Barfleur-Gatteville et le feu de Réville-pointe de Saire.

Prendre l'alignement à 267° de Morsalines par le phare de la Hougue jusqu'au secteur blanc du feu de la Grande Jetée. En s'y tenant, on pare les plateaux rocheux de la Hougue et du fort de l'Îlet. À l'approche finale, il faut se méfier des bateaux au mouillage qui sont peu ou pas éclairés.

- Venant de Carentan ou de Grandcamp-Maisy, reconnaître à tribord la bouée Ouest Saint-Marcouf, puis la bouée Quinéville, puis rester dans le secteur blanc du feu de la Grande Jetée.

- Venant d'un port plus à l'Est dans la baie de Seine, reconnaître à bâbord le feu des îles de Saint-Marcouf et rejoindre l'alignement de Morsalines par la Hougue à 267° jusqu'au secteur blanc du feu de la Grande Jetée.

2.2 - Description

Saint-Vaast-la-Hougue, protégé des vents d'Ouest, offre un bon mouillage d'attente (sauf par vent d'Est à Sud-Est) dans la petite rade à l'Est du fort de la Hougue, soit à l'Est des bouées Bout du Roc et Le Manquet (+2 à +5 m).

De nuit, veiller à montrer son feu de mouillage et se tenir à l'écart de la limite Gravendest-feu de la Grande Jetée.

Une grande jetée, longue de 400 m, protège l'avant-port. À son enracinement, la digue du Feu Rouge protège une darse. La vitesse est limitée à 3 nœuds dans le chenal et dans le port.

Le bassin à flot est fermé par un sas de 16 m de large à la cote +2,00 m. On admet les navires jusqu'à 20 m de long et 2,3 m de T.E. Le niveau du bassin est maintenu à +2,30 m.

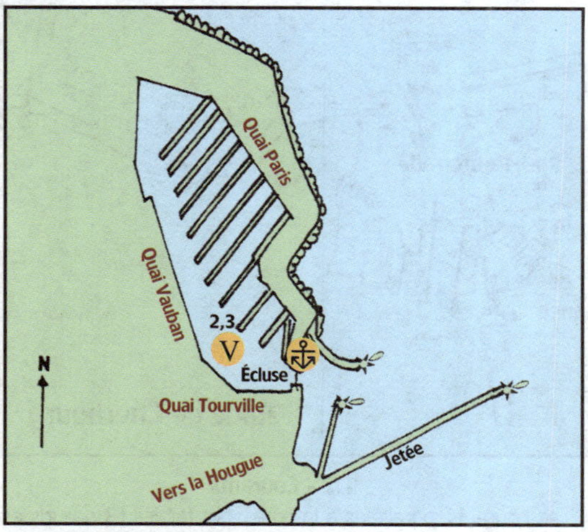

2.2.1 - Contact

Bureau du port ouvert de 8 h à 23 h 30 en saison
Place Auguste Contamine - 50550 Saint-Vaast-la-Hougue
✆ +33 (0)2 33 23 61 00 - 🖷 +33 (0)2 33 23 61 04
www.saint-vaast-reville.com
Courriel : port-st-vaast-reville@saint-vaast-reville.com
Veille VHF 9

2.2.2. Capacité

695 places dont 100 visiteurs sur pontons B, C (en entier) ou D, E et F selon disponibilité.

2.2.3. Services

2.2.3.1 - Services techniques : carburant au ponton A - grue de 15 T - élévateur de 45 T - cale près du bureau - récupération des huiles usagées - chantier naval - shipchandler.

2.2.3.2 - Autres services : eau - électricité sur les pontons - sanitaires - ordures ménagères - téléphone sur le terre-plein - laverie et tous commerces en ville.

2.2.3.3 - Tarifs 2003

Longueur H.T. en m	Jour	Semaine
6,50 à 6,99	10,76 €	53,81 €
7,00 à 7,49	12,20 €	61,02 €
7,50 à 7,99	13,47 €	67,33 €
8,00 à 8,49	14,91 €	74,53 €
8,50 à 8,99	16,17 €	80,84 €
9,00 à 9,49	17,61 €	88,04 €
9,50 à 9,99	19,23 €	96,15 €
10,00 à 10,49	20,85 €	104,26 €
10,50 à 10,99	22,47 €	112,36 €
11,00 à 11,49	24,09 €	120,47 €
11,50 à 11,99	26,08 €	130,38 €
12,00 à 12,99	29,68 €	148,39 €

2.2.4 - Bassins et écluses

Le bassin est accessible de P.M. -2 h 15 à P.M. +3 h.
Priorité aux navires entrants.

2.3 - Distances en milles

Dunkerque	168	Ouistreham	43
Calais	148	Cherbourg	25
Boulogne	134	Grandcamp-Maisy	14
Le Tréport	108	Barfleur	7
Dieppe	95	Aurigny	48
Saint-Valéry-en-Caux	78	Carteret	65
Fécamp	65	Guernsey	67
Trouville	60	Jersey	82
Le Havre	52	Saint-Malo	107

3. - Tourisme

Office du tourisme
1 place du général de Gaulle - 50550 Saint-Vaast-la-Hougue
✆ +33 (0)2 33 23 19 32 - 🖷 +33 (0)2 33 54 41 37
www.saint-vaast-reville.com

Voir, visiter, faire :
- île et fort de Tatihou : musée maritime... ;
- Saint-Marcouf, l'île aux oiseaux ;
- monuments historiques ;
- le fort de la Hougue ;
- etc.

Raz de Barfleur

Un fort vent contre le courant lève une mer dure.

Une zone de hauts-fonds (+8 m) se trouve à 1 M au Nord-Est de la pointe de Barfleur. À 0,32 M de la pointe, face au phare de Gatteville, des roches découvrent et sont balisées par la cardinale Est La Jamette. Le banc de Saint-Pierre (0,80 m) et le plateau des Équets (2 épaves découvrantes) débordent à l'WNW.

Par fort vent d'Ouest, il convient de passer à l'étale. Le moment favorable, venant de l'Ouest est à P.M. Cherbourg -3 h et venant du Sud-Est à P.M. Cherbourg +2 h (courant faible et jusant modéré jusqu'à P.M. -4 h).

Pointe de Barfleur-Gatteville **Fl (2) 10 s** - (49° 41,8 N - 001° 15,9 W) - 72 m - 29 M - Tour grise sommet noir 75 m - Corne 2 sons 60 s (à 60 m au Nord-Est).

Raz du cap Lévi

Une zone de hauts-fonds s'étend jusqu'à 2 M dans le Nord. Elle est signalée au Nord-Ouest par la bouée La Pierre Noire à laisser au Sud.

Au cap Lévi la renverse a lieu à P.M. -05 h 45 et à P.M. +0 h 30. À la Pierre Noire, elle a lieu à P.M. -04 h 30 et à P.M. +02 h 30.

	P.M. Cherbourg - Basse du Rénier		
	Début	**Direction**	**Vitesse V.E.**
Flot	P.M. -3 h 30	ESE	5
Jusant	P.M. +2 h 45	W	4

La Pierre Noire **Q (9) 15 s** - (49° 43,6 N - 001° 29,1 W) - Bouée cardinale Ouest ;
Cap Lévi **Fl R 5 s** - (49° 41,8 N - 001° 28,4 W) - 36 m - 22 M - Tour carrée grise sommet blanc 28 m.

Cherbourg

49° 40,6' N - 001° 39,4' W — cartes 7086, 7092 et 7120

1. - Approches

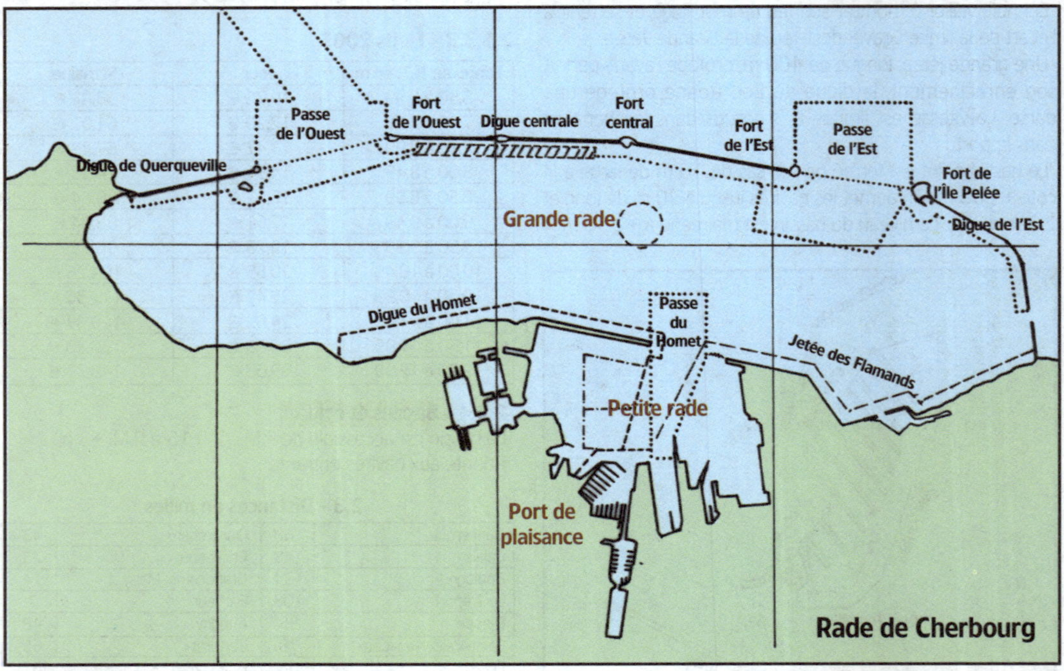

1.1 - Environnement

Situé au pied d'une haute falaise entre les caps de Barfleur et de Lévi, Cherbourg est protégé par trois digues dont une centrale ouvrant ainsi deux passes d'accès, une à l'Est, l'autre à l'Ouest. On remarque d'Est en Ouest :
- un pylône de télévision avec des feux d'obstacles aériens ;
- les carrières blanches de Quévillon en arrière le grand château d'eau de la Glacerie ;
- le fort du Roule et les châteaux d'eau de Cherbourg et d'Octeville.

La Grande rade, longue de 4,5 M, est protégée d'Est en Ouest par :
- la digue Est portant le feu de l'île Pelée ;
- la digue centrale portant le fort de l'Est, le fort Central et le fort de l'Ouest ;
- la digue de Querqueville.

Au Sud, la passe du Homet passe entre la digue du Homet et la jetée des Flamands ouvrant sur la Petite rade avec ses ports militaire, de commerce et de plaisance (Chantereyne).

1.2 - Courants

Les courants, parallèles à la côte, sont faibles (3 nœuds en V.E.) et l'étale correspond sensiblement avec la P.M. et la B.M.

1.3. Balisage

Passe de l'Ouest

CH1 - Atterrissage **LFl 10 s** - (49° 43,3 N - 001° 42,0W) - 8 m - 4 M - Bouée marque d'eaux saines - Sifflet - Réflecteur radar - Mouillée à 3,4 M dans le Nord-Ouest de la passe de l'Ouest ;

Fort de l'Ouest - Digue centrale **Fl (3) WR 15 s** - 122-W-355-R-122 - (49° 40,5 N - 001° 38,9 W) - 19 m - W 24 M, R 20 M - Tour grise sommet rouge 9 m - Corne 3 sons 60 s ;

Alignements 140,3° et 142,2°

- Antérieur Coude de la jetée du Homet - **2 feux Dir Q** (écartement des feux 63 m) - intens 137,3-143,3 & 139,2-145,2 - (49° 39,6 N - 001° 37,9 W) - 5 m - 17 M - Fanal sur triangles blancs 4 m - Feu de signalisation optique du vent installé au fort du Homet

Les ports

- Postérieur Gare maritime **Dir Q** - intens 140-142,5 - (à 1 835 m d'Antérieur) - 35 m - 19 M - Pylône gris voyant triangulaire blanc 35 m

Ces deux alignements marquent les limites Sud-Ouest et Nord-Est du chenal dragué ;

Bouée des enrochements **Fl R 4 s** - (49° 40,5 W - 001° 38,9 W) - Bouée latérale bâbord - Réflecteur radar ;

Digue de Querqueville - Extrémité **Fl (4) G 15 s** - (49° 40,3 N - 001° 39,8 W) - 8 m - 4 M - Support blanc haut vert 7m ;

Alignement 124,5°

- Antérieur Ouest jetée du Homet - Extrémité **Fixe G** - (49° 39,5 N - 001° 36,9 W) - 10 m - 8 M - Support blanc sommet vert 9 m
- Postérieur Terre-Plein des Mielles **Dir Iso G 4 s** - intens 114,5-134,5 - (à 1 397 m d'Antérieur) - 16 m - 7 M - Colonne bandes noires et blanches haut blanc 15 m - Nota : Peut être masqué par les navires à quai ;

La Ténarde **VQ** - (49° 39,8 N - 001° 37,8 W) - Bouée cardinale Nord.

Passe de l'Est

Fort de l'Île Pelée **Oc (2) WR 6 s** - 055-W-120-R-055 - (49° 40,2 N - 001° 35,1 W) - 19 m - W 10 M, R 7 M - Support rouge et blanc 8 m ;

Digue centrale - Fort de l'Est **Iso G 4 s** - (49° 40,3 N - 001°35,9 W) - 19 m - 9 M - Pylône blanc sommet vert 9 m ;

Roches du Nord-Ouest **Fl R 2,5 s** - (49° 40,7 N - 001° 35,2 W) - Bouée latérale bâbord ;

La Truite **Fl (4) R 15 s** - (49° 40,4 N - 001° 35,4 W) - Bouée latérale bâbord - Réflecteur radar ;

Alignement 189° **2 Dir Q 1,2 s**

- Antérieur Jetée des Flamands - Extrémité Est - (49° 39,4 N - 001° 35,9 W) - 9 m - 13 M - Pylône métallique sur abri, blanc, 8 m
- Postérieur Terre-plein des Mielles - (à 520 m d'Antérieur) - 16 m - 13 M - Colonne bandes noires et blanches haut blanc 15 m - Feu de secours.

Entrée en petite rade

Jetée des Flamands - Extrémité Ouest **VQ R** - (49° 39,5 N - 001° 36,5 W) - Bouée latérale bâbord - Réflecteur radar - Jetée partiellement couverte en P.M. de vives-eaux - Fl (5) Y 20 s sur bouée de mesure de houle à 180 m au Sud-Est ;

Chantereyne - Port de plaisance - Môle - Extrémité **Oc (2) G 6 s** - (49° 38,9 N - 001° 37,2 W) - 7 m - 6 M - Pylône vert 6 m ;

Ponton brise-clapot (ponton d'attente) - Extrémité **Fl G 2,5 s** - (49° 38,8 N - 001° 37,1 W) - 4 m - 2 M - Pieu blanc haut vert 3 m.

2. - Le port

2.1 - Accessibilité

On trouve la bouée d'atterrissage CH1 à 3,4 M dans le Nord-Ouest de la passe de l'Ouest.

Passe de l'Ouest

La passe de l'Ouest, large de 0,6 M, se situe entre le fort de l'Ouest (tour grise 9 m) de la digue centrale et l'extrémité de la digue de Querqueville. À l'Ouest de la digue centrale, une bouée latérale bâbord lumineuse protège des enrochements. Le chenal est indiqué par les alignements à 142,2° et à 140,3° (même feu postérieur sur le toit de la gare maritime) et deux antérieurs distincts à l'enracinement de la digue du Homet. Après la passe, suivre l'alignement à 124,5° conduisant en Petite rade.

Passe de l'Est

La passe de l'Est, large de 0,3 M, s'ouvre entre le fort de l'île Pelée et le fort de l'Est de la digue centrale. Prendre l'alignement à 212° en mettant le clocher de l'église Notre-Dame du Vœu à droite du clocher central de Sainte-Trinité. Laisser à bâbord la bouée latérale bâbord Roches du Nord-Ouest puis la bouée latérale bâbord La Truite. Il est possible aussi de prendre l'alignement à 183,5° du château d'eau de la Glacerie par l'immeuble des carrières de Quévillon.

De nuit, l'alignement à 189° fait franchir la passe.

Entrée en Petite rade

Se méfier des enrochements de la jetée des Flamands marqués par la bouée Extrémité Ouest.

Rappel : la vitesse est limitée à 14 nœuds en Grande rade, à 8 nœuds en Petite rade et à 3 nœuds dans le port. La zone militaire est interdite.

Accès à Port-Chantereyne

Depuis la passe du Homet, faire cap sur le clocher de l'église Sainte-Catherine pour passer entre le terre-plein du port de commerce à l'Est et la digue de Chantereyne à l'Ouest. À l'Ouest du chenal de l'avant-port, on trouve un ponton d'attente visiteurs portant un feu sur pieu.

2.2 - Description

2.2.1 - Contact

Bureau du port ouvert en saison de 7 h à 23 h
Port Chantereyne - 50100 Cherbourg
✆ +33 (0)2 33 87 65 70 - 🖷 +33 (0)2 33 53 21 12
www.ville-cherbourg.fr
Courriel : cherbourg.marina@wanadoo.fr
VHF 16 et 9

2.2.2. Capacité

1 324 places dont 250 visiteurs sur pontons H, J, K, M, N, P et Q.

Longueur et T.E. maximum : 30 m et 3,50 m.

2.2.3. Services

2.2.3.1 - Services techniques : accueil sur l'eau en saison et aide à la manœuvre payante - élévateur de 30 T - grue de mâtage de 600 kg sur le terre-plein Ouest - cale - gazole - tous professionnels.

2.2.3.2 - Autres services : eau - électricité - sanitaires complets - téléphone - tous commerces en ville.

2.2.3.3 - Tarifs en saison (2003)

Longueur HT en m	Journée	Semaine
6,50 à 6,99	10,50 €	53,00 €
7,00 à 7,49	12,00 €	60,00 €
7,50 à 7,99	13,50 €	68,00 €
8,00 à 8,49	15,00 €	75,00 €
8,50 à 8,99	17,00 €	85,00 €
9,00 à 9,49	18,50 €	93,00 €
9,50 à 9,99	20,00 €	100,00 €
10,00 à 10,49	21,30 €	107,00 €
10,50 à 10,99	23,00 €	115,00 €
11,00 à 11,49	24,50 €	123,00 €
11,50 à 11,99	26,50 €	133,00 €
12,00 à 12,99	29,60 €	148,00 €
Nota : pas de franchise de 1ère nuit		

2.3 - Distances en milles

Dunkerque	174	Fécamp	78	Saint-Quay-Portrieux	80
Calais	154	Le Havre	68	Lézardrieux	80
Boulogne	143	Ouistreham	62	Cap de la Hague	6
Le Tréport	120	Saint-Vaast-la-Hougue	26	Saint Helier	51
Dieppe	106	Granville	67	Guernsey	34
Saint-Valéry-en-Caux	93	Saint-Malo	79	Carteret	29

3. - Tourisme

Office du tourisme
2 quai Alexandre III - 50100 Cherbourg
✆ +33 (0)2 33 93 52 02 - 🖷 +33 (0)2 33 53 66 97
www.ot-cherbourg-cotentin.fr

Voir, visiter, faire :
- Cité de la mer ; Maison du littoral... ;
- très nombreux musées : maritime, d'arts, archéologique et ethnographique... ;
- parc et jardin botanique ;
- monuments architecturaux et religieux ;
- etc.

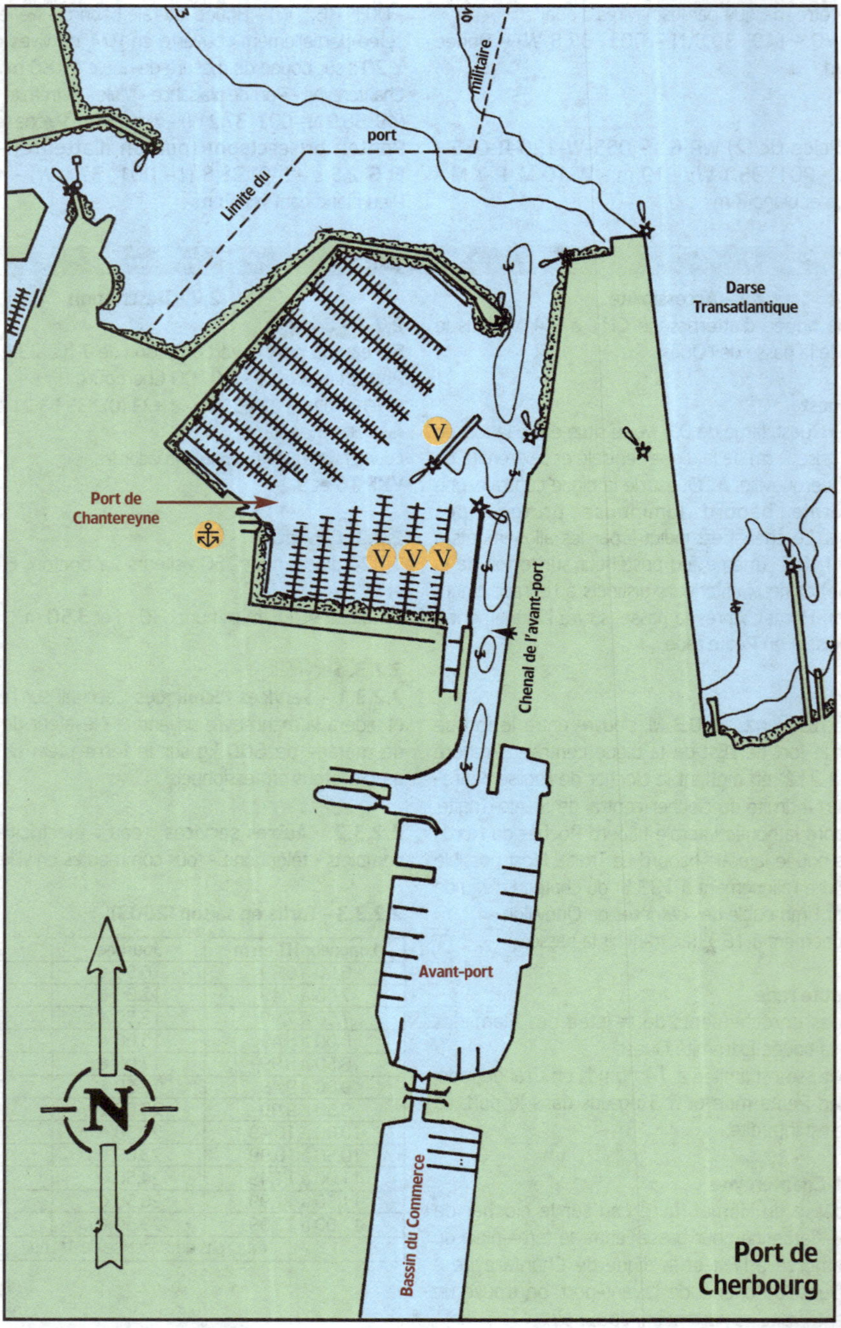

Golfe Anglo-Normand et baie de Saint-Brieuc

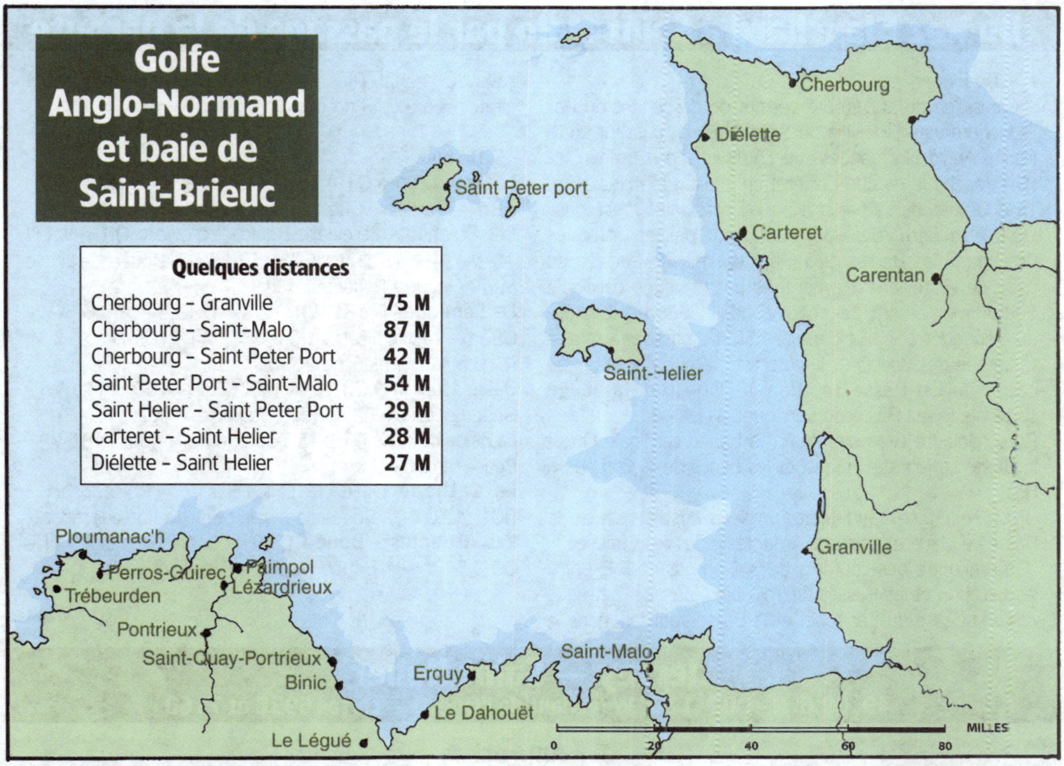

Quelques distances

Cherbourg - Granville	**75 M**
Cherbourg - Saint-Malo	**87 M**
Cherbourg - Saint Peter Port	**42 M**
Saint Peter Port - Saint-Malo	**54 M**
Saint Helier - Saint Peter Port	**29 M**
Carteret - Saint Helier	**28 M**
Diélette - Saint Helier	**27 M**

Le Raz Blanchard

cartes 5636 et 7120

Le Raz Blanchard, détroit qui sépare l'île d'Aurigny de la côte Ouest du Cotentin, est compris entre le Nez-de-Jobourg, le cap de la Hague et Aurigny. Ses dangers débordent la côte et sa largeur utile est d'environ 6 milles. On y trouve des courants de vives-eaux de 12 nœuds à proximité des récifs !

Les navires de faible puissance et les voiliers ne peuvent franchir ce détroit qu'en des circonstances favorables.

Les dangers :

- des roches débordant le Nez-de-Jobourg, la pointe de la Hague et la pointe Quenard (île d'Aurigny) ;
- une mer dure, hachée et déferlante lorsque le vent souffle contre le courant. En cas de difficulté, il faut rejoindre le milieu du raz où l'on rencontrera une mer plus régulière.

Pour franchir le Raz Blanchard, il faut savoir que :

- les courants de flot sont plus forts que les courants de jusant ;
- la mer par vent de secteur Nord à Est est plus maniable que par vent d'Ouest et de Suroît, car il y a moins de grosse houle et de creux ;
- les zones les plus dangereuses où l'on trouvera des déferlantes sont le Nez-de-Jobourg, le Gros-du-Raz délimité au Sud par la balise de la Foraine et, montant à environ 0,5 mille au Nord du phare de la Hague, une frange d'environ 1 mille au Nord du sémaphore de La Hague et la balise Basse Bréfort au Nord de la pointe de Jardeheu.

Pour le navigateur désirant passer le Raz Blanchard sans bon radar, il est conseillé d'avoir au moins 2 milles de visibilité. Par vent dépassant force 4, le passage des petits voiliers en serrant la côte est dangereux.

Si l'on se trouve surpris par une mer déferlante, il est recommandé de faire route bout au courant, l'arrière à la lame, jusqu'à l'étale suivante. En règle générale, il est préférable de passer près d'Aurigny par vent d'Ouest et près de la Hague par vent d'Est.

Venant du Sud :

- par vent de suroît, le navire se présentera pour passer avec le flot. Le meilleur moment est la renverse du courant à la pointe de la Hague, soit 2 h 30 après la P.M. de Cherbourg. S'il fait route sur ce port, il rencontrera des courants de jusant une fois passé le Gros-du-Raz notamment à la Basse Bréfort. Il aura donc intérêt à s'écarter de la côte et à passer à 2 milles au Nord de cette balise pour éviter les levées de mer et profiter du dernier flot ;
- par vent de secteur Nord-Ouest à Nord-Est, le navire venant du Sud passera le plus facilement en fin de flot à la Hague (soit environ 2 h 20 après la P.M. de Cherbourg) et se tiendra à 3 milles des côtes.

Venant du Nord :

- par vent de Sud-Ouest, le navire se présentera pour passer en début de jusant, soit 2 h 20 après la P.M. de Cherbourg. Si l'horaire n'est pas respecté, il est illusoire de vouloir passer par vent frais ou en vives-eaux. Il est conseillé d'attendre la prochaine renverse soit en faisant route sur Aurigny soit en relâchant dans l'anse Saint Martin ou à Omonville-la-Rogue ;
- par vent de Nord-Ouest, le navire profitera du vent et du courant pour franchir le raz avant le début du flot soit 4 h 30 avant la P.M. de Cherbourg.

Du Raz Blanchard à Saint-Malo par le passage de la Déroute

De jour

Le passage de la Déroute permet de descendre du Raz Blanchard vers Granville ou Saint-Malo en passant entre les îles Anglo-Normandes et la côte Ouest du Cotentin.

On franchit le cap de Carteret en laissant le plateau des Trois Grunes balisé par une bouée cardinale Ouest, dans l'Est. Puis faire route au 160° pour passer entre les Ecréhou et les Basses de Taillepied. La limite Sud-Est du banc de l'Écrevière est marquée par la bouée cardinale Sud du même nom. Ceci nous conduit alors vers le phare du Sénéquet à 12 M dans le SSE. Le passage entre la Chaussée des Bœufs et la côte est marqué par la bouée cardinale Est Basse Jourdan, à l'Ouest, et la bouée cardinale Ouest Basse du Sénéquet, à l'Est.

Pour rejoindre Granville, laisser la bouée cardinale Ouest la Basse Le Marié à l'Ouest et les bancs de la Catheue à l'Est.

Pour rejoindre Saint-Malo, passer dans l'Ouest de la Basse Le Marié et entre les Ardentes et les îles Chausey.

On rencontre des courants de 3,4 nœuds en V.E. entre les Ecréhou et les Basses de Taillepied, puis de 2 nœuds entre la Basse du Sénéquet et la Basse Jourdan, dans le sens du chenal. Plus au Sud, les courants deviennent giratoires à 2 ou 3 nœuds.

De nuit

Les Trois Grunes **Q (9) 15 s** - (49° 21,9 N - 001° 55,1 W) - Bouée cardinale Ouest - Réflecteur radar ;

Les Écrehou - Écrevière Bank - Écrevière **Q (6) + LFl 15 s** - (49° 15,3 N - 001° 52,1 W) - Bouée cardinale Sud - Cloche - Réflecteur radar ;

Le Sénéquet **Fl (3) WR 12 s** - 083,5-R-116,5-W-083,5 - (49° 05,5 N - 001° 39,7 W) - 18 m - W 13 M, R 10 M - Tour blanche 26 m ;

Basse Jourdan **Q (3) 10 s** - (49° 06,9 N - 001° 44,1 W) - Bouée cardinale Est - Sifflet - Réflecteur radar ;

La Basse Le Marié **Q (9) 15 s** - (49° 01,8 N - 001° 48,5 W) - Bouée cardinale Ouest ;

La Catheue **Q (6) + LFl 15 s** - (48° 57,7 N - 001° 42,0 W) - Bouée cardinale Sud - Réflecteur radar ;

Les Ardentes - Bouée **Q (3) 10 s** - (48° 57,9 N - 001° 51,4 W) - Bouée cardinale Est.

Jersey — Saint Helier

49° 09,6' N - 002° 12,2' W (venant de l'Ouest) — cartes 6938 et 7160

1. - Approches

1.1 - Environnement

Le port de Saint Helier est situé dans la baie de Saint Aubin au Sud de l'île de Jersey.

On rejoint la bouée latérale tribord East La Cloche par des routes différentes :

1 - Eastern Passage

Venant de Granville, longer au Sud Violet Bank puis laisser dans l'Est la tourelle Demie-de-Pas.

De nuit veiller à rester dans le secteur blanc. Le secteur rouge couvre Violet Bank. Aligner les éclats rouges de Platte Rock par le scintillant vert de East La Cloche pour éviter les Tétards.

Puis faire route au 314° pour rejoindre l'alignement de Red and Green Passage.

2 - South Passage

Venant de Chausey ou de Saint-Malo par exemple, s'aligner à 350° sur la cheminée de la centrale thermique par la tourelle Demie-de-Pas. Rejoindre ensuite l'alignement à 341° en repérant les bandes noires et blanches, vues entre les deux têtes rocheuses de Gros-du-Château, peintes sur le mur du bord de mer de la plage de Saint Aubin. On entre alors dans l'alignement d'entrée à 023°.

3 - Red and Green Passage

Ce passage nécessite suffisamment d'eau pour franchir Fairway Rock (1,30) sur lequel, par vent de Sud, il peut se former une mer difficile.

Suivre l'alignement à 023° des feux de Elizabeth Harbour et de Albert Pier. Chaque feu porte une bande rouge pour être bien visible de jour.

4 - Western Passage :

Venant de Guernsey, on aborde Jersey par l'Ouest. L'alignement à 082° du feu du Mont Ubé par le feu de la Grève d'Azette fait passer entre les hauts-fonds de Passage Rock (4 m) et de Petite Grune (2,10 m) au Sud, et entre les bancs de Saint Brelade et le Fret au Nord.

L'alignement est difficile à voir de loin ou en cas de visibilité réduite. Aussi peut-on prendre de jour, sur le même alignement, la Grève d'Azette par la tourelle blanche de Dog's Nest Rock (à 0,4 M au Sud de l'entrée de Saint Helier). Contourner par le Nord la bouée de Passage Rock et revenir sur l'alignement pour parer les hauts-fonds de Passage Rock et de Petite Grune. À East La Cloche, prendre l'alignement Red and Green Passage.

5 - North West Passage

Contourner Point Corbière, longer la côte Sud, passer entre la côte et les bancs de Saint Brelade et le Fret pour rejoindre l'alignement précédent, au niveau de la bouée Les Fours.

1.3 - Balisage

Violet Channel - Bouée Violet **LFl 10 s** - (49° 07,9 N - 001° 57,1 W) - Bouée marque d'eaux saines ;

Eastern Passage - Demie-de-Pas **Morse (D) WR 12 s** - 303-W-130-R-303 - (49° 09,1 N - 002° 06,0 W) - 11 m - W 14 M, R 10 M - Tour noire haut jaune - Corne 3 sons 60 s - Racon ;

Platte Rock **Fl R 1,5 s** - (49° 10,2 N - 002° 07,3 W) - 6 m - 5 M - Colonne métallique rouge ;

East La Cloche **Q G** - (49° 10,0 N - 002° 07,2 W) - Bouée latérale tribord ;

Albert Pier - Alignement 022,7° **Feux synchrones**

- Antérieur - Poste Elizabeth Est sur duc d'Albe **Oc G 5 s** - (49° 10,7 N - 002° 06,9 W) - 10 m - 11 M - Pylône voyant rectangulaire rouge
- Postérieur - Au coude - Albert Pier **Oc R 5 s** - (à 230 m d'Antérieur) - 18 m - 12 M - Pylône voyant rectangulaire rouge 15 m ;

Western Passage - Alignement 082°

- Antérieur Grève d'Azette **Oc 5 s** - vis 034-129 - (49° 10,2 N - 002° 05,0 W) - 23 m - 14 M - Pylône blanc voyant rectangulaire rouge 20 m
- Postérieur Mont Ubé **Oc R 5 s** - vis 250-095 - (à 1 850 m d'Antérieur) - 46 m - 12 M - Pylône blanc 14 m - Feu de secours ;

Passage Rock - Bouée **VQ** - (49° 09,6 N - 002° 12,2 W) - Bouée cardinale Nord - Réflecteur radar ;

Les Fours - Bouée **Q** - (49° 09,7 N - 002° 10,1 W) - Bouée cardinale Nord.

2. - Le port

2.1 - Accessibilité

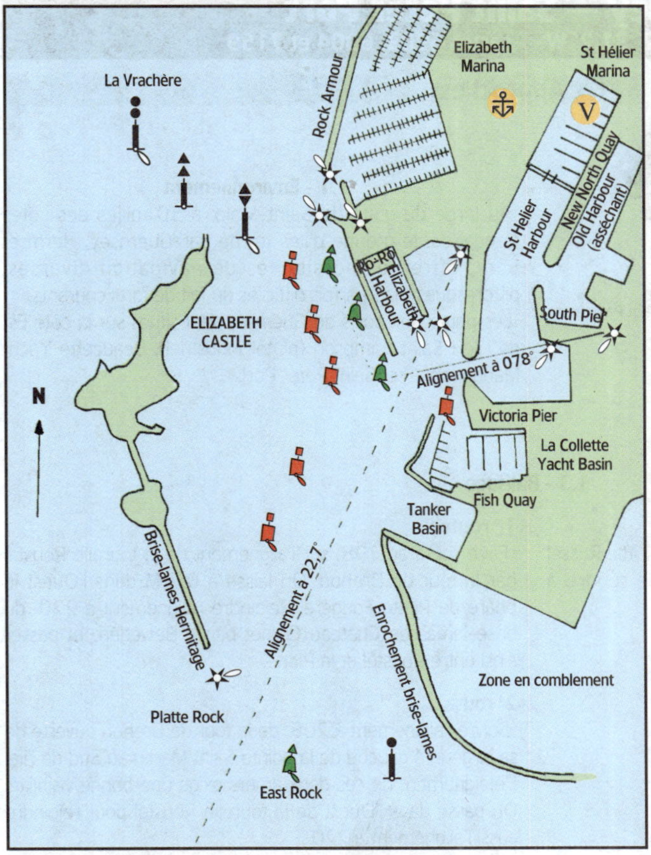

Laisser sur tribord la bouée verte East La Cloche se ranger au 023° sur le Red and Green Passage. Remarquer Oyster Rock à l'Ouest (balise à bandes rouges et blanches - voyant lettre «O») et Dog's Nest Rock à l'Est. Laisser enfin à bâbord la tourelle rouge Platte Rock et se diriger vers l'avant-port.

La vitesse est limitée à 10 nœuds à partir de Platte Rock et à 5 nœuds à partir de La Collette.

À l'ouverture de la passe entre Albert Pier et Victoira Pier, prendre l'alignement à 078° marqué par deux feux fixes verts pour accéder à Saint Helier Harbour puis Saint Helier Marina.

Contacter Saint Helier Port Control sur VHF (canal 14) pour annoncer son arrivée et connaître les mouvements des grands navires. À noter que le standard M n'est pas utilisé ici. Un officier de port indique les possibilités d'amarrage et fournit un *Yachtman's Pack* et un formulaire de douane.

2.2 Description

Grand port de commerce pouvant accueillir des navires de 130 m de long, il propose trois bassins de plaisance :

- Elizabeth Marina : réservé aux bateaux en escale de longue durée (1 mois) cité ici pour mémoire ;
- La Collette Yacht Basin ;
- Saint Helier Marina.

2.2.1 - Contacts

Capitainerie (ouverte de 8 h à 20 h)
Harbour Office - PO Box 599 - Jersey
✆ +44 (0) 1534 885588

Saint Helier Marina
✆ +44 (0) 1534 885508 - 🖷 +44 (0) 1534 879549

La Collette Marina
🖷 +44 (0) 1534 885529

2.2.2 - Capacités

- **Bassin de La Collette :** 150 bateaux (longueur maximum 12 m - T.E. maximum 1,80 m) sur pontons dont 60 visiteurs (pontons C et D). Le bassin est accessible à toute heure de la marée et l'entrée est balisée par 2 bouées latérales bâbord ;
- **Saint Helier Marina :** 400 bateaux (longueur maximum 30 m - T.E. maximum 2,10 m) dont 200 places visiteurs sur pontons A (côté Nord-Est), D, E, F et G.
- En cas de fermeture, un ponton permet d'attendre à l'angle Nord-Ouest du bassin de Saint Helier.

2.2.3 - Services

2.2.3.1 - Services techniques : carburant sur South Pier (±3h P.M.) - grues fixe et mobile de 35 et 15 T - cale de mise à l'eau dans le bassin d'échouage de French Harbour au Sud de Old Harbour.

2.2.3.2 - Autres services : eau - électricité - sanitaires - laverie - téléphone - tous commerces en ville - tous professionnels.

2.2.3.3 - Tarifs 2003 par jour

+ de 7,90 m	12 £	10,00 à 11,90 m	16 £
8,00 à 9,90 m	14 £	12,00 à 13,90 m	18 £

2.2.4 - Bassins et écluses

Au Nord de Saint Helier Harbour, le bassin de Saint Helier Marina, dragué de 2,10 à 2,40 m, protégé par une porte abattante asséchant de 3,50 m, est accessible ±3 h P.M.
À l'Est de la porte, un panneau indique la hauteur d'eau.
Des feux réglementent le trafic :

Entrée autorisée	Vert
Sortie autorisée	Rouge
Entrée et sortie interdites	Vert sur rouge
(*) Ces signaux ne s'imposent pas aux navires de moins de 25 m	

2.3 - Distances en milles

Carteret	24	Les Minquiers	12,5
Chausey	21	Paimpol	42
Cherbourg	55	Saint-Quay-Portrieux	42
Gorey	12	Saint-Malo	32
Granville	29	Saint Peter Port	26

3. - Tourisme

Jersey Tourism (Office du tourisme)
Libération Square - Saint Helier - Jersey JE1 1BB
✆ +44 (0) 1534 500777 - 🖷 +44 (0) 1534 500808
www.jersey.com
courriel : info@jersey.com

Voir, visiter, faire :
- nombreuses plages ;
- exposition de minéralogie en été ;
- jardin zoologique, la ferme de la lavande, pépinière florale ;
- etc.

Guernsey — Saint Peter Port

49° 27,3' N - 002° 31,2' W — cartes 6903, 6904 et 7159

1. - Approches

© States of Guernsey (2003)

1.1 - Environnement

Au large du golfe de Saint-Malo, à 30 milles des côtes françaises, le groupe d'îles formé par Guernsey, Herm et Sark, offre des possibilités de navigation diverses, pittoresques mais parfois difficiles du fait de forts courants.
Les principaux ports de Guernsey sont situés sur la côte Est de l'île : Saint Sampson (plutôt industriel), Beaucette Yacht Marina (privé) et Saint Peter Port.

1.3 - Balisage

De jour

Venant du Nord ou du Nord-Est, le chenal du Little Russel qui sépare Guernsey de Herm permet de se rendre à Beaucette Marina et à Saint Peter Port.
On rencontre successivement :
- la tour Platte Fougère ;
- la tour Tautenay ;
- la tour la Platte ;
- la tour Brehon.

1re route :
Faire route au 198° sur l'alignement de la tourelle Roustel par la tour de Brehon. On laisse à 0,7 M dans l'Ouest le phare de Platte Fougère. Rejoindre l'alignement à 220° du brise-lames de Château Cornet par le Belvédère et passer ainsi entre Roustel et la Platte.

2e route :
Suivre l'alignement à 208° de la tour de Brehon ouverte de sa largeur, à gauche de la pointe Saint Martin au Sud de l'île. L'éloignement de ces deux amers exige une bonne visibilité. On passe dans l'Ouest de la tourelle Roustel pour rejoindre aussi l'alignement à 220°.

Venant du Sud, doubler la pointe Saint Martin et passer à l'Ouest de Great Bank (4 m selon les endroits) et remonter la côte Est de Guernsey. Utiliser l'alignement à 004° de Vale Mill Tower par le plus grand réservoir de Saint Sampson puis entrer à Saint Peter Port.

Venant du Nord-Est, rejoindre Saint Peter par le chenal de Big Russel (large de 2,5 milles et très profond) entre Herm et Sark. Les seuls dangers sont les roches de Noire Pute et des Fourquies. Se tenir largement à l'Est de l'alignement de la tombée Ouest de Little Sark vue au milieu de Gouliot Passage entre Brecquou et Sark (haut-fond de Bonne Grune -3,40 m). Aligner la Goulvinière avec la pointe Saint Martin et faire route au 230° pour passer au Sud de Lowers Heads. De nuit, il y a une bonne couverture lumineuse.

Le moment le plus favorable est à ±3 h P.M. Saint Helier (Jersey). Le courant est dans l'axe du chenal à 5 nœuds en V.E.

De nuit

Platte Fougère - Au Nord-Est de l'île Fl WR 10 s - 155-W-085-R-155 - (49° 30,9 N - 002° 29,0 W) - 15 m - 16 M - Tour octogonale blanche bande noire 25 m - Corne 1 son 45 s - Racon ;

Tautenay Q WR (3) 6 s - 050-W-215-R-050 - (49° 30,2 N - 002° 26,7 W) - 7 m - W 7 M, R 6 M - Pyramide bandes verticales noires et blanches ;

La Platte Fl WR 3 s - 024-R-219-W-024 - (49° 29,1 N - 002° 29,5 W) - 6 m - W 7 M, R 5 M - Tour conique verte 9 m ;

Brehon Iso 4 s - (49° 28,3 N - 002° 29,2 W) - 19 m - 9 M - Tour et balise ;

Victoria Marina (Old Harbour) - Alignement 265°

- Antérieur **Extrémité jetée Sud Oc R 5 s** - (49° 27,4 N - 002° 31,9 W) - 10 m - 14 M - Pylône blanc lanterne rouge 7 m
- Postérieur **Iso R 2 s** - vis 260-270 - (à 160 m d'Antérieur) - 22 m - 3 M - Des feux marquent les angles des jetées intérieures dans *The Pool*.

Le chenal est utilisable de jour comme de nuit sous réserve de disposer d'une bonne visibilité.

Il faut néanmoins tenir compte d'un fort courant alternatif :
- flot à 5 nœuds au 033° en V.E. entre la Platte et Brehon à partir de 4 h 10 avant la P.M. de Cherbourg ;
- jusant au 213° à 1 h 55 après la P.M. de Cherbourg.

Aides à la navigation : le radiophare de Saint Peter Port couplé avec un signal de brume pour mesure de distance (voir en chapitre radiophare) et la radiobalise de Platte Fougère.

2. - Le port

2.1 - Accessibilité

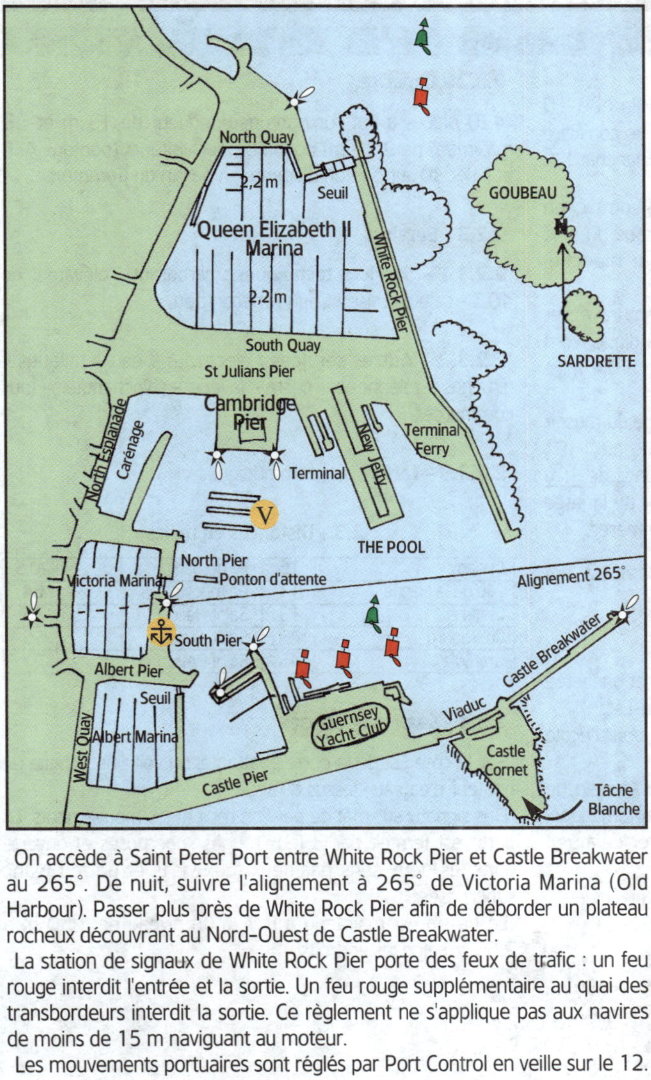

On accède à Saint Peter Port entre White Rock Pier et Castle Breakwater au 265°. De nuit, suivre l'alignement à 265° de Victoria Marina (Old Harbour). Passer plus près de White Rock Pier afin de déborder un plateau rocheux découvrant au Nord-Ouest de Castle Breakwater.

La station de signaux de White Rock Pier porte des feux de trafic : un feu rouge interdit l'entrée et la sortie. Un feu rouge supplémentaire au quai des transbordeurs interdit la sortie. Ce règlement ne s'applique pas aux navires de moins de 15 m naviguant au moteur.

Les mouvements portuaires sont réglés par Port Control en veille sur le 12.

À l'arrivée, le personnel vous remet un *Yachtman's Pack*, un formulaire de douane et les indications de mouillage.

2.2 - Description

Au Nord, le bassin Queen Elizabeth II Marina est réservé aux résidants.

Au Sud, Saint Peter Port :
- une partie centrale, le *Pool*, zone d'évitage des grands navires, permet l'accès à deux bassins à flot avec seuil (Victoria Marina pour les navires en escale et Albert Marina pour les résidants) ;
- un ponton à l'entrée de Victoria Marina et des pontons et bouées visiteurs mouillées au Nord-Est du Pool permettent d'attendre l'ouverture des bassins.

2.2.1 - Contact

Capitainerie ouverte de 8 h à 20 h
Harbour Master's Office - Albert Pier - Saint Peter Port - Guernsey
✆ +44 (0) 1481 726911

Accueil et veille VHF assurés 24 h sur 24 h sur 16, 20 et 62 sur Saint Peter Port Radio.

2.2.2 - Capacité

Le bassin Victoria Marina dispose de 300 postes d'amarrage sur 6 pontons. Des échelles à marée sont disposées de chaque côté.

2.2.3 - Services

2.2.3.1 - Services techniques : carburant à Castle Pier à mi-marée - élévateur de 20 T - grue de 9 T - cale de mise à l'eau.

2.2.3.2 - Autres services : tous commerces en ville - tous professionnels.

2.2.3.3 - Tarifs : non communiqués.

2.2.4 - Bassins et écluses

- Albert Marina est protégé par un seuil submersible asséchant de 3,50 m ;

- Victoria Marina est accessible ±2 h 30 P.M. locale. En saison, les sorties se font 3 h avant la P.M. et l'entrée 1 h avant. L'entrée, large de 26 m, est située entre Victoria Pier et Albert Pier. Elle est barrée par un seuil submersible de +4,20 m. Tirant d'eau maximum 1,80 m - longueur H.T. maximum 12,80 m.

2.3 - Distances en milles

Aurigny	21	Paimpol	45
Carteret	30	Perros-Guirec	53
Cherbourg	40	Sark	6
Granville	52	Saint Helier	26
Herm Harbour	3	Saint-Malo	52

Nota : Dans les Anglo-normandes, les animaux ne peuvent pas être débarqués. À l'arrivée, vous devez hisser le pavillon Q.

3. - Tourisme

States of Guernsey Tourist Board (Office du tourisme)
PO Box 23 - Saint Peter Port - Guernsey - Channel Islands - GY1 3AN
✆ +44 (0) 1481 723552 - 🖷 +44 (0) 1481 714951
guernseytouristboard.com
Courriel : enquiries@guernseytouristboard.com

Saint Peter Port peut être considéré comme l'une des plus belles capitales portuaires d'Europe. C'est une ville animée aux rues pavées respirant l'histoire maritime.

Voir, visiter, faire :
- les îles voisines de Herm, Sark et Aurigny ;
- l'aquarium ;
- musées : de La Valette (militaire), Cornet Castle ;
- la brasserie de Guernsey (visite guidée) ;
- etc.

Nota : La monnaie en usage est la livre sterling (ou la livre des Anglo-Normandes). À votre départ, n'oubliez pas de changer vos devises.

Diélette

49° 33,2' N - 001° 52,0' W — carte 7133

2. - Le port

2.1 - Accessibilité

Situé à 2 milles au Nord du cap de Flamanville et à 10 milles au Sud du Raz Blanchard, le port de Diélette constitue un bon port de relâche avant de franchir le Raz Blanchard.

On y accède en suivant l'alignement à 125,4° du pignon blanc d'une maison remarquable située au-dessus du port par le feu du musoir de la jetée Ouest (tour blanche, sommet vert).

Il faut néanmoins se méfier lors du flot du courant traversier portant sur le plateau Cannichon au Nord de la digue Nord et signalé par la bouée cardinale Ouest Le Platé à 0,4 mille au Nord de l'entrée.

De nuit, suivre le secteur blanc du feu de guidage du musoir de la jetée Ouest (135°-145°) en faisant route au 140°. Cependant, la passe a tendance à s'ensabler (fonds de 1 m à 1,5 m). Pour parer ces fonds, serrer le musoir de la jetée Ouest et donner du tour à l'épi du bassin du Commerce.

Nota : des anomalies magnétiques pouvant dépasser 2° ont été observées aux abords de Diélette.

2.2 - Description

L'avant-port est protégé par une digue au Nord et une jetée courbée à l'Est, prolongée par un épi vers le Nord-Est.

La partie Sud s'ouvre sur une zone d'évolution pour l'école de voile avec cale de mise à l'eau.

Dans l'Est, il y a un bassin du commerce et un bassin de plaisance à flot séparés d'une porte abattante automatique, large de 17 m, au seuil découvrant de 3,50 m, réglée à 5 m du niveau de marée en montée ou en baissée.

2.2.1 - Contact

Capitainerie - 50340 Treauville
ouverture de 8 h à 12 h 30 et de 14 h à 21 h en saison
✆ +33 (0)2 33 53 68 78 - 🖷 +33 (0)2 33 53 68 79
Courriel : port-dielette@wanadoo.fr
VHF 9

2.2.2 - Capacité

420 places à flot sur pontons (longueur de 13 m et T.E. maximum de 2,30 m) dont 70 pour visiteurs (pontons A, B et C) et 30 sur ponton d'attente en bassin du Commerce.

2.2.3 - Services

2.2.3.1 - Services techniques : carburant - élévateur de 40 T - cale de mise à l'eau - mécanicien.

2.2.3.2 - Autres services : électricité - eau - toilettes - douches - téléphone - poste - laverie - shipchandler - tous commerces.

2.2.3.3 - Tarifs : non communiqués

2.3 - Distances en milles

Aurigny	16	Ile de Sark	20,5
Cap de la Hague	11	Paimpol	64
Carteret	13	Saint Helier	35
Cherbourg	23	Saint-Malo	55
Granville	45	Saint Peter Port	27

2.2.4 - Bassins et écluses

Sur le côté Est de la porte abattante, on voit une échelle de hauteur d'eau au-dessus du seuil.

Des signaux sur mât de pavillon règlent les mouvements. La porte est fermée par 3 feux rouges superposés et ouverte dans les deux sens par deux feux verts et un feu blanc superposés.

Le bassin est maintenu à B.M. à un niveau de 1,50 m à 2,50 m selon les endroits.

Carteret dit Port des Isles

49° 21,4' N - 001° 47,7' W - cartes 7133 et 7157

1. - Approches

1.3 - Balisage

Cap de Carteret **Fl (3) (2+1) 15 s** - (49° 22,4 N - 001° 48,4 W) - 81 m - 26 M - Tour grise haut vert 18 m - Corne 3 sons 60 s à 0,1 M au Sud-Ouest (interrompue 2002) - 5 feux R allumés en permanence sur pylône hertzien à 80 m au NNE.

2. - Le port

2.1 - Accessibilité

Le chenal d'entrée, large de 110 m, est encadré de 2 jetées submersibles :
- la jetée Est, haute de 8,75 m, est submergée sur les 3/4 de sa longueur lors des P.M. de plus de 100 ;
- la jetée Ouest (portant une échelle à marée), insubmersible dans sa partie orientée Sud, est prolongée par des enrochements orientés Sud-Est submergés en V.E.

Ces jetées sont signalées par des balises latérales lumineuses.

Le chenal assèche de 4 m. Le bassin à flot, réservé à la plaisance, se situe au-delà de la zone d'échouage sur la rive Nord. Il est fermé par une porte abattante automatique, large de 17 m, signalée de 2 pieux lumineux rouge et vert portant une échelle de marée. Á l'extrémité du terre-plein du bureau du port, on voit à bâbord les feux de trafic : priorité aux navires sortants.

Marée

Avant d'entrer, il faut avoir un niveau de marée suffisant pour franchir :
- le plateau rocheux au Sud de l'entrée (3,30 m) ;
- le chenal dragué (+4 m) ;
- le seuil (+5 m) de la porte abattante du bassin à flot ouverte 2 h 30 avant la P.M.

Conditions météo

Le chenal peut être dangereux par vents de Sud à Ouest car la mer brise sur le banc d'entrée.

On fait route au 010° vers les jetées pour embouquer le chenal (vitesse maximum 5 nœuds). Venant du Nord, on double le cap de Carteret portant un grand mât de télécommunications et on descend Sud pour parer les bancs de sable (+7 m) situés entre le cap et la jetée submersible.

Les courants de flot et de début de jusant portent au Nord-Ouest à 4 nœuds devant l'entrée. La renverse se produit vers 2 h avant et 4 h 30 après Saint-Malo.

2.2 - Description

2.2.1 - Contact

Capitainerie ouverture de 8 h à 23 h en saison selon la marée

2, promenade Barbey d'Aurevilly - 50270 Barneville-Carteret

✆ +33 (0)2 33 04 70 84 - 🖷 +33 (0)2 33 04 08 37

barneville-carteret.net

Courriel : barnevi le.carteret@wanadoo.fr

VHF 9

2.2.2 - Capacité

- longueur maximum 15 m et T.E. maximum 2,30 m ;
- 311 places sur pontons dans le bassin à flot ;
- 60 places visiteurs au ponton F, côté Est ;
- 95 places à l'échouage.

2.2.3 - Services

2.2.3.1 - Services techniques : carburant - élévateur de 35 T - 3 cales de mise à l'eau - chantier.

2.2.3.2 - Autres services : eau - électricité - sanitaires complets - téléphone - poste - shipchandler - tous commerces.

2.2.3.3 - Tarifs visiteurs/nuit en saison (2003)

Longueur HT en m	Largeur en m	Tarifs
6,50 à 6,99	2,60	11,50 €
7,00 à 7,49	2,70	13,50 €
7,50 à 7,99	2,80	15,00 €
8,00 à 8,49	2,95	16,50 €
8,50 à 8,99	3,10	18,50 €
9,00 à 9,49	3,25	20,50 €
9,50 à 9,99	3,40	22,00 €
10,00 à 10,49	3,55	24,00 €
10,50 à 10,99	3,70	26,00 €
11,00 à 11,49	3,85	27,50 €
11,50 à 11,99	4,00	29,50 €
12,00 à 12,99	4,30	31,00 €

2.3 - Distances en milles

Cherbourg	36	Île de Sark	22	Saint Helier	24
Diélette	13	Les Écrehou	8	Saint-Malo	44
Gorey	14	Paimpol	63	Saint Peter Port	30
Granville	33				

3. - Tourisme

Office du tourisme

2, place Flandres Dunkerque - 50270 Barneville-Carteret

✆ +33 (0)2 33 04 90 58

Voir, visiter, faire :
- le sémaphore de Carteret, le site classé du cap, le sentier des Douaniers ;
- de nombreuses églises et manoirs ;
- les vieux quartiers ;
- etc.

Hérel - Granville

48° 49,6' N - 001° 36,9' W - carte 7156

1. - Approches

1.1 - Environnement

Le Hérel est le port le plus Sud de la côte Ouest du Cotentin, au Sud de la pointe du Roc.

1.3 - Balisage

L'approche de nuit se fait par le phare de Granville à la pointe du Roc et la tourelle Le Loup, amer remarquable en maçonnerie portant une éolienne à son sommet.

Pointe du Roc - Phare de Granville Fl (4) 15 s - (48° 50,1 N - 001° 36,8 W) - 49 m - 23 M - Tour grise sommet rouge 16 m ;

Le Loup Fl (2) 6 s - (48° 49,6 N - 001° 36,2 W) - 8 m - 11 M - Tour marque de danger isolé 24 m - Réflecteur radar.

2. - Le port

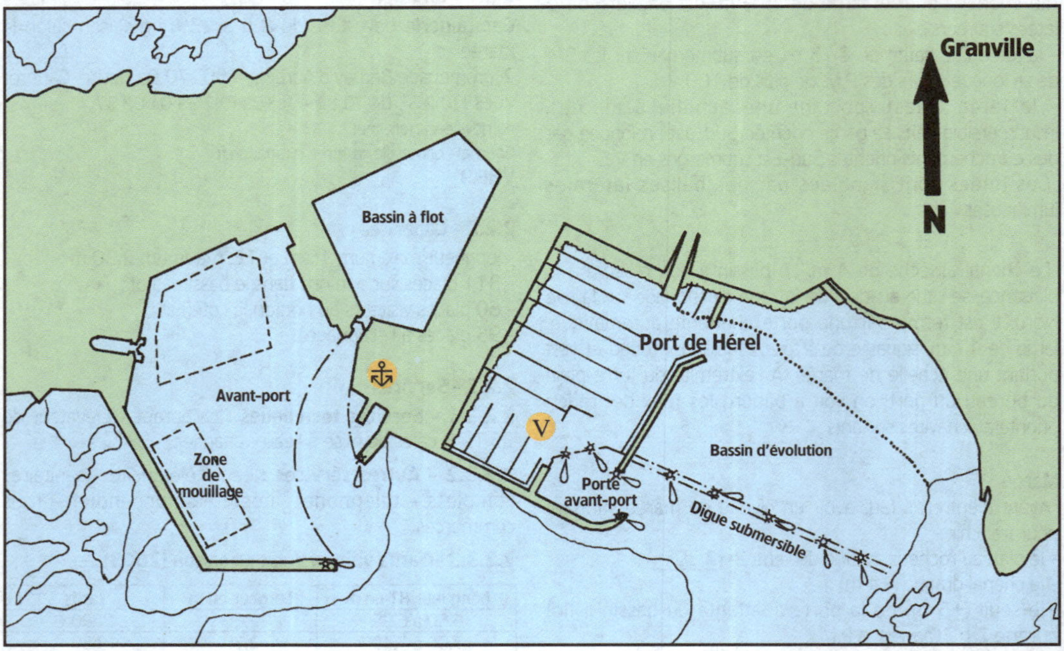

2.1 - Accessibilité

Le port de Granville est divisé en trois parties :
- un avant-port d'échouage abrité par la jetée Ouest ;
- un bassin à flot pour le commerce et la pêche ;
- le port de Hérel, réservé à la plaisance.

Des bouées sont mises à la disposition des plaisanciers de part et d'autre du Sound Chausey dans l'Ouest de la balise La Roche au Câble. Pour ne pas éviter au courant, il faut s'amarrer sur 2 bouées à l'avant et à l'arrière.

Le port est accessible à ±3 h P.M. par une hauteur minimale de 1,20 m indiquée par le marégraphe. La hauteur d'eau disponible est visible sur le panneau lumineux. Lorsque le zéro est affiché, la porte est fermée. La hauteur d'eau affichée doit être confirmée par la lecture des échelles des profondeurs.

Les visiteurs vont sur le ponton G en face de la porte.

Il est prudent de calculer son heure probable d'arrivée car le seul mouillage d'attente est celui de la Fosse au Loup à 250 m au Nord-Ouest de la tourelle. Il n'est pas utilisable à marée basse à partir d'un coefficient de 95.

Vigilance concernant le trafic commercial et priorité aux bateaux naviguant dans le chenal. Vitesse limitée dans la zone portuaire (depuis la Roche Gauthier, par la Tourelle du Loup jusqu'à la pointe du Roc) à 5 nœuds et à 2 nœuds entre les pontons.

2.2 - Description

Le bassin de plaisance est maintenu à flot par une digue submersible et une porte abattante.

On y trouve un petit avant-port dont la digue principale porte un feu rouge et la digue secondaire un feu vert (Fl (2) 6 s), un bassin de mouillage et une zone d'évolution pour dériveurs (fermée au Sud par une digue submersible à la cote +6 m, signalée par des perches à 5 éclats bleus 4 s).

2.2.1 - Contact

Bureau du Port de Hérel ouverture en saison de 8 h à 22 h
Promenade Paul Lavat - BP 219 - 50420 Granville cedex
✆ +33 (0)2 33 50 20 06 - 🖷 +33 (0)2 33 50 17 01
www.granville.cci.fr/herel
Courriel : pjs@granville.cci.fr
Veille VHF 9

2.2.2 - Capacité

1 000 places sur pontons et catways dont 150 pour bateaux de passage (ponton visiteurs G pour une longueur maximum de 15 m et un T.E. maximum. de 2,50 m).

2.2.3 - Services

2.2.3.1 - Services techniques : carburant - cale de halage équipée d'un ponton pour les manœuvres - aire de carénage de 13 places - élévateur de 12 T - mât de matage de 500 kg près du ponton K (angle Sud du port) - grues mobiles de 0,5 à 10 T - récupération des déchets y compris les huiles - chantiers - mécanicien - électricien.

2.2.3.2 - Autres services : eau douce - électricité - sanitaires (18 WC et 20 douches) - téléphone - laverie - glace à la criée - voiliers, loueurs - avitaillement - shipchandlers - marché en ville le samedi...

2.2.3.3 - Tarifs 2003

Tarifs à la journée	20 premiers m²	au-delà de 20 m²
Juillet - août	0,62 €	0,45 €
Mai - juin - septembre	0,47 €	0,32 €
Autres mois	0,27 €	0,21 €

2.2.4 - Bassins et écluses

Le bassin est accessible par une passe fermée d'un abattante (largeur 16 m et seuil à +5,25 m, 6 m av porte). Cette porte est délimitée par deux pieux vert et rouge (2 Oc 6 s synchrones - 2,3 M) entre lesquels il est impératif de passer. À marée montante, la porte est fermée, lettre O sur panneaux lumineux, tant que la mer n'a pas atteint la cote de +6,10 m. Á partir de +6,10 m (soit 1,40 m au dessus du seuil), la porte commence à se rabattre progressivement et se trouve complètement effacée à la cote +6,65 m. L'opération dure de 11 min en V.E moyenne à 25 min en M.E. moyenne. La porte complètement abaissée dégage donc un passage à la cote de 0,75 m plus bas que le niveau du seuil.

Attention ! Il faut se méfier des vents de terre pouvant entraîner des décotes importantes et modifiant jusqu'à 30 minutes les horaires théoriques de la porte (retard à l'ouverture ou avance à la fermeture). Inversement les vents de terre entraînent des surcotes tendant à allonger les temps d'ouverture.

3. - Tourisme

Office du tourisme

4 cours Joinville - B.P. 621 - 50406 Granville Cedex
✆ +33 (0)2 33 91 30 03 - 🖷 +33 (0)2 33 91 30 19
www.ville-granville.fr
Courriel : office-tourisme@ville-granville.fr

Granville est appelée la *Monaco du Nord*.

Voir, visiter, faire :
- la baie du Mont-Saint-Michel, inscrite au patrimoine mondial de l'UNESCO ;
- les îles Chausey : plusieurs départs quotidiens par vedettes vers les îles à 17 km du continent ;
- le Cotentin et les plages du débarquement, le pays de Coutances et ses cordons dunaires à perte de vue ;
- en ville : aquarium marin, monuments et musées ;
- etc.

Saint-Malo

002° 05,4' W - 48° 33,6' N - carte 7155

1. - Approches

1.1 - Environnement

Le chenal du Bunel

Le grand château d'eau de Dinard à gauche de l'amer de la Pierre à la Vache au 158°. De nuit, 2 feux blancs synchrones (Iso 4 s). Laisse la Grande Hupée (0,7) dans l'Ouest. C'est le chenal le plus sûr.

Le chenal de la Petite Porte

À partir de la bouée d'atterrissage, pour les navires venant du Nord, le chenal passe entre le plateau des Pierres des Portes à l'Ouest, l'île Cézembre, les Roches du Bunel et du Grand Jardin à l'Est, et vient rejoindre le chenal de la Grande Porte à l'Ouest du Jardin.

Il présente les inconvénients suivants :
- être coupé à mi-marée par des courants traversiers très forts en flot, en particulier au Passage des Courtis (Fl G 4 s - 14 m - 7 M - tour verte) ;
- obligation de céder le passage aux navires venant par le chenal de la Grande Porte.

La direction du chenal est visible de jour comme de nuit en suivant l'alignement du feu de La Balue par le phare du Jardin au 129,7°.

À 500 m environ du Jardin, venir à droite pour suivre l'alignement du chenal intérieur, le phare de la Balue par le feu des Bas-Sablons au 128,6°.

Le chenal de la Grande Porte

Les courants y sont toujours dans le sens du chenal : le flot porte à l'Est sur le Jardin et le jusant à l'Ouest. Ayant doublé le cap Fréhel, suivre la cathédrale de Saint-Malo par la haute tête des Cheminées au 104,5° qui fait passer au Nord de Banchenou et au Sud du Vieux-Banc Ouest.

On suivra ensuite dans le secteur renforcé du phare de Rochebonne, l'alignement du phare du Jardin par le phare de Rochebonne au 089,1°.

On laissera ainsi à bâbord la bouée des Buharats Ouest n°2 puis la bouée n°4 avant de passer entre les bouées n°6, les Couillons de la Porte et la bouée verte Basse du Boujaron. On rejoint le chenal intérieur à la bouée cardinale Est le Sou du Nord.

Nota : De nuit le chenal de la Grande Porte présente la particularité suivante : le feu le plus éloigné de l'observateur (le phare de Rochebonne) est plus bas que le phare du Jardin, ce qui conduit à gouverner à l'inverse du réflexe naturel habituel.

Le chenal intérieur

On suivra le chenal intérieur en gouvernant sur l'alignement du phare de la Balue par le phare des Bas-Sablons au 128,6°.

Les deux feux sont munis de secteurs renforcés et sont très visibles de nuit. Ce chenal utilisé par les navires marchands entrant au port de Saint-Malo est bien balisé et ne présente pas de difficulté particulière jusqu'à l'arrivée en petite rade de Saint-Malo ou de Dinard.

Accès en petite rade

Le plateau de la Rance est balisé au Nord par une bouée cardinale Nord Rance à scintillement rapide et au Sud par la bouée Plateau Rance Sud.

À partir du plateau de la Rance le navigateur peut se diriger :
- à l'Est, vers le chenal principal d'accès au port de Saint-Malo par l'écluse du Naye ou vers le port de plaisance des Bas-Sablons ;

t de plaisance et le mouillage

nouage de Solidor et l'écluse du

permet aux navires sortant de Saint-ur, au plus près des terres jusqu'à la point de continuer en direction des baies de Lancieux, de non ou de la Fresnaie.

C'est un chenal bien balisé ne présentant pas de difficulté à P.M. à condition de respecter certains alignements (compter +4 m) :

- **1er alignement :** la maison de retraite du Rosais par le marégraphe au 121° ;

On passe à raser la balise tribord du Moulinet de façon à éviter la bande de sable débordant la balise bâbord des Pourceaux.

- **2e alignement :** le phare du môle entre les lampadaires encadrant l'hôtel Victoria au 098°.

On passe entre la balise tribord du Mouillé et la balise bâbord du Rochardien, puis très près au Nord de la bouée de Port-Blanc, entre la balise bâbord du Petit Buzard et la tourelle tribord du Petit Genillet.

- **3e alignement :** l'amer du Grand Genillet par l'amer de la Roche Pelée au 133-313.

L'alignement passe entre les balises tribord de la Pierre aux Bars et de la Moulière dans l'Ouest et la balise bâbord du Petit Pot de Beurre dans l'Est.

À proximité

Île de Cézembre (2,5 M au Nord-Ouest de Saint-Malo)

Cette île possède un superbe mouillage en eaux profondes devant la cale.

Échouage possible également sur la plage, à l'Est de la cale, tout en faisant attention au léger ressac causé par les mouvements de marée.

Île de Harbour (1,5 M au Nord-Ouest de Saint-Malo)

Ce mouillage a son accès par le chenal du Décollé.

Contourner la grande langue de sable qui la relie à l'île Haumet et mouiller entre Haumet et Harbour. On est alors dans un véritable petit lagon entouré de sable et de cailloux protecteurs. Les dériveurs et bateaux à moteur peuvent se poser sur le sable de la plage d'Harbour au pied du fort.

Accès à Saint-Malo par les chenaux de la Bigne, des Pointus et de la Grande Conchée

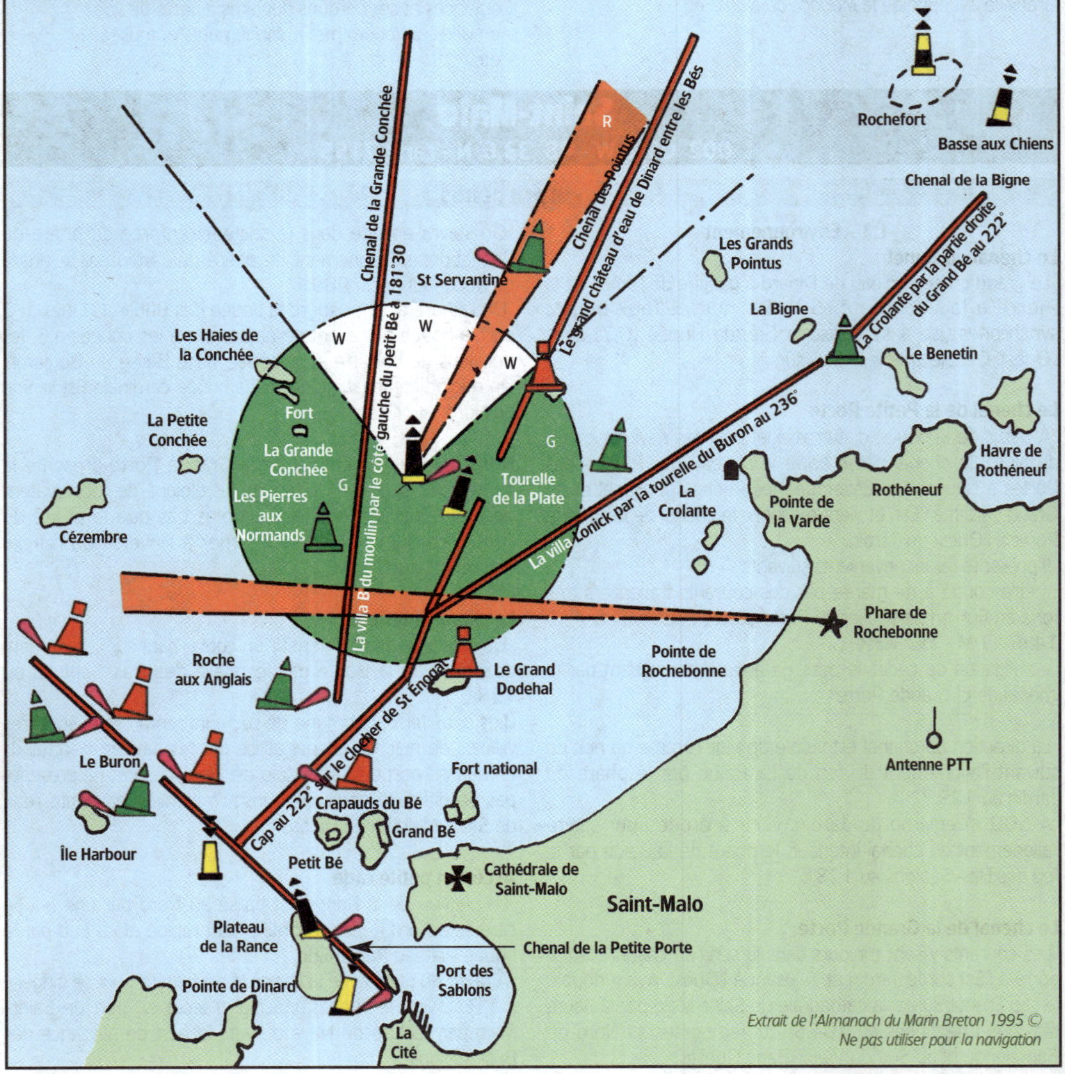

Extrait de l'Almanach du Marin Breton 1995 ©
Ne pas utiliser pour la navigation

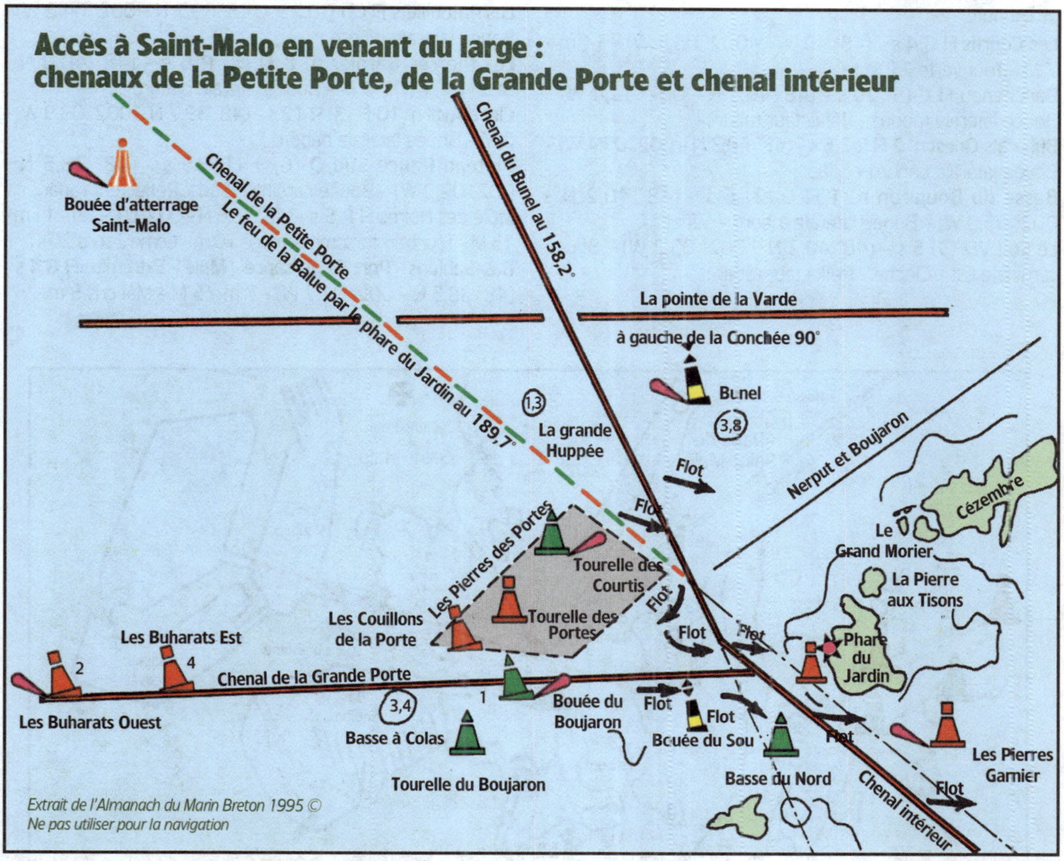

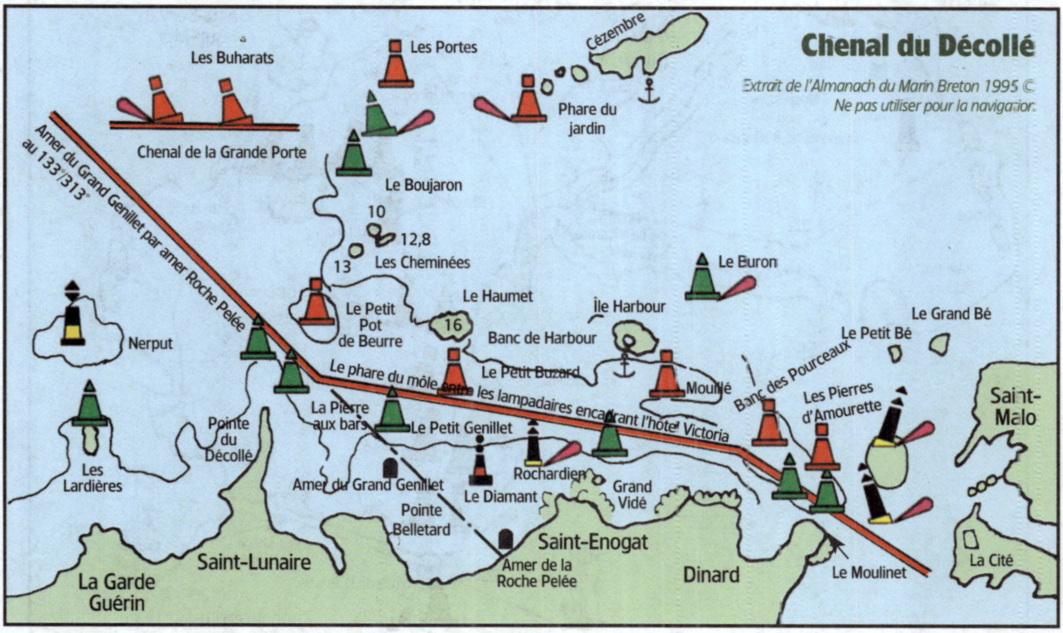

1.2 - Courants

Au flot, il peut se former dans l'avant-port un contre-courant venant de l'anse des Sablons et portant vers le môle des Noires. Ce courant est parfois très fort en V.E. et les navires se présentant à l'écluse du Naye doivent en tenir compte.

1.3 - Balisage

De jour

Le feu du môle des Noires est masqué par le Petit Bé dans un secteur de 4° environ (du 155 au 159) et par le Grand Bé sur 7° (du 171 au 178).

De nuit

Les Courtis Fl G 4 s - (48° 40,5 N - 002° 05,7 W) - 14 m - 7 M - Tour verte 21 m ;

Banchenou Fl G (5) 20 s - (48° 40,5 N - 002° 11,4 W) - Bouée latérale tribord - Réflecteur radar ;

Buharats Ouest n° 2 Fl R 2,5 s - (48° 40,3 N - 002° 07,4 W) - Bouée latérale bâbord - Sifflet ;

Basse du Boujaron n° 1 Fl G (2) 6 s - (48° 40,2 N - 002° 05,9 W) - Bouée latérale tribord - Sifflet ;

Le Sou VQ (3) 5 s - (48° 40,2 N - 002° 05,2 W) - Bouée cardinale Est - Cloche - Réflecteur radar ;

Les Patouillets Fl (3) G 12 s - (48° 39,7 N - 002° 04,2 W) - Bouée latérale tribord ;

Les Pierres Garnier n° 8 Fl (2) R 6 s - (48° 40,0 N - 002° 04,4 W) - 2 M - Bouée latérale bâbord ;

Clef d'Aval n° 10 Fl (3) R 12 s - (48° 39,7 N - 002° 03,9 W) - 2 M - Bouée latérale bâbord ;

Plateau Rance Sud Q (6) + LFl 15 s - (48° 38,5 N - 002° 02,2 W) - Bouée cardinale Sud - Réflecteur radar ;

Môle des Noires Fl R 5 s - (48° 38,6 N - 002° 01,9 W) - 11 m - 13 M - Tour blanche sommet rouge 10 m - Corne 2 sons 20 s ;

Bas-Sablons - Port de plaisance - Môle - Extrémité Fl G 4 s - (48° 38,5 N - 002° 01,7 W) - 7 m - 5 M - Mât gris 5 m.

Rade de Dinard et de Saint-Malo

2. - Le port

Bassin Vauban

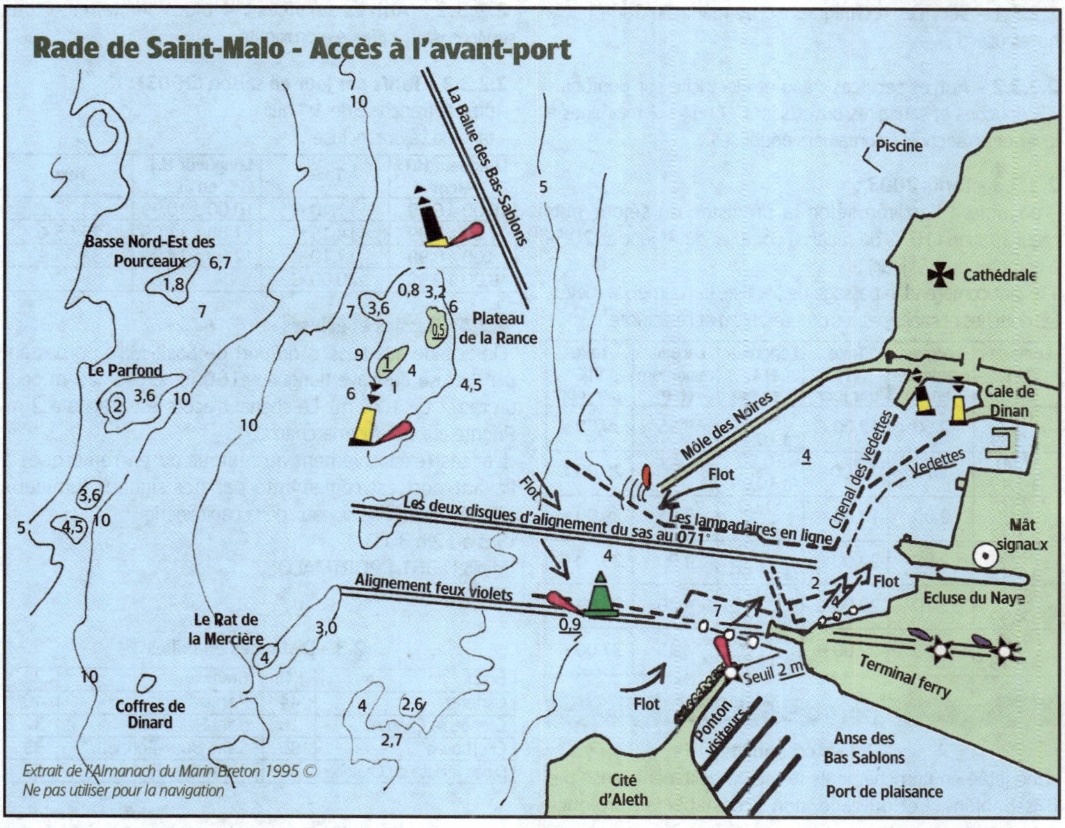

2.1 - Accessibilité

L'avant-port de Saint-Malo comporte :

- 2 postes pour transbordeurs ;
- 4 postes d'accostage pour les vedettes assurant les liaisons vers les îles Anglo-Normandes (chenal des vedettes à -1 m).

Écluse du Naye - Chenal principal

L'alignement au 070,4° du chenal principal est matérialisé :

- de jour par deux disques blancs bordés de rouge ;
- de nuit par deux feux Fixes R.

Les amers et les feux sont situés sur les portes amont et aval de l'écluse ainsi que sur un poteau métallique bien visible situé côté Est du port, côté bassin Jacques Cartier.

Les limites de navigation dans l'avant-port sont :
- au Nord, l'alignement des lampadaires du sas ;
- au Sud, l'alignement des feux violets du terminal des transbordeurs.

2.2 - Description du port

Au flot, il peut se former dans l'avant-port un contre-courant venant de l'anse des Sablons et portant vers le môle des Noires. Ce courant est parfois très fort en V.E. et les navires se présentant à l'écluse du Naye doivent en tenir compte.

2.2.1 - Contact

Bureau du port Vauban 07 h à 22 h en saison
Quai des Yachts - 35400 Saint-Malo
✆ +33 (0)2 99 56 51 91 - 🖷 +33 (0)2 99 56 57 81
Courriel : elecalvez@saint-malo.cci.fr
VHF 9

2.2.2 - Capacité

225 places sur 3 appontements et quais voisins dont 50 places pour les visiteurs.

Toutes les longueurs sont admises et le tirant d'eau moyen est de 7 m.

Le port est constitué de 4 bassins communiquant entre eux par des pertuis (ponts mobiles).

2.2.3 - Services

2.2.3.1 - Services techniques : grue manuelle 1 T - bac à huiles usées.

2.2.3.2 - Autres services : eau et électricité sur pontons - 13 douches et sanitaires ouverts jour et nuit - 2 machines à laver et un séchoir - containers poubelles.

2.2.3.3 - Tarifs 2003 :
- payable à l'arrivée selon la prévision du séjour puis régularisation (10 % de rabais à compter du 4e jour et 20 % à compter du 25e jour) ;
- le tarif comprend le passage de l'écluse, le courrier, la météo, les douches et sanitaires, les ordures, l'eau et l'électricité.

Longueur H.T. en m	Largeur maximum en m	Taxe TTC par jour	Longueur H.T. en m	Largeur maximum en m	Taxe TTC par jour
6,50 à 6,99	2,60	17,00 €	10,00 à 10,49	3,55	29,00 €
7,00 à 7,49	2,70	17,00€	10,50 à 10,99	3,70	29,00 €
7,50 à 7,99	2,80	17,00 €	11,00 à 11,49	3,85	29,00 €
8,00 à 8,49	2,95	22,00 €	11,50 à 11,99	4,00	29,00 €
8,50 à 8,99	3,10	22,00 €	12,00 à 12,49	4,30	37,00 €
9,00 à 9,49	3,25	22,00 €	12,50 à 12,99	4,45	37,00 €

Le port des Sablons

2.1 - Accessibilité

Une jetée en enrochements ferme partiellement l'anse des Bas-Sablons. Cet ouvrage, non accostable, se prolonge jusqu'au terre-plein des écluses par un seuil submersible à la cote +2 m

Le passage est permanent en M.E., à surveiller en V.E. La hauteur d'eau au-dessus du seuil est affichée sur une échelle à lecture digitale visible de jour comme de nuit en bout de jetée Sud en entrant et également côté terre-plein des transbordeurs.

Les mouvements dans l'entrée du port doivent se conformer aux signaux de la capitainerie et peuvent être momentanément interdits lorsqu'un grand navire est en cours de passage à l'écluse du Naye ou lors de l'accostage/appareillage des transbordeurs aux rampes.

2.2 - Description du port

2.2.1 - Contact

Capitainerie du port de plaisance des Sablons
Terre-plein Sud - 35400 Saint-Malo
Ouverture de 7 h à 21 h en saison
✆ +33 (0)2 99 81 71 34 - 🖷 +33 (0)2 99 81 91 81
Courriel : port.plaisance@ville-saint-malo.fr

2.2.2 - Capacité

1 200 places sur 12 pontons

2.2.3 - Services

2.2.3.1 - Services techniques : carburant - récupération des huiles, des eaux grises et noires sur ponton I - élévateur de 20 T - grue électrique de 2,5 T en self-service - slip - 2 cales - tous services techniques.

2.2.3.2 - Autres services : 4 blocs sanitaires - tous services domestiques à proximité.

2.2.3.3 - Tarifs par jour en saison (2003) :
- pas de franchise de 1ère nuit
- taxe de séjour incluse

Longueur H.T. en m	Taxe	Longueur H.T. en m	Taxe
6,00 à 6,99	11,40 €	10,00 à 10,99	23,25 €
7,00 à 7,99	14,15 €	11,00 à 11,99	26,55 €
8,00 à 8,99	17,10 €	12,00 à 12,99	31,55 €
9,00 à 9,99	20,00 €		

2.2.4 - Bassins et écluses

On accède aux bassins du port de Saint-Malo en passant par l'écluse du Naye (longueur 160 m, largeur 25 m pour un radier de 1,75 m). Le chenal d'accès est dragué à 2 m. Priorité aux navires marchands.

L'accès (exclusivement au moteur ou en remorque) à l'avant-port est réglementé par des signaux lumineux affichés au mât de signaux de la capitainerie.

Sas à ±2 h 30 P.M.
Minitel : 3614 PORTMALO
VHF sur canal 12

2.3 - Distances en milles

Brest	145	Granville	22
Carteret	44	Paimpol	40
Grande île Chausey	16	Saint Helier	32
Cherbourg	80	Saint-Quay-Portrieux	33
Dinan (écluse du Châtelier)	10	Saint Peter Port	52

3. - Tourisme

Office du tourisme
Esplanade Saint-Vincent - 35400 Saint-Malo
✆ +33 (0)2 99 56 64 48 - 🖷 +33 (0)2 99 56 67 00

Saint-Malo, cité corsaire, est classée " Ville d'Art " et offre un patrimoine architectural témoin de siècles d'une histoire maritime mouvementée. Détruite à 80 % en 1944, elle fut reconstruite fidèlement.

Voir, visiter, faire :
- Liaison fluviale avec le réseau de canaux bretons par le barrage de la Rance.
- Saint-Servan avec la Cité d'Aleth, la Tour Solidor (musée des Cap-Horniers) et le grand Aquarium ;
- cité intra-muros, tours et remparts ;
- Rothéneuf avec le manoir de Limoëlou (demeure de J. Cartier) et les rochers sculptés de l'Abbé Fouré ;
- Cancale et la baie du Mont-Saint-Michel ;
- etc.

Dinard

48° 38,1' N - 002° 02,7' W — carte 7155

2. - Le port

2.1 - Accessibilité

Sur la rive Ouest de l'embouchure de la Rance se trouve le port de Dinard (chenal balisé et dragué à 1 m traversant l'anse de la Vallée, au Sud de la pointe du Moulinet).

2.2 - Description du port

2.2.1 - Contact

Capitainerie (de 7 h à 21 h en saison)
✆ +33 (0)2 99 46 65 55 - 🖷 +33 (0)2 99 46 64 73
VHF 9

2.2.2 - Capacité

476 places

2.2.3 - Services

2.2.3.1 - Services techniques : carburant, grue de 5 T.

2.2.3.2 - Autres services : eau et électricité à quai - sanitaires sur le terre-plein - tous commerces.

2.2.3.3 - Tarifs : non communiqués

Barrage de la Rance, Dinan et liaison avec les canaux bretons

cartes 6966 et 7155

1. - Approches

1.1 - Environnement

Le chenal d'accès à l'écluse du barrage de la Rance est bien balisé. Une vaste zone interdite à la navigation s'étend du Rocher de Bizeux jusqu'à l'usine marémotrice.

La zone comprise entre la ligne joignant la pointe de la Vicomté à la tourelle du marégraphe et jusqu'au barrage n'a pas été hydrographiée depuis la construction du barrage. Les indications portées sur la carte du SHOM sont donc à prendre avec réserve.

Accès à l'écluse

Ayant Solidor par le travers, venir au 145°, cap sur la bouée Z I 12 (Fl R 4 s) et sur les vannes du barrage pour passer à mi-distance de la pointe de la Vicomté et de Bizeux (0,1 M) afin de parer la Basse de Bizeux (1,3).

La Jument par le travers, faire cap au 190° vers le sas du barrage. Les ducs d'Albe d'entrée portent des feux.

1.3 - Balisage

Signaux d'accès à l'écluse

Il y a deux mâts de signaux sur le barrage :
- **sur le bâtiment de l'écluse**, pour les signaux d'entrée/sortie :

Interdiction d'entrée	de jour	de nuit
venant du large	sphère	feu rouge
venant de la rivière	cône	feu vert

Envoyés simultanément, les deux signaux signifient l'interdiction de tout mouvement de navire.

Aucun signal n'est envoyé en dehors des heures d'ouverture.

L'écluse fonctionne jour et nuit si le niveau est supérieur à 4 m des deux côtés.

L'ouverture des portes se fait à chaque heure ronde et à condition que les navires désirant passer se fassent connaître au moins 20 minutes à l'avance par VHF sur le canal 13 ou ✆ +33 (0)2 99 16 37 37. De nuit, tirer la sonnette d'appel située sur le duc d'albe Est (sous feux bâbord côté mer et sous feux tribord côté Rance)

Un répondeur automatique donne les prévisions de hauteur du plan d'eau (✆ +33 (0)2 99 16 37 33).

On peut aussi retirer aux capitaineries de Saint-Malo, des Sablons et au bâtiment de l'écluse du barrage un horaire prévisionnel des ouvertures de l'écluse et des hauteurs d'eau.

- **sur le bâtiment de l'usine**, au milieu du barrage, pour la position des vannes et le sens du courant (flot/jusant) :

	de jour	de nuit
Vannes	cônes	feux rouge
Flot	blanc sur noir	vert sur rouge

2. - Le port

2.1 - Accessibilité

L'estuaire de la Rance remonte jusqu'à l'écluse du Châtelier (limite maritime/fluvial) à 8 km en aval de Dinan.

Dans la partie maritime, la vitesse est limitée à 5 nœuds.

Dans la partie fluviale elle est de 6 km/heure, avec application des règles du code de la navigation fluviale.

Le plan d'eau, toujours abrité, permet de gagner Dinan et, au-delà, par le canal d'Ille-et-Rance (84 km et 48 écluses), Rennes puis Redon jusqu'au Barrage d'Arzal (137 km et 13 écluses) à l'embouchure de la Vilaine.

Dinan est un port intérieur à 3 heures de Saint-Malo.

2.2 - Description

2.2.1 - Contact

Bureau du port
✆ +33 (0)2 96 39 56 44

2.2.2 - Capacité

100 places au pied des remparts

2.2.3 - Services

2.2.3.1 - Services techniques : grue de démâtage.

2.2.3.2 - Autres services : douches - poubelle - téléphone.

2.2.3.3 - Tarifs : non communiqués

2.2.4 - Bassins et écluses

- De Saint-Malo à l'écluse du Châtelier : 2 heures - radier à +6,34 m.
- De l'écluse à Dinan : 1 heure - T.E. maximum 1,50 m.
- À l'inverse en provenance de Redon : tirant d'eau 1,20 m - tirant d'air 2,50 m.

3. - Tourisme

Office du Tourisme Dinan-Pays de Rance
9 rue du Château - B.P. 261 - 22105 Dinan cedex
✆ +33 (0)2 96 876 976 - 🖷 +33 (0)2 96 876 977
www.dinan-tourisme.com
Courriel : infos@dinan-tourisme.com

Voir, visiter, faire :
- le tour des remparts ;
- le circuit du vieux Dinan ;
- le circuit des trésors religieux ;
- etc.

La baie de Saint-Brieuc

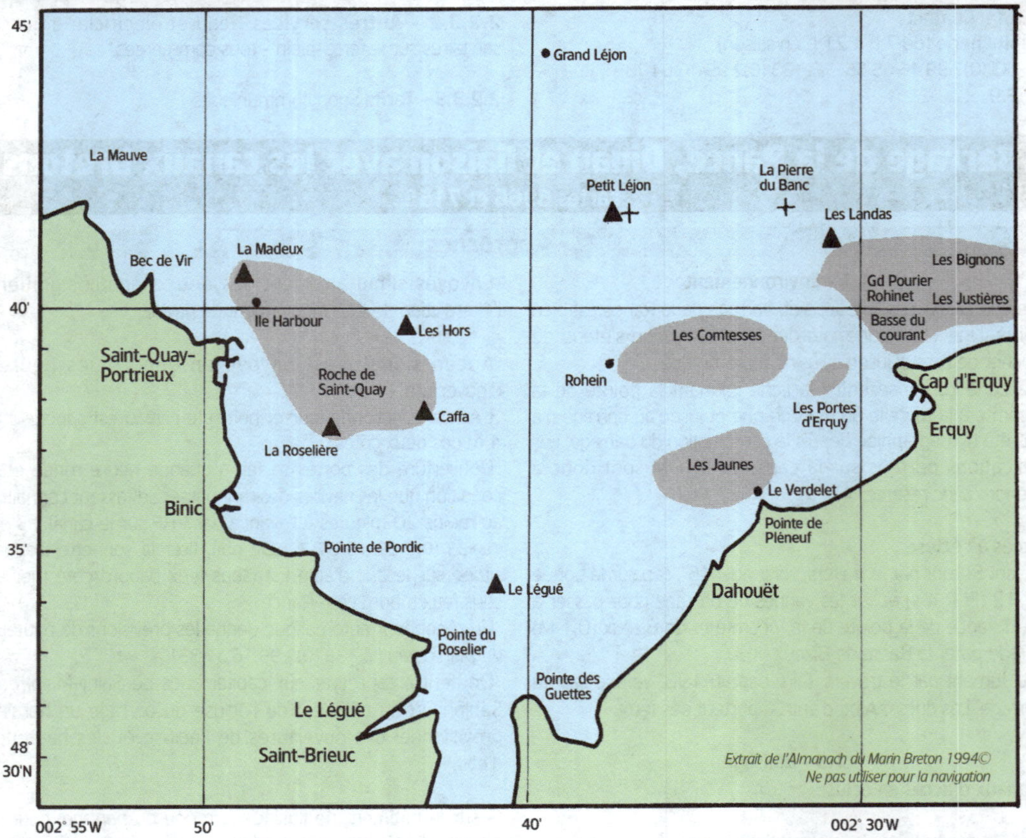

La baie de Saint-Brieuc s'étend du cap Fréhel aux Héaux de Bréhat :
- entre le cap d'Erquy et le port de Saint-Quay-Portrieux, la distance est de 13,5 M sur un axe Est/Ouest ;
- entre le Grand Léjon, qui occupe une position centrale dans la baie et la pointe des Guettes, dans le fond de celle-ci, la distance est d'environ 13 M sur un axe Nord/Sud.

Les dangers sont situés à l'Est et à l'Ouest d'un couloir libre Nord/Sud à partir du Grand Léjon.

Il faut noter les marnages importants sur cette côte. Au Légué, ils atteignent 11 m en V.E. moyennes et 4,6 m en M.E. moyennes.

Les principaux dangers :

Au centre, les roches du Grand Léjon s'étendent sur 1 mille et portent un feu.

À l'Ouest, la côte est débordée largement par un ensemble de dangers composé des Roches de Saint-Quay-Portrieux et du plateau des Hors qui s'étend parallèlement à la côte sur une distance de 5 milles et une largeur de 2,5 milles.

L'île Harbour, dans son Nord-Ouest, porte un feu à secteurs.

Les marques qui délimitent ces dangers sont :
- au Nord, la tourelle de La Madeux (cardinale Ouest) ;
- au Nord-Est, la bouée Les Hors (cardinale Est à cloche et réflecteur radar) ;

– à l'Est, la bouée Caffa (cardinale Est lumineuse).

À l'Est, cinq groupes de dangers :
– au Nord du cap d'Erquy, l'ensemble des Roches des Landas, du Grand Pourier, de Rohinet, des Justières et des Bignons, balisées au Nord-Ouest par la bouée Les Landas (cardinale Nord lumineuse) et au Sud par la bouée Basse du Courant (cardinale Sud lumineuse) qui marque l'entrée du chenal d'Erquy en direction du cap Fréhel. À signaler le haut-fond (5,2 m) la Pierre du Banc à 0,8 M dans le Nord-Ouest de la bouée Les Landas ;
– dans l'Ouest du cap d'Erquy, les Roches de Rohein et des Comtesses s'étendent sur 2,7 M Est/Ouest pour une largeur de 1 M. Le rocher de Rohein porte une tourelle lumineuse.
– entre les Comtesses et Erquy, le plateau des Portes d'Erquy est balisé par la tourelle de l'Évette (cardinale Nord) ;
– à 3 M dans le Nord de Rohein se trouve le Petit Léjon, ensemble de roches découvrantes balisées par la bouée Petit Léjon (cardinale Ouest à cloche et réflecteur radar) ;
– au Sud des Comtesses à 1,8 M, le plateau des Jaunes prolonge la pointe de Pléneuf et l'îlot du Verdelet.

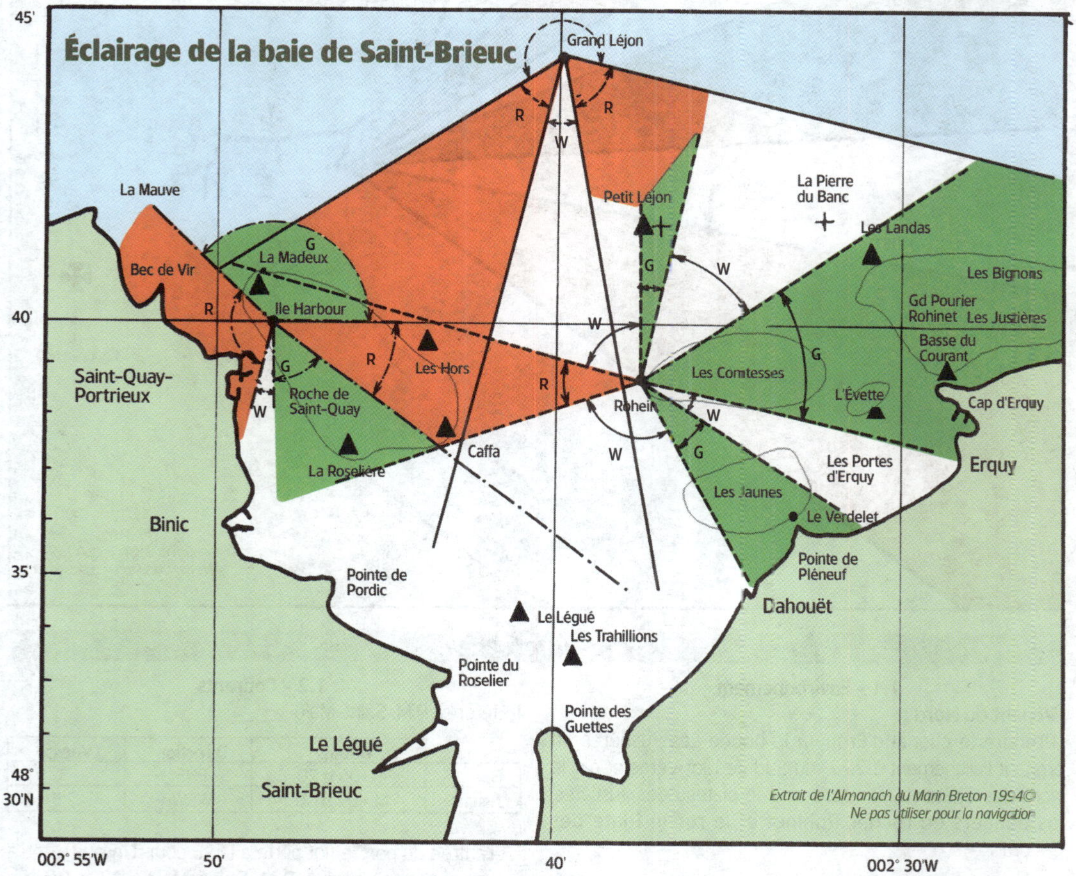

Balisage lumineux

Les trois feux le Grand Léjon, le Rohein et l'île Harbour permettent une couverture lumineuse des dangers de la baie.

Le Grand Léjon **Fl (5) W R 20 s** - 015-R-058-W-283 R-350-W-015 - (48° 44,9 N - 002° 39,9 W) - 17 m - W 18 M, R 14 M - Tour tronconique à bandes rouges et blanches, 25 m
Nota : il couvre d'un de ses secteurs rouges les Roches de Saint-Quay-Portrieux, et de l'autre tous les dangers de l'Est ;
Le Rohein **VQ (9) WRG 10 s** - 072-R-105-W-180-G-193-W-237-G-282-W-301-G-330-W-072 - (48° 38,9 N - 002° 37,8 W) - 13 m - W 10 M, R & G 7 M - Tour cardinale Ouest 15 m ;
Nota : son secteur rouge marque l'ensemble des Roches de Saint-Quay-Portrieux et ses trois secteurs verts le Petit Léjon, les Comtesses, les Portes d'Erquy, l'ensemble de roches au Nord du cap d'Erquy et les Jaunes ;
Île Harbour - Roches de Saint-Quay **Oc (2) WRG 6 s** - 011-R-133-G-270-R-306-G-358-W-011 - (48° 40,0 N - 002° 48,5 W) - 16 m - W 10 M, R & G 8 M - Maison et tour blanches sommet rouge, 13 m ;
Nota : son secteur est utilisé pour l'accès à Saint-Quay-Portrieux par le Nord et un de ses secteurs rouges couvre les Hors et le Rohein ;
Caffa **Q (3) 10 s** - (48° 37,9 N - 002° 43,1 W) - 4 m - 3 M - Bouée cardinale Est - Réflecteur radar
Les Landas **Q** (48° 41,5 N - 002° 31,3 W) - 4 m - 4 M - Bouée cardinale Nord - Réflecteur radar ;
Basse du Courant **VQ (6) + LFl 10 s** - (48° 39,3 N - 002° 29,2 W) - 3 m - 4 M - Bouée cardinale Sud - Réflecteur radar ;
La Roselière **VQ (9) 10 s** - (48° 37,5 N - 002° 46,4 W) - 3 m - 3 M - Bouée cardinale Ouest - Réflecteur radar.

Erquy

48° 38,0' N - 002° 28,9' W – carte 7310

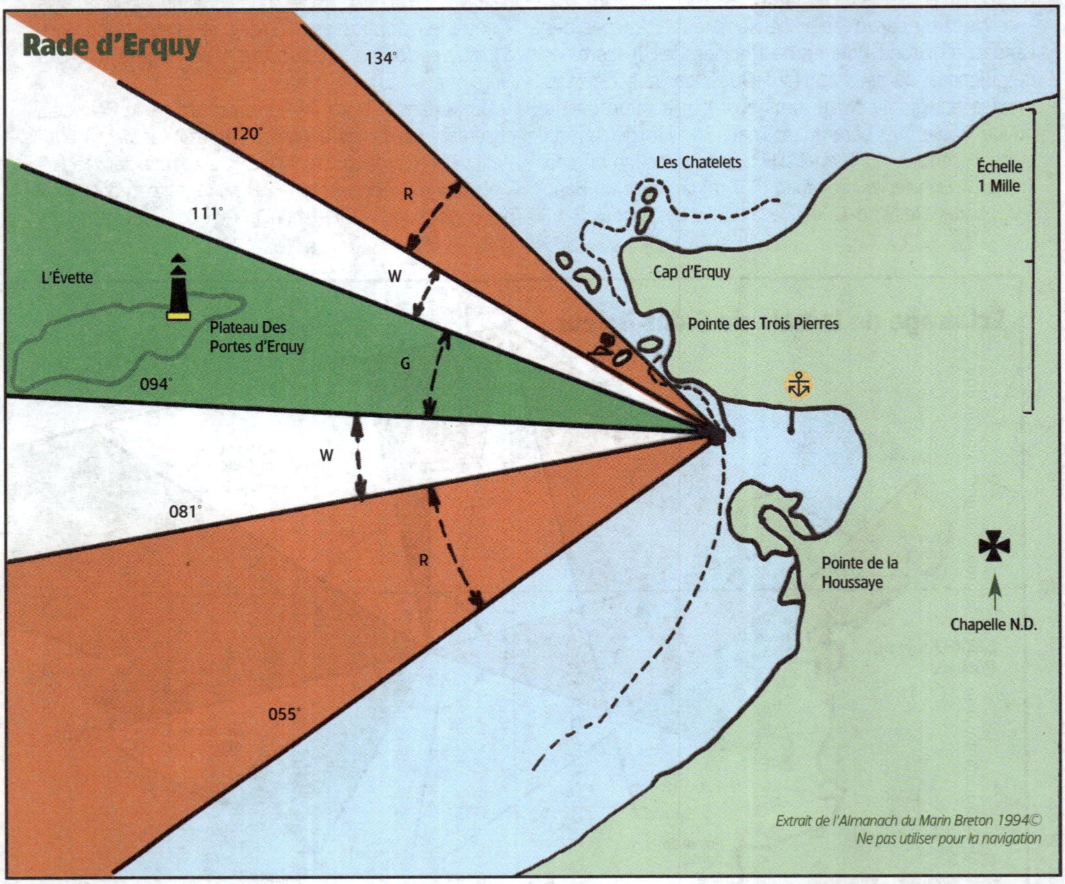

1. - Approches

1.1 - Environnement

Venant du Nord :

Prendre le chenal d'Erquy à la bouée Les Justières en prenant l'alignement à 227° du Sud de l'îlot Verdelet par le Nord des Châtelets. On pare ainsi le plateau des Justières, les dangers du rocher Rohinet et la roche Plate des Coudrais.

Venant du cap Fréhel :

Prendre le chenal, route à 257°, soit sur l'alignement arrière du cap Fréhel par le sud de l'îlot de l'amas du cap et rejoindre l'alignement à 227°. Quand on a la chapelle de l'îlot Saint-Michel au 090, gouverner sur la bouée Basse du Courant puis sur la tourelle cardinale Nord l'Évette.

Le port est situé au Nord de l'anse ouverte entre la pointe des Trois Pierres et la pointe de Lahoussaye.

L'entrée du port peut être délicate par fort vent de secteur Ouest formant de la houle.

1.2 - Courants

Référence P.M. Saint-Malo

	Début	Direction	Vitesse
Flot	PM -05 h 20	ENE	3
Jusant	PM +02 h 00	WSW	2,5

À l'entrée du port le flot porte à l'ESE pour 1 nœud jusqu'à mi-marée montante. À P.M. Saint-Malo -02 h 00, un contre-courant portant à l'Ouest et pouvant atteindre 2 nœuds sort du port au bout de la jetée.

1.3. Balisage

Erquy - Môle Nord-Sud - Extrémité Sud **WRG Oc (2 + 1) 12 s** - 055-**R**-081-**W**-094-**G**-111-**W**-120-**R**-134 - (48° 38,1 N - 002° 28,7 W) - 11 m - W 11 M, R & G 8 M - Tour blanche sommet rouge 10 m ;

Erquy - Extrémité jetée intérieure **Fl R 2,5 s** - (48° 38,1 N - 002° 28,4 W) -10 m - 3 M - Tour rouge et blanche 10 m.

2. - Le port

2.1 - Accessibilité

- par l'Est : le chenal d'Erquy (voir § 1.1) ;
- par le Nord : passer entre le Petit Léjon et le Plateau des Landas ;
- par l'Ouest : passer au Sud de la tourelle Rohein, des Comtesses et du plateau des Portes d'Erquy.

2.2 - Description

Erquy est avant tout un port de pêche disposant de 80 chalutiers.

On distingue deux zones :

- l'ancien port d'échouage protégé par la jetée intérieure ;

- le nouveau port entre la jetée intérieure et un môle en enrochements Nord-Sud.

Dans chaque zone, la pêche occupe la partie Ouest et la plaisance la partie Est.

2.2.1 - Contact

Capitainerie de 9 h à 12 h et de 14 h à 18 h en saison
Rue du Port - 22430 Erquy
✆+33 (0)2 96 72 19 32 ou +33 (0)6 89 89 75 52
VHF 9

2.2.2 - Capacité

- 400 places à l'échouage dont 11 visiteurs ;
- 3 corps-morts à l'extérieur (1 à 2 m d'eau) ;
- accueil sur 4 bouées rouges P1, P2, P3 et P4 dans le Sud-Ouest des postes plaisance du Vieux Port (à l'échouage) ;
- 50 places en pleine eau jusqu'à 10 m de long et 1,10 m de T.E.

2.2.3 - Services

2.2.3.1 - Services techniques : grue fixe de 4 T - 3 cales de mise à l'eau - gril de carénage - chantier - shipchandler - motoriste.

2.2.3.2 - Autres services : téléphone - WC publics - tous commerces en ville.

2.2.3.3 - Tarifs 2003

Bouées visiteurs	Journée	Semaine	Mois
<7m	3,50 €	24,50 €	105,00 €
<8 m	4,15 €	29,05 €	124,50 €
<9 m	4,80 €	33,60 €	144,00 €
<10 m	5,30 €	37,10 €	159,00 €
<11 m	5,90 €	41,30 €	177,00 €
>12 m	6,55 €	45,85 €	196,50 €
Îlot Saint-Michel	4,80 €	33,60 €	144,00 €

2.3 - Distances en milles

Paimpol	25	Dahouët	6
Saint-Malo	25	Saint-Cast	12

3. - Tourisme

Office de Tourisme
Boulevard de la Mer - 22430 Erquy
✆+33 (0)2 96 72 30 12 - 🖷 +33 (0)2 96 72 02 88
Courriel : TOURISME.ERQUY@wanadoo.fr

Le cap d'Erquy est un site naturel protégé. Il recèle des vestiges historiques et offre un admirable point de vue sur la baie.

Voir, visiter, faire :
- balades en mer à bord de la *Sainte-Jeanne*, le vieux gréement d'Erquy ;
- château de Bienassis, classé monument historique. Le visiteur est projeté à l'époque des grandes expéditions maritimes ;
- nombreux hameaux abritant un patrimoine historique important (chapelles, dolmen, manoirs, phare...) ;
- etc.

Le Dahouët (Pléneuf — Val-André)

(48° 44,9' N - 002° 34,8' W) - carte 7310

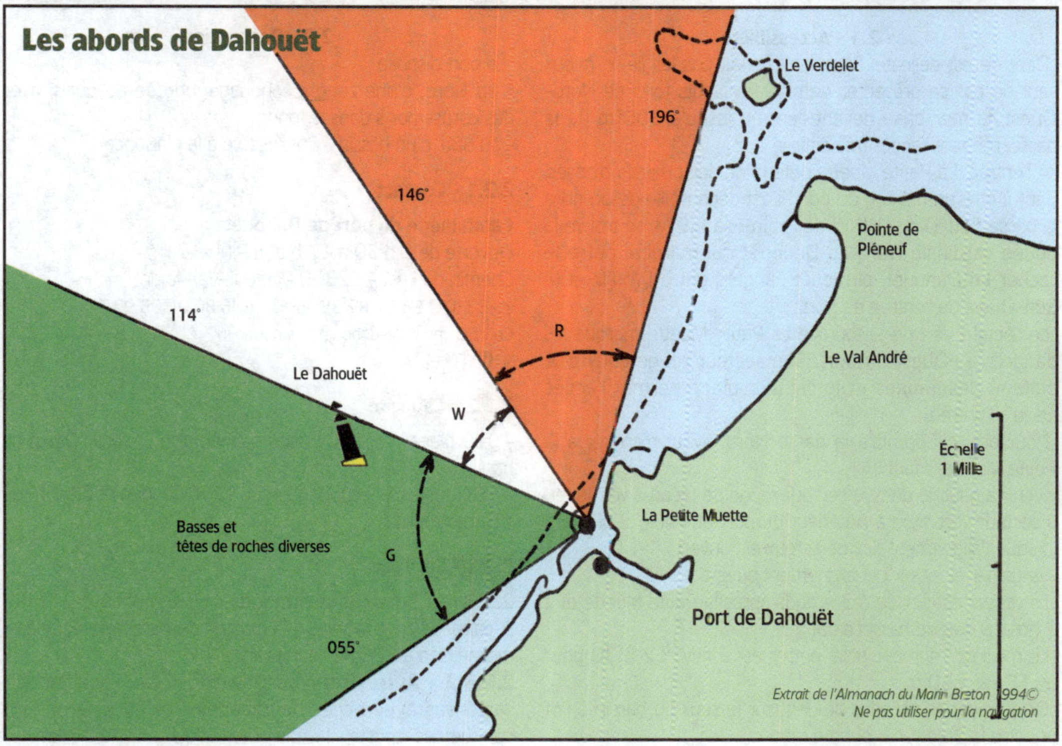

1. - Approches

- Préférer la passe Nord depuis la bouée cardinale Nord Dahouët à 0,8 M dans l'WNW de l'entrée ;
- Faire route au 114° sur la tourelle La Petite Muette ;
- La contourner par le Nord pour faire cap sur la marque d'entrée.

De nuit se tenir dans les secteurs blancs.

1.3 - Balisage

Dahouët - La Petite Muette Fl WRG 4 s - 055-**G**-114-**W**-146-**R**-196 - (48° 34,9 N - 002° 34,3 W) - 10 m - W 9 M, R & G 6 M - Tour verte et blanche 17 m ;

Nota : Fl (2) G 6 s - vis 156-286° à 240 m au Sud-Est

Dahouët - Entrée Fl (2) G 6 s - vis 156-286 - (48° 34,8 N - 002° 34,2 W) - 5 m - 1 M - Pylône vert 6 m.

2. - Le port

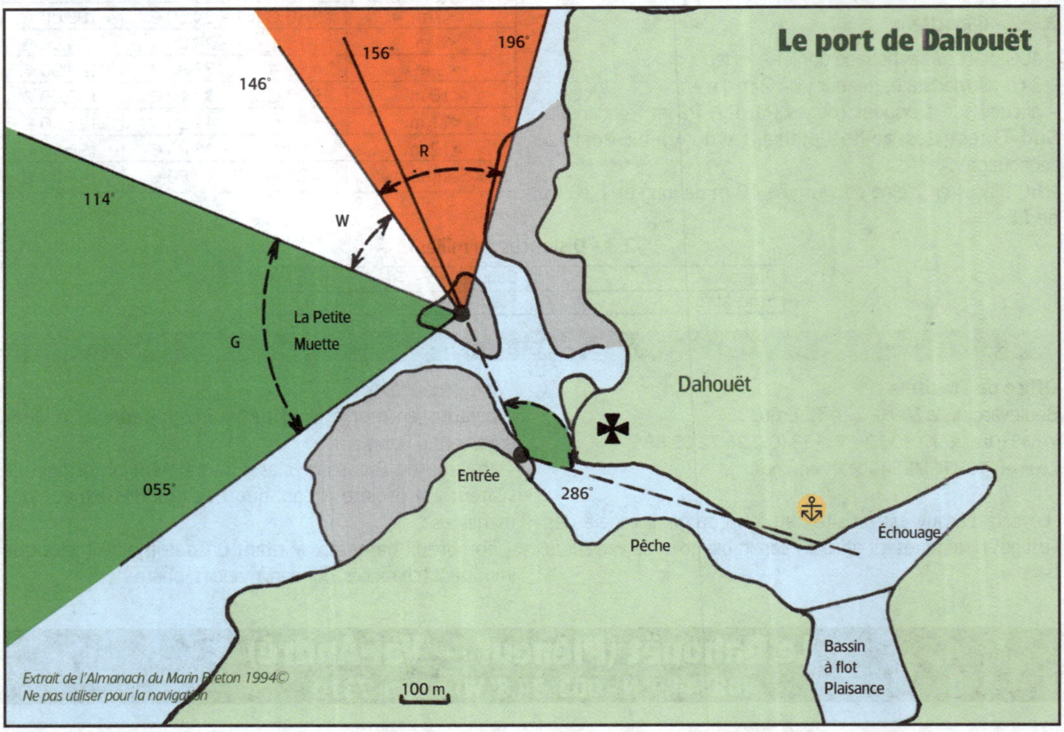

2.1 - Accessibilité

L'entrée est délicate. Si on ne connaît pas les lieux, mieux vaut ne pas se présenter de nuit. Par vents forts de Nord-Ouest, la mer brise devant l'entrée jusqu'à 300 m de la passe, rendant l'accès très difficile.

À l'entrée, La Petite Muette détermine deux passes d'accès. Sauf à être un habitué du port, il est déconseillé de prendre la passe Sud. Dans l'WNW de l'entrée, à 0,8 M, se trouve la bouée cardinale Nord Le Dahouët qui marque, outre le rocher Le Dahouët, plusieurs dangers entre l'WNW et le Sud-Ouest de l'entrée du port.

Le secteur vert de la tourelle La Petite Muette marque les dangers à l'Ouest du port. Son secteur rouge couvre le plateau des Jaunes et le secteur blanc permet l'accès jusqu'à l'entrée.

Pour pouvoir prendre la passe Nord, avant d'arriver à la Petite Muette, il faut :
- venir à gauche dans le secteur rouge de façon à voir le feu à secteur vert situé à l'intérieur du port et visible seulement lorsque l'alignement des deux feux est ouvert ;
- engainer alors sur cet alignement ouvert.

La vitesse est limitée à 3 nœuds après la Petite Muette et à 2 nœuds dans le bassin à flot.

Le meilleur moment pour entrer est à P.M. ±2 h 30 pour un T.E. de 1,50 m.

On trouve des échelles de 3 m sur le seuil du bassin à flot et entre la 2e et la 3e perche tribord.

2.2 - Description

Le port dispose :
- au Nord, d'une zone d'échouage, bordée de quais, avec des corps-morts dans le fond ;
- au Sud, d'un bassin à flot réservé à la plaisance.

2.2.1 - Contact

Capitainerie du port de Dahouët
Ouverte de 8 h 30 à 12 h et à P.M. ±2 h
Chemin du Lest - 22370 Pléneuf-Val-André
✆+33 (0)2 96 72 82 85 ou +33 (0)6 80 07 53 92
Courriel : port-de-dahouet@wanadoo.fr
VHF 16 et 9

2.2.2 - Capacité

- 329 places dont 20 visiteurs au ponton O dans l'Ouest du bassin ;
- 169 postes à l'échouage pour 17 m de long et 2,50 m de T.E. maximum.

2.2.3 - Services

2.2.3.1 - Services techniques : grue mobile de 12 T - 2 cales de mise à l'eau - 7 postes de carénage équipés - mécanicien à 300 m - carburant à 1 km.

2.2.3.2 - Autres services : navette - eau - électricité - sanitaires avec accès handicapés - téléphone et tous commerces - poste - laverie automatique en ville à 1 km.

2.2.3.3 - Tarifs 2003 (pas de franchise de 1re nuit)

Longueur en m	Sur bouées Jour	Sur bouées Mois	Aux pontons Jour	Aux pontons Mois
≤6,50			9,80 €	251,30 €
≤7,00	6,90 €	116,20 €	11,00 €	287,10 €
≤7,50	7,70 €	145,00 €	12,20 €	322,40 €
≤8,00	8,40 €	153,50 €	13,10 €	340,70 €
≤8,50	8,80 €	159,70 €	13,40 €	354,40 €
≥8,50	9,30 €	167,60 €		
≤9,00			14,50 €	374,50 €
≤9,50			16,20 €	423,00 €
≤10,00			17,10 €	449,70 €
≤10,50			17,60 €	459,50 €
≤11,00			18,60 €	484,70 €
≤11,50			19,50 €	509,30 €
≤12,00			21,00 €	549,40 €
≤13,00			22,80 €	599,00 €

2.2.4 - Bassins et écluses

Bassin à flot rive gauche, au seuil à la cote + 5,50 m.

2.3 - Distances en milles

Saint Helier	40	Saint-Quay-Portrieux	11
Chausey (grande île)	35	Paimpol	20
Guernsey	53	Saint-Malo	26
Saint-Brieuc	7	Granville	42
Binic	10	Cherbourg	90

3. - Tourisme

Office du Tourisme
Rue Winston Churchill - BP 25 - 22370 Pléneuf-Val-André
✆+33 (0)2 96 72 20 55 - 🖷 +33 (0)2 96 63 00 34
www.val-andre.org
Courriel : pleneuf@club-internet.fr

Voir, visiter, faire :
- possibilité d'embarquer sur les vieux gréements *La Pauline* et l'*Alna'ir* ;
- les balades (sentiers douaniers, pointe de Pléneuf, l'îlot Verdelet...), le labyrinthe de Malido ;
- la Ferme du laboureur (écomusée) ;
- etc.

Le Légué — Saint-Brieuc

(48° 33,6' N - 002° 41,5' W - chenal principal d'accès) – carte 7154

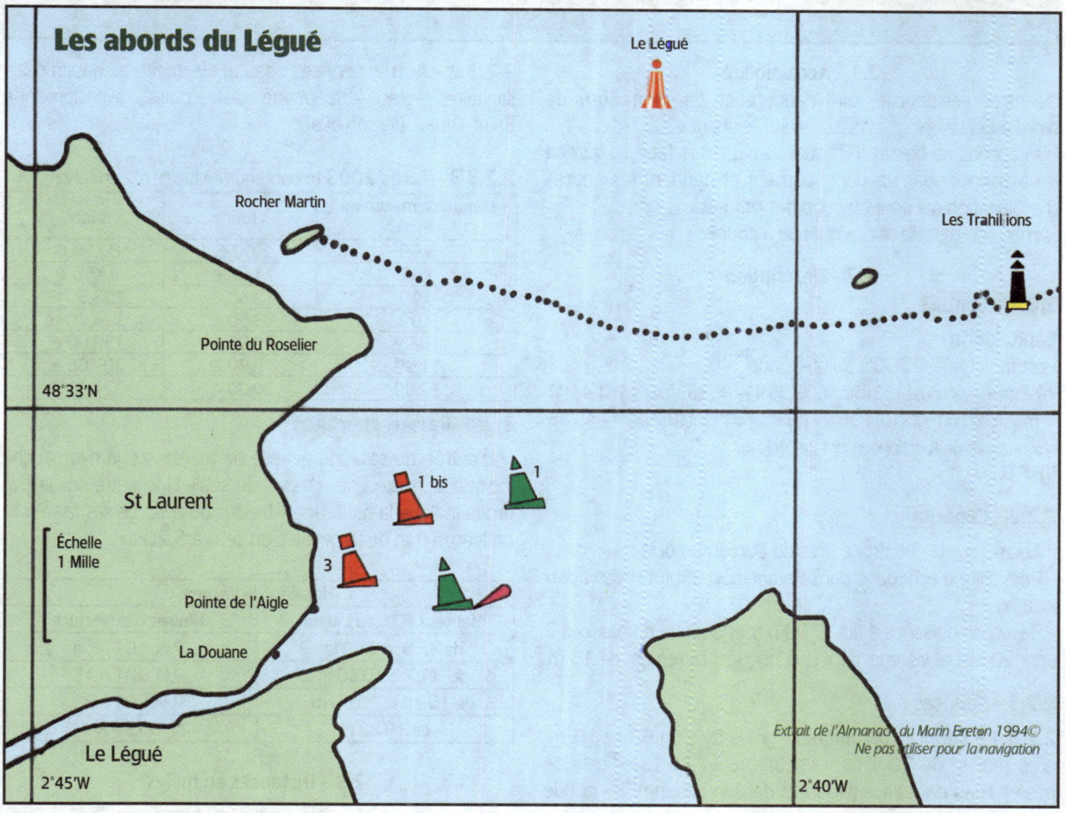

1. - Approches

1.1 - Environnement

- Chercher la bouée d'atterrissage Le Légué à 1,5 M de la pointe du Roselier (visible à 8 M par temps clair) et faire route au 202 vers la pointe de Cesson jusqu'à l'entrée du chenal balisé latéralement.

- Se méfier des hauteurs d'eau (surcote de 0,70 m par vents de Nord-Est, décote de 0,40 m par vents de Sud-Ouest). Le chenal fait passer entre le phare de la pointe de l'Aigle et la nouvelle jetée de la pointe de Cesson.

Sur le môle de la pointe de l'Aigle, on voit une échelle de marée indiquant la hauteur d'eau dans le chenal.
Priorité aux cargos dans le chenal (VHF 12).

1.3 - Balisage

Le Légué - Atterrissage Mo (A) 12 s - (48° 34,3 N - 002° 41,2 W) - 4 m - 4 M - Bouée marque d'eaux saines - Sifflet - Réflecteur radar ;

Le Légué - Pointe à l'Aigle - Extrémité jetée VQ G - vis 160-070 - (48° 32,2 N - 002° 43,1 W) - 13 m - 8 M - Tour blanche sommet vert 14 m ;

Jetée de la Douane - Extrémité Iso G 4 s - (48° 31,9 N - 002° 43,4 W) - 6 m - 2 M - Colonne blanche sommet vert 9 m - Plusieurs bouées et balises lumineuses marquent le chenal.

2. - Le port

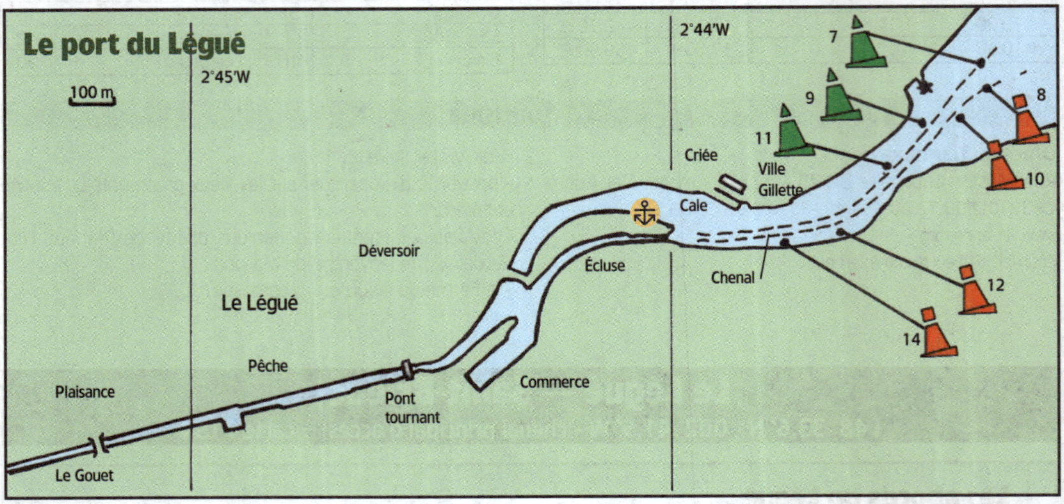

2.1 - Accessibilité

L'entrée est difficile voire dangereuse par vents forts de Nord à Est levant une mer dure sur les bancs.
On accède au bassin n°2 (quai de Nemours face au bureau de plaisance) par un pont tournant et pendant les heures d'exploitation qui sont fonction des marées.
Amarrage dans le port à quai ou à couple.

2.2 - Description

2.2.1 - Contact

Capitainerie
Port du légué - 22000 Saint-Brieuc
✆ capitainerie et écluse +33 (0)2 96 33 35 41 - 🖷 +33 (0)2 96 61 46 94
✆ maître de port +33 (0)2 96 77 49 85 - 🖷 +33 (0)2 96 77 49 86
aux horaires de fonctionnement de l'écluse.
VHF 9

2.2.2 - Capacité

- Accueil sur la rive droite près du bureau du port ;
- Possibilité d'échouage dans l'avant-port (plutôt réservé aux locaux) ;
- Bassin de plaisance à flot : 200 places au fond du bassin n°2 dont 20 places visiteurs pour une longueur maximum de 15 m.

2.2.3 - Services

2.2.3.1 - Services techniques : grues fixes de 6 T et 10 T - grue mobile de 30 T (✆ +33 (0)2 96 61 69 23) - cale de mise à l'eau dans l'avant-port et dans le bassin n°2 - gril de carénage - gardiennage - shipchandler - mécanicien marine - carburant (✆ +33 (0)2 96 61 42 65) ;

2.2.3.2 - Autres services : eau et électricité au bassin n°2 - sanitaires - glace - téléphone sur les quais - avitaillement à Saint-Brieuc (liaison bus).

2.2.3.3 - Tarifs 2003 (monocoque en bassin n°2 en saison)

Longueur maximum en m	Jour	Mois
6,99	8,00 €	82,90 €
7,99	11,00 €	94,50 €
8,99	12,50 €	123,30 €
9,99	13,50 €	136,20 €
10,99	16,00 €	153,00 €
11,99	18,00 €	207,65 €
12,99	20,00 €	227,30 €

2.2.4 -Bassins et écluses

À l'entrée du sas, une échelle de marée sur la rive gauche indique la hauteur au-dessus du seuil. Une autre sur la rive droite indique la hauteur au-dessus du zéro. Le sas fait 85 m de long, 14 m de large avec un seuil à 5,20 m.

Horaires de l'écluse	
Hauteur P.M. au Légué	**Heures d'ouverture**
de 8,50 à 9,40 m	P.M. ±01 h 00
de 9,10 à 10,30 m	P.M. ±01 h 15
de 10,30 à 10,80 m	P.M. ±01 h 30
+ de 10,80 m	P.M. -2 h 00 à P.M. +1 h 30

2.3 - Distances en milles

Erquy	12	Binic	7	Paimpol	23

3. - Tourisme

Office du tourisme
Place de la république - 22190 Plérin
✆🖷 +33 (0)296 74 68 79
Courriel : ot.plerin@wanadoo.fr

Office du tourisme
7 rue Saint-Goueno - BP 4435 - 22044 Saint-Brieuc Cedex 02
✆ +33 (0)2 96 33 32 50 - 🖷 +33 (0)2 96 61 42 16
Courriel : ot.saint-brieuc@wanadoo.fr

Voir, visiter, faire :
- *Le Grand Léjon*, lougre traditionnel de la baie de Saint-Brieuc ;
- la réserve naturelle de la baie avec nombreux points de vue ;
- musée d'art et d'histoire de Saint-Brieuc ;
- de nombreux sites vikings, mérovingiens, celtes et mégalithiques ;
- etc.

Binic

(48° 36,0' N - 002° 47,5' W) – cartes 7154 et 7128

1. - Approches

1.1 - Environnement

Binic est situé entre la pointe de Pordic au Sud et la pointe de Trouquetet au Nord. Son accès est libre par l'Est.

En venant de l'Est, il faut se méfier des parcs à huîtres.

En venant du Sud, se méfier des têtes de roches Les Escarets (0,4 m et 0,6 m) à l'Est de la pointe de Pordic.

1.3 - Balisage

Binic - Môle de Penthièvre **Oc (3) 12 s** - Unintens 020-110 - (48° 36,1 N - 002° 49,0 W) - 12 m - 11 M

Tour cylindrique blanche lanterne verte 12 m.

2. - Le port

Crédit photo : Port de Binic©

Les ports

2.1 - Accessibilité

On y accède à PM ± 3 h. L'accès peut être délicat par vent d'Est. L'avant-port assèche de 5 à 6 m.

2.2 - Description

Le port est constitué d'un avant-port d'échouage et d'un bassin à flot. L'avant-port est protégé à l'Est par le môle de Penthièvre offrant la possibilité d'attente et portant un phare et au Sud par la jetée des Corsaires.

L'avant-port assèche de 4 m à l'entrée jusqu'à 6,50 m à l'intérieur.

2.2.1 - Contact

Capitainerie
Quai Jean Bart - BP 4 - 22520 Binic
Ouverture en saison de 11 h à 12 h et de 15 h à 16 h ainsi qu'aux heures d'ouverture du bassin.
✆+33 (0)2 96 73 61 86 - 🖷 +33 (0)2 96 73 72 38
Courriel : port-de-binic@wanadoo.fr
VHF 9

2.2.2 - Capacité

- Avant-port : 170 places pour des navires de 7,50 m maximum ;
- Bassin à flot : 400 postes (longueur 16 m et T.E. de 3 m maximum) par 8,50 m d'eau sur 9 pontons dont 60 visiteurs sur le ponton K au Nord du bassin, le long du quai Jean Bart.

2.2.3 - Services

2.2.3.1 - Services techniques : grue de 10 T - grue de mâtage
de 1 T - 2 cales de mise à l'eau- chantiers - shipchandlers - mécanicien - carburant en ville.

2.2.3.2 - Autres services : eau - électricité sur pontons - sanitaires et lave-linge à la capitainerie - laverie automatique - poste - distributeur de billets et tous commerces en ville à moins de 100 m.

2.2.3.3 - Tarifs visiteurs 2003 (en saison)

Tarif visiteurs dans le bassin

Longueur en m	Jour	Semaine
6,50 à 6,99	12,00 €	49,00 €
7,00 à 7,49	13,00 €	54,00 €
7,50 à 7,99	14,00 €	58,00 €
8,00 à 8,49	15,00 €	61,00 €
8,50 à 8,99	16,00 €	65,00 €
9,00 à 9,49	17,00 €	69,00 €
9,50 à 9,99	18,00 €	72,00 €
10,00 à 10,49	19,00 €	76,00 €
10,50 à 10,99	20,00 €	80,00 €
11,00 à 11,49	21,00 €	84,00 €
11,50 à 11,99	22,00 €	87,00 €
12,00 à 12,99	24,00 €	95,00 €

Tarif visiteurs dans l'avant port

Longueur HT maximum en m	Jour	Semaine
6,50	5,10 €	26,42 €
7,00	5,45 €	28,76 €

2.2.4. Bassins et écluses

Le bassin à flot est fermé par un pont mobile (appeler la capitainerie). Il est protégé par une porte à marée large de 10 m à la cote 5,50 m fonctionnant dès que la hauteur d'eau atteint +8,50 m jusqu'à l'heure de la pleine mer. (soit en V.E. moyenne à partir de 02 h 20 avant la P.M.). Par coefficient <40, la porte est fermée.

Priorité aux navires sortants.

Les visiteurs doivent se présenter à tribord après les portes.

Un fort de courant pouvant atteindre 5 nœuds se produit entre les passes à l'ouverture. Il faut donc rester manœuvrant.

2.3 -Distances en milles

Plymouth	110	Bréhat	15
Jersey	45	Granville	44
Guernsey	54	Saint-Malo	30
Chausey	38	Perros-Guirec	40

3. - Tourisme

Office du tourisme
Avenue du général de Gaulle - B.P. 37 - 22520 Binic
✆+33 (0)2 96 01 61 63 - 🖷 +33 (0)2 96 73 35 23
www.ville-binic.fr
Courriel : officedetourismedebinic@wanadoo.fr

Voir, visiter, faire :
- le chemin des douaniers (GR 34), la vallée de l'Ic, la pointe de la Rognouse, les falaises de Pordic ;
- les venelles de Binic, la chapelle Saint-Gilles, l'église Notre-Dame-de-Bon-Voyage ;
- etc.

Saint-Quay-Portrieux

(48° 38,8' N – 002° 48,8' W) — cartes 7154 et 7158

1. - Approches

1.1 - Environnement

Par le Nord-Ouest :

De jour

Après avoir contourné largement La Madeux (à 400 m dans son Ouest se trouve une basse recouverte de 2,30 m d'eau), on peut venir directement sur l'extrémité de la jetée Nord.

Entre les bouées Les Noirs et la jetée Nord se trouvent deux basses à 1,20 m et à 1,60 m. La bouée Les Noirs balise elle-même des fonds découvrants dans son Est.

De nuit

Un réseau de feux permet un accès sûr au port :
- du large, se placer dans le secteur blanc du feu d'atterrissage situé au coude de la jetée Nord. On pare ainsi les roches de La Madeux ;
- prendre ensuite le secteur blanc du feu de Herflux pour s'écarter des Moulières de Portrieux ;
- enfin suivre par l'arrière le secteur blanc de l'île Harbour qui mène directement en rade de Portrieux.

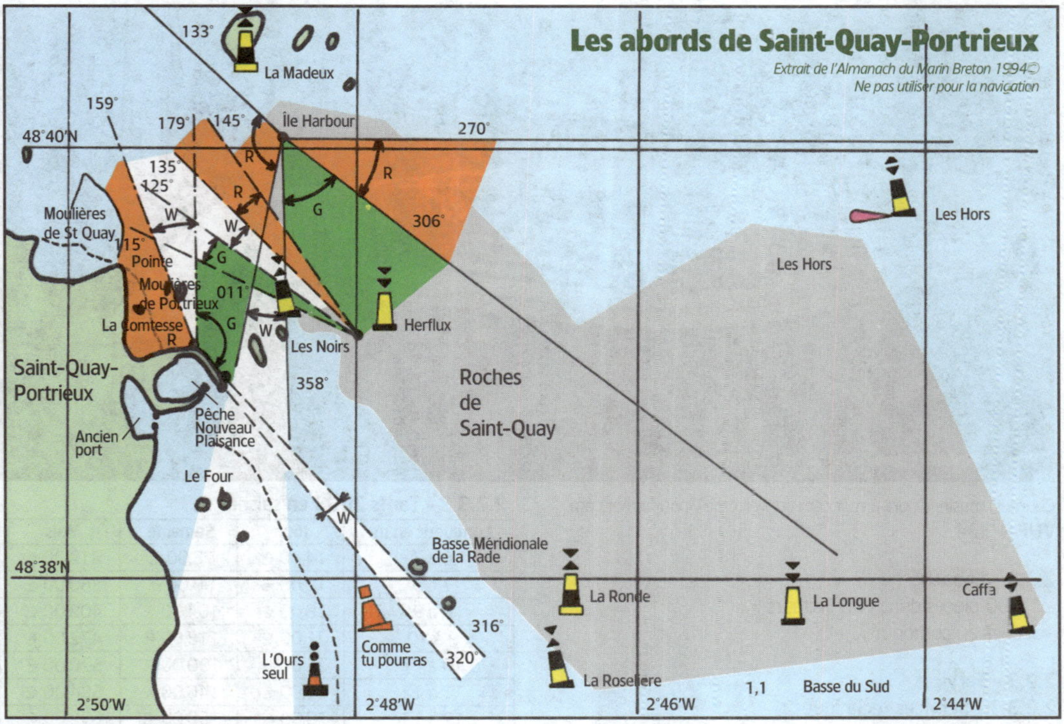

Par le Sud :

De jour

Si on vient du Nord-Ouest, veiller à contourner Caffa et se méfier de la Basse du Sud (1,10 m) à 0,50 M dans le Sud de La Longue.

De même donner du tour à la bouée de la Roselière pour venir sur l'entrée du port.

Mettre le sémaphore légèrement à gauche du feu d'atterrissage, soit environ par l'extrémité de la jetée Nord. On pare ainsi les hauts-fonds de 0,30 m et de 1,10 m de la Basse Méridionale de la Rade.

De nuit

Les bouées Caffa et La Roselière sont éclairées.

Après La Roselière, venir chercher le secteur blanc du feu de Saint-Quay-Portrieux (feu du port en eau profonde au coude de la digue Nord-Est) qui mène tout droit à l'entrée du port.

1.2 - Courants

À terre ces Roches de Saint-Quay, les courants sont alternatifs et sensiblement parallèles à la côte pour des vitesses maximales de 3 à 3,5 nœuds en V.E.

1.3 - Balisage

Port en eau profonde - Coude môle Nord-Est Dir Iso WRG 4 s - 159-**W**-179-**G**-316-**W**-320,5-**R**-159 - (48° 39,0 N - 002° 49,1 W) - 16 m - W 15 M, R & G 11 M - Tour en béton 12 m - Feux de secours 11 M et 8 M ;

Herflux - Roches de Saint-Quay Dir Fl (2) WRG 6 s - 115-**G**-125-**W**-135-**R**-145-**obscd**-115 - (48° 39,1 N - 002° 47,9 W) - 10 m - W 8 M, R & G 6 M - Tourelle cardinale Sud ;

Caffa Q (3) 10 s - (48° 37,9 N - 002° 43,1 W) - 4 m - 3 M - Bouée cardinale Est - Réflecteur radar ;

La Roselière VQ (9) 10 s - (48° 37,5 N - 002° 46,4 W) - 3 m - 3 M - Bouée cardinale Ouest - Réflecteur radar ;

Île Harbour - Roches de Saint-Quay Oc (2) WRG 6 s - 011-**R**-133-**G**-270-**R**-306-**G**-358-**W**-011 - (48° 40,0 N - 002° 48,5 W) - 16 m - W 10 M, R & G 8 M - Maison et tour blanches, sommet rouge, 13 m.

2. - Le port

2.1 - Accessibilité

L'ancien port de Saint-Quay-Portrieux est un port d'échouage découvrant jusqu'à 6 m.

La jetée Sud orientée Nord-Sud porte un feu. La jetée Nord, sur laquelle s'appuient les enrochements du nouveau port, porte un feu marquant l'enracinement de la jetée Sud du nouveau port.

Le port d'Armor (nouveau port) est partagé entre :
- au Nord, la pêche (10 hauturiers et 90 côtiers) ;
- au Sud, la plaisance ;
- à l'Ouest, le terminal à passagers pour les navires desservant Bréhat.

Le chenal entre les parties pêche et plaisance est dragué à 3,50 m. Dans sa partie plaisance, les sondes sont de 2 m à 3,50 m.

Port sans seuil ni écluse, Saint-Quay-Portrieux est accessible à toute heure de la marée pour des navires de 25 m de long au T.E. de 3 m.

Devant l'entrée du port, le mouillage est bon — par vent de Sud-Ouest à Nord en passant par l'Ouest — bien que le courant de marée traversier soit fort.

2.2 - Description

2.2.1 - Contact

Capitainerie de 8 h à 13 h et de 14 h à 20 h en saison
Esplanade du Port - 22410 Saint-Quay-Portrieux
✆ +33 (0)2 96 70 81 30 - 🖷 +33 (0)2 96 70 81 31

Les ports

Courriel : master@port-armor.com ou welcome@port-armor.com
VHF 9 H24

2.2.2 - Capacité

- 1 000 places dont 100 visiteurs ;
- accueil au ponton n°7.

2.2.3 - Services

2.2.3.1 - Services techniques :

- au port d'échouage : élévateur de 25 T - cale de mise à l'eau - gril de carénage - chantier - motoristes - électroniciens ;
- au nouveau port : shipchandler.

2.2.3.2 - Autres services : navette - eau - électricité - sanitaires - téléphone - laverie - supérette sur le port - tous commerces en ville.

2.2.3.3 - Tarifs 2003 en saison

Longueur en m	Jour	Semaine	Mois
6 à 7	14,00 €	78,00 €	312,00 €
7 à 8	16,00 €	90,00 €	360,00 €
8 à 9	18,00 €	104,00 €	408,00 €
9 à 10	21,00 €	118,00 €	472,00 €
10 à 11	24,00 €	130,00 €	520,00 €
11 à 12	26,00 €	146,00 €	584,00 €
12 à 13	28,00 €	158,00 €	632,00 €

2.3 - Distances en milles

Binic	3	Lézardrieux	18
Carteret	61	Paimpol	12
Chausey	43	Saint Helier	42
Cherbourg	90	Saint-Malo	33
Granville	49	Guernsey	50

3. - Tourisme

Office du tourisme

17 bis rue Jeanne d'Arc - B.P. 31 - 22410 Saint-Quay-Portrieux
✆+33 (0)2 96 70 40 64 - 🖷 +33 (0)2 96 70 39 99
www.saintquayportrieux.com
Courriel : saintquayportrieux@wanadoo.fr

Voir, visiter, faire :

- l'île Comtesse ;
- des manoirs, le moulin à vent Saint-Michel, le château de la Ville Mario ;
- chapelles et calvaires ;
- etc.

Lézardrieux

(48° 53,5' N – 002° 58,3' W - chenal principal d'accès) — carte 7126

1. - Approches

1.1 - Environnement

Venant du Nord ou de Nord-Est, emprunter le Grand Chenal :

- dans le Nord-Ouest de la Horaine :
  - prendre l'alignement à 224,7° du phare de Bodic par le phare de La Croix ;
  - passer entre la Croix et la balise Moguedhier (latérale tribord) ;
  - faire route alors au 234,7 en mettant la maison blanche de l'île à Bois alignée avec Moguedhier.
- Dès qu'on relève la Croix au 203 :
  - aligner le feu de Coatmer amont par Coatmer aval à 218,7° ;
  - parer alors la tourelle Les Perdrix puis la roche découvrante à 60 m de Roc'h Donan.

Venant de l'Est :

- emprunter le chenal de Ferlas ;
- rejoindre le Grand Chenal au Sud-Ouest de la tourelle Vieille de Loguivy.

Le port est situé sur la rive gauche du Trieux, en aval du pont routier.

1.2 - Courants

Référence P.M. Paimpol

	Direction	Vitesse	Début
Flot	Sud	3	PM -6 h
Jusant	Nord	3	PM +0 h 15

En aval du pont routier, le resserrement de la rivière crée un fort courant (5 nœuds dans le Trieux et 3 nœuds dans le port).

1.3 - Balisage

Grand Chenal - Alignement 224,7°
- Antérieur **La Croix Oc 4 s** - intens 215-235 - (48° 50,3 N - 003° 03,3 W) - 15 m - 19 M - Deux tours grises accolées face Nord-Est, blanche, haut rouge 23 m
- Postérieur **Bodic Dir Q** - intens 221-229 - (à 3 800 m d'Antérieur) - 55 m - 22 M - Façade trapézoïdale blanche, sommet vert, 23 m ;

La Horaine Fl (3) 12 s - (48° 53,5 N - 002° 55,3 W) - 13 m - 11 M - Tour octogonale grise surmontée d'un abri noir 23 m ;

Coatmer - Alignement 218,7° - Pignon blanc vers l'alignement
- Antérieur **Fixe RG** - 200-**R**-250-**G**-053 - (48° 48,3 N - 003° 05,8 W) - 16 m - 9 M - Pignon blanchi vers l'alignement 11 m
- Postérieur **Fixe R** - vis 197-242 - (à 660 m d'Antérieur) - 50 m - 9 M - Pignon blanchi vers l'alignement, 8 m.

Les Perdrix Fl (2) WG 6 s - 165-**G**-197-**W**-202,5-**G**-C40-obscd-165 - (48° 47,8 N - 003° 05,8 W) - 5 m - W 6 M, G 3 M - Tour verte 11 m - Nota : balisage lumineux signalant l'accès au bassin à flot de Lézardrieux.

2. - Le port

Le port de plaisance, en amont du port de commerce, comprend :
- une zone de mouillage sur corps-morts
- trois pontons en eau profonde reliés au terre-plein
- un bassin à flot protégé par une porte abattante.

2.1 - Accessibilité

Le port est accessible 24 h sur 24 h.

2.2 - Description

- Port de plaisance en eau profonde : trois rangées de pontons reliés au terre-plein de la capitainerie (T.E. maximum de 1,80 m à 2,50 m). Les visiteurs se mettent sur le 1er ponton ;
- Zone de mouillage sur corps-morts, à l'Est des pontons : les navires de passage peuvent s'amarrer sur un ponton isolé au Nord de la tourelle blanche de la Petite Chaise. En saison, une navette est en service.
- Bassin à flot.

2.2.1 - Contact

Bureau du port ouvert en saison de 7 h 30 à 22 h
22740 Lézardrieux
✆+33 (0)2 96 20 14 22 - 🖷 +33 (0)2 96 22 18 31
VHF 9

2.2.2 - Capacité

- longueur de 20 m maximum et T.E. de 3,50 m maximum ;
- 660 places dont 500 sur catways et 160 sur corps-morts ;
- 50 places visiteurs au ponton n°3 devant la capitainerie.

2.2.3 - Services

Un bateau de servitude peut aider à la manœuvre.

2.2.3.1 - Services techniques : grue mobile de 50 T - 3 cales de mise à l'eau - gril de carénage - carburant - chantiers - shipchandler - mécaniciens - voilerie - gréeur.

2.2.3.2 - Autres services : eau - électricité - sanitaires - laverie automatique - téléphone - tous commerces en ville - marché le vendredi matin.

2.2.3.3 - Tarifs 2003

Longueur en m	Jour		Mois d'été	
	Pontons	Bouées	Pontons	Bouées
<7,50	13,00 €	9,50 €	162,00 €	108,00 €
<8,50	15,00 €	10,50 €	181,00 €	130,00 €
<9,50	17,00 €	11,50 €	202,00 €	142,00 €
<10,50	18,50 €	13,50 €	237,00 €	147,00 €
<11,50	21,50 €	14,50 €	260,00 €	164,00 €
<12,50	26,00 €	15,00 €	287,00 €	183,00 €
<13,50	27,00 €	15,50 €	307,00 €	195,00 €
Pas de franchise de 1ère nuit. En éte, application du tarif mensuel à partir du 12ème jour				

2.2.4 - Bassins et écluses

Le bassin au seuil coté +6,05 m est protégé par une porte abattante au radier à −4,95 m. Sur le côté Ouest de la porte une échelle à marée donne la hauteur d'eau sur le seuil.
L'entrée est balisée latéralement et régie par des signaux de trafic portuaire.

2.3 - Distances en milles

Bréhat (la Chambre)	5,5	Perros-Guirec	30
Cherbourg	86	Saint Helier	45
Dahouët	27	Saint-Malo	46
Granville	61	Saint Peter Port	46
Paimpol	9	Saint-Quay- Portrieux	18

3. - Tourisme

Syndicat d'initiative
7 place du Centre - 22740 Lézardrieux
✆+33 (0)2 96 22 14 25 - 🖷 +33 (0)2 96 22 16 74

Voir, visiter, faire :
- promenades dans l'estuaire du Trieux et vers Bréhat à bord d'un bateau traditionnel à voile (de juin à septembre)
- sillon de Talbert à 7 km ;
- etc.

Pontrieux
carte 7126

1. - Approches

1.1 - Environnement

En amont du port de Lézardrieux, le Trieux se rétrécit et contourne La Chaise balisée par les tourelles blanches de la Petite et de la Grande Chaise et trois balises latérales tribord.
Le pont suspendu laisse un tirant d'air de 17,40 m (P.M. de V.E.). En amont du pont laisser à tribord la tourelle Beg An Ty Meur et à bâbord la tourelle Le Lionel. À partir de Lancerf, le chenal assèche complètement.

Des bouées sont réservées aux plaisanciers en amont de l'embarcadère des vedettes de Bréhat sous le château de la Roche-Jagu.
Pontrieux est situé à 8 M en amont de Lézardrieux

1.2 - Courants

Au pont, le courant peut atteindre 3,5 nœuds et, vent contre courant, rend la mer agitée.

1.3 - Balisage

On approche par un chenal balisé de petites bouées latérales jusqu'à l'écluse.

2. - Le port

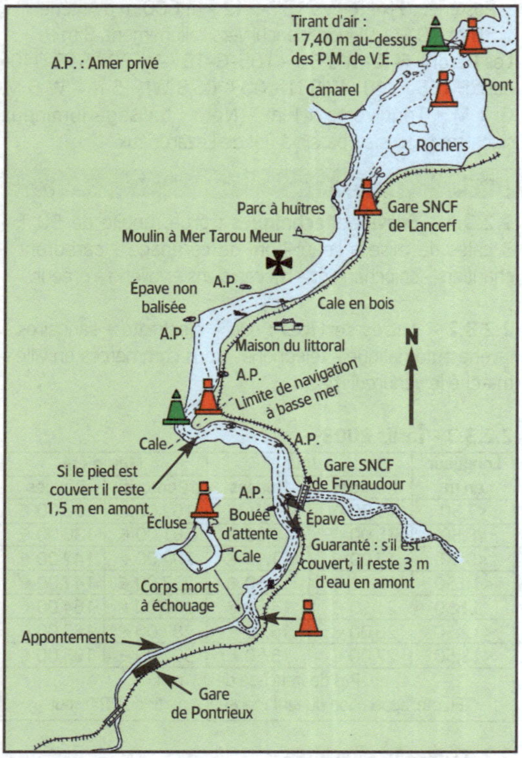

2.1 -Accessibilité

On accède au port 1 h 30 avant la P.M. puis on attend l'ouverture sur bouées.

2.2 -Description

Le port est fermé par une écluse de 65 m de long sur 12 m de large au radier aval de +2,86 m et amont de +4,82 m.

2.2.1 -Contacts

Bureau du port
✆ 🖷 +33 (0)2 96 95 34 87
VHF 9
✆+33 (0)2 96 22 14 25 - 🖷 +33 (0)2 96 22 16 74

Écluse
✆ 🖷 +33 (0)2 96 95 60 70
VHF 12

2.2.2 -Capacité

- 160 places dont 40 visiteurs ;
- amarrage dans le port à quai ou à couple sur bouées.

2.2.3 -Services

2.2.3.1 - Services techniques : cale - grue de 6 T - carburant ;

2.2.3.2 - Autres services : eau - électricité - sanitaires - téléphone - glace - approvisionnement en ville à 15 min.

2.2.3.3 - Tarifs 2003

Longueur en m	Jour	Mois
+ de 6,99	8,00 €	68,40 €
+ de 7,99	11,00 €	97,75 €
+ de 8,99	12,50 €	107,50 €
+ de 9,99	13,50 €	118,10 €
+ de 10,99	16,00 €	140,90 €
+ de 11,99	18,00 €	177,55 €
+ de 12,99	20,00 €	211,75 €

2.2.4 - Bassins et écluses

Deux bouées d'attente sont placées à l'extérieur face à l'écluse côté bâbord. Si la hauteur d'eau est supérieure à 10 m, les portes sont ouvertes en accès libre, sinon l'ouverture se fait de P.M. -2 h 15 à P.M. +2 h.

2.3 - Distances en milles

Lézardrieux	7	Paimpol	19

3. - Tourisme

Syndicat d'initiative
Maison de la Tour Eiffel - 22260 Pontrieux
✆ 🖷 +33 (0)2 96 95 14 03
Courriel : tourisme.pontrieux@wanadoo.fr

Port et petite cite de caractère, Pontrieux est situé à la frontière de l'Armor et l'Argoat, entre terre et mer.

Voir, visiter, faire :
- circuit lumière ;
- promenades nocturnes en barque ;
- lavoirs ;
- château de la Roche Jagu ;
- etc.

Archipel de Bréhat
cartes 6966, 7127 et 7152

L'archipel bréhatin est constitué d'une multitude d'îlots, de roches et de cailloux isolés. Le navigateur devra apporter un soin particulier au choix des routes, aux directions et vitesses des courants, surtout si le coefficient est supérieur à 70 et si le T.E. dépasse 1,50 m.

Approches de jour

Venant du phare des Héaux

Le seul chenal d'accès à Bréhat et à l'estuaire du Trieux est :
- le chenal de la Moisie
- l'amer blanc du Rosédo par le clocheton de la chapelle Saint-Michel au 159.

C'est un chenal franc et profond. Il faut passer près de la Moisie et de la balise Noguejou Bihan, puis dans l'Est de la Vieille du Tréou. On se retrouve ainsi sur le grand chenal du Trieux : le phare de Bodic par celui de La Croix au 225.

Venant du Nord et de Jersey-Guernsey

Une fois passés les Roches-Douvres et Barnouic, il faut faire route au Sud-Ouest en laissant à gauche le phare de la Horaine. Prendre le plus tôt possible le grand chenal du Trieux : le phare de La Croix par celui de Bodic au 225.

⚠ Danger : par courant de flot, il faut s'écarter franchement du phare de La Horaine où le courant entraîne vers les dangers. Ne pas hésiter à faire route vers les hautes terres de Lanmodez en laissant Bréhat à gauche. On se repositionnera plus tard, sans difficulté, à l'approche du chenal du Trieux.

Venant de la baie de Saint Brieuc ou du Cap Fréhel

La côte est franche jusqu'à 2 milles dans l'Est de la pointe de Minard et du phare de Lost Pic. Afin de rejoindre la rade de Bréhat, le Port Clos ou la Chambre, il est préférable de laisser à l'Ouest les dangers de la Cormorandière.

On prendra les routes suivantes :
- venant de Saint-Quay-Portrieux : le sémaphore de Bréhat à droite de la pyramide blanche de Quistillic au 310 ;
- venant du cap Fréhel : prendre le phare des Héaux par celui du Paon au 302. À partir de ces deux routes, on peut rejoindre Bréhat en se repositionnant sur le phare de la Croix par le côté gauche de l'île Raguenez au 227. On arrive ainsi au port de Bréhat et à la Chambre. C'est un mouillage situé entre Bréhat et l'île Logodec.

Routes côtières - Tour de l'île

C'est une superbe mini-croisière (6 milles) à effectuer aux environs de la marée haute ou à toute heure du jour par coefficient inférieur à 60.

Départ de Port-Clos (mouillage de Men Joliguet) :
- faire route au 085 en laissant les balises jaunes et noires Men Allan et La Chambre à gauche ;
- venir au Nord-Est et passer près de la grosse roche Men Bras Logodec ;
- faire route en laissant sur sa gauche la pyramide blanche de Quistillic et passer très près de la côte de l'île Raguenez Meur ;
- venir légèrement à droite et prendre sur l'arrière l'alignement Pyramide Quistillic par la pointe Sud de Raguenez Meur ;
- prendre ensuite la grosse tourelle du Petit Pen Azen légèrement à droite de la roche de 13 m. Contourner cette grosse roche en la laissant à gauche ;
- prendre sur son arrière cette grosse roche de 13 m dans la tourelle de Men garo. Cela fait passer entre Morbic et les Pistissec et conduit au phare du Paon ;
- puis la grande maison de Modez un peu à droite de la Vieille du Tréou ;
- le phare de la Croix par la grosse tourelle rouge de Cosrod. Prendre le chenal de Kerpont ensuite qui assèche de 2,50 m ;
- la balise milieu du Kerpont, Men Ar Gouilh par l'amer blanc de la pointe de l'Arcouest ;
- une fois passée la balise verte de Men Ar Gouilh, il faut aligner sur l'arrière par la grosse tourelle verte de La Vieille du Tréou. Cette route nous fait rester dans la partie profonde du chenal ;
- enfin, prendre Men Joliguet un peu à droite de la balise rouge La Madeleine. On passe ainsi entre les Pierres Noires et le troisième pont de Bréhat pour se retrouver au point de départ.

Mouillages

La Corderie

Très bon abri offrant une bonne tenue de mouillage sur fond plat de sable dur. En venant du Nord, l'accès très bien balisé fait contourner largement le grand rocher Roc'h Kervarec et laisser les deux balises rouges Moncello Richard à gauche. Mouiller 10 m de chaîne. Par coefficient supérieur à 60, il ne faut pas trop s'avancer vers l'Est car les fonds assèchent rapidement et sont encombrés de corps-morts.

Le Guareva au Sud Kerpont

On y trouve un mouillage à flot par 5 m d'eau minimum, situé à l'abri du canot de sauvetage. C'est un bon mouillage très abrité des vents, par contre il est soumis au fort courant de marée. La tenue est bonne mais il faut prévoir de la grosse chaîne.

Le Port-Clos

C'est un très bon mouillage donnant la possibilité de se rendre à terre avec une annexe en accostant aux cales de débarquement. On peut mouiller à l'Est et au Sud de la balise rouge Men Ar Gouilh. Les fonds assèchent au Nord de cette balise par un coefficient de 60.

La Chambre

C'est un endroit magnifique, très encombré durant la saison car il y a peu de places et les fonds assèchent rapidement. Il faut rester vigilant quant à l'influence des courants de marée et au rayon d'évitage. Il y a la possibilité de débarquer à terre près de la cale du club nautique.

Courants

Point	Flot				Jusant			
	Durée	Direction	Vitesse	Étale	Durée	Direction	Vitesse	Étale
Chenal du Trieux								
Au Nord des Pen Azen	P.M. +15 min à B.M.	SE	3	15 min	P.M. +15 min à B.M.	NW	3	15 min
Entre les Pen Azen et Gosrod		S				N		
Au Sud de Gosrod		SW				NE		
Partie Nord	B.M. -30 min à P.M. -45 min	E	4	15 min	P.M. -30 min à B.M. -45 min	W	4	15 min
Au Sud de La Moisie		S				N		
Men Toul	B.M. +15 min à P.M.	SW			P.M. +15 min à B.M.	NE		
Kerpont, partie Nord								
Niveau <2,60 m	B.M. à P.M. -45 min	S	3	15 min	P.M. -30 min à B.M. -15 min	N	3	15 min
Niveau >2,60 m								
Kerpont, partie Sud								
Niveau <2,60 m	B.M. à P.M. -45 min	N	3	15 min	P.M. -30 min à B.M. -15 min	S	3	15 min
Niveau >2,60 m		S				N		
Ferlas et rade de Bréhat (1)	B.M. +15 min à P.M.	E	4		P.M. +15 min	W	4	
Rade de Pomelin		WSW	2		E.M.	ENE	2	

(1) À la partie est du Ferlas, le premier jusant traverse de la pointe de l'Arcouest au Kerpont et ne porte à l'Ouest que lorsque les grèves sont découvertes.

Paimpol

(48° 47,7 N – 002° 55,7' W) — cartes 7154 et 7127

1. - Approches

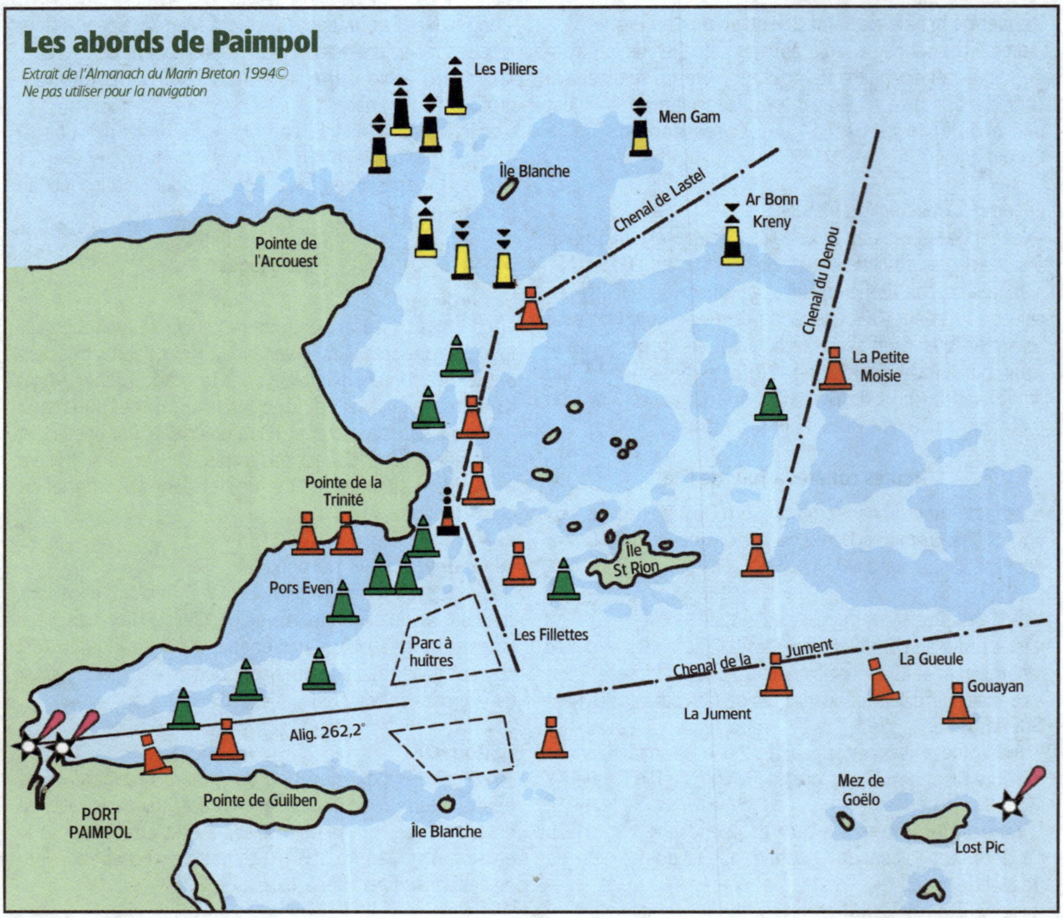

1.1 - Environnement

L'anse de Paimpol est située entre la pointe de Bilfot (de Plouézec) et la pointe de la Trinité.

De jour

Venant du large :

- se mettre à 1 M au Nord de la bouée cardinale Est les Calemarguiers et suivre l'alignement à 260° du clocher de Paimpol par la pointe de Brividic ;
- passer dans le Sud de la tourelle cardinale Est Les Charpentiers et dans le Nord de la bouée latérale bâbord La Gueule et de la tourelle rouge La Jument ;
- aligner le clocher de Plouézec par la perche latérale bâbord Roc'h ar Zel ;
- contrôler régulièrement le niveau d'eau au sondeur ;
- venir alors prendre l'alignement à 262,2° du feu de Kerpalud par le feu de la jetée de Kernoa ;
- à la balise latérale tribord El Bras, se diriger vers les premières bouées lumineuses du chenal, très étroit, dont le premier tronçon s'écarte de l'alignement afin d'éviter un banc de vase coté 5,5 m.

De nuit

Se mettre dans le secteur blanc du feu de la pointe de Porz Don jusqu'à relever l'alignement à 262,2°.

1.2 - Courants

Le flot commence à P.M. Paimpol -6 h 00 et porte au début au SSE. Il entre par le Ferlas et le chenal de Bréhat. Ensuite au cours du montant, le courant vire au Sud puis au Sud-Ouest. Un contre-courant de Nord-Ouest traverse alors l'anse de la pointe de Minard à l'Arcouest.

Le jusant porte au début vers Bréhat puis prend la direction des chenaux.

Il se produit un fort courant de flot à 2 nœuds à l'ouverture du sas de l'écluse.

1.3. - Balisage

Alignement 262,2°

- Antérieur **Extrémité jetée de Kernoa Q R** - (48° 47,1 N - 003° 02,4 W) - 5 m - 7 M - Abri rouge et blanc 4 m
- Postérieur **Kerpalud Q R** - intens 260,2-264,2° - (à 360 m d'Antérieur) - 12 m - 14 M - Pylône blanc sommet rouge 10 m ;

Pointe de Porz-Don Oc (2) WR 6 s - 269-W-272-R-279 - (48° 47,5 N - 003° 01,6 W) - 13 m - W 15 M, R 11 M - Maison blanche 8 m ;

Lost-Pic Oc WR 4 s - 105-W-116-R-221-W-253-R-291-W-329 - (48° 46,8 N - 002° 56,5 W) - 20 m - W 11 M, R 8 M - Deux tours blanches sommets rouges 15 m.

2. - Le port

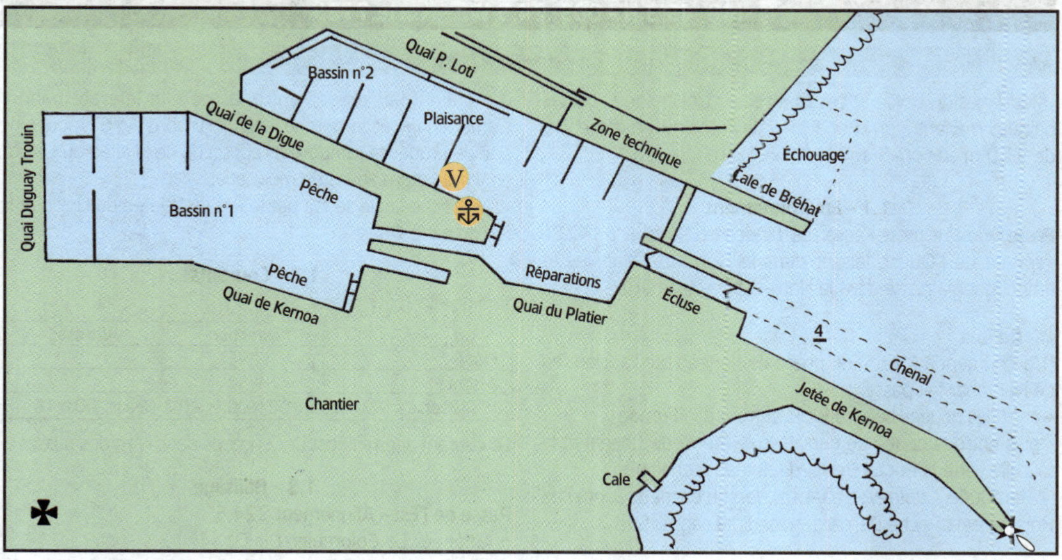

2.1 - Accessibilité

La vitesse est limitée à 3 nœuds dans le chenal. Port à flot avec possibilité d'échouage à tribord du sas.

En fonction des heures d'ouverture des écluses, il peut être nécessaire d'utiliser des mouillages d'attente :

- le mouillage de la Rade :
  - de jour, à 300 m dans l'WSW de la Jument,
  - de nuit, poursuivre au Sud jusqu'à la limite des secteurs rouge et blanc de Lost-Pic soit le 116° ;
- le mouillage de la Croix Chenal, au Sud-Ouest de l'île Saint-Rion et au sud du chenal de La Trinité. Attention cependant au courant ;
- le mouillage de l'île Saint-Rion (non utilisable de nuit) entre l'Est de l'île et le rocher blanchi du Corbeau (fond à 0,60 m).

2.2 - Description

Le port de Paimpol est constitué d'un avant-port et de deux bassins protégés par une écluse.

2.2.1 - Contacts

Capitainerie (à la maison des plaisanciers)
Quai Neuf - 22500 Paimpol
✆+33 (0)2 96 20 47 65
Ouvert de 6 h à 23 h en saison
VHF 9

Écluse ✆+33 (0)2 96 20 90 02
VHF 9

2.2.2 - Capacité

- T.E. 3,50 m maximum ;
- 320 places dont 10 visiteurs sur le ponton A ;
- accueil à l'extrémité du quai de la digue ;
- longueur maximum : 40 m à quai, 16 m sur ponton et 12 m sur catway.

2.2.3 - Services

2.2.3.1 - Services techniques : grue de 45 T au bassin n°1 - cale de mise à l'eau - gril de carénage - carburant (gazole) - chantiers - motoriste - électronicien - voilier - shipchandler.

2.2.3.2 - Autres services : navette - eau - électricité - glace - sanitaires - téléphone - en ville : tous commerces - poste - laverie.

2.2.3.3 - Tarifs 2003 en saison

Longueur en m	Jour	Semaine	Mois
6,00 à 6,99	13,90 €	59,50 €	132,25 €
7,00 à 7,99	14,90 €	64,05 €	143,90 €
8,00 à 8,99	16,05 €	69,20 €	156,20 €
9,00 à 9,99	17,35 €	75,05 €	167,75 €
10,00 à 10,99	18,30 €	80,40 €	179,35 €
11,00 à 11,99	19,30 €	85,40 €	191,75 €
12,00 à 12,99	20,25 €	90,60 €	204,00 €

2.2.4 - Bassins et écluses

L'écluse est ouverte à P.M. ±2 h 30. Le sas fait 60 m de long et 12 m de large avec un radier aval de +3,32 m et amont de +5 m. Des feux de signalisation régulent le trafic.

2.3 - Distances en milles

Bréhat (La Chambre)	4	Lézardrieux	9
Carteret	63	Saint Helier	42
Cherbourg	85	Saint-Malo	40
Dahouët	20	Saint Peter Port	45
Granville	56	Saint-Quay-Portrieux	12

3. - Tourisme

Office du tourisme
Place de la République - 22500 Paimpol
✆+33 (0)2 96 20 83 16 - 🖷 +33 (0)2 96 55 11 12
paimpol-goelo.com
Courriel : tourisme.paimpol@wanadoo.fr

Voir, visiter, faire :
- exposition Mémoire d'Islande
- le quartier latin où les Islandais racontaient au XIXe siècle leurs exploits de pêche ;
- abbayes et chapelles ;
- etc.

Perros-Guirec

(48° 49'3 N - 003° 24,5 W) — carte 7125

1. - Approches

Mouillages du Linkin et bassin à flot du Linkin : deux passes balisées mènent à un chenal long de 1 M environ asséchant de 3,50 m au port. Suivre les tourelles rouges.

1.1 - Environnement

Passe Ouest : le phare Kerjean par l'ancien feu Nantouar à 142,5°

Venant de l'Ouest, laisser dans le Nord les Sept Îles et embouquer la passe dans le Nord-Est de Mean Ruz.

De jour

L'alignement à 142,5° du phare de Kerjean par l'ancien feu de Nantouar fait passer :

- entre les bouées bâbord Bilzic et tribord la Fronde ;
- puis entre la bouée de danger isolé Pierre du Chenal et la tourelle verte la Roche Bernard (plateau rocheux).

À la bouée Cribineyer (0,4 m), lorsqu'on peut aligner la Horaine et la Roche Bernard, arrondir le cap au Sud.

De nuit

Suivre le feu directionnel de Kerjean (route au 144 dans le secteur blanc large de 001,6°).

Passe Est : phare de Kerprigent par le phare Colombier à 224,8°.

Venant de l'Est, longer la côte de Port-Blanc à l'Anse de Perros en passant au Sud de l'île Tomé.

De jour

- rejoindre la bouée Roche Guazer ;
- prendre l'alignement à 224,8°. On rencontre la bouée latérale tribord Pierre à Jean Rouzic et la balise de danger isolé Pierre du Chenal ;
- se méfier des fonds à 0,40 m et de la roche à 0,60 m à la bouée latérale bâbord Cribineyer.

De nuit

Suivre l'alignement à 224,8°.

Les alignements des deux passes se coupent près de la bouée Cribineyer.

Le chenal fait passer entre la tourelle latérale bâbord Gomonénou et la perche latérale tribord Ar C'hraou. Une grande prudence s'impose à l'approche de la jetée du Linkin : on y trouve des zones de mouillage.

L'approche finale se fait par le feu de la jetée du Linkin et le feu du môle Ouest.

1.2 - Courants

Sud de l'île Tomé (Passe Est)

	Direction	Vitesse
Flot	ENE	2
Jusant	WSW	2
Renverse à P.M. Héaux +06 h 00 et à PM. Héaux -00 h 15		

Le courant alternatif est de 2 nœuds dans l'axe des passes.

1.3 - Balisage

Passe de l'Est - Alignement 224,5°

- Antérieur **Le Colombier Dir Oc (4) 12 s** - intens 214,5-234,5 - (48° 47,9 N - 003° 26,7 W) - 28 m -15 M - Maison blanche 7 m ;
- Postérieur **Kerprigent Dir Q** - intens 221-228 - (à 2 865 m d'Antérieur) - 79 m - 21 M - Tour blanche 14 m ;

Passe de l'Ouest - Kerjean Dir Oc (2 + 1) WRG 12 s - 133,7-G-143,2-W-144,8-R-154,3 - (48° 47,8 N - 003° 23,4 W) - 78 m - W 15 M, R & G 12 M - Tour blanche sommet noir 16 m ;

Mean-Ruz - Entrée de Ploumanac'h Oc WR 4 s - 242-R-226-W-242 - (48° 50,3 N - 003° 29,0 W) - 26 m - W 12 M, R 9 M - Tour carrée rose 15 m ;

Roche-Guazer - (48° 51,6 N - 003° 21,0 W) - Bouée latérale bâbord - Sifflet ;

Port de Perros-Guirec - Jetée Est (Linkin) Fl (2) G 6 s - (48° 48,3 N - 003° 26,3 W) - 4 m - 9 M - Construction blanche sommet vert 4 m ;

Môle Ouest Fl (2) R 6 s - (48° 48,2 N - 003° 26,5 W) - 4 m - 9 M - Construction blanche sommet rouge 4 m ;

Bouée Fl R 2,5 s - (48° 48,2 N - 003° 26,4 W) - 1 m - 1 M - Bouée latérale bâbord.

2. - Le port

2.1 -Accessibilité

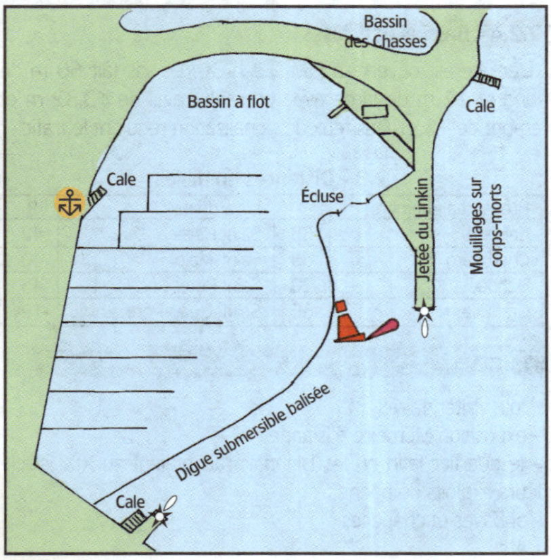

Perros-Guirec est un port à flot dont les fonds, dans l'anse de Perros, assèchent de 1,30 m à 3,80 m jusqu'à 1 M de la Jetée du Linkin. La porte du port est fermée à coefficient <45.

En attendant l'ouverture, on peut mouiller sur des corps-morts à la pointe de Castell Perros, à proximité de viviers flottants non signalés et pouvant représenter un danger.

2.2 - Description

2.2.1 - Contacts

Capitainerie des ports

7 rue Anatole Le Braz - 22700 Perros-Guirec

Ouverte en saison de 07 h 30 à 12 h 00 et de 13 h 30 à 20 h 00 - Permanence pendant l'ouverture du bassin à flot

✆+33 (0)2 96 49 80 50 - 🖷 +33 (0)2 96 23 37 19

www.port-perros-guirec.com

Courriel : port.perros.guirec@wanadoo.fr

VHF 16 et 9

Tour de contrôle de la porte du bassin à flot

✆+33 (0)2 96 23 19 03

VHF 16 et 9

2.2.2 - Capacité

- 720 places par 2,50 m d'eau dont 80 visiteurs sur le ponton La Mutine au Nord ;
- 330 places sur bouées à l'extérieur du port ;
- vitesse limitée à 3 nœuds à partir de la pointe.

2.2.3 - Services

2.2.3.1 - Services techniques : grues de 7 T et 40 T - 3 cales de mise à l'eau avec gril de carénage - carburant - chantiers - motoristes - shipchandlers - voiliers - électroniciens.

2.2.3.2 - Autres services : eau - électricité - sanitaires - téléphone - laverie - tous commerces.

2.2.3.3 - Tarifs2003

En bassin à flot			En mouillages extérieurs	
Longueur en m	Journée	Semaine	Longueur en m	Passage
6,50 à 7,99	12,90 €	64,60 €	6,50	4,90 €
8,00 à 8,99	16,20 €	81,40 €	7,00 à 7,50	6,40 €
9,00 à 10,99	18,00 €	90,00€	8,00 à 8,50	8,00 €
10,00 à 10,99	20,50 €	102,80 €	9,00 à 9,50	3,80 €
11,00 à 11,99	23,20 €	115,80 €	10,00 €	10,20 €
12,00 à 12,99	24,80 €	124,30 €		

2.2.4 - Bassins et écluses

La porte est large de 5,85 m et le seuil est à la cote +7 m. Des signaux vert et rouge règlent les entrées et les sorties.

Coefficient de la marée	Horaires d'ouverture
+ de 70	P.M. -2 h à P.M. +1 h 30
de 60 à 70	P.M. -1 h 30 à P.M. +1 h
de 50 à 60	P.M. ±1 h
de 40 à 50	P.M. -1 h à P.M. +0 h 30
- de 40	pas d'ouverture

2.3 - Distances en milles

Audierne	102	Tréguier	22
Brest	95	Paimpol	30
L'Aber-Wrac'h	62	Saint-Quay-Portrieux	38
Morlaix	33	Saint-Malo	61
Trébeurden	17	Cherbourg	96

3. - Tourisme

Office du tourisme
21 place de l'Hôtel de Ville - B.P. 54 - 22700 Perros-Guirec
✆+33 (0)2 96 23 21 15 - 🖷 +33 (0)2 96 23 04 72
www.perros-guirec.com
Courriel : infos@perros-guirec.com

Voir, visiter, faire :
- le port pittoresque de Ploumanac'h et le village de pêcheurs, le Moulin du Crac ;
- etc.

Ploumanac'h

(48° 50,3' N – 003° 29,2' W) — carte 7125

1. - Approches

1.1 - Environnement

Le phare de Ploumanac'h, 250 m à l'Est, et le très remarquable château de Coataeres à l'Ouest marquent l'accès de jour à la passe. Le port est situé à 0,6 M au SSW de la pointe de Mean Ruz.

Deux perches verte et rouge marquent l'entrée du chenal long de 1 000 m et large de 25 m, balisé par 10 perches latérales non lumineuses. Après Mean Ruz, route au 214 sur l'alignement des 4 premières perches rouges.

À la perche n° 8, route au Sud (190°) sur la guérite que l'on distingue sur la pointe à l'Ouest de l'entrée.

Le chenal assèche de 1 m devant la cale de la Bastille et de 2,55 m sur le seuil submersible.

1.2 - Courants

Les courants de 2 nœuds environ sont alternatifs.

1.3 - Balisage

10 perches latérales non lumineuses.

Mean-Ruz - Entrée de Ploumanac'h Oc WR 4 s - 242-R-226-W-242 - (48° 50,3 N - 003° 29,0 W) - 26 m - W 12 M, R 9 M - Tour carrée rose 15 m ;
Les Sept-Îles - Île aux Moines Fl (3) 15 s - (48° 52,8 N - 003° 29,5 W) - 59 m - 24 M - Tour grise et maison 20 m ;
Les Triagoz Oc (2) WR 6 s - 010-W-339-R-010 - (48° 52,3 N - 003° 38,8 W) - 31 m - W 14 M, R 11 M - Tour carrée grise lanterne rouge 30 m - Feu de secours portée W 10 M R 7 M ;
Bar ar Gall VQ (9) 10 s - (48° 49,8 N - 003° 36,1 W) - 7 m - 4 M - Bouée cardinale Ouest - Réflecteur radar.

2. - Le port

2.1 -Accessibilité

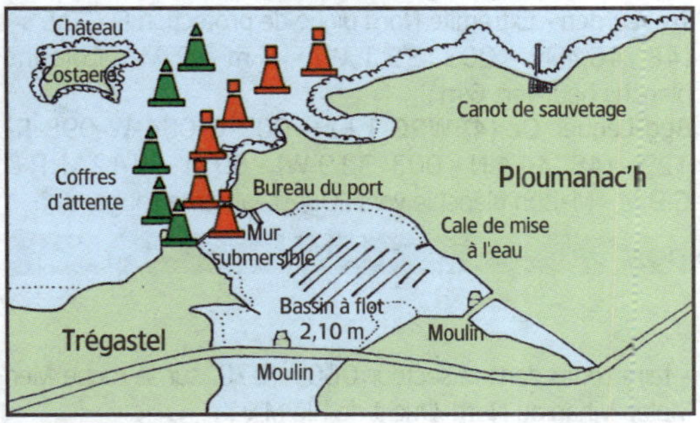

L'absence de balisage lumineux rend l'accès de nuit impossible. Par fort vent de Nord-Est, il se forme une barre. L'entrée est alors dangereuse.

Le port est fermé par un seuil. Des coffres d'attente VPG sont mouillés devant l'anse de Saint-Guirec entre les perches 5 et 7, par fonds de 1,50 minimum.

2.2 - Description

Le bassin est protégé par un mur submersible (+2,55m), de 1,80 m de profondeur et acceptant un T.E. maximum de 1 m. Sur les perches 8 et 12 des échelles de marée indiquent la hauteur d'eau au-dessus du seuil.

2.2.1 - Contact

Bureau du port
Chemin de la Pointe - 22700 Ploumanac'h
ouvert de avril à septembre
✆+33 (0)2 96 91 44 31 - 🖷 +33 (0)2 96 91 69 09
VHF 9

2.2.2 - Capacité

350 places :
- 200 à flot dont 20 visiteurs sur les 1res bouées après le seuil ;
- 150 à l'échouage.

2.2.3 - Services

2.2.3.1 - Services techniques : cale de mise à l'eau - gril de carénage.

2.2.3.2 - Autres services : eau, électricité à quai - sanitaires et téléphone - commerces à 200 m - poste.

2.2.3.3. Tarifs 2003

Longueur en m	Journée	Semaine
6,50 à 7,99	12,90 €	64,60 €
8,00 à 8,99	16,20 €	81,40 €
9,00 à 10,99	18,00 €	90,00 €
10,00 à 10,99	20,50 €	102,80 €
11,00 à 11,99	23,20 €	115,80 €
12,00 à 12,99	24,80 €	124,30 €

2.3 - Distances en milles

Paimpol	33	Bréhat	27
Saint-Quay-Portrieux	40	Tréguier	25
Lézardrieux	29	L'Aber Wrac'h	54
Morlaix	30	Brest	86

3. - Tourisme

Voir Perros-Guirec

Trébeurden

(48° 46,4' N – 003° 35,9' W) — cartes 7124, 7125 et 7152

1. - Approches

L'île Grande à l'Est et la pointe de Primel à l'Ouest enserrent la baie de Lannion au fond de laquelle se situe le port de Trébeurden.

La baie de Lannion présente :
- à l'Est, l'île Grande, l'île Aganton et l'île Losket (couverte de nombreuses antennes) ;
- au sud, à l'Ouest du port de Trébeurden, l'île Milliau portant deux sommets remarquables.

Les amers, vus du large, sont :
- le château d'eau de Penvern ;
- le clocher et le grand immeuble de Trébeurden ;
- le radôme et le clocher de Pleumeur-Bodou.

1.1 - Environnement

La Baie de Lannion est fort bien balisée et dispose de deux bonnes zones de mouillage :
- entre l'île Molène et la perche cardinale Ouest Ar Ervennou ;
- et Karrek Ar Merk par le chenal de Toull ar Peulven.

Du Sud de l'Île Losket :
- faire route au 095 (radôme par la pointe de l'île Toennou) ;
- après avoir laissé la balise cardinale Nord Ar Morc'h Gwenn à tribord, faire route au Sud-Est (120°) pour passer entre l'île Fougère et la perche cardinale Est Ar Jalvotenn ;
- surveiller sur bâbord l'alignement de la perche cardinale Sud Karrek Ar Jantil par la tourelle cardinale Est Karreg Ar Merk ;
- mettre le cap au 042 en laissant de près ces deux marques à bâbord.

Veiller à la sonde car les fonds assèchent.

1.2 - Courants

Point d'observation	Flot		Jusant	
	Direction	Vitesse	Direction	Vitesse maximum
Ouest du Crapaud	S puis SE puis E	1,5 à 2	S puis SW	1,5 à 2
0,7 M au NE de la pointe du Château	SE	1,5	NW	1
2 M au NNE de Beg An Fry	E	1,5	W	1,5

En baie de Lannion, la renverse se produit à P.M. Héaux de Bréhat +06 h 00 et -00 h 20.

Les courants restent faibles (2 nœuds).

Au plateau de la Méloine, la renverse est à la P.M. Héaux de Bréhat -06 h 10 (Est) et +00 h 00 (Ouest) à une vitesse maximum de 2 à 3 nœuds.

1.3 - Balisage

Pointe de Lan Kerellec Iso WRG 4 s - 058-G-064-W-069-R-130 - (48° 46,8 N - 003° 35,0 W) - 15 m - W 8 M, R & G 5 M - Tour grise 4 m ;
Le Crapaud Q (9) 15 s - (48° 46,6 N - 003° 40,5 W) - 3 m - 4 M - Bouée cardinale Ouest ;
Ar Gourédec VQ (6) + LFl 10 s - (48° 46,5 N - 003° 36,5 W) - 3 m - 3 M - Bouée cardinale Sud ;
An Erviniou Fl (2) R 6 s - (48° 46,5 N - 003° 35,9 W) - 1 m - 1 M - Bouée latérale bâbord ;
Bouée Roch Derrien Q (3) R 10 s - (48° 46,4 N - 003° 35,5 W) - 1 m - 1 M - Bouée latérale bâbord ;
Bouée Milliau Q (3) G 10 s - (48° 46,4 N - 003° 35,6 W) - 1 m - 1 M - Bouée latérale tribord ;
Trébeurden - Extrémité Nord digue de protection Fl G 2,5 s - (48° 46,4 N - 003° 35,1 W) - 8 m - 2 M - Colonne blanche haut vert 6 m ;
Beg-Léguer Oc (4) WRG 12 s - 007-G-084-W-098-R-129 - (48° 44,4 N - 003° 32,9 W) - 60 m - W 12 M, R & G 9 M - Maison blanchie vers l'Ouest, lanterne rouge, 8 m.

2. - Le port

2.1 - Accessibilité

De jour
- emprunter le chenal de Toul Ar Melen qui fait passer entre l'île Molène au Nord et l'île Milliau au Sud ;
- faire route dans le secteur 060° - 070° sur la roche Men Melen Vihan au Nord-Ouest de l'île Milliau ;

- puis chenaler entre la bouée latérale bâbord An Ervennou, la perche cardinale Sud Men Radenek et deux bouées latérales bâbord et tribord au Sud de la Roche Derrien.

De nuit

- rester dans le secteur blanc de Lan Kerellec ;
- repérer Ar Gouredec.

Le balisage lumineux du chenal conduit au feu de la jetée du port.

Attention, le chenal est découvrant à l'approche du port !

La vitesse est limitée à 3 nœuds dans le chenal et dans le port.

Mouillage d'attente : selon l'heure de la marée il peut être nécessaire de mouiller entre la bouée An Ervennou et l'île Milliau par des fonds de vase de 4 à 6 m.

2.2 - Description

Le port de Trébeurden est constitué d'un bassin à flot protégé par une porte abattante.

2.2.1 - Contact

Bureau du port ouvert en saison de 8 h 00 à 23 h 00
Isthme du Castel - B.P. 40 - 22560 Trébeurden
✆+33 (0)2 96 23 64 00 - 🖷 +33 (0)2 96 15 40 87
www.port-trebeurden.com
Courriel : portrebeurden@wanadoo.fr
Veille VHF 16 et 9

2.2.2 - Capacité

- 700 places : 60 postes réservés aux visiteurs dont 42 à l'embossage ;
- longueur maximum de 16 m pour un T.E. maximum de 3 m

2.2.3 - Services

Bateau de servitude pour la manœuvre et le placement.

2.2.3.1 - Services techniques : levage 15 T - cales de mise à l'eau - gril de carénage - carburant aux heures d'ouverture des portes - chantier - motoriste - shipchandlers.

2.2.3.2 - Autres services : eau - électricité - sanitaires - téléphone - commerce de proximité sur le port - tous commerces en ville.

2.2.3.3 - Tarifs 2003 (juillet et août)

Longueur en m	Nuit	Semaine	Mois
0 à 6,49	15,00 €	90,00 €	360,00 €
6,50 à 7,49	18,00 €	108,00 €	432,00 €
7,50 à 8,99	23,50 €	141,00 €	564,00 €
9,00 à 10,99	29,00 €	174,00 €	696,00 €
11,00 à 12,99	33,50 €	201,00 €	804,00 €

2.2.4 - Bassins et écluses

Le bassin à flot est accessible plus de 7 heures en V.E. et près de 24 h/24 h pour les coefficients compris entre 28 et 32.

Exemples de temps d'ouverture théoriques de la porte calculés hors influence météo

Coefficient	Avant P.M.	Après P.M.	Temps d'ouverture
120	03 h 25	03 h 50	07 h 15
95	03 h 35	03 h 59	07 h 35
70	03 h 51	04 h 12	08 h 03
45	04 h 41	05 h 17	09 h 58
20	06 h 00	06 h 25	12 h 25

Le bassin a flot est protégé par une porte abattante assurant une hauteur d'eau de 1,10 m à 3 m. Des signaux lumineux commandent les mouvements.
La porte — seuil à +2,50 m, hauteur 1,50 m et largeur 15 m — est ouverte quand la hauteur d'eau dépasse 4,20 m ou 4,30 m selon le coefficient. A l'ouverture, le seuil est à +1,50 m. Elle est fermée quand la hauteur d'eau atteint 4,07 m ou 4,15 m selon le coefficient.
Pour un coefficient supérieur à 70, il faut se méfier d'un fort courant à l'ouverture et il convient d'attendre la stabilisation 10 min après le passage des feux au vert.

2.3 - Distances en milles

Brest	85	Morlaix	21	Saint-Malo	72
L'Aber Wrac'h	49	Saint-Quay	48	Perros-Guirec	17

3. - Tourisme

Office du tourisme
Place de Crec'h Hery - 22560 Trébeurden
✆+ 33 (0)2 96 23 51 64 - 🖷 +33 (0)2 96 15 44 87
www.ville-trebeurden.fr.st
Organisation de visites guidées

Voir, visiter, faire :
- îles Milliau et Molène ;
- presqu'île du Castel, la pointe de Bihit, les marais du Quellen (site naturel) ;
- manoirs de Kerariou, de Trovern et de Kernelly ;
- mégalithes ;
- etc.

Marin, Cher ami,

Ce chapitre n'est que le début de ce que nous proposerons l'an prochain.
Nous avons besoin de votre avis, de vos critiques et suggestions.
Merci de nous en faire part.

Extrait de l'orthophotographie littorale

La diffusion de l'orthophotographie littorale

Suite aux tempêtes de décembre 1999 et à la catastrophe de l'*Erika*, le comité interministériel d'aménagement et de développement du territoire (CIADT) du 28 février 2000 a arrêté un ensemble de mesures visant à *renforcer les capacités de veille, d'expertise et d'études et à mieux prévenir les risques et préparer l'avenir du littoral atlantique*, au titre desquelles figure la production, par l'Institut géographique national (IGN), d'une orthographie sur le littoral de la mer du Nord, de la Manche et de l'Atlantique.

CETE Normandie Centre

Centre d'Études techniques de l'Équipement

division Environnement Infrastructures et Ouvrages d'Art

10 chemin de la Poudrière
B.P. 245
76121 Le Grand Quévilly Cedex

✆ +33 (0)2 35 68 82 24

Une donnée gratuite, accessible à tous, à partir d'un site internet de diffusion et de consultation, créé et géré par le CETE Normandie Centre.

Mer d'Iroise :
Raz de Sein, baie de Douarnenez et goulet de Brest

Raz de Sein

Le Raz de Sein est un passage situé entre :
- la tourelle de La Plate et le phare de La Vieille à l'Est
- et la partie Est de la Chaussée de Sein à l'Ouest.

Assez large pour un petit navire, il est parfaitement bien balisé de nuit comme de jour. Le danger réside dans la présence de très forts courants.

Ce passage permet de passer de la mer d'Iroise à l'Atlantique. On s'y présentera donc à des moments favorables et surtout on évitera de s'y engager quand le vent est contre le courant par mauvais temps.

Par conditions favorables, on profitera du flot en venant du Sud et du jusant en venant du Nord.

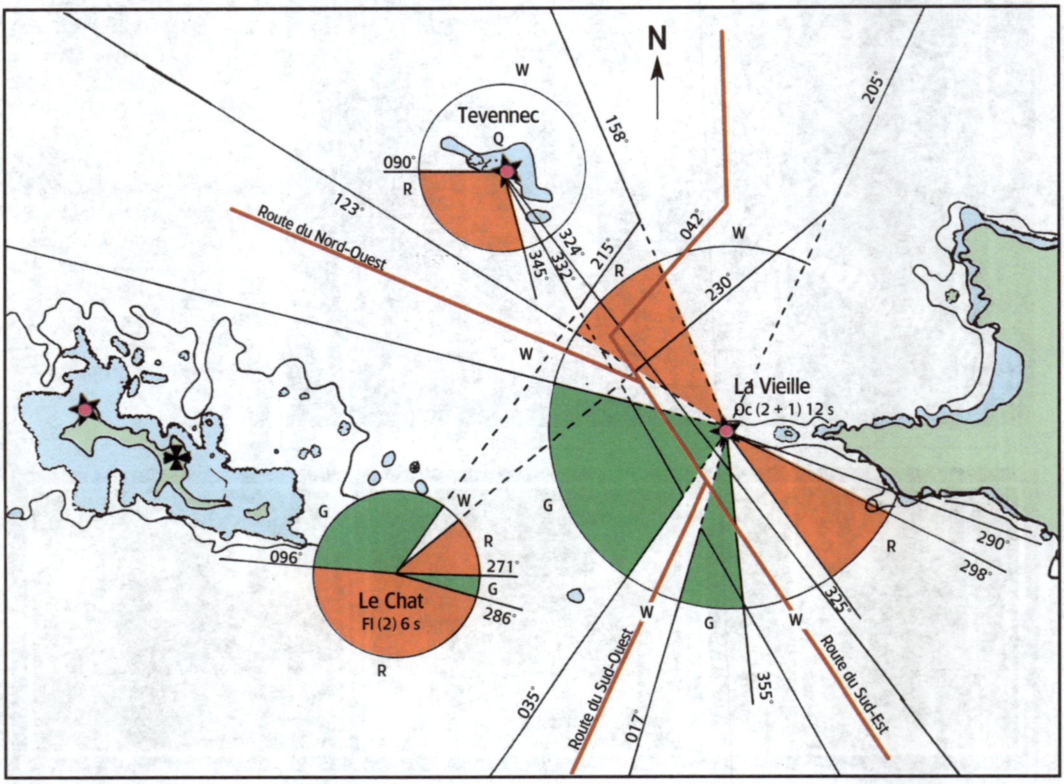

Côtes et amers

Venant de l'Atlantique, on repérera à terre successivement :
- du Sud-Est au Nord-Ouest :
  - la pointe de Plogoff et la chapelle Notre-Dame-de-Bon-Voyage ;
  - les pointes de Feunteun Aod et de Koummoudog ;
  - le sémaphore et la pointe du Raz débordée à l'Ouest par le phare de La Vieille et la tourelle cardinale Ouest de La Plate ;
- dans l'Ouest, on observera l'île de Sein ;
- dans le suroît : la tourelle des Chats ;
- plus au Nord, l'îlot Tevennec, surmonté d'une maison phare.

Routes et dangers

De jour

Venant d'Audierne et du Sud-Est

Pour passer au Sud de la Basse An Hinkinou (3,8 m) :
- suivre à 287° Ar Gueveur et le Chat ;
- faire route à 324° en gardant Tevennec à gauche de la Plate
- puis dans le Sud de la roche du Gorle Greiz, faire du 306 et arrondir La Plate à 500 m.

Venant du Sud-Ouest

Pour passer entre les Basses Masklou Greiz et Kornog Bras (3,6 m) suivre :
- à 041° la pointe du Van par le rocher du Gorle Greiz ;
- dans le Sud de La Plate à 0,6 M, venir à gauche au 306 et contourner La Plate à 500 m.

Pour passer entre le Chat et la Basse de Kornog Bras :
- suivre l'alignement à 049° du rocher du Van et de La Plate. Cet alignement range à l'Ouest tous les dangers du Pont des Chats et à l'Est la Basse de Kornog Bras (3,6 m)
- à 0,35 M de La Plate, venir à gauche et la contourner à 500 m.

Venant du Nord-Ouest

Pour le passage entre Tevennec et le Nord de Sein :
- aligner Koummoudog et La Vieille à 112° ;

- à 1,2 M dans le Sud de Tevennec, faire du 126 et laisser La Plate à 500 m.

Venant d'Iroise

Pour passer entre Tevennec et les dangers de la pointe du Van :
- faire route à 180° sur le phare de La Vieille ;
- à 0,5 M dans le Nord du phare venir sur tribord et faire route à 220° pour contourner La Plate à 500 m.

De nuit

Venant du Sud-Est

- se tenir dans le secteur blanc de la Vieille (325°-355°) ;
- de Tevennec, secteur blanc renforcé à éclat (332°-324°), laisser La Plate à 500 m ;
- puis faire du 042 en suivant par l'arrière le secteur blanc du Chat (215°-230°) ;
- enfin, faire du Nord en gardant par l'arrière le secteur blanc de La Vieille (158°-205°).

Venant du Sud-Ouest

- se tenir dans le secteur blanc de La Vieille (035°-017°) ;
- puis venir sur le secteur renforcé de Tévennec.

Venant du Nord-Ouest

Se tenir dans le secteur blanc (123°-105°) de La Vieille.

Balisage

La Vieille **Oc (2 + 1) WRG 12 s - 290-W-298-R-325-W-355-G-017-W-035-G-105-W-123-R-158-W-205** - (48° 02,5 N - 004° 45,4 W) - 33 m - W 18 M, R 13 M, G 14 M - Tour carrée grise sommet noir 27 m - Corne 3 sons (2 + 1) 60 s - interrompu 2002 ;
La Plate **VQ (9) 10 s** - (48° 02,4 N - 004° 45,5 W) - 19 m - 8 M - Tour cardinale Ouest 26 m ;
Le Chat **Fl (2) WRG 6 s - 096-G-215-W-230-R-271-G-286-R-096** - (48° 01,5 N - 004° 48,8 W) - 27 m - W 9 M, R & G 6 M - Tour cardinale Sud 31 m - Réflecteur radar ;
Tevennec **Q WR** - 090-W-345-R-090 - (48° 04,3 N - 004° 47,6 W) - 28 m - W 9 M, R 6 M - Tour et maison blanches 15 m
– Feu auxil aire **Dir Fl 4 s** - intens 324-332 - (même tour) - 24 m - 12 M.

Île de Sein

Accès

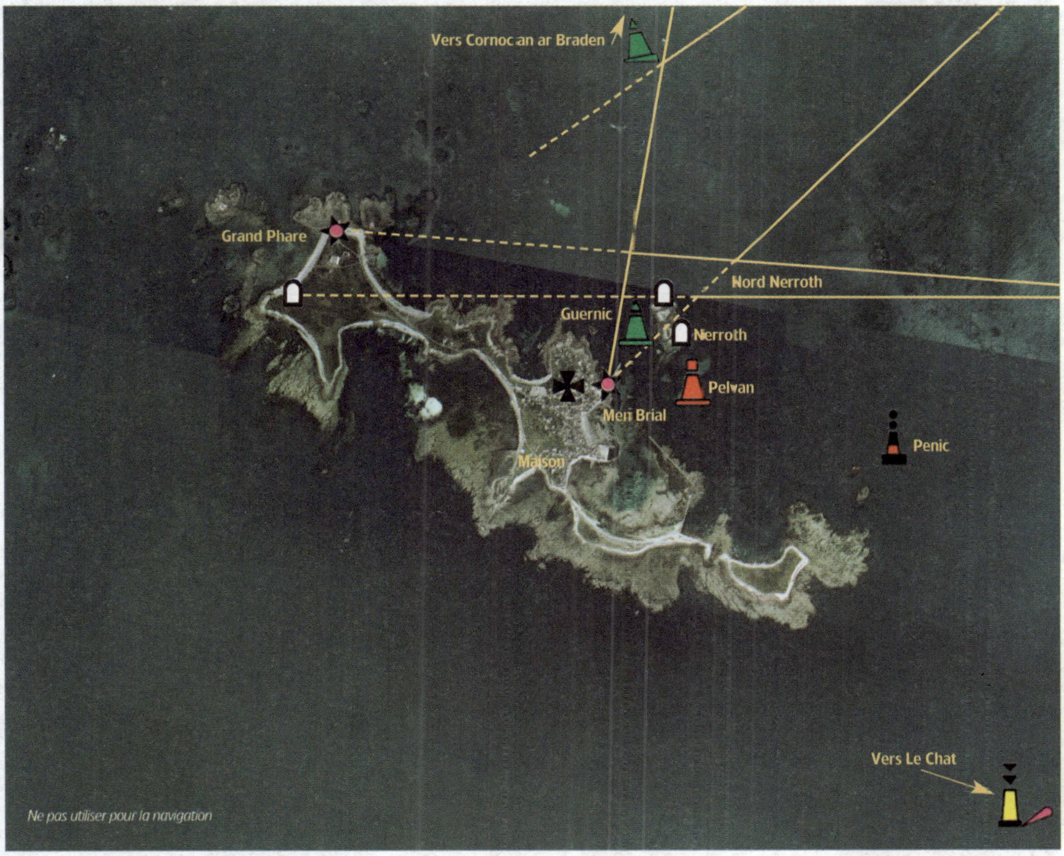

Chenal de An Ezodi

Orienté Nord/Sud, suivre à 187° le pignon blanchi avec une raie noire de la 3e maison à gauche du village par le phare de Men Brial. On y trouve 5,2 m d'eau.

Dangers

En entrant, on trouve :
- à tribord :
  - les roches de Kornog an ar Braden (1,3 m) marquées au Nord par une latérale tribord lumineuse du même nom
- Kornog an Ezodi (0,6 m)
- puis Ar Vaz Vihan ;

- à bâbord :
  - des fonds allant de 0,5 à 0,8 m
  - la roche découvrante d'Ar Bigoudou (0,7 m).

Contourner la tourelle tribord du Guernic pour passer entre celle-ci et les roches d'An Nerroth.

Ce chenal est praticable de nuit en se tenant dans le secteur blanc (186°-192°) de Men Brial (Oc (2) 6 s).

Chenal de Ar Vaz Du

Suivre :
- à 224° le phare de Men Brial par l'amer blanc de Nerroth (4,2 m) ;
- puis quand la tourelle du Chat passe par la tourelle de danger isolé Penic, faire de l'Ouest pour contourner Nerroth dans le Nord et laisser la roche Bigoudou dans le Nord.

De nuit, on se tiendra dans le secteur blanc de Men Brial (221°- 227°).

Chenal oriental

Ce chenal est praticable uniquement de jour et par beau temps de Sud à Sud-Ouest.

Suivre la tourelle de Plas ar Scoul dans l'Ouest de l'île par l'amer blanc Nord Nerroth. On considèrera le minimum d'eau à 2,6 m.

Laisser dans le Sud la latérale bâbord Cornoc ar vas Nevez et dans le Nord les dangers de Boukinou, ar vas Nevez et Plumbara.

Le port

Dans la partie Nord

On trouve une zone de mouillage en eaux profondes dans l'Est du môle de Guernic.

Dans la partie Sud

On trouve une zone d'échouage.

Du Nord au Sud

On trouve :
- le môle du Guernic, accostable dans sa partie Sud à toute heure (2 m d'eau à l'extrémité) ;
- le môle du Rohic qui assèche à 2,6 m ;
- la zone de mouillage à l'Est du môle du Guernic offrant 4 à 6 m d'eau sur fonds de sable et de roche.

La zone d'échouage assèche par 1 à 1,4 m et est plus saine dans sa partie Ouest.

Balisage

Men-Brial Oc (2) WRG 6 s - 149-G-186-W-192-R-221-W-227-G-254 - (48° 02,3 N - 004° 51,0 W) - 16 m - W 12 M, R 9 M, G 7 M - Tour verte et blanche 14 m ;
Cornoc-an-ar-Braden Fl G 4 s - (48° 03,3 N - 004° 50,8 W) - Bouée latérale tribord - Sifflet - Réflecteur radar.

Baie de Douarnenez

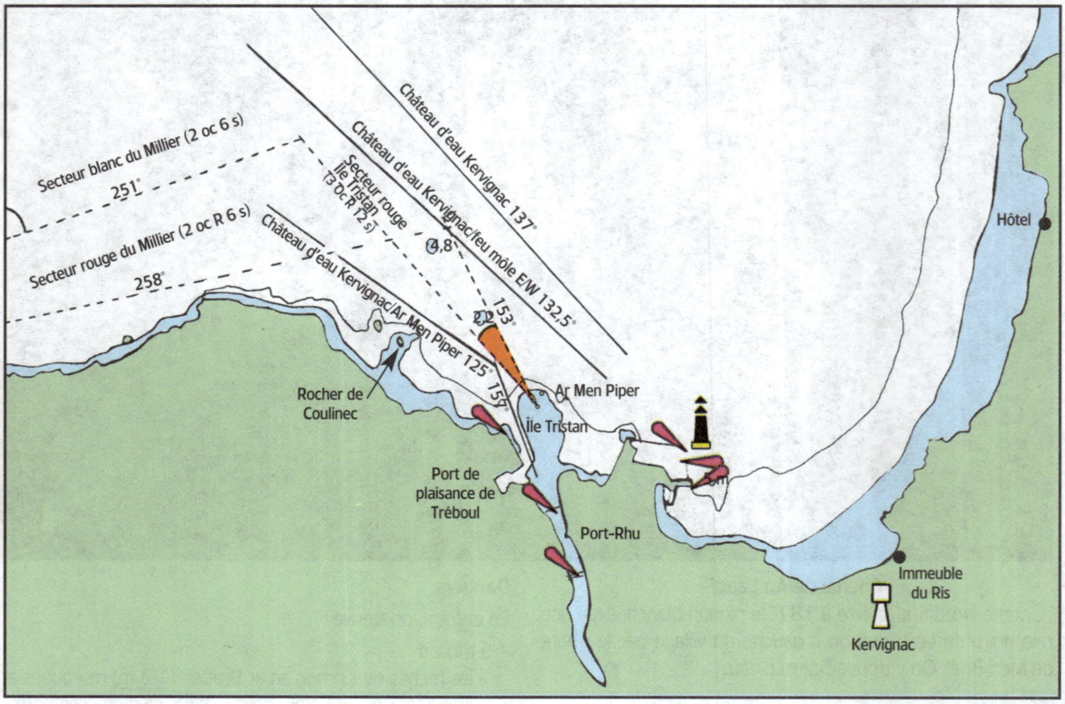

Le courant y est faible et la houle est souvent de secteur WSW.

Partie Nord

La baie de Douarnenez, fermée dans sa partie Nord par le cap de la Chèvre (hautes falaises très apiquées portant un sémaphore et deux moulins) est dominée par le sommet du Menez Hom (330 m).

La côte Ouest du cap de la Chèvre offre deux mouillages de beau temps (l'anse de Pen Hir et l'anse de Dinan). Il faut se méfier des roches découvrantes suivantes :

- La Chèvre (7,80 m), non balisée et pouvant être recouverte en P.M. de V.E. ;
- Le Chevreau (5,90 m) signalé par une bouée cardinale Ouest à 100 m dans l'Ouest ;
- Le Bouc (7,20 m) signalé à 0,3 M dans l'Ouest par une bouée cardinale Ouest lumineuse.

Le cap est débordé au Sud-Ouest par la Chaussée du Cap constituée de hauts-fonds et de tête de roches où la mer brise par forte houle ou fort vent d'Ouest. Il convient de prendre un large tour.

De nuit, la Basse Vieille est couverte par le secteur rouge (113°-120°) du phare de la pointe du Millier et la Chaussée du cap de la Chèvre par son secteur vert (129°-148°).

À l'Est du cap (secteur rouge 021°-043° du phare de la pointe de Morgat), la côte est plus saine mais les voiliers qui remontent vers Morgat en la longeant devront se méfier des vents rabattants (*voir cédérom 2003*). Cependant, l'anse de Saint-Nicolas au Sud-Est du cap, offre un bon mouillage pour attendre la renverse du courant afin de franchir le Raz de Sein.

L'anse de Morgat se situe entre la pointe de Morgat à l'Ouest et l'île de l'Aber à l'Est débordée par les dangers des Verrès et de la Pierre Profonde (secteur vert 281°-301° du phare de la pointe de Morgat). Ces dangers ne sont pas balisés mais on y trouve pourtant des roches découvrantes telle la roche du Taureau (1,50 m).

Accès à Morgat

De jour

Faire route sur le phare de la pointe de Morgat jusqu'à apercevoir la bouée latérale bâbord marquant l'entrée du chenal (1,50 m) long de 150 m qui conduit au port.

De nuit

Se tenir le secteur blanc de la pointe de Morgat (terre-281°) puis dans celui de l'ancien môle (007°-257°).

Le port de Morgat

2.2.1 - Contact

Bureau du port
Port de plaisance de Crozon-Morgat - 29160 Morgat
✆ +33 (0)2 98 27 01 97 - 🖷 +33 (0)2 98 27 19 76
Veille VHF 9 de 8 h à 20 h en saison.

Capacité

597 places dont 50 visiteurs sur le ponton H.

Services

On y trouve une grue de 6 tonnes et des chariots de levage de 2,5 T, 8 T et 15 T, ainsi que du carburant (gazole et essence) et tout le confort d'un grand port.

Partie Sud

Les amers remarquables

D'Ouest en Est :
- la pointe du Van ;
- la pointe de Brezellec ;
- les Duellous
- la pointe de Lugenez ;
- la pointe de Beuzec ;
- la pointe du Millier et son phare ;
- la pointe de la Jument.

Venant du Raz de Sein, on se tiendra toujours à 1 M de la côte.

Douarnenez

Port traditionnel de pêche et de commerce, Douarnenez offre plusieurs infrastructures portuaires :
- le port de plaisance de Treboul ;
- le Port-Rhu en amont du port de Treboul ;
- le port du Rosmeur dans le Sud du bassin réservé à la pêche et au commerce.

Tréboul

Accès : 1 m d'eau.

Suivre le château d'eau de Kervignac par Ar Men Piper à 125°. Cela fait passer dans l'Ouest des dangers de Basse Veur (4,8 m) et de Basse Neuve (2 m). Ces dangers sont couverts de nuit par le secteur rouge (138°-153°) du phare de l'île Tristan (Oc (3) WR 12 s).

On laisse également au Sud les roches de Coulinec.

Rallier ensuite l'alignement d'entrée du Port-Rhu à 157°.

On laisse à bâbord l'île Tristan et à tribord une jetée terminée par un feu.

Capacité

- 448 places de pontons dont 88 pour visiteurs ;
- 150 places sur corps-morts.

Port-Rhu

Même entrée que pour Tréboul et alignement d'entrée du Port-Rhu à 157°.

Mettre le feu de guidage entre les deux feux de la porte écluse (seuil 4,3 m).

Contact

Capitainerie
Veille sur canal 9

Bassins et écluses

Bassin à flot : ouverture de l'écluse de 2 h avant et 2 h après la pleine mer.

Douarnenez

Venant du Nord-Ouest, on suivra :
- le château d'eau de Kervignac par le feu du môle Est-Ouest ou le château d'eau de Kervignac à 137° ;
- contourner ensuite le môle Est-Ouest.

Le port du Rosmeur est composé :
- dans sa partie Nord, un môle et une cale séparés par un quai de 170 m ;
- dans sa partie Est, une souille de 4,5 m ;
- dans sa partie Ouest, des fonds de 1,5 m.

Les quais les plus à l'Ouest assèchent à basse mer.

Balisage

Île Tristan
Oc (3) WR 12 s
Terre-**W**-138-**R**-153-**W**-Terre
(48° 06,2 N - 004° 20,3 W)
35 m - W 13 M, R 10 M -
Tour grise bande blanche, sommet noir 11 m ;

Port-Rhu - Feu de guidage
Dir Fl (5) WRG 20 s
154-**G**-156-**W**-158-**R**-160
(48° 05,5 N - 004° 19,9 W)
16 m - W 5 M, R & G 4 M
Lanterne sur pont routier.

Renseignements administratifs

Photo : Claude Fons

Textes officiels relatifs à la navigation

Règlement international pour prévenir les abordages en mer (convention internationale de 1972)

Tel qu'amendé par les 12e, 15e, 16e et 18e assemblées de l'O.M.I. – Entré en vigueur le 15 juillet 1977 (décret n° 77-778 du 7 juillet 1977)

Avertissement

Depuis le 15 juillet 1977, tous les navires et hydravions français doivent se conformer au présent règlement. Ce texte est obligatoire, notamment, à bord de tous les navires de plaisance jusqu'à la 5e catégorie incluse d'une longueur inférieure à 25 m autres que les embarcations légères (voir règlements annexés à l'arrêté du 23 novembre 1987).

Le règlement est divisé en cinq parties comportant 38 règles et complété de quatre annexes :

A - Généralités
B - Règles de barre et de route
C - Feux et marques
D - Signaux sonores et lumineux
E - Exemptions

- Annexe I : Emplacement et caractéristiques techniques des feux et marques
- Annexe II : Signaux supplémentaires des navires de pêche pêchant à proximité les uns des autres
- Annexe III : Caractéristiques techniques du matériel de signal sonore
- Annexe IV : Signaux de détresse

L'attention des navigateurs est appelée sur les dispositions de l'alinéa e) de la règle 1, et sur le fait qu'ils sont donc susceptibles de rencontrer, notamment sur certains bâtiments militaires, des dispositions de feux s'écartant plus ou moins de celles qui sont décrites.

Partie A — Généralités

Règle 1 - Champ d'application

a) Les présentes règles s'appliquent à tous les navires en haute mer et dans toutes les eaux attenantes accessibles aux navires de mer.

b) Aucune disposition des présentes règles ne saurait entraver l'application des prescriptions spéciales édictées par l'autorité compétente au sujet de la navigation dans les rades, les ports, sur les fleuves, les lacs ou les voies de navigation intérieure attenantes à la haute mer et accessibles aux navires de mer. Toutefois, ces prescriptions spéciales doivent être conformes d'aussi près que possible aux présentes règles.

c) Aucune disposition des présentes règles ne saurait entraver l'application des prescriptions spéciales édictées par le gouvernement d'un État en vue d'augmenter le nombre des feux de position, signaux lumineux, marques ou signaux au sifflet à utiliser par les bâtiments de guerre et les navires en convoi, ou en vue d'augmenter le nombre des feux de position, signaux lumineux ou marques à utiliser par les navires en train de pêcher et constituant une flottille de pêche. Ces feux de position, signaux lumineux, marques ou signaux au sifflet supplémentaires doivent, dans toute la mesure du possible, être tels qu'il soit impossible de les confondre avec tous autres feux, marques ou signaux autorisés par ailleurs dans les présentes règles.

d) L'Organisation peut adopter des dispositifs de séparation du trafic aux fins des présentes règles.

e) Toutes les fois qu'un gouvernement considère qu'un navire de construction spéciale ou affecté à des opérations spéciales ne peut se conformer à toutes les dispositions de l'une quelconque des présentes règles en ce qui concerne le nombre, l'emplacement, la portée ou le secteur de visibilité des feux et marques, ainsi que l'implantation et les caractéristiques des dispositifs de signalisation sonore, ce navire doit se conformer à telles autres dispositions relatives au nombre, à l'emplacement, à la portée ou au secteur de visibilité des feux ou marques, ainsi qu'à l'implantation et aux caractéristiques des dispositifs de signalisation sonore, qui, de l'avis du gouvernement intéressé, permettent dans ces cas de se conformer d'aussi près que possible aux présentes règles.

Règle 2 - Responsabilité

a) Aucune disposition des présentes règles ne saurait exonérer soit un navire, soit son propriétaire, son capitaine ou son équipage des conséquences d'une négligence quelconque quant à l'application des présentes règles ou quant à toute précaution que commandent l'expérience ordinaire du marin ou les circonstances particulières dans lesquelles se trouve le navire.

b) En interprétant et en appliquant les présentes règles, on doit tenir dûment compte de tous les dangers de la navigation et des risques d'abordage, ainsi que de toutes les circonstances particulières, notamment les limites d'utilisation des navires en cause, qui peuvent obliger à s'écarter des présentes règles pour éviter un danger immédiat.

Règle 3 - Définitions générales

Aux fins des présentes règles, sauf dispositions contraires résultant du contexte :

a) Le terme " navire " désigne tout engin ou tout appareil de quelque nature que ce soit, y compris les engins sans tirant d'eau et les hydravions, utilisé ou susceptible d'être utilisé comme moyen de transport sur l'eau.

b) L'expression " navire à propulsion mécanique " désigne tout navire mû par une machine.

c) L'expression " navire à voile " désigne tout navire marchant à la voile, même s'il possède une machine propulsive, à condition toutefois que celle-ci ne soit pas utilisée.

d) L'expression " navire en train de pêcher " désigne tout navire qui pêche avec des filets, lignes, chaluts ou autres engins de pêche réduisant sa capacité de manœuvre, mais ne s'applique pas aux navires qui pêchent avec des lignes trainantes ou autres engins de pêche ne réduisant pas leur capacité de manœuvre.

e) Le terme " hydravion " désigne tout aéronef conçu pour manœuvrer sur l'eau.

f) L'expression " navire qui n'est pas maître de sa manœuvre " désigne un navire qui, en raison de circonstances exceptionnelles, n'est pas en mesure de manœuvrer conformément aux présentes règles et ne peut donc pas s'écarter de la route d'un autre navire.

g) L'expression " navire à capacité de manœuvre restreinte " désigne tout navire dont la capacité à manœuvrer conformément aux présentes règles est limitée de par la nature de ses travaux, et qui ne peut par conséquent pas s'écarter de la route d'un autre navire. Les " navires à capacité de manœuvre restreinte " comprennent, sans que cette liste soit limitative :

I) les navires en train de poser ou de relever une bouée, un câble ou un pipe-line sous-marins ou d'en assurer l'entretien ;

II) les navires en train d'effectuer des opérations de dragage, d'hydrographie ou d'océanographie, ou des travaux sous-marins ;

III) les navires en train d'effectuer un ravitaillement ou de transborder des personnes, des provisions ou une cargaison et faisant route ;

IV) les navires en train d'effectuer des opérations de décollage ou d'appontage ou de récupération d'aéronefs ;

V) les navires en train d'effectuer des opérations de déminage ;

VI) les navires en train d'effectuer une opération de remorquage qui permet difficilement au navire remorqueur et à sa remorque de modifier leur route.

h) L'expression " navire handicapé par son tirant d'eau " désigne tout navire à propulsion mécanique qui, en raison de son tirant d'eau et de la profondeur et de la largeur disponibles des eaux navigables, peut difficilement modifier sa route.

i) L'expression " faisant route " s'applique à tout navire qui n'est ni à l'ancre, ni amarré à terre, ni échoué.

j) Les termes " longueur " et " largeur " d'un navire désignent sa longueur hors tout et sa plus grande largeur.

k) Deux navires ne sont considérés comme étant en vue l'un de l'autre que lorsque l'un d'eux peut être observé visuellement par l'autre.

l) L'expression " visibilité réduite " désigne toute situation où la visibilité est diminuée par suite de brume, bruine, neige, forts grains de pluie ou tempêtes de sable, ou pour toutes autres causes analogues.

Partie B — Règles de barre et de route

Section 1 - Conduite des navires dans toutes les conditions de visibilité

Règle 4 - Champ d'application

Les règles de la présente section s'appliquent dans toutes les conditions de visibilité.

Règle 5 - Veille

Tout navire doit en permanence assurer une veille visuelle et auditive appropriée, en utilisant également tous les moyens disponibles qui sont adaptés aux circonstances et conditions existantes, de manière à permettre une pleine appréciation de la situation et du risque d'abordage.

Règle 6 - Vitesse de sécurité

Tout navire doit maintenir en permanence une vitesse de sécurité telle qu'il puisse prendre des mesures appropriées et efficaces pour éviter un abordage et pour s'arrêter sur une distance adaptée aux circonstances et conditions existantes.

Les facteurs suivants doivent notamment être pris en considération pour déterminer la vitesse de sécurité :

a) Pour les navires :

I) la visibilité ;

II) la densité du trafic et notamment les concentrations de navires de pêche ou de tous autres navires ;

III) la capacité de manœuvre du navire et plus particulièrement sa distance d'arrêt et ses qualités de giration dans les conditions existantes ;

IV) de nuit, la présence d'un arrière-plan lumineux tel que celui créé par des feux côtiers ou une diffusion de la lumière des propres feux du navire ;

V) l'état du vent, de la mer et des courants et la proximité de risques pour la navigation ;

VI) le tirant d'eau en fonction de la profondeur d'eau disponible.

b) De plus, par les navires qui utilisent un radar :

I) les caractéristiques, l'efficacité et les limites d'utilisation de l'équipement radar ;

II) les limitations qui résultent de l'échelle de portée utilisée sur le radar ;

III) l'effet de l'état de la mer, des conditions météorologiques et d'autres sources de brouillage sur la détection au radar ;

IV) le fait que les petits bâtiments, les glaces et d'autres objets flottants peuvent ne pas être décelés par le radar à une distance suffisante ;

V) le nombre, la position et le mouvement des navires détectés par le radar ;

VI) le fait qu'il est possible d'apprécier plus exactement la visibilité lorsque le radar est utilisé pour déterminer la distance des navires et des autres objets situés dans les parages.

Règle 7 - Risque d'abordage

a) Tout navire doit utiliser tous les moyens disponibles qui sont adaptés aux circonstances et conditions existantes pour déterminer s'il existe un risque d'abordage. S'il y a doute quant au risque d'abordage, on doit considérer que ce risque existe.

b) S'il y a à bord un équipement radar en état de marche, on doit l'utiliser de façon appropriée en recourant, en particulier, au balayage à longue portée afin de déceler à l'avance un risque d'abordage, ainsi qu'au " plotting " radar ou à toute autre observation systématique équivalente des objets détectés.

c) On doit éviter de tirer des conclusions de renseignements insuffisants, notamment de renseignements radar insuffisants.

d) L'évaluation d'un risque d'abordage doit notamment tenir compte des considérations suivantes :

I) Il y a risque d'abordage si le relèvement au compas d'un navire qui s'approche ne change pas de manière appréciable ;

II) Un tel risque peut parfois exister même si l'on observe une variation appréciable du relèvement, particulièrement lorsque l'on s'approche d'un très grand navire, d'un train de remorque ou d'un navire qui est à courte distance.

Règle 8 - Manœuvre pour éviter les abordages

a) Toute manœuvre entreprise pour éviter un abordage doit, si les circonstances le permettent, être exécutée franchement, largement à temps et conformément aux bons usages maritimes.

b) Tout changement de cap ou de vitesse, ou des deux à la fois, visant à éviter un abordage doit, si les circonstances le permettent, être assez important pour être immédiatement perçu par tout navire qui l'observe visuellement ou au radar ; une succession de changements peu importants de cap ou de vitesse, ou des deux à la fois, est à éviter.

c) Si le navire a suffisamment de place, le changement de cap à lui seul peut être la manœuvre la plus efficace pour éviter de se trouver en situation très rapprochée à condition que cette manœuvre soit faite largement à temps, qu'elle soit franche et qu'elle n'aboutisse pas à une autre situation très rapprochée.

d) Les manœuvres effectuées pour éviter l'abordage avec un autre navire doivent être telles qu'elles permettent de passer à une distance suffisante. L'efficacité des manœuvres doit être attentivement contrôlée jusqu'à ce que l'autre navire soit définitivement paré et clair.

e) Si cela est nécessaire pour éviter un abordage ou pour laisser plus de temps pour apprécier la situation, un navire doit réduire sa vitesse ou casser son erre en arrêtant son appareil propulsif ou en battant en arrière au moyen de cet appareil.

f)

I) Un navire qui, en vertu de l'une quelconque des présentes règles, est tenu de ne pas gêner le passage d'un autre navire ou de permettre son libre passage doit, lorsque les circonstances l'exigent, manœuvrer sans tarder afin de laisser suffisamment de place à l'autre navire pour permettre son libre passage ;

II) Un navire qui est tenu de ne pas gêner le passage d'un autre navire ou de permettre son libre passage n'est pas dispensé de cette obligation s'il s'approche de l'autre navire de telle sorte qu'il existe un risque d'abordage et il doit, lorsqu'il effectue sa manœuvre, tenir dûment compte des manœuvres qui pourraient être requises en vertu des règles de la présente partie ;

III) Un navire dont le passage ne doit pas être gêné reste pleinement tenu de se conformer aux règles de la présente partie lorsque les deux navires se rapprochent l'un de l'autre de telle sorte qu'il existe un risque d'abordage.

Règle 9 - Chenaux étroits

a) Les navires faisant route dans un chenal étroit ou une voie d'accès doivent, lorsque cela peut se faire sans danger, naviguer aussi près que possible de la limite extérieure droite du chenal ou de la voie d'accès.

b) Les navires de longueur inférieure à 20 mètres et les navires à voile ne doivent pas gêner le passage des navires qui ne peuvent naviguer en toute sécurité qu'à l'intérieur d'un chenal étroit ou d'une voie d'accès.

c) Les navires en train de pêcher ne doivent pas gêner le passage des autres navires naviguant à l'intérieur d'un chenal étroit ou d'une voie d'accès.

d) Un navire ne doit pas traverser un chenal étroit ou une voie d'accès si, ce faisant, il gêne le passage des navires qui ne peuvent naviguer en toute sécurité qu'à l'intérieur de ce chenal ou de cette voie d'accès ; ces derniers navires peuvent utiliser le signal sonore prescrit par la règle 34 d) s'ils doutent des intentions du navire qui traverse le chenal ou la voie d'accès.

e)

I) Dans un chenal étroit ou une voie d'accès lorsqu'un dépassement ne peut s'effectuer que si le navire rattrapé manœuvre pour permettre à l'autre navire de le dépasser en toute sécurité, le navire qui a l'intention de dépasser doit faire connaître son intention en émettant le signal sonore approprié prescrit par la règle 34 c) I). Le navire rattrapé doit, s'il est d'accord, faire entendre le signal approprié prescrit par la règle 34 c) II) et manœuvrer de manière à permettre un dépassement en toute sécurité. S'il est dans le doute, il peut émettre les signaux sonores prescrits par la règle 34 d) ;

II) La présente règle ne saurait dispenser le navire qui rattrape de l'obligation de se conformer aux dispositions de la règle 13.

f) Un navire qui s'approche d'un coude ou d'un endroit situé dans un chenal étroit ou une voie d'accès où d'autres navires peuvent être cachés par la présence d'obstacles doit naviguer dans cette zone avec une prudence et une vigilance particulières et faire entendre le signal approprié prescrit par la règle 34 e).

g) Tout navire doit, si les circonstances le permettent, éviter de mouiller dans un chenal étroit.

Règle 10 - Dispositifs de séparation du trafic

a) La présente règle s'applique aux dispositifs de séparation du trafic adoptés par l'Organisation et ne saurait dispenser aucun navire de ses obligations en vertu de l'une quelconque des autres règles.

b) Les navires qui naviguent à l'intérieur d'un dispositif de séparation du trafic doivent :

I) suivre la voie de circulation(*) appropriée dans la direction générale du trafic pour cette voie ;

II) s'écarter dans toute la mesure du possible de la ligne ou de la zone de séparation du trafic ;

III) en règle générale, s'engager dans une voie de circulation ou en sortir à l'une des extrémités, mais lorsqu'ils s'y engagent ou en sortent latéralement, effectuer cette manœuvre sous un angle aussi réduit que possible par rapport à la direction générale du trafic.

c) Les navires doivent éviter autant que possible de couper les voies de circulation mais, s'ils y sont obligés, ils doivent le faire en suivant un cap qui soit autant que possible perpendiculaire à la direction générale du trafic.

d)

I) les navires ne doivent pas utiliser une zone de navigation côtière lorsqu'ils peuvent en toute sécurité utiliser la voie de circulation appropriée du dispositif adjacent de séparation du trafic. Toutefois, les navires de longueur inférieure à 20 mètres, les navires à voile et les navires en train de pêcher peuvent utiliser la zone de navigation côtière ;

II) nonobstant les dispositions à l'alinéa d) I), les navires peuvent utiliser une zone de navigation côtière lorsqu'ils gagnent ou quittent un port, une installation ou une structure au large, une station de pilotage ou tout autre endroit se trouvant à l'intérieur de la zone de navigation côtière ou pour éviter un danger immédiat.

e) Un navire autre qu'un navire qui coupe un dispositif ou qu'un navire qui s'engage dans une voie de circulation ou qui en sort ne doit normalement pas pénétrer dans une zone de séparation ou franchir une ligne de séparation sauf :

I) en cas d'urgence, pour éviter un danger immédiat ;

II) pour pêcher dans une zone de séparation.

f) Les navires qui naviguent dans des zones proches des extrémités d'un dispositif de séparation du trafic doivent le faire avec une vigilance particulière.

g) Les navires doivent éviter, dans toute la mesure du possible, de mouiller à l'intérieur d'un dispositif de séparation du trafic ou dans les zones proches de ses extrémités.

h) Les navires qui n'utilisent pas un dispositif de séparation du trafic doivent s'en écarter aussi largement que possible.

i) Les navires en train de pêcher ne doivent pas gêner le passage des navires qui suivent une voie de circulation.

j) Les navires de longueur inférieure à 20 mètres ou les navires à voile ne doivent pas gêner le passage des navires à propulsion mécanique qui suivent une voie de circulation.

k) Un navire qui a une capacité de manœuvre restreinte lorsqu'il effectue une opération destinée au maintien de la sécurité de la navigation dans un dispositif de séparation du trafic est dispensé de satisfaire à la présente règle dans la mesure nécessaire pour effectuer l'opération.

l) Un navire qui a une capacité de manœuvre restreinte lorsqu'il effectue une opération en vue de poser, de réparer ou de relever un câble sous-marin à l'intérieur d'un dispositif de séparation du trafic, est dispensé de satisfaire à la présente règle dans la mesure nécessaire pour effectuer l'opération.

Section II - Conduite des navires en vue les uns des autres

Règle 11 - Champ d'application

Les règles de la présente section s'appliquent aux navires qui sont en vue les uns des autres.

Règle 12 - Navires à voile

a) Lorsque deux navires à voile s'approchent l'un de l'autre de manière à faire craindre un abordage, l'un d'eux doit s'écarter de la route de l'autre comme suit :

I) quand les navires reçoivent le vent d'un bord différent, celui qui reçoit le vent de bâbord doit s'écarter de la route de l'autre ;

II) quand les deux navires reçoivent le vent du même bord, celui qui est au vent doit s'écarter de la route de celui qui est sous le vent ;

III) si un navire qui reçoit le vent de bâbord voit un autre navire au vent et ne peut pas déterminer avec certitude si cet autre navire reçoit le vent de bâbord ou de tribord, le premier doit s'écarter de la route de l'autre.

b) Aux fins d'application de la présente règle, le côté d'où vient le vent doit être considéré comme étant celui du bord opposé au bord de brassage de la grand-voile ou, dans le cas d'un navire à phares carrés, le côté opposé au bord de brassage de la plus grande voile aurique (ou triangulaire).

Règle 13 - Navire qui en rattrape un autre

a) Nonobstant toute disposition des règles des sections I et II de la partie B, tout navire qui en rattrape un autre doit s'écarter de la route de ce dernier.

b) Doit se considérer comme en rattrapant un autre, un navire qui s'approche d'un autre navire en venant d'une direction de plus de 22,5 degrés sur l'arrière du travers de ce dernier, c'est-à-dire qui se trouve dans une position telle, par rapport au navire rattrapé, que, de nuit, il pourrait voir seulement le feu arrière de ce navire, sans voir aucun de ses feux de côté.

c) Lorsqu'un navire ne peut déterminer avec certitude s'il en rattrape un autre, il doit se considérer comme un navire qui en rattrape un autre et manœuvrer en conséquence.

d) Aucun changement ultérieur dans le relèvement entre les deux navires ne peut faire considérer le navire qui rattrape l'autre comme croisant la route de ce dernier au sens des présentes règles ni l'affranchir de l'obligation de s'écarter de la route du navire rattrapé jusqu'à ce qu'il soit tout à fait paré et clair.

Règle 14 - Navires qui font des routes directement opposées

a) Lorsque deux navires à propulsion mécanique font des routes directement opposées ou à peu près opposées de telle sorte qu'il existe un risque d'abordage, chacun d'eux doit venir sur tribord pour passer par bâbord l'un de l'autre.

b) On doit considérer qu'une telle situation existe lorsqu'un navire en voit un autre devant lui ou pratiquement devant lui, de sorte que, de nuit, il verrait les feux de mât de l'autre navire, l'un par l'autre ou presque et/ou ses deux feux de côté et que, de jour, il verrait l'autre navire sous un angle correspondant.

c) Lorsqu'un navire ne peut déterminer avec certitude si une telle situation existe, il doit considérer qu'elle existe effectivement et manœuvrer en conséquence.

Règle 15 - Navires dont les routes se croisent

Lorsque deux navires à propulsion mécanique font des routes qui se croisent de telle sorte qu'il existe un risque d'abordage, le navire qui voit l'autre navire sur tribord doit s'écarter de la route de celui-ci et, si les circonstances le permettent, éviter de croiser sa route sur l'avant.

Règle 16 - Manœuvre du navire non privilégié

Tout navire qui est tenu de s'écarter de la route d'un autre navire doit, autant que possible, manœuvrer de bonne heure et franchement de manière à s'écarter largement.

Règle 17 - Manœuvre du navire privilégié

a)

I) Lorsqu'un navire est tenu de s'écarter de la route d'un autre navire, cet autre navire doit maintenir son cap et sa vitesse.

II) Néanmoins, ce dernier peut manœuvrer, afin d'éviter l'abordage par sa seule manœuvre, aussitôt qu'il lui parait évident que le navire qui est dans l'obligation de s'écarter de sa route n'effectue pas la manœuvre appropriée prescrite par les présentes règles.

b) Quand, pour une cause quelconque, le navire qui est tenu de maintenir son cap et sa vitesse se trouve tellement près de l'autre que l'abordage ne peut être évité par la seule manœuvre du navire qui doit laisser la route libre, il doit de son côté faire la manœuvre qui est la meilleure pour aider à éviter l'abordage.

c) Un navire à propulsion mécanique qui manœuvre pour éviter un abordage avec un autre navire à propulsion mécanique dont la route croise la sienne dans les conditions prévues à l'alinéa a) II) de la présente règle ne doit pas, si les circonstances le permettent, abattre sur bâbord lorsque l'autre navire est bâbord à lui.

d) La présente règle ne saurait dispenser le navire qui doit laisser la route libre de l'obligation de s'écarter de la route de l'autre navire.

Règle 18 - Responsabilités réciproques des navires

Sauf dispositions contraires des règles 9, 10 et 13 :

a) Un navire à propulsion mécanique faisant route doit s'écarter de la route :

I) d'un navire qui n'est pas maître de sa manœuvre ;

II) d'un navire à capacité de manœuvre restreinte ;

III) d'un navire en train de pêcher ;

IV) d'un navire à voile.

b) Un navire à voile faisant route doit s'écarter de la route :

I) d'un navire qui n'est pas maître de sa manœuvre ;

II) d'un navire à capacité de manœuvre restreinte ;

III) d'un navire en train de pêcher.

c) Un navire en train de pêcher et faisant route doit, dans la mesure du possible, s'écarter de la route :

I) d'un navire qui n'est pas maître de sa manœuvre ;

II) d'un navire à capacité de manœuvre restreinte.

d)

I) Tout navire autre qu'un navire qui n'est pas maître de sa manœuvre ou qu'un navire à capacité de manœuvre restreinte doit, si les circonstances le permettent, éviter de gêner le libre passage d'un navire handicapé par son tirant d'eau, qui montre les signaux prévus à la règle 28 ;

(*) Cette expression est en cours de remplacement par l'expression " couloir de circulation " déjà employée dans certains ouvrages français

II) Un navire handicapé par son tirant d'eau doit naviguer avec une prudence particulière, en tenant dûment compte de sa situation spéciale.

e) Un hydravion amerri doit, en règle générale, se tenir largement à l'écart de tous navires et éviter de gêner leur navigation. Toutefois lorsqu'il y a risque d'abordage, cet hydravion doit se conformer aux règles de la présente partie.

Section III - Conduite des navires par visibilité réduite

Règle 19 - Conduite des navires par visibilité réduite

a) La présente règle s'applique aux navires qui ne sont pas en vue les uns des autres et qui naviguent à l'intérieur ou à proximité de zones de visibilité réduite.

b) Tout navire doit naviguer à une vitesse de sécurité adaptée aux circonstances existantes et aux conditions de visibilité réduite. Les navires à propulsion mécanique doivent tenir leurs machines prêtes à manœuvrer immédiatement.

c) Tout navire, lorsqu'il applique les règles de la section I de la présente partie, doit tenir dûment compte des circonstances existantes et des conditions de visibilité réduite.

d) Un navire qui détecte au radar seulement la présence d'un autre navire doit déterminer si une situation très rapprochée est en train de se créer et/ou si un risque d'abordage existe. Dans ce cas, il doit prendre largement à temps les mesures pour éviter cette situation ; toutefois, si ces mesures consistent en un changement de cap, il convient d'éviter, dans la mesure du possible les manœuvres suivantes :

I) un changement de cap sur bâbord dans le cas d'un navire qui se trouve sur l'avant du travers, sauf si ce navire est en train d'être rattrapé :

II) un changement de cap en direction d'un navire qui vient par le travers ou sur l'arrière du travers.

e) Sauf lorsqu'il a été établi qu'il n'existe pas de risque d'abordage, tout navire qui entend, dans une direction qui lui parait être sur l'avant du travers, le signal de brume d'un autre navire, ou qui ne peut éviter une situation très rapprochée avec un autre navire situé sur l'avant du travers, doit réduire sa vitesse au minimum nécessaire pour maintenir son cap. Il doit, si nécessaire, casser son erre et, en toutes circonstances naviguer avec une extrême précaution jusqu'à ce que le risque d'abordage soit passé.

Partie C — Feux et marques

Règle 20 - Champ d'application

a) Les règles de la présente partie doivent être observées par tous les temps.

b) Les règles concernant les feux doivent être observées du coucher au lever du soleil. Pendant cet intervalle, on ne doit montrer aucun autre feu pouvant être confondu avec les feux prescrits par les présentes règles et pouvant gêner la visibilité ou le caractère distinctif de ceux-ci ou pouvant empêcher d'exercer une veille satisfaisante.

c) Les feux prescrits par les présentes règles, lorsqu'ils existent, doivent également être montrés du lever au coucher du soleil par visibilité réduite et peuvent être montrés dans toutes les autres circonstances où cette mesure est jugée nécessaire.

d) Les règles concernant les marques doivent être observées de jour.

e) Les feux et les marques prescrits par les présentes règles doivent être conformes aux dispositions de l'annexe I des présentes règles.

Règle 21 - Définitions

a) L'expression " feu de tête de mât " désigne un feu blanc placé au-dessus de l'axe longitudinal du navire, projetant une lumière ininterrompue sur tout le parcours d'un arc d'horizon de 225 degrés et disposé de manière à projeter cette lumière depuis l'avant jusqu'à 22,5 degrés sur l'arrière du travers de chaque bord.

b) L'expression " feu de côté " désigne un feu vert placé à tribord et un feu rouge placé à bâbord, projetant chacun une lumière ininterrompue sur tout le parcours d'un arc d'horizon de 112,5 degrés et disposés de manière à projeter cette lumière depuis l'avant jusqu'à 22,5 degrés sur l'arrière du travers de leur côté respectif. À bord des navires de longueur inférieure à 20 mètres, les feux de côté peuvent être combinés en un seul fanal placé dans l'axe longitudinal du navire.

c) L'expression " feu de poupe " désigne un feu blanc placé aussi près que possible de la poupe, projetant une lumière ininterrompue sur tout le parcours d'un arc d'horizon de 135 degrés et disposé de manière à projeter cette lumière sur un secteur de 67,5 degrés de chaque bord à partir de l'arrière.

d) L'expression " feu de remorquage " désigne un feu jaune ayant les mêmes caractéristiques que le feu de poupe défini au paragraphe c) de la présente règle.

e) L'expression " feu visible sur tout l'horizon " désigne un feu projetant une lumière ininterrompue sur un arc d'horizon de 360 degrés.

f) L'expression " feu à éclats " désigne un feu à éclats réguliers dont le rythme est de 120 éclats ou plus par minute.

Règle 22 - Portée lumineuse des feux

Les feux prescrits par les présentes règles doivent avoir l'intensité spécifiée à la section 8 de l'annexe I du présent règlement, de manière à être visibles aux distances minimales suivantes :

a) pour les navires de longueur égale ou supérieure à 50 mètres :
- feu de tête de mât : 6 milles
- feu de côté : 3 milles
- feu de poupe : 3 milles
- feu de remorquage : 3 milles
- feu blanc, rouge, vert ou jaune visible sur tout l'horizon : 3 milles.

b) pour les navires de longueur égale ou supérieure à 12 mètres, mais inférieure à 50 mètres :
- feu de tête de mât : 5 milles ; si la longueur du navire est inférieure à 20 mètres : 3 milles
- feu de côté : 2 milles
- feu de poupe : 2 milles
- feu de remorquage : 2 milles
- feu blanc, rouge, vert ou jaune visible sur tout l'horizon : 2 milles.

c) pour les navires de longueur inférieure à 12 mètres :
- feu de tête de mât : 2 milles
- feu de côté : 1 mille
- feu de poupe : 2 milles
- feu de remorquage : 2 milles
- feu blanc, rouge, vert ou jaune visible sur tout l'horizon : 2 milles.

d) pour les navires ou objets remorqués qui sont partiellement submergés et difficiles à apercevoir :
- feu blanc visible sur tout l'horizon : 3 milles.

Règle 23 - Navires à propulsion mécanique faisant route

a) Un navire à propulsion mécanique faisant route doit montrer :

I) un feu de tête de mât à l'avant ;

II) un second feu de tête de mât à l'arrière du premier et plus haut que celui-ci ; toutefois, les navires de longueur inférieure à 50 mètres ne sont pas tenus de montrer ce feu, mais peuvent le faire ;

III) des feux de côté ;

IV) un feu de poupe.

b) Un aéroglisseur exploité sans tirant d'eau doit, outre les feux prescrits au paragraphe a) de la présente règle, montrer un feu jaune à éclats visible sur tout l'horizon.

c)

I) Un navire à propulsion mécanique de longueur inférieure à 12 mètres peut, au lieu des feux prescrits au paragraphe a) de la présente règle, montrer un feu blanc visible sur tout l'horizon et des feux de côté ;

II) Un navire à propulsion mécanique de longueur inférieure à 7 mètres et dont la vitesse maximale ne dépasse pas 7 nœuds peut, au lieu des feux prescrits au paragraphe a) de la présente règle, montrer un feu blanc visible sur tout l'horizon ; il doit, si possible, montrer en outre des feux de côté ;

III) Le feu de tête de mât ou le feu blanc visible sur tout l'horizon à bord d'un navire à propulsion mécanique de longueur inférieure à 12 mètres peut ne pas se trouver dans l'axe longitudinal du navire s'il n'est pas possible de l'installer sur cet axe à condition que les feux de côté soient combinés en un seul fanal qui soit disposé dans l'axe longitudinal du navire ou situé aussi près que possible de l'axe longitudinal sur lequel se trouve le feu de tête de mât ou le feu blanc visible sur tout l'horizon.

Règle 24 - Remorquage et poussage

a) Un navire à propulsion mécanique en train de remorquer doit montrer :

I) au lieu du feu prescrit par la règle 23 a) I) ou par la règle 23 a) II), deux feux de tête de mât superposés. Lorsque la longueur du train de remorque mesurée de l'arrière du navire remorquant à l'extrémité arrière du train de remorque dépasse 200 mètres, il doit montrer trois de ces feux superposés ;

II) des feux de côté ;

III) un feu de poupe ;

IV) un feu de remorquage placé à la verticale au-dessus du feu de poupe ;

V) à l'endroit le plus visible, lorsque la longueur du train de remorque dépasse 200 mètres, une marque biconique.

b) Un navire en train de pousser et un navire poussé en avant reliés par un raccordement rigide de manière à former une unité composite doivent être considérés comme un navire à propulsion mécanique et montrer les feux prescrits par la règle 23.

c) Un navire à propulsion mécanique en train de pousser en avant ou de remorquer à couple doit, sauf s'il s'agit d'une unité composite, montrer :

I) au lieu du feu prescrit par la règle 23 a) I) ou par la règle 23 a) II), deux feux de tête de mât superposés ;

II) des feux de côté ;

III) un feu de poupe.

d) Un navire à propulsion mécanique auquel les dispositions des paragraphes a) ou c) de la présente règle s'appliquent, doit également se conformer aux dispositions de la règle 23 a) II).

e) Un navire ou objet remorqué autre que ceux mentionnés au paragraphe g) de la présente règle doit montrer :

I) des feux de côté ;

II) un feu de poupe ;

III) à l'endroit le plus visible, lorsque la longueur du train de remorque dépasse 200 mètres, une marque biconique.

f) Étant entendu que les feux d'un nombre quelconque de navires remorqués à couple ou poussés en groupe doivent correspondre à ceux d'un seul navire :

I) Un navire poussé en avant, ne faisant pas partie d'une unité composite, doit montrer à son extrémité avant des feux de côté ;

II) Un navire remorqué à couple doit montrer un feu de poupe et, à son extrémité avant, des feux de côté.

g) Un navire ou objet remorqué qui est partiellement submergé et difficile à apercevoir, ou un ensemble de ces navires ou objets remorqués, doit montrer :

I) lorsque sa largeur est inférieure à 25 mètres, un feu blanc visible sur tout l'horizon à l'extrémité avant ou à proximité de celle-ci et un autre à l'extrémité arrière ou à proximité de celle-ci, exception faite des dracones, qui ne sont pas tenues de montrer un feu à leur extrémité avant ou à proximité de celle-ci ;

II) lorsque sa largeur est égale ou supérieure à 25 mètres, deux feux blancs supplémentaires visibles sur tout l'horizon aux extrémités de sa largeur ou à proximité de celles-ci ;

III) lorsque sa longueur est supérieure à 100 mètres, des feux blancs visibles sur tout l'horizon supplémentaire, entre les feux prescrits aux alinéas I) et II) de telle sorte que la distance entre les feux ne soit pas supérieure à 100 mètres ;

IV) une marque biconique à l'extrémité arrière ou près de l'extrémité arrière du dernier navire ou objet remorqué et, lorsque la longueur du train de remorque est supérieure à 200 mètres, une marque biconique supplémentaire à l'endroit le plus visible et le plus à l'avant possible.

h) Si, pour une raison suffisante, le navire ou l'objet remorqué est dans l'impossibilité de montrer les feux ou les marques prescrits aux paragraphes e) ou g) de la présente règle, toutes les mesures possibles sont prises pour éclairer le navire ou l'objet remorqué ou tout au moins pour indiquer la présence d'un tel navire ou objet.

I) Si, pour une raison suffisante, un navire qui n'effectue pas ordinairement des opérations de remorquage est dans l'impossibilité de montrer les feux prescrits aux paragraphes a) ou c) de la présente règle, ce navire n'est pas tenu de montrer ces feux lorsqu'il procède au remorquage d'un autre navire en détresse ou ayant besoin d'une assistance pour d'autres raisons. Toutes les mesures possibles doivent être prises pour indiquer de la manière autorisée par la règle 36, notamment en éclairant le câble de remorquage, le rapport entre le navire remorqueur et le navire remorqué.

Règle 25 - Navires à voile faisant route et navires à l'aviron

a) Un navire à voile qui fait route doit montrer :

I) des feux de côté ;

II) un feu de poupe.

b) À bord d'un navire à voile de longueur inférieure à 20 mètres, les feux prescrits au paragraphe a) de la présente règle peuvent être réunis en un seul fanal placé au sommet ou à la partie supérieure du mât, à l'endroit le plus visible.

c) En plus des feux prescrits au paragraphe a) de la présente règle, un navire à voile faisant route peut montrer, au sommet ou à la partie supérieure du mât, à l'endroit où ils sont le plus apparents, des feux superposés visibles sur tout l'horizon, le feu supérieur étant rouge et le feu inférieur vert. Toutefois, ces feux ne doivent pas être montrés en même temps que le fanal autorisé par le paragraphe b) de la présente règle.

d)

I) Un navire à voile de longueur inférieure à 7 mètres doit, si possible, montrer les feux prescrits aux paragraphes a) ou b) de la présente règle mais, s'il ne le fait pas, il doit être prêt à montrer immédiatement, pour prévenir un abordage, une lampe électrique ou un fanal allumé à feu blanc.

II) Un navire à l'aviron peut montrer les feux prescrits par la présente règle pour les navires à voile mais, s'il ne le fait pas, il doit être prêt à montrer immédiatement, pour prévenir un abordage, une lampe électrique ou un fanal allumé à feu blanc.

e) Un navire qui fait route simultanément à la voile et au moyen d'un appareil propulsif doit montrer à l'avant, à l'endroit le plus visible, une marque de forme conique, la pointe en bas.

Règle 26 - Navires de pêche

a) Un navire en train de pêcher ne doit, lorsqu'il fait route ou lorsqu'il est au mouillage, montrer que les feux et marques prescrits par la présente règle.

b) Un navire en train de chaluter, c'est-à-dire de tirer dans l'eau un chalut ou autre engin de pêche, doit montrer :

I) deux feux superposés visibles sur tout l'horizon, le feu supérieur étant vert et le feu inférieur blanc, ou une marque formée de deux cônes superposés réunis par la pointe ;

II) un feu de tête de mât disposé à une hauteur supérieure à celle du feu vert visible sur tout l'horizon et à l'arrière de celui-ci. Les navires de longueur inférieure à 50 mètres ne sont pas tenus de montrer ce feu, mais peuvent le faire ;

III) lorsqu'il a de l'erre, outre les feux prescrits au présent paragraphe, des feux de côté et un feu de poupe.

c) Un navire en train de pêcher, autre qu'un navire en train de chaluter, doit montrer :

I) deux feux superposés visibles sur tout l'horizon, le feu supérieur étant rouge et le feu inférieur blanc, ou une marque formée de deux cônes superposés réunis par la pointe ;

II) si son engin de pêche est déployé sur une distance horizontale supérieure à 150 mètres à partir du navire, un feu blanc visible sur tout l'horizon ou un cône, la pointe en haut, dans l'alignement de l'engin ;

III) lorsqu'il a de l'erre, outre les feux prescrits au présent paragraphe, des feux de côté et un feu de poupe.

d) Les signaux supplémentaires décrits à l'annexe II du présent règlement s'appliquent à un navire en train de pêcher à très peu de distance d'autres navires en train de pêcher.

e) Un navire qui n'est pas en train de pêcher ne doit pas montrer les feux ou marques prescrits par la présente règle, mais seulement ceux qui sont prescrits pour un navire de sa longueur.

Règle 27 - Navires qui ne sont pas maîtres de leur manœuvre et navires à capacité de manœuvre restreinte

a) Un navire qui n'est pas maître de sa manœuvre doit montrer :

I) à l'endroit le plus visible deux feux rouges superposés visibles sur tout l'horizon ;

II) à l'endroit le plus visible, deux boules ou marques analogues superposées ;

III) lorsqu'il a de l'erre, outre les feux prescrits au présent paragraphe, des feux de côté et un feu de poupe.

b) Un navire à capacité de manœuvre restreinte, autre qu'un navire effectuant des opérations de déminage, doit montrer :

I) à l'endroit le plus visible, trois feux superposés visibles sur tout l'horizon, les feux supérieur et inférieur étant rouges et le feu du milieu blanc ;

II) à l'endroit le plus visible, trois marques superposées, les marques supérieure et inférieure étant des boules, celle du milieu un bicône ;

III) lorsqu'il a de l'erre, outre les feux prescrits à l'alinéa I) un feu ou des feux de tête de mât, des feux de côté et un feu de poupe ;

IV) lorsqu'il est au mouillage, outre les feux ou marques prescrits aux alinéas I) et II), les feux ou marques prescrits par la règle 30.

c) Un navire à propulsion mécanique en train d'effectuer une opération de remorquage qui permet difficilement au navire remorqueur et à sa remorque de modifier leur route doit, outre les feux ou marques prescrits par la règle 24 a), montrer les feux ou marques prescrits aux paragraphes b) I) et b) II) de la présente règle.

d) Un navire à capacité de manœuvre restreinte en train de draguer ou d'effectuer des opérations sous-marines doit montrer les feux et marques prescrits aux alinéas I), II) et III) du paragraphe b) de la présente règle et, lorsqu'il existe une obstruction, doit montrer en outre :

I) deux feux rouges visibles sur tout l'horizon ou deux boules superposées pour indiquer le côté où se trouve l'obstruction ;

II) deux feux verts visibles sur tout l'horizon ou deux bicônes superposés pour indiquer le côté sur lequel un autre navire peut passer ;

III) lorsqu'il est au mouillage, au lieu des feux ou de la marque prescrits par la règle 30, les feux ou marques prescrits dans le présent paragraphe.

e) Un navire participant à des opérations de plongée qui ne peut, en raison de ses dimensions, montrer tous les feux et marques prescrits au paragraphe d) de la présente règle, doit montrer :

I) à l'endroit le plus visible, trois feux superposés, visibles sur tout l'horizon, les feux supérieur et inférieur étant rouges et le feu du milieu blanc ;

II) une reproduction rigide, d'au moins un mètre de hauteur, du pavillon " A " du Code international de signaux. Il doit prendre des mesures pour que cette reproduction soit visible sur tout l'horizon.

f) Un navire effectuant des opérations de déminage doit montrer, outre les feux prescrits pour les navires à propulsion mécanique par la règle 23 ou les feux ou la marque prescrits pour les navires au mouillage par la règle 30, selon le cas, trois feux verts visibles sur tout l'horizon ou trois boules. Il doit montrer un de ces feux ou marques à proximité de la tête du mât de misaine et un de ces feux ou marques à chaque extrémité de la vergue de misaine. Ces feux ou marques indiquent qu'il est dangereux pour un autre navire de s'approcher à moins de 1 000 mètres du navire qui effectue le déminage.

g) Les navires de longueur inférieure à 12 mètres, à l'exception des navires participant à des opérations de plongée, ne sont pas tenus de montrer les feux et marques prescrits par la présente règle.

h) Les signaux prescrits par la présente règle ne sont pas des signaux de navires en détresse et demandant assistance. Les signaux de cette dernière catégorie font l'objet de l'annexe IV du présent règlement.

Règle 28 - Navires handicapés par leur tirant d'eau

Un navire handicapé par son tirant d'eau peut, outre les feux prescrits pour les navires à propulsion mécanique par la règle 23, montrer à l'endroit le plus visible trois feux rouges superposés visibles sur tout l'horizon ou une marque cylindrique.

Règle 29 - Bateaux-pilotes

a) Un bateau-pilote en service de pilotage doit montrer :

I) à la tête du mât ou à proximité de celle-ci, deux feux superposés visibles sur tout l'horizon, le feu supérieur étant blanc et le feu inférieur rouge ;

II) de plus, lorsqu'il fait route, des feux de côté et un feu de poupe ;

III) au mouillage, outre les feux prescrits à l'alinéa I), le feu, les feux ou la marque prescrits par la règle 30 pour les navires au mouillage.

b) Un bateau-pilote qui n'est pas en service de pilotage doit montrer les feux ou marques prescrits pour un navire de sa longueur.

Règle 30 - Navires au mouillage et navires échoués

a) Un navire au mouillage doit montrer à l'endroit le plus visible :

I) à l'avant, un feu blanc visible sur tout l'horizon ou une boule ;

II) à l'arrière ou près de l'arrière, plus bas que le feu prescrit à l'alinéa I), un feu blanc visible sur tout l'horizon.

b) Un navire au mouillage de longueur inférieure à 50 mètres peut montrer, à l'endroit le plus visible, un feu blanc visible sur tout l'horizon, au lieu des feux prescrits au paragraphe a) de la présente règle.

c) En outre, un navire au mouillage peut utiliser ses feux de travail disponibles ou des feux équivalents pour illuminer ses ponts. Cette disposition est obligatoire pour les navires de longueur égale ou supérieure à 100 mètres.

d) Un navire échoué doit montrer les feux prescrits aux paragraphes a) ou b) de la présente règle et, de plus, à l'endroit le plus visible :

I) deux feux rouges superposés visibles sur tout l'horizon ;

II) trois boules superposées.

e) Les navires de longueur inférieure à 7 mètres lorsqu'ils sont au mouillage, ne sont pas tenus de montrer les feux ou la marque prescrits aux paragraphes a) et b) de la présente règle, sauf s'ils sont au mouillage ou échoués dans un chenal étroit, une voie d'accès ou un ancrage, à proximité de ces lieux, ou sur les routes habituellement fréquentées par d'autres navires.

f) Les navires de longueur inférieure à 12 mètres, lorsqu'ils sont échoués, ne sont pas tenus de montrer les feux ou marques prescrits aux alinéas I) et II) du paragraphe d) de la présente règle.

Règle 31 - Hydravions

Un hydravion qui est dans l'impossibilité de montrer les feux et marques présentant les caractéristiques et situés aux emplacements prescrits par les règles de la présente partie, doit montrer des feux et marques se rapprochant le plus possible de ceux prescrits par ces règles.

Partie D — Signaux sonores et lumineux

Règle 32 - Définitions

a) Le terme " sifflet " désigne tout appareil de signalisation sonore capable d'émettre les sons prescrits et conforme aux spécifications de l'annexe III du présent règlement.

b) L'expression " son bref " désigne un son d'une durée d'environ une seconde.

c) L'expression " son prolongé " designe un son d'une durée de quatre à six secondes.

Règle 33 - Matériel de signalisation sonore

a) Les navires de longueur egale ou supérieure à 12 mètres doivent être pourvus d'un sifflet et d'une cloche et les navires de longueur égale ou supérieure à 100 mètres doivent être en outre pourvus d'un gong dont le son et le timbre ne doivent pas pouvoir être confondus avec ceux de la cloche. Le sifflet, la cloche et le gong doivent satisfaire aux spécifications de l'annexe III du présent règlement. La cloche ou le gong, ou les deux, peuvent être remplacés par un autre matériel ayant respectivement les mêmes caractéristiques sonores, à condition qu'il soit toujours possible d'actionner manuellement les signaux prescrits.

b) Les navires de longueur inférieure à 12 mètres ne sont pas tenus d'avoir à leur bord les appareils de signalisation sonore prescrits au paragraphe a) de la présente règle, mais ils doivent, en l'absence de tels appareils, être munis d'un autre moyen d'émettre un signal sonore efficace.

Règle 34 - Signaux de manœuvre et signaux d'avertissement

a) Lorsque des navires sont en vue les uns des autres, un navire à propulsion mécanique faisant route doit, lorsqu'il effectue des manœuvres autorisées ou prescrites par les présentes règles, indiquer ces manœuvres par les signaux suivants, émis au sifflet :

- un son bref pour dire : " Je viens sur tribord " ;
- deux sons brefs pour dire : " Je viens sur bâbord " ;
- trois sons brefs pour dire : " Je bats en arrière ".

b) Tous les navires peuvent compléter les signaux au sifflet prescrits au paragraphe a) de la présente règle par des signaux lumineux répétés, selon les besoins, pendant toute la durée de la manœuvre :

I) Ces signaux lumineux ont la signification suivante :

- un éclat pour dire : " Je viens sur tribord " ;
- deux éclats pour dire : " Je viens sur bâbord " ;
- trois éclats pour : " Je bats en arrière " ;

II) Chaque éclat doit durer une seconde environ, l'intervalle entre les éclats doit être d'une seconde environ et l'intervalle entre les signaux successifs doit etre de dix secondes au moins ;

III) Le feu utilisé pour ce signal doit, s'il existe, être un feu blanc visible sur tout l'horizon à une distance de cinq milles au moins et doit être conforme aux dispositions de l'annexe I du présent règlement.

c) Lorsqu'ils sont en vue l'un de l'autre dans un chenal étroit ou une voie d'accès :

I) Un navire qui entend en rattraper un autre doit, conformément aux dispositions de la règle 9 e) I), indiquer son intention en émettant au sifflet les signaux suivants :

- deux sons prolongés suivis d'un son bref pour dire : " Je compte vous rattraper sur tribord " ;
- deux sons prolongés suivis de deux sons brefs pour dire : " Je compte vous rattraper sur bâbord " ;

II) Le navire qui est sur le point d'être rattrapé doit, en manœuvrant conformément aux dispositions de la règle 9 e) I), indiquer son accord en émettant au sifflet le signal suivant :

- un son prolongé, un son bref, un son prolongé et un son bref, émis dans cet ordre.

d) Lorsque deux navires en vue l'un de l'autre s'approchent l'un de l'autre et que, pour une raison quelconque, l'un d'eux ne comprend pas les intentions ou les manœuvres de l'autre, ou se demande si l'autre navire prend les mesures suffisantes pour éviter l'abordage, le navire qui a des doutes les exprime immédiatement en émettant au sifflet une série rapide d'au moins cinq sons brefs. Ce signal peut être complété par un signal lumineux d'au moins cinq éclats brefs et rapides.

e) Un navire s'approchant d'un coude ou d'une partie d'un chenal ou d'une voie d'accès où d'autres navires peuvent être cachés par un obstacle doit faire entendre un son prolongé. Tout navire venant dans sa direction qui entend le signal de l'autre côté du coude ou derrière l'obstacle doit répondre à ce signal en faisant entendre un son prolongé.

f) Lorsque des sifflets sont installés à bord d'un navire à une distance de plus de 100 mètres les uns des autres, on ne doit utiliser qu'un seul sifflet pour émettre des signaux de manœuvre et des signaux avertisseurs.

Règle 35 - Signaux sonores par visibilité réduite

Tant de jour que de nuit, à l'intérieur ou à proximité d'une zone où la visibilité est réduite, les signaux prescrits par la présente règle doivent être utilisés comme suit :

a) Un navire à propulsion mécanique ayant de l'erre doit faire entendre un son prolongé à des intervalles ne dépassant pas deux minutes.

b) Un navire à propulsion mecanique faisant route, mais stoppé et n'ayant pas d'erre, doit faire entendre, à des intervalles ne dépassant pas deux minutes, deux sons prolongés séparés par un intervalle de deux secondes environ.

c) Un navire qui n'est pas maître de sa manœuvre, un navire à capacité de manœuvre restreinte, un navire handicapé par son tirant d'eau, un navire à voile, un navire en train de pêcher et un navire qui en remorque ou en pousse un autre doivent émettre, au lieu des signaux prescrits aux paragraphes a) ou b) de la présente règle, trois sons consécutifs, à savoir un son prolongé suivi de deux sons brefs, à des intervalles ne dépassant pas deux minutes.

d) Un navire en train de pêcher, lorsqu'il est au mouillage, et un navire à capacité de manœuvre restreinte qui procède à ses travaux au mouillage doivent émettre, au lieu des signaux prescrits au paragraphe g) de la présente règle, le signal prescrit au paragraphe c) de la présente règle.

e) Un navire remorqué ou, s'il en est remorqué plus d'un, le dernier navire du convoi doit, s'il a un équipage à bord, faire entendre, à des intervalles ne dépassant pas deux minutes, quatre sons consécutifs, à savoir un son prolongé suivi de trois sons brefs. Lorsque cela est possible, ce signal doit être émis immédiatement après le signal du navire remorqueur.

f) Un navire en train de pousser et un navire poussé en avant reliés par un raccordement rigide de manière à former une unité composite doivent être considérés comme un navire à propulsion mécanique et doivent faire entendre les signaux prescrits aux paragraphes a) ou b) de la présente règle.

g) Un navire au mouillage doit sonner la cloche rapidement pendant cinq secondes environ, à des intervalles ne dépassant pas une minute. À bord d'un navire de longueur égale ou supérieure à 100 mètres, on doit sonner la cloche sur la partie avant du navire et, immédiatement après, sonner rapidement le gong pendant cinq secondes environ sur la partie arrière. Un navire au mouillage peut en outre faire entendre trois sons consécutifs, à savoir un son bref suivi d'un son prolongé et d'un son bref, pour signaler sa position et la possibilité d'un abordage à un navire qui s'approche.

h) Un navire échoué doit sonner la cloche et, en cas de besoin, faire entendre le gong, ainsi qu'il est prescrit au paragraphe g) de la présente règle. De plus, il doit faire entendre trois coups de cloche séparés et distincts immédiatement avant et après avoir fait entendre la sonnerie rapide de la cloche. De plus, un navire échoué peut émettre au sifflet un signal approprié.

i) Un navire de longueur inférieure à 12 mètres n'est pas tenu de faire entendre les signaux mentionnés ci-dessus, mais lorsqu'il ne le fait pas, il doit faire entendre un autre signal sonore efficace à des intervalles ne dépassant pas deux minutes.

j) Un bateau-pilote en service de pilotage peut, outre les signaux prescrits aux paragraphes a), b) ou g) de la présente règle, faire entendre un signal d'identification consistant en quatre sons brefs.

Règle 36 - Signaux destinés à appeler l'attention

Tout navire peut, s'il juge nécessaire d'appeler l'attention d'un autre navire, émettre des signaux lumineux ou sonores ne pouvant être confondus avec tout autre signal autorisé par l'une quelconque des présentes règles, ou bien orienter le faisceau de son projecteur en direction du danger qui menace un navire de façon telle que ce faisceau ne puisse gêner d'autres navires.

Tout feu destiné à attirer l'attention d'un autre navire ne doit pas pouvoir être confondu avec une aide à la navigation. Aux fins de la présente règle, l'emploi de feux intermittents ou tournants à haute intensité, tels que les phares gyroscopiques, doit être évité.

Règle 37 - Signaux de détresse

Un navire qui est en détresse et demande assistance doit utiliser ou montrer les signaux décrits a l'annexe IV du présent règlement.

Partie E — Exemptions

Règle 38 - Exemptions

Tout navire (ou catégorie de navires) qui satisfait aux prescriptions des règles internationales de 1960 pour prévenir les abordages en mer et dont la quille est posée, ou qui se trouve à un stade de construction équivalent, avant l'entrée en vigueur du présent règlement, peut bénéficier des exemptions suivantes qui s'appliquent audit règlement :

a) Installation des feux dont la portée lumineuse est prescrite par la règle 22 : quatre ans à compter de la date d'entrée en vigueur du présent règlement.

b) Installation des feux dont les couleurs sont prescrites à la section 7 de l'annexe I du présent règlement : quatre ans à compter de la date d'entrée en vigueur du présent règlement.

c) Changement de l'emplacement des feux résultant du passage des mesures britanniques au système métrique et de l'arrondissement des chiffres des mesures : exemption permanente.

d)

I) Changement de l'emplacement des feux de tête de mât à bord des navires de longueur inférieure à 150 mètres, résultant des prescriptions de la section 3a) de l'annexe I du présent règlement : exemption permanente ;

II) Changement de l'emplacement des feux de tête de mât à bord des navires de longueur égale ou supérieure à 150 mètres, résultant des prescriptions de la section 3 a) de l'annexe I du présent règlement : neuf ans à compter de la date d'entrée en vigueur du présent règlement.

e) Changement de l'emplacement des feux de tête de mât résultant des prescriptions de la section 2b) de l'annexe I du présent règlement : neuf ans à compter de la date d'entrée en vigueur du présent règlement.

f) Changement de l'emplacement des feux de côté résultant des prescriptions des sections 2 g) et 3 b) de l'annexe I du présent règlement : neuf ans à compter de la date d'entrée en vigueur du présent règlement.

g) Spécifications du matériel de signalisation sonore prescrites par l'annexe III du présent règlement : neuf ans à compter de la date d'entrée en vigueur du présent règlement.

h) Changement de l'emplacement des feux visibles sur tout l'horizon résultant des prescriptions de la section 9 b) de l'annexe I du présent règlement : exemption permanente.

Annexe I
Emplacement et caractéristiques techniques des feux et marques

1. Définition

L'expression " hauteur au-dessus du plat-bord " désigne la hauteur au-dessus du pont continu le plus élevé. Cette hauteur doit être mesurée à partir de l'endroit situé sous le feu à la verticale de celui-ci.

2. Emplacement et espacement des feux sur le plan vertical

a) À bord des navires à propulsion mécanique de longueur égale ou supérieure à 20 mètres, les feux de tête de mât doivent être disposés comme suit :

I) Le feu de tête de mât avant ou, le cas échéant, le feu unique, doit se trouver à une hauteur de 6 mètres au moins au-dessus du plat-bord et, si la largeur du navire dépasse 6 mètres, à une hauteur au-dessus du plat-bord au moins égale à cette largeur, sans qu'il soit toutefois nécessaire que cette hauteur dépasse 12 mètres ;

II) Lorsqu'il existe deux feux de tête de mât, le feu arrière doit se trouver au moins 4,5 mètres plus haut que le feu avant.

b) La distance verticale entre les feux de tête de mât des navires à propulsion mécanique doit être telle que le feu arrière puisse toujours être vu distinctement au-dessus du feu avant, à une distance de 1 000 mètres de l'avant du navire au niveau de la mer, dans toutes les conditions normales d'assiette.

c) Le feu de tête de mât d'un navire à propulsion mécanique de longueur égale ou supérieure à 12 mètres, mais inférieure à 20 mètres, doit se trouver à une hauteur de 2,5 mètres au moins au-dessus du plat-bord.

d) Un navire à propulsion mécanique de longueur inférieure à 12 mètres peut avoir son feu le plus élevé à une hauteur inférieure à 2,5 mètres au-dessus du plat-bord. Toutefois, lorsqu'il porte un feu de tête de mât en plus des feux de côté et du feu de poupe, ou bien le feu visible sur tout l'horizon prescrit à la règle 23 c) I) en plus des feux de côté, ce feu de tête de mât ou ce feu visible sur tout l'horizon doit se trouver à 1 mètre au moins au-dessus des feux de côté.

e) L'un des deux ou trois feux de tête de mât prescrits pour un navire à propulsion mécanique qui remorque ou pousse un autre navire doit se trouver au même emplacement que le feu de tête de mât avant ou arrière, étant entendu que, si le feu inférieur de tête de mât arrière se trouve sur le mât arrière, il doit se trouver au moins à 4,5 mètres plus haut que le feu de tête de mât avant.

f)

I) Le feu ou les feux de tête de mât prescrits par la règle 23 a) doivent être placés au-dessus et à bonne distance des autres feux et obstructions, à l'exception de ceux qui sont décrits à l'alinéa II) ;

II) Lorsqu'il n'est pas possible de placer au-dessous des feux de tête de mât les feux visibles sur tout l'horizon prescrits par la règle 27 b) I) ou par la règle 28, ces feux peuvent être placés au-dessus du feu ou des feux de tête de mât arrière ou, sur un plan vertical, entre le feu ou les feux de tête de mât avant et le feu ou les feux de tête de mât arrière à condition que, dans ce dernier cas, il soit satisfait aux prescriptions du paragraphe c) de la section 3 de la présente annexe.

g) Les feux de côté d'un navire à propulsion mécanique doivent se trouver à une hauteur au-dessus du plat-bord ne dépassant pas les trois quarts de la hauteur du feu de tête de mât avant. Ils ne doivent pas être placés trop bas pour ne pas se confondre avec les lumières de pont.

h) Lorsqu'ils sont réunis en un fanal combiné et portés par un navire à propulsion mécanique de longueur inférieure à 20 mètres, les feux de côté doivent se trouver à 1 mètre au moins au-dessous du feu de tête de mât.

i) Lorsque les règles prescrivent deux ou trois feux superposés, ceux-ci doivent être espacés de la manière suivante :

I) À bord d'un navire de longueur égale ou supérieure à 20 mètres, ces feux doivent être espacés de 2 mètres au moins ; le feu inférieur doit se trouver à une hauteur de 4 mètres au moins au-dessus du plat-bord, sauf si le navire est tenu de porter un feu de remorquage ;

II) À bord d'un navire de longueur inférieure à 20 mètres, les feux doivent être espacés de 1 mètre au moins. Le feu inférieur doit se trouver à une hauteur de 2 mètres au moins au-dessus du plat-bord, sauf si le navire est tenu de porter un feu de remorquage ;

III) Lorsque trois feux sont portés, ils doivent être placés à intervalles réguliers.

j) Le feu le plus bas des deux feux visibles sur tout l'horizon prescrits pour les navires en train de pêcher doit se trouver à une hauteur au-dessus des feux de côté au moins égale à deux fois la distance qui sépare les deux feux verticaux.

k) Lorsque le navire porte deux feux de mouillage, le feu de mouillage avant prescrit par la règle 30 a) I) doit se trouver 4,5 mètres au moins plus haut que le feu arrière. À bord d'un navire de longueur égale ou supérieure à 50 mètres, le feu de mouillage avant doit se trouver à une hauteur de 6 mètres au moins au-dessus du plat-bord.

3. Emplacement et espacement des feux sur le plan horizontal

a) Lorsque deux feux de tête de mât sont prescrits pour un navire à propulsion mécanique, la distance horizontale qui les sépare doit être au moins égale à la moitié de la longueur du navire sans toutefois qu'il soit nécessaire que cette distance dépasse 100 mètres. Le feu avant ne doit pas être situé, par rapport à l'avant du navire, à une distance supérieure au quart de la longueur du navire.

b) À bord d'un navire à propulsion mécanique de longueur égale ou supérieure à 20 mètres, les feux de côté ne doivent pas se trouver sur l'avant des feux de tête de mât avant. Ils doivent se trouver sur le côté du navire ou à proximité de celui-ci.

c) Lorsque les feux prescrits par la règle 27 b) I) ou par la règle 28 sont placés, sur un plan vertical, entre le feu ou les feux de tête de mât avant et le feu ou les feux de tête de mât arrière, ces feux visibles sur tout l'horizon doivent se trouver à une distance horizontale de 2 mètres au moins de l'axe longitudinal du navire dans le sens transversal.

d) Lorsqu'un seul feu de mât est prescrit pour un navire à propulsion mécanique, ce feu doit se trouver en avant de la demi-longueur du navire, si ce n'est qu'un navire de longueur inférieure à 20 mètres n'a pas à placer ce feu en avant de la demi-longueur du navire mais doit le placer aussi à l'avant qu'il est possible dans la pratique.

4. Détails concernant l'emplacement des feux de direction pour les navires de pêche, les dragues et les navires effectuant des travaux sous-marins

a) Le feu de direction de l'engin déployé d'un navire en train de pêcher, prescrit par la règle 26 c) II), doit être situé à une distance horizontale de 2 mètres au moins et de 6 mètres au plus des deux feux rouge et blanc visibles sur tout l'horizon. Ce feu doit être placé à une hauteur qui ne soit ni supérieure à celle du feu blanc visible sur tout l'horizon prescrit par la règle 26 c) I), ni inférieure à celle des feux de côté.

b) La distance horizontale entre les feux et marques indiquant à bord d'un navire en train de draguer ou d'effectuer des travaux sous-marins le côté obstrué et/ou le côté sur lequel on peut passer sans danger, tels que prescrits à la règle 27 d) I) et II) et les feux et les marques prescrits à la règle 27 b) I) et II), doit être aussi grande que possible et, en tout cas, d'au moins 2 mètres. Le plus élevé de ces feux ou marques ne doit en aucun cas être placé plus haut que le feu inférieur ou la marque inférieure faisant partie de la série des trois feux ou marques prescrits par la règle 27 b) I) et II).

5. Écrans des feux de côté

Les feux de côté des navires de longueur égale ou supérieure à 20 mètres doivent être munis du côté du navire d'écrans peints en noir avec une peinture mate et être conformes aux prescriptions de la section 9 de la présente annexe. À bord des navires de longueur inférieure à 20 mètres, les feux de côté, s'ils sont nécessaires pour satisfaire aux prescriptions de la section 9 de la présente annexe doivent être munis, du côté du navire, d'écrans de couleur noire mate. Dans le cas d'un fanal combiné qui utilise un filament vertical unique et une cloison très étroite entre le secteur vert et le secteur rouge, il n'est pas nécessaire de prévoir d'écrans extérieurs.

6. Marques

a) Les marques doivent être noires et avoir les dimensions suivantes :

I) Une boule doit avoir au moins 0,6 mètre de diamètre ;

II) Un cône doit avoir un diamètre de base de 0,6 mètre au moins et une hauteur égale à son diamètre ;

III) Une marque cylindrique doit avoir un diamètre de 0,6 mètre au moins et une hauteur double de son diamètre ;

IV) Un bicône se compose de deux cônes définis à l'alinéa II) ci-dessus ayant une base commune.

b) La distance verticale entre les marques doit être d'au moins 1,5 mètre.

c) À bord d'un navire de longueur inférieure à 20 mètres, les marques peuvent avoir des dimensions inférieures, mais en rapport avec les dimensions du navire et la distance qui les sépare peut être réduite en conséquence.

7. Couleur des feux

La chromaticité de tous les feux de navigation doit être conforme aux normes suivantes, qui se situent dans les limites indiquées par le diagramme de chromaticité de la Commission internationale de l'éclairage (CIE).

Les limites de la zone des différentes couleurs sont données par les coordonnées des sommets des angles, qui sont les suivantes :

I) Blanc
x : 0,525 – 0,525 – 0,452 – 0,310 – 0,310 – 0,443
y : 0,382 – 0,440 – 0,440 – 0,348 – 0,283 – 0,382
II) Vert
x : 0,028 – 0,009 – 0,300 – 0,203
y : 0,385 – 0,723 – 0,511 – 0,356
III) Rouge
x : 0,680 – 0,660 – 0,735 – 0,721
y : 0,320 – 0,320 – 0,265 – 0,259
IV) Jaune
x : 0,612 – 0,618 – 0,575 – 0,575
y : 0,382 – 0,382 – 0,425 – 0,406

8. Intensité des feux

a) L'intensité des feux doit être calculée à l'aide de la formule :
$I = 3{,}43 \times 10^{6} \times T \times D^{2} \times K^{-D}$
où I = Intensité lumineuse en candelas dans les conditions de service
T = Seuil d'éclairement 2×10^{-7} lux
D = Distance de visibilité (portée lumineuse) du feu en milles marins
K = Coefficient de transmission atmosphérique. Pour les feux prescrits, K est égal à 0,8 ce qui correspond à une visibilité météorologique d'environ 13 milles marins.

b) Le tableau suivant présente quelques valeurs obtenues à l'aide de cette formule :

Distance de visibilité (portée lumineuse) du feux exprimé en milles D	Intensité lumineuse du feu exprimée en candelas pour K = 0,8 I
1	00,9
2	04,3
3	12,0
4	27,0
5	52,0
6	94,0

Note : L'intensité lumineuse maximale des feux de navigation devrait être limitée de manière à éviter des reflets gênants. Cette limitation de l'intensité lumineuse ne doit pas être obtenue au moyen d'une commande variable.

9. Secteurs horizontaux de visibilité

a)

I) Les feux de côté doivent, une fois installés à bord, avoir vers l'avant les intensités minimales requises. Les intensités doivent diminuer jusqu'à devenir pratiquement nulles entre 1 et 3 degrés en dehors des secteurs prescrits ;

II) Pour les feux de poupe et les feux de tête de mât ainsi que pour les feux de côté à la limite du secteur de visibilité située à 22,5 degrés sur l'arrière du travers, les intensités minimales requises doivent être maintenues sur l'arc d'horizon des secteurs prescrits par la règle 21, jusqu'à 5 degrés à l'intérieur de ces secteurs. À partir de 5 degrés à l'intérieur des secteurs prescrits, l'intensité peut diminuer à concurrence de 50 pour cent jusqu'aux limites de secteurs prescrites ; puis elle doit diminuer constamment jusqu'à devenir pratiquement nulle à 5 degrés au plus en dehors des secteurs prescrits.

b)

I) À l'exception des feux de mouillage prescrits à la règle 30 qu'il n'est pas nécessaire de placer trop au-dessus du plat-bord, les feux visibles sur tout l'horizon doivent être placés de manière à ne pas être cachés par des mâts, des mâts de hune ou toutes autres structures sur des secteurs angulaires supérieurs à 6 degrés ;

II) S'il est impossible dans la pratique de satisfaire à l'alinéa b) I) de la présente section en plaçant un seul feu visible sur tout l'horizon, deux feux visibles sur tout l'horizon doivent être utilisés et convenablement placés ou masqués de manière à être perçus, dans toute la mesure du possible, comme un feu unique à une distance de un mille.

10. Secteurs verticaux de visibilité

a) Les secteurs verticaux de visibilité des feux électriques une fois installés, à l'exception des feux installés à bord des navires à voile faisant route, doivent être de nature à maintenir :

I) au moins l'intensité minimale requise de 5 degrés au-dessus du plan horizontal à 5 degrés au-dessous de ce plan ;

II) au moins 60 pour cent de l'intensité minimale requise de 7,5 degrés au-dessus du plan horizontal à 7,5 degrés au-dessous de ce plan.

b) Dans le cas des navires à voile faisant route, les secteurs verticaux de visibilité des feux électriques une fois installés doivent être de nature à maintenir :

I) au moins l'intensité minimale requise de 5 degrés au-dessus du plan horizontal à 5 degrés au-dessous de ce plan ;

II) au moins 50 pour cent de l'intensité minimale requise de 25 degrés au-dessus du plan horizontal à 25 degrés au-dessous de ce plan.

c) Pour les feux autres qu'électriques, ces spécifications doivent être observées d'aussi près que possible.

11. Intensité des feux non électriques

Les feux non électriques doivent avoir autant que possible les intensités minimales spécifiées au tableau de la section 8 de la présente annexe.

12. Feux de manœuvre

Nonobstant les dispositions de la section 2 f) de la présente annexe, le feu de manœuvre décrit à la règle 34 b) doit être situé dans le même plan axial que le feu ou les feux de tête de mât et, lorsque cela est possible, à une distance verticale de 2 mètres au moins au-dessus du feu de tête de mât avant, à condition d'être porté à une distance verticale d'au moins 2 mètres au-dessus ou au-dessous du feu de tête de mât arrière. S'il n'y a qu'un seul feu de tête de mât, le feu de manœuvre, s'il existe, doit être installé à l'endroit le plus visible, à une distance verticale d'au moins deux mètres du feu de tête de mât.

13. Engins à grande vitesse

Le feu de tête de mât des engins à grande vitesse dont le rapport longueur sur largeur est inférieur à 3,0 peut être placé à une hauteur qui, par rapport à la largeur de l'engin, est inférieure à celle prescrite au paragraphe 2 a) I) de la présente annexe, à condition que l'angle à la base du triangle isocèle formé par le feu de tête de mât et les feux de côté, vus de face, ne soit pas inférieur à 27 degrés.

14. Agrément

La construction des feux et des marques et l'installation des feux à bord doivent être jugées satisfaisantes par l'autorité compétente de l'État dont le navire est autorisé à battre pavillon.

Annexe II
Signaux supplémentaires des navires de pêche pêchant à proximité les uns des autres

1. Généralités

Les feux mentionnés dans la présente annexe doivent, s'ils sont montrés en application des dispositions de la règle 26 d), être placés à l'endroit le plus visible, à 0,9 mètre au moins les uns des autres et plus bas que les feux prescrits par la règle 26 b) I) et c) I). Ils doivent être visibles sur tout l'horizon à une distance d'un mille au moins, mais cette distance doit être inférieure à la portée des feux prescrits par les présentes règles pour les navires de pêche.

2. Signaux pour chalutier

a) Les navires d'une longueur égale ou supérieure à 20 mètres qui sont en train de chaluter au moyen d'un chalut ou de tout autre appareil immergé doivent montrer :

I) lorsqu'ils jettent leurs filets : deux feux blancs superposés ;

II) lorsqu'ils halent leurs filets : un feu blanc placé à la verticale au-dessus d'un feu rouge ;

III) lorsque leurs filets sont retenus par un obstacle : deux feux rouges superposés.

b) Tous les navires d'une longueur égale ou supérieure à 20 mètres qui sont en train de chaluter à deux doivent montrer :

I) de nuit, un projecteur dirigé vers l'avant et en direction de l'autre navire faisant partie de l'équipe de chalutage à deux ;

II) lorsqu'ils jettent ou halent leurs filets ou lorsque leurs filets demeurent retenus par un obstacle, les feux prescrits par la section 2 a) ci-dessus.

c) Un navire d'une longueur inférieure à 20 mètres qui est en train de chaluter au moyen d'un chalut ou de tout autre appareil immergé, ou en train de chaluter à deux, peut montrer les feux prescrits au paragraphe a) ou b) de la présente section, selon le cas.

3. Signaux pour navires pêchant à la grande seine

Les navires en train de pêcher à la grande seine peuvent montrer deux feux jaunes superposés. Ceux-ci doivent s'allumer alternativement toutes les secondes, avec des durées de lumière et d'obscurité égales. Ils ne peuvent être montrés que lorsque le navire est gêné par ses apparaux de pêche.

Annexe III
Caractéristiques techniques du matériel de signalisation sonore

1. Sifflets

a) Fréquence et portée sonore

La fréquence fondamentale du signal doit être comprise entre 70 et 700 Hz.

La portée sonore du signal d'un sifflet est déterminée par les fréquences, qui peuvent comprendre la fréquence fondamentale, une ou plusieurs fréquences plus élevées, situées entre 180 et 700 Hz (± 1 pour cent) et fournissant les niveaux de pression acoustique spécifiés à la section 1 c) ci-dessous.

b) Limites des fréquences fondamentales

Afin de garantir une grande variété dans les caractéristiques des sifflets la fréquence fondamentale d'un sifflet doit être comprise entre les limites suivantes :

I) entre 70 et 200 Hz à bord d'un navire de longueur égale ou supérieure à 200 mètres ;

II) entre 130 et 350 Hz à bord d'un navire de longueur égale ou supérieure à 75 mètres, mais inférieure à 200 mètres ;

III) entre 250 et 700 Hz à bord d'un navire de longueur inférieure à 75 mètres.

c) Intensité du signal et portée sonore

Un sifflet installé à bord d'un navire doit assurer dans la direction de son intensité maximale, à une distance de 1 mètre et dans au moins une bande d'un tiers d'octave située dans la gamme des fréquences 180 à 700 Hz (± 1 pour cent), un niveau de pression acoustique au moins égal à la valeur appropriée du tableau ci-après.

Longueur du navire en mètres	Niveau de pression acoustique à un mètre en décibels, référence de 2×10^{-5} N/m² (bandes d'un tiers d'octave)	Portée sonore en milles
200 et plus	143	2,0
75 et plus mais moins de 200	138	1,5
20 et plus mais moins de 75	130	1,0
moins de 20	120	0,5

La portée sonore a été indiquée dans ce tableau à titre d'information. Elle correspond approximativement à la distance à laquelle un sifflet peut être entendu sur son axe avant avec une probabilité de 90 pour cent en air calme, à bord d'un navire où le niveau du bruit de fond aux postes d'écoute est moyen (soit 68 dB dans la bande d'octave centrée sur la fréquence 250 Hz et à 63 dB dans la bande d'octave centrée sur 500 Hz).

Dans la pratique, la distance à laquelle un sifflet peut être entendu est très variable et dépend beaucoup des conditions météorologiques. Les valeurs indiquées peuvent être considérées comme caractéristiques mais, en cas de vent violent ou lorsque le niveau du bruit aux postes d'écoute est elevé, la portée sonore peut être réduite.

d) Caractéristiques directionnelles

Dans toutes directions du plan horizontal comprises dans un secteur de ± 45 degrés par rapport à l'axe, le niveau de pression acoustique d'un sifflet directionnel ne doit pas être inférieur de plus de 4 dB au niveau de pression acoustique prescrit sur l'axe. Dans toute autre direction du plan horizontal, le niveau de pression acoustique ne doit pas être inférieur de plus de 10 dB au niveau de la pression acoustique prescrit sur l'axe, de manière que la portée dans toute direction soit égale à la moitié au moins de la portée sur l'axe. Le niveau de pression acoustique doit être mesuré dans la bande d'un tiers d'octave qui produit la portée sonore.

e) Emplacements des sifflets

Lorsqu'un sifflet directionnel est utilisé comme sifflet unique à bord d'un navire, il doit être installé de manière à produire son intensité maximale vers l'avant du navire.

Les sifflets doivent être placés aussi haut que possible à bord du navire pour réduire l'interception, par des obstacles, des sons émis et pour réduire le plus possible les risques de troubles de l'ouïe chez les membres de l'équipage. Le niveau de pression acoustique du propre signal du navire ne doit pas dépasser 110 dB (A) aux postes d'écoute et ne devrait pas, autant que possible, dépasser 100 dB (A).

f) Installation de plusieurs sifflets

Si des sifflets sont installés à plus de 100 mètres les uns des autres, ils doivent être montés de manière à ne pas être actionnés simultanément.

g) Ensemble de sifflets

Si, en raison de la présence d'obstacles, le champ acoustique d'un seul sifflet ou de l'un des sifflets mentionnés au paragraphe f) ci-dessus risque de présenter une zone où le niveau acoustique du signal est sensiblement réduit, il est recommandé d'utiliser un ensemble de sifflets installés de manière à éviter cette réduction du niveau acoustique. Aux fins des règles, un ensemble de sifflets est considéré comme un sifflet unique. Les sifflets d'un tel ensemble ne doivent pas être situés à plus de 100 mètres les uns des autres et doivent être montés de manière à pouvoir être actionnés simultanément. Leurs fréquences doivent différer les unes des autres d'au moins 10 Hz.

2. Cloche ou gong

a) Intensité du signal

Une cloche, un gong ou tout autre dispositif ayant des caractéristiques acoustiques semblables doivent assurer un niveau de pression acoustique d'au moins 110 dB à une distance de un mètre de ce matériel.

b) Construction

Les cloches et les gongs doivent être construits en un matériau résistant à la corrosion et conçus de manière à émettre un son clair. Le diamètre de l'ouverture de la cloche ne doit pas être inférieur à 300 millimètres sur les navires de longueur égale ou supérieure à 20 mètres et à 200 millimètres sur les navires de longueur égale ou supérieure à 12 mètres mais inférieure à 20 mètres. Lorsque cela est possible, il est recommandé d'installer un battant de cloche à commande mécanique, de manière à garantir une force d'impact constante, mais il doit être possible de l'actionner à la main. La masse du battant ne doit pas être inférieure à 3 pour cent de celle de la cloche.

3. Agrément

La construction et le fonctionnement du matériel de signalisation sonore ainsi que son installation à bord du navire doivent être jugés satisfaisants par l'autorité compétente de l'État dont le navire est autorisé à battre pavillon.

Annexe IV
Signaux de détresse

1. Les signaux suivants, utilisés ou montrés ensemble ou séparément, traduisent la détresse et le besoin de secours :

a) coup de canon ou autres signaux explosifs tirés à des intervalles d'une minute environ ;

b) son continu produit par un appareil quelconque pour signaux de brume ;

c) fusées ou bombes projetant des étoiles rouges lancées une à une à de courts intervalles ;

d) signal émis par radiotélégraphie ou par tout autre système de signalisation se composant du groupe :

••• — — — ••• (S.O.S.) du code Morse ;

e) signal radiotéléphonique consistant dans le mot " Mayday " ;

f) signal de détresse NC du Code international de signaux ;

g) signal consistant en un pavillon carré ayant au-dessus ou en dessous, une boule ou un objet analogue ;

h) flammes sur le navire (telles qu'on peut en produire en brûlant un baril de goudron, un baril d'huiles, etc.) ;

i) fusée à parachute ou feu à main produisant une lumière rouge ;

j) signal fumigène produisant une fumée de couleur orange ;

k) mouvements lents et répétés de haut en bas des bras étendus de chaque côté ;

l) signal d'alarme radiotélégraphique ;

m) signal d'alarme radiotéléphonique ;

n) signaux transmis par les radiobalises de localisation des sinistres ;

o) signaux approuvés transmis par des systèmes de radiocommunications, y compris les répondeurs radar des embarcations ou radeaux de sauvetage.

2. Est interdit l'usage de l'un quelconque des signaux ci-dessus, sauf dans le but d'indiquer un cas de détresse ou un besoin de secours, ainsi que l'usage d'autres signaux susceptibles d'être confondus avec l'un des signaux ci-dessus.

3. Il convient de prêter attention aux chapitres pertinents du Code international de signaux, au manuel de recherche et de sauvetage à l'usage des navires de commerce et aux signaux suivants :

a) morceau de toile de couleur orange soit avec un carré et un cercle de couleur noire, soit avec un autre symbole approprié (pour repérage aérien) ;

b) colorant.

Textes officiels relatifs à la sécurité

Loi n°83-581 du 5 juillet 1983 sur la sauvegarde de la vie humaine en mer, l'habitabilité à bord des navires et la prévention de la pollution

modifiée par les lois n°90-602 du 12 juillet 1990, n°96-151 du 26 février 1996, n°92-1336 du 16 décembre 1992 et n°2001-43 du 16 janvier 2001

N.D.L.R. : Cette loi ne fait pas partie des textes obligatoires à bord contrairement au décret n° 84-810 lui faisant pendant. Par contre, étant fréquemment citée dans ce décret, nous avons préféré la reproduire pour compléter l'information du lecteur.

Article premier

La présente loi est applicable aux navires français visés par les conventions internationales dont la liste est fixée à l'article 6.

Elle est également applicable :

1° Aux navires français non mentionnés à l'alinéa précédent, à l'exception des navires de guerre, des transports de troupes, des navires affectés aux transports maritimes de défense, des navires de l'État armés par des personnels militaires.

2° Aux navires étrangers touchant un port français et dans les eaux intérieures maritimes et territoriales françaises dans des conditions déterminées par décret en conseil d'État.

3° Aux navires étrangers pour le défaut de compte rendu de la perte de marchandises dangereuses dans les conditions prévues au troisième alinéa de l'article 7-2 de la présente loi.

Art. 2

Sont considérés comme :

1° Navires, sous réserve d'autres définitions données par les conventions internationales dont la liste est fixée à l'article 6, tout bâtiment de mer quel qu'il soit, y compris les engins flottants, qui effectue une navigation de surface ou sous-marine ou qui stationne en mer, dans les ports et rades, sur les étangs ou canaux salés dépendant du domaine public maritime et dans les estuaires, fleuves, rivières et canaux en aval du premier obstacle à la navigation des bâtiments de mer, à l'exclusion des engins de plage non motorisés.

2° Navires de guerre, tous les bâtiments, y compris les navires auxiliaires inscrits sur la liste officielle des bâtiments de guerre.

3° Transports de troupe, tous les navires affectés au transport des personnes appartenant aux forces armées, et ce, pendant la durée de cette affectation exclusivement.

4° Navires affectés aux transports maritimes de défense, tous les navires dont l'État s'est assuré la disposition en vertu de l'ordonnance n° 59-147 du 7 janvier 1959 portant organisation générale de la défense.

5° Navires de l'État armés par des personnels militaires, tous les navires armés en permanence par un équipage composé de militaires et affectés au service exclusif des armées.

Art. 3

La délivrance, le renouvellement et la validation des titres de sécurité et des certificats de prévention de la pollution sont subordonnés à des visites du navire effectuées dans des conditions déterminées par décret en Conseil d'État.

Au cas où le navire ne pourrait prendre la mer sans danger pour lui-même, l'équipage, les personnes embarquées ou le milieu marin et ses intérêts connexes, tels que définis par la convention de Bruxelles du 29 novembre 1969, son départ peut être interdit ou ajourné après visite.

Peuvent également faire l'objet de cette interdiction de départ les navires mus à titre principal par un moteur sans cependant être assujettis à l'obtention de titres des sécurités mentionnés au premier alinéa du présent article lorsqu'ils ne sont pas en conformité avec les règles de sécurité qui leur sont applicables ou que l'équipage ne possède pas la qualification requise pour les conduire.

Ont libre accès à bord de tout navire, pour procéder à ces visites ou y participer :

- les administrateurs des affaires maritimes ;
- les inspecteurs des affaires maritimes ;
- les officiers du corps technique et administratif des affaires maritimes ;
- les techniciens experts du service de sécurité de la navigation maritime ;
- les médecins des gens de mer ;
- les contrôleurs des affaires maritimes ;
- les syndics des gens de mer ;
- les personnels embarqués d'assistance et de surveillance des affaires maritimes ;
- les gendarmes maritimes ;
- les inspecteurs relevant de la direction générale de l'aviation civile ;
- les représentants de l'agence nationale des fréquences ;
- les membres des commissions de visite ;
- le personnel des sociétés de classification agréées.

Art. 4

Indépendamment des pouvoirs que les officiers et agents de police judiciaire exercent conformément aux dispositions du Code de procédure pénale, les infractions aux conventions internationales, à la présente loi, aux règlements sur la sauvegarde de la vie humaine en mer, l'habitabilité à bord des navires et la prévention de la pollution par les navires et ceux relatifs aux marques européennes de conformité des bateaux de plaisance et des équipements de sécurité et de prévention de la pollution devant être embarqués sur les navires sont recherchées et constatées par les administrateurs des affaires maritimes, les officiers du corps technique et administratif des affaires maritimes, les inspecteurs des affaires maritimes et les techniciens experts du service de la sécurité de la navigation maritime.

En outre, les contrôleurs des affaires maritimes, les syndics des gens de mer et les personnels embarqués d'assistance et de surveillance des affaires maritimes peuvent constater celles des infractions mentionnées au premier alinéa qui relèvent de leurs domaines particuliers de compétence sur les navires dont la longueur n'excède pas un maximum fixé par voie réglementaire. Ils peuvent également constater les infractions aux marques de franc-bord sur tous les navires.

Enfin, les agents des douanes sont habilités à constater :

a) sur l'ensemble des navires, les infractions à la convention internationale pour la sauvegarde de la vie humaine en mer, faite à Londres le 1er novembre 1974, pour ce qui concerne le transport des cargaisons et des marchandises dangereuses ;

b) sur les navires autres que ceux armés au commerce ou à la pêche :

- les infractions prévues aux articles 7 et 7-1 ci-dessous ;
- le défaut ou la non conformité des matériels mobiles ou d'armement prescrits par les règlements pour la sauvegarde de la vie humaine en mer ;
- le non-respect des dispositions relatives aux catégories de navigation.

Art. 5

Les fonctionnaires et agents de l'État mentionnés à l'article 4 peuvent, pour exercer les compétences qui leur sont reconnues par ces dispositions, accéder à bord des navires. Ils peuvent visiter le navire et demander la communication des titres, certificats et autres documents professionnels et recueillir les renseignements et justifications utiles à leur mission. Toutefois, ils ne peuvent accéder aux parties de navires qui sont à l'usage exclusif d'habitation sauf en cas de contrôle portant sur les conditions d'habitabilité et de sécurité.

Sous réserve de contrôles inopinés, le procureur de la République est préalablement informé des opérations envisagées en vue de la recherche des infractions par les fonctionnaires et agents de l'État mentionnés à l'article 4. Il peut s'opposer à ces opérations. En cas d'infraction, il est immédiatement informé des constatations auxquelles elles ont donné lieu. Les procès-verbaux lui sont transmis dans les cinq jours par l'agent verbalisateur, qui en adresse, dans les mêmes délais, copie à l'intéressé et au directeur départemental des affaires maritimes dont relève le lieu de l'infraction. Ces procès-verbaux font foi jusqu'à preuve du contraire.

Les infractions mentionnées au premier alinéa de l'article 4 sont jugées soit par le tribunal compétent du lieu de l'infraction, soit par le tribunal compétent dans le ressort duquel le bâtiment est immatriculé. À défaut d'autre tribunal, le tribunal de grande instance de Paris est compétent.

Art. 6

Sera puni d'une amende de 1 000 F à 50 000 F (1) le constructeur, l'armateur, le propriétaire ou le capitaine qui enfreint les stipulations des conventions internationales suivantes :

– convention n° 92 sur le logement des équipages, adoptée le 18 juin 1949 par l'Organisation internationale du travail, en ce qui concerne l'habitabilité et l'hygiène ;

– convention internationale sur les lignes de charge faite à Londres le 5 avril 1966, en ce qui concerne les conditions de délivrance des titres de sécurité et l'organisation des contrôles des navires ;

– convention internationale pour la prévention de la pollution par les navires, faite à Londres le 2 novembre 1973, telle qu'elle a été modifiée par le protocole du 17 février 1978, en ce qui concerne la délivrance des certificats de prévention de la pollution, l'organisation des contrôles des navires et les dispositions relatives à la prévention de la pollution, à l'exclusion des rejets ;

– convention internationale pour la sauvegarde de la vie humaine en mer, faite à Londres le 1er novembre 1974, en ce qui concerne la construction des navires, la protection contre l'incendie, les installations électriques, la sécurité de la navigation, le transport des cargaisons et des marchandises dangereuses, les radiocommunications, le sauvetage, la délivrance des titres de sécurité et l'organisation des contrôles des navires ;

– protocole relatif à la convention internationale de 1974 pour la sauvegarde de la vie humaine en mer, fait à Londres le 17 février 1978, en ce qui concerne la délivrance des titres de sécurité et l'organisation des contrôles des navires, la construction des navires, la protection contre l'incendie, les installations électriques, la sécurité de la navigation.

La même peine est applicable aux responsables des opérations de chargement, de déchargement, d'emballage et de manutention qui ne respectent pas les stipulations des conventions internationales susmentionnées, en ce qui concerne le transport des cargaisons, des marchandises dangereuses et des substances nuisibles.

Art. 7

Sera puni d'une amende de 1 000 F à 100 000 F(2) et d'un emprisonnement d'un mois à un an ou de l'une de ces deux peines seulement tout armateur ou propriétaire de navire qui fait naviguer ou tente de faire naviguer un navire sans titre de sécurité ou certificat de prévention de la pollution en cours de validité.

Le capitaine qui a commis une des infractions visées au premier alinéa du présent article est passible des mêmes peines que le propriétaire ou l'armateur. Toutefois, le maximum de l'amende sera de 15 000 F(3) et celui de l'emprisonnement de trois mois, s'il est prouvé que le capitaine a reçu un ordre de l'armateur ou du propriétaire.

Est passible des peines prévues au premier alinéa quiconque se sera opposé à l'exercice des fonctions dont sont chargés les fonctionnaires et agents de l'État désignés à l'article 4.

Art. 7-1

Sera puni d'une amende de 1 000 F à 100 000 F(2) et d'un emprisonnement d'un mois à un an ou de l'une de ces deux peines seulement l'armateur ou le propriétaire qui fait naviguer un navire visé au troisième alinéa de l'article 3 ou le capitaine d'un tel navire qui navigue en violation de l'interdiction de départ prévue au deuxième alinéa du même article.

Art. 7-2

Sera puni d'une amende de 100 000 F(4) le capitaine de tout navire français transportant en colis une cargaison constituée de tout ou partie de marchandises dangereuses au sens de la convention internationale pour la sauvegarde de la vie humaine en mer faite à Londres le 1er novembre 1974 qui, ayant subi un événement de mer entraînant ou risquant d'entraîner la perte par dessus bord en mer de telles marchandises, aura omis d'adresser, dès qu'il en aura eu connaissance, un compte rendu aussi détaillé que possible des circonstances de cet événement à l'autorité compétente de l'État côtier le plus proche.

Pour les navires étrangers naviguant dans les eaux territoriales, une sanction identique est applicable au capitaine qui aura omis de remplir l'obligation mentionnée à l'alinéa précédent dès lors que la perte ou le risque de perte de marchandises dangereuses peut constituer un danger pour la sécurité de la navigation et la régulation du trafic maritime, pour la protection des équipements et des systèmes d'aide à la navigation et des autres équipements ou installations, pour la protection des câbles et des pipelines, pour la conservation des ressources biologiques de la mer, pour la pêche, pour la préservation de l'environnement et pour la prévention, la réduction et la maîtrise de la pollution, pour la recherche scientifique marine et les levés hydrographiques, ou peut entraîner une infraction aux lois et règlements français en matière douanière, fiscale ou sanitaire.

Pour les navires étrangers naviguant dans la zone économique, telle que définie à l'article premier de la loi n° 76-655 du 16 juillet 1976 relative à la zone économique au large des côtes du territoire de la République, une sanction identique est également applicable au capitaine qui aura omis de remplir l'obligation mentionnée au premier alinéa dès lors que la perte ou le risque de perte de marchandises dangereuses peut constituer une menace pour l'exploration, l'exploitation la conservation et la gestion des ressources naturelles, biologiques ou non biologiques, des eaux surjacentes aux fonds marins, des fonds marins et de leur sous-sol, ainsi qu'en ce qui concerne d'autres activités tendant à l'exploration et à l'exploitation de la zone à des fins économiques, pour la mise en place et l'utilisation d'îles artificielles, d'installations et d'ouvrages pour la recherche scientifique marine et pour la protection et la préservation du milieu marin.

La même peine est applicable au propriétaire, affréteur, armateur-gérant ou exploitant du navire, ou leur agent, qui, alors qu'il en avait la possibilité, en cas d'abandon du navire mentionné aux trois alinéas précédents ou lorsque le compte rendu envoyé par ce navire est incomplet ou impossible à obtenir, n'aura pas assumé les obligations qui incombent au capitaine aux termes des trois premiers alinéas du présent article.

Les agents mentionnés à l'article 3 sont habilités à constater les infractions mentionnées.

Art. 8

Est punie d'une amende de 100 000 F(4) et d'un emprisonnement d'un an ou de l'une de ces deux peines seulement toute personne qui vend à un utilisateur des matériels de sécurité ou de prévention de la pollution n'ayant pas obtenu l'approbation, la marque européennes de conformité ou l'autorisation d'usage exigée.

Les mêmes peines sont applicables aux fabricants qui, ayant obtenu l'approbation ou l'autorisation d'usage pour un prototype de navire ou de matériel de sécurité ou de prévention de la pollution, livrent un matériel de série qui n'est pas identique à ce prototype.

Art 9

Les peines d'amende et d'emprisonnement prévues aux articles précédents peuvent être portées au double en cas de récidive.

Art. 9-1

Les personnes morales peuvent être déclarées responsables pénalement dans les conditions prévues à l'article 121-2 du Code pénal, des infractions définies aux articles 6, 7, 7-1, 7-2 et 8 de la présente loi. Les peines encourues par les personnes morales sont :

1° l'amende, suivant les modalités prévues par l'article 131-38 du Code pénal ;

2° les peines mentionnées aux 5°, 6° et 9° de l'article 131-39 du Code pénal.

Art. 10

Les dispositions de l'article 432-11 du Code pénal sont applicables aux membres des commissions de visite prévues par un décret en Conseil d'État.

Les dispositions de l'article 433-1 du même code sont applicables aux armateurs et aux propriétaires de navires ainsi qu'à leurs capitaines et autres représentants.

Art. 11

La présente loi est applicable aux territoires d'outre-mer et à la collectivité territoriale de Mayotte.

Art 12

La loi n° 67-405 du 20 mai 1967 sur la sauvegarde de la vie humaine en mer et l'habitabilité à bord des navires et la loi n° 76-517 du 14 juin 1976 qui l'a modifiée cesseront d'être applicables à compter de l'entrée en vigueur de la présente loi.

Article 13

Les dispositions de la présente loi qui concernent la prévention de la pollution entreront en vigueur le jour de l'entrée en vigueur pour la France de la convention internationale pour la prévention de la pollution par les navires, faite à Londres le 2 novembre 1973, telle qu'elle a été modifiée par le protocole du 17 février 1978.

Les autres dispositions de la présente loi entreront en vigueur à une date qui sera fixée par décret en Conseil d'État et au plus tard le 1er septembre 1984.

La référence de la présente loi est substituée à la référence à la loi n° 67-405 du 20 mai 1967 précitée dans tous les textes contenant une telle disposition.

La présente loi sera exécutée comme loi de l'État.

N.D.L.R.

(1) soit environ 152 € à 7 622 €

(2) soit environ 152 € à 15 245 €

(3) soit environ 2 287 €

(4) soit environ 15 245 €

Décret n° 84-810 du 30 août 1984 relatif à la sauvegarde de la vie humaine en mer, l'habitabilité à bord des navires et la prévention de la pollution

J.O. du 1er septembre 1984 modifié par les décrets n°87-789 du 28 septembre 1987 (J.O. du 29 septembre 1987) et n° 96-589 du 26 septembre 1996 (J.O. du 3 octobre 1996)

Le Premier ministre,

Sur le rapport du Garde des Sceaux, ministre de la Justice, du ministre des Relations extérieures, du ministre de la Défense, du ministre de l'Intérieur et de la Décentralisation, du ministre du Redéploiement industriel et du Commerce extérieur, du ministre de l'Urbanisme, du Logement et des Transports, du ministre de l'Environnement et du ministre délégué auprès du ministre du Redéploiement industriel et du Commerce extérieur, chargé des P.T.T. ;

Vu le Code du travail maritime ;

Vu le Code des P.T.T. ;

Vu le Code pénal, et notamment son article R. 25 ;

Vu la loi n° 427 du 1er avril 1942 modifiée relative aux titres de navigation maritime ;

Vu la loi n° 83-581 du 5 juillet 1983 sur la sauvegarde de la vie humaine en mer, l'habitabilité à bord des navires et la prévention de la pollution ;

Vu le décret n° 77-794 du 8 juillet 1977 relatif à l'organisation du travail à bord des navires et engins dotés de dispositifs de nature à simplifier les conditions techniques de la navigation et de l'exploitation ;

Le Conseil d'État (section des travaux publics) entendu,

Décrète :

Article premier - Définitions

Pour l'application du présent décret :

I. Les types fondamentaux de navires sont définis comme suit :

1. Navire à passagers : tout navire qui transporte plus de 12 passagers. Sont exclus de cette définition les navires à voile qui ne transportent pas plus de 30 personnes.

2. Navire de pêche : tout navire utilisé à des fins commerciales pour la capture et le traitement des poissons, des autres animaux marins, la récolte des végétaux marins ou l'exploitation des ressources vivantes de la mer.

3. Navire de plaisance

3.1. Navire à usage personnel : tout navire utilisé à titre privé par son propriétaire, un locataire qui en a l'entière disposition ou un emprunteur à titre gratuit, pour une navigation touristique ou sportive.

3.2. Navire de formation : tout navire utilisé dans le cadre des activités :

– d'un centre nautique ou subaquatique soumis aux dispositions de la loi 84-610 du 16 juillet 1984 relative à l'organisation et à la promotion des activités physiques et sportives ;

– d'une école ou d'un centre de formation visant à l'obtention des titres permettant la conduite des navires de plaisance.

3.3. Navire à utilisation collective : tout navire n'entrant pas dans la définition du navire à passagers sur lequel sont embarquées à titre onéreux, sous la responsabilité du propriétaire, de son représentant ou de son préposé, lui-même embarqué, des personnes effectuant une navigation touristique ou sportive.

4. Navire de charge : tout navire autre qu'un navire à passagers, un navire de pêche ou un navire de plaisance.

II. Les expressions ci-dessous désignent :

1. Centres de sécurité des navires : les services des affaires maritimes spécialisés en matière de sécurité des navires, d'habitabilité et de sécurité du travail maritime et de prévention de la pollution par les navires.

2. Centre de sécurité compétent : celui du port d'immatriculation, sous réserve de toute autre modalité d'attribution de compétence arrêtée par le ministre chargé de la marine marchande.

3. Inspecteur de la sécurité des navires et du travail maritime : les personnels des catégories suivantes affectés à des tâches de contrôle de la sécurité des navires, de l'habitabilité et de la sécurité du travail maritime et de la prévention de la pollution à bord :
- administrateurs des affaires maritimes ;
- inspecteurs des affaires maritimes ;
- officiers du corps technique et administratif des affaires maritimes ;
- techniciens experts du service de la sécurité de la navigation maritime et
- en dessous des limites arrêtées par le ministre chargé de la marine marchande, les contrôleurs des affaires maritimes, les syndics des gens de mer et les personnels embarqués d'assistance et de surveillance des affaires maritimes, placés à cet effet sous l'autorité du chef du centre de sécurité des navires par le directeur régional des affaires maritimes.

4. Passager : toute personne autre que :

a) Le capitaine, les membres de l'équipage et les autres personnes employées ou occupées à bord à titre professionnel ou moyennant rétribution en quelque qualité que se soit pour les besoins du navire ;

b) Les enfants de moins d'un an ;

c) Le personnel spécial embarqué sur un navire spécial.

N'entrent pas en compte. dans le nombre des passagers, les personnes qui se trouvent à bord par cas de force majeure ou par suite de l'obligation dans laquelle s'est trouvé le capitaine de transporter soit des naufragés, soit d'autres personnes.

5. Personnel spécial : toute personne qui n'entre pas dans l'énumération du a) du 4 ci-dessus, et qui est employée ou occupée à bord en raison des fonctions spéciales du navire ou des activités spéciales exercées à son bord.

6. Délégué de l'équipage : tout délégué de bord et, s'il est embarqué sur le navire, tout représentant du personnel navigant à la section des gens de mer du comité d'hygiène, et sécurité et des conditions de travail.

7. Société de classification agréée : toute société de classification agréée par le ministre chargé de la marine marchande.

8. Société de classification reconnue : toute société de classification ayant reçu l'agrément permanent d'un État membre de l'Union européenne et habilitée par le ministre chargé de la marine marchande à effectuer, en tout ou partie, les inspections et visites afférentes à la délivrance ou au renouvellement de certificats, et, le cas échéant, à délivrer et renouveler les certificats y relatifs.

9. Navire spécial : tout navire à propulsion mécanique autonome qui, du fait de sa fonction, est autorisé à embarquer un nombre de membres du personnel spécial et de passagers supérieur à douze.

10. Navire aquacole : tout navire de pêche utilisé pour travailler sur les parcs et lieux de production aquacole, transporter ou conditionner les produits de ces activités.

11. Navire à voile : tout navire dont la voilure constitue, selon des dispositions arrêtées par le ministre chargé de la marine marchande, le mode principal de propulsion.

12. Engin de plage : tout engin flottant dont la longueur est inférieure à 2,50 mètres. Le présent décret ne s'applique pas aux engins de plage non motorisés, à l'exception du II de son article 17. Les engins de plage restent soumis aux dispositions relatives à la prévention des abordages en mer.

13. Voyage international : tout voyage effectué par un navire français qui touche un port étranger.

14. Catégories de navigation : les catégories de navigations effectuées par les navires soumis au présent décret. telles qu'elles sont arrêtées par le ministre chargé de la marine marchande.

15. Longueur : sauf indication contraire précisée par le ministre chargé de la marine marchande pour le type de navire concerné, la longueur hors tout.

16. Longueur hors tout : la dimension longitudinale de la coque du navire et de ses appendices selon des modalités fixées par le ministre chargé de la marine marchande.

17. Longueur de référence : 96 p. 100 de la longueur totale à la flottaison située à une distance de la ligne de quille égale à 85 p. 100 du creux minimal ou la distance entre la face avant de l'étrave et l'axe de la mèche du gouvernail à cette flottaison, si cette valeur est supérieure. Dans le cas des navires conçus avec une quille inclinée, la flottaison à laquelle la longueur est mesurée doit être parallèle à la flottaison en charge prévue.

18. Jauge brute : la jauge déduite du volume de l'ensemble des espaces du navire limités par la coque, les cloisons et les ponts. conformément à la convention internationale de 1969 sur le jaugeage des navires ; elle s'exprime par un chiffre sans unité.

L'expression " ... tonneaux de jauge brute ", quand elle est utilisée dans les arrêtés pris en application du présent décret ainsi que dans les conventions, recueils de règles et autres documents de l'Organisation maritime internationale relatifs à la sécurité des navires et à la prévention de la pollution, est considérée comme signifiant également " jauge brute de ... " calculée conformément aux dispositions de ladite convention.

Pour tout navire jaugé différemment en application de règles nationales, la jauge brute exprimée sans unité dans le décret et les arrêtés pris pour son application est considérée comme représentative des volumes exprimés en tonneaux sur le certificat national de jauge.

19. Équipement marin : tout appareil ou engin de sécurité ou de prévention de la pollution ainsi que tout autre dispositif, installation ou matériau qui doivent être montés à bord d'un navire autre que de plaisance quand, en application des conventions internationales ou des prescriptions du présent décret ou des arrêtés pris pour son application, ces équipements doivent être d'un type approuvé.

20. Approbation : la reconnaissance, par l'autorité compétente qu'un plan, un document, une installation, un dispositif ou un matériel satisfait aux prescriptions du présent décret et des arrêtés pris pour son application.

21. Mise sur le marché : pour l'application des directives de l'Union européenne, la première mise à disposition sur le marché, à titre onéreux ou gratuit, d'un navire de plaisance ou d'un équipement marin en vue de sa distribution ou de son utilisation sur le territoire de l'Union.

22. Marque européenne de conformité : celle qui, lorsqu'elle est apposée sur un navire de plaisance ou un équipement marin par le fabricant ou son mandataire établi dans l'Union européenne, atteste que le fabricant ou son mandataire s'est préalablement assuré que le produit respecte l'ensemble des exigences découlant des directives communautaires le concernant.

23. Normes d'exploitation : celles rendues obligatoires par les conventions internationales et le présent décret.

Titre premier
Titres de sécurité et certificats de prévention de la pollution - Contrôle des navires

Art. 2 - Les dispositions du présent titre sont prises pour l'application des articles premier et 3 de la loi du 5 juillet 1983 sur la sauvegarde de la vie humaine en mer, l'habitabilité à bord des navires et la prévention de la pollution.

Chapitre premier - Titres de sécurité et certificats de prévention de la pollution

Art. 3 - Aucun navire français ne peut prendre la mer sans être muni des titres de sécurité et de prévention de la pollution délivrés dans les conditions prévues au présent décret.

Art. 4 - Permis de navigation

I. Doit être muni d'un permis de navigation :
- tout navire à passagers ;
- tout navire de charge ;
- tout navire de pêche ;
- tout navire à utilisation collective.

1. Le permis de navigation n'est délivré et renouvelé que si tous les autres certificats de sécurité et de prévention de la pollution sont en cours de validité. Sa date d'échéance ne peut dépasser la date de fin de validité de l'un quelconque des autres certificats. Si, pour ce motif, le permis n'a été délivré que pour une période inférieure à douze mois, le chef du centre de sécurité des navires compétent ou l'autorité consulaire peuvent procéder au renouvellement du permis, pour une période n'excédant pas la date du premier anniversaire de la dernière visite, sur présentation du certificat validé.

2. Le permis de navigation est délivré, après visite, par le président de la commission de visite de mise en service.

3. Le permis de navigation est renouvelé périodiquement, après visite, par le président de la commission de visite périodique.

II. La périodicité des renouvellements est annuelle mais elle peut, pour certaines catégories de navires, être modifiée par le ministre chargé de la marine marchande.

Art. 5 - Certificat de franc-bord

I. Tous les navires français à passagers et tous les autres navires d'une longueur égale ou supérieure à douze mètres, à l'exception des navires de plaisance de longueur hors tout inférieure à 30 mètres et des navires sous-marins, doivent, s'ils ne possèdent pas de certificat international de franc-bord, être munis d'un certificat national de franc-bord délivré en tenant compte notamment de la structure et de l'échantillonnage, de la stabilité, de l'étanchéité et des conditions d'exploitation du navire.

II. Le certificat national de franc-bord est délivré pour une durée maximale de cinq ans par une société de classification reconnue. Il est renouvelé pour une durée maximale de cinq ans par une société de classification reconnue en ce qui concerne les navires d'une longueur de référence égale ou supérieure à 24 mètres. Pour les autres navires, il est renouvelé pour une durée maximale de cinq ans par une société de classification reconnue ou par un centre de sécurité des navires dans des conditions définies par le ministre chargé de la marine marchande.

Pendant sa période de validité, le certificat national de franc-bord est visé annuellement par l'autorité ou la société de classification reconnue qui en a effectué la délivrance ou le précédent renouvellement.

Art. 6 - Certificats internationaux

I. Tous les navires français entrant dans le champ des conventions internationales visées à l'article 6 de la loi n° 83-581 du 5 juillet 1983 doivent être munis des certificats internationaux de sécurité et de prévention de la pollution et le cas échéant, des certificats d'exemption prévus par celles-ci.

***N.D.L.R. :** Les paragraphes II, III et IV ne sont pas reproduits*

Art. 7 - Délivrance et renouvellement des titres

La délivrance et le renouvellement des titres prévus à l'article 3 sont subordonnés au respect des dispositions des conventions internationales énumérées dans la loi du 5 juillet 1983 susvisée et des dispositions du présent décret, notamment celles prévues au titre II.

Art. 8 - Prorogation des titres

Pour permettre au navire d'achever un voyage jusqu'à un port dans lequel il doit subir une visite :

I. Le certificat national de franc-bord peut être prorogé... *(suite non reproduite)*

II. Les certificats internationaux de sécurité et de prévention de la pollution prévus à l'article 6 peuvent être prorogés... *(suite non reproduite)*

III. Le permis de navigation peut être prorogé par le chef du centre de sécurité compétent ou l'autorité consulaire. Il ne peut être prorogé au-delà des limites de validité des titres internationaux ou du certificat de franc-bord, eux-mêmes prorogés, si nécessaire, en application des I et II du présent article.

Le permis de navigation d'un navire, qui n'est astreint ni à la possession d'un certificat de franc-bord ni à celle de titres internationaux de sécurité, peut être prorogé pour une durée maximale de trois mois.

Art. 9 - Retrait des titres

I. Les titres de sécurité et de prévention de la pollution peuvent être retirés... *(suite non reproduite)*

II. Le propriétaire ou l'armateur, le capitaine du navire et la société de classification sont tenus de faire connaître en temps utile, et dans tous les cas avant que le navire ne quitte un port français, soit au centre de sécurité des navires, soit à l'autorité consulaire selon le lieu où se trouve le navire :

a) Toute avarie susceptible de porter atteinte à la sécurité du navire à celle de l'équipage ou des personnes embarquées et à la protection du milieu marin ;

b) Tout changement notable apporté au navire ;

c) Tout retrait de cote ;

d) Toute réserve importante émise sur le certificat de classe.

III. Après vérification que le navire satisfait aux règles énoncées au chapitre I du titre II du présent décret :

a) Les certificats de franc-bord sont délivrés à nouveau dans les conditions de l'article 5 s'ils ont été retirés en application des dispositions du b) ou c) du I ;

b) Les autres titres sont restitués.

Art. 10 - Titres provisoires

Des titres provisoires de sécurité et de prévention de la pollution sont délivrés par le chef du centre de sécurité des navires ou, à défaut par le consul :

a) Aux navires construits ou acquis à l'étranger pour leur permettre de rallier un port où une commission de visite de mise en service pourra être constituée conformément aux dispositions de l'article 26 ;

b) Aux navires construits en France qui doivent quitter leur lieu de construction ;

c) Aux navires en essais.

La délivrance du certificat de franc-bord provisoire par une société de classification reconnue peut être autorisée par le chef du centre de sécurité ou, à défaut, par le consul, au vu du rapport présenté par celle-ci.

Chapitre II - Contrôles des navires

Section 1
Études

Art. 11 - Commission consultative supérieure - Attributions *(non reproduit)*

Art. 12 - Commission consultative supérieure - Composition *(non reproduit)*

Art. 13 - Commission consultative supérieure - Fonctionnement *(non reproduit)*
Art. 14 - Commission centrale de sécurité - Attributions *(non reproduit)*
Art. 15 - Commission centrale de sécurité - Composition *(non reproduit)*
Art. 16 - Commission centrale de sécurité - Fonctionnement *(non reproduit)*
Art. 17 - Commission nationale de sécurité de la navigation de plaisance - Attributions

La commission nationale de sécurité de la navigation de plaisance est placée auprès du ministre chargé de la marine marchande.

I. Elle examine, en vue de leur approbation par le ministre :

1. Les plans et documents des navires de plaisance d'une longueur égale ou supérieure à 24 mètres.

2. Les plans et documents concernant les dispositions spécifiques applicables aux navires à utilisation collective quand leur longueur est égale ou supérieure à 24 mètres. En outre, à la demande du fabricant ou de son mandataire établi sur le territoire de l'Union européenne ou celui d'un État partie à l'accord instituant l'espace économique européen, sont examinées les dispositions spécifiques des navires appartenant à un type bénéficiant de la marque européenne de conformité.

3. Le dossier technique de tout équipement destiné aux navires de plaisance.

II. Elle peut être consultée par le ministre sur toute question relative :

1. À la sécurité et la prévention de la pollution en matière de navigation de plaisance et, de manière générale, à l'application du présent décret.

2. Aux conditions à imposer aux engins de plage autorisés à naviguer à une distance du rivage supérieure à 300 mètres.

III. La commission connaît ceux des recours concernant un navire de plaisance, définis dans la section 3 du présent chapitre.

Art. 18 - Commission nationale de sécurité de la navigation de plaisance – Composition *(non reproduit)*
Art. 19 - Commission nationale de sécurité de la navigation de plaisance – Fonctionnement *(non reproduit)*
Art. 19-1 - Commission pour le transport par mer des marchandises dangereuses *(non reproduit)*
Art. 20 - Commissions régionales de sécurité - Attributions

Une commission régionale de sécurité siège dans chacune des villes désignées par le ministre chargé de la marine marchande.

I. Elles examinent :

1. Préalablement à la délivrance des titres et certificats de sécurité et de prévention de la pollution, les plans et documents :

1.1. De tout navire à passagers ne relevant pas de la commission centrale de sécurité ;

1.2. De tout navire de charge ou de pêche d'une longueur supérieure ou égale à 12 mètres ne relevant pas de la commission centrale de sécurité ;

1.3. Relatifs aux dispositions spécifiques applicables à tout navire à utilisation collective d'une longueur inférieure à 24 mètres et supérieure ou égale à 12 mètres, autre que ceux visés au 2 du I de l'article 17 ;

1.4. Des mêmes navires en cas de mise en refonte, de travaux importants, de modifications ou de réparations susceptibles d'affecter leur niveau de sécurité ou de prévention de la pollution.

2. En vue de leur approbation par le directeur régional des affaires maritimes, les documents nécessaires aux navires mentionnés ci-dessus quand, en application des conventions internationales ou des prescriptions du présent décret ou des arrêtés pris pour son application, ces études et documents doivent être approuvés.

II. Les commissions régionales de sécurité peuvent être consultées par les directeurs régionaux des affaires maritimes sur toute question relative à la sauvegarde de la vie humaine en mer, l'habitabilité des navires et la prévention de la pollution par les navires et généralement sur toute question relative à l'application du présent décret.

III. Elles reçoivent communication des résultats de toute enquête technique ou administrative relative aux navires de leur compétence, prescrite par le ministre chargé de la marine marchande.

IV. Les commissions connaissent des recours en matière de sauvegarde de la vie humaine en mer, d'habitabilité à bord des navires et de prévention de la pollution dans les conditions définies à la section 3 du présent chapitre.

Art. 21 - Commissions régionales de sécurité - Composition *(non reproduit)*
Art. 22 - Commissions régionales de sécurité - Fonctionnement *(non reproduit)*
Art. 23 - Commissions d'essais *(non reproduit)*
Art. 24 - Commissions locales d'essais - Composition *(non reproduit)*
Art. 25 - Commissions locales d'essais - Fonctionnement *(non reproduit)*
Art. 25-1 - Examen local

Préalablement à la délivrance du permis de navigation le chef du centre de sécurité des navires examine, dans des conditions arrêtées par le ministre chargé de la marine marchande, les navires qui ne relèvent pas de la commission centrale de sécurité, de la commission nationale de sécurité de la navigation de plaisance ou des commissions régionales de sécurité.

Section 2
Visites

Art. 26 - Commission de visite de mise en service

Une commission de visite de mise en service est constituée dans chacun des centres de sécurité des navires. Elle siège dans chacun des ports de visite désignés par le directeur régional des affaires maritimes.

I. Lorsqu'un navire doit être mis en service sous pavillon français, la commission de visite de mise en service :

a) vérifie que toutes les prescriptions de l'autorité compétente, prises, s'il y a lieu, après avis de la commission d'étude, ont bien été suivies ;

b) s'assure de la conformité et de la mise en place du matériel mobile de sécurité ;

c) constate, par le biais du rapport de visite de mise en service prévu à l'article 30, la situation du navire à ce moment ;

d) s'assure de l'exécution des essais prévus par le règlement et de ceux prescrits par la commission d'étude.

II. Chaque commission de visite de mise en service comprend :

1. Des membres de droit, à savoir :

a) Le chef du centre de sécurité des navires ou son délégué, président ;

b) Des inspecteurs de la sécurité des navires et du travail maritime dans les conditions ci-dessous :

- pour les navires autres que de plaisance d'une longueur égale ou supérieure à 12 mètres et les navires de plaisance d'une longueur égale ou supérieure à 18 mètres deux inspecteurs. Toutefois, pour la visite de mise en service d'un navire autre qu'un navire à passagers, ce nombre peut être ramené à un sur décision du chef de centre de sécurité ;
- pour les autres navires : un inspecteur ;

c) Pour les navires munis d'une installation radioélectrique, un représentant de l'exploitant du réseau de radiocommunications maritime ;

d) Dans les conditions déterminées par le ministre chargé de la marine marchande, le médecin des gens de mer ou son délégué.

2. Des membres nommés qui sont, selon des modalités arrêtées par le ministre chargé de la marine marchande, des fonctionnaires spécialisés, des experts ou des personnalités choisis en raison de leur compétence et des représentants du personnel navigant.

III. L'armateur, le propriétaire, le constructeur ou leur représentant et le ou les délégués de l'équipage, sont admis à assister aux opérations de la commission et à présenter leurs observations.

IV. Pour chaque visite, la composition de la commission est déterminée par le chef du centre de sécurité des navires.

V. Le président statue après avis de la commission pris à la majorité des voix. En cas de partage égal des voix, celle du président est prépondérante. Le président délivre les titres et certificats de sécurité et de prévention de la pollution.

Art. 27 - Commission de visite périodique

Une commission de visite périodique est constituée dans chacun des centres de sécurité des navires. Elle siège dans chacun des ports de visite désignés par le directeur régional des affaires maritimes.

I. La commission vérifie si le navire soumis à une visite périodique en application de l'article 4, compte tenu de son état d'entretien et, le cas échéant, des modifications apportées après autorisation de l'autorité compétente, continue de satisfaire aux conditions selon lesquelles ont été délivrés et éventuellement renouvelés les titres de sécurité. Dans l'affirmative, elle propose le maintien des titres de sécurité en cours de validité dont le navire est porteur ou le renouvellement de ceux arrivant à expiration. Dans le cas contraire elle peut proposer le retrait des titres.

La commission de visite périodique est compétente pour l'examen de tout navire dont les titres de sécurité ont été retirés.

II. Chaque commission de visite périodique comprend :

a) Le chef du centre de sécurité des navires ou son délégué, président ;

b) Des inspecteurs de la sécurité des navires et du travail maritime dans les conditions ci-dessous :

- pour les navires d'une longueur égale ou supérieure à 24 mètres, deux inspecteurs. Toutefois, sur décision du chef du centre de sécurité, ce nombre peut être ramené à un ;
- pour les autres navires un inspecteur ;

c) Pour les navires munis d'une installation radioélectrique, un représentant de l'exploitant du réseau de radiocommunications maritime ;

d) Dans les conditions déterminées par le ministre chargé de la marine marchande, le médecin des gens de mer ou son représentant.

III. L'armateur, le propriétaire ou leur représentant et le ou les délégués de l'équipage sont admis à assister aux opérations de la commission et à présenter leurs observations.

IV. Le président statue après avis de la commission pris à la majorité des voix. En cas de partage égal des voix, celle du président est prépondérante. Le président délivre les titres et certificats de sécurité et de prévention de la pollution.

Art. 28 - Visite inopinée *(non reproduit)*
Art. 29 - Visites sur réclamation de l'équipage *(non reproduit)*
Art 30 - Rapport de visite

I. Toute visite effectuée en application des articles précédents fait l'objet d'un rapport qui désigne nommément soit les membres de la commission, soit, dans le cas d'une visite spéciale ou inopinée, l'inspecteur de la sécurité des navires et du travail maritime, et mentionne sommairement toutes les constatations faites au cours de la visite ainsi que les observations et les prescriptions qui en découlent.

Les prescriptions doivent faire référence aux dispositions en vertu desquelles elles sont formulées.

II. Le président de la commission de visite mentionne sur le rapport les décisions prises.

III. Tous les rapports de visite sont conservés à bord des navires français en un registre spécial. Ce registre doit être présenté à toute réquisition d'un des agents visés à l'article 4 de la loi n° 83-581 du 5 juillet 1983, ou à celle de l'autorité consulaire, lorsque le navire se trouve à l'étranger.

IV. Ce registre peut être consulté par tout délégué de l'équipage.

Art. 31 - Centre de sécurité des navires

Les centres de sécurité des navires sont placés sous l'autorité du directeur régional des affaires maritimes.

I. Sous l'autorité du chef de centre de sécurité des navires, les inspecteurs de la sécurité des navires et du travail maritime sont chargés de la surveillance générale de la construction, des conditions de sécurité des navires, de la sécurité du travail maritime et de la prévention de la pollution. Conjointement avec les médecins des gens de mer, ils assurent le contrôle de l'habitabilité à bord des navires. Ils peuvent se faire assister par toute personne ou organisme qu'ils jugent utiles, particulièrement en matière de radiocommunications et d'appareils de navigation relevant de la technique des télécommunications.

II. Cette surveillance s'étend au matériel dont l'installation à bord n'est pas obligatoire, ainsi qu'à son approbation si elle est normalement exigée, afin de vérifier si cette installation ne constitue pas un danger pour l'équipage, le navire ou le milieu marin.

III. Les inspecteurs de la sécurité des navires et du travail maritime peuvent prescrire, en l'assortissant de délais suffisants lorsqu'il n'apparaît pas nécessaire d'interdire ou d'ajourner le départ d'un navire, l'exécution de toute mesure tendant à faire respecter les dispositions du présent décret et celles des arrêtés pris pour son application.

Art 32 - Visite spéciale *(non reproduit)*

Section 3
Recours

Art. 33 - Commission de contre-visite *(non reproduit)*
Art. 34 - Recours devant le directeur régional des affaires maritimes *(non reproduit)*
Art. 35 - Recours devant le ministre *(non reproduit)*

Section 4
Dispositions communes

Art. 36 - Représentants du personnel navigant et des armateurs *(non reproduit)*
Art. 37 - Coûts - Imputation *(non reproduit)*
N.D.L.R. : *Tous les frais relatifs à la mise en service d'un navire sont à la charge du demandeur sauf dans le cadre d'une série de navires ayant obtenu son agrément par le chantier.*

Chapitre III – Navires français à l'étranger

Art. 38 - Délivrance et renouvellement des titres
Le chef du centre de sécurité compétent à raison du quartier d'immatriculation du navire peut autoriser la délivrance ou le renouvellement des titres de sécurité et de prévention de la pollution d'un navire français se trouvant à l'étranger. Dans ce cas, l'autorité consulaire procède à cette délivrance ou à ce renouvellement. Elle peut toutefois déléguer cette compétence aux présidents des commissions de visite mentionnées à l'article suivant ou au représentant de la société de classification.
Art. 39 - Commission de visite *(non reproduit)*
N.D.L.R. : *En cas de travaux importants dans un port étranger, il appartient au propriétaire de se rapprocher du consulat.*

Chapitre IV – Navires étrangers

Art. 40 - Délivrance et renouvellement des titres *(non reproduit)*
Art. 40.1 - Passage inoffensif *(non reproduit)*
Art. 41 - Déclarations et visites *(non reproduit)*

Chapitre V – Organismes techniques

Art. 42 - Sociétés de classification *(non reproduit)*
Art. 42.1 - Organismes de certification et de contrôle *(non reproduit)*

Titre II
Règles générales de sécurité et de prévention de la pollution

Chapitre premier – Dispositions relatives aux navires

Art. 43 - Construction de la coque *(non reproduit)*
Art. 44 - Construction des machines *(non reproduit)*
Art. 45 - Protection contre l'incendie *(non reproduit)*
Art. 46 - Installations électriques *(non reproduit)*
Art. 47 - Sécurité de la navigation *(non reproduit)*
Art. 48 - Installation de radiocommunication *(non reproduit)*
Art. 49 - Sauvetage
I. Pour prendre la mer, un navire doit posséder les engins collectifs et individuels nécessaires pour le sauvetage de toutes les personnes présentes à bord.
II. Les embarcations et radeaux de sauvetage, ainsi que les engins flottants d'un navire, doivent être promptement disponibles en cas d'urgence. À cet effet, les conditions suivantes doivent être remplies :
1. Les embarcations, les radeaux de sauvetage et les engins flottants doivent être installés de manière à pouvoir être sûrement et rapidement mis à la mer dans des conditions défavorables d'assiette et de bande.
2. Il doit être possible d'embarquer dans les embarcations de sauvetage et à bord des radeaux de sauvetage rapidement et en bon ordre.
3. L'installation de chaque embarcation, radeau de sauvetage et engin flottant doit être telle qu'elle ne gêne pas la manœuvre des autres embarcations, radeaux ou engins flottants.
4. Les embarcations sont, autant que possible, réparties également de chaque bord.
III. Tous les engins de sauvetage doivent être maintenus en bon état de service et prêts à être immédiatement utilisés avant que le navire ne quitte le port et à tout moment pendant le voyage.
IV. Des consignes concernant l'utilisation des matériels, l'évacuation et l'abandon du navire doivent être affichées à bord.
V. Avant le départ d'un navire à passagers, le capitaine porte à la connaissance de l'autorité compétente les éléments d'information nécessaires à la recherche et au sauvetage en mer concernant les passagers. Le ministre chargé de la marine marchande arrête la liste de ces éléments d'information en fonction des conditions d'exploitation des navires.
Art. 50 - Habitabilité - Hygiène *(non reproduit)*
Art. 51 - Service médical *(non reproduit)*
Art. 51.1 - Sécurité du travail maritime *(non reproduit)*
Art. 52 - Prévention de la pollution
En vue de prévenir la pollution des eaux de la mer, les navires doivent être construits, équipés et exploités de manière à ne rejeter que les effluents autorisés et à conserver à bord les autres effluents.
Article 53 – Dispositions particulières
I. Tout navire armé est tenu de détenir en permanence à son bord :
1. Le permis de navigation, ou le document en tenant lieu, lorsque le navire est soumis à cette obligation en application de l'article 4 du présent décret.
2. la totalité du matériel de sécurité correspondant à la navigation autorisée par le permis.
Lorsqu'un navire est autorisé par ce document à transporter des passagers en nombres variables selon la catégorie pratiquée, le matériel de sauvetage doit être prévu pour le plus grand nombre et être rigoureusement conforme à celui exigé pour la catégorie maximale autorisée.
Sur les navires de plaisance qui ne sont pas soumis à l'obligation de permis de navigation, le matériel doit correspondre à celui qui est requis pour la catégorie de navigation maximale pour laquelle le navire a été approuvé ou éventuellement à celui requis pour une catégorie ou un nombre de personnes autorisé plus restreint inscrit par un service des affaires maritimes sur le titre de navigation.
Toutefois, sur un navire de plaisance à usage personnel réservé à l'utilisation privée par le propriétaire ou un emprunteur à titre gratuit, le matériel individuel de sauvetage peut être réduit à celui nécessaire pour la totalité des personnes embarquées.
II. L'organisation de la sécurité de tout navire de charge ou à passagers doit être assurée par l'armateur dans des conditions arrêtées par le ministre chargé de la marine marchande.
III. Tout navire de plaisance à usage personnel qui est loué ou qui appartient à une association, et tout navire de plaisance de formation, doivent faire l'objet chaque année d'une vérification spéciale effectuée sous la responsabilité du loueur ou du responsable de l'organisme ou de l'association. Le résultat de ce contrôle est inscrit sur un registre spécial tenu à la disposition de l'autorité et des usagers.
IV. Tout navire de plaisance doit être doté d'une plaque signalétique inaltérable et fixée à demeure. S'il est fabriqué ou importé en série, il doit comporter un numéro d'identification faisant partie intégrante de la coque.
V. Il est interdit :
1. D'exposer, de mettre en vente, de vendre, d'importer, de louer, de mettre à disposition ou de céder à quelque titre que ce soit un équipement marin qui n'est pas approuvé ou conforme à un modèle approuvé ou qui n'a pas obtenu la marque européenne de conformité.
Toutefois, des équipements marins neufs ne satisfaisant pas à ces dispositions peuvent, pour une durée déterminée, être autorisés pour :
- l'exposition et l'importation aux fins d'exposition dans les foires et salons autorisés ;
- l'utilisation, aux seules fins de démonstration ou d'expérimentation.

Les mesures nécessaires, destinées à éviter toute atteinte à la sécurité et à la santé des personnes chargées de la démonstration et de celles exposées aux risques qui en résultent, doivent être mises en œuvre en pareil cas.
Lorsqu'il est fait usage d'une des autorisations temporaires ci-dessus mentionnées, un avertissement doit être placé à proximité pendant toute la durée de celle-ci. Il mentionne la non-conformité des équipements et l'impossibilité de les acquérir ou d'en faire usage avant leur mise en conformité.
2. De mettre en service ou d'utiliser un équipement marin ou un navire de plaisance qui n'est pas approuvé ou conforme à un modèle approuvé ou qui n'a pas obtenu la marque européenne de conformité.
Art. 54 - Réglementation technique
I. Des arrêtés du ministre chargé de la marine marchande et, le cas échéant, des arrêtés pris conjointement avec les ministres intéressés fixent les dispositions générales de sécurité et de prévention de la pollution auxquelles doivent satisfaire les navires et leurs cargaisons et leurs équipements marins, en application des articles 43 à 53, en fonction des types de navires et des conditions particulières d'exploitation qui leur sont dévolues.
Ces arrêtés peuvent déroger à ces dispositions pour les seuls navires auxquels leur application apparaît sans objet.
II. Les prescriptions visées au I ci-dessus auxquelles les navires, leurs cargaisons, les équipements marins sont assujettis, doivent être regardées comme satisfaites, si les conditions posées par les dispositions techniques réglementaires des autres États membres de l'Union européenne ou d'autres États parties à l'accord instituant l'Espace économique européen sont remplies et dès lors que celles-ci assurent un niveau de sécurité équivalent.
Art. 54.1 - Marchandises dangereuses ou polluantes *(non reproduit)*
Art. 55 - Cas particuliers *(non reproduit)*
N.D.L.R. : *En cas de modifications de la réglementation pour un navire existant, en cours de construction, de refonte, réparation ou transformation, ou pour un navire de type particulier, il appartient au propriétaire de se rapprocher de l'autorité compétente.*

Chapitre II– Dispositions relatives à l'équipage

Art. 56
L'effectif du personnel de tout navire français doit être, du point de vue de la sécurité, suffisant en nombre et en qualité.
Les règles auxquelles doivent satisfaire les navires pour bénéficier des dispositions du décret du 8 juillet 1977 susvisé sont précisées par un arrêté du ministre chargé de la marine marchande.

N.D.L.R. : *Dans le cadre de la plaisance, cette disposition concerne les navires à utilisation collective.*

Titre III
Dispositions pénales

Art. 57
I. Sans préjudice des dispositions des articles 6, 7 et 7-1 de la loi n° 83-581 de la loi du 5 juillet 1983, est puni des peines prévues pour les contraventions de la cinquième classe le fait :
- pour tout armateur ou capitaine d'un navire d'enfreindre les conditions particulières portées sur le permis de navigation.
- pour tout armateur ou capitaine d'un navire, ainsi que pour tout propriétaire, constructeur, concepteur, importateur d'un navire de plaisance, d'enfreindre les dispositions générales de sécurité et de prévention de la pollution des articles 43 à 53 et celles contenues dans les arrêtés pris en application de l'article 54.
- pour tout loueur et responsable d'organisme ou d'association visé au III de l'article 53 d'enfreindre les obligations de vérification qui y sont instituées.

II. Les mêmes peines sont applicables aux responsables des opérations de chargement, de déchargement, d'emballage, d'étiquetage et de manutention qui n'auront pas respecté les dispositions de la réglementation sur les transports de cargaisons et des marchandises dangereuses contenues dans les arrêtés pris en application de l'article 54.
III. Les mêmes peines seront applicables aux capitaines et exploitants des navires français ou étrangers qui n'auront pas respecté les obligations de documentation et de notification de l'article 54-1.
Art. 58
Le fait, pour le capitaine de tout navire français ou étranger ou de tout autre personne, de mettre obstacle à l'accomplissement d'un contrôle de sécurité ou de prévention de la pollution d'un navire est puni des peines prévues pour les contraventions de la cinquième classe.

Art. 59

Le fait pour toute personne de fournir sciemment des renseignements inexacts à l'occasion des procédures d'étude ou de visite instituées au titre premier du présent décret est puni des peines prévues pour les contraventions de la cinquième classe.

Art 59-1

Les personnes morales peuvent être déclarées responsables pénalement des infractions définies aux articles 57 à 59 dans les conditions prévues à l'article 121-2 du code pénal. Elles encourent les peines prévues aux articles 131-40 à 131-44 du Code pénal.

Art. 60

En cas de récidive de la contravention définie à l'article 57, les peines prévues pour la récidive des contraventions de la cinquième classe seront applicables.

En cas de récidive de la contravention définie aux articles 58 et 59, la peine d'amende prévue pour la récidive des contraventions de la cinquième classe sera applicable.

En cas de récidive d'une contravention, les personnes morales encourent la peine prévue à l'article 132-15 du Code pénal.

Titre IV
Dispositions diverses

(non reproduit)

Arrêté du 23 novembre 1987 relatif à la sécurité des navires

(J.O. du 27 février 1988)

Le secrétaire d'État à la mer,

Vu le décret n° 84-810 du 30 août 1984 modifié relatif à la sauvegarde de la vie humaine en mer, à l'habitabilité à bord des navires et à la prévention de la pollution, Arrête :

Article premier. *– Les dispositions auxquelles doivent satisfaire les navires et leurs équipements, en application des articles 43 à 53 du décret susvisé, sont précisées par le règlement annexe au présent arrêté.*

Art 2. *– Les dispositions techniques du présent arrêté sont applicables aux navires dont la quille est posée ou dont la construction se trouve à un stade équivalent postérieurement à la date de sa publication.*

L'expression " dont la construction se trouve à un stade équivalent " se réfère au stade auquel :

– une construction identifiable à un navire particulier commence ;

– le montage du navire considéré a commencé employant au moins 50 tonnes ou 1 % de la masse estimée de tous les matériaux de structure.

Art. 3 *– Sauf disposition expresse contraire du règlement annexé au présent arrêté, les navires autres que ceux visés à l'article 2 ci-dessus doivent continuer à satisfaire aux prescriptions qui leur étaient applicables en vertu de la réglementation en vigueur avant la publication du présent arrêté. Ils doivent de plus satisfaire à certaines dispositions précisées dans le règlement annexé.*

Art 4. *– Toutes dispositions contraires au présent arrêté sont abrogées et notamment :*

– l'arrêté du 6 octobre 1972 fixant la composition de la commission pour le transport par mer des marchandises dangereuses ;

– l'arrêté du 12 mars 1980 modifié relatif aux règles de sécurité relatives au transport par mer des marchandises dangereuses ;

– l'arrêté du 16 mars 1981 au sujet des règles de sécurité relatives au transport par mer des marchandises dangereuses ;

Art 5. *– Le directeur des ports et de la navigation maritimes, le directeur des pêches et des cultures marines et le directeur de la flotte de commerce sont chargés, chacun en ce qui le concerne, de l'exécution du présent arrêté, qui sera publié au Journal officiel de la République française.*

Règlements annexés à l'arrêté du 23 novembre 1987

Division 224 - Navires de plaisance

Chapitre 224-1
Dispositions générales

Art. 224-1.01 : Champ d'application

1. La présente division s'applique aux navires de plaisance de longueur inférieure à 25 mètres.

2. Les règles et les procédures applicables aux navires de plaisance de longueur égale ou supérieure à 25 mètres et à leurs équipements sont celles auxquelles sont astreints les navires de charge de même longueur ou de même jauge brute selon les prescriptions des divisions du présent règlement concernant ces navires.

Art. 224-1.02 : Catégories de navigation

1. Les navigations effectuées par les navires de plaisance visés à la présente division sont classées en six catégories :

1e catégorie : navigation n'entrant pas dans une des catégories ci-dessous ;

2e catégorie : navigation au cours de laquelle le navire ne s'éloigne pas de plus de 200 milles d'un abri ;

3e catégorie navigation au cours de laquelle le navire ne s'éloigne pas de plus 60 milles d'un abri ;

4e catégorie : navigation au cours de laquelle le navire ne s'éloigne pas de plus de 20 milles d'un abri ;

5e catégorie : navigation au cours de laquelle le navire ne s'éloigne pas de plus de 6 milles d'un abri.

6e catégorie navigation au cours de laquelle le navire ne s'éloigne pas de plus de 2 milles d'un abri.

2. Sont considérés comme abris les ports ou plans d'eau où le navire peut facilement trouver refuge et ou les personnes embarquées peuvent être mises en sécurité.

3. Une zone de navigation spéciale, fixée suivant chaque cas particulier par le ministre chargé de la marine marchande sur avis de la commission nationale de sécurité de la navigation de plaisance, peut être attribuée aux engins dont les caractéristiques ou la conception ne permettent pas le classement dans l'une des catégories de navigation définies au paragraphe 1 ci-dessus.

Art. 224-1.03 : Engins de plage

Sont considérés comme engins de plage à condition que la puissance maximale de l'appareil propulsif ne dépasse par 3 kilowatts :

1. Embarcations rigides à voile ou à moteur :

– les embarcations classiques ou à deux équipiers au plus dont le produit des trois dimensions exprimées en mètres, longueur, largeur et creux mesuré au maître bau est inférieur à deux avec une largeur inférieure à 1,20 ;

– les dériveurs légers à voile en solitaire dont les caractéristiques sont les suivantes L x l x c< 1,5 avec l < 1,15

N.D.L.R. *: L est la longueur hors tout maximale, l est la plus grande largeur et c est le creux où cette largeur est mesurée.*

2. Embarcations pneumatiques :

– Les embarcations pneumatiques à voile dont la longueur est inférieure à 3,70 m et la surface de la voilure inférieure à 7 m²,

– Les embarcations pneumatiques à moteur dont la longueur est inférieure à 2,75 m. la largeur inférieure à 1,20 m et la réserve de flottabilité inférieure à 350 litres.

Les dimensions seront les dimensions prises extérieurement.

3. Embarcations mues exclusivement par l'énergie humaine :

Les embarcations mues exclusivement par l'énergie humaine dont les caractéristiques sont les suivantes :

- longueur inférieure à 4 mètres ;
- largeur intérieure à 0,50 mètre ;
- ratio L/l supérieur à 10 (L étant la longueur et l la largeur).

Pour les embarcations de plus de 10 mètres, le ratio n'est plus appliqué, mais une largeur minimale de 1 mètre est exigée.

En cas d'embarcation multicoque, la largeur totale est égale à la somme des largeurs de la coque principale et du ou des flotteurs latéraux, à condition que ces derniers aient une longueur égale ou supérieure à 2 mètres.

Les embarcations gonflables mues exclusivement par l'énergie humaine.

Art. 224-1.04 : Embarcations légères de plaisance ou véhicules nautiques à moteur

Sont considérées comme embarcations légères de plaisance :

1. Les embarcations d'une longueur hors tout inférieure à 5 mètres non classées dans la catégorie des véhicules nautiques à moteur ;

2. Les voiliers de sport légers, embarcations à voile sans lest fixe et dépourvues d'une cabine, d'une masse totale inférieure à 300 kilogrammes ;

3. Les voiliers de sport à quille, c'est-à-dire tout voilier ouvert muni d'un lest et destiné à la compétition ;

4. Les embarcations pneumatiques non visées à l'article 224-1.03 ;

5. Les embarcations mues exclusivement par l'énergie humaine non visées à l'article 224-1.03. Toutefois les embarcations qui n'ont pas fait l'objet d'une approbation sont considérées comme des engins de plage.

Sont considérés comme véhicules nautiques à moteur :

1. Les engins, type scooter ou moto des mers sur lesquels le pilote se tient à califourchon ou en équilibre dynamique, dont la puissance propulsive maximale autorisée dépasse 3 kilowatts ;

2. Les planches à moteur, les engins de vague dont la puissance propulsive maximale autorisée ne dépasse 3 kilowatts ;

3. Tout engin de vitesse ou de sport à carénage total ou partiel dont la puissance propulsive maximale autorisée dépasse 3 kilowatts et dont le programme d'utilisation ne permet pas le classement dans l'une des catégories prévues à l'article 224-1.02.

Art. 224-1.05 : Voilier, navire à moteur et croiseur mixte

1. Définition d'un type de navire

1.1. Un navire à voile est un navire dont la voilure constitue le mode principal de propulsion ;

1.2. Un navire à moteur est un navire dont un ou plusieurs moteurs constituent le mode principal de propulsion ;

1.3. Un croiseur mixte est un navire utilisant indifféremment la voile ou le moteur comme mode principal de propulsion

2. Détermination du type de navire à voile équipé d'un moteur :

2.1. S. étant la surface totale de la voilure en mètres carrés pour le calcul de cette surface, on considère la surface totale de la voilure au près : génois plus grand voile plus, éventuellement, artimon ou misaine à l'exclusion du spinnaker et des voiles d'étai.

L, la longueur de la coque en mètres ;

D, le déplacement lège en ordre de marche, sans équipage et réservoirs vides, en tonnes ;

P, puissance totale du ou des moteurs de propulsion exprimée en kilowatts Cette puissance est celle mesurée à la sortie du réducteur dans les conditions normales d'installation à bord pour une utilisation en continu.

Un navire est considéré comme voilier si le quotient $\frac{S}{\sqrt{LD}}$ est égal ou supérieur à 5,5 et si le quotient $\frac{P \times 1,36}{D}$ est inférieur à 9.

2.2. Un navire est considéré comme un croiseur mixte si le quotient $\frac{S}{\sqrt{LD}}$ est égal ou supérieur à 3 et si le quotient $\frac{P \times 1,36}{D}$ est égal ou supérieur à 9.

Art. 224-1.06 : Approbation d'un navire de plaisance

1. Aucun navire de plaisance ne peut être immatriculé s'il n'a été préalablement approuvé, soit par le ministre chargé de la marine marchande dans le cas dur navire de série, soit par le chef du centre de sécurité des navires dans le cas d'un navire construit ou importé à l'unité, ou d'un navire construit par un amateur.

2. La décision d'approbation fixe en particulier la catégorie de navigation maximale du navire et l'effectif autorisé à bord.

3. À la demande de son propriétaire, une catégorie de navigation plus restreinte que celle prévue lors de l'approbation peut être attribuée au navire. Cette catégorie, inscrite sur le titre de navigation détermine les règles de sécurité applicables au navire et en particulier le matériel obligatoire à bord.

4. Le maintien de l'approbation donnée à une série est subordonné au contrôle effectué en chantier, des navires construits selon une périodicité variant en fonction de la production du chantier mais qui ne peut être supérieure à une année. Dans le cas des navires importés, ce contrôle peut être effectué auprès du constructeur ou, à défaut, dans les magasins et entrepôts des importateurs.

5. Les navires de plaisance revêtus du marquage " CE " doivent posséder à bord le matériel d'armement et de sécurité prévu pour la catégorie de navigation retenue par le plaisancier dans les limites suivantes :

Catégorie de conception	Catégorie de navigation possible
A	1, 2, 3, 4, 5, 6
B	2, 3, 4, 5, 6
C	4, 5, 6
D	6

Toutefois, pour les voiliers de catégorie de conception C, dont la longueur est supérieure à 6,49 mètres, le plaisancier peut opter pour la 3e catégorie de navigation.

Art. 224-1.07 : Navires d'un même type construits par plusieurs chantiers

Si un même type de navire est construit par plusieurs chantiers ou est importé par plusieurs importateurs, les procédures d'approbation sont appliquées à chaque constructeur ou à chaque importateur sans que l'approbation délivrée à l'un d'eux puisse être revendiquée par les autres.

Art. 224-1.08 : Modifications d'un navire ou d'une série approuvés

Le constructeur, l'importateur, le propriétaire ou l'architecte désireux de modifier un navire, une série de navires ou un plan approuvés doit soumettre ces modifications à approbation selon la procédure prévue pour l'approbation initiale.

Art. 224-1.09 : Dérogations

En application des articles 54 et 55 du décret susvisé, des dérogations peuvent être accordées notamment dans les cas ci-après :

1. Navire à caractère sportif ou expérimental ;

2. Changement exceptionnel de catégorie de navigation d'un navire de plaisance pour un voyage ou une traversée ;

3. Modification exceptionnelle de la capacité de transport à bord des navires de plaisance ;

4. Fixation du nombre de plongeurs sous-marins non professionnels à bord des navires de plaisance.

La durée d'une dérogation ne peut excéder un an.

Son renouvellement peut être subordonné à la passation d'une visite de sécurité Les règles de procédures relatives à ces dérogations sont déterminées en annexe 224-0.A.3.

Art. 224-1.10 : Attestation de construction d'un navire de série

1. Une attestation de construction conforme à l'annexe 224-0.A.2 est délivrée par le constructeur ou l'importateur pour chaque unité commercialisée, attestant que le navire répond en tous points aux caractéristiques d'un modèle approuvé.

2. Le constructeur ou l'importateur doit être à même, par la tenue d'une comptabilité appropriée, de justifier à tout moment des attestations de construction délivrées et de préciser pour chacune d'elles la date de construction et le numéro de coque du navire correspondant ainsi que le nom de l'acheteur ou du revendeur auquel elle a été délivrée.

Art. 224-1.11 : Approbation d'un navire construit ou importé à l'unité, ou d'un navire construit ou fini par un amateur

1. Tout navire construit ou importé à l'unité et tout navire construit ou fini par un amateur doit faire l'objet d'une déclaration de mise en construction accompagnée des plans et documents nécessaires à l'étude du dossier, auprès du centre de sécurité du lieu de construction ou de première mise à l'eau.

2. La délivrance d'un procès-verbal d'approbation par le chef du centre de sécurité des navires est subordonnée à la visite préalable du navire.

3. Dans le cas d'un navire construit par un amateur, le chef du centre de sécurité des navires peut fixer une catégorie inférieure à celle prévue lors de l'approbation des plans et soumettre le rétablissement de la catégorie prévue à la réalisation d'essais satisfaisants.

4. Les navires de présérie construits avant que procédure d'approbation de la série n'ait pu aboutir, peuvent faire l'objet d'une approbation provisoire selon la procédure prévue pour les navires construits à l'unité, pendant une durée de trois mois suivant le dépôt de la demande d'approbation de la série. Néanmoins, à titre provisoire, en l'attente de l'approbation définitive de la série, le navire concerné ne peut être autorisé à naviguer dans une zone excédant celle de la 5e catégorie de navigation si sa longueur est inférieure à 8 mètres, et à celle de la 4e catégorie, si sa longueur est supérieure ou égale à 8 mètres.

Art. 224-1.12 : Plaque signalétique

1. La plaque signalétique prévue par l'article 53 du décret susvisé doit comporter les indications suivantes :

1.1. Le nom du constructeur ou de l'importateur et, le cas échéant, de l'architecte ;

1.2. La série (s'il y a lieu) ;

1.3. Le numéro d'approbation ;

1.4. La catégorie de navigation maximale autorisée ;

1.5. Le nombre maximal de personnes pouvant prendre place à bord pour chaque catégorie de navigation, ou la charge utile dans le cas des embarcations légères de plaisance ;

1.6. L'année de construction ;

1.7. La puissance maximale de l'appareil propulsif.

2.

2.1. Dans le cas d'une construction par un amateur, suivant ses propres plans, l'indication 1.1 de la plaque signalétique sera remplacée par la mention " plans et construction amateur " ;

2.2. Dans le cas d'une construction par un amateur sur plans approuvés, l'indication 1.1 de la plaque signalétique sera remplacée par la mention " construction amateur " et le nom de l'architecte ;

2.3. Dans le cas d'une importation à l'unité, l'indication " navire importé à l'unité " devra figurer sur la plaque constructeur ;

2.4. Dans le cas d'un prototype, l'indication " prototype navigation restreinte " doit être portée sur la plaque ;

2.5. Dans le cas d'une coque approuvée, construite par un chantier professionnel et terminée par un amateur, la plaque doit être complétée par la mention " finition amateur ".

3. Cette plaque doit être inaltérable et fixée à l'intérieur du cockpit ou de la timonerie.

Art. 224-1.13 : Identification des coques

Tout navire de plaisance autre que construction amateur et navire construit ou importé à l'unité, doit être pourvu d'un numéro d'identification. Il doit être composé de deux groupes de chiffres ou lettres séparés par un tiret, le premier précisant l'identification du constructeur ou de l'importateur et attribué par l'administration, le second définissant le numéro de la coque attribué par le constructeur ou l'importateur.

Ce numéro d'identification doit faire partie intégrante de la coque, soit par estampillage ou gravure, soit par tout autre procédé offrant les mêmes garanties d'inamovibilité. Il doit être placé à l'extérieur de la coque, en haut du tableau arrière, ou, s'il n'y a pas de tableau, en haut de la partie arrière de la coque. Les caractères du numéro d'identification doivent avoir une hauteur minimale de 6 millimètres et ne pas être cachés par les marques extérieures d'identité, le liston du navire ou tout autre appendice.

Le numéro d'identification doit figurer sur le registre de comptabilité des attestations de construction délivrées, ainsi que sur le titre de navigation du navire.

Les coques des embarcations visées au paragraphe 5 de l'article 224-1.04 mises sur le marché après le 3 août 2000 doivent être identifiées selon les dispositions de la norme NF EN ISO 10087.

Art. 224-1.14 : Date d'application et dispositions transitoires

1. Les dispositions de la présente division sont applicables aux navires dont les plans ont été approuvés après le 1er mars 1985.

2. Les navires autres que ceux visés au chapitre 224-4 et appartenant à une série approuvée avant le 1er mars 1985 peuvent n'être conformes qu'aux dispositions réglementaires antérieures si leur construction a débuté avant le 1er janvier 1988. Dans ce cas, la plaque signalétique doit comporter la mention " conforme à l'arrêté du 27 mars 1980 "ou " conforme à l'arrêté du 28 février 1969 " suivant la date de construction du navire.

3. Les embarcations légères de plaisance appartenant à une série construite avant le 1er mars 1985 bénéficient des dispositions prévues à l'alinéa 2 ci-dessus, à l'exception de celles mises en service avant le 1er juin 1969 qui ont dû, avant le 30 mai 1983, être mises en conformité avec les dispositions des articles 69 et 71 de l'arrêté du 27 mars 1980.

4. Sont réputés approuvés les navires dont les plans ont été approuvés avant le 28 septembre 1987, à l'exception des navires construits par des amateurs, ainsi que les navires pour lesquels un permis de navigation, ou une carte de circulation en tenant lieu, a été délivré avant cette date.

Chapitre 224-2
Dispositions applicables aux navires de plaisance autre que les embarcations légères de plaisance

Titre 1
Dispositions relatives à l'approbation

Art. 224-2.01 : Dossier d'approbation d'un navire de plaisance

Le dossier d'approbation d'un navire de plaisance de série doit être établi conformément au modèle prévu à l'annexe 224-0.A.1 et transmis en 3 exemplaires au ministre chargé de la marine marchande.

Le dossier d'approbation d'un navire construit ou importé à l'unité ou construit par un amateur doit être adressé au chef du centre de sécurité des navires du lieu d'implantation géographique du chantier.

Art. 224-2.02 : Construction par des amateurs

1. Les plans et documents commercialisés en vue de la construction par des amateurs sont soumis à approbation. Mention de cette approbation doit être portée sur ces documents.

2. Toutefois, les documents établis par des amateurs ne sont pas soumis à approbation. Ceux-ci peuvent construire leur navire intégralement ou en sous-traitant tout ou partie de la construction suivant les plans et documents qu'ils ont eux-mêmes établis. Dans ce cas, la mention " plans et construction amateur ", sera portée sur le titre de navigation.

3. Les plans et documents de toute coque commercialisée destinée à une finition amateur, doivent être approuvés par le ministre chargé de la marine marchande après avis de la commission nationale de sécurité.

4. Tout élément ou ensemble d'éléments, commercialisé, destiné à des amateurs pour construire des navires de plaisance, doit avoir ses plans approuvés par le ministre chargé de la marine marchande après avis de la commission nationale de sécurité et être vendu avec les documents approuvés nécessaires à sa finition.

5. Lors de la visite préalable à l'approbation du navire, le constructeur doit présenter soit la liasse de plans d'architecte portant mention de l'approbation prévue à l'alinéa 1, soit les plans et documents qu'il aura établis lui-même. La mention " construction amateur " sera apposée sur le titre de navigation.

Titre 2
Construction, coque, compartimentage

Art. 224-2.03 : Matériaux de construction

Les matériaux sont utilisés suivant des techniques de mise en œuvre et d'assemblage propres à assurer à l'ensemble de la construction une solidité suffisante. Pour certains types de matériaux, les qualités minimales requises et éventuellement les techniques de base pour leur mise en œuvre, sont fixées par arrêté ministériel.

Art. 224-2.04 : Compartimentage

1. Les navires de plaisance visés par la présente division ayant longueur de coque supérieure à 15 mètres doivent avoir une cloison étanche d'abordage placée à une distance comprise entre 5 et 10 p. 100 de la longueur à la flottaison, sur l'arrière de la perpendiculaire avant. Cette cloison étanche doit s'élever jusqu'au pont continu plus élevé. Des dérogations à cette obligation peuvent être accordées pour les navires à voile si leur construction ou leur utilisation le justifie.

2. Sur les navires à moteur d'une longueur supérieure à 15 mètres, il doit exister, en outre, des cloisons étanches à l'avant et à l'arrière du compartiment moteur s'élevant jusqu'au plafond de celui-ci.

Art. 224-2.05 : Ouvertures dans les cloisons étanches

1. Il ne doit pas exister d'ouverture dans la cloison étanche d'abordage. Cependant un panneau ou une porte étanche d'accès compartiment avant peut être admis.

2. Il ne doit exister sur les cloisons étanches, ni vanne ni robinet, débouchant directement dans les compartiments adjacents – un nable à vis peut être autorisé.

Si des tuyautages, câbles électriques, etc., traversent les cloisons étanches, des dispositions doivent être prises pour sauvegarder l'étanchéité des cloisons intéressées.

3. Pour les navires à moteur visés à l'article 224-2.04, le nom d'ouvertures pratiquées dans les cloisons étanches doit être réduit au minimum. Ces ouvertures doivent être pourvues de dispositifs de fermeture étanche.

4. Les panneaux ou portes étanches doivent être tenus fermés à la mer, et doivent être munis d'un système de fermeture pouvant se manœuvrer de chaque côté de la cloison. Chaque fois qu'ils donneront accès à un compartiment habitable l'indication " fermeture obligatoire à la mer " doit être portée sur chacun d'entre eux et chaque côté.

Article 224-2.06 : Ouvertures dans la coque et les superstructures

1. Étanchéité de la coque et des superstructures

Pour toutes les catégories de navigation, il est exigé une étanchéité totale des ouvertures sur la coque.

Une étanchéité satisfaisante des ouvertures situées sur les superstructures doit être obtenue pour les navires naviguant dans quatre premières catégories, ces ouvertures devant pouvoir, en cas de besoin, être totalement fermées, à l'exception des ouvertures de ventilation du compartiment moteur qui devront être pourvues d'un système empêchant les entrées d'eau.

2. Toutes les ouvertures sur coque communiquant avec l'intérieur du navire, à l'exception des échappements moteur, de la mise à l'air libre du réservoir et des sorties des pompes de cale toujours situés au point le plus haut possible, doivent être munies d'une vanne ou d'un robinet d'obturation en matériau difficilement corrodable et compatible avec celui de la coque, toujours facilement accessible et muni en permanence de son levier ou volant de manœuvre.

Pour les navires à moteur d'une longueur inférieure à 15 mètres, seules les ouvertures situées à moins de 400 mm au-dessus de la ligne de flottaison doivent répondre à cette prescription. Cette hauteur est portée à 700 mm pour les navires à moteur d'une longueur égale ou supérieure à 15 mètres.

3. Les prises d'eau de circulation du moteur doivent être munies de crépines ou de filtres appropriés.

4. Les décharges des cockpits étanches et autovideurs peuvent ne pas être munies de vannes, si les tuyautages sont de grande solidité, intégrés à la coque et au cockpit et protégés entièrement contre les chocs. Elles peuvent être munies d'un élément souple situé le plus haut possible au-dessus de la flottaison afin d'absorber les contraintes.

5. Tous les éléments souples utilisés pour les décharges de cockpit doivent être d'un matériau résistant aux hydrocarbures et conforme à la norme en vigueur.

6. En cas de risque de siphonnage, les canalisations de décharge devront être munies d'une mise à l'air libre.

7.

7.1. Les ouvertures donnant sur des volumes envahissables : hublots, fenêtres, sabords et leurs garnitures, doivent pouvoir résister à la mer et assurer l'étanchéité exigée par les dispositions du paragraphe 1 ci-dessus.

Le positionnement, les matériaux, l'échantillonnage et le montage des plaques transparentes sont donnés en annexe 224-O.A.4.

7.2. Les cas particuliers, et notamment les ouvertures de dimensions supérieures à celles mentionnées dans l'annexe 224-O.A.4, sont soumis à l'approbation du ministre chargé de la marine marchande après avis de la commission nationale de sécurité.

8. Les ouvertures vitrées des navires ne devant effectuer qu'une navigation de 5ᵉ ou 6ᵉ catégorie, ne sont pas soumises à ces spécifications mais en aucun cas, l'épaisseur des plaques ne doit être inférieure à 4 mm.

***N.D.L.R. :** Du 3 août 2000 au 2 août 2003, les embarcations ayant bénéficié d'une dérogation à la zone de navigation des 300 mètres dans le cadre de l'avis du 18 juin 1982 de la Commission nationale de sécurité de la navigation de plaisance peuvent continuer à naviguer dans la zone d'1 mille d'un abri. Durant cette période, ces embarcations doivent faire l'objet d'une procédure d'approbation pour continuer à naviguer au-delà des 300 mètres à l'issue de celle-ci. Par dérogation au paragraphe 1 de l'article 224-1.06, les décisions d'approbation à l'unité concernant ces embarcations sont prises par le directeur technique national de la Fédération sportive concernée après avis d'une commission d'approbation spécifique. Une commission est composée à l'initiative de la Fédération française de canoë-kayak ou de la Fédération française des sociétés d'aviron suivant le type d'embarcation et comprend au moins deux membres ayant l'une des qualification suivantes : commissaire de course, arbitre officiel ou conseiller technique sportif.*

Art. 224-2.07 : Cockpits et surbaux

1. Dispositions générales :

1.1. Un cockpit est dit étanche quand aucune entrée d'eau n'est possible dans le navire par un orifice situé à moins de 400 mm au-dessus du fond du cockpit ;

1.2. Un cockpit est dit autovideur lorsque le volume total ayant été rempli d'eau jusqu'aux hiloires, la hauteur du niveau d'eau restant après trois minutes d'autovidage n'excède pas 100 mm au-dessus de l'orifice d'évacuation le plus bas ;

1.3. Les cockpits des navires naviguant en 1ʳᵉ, 2ᵉ, 3ᵉ ou 4ᵉ catégorie doivent être étanches et autovideurs ;

1.4. Les hauteurs minimales du plancher de cockpit au-dessus de la flottaison, l'équipage prévu pour la catégorie la plus élevée ayant pris place dans le cockpit et le navire armé, doivent être supérieures à 100 mm en 4ᵉ catégorie, 150 mm en 3ᵉ catégorie et 250 mm en 2ᵉ et 1ʳᵉ catégorie ;

1.5. Les panneaux situés en fond de cockpit ainsi que les capots moteurs doivent être munis d'un joint d'étanchéité et d'un système de fermeture assurant la compression de ce joint ou comporter des surbaux prévus par les alinéas 2.1 ou 2.2 ci-dessous ;

1.6. Les coffres de banc de cockpit des navires effectuant une navigation de 1ʳᵉ catégorie ou 2ᵉ catégorie ne doivent s'ouvrir que par la partie supérieure et être munis d'un système de fixation et de fermeture assurant une bonne étanchéité. Des dérogations peuvent être apportées à ces prescriptions lorsque le ministre chargé de la marine marchande, sur avis de la commission nationale de sécurité de la navigation de plaisance, estime que le montage proposé offre une garantie de sécurité équivalente ;

1.7. Les accès munis de portes, placés verticalement dans les superstructures autres que ceux du cockpit doivent comporter un surbau de 100 mm au minimum.

2. Dispositions particulières :

2.1. Voiliers et croiseurs mixtes :

2.1.1. Aucun point du plancher du cockpit d'un navire classé en 1ʳᵉ, 2ᵉ ou 3ᵉ catégorie ne doit être sous la flottaison à 30 degrés de gîte ;

2.1.2. Les navires effectuant une navigation de 1ʳᵉ, 2ᵉ, 3ᵉ ou 4ᵉ catégorie doivent posséder des surbaux de 400 mm au minimum dans le cockpit. Sur les voiliers de 3ᵉ et 4ᵉ catégorie, cette hauteur peut être obtenue par des panneaux de fermeture amovibles. Toutefois, le fond du cockpit doit comporter un surbau fixe de150 mm ;

2.1.3. Les panneaux de fermeture amovibles ou coulissant menant aux aménagements, doivent être munis d'un système de verrouillage manœuvrable de l'intérieur et de l'extérieur du navire ;

2.2. Navires à moteurs :

2.2.1. Les surbaux de cockpit des navires à moteur effectuant une navigation en 1ʳᵉ, 2ᵉ, 3ᵉ ou 4ᵉ catégorie, doivent être de 150 m minimum. Ils peuvent être repliables mais inamovibles ;

2.2.2. En remplacement de ces dispositions, peuvent être acceptées des portes inamovibles sur charnières ouvrant sur l'extérieur ou des portes coulissantes comportant en partie basse une surface pleine d'au moins 150 mm de hauteur.

Art. 224-2.08 : Filières garde-corps et leurs fixations

1. Les navires effectuant une navigation en 1ʳᵉ, 2ᵉ, 3ᵉ ou 4ᵉ catégorie doivent posséder des protections continues et efficaces contre la chute à la mer des personnes embarquées ;

1.1. Les filières et leurs fixations doivent pouvoir résister sans rupture, ni arrachement, à une traction longitudinale de 1 100 daN ;

1.2. La hauteur des protections au-dessus du pont ne doit pas être inférieure à :

- 60 cm pour les navires d'une longueur égale ou supérieure à 8 m ;
- 45 cm pour les autres navires.

Lorsque la hauteur des protections dépasse 45 cm, il doit être installé une filière intermédiaire à une hauteur au-dessus du pont qui ne sera pas supérieure à 30 cm.

2. Les voiliers effectuant une navigation en 1ʳᵉ, 2ᵉ, 3ᵉ ou 4ᵉ catégorie, doivent être également munis à chaque bord d'un dispositif approprié permettant l'accrochage commode et rapide des harnais de sécurité prévus à l'article 224-2.44 ci-après. Ce dispositif doit pouvoir supporter en chacun de ses points une traction transversale de 1 100 daN.

2.1. Pour la 4ᵉ catégorie, l'un ou l'autre des dispositifs ci-dessus peut être monté seul.

2.2. Les navires à moteur d'une longueur inférieure à 8 mètres qui, en raison de la disposition spéciale de leurs superstructures, ne peuvent satisfaire à ces dispositions, doivent avoir au minimum une main courante le long de l'hiloire et sur le rouf. Ce dispositif doit assurer la continuité de l'avant du navire au cockpit.

3. Les navires effectuant une navigation de 1ʳᵉ, 2ᵉ 3ᵉ ou 4ᵉ catégorie doivent être équipés de cale-pieds d'au moins 30 mm de hauteur.

Titre 3
Dispositions relatives à l'appareil propulsif et à l'électricité
Installations pour l'utilisation des hydrocarbures

Art. 224-2.09 : Généralités

1. Le ou les moteurs doivent être isolés des locaux habités. L'emplacement où ils sont situés doit être de dimensions suffisantes pour faciliter la surveillance, le bon entretien et l'accessibilité des appareils et organes essentiels.

2. Les pièces en mouvement accessibles en cours de fonctionnement doivent être efficacement protégées.

3. Sur les navires à moteur visés à l'article 224-2.04 de la présente division il doit être prévu deux échappées du compartiment moteur permettant aux personnes qui s'y trouvent de sortir de ce compartiment. Les échelles d'accès doivent être fixes.

4. Une gatte métallique ou en matériau approprié est installée sous le groupe moteur/réducteur, les auxiliaires et les accessoires du moteur ;

4.1. Les rebords de cette gatte sont de hauteur suffisante pour éviter les débordements dans la cale lors des mouvements du navire ;

4.2. Les galles sous moteur ne sont pas exigées dans le cas où des varangues en avant et en arrière du moteur et des carlingues longitudinales forment un compartiment étanche, empêchant les fuites d'huile ou de combustible de gagner les autres parties du navire.

5. Les installations électriques doivent être antiparasitées.

6. Dans le cas de presse-étoupe arrière non rigide, l'élément souple doit être robuste, résistant aux hydrocarbures, conforme à la norme en vigueur, et maintenu à chaque extrémité par deux colliers incorrodables.

Art. 224-2.10 : Classement des combustibles liquides

1. Les combustibles liquides utilisés sur les navires de plaisance visés par la présente division sont classés en deux groupes :

1.1. Premier groupe, les carburants liquides dont le point éclair est inférieur à 55°C ; ce premier groupe comprend notamment les essences auto, les supercarburants, le white-spirit, le pétrole lampant ;

1.2. Deuxième groupe, les combustibles liquides dont le point éclair est égal ou supérieur à 55°C ; ce deuxième groupe comprend les gazoles.

2. La détermination du point éclair est conforme aux normes françaises en vigueur.

Art. 224-2.11 : ventilation des compartiments moteurs

1. Le compartiment moteur doit être convenablement ventilé en fonction, notamment, des spécifications du fabricant du moteur et des diverses installations existant dans ce compartiment :

1.1 L'admission d'air frais doit aboutir en principe au point le plus bas possible. Il doit exister une évacuation d'air vicié débouchant obligatoirement à l'extérieur, celle-ci étant autant que possible située à l'opposé de l'admission d'air frais. Les orifices d'admission et d'évacuation doivent être protégés contre les entrées d'eau ;

1.2. Les sections des conduits d'admission et d'évacuation doivent être en rapport avec le cubage du compartiment moteur et la puissance du ou des moteurs auxiliaires ;

1.3. Par dérogation à ces dispositions et pour les moteurs à combustible du deuxième groupe, sur les navires à voile à moteur aux d'une puissance égale ou inférieure à 8 kW, l'admission d'air frais peut se faire par les emménagements ou par les fonds. Dans ce cas, l'évacuation d'air vicié doit être de forte capacité.

2. En plus de ces dispositions, les navires à moteur fixe utilisant un carburant du premier groupe doivent être munis d'un ventilateur de cale électrique d'un type approuvé par le ministre chargé marine marchande sur avis de la commission nationale, fonctionnant à l'aspiration et capable de renouveler entièrement l'air du compartiment moteur en moins de cinq minutes.

Les pompes de cale électriques à déclenchement automatique, les appareillages électriques leur commande fonctionnant indépendamment du ou des moteurs et situés dans le compartiment moteur, ainsi que les interrupteurs ou commutateurs d'éclairage, doivent également être d'un type approuvé par le ministre chargé de la marine marchande après avis de la commission nationale de sécurité de la navigation de plaisance :

2.1. Toutes précautions sont prises pour qu'un contact éventuel entre parties mobiles ne produise pas d'étincelles ni d'échauffement dangereux ;

2.2. L'alimentation du ventilateur est indépendante du circuit de contact du moteur. L'indication en français " Attention : pour les risques d'explosion, ventiler le compartiment moteur durant cinq minutes avant tout démarrage du moteur ou de ses auxiliaires " doit être affichée à proximité immédiate du contact du démarreur.

Art. 224-2. 12 : Réservoir à combustible

1. Généralités :

1.1. Les réservoirs à combustible des moteurs fixes doivent être situés dans un emplacement éloigné de toute source de chaleur ;

1.2. Si, en raison de la taille du navire et des prescriptions du présent article, les réservoirs ne peuvent être installés en dehors des emménagements, ils doivent être convenablement isolés de ceux-ci ;

1.3. Les carburants du premier groupe sont toujours logés dans des réservoirs indépendants de la coque et situés en dehors du compartiment moteur. Leur compartiment doit être ventilé et le réservoir aisément accessible ;

1.4. Les combustibles du deuxième groupe peuvent être logés soit dans des réservoirs indépendants, soit dans les doubles fonds. Ils peuvent être placés dans le compartiment moteur ;

1.5. En cas d'utilisation des doubles fonds pour le logement du combustible, ceux-ci doivent être séparés par un cofferdam des compartiments contenant de l'eau ;

1.6. Les réservoirs dont la capacité excède 75 litres ou ceux dont la dimension prise dans le sens de la largeur du navire dépasse 40 mm doivent être munis de chicanes ou de cloisons antiroulis ;

1.7. Il ne doit pas y avoir de possibilité d'entrée d'eau dans le reservoir ;

1.8. La fixation des reservoirs amovibles doit être étudiée de telle manière qu'aucun désarrimage ne soit possible en cours de navigation ;

1.9. Les nourrices dites " jerricans " ou d'autres types sont d'une qualité apte à recevoir des hydrocarbures et ne doivent pas pouvoir être confondues avec des réservoirs de même type contenant de l'eau. À cette fin, ces nourrices devront être de couleur rouge ou porter en caractères rouges très apparents la nature du contenu ;

1.10. Les réservoirs métalliques doivent être reliés à une plaque de mise à la masse ou à la masse du navire.

2. Construction des réservoirs à combustible :

2.1. Les matériaux et l'échantillonnage des réservoirs indépendants sont prévus en fonction de la capacité, du groupe de combustible et de l'utilisation du navire ;

2.2. Les matériaux des réservoirs peuvent être le cuivre rouge, les alliages légers employés dans la construction navale, le cupronickel, la tôle d'acier inoxydable ou non. L'utilisation d'autres matériaux est soumise à l'agrément du ministre chargé de la marine marchande après avis de la commission de sécurité, le laiton étant exclu dans tous les cas :

2.3. Les réservoirs contenant des combustibles du deuxième groupe ne doivent pas être galvanisés intérieurement ;

2.4. L'étanchéité des réservoirs métalliques ne doit pas dépendre de soudures à bas point de fusion ;

2.5. Les réservoirs en plastique renforcé sont admis s'ils répondent aux spécifications déterminées par l'annexe 224-O.A.5.

3. Remplissage

3.1. Les orifices de remplissage sont situés à l'extérieur et munis d'un bouchon efficace et imperdable. L'étanchéité du pont au passage du tuyau de remplissage doit être telle qu'en cas de débordement accidentel le combustible ne puisse se répandre à l'intérieur du navire. La nature du combustible doit être indiquée d'une manière indélébile sur le bouchon ou à proximité immédiate de l'orifice de remplissage. Pour les carburants du premier groupe, l'orifice de remplissage ne doit pas être situé dans le cockpit lorsque les évacuations d'autovidage de celui-ci débouchent sous la flottaison ;

3.2. Le diamètre minimal intérieur des tuyaux de remplissage est de 38 mm ;

3.3. Les tuyaux de remplissage doivent suivre le parcours le plus direct possible. Si une section souple est nécessaire, elle doit être faite d'un matériau résistant aux hydrocarbures conforme à la norme en vigueur et fixée convenablement avec des colliers et des emmanchements suffisamment longs sur les parties rigides. Si la section souple est du type " spirale " ou annelé, des manchettes lisses sont prévues à l'emplacement des raccordements sur les tuyauteries rigides. Cette section souple doit être placée le plus près possible de l'orifice de remplissage et demeurer toujours incessible ;

3.4. Dans le cas de réservoirs en plastique renforcé destinés à contenir un carburant du premier groupe, afin d'éviter la formation de brouillard générateur de charges électrostatiques, l'extrémité inférieure du tuyau de remplissage doit se trouver au maximum à 100 mm du fond du réservoir.

4. Dégagement d'air :

4.1. Tous les réservoirs sont munis de dégagements d'air débouchant à l'extérieur. Ceux-ci doivent autant que possible être situés à proximité de l'orifice de remplissage et pouvoir être surveillés par la personne effectuant le remplissage. L'orifice de sortie d'air doit être muni d'un système prévenant une entrée d'eau éventuelle et être situé au moins au même niveau que celui de remplissage du réservoir ;

4.2. Les conduits de dégagements d'air doivent partir du point le plus haut du réservoir, compte tenu de l'assiette normale du navire. Ils ne doivent pas être situés dans l'orifice de remplissage. Pour les réservoirs d'une capacité inférieure à 10 litres, il peut être dérogé à cette dernière prescription par un dispositif approuvé par le ministre chargé de la marine marchande sur avis, de la commission nationale de sécurité, donnant les mêmes garanties d'efficacité en ce qui concerne l'absence de refoulements et débordements lors du remplissage ;

4.3. Ils sont métalliques ou en un matériau de la qualité exigée pour les sections souples des tuyauteries de remplissage. Ils doivent être le plus direct possible et sans contre-pente ;

4.4. Le diamètre intérieur minimal est de 14 mm. En cas de possibilité de remplissage par pression (avec raccord étanche) le dégagement d'air doit avoir une section égale au moins à celle de l'orifice de remplissage ;

4.5. Les dégagements d'air des réservoirs contenant des carburants du premier groupe doivent avoir leur ouverture vers l'extérieur toujours éloignée d'une bouche de ventilation. Cette ouverture est munie d'un écran pare-flamme efficace pouvant être facilement nettoyé et qui ne doit pas réduire de façon appréciable la section utile du dégagement d'air ;

4.6. Dans le cas de doubles réservoirs placés en abords, les dégagements d'air de chaque réservoir seront installés de façon qu'à la gîte, la sortie correspondant au réservoir le plus bas se trouve toujours au-dessus du réservoir le plus haut. Dans ce cas, il pourra être dérogé à l'alinéa 4.1, 2ᵉ phrase du présent article.

5. Les dispositifs de jauge à niveau visible doivent être munis de robinet à fermeture automatique à chaque extrémité, et le tube de niveau protégé contre le bris ou le déboîtage. Dans le cas où le retour de la jauge s'effectue par le dessus du réservoir, il est admis que seul le robinet inférieur doit être à fermeture automatique. La présence d'une jauge à niveau visible est obligatoire lorsque le réservoir peut être rempli par pression.

Art. 224-2.13 : Tuyautages d'alimentation en combustible

1. L'installation doit être conforme aux spécifications du fabricant du moteur :

1.1. Les tuyautages d'alimentation des moteurs sont soit métalliques, soit en matériaux souples. Ils sont fixés et protégés partout où cela est nécessaire. Les joints ou raccords dans le tuyautage sont en nombre aussi réduit que possible et placés en des endroits facilement accessibles.

Les raccords visés doivent être conformes aux normes NFR 16-207 et NFR 16-208. L'étanchéité du circuit ne doit pas dépendre de brasures à bas point de fusion (température de fusion inférieure à 450°C) ;

1.2. À moins d'être dotées de protections spécialement étudiées, les canalisations de combustible ne doivent ni surplomber, ni avoisiner des parties chaudes ;

1.3. Un filtre facilement démontable est installé sur la ligne d'alimentation en combustible. Pour les combustibles du deuxième groupe, un système de décantation accessible et visible doit être monté ;

1.4. Les tuyautages souples doivent être conformes à la norme ISO/DIS 7840. Leur fixation est effectuée soit par des raccords à vis, soit par des colliers de serrage.

2. Vanne d'arrêt :

2.1. Un robinet ou une vanne d'arrêt doit être installé au départ du réservoir. Ce robinet ou sa commande doit toujours être facilement et rapidement accessible à l'extérieur du compartiment moteur :

2.2. Dans le cas d'installation de vannes électromécaniques, celles-ci doivent être fermées quand l'alimentation électrique est interrompue ;

2.3. Si l'alimentation en combustible est faite par pompe, une dérogation pourra être admise pour l'installation de la vanne d'arrêt. Le départ du tuyautage devra se faire alors par le haut du réservoir et il devra être démontré qu'aucun risque de siphonnage n'est à craindre en cas de rupture de la canalisation.

Art. 224-2. 14 : Carburateur

Les carburateurs doivent être d'un type à récupération des égouttures dans la pipe d'admission et être munis d'un dispositif antiretour de flamme.

Art. 224-2.15 : Essais du circuit d'alimentation en combustible – Continuité électrique

1. Le circuit d'alimentation complet, depuis le remplissage jusqu'au moteur, doit être éprouvé à sa mise en service. La pression d'épreuve doit être de 0,35 bar pendant au moins trente minutes, à température constante, sans chute de pression. Cette durée doit être portée à soixante minutes lorsque les réservoirs sont constitués de plastique renforcé.

2. La continuité électrique depuis le bouchon de remplissage jusqu'au réservoir doit être assurée et l'ensemble du circuit doit être à la masse du navire.

Art. 224-2.16 : Échappement moteur

1. La ligne d'échappement doit être munie d'un dispositif destiné à réduire le bruit, d'un système efficace pour éviter toute entrée d'eau dans le moteur et être conforme aux spécifications du fabricant du moteur. Les joints sont en nombre aussi réduit que possible.

2. Les tuyaux d'échappement sont efficacement refroidis ou au moins isolés et protégés par un calorifugeage dans les parties du navire où une élévation de température peut être dangereuse. Le calorifugeage ne doit pas pouvoir s'imbiber d'huile ni de combustible.

3. Le cuivre ne doit pas être utilisé pour l'échappement des moteurs à allumage par compression.

4. Les sections souples des tuyaux d'échappement doivent répondre aux conditions suivantes :

4.1. Être convenablement fixées par doubles colliers de serrage, toujours accessibles ; leur disposition dans le compartiment moteur ne doit pas présenter de risque d'usure anormale par vibrations ou frottements sur des pièces adjacentes ;

4.2. Sur les moteurs à échappement sec, être métalliques, d'un matériau résistant aux conditions d'utilisation ;

4.3. Sur les moteurs à échappement humide, être d'un matériau résistant aux hydrocarbures et à une température de 100°C ; un certificat, ou une marque du fabriquant du matériau doit permettre à l'usager de reconnaître sans erreur la destination de ce type de conduit.

Art. 224-2.17 : Colliers de serrage

1. Tout collier de serrage visé par la présente division doit répondre aux conditions suivantes :

1.1. Être en matériau incorrodable ;

1.2. Être monté de manière propre à éviter un écrasement ou une coupure du raccord souple.

2. Les colliers de serrage, en ce qui concerne le combustible et les évacuations à la mer, doivent être doublés.

Art. 224-2.18 : Moteurs hors bord

1. Les puits et bacs destinés à l'installation des moteurs hors bord ne doivent pas comporter de risque d'envahissement par l'eau des autres parties du navire. En particulier, toutes les ouvertures destinées au passage des commandes et des circuits d'alimentation doivent être munies d'un système d'étanchéité.

2. Les puits et bacs à moteur doivent former un compartiment étanche et autovideur.

3. Dans tous les cas, une ventilation efficace de ce compartiment doit être assurée, sauf si le puits ou bac débouche sur un cockpit étanche et autovideur.

4. Les navires habitables, susceptibles d'être équipés d'un hors bord utilisant un combustible du premier groupe, doivent avoir un logement étanche aux écoulements par rapport aux aménagements pour le stockage du réservoir ou du moteur à réservoir incorporé.

Art. 224-2.19 : Électricité

1. Dispositions générales

1.1. Les installations sont classées d'après les tensions d'alimentation en deux domaines :

1.1.1. Domaine I : tensions égales ou inférieures à 50 volts en alternatif et 100 volts en continu ;

1.1.2. Domaine II : tensions supérieures à 50 volts en alternatif et 100 volts en continu.

1.2. Les tensions aux bornes des appareils utilisateurs ne doivent pas dépasser les valeurs suivantes :

1.2.1. 380 volts pour la force motrice, le chauffage, l'éclairage, les appareils fixes ou le petit appareillage électroménager ;

1.2.2. 50 volts pour les appareils portatifs en alternatif et 100 volts en continu.

1.3. Toutes les installations électriques, sauf l'appareillage électrique du moteur sont à deux pôles isolés sans retour par la masse.

1.4. Pour les navires de construction métallique, sont également à deux pôles isolés sans retour par la masse, tous les accessoires du ou des moteurs sauf l'allumage des moteurs à explosion et les démarreurs qui doivent être munis d'un relais bipolaire.

2. Câblages :

2.1. Le câblage est effectué par conducteurs isolés à double isolement, sauf lorsque le câblage est effectué par faisceau groupé dans une gaine appropriée accessible et maintenue tous les 250 mm au moins.

2.1.1. Le revêtement des câbles doit résister à l'eau de mer, à l'huile, aux hydrocarbures et ne doit pas propager la flamme.

2.1.2. La section des câbles est proportionnée à l'intensité en service normal et à la longueur du circuit. La chute de tension doit pas être supérieure à 5/100 aux bornes du récepteur.

2.1.3. Les canalisations électriques sont soigneusement isolées et protégées partout où cela est nécessaire.

2.1.4. Les câblages doivent être installés de manière à éviter la création de champs magnétiques à proximité des compas magnétiques ou autres instruments de navigation sensibles à de tels champs perturbateurs.

2.1.5. Les canalisations ne doivent pas passer dans les fonds, ni dans les endroits où il y a risque d'immersion même temporaire.

2.2. Les jonctions se font par systèmes à vis, à broches ou soudures, les épissures étant exclues.

2.3. Tous les circuits sont protégés par fusibles ou disjoncteurs, à l'exception du démarreur et des circuits alimentés par piles.

2.4. Les prises de courant situées à l'extérieur doivent être d'un type étanche avec fermeture.

2.5. Mise à la masse :

2.5.1. La mise à la masse doit être assurée de façon permanente au moyen de conducteurs convenablement reliés à la coque ou à un de masse elle-même en contact permanent avec la mer. Les conducteurs sont en matériaux difficilement corrodables, fixés et protégés.

Si la disposition des appareils assure une mise à la masse efficace, les conducteurs de masse peuvent ne pas être installés pour ces appareils ;

2.5.2. La section des conducteurs de masse est déterminée de façon qu'en cas de défaut d'isolement provoquant un courant de fuite :

– il ne se produise pas d'échauffement important entraînant un risque d'incendie ;

– il ne s'établisse pas de différence de potentiel dangereuse entre deux parties métalliques susceptibles d'être touchées simultanément par le personnel.

2.6. Lorsque des installations des deux domaines coexistent, les prises de courant doivent être d'un brochage différent et la tension indiquée par une plaque.

2.7. On ne peut fixer sous un même collier des câbles alimentant des installations de domaines différents à moins que ces câbles ne soient munis d'une gaine métallique mise à la masse.

3. Installations du domaine I :

3.1. Les câbles sont d'un type autorisé ;

3.2. Dans le cas ou une mise à la masse est nécessaire, celle-ci est conforme au paragraphe 2.5. ;

3.3. Il peut être dérogé au paragraphe 2.1.5 si les câbles passent dans une gaine ou un conduit étanche et isolant.

4. Installations du domaine II :

4.1. Le matériel utilisé est conçu et construit de telle manière qu'il puisse fonctionner sans danger pour les personnes malgré une exposition permanente à l'atmosphère saline, à l'humidité et aux vibrations ;

4.2. Les câbles doivent être d'un type agréé par le ministre chargé de la marine marchande.

4.3. Les prises de courant intérieures, les boîtes de jonction et dérivation, les tableaux électriques ainsi que leurs appareils fixés en façade doivent être étanches au ruissellement ;

4.4. Les jonctions et dérivations se font toutes par boîtes ;

4.5. Sur tous les navires, il doit être prévu une mise à la masse telle que définie au paragraphe 2.5. ;

4.6. Ligne de quai :

4.6.1. Les prises de courant et leur ligne de quai doivent être conçues de telle manière que la masse du navire soit reliée à la prise de terre du réseau terrestre avant la mise sous tension de l'installation ;

4.6.2. La ligne de quai est munie d'un interrupteur, d'un transformateur de sécurité ou d'un dispositif de protection à courant différentiel résiduel, d'une sensibilité de 30 milliampères maximum ou de tout autre dispositif assurant une protection équivalente ;

4.6.3. L'appareillage de transformateur du courant primaire en courant TBT doit répondre aux conditions 471.3.2 de la Norme NFC 15-100.

4.7. Toutes les parties métalliques découvertes des machines et de l'équipement électrique qui ne sont pas destinées à être mises sous tension mais qui peuvent l'être fortuitement telles que carcasse de moteur, bâti, coffret métallique, enveloppe métallique d'appareil, etc., doivent être mises à la masse.

4.8. Il peut être dérogé aux paragraphes 1.2.2 et 4.7 pour le petit appareillage électroménager si celui-ci est construit et monté de manière à éviter tout danger d'accident dans les conditions normales d'utilisation (classe II double isolement).

5. Batteries d'accumulateurs :

5.1. Les batteries ne peuvent être placées ni sous un réservoir de combustible ni sous tout accessoire relatif au combustible sans que des protections particulières soient installées.

5.2. Les batteries à électrolyte liquide sont placées dans un bac étanche lui résistant et pouvant recueillir un écoulement accidentel ;

5.3. Les batteries sont fixées de façon à prévenir tout risque de désarrimage, quel que soit l'angle de gîte du navire ;

5.4. Ventilation des batteries :

5.4.1. Une ventilation naturelle doit aérer les batteries.

5.4.2. Si elles sont dans un compartiment spécial, celui-ci doit posséder un dégagement d'air à la partie supérieure.

5.4.3. Si la capacité totale des batteries est supérieure à 2 000 W/h, le dégagement d'air doit déboucher à l'air libre et ne pas permettre des entrées d'eau.

5.5. Un coupe-batterie sur chaque polarité doit être accessible et aussi proche que possible de la batterie. Il doit permettre d'isoler toute l'installation.

5.6. Dans le cas de démarrage électrique du ou des moteurs, la batterie doit pouvoir effectuer sans recharge et dans les conditions normales d'utilisation, six démarrages consécutifs.

5.7. Les feux de mouillage, les dispositifs anti-effraction, les systèmes de protection cathodiques actifs et tous dispositifs de sécurité utilisables en dehors des périodes de navigation peuvent déroger à l'alinéa 5.5 ci-dessus.

Titre 4
Sauvetage - Épuisement - Insubmersibilité

Art. 224-2.20 : Engins de sauvetage collectifs

1. Le type de l'engin de sauvetage collectif devant être embarqué à bord de tout navire de plaisance visé au présent chapitre est défini par le tableau ci-après.

La capacité totale du ou des engins embarqués doit permettre de recevoir toutes les personnes présentes à bord.

2. Les spécifications et classes des radeaux pneumatiques de sauvetage sont définies par le chapitre 333-2 de la division 333 du présent règlement.

3. Un emplacement de stockage de l'engin collectif doit être prévu à bord du navire, accessible de l'extérieur, de façon qu'il puisse être mis à l'eau immédiatement et facilement en toutes circonstances.

4. Lorsque les engins flottants sont exigés, la ou les bouées de sauvetage prescrites par l'article 224-2.21 suivant peuvent tenir lieu d'engin flottant pour une personne.

LONGUEUR du navire (Art. 224-2.20)	CATÉGORIE DE NAVIGATION					
	1re	2e	3e	4e	5e	6e
Égale ou supérieure à 8 m	Classe II 1975 Plaisance	Classe II 1975 Plaisance	Classe II allégée 1975 Plaisance ou classe IV 1975	Classe V 1975 plaisance	Engins flottants d'un type approuvé	Néant
Inférieure à 8 m	Idem	Idem	Idem ou classe V 1975	Idem	Idem	Idem

5. Pour une navigation en 5e catégorie, un radeau pneumatique de sauvetage peut être considéré comme un engin flottant pour un nombre de personnes double de celui pour lequel le radeau a été approuvé.

6. Les navires pratiquant une navigation de 3e ou 4e catégorie sont dispensés de l'embarquement d'engins de sauvetage collectifs lorsqu'ils ont été déclarés insubmersibles dans les conditions prévues aux articles 224-2.24 et 224-2.28, alinéa 3.

7. Les navires pratiquant une navigation en 5e catégorie sont dispensés d'engins de sauvetage collectifs lorsqu'ils répondent aux conditions de flottabilité définies par les articles 224-4.05 et 224-4.07 ci-après.

Art. 224-2.21 : Engins de sauvetage individuels

1. Tout navire visé au présent chapitre doit avoir, en un emplacement d'où elle peut être facilement jetée à la mer, une bouée de sauvetage d'un type approuvé ou conforme aux dispositions de la division 311 applicables aux navires de charge et de pêche. Une bouée d'un type approuvé est une bouée répondant aux dispositions de l'article 224-2.22, alinéas 2, 3.1 et 3.2.

Sur les navires effectuant une navigation en 1re, 2e, 3e ou 4e catégorie, cette bouée est dotée d'une source lumineuse de caractéristiques conformes aux points 1 et 2 de l'alinéa 2 de l'article 225-7.04.

Lorsque la longueur du navire est égale ou supérieure à 15 mètres, une seconde bouée répondant aux conditions ci-dessus doit être embarquée.

2. Il doit y avoir à bord de tous les navires de plaisance visés au présent chapitre, autant de brassières de sauvetage approuvées que de personnes à bord, et une ou plusieurs supplémentaires dans la proportion de 10 p.100 du nombre de personnes à bord, lorsque nombre de celles-ci dépasse 10. Les brassières doivent être facilement accessibles.

Pour une navigation en 5e et 6e catégorie, les brassières portant le marquage CE peuvent être d'un des quatre types suivants : type 50 (NF/EN 393), type 100 (NF/EN 395), type 150 (NF/EN 396) ou type 275 (NF/EN 399), à l'exclusion des modèles à gonflage oral seul.

Pour une navigation en 1re, 2e, 3e et 4e catégorie, les brassières portant le marquage CE peuvent être d'un des trois types suivants : type 100 (NF/EN 395), type 150 (NF/EN 396) ou type 275 (NF/EN 399), à l'exclusion des modèles à gonflage oral seul.

Art. 224-2.22 : Engins flottants

1. L'expression " engin flottant " désigne un matériel flottant autre que les radeaux pneumatiques, bouées et brassières de sauvetage, destiné à supporter un nombre maximum défini de personnes qui se trouvent dans l'eau. Il doit être fait mention de ce nombre sur l'engin flottant.

2. Pour être approuvé, un engin flottant doit satisfaire aux conditions suivantes :

2.1. La flottabilité minimale doit être d'au moins 14,5 kilogrammes par personne supportée ;

2.2. L'engin flottant doit avoir une couleur conforme aux dispositions de l'article 4.12 de la norme NF/EN 395.

2.3. Il doit être utilisable quelle que soit la face sur laquelle il flotte ;

2.4. Il doit être muni d'une filière en guirlande solidement amarrée sur le pourtour.

3. La flottabilité est assurée par l'un des moyens suivants :

3.1. Matériau tel que liège de bonne qualité, balsa ou équivalent, à l'exclusion du kapok ;

3.2. Matière plastique expansée à cellules fermées, protégée de telle sorte qu'elle ne puisse être exposée à des dommages mécaniques et à des solvants hydrocarbures. Elle doit avoir une bonne tenue aux vibrations. Son vieillissement ne doit pas altérer ses qualités physiques ;

3.3. Par insufflation de gaz conservé sous pression, sous réserve des conditions supplémentaires suivantes :

3.3.1. Les caractéristiques des tissus constituant l'engin sont d'une qualité et d'une résistance au moins égales à celles utilisées pour les radeaux pneumatiques de sauvetage approuvés pour les navires de plaisance.

3.3.2. Le gonflement est assuré en moins de deux minutes, par un ou plusieurs réservoirs de gaz comprimé ; ces réservoirs peuvent être des cartouches non rechargeables ;

3.3.3. Ce type d'engin flottant pneumatique, ainsi que la ou les bouteilles de gonflement, sont soumis à des contrôles annuels identiques à ceux appliqués aux radeaux pneumatiques de sauvetage. Les contrôles sont consignés sur un fascicule conservé à bord. Il doit exister un fascicule par engin flottant pneumatique ;

3.3.4. La durée de maintien en service d'engins flottants pneumatiques ne doit pas dépasser celle fixée pour les radeaux de sauvetage.

Art. 224-2.23 : Marquage des bouées de sauvetage et des engins flottants

1. Le nom du navire et les lettres d'identification du quartier d'immatriculation doivent être inscrits de manière indélébile sur les bouées de sauvetage et sur les engins flottants embarqués à bord.

2. Sous réserve d'une déclaration auprès du quartier d'immatriculation, le matériel utilisé ci-dessus marqué au nom d'un navire peut être embarqué sur un autre navire immatriculé dans le même quartier et appartenant au même propriétaire.

Art. 224-2.24 : Insubmersibilité des navires de plaisance

1. Un navire de plaisance monocoque visé par le présent chapitre ne peut être déclaré insubmersible que s'il a fait l'objet d'un procès-verbal d'essai satisfaisant établi par un organisme notifié dans le cadre du décret n° 96-611 du 4 juillet 1996 relatif à la mise sur le marché des bateaux de plaisance et des pièces et éléments d'équipement. Ces dispositions sont applicables aux navires construits en amateur pour son usage personnel.

L'organisme notifié qui envisage de procéder à des essais d'insubmersibilité doit en informer lors du premier essai, l'autorité administrative chargée de la navigation de plaisance.

1.1 Le dossier de demande doit comprendre une documentation suffisante pour mesurer la répartition, la nature et le mode de fixation des réserves de flottabilité, ainsi qu'un devis de poids en charge maximale.

1.2 Les matériaux constitutifs des réserves de flottabilité doivent répondre aux spécifications prescrites par l'alinéa 2.

1.3 Les essais doivent être effectués dans les conditions prévues par l'alinéa 3.

1.4 Les navires déclarés insubmersibles doivent disposer d'une plaque spécifique, conforme aux dispositions de l'alinéa 3 de l'article 224-1.12 et fixée à côté de la plaque signalétique, précisant :

1.4.1. La mention : " Navire insubmersible selon les dispositions de l'arrêté du 23 novembre 1987 modifié " ;

1.4.2. Le numéro d'enregistrement de la déclaration d'insubmersibilité ;

1.4.3. Le poids maximal de l'appareil propulsif ;

1.4.4. Le nombre maximal de personnes autorisées dans le cadre de l'insubmersibilité.

1.5. Lors de l'immatriculation d'un modèle de navire de plaisance déclaré insubmersible, le plaisancier doit fournir une attestation d'insubmersibilité délivrée par le constructeur. Cette attestation est conforme à celle figurant à l'annexe 224-0.A.9.

Pour les navires déclarés insubmersibles à l'unité, le plaisancier doit fournir le procès-verbal d'essai établi par l'organisme notifié conformément à l'alinéa 4.3 suivant.

2. Les réserves de flottabilité doivent répondre aux dispositions suivantes :

2.1 Les réserves de flottabilité sont constituées par des matières expansées, des volumes gonflables, en cas de besoin, par insufflation d'un gaz sous pression ou par tout autre procédé offrant les mêmes caractéristiques techniques de sécurité. Les caissons à air faisant partie intégrante de la coque ne sont pas admis, sauf pour les embarcations pneumatiques ;

2.2 Les matières expansées sont à cellules fermées. Elles sont fixées en permanence et doivent être conformes aux spécifications fixées par le paragraphe 3.2 de l'article 224-2.2 ;

2.3 Les réserves gonflables doivent satisfaire aux dispositions prescrites au paragraphe 3.3 de l'article 224-2.22 ;

2.3.1. Les volumes de flottabilité doivent être installés de façon qu'ils ne risquent pas d'être crevés ou détériorés par ragage, ni entrer en contact avec des hydrocarbures. Leur fixation doit résister à une traction au moins égale à la valeur de la flottabilité. Les efforts doivent être renvoyés sur la structure du navire, quel que soit l'angle de gîte.

Le gonflement de ces réserves de flottabilité ne doit pas condamner le passage vers un compartiment habitable du navire.

2.3.2. La bouteille de gaz comprimé doit être de capacité suffisante pour assurer un gonflement des réserves de flottabilité égal à 90% au plus de leur capacité maximum à 20°C. Cette bouteille est située à l'abri, à l'intérieur du navire, en un emplacement accessible en cas d'envahissement partiel.

3. Essais du navire.

3.1. Un navire est déclaré insubmersible lorsque, plein d'eau, il flotte avec une assiette normale et un franc-bord minimum dans des conditions suffisantes de sécurité. Il doit posséder une réserve de stabilité positive.

L'équipage doit être efficacement protégé.

3.2. Pendant les essais, le navire est armé pour la mer, avec le nombre maximal de personnes demandé dans le cadre de l'insubmersibilité. La moyenne du poids de l'équipage doit être d'au moins 75 kilogrammes par personne. Pour les essais, le matériel qui risque d'être détérioré par l'eau de mer peut être remplacé par un poids équivalent dont le centre de gravité est situé au même emplacement.

3.3. Le navire est progressivement envahi par la mer dans toutes ses parties accessibles, obligatoirement par communication avec l'extérieur (par vanne ou ouverture), une arrivée d'eau annexe pouvant être utilisée pour accélérer l'opération. Cet envahissement est poursuivi jusqu'à l'obtention de l'équilibre entre le niveau de la mer et celui de l'eau à l'intérieur de la coque. Le franc-bord minimum ne peut être inférieur à 3 % de la longueur de la coque, sauf en des points précis et de faible étendue tels qu'échancrure de fixation de moteur hors-bord par exemple.

3.4. Les essais ne peuvent être déclarés satisfaisants que si les critères minimum sont respectés :

3.4.1. Pour les voiliers, l'équipage étant assis sur le bordé ou debout dans le cockpit, mais réparti également, les moments de redressement son mesurés au moins à 4 angles de gîte répartis entre 0 et 90°.

Le moment de redressement à 80° doit rester positif.

3.4.2 Pour les navires à moteur, les réservoirs étant pleins, le franc-bord ne doit pas être nul lorsque l'équipage est placé sur un bord ;

3.4.3 Pour les pneumatiques et semi-rigides à moteur, le compartiment le plus défavorable à la stabilité étant dégonflé, le franc-bord ne doit pas être nul lorsque l'équipage est placé du côté du compartiment dégonflé.

3.5. L'autorité administrative chargée de la navigation de plaisance peut assister aux essais du navire, ou s'y faire représenter.

4. L'organisme notifié qui aura procédé aux essais devra en valider les conclusions et transmettre à l'administration un dossier comprenant les documents suivants aux fins d'enregistrement :

4.1. Les plans et documents nécessaires à la conduite des essais ;

4.2. Un rapport d'essais comprenant :

4.2.1. Un justificatif du déplacement annoncé (pesée et état du navire à la pesée) ;

4.2.2. Un rapport de contrôle du chargement du navire pour l'essai et du poids des personnes embarquées ;

4.2.3. Un relevé de franc-bord avec schémas, navire droit avant envahissement, navire droit après envahissement ;

4.2.4. Pour les navires à moteur, les pneumatiques et les semi-rigides, un relevé de franc-bord, navire à la gîte après envahissement ;

4.2.5. Pour les voiliers, des schémas et un constat de tendance au redressement pour une gîte de 80° ;

4.2.6. Un jeu de photos du navire dans chacune des positions d'équilibre après envahissement.

4.3. Un procès-verbal d'essai conforme au modèle figurant à l'annexe 224-O.A.10.

Art. 224-2.25, 224.2-26 et 224.2-27 *(abrogés)*

Art. 224-2.28 : Voiliers multicoques - Insubmersibilité - Dispositions diverses

1. Tout voilier multicoque habitable doit être insubmersible.

2. Le constructeur, l'importateur ou l'architecte des navires de ce type doit fournir les plans et documents suivants :

2.1. Un plan donnant la disposition des réserves de flottabilité, ainsi qu'un calcul du centre de gravité et d'assiette dans les différentes conditions d'envahissement ;

2.2. Un document donnant tous renseignements sur les volumes de flottabilité, matériaux, mode de fixation et résistances de ces fixations ;

2.3. Un devis de poids complet et détaillé, navire armé sans équipage, avec moteur, voiles, vivres et moitié de sa capacité en eau et combustible. Chaque rubrique de ce devis doit donner le poids spécifique des matériaux utilisés.

3. Pour bénéficier des dispositions prévues par l'alinéa 6 de l'article 224-2.20, les conditions exigées à l'article 224-2.24 doivent être remplies, tout navire multicoque étant considéré comme un navire à moteur.

4. Les multicoques classés en 1re, 2e ou 3e catégorie doivent être munis de dispositifs pour crocher les harnais de sécurité sur et sous le navire. Les fusées et les radeaux de sauvetage doivent être accessibles de l'extérieur, navire chaviré.

5. Les multicoques classés en 1re catégorie doivent être munis, si chaque coque habitable, en un endroit non immergé lorsque le navire est chaviré, d'un trou d'homme d'un diamètre minimum de 450 mm ouvrant de l'intérieur et de l'extérieur ou de tout autre dispositif offrant des garanties équivalentes.

Art. 224-2.29 : Épuisement - Assèchement

1. Les moyens d'épuisement exigés par l'article 43 du décret susvisé sont déterminés dans les conditions ci-après, suivant la catégorie du navire considéré :

1.1. En 5e catégorie, un seau rigide ;

1.2. En 4e catégorie, deux seaux rigides, et dans le cas des navires d'une longueur supérieure à 8 mètres, une pompe à bras ;

1.3. En 1re, 2e et 3e catégorie, une pompe à bras fixe manœuvrable de l'extérieur, une autre pompe fixe manœuvrable de l'intérieur, qui peut être à bras, mécanique ou électrique et au moins deux seaux rigides.

Les deux pompes exigées sont reliées soit à un collecteur d'assèchement permettant d'aspirer dans tous les compartiments si le navire est muni de cloisons étanches, soit à une aspiration le plus bas possible dans le navire.

2. Les seaux rigides doivent avoir une contenance d'au moins 7 litres et être munis d'un bout.

3. Le débit minimum des pompes à bras fixes ou portatives doit être au moins de 0,500 litre par coup, celui des pompes mécaniques ou électriques d'au moins 500 litres par heure. Les tuyautages d'aspiration et de refoulement doivent être à poste sur la pompe. En aucun cas, le refoulement ne peut s'effectuer dans les cockpits et bacs de moteur hors bord, même si ceux-ci sont autovideurs. Les pompes électriques immergeables doivent pouvoir fonctionner en continu durant deux heures.

4. À l'exclusion des pompes à bras, les aspirations des pompes ou du collecteur d'assèchement, s'il en existe un, doivent être munies de crépines en matériau incorrodable pouvant être facilement démontées et nettoyées.

Titre 5
Protection contre l'incendie

Art. 224-2.30 : Extincteurs

1. Les extincteurs utilisés sur les navires de plaisance sont conformes aux dispositions de la division 311 applicables aux navires de charge et de pêche. Le pouvoir extincteur des appareils, caractérisé par le foyer type éteint, détermine l'aptitude à combattre un incendie survenant sur un navire doté d'une puissance motrice déterminée. Le tableau 1 ci-après définit cette efficacité en fonction de la puissance motrice maximale pouvant être couverte.

Tableau 1
Efficacité des extincteurs selon la puissance de l'installation motrice

Efficacité de l'extincteur	Puissance réelle maxi couverte
Foyer type 21 B	P ≤ 150 kW
Foyer type 34 B	150 kW < P ≤ 300 k W
Foyer type 55 B	300 kW < P ≤ 450 k W

2. La révision des extincteurs doit être effectuée conformément aux dispositions contenues dans le " Guide pour la maintenance des extincteurs mobiles " élaboré par le Comité national du matériel d'incendie et de sécurité.

3. Tout navire habitable, quel que soit son mode de propulsion, doit posséder au moins un extincteur type 21 B. Dans le cas de navires à utilisation collective d'une longueur inférieure à 10 mètres à bord desquels sont utilisés des produits inflammables tels qu'essence, pétrole ou gaz, cet extincteur doit contenir au moins 2 kg d'agent extincteur à l'exclusion de l'anhydride carbonique.

4. Tout navire pourvu d'un ou plusieurs moteurs intérieurs, doit posséder pour chaque moteur un ou plusieurs extincteurs ou une installation fixe d'extinction à commande à distance par gaz inerte (art. 224-2.32 ci-après).

5. Les extincteurs doivent être répartis à des emplacements facilement accessibles et éloignés d'une source possible d'incendie.

6. Lorsque le navire est équipé d'une installation électrique de la catégorie B, un des extincteurs doit être diélectrique.

7. Tout compartiment moteur, à l'exception de ceux équipés d'une installation fixe d'extinction par gaz inerte, doit être pourvu d'un orifice permettant de projeter à l'intérieur le produit extincteur sans qu'il soit nécessaire d'ouvrir le ou les panneaux d'accès habituels. Cet orifice doit être équipé d'un système d'obturation qui doit être tenu fermé à la mer.

8. Le nombre et la répartition des extincteurs à bord des navires de plaisance sont conformes aux dispositions suivantes :

8.1. Les navires dotés d'un ou plusieurs moteurs (§4 ci-dessus) doivent posséder un ou plusieurs extincteurs affectés à ce ou ces moteurs et aux installations à combustible liquide. Le nombre et l'efficacité de ces extincteurs sont déterminés d'après le tableau 2 ci-après :

Tableau 2
Extincteurs affectés à l'installation propulsive

Puissance réelle maxi installée	Nombre et classe des extincteurs exigés
P ≤ 150 kW	1 extincteur 21 B par moteur.
150 kW < P ≤ 300 k W	2 extincteurs 21 B si deux moteurs. 1 extincteur 34 B si un moteur.
P > 300 kW	1 extincteur 55 B et autant d'extincteurs complémentaires qu'il est nécessaire pour couvrir la puissance si un moteur. Si deux moteurs : pour chaque moteur, un extincteur 34 B ou 55 B et autant d'extincteurs qu'il est nécessaire pour couvrir sa puissance.

8.2. En outre tout navire habitable d'une longueur supérieure à 10 m doit posséder un ou plusieurs extincteurs supplémentaires, suivant les modalités du tableau 3 ci-après. Un des extincteurs doit être situé à l'entrée de la cuisine ou du local prévu pour cet usage.

9. Les navires munis d'une installation d'extinction fixe par gaz inerte (art. 224-2.32 ci-après) doivent posséder un extincteur portatif situé à proximité du compartiment moteur et suffisant pour couvrir le quart de la puissance motrice installée, sans toutefois qu'il puisse être exigé plus d'un extincteur.

Si le navire est habitable, il doit posséder également dans les emménagements les extincteurs prévus au tableau 3.

Tableau 3

Longueur du navire	Nombre et classe d'extincteurs
10 m < L ≤ 15 m	1 extincteur 21 B
15 m < L ≤ 20 m	2 extincteurs 21 B
20 m < L ≤ 25 m	3 extincteurs 21 B

Art. 224-2.31 Extinction par l'eau - Réseau et pompe d'incendie

1. Sur les navires à moteur de plus de 15 mètres de longueur, il doit exister un réseau d'incendie répondant aux conditions suivantes :

1.1. Le réseau d'incendie est alimenté au moins par une pompe attelée au moteur principal ou auxiliaire ;

1.2. Les diamètres des conduites du réseau d'incendie sont déterminés de façon à permettre l'utilisation efficace du débit total d'une pompe d'incendie. Il doit exister au moins une bouche d'incendiée située de telle manière que le jet d'eau puisse au moins atteindre un point quelconque du navire normalement accessible en cours de navigation. L'ajutage de la lance ne peut être inférieur à 7 mm ;

1.3. Une pression d'au moins 2 bars doit être maintenue aux bouches d'incendie ;

1.4. La pompe d'incendie peut assurer un autre service, mais les vannes et tuyautages doivent être installés en conséquence. En particulier, l'aspiration à la cale avec refoulement au collecteur d'incendie doit être impossible ;

1.5. Les manches d'incendie sont en matériau approprié. Si, pour satisfaire aux conditions de l'alinéa 1.2, la longueur de la manche dépasse 20 m, il doit être installé une deuxième bouche d'incendie à un emplacement convenable.

2. En outre, tout navire doit être muni de seaux en nombre suffisant. Ces seaux peuvent être ceux exigés par les dispositions de l'article 224-2.29, relatif aux moyens d'épuisement.

Art. 224-2.32 Installation d'extinction fixe par gaz inerte

1. Les navires employant un combustible du premier groupe avec une installation motrice intérieure d'une puissance égale ou supérieure à 110 kW, doivent être munis d'une installation fixe d'extinction par gaz inerte dans le compartiment moteur :

1.1. La mise en œuvre du dispositif d'extinction doit pouvoir être commandée manuellement de l'extérieur du compartiment à protéger. Toutes dispositions utiles sont prises pour que du gaz ne puisse être envoyé par inadvertance dans un local quelconque. Un signal doit avertir de l'envoi de gaz inerte dans les locaux où du personnel est appelé à travailler. Ce mode d'extinction n'est pas utilisé pour les locaux habités ;

1.2. Les tuyautages sont disposés de manière à assurer une répartition efficace du gaz inerte dans le local à protéger.

2. Les navires équipés de telles installations doivent posséder, en outre, le ou les extincteurs fixés par le paragraphe 9 de l'article 224-2.30 :

2.1. Pour l'application du présent article, dans le cas d'utilisation du gaz carbonique, son poids est calculé sur la base de 1,78 kg par mètre cube de gaz (0,56 m^3 par kilogramme) ;

2.2. La quantité de gaz carbonique et l'installation doivent permettre d'envoyer deux fois, de façon séparée et massive, la quantité de gaz carbonique prescrite au paragraphe 2.3 du présent article ;

2.3. La quantité de gaz carbonique distribuée par le tuyautage doit, pour chaque envoi, correspondre à un volume de gaz, à la pression atmosphérique, au moins égal à 40 p. 100 du volume brut du local considéré ;

2.4. Les conditions de construction et de surveillance en service des bouteilles de gaz carbonique sont fixées par un arrêté ministériel.

3. Tout autre gaz inerte peut remplacer le gaz carbonique sous réserve qu'il soit accepté par le ministre chargé de la marine marchande, après avis de la commission nationale de sécurité de la navigation de plaisance, et que l'installation satisfasse aux dispositions du présent article, notamment en ce qui concerne la possibilité d'envoyer le gaz en deux fois de façon séparée et massive.

4. Le dispositif d'extinction fixe par gaz inerte ci-dessus peut être remplacé par un système de détection automatique approuvé par le ministre chargé de la marine marchande après avis de la commission nationale de sécurité de la navigation de plaisance. Dans ce cas, les dispositions prévues par l'article 224-2.30 devront être respectées.

***N.D.L.R.** : L'Union européenne a adopté le calendrier suivant concernant les installations au halon : interdiction du halon a/c 01/01/03 et démantèlement des installations au halon au 31/12/03.*

Titre 6
Installations et appareils à gaz liquéfié combustible

Art. 224-2.33 : Règles applicables

1. Généralités :

1.1. Les bouteilles de gaz en service doivent être fixées hors des locaux habités, dans un compartiment étanche au gaz vis-à-vis des emménagements, accessible de l'extérieur et situé au-dessus de la flottaison à 30 degrés de gîte, convenablement ventilé et muni notamment d'une ouverture de 50 cm² minimum à la partie basse débouchant au-dessus de la flottaison, permettant l'évacuation en cas de fuite. Cette ouverture doit être située de telle manière que le gaz provenant de fuites éventuelles ne puisse pénétrer à l'intérieur du navire ; en outre, il doit être prévu une ouverture en partie haute qui ne sera pas à moins de 10 cm en dessous du robinet d'arrêt. Toutes dispositions sont prises pour que les bouteilles ne soient pas soumises à une température excessive. La ou les bouteilles de gaz doivent être fixées en position verticale, de telle façon qu'elles ne puissent se désarrimer en cours de navigation.

2. Tuyautages :

2.1. Tuyautages fixes :

Les tuyautages fixes sont métalliques, le matériau utilisé est l'acier inoxydable ou le cuivre (NFA 51.120).

Ils sont convenablement fixés tous les 0,50 m pour le cuivre, 1,00 m pour l'acier inoxydable, et protégés partout où ils risquent de subir des chocs. Les jonctions sont réduites au minimum et toujours brasées. Les brasures tendres sont interdites. Les raccords brasés en cuivre doivent répondre à la norme NFE 29.591. Si des jonctions mécaniques sont indispensables pour un démontage éventuel de l'installation, celles-ci doivent être facilement accessibles pour leur surveillance. Ces jonctions doivent être d'un type convenant pour le gaz liquéfié.

2.2. Tuyautages souples :

2.2.1. Un tuyautage souple d'une longueur maximale de 1 m est admis au départ et à l'arrivée aux appareils. Ces sections souples sont conformes à la norme française en vigueur. Elles doivent rester visibles et accessibles sur toute leur longueur et être disposées de manière à ne pouvoir être atteintes par les flammes, ni détériorées par les gaz de combustion, les parties chaudes des appareils ou les débordements de produits chauds, ni être endommagées par le ragage. Leur fixation est assurée par des colliers de serrage.

2.2.2. Un robinet individuel d'arrêt, placé à proximité de chaque appareil d'utilisation et situé en amont de l'embout éventuel pour tuyau souple, doit permettre d'isoler cet appareil même en cas d'embrasement de celui-ci ;

2.2.3. Un robinet manuel ou automatique ou un détendeur déclencheur à robinet incorporé doit être installé sur la bouteille.

3.1. La bouteille, d'un poids de gaz liquéfié égal ou inférieure 3 kg peut être située à l'intérieur du navire dans les deux cas ci-après :

3.1.1. Lorsqu'elle est raccordée aux brûleurs directement ou par l'intermédiaire d'un court tuyautage rigide. Dans ce cas, la bouteille doit être rendue solidaire du réchaud par un moyen autre que ce raccordement ;

3.1.2. Lorsqu'elle est du type à emballage perdu (cartouche).

3.2. Dans tous les cas, les bouteilles ou cartouches de recharge ne sont pas entreposées dans le local où est situé l'appareil utilisateur.

4. Les appareils à flamme nue autres que les réchauds ne peuvent être autorisés à l'intérieur des navires qu'aux conditions suivantes :

4.1. L'appareil est muni d'un dispositif coupant automatiquement l'arrivée du gaz lorsque la veilleuse s'éteint ;

4.2. La flamme doit être protégée. Il doit exister un conduit d'évacuation des gaz brûlés vers l'extérieur ;

4.3. Il doit être prévu une arrivée d'air frais pour le renouvellement de l'atmosphère ;

4.4. L'appareil et son installation à bord sont soumis à l'approbation du ministre chargé de la marine marchande après avis de la commission nationale de sécurité de la navigation de plaisance ;

4.5. Tous les appareils, fixes ou articulés, doivent être pourvus d'un dispositif de fixation empêchant tout désarrimage, quel que soit l'angle de gîte du navire.

Titre 7
Habitabilité et hygiène

Art. 224-2.34 : Locaux affectés aux personnes - Appareils de chauffage

1. Les locaux affectés au couchage des personnes embarquées doivent être suffisamment aérés.

2. Aucun tuyautage d'évacuation des gaz du moteur ne doit passer dans les locaux fermés affectés aux personnes embarquées s'il n'est pris des précautions particulières pour assurer une isolation satisfaisante et éviter les corrosions et les fuites.

3. Aucun couchage ne doit être installé dans le compartiment du moteur et ce compartiment doit être suffisamment isolé des postes de couchage pour que les gaz du moteur ne puissent pénétrer dans ces derniers.

4. Les poêles, tuyaux et cheminées sont munis d'un dispositif protecteur incombustible et démontable. S'il ont une clé de réglage, celle-ci est pourvue d'un cran d'arrêt empêchant la fermeture complète. Le passage des tuyaux à travers les ponts et cloisons doit être isolé.

Les appareils fixes de chauffage à combustion sont munis de conduits d'évacuation des gaz brûlés.

Art. 224-2.35 : Eau potable

Les navires de 1re 2e et 3e catégories doivent embarquer une réserve d'eau potable suffisante, en rapport avec la durée du voyage à entreprendre et le nombre de personnes embarquées. Les réservoirs doivent être réalisés en matériau compatible avec l'usage alimentaire.

Art. 224-2.36 : Matériel médical et pharmaceutique

Tout navire de plaisance doit être pourvu d'un matériel médical et pharmaceutique fixé dans les conditions suivantes :

1. Il existe trois types de boîtes de secours : n°1, n°2 et n°3. La composition de ces boîtes de secours est donnée par l'annexe 224-0.A.8 de la présente division.

2. Suivant la catégorie de navigation pratiquée, il doit être embarqué :

2.1. Sur les navires pratiquant la 5e catégorie, une boîte de secours n°1 ;

2.2. Sur les navires pratiquant la 4e catégorie, une boîte de secours n°2 ;

2.3. Sur les navires pratiquant la 3e et la 2e catégorie, une boîte de secours n°3 ;

2.4. Sur les navires pratiquant la 1re catégorie, au minimum une boîte de secours n°3 qui sera complétée en fonction de la durée du voyage, des parages fréquentés et du nombre de personnes embarquées.

3. Le matériel et les médicaments sont contenus dans un emballage assurant une fermeture étanche.

Titre 8
Sécurité de la navigation - Dispositions relatives à la conduite, aux appareils, documents et instruments nautiques, objets d'armement et de rechange

Art. 224-2.37 : Feux et marques de navigation

1. Les navires de plaisance doivent porter les feux et marques prescrits par le règlement international pour prévenir les abordages en mer.

2. Les navires de plaisance d'une longueur égale ou supérieure à 7 m doivent posséder des fanaux d'un type approuvé (NFJ 76. 102).

3. Les navires d'une longueur inférieure à 7 m peuvent posséder des fanaux non approuvés mais, dans ce cas, ceux-ci seront conformes aux spécifications minimales suivantes :

3.1. Les portées lumineuses doivent être celles prescrites par le règlement international pour les navires d'une longueur inférieure à 12 m ;

3.2. Les fanaux doivent éclairer dans le secteur réglementaire et seulement dans ce secteur ;

3.3. Lorsque les écrans ne sont pas en verre, le matériau utilisé doit satisfaire aux conditions suivantes :

3.3.1. Être teinté dans la masse ;

3.3.2. Résister au vieillissement, particulièrement en ce qui concerne les colorants utilisés qui ne doivent pas subir de modifications en dehors des tolérances admises, sous l'influence de la lumière solaire ou artificielle, de la chaleur et des éléments marins ;

3.3.3. Être d'une épaisseur suffisante.

3.4. Les écrans colorés constitués par une feuille mince superposée à un verre ou par une peinture ou un vernis ne sont pas autorisés.

3.5. L'alimentation des feux doit s'effectuer par 2 pôles isolés de la masse.

3.6. Les feux doivent présenter une bonne étanchéité aux brouillards salins ou un drainage efficace.

3.7. Le nom du constructeur et l'indication de conformité avec les dispositions de la présente division doivent figurer sur le feu de façon visible et indélébile.

L'administration peut faire procéder auprès des fabricants à toutes vérifications qu'elle juge utiles dans les limites des spécifications de la présente division. Ces contrôles sont effectués aux frais du constructeur ou de l'importateur.

4. Les navires à voile de moins de 7 m doivent, autant que possible montrer les feux prescrits aux alinéas 1er, 2 ou 3 de la règle 25 du règlement international. À défaut, ils doivent montrer en tête de mât un feu blanc visible sur tout l'horizon.

5. Les navires de la 5e catégorie qui ne naviguent habituellement que de jour, peuvent ne posséder que des " fanaux " maintenus toujours en bon état de marche ; ces fanaux peuvent être à piles incorporées.

6. Les fanaux doivent être montés en des emplacements où ils ne peuvent être masqués en cours de la navigation par les voiles ou autres apparaux. Au montage, les fanaux doivent être orientés convenablement, afin de respecter les secteurs de visibilité et bloqués en position.

7. Aucun feu additionnel non réglementaire pouvant prêter à confusion ne doit être allumé en même temps que les feux prescrits par le règlement international. Les interrupteurs ou circuits d'allumage doivent être prévus en conséquence.

Art. 224-2.38 : Passerelle de navigation ou poste de pilotage

1. À bord des navires à moteur, la passerelle de navigation ou le poste de pilotage doit être assez élevé pour offrir une excellente visibilité sur un secteur d'horizon aussi étendu que possible.

2. Les indications d'utilisation en français doivent être inscrites sur les appareils et accessoires de sécurité concernant la navigation, le sauvetage, l'incendie ou l'épuisement. Par ailleurs, une notice d'entretien et de maintenance, également en français, doit être fournie pour chaque appareil.

Art. 224-2.39 : Compas

1. Tout navire doit être muni :

1.1. Si le navire effectue une navigation en 1re, 2e, 3e ou 4e catégorie, d'un compas de route et d'un compas de relèvement. En 4e catégorie, les deux compas peuvent être remplacés par un compas de route pouvant être utilisé pour les relèvements ;

1.2. Si le navire effectue une navigation en 5e catégorie, d'un compas de route.

2. Les compas des navires de 1re, 2e et 3e catégorie doivent être conformes soit à la norme NFJ 38104, soit aux normes prévues à l'annexe 311-1.A1 de la division 311.

3. À bord des navires effectuant une navigation de 1re, 2e ou 3e catégorie, la courbe de déviation doit être affichée. En cas de déviation trop importante, le compas doit être compensé.

4. Les compas doivent être soustraits aux actions perturbatrices telles que installations radioélectriques ou circuits électriques non prévus spécialement. Dans le cas contraire, il devra en être tenu compte dans l'établissement des courbes de déviation.

5. Les compas non approuvés admis pour les navigations de 4e et 5e catégorie doivent répondre aux spécifications minimales suivantes :

5.1. Ils sont du type liquide et doivent fonctionner efficacement entre − 20°C et + 60°C. La nature du liquide doit être indiquée ;

5.2. La circonférence de la rose est graduée en degrés : l'écart maximal entre deux divisions consécutives est de 5 degrés ;

5.3. Le compas reste efficace et ses caractéristiques sont conservées lorsque le navire prend une gîte pouvant atteindre 40 degrés ;

5.4. Il doit être possible à un observateur ayant une vue normale de voir l'index et lire les graduations de la rose correspondant au cap à une distance d'un mètre à la lumière du jour et à la lumière artificielle. Si une partie de la rose est seule visible, l'emploi d'un dispositif grossissant est admis. Il doit être possible de lire au moins 15 degrés de part et d'autre de l'index ;

5.5. Le système de fixation des compas à double usage, route et relèvement doit être tel qu'il soit impossible de les replacer dans une mauvaise position par rapport à la ligne de foi ;

5.6. L'équipage magnétique doit satisfaire aux conditions ci-après

5.6.1. Il doit rester libre pour une inclinaison de la cuvette de 20 degrés dans toutes les directions ;

5.6.2. En France, après une déviation initiale de 40 degrés, le temps séparant les deux premiers passages consécutifs à la position de départ doit être supérieur ou égal à cinq secondes ;

5.6.3. Après un tour de la cuvette en une minute, l'entraînement de l'équipage magnétique doit être inférieur ou égal à 3 degrés ;

5.6.4. L'écart subsistant après déviation de 5 degrés de l'équipage magnétique doit être égal ou inférieur au demi degré.

5.7. Le nom du constructeur et l'indication de conformité avec les dispositions du présent article doivent figurer sur le compas de façon visible et indélébile.

Art. 224-2.40 : Réflecteur d'ondes radar

Tout navire effectuant une navigation en 1re, 2e 3e et 4e catégorie, dont la coque n'est pas métallique, doit être muni d'un dispositif réflecteur d'ondes radar d'un modèle satisfaisant aux normes minimales approuvées par le ministre chargé de la marine marchande après avis de la commission nationale.

Art. 224-2.41 : Journal de bord

1. Les navires effectuant une navigation en 1re, 2e ou 3e catégorie doivent tenir un journal de bord qui doit être présenté à toute demande des autorités maritimes :

1.1. Les faits relatifs à la sécurité du navire, et en particulier les prévisions météorologiques prises avant le départ et en cours de navigation et tous les événements intéressant la sauvegarde de la vie humaine en mer doivent être consignés par ordre chronologique sur le journal de bord ;

1.2. Les renseignements relatifs à la conduite du navire doivent y figurer ;

1.3. Le nom des personnes présentes à bord doivent y figurer avec la date de leur embarquement et débarquement. Celui du chef de bord doit y être nommément précisé.

Art. 224-2.42 : Ski nautique

1. Deux personnes doivent être présentes à bord de tout navire à moteur remorquant un ou plusieurs skieurs. L'un doit se consacrer à la conduite de l'embarcation, l'autre à la surveillance du ou des skieurs tractés.

2. Les personnes titulaires du brevet d'État de moniteur de ski nautique ne sont pas soumises aux dispositions ci-dessus.

Art. 224-2.43 : Navires participant à des opérations de plongée

Les navires de plaisance participant à des opérations de plongée doivent porter les marques prévues par le règlement international pour prévenir les abordages en mer. Toutefois, les navires dont la longueur est inférieure à 7 mètres peuvent montrer un pavillon A du Code international des signaux, d'au moins 0,50 m de guindant. Ce pavillon doit être visible sur tout l'horizon et maintenu déployé.

Art. 224-2.44 : Instruments et documents nautiques - Matériel d'armement - Objets de rechange

1. Les navires de plaisance sont pourvus, selon leur catégorie de navigation, des appareils, instruments et documents nautiques, ainsi que des objets d'armement et de rechange prévus dans les tableaux A et B ci-après.

2. La composition et les caractéristiques minimales des lignes de mouillage prévues au tableau B sont définies à l'article 224-2.46 ci-après ;

Tableau A

Appareils, instruments et documents

Appareils	Catégories 1	2	3	4	5	Observations
Sextant	1					Accompagné des tables nécessaires pour une navigation astronomique.
Montre d'habitacle	1	1	1	1		En 2e, 3e et 4e catégorie peut être remplacé par une montre bracelet de précision.
Baromètre	1	1	1	1		
Jumelles marines ou monoculaires	1	1	1			
Sonde à main	1	1	1	1		
Loch totalisateur	1	1	1			
Miroir de signalisation	1	1	1	1	1	
Pavillon national	1	1	1	1	1	Dimensions minimales du pavillon national et des pavillons N et C : - 40 x 30 cm pour 3e et 4re et 5e catégories, - 60 x 50 cm pour 1re et 2e catégories.
Pavillons N et C	1	1	1	1	1	
Rapporteur	1	1	1	1		Ou instrument équivalent.
Annuaire des marées ou ouvrage équivalent	1	1	1	1	1	Non exigé pour navires naviguant en Méditerranée.
Lampe étanche	2	2	2	1	1	
Corne de brume	1	1	1	1	1	
Cloche	1	1	1	1	1	Pour navires de plus de 12 m.
Récepteur radioélectrique	1	1	1	1		En 1re et 2e catégorie, le récepteur doit comporter la bande latérale unique
Guide du navigateur du SHOM	1	1				
* Ouvrages 2A, 2B, 3C et 1D du SHOM			1	1	1	
Code international des signaux (édition française)						Pour les navires munis d'un appareil émetteur-récepteur de radiotéléphonie.
* Décrets et règlements relatifs à la sécurité des navires de plaisance de moins de 25 m	1	1	1	1		

* Ouvrages, documents et instructions nautiques, comprenant notamment un livre des feux et les cartes nécessaires au voyage entrepris ou à la région fréquentée pour les navires effectuant une navigation en 1re, 2e, 3e ou 4e catégorie, la ou les cartes de la région fréquentée par les navires effectuant une navigation en 5e catégorie.

---

* Ces documents peuvent être remplacés par d'autres ouvrages comportant les renseignements et informations officiels y figurant dans leur intégralité et constamment remis à jour.

3. Tableau B :

3.1. Tous navires :

- une ou deux lignes de mouillage suivant les caractéristiques du navire définies par l'article 224-2.46 ci-après ;
- une gaffe ;
- pour les navires dont la longueur est inférieure à 8 mètres et pour les navires équipés d'un moteur, un aviron d'une longueur suffisante et un dispositif de nage, ou deux pagaies ;
- un taquet ou une bitte d'amarrage et un chaumard ou dispositif équivalent à l'avant, de caractéristiques suffisantes pour permettre le remorquage du navire ;
- un filin permettant de remorquer le navire par mer agitée s'il n'existe qu'une seule ligne de mouillage ;
- un jeu de pinoches coniques en bois de différents diamètres.

Tout navire visé au présent titre et dont la barre est commandée à distance doit disposer d'une barre franche de secours aisément utilisable à l'exception des navires à moteur hors-bord.

3.2. Voiliers

3.2.I. Toutes catégories :

- un jeu de voiles permettant au navire de faire route ;
- un jeu de manœuvres courantes complet ;
- un tourmentin ;
- un dispositif de réduction de la voilure ;
- un harnais de sécurité par personne embarquée, sauf en 5e catégorie.

3.2.2. Voiliers de 1re, 2e ou 3e catégorie :

- un jeu de filins assortis de rechange permettant le remplacement des manœuvres courantes ;
- des poulies et manilles de rechange pour les manœuvres usuelles ;
- une cisaille apte à couper les haubans ou outillage approprié permettant de libérer le gréement dormant.

3.3. Navires à propulsion mécanique effectuant une navigation de 1re, 2e, 3e ou 4e catégorie :

3.3.1. Objets de rechange pour moteur à allumage par compression :

- un jeu d'outils de démontage ;
- un injecteur taré et un tuyau d'injecteur monté sur son porte-injecteur ;
- une cartouche de filtre à gazole ;
- quelques boulons appropriés au moteur ;
- quelques tuyaux ou raccords souples avec colliers de serrage ;
- fusibles pour l'installation électrique ;
- courroies de rechange.

3.3.2. Objets de rechange pour moteur à essence

- un jeu d'outils de démontage comprenant notamment une clé a bougie ;
- un jeu de bougies d'allumage de rechange ;
- une bobine d'allumage et son condensateur ;
- quelques tuyaux ou raccords souples avec colliers de serrage ;
- quelques boulons appropriés au moteur ;
- fusibles pour l'installation électrique ;
- courroies de rechange.

4. Croiseurs mixtes

Les croiseurs mixtes, tels que définis à l'article 224-1.05 de la présente division, sont astreints à l'embarquement du matériel prescrit aux alinéas 3.1, 3.2 et 3.3 ci-dessus, en fonction de leur catégorie de navigation.

Art. 224-2.45 : Signaux pyrotechniques de détresse

1. Les signaux pyrotechniques de détresse suivants :

- fusée à parachute ;
- fumigène flottant ;
- feu rouge automatique à main ;

sont de caractéristiques conformes aux dispositions de la division 311 applicables aux navires de charge et de pêche.

2. *(abrogé)*

3. Les signaux pyrotechniques devant être embarqués à bord sont les suivants :

3 1. Pour les navires armés en 1re, 2e et 3e catégorie :

- quatre fusées à parachute ;
- deux signaux fumigènes flottants ;
- six feux rouges automatiques à main.

3.2. Pour les navires armés en 4e catégorie :

- trois fusées à parachute ;
- trois feux rouges automatiques à main.

3.3. Pour les navires armés en 5e catégorie :

- trois feux rouges automatiques à main.

4. Tout ensemble de signaux pyrotechniques prévu pour une catégorie de navigation peut être remplacé par l'ensemble afférent à la catégorie supérieure.

Art. 224-2.46 : Caractéristiques des apparaux de mouillage

1. Les navires d'une longueur de moins de 9 m ou d'une masse inférieure à 3 000 kg doivent être munis d'une ligne de mouillage constituée d'une ancre, d'une chaine d'une longueur d'au moins 8 m et d'un câblot répondant aux caractéristiques définies à l'annexe 224-0.A.6.

2. Les navires d'une longueur égale ou supérieure à 9 m ou d'une masse égale ou supérieure à 3 000 kg doivent être munis d'une ligne de mouillage constituée d'une ancre, d'une chaine d'une longueur au moins égale à 2 fois celle du navire et d'un câblot répondant aux caractéristiques définies à l'annexe 224-0.A.6 et d'une seconde ligne de mouillage constituée d'une ancre, d'une chaine d'une longueur minimale de 8 mètres et d'un câblot.

3. La longueur totale de chacune des lignes de mouillage doit être d'au moins 5 fois la longueur totale du navire. Elle peut être entièrement constituée de chaîne.

4. Sur tout navire, une de ces lignes de mouillage doit être montée à poste et être étalinguée en permanence.

5. Des ancres d'un type nouveau pourront être acceptées après avis de la commission nationale de sécurité de la navigation de plaisance.

6. Les navires participant à des compétitions internationales peuvent être autorisés par les chefs de centre de sécurité des navires à n'embarquer que les apparaux de mouillage prévus par les règles de course.

Art. 224-2-47 Engins pneumatiques tractés par vedettes rapides

1. L'engin tracté doit être d'une couleur vive aisément repérable.

2. Les personnes embarquées sur l'engin doivent porter des gilets de sécurité de couleur vive.

3. La remorque doit être de couleur vive et flottante.

4. Le remorqueur doit comporter un système de largage rapide de la remorque et il doit arborer une flamme fluorescente orange de deux mètres, placée à une hauteur suffisante pour assurer sa visibilité.

5. Deux personnes doivent être présentes à bord de tout navire à moteur remorquant un tel engin. L'une doit se consacrer à la conduite du navire, l'autre à la surveillance de l'engin tracté et au largage éventuel de la remorque.

Cette dernière personne devra être d'âge à passer le permis de conduire les navires à moteur.

6. Le navire tracteur doit être en mesure d'embarquer à son bord la totalité des personnes transportées par l'engin tracté, en plus de son équipage, et disposer d'un moyen d'accès adéquat.

Chapitre 224-3
Aides électroniques à la navigation - Signaux et messages de détresse

***N.D.L.R. :** La division 224 n'a pas encore été mise à jour des profondes modifications survenues ces dernières années dans le domaine des communications de détresse et de sécurité, modifications dues, notamment à la mise en œuvre du Système mondial de détresse et de sécurité en mer (SMDSM) [les navires de plaisance ne sont pas soumis au SMDSM]. Par exemple il y est toujours question de signaux de détresse en radiotélégraphie alors que celle-ci n'est plus utilisée ni veillée. Quelques-uns des articles du chapitre 224-3 ne sont donc plus d'actualité.*

Art. 224-3.01 : Navigation à bord des navires équipés de radar ou d'aides électroniques à la navigation

1. Le fait de disposer d'un radar ou d'aides électroniques à la navigation ne dégage nullement le capitaine de l'obligation de se conformer aux prescriptions des règles pour prévenir les abordages en mer.

2. Le capitaine doit en outre tenir compte des recommandations annexées au règlement international concernant l'utilisation du radar.

Art. 224-3.02 Usage des signaux d'alarme ou de détresse

1. Le capitaine d'un navire peut faire usage des signaux d'alarme ou de détresse (douze traits de quatre secondes séparés par des intervalles d'une seconde et groupe S.O.S. en radiotélégraphie ou deux tonalités émises alternativement durant trente à soixante secondes et mot Mayday en radiotéléphonie) seulement dans l'un des quatre cas suivants :

1.1. Pour signaler que son navire est sous la menace d'un danger grave et imminent et pour demander une assistance médicale ;

1.2. Pour signaler qu'un autre navire ou un aéronef est en détresse si celui-ci n'est pas en mesure de le signaler lui-même ;

1.3. Pour demander des secours supplémentaires lorsque, s'étant porté à l'aide d'un navire ou d'un aéronef en détresse, il juge ces secours nécessaires ;

1.4. Pour répéter un appel de détresse dont aucun autre navire ou station côtière n'a accusé réception immédiatement, lorsqu'il est dans l'impossibilité de se porter lui-même au secours du navire ou de l'aéronef en détresse.

2. Dans tous les autres cas où le capitaine d'un navire doit transmettre un message très urgent concernant la sécurité d'un navire, d'un aéronef ou d'une personne quelconque se trouvant à bord ou en vue du bord, il doit faire usage du signal d'urgence (trois répétitions du groupe XXX en radiotélégraphie ; trois répétitions du mot Pan en radiotéléphonie).

3. Quand le capitaine d'un navire qui a émis le signal d'alarme ou de détresse ou un signal d'urgence suivi d'un message " à tous " estime ultérieurement que l'assistance n'est plus nécessaire ou qu'il n'y a plus lieu de donner suite au message, il doit immédiatement le faire savoir à toutes les stations intéressées.

4. Dans tous les cas où le capitaine d'un navire doit transmettre un message concernant la sécurité de la navigation ou donnant des avertissements météorologiques importants, il doit faire usage du signal de sécurité (trois répétitions du groupe TTT en radiotélégraphie, trois répétitions du mot Sécurité en radiotéléphonie).

5. La transmission de tous les messages relatifs aux cas de détresse d'urgence et de sécurité doit être effectuée conformément au règlement des radiocommunications en vigueur.

Art. 224-3.03 : Emploi injustifié des signaux de détresse

L'emploi d'un signal international de détresse, sauf s'il s'agit de signaler un " cas de détresse ou un besoin de secours " ainsi que l'emploi d'un signal pouvant être confondu avec un signal international de détresse sont interdits.

Art. 224-3.04 Message de détresse - Mesures à prendre par le capitaine

***N.D.L.R. :** Des modifications ont été apportées à la règle 10 du chapitre V de la Convention SOLAS (décret 97-759 du 11 juillet 1997) et sont en vigueur depuis le 1er juillet 1997. Comme elles n'ont pas encore été introduites dans la division 224, elles figurent en italique dans le texte d'article 224-3.04 reproduit ci-après.*

1. Le capitaine d'un navire en mer qui *est dans une position lui permettant de prêter assistance et qui* reçoit de quelque source que ce soit (y compris d'une radiobalise pour la localisation des sinistres en mer) un message indiquant que *des personnes* se trouvent en détresse *en mer*, est tenu de se porter à vitesse maximale *à leur secours en les informant ou en informant le service de recherche et de sauvetage de ce fait*, si possible. Si *le navire qui reçoit l'alerte de détresse est dans l'impossibilité de se porter à leur secours, ou si,* dans les circonstances spéciales où il se trouve, il n'estime ni raisonnable ni nécessaire de le faire, le capitaine doit inscrire au journal de bord la raison pour laquelle il ne se porte pas au secours des personnes en détresse *et en informer le service de recherche et de sauvetage compétent.*

2. Le capitaine d'un navire en détresse *ou le service de recherche et de sauvetage intéressé*, après avoir consulté autant que cela peut être possible les capitaines des navires qui ont répondu *à l'alerte de détresse*, a le droit de réquisitionner *parmi* ces navires *celui ou ceux que le capitaine du navire en détresse ou le service de recherche et de sauvetage* considère les *mieux à même de prêter assistance* ; le capitaine ou les capitaines du ou des navires ainsi réquisitionnés ont l'obligation de se soumettre à la réquisition en continuant à se rendre à toute vitesse au secours des personnes en détresse.

3. Les capitaines des navires sont libérés de l'obligation imposée par le paragraphe 1 du présent article, lorsqu'ils apprennent *que leurs navires n'ont pas été réquisitionnés et* qu'un ou plusieurs navires autres que *les leurs* ont été réquisitionnés et *donnent suite* à la réquisition. *Cette décision doit, si possible, être communiquée aux autres navires réquisitionnés et au service de recherche et de sauvetage.*

4. Le capitaine d'un navire est libéré de l'obligation imposée par le paragraphe 1 du présent article et, si son navire est réquisitionné, de l'obligation imposée par le paragraphe 2, s'il est informé par les personnes en détresse ou par *le service de recherche et de sauvetage ou par* le capitaine d'un autre navire qui est arrivé auprès de ces personnes que le secours n'est plus nécessaire.

Art. 224-3.05 : Signaux de sauvetage

1. Au cours d'opérations de recherches ou de sauvetage, des signaux particuliers peuvent être effectués :

1.1. Par les stations ou les unités maritimes de sauvetage dans leurs communications avec les navires ou les personnes en détresse et réciproquement ;

1.2. Par les avions pour guider les navires.

2. La signification internationale de ces signaux est précisée dans les publications du service hydrographique et océanographique de la marine et doit être connue des personnes exerçant le commandement de navires de plaisance.

Chapitre 224-4
Dispositions applicables aux embarcations légères de plaisance

Art. 224-4.01 : Zones de navigation

Les zones de navigation des embarcations telles que définies à l'article 224-1.04 sont les suivantes :

1. Les voiliers de sport légers, les voiliers de sport à quille et les embarcations mues exclusivement par l'énergie humaine ne peuvent effectuer qu'une navigation diurne.

2 La catégorie de navigation dans laquelle ils peuvent évoluer est la 6e sauf s'ils sont surveillés par un accompagnement approprié.

3 Les voiliers de sport à quille d'une longueur supérieure à 5 m peuvent effectuer une navigation en 5e catégorie sans accompagnement, s'ils sont dotés des réserves de flottabilité prescrites à l'article 224-4.05 ci-après.

4. Les autres embarcations visées au présent chapitre ne peuvent effectuer qu'une navigation de 5e catégorie, sauf décision particulière du ministre chargé de la marine marchande après avis de la commission nationale de sécurité de la navigation de plaisance.

Art 224-4.02 : Capacité de transport des embarcations rigides

1. Le nombre maximum de personnes pouvant prendre place à bord des embarcations rigides visées au présent chapitre est déterminé par le constructeur ou l'importateur selon la méthode indiquée par l'annexe 224-0.A.7 de la présente division.

2. Pour les embarcations de compétition définies par l'alinéa 5 de l'article 224-4.07 ci-après, le nombre maximum de personnes pouvant prendre place à bord est celui déterminé par les règles de la série augmenté d'une unité.

Art. 224-4.03 : Capacité de transport des embarcations pneumatiques

Le nombre maximum de personnes pouvant prendre place à bord des embarcations pneumatiques visées au présent chapitre est déterminé par la norme française en vigueur.

Art. 224-4.04 : Dérogations aux règles relatives aux capacités de transport

Par dérogation aux dispositions des articles 224-4.02 et 224-4.03, la capacité de transport des embarcations utilisées par les écoles de voile, dans le cadre de la formation collective des stagiaires, peut être fixée par décision du ministre chargé de la marine marchande après avis de la commission nationale de sécurité de la navigation de plaisance.

Art. 224-4.05 Réserves de flottabilité

Toute embarcation rigide visée au présent chapitre doit être dotée d'une réserve de flottabilité suffisante pour que, une fois remplie volontairement de la quantité maximale d'eau qui rentrera à l'intérieur et chargée à leurs emplacements habituels des poids immergés du moteur, de l'équipement et d'autant de fois 15 kg de fer que de personnes pouvant y prendre place en application de l'article 224-4.02, elle flotte en eau douce durant vingt-quatre heures, sensiblement droite, la quille en bas, sans qu'aucune partie du livet de pont soit immergée.

Pour les embarcations visées au paragraphe 5 de l'article 224-1.04, les caractéristiques de flottabilité sont appréciées au point le plus bas de l'hiloire.

Art. 224-4.06 : Flottabilité des embarcations pneumatiques

La flottabilité des embarcations pneumatiques est conforme aux spécifications de la norme française en vigueur.

Art. 224-4.07 : Flottabilité des embarcations autres que pneumatiques

1. Lorsque le navire possède des caissons à air, ceux-ci ne peuvent pas être retenus comme réserve de flottabilité et doivent être mis en communication avec l'extérieur.

2. Les réserves de flottabilité sont constituées soit par des matières expansées, soit par tout autre procédé approuvé par le ministre chargé de la marine marchande après avis de la commission nationale de sécurité de la navigation de plaisance.

3. Les matières expansées sont à cellules fermées. Elles sont inamovibles et protégées de telle sorte qu'elles ne puissent être exposées à des dommages mécaniques et à des solvants hydrocarbures. Elles doivent avoir une bonne tenue aux vibrations.

4. Par ailleurs, le mât avec barre de flèche, gréement dormant et courant lorsqu'il n'est pas fixé au bateau, doit flotter en eau douce en position horizontale pendant vingt-quatre heures. Cette disposition ne s'applique pas aux mâts des bateaux de sport à quille.

5. Embarcations de compétition :

5.1. Les embarcations de compétition armées par des licenciés des fédérations agréées par le ministre chargé des sports pour la voile, le motonautisme, le canoë-kayak ou l'aviron peuvent être dispensées, lors des compétitions, des dispositions du présent article et ne satisfaire qu'aux conditions de flottabilité prévues par le règlement national ou international de leur série. Pour l'entraînement à la compétition, ces embarcations feront l'objet soit d'une surveillance, soit d'une déclaration de sortie.

5.2. Pour une utilisation autre que celle prévue ci-dessus, ces embarcations devront être équipées d'un dispositif de flottabilité, qui pourra être amovible, répondant aux conditions définies à l'article 224-4.05 ;

5.3. Ces embarcations devront porter sur leur plaque signalétique prescrite par l'article 224-1.12 la mention " flottabilité non conforme aux articles 224-4.05 et 224-4.07 de la division navires de plaisance ". Ces embarcations devront être mises en conformité lorsqu'elles cesseront d'être destinées à la compétition ;

5.4. La liste des embarcations bénéficiant des dispositions ci-dessus est fixée par le ministre chargé de la marine marchande, après avis de la commission nationale de sécurité de la navigation de plaisance.

Art. 224-4.08 : Matériel d'armement

1. Toute embarcation à voile ou à moteur naviguant en 6e catégorie doit être munie du matériel suivant :

- une ancre ou grappin d'un modèle efficace avec chaîne ou câblot d'une longueur appropriée amarré au navire ;
- deux avirons ou une godille avec dispositif de nage ou une pagaie ;
- une écope reliée par un bout au navire, sauf si le cockpit est autovideur ;
- un chaumard à l'avant et un taquet permettant le remorquage ou tous autres dispositifs équivalents ;
- pour les embarcations pneumatiques, un gonfleur ;
- un dispositif de sécurité pour les moteurs à essence coupant automatiquement l'allumage ou, à défaut, les gaz en cas d'éjection ou de malaise du pilote, lorsque la puissance réelle maximum du ou des moteurs dépasse 4,5 kW (6 CV).

1.1. Les embarcations visées au paragraphe 5 de l'article 224-1.04 et naviguant en 6e catégorie doivent être munies du matériel suivant :

- un bout d'amarrage muni d'un mousqueton, d'une longueur égale à la longueur de l'embarcation ;
- au moins deux pales, ou pelles, ou palettes ;
- une écope reliée par un bout au navire ou une pompe d'assèchement, sauf si le cockpit est autovideur ;
- un taquet permettant le remorquage ou tous autres dispositifs équivalents.

2. Pour la navigation en 5e catégorie, ce matériel est complété par les moyens de signalisation ci-après :

- une lampe électrique étanche en état de marche ;
- un compas conforme aux spécifications définies à l'article 224-2.39 ;
- trois feux rouges à main d'un type approuvé ;
- une corne de brume.

3.

3.1. Les organismes d'État et ceux qui sont agréés par le ministre chargé de la jeunesse, des sports et des loisirs peuvent être sur leur demande, dispensés par l'autorité maritime de l'obligation de munir leurs embarcations d'ancre, grappin, aviron, godille ou pagaie lors des séances d'entraînements organisés ou de compétitions.

3.2. Ces embarcations peuvent également, dans les mêmes conditions être dispensées de l'obligation d'embarquer le matériel de signalisation lorsqu'elles effectuent une navigation avec un accompagnement approprié dans une zone autre que celle relevant de la 6e catégorie de navigation.

Art. 224-4.09 : Gilets ou brassières de sauvetage

Chaque personne à bord des embarcations visées au présent chapitre doit disposer d'un gilet ou brassière de sauvetage d'un type approuvé. Toutefois, sont dispensées de cette obligation, les personnes embarquées lorsqu'elles portent un vêtement isothermique offrant les mêmes garanties de flottabilité.

Les brassières portant le marquage CE peuvent être d'un des quatre types suivants : type 50 (NF/EN 393), type 100 (NF/EN 395), type 150 (NF/EN 396) ou type 275 (NF/EN 399), à l'exclusion des modèles à gonflage oral seul.

Art. 224-4.10 : Extincteurs

Toute embarcation dotée d'un ou plusieurs moteurs intérieurs doit posséder un ou plusieurs extincteurs conformes aux dispositions de l'article 224-2.30 de la présente division.

Art. 224-4.11 : Dispositions des chapitres 224-2 et 224-3 applicables aux embarcations légères de plaisance

Sont applicables aux navires visés par le présent chapitre, les articles suivants des chapitres 224-2 et 224-3 à la date déterminée par l'article 224-1.14 ci-dessus :

224-2.03 Matériaux de construction ;
224-2.06 Ouvertures dans la coque et les superstructures ;
224-2.09 Appareil propulsif et électricité : généralités ;
224-2.10 Classement des combustibles liquides ;
224-2.11 Ventilation des compartiments moteurs ;
224-2.12 Réservoirs à combustible ;
224-2.13 Tuyautage et alimentation en combustible ;
224-2.14 Carburateurs ;
224-2.15 Essai du circuit d'alimentation en combustible. Continuité électrique ;
224-2.16 Échappement moteur ;
224-2.17 Colliers de serrage ;
224-2.18 Moteurs hors-bord. ;
224-2.19 Électricité ;
224-2.30 Extincteurs ;
224-2.32 Installation d'extinction fixe par gaz inerte ;
224-2.33 Installation et appareils à gaz liquéfié et combustible règles applicables ;
224-2.34 Locaux affectés aux personnes. Appareils de chauffage ;
224-2.37 Feux et marques de navigation ;
224-2.38. 2. Passerelle de navigation du poste de pilotage : indications en français ;
224-2.42 Ski nautique ;
224-2.43 Navires participant à des opérations de plongée ;
224-2.45 Signaux pyrotechniques de détresse ;
224-3.03 Emploi injustifié des signaux de détresse.

Art. 224-4.12 : Demandes d'approbation

Les demandes d'approbation des navires visés au présent chapitre doivent être déposées auprès du centre de sécurité des navires de leur lieu de construction.

Chapitre 224-5
Dispositions applicables aux véhicules nautiques à moteur

Art. 224-5.01 *(abrogé)*

Art. 224-5.02 : Zone de navigation

La navigation des véhicules nautiques à moteur est autorisée uniquement de jour. Elle s'exerce en deçà de un mille nautique, à compter de la limite des eaux.

Les conditions de navigation dans la zone des 300 m sont réglementées par le préfet maritime. La zone de navigation peut être modifiée par le préfet maritime lorsque les conditions géographiques locales permettent de déterminer une zone d'évolution aisément repérable.

Art. 224-5.03 : Approbation

Les véhicules nautiques à moteur doivent faire l'objet d'une immatriculation et d'une approbation dans les conditions prescrites par les articles 224-1.06 à 224-1.13 et 224-4.12 de la présente division qui leur sont applicables.

Le numéro d'immatriculation doit être apposé d'une manière visible sur la coque, les caractères de ce numéro doivent avoir une hauteur minimale de 30 mm.

Art. 224-5.04, Insubmersibilité, stabilité

Les véhicules nautiques à moteur doivent être pourvus d'un ou plusieurs compartiments étanches assurant une insubmersibilité permanente. En cas d'éjection du pilote et lorsqu'ils sont retournés ou soumis à une forte gîte, ils doivent être redressables par la seule action de l'utilisateur.

Tout véhicule nautique à moteur doit être doté d'une réserve de flottabilité suffisante pour qu'une fois rempli de la quantité maximale d'eau qui pénétrera à l'intérieur, y compris dans les caissons à air, et chargé à leur emplacement habituel des poids immergés du moteur, de l'équipement et autant de fois 15 kg de fer que de personnes prévues par le constructeur, il flotte en eau douce pendant vingt-quatre heures.

Les réserves de flottabilité doivent être conformes aux dispositions des alinéas 1, 2 et 3 de l'article 224-4.07 de la présente division.

Art. 224-5.05 : Mode de propulsion

Lorsque la propulsion s'effectue par hydrojet l'aspiration de la turbine doit être équipée d'une grille de protection.

Lorsque la propulsion s'effectue par une hélice celle-ci doit être entièrement carénée de telle sorte qu'elle ne puisse entrer en contact volontairement ou involontairement avec aucune partie du corps humain.

Art. 224-5.06 : Contrôle de la propulsion

Tout véhicule nautique à moteur doit être équipé d'un système de sécurité dont la mise en œuvre ne dépend pas de la volonté du pilote contrôlant automatiquement la propulsion en cas d'éjection de celui-ci.

Dans le cas d'un hydrojet ce dispositif doit conduire soit à l'arrêt automatique de la propulsion soit à la mise en giration lente du véhicule.

Dans le cas d'une propulsion par hélice le dispositif de sécurité doit entraîner l'arrêt automatique de la rotation de l'hélice.

Art. 224-5.07 : Autonomie

Le réservoir de combustible doit comporter un système de jauge visible du pilote en position de conduite ou une réserve permettant une autonomie minimum de 5 milles nautiques. La ou les batteries doivent être équipées d'un système anti-déversement.

Art. 224-5.08 : Matériel d'armement

Chaque véhicule nautique à moteur doit comporter un compartiment étanche contenant deux feux automatiques à main et être équipé d'un anneau et d'un cordage permettant le remorquage.

Art. 224-5.09 : Niveau sonore

Les échappements des véhicules nautiques à moteur doivent être équipés d'un système de réduction des bruits non susceptible d'être démonté en état de fonctionnement normal.

Le niveau sonore à pleine puissance ne doit pas dépasser 80 dB à une distance de 7,50 m.

Art. 224-5.10 : Notice d'utilisation

Le constructeur doit apposer une plaque écrite en français placée en permanence sous les yeux du pilote résumant les principaux conseils et recommandations d'utilisation.

Art. 224-5.11 : Gilets

Les utilisateurs doivent porter en permanence un gilet ou une brassière de sauvetage de couleur vive.

Les brassières portant le marquage CE peuvent être d'un des quatre types suivants : type 50 (NF/EN 393), type 100 (NF/EN 395) type 150 (NF/EN 396) ou type 275 (NF/EN 399), à l'exclusion des modèles à gonflage oral seul.

Art. 224-5.12 : Location

Les véhicules nautiques à moteur loués doivent faire l'objet d'une visite annuelle de sécurité.

Annexe 224-0.A. 1
Constitution du dossier type et demande d'approbation

Toute indication de dimensions doit être donnée en mesure métrique. Les renseignements doivent être fournis soit en français, soit en anglais.

I. Renseignements

Nom du constructeur ;
Nom de l'architecte ;
Nom de l' importateur ;
Type du navire ;
Nom de la série ;
Date de dépôt de dossier.

Caractéristiques

Longueur de coque ;
Longueur de flottaison ;
Largeur ;
Tirant d'eau maxi (dérive haute et basse pour dériveur) ;
Franc-bord en charge avant et arrière ;
Déplacement lège et en charge ;
Nombre de couchettes, catégorie demandée, nombre de personnes pouvant pendre place à bord pour la catégorie demandée ;
Nombre de personnes pour une courte promenade.

Performances

Vitesse, puissance maximale et autonome de croisière prévues pour les navires à moteur et les croiseurs mixtes. Surface de la voilure avec grand voile, génois et artimon s'il y a lieu, pour les navires à voile.

Gouvernail, cockpit, lest et surfaces vitrées

Type du gouvernail ;
Dimensions principales du cockpit avec indications du diamètre des dalots d'évacuation, durée d'évacuation, hauteur du surbau de la cabine et des coffres, cockpit, nature et fixation du lest ;
Nature des surfaces vitrées, emplacement, dimensions, type de fixation.

Épuisement

Modèles des pompes, emplacements et débit.

Moteur

Type, puissance en kilowatts ou chevaux disponibles sur l'arbre d'hélice, poids des appareils propulsifs et des auxiliaires s'il y a lieu ;
Combustible utilisé, type de réfrigération et d'échappement, type de transmission, emplacement, échantillonnage et contenance du réservoir avec diamètre du remplissage et de la mise à l'air libre ;
Références des sections souples en contact avec le combustible et type de fixation utilisée ;
Mode d'alimentation du moteur et emplacement du sectionnement à la sortie du réservoir ;
Cubage du compartiment moteur avec emplacement et diamètre des orifices d'admission et d'évacuation d'air. Référence du ventilateur ou certificat d'approbation antidéflagrant s'il y a lieu.

Électricité

Tension utilisée et emplacement des batteries, ventilation et coupe-batterie.

Installation gaz combustible

Description des installations de gaz combustible et appareils alimentés.

Construction

Mode de construction, matériaux utilisés, moyens de mise en œuvre, échantillonnages principaux concernant la coque, le pont et ses renforts ;
Constitution de la liaison pont coque et des cloisons étanches si celles ci sont exigées.

II. Plans et documents

Plan général du navire qui doit comporter au moins une coupe longitudinale et trois sections transversales dont une coupe au maître échantillonnée ;
Plan liaison pont coque ;
Plan de l'installation et de la fixation des appareils propulsifs autres que les moteurs amovibles sur lequel doit figurer le circuit de ventilation, l'échappement et l'emplacement des prises d'eau de réfrigération ;
Plan de l'installation du réservoir à combustible et de ses tuyautages (emplacement, remplissage, mise à l'air libre, circuit d'alimentation) ;
Plan complet du gouvernail et de ses commandes ;
Plan de fixation des chandeliers, bittes d'amarrages, etc ;

Plan du cockpit sur lesquels sont indiquées les évacuations, les hauteurs du surbau, de la cabine et des coffres, l'étanchéité du plancher cockpit ; la ligne de flottaison en ordre de marche doit figurer sur ce plan ;

Plan de fixation des surfaces vitrées avec spécifications de dimensions de la qualité et échantillonnage des matériaux employés ;

Schéma des installations électriques ;

Schéma de l'installation des moyens d'épuisement et du réseau d'incendie si ceux-ci sont exigés ;

Schéma des installations utilisant du gaz liquéfié (avec compartiment de stockage de la bouteille) ;

Schéma de l'installation d'extinction à distance s'il y a lieu ;

Plan des portes étanches ;

Schéma de l'emplacement du radeau de sauvetage ;

Devis de poids.

Les plans complémentaires suivants doivent également être fournis pour les voiliers :

- Plan de gréement longitudinal et transversal avec échantillonnage du gréement dormant et moments d'inertie du mât ;
- Plan de fixation des cadènes ;

Plan du ou des renforts sous mât ;

Plan de fixation du lest et plan détaillé du varangage ;

Plan du puits de dérive et du système de levage s'il y a lieu ;

Tous les plans et documents particuliers jugés utiles par la commission pour l'éclairer dans son étude de dossier.

Dans le cas d'un dossier de plans à commercialiser, pour la construction amateur ou d'un dossier de plans d'éléments constitutifs de tout ou partie de navire pour terminer par un constructeur amateur, l'architecte auteur des plans ou le fournisseur de ces éléments constitutifs doit compléter ce dossier d'une notice permettant à un amateur de mettre en œuvre la technique de construction préconisée et d'assurer la conformité de la réalisation au plan approuvé ; un exemplaire du dossier complet commercialisé doit être déposé.

Annexe 224-0.A. 2
Attestation de construction et de jauge d'un navire de série

Je soussigné [1] ....

certifie, sous ma propre responsabilité, que le navire : ....

Numéro d'immatriculation de la coque : ....

Nom de série : ....

Longueur H.T. : .... m Largeur H.T. : .... m

Creux au pont : .... m

Pourtour : .... m Puissance maximale autorisée [2] : ...kW

.... Puissance installée : ....kW

Surface de la voilure de route : .... m² ....

Construit ou importé [3] le : ....

A fait l'objet de la jauge- type n° : ....

pour une jauge brute de : .... tonneaux

Est en tout point conforme au modèle approuvé sous le n° : ....

En ....catégorie

et dont l'effectif autorisé à bord par catégorie de navigation pratiquée est le suivant :

1re catégorie .... personnes [4] 4e catégorie .... personnes [4]

2e catégorie .... personnes [4] 5e catégorie .... personnes [4]

3e catégorie .... personnes [4] 6e catégorie .... personnes [4]

Fait à ...., le ....

(1) À remplir par le constructeur ou l'importateur en deux exemplaires (un exemplaire pour le service des Affaires maritimes, un exemplaire pour le service des Douanes).

(2) Si le navire n'est pas équipé d'installation motrice fixe.

(3) Biffer la mention inutile ;

(4) À compléter uniquement si le navire est autorisé à naviguer dans la catégorie concernée.

Annexe 224-0.A. 3
Règles de procédures à appliquer pour l'octroi des dérogations prévues par l'article 224-1.09

1. Navire à caractère sportif ou expérimental

A. Les procédures applicables :

La demande de dérogation pour la mise en service d'un navire à caractère sportif ou expérimental est instruite directement par les services extérieurs. Un double sera transmis pour information par le centre de sécurité concerné à la commission.

Cette demande doit être impérativement être déposée en double exemplaire, au centre de sécurité compétent, dans un délai minimum d'un mois précédent l'utilisation du navire.

Elle doit être rédigée selon le modèle ci-dessous :

DEMANDE DE DÉROGATION

I. Chef(s) de bord

Nom(s) et prénom(s)	Adresse(s)	Numéro de téléphone

II. Propriétaire — Nom : / Prénom : / Téléphone :

III. Navire

3.1 Architecte — Nom : / Prénom : / Téléphone :

3.2 Chantier — Nom : / Prénom :

3.3 Caractéristiques — Type (mono, catamaran, etc .) : / Nom :

N° d'immatriculation :

Longueur H.T. :

Déplacement lège :

Voilure :

Matériau :

Puissance moteur :

3.4 Catégorie de navigation demandée :

IV. Utilisations prévues pour le navire

Période	Nom du chef de bord	Courses, essais, etc.	Catégorie

V. Nombre maximum d'équipiers en essai :

Nombre maximum d'équipiers en compétition ou épreuve de qualification.

VI. Le demandeur sollicite une dérogation au titre de l'article 224-1.09 de la présente division 224 relatif aux navires de plaisance dont il reconnaît avoir pris connaissance.

VII. Le demandeur s'engage, en outre, à n'utiliser ou à ne faire utiliser le navire que dans le respect des énonciations du présent document.

VIII. Le demandeur reconnaît que la présente dérogation pourra lui être retirée à tout moment en cas de manquement à l'une des présentes énonciations.

IX. Joindre les plans du navire (en 2 exemplaires).

Date et signature(s) du (ou des) chef(s) de bord demandeur(s), précédée de la mention " Lu et approuvé ".

Dérogation accordée jusqu'au ....

Signature de l'autorité maritime :

L'examen et les contrôles opérés par les services du ministre chargé de la marine marchande ne portent, avant délivrance du titre de sécurité que sur les domaines où aucune dérogation ne saurait être admise :

Sauvetage : articles 224-2.20, 224-2.21, 224-2.22, 224-2.23.

Épuisement et assèchement : article 224-2.29.

Protection contre l'incendie : articles 224-2.30, 224-2.31, 224-2.32.

Installations et appareils à gaz liquéfié et combustible : article 224-2.33.

Appareils propulsifs et électricité : installation pour l'utilisation des hydrocarbures : articles 224-2.09 à 224-2.19

Filières, garde-corps et leurs fixations : article 224-2.08

Sécurité de la navigation (dispositions relatives à la conduite, aux appareils, documents et instruments nautiques, objets d'armement et de rechange) : titre 8.

De plus, le navire devra obligatoirement être doté :

- d'un réflecteur radar ;
- d'un filet (pour les multicoques) ;
- d'un matériel de signalisation (radiobalises) adapté à la navigation entreprise.

À l'inverse, les domaines couverts par la dérogation et demeurant sous la responsabilité intégrale du chef de bord seront les suivants :

- construction, coques, compartimentage : articles 224-2.03 à 224-2.07 ;
- flottabilité, stabilité : articles 224-2.24 à 224-2.28, 224-4.05 et 224-4.07 ;
- habitabilité et hygiène : titre 7.

B. Les engins, dits spéciaux, utilisés uniquement pour l'entraînement, des essais ou des compétitions sur plan d'eau limité et à condition qu'ils bénéficient d'une assistance permanente et efficace d'autres moyens nautiques, pourront faire l'objet de mesures de plus grande souplesse. Une réduction du matériel prévue par l'article 224-2.44 de la présente division peut en particulier être tolérée sous réserve que dans tous les cas, soit au minimum rendue obligatoire l'existence d'un filin associé à un point fixe ou de tout autre dispositif permettant le remorquage.

C. La dérogation demeure provisoire :

a) Elle s'attache au binôme " navire-chef de bord ". Ainsi, le centre de sécurité compétent veillera à n'accorder de dérogations qu'aux navires à caractère sportif ou expérimental dont le ou les chefs de bord pourront justifier d'antécédents :

- d'une part, par un relevé de participations à de grandes courses en mer dans une catégorie comparable à l'utilisation envisagée ;
- d'autre part, par des essais préalables sur l'engin concerné avant les compétitions programmées, soit conformément aux dispositions du paragraphe B. qui précède, soit après la délivrance d'un titre de sécurité provisoire.

La dérogation ne peut être accordée que pour une durée déterminée : un programme précis de compétitions sur un délai maximum d'une année. Ces dérogations peuvent être renouvelées sur demande expresse et après visite.

Tout changement de chef de bord non prévu dans le dossier initial devra faire l'objet d'une demande nouvelle auprès du centre de sécurité qui a été à l'origine de la première dérogation. Il en va de même de toute cession de navire devant être utilisé en sa qualité de navire à caractere sportif ou expérimental.

Par contre, toute cession ou vente ayant pour objet une autre utilisation de l'unité que celle ci-dessus mentionnée, justifiera la stricte application des règles de droit commun propres à l'approbation des navires de plaisance. Le vendeur devra, en tout état de cause, produire à l'appui des plans du constructeur, le journal de bord du navire visé chaque année au moment de l'octroi ou du renouvellement des dérogations par les Affaires maritimes. Toute cession est subordonnée à l'exécution de cette procédure préalable.

L'imprimé commun de demande et d'octroi de dérogation sera obligatoirement joint au titre de navigation. Sera par ailleurs, portée sur ce titre, la mention " navire à caractère sportif ou expérimental : utilisation restreinte jusqu'au (date) ".

En cas de mutation de propriété, le vendeur devra en informer le quartier des Affaires maritimes compétent par transmission de la copie de l'imprimé de la dérogation et du titre de navigation en cours.

2. Changement exceptionnel de catégorie d'un navire de plaisance pour un voyage ou une traversée

La demande de dérogation concernant la catégorie de navigation d'un navire de plaisance pour un voyage ou une traversée doit être adressée par le chef de bord du navire au président de la commission nationale de sécurité de la navigation de plaisance dans un délai de 2 mois précédant la date de départ envisagée.

Elle doit comporter :

- le nom et le type ou description du navire pour lequel cette dérogation est demandée ;
- description du voyage envisagé avec les dates des départ et arrivée prévues ;

- nom, prénom et âge des équipiers ;
- résumé de l'expérience nautique hauturière du chef de bord et de l'équipage ;
- énumération s'il y a lieu, des améliorations apportées au navire et au matériel de navigation en plus de l'armement réglementaire.

3. Modification du nombre de personnes admissibles à bord des navires de plaisance

Le ministre chargé de la marine marchande peut accorder une dérogation occasionnelle ou permanente au nombre de personnes admissibles à bord des navires de plaisance utilisés par les écoles de voile pour la formation collective des stagiaires.

Le responsable de l'école de voile désirant une dérogation doit déposer la demande auprès de la commission nationale de sécurité en précisant les caractéristiques du navire, les zones de navigation envisagées, l'âge des stagiaires, leur niveau d'expérience nautique et les périodes pour lesquelles cette dérogation est demandée.

L'avis de la commission après enquête notamment auprès de la Fédération française de voile du centre de sécurité concerné, est transmis au ministre chargé de la marine marchande qui statue après en avoir pris connaissance.

4. Fixation du nombre de plongeurs sous-marins non professionnels à bord des navires de plaisance

1. À l'exception du chef de bord et de l'équipage, les personnes autorisées à embarquer ne doivent être que des plongeurs munis de leur équipement, qu'ils soient ou non revêtus de la combinaison de plongée.

2. La 5e catégorie de navigation de plaisance est la seule autorisée. Des dérogations pour dépasser les limites de la 5e catégorie peuvent être accordées en cas de sessions de brevets, de stages ou entraînements préparatoires à ceux-ci, dans les régions où les profondeurs nécessaires à certaines épreuves seraient situées à l'extérieur de la bande des 5 milles, par le chef du centre de sécurité des navires.

3. Les normes de sécurité et le matériel d'armement seront ceux correspondant à la catégorie de navigation (plaisance) pratiquée, sous réserve des dispositions des alinéas 6, 7 et 9 ci-dessous.

4. Il devra exister des moyens de fixation des batteries de bouteilles, et les nageurs devront être répartis de chaque bord.

5. La surface de pont disponible par plongeur devra être de 0,80 m^2 au moins. La surface à prendre en considération pour le calcul du nombre de plongeurs est la surface du pont totale après déduction de la timonerie, des évacuations machines et de toutes zones dont l'occupation ne permettrait pas d'avoir une visibilité satisfaisante depuis la timonerie.

Lorsque le pourtour du navire comporte un boudin sur lequel il est possible de s'asseoir, la surface de pont totale est délimitée par la ligne rejoignant les points les plus élevés du boudin.

6. Le franc-bord devra répondre aux prescriptions des articles 223-2.05 223-2.25-2 et 223-2.43 du règlement concernant les navires à passagers d'une jauge brute inférieure à 500 tonneaux.

7. À cette fin, une expérience pratique de stabilité devra être effectuée suivant les dispositions de l'article 223-2.25-2 du règlement cité ci-dessus s'il s'agit d'un navire ponté et suivant celles de l'article 223-2.43 s'il s'agit d'un navire non ponté. Les résultats de cette expérience devront satisfaire aux dispositions de ces mêmes articles applicables aux navires de 4e catégorie (commerce).

8. Toutefois sont dispensés des dispositions prévues aux alinéas 6 et 7 ci-dessus les navires ayant subi avec succès le test suivant :

Le navire est armé pour la mer, les bouteilles de plongée en place dans leur dispositif de fixation. Le navire est progressivement rempli d'eau par le dessus de la coque, la manche d'arrosage utilisée à cet effet étant dirigée sur une partie du navire normalement exposée aux embruns. L'opération doit être poursuivie jusqu'à obtention de l'équilibre entre le niveau de la mer et celui de l'eau à l'intérieur, par un orifice normalement ouvert sur la coque. Une expérience de tassement est alors effectuée sur un bord puis sur l'autre avec un nombre de personnes calculé selon la procédure définie à l'alinéa 7 ci-dessus, lestées pour atteindre un poids moyen de 80 kg.

Il doit pouvoir être établi que, dans les conditions de l'essai, aucun risque de chavirement n'est à craindre et que le moteur reste utilisable.

9. Lorsque le nombre de personnes embarquées, équipage compris, sera inférieur ou égal à 20, le navire sera considéré comme navire de plaisance ; lorsque ce nombre sera compris entre au moins 21 et au plus 40 passagers, le navire sera également considéré comme navire de plaisance à condition qu'il réponde aux dispositions de l'article 223-4.06 du règlement concernant l'installation d'extinction fixe par gaz inerte ; quant aux navires transportant plus de 40 personnes, ils seront considérés comme navires à passagers et de ce fait soumis aux prescriptions réglementaires qui leur sont applicables.

10. Sous réserve de l'application de l'article 224-4.09, le navire devra posséder la drôme de sauvetage complète correspondant au nombre total de personnes présentes à bord eu égard à la catégorie de navigation pratiquée.

Les règles ci-dessus constituent un minimum. Il est possible d'imposer des mesures particulières supplémentaires, en fonction des lieux où les navires sont en service.

Annexe 224-0.A. 4
Matériaux et échantillonnage des plaques transparentes, des fenêtres, hublots, panneaux et en général toutes ouvertures dans la coque et les superstructures

1. Les matériaux utilisés sont les feuilles acryliques, le verre feuilleté ou tout matériau de caractéristiques équivalentes. Le verre trempé dit de sécurité est proscrit sur les voiliers, mais peut cependant être utilisé pour les surfaces vitrées des navires à moteur.

2. Les tableaux d'échantillonnage sont utilisés dans les conditions ci-après :

2.1. Sont considérées comme appuyées sur les plaques transparentes fixées aux hiloires (ou bordé) par boulonnage direct ou collage ou tout autre procédé comparable offrant une solidité équivalente, tel que l'utilisation d'un joint élastique du type pare-brise automobile. Cependant, ce dernier montage n'est admis que pour les superstructures des navires à moteur ;

2.2. sont considérés comme encastrés les hublots ou fenêtres dont les plaques transparentes sont serrées dans un cadre métallique, lui-même boulonné aux hiloires (ou bordé) à faible intervalle.

3. La largeur de l'appui ou la profondeur de l'encastrement doit être proportionnée aux dimensions de la plaque transparente.

4. Les tableaux 1, 2 et 3 sont utilisés pour les ouvertures verticales situées sur la coque et les superstructures des voiliers ainsi que sur la coque des navires à moteur.

5. Le tableau 4 est utilisé pour les panneaux de pont ou de superstructures susceptibles de supporter une charge localisée telle que le poids d'un homme ou la chute d'un espar.

6. Les tableaux 5 et 6 sont utilisés pour les superstructures des navires à moteur.

7. Les épaisseurs et les dimensions des ouvertures sont données en millimètres.

Tableau 1
Ouvertures rectangulaires ou carrées (plaques appuyées)

Dimensions (en millimètres)	200	300	400	500
200	5			
300	5	6		
400	5	6	8	
500	6	8	10	12
600	6	8	10	12
700	6	9	12	14
1000	6	10	12	14

Dimensions inférieures à 200 x 200 : 5 mm

Tableau 2
Ouvertures rectangulaires ou carrées (plaques encastrées)

Dimensions (en millimètres)	300	400	500
300	5		
400	6	6	
500	6	6	8
600	6	6	8
700	6	8	10
1000	6	8	10

Dimensions inférieures à 300 x 500 : 5 mm

Tableau 3
Ouvertures rondes

Dimensions (en millimètres)	Encastrées	Appuyées
100	5	5
150	5	5
200	5	5
300	5	6

Tableau 4
Ouvertures rectangulaires ou carrées
(panneau de pont ou rouf, surfaces horizontales)

Dimensions (en millimètres)	100	200	300	400	500	600
100	5					
200	5	5				
300	5	5	6			
400	5	6	6	8		
500	5	6	8	10	10	
600	5	6	8	10	12	12

Tableau 5
Navires à moteurs (plaques encastrées rectangulaires ou carrées)

Dimensions (en millimètres)	500	600	700	1000
500	5			
600	5	5		
700	5	6	6	
1100	5	6	8	9
1200	6	8	8	9
1400	6	8	9	9
1600	6	8	10	10

Dimensions inférieures à 500 x 500 : 5 mm

Tableau 6
Navires à moteur (plaques appuyées rectangulaires ou carrées)

Dimensions (en millimètres)	300	400	500	600	700	1000
300	5					
400	5	5				
500	5	6	6			
600	5	6	6	8		
700	5	6	6	8	9	
1000	6	6	8	9	10	12
1200	6	6	8	10	10	12
1400	6	8	9	10	10	12
1600	6	8	9	10	12	12

Dimensions inférieures à 100 x 300 : 5 mm

Annexe 224-0.A. 5
Construction des réservoirs à combustible liquide en plastique renforcé

1. Généralités

Les réservoirs en plastique renforcé sont admis aux conditions suivantes :

1.2. Le matériau doit être auto-extinguible ;

1.3. Toutes précautions sont prises lors de la mise en œuvre pour éviter les porosités pouvant provoquer des fuites de combustible à travers les parois ;

1.4. Des dispositions efficaces sont prévues pour éviter l'accumulation d'électricité statique (mise à la masse des accessoires métalliques notamment) lorsqu'ils sont destinés à contenir un combustible de première catégorie.

2. Construction :

2.1. La conception et le dessin des réservoirs sont prévus de telle sorte que le rayon intérieur des courbures des angles (vifs) ne soit pas inférieur à 20 mm ;

2.2. La couche de résine d'étanchéité intérieure ne doit pas avoir une épaisseur inférieure à 0,5 mm ;

2.3. Les cloisons antiroulis, lorsqu'elles sont exigées, sont d'un échantillonnage équivalent à celui des parois du réservoir. Leur fixation peut être effectuée soit par stratification appropriée, soit par moyens mécaniques dont l'étanchéité sera soigneusement assurée ;

2.4. Les jonctions des différentes pièces constitutives du réservoir seront toujours assurées par recouvrement d'une largeur minimale de 50 mm avec bandes d'étanchéité et renforts extérieurs.

3. Échantillonnage

Les épaisseurs minimales suivantes seront respectées

Capacité :
- jusqu'à 200 litres : 5 mm ;
- de 200 à 400 litres : 6, 5 mm ;
- plus de 400 litres : 8 mm.

Ces épaisseurs minimales ne concernent qu'une construction tout mat. Dans le cas où du tissu est mis en œuvre dans le stratifié, cette épaisseur peut être diminuée sans toutefois être inférieure à 5 mm.

4. Pose et fixation des accessoires :

4.1. Par accessoires, il convient d'entendre :
- les tuyautages à combustible (alimentation du moteur, remplissage du réservoir, mise à l'air libre, etc) ;
- les vannes de sectionnement, les jauges, les purges, filtres ou dispositifs de décantation, etc.

4.2. Toutes les fixations d'accessoires devront comporter une surépaisseur du stratifié dans la zone de pose qui s'étendra sur une surface d'un diamètre équivalent au double du diamètre extérieur de la pièce d'équipement considérée ;

4.3. Les ouvertures pratiquées dans le réservoir sont soigneusement réalisées et usinées et le rebord du stratifié scellé à la résine ;

4.4. Les zones renforcées ci-dessus sont convenablement surfacées à l'endroit du plan de pose des accessoires rapportés et un scellement efficace de ceux-ci est assuré par interposition d'un renfort imprégné ;

4.5. Les pattes de fixation doivent être scellées à l'extérieur du réservoir par stratification d'une épaisseur suffisante (4 à 5 mm minimum) qui s'étendra sur une zone débordant d'au moins 50 mm le rebord de la pièce considérée.

5. Les doubles fonds peuvent être utilisés pour le stockage des combustibles du deuxième groupe sous réserve que les parois et les plafonds soient recouverts extérieurement par une résine auto-extinguible ou une peinture ignifuge. L'échantillonnage, la pose et la fixation des accessoires doivent répondre aux critères prescrits à l'alinéa 4 de cette annexe.

Annexe 224-0.A. 6

Tableau des caractéristiques des apparaux de mouillage

Longueur et poids du navire	Masse de l'ancre	Diamètre de la chaîne	Diamètre du cablot
	kg	mm	mm
Pour L < 6,50 ou P < 1000 kg	8	6	10
Entre L ≥ 6,50 ou P ≥ 1000 kg Et L < 7,50 ou P < 2000 kg	10	8	14
Entre L ≥ 7,50 ou P ≥ 2000 kg Et L < 9,00 ou P < 3000 kg	12	8	14
Entre L ≥ 9,00 ou P ≥ 3000 kg Et L <10,50 ou P < 4500 kg	14	8	14
Entre L ≥10,50 ou P ≥ 4500 kg Et L <12,50 ou P < 8000 kg	16	10	18
Entre L ≥12,50 ou P ≥ 8000 kg Et L <16,00 ou P <12000 kg	20	10	18
Entre L ≥16,00 ou P ≥12000 kg Et L <18,00 ou P <16000 kg	24	12	22
Entre L ≥18,00 ou P ≥16000 kg Et L <20,00 ou P <20000 kg	34	12	22
Entre L ≥20,00 ou P ≥20000 kg Et L <25,00 ou P <30000 kg	40	14	24
L <25,00 ou P ≥30000 kg	60	16	28

1. La masse des ancres ci-dessus, est définie pour des ancres à grande pénétration avec une tolérance de ± 10 p. 100. Elle doit être majorée d'un tiers pour les ancres à jas et les ancres à bascule à massif arrière.

Le matériau constitutif des ancres doit être l'acier, d'une résistance à la traction supérieure à 40 daN/mm² ou tout autre matériau offrant des garanties équivalentes.

Les ancres à organeau coulissant ne sont pas autorisées pour l'armement réglementaire des navires.

2. Les chaînes doivent être conformes aux caractéristiques de la chaîne galvanisée de la norme Afnor en vigueur ou d'une résistance à la traction équivalente.

3. Le câblot doit être en fibre polyamide trois torons ou en tout autre matériau offrant des caractéristiques équivalentes.

Annexe 224-0.A. 7
Détermination de la charge utile et du nombre de personnes pouvant prendre place à bord des embarcations visées au chapitre 224-4 à l'exception des embarcations pneumatiques

1. La charge utile d'une embarcation de plaisance à voile ou à moteur fixe ou amovible, d'une longueur hors tout égale ou inférieure à 5 m, des dériveurs légers et des voiliers de sport à quille est calculée en appliquant la formule :

CU en kg = 40 (B + C)2 - D

dans laquelle :

B est la largeur maxima (liston et défenses exclus) en mètres ;

C la chaîne maxima prise d'un livet à l'autre sans tenir compte de la quille ou autres appendices mais du prolongement naturel du bordé ;

D le poids du navire, du moteur, des batteries, du réservoir plein, du lest et du matériel d'armement réglementaire en kilogrammes.

2. Le nombre maximum de personnes pouvant prendre place à bord est déterminé en divisant la charge utile par 75, arrondi au chiffre inférieur.

3. En aucun cas, la charge utile ou la capacité de transport en passagers ne peuvent être dépassées.

4. Un navire chargé suivant les indications de la présente annexe doit avoir un franc-bord d'au moins 30 cm au point le plus bas du livet de pont.

Annexe 224-0.A. 8
Boîte de secours

Boîte de secours n° 1

Désignation	Quantités
Pansements tout préparés :	
Grand modèle	1 boîte
Petit modèle	1 boîte
Antiseptique local de type ammonium quaternaire	1 tube
Crème antiactinique	1 tube
Bande Velpeau en 5 cm de large	1

Boîte de secours n° 2

Désignation	Quantités
Pansements tout préparés :	
Grand modèle	1 boîte
Petit modèle	1 boîte
Coton	1 paquet
Compresses en boîte	1 paquet
Alcool à 90°	125 cm³
Antiseptique local de type ammonium quaternaire	1 tube
Sulfamide ou antibiotique de contact	1 flacon
Aspirine	20 comprimés
Comprimés antinaupathiques	20 comprimés
Collyre antiactinique	1 flacon
Crème antiactinique	1 tube
Doigtier	1
Bande Velpeau en 5 cm de large	1
Bande Velpeau en 25 cm de large	1

Boîte de secours n° 3

Désignation	Quantité
Pansements tout préparés :	
Grand modèle	1 boîte
Petit modèle	1 boîte
Coton	1 paquet
Compresses en boîte	1 paquet
Alcool à 90°	125 cm³
Antiseptique local de type ammonium quaternaire	1 tube
Sulfamide ou antibiotique de contact	1 flacon
Antihémorragique de contact	1 flacon
Pansements gras pour brûlures	1 boîte
Aspirine	20 comprimés
Comprimés antinaupathiques	20 comprimés
Comprimés antidiarrhétiques	20 comprimés
Antibiotique à large spectre, par voie bucale	32 comprimés dragéifiés
Antipasmodique	comprimés ou ampoules injectables avec nécessaire à injection
Collyre antiactinique	1 flacon
Crème antiactinique	1 tube
Doigtier	1
Bandage costal	1
Bande Velpeau en 5 cm de large	2
Atelle gonflable (facultative)	1

N.D.L.R. : *Attention ! Les boîtes de secours sont vendues vides. N'oubliez pas de les compléter. Pensez à vérifier régulièrement les dates de péremption.*

Division 225 - Navires de plaisance à utilisation collective d'une longueur égale ou supérieure à 10 mètres

Annexe 225-1
Dispositions générales

Art. 225-01 : Champ d'application

Sauf disposition expresse contraire, la présente division s'applique aux navires français à utilisation collective d'une longueur égale ou supérieure à 10 mètres, quelle que soit leur date de construction.

On entend par navire à utilisation collective tout navire à voile d'une longueur inférieure à 25 mètres sur lequel sont embarquées à titre onéreux, sous la responsabilité du propriétaire, de son représentant ou de son préposé, lui-même embarqué, des personnes effectuant une navigation sportive, touristique ou de formation nautique non professionnelle.

Le directeur régional des affaires maritimes peut, à la demande de l'armateur et après avis du directeur départemental de la jeunesse et des sports et du chef du centre de sécurité des navires, dispenser de l'application de l'ensemble des dispositions de la présente division à l'exception de l'article 225-1.02, les navires d'une longueur inférieure à 12 mètres exclusivement utilisés à des fins de compétitions ou de formation à la voile sportive.

Art. 225-1.02 : Catégories de navigation - Dérogations à certaines prescriptions de la division 224

1. Les catégories de navigation attribuées à ce type de navire sont celles fixées pour la navigation de plaisance par la division 224.

2. La catégorie de navigation à prendre en compte pour la détermination des règles de sécurité applicables au navire, et, en particulier, pour définir le matériel obligatoire à bord, est celle mentionnée sur le permis de navigation du navire. À la demande de son propriétaire, une catégorie de navigation plus restreinte que celle prévue lors de l'approbation initiale peut être attribuée au navire.

Quelle que soit la date de l'approbation de leurs plans, ou à défaut la date de leur construction, les navires doivent répondre à celles des prescriptions techniques prévues dans la division 224 qui ne sont pas modifiées par les prescriptions de la présente division.

Le directeur régional des affaires maritimes ou le chef du centre de sécurité, suivant le cas, peut dispenser les navires qui n'entraient pas, lors de leur mise en service, dans le champ d'application de la réglementation relative aux navires de plaisance, de celles des prescriptions qui entraînent une modification structurelle ou trop importante.

Aucune dérogation ne saurait être admise dans les domaines ci-dessous :
- sauvetage : article 224-2.20 ; 224-2.21 ; 224-2.22 ; 224-2.23 ;
- épuisement et assèchement : article 224-2.29 ;
- protection contre l'incendie : article 224-2.30 ; 224-2.31 ; 224-2.32 ;
- installations et appareils à gaz liquéfié combustible : article 224-2.33 ;
- filières garde-corps et leurs fixations : article 224-2.08 ;
- habitabilité et hygiène : chapitre 224-2, titre 7 ;
- sécurité de la navigation : (dispositions relatives à la conduite, aux appareils, documents et instruments nautiques, objet d'armement et de rechange) chapitre 224-2, titre 8.

Art. 225-1.03 : Nombre de personnes embarquées

1. Le nombre maximum de personnes admissibles à bord d'un navire construit en série, est celui fixé par le ministre chargé de la marine marchande sur avis de la Commission nationale de sécurité de la navigation de plaisance.

2. Pour un navire construit ou importé à l'unité ou pour un navire qui n'entrait pas lors de sa mise en service dans le champ d'application de la réglementation relative aux navires de plaisance, ce nombre est déterminé par le directeur régional des affaires maritimes compétent, qui recueille l'avis de la commission régionale de sécurité placée auprès de lui.

3. Toutefois, après avis de la commission régionale de sécurité et compte tenu des conditions particulières de navigation, le directeur régional des affaires maritimes de la région dans laquelle le navire est exploité peut réviser ce nombre, à la demande du propriétaire.

Art. 225-1.04 : Approbation des plans

Le dossier d'un navire de plaisance, après avoir été approuvé conformément à l'article 17 du décret n° 84-810 du 30 août 1984, doit être soumis à la procédure suivante :

Le dossier du navire construit en série et destiné à une utilisation collective doit être soumis par l'armateur, le propriétaire, le constructeur, l'importateur ou l'architecte au directeur régional des affaires maritimes compétent par l'intermédiaire du centre de sécurité des navires concerné qui recueille l'avis de la commission régionale de sécurité placée auprès de lui, quant au respect des dispositions énumérées aux chapitres 225-2 à 225-11 de la présente division.

Chapitre 225-2
Dispositions relatives aux combustibles et à l'appareil propulsif

Art.225-2.01 : Généralités

1. Tout navire visé par la présente division doit disposer d'un moteur de propulsion diesel fixe.

Toutefois, compte tenu des conditions d'exploitation et des caractéristiques particulières du navire et après avis de la commission régionale de sécurité, le directeur régional des affaires maritimes peut accorder une dérogation au premier alinéa du présent paragraphe.

2. Les combustibles liquides de point d'éclair inférieur à 60° doivent être stockés et utilisés à l'extérieur du navire ou dans un compartiment autovideur à la mer au-dessus de la flottaison et étanche par rapport aux emménagements intérieurs.

3. Le matériau d'isolation thermique et phonique placé à l'intérieur du compartiment moteur doit être d'un type auto-extinguible. Ses qualités ne doivent pas être affectées en présence d'hydrocarbure. Il ne doit pas s'imbiber d'huile ou de combustible.

4. Le compartiment moteur doit présenter une bonne étanchéité vis-à-vis des emménagements, notamment lorsqu'un dispositif d'extinction fixe par gaz inerte est installé.

5. Pour les navires ayant une puissance propulsive égale ou supérieure à 37 kW, l'aspiration à la mer de la pompe de réfrigération du moteur fixe doit se faire à travers un filtre nettoyable en marche par une prise d'eau suffisamment immergée en circonstances normales.

6. La source d'énergie alimentant les auxiliaires doit être jugée satisfaisante par le directeur régional des affaires maritimes en fonction de la navigation envisagée.

Les appareils à prendre en compte pour la détermination de la puissance de la source d'énergie nécessaire à leur alimentation, sont ceux dont le navire est effectivement équipé.

La liste de ces appareils, ainsi que leur puissance, devra être fournie, accompagnée du bilan électrique qui devra prendre en compte le fonctionnement simultané des auxiliaires essentiels.

Art.225-2.02 : Ventilation du compartiment moteur

1. Les orifices des conduits de ventilation doivent être munis de moyens de fermeture incombustibles, accessibles de l'extérieur du compartiment qu'ils desservent, permettant d'interrompre la ventilation.

2. Le compartiment moteur des navires équipés d'un ou de plusieurs moteurs fixes d'une puissance totale égale ou supérieure à 37 kW doit être pourvu d'un système de ventilation mécanique fonctionnant à l'extraction, commandé depuis l'extérieur des emménagements.

Les câbles électriques essentiels à la mise en route du dispositif qui passent à l'intérieur du compartiment moteur doivent être de type non propagateur de flamme.

Chapitre 225-3
Assèchement

Art. 225-3.01 : Dispositif d'assèchement

1. Les pompes à bras fixes équipant les navires visés à la présente division doivent avoir un débit d'un litre et demi par cycle complet.

2. La capacité d'épuisement par pompe munie d'une source d'énergie attelée ou indépendante doit être de 2 m³/heure pour les navires d'une longueur égale à 10 mètres, 18 m³/heure pour les navires d'une longueur égale à 25 mètres.

Pour les navires d'une longueur comprise entre 10 et 25 mètres, le débit est calculé par interpolation linéaire et il peut être obtenu par une ou plusieurs pompes dont le débit unitaire ne doit pas être inférieur à 2 m³/heure.

3. Les tuyautages d'assèchement situés dans le volume du compartiment moteur doivent être en matériau incombustible.

4. L'équipement d'assèchement des navires doit être le suivant :

4.1. Tous navires :
Au moins 2 seaux rigides munis d'un bout et d'une contenance d'au moins 7 litres chacun.

4.2. Monocoque :
a) Équipé d'un moteur fixe :
- 1 pompe à bras fixe manœuvrable dans le cockpit, tous panneaux fermés ;
- 1 pompe munie d'une source d'énergie, attelée ou indépendante ;
- 1 pompe à bras fixe, manœuvrable des emménagements.

b) Équipé d'un moteur hors bord :
- 1 pompe à bras fixe manœuvrable dans le cockpit, tous panneaux fermés ;
- 2 pompes à bras fixes, manœuvrables des emménagements.

4.3. Multicoque :
a) Catamaran :
Chaque coque doit être équipée des pompes prescrites à l'alinéa ci-dessus, manœuvrables de l'intérieur de la coque et d'une seule pompe à bras fixe dans le cockpit ou nacelle qui doit pouvoir assécher les deux coques.

b) Trimaran :
La coque centrale doit être équipée des pompes prescrites pour les monocoques. La pompe à bras fixe du cockpit doit pouvoir permettre d'assécher les flotteurs. Dans le cas où ces flotteurs sont munis de cloisonnements étanches, il doit être possible de pomper dans chaque volume ainsi déterminé par un moyen quelconque.

4.4. Un dispositif différent peut être admis dans le cas où le directeur régional des affaires maritimes juge l'installation équivalente.

Chapitre 225-4
Protection contre l'incendie

Art. 225-4.01 : Généralités

Les extincteurs portatifs affectés à la protection des emménagements à bord des navires de plaisance visés à la présente division sont d'un type conforme aux dispositions de la division 311 applicables aux navires de charge et de pêche. Leur contenance est au minimum de 2 kg de poudre comme agent extincteur, à l'exclusion des extincteurs à anhydride carbonique. Toutefois, si la protection de l'installation électrique le justifie, un extincteur à anhydride carbonique d'une contenance identique peut-être embarquée à la place d'un extincteur des emménagements. Il devra être placé à l'extérieur des emménagements.

Art. 225-4.02 : Protection des emménagements

1. Un navire habitable doit posséder les extincteurs prévus au tableau ci-dessous :

Longueur du navire	Nombre et classe d'extincteurs
10 m < L ≤ 15 m	3 extincteurs 2 kg poudre
15 m < L ≤ 20 m	4 extincteurs 2 kg poudre
20 m < L ≤ 25 m	6 extincteurs 2 kg poudre

Ils doivent être placés à proximité des endroits à risques. L'un de ces extincteurs doit pouvoir être facilement accessible de l'extérieur des emménagements.

2. Le nombre d'extincteurs obligatoire à bord peut être augmenté sur décision du directeur régional des affaires maritimes dans le cas de multicoques en fonction de l'habitabilité dans les limites suivantes :

Longueur du navire	Nombre et classe d'extincteurs
10 m < L ≤ 15 m	5 extincteurs 2 kg poudre
15 m < L ≤ 20 m	7 extincteurs 2 kg poudre
20 m < L ≤ 25 m	9 extincteurs 2 kg poudre

3. Si le navire n'est pas habitable, le nombre d'extincteurs est déterminé par le directeur régional des affaires maritimes en fonction des emplacements à risques.

Art. 225-4.03 : Protection du compartiment moteur

Les dispositions suivantes s'ajoutent à celles de l'article 225-4.02 :

1. Pour les navires dont la puissance totale installée est inférieure à 37 kW, un extincteur de 2 kg doit être prévu pour chaque moteur.

2. Tout compartiment moteur dont la puissance totale installée est égale ou supérieure à 37 kW, doit être équipé d'une installation fixe d'extinction par gaz inerte qui peut être soit du gaz carbonique, soit du halon 1301.

2.1. La mise en œuvre du dispositif d'extinction doit pouvoir être commandée manuellement de l'extérieur du compartiment à protéger. Toutes dispositions utiles sont prises pour que le gaz ne puisse être envoyé par inadvertance dans un local quelconque. Un signal sonore doit avertir de l'envoi du gaz inerte dans les locaux où le personnel est appelé à travailler.

2.2. Les tuyautages sont disposés de manière à assurer une répartition efficace du gaz inerte dans le local à protéger.

2.3. La quantité de gaz et l'installation doivent permettre d'envoyer en deux fois, de façon séparée et massive, la quantité de gaz inerte prescrite.

2.4. Pour l'application du présent paragraphe, le volume occupé par le gaz carbonique à la pression atmosphérique est calculé sur la base de 0,56 m³ par kg, le volume de halon 1301 sur la base de 0,16 m³ par kg.

2.5. Pour chaque envoi :
- la quantité de gaz carbonique doit être au moins égale à 40 p. 100 du volume brut du compartiment moteur ;
- la quantité de halon 1301 doit être au moins égale à 4,25 p. 100 du volume brut et au plus égale à 7 p. 100 du volume net du compartiment moteur.

2.6. Une instruction apposée à proximité de la commande de mise en œuvre du système doit préciser d'une façon lisible l'ordre des opérations à effectuer :
a) stopper la ventilation mécanique desservant l'espace protégé ;
b) stopper le moteur ;
c) fermer les vannes des réservoirs à combustible ;
d) obturer les orifices de ventilation naturelle du compartiment moteur ;
e) déclencher le système lorsque le moteur est arrêté ;
f) ventiler avant de pénétrer dans le compartiment.

2.7. Les commandes de manœuvre doivent être autant que possible regroupées.

2.8. La quantité de gaz inerte et l'installation doivent être prévues de telle manière que chaque décharge puisse être émise en vingt secondes au plus.

2.9. Le dispositif doit être conçu pour fonctionner dans une gamme de température s'étendant de 0 à + 60 °C.

2.10. Les circuits essentiels à la mise en œuvre du dispositif d'extinction doivent être résistants au feu.

3. Le gaz carbonique ou le halon 1301 peut être remplacé par tout autre gaz inerte sous réserve qu'il soit accepté par le ministre chargé de la marine marchande.

Chapitre 225-5
Dispositions relatives à l'armement

Art. 225-5.01 : Instruments et documents nautiques, matériel d'armement, objets de rechange

1. Les navires visés par la présente division et naviguant en 1re, 2e ou 3e catégorie doivent être équipés du matériel prescrit pour les navires de plaisance classés en 1re catégorie, tel qu'il est défini à l'article 224-2.44 du présent règlement, à l'exception du baromètre qui doit être enregistreur.

2. Les navires naviguant en 4e ou 5e catégorie doivent être équipés du matériel exigé par l'article 224-2.44 pour ces catégories.

3. Les navires naviguant en 6e catégorie doivent être équipés du matériel exigé par l'article 224-2.44 pour les navires naviguant en 5e catégorie. En outre, le compas doit répondre aux spécifications de l'alinéa 5 de l'article 224-2.39.

Art. 225-5.02 : Signaux pyrotechniques

1. Les signaux pyrotechniques embarqués à bord doivent être :

1.1. Pour les navires armés en 1re, 2e, 3e ou 4e catégorie :
- 6 fusées à parachute ;
- 2 signaux fumigènes flottants ;
- 6 feux rouges automatiques à main.

1.2. Pour les navires armés en 5e ou 6e catégorie :
- 2 signaux fumigènes flottants ;
- 6 feux rouges automatiques à main.

2. Ces signaux pyrotechniques doivent être d'un type conforme aux dispositions de la division 311 applicables aux navires de charge et de pêche.

Chapitre 225-6
Installations de radiocommunications

Art. 225-6.01 : Équipement obligatoire

1. Les navires visés à la présente division doivent être équipés de l'une des installations suivantes :

1.1. Navires pratiquant une navigation en 1re et 2e catégorie, une installation de radiotéléphonie sur ondes hectométriques, et une installation de radiotéléphonie sur ondes métriques.

1.2. Navires pratiquant une navigation en 3e, 4e ou 5e catégorie, une installation de radiotéléphonie sur ondes métriques.

2. Les matériels de radiocommunications visés au présent article doivent être d'un type homologué par l'administration des postes et télécommunications.

Chapitre 225-7
Sauvetage

Art. 225-7.01 : Radeaux de sauvetage

Le type de l'engin collectif devant être embarqué à bord de tout navire visé à la présente division, même reconnu insubmersible, est défini par le tableau ci-après :

Catégorie de navigation					
1re	2e	3e	4e	5e	6e
Classe II Plaisance	Classe II Plaisance	Classe II Plaisance	Classe II allégé Plaisance ou Classe IV	Classe V ou Classe IV	Engins flottants

Art. 225-7.02 : Brassières et harnais de sécurité

Il doit êtres embarqué au moins une brassière plaisance approuvée par personne présente à bord, plus 20 p. 100.

Des brassières pour enfants devront être embarquées en tant que de besoin.

Pour une navigation en 5e et 6e catégorie, les brassières portant le marquage CE peuvent être d'un des quatre types suivants : type 50 (NF/EN 393), type 100 (NF/EN 395), type 150 (NF/EN 396) ou type 275 (NF/EN 399), à l'exclusion des modèles à gonflage oral seul.

Pour une navigation en 1re, 2e, 3e et 4e catégorie, les brassières portant le marquage CE peuvent être d'un des trois types suivants : type 100 (NF/EN 395), type 150 (NF/EN 396) ou type 275 (NF/EN 399), à l'exclusion des modèles à gonflage oral seul.

Chaque personne à bord doit disposer d'un harnais de sécurité d'un modèle conforme à la réglementation en vigueur, sauf à bord des navires naviguant en 6e catégorie. Les navires naviguant en 5e catégorie et au-dessus sont équipés de 2 lignes de vie.

Art. 225-7.03 : Perche de repérage

La perche de repérage est destinée à marquer visuellement l'emplacement d'un homme tombé à la mer. Elle doit être lestée de telle sorte que l'extrémité émergée soit au moins à 1,80 m au-dessus de l'eau.

Son sommet doit être pourvu du pavillon O du code international des signaux de dimensions d'au moins 400 × 260 mm et d'un appareil à allumage automatique. Le feu est soit fixe, soit à éclats dont la fréquence ne doit pas être inférieure à 50 par minute ; la portée par nuit sombre doit être de 2 milles pendant une durée au moins égale à 6 heures. Il doit être capable de fonctionner, après qu'il ait été immergé pendant une minute sous un mètre d'eau, dans une gamme de température allant de - 4° à + 30 °C.

L'ensemble du système doit pouvoir résister sans dommage au lancement à la mer d'une hauteur de 3 mètres.

Art. 225-7.04 : Bouées de sauvetage

1. Tout navire pratiquant une navigation en 1re, 2e 3e, 4e ou 5e catégorie doit être pourvu de 2 bouées de sauvetage équipées d'un dispositif anti-dérive et mises à poste en des endroits aisément accessibles par l'homme de quart. Ces bouées doivent être d'un type approuvé ou conforme aux dispositions de la division 311 applicables aux navires de charge et de pêche. Une bouée d'un type approuvé est une bouée répondant aux dispositions de l'article 224-2.22, alinéas 2, 3.1 et 3.2.

2. La première bouée est équipée d'une source lumineuse dont les caractéristiques doivent être les suivantes :
- intensité lumineuse au moins égale à 0,75 candela ;
- source d'énergie capable de fournir cette intensité lumineuse pendant 8 heures au moins ;
- visibilité sur un secteur aussi large que possible de l'hémisphère supérieur lorsqu'elle est fixée à la brassière de sauvetage.

Elle doit être équipée d'une ligne de jet flottante de 50 mètres au moins.

3. La seconde bouée est équipée de la perche de repérage faisant l'objet de l'article précédent reliée par une ligne de jet flottante de 20 mètres au moins.

En 4e et 5e catégorie, la perche des navires pratiquant une navigation uniquement diurne peut ne pas comporter ce dispositif lumineux.

4. L'ensemble de chacun des dispositifs doit être installé de telle sorte qu'il soit immédiatement utilisable.

Art. 225-7.05 : Dispositif de récupération d'un homme à la mer

Tout navire visé à la présente division doit être équipé d'un dispositif installé à poste fixe permettant à une personne tombée à la mer de remonter à bord sans difficulté par ses propres moyens.

Chapitre 225-8
Consignes

Art. 225-8.01 : Mesures d'information des personnes

1. Des consignes de sécurité devront être affichées concernant :
- la lutte contre l'incendie ;
- la préparation à l'évacuation du navire ;
- l'assèchement du navire après avarie ;
- la récupération de l'homme à la mer.

2. Avant l'appareillage, le chef de bord doit informer les personnes embarquées des mesures à prendre en cas de sinistre, leur indiquer l'emplacement où se trouvent leur brassière de sauvetage, leur harnais, le ou les radeaux de sauvetage et tout matériel de sécurité présent à bord. Il doit également s'assurer, par un essai pratique, que chaque personne est en mesure d'endosser correctement la brassière et le harnais qui lui sont attribués.

Des consignes doivent être données pour l'exécution de la manœuvre de la récupération d'un homme à la mer.

Dans le cas d'une navigation sans escale excédant 24 heures, un essai pratique de récupération d'un objet flottant devra être effectué le premier jour et sa réalisation mentionnée au journal de bord.

Chapitre 225-9
Hygiène - Santé

Art. 225-9.01 : Boites de secours

1. Suivant la catégorie de navigation pratiquée, il doit être embarqué :

1.1. En 1re, 2e ou 3e catégorie, une boite de secours n° 3 ;

1.2. En 4e ou 5e catégorie une boite de secours n° 2.

1.3. En 6e catégorie, une boite de secours n° 1.

2. Ces boites de secours peuvent être complétées en fonction du nombre de personnes à bord, de la durée de la croisière et des régions fréquentées sur décision du directeur régional des affaires maritimes prise sur proposition du médecin des gens de mer.

Décret n° 96-911 du 4 juillet 1996 relatif à la mise sur le marché des bateaux de plaisance et des pièces et éléments d'équipement

J.O. du 9 juillet 1996

Le Premier ministre,

Sur le rapport du ministre de l'Équipement, du Logement, des Transports et du Tourisme et du ministre de l'Industrie, de la Poste et des Télécommunications ;

Vu la directive 94/25/CE du Parlement européen et du Conseil du 16 juin 1994 concernant le rapprochement des dispositions législatives, réglementaires et administratives des États membres relatives aux bateaux de plaisance ;

Vu le Code pénal, notamment son article R. 610-1 ;

Vu le Code des douanes, notamment son article 38 ;

Vu le Code de la consommation, notamment son article L. 221-3 ;

Vu la loi no 72-1202 du 23 décembre 1972 relative aux infractions concernant les bateaux, engins et établissements flottants circulant ou stationnant sur les eaux intérieures ;

Vu la loi n° 83-581 du 5 juillet 1983 modifiée sur la sauvegarde de la vie humaine en mer, l'habitabilité à bord des navires et la prévention de la pollution ;

Vu le décret no 71-912 du 28 octobre 1971 relatif à la sécurité des bateaux et engins de plaisance circulant ou stationnant sur les eaux intérieures ;

Vu le décret n° 84-810 du 30 août 1984 modifié relatif à la sauvegarde de la vie humaine en mer, à l'habitabilité à bord des navires et à la prévention de la pollution ;

Vu l'avis de la Commission de la sécurité des consommateurs en date du 10 janvier 1996 ;

Le Conseil d'État (section des travaux publics) entendu,

Décrète :

Article premier

I. Sont soumis aux dispositions du présent décret les bateaux de plaisance, même partiellement achevés, ainsi que les éléments et pièces d'équipement mentionnés à l'annexe II du présent décret qui sont installés ou sont destinés à être installés sur ces bateaux.

Est considéré comme bateau de plaisance, au sens du présent décret, tout bateau ou navire quel qu'en soit le type ou le mode de propulsion, qui est destiné à être utilisé à des fins de loisir ou de sport, d'une part, dont la longueur de la coque, d'autre part, mesurée conformément aux normes qui lui sont applicables et qui transposent les normes européennes harmonisées, est comprise entre 2,5 mètres et 24 mètres. Sont également soumis aux dispositions du présent décret les bateaux et les navires répondant à la définition donnée ci-dessus et qui sont destinés à la formation à la navigation de plaisance.

II. Sont exclus du champ d'application du présent décret :

a) Les bateaux de plaisance conçus exclusivement pour la compétition, y compris les embarcations à rames et les embarcations destinées à l'enseignement de l'aviron, et désignés comme tels par leur constructeur ;

b) Les canoës, les kayaks, les gondoles et les hydrocycles ;

c) Les planches à voile ;

d) Les planches à moteur, les embarcations individuelles et autres engins similaires à moteur ;

e) Les bateaux de plaisance dont les plans ont été établis avant 1950 ainsi que les copies de ces bateaux lorsqu'elles sont réalisées essentiellement avec les matériaux d'origine et sont désignées comme telles par leur constructeur ;

f) Les bateaux de plaisance expérimentaux, à condition qu'ils ne soient pas, par la suite, mis sur le marché communautaire ;

g) Les bateaux de plaisance construits pour une utilisation personnelle, à condition qu'ils ne soient pas, par la suite, mis sur le marché communautaire avant l'expiration d'une période de cinq ans comptée à partir de l'année de leur construction ;

h) Les bateaux de plaisance destinés spécifiquement à recevoir un équipage et à transporter des personnes à des fins commerciales ;

i) Les submersibles ;

j) Les aéroglisseurs ;

k) Les hydroptères.

III. Les dispositions du décret du 28 octobre 1971 susvisé relatives aux certificats d'agrément et aux certificats de conformité ainsi que celles du dernier alinéa du IV de l'article 4 du décret du 30 août 1984 susvisé ne sont pas applicables aux bateaux de plaisance soumis au présent décret.

Art. 2

I. Ne peuvent être construits en vue de la mise sur le marché communautaire, détenus en vue de la vente, mis sur le marché, cédés à titre gratuit que les bateaux de plaisance neufs ainsi que les éléments et les pièces d'équipement neufs mentionnés à l'annexe II qui respectent les exigences essentielles de sécurité, de protection des personnes et de l'environnement définies ci-après.

Ne peuvent être importés des pays autres que les États membres de l'Union européenne ou les États parties à l'accord instituant l'Espace économique européen que les bateaux de plaisance ainsi que les éléments et les pièces d'équipement mentionnés à l'annexe II qui satisfont aux mêmes exigences.

II. Outre les exigences générales définies au 2 de l'annexe I du présent décret auxquelles doivent satisfaire tous les bateaux de plaisance ainsi que les éléments et les pièces d'équipement mentionnés à l'annexe II, les exigences essentielles de sécurité applicables à la conception et à la construction des bateaux de plaisance sont définies en fonction du classement de ces bateaux dans l'une des quatre catégories suivantes :

A. Bateaux de plaisance conçus pour la navigation en haute mer ;

B. Bateaux de plaisance conçus pour la navigation au large ;

C. Bateaux de plaisance conçus pour la navigation à proximité de la côte ;

D. Bateaux de plaisance conçus pour la navigation en eaux protégées.

Les bateaux de plaisance de chacune de ces catégories sont conçus et construits pour résister à des vents et des vagues dont la force et la hauteur sont respectivement déterminées à l'annexe I du présent décret ; ils doivent également satisfaire aux exigences essentielles, définies à la même annexe, relatives aux caractéristiques de leur construction, à leur capacité de manœuvre ainsi qu'à leurs équipements et à l'installation de ces équipements.

III. Les bateaux de plaisance ainsi que les éléments et les pièces d'équipement mentionnés à l'annexe II qui ont fait l'objet de l'une des procédures d'évaluation de conformité prévues à l'article 6 doivent porter le marquage " CE " prévu à l'article 4 ci-dessous et être accompagnés d'une déclaration écrite de conformité.

Cette déclaration écrite de conformité est établie par le constructeur, son mandataire établi sur le territoire de l'un des États membres de l'Union européenne ou dans l'un des États partie à l'accord instituant l'Espace économique européen ou la personne responsable de la première mise sur le marché dans les conditions prévues à l'annexe XIII du présent décret. Les modèles de déclaration de conformité sont fixés par un arrêté conjoint des ministres chargés de l'industrie, des transports et de la mer.

IV. Lorsque le marquage " CE " est apposé et la déclaration de conformité est établie dans un État membre de l'Union européenne ou dans un autre État partie à l'accord instituant l'Espace économique européen, ce marquage et cette déclaration produisent les mêmes effets que les formalités correspondantes prévues par le présent décret.

Art. 3

Les bateaux de plaisance ainsi que les éléments et pièces d'équipement construits ou fabriqués conformément aux normes qui leur sont applicables et qui transposent les normes européennes harmonisées dont les références sont publiées au Journal officiel de la République française sont présumés satisfaire aux exigences essentielles de sécurité, de protection des personnes et de l'environnement.

Art. 4

I. Le marquage " CE " est apposé par le constructeur, son mandataire établi sur le territoire de l'un des États membres de l'Union européenne ou dans un autre État partie à l'accord instituant l'Espace économique européen ou, à défaut, tout responsable d'une des opérations mentionnées au paragraphe I de l'article 2 conformément aux dispositions de l'annexe III du présent décret.

II. Le marquage " CE " de conformité est apposé de façon visible, lisible et indélébile sur la plaque du constructeur qui est fixée à demeure sur le bateau ainsi qu'il est précisé au point 2.2 de l'annexe I du présent décret ; il est également apposé de façon visible et lisible sur les éléments et pièces d'équipement mentionnés à l'annexe II du présent décret ou sur leur emballage.

III. Le marquage " CE " doit être accompagné du numéro d'identification de l'organisme habilité mentionné à l'article 7 lorsque cette disposition est prévue dans les procédures d'évaluation de la conformité.

IV. Il est interdit d'apposer des marques ou des inscriptions susceptibles d'induire des tiers en erreur quant à la signification ou au graphisme du marquage " CE ". D'autres marques peuvent être apposées sur les bateaux de plaisance ainsi que sur les éléments et pièces d'équipement mentionnés à l'annexe II du présent décret ou sur leur emballage, à condition que le marquage " CE " demeure clairement visible et aisément lisible.

Art. 5

I. Un bateau de plaisance dont la construction n'est pas achevée peut être librement mis en vente lorsque le constructeur ou son mandataire établi dans l'Union européenne ou dans un autre État partie à l'accord instituant l'Espace économique européen ou la personne responsable de la mise sur le marché atteste par une déclaration établie dans les conditions prévues au paragraphe A de l'annexe XIV du présent décret que ce bateau est destiné à être achevé par un autre constructeur, d'une part, et qu'en l'état où il a été cédé cet élément de bateau est conforme aux exigences essentielles de sécurité applicables à ce stade de sa construction, d'autre part. Le modèle de cette déclaration est fixé par un arrêté conjoint des ministres chargés de l'industrie, des transports et de la mer.

II. Les éléments ou pièces d'équipement mentionnés à l'annexe II du présent décret, sur lesquels le marquage " CE " a été apposé, peuvent être librement mis sur le marché lorsqu'ils sont destinés à être installés sur des bateaux de plaisance conformément à la déclaration établie par le fabricant, son mandataire établi dans l'Union européenne ou dans un autre État partie à l'accord instituant l'Espace économique européen ou, dans le cas où ces éléments ou pièces d'équipement sont importés de pays tiers, par toute personne qui les met sur le marché communautaire. Cette déclaration est établie dans les conditions prévues au paragraphe B de l'annexe XIV du présent décret. Le modèle de cette déclaration est fixé par un arrêté conjoint des ministres chargés de l'industrie, des transports et de la mer.

III. Les bateaux de plaisance et les éléments de bateaux de plaisance qui sont exposés dans des foires ou des salons peuvent ne pas satisfaire aux dispositions du présent décret à condition qu'il soit clairement indiqué qu'ils ne sont pas conformes à ces dispositions et qu'il est interdit de les acquérir ou d'en faire usage tant qu'ils n'auront pas été mis en conformité avec les exigences essentielles définies à l'annexe I du présent décret.

IV. Lorsque les bateaux de plaisance ou éléments de bateaux de plaisance font l'objet de réglementations différentes de celle édictée par le présent décret et prévoyant l'apposition du marquage " CE ", celui-ci indique que ces bateaux de plaisance ou leurs éléments satisfont également aux dispositions de ces autres réglementations. Toutefois, si une ou plusieurs de ces réglementations laissent le choix au constructeur, pendant une période transitoire, du régime à appliquer, le marquage " CE " indique que les bateaux de plaisance ou éléments de ces bateaux satisfont aux dispositions des seules réglementations que le constructeur déclare avoir appliquées. Dans ce cas, les références de ces réglementations, telles que publiées au Journal officiel de la République française, doivent être indiquées sur les documents, notices ou instructions requis par ces réglementations et accompagnant ces bateaux ou élément de bateaux.

Art. 6

I. Les procédures d'évaluation de la conformité aux exigences essentielles de sécurité des bateaux de plaisance et des éléments et pièces d'équipement mentionnés à l'annexe II peuvent être les suivantes :

- le contrôle interne de la fabrication ou " module A ", défini à l'annexe IV du présent décret ;
- le contrôle interne de la fabrication complété par des essais ou " module A bis ", défini à l'annexe V du présent décret ;
- l'examen " CE de type " ou " module B ", défini à l'annexe VI du présent décret ;
- la conformité au type ou " module C ", définie à l'annexe VII du présent décret ;
- l'assurance de la qualité de la production ou " module D ", définie à l'annexe VIII du présent décret ;
- la vérification sur produits ou " module F ", définie à l'annexe IX du présent décret ;
- la vérification à l'unité ou " module G ", définie à l'annexe X du présent décret ;
- l'assurance qualité complète ou " module H ", définie à l'annexe XI du présent décret.

II. Avant de mettre sur le marché les bateaux de plaisance, le constructeur, son mandataire établi sur le territoire de l'un des États membres de l'Union européenne ou dans un autre État partie à l'accord instituant l'Espace économique européen ou la personne responsable de la première mise sur le marché, doit procéder ou faire procéder à la vérification de leur conformité aux exigences essentielles en faisant à cet effet application des prescriptions d'un des modules ou d'un groupe de modules mentionnés à l'alinéa ci-dessus. Le choix du module ou du groupe de modules est fonction de la catégorie du bateau et de sa longueur.

1. Pour les catégories A et B :

- si le bateau a une longueur de coque inférieure à 12 mètres, la procédure d'évaluation de la conformité est le module A bis ;
- si le bateau a une longueur de coque égale ou supérieure à 12 mètres, la procédure d'évaluation de la conformité est soit le module B complété par le module C, ou par le module D, ou par le module F, soit le module G, soit le module H.

2. Pour la catégorie C :

- si le bateau a une longueur de coque inférieure à 12 mètres, la procédure d'évaluation de la conformité est le module A en cas de respect des normes harmonisées relatives aux points 3.2 (stabilité et franc-bord) et 3.3 (flottabilité) de l'annexe I du présent décret et le module A bis en cas de non-respect de ces normes ;
- si le bateau a une longueur de coque égale ou supérieure à 12 mètres, la procédure d'évaluation de la conformité est soit le module B complété par le module C, ou par le module D, ou par le module F, soit le module G, soit le module H.

3. Pour la catégorie D, la procédure d'évaluation de la conformité est le module A.

III. Avant de mettre sur le marché des éléments et pièces d'équipement mentionnés à l'annexe II, le fabricant, son mandataire établi sur le territoire de l'un des États membres de l'Union européenne ou dans un autre État partie à l'accord instituant l'Espace économique européen ou la personne responsable de la première mise sur le marché, applique, pour vérifier la conformité du produit aux exigences essentielles de sécurité, soit le module B complété par le module C, ou par le module D, ou par le module F, soit le module G, soit le module H.

Art. 7

Les procédures d'évaluation de la conformité sont mises en œuvre par des organismes habilités à cet effet par arrêté conjoint des ministres chargés de l'industrie, des transports et de la mer ; elles peuvent également l'être, pour certaines d'entre elles, par le fabricant sous le contrôle de ces organismes. L'arrêté habilitant un organisme définit les missions pour lesquelles il est habilité.

La décision d'habilitation d'un organisme est prise compte tenu des garanties de compétence et d'indépendance qu'il présente vis-à-vis des personnes ou groupements de personnes intéressées par les résultats des vérifications, de son expérience dans le domaine technique où il sera appelé à intervenir et des moyens dont il dispose pour l'exécution de ses missions. L'organisme chargé d'exécuter les opérations de vérification de la conformité et son personnel ne peuvent, notamment, avoir aucun lien avec le concepteur, le constructeur, le fournisseur ou l'installateur de bateaux ou éléments de bateaux dont ils vérifient la conformité ; ils ne peuvent intervenir ni directement ni comme mandataire dans la conception, la construction, la commercialisation ou l'entretien de ces bateaux ou éléments de bateaux.

L'octroi de l'habilitation qui peut être de durée limitée est subordonné à la condition que cet organisme ait souscrit une assurance couvrant sa responsabilité civile.

Le personnel de l'organisme habilité est tenu d'une obligation de confidentialité pour tout ce qu'il est amené à connaître à l'occasion de son activité professionnelle.

Art. 8

Seront punis des peines d'amende prévues pour les contraventions de la 5e classe :

1° Ceux qui auront détenu en vue de la vente, mis en vente, vendu, cédé à titre gratuit un bateau ou un élément ou pièce d'équipement neuf non revêtu du marquage " CE " ;

2° Ceux qui auront importé au sens du second alinéa du I de l'article 2 un bateau de plaisance ou un élément ou une pièce d'équipement mentionné à l'annexe II du présent décret qui ne satisfont pas aux exigences de sécurité ;

3° Ceux qui auront apposé des marques ou des inscriptions susceptibles d'induire des tiers en erreur quant à la signification ou au graphisme du marquage " CE " ;

4° Ceux qui auront exposé, lors de foires ou salons, un bateau ou un élément ou pièce d'équipement sans respecter les dispositions de l'article 5-III ;

5° Les personnes visées à l'article 6, qui ne sont pas en mesure de présenter les documents mentionnés à l'article 2-III, justifiant qu'elles ont rempli les obligations de contrôle définies en fonction de la catégories du bateau et de sa longueur.

En cas de récidive, la peine d'amende prévue pour la récidive de la contravention de la 5ᵉ classe est applicable.

Les personnes morales peuvent être déclarées responsables, dans les conditions prévues à l'article 121-2 du Code pénal, des infractions définies aux alinéas précédents, elles encourent la peine d'amende selon les modalités prévues à l'article 131-38 du même code.

Art. 9

À titre transitoire, les bateaux qui sont conformes à la réglementation française en vigueur à la date du 16 juin 1994 pourront être mis librement sur le marché jusqu'au 16 juin 1998.

Art. 10

Le Garde des Sceaux, ministre de la Justice, le ministre de l'Équipement, du Logement, des Transports et du Tourisme, le ministre de l'Économie et des Finances, le ministre de l'Industrie, de la Poste et des Télécommunications, le ministre délégué au budget, porte-parole du Gouvernement, le ministre délégué aux finances et au commerce extérieur et le secrétaire d'État aux transports sont chargés, chacun en ce qui le concerne, de l'exécution du présent décret, qui sera publié au Journal officiel de la République française.

Annexe I
Exigences essentielles de sécurité applicables à la conception et à la construction des bateaux de plaisance

1. Catégories de conception des bateaux

Catégorie de conception	Force du vent (échelle de Beaufort)	Hauteur significative des vagues (H 1/3 en mètres)
A (haute mer)	> 8 Bft	> 4 m
	Ces bateaux sont conçus pour de grands voyages	
B (au large)	≤ 8 Bft	≤ 4 m
	Ces bateaux sont conçus pour des voyages au large des côtes	
C (près des côtes)	≤ 6 Bft	≤ 2 m
	Ces bateaux sont conçus pour des voyages à proximité des côtes et dans de grandes baies, de grands estuaires, lacs et rivières	
D (eaux protégées)	≤ 4 Bft	≤ 0,5 m
	Ces bateaux sont conçus pour des voyages sur de petits lacs, rivières et canaux	

*(*) **N.D.L.R.** : H 1/3 est la moyenne du tiers des vagues les plus hautes*

Définitions :

A. - " En haute mer " : bateaux conçus pour de grands voyages au cours desquels le vent peut dépasser la force 8 (sur l'échelle de Beaufort) et les vagues peuvent dépasser une hauteur significative de 4 mètres et pour lesquels ces bateaux sont, dans une large mesure, autosuffisants ;

B. - " Au large " : bateaux conçus pour des voyages au large des côtes au cours desquels les vents peuvent aller jusqu'à la force 8 comprise et les vagues peuvent atteindre une hauteur significative jusqu'à 4 mètres compris ;

C. - " À proximité de la côte " : bateaux conçus pour des voyages à proximité des côtes et dans de grandes baies, de grands estuaires, lacs et rivières, au cours desquels les vents peuvent aller jusqu'à la force 6 comprise et les vagues peuvent atteindre une hauteur significative jusqu'à 2 mètres compris ;

D. - " En eaux protégées " : bateaux conçus pour des voyages sur de petits lacs, rivières et canaux, au cours desquels les vents peuvent aller jusqu'à la force 4 comprise et les vagues peuvent atteindre une hauteur significative jusqu'à 0,5 mètre compris.

Les bateaux de chaque catégorie doivent être conçus et construits pour résister à ces paramètres en ce qui concerne la stabilité, la flottabilité et les autres exigences essentielles pertinentes énoncées à la présente annexe et pour avoir de bonnes caractéristiques de manœuvrabilité.

2. Exigences générales

Les bateaux de plaisance et éléments de bateau mentionnés à l'article 1ᵉʳ doivent être conformes aux exigences essentielles dans la mesure où celles-ci leur sont applicables.

2.1. Identification de la coque

Tout bateau de plaisance doit être marqué du numéro d'identification de la coque qui comporte les indications suivantes :

- le code du constructeur ;
- le pays de fabrication ;
- le numéro de série particulier ;
- l'année de fabrication ;
- l'année du modèle.

La norme harmonisée applicable en la matière donne des précisions sur ces exigences.

2.2. Plaque du constructeur

Tout bateau doit porter une plaque fixée à demeure et séparée du numéro d'identification de la coque, comportant les indications suivantes :

- nom du constructeur ;
- marquage " CE " selon le modèle prévu à l'annexe III ;
- catégorie de conception du bateau au sens du point 1 de la présente annexe ;
- charge maximale recommandée par le constructeur au sens du point 3.6 de la présente annexe ;
- nombre de personnes admises à bord recommandé par le constructeur selon la catégorie de conception du bateau.

2.3. Prévention des chutes par-dessus bord et moyens permettant de remonter à bord

En fonction de sa catégorie de conception, le bateau doit être conçu de manière à minimiser les risques de chute par-dessus bord et à faciliter le remontée à bord.

2.4. Visibilité à partir du poste de barre principal

Sur les bateaux à moteur, le poste de barre principal doit offrir à l'homme de barre, dans des conditions normales d'utilisation (vitesse et chargement), une bonne visibilité sur 360°.

2.5. Manuel du propriétaire

Chaque bateau doit être accompagné d'un manuel du propriétaire rédigé au moins dans la (ou les) langue(s) officielle(s) de l'État destinataire. Ce manuel doit attirer particulièrement l'attention sur les risques d'incendie et d'envahissement et contenir les informations énumérées aux points 2.2, 3.6 et 4 de la présente annexe, ainsi que le poids à vide du bateau exprimé en kilogrammes.

3. Exigences relatives à l'intégrité et aux caractéristiques de construction

3.1. Structures

Le choix des matériaux et leur combinaison, ainsi que les caractéristiques de construction du bateau, doivent garantir une solidité suffisante à tous points de vue. Une attention particulière est accordée à la catégorie de conception, point 1, et à la charge maximale recommandée par le constructeur, point 3.6 de la présente annexe.

3.2. Stabilité et franc-bord

Le bateau doit avoir une stabilité et un franc-bord suffisants compte tenu de sa catégorie de conception mentionnée au point 1 et de la charge maximale recommandée par le constructeur telle que définie selon le point 3.6 de la présente annexe.

3.3. Flottabilité

La coque doit être construite de manière à conférer au bateau des caractéristiques de flottabilité appropriées à sa catégorie de conception mentionnée au point 1 et à la charge maximale recommandée par le constructeur définie selon le point 3.6 de la présente annexe.

Tous les bateaux multicoques habitables doivent être conçus de manière à avoir une flottabilité suffisante pour leur permettre de rester à flot en cas de retournement.

Les bateaux de moins de 6 mètres doivent être pourvus d'une réserve de flottabilité appropriée pour leur permettre de flotter en cas d'envahissement, lorsqu'ils sont utilisés conformément à leur catégorie de conception.

3.4. Ouverture dans la coque, le pont et la superstructure

Les ouvertures pratiquées au niveau de la coque, du ou des ponts et de la superstructure ne doivent pas altérer l'intégrité structurelle du bateau ou son étanchéité lorsqu'elles sont fermées.

Les fenêtres, hublots, portes et panneaux d'écoutille doivent résister à la pression de l'eau qu'ils sont susceptibles de subir à l'endroit où ils sont placés, ainsi qu'aux charges concentrées qui peuvent leur être appliquées par le poids des personnes se déplaçant sur le pont.

Les passe-coques situés sous la ligne de flottaison correspondant à la charge maximale recommandée par le constructeur au sens du point 3.6 de la présente annexe doivent être munis de dispositifs d'arrêt facilement accessibles.

3.5. Envahissement

Tous les bateaux doivent être conçus de manière à minimiser le risque de naufrage.

Une attention particulière doit être accordée :

- aux cockpits et baignoires qui doivent être à vidange automatique ou être pourvus d'autres moyens empêchant l'eau de pénétrer à l'intérieur du bateau ;
- aux dispositifs de ventilation ;
- à l'évacuation de l'eau par des pompes adéquates ou d'autres moyens.

3.6. Charge maximale recommandée par le constructeur

La charge maximale, recommandée par le constructeur et exprimée en kilogrammes, est déterminée selon la catégorie de conception mentionnée au point 1, la stabilité et la franc- bord mentionnés au point 3.2 et la flottabilité mentionnée au point 3.3 de la présente annexe.

Cette charge tient compte des personnes, du carburant, de l'eau, des provisions et des équipements divers et est indiquée sur la plaque du constructeur.

3.7. Emplacement du radeau de sauvetage

Tous les bateaux des catégories de conception A et B, ainsi que les bateaux des catégories de conception C et D d'une longueur supérieure à 6 mètres, doivent disposer d'un ou plusieurs emplacements pour un ou des radeaux de sauvetage de dimensions suffisantes pour contenir le nombre maximal de personnes admises à bord par le constructeur selon la catégorie de conception. Ce (ou ces) emplacement(s) doivent être facilement accessibles à tout moment.

3.8. Moyens d'évacuation

Tous les bateaux multicoques habitables de plus de 12 mètres de long doivent être pourvus de moyens d'évacuation efficaces en cas de retournement.

Tous les bateaux habitables doivent être pourvus de moyens d'évacuation efficaces en cas d'incendie.

3.9. Ancrage, amarrage et remorquage

Tous les bateaux, compte tenu de leur catégorie de conception et de leurs caractéristiques, doivent être pourvus d'un ou de plusieurs points d'ancrage ou d'autres moyens capables d'accepter en toute sécurité des charges d'ancrage d'amarrage et de remorquage.

4. Qualités manœuvrières

Le constructeur veille à ce que les qualités manœuvrières du bateau soient satisfaisantes lorsqu'il est équipé du moteur le plus puissant pour lequel il est conçu et construit. Pour tous les bateaux de plaisance, la puissance nominale maximale de chaque moteur doit être inscrite dans le manuel du propriétaire conformément à la norme harmonisée.

5. Exigences relatives aux équipements et à leur installation

5.1. Moteurs et compartiments moteurs

5.1.1. Moteurs intérieurs

Tout moteur intérieur à ligne d'arbre, avec ou sans renvoi de la transmission, doit être installé dans un compartiment fermé et isolé du local d'habitation et de manière à réduire au minimum, dans ce local, les risques d'incendie ou de propagation des incendies ainsi que les risques dus aux émanations toxiques, à la chaleur, au bruit ou aux vibrations.

Les éléments et accessoires du moteur qui demandent un contrôle ou un entretien fréquents doivent être facilement accessibles.

Les matériaux isolants utilisés à l'intérieur des compartiments moteurs doivent être incombustibles.

5.1.2. Ventilation

Le compartiment moteur doit être ventilé et les prises d'air doivent être conçues de sorte que l'eau ne puisse pénétrer dans ce compartiment.

5.1.3. Parties exposées

Lorsque le moteur n'est pas protégé par un capot ou par son confinement, il doit être pourvu de dispositifs empêchant d'accéder à ses parties exposées mobiles ou brûlantes qui risquent de provoquer des accidents corporels.

5.1.4. Démarrage du moteur hors-bord

Tous les bateaux équipés de moteurs hors-bord doivent être pourvus d'un dispositif empêchant le démarrage du moteur lorsque le levier de vitesse est engagé, excepté :

a) Lorsque la poussée au point fixe produite par le moteur est inférieure à 500 newtons (N) ;

b) Lorsque le moteur est équipé d'un limitateur de puissance limitant la poussée à 500 N au moment de son démarrage.

5.2. Circuit d'alimentation

5.2.1. Généralités

Les dispositifs et équipements de remplissage, de stockage, de ventilation et d'amenée du carburant doivent être conçus et installés de manière à réduire au minimum les risques d'incendie et d'explosion.

5.2.2. Réservoirs de carburant

Les réservoirs, conduites et tuyaux de carburant doivent être fixés et éloignés de toute source de chaleur importante ou en être protégés. Le choix des matériaux constitutifs et des méthodes de fabrication est fonction de la contenance du réservoir et du type de carburant. Tous les emplacements de réservoirs doivent être ventilés.

Les carburants liquides dont le point d'éclair est inférieur à 55° C doivent être stockés dans des réservoirs qui ne constituent pas une partie de la coque et qui sont :

a) Isolés du compartiment moteur et de toute autre source d'inflammation ;

b) Isolés des espaces réservés à la vie à bord.

Les carburants liquides dont le point d'éclair est égal ou supérieur à 55° C peuvent être contenus dans des réservoirs intégrés à la coque.

5.3. Circuits électriques

Les circuits électriques doivent être conçus et installés de manière à assurer le bon fonctionnement du bateau dans des conditions d'utilisation normale et à réduire au minimum les risques d'incendie et d'électrocution.

Tous les circuits alimentés par des batteries, sauf le circuit de démarrage du moteur, doivent être protégés contre les surcharges et les courts-circuits. Une ventilation doit être assurée afin de prévenir l'accumulation du gaz dégagé par les batteries. Les batteries doivent être fixées solidement et protégées contre la pénétration de l'eau.

5.4. Direction

5.4.1. Généralités

Le système de direction doit être conçu, construit et installé de manière à permettre la transmission des efforts exercés sur les commandes de gouverne dans des conditions de fonctionnement prévisibles.

5.4.2. Dispositifs de secours

Les voiliers et les bateaux à moteur ayant un seul moteur intérieur, équipés d'un système de commande du gouvernail à distance, doivent être pourvus d'un dispositif de secours permettant de diriger le bateau à vitesse réduite.

5.5. Appareils à gaz

Les appareils à gaz à usage domestique doivent être du type à évacuation des vapeurs. Ils doivent être conçus et installés de manière à prévenir les fuites et les risques d'explosion et à permettre des vérifications d'étanchéité. Les matériaux et les composants doivent être adaptés au gaz utilisé et conçus pour résister aux contraintes et attaques propres au milieu marin.

Chaque appareil doit être équipé d'un dispositif de sécurité à l'allumage et à l'extinction agissant sur chaque brûleur. Chaque appareil à gaz doit être alimenté par un branchement particulier du système de distribution et pourvu d'un dispositif de fermeture propre. Une ventilation adéquate doit être prévue pour prévenir les risques dus aux fuites et aux produits de combustion.

Tout bateau muni d'une installation fixe au gaz doit être équipé d'une enceinte destinée à contenir toutes les bouteilles à gaz. L'enceinte doit être isolée des espaces réservés à la vie à bord, accessible uniquement de l'extérieur et ventilée vers l'extérieur de manière à assurer l'évacuation des gaz. Toute installation fixe au gaz doit être essayée après son montage.

5.6. Protection contre l'incendie

5.6.1. Généralités

Les types d'équipements installés et le plan d'aménagement du bateau sont déterminés en tenant compte des risques d'incendie et de propagation du feu.

Une attention particulière doit être accordée à l'environnement des dispositifs à flamme libre, aux zones chaudes ou aux moteurs et machines auxiliaires, aux débordements d'huile et de carburant et aux tuyaux d'huile et de carburant non protégés. Il faut aussi éviter d'installer des câbles électriques au-dessus des zones chaudes des machines.

5.6.2. Équipement de lutte contre l'incendie

Les bateaux doivent être pourvus de moyens de lutte contre le feu appropriés aux risques d'incendie.

Les compartiments des moteurs à essence doivent être protégés par un système d'extinction évitant que l'on doive les ouvrir en cas d'incendie.

Les extincteurs portables doivent être fixés à des endroits facilement accessibles ; l'un d'entre eux doit être facilement atteint depuis le poste de barre principal du bateau.

5.7. Feux de navigation

Lorsque des feux de navigation sont installés, ils doivent être conformes aux réglementations en vigueur.

5.8. Prévention des rejets

Les bateaux doivent être construits de manière à empêcher tout rejet accidentel de polluants (huile, carburant, etc.) dans l'eau. Les bateaux équipés de toilettes doivent être munis :

a) Soit de réservoirs ;

b) Soit d'installations pouvant recevoir des réservoirs à titre temporaire dans des zones, ou pour des utilisations pour lesquelles le rejet de déchets organiques est limité.

De plus, tout conduit de rejet de déchets organiques traversant la coque doit être équipé d'un sectionnement pouvant être fermé hermétiquement.

Annexe II
Éléments et pièces d'équipement

1. Équipements ignifugés pour les moteurs intérieurs à ligne d'arbre, avec ou sans renvoi de la transmission.

2. Dispositifs de protection empêchant le démarrage des moteurs hors-bord lorsque le levier de vitesse est engagé.

3. Roues de gouvernail, mécanismes de direction et systèmes de câbles.

4. Réservoirs et tuyaux de carburant.

5. Panneaux d'écoutille et de sabord préfabriqués.

Annexe III
Marquage "CE"

Le marquage " CE " de conformité est constitué des initiales " CE " selon le graphisme suivant :

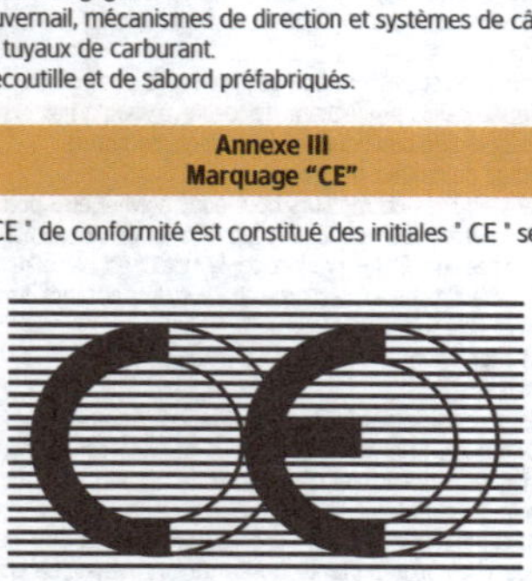

En cas de réduction ou d'agrandissement du marquage, les proportions telles qu'elles ressortent du graphisme gradué figurant ci-dessus doivent être respectées.

Les différents éléments du marquage " CE " doivent avoir sensiblement la même dimension verticale, laquelle ne peut être inférieure à 5 millimètres.

Le marquage " CE " est suivi du numéro d'identification de l'organisme notifié lorsque celui-ci intervient dans la phase de contrôle de la production.

N.D.L.R : *Les annexes IV à XI ne sont mentionnées que pour mémoire car elles concernent plus particulièrement le constructeur.*

Annexe IV
Module A *(non reproduite)*

Annexe V
Module A BIS *(non reproduite)*

Annexe VI
Examen "CE de type" *(non reproduite)*

Annexe VII
Conformité au type *(non reproduite)*

Annexe VIII
Assurance de la qualité de la production *(non reproduite)*

Annexe IX
Vérification sur produits *(non reproduite)*

Annexe X
Vérification à l'unité *(non reproduite)*

Annexe XI
Assurance qualité complète *(non reproduite)*

Annexe XII
Documentation technique fournie par le constructeur

La documentation technique mentionnée aux annexes IV, VI, VII, VIII et IX doit indiquer les moyens employés par le constructeur pour garantir que les bateaux de plaisance ou les éléments de bateaux de plaisance satisfont aux exigences essentielles de sécurité qui leur sont applicables, ou comporter toutes les données utiles à cet égard.

La documentation doit permettre de comprendre la conception, la fabrication et le fonctionnement du produit et d'en évaluer la conformité aux exigences essentielles de sécurité.

La documentation contient, dans la mesure nécessaire à l'évaluation :

- une description générale du produit ;
- des dessins de la conception et de la fabrication ainsi que des schémas des composants, sous-ensembles, circuits, etc. ;
- les descriptions et explications nécessaires pour comprendre lesdits dessins et schémas ainsi que le fonctionnement du produit ;
- une liste des normes mentionnées à l'article 3 du présent décret, appliquées entièrement ou en partie, et une description des solutions adoptées pour satisfaire aux exigences essentielles de sécurité lorsque les normes visées à cet article n'ont pas été appliquées ;
- les résultats des calculs de conception, des contrôles, etc. ;
- les procès-verbaux d'essais ou les calculs, notamment de stabilité et de flottabilité, selon les points 3.2 et 3.3 des exigences essentielles de sécurité.

Annexe XIII
Déclaration écrite de conformité

1. La déclaration écrite de conformité aux dispositions de la directive doit accompagner :

- le bateau de plaisance et être jointe au manuel du propriétaire (annexe I, point 2.5) ;
- les éléments et pièces d'équipement visés à l'annexe II.

2. La déclaration écrite de conformité doit comprendre les éléments suivants :

- nom et adresse du fabricant ou de son mandataire établi dans la Communauté ;
- description du bateau de plaisance ;
- références aux normes harmonisées pertinentes utilisées ou références aux spécifications par rapport auxquelles la conformité est déclarée ;
- le cas échéant, référence de l'attestation " CE de type " délivrée par un organisme habilité à évaluer la conformité ;
- le cas échéant, nom et adresse de l'organisme habilité à évaluer la conformité ;
- identification du signataire ayant reçu pouvoir pour engager le fabricant ou son mandataire établi dans la Communauté.

Annexe XIV
Déclaration du constructeur ou de son mandataire établi dans la Communauté ou de la personne responsable de la mise sur le marché

A. - La déclaration du constructeur ou de son mandataire établi dans la Communauté visée à l'article 5, paragraphe 1 (bateaux partiellement achevés), doit comprendre les éléments suivants :

- le nom et l'adresse du constructeur ;
- le nom et l'adresse du mandataire du constructeur établi dans la Communauté ou, s'il y a lieu, de la personne responsable de la mise sur le marché ;
- une description du bateau partiellement achevé ;
- une déclaration indiquant que le bateau partiellement achevé est destiné à être achevé par d'autres et est conforme aux exigences essentielles applicables à ce stade de la construction.

B. - La déclaration du constructeur, de son mandataire établi dans la Communauté ou de la personne responsable de la mise sur le marché, visée à l'article 5, paragraphe 2 (éléments ou pièces d'équipement), doit comprendre les éléments suivants :

- le nom et l'adresse du constructeur ;
- le nom et l'adresse du mandataire du constructeur établi dans la Communauté ou, s'il y a lieu, de la personne responsable de la mise sur le marché ;
- une description des éléments ou pièces d'équipement ;
- une déclaration indiquant que les éléments ou pièces d'équipement sont conformes aux exigences essentielles pertinentes.

Gréement courant (drisses, écoutes, etc.)

Grand-voile/m²	12	16	19	22	28	45	60	80
Ø Écoutes en mm	10	10	10	10	12	12	14	16
Ø Drisses en mm	8	10	10	10	12	12	12	14
Foc-génois/m²	**20**	**30**	**40**	**50**	**70**	**85**	**95**	**150**
Ø Écoutes en mm	10	12	12	14	14	14	16	16
Ø Drisses en mm	8	10	10	12	12	12	14	16
Spinnaker/m²	**45**	**55**	**65**	**90**	**120**	**160**	**200**	**250**
Ø Écoutes en mm (1)	8	10	10	10	12	14	16	16
Ø Drisses en mm	8	10	10	12	12	14	14	16
Amarres/tonnes	**2**	**4**	**5**	**6**	**8**	**11**	**12**	**20**
Ø Polyamide en mm	12	14	14	14	16	16	18	24
Mouillages/tonnes	**2**	**4**	**5**	**6**	**8**	**11**	**12**	**20**
Ø Polyamide en mm	12	14	16	16	18	20	20	24

(1) La solution idéale est d'avoir deux jeux d'écoute de diamètre différent à utiliser selon la force du vent, car leur poids est très important.

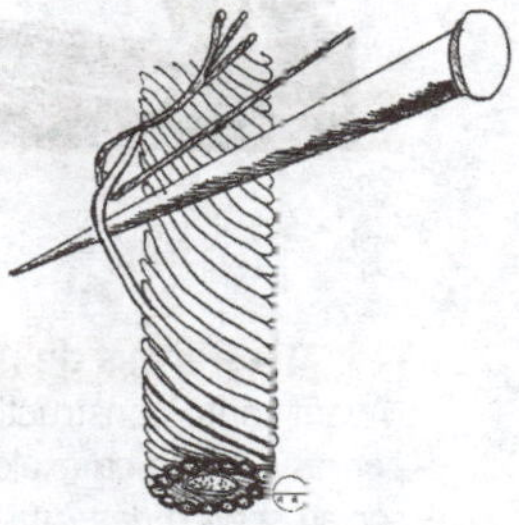

Tableau comparatif des poids aux 100 m, des résistances à la rupture et des charges maximales d'utilisation (CMU) des cordages synthétiques en kilos

Diamètre en mm	Polyéthylène			Polypropylène			Polyamide			Polyester		
	Poids	Résistance	CMU	Poids	Résistance	CMU	Poids	Résistance	CMU	Poids	Résistance	CMU
3	0,6	180	7	0,5	170	7	0,6	190	8	0,6	190	8
4	0,8	200	8	0,7	235	9	1,1	320	13	1,4	295	12
5	1,2	285	11	1,1	360	14	1,7	500	20	2	400	16
6	1,8	400	16	1,7	550	22	2,4	750	30	3	565	23
7	2,4	545	22	2,4	650	26	3,2	1 020	41	4	770	31
8	3,3	700	28	3	970	39	4,2	1 350	54	5,1	1 020	41
9	3,9	900	35	3,7	1 190	48	5,3	1 700	68	6,6	1 270	51
10	4,9	1090	44	4,5	1 425	57	6,5	2 080	83	8,1	1 590	64
12	6,8	1 540	62	6,5	2 030	81	9,4	3 000	120	11,6	2 270	91
14	9,5	2 090	83	9	2 790	112	12,8	4 100	164	15,7	3 180	127
16	12,8	2 800	112	11,5	3 500	140	15,6	5 300	212	20,5	4 060	162
18	16,1	3 460	138	14,8	4 450	176	21	6 700	268	26	5 080	203
20	20	4 270	213	18	5 370	269	26	8 300	415	32	6 350	320
22	24,3	5 080	254	22	6 500	325	31,6	10 000	500	38,4	7 620	380
24	29,6	6 100	305	26	7 600	380	37,5	12 000	600	46	9 140	460
26	32,8	6 910	345	30,6	8 820	440	44,4	13 300	695	54,9	10 680	535
28	39,3	8 030	400	35,5	10 100	505	51	15 800	790	63	12 200	610
30	46	9 150	610	40,5	11 400	760	59	17 900	1 193	72,5	13 900	925
32	52,6	10 400	690	46	12 800	850	66,5	20 000	1 330	82	15 700	1050
34	56,6	11 700	780	52	14 620	975	75,4	22 400	1 490	93	17 500	1170

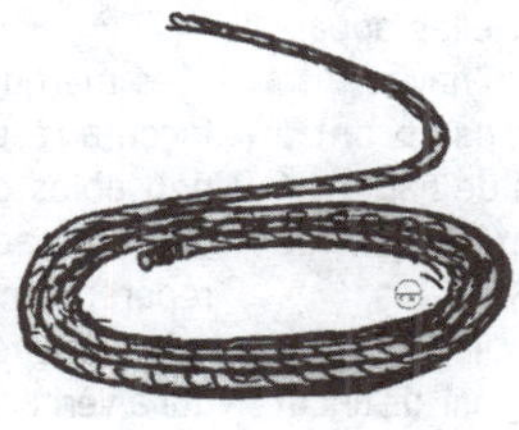

Marine Marchande

Le navire de pêche

I - Formalités à remplir avant et après la construction

1 - Permis de mise en exploitation (P.M.E.)

Avant toute construction, le constructeur doit obtenir un permis de mise en exploitation dont la demande est à déposer au service des Affaires maritimes du lieu d'immatriculation du futur navire.

2 - Déclaration de mise en chantier

Le constructeur doit faire au centre de sécurité des Affaires maritimes du lieu de construction, une déclaration de mise en chantier. Cette obligation s'applique quelle que soit la jauge de l'unité à construire. Elle a pour but de permettre le contrôle du respect de la réglementation sur la sécurité dès la conception du bateau par le contrôle sur plans, le suivi du chantier, la visite de mise en service selon les règles en application à la date de réception de la déclaration. En redressant des erreurs avant que la construction soit définitivement achevée, elle peut être une source d'économie.

Avant le début de la construction, quel que soit le tonnage présumé du navire, le constructeur doit déposer auprès du receveur des Douanes de qui dépend le chantier, une déclaration de mise en construction-demande de jaugeage, établie en double exemplaire sur formule réglementaire.

3 - Demande de nom

Le propriétaire doit faire agréer le nom choisi pour son navire. Il doit établir auprès du bureau des Affaires maritimes une demande de certificat de nom en proposant trois noms dans l'ordre de préférence.

4 - Francisation et immatriculation (en douane)

Lorsque le navire est construit, l'armateur doit procéder aux formalités de francisation et d'immatriculation.

À cet effet, il présente à la recette des Douanes le certificat de construction du navire, visé au préalable par les Affaires maritimes. Le service des Douanes procède au jaugeage à la suite duquel il délivre un certificat de jauge.

Les opérations de mesurage doivent être effectuées dès que la coque est terminée. Par contre, le mesurage des constructions supérieures (gaillard, roof, dunette, etc.) et celui des aménagements (poste d'équipage, magasin à filets, appareils à gouverner, compartiment moteur, etc.) n'interviennent, en principe, que lorsque le bâtiment est terminé. Au vu de ces pièces, le receveur des Douanes établira un acte de francisation définitif. C'est sur cet acte que sont portés le ou les noms du ou des propriétaires, les mutations de propriétés successives du bateau.

5 - Immatriculation (aux Affaires maritimes)

L'immatriculation se fait dans le service des Affaires maritimes qui correspond au bureau de recette de la Douane. Le propriétaire, ou le patron, ayant en main l'acte provisoire de francisation se présente au bureau des Affaires maritimes. Au vu des pièces, le navire reçoit son numéro d'immatriculation.

Dès lors, il ne reste plus qu'à lui faire subir la visite de mise en service par le centre de sécurité pour l'obtention du permis de navigation, et à procéder à l'ouverture du rôle d'équipage.

Il est attribué au navire un numéro à 6 chiffres suivi d'une lettre clé (celle-ci, simple verrou informatique, ne doit pas figurer sur la coque). Ex. : BR 266175 K. Ce numéro sera conservé même si le bateau passe à la plaisance. Les initiales changent si le navire passe dans un autre quartier.

II - Marques d'identité des navires de pêches

Tout bateau de pêche doit avoir des marques extérieures qui permettent de déterminer son identité. À l'arrière doivent se trouver le nom et l'indication du port d'attache, peints en lettres de 8 cm au moins. De chaque côté de l'avant, à 8 ou 10 cm au-dessous du plat-bord, les lettres initiales du quartier et le numéro d'immatriculation seront peints en blanc sur fond noir ou noir sur fond clair. Les annexes doivent porter les lettres et numéro d'immatriculation du navire auquel elles appartiennent, la mention « AXE » suivie du nom du navire.

Les dimensions de ces lettres et numéros seront à l'avant pour les bateaux de - 17 m : 25 cm de haut et 4 cm de trait, et pour les bateaux de + 17 m : 45 cm de haut et 6 cm de trait.

En plus de ces marques, tout navire d'une jauge brute inférieure à 500 tonneaux, pourvu d'un signal distinctif ou d'un indicatif d'appel, doit porter les trois dernières lettres de ce signal ou indicatif peintes sur le dessus d'une superstructure, de telle manière qu'elles puissent être lues par un observateur aérien.

Ces lettres, de couleur rouge sur fond blanc (contraste de couleurs noire et blanche), doivent avoir au moins 0,45 m de hauteur et 0,06 m de largeur de trait.

Ces marques doivent être périodiquement repeintes de façon à rester toujours nettes et lisibles, elles sont indispensables en cas de recherches aériennes effectuées dans le cadre de l'opération de sauvetage, soit pour repérer le navire en détresse, soit, en cas de doute, pour éviter une identification longue et préjudiciable au navire qui a véritablement besoin de secours.

III - Sécurité de la navigation

Il ne peut être question de résumer tout ce que contiennent les textes sur la sauvegarde de la vie humaine en mer et l'habitabilité à bord des navires de commerce, de pêche et de plaisance.

Ces textes s'appliquent aux navires, non seulement durant toute leur navigation, mais aussi quand ils sont en construction et même sur plans.

L'application des règlements est contrôlée à tous les stades de la vie du navire depuis la conception par des Commissions régionales de sécurité (CRS) ou par la Commission centrale de sécurité (CCS) et jusqu'à la fin de l'exploitation par des Commissions de visite.

Le site internet du ministère chargé de la Mer (www.mer.gouv.fr) comporte une partie sécurité-réglementation. On y trouvera notamment l'ensemble des textes applicables relatifs à la sécurité des navires.

1 - Commission centrale de sécurité

Placée auprès du ministre chargé de la Marine marchande, elle examine, préalablement à la délivrance des titres et certificats de sécurité et de prévention de la pollution, les plans et documents :

- de tout navire à passagers d'une jauge brute égale ou supérieure à 500 tonneaux ou destiné à effectuer soit des voyages internationaux soit des voyages nationaux à plus de 20 milles ;
- de tout navire de charge d'une jauge brute égale ou supérieure à 500 tonneaux et destiné à effectuer soit des voyages internationaux soit des voyages nationaux à plus de 20 milles ;
- de tout navire de pêche d'une longueur égale ou supérieure à 45 mètres ;
- de tout navire sous-marin ;
- des mêmes navires en cas de refonte, travaux importants ou réparations susceptibles d'affecter le niveau de sécurité ou de prévention de la pollution.

2 - Commission régionale de sécurité

Elle examine les plans et documents présentés par l'armateur de navires ne relevant pas de la CCS.

- navires à passagers ;
- navires de charge ou de pêche ≥ 12 m de long ;
- navires NUC de longueur < 24 m ou ≥ 12 m ;
- de ces mêmes navires en cas de refonte, travaux importants ou réparations susceptibles d'affecter le niveau de sécurité ou de prévention de la pollution.

3 - Visite de mise en service

Une commission de visite de mise en service, présidée par le chef du centre de sécurité et dont les membres représentent les diverses branches intéressées à la construction et à l'exploitation du navire constate que le navire a été construit et armé suivant les prescriptions de la réglementation sur la sécurité. Elle autorise le navire à entrer en service et propose la délivrance des titres de sécurité (permis de navigation et certificat de franc-bord pour les navires de plus de 12 m).

4 - Visite périodique

Le permis de navigation est valable un an. Lorsqu'il est expiré, il appartient au patron de demander au centre de sécurité la visite annuelle de son navire (à cette occasion, le certificat de franc-bord est visé soit par la société de classification soit par les Affaires maritimes selon la nature du franc-bord).

Cette visite est passée par une commission présidée par le chef du centre de sécurité ou son délégue pour les navires de longueur égale ou supérieure à 24 m.

Pour les navires d'une longueur inférieure à 24 m, la visite est passée par un inspecteur de la sécurité des navires.

La visite annuelle de l'installation radioélectrique est passée par un inspecteur de l'**Agence nationale des fréquences (ANFR)** relevant d'un service régional de cette agence.

LES NUMÉROS UTILES DE L'ANFR		
Licences et indicatifs radio	✆ 0 801 00 10 00	
N[os] MMSI	✆ 03 29 42 20 51	
Examens C.R.R.	✆ 0 810 00 31 42	
Site internet	www.anfr.fr	
Service Régional de Donges	✆ 02 40 45 36 36	🖷 02 40 91 01 37
Service Régional de Marseille	✆ 04 96 14 15 15	🖷 04 96 14 15 00
Service Régional de Toulouse	✆ 05 61 15 94 30	🖷 05 61 15 94 45
Service Régional de Villejuif	✆ 01 49 58 31 00	🖷 01 47 26 55 22

5 - Visite inopinée

Tout navire français au port, peut faire l'objet d'une visite inopinée par un inspecteur de la sécurité des navires.

6 - Visite sur réclamation de l'équipage

Les réclamations de l'équipage relatives aux conditions de sécurité, de navigabilité, d'habitabilité, d'hygiène à bord ou d'approvisionnement sont adressées par écrit au chef du Centre de Sécurité qui en vérifie le bien-fondé et prescrit les mesures nécessaires.

7 - Visite spéciale

Les visites spéciales sont organisées à l'initiative du chef du centre de sécurité ou à la demande de l'armateur dans les cas suivants :

- contrôle de la réalisation des prescriptions ;
- complément d'étude d'un dossier, suivi de chantier de construction ou de modification ;
- pour établir l'état de navigabilité d'un navire suite à un accident ;
- et pour toute question relative à la sécurité ou à la prévention de la pollution.

8 - Titres de sécurité

Aucun navire français ne peut prendre la mer sans être muni des titres de sécurité et de prévention de la pollution qui sont :

- le permis de navigation délivré après une visite de mise en service et renouvelé chaque année après une visite annuelle ;
- le certificat de franc-bord délivré pour tous les navires de plus de 12 m et pour tout navire à passagers quelle que soit leur longueur.

IV - Sécurité à bord des petits navires de pêche

Le règlement annexé à l'arrêté du 23 novembre 1987 (modifié) fixe les règles de sécurité auxquelles doivent satisfaire les navires de - 500 Tx JB construits après le 27 février 1988 (date de publication au JO). Les textes anciens sont applicables aux navires construits antérieurement à cette date. Ce règlement est applicable aux navires de pêche, qui sont répartis, d'après leur longueur, dans les groupes principaux suivants : inférieurs à 12 m, compris entre 12 et 25 m, supérieurs à 25 m. Bien entendu, dans un même groupe, certaines dispositions peuvent différer suivant les catégories de navigation pratiquée par les navires.

L'Almanach n'a pas l'ambition d'exposer l'ensemble de ce document réglementaire : tous renseignements et explications peuvent d'ailleurs être demandés auprès des centres de sécurité des navires (CSN) et notamment auprès des centres de sécurité. Il a paru toutefois bon d'en souligner les aspects principaux applicables aux **navires de pêche d'une longueur inférieure à 12 m**. Une division du règlement cité ci-dessus concernant les navires construits après le 1er septembre 1990. Les grandes lignes de cette division 227 sont exposées ci-après.

1 - Dispositions générales

Ce chapitre précise que les navires concernés ne peuvent naviguer au-delà des limites de la 3e catégorie et que les navires non pontés sont limités à la 4e ou 5e catégorie. Les plans de ces navires sont approuvés par le chef du centre de sécurité.

La composition du dossier d'approbation, l'intervention éventuelle d'une société de classification, les prescriptions générales concernant la coque (renforcements locaux, éléments mobiles et semi-mobiles, pavois et rambardes, cloisons étanches recommandées). Les ouvertures dans le bordé extérieur, les épreuves et visites en cours de construction ou à sec en exploitation sont définies dans ce chapitre.

Une visite à sec a lieu tous les quatre ans pour les navires de moins de douze ans et tous les deux ans au-delà. À cette occasion, les prises d'eau, le gouvernail, la ligne d'arbre, les éléments de la structure, des cloisons, des circuits d'assèchement et d'eau de mer font l'objet d'un examen détaillé.

2 - Stabilité, franc-bord, limite de charge

Tout navire doit porter sur sa coque une marque d'enfoncement maximum, le franc-bord étant la distance verticale comprise entre cette marque et la ligne de pont (livet) mesurée à la moitié de la longueur du navire. Des restrictions peuvent être apportées à la catégorie de navigation, au matériel de pêche ou à la masse des captures, ou pour interdire tel type de pêche.

La stabilité du navire dans les conditions les plus défavorables doit être jugée satisfaisante par le centre de sécurité. Elle est contrôlée à la mise en service et peut l'être à nouveau dans les cas de transformation et de changement de conditions d'exploitation notamment. Pour les navires neufs, le chef du centre de sécurité peut exiger un dossier de stabilité.

Seuls les navires pontés sont autorisés à pratiquer les arts traînants.

Le circuit d'assèchement des navires pontés et semi-pontés est constitué d'une pompe principale attelée au moteur de propulsion et d'une pompe de secours à bras ou électrique aspirant dans le compartiment moteur (ou pompe de lavage si elle dispose d'une vanne à trois voies).

Un détecteur de niveau d'eau est installé au point le plus bas du compartiment moteur (aspiration pompe, presse étoupe arrière). Il doit déclencher une alarme sonore et lumineuse en timonerie et une alarme sonore sur le pont de travail.

Ce chapitre décrit aussi la protection des ouvertures sur la coque et sur le pont.

3 - Installations propulsives

Les seuls moteurs à essence autorisés sont les moteurs hors-bord et les auxiliaires.

Ce chapitre traite de l'éclairage, de la disposition et de la ventilation du compartiment et de son moyen d'accès.

En timonerie ou au poste de conduite, un tableau doit comporter les dispositifs suivants : indicateur de tours, alarme sonore et lumineuse de température d'eau douce de réfrigération, de pression d'huile de graissage, stop-moteur.

Deux sources d'énergie doivent assurer chacune six démarrages consécutifs (air comprimé et/ou démarreur électrique). Les bouteilles d'air de lancement sont soumises à une épreuve hydraulique tous les quatre ans.

Le nombre de prises d'eau de réfrigération (avec filtres facilement nettoyables) est aussi réduit que possible. Il doit exister un moyen de réfrigération de secours. Les fuites de combustible ou d'huile de graissage doivent être récupérées.

Ce chapitre consacre aussi plusieurs articles à la prévention de la pollution (consignation au journal de bord des dépôts de résidus d'hydrocarbures dans les installations de réception à terre et récupération des fuites de combustible, d'huiles de graissage ou du fluide de l'installation hydraulique), aux installations relatives aux combustibles liquides (cuves métalliques et plastiques, habillage des cuves, caisses journalières et circuit de distribution) éloignées des sources de chaleur sans surplomber le collecteur d'échappement, au stockage du combustible pour moteur hors-bord, aux installations hydrauliques et de gaz de pétrole (bouteilles, tuyauterie, robinets, appareils d'utilisation).

4 - Prévention et lutte contre l'incendie

Les moyens de lutte contre l'incendie sont en permanence visibles et faciles d'accès.

Tout navire ponté, à moteur fixe, dispose d'une pompe mécanique pouvant être la pompe de lavage. Sur les navires de moins de 8 mètres, un extincteur à poudre polyvalent de 4 kg peut la remplacer. Sur les navires de plus de 8 mètres, il est installé une prise d'incendie avec robinet, manche et lance. Entre 8 et 12 m, seulement, la longueur du jet est de 10 m.

Au-dessus de 12 m, il n'est règlementé que la pression du débit de la pompe et le diamètre de l'orifice de la lance.

Indépendamment de ceci, tout navire de moins de 8 mètres doit avoir au moins un extincteur à poudre polyvalent de 4 kg minimum (2 extincteurs pour les navires pontés de longueur ⩾ 8 mètres).

En outre, le compartiment moteur des navires pontés est protégé par une installation fixe d'extinction de l'incendie (par gaz inerte, généralement du CO^2) dont la mise en œuvre est commandée manuellement de l'extérieur du compartiment à protéger.

Nota : *La réglementation interdit l'utilisation du gaz halon depuis le 1er janvier 2003. Toutes les installations devront avoir été démantelées au plus tard au 3 décembre 2003. Cela entraîne concrètement l'obligation de remplacement ou de modification des installations existantes depuis 2002. La conformité des nouvelles installations est vérifiée par le centre de sécurité des navires que l'armateur est tenu d'informer.*

5 - Installations électriques

La tension maximum dans les circuits est limitée à 380 V pour les navires de moins de 12 m (50 V pour les appareils portatifs en alternatif et 100 V en continu). Toutes les installations électriques, sauf l'appareillage électrique des moteurs des navires non métalliques, sont à deux pôles isolés sans retour par la masse.

Les canalisations électriques, soigneusement isolées et protégées, ne doivent pas passer dans les fonds, ni là où il y a risque d'immersion. Les jonctions sont effectuées dans des boîtes ou coffrets appropriés, les épissures étant interdites et les circuits protégés par fusibles ou disjoncteurs. La mise à la masse est assurée par conducteurs reliés à la coque ou à une prise de masse en contact permanent avec la mer.

Les batteries à électrolyte liquide, placées dans un bac étanche équipé d'une aération haute et basse débouchant à l'air libre et dont les orifices sont protégés contre les entrées d'eau accidentelles, sont fixées de façon à prévenir tout désarrimage quelle que soit la gîte. Chaque polarité a un coupe-batterie accessible et aussi proche que possible de la batterie.

Enfin un bilan électrique doit être établi et tout navire ponté doit disposer d'un éclairage de secours. Les navires de plus de 12 m doivent disposer d'une source de secours pouvant alimenter un certain nombre d'appareils durant 3 heures au moins.

6 - Sécurité de la navigation

La timonerie ou le poste de conduite doit offrir une visibilité suffisante vers l'avant et l'arrière pour assurer en toute circonstance la sécurité des manœuvres et disposer des moyens de contrôle et de commande de l'appareil propulsif.

Les navires en 3e ou 4e catégorie sont équipés d'un compas magnétique approuvé de classe B, compensé (courbe de déviation affichée), éloigné des masses magnétiques, des circuits électriques, des appareils radioélectriques et de leurs haut-parleurs.

Tout navire doit avoir un réflecteur radar (coque non métallique), des feux d'un type approuvé, des moyens de signalisation sonore (fixes et électriques ou pneumatiques en 3e ou en 4e catégorie).

Au poste de conduite est installée une commande de gouvernail avec barre franche de secours et un dispositif supprimant instantanément la tension des funes en cas de croche.

Tout navire est équipé d'une ligne de mouillage dont la chaîne a une longueur égale à celle du navire et dont le câblot fait trois fois la profondeur des parages fréquentés (au minimum 5 fois la longueur du navire).

Longueur du navire (m)	Masse de l'ancre (kg) (*)	Diamètre de la chaîne (mm)	Diamètre du câblot (mm)
$L < 6$	10	6	14
$6 \leq L < 8$	14	8	16
$8 \leq L < 10$	25	10	22
$L \geq 10$	40	12	24

(*) Les masses des ancres à jas ou à pattes articulées doivent être augmentées d'un tiers.

Matériel nautique d'armement

Désignation du matériel	Catégorie 3	Catégorie 4	Catégorie 5
– Baromètre	1		
– Thermomètre	1		
– Jumelles marines	1	1	
– Sondeur à ultrason	1		
– Sonde à main	1	1	1
– Fusées à parachute approuvées	3	3	3
– Fumigènes flottants approuvés	2	2	
– Pavillon national	1	1	1
– Papillons N et C	1	1	
– Lampe torche étanche	1	1	1
– Miroir de signalisation (*)	1	1	
– Cartes marines des parages	1 jeu		
– Instructions nautiques et Livres des feux (ou doc. équivalent)	1		
– Annuaire des marées (ou doc. équivalent)	1	1	1

Désignation du matériel	Catégorie 3	Catégorie 4	Catégorie 5
– Règle rapporteur	1		
– Compas à pointes sèches	1		
– Règlement en vigueur pour prévenir les abordages en mer	1	1	
– Jeu d'outillage (marteau, clé à molette, cisaille, etc.)	1	1	1
– Injecteur de rechange	1		
– Bougie de rechange		1	
– Gaffe	1	1	1
– Écope (navire non ponté)		1	1
– Aviron (navire non ponté)		1	1
– Filins nécessaires pour manœuvres courantes et amarrage.	1	1	1
– Jeux d'ampoules pour feux de navigation	1	1	
– Jeu de fusibles de rechange	1	1	

(*) sauf si le navire est équipé d'un radeau de sauvetage.

7 - Engins de sauvetage

Tout navire en 3e catégorie doit être équipé d'un radeau gonflable de sauvetage d'une capacité suffisante pour recevoir toutes les personnes présentes à bord, approuvé de classe III ou V (visite annuelle obligatoire). Il est arrimé à bord sur un support adapté pour qu'un seul homme puisse le mettre à l'eau.

Un navire en 4e et 5e catégorie, non doté d'une réserve de flottabilité, possède un engin flottant approuvé suffisant pour supporter toutes les personnes présentes à bord. La bouée de sauvetage peut être considérée comme engin flottant pour une personne.

Une bouée de sauvetage approuvée, munie d'un dispositif lumineux en cas de navigation de nuit, doit équiper tous les navires. Directement accessible, elle est placée à l'extérieur sur un support adapté pour une mise à l'eau rapide.

Chaque personne embarquée dispose d'une brassière de sauvetage approuvée. En 5e catégorie, les brassières approuvées "plaisance" sont autorisées.

Tous les engins de sauvetage doivent être marqués du nom et du port d'immatriculation du navire auquel ils appartiennent.

8 - Hygiène et habitabilité

La disposition relative des compartiments, les cloisons et les revêtements de sols font l'objet d'exigences particulières (par ex. : pas d'ouverture directe entre moteur et couchage). L'éclairage est autant que possible assuré par un moyen naturel.

Les locaux de couchage sont équipés d'un moyen d'aération suffisant (avec moyen de chauffage d'un modèle autorisé pour un séjour à la mer de plus de 24 heures).

Les navires séjournant plus de 24 heures à la mer disposent d'une couchette par personne (avec lampe de chevet), d'un lavabo, d'un water-closet et d'une caisse à eau potable (10 litres d'eau au minimum par jour et par personne).

Pour tout renseignement, s'adresser au centre de sécurité des navires dont vous relevez.

Le rôle de l'équipage

1 - Armement et désarmement

Le rôle d'équipage est l'acte authentique de constitution de l'armement administratif d'un bâtiment et l'état certifié de toutes les personnes qui se trouvent à bord. Obligatoire pour tous les navires y compris pour le convoyage à titre onéreux. L'armement d'un rôle ne peut se concevoir sans l'embarquement de l'équipage (ou d'une partie de l'équipage). Il ne vaut que pour un genre de navigation.

Les vérifications des Affaires maritimes portent sur les points suivants :

• validité du permis de navigation et autres titres de sécurité ;

• validité de la décision d'effectif du navire ;

• aptitude physique des marins à embarquer ;

• qualification professionnelle des marins et validité des dérogations ou dispenses éventuelles ;

• régularité des conditions du contrat d'engagement maritime.

L'armateur signe un imprimé d'ouverture de rôle d'équipage, en certifiant le rôle, en s'engageant à observer la réglementation maritime (contrat de travail, effectif, sécurité du navire, de l'équipage et des passagers), à acquitter dans les délais fixes les cotisations et contributions à l'ENIM, et en déclarant si le navire est assuré ou non (produire une attestation).

Au désarmement, les marins doivent être effectivement débarqués. L'initiative du désarmement appartient à l'armateur. Désormais le renouvellement annuel du rôle d'équipage est effectué par tacite reconduction. Cet imprimé reste valable tant que les renseignements portés sont inchangés.

Les mouvements des marins sont enregistrés soit directement par l'armateur (déclaration mensuelle informatisée de services et de taxes - DMIST -) soit par les Affaires maritimes à l'aide de la déclaration de mouvement de marins (carnet à souches pour établissement des déclarations trimestrielles simplifiées). Le rôle peut être déposé si le navire reste inactif. Le navire peut être désarmé prématurément pour cause de vente ou de cessation d'exploitation ou à la suite d'un retrait de rôle pour non-paiement des taxes.

Le contrat d'engagement maritime doit être signé des deux parties (armateur et équipage) et visé par l'autorité maritime. Il est valable pendant la durée du rôle auquel il est annexé.

2 - Contenu du rôle d'équipage

Le rôle détenu par le quartier est constitué d'une part des articles pertinents des fichiers informatiques du CAAM et d'autre part des documents permanents : ouverture d'un rôle d'équipage, conditions d'engagement (contrats de travail individuels et conventions collectives), dérogations ou dispenses, rapports détaillés de blessure ou maladie, décision d'effectif et fiches de fonction (catégorie).

Le rôle « bord » se réduit à une liste d'équipage. La remise à l'armateur de cette liste constitue la preuve que les Affaires maritimes ont effectué les contrôles nécessaires au titre du rôle et donc que le navire et son équipage remplissent les conditions administratives requises pour prendre la mer.

Marin de la marine marchande

Pour devenir marin de la Marine marchande, il faut être français - ou naturalisé - ou ressortissant de l'Union européenne et naviguer à titre professionnel sur un navire français, effectuant une navigation maritime, dans le service conduite ou technique, ou dans un emploi du pont, de la machine, de la radio ou du service général. Un titre de formation professionnelle prévu par arrêté est exigé pour l'embarquement sur les navires de commerce, de pêche et de plaisance professionnelle et sur les navires de plus de 25 tonneaux affectés à des activités conchylicoles.

I - Généralités

1 - Dossier d'identification

1. Une copie lisible de la carte nationale d'identité en cours de validité.

2. Une photo d'identité récente, de face et tête nue.

3. Certificat médical d'aptitude physique à la navigation délivré par un médecin des gens de mer et radiographie pulmonaire de moins de 3 mois.

4. Certificats de vaccinations :

- antipoliomyélitique de moins de 4 ans ou un certificat de vaccinations associées DT polio de moins de 4 ans ;
- pour les candidats de *moins de 25 ans* : certificat de vac-

cination par le BCG ou certificat de cuti-réaction tuberculinique positive.

5. Bulletin n° 3 du casier judiciaire, ayant moins de 3 mois de date, délivré par le Casier judiciaire national (107, rue du Landreau - 44079 Nantes-Cedex 01 - ✆ +33 (0)2 51 89 89 51) ainsi que pour les étrangers (tout est centralisé au Casier judiciaire national).

6. Consentement écrit de la personne ou de l'autorité investie du droit de garde lorsqu'il s'agit d'un mineur et, éventuellement, présentation de l'acte portant désignation de la personne investie du droit de garde.

Modèle d'autorisation :

« Je soussigné (nom et prénoms) ....
autorise mon fils ou ma fille (ou pupille) (nom et prénoms)
.... né(e) le ....
à .... à embarquer sur les navires français de commerce, de pêche et de plaisance et à se faire inscrire sur les matricules des Gens de mer.

Fait à ....le ....

Signature. »

Nota : *Quand le mineur a été autorisé régulièrement à s'embarquer une première fois, il peut ensuite contracter seul des engagements maritimes. Le retrait de l'autorisation, possible tant que le mineur n'a pas atteint l'âge de 18 ans, ne peut être opposé aux tiers s'il n'a pas été porté à leur connaissance avant la formation du contrat.*

L'autorisation confère au mineur capacité pour accomplir tous les actes se rattachant à ses engagements pour toucher ses salaires.

7. Promesse ferme d'engagement

8. Pièces justifiant de la formation professionnelle requise pour les nouveaux marins.

9. Le dossier complet sera présenté à l'administrateur en chef du quartier d'immatriculation et, en cas d'embarquement précipité, il sera présenté au quartier d'embarquement ou, pour l'étranger, au consulat de France

2 - Entrée dans la profession

Conditions d'âge et de formation professionnelle :

Aucun embarquement, à titre professionnel, ne peut être autorisé avant l'âge de 16 ans. L'enfant de 13 ans révolus peut embarquer, comme passager, pendant les seules vacances scolaires.

Peuvent être portés au rôle d'équipage d'un navire de commerce ou de pêche, quelle que soit sa jauge brute, ou d'un navire conchylicole de plus de 25 tonneaux de jauge brute, en vue d'y remplir un emploi autre qu'un emploi d'officier, dans le service pont ou machine, ou dans le service radioélectrique, les marins détenteurs d'un livret professionnel maritime et les nouveaux professionnels titulaires d'un des titres de formation professionnelle suivants :

- Certificat d'initiation nautique (1) ;
- Certains BE Marine nationale ;
- Certificat d'admission en ENMM ;
- CACMNC (2) ;
- PPN (2) ;
- CAPM de matelot (pêche) (2) ;
- BEPM de marin de commerce (2) ;
- B.E.P.M. Machines marines (pêche & commerce) ;
- B.E.P.M. (2) Conduite et exploitation des navires de pêche ;
- Certificat de fin d'études maritimes ;
- Titres permettant d'être stagiaire, élève-officier ou officier à l'exclusion du permis de conduire les moteurs.

(1) Avoir 20 ans. (2) CACMNC : Certificat d'aptitude à conduire les moteurs des navires conchylicoles ; PPN : Patron de petite navigation ; CAPM : Certificat d'aptitude professionnelle maritime ; BEPM : Brevet d'études professionnelles maritimes

Cependant des dispenses peuvent être accordées par l'administrateur des Affaires maritimes chef de quartier du port d'embarquement lorsqu'il n'existe pas de candidats demandeurs d'emploi possédant la formation professionnelle requise.

Les dérogations à la formation professionnelle sont accordées pour une durée d'embarquement de six mois, non renouvelables.

Désormais il est possible à tout adulte sans qualification particulière préalable d'entrer dans la profession en suivant des formations et en passant des examens. Il s'agit des formations conduisant au Brevet de petite navigation côtière et au Brevet de mécanicien 750 kW.

3 - Le livret professionnel maritime

Dès la fin de sa formation ou lors de son premier embarquement, le marin reçoit un livret professionnel maritime qu'on appelle encore couramment fascicule.

Ce livret professionnel a pour le marin valeur de :

- pièce d'identité. Il fait foi de l'identité du marin dans les bureaux des Affaires maritimes et, la plupart du temps, auprès des autorités des ports d'escale ;
- passeport, pour se rendre, à titre professionnel, dans certains pays étrangers ;
- carnet médical, car il contient mention des visites médicales périodiques passées par son titulaire ;
- duplicata pour ses brevets, diplômes, etc. ;
- preuve d'embarquement et donc de contrat d'engagement - ou de travail - avec un armateur.

Un livret professionnel doit être conservé avec le plus grand soin. Un livret, même terminé, peut servir de début de preuve en cas de contestation. **Ne perdez donc pas vos livrets, ne les confiez pas à la légère et ne les remettez jamais en gage.**

Le marin doit aviser son quartier de toute modification de : domicile, état civil (mariage, enfants, etc.), situation militaire, formation professionnelle.

Une interruption de 5 ans dans l'activité maritime en qualité d'officier au commerce soumet l'intéressé à des obligations légales de revalidation.

4 - La sortie de la profession

Un marin peut être déclassé pour inaptitude à la navigation, pour condamnation ou pour inactivité supérieure à 18 mois. Le marin qui n'a pas navigué depuis plus de 18 mois peut reprendre la navigation sans autre formalité que la production d'un bon ou d'une promesse d'embarquement, d'un bulletin n° 3 de son casier judiciaire et d'un certificat d'aptitude physique à la navigation maritime.

II - Fonctions, titres et conditions exigées

1 - Navigation de pêche (commandements et brevets)

Fonctions		Titres	Conditions exigées	
1.1 Patrons ou capitaines				
Petite Pêche	Navire conchylicole ⩽ 10 TJB	CACMNC	Âge : 21 ans Navigation : 12 mois	
	Navire ⩽ 10 TJB	CAP Polyvalent	Âge : 21 ans	
		Aucun	Âge : 21 ans Navigation : 36 mois Mar. mar. Patron av. 29.12.93	
		CAM CEM / MP CFEM / MP	Âge : 21 ans Navigation : 24 mois Mar. mar.	Ou titre permettant d'exercer les mêmes fonctions à bord d'un navire pratiquant un type de navigation supérieur.
		CAPM / MP (avant 1992) CAPM / MC	Âge : 21 ans Navigation :12 mois Mar. mar.	
		CAPM / MP (Pont) BEPM / CE (Pêche)	Âge : 21 ans Navigation : 6 mois mar.	
Côtière	Tous navires	Certificat de capacité	Âge : 21 ans Nav. : 24 mois à la pêche si + 10 TJB. (*)	
Pêche au large		Brevet de patron de pêche		
Grande pêche		Brevet de capitaine de pêche		Ou C1NM, CLC Ou C2NM, CMM
(*) S'il n'a pas de mécanicien à bord, le patron ou capitaine doit être titulaire du titre exigé (PCM, motoriste, ...).				
1.2 Seconds				
Pêche au large (quand l'embarquement d'un second breveté est exigé)		Brevet de lieutenant de pêche		Ou brevet permettant de commander un navire à la grande pêche au large.
Grande pêche		Brevet de patron de pêche		Ou brevet permettant de commander tout navire
1.3 Lieutenants - Pont				
Grande pêche (quand l'embarquement d'un lieutenant est exigé)		Brevet de lieutenant de pêche		Ou tout brevet permettant d'être second sur tout navire
1.4 Chef mécanicien				
Navire ⩽ 110 kW		PCM BEPM Mach. Mar. CAPM /MP / Machine CAPM /MP / avant 1992 CAPM /MC CAM /P ou C CEM /MP ou CFEM /MP CA Conduite Moteurs Conchylicoles		Ou brevet permettant d'exercer ces fonctions sur un navire d'une puissance supérieure
110 kW < Navire ⩽ 160 kW			6 mois de navigation	

CAPM (C ou P) = Certificat d'aptitude professionnelle maritime (commerce ou pêche)
CEMMP = Certificat d'études maritimes de marin pêcheur
BEPM (CE ou MM) : Brevet d'études professionnelles maritimes (conduite et exploitation des navires de pêche ou machines marines)
CACMNC = Certificat d'aptitude à la conduite des moteurs de navire conchylicole

Fonctions	Titres	Conditions exigées	
1.4 Chef mécanicien (suite)			
160 kW < Navire ≤ 550 kW	Certificat de motoriste à la pêche		Ou brevet permettant d'exercer ces fonctions sur un navire d'une puissance supérieure
550 kW < Navire ≤ 750 kW		24 mois en machine	
750 kW < Navire ≤ 1 000 kW	OM3 ou OM3 électromotoriste	24 mois en machine comme officier breveté	
1 000 kW < Navire ≤ 2 250 kW		36 mois en machine comme officier breveté	
2 250 kW < Navire ≤ 3 000 kW		48 mois en machine comme officier breveté	
4 000 kW < Navire ≤ 7 500 kW	C2NM, OT OT électromotoriste, Lieutenant mécanicien, OM2, OM pêche	36 mois en machine comme officier breveté	
7 500 kW < Navire ≤ 15 000 kW		48 mois en machine comme officier breveté	
Navire > 15 000 kW	C1NM, OM1		
1.5 Second mécanicien			
Navire ≤ 370 kW	Permis de conduire les moteurs		Ou brevet permettant d'exercer les mêmes fonctions sur un navire d'une puissance supérieure
370 kW < Navire ≤ 1 100 kW	Certificat de motoriste à la pêche	18 mois à la machine	
1 100 kW < Navire ≤ 2 250 kW	OM3 ou OM3 électromotoriste	12 mois en machine comme officier breveté	
2 250 kW < Navire ≤ 4 000 kW		18 mois en machine comme officier breveté	
2 250 kW < Navire ≤ 4 000 kW	C2NM OT OT électromotoriste OM2 OM pêche Lieutenant mécanicien	18 mois en machine comme officier breveté	
4 000 kW < Navire ≤ 7 500 kW		24 mois en machine comme officier breveté	
Navire > 7 500 kW		48 mois en machine comme officier breveté ou 36 mois dont 12 comme second	
Navire > 7 500 kW	DESMM	6 mois en machine comme officier breveté	
1.6 Lieutenant mécanicien			
Navire ≤ 750 kW	Permis de conduire les moteurs		Ou brevet permettant d'exercer les mêmes fonctions sur un navire d'une puissance supérieure
750 kW < Navire ≤ 2 250 kW	Certificat de motoriste à la pêche	36 mois "machine"	
2 250 kW < Navire ≤ 6 000 kW	OM3 ou OM3 électromotoriste		
6 000 kW < Navire	OMM, O2NM, lieutenant mécanicien, OT OM2 OT électromotoriste ou OM pêche		

Nota : puissance en kW = Puissance en CV x 0,736.

DESMM : Diplôme d'étude supérieure de la marine marchande

2 - Navigation de commerce et de plaisance

Service Pont				
Fonction	**Brevet**			
	Navire J.B. < 200 UMS ou 100 t jb (1)	**Navire J.B. < 500 UMS (2)**	**Navire J.B. < 3 000 UMS (2)**	**Tous navires**
Officier chargé du quart à la passerelle	CQ navigation côtière		- CQ passerelle - CQ de navire de mer	
Second capitaine	PPN	PNC	- Sd capitaine 3 000 UMS	- Sd capitaine - Sd polyvalent
Capitaine	PPN	PNC	- Capitaine 3 000 UMS	- Capitaine - C1NM

(1) navires ne s'éloignant pas à plus de 20 milles des côtes 2) navires ne s'éloignant pas à plus de 200 milles des côtes

Plaisance (Navires armés avec un rôle d'équipage)	
Fonction	**Brevet**
	Navires de plaisance à voile (1)
Capitaine	Patron à la plaisance (voile)

(1) Navire de plaisance à voile d'une longueur inférieure ou égale à 25 m, y compris les navires à utilisation collective et les navires à voile sans limite de longueur transportant moins de 30 personnes

Service machine				
Fonction	**Brevet**			
	< 250 kW	< 750 kW	< 3 000 kW	Tous navires
Officier chargé du quart de patron	- PCMM - P.P.N.	- Mécanicien 750 kW	- CQ machine - CQ de navire de mer	
Second mécanicien	- PCMM - PPN	- Mécanicien 750 kW	- Sd mécanicien 3 000 kW	- Sd mécanicien - Sd polyvalent
Chef mécanicien	- PCMM - PPN	- Mécanicien 750 kW	- Chef 3 000 kW	- Chef mécanicien - C1NM

Service polyvalent		
Fonction	**Brevet**	
	Navires < 200 UMS J.B.ou 100 TJB, d'une P.P. < 250 kW ne s'éloignant pas à + de 20 milles des côtes	**Tous navires**
Officier polyvalent	- PPN	- CQ navire de mer
Second polyvalent	- PPN	- Second polyvalent
Capitaine polyvalent maritime	- PPN	- C1NM

SERVICE RADIOCOMMUNICATIONS tous navires	
Fontion	**Brevet**
Officier radio électronicien Tous navires	Officier radio électronicien supérieur

PCMM : Permis de conduire les moteurs marins
CQ : chef de quart
PPN : Patron de petite navigation
C1NM : Capitaine de 1ère classe de la navigation maritime
PNC : Patron de navigation côtière
PP : Puissance propulsive

3 - Type de navigation à la pêche

Types de navigation	Conditions
Petite pêche	Absence du port ≤ 24 h
Pêche côtière	24 h < Absence du port ≤ 96 h
Pêche au large	Absence > 96 h (1)
Grande pêche	Navire ≥ 1 000 TJB ou Navire ≥ 150 TJB s'il s'absente plus de 20 jours du port d'exploitation ou de ravitaillement (2)

(1) Lorsque cette navigation ne répond pas à la définition de la grande pêche.

(2) Si le navire s'absente plus de 20 jours du port d'exploitation ou de ravitaillement, ce dernier port étant situé à plus de 20 jours du port d'armement, la navigation accomplie pour assurer la conduite à destination ou en provenance du port d'armement est considérée comme navigation de grande pêche.

4 - Mode de calcul des temps de navigation

Les temps de navigation retenus pour les diplômes et brevets sont ceux effectués à partir de 16 ans en qualité de marin professionnel à bord de navires français (commerce, pêche, plaisance) et éventuellement sous pavillon étranger ou dans certaines conditions fixées par arrêté dans la Marine nationale. Sont exclus les temps de navigation effectués sur des navires armés à la petite pêche ou à la pêche côtière de moins de 110 kW pour les diplômes ou brevets suivants : EO1MM, EO2M, EMM option pont, DEMM option machine, DESMM, C1NM, et la navigation à la petite pêche ou à la pêche côtière pour OM3 et capacité.

5 - Navigation côtière (commandements)

La navigation côtière est la navigation pratiquée par :

5.1. Les navires jusqu'à 300 tonneaux ne s'éloignant pas à plus de 100 milles du port d'attache (ou de la limite de la mer si le port est dans un cours d'eau en amont) et ne s'écartant pas à plus de 20 milles des côtes.

5.2. Les navires de tout tonnage ne sortant pas habituellement des ports et rades.

Les capacitaires de 24 ans au moins peuvent commander jusqu'à 100 tonneaux à la condition d'avoir 24 mois de navigation effective pour les navires de plus de 50 tonneaux. Pour le transport des passagers, un permis est exigé.

Les capitaines côtiers peuvent commander jusqu'à 1 600 tonneaux après 60 mois de navigation effective comme officier breveté au pont, dont 12 mois comme second. Ces conditions ne sont pas exigées pour les navires de moins de 200 Tx et ceux ne sortant pas des ports et rades.

6 - Brevet de patron à la plaisance voile (PPV)

Le PPV s'impose à toute personne pratiquant le transport de passagers (charter), ou la conduite d'un navire (chef de bord) pour le compte d'un tiers propriétaire, loueur ou emprunteur de ce navire.

C'est un navire de plaisance de longueur ≤ 25 m, y compris celui à utilisation collective (NUC), ou un navire à voile quelle que soit sa longueur transportant moins de 30 personnes.

Les candidats doivent être âgés de 18 ans au premier jour de l'examen final. Ceux d'entre eux qui ne sont pas déjà titulaires d'un titre de formation professionnelle maritime doivent justifier d'une expérience minimum de 1 000 milles en tant que patron non-professionnel à la plaisance (voile) sur un navire armé en 1re ou 2e catégorie.

Ce brevet est aussi délivré sans examen mais sous certaines conditions (60 jours de navigation effective comme chef de bord non-professionnel sur un navire de plaisance à voile en 1re ou en 2e catégorie, sinon satisfaire à une épreuve pratique) aux titulaires d'un titre de formation professionnelle maritime permettant d'exercer les fonctions de capitaine ou de patron à bord de navire de commerce ou de pêche de plus de 25 Tx JB. Les capacitaires en outre doivent être âgés de 21 ans au moins et justifier de 24 mois de navigation à la pêche.

Se renseigner auprès des services des Affaires maritimes.

Formation maritime

La formation professionnelle maritime a pour objet de former à tous les niveaux le personnel qualifié nécessaire à l'armement des navires de commerce, de pêche ou de plaisance ainsi qu'aux cultures marines.

La formation est dispensée dans les écoles nationales de la Marine marchande ENMM (officiers), le collège d'enseignement technique maritime CETM, les écoles agréées et les lycées professionnels maritimes et aquacoles.

Dans la plupart des écoles, le régime est l'internat. Les élèves, assurés en maladie accident par la CGP, reçoivent une attestation de scolarité permettant aux familles réunissant les conditions nécessaires de bénéficier des prestations familiales. Si la pension et les fournitures sont à la charge des élèves, les cours sont gratuits. De plus les élèves peuvent recevoir des Bourses, selon leurs origines, de la Caisse nationale d'allocations familiales des marins de commerce ou de la pêche, ou du ministère de la Mer.

Formation maritime supérieure commerce

ENMM Le Havre	✆ 02 35 54 78 00	🖷 02 35 44 96 16
ENMM Saint Malo	✆ 02 99 40 68 80	🖷 02 99 40 57 63
ENMM Nantes	✆ 02 40 71 01 80	🖷 02 40 69 25 98
ENMM ET CETM Marseille	✆ 04 91 76 82 82	🖷 04 91 73 88 64

Brevets de 500 UMS et plus, 750 Kw et plus

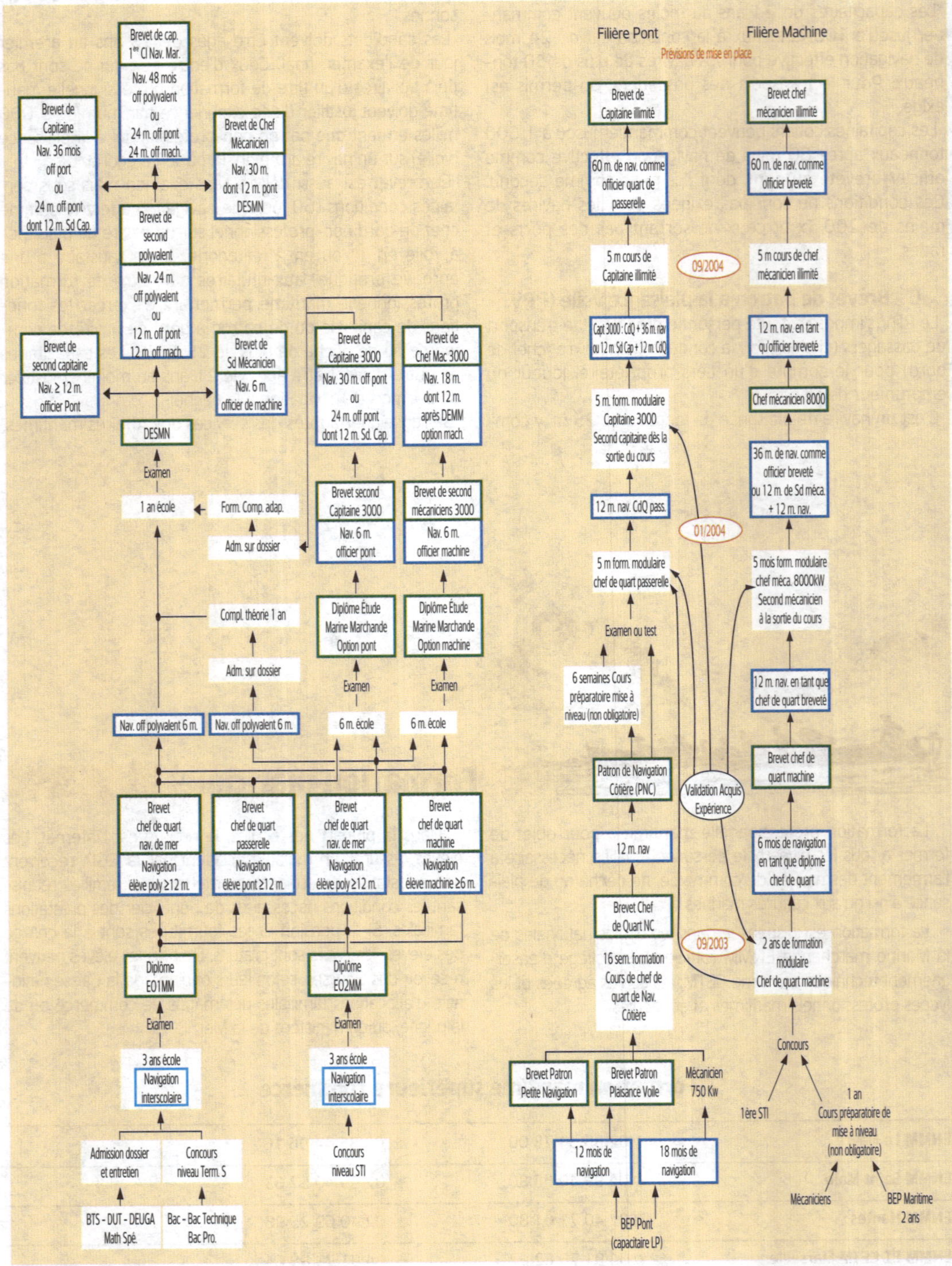

La formation maritime secondaire (lycées maritimes et aquacoles)

1. Boulogne	✆ 03 21 31 57 53	🖷 03 21 80 23 92	10. Concarneau	✆ 02 98 97 04 37	🖷 02 98 60 41 13
2. Fécamp	✆ 02 35 10 45 30	🖷 02 35 10 45 39	11. Lorient	✆ 02 97 37 04 98	🖷 02 97 37 94 05
3. Le Havre	✆ 02 35 42 37 81	🖷 02 35 22 49 90	12. Etel	✆ 02 97 55 30 66	🖷 02 97 55 24 29
4. Cherbourg	✆ 02 33 88 57 10	🖷 02 33 20 69 32	13. Nantes	✆ 02 40 50 51 01	🖷 02 40 52 26 17
5. St Malo	✆ 02 99 81 97 10	🖷 02 99 82 37 34	14. La Rochelle	✆ 05 46 43 00 48	🖷 05 46 43 54 34
6. Paimpol	✆ 02 96 55 30 90	🖷 02 96 20 58 42	15. Ciboure	✆ 05 59 47 34 01	🖷 05 59 47 38 01
7. Douarnenez	✆ 02 98 92 08 44	🖷 02 98 92 88 92	16. Sète	✆ 04 67 51 63 63	🖷 04 67 51 63 64
8. Le Guilvinec	✆ 02 98 58 96 00	🖷 02 98 58 32 16	17. Bastia	✆ 04 95 31 00 59	🖷 04 95 32 47 69
9. Fouesnant	✆ 02 98 56 00 04				

Formation moins de 500 UMS et moins de 750 Kw

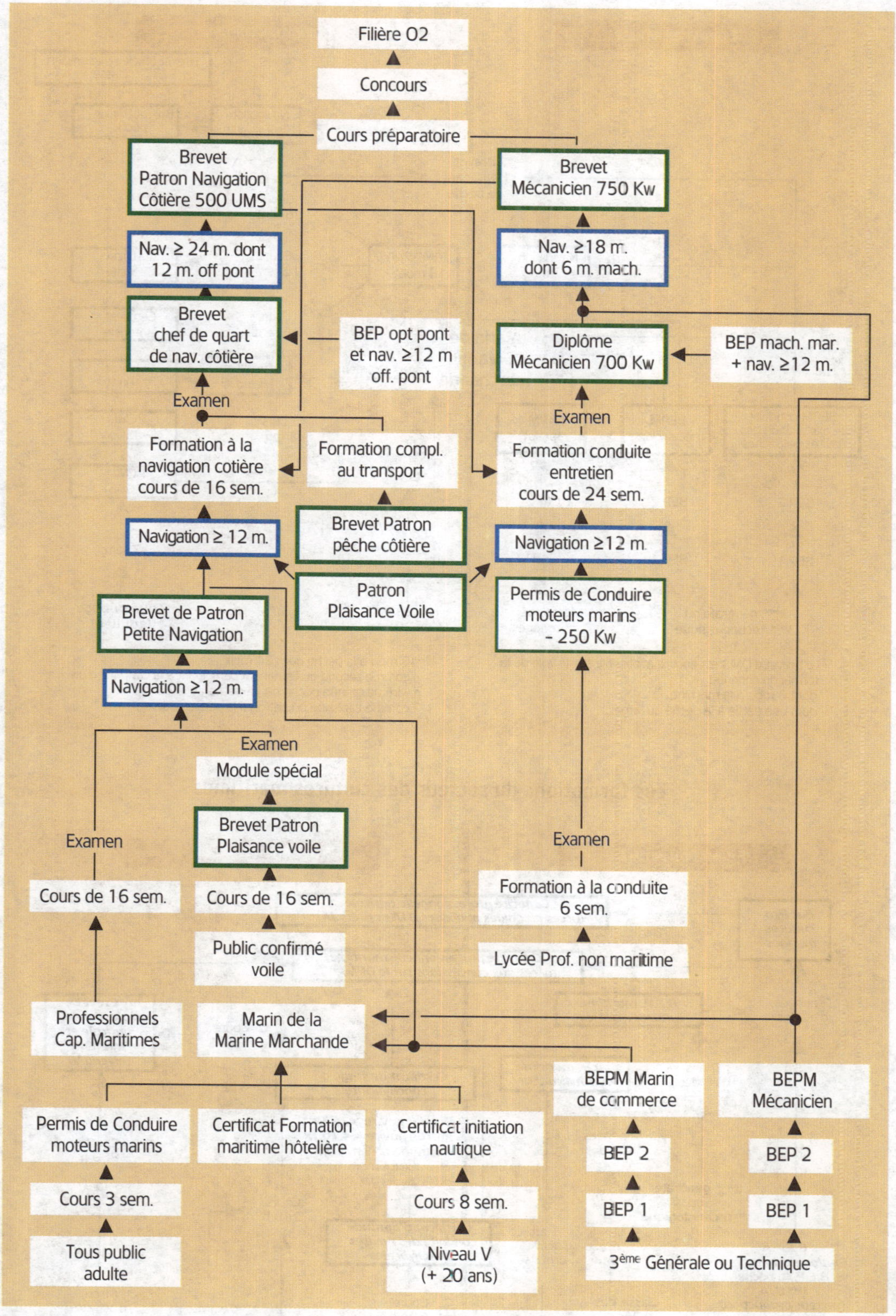

Nota : À la **pêche** les titres utilisés resteront valables tant que la convention STCW Fish ne sera pas ratifiée. Au **commerce**, l'ensemble du dispositif de formation a été modifié en mai 1999. De nouveaux titres ont été créés et un système d'équivalence permet de passer des anciens titres STCW 78 aux nouveaux titres STCW 95.

Attention ! Les nouveaux brevets des mécaniciens 750 kW et le PCMM < 250 kW ont des prérogatives à la pêche identiques à celles du commerce.

Les formations du secteur des pêches maritimes

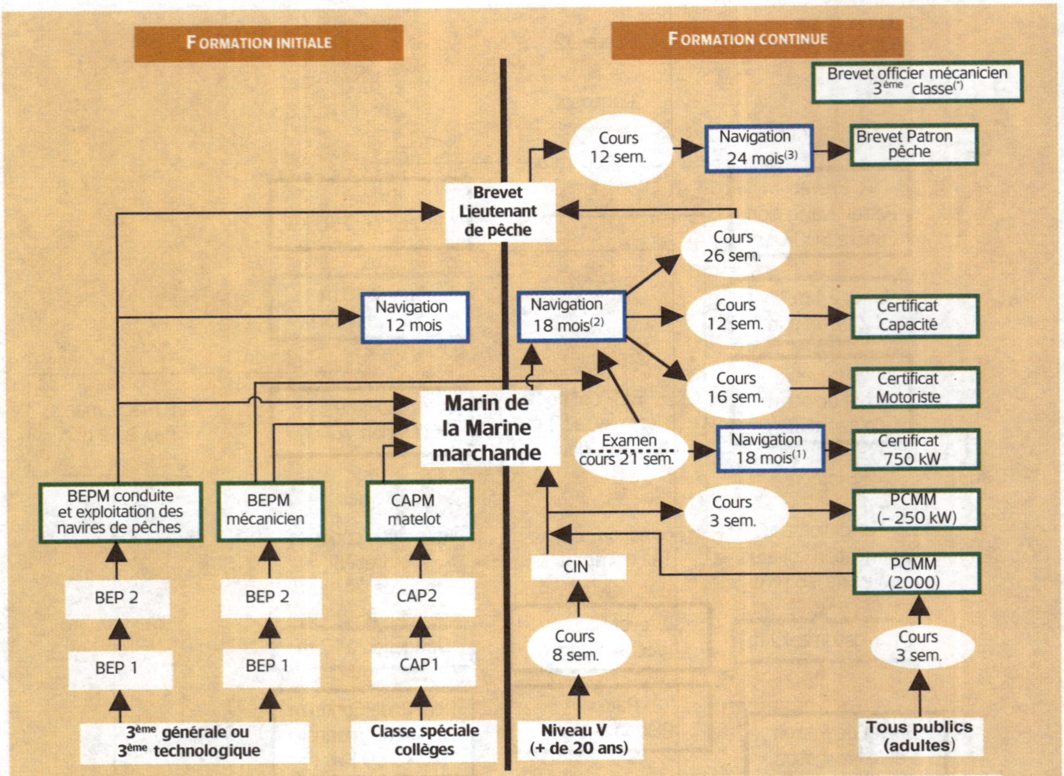

(*) Le brevet d'OM3 est encore accessible par la voie de la formation continue.
(1) dont 6 mois à la machine.
(2) dont une partie à la pêche au large.
(3) 48 mois à la pêche dont 24 mois :
- comme second ou lieutenant participant à la conduite d'un navire de grande pêche ou de pêche au large
- comme capitaine ou patron à la pêche côtière

Les formations du secteur des cultures maritimes

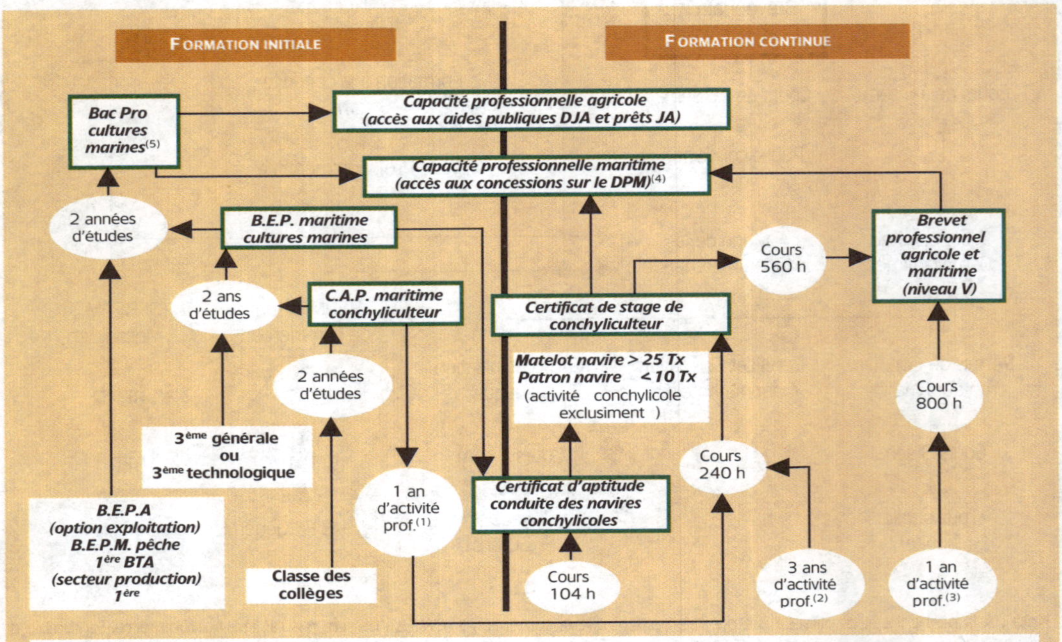

(1) activité professionnelle en cultures marines
(2) activité professionnelle en cultures marines, pêche ou aquacole
(3) activité professionnelle non spécifique
(4) évolution possible des conditions d'accès en 2003
(5) et autres formations de niveau IV agréées

Les pêches maritimes

I - Aides à la pêche artisanale

Pour pouvoir prétendre aux subventions certaines conditions sont communes : le pêcheur-artisan est embarqué sur le navire primé, possède la majorité des parts et les brevets de commandement requis. Il doit en outre adhérer à un groupement de gestion agréé et éventuellement à une organisation de producteur. Enfin, le promoteur doit être titulaire d'un permis de mise en exploitation.

Il faut savoir qu'il y a obligation de réinvestir le produit net de cession de l'ancien navire dans le financement du nouveau.

Le régime d'aides communautaires, réformé depuis le 01.01.94 par l'entrée en vigueur de l'IFOP (Instrument financier d'orientation de la pêche), est en constante évolution.

En cas de revente du navire, il est prévu un remboursement *prorata temporis*.

Tableau ci-dessous donné à titre d'exemple

IFOP	État	Région Bretagne	Conseil Général Finistère
Constructions			
navires de 16 m et +			
15 %	12,5 %		5 %
navires de moins de 16 m			
15 %		8 % < 13,99 m 10 % de 14 à 15,99 m	5 %
		+ 5 % en cas de 1er bateau primé	
Modernisations			
navires de 16 m à 25 m			
15 %	12,5 % (-15 ans)		10 % maximum pour les modernisations (sans matériel informatique ni GPS et les remotorisations)
navires de 12 m à 15,99 m (-12 m pour les îles)			
15 %		15 % plafonné à 1 500 000 F (1)	5 % (même critères)
navires de 7 m à moins de 12 m			
15 %			10 % maximum pour les modernisations (sans matériel informatique ni GPS et les remotorisations)
Navires d'occasion de 7 à 24 m (< 7 m pour les îles)			
		• 1ère acquisition : 15 % (+ 5 % en 1ère propriété) • Autres cas : 15 % (plafond 610 000 €)	• navire < 20 m : 5 % (plafond à 500 000 €) • navire ≥ 20 m : 5 % (plafond à 700 000 €)
Le cumul des subventions nationales (État, conseil régional et conseil général) ne peut excéder 20 %			

(1) Soit environ 220 000 €

Il existe également des aides à la 1ère création d'entreprise de pêche.

Modernisation

- Hydraulisation des engins de relevage.
- Installation d'équipements fixes de pêche en vue d'une diversification d'activité à l'exclusion du simple renouvellement.
- Installation de systèmes de réfrigération ou de congélation.
- Transformations structurelles destinées à améliorer la sécurité et la manœuvrabilité du navire.
- Transformation structurelle des installations et équipements destinés à améliorer les conditions de travail à bord ainsi que la qualité, la manutention et le traitement des produits de la pêche.

Pour les navires de 10 ans et plus : expertise confirmant viabilité de plus de 10 ans.

En plus des subventions, par l'intermédiaire du Crédit maritime mutuel, l'Etat accorde des prêts bonifiés aux taux de 3,80 % sur une durée de 12 à 15 ans depuis 1998, avec des différés d'amortissement dans certains cas.

Indépendamment de ces aides à l'investissement (subventions et prêts bonifiés), il existe des aides financières à l'exploitation : subvention pour le gazole pêche et prix garantis dans le cadre d'organisations de producteurs subventionnés par le FIOM (IFOMER) ou le FEOGA.

En l'absence de prêts bonifiés, d'autres financements sont possibles tels des prêts CODEVI et des prêts à taux variable. Enfin, il est possible de réaménager la situation des prêts.

Consulter son agence.

II - Organisation professionnelle et économique

1 - Comités professionnels

La loi du 2 mai 1991, relative à l'organisation interprofessionnelle des pêches maritimes et des élevages marins, a institué sous le contrôle du ministère chargé des pêches maritimes, un comité national, des comités régionaux et locaux des pêches maritimes. Ces différents comités sont composés de représentants des armateurs, des marins, des patrons et des salariés des entreprises de premier achat et de transformateurs de la filière des pêches maritimes ainsi que de représentants de coopératives maritimes. Les comités sont chargés de la représentation et de la promotion des intérêts généraux de ces activités, de participer à la gestion équilibrée des ressources. Ils sont associés à l'élaboration des différentes mesures générales visant au fonctionnement harmonieux et au développement économique du secteur des pêches maritimes.

Le décret n° 97-1230 du 26.12.97, modifiant le décret n° 96.1231 du 27.12.96, institue une taxe parafiscale assise sur le montant des salaires forfaitaires des équipages. Cette taxe est recouvrée par le centre national de liquidation des rôles d'équipages de l'ENIM au profit du comité national, des comités régionaux et locaux.

La taxe due par les premiers acheteurs et celle due par les éleveurs sont recouvrées par le comité local dans la circonscription duquel sont effectués les premiers achats ou implantés les élevages.

Le décret du 30 décembre 1975 a créé un fond d'intervention et d'organisation du marché des produits de la pêche maritime et de la conchyliculture (FIOM).

2 - Exercice de la profession d'amateur à la pêche

Les licences d'armement à la pêche ont été supprimées depuis le 1er janvier 1986. Les licences attribuées pour pratiquer certaines pêches particulières continuent à être délivrées comme par le passé.

III - Institut français de recherche pour l'exploitation de la mer

Créé par décret du 5 juin 1984, IFREMER est issu de la fusion du centre national pour l'exploitation des océans (CNEXO) et de l'Institut scientifique et technique des pêches maritimes (ISTPM). Il a pour mission de « *conduire et de promouvoir des recherches fondamentales et appliquées et des actions de développement technologique et industriel destinées à connaître, évaluer et mettre en valeur les ressources des océans et à rationaliser leur exploitation, à améliorer la connaissance et les méthodes de protection et de mise en valeur de l'environnement marin et à favoriser le développement socio-économique du monde maritime* ».

Le contrôle sanitaire et technique des coquillages est géré par les directions départementales des services vétérinaires.

Protection sociale du marin

Le statut du marin remonte à Colbert qui créa la caisse des Invalides le 23 septembre 1673 et la caisse des Gens de mer en 1675. Le régime social des gens de mer est aujourd'hui géré par l'Établissement national des invalides de la marine (déjà en germe dans les ordonnances colbertiennes) qui comprend deux caisses : la caisse de retraites des marins (CRM) et la caisse générale de prévoyance (CGP).

Quant aux allocations familiales, elles sont servies par deux caisses nationales, l'une pour les marins de commerce, l'autre pour la pêche maritime.

I - Droits de désarmement du rôle

Les services accomplis à bord d'un bâtiment de commerce ou de pêche donnent lieu, de la part du propriétaire ou armateur, à un versement calculé en fonction des salaires forfaitaires des marins, représentant la participation des marins et armateurs à l'ENIM, chargé de la protection sociale des Gens de mer.

1 - Règle générale

Les salaires forfaitaires sont multipliés *dans le cas général* par les taux de cotisation indiqués dans le tableau ci-après.

À ces taxes, viennent s'ajouter une contribution supplémentaire de 2% calculée sur les droits dûs au désarmement, pour tous les navires non assurés ou qui ne sont pas assurés « perte totale » en mer comme à quai, quel que soit le tonnage.

Les navires armés à la petite pêche, à la pêche côtière et à la navigation côtière bénéficient de taux réduits (voir exonérations).

L'armateur ou propriétaire reçoit tous les trois mois (à partir de la date d'armement) une déclaration trimestrielle simplifiée. Il doit alors vérifier soigneusement cette déclaration, au besoin la modifier par changement de dates, adjonction ou suppression de mouvements et joindre les justificatifs éventuellement nécessaires (assurance, copie de l'acte de francisation, décision comportant le bénéfice d'une exonération particulière...), signer cette déclaration pour lui conférer un caractère authentique et la renvoyer au CNLRE.

L'ENIM effectue le décompte et expédie alors un titre de perception, accompagné du détail des cotisations marin par marin.

Un rôle non payé dans les délais prescrits entraîne le paiement d'intérêts de retard (0,50 ‰ par jour).

2 - Exonérations totales ou partielles de taxes CRM

2.1. Exonération du propriétaire embarqué en ce qui concerne son équipage

Le marin de la Marine marchande, propriétaire pour la totalité d'un ou plusieurs bateaux armés à la pêche au large, à la pêche côtière, à la petite pêche ou à la navigation côtière, embarqué à bord de son bateau ou l'un de ses bateaux (et après lui sa veuve et ses orphelins âgés de moins de 16 ans) est exonéré de la taxe d'armateur à la caisse de retraites pour l'équipage du bâtiment qu'il monte.

Cette exonération est calculée soit sur la jauge brute du bâtiment si le certificat de jauge est antérieur au 31 décembre 1985 soit sur la longueur du navire si ce document est postérieur au 31 décembre 1985.

Les marins de la Marine marchande copropriétaires pour la totalité d'un ou plusieurs bateaux bénéficient des exonérations accordées aux propriétaires uniques, à condition d'être tous embarqués sur l'un ou l'autre des bateaux leur appartenant.

Si la copropriété d'un bateau persiste entre la veuve et les orphelins après que le plus jeune ait atteint l'âge de 16 ans, l'exemption cesse pour eux à moins que les orphelins ne soient tous embarqués sur le bateau au titre duquel l'exonération leur est accordée.

Le bénéfice de l'exonération est continué pour les propriétaires qui sont dans l'obligation d'abandonner la navigation en raison d'une invalidité définitive ou temporaire donnant droit aux indemnités ou pensions servies sur la CGP ou lorsqu'ils sont convoqués pour une période de services militaires.

Pour la pêche (⩽ 50 Tx)

Tonnage pour les navires dotés d'un certificat de jauge antérieur au 01.01.86 (1) Longueur pour les autres	**CRM**		**CGP**		**Total**
	Marins	**Armateur**	**Marins**	**Armateur**	
Cas général Service validables non liés au navire :	10,85 %	19,30 %	1,25 %	16,35 %	47,75 %
Navire n'entrant pas dans le champ d'application du décret du 14.2.94 :					
• Navire > 50 Tx ou > 25 m H.T.	10,85 %	19,30 %	1,25 %	16,35 %	47,75 %
• Navire ⩽ 50 Tx ou ⩽ 25 m H.T.	10,85 %	19,30 %	1,25 %	15,75 %	47,15 %
Équipage des navires de pêche	10,85 %	9,80 %	1,25 %	7,80 %	29,70 %
• Arrêt de travail donnant lieu au paiement du salaire par l'armateur	10,85 %	9,80 %	0,00 %	0,00 %	20,65 %
• Marins âgés de plus de 65 ans	0,00 %	9,80 %	1,25 %	7,80 %	18,85 %
• Marins étrangers non bénéficiaires d'une convention internationale	0,00 %	20,65 %	1,25 %	7,80 %	29,70 %
Équipage des navires de pêche armés à la pêche au large, à la pêche côtière, à la petite pêche sur lesquels les propriétaires sont embarqués :					
a) pour les propriétaires embarqués					
• navire de plus de 10 Tx sans dépasser 30 Tx	10,85 %	10,45 %	1,25 %	5,55 %	28,10 %
• navire ne dépassant pas 10 Tx ou 12 m	10,85 %	1,60 %	1,25 %	5,55 %	19,25 %
b) pour les autres membres de l'équipage					
• navire de plus de 10 Tx sans dépasser 30 Tx	10,85 %	10,45 %	1,25 %	6,85 %	29,40 %
• navire ne dépassant pas 10 Tx ou 12 m	10,85 %	1,60 %	1,25 %	6,85 %	20,55 %
Indemnités versées par la CGP ou validation rétroactive pour marin d'origine étrangère après naturalisation ou application d'une convention internationale	10,85 %	0,00 %	0,00 %	0,00 %	10,85 %

La loi 77.441 du 27 avril 1977 permet aux marins, embarqués sur un navire immatriculé et armé dans un DOM-TOM à la petite pêche ou à la pêche côtière, le choix d'une réduction de 50 % des cotisations et contributions CRM et CGP avec contrepartie sur les droits validés.
Les marins de + de 65 ans sont exonérés de cotisation personnelle à la CRM.
Les marins exclus de la C.S.G. du fait de leur résidence (Art. L 136.1 code S.S.) continuent à verser à la CGP une cotisation personnelle de 6 %.

(1) Longueur si l'exonération « propriétaire embarqué » est plus favorable (loi 94.579 du 08.03.1994).

2.2 - Cotisations dues par les pensionnés de l'ENIM continuant à naviguer régime du forfait.

Les marins titulaires d'une pension sur la CRM, **âgés de moins de 65 ans**, naviguant à la petite pêche et à la pêche côtière sur des bateaux dont la jauge brute ne dépasse pas 6 tonneaux ou dont la longueur hors-tout est inférieure ou égale à 8 mètres (pour les navires possédant un certificat de jauge postérieur au 31.12.85) peuvent se libérer des cotisations dues à la CRM en souscrivant l'un ou l'autre des forfaits ci-après (lorsqu'un marin prend un forfait, le rôle qu'il armait précédemment doit être déposé ou désarmé).

- Forfait trimestriel valable pour une navigation effectuée pendant 3 mois consécutifs et qui correspond à la moitié des taxes CRM dues pour la même période.
- Forfait annuel valable pour une période de 12 mois, consécutifs et qui correspond au tiers des taxes CRM dues pour l'année si elles étaient calculées à plein tarif.

Les forfaits sont renouvelables et ne s'appliquent qu'aux cotisations dues à la CRM à l'exclusion des cotisations de la CGP qui restent intégralement perçues.

Seuls les marins qui en font la demande peuvent bénéficier de ce régime. Mention en est portée au rôle d'équipage lors de l'armement.

Cependant :

1° Les titulaires de pension « accident » sur la CGP en sont exclus car ils continuent à effectuer des services pris en compte par la CRM ;

En cas de forfait annuel, l'acompte trimestriel reste cependant obligatoire ;

Le montant du forfait reste acquis à l'ENIM même en cas de cessation de la navigation au cours du forfait, pour une raison indépendante de la volonté de l'intéressé (mort, accident, maladie, inaptitude) ;

2° Les marins pensionnés âgés de plus de 65 ans qui continuent à naviguer sont exonérés de toutes taxes à la CRM Ils ne sont plus redevables que des taxes dues à la CGP et il n'y a pas lieu, pour eux, à souscription d'un forfait ;

3° Les marins de plus de 65 ans doivent préciser sur le rôle s'ils désirent cotiser ou non à la CRM ;

4° Le marin non pensionné qui désire que ses services accomplis après 65 ans soient validés, doit acquitter les cotisations régulières.

II - Caisse de retraite des marins (CRM)

La CRM sert aux marins et aux ayants droit:

- des pensions d'ancienneté ;
- des pensions proportionnelles ;
- des pensions spéciales.
- un régime optionnel d'assurance vieillesse est par ailleurs offert aux conjoints de chefs d'entreprise de pêche en cultures marines qui participent à l'activité de l'entreprise sans être eux-même marins.

1 - Pour les marins

1.1 - Le droit à la pension

1.1.1 - La pension normale d'ancienneté

Pour pouvoir y prétendre il faut avoir 50 ans et 25 ans de service.

Un marin peut demander la liquidation de sa pension à 50 ans. Sa pension sera alors calculée sur la base d'un maximum de 25 annuités même si le marin a cotisé plus longtemps. Elle lui sera immédiatement servie sauf s'il continue ou reprend la navigation.

Une pension liquidée à 55 ans sera calculée sur un maximum de 37,5 annuités (éventuellement 40 en cas de doublage de guerre) et servie à la date du 55e anniversaire.

Enfin le marin peut reporter au-delà de ses 55 ans la cessation de son activité et n'interrompre ses services pour faire liquider sa pension qu'au jour ou il aura acquis un nombre suffisant d'annuités.

1.1.2 - La pension d'ancienneté déplafonnée avant 55 ans

Cette pension est concédée au profit des marins âgés d'au moins 52,5 ans et réunissant 37,5 annuités de services. Le marin bénéficiaire d'une telle mesure doit cesser la navigation sauf à voir sa pension suspendue jusqu'à la cessation d'activité où jusqu'à ce qu'il ait atteint l'âge de 55 ans.

1.1.3 - La pension normale proportionnelle

Le droit à cette pension est acquis lorsque le marin justifie de 15 ans de service. Il peut en demander la liquidation à 55 ans ou à la cessation d'activité si elle est postérieure.

1.1.4 - La pension anticipée

La pension anticipée est immédiatement servie sans condition d'âge à tout marin, atteint d'une infirmité le mettant dans l'impossibilité absolue et définitive de continuer l'exercice de la navigation. Le marin doit justifier de 15 ans d'activité révolus et sa pension sera calculée sur la totalité de ses annuités. Elle est supprimée en cas de reprise d'activité.

1.1.5 - La pension spéciale

La loi n° 87/39 du 27 janvier 1987, modifiant le code de pensions de retraite des marins, reconnaît un droit à pension spéciale proportionnelle à la durée des services pour tout ancien marin qui ne peut prétendre à l'attribution d'une pension proportionnelle de vieillesse sur la CRM et qui, à la date de l'application de la loi (30 janvier 1987) n'a pas fait liquider un avantage vieillesse sur un quelconque régime légal ou réglementaire de sécurité sociale.

La durée minimale de cotisation au régime des marins est d'un trimestre révolu, correspondant à une demi-annuité. Un régime optionnel d'assurance vieillesse est par ailleurs offert aux conjoints de chefs d'entreprise de pêche ou cultures marines qui participent à l'activité de l'entreprise sans être eux-mêmes marins.

La pension spéciale est concédée à l'ancien marin pour compter de l'entrée en jouissance de la pension de retraite servie par l'État ou un régime légal ou réglementaire de sécurité sociale, à la condition que le bénéficiaire soit âgé d'au moins 55 ans.

(Exemple : l'ancien marin qui a exercé une activité salariée relevant du régime général de la sécurité sociale pourra bénéficier de sa pension spéciale à 60 ans s'il fait liquider sa pension par le régime général à cet âge.)

Si l'ancien marin n'a acquis aucun droit à pension de retraite d'un quelconque régime de sécurité sociale, la pension spéciale lui est concédée pour compter de l'âge de 60 ans.

Les ayants droit (veuves et orphelins) peuvent prétendre à 54 % de la pension dont aurait bénéficié le marin :

- soit au moment de l'obtention d'une pension de veuve servie par l'État ou un régime légal ou réglementaire de sécurité sociale ;

- soit à l'âge de 55 ans sous réserve d'avoir contracté mariage au moins deux ans avant le décès du marin (la condition d'antériorité de mariage n'est pas exigée si un ou plusieurs enfants sont issus du mariage).

Pour plus d'informations, s'adresser aux services des Affaires maritimes.

1.2 - Services donnant droit à pension

Les services principaux qui concourent à l'obtention de la pension sont :

1° Le temps de navigation active et professionnelle accomplis sur des bâtiments français pourvus d'un rôle d'équipage.

2° Le temps pendant lequel les officiers et marins appartiennent aux cadres permanents des compagnies de navigation maritime, que les intéressés soient embarqués ou non.

3° Les périodes antérieures à l'ouverture ou postérieures à la clôture du rôle si le marin était affecté à des tâches de nature technique à bord du même bâtiment.

4° Le temps d'interruption de navigation pour cause de congé, de repos, de maladie ou accident ayant donné lieu à indemnités journalières, de naufrage, d'innavigabilité du navire, de circonstances résultant de l'état de guerre et les périodes, postérieures au 11 juillet 1979, pendant lesquelles les marins sont privés d'emploi avant l'âge de 55 ans et perçoivent un revenu de remplacement.

5° Le temps pendant lequel les marins ayant accompli au moins 10 ans de navigation sont employés d'une façon permanente dans les services techniques d'une entreprise d'armement maritime ou des sociétés de classification reconnues.

6° Les services militaires dans l'active ou dans la réserve en cas de mobilisation, les services conduisant à pension de l'État ou de la Caisse d'Outre-Mer de retraite accomplis dans les personnels civils de la Marine ou dans les services des ports de commerce et des phares, sous réserve de ne pas être déjà rémunérés par une pension sans pouvoir excéder la moitié de la durée totale des services décomptés.

NOTA - *Les services militaires et le temps de navigation active et professionnelle comptent pour le double de leur durée s'ils sont accomplis en temps de guerre dans des conditions fixées par voie réglementaire et notamment entre le 2 août 1914 et le 11 novembre 1918 et entre le 3 septembre 1939 et le 1er juin 1946.*

Ceci s'applique à tous les marins du commerce ou de la pêche pensionnés antérieurement ou non à l'accomplissement de ces services mais ne s'applique pas aux marins qui, avant l'accomplissement de leurs services de guerre, auraient abandonné la navigation sans être pensionnés.

1.3 - Cessation anticipée d'activité

Un accord signé le 25 avril 1985 et régulièrement reconduit permet aux marins de 50 ans au moins appartenant au personnel des entreprises d'armement au commerce et réunissant au moins 30 annuités de services de cesser leurs activités. Cette mesure est aujourd'hui ouverte aux marins-pêcheurs dans le cadre du « plan pêche ».

Ce système, renouvelable d'année en année mais provisoire, est géré non par la CRM mais par le GARP (Groupement des Assedic de la région parisienne). En effet les intéressés doivent avoir fait l'objet d'un licenciement économique.

Ainsi un marin âgé de 50 à 51,5 ans percevra 50 % du salaire journalier de référence qui est la moyenne des salaires des douze derniers mois d'activité soumis aux cotisations de l'UNEDIC.

Un marin âgé de 51,5 ans à 55 ans percevra 65 % de la part du salaire de référence inférieure ou égale au salaire forfaitaire de la 10e catégorie ENIM, plus 50 % de la part du salaire de référence excédant celui de la 10e catégorie ENIM.

Le bénéficiaire devra s'acquitter sur son salaire de remplacement d'une cotisation à la Sécurité sociale.

La mise en retraite intervient le jour du 55e anniversaire sans possibilité de report. Elle peut être antérieure à cette date si le marin se trouve dans la position de bénéficier des dispositions du décret 85-1159 du 5 novembre 1985 (être âgé au moins de 52 ans et demi et réunir 37,5 annuités de service).

1.4 - Calcul de la pension

1.4.1 - Catégorie retenue

La pension est calculée d'après le salaire forfaitaire correspondant à la catégorie dans laquelle le marin s'est trouvé classé dans les trois dernières années précédant la liquidation de la pension.

Si le marin n'a pas cotisé d'une manière continue au cours des 36 derniers mois de son activité dans une même catégorie, la pension est calculée sur la base du salaire d'une catégorie moyenne déterminée en multipliant les indices des catégories dans lesquelles l'intéressé s'est trouvé successivement placé au cours de cette période, par le nombre de mois de cotisations dans chacune d'elles et en divisant par 36 le total obtenu par l'addition de ces différents résultats. Le quotient est arrondi au nombre entier immédiatement supérieur s'il comporte des décimales égales ou supérieures à cinq. Il n'est pas tenu compte des décimales dans le cas contraire. Dans le décompte des années de services retenues pour le classement de la pension, toute période inférieure à trente jours est considérée comme ayant été accomplie dans la catégorie la plus avantageuse au titre de laquelle l'intéressé a cotisé au cours du même mois.

Exemple : Un marin, patron capacitaire, réunit au cours des 36 derniers mois : 25 mois en 6e catégorie et 11 mois en 3e catégorie :

$$\frac{(25 \times 6) + (11 \times 3)}{36} = 5{,}08 \text{ soit } 5^e \text{ catégorie}$$

Si au cours de sa carrière l'intéressé a occupé pendant 5 ans, au moins, des fonctions supérieures à celle de sa dernière activité, et sauf dans le cas où cette situation a été la conséquence d'une mesure disciplinaire, la pension est calculée sur la base du salaire de la catégorie correspondant auxdites fonctions.

Lorsque le salaire ainsi défini excède huit fois le montant du traitement brut correspondant à l'indice 100 dans la fonction publique, la portion dépassant cette limite n'est comptée que pour moitié.

1.4.2 - Montant de la pension

Le montant de la pension s'obtient en appliquant la formule suivante :

$$\text{Pension} = \text{Salaire forfaitaire} \times \frac{2}{100} \times \text{nombre d'annuités}$$

Le nombre d'années liquidables ne peut dépasser 25 si le marin demande la liquidation avant 55 ans et 37,5 (40 au maximum en cas de bonifications pour services en temps de guerre) si la demande est faite à partir de 55 ans (ou avant en cas d'incapacité reconnue) sauf pour le cas de la pension d'ancienneté déplafonnée

1.4.3 - Bonifications pour enfants

Le taux de la bonification est fixé à 5 % pour deux enfants, à 10 % pour trois enfants et 15 % au-delà.

Les enfants doivent avoir été élevés pendant au moins 9 ans soit avant leur 16e anniversaire, soit avant l'âge où ils cessent d'être à charge. La bonification est cumulable avec les prestations familiales.

1.4.4 - Salaires forfaitaires et montant des pensions au 1er janvier 2003

Cat.	Salaires forfaitaires	Annuités		Cat.	Salaires forfaitaires	Annuités	
		25	37,5			25	37,5
		SF x 0,02 x 25	SF x 0,02 x 37,5			SF x 0,02 x 25	SF x 0,02 x 37,5
1	10 626.47	5 313.24	7 969.85	11	26 484.64	13 242.32	19 863.48
2	13 216.60	6 608.30	9 912.45	12	28 176.31	13 088.16	21 132.23
3	15 806.17	7 903.09	11 854.63	13	30 479.67	15 239.84	22 859.75
4	17 436.08	8 718.04	13 077.06	14	32 783.06	16 391.53	24 587.30
5	18 609.03	9 304.52	13 956.77	15	35 337.76	17 668.88	26 503.32
6	19 254.91	9 627.46	14 441.18	16	38 043.76	19 021.88	28 532.82
7	20 450.51	10 225.26	15 337.88	17	41 350.62	20 675.31	31 012.97
8	21 524.48	10 762.24	16 143.36	18	45 568.23	22 784.12	34 176.17
9	22 495.25	11 247.63	16 871.44	19	50 160.46	25 080.23	37 620.35
10	23 904.87	11 952.44	17 928.65	20	55 113.40	27 556.70	41 335.05

Exemples de calcul de deux pensions :

1. Matelot de pêche au large ayant accompli 27 ans de service et élevé deux enfants pendant 9 ans avant l'âge de 16 ans, renonçant à naviguer et demandant sa pension à 50 ans (plafond des annuités : 25). La catégorie retenue est la 4e.

$$\frac{17\,436{,}08 \times 25 \times 2}{100} = 8\,718{,}04\,€$$

Bonifications « enfants » (5 %) = 435,90 €

Pension = 9 153,94 €

2. Un maître d'équipage réunit 39 années de services, demande sa pension à 55 ans et renonce à naviguer. La catégorie retenue est la 7e (plafond des annuités : 37,5).

$$\frac{20\,450{,}51 \times 37{,}5 \times 2}{100} = 15\,337{,}88\,€$$

OBSERVATIONS :

Application du décret n° 68-902 du 7 octobre 1968.

1° Les marins en activité dont les fonctions sont classées dans l'une des treize premières catégories, qui ont cotisé pendant dix ans dans la même catégorie sont, lorsqu'ils continuent d'exercer des fonctions relevant du même classement, placés dans la catégorie immédiatement supérieure. Ce surclassement peut avoir lieu plusieurs fois dans une même carrière sans qu'il soit possible toutefois de dépasser la 14e catégorie.

2° Les surclassements prévus par le décret du 7 octobre 1968 s'adressent seulement aux marins des treize premières catégories, qui acquéraient des droits à pension le 1er juin 1968, date d'entrée en vigueur des dispositions de ce décret, ou qui en acquerront ultérieurement.

Cette mesure ne concerne donc pas les anciens marins qui, avant le 1er juin 1968, étaient déjà pensionnés.

Une circulaire de juin 1976 permet également de prendre en compte toute période au cours de laquelle un marin a exercé des fonctions relevant d'une catégorie « supérieure », c'est-à-dire d'une catégorie comprise entre la catégorie pour laquelle le surclassement est envisagé et la 20e catégorie.

Application du décret n° 90-1137 du 21 décembre 1990 (à effet du 1er juin 1990).

Les marins en activité exerçant une fonction relevant de la 14e, soit de la 15e, soit de la 16e catégorie sont surclassés dans la catégorie immédiatement supérieure lorsqu'ils ont effectué 120 mois de service dans ladite catégorie. Ce dispositif s'apparente à celui mis en place par le décret n° 68-902 du 7 octobre 1968, sans toutefois qu'il y ait interaction.

1.5 - Pension des veuves et des orphelins

La veuve a droit à pension si le marin réunissait le temps de service requis : 15 ans pour une proportionnelle et 25 ans pour une entière. La pension est dite « de réversion » si, au moment du décès, le mari était déjà pensionné, « en concession directe » dans l'autre cas.

Une veuve sans enfant doit avoir 40 ans (sinon elle percevra en attendant une allocation annuelle de veuve), être mariée depuis au moins deux ans ou avoir une durée de mariage de quatre ans. Dans ce dernier cas, l'entrée en jouissance est fixée à 55 ans.

Une veuve ayant eu un ou plusieurs enfants issus du mariage, bénéficie sans délai de la pension de veuve à condition que le mariage soit antérieur à la concession de la pension de marin ou à la cessation d'activité.

Enfin, une veuve a droit à la réversion ou à la concession directe de la pension spéciale de son mari (ou à laquelle il aurait pu prétendre) à la condition d'obtenir du fait de son mari une pension de veuve servie par l'État ou par un régime légal ou réglementaire de sécurité sociale. À défaut, la veuve doit avoir au moins 55 ans et avoir contracté mariage deux ans avant le décès du mari, sauf si un ou plusieurs enfants sont issus du mariage.

La veuve percevra 54 % de la pension, et des bonifications que la pension soit normale, anticipée ou spéciale.

1.5.1 - Allocation annuelle de veuve

Le droit à allocation annuelle est acquis à la veuve dont le mari réunissait au moins 15 ans de services et qui ne bénéficie pas d'une pension de l'État ou de la CRM ou de la CGP ou qui n'a pas d'enfants du marin auteur du droit.

Ce sera le cas notamment:
- de la veuve sans enfant, âgée de moins de 40 ans pour la période comprise entre le décès du mari et la date à laquelle l'intéressée pourra obtenir la pension (40e anniversaire) ;
- de la veuve qui ne réunit pas les conditions d'antériorité ou de durée du mariage pour avoir droit à pension.

La veuve percevra alors une allocation égale à 27 % de la pension et des bonifications.

1.5.2 - Pension des orphelins

Chaque orphelin a droit à une pension temporaire de 10 % jusqu'à l'âge de 16 ans. La limite d'âge est repoussée à 18 ans en cas d'apprentissage, à 21 ans en cas de poursuite des études. Cette limite d'âge est supprimée si l'orphelin est atteint d'infirmités le mettant dans l'impossibilité absolue et définitive de subvenir à ses besoins. Mais s'il s'agit d'orphelins de père seulement, le total pension de veuve et pension d'orphelin ne peut être supérieur à la pension du marin.

Attention !

1° La pension des orphelins majeurs infirmes est suspendue si leurs ressources dépassent 668,31 € par mois au 1er septembre 2003.

2° Les pensions temporaires d'orphelin (PTO) de (10 %) ne peuvent pas se cumuler avec les prestations familiales. Ce sont les prestations familiales qui sont servies en priorité (CPRM art. L.26).

- Si les PTO sont supérieures aux prestations familiales, ces dernières sont payées et la CRM verse au titre des PTO le montant de la différence entre les unes et les autres prestations.
- Si les PTO sont inférieures aux prestations familiales, seules les prestations familiales sont payées.

1.6 - Cumuls

On ne peut en principe cumuler deux pensions (CRM et CGP invalidité maladie) : dans ce cas, il faut choisir par écrit la pension préférée. Néanmoins une pension CRM peut se cumuler avec une pension CGP liée à un accident du travail maritime ou à une maladie professionnelle dans la limite du salaire le plus élevé servant de base au calcul des avantages en cause. Le cumul d'une pension C.R.M. anticipée avec une pension invalidité accident ou maladie est interdit.

Enfin une veuve peut cumuler plusieurs pensions obtenues du chef du même mari, cumuler une pension de réversion avec sa pension personnelle ou une activité salariée.

1.7 - Allocation supplémentaire du fond de solidarité vieillesse

Les pensionnés (marins ou veuves) peuvent recevoir une allocation supplémentaire du fond de solidarité vieillesse (FSV) à 65 ans (60 ans en cas d'inaptitude et même avant dans quelques cas particuliers) si leurs ressources sont inférieures à 7 102,71 € pour une personne seule et 12 440,87 € pour un ménage au 01.01.2003. Le montant maximum est fixé à 4 085,23 € pour une personne seule et 6 741,19 € pour un ménage.

La demande, rédigée sur un imprimé remis à la mairie, est à remettre au service local des Affaires maritimes.

1.8 - Cotisations

Voir § V de la CGP

2 - Pour conjoints de marins (Chefs d'entreprise de pêche ou cultures marines)

Une retraite personnelle est offerte avec deux options au choix eu égard aux possibilités financières variables des entreprises : l'une implique des cotisations spécifiques, l'autre en est dispensée puisqu'elle prévoit un partage des droits du chef d'entreprise.

2.1 - Critères généraux d'octroi

1° Le conjoint doit participer à l'activité de l'entreprise sans pour autant relever d'un régime de retraite obligatoire pour cette participation (le terme de conjoint , au sens légal, s'appliquant aux seuls époux et non aux concubins),

2° Le chef d'entreprise se relève de l'ENIM en qualité de marin professionnel ou pour une activité non embarquée en rapport avec la gestion de son entreprise.

2.2 - Option 1 : attribution d'une pension spécifique de conjoint

2.2.1 - Conditions

Cette option est ouverte à tous les conjoints répondant aux critères généraux d'octroi, qui participent à l'activité financière de l'entreprise à temps plein ou partiel (l'exercice d'un autre travail à temps partiel, couvert par un régime social obligatoire, étant compatible). Elle ne peut concerner les périodes pendant lesquelles le chef d'entreprise ne relèverait pas de l'ENIM pour cette activité (et cotiserait, par exemple, en qualité de marin salarié d'une autre entreprise maritime).

2.2.2 - Cotisation (décret 98-851 du 16.09.98)

Elle est calculée à raison de 8% du salaire forfaitaire de la 3ème catégorie de classement des marins. Elle est acquittée par le chef d'entreprise avec ses autres cotisations. En cas d'activité à temps partiel, elle est réduite à due proportion du temps consacré.

2.2.3 - Caractéristique de la pension spécifique

La pension est servie au conjoint à partir de son 55ème anniversaire, sous réserve qu'il cesse de participer aux activités de l'entreprise. Elle est suspendue s'il reprend cette participation. Elle est calculée à raison de 1 % du salaire forfaitaire de la 3ème catégorie par annuité validée, dans la limite de 37,5 annuités. Elle peut être abondée d'une bonification pour enfants. En cas de décès du conjoint bénéficiaire, elle fait l'objet d'une réversion aux ayants droit.

2.2.4 - Adhésion

La demande est déposée par le chef d'entreprise auprès du service des Affaires maritimes compétent compte tenu de son lieu d'activité. Elle est prise en compte le 1er jour du mois suivant sa réception, sous réserve que les conditions d'accès soient réunies. Toute renonciation donne lieu à une demande déposée par le chef d'entreprise dans les mêmes formes que la demande d'adhésion. Elle prendra effet le 1er jour du mois suivant sa réception, sauf cas exceptionnel.

2.3 - Option 2 : partage des droits à pension du chef d'entreprise sans cotisation supplémentaire

2.3.1 - Conditions

Cette option n'est ouverte que si le chef d'entreprise exerce seul son activité, avec un conjoint se consacrant exclusivement à la participation à l'entreprise et répondant aux critères généraux d'octroi. Il revient au conjoint de déterminer la période dite " de référence " pendant laquelle la cotisation du chef d'entreprise doit être considérée comme partagée.

2.3.2 - Cotisation

Le choix du partage de la pension n'entraîne aucune cotisation supplémentaire : il se fonde sur le postulat que la cotisation versée par le chef d'entreprise vient en déduction des ressources du ménage et débouche sur un partage des droits acquis.

2.3.3 - Caractéristiques de la pension partagée

La pension du conjoint est servie en même temps que celle du chef d'entreprise, quelque soit l'âge du conjoint. Toutefois, si le chef d'entreprise décède avant la concession de sa pension, le conjoint ne pourra percevoir sa part personnelle avant l'âge prévu pour l'octroi de sa pension de réversion.

La pension du chef d'entreprise, pour la période de " référence " signalée, est partagée à raison de 2/3 pour celui-ci et 1/3 pour le conjoint.

Si une bonification pour enfant est attribuée au chef d'entreprise, le conjoint peut aussi en bénéficier sur sa part à condition qu'il ait contribué à élever les enfants à l'origine de ce droit (la période de vie conjugale et celle pendant laquelle le marin a élevé les enfants pouvant n'être que partiellement concomitantes).

La pension du conjoint constitue un droit propre de ce dernier. Elle est cumulable avec une pension de réversion et peut, le cas échéant, faire l'objet d'une réversion en faveur d'ayants droit.

2.3.4 - Adhésion

La demande est déposée par le conjoint auprès du service des Affaires maritimes compétent (le chef d'entreprise en étant informé, vu l'incidence de l'option sur sa pension). Elle est prise en compte dès le 1er jour du mois suivant sa réception.

Elle ne peut être remise en cause par le demandeur avant l'expiration du délai d'un an (*). Au-delà, il peut y être mis fin sur demande écrite adressée au service des Affaires maritimes dans les mêmes formes que la demande de participation. La renonciation prendra effet (*) le 1er jour du mois suivant sa réception.

Rachat des périodes de participation à l'activité de l'entreprise antérieures à la loi du 18 novembre 1997 : il peut intervenir à tout moment jusqu'à la liquidation de la pension, même en plusieurs fois, dans la limite de 8 années, si les conditions ont été réunies au moment de cette participation et moyennant cotisation aux mêmes taux et assiettes.

(*) Sauf cas de cessation de participation du conjoint à l'activité de l'entreprise.

III - Caisse générale de prévoyance (CGP)

La CGP gère le régime spécial de sécurité sociale des marins de la Marine marchande assurant la protection sociale du marin et de sa famille : maladie, accident, maternité et pensions.

1 - Couverture du risque professionnel : Accident du travail maritime (ATM) et maladie professionnelle

La CGP assure le marin contre les accidents et maladies professionnels. En cours de navigation, l'accident ou la maladie doivent être immédiatement constatés par un rapport détaillé du capitaine ou patron, ce rapport est remis au service local des Affaires maritimes ou au consulat du premier port touché.

La prise en charge du marin par la caisse prend effet immédiatement et sans condition de cotisation, s'il s'agit d'un bateau de moins de 50 tonneaux JB ou d'une longueur inférieure à 25 m pour les navires possédant un certificat de jauge antérieur au 31 décembre 1985 et à partir du 1er jour du 2e mois pour un bateau de plus de 50 tonneaux J.B. ou d'une longueur supérieure à 25 m à la date fixée ci-dessus (les obligations - soins et salaires - de l'armateur envers le marin durent 1 mois dans ce cas.

Le marin doit présenter sans retard une demande d'assistance à la CGP qui lui remettra une feuille d'accidenté du travail maritime.

Le marin est pris en charge, sans limitation de durée jusqu'à guérison, consolidation de la blessure, stabilisation de la maladie professionnelle ou décès, à 100 % du tarif de sécurité sociale (SS) pour tous ses frais.

Il perçoit alors une indemnité journalière (IJ) égale aux deux tiers du dernier salaire forfaitaire sans pouvoir être inférieure aux 2/3 du salaire minimum annuel soit 15 171,24 € au 1er janvier 2002. Elle peut être maintenue en tout ou partie en cas de reprise d'un travail léger reconnu par le médecin des Gens de mer comme pouvant favoriser la guérison ou la consolidation.

En outre, le marin qui était nourri à bord aux frais de l'armateur a droit à une indemnité de nourriture basée sur le salaire forfaitaire du marin.

Lorsque le marin est hospitalisé et pris en charge par la CGP, l'indemnité de nourriture sera servie après déduction du forfait journalier.

Si à la consolidation de la blessure ou à la stabilisation de l'état morbide, la Commission spéciale de visite (CSV) et le Conseil supérieur de santé (CSS) déterminent un taux d'incapacité permanente d'au moins 10 %, le marin reçoit de la CGP une pension d'invalidité-accident (PIA) ou une pension d'invalidité pour maladie professionnelle (PIMP).

Nota :

1.1 - Définitions des maladies professionnelles

Sont considérées comme ayant leur origine dans un risque professionnel :

- toute maladie essentiellement et directement causée par une activité impliquant une affiliation à l'ENIM, qui provoque une incapacité physique permanente ou un décès,
- toute maladie, n'ayant pu être traitée correctement à bord en raison des conditions de navigation, qui provoque une invalidité ou un décès,
- les maladies d'origine professionnelle mentionnées aux tableaux prévus à l'article L 461-2 du code de sécurité sociale, dès lors qu'est établi leur lien avec une activité impliquant une affiliation à l'ENIM.

1.2 - Reconnaissance du caractère professionnel d'une maladie

C'est le Conseil supérieur de santé (CSS) de l'ENIM qui se prononce sur le caractère professionnel d'une maladie ainsi que sur le taux de l'incapacité permanente partielle (IPP) réduisant la capacité de travail. Pour déterminer le début d'une maladie professionnelle, il est fait référence à la date du débarquement si la maladie est constatée en cours de navigation, ou à la date du certificat médical informant du lien entre l'activité et la maladie si celle-ci est diagnostiquée hors navigation.

1.3 - Dépistage

Tout ancien marin affilié à l'ENIM qui est, ou a été exposé, à un risque susceptible d'entraîner une affection à développement lent au cours de son activité maritime, peut bénéficier d'examens de dépistage remboursés par l'ENIM. Des actions spécifiques sont notamment prévues pour les affections liées à l'amiante et à la surdité.

1.4 - Coordination inter-régimes sociaux

Seule une personne affiliée à l'ENIM peut bénéficier de l'assurance " maladie professionnelle ". Les anciens marins qui dépendent d'un autre régime doivent être pris en charge par ce dernier, dès lors que ce régime comporte une branche d'assurance " maladie professionnelle ".

1.5 - Participation des marins et armateurs

Il n'y a pas de cotisation spécifique préalable pour le marin ou l'armateur. Si découverte hors navigation, l'armateur est dispensé des charges en natures et en espèces de l'article 79 du code du travail maritime.

Le montant de la pension se calcule comme l'exemple suivant :

IPP 40% Pension = Salaire forfaitaire x 40 % / 2

IPP 70 % Pens. = [(SF x 50 %) / 2] + [(70 % - 50 %) x 1,5]

Le salaire ne peut être inférieur au salaire minimum annuel.

La pension peut se cumuler avec la pension CRM à l'exclusion d'une pension anticipée et est limitée au SF de la catégorie la plus élevée ayant servi de référence aux pensions considérées.

La pension peut-être révisée à tout moment à l'initiative du marin ou de l'administration.

1.6 - Concernant les ayants droit du marin : veuves, orphelins, ascendants

Si le marin est décédé par suite d'un accident professionnel ou d'une maladie professionnelle, la veuve percevra une pension de réversion à condition que le mariage ait été contracté avant l'accident ou la maladie, ou qu'il ait duré au moins 2 ans, ou qu'un enfant au moins soit né de l'union.

La pension est fixée à 30 % du salaire forfaitaire. Un complément de 20 % est versé à 55 ans ou avant si la veuve est atteinte d'une incapacité de travail générale de 50 % au moins.

Les orphelins à charge percevront les pensions suivantes : 15 % du S.F. pour un enfant, 30 % pour deux enfants et 10 % ensuite par enfant jusqu'à 16 ans, limite portée à 17 ans si l'orphelin est à la recherche d'un emploi, à 18 ans s'il est placé en apprentissage et si son salaire n'est pas supérieur à la base mensuelle du calcul des prestations familiales et à 21 ans s'il poursuit ses études (sans limite d'âge en cas d'infirmité mettant dans l'impossibilité de subvenir à ses besoins). Les orphelins de père et de mère voient leurs rentes portées à 20 % du SF pour chacun d'eux.

Les ascendants ayant droit à pension alimentaire ou à charge de la victime reçoivent une rente viagère de 10 % du SF.

En aucun cas le montant des rentes d'ascendants ne peut dépasser 30 % du SF et l'ensemble des rentes de tous les ayants cause 85 % de ce salaire.

Pour les maladies professionnelles et accidents de travail survenus à compter du 01/09/2001, la fraction de SF servant de base au calcul des rentes de veuves et d'orphelins est majorée de 10 %.

Pour compter du 01/01/2003, les rentes d'orphelins sont attribuées jusqu'aux 20 ans des intéressés quelle que soit leur situation. Elles sont prolongées jusqu'à 21 ans en cas d'études.

1.7 - Cessation anticipée d'activité due à l'amiante

Depuis le décret n° 2002-1272 du 18/10/2002, entrant en vigueur le 22/10/2002, la CGP verse une allocation de cessation anticipée d'activité «amiante» (C3A) aux marins qui :

- soit sont atteints d'une maladie professionnelle due à l'amiante ;
- soit ont exercé des fonctions à la machine ou polyvalentes sur des navires transportant ou comportant de l'amiante.

Pour les marins ayant un droit en raison de leurs services, le début et la durée de versement de l'allocation est déterminée en fonction du temps de service exercé à la machine.

Le montant de l'allocation est fixé à 65 % du SF de la catégorie de classement lors du dernier embarquement.

Cette allocation, non cumulable avec une pension de vieillesse ou une pension d'invalidité non professionnelle, ou des indemnités journalières, est versée si le marin est âgé d'au moins 50 ans et ne réunit pas les conditions d'obtention d'une pension proportionnelle ou spéciale sur la CRM. Elle prend fin dès l'ouverture du droit de pension sur la CRM.

Les années de versement de l'allocation sont validées gratuitement sur la CRM et sont prises en compte dans la pension CRM.

L'allocation C3A ouvre droit aux prestations en nature des assurances maladie et maternité aux marins et à leurs ayants droit.

2 - Assurance hors navigation

La CGP assure le marin hors navigation (prestations en nature et en espèces) et sa famille en cas d'accident, maladie ou maternité (prestations en nature).

2.1 - En cas d'accident ou de maladie

Pour bénéficier du remboursement des soins, il faut avoir cotisé 50 jours durant les 90 jours, ou à défaut 200 jours durant les 360 jours précédant la date des soins ou encore 270 jours dans l'année civile précédente (du 1er mai au 30 avril).

Les personnes ayant cessé de remplir les conditions requises (assuré et ayants droit) sont maintenues dans leurs droits pendant trois ans. Toutefois, le fait d'être régulièrement inscrit comme demandeur d'emploi indemnisé préserve à l'assuré et à ses ayants droit la couverture sociale de la CGP.

Sont considérés comme ayants droit :

- le conjoint ou le concubin sous réserve de ne pas relever d'un autre régime ;
- les enfants à charge jusqu'à 16 ans (18 ans en apprentissage, 21 ans si étudiant, ou sans limite d'âge si infirme complet) ;
- l'ascendant, le descendant, le collatéral jusqu'au 3e degré ou l'allié au même degré du marin qui vit sous le toit de celui-ci et qui se consacre exclusivement aux travaux du ménage et à l'éducation d'au moins 2 enfants de moins de 14 ans à la charge de l'assuré.
- la personne qui vit avec un assuré depuis au moins 12 mois en étant à sa charge effective, totale et permanente, mais qui ne peut bénéficier des prestations en nature des assurances maladie et maternité, ni en qualité d'ayant droit (art. 36 décret 17.06.38), ni en qualité de concubin, ni en qualité d'assuré du régime des étudiants.

Le marin et ses ayants droit sont assurés pour les soins. Le malade fait l'avance de ses frais de traitement et se fait rembourser par la CGP avec abattement du ticket modérateur (TM). Cependant il existe des cas d'exonération du TM : notamment tout acte ou série d'actes d'un cœfficient global égal ou supérieur à 50, hospitalisation à partir du 31e jour, maladie inscrite sur la liste des 25 affections (ALD 25), ou sur la liste des 30 affections (ALD 30), ou maladie hors liste (ALD hors liste), ou affections multiples (EXO A), ou toute personne accidentée du travail, bénéficiaire de l'article 115 du CPMIVG ou du régime des GIG. Le remboursement à 100 % n'intervient que pour les soins en rapport avec l'affection.

Enfin, certaines prestations sont soumises à entente préalable : prothèses dentaires, prothèse et orthopédie, traitements spéciaux (piqûres, massages,...), etc. Par ailleurs la CGP délivre des prises en charge pour les séjours dans des établissements conventionnés, ce qui évite à l'assuré l'avance de gros frais (sauf le TM).

En cas d'incapacité de travail, le marin reçoit une IJ égale à 50 % du SF (ou 50 % du salaire minimum) à partir du 4e jour et pendant 3 ans maximum (4 ans en cas de rééducation ou de rééducation professionnelle, ou en cas de reprise du travail reconnu favorable à la guérison).

2.2 - En cas de maternité

L'assurance maternité couvre la femme marin, la conjointe ou la fille à charge : le certificat de grossesse doit être immédiatement adressé à la CGP dès connaissance de l'état. La CGP adressera alors un carnet de maternité. La même formalité est à faire auprès de la caisse d'allocations familiales. Cette assurance ouvre droit aux remboursements à 100 % des honoraires de surveillance (père, mère, enfant) des prestations de toute nature dès le 1er jour du 6ème mois de grossesse et des frais d'hospitalisation (12 jours en principe), au forfait d'accouchement, à une prime d'allaitement.

Concernant la femme marin, si elle réunit les conditions, elle percevra une indemnité journalière " Maternité " égale à 90 % du salaire forfaitaire pendant 6 semaines avant et 10 semaines après l'accouchement.

Concernant la conjointe d'un marin chef d'entreprise ayant opté pour l'attribution d'une pension assortie d'une cotisation, en lien avec sa collaboration à l'entreprise : quand elle suspend son activité en cas de maternité ou d'adoption, une allocation est servie par la C.G.P. pour la prise en charge partielle des frais liés à l'embauche d'un(e) remplaçant(e).

Conditions :

Le chef d'entreprise doit réunir les conditions de cotisations ouvrant droit aux prestations de la CGP et être à jour des cotisations dues à la CRM pour sa conjointe. La conjointe doit effectivement cesser tout travail dans l'entreprise pendant une semaine au moins et y être remplacée.

2.3. Le congé de paternité

Depuis le 1er janvier 2002, le marin peut bénéficier d'un congé de paternité. Ce congé de paternité doit être pris dans le délai de quatre mois à compter de la naissance de l'enfant. La date de début du congé doit donc impérativement se situer avant l'expiration de ce délai.

Si le marin remplit les conditions, le montant de l'indemnité journalière qu'il percevra est égal à 90 % du salaire forfaitaire.

La durée maximale du congé de paternité est de 11 jours calendaires consécutifs, non fractionnable, portée à 18 jours en cas de naissance multiple.

L'établissement des dossiers de demande d'indemnités journalières de paternité incombe aux services déconcentrés des affaires maritimes qui les transmet par la suite à l'ENIM - actuellement au service central, bureau des interventions sociales.

2.4. En cas d'invalidité non liée à l'exercice de la profession

Le marin doit avoir cotisé à l'ENIM au moins 400 jours pendant les 720 jours antérieurs et être affilié depuis 2 ans.

À l'expiration des droits (3 ou 4 ans) ou avant si stabilisation de l'état du marin qui reste en maladie à plus de 66 % pourra bénéficier d'une pension de 50 % du SF ou du salaire minimum.

Si l'incapacité devient inférieure à 50 %, la commission spéciale de visite et le conseil supérieur de santé qui statuent sur l'attribution peuvent la supprimer.

Cette pension n'est pas incompatible avec une certaine activité, un emploi à terre et même une reprise de la navigation. Le marin se fait rembourser sans abattement du TM sauf pour les vignettes bleues (TM à 65 %) cependant ceci est possible si l'affection relève de l'ALD 25, de l'ALD 30, de l'ALD hors liste ou de l'Exo A.

La pension d'invalidité maladie (PIM) est supprimée et remplacée par une pension «substituée» sur la CRM soit :

- entre 55 et 60 ans dès que le marin réunit 25 annuités, années de versement de la PIM comprises ;
- soit à 60 ans quel que soit alors le nombre d'annuités.

La pension CGP, si invalidité hors profession, n'est pas réversible (voir § 2.5)

2.5. Aides complémentaires

2.5.1. Tierce personne

En cas d'incapacité totale obligeant la victime à avoir recours à l'assistance d'une tierce personne pour les actes ordinaires de la vie, la pension est majorée de 40 %. Cette majoration est suspendue en cas d'hospitalisation à compter du dernier jour du mois qui suit sauf s'il s'agit d'une hospitalisation " long séjour " ou si le titulaire a une pension " invalidité accident ".

2.5.2. Allocation décès, forfait pour frais funéraires

Elle est accordée si le décès fat suite à un accident ou une maladie professionnelle ouvrant droit à pension ou réserve de durées de cotisations et de n'avoir pu obtenir une pension CRM ouCGP.

Elle est versée, en une seule fois, à la veuve ou aux orphelins ou aux ascendants ou, sans bénéficiaires prioritaires, à la personne qui était à la charge effective et permanente de l'assuré (ex : concubin).

Elle est égale à trois fois le montant mensuel du SF avec un maximum de 25 % du salaire minimum annuel servant de base de cotisation au régime général de la SS.

Il y a possibilité d'une allocation forfaitaire pour frais funéraire, en déduction de l'allocation décès d'un montant de 1/24 du plafond SS uniquement si décès dû au risque professionnel.

2.6 - Couverture maladie universelle (C.M.U.)

La CMU a été créée par la loi du 27/07/1999 et s'applique depuis le 01/01/2000. Elle comporte deux niveaux dit " de base " et " complémentaire ". Les titulaires du RMI bénéficient de plein droit de ces deux niveaux. La demande est à adresser à la CGP.

Seule la CMU complémentaire concerne le régime des marins, la CMU de base ne concerne que le régime général de SS.

2.6.1 - La CMU "complémentaire" :

Pour les personnes aux ressources les plus faibles, elle permet d'obtenir, sans avance de frais, le remboursement du TM, forfait journalier hospitalier et certaines dépenses de soins (prothèses, soins dentaires, optique...). Les droits sont ouverts pour un an et restent renouvelables tant que les conditions restent réunies.

Conditions : Il faut résider en France de manière stable et régulière depuis plus de trois mois et avoir des ressources annuelles inférieures à un plafond (non fourni pour 2003).

Hormis pour les personnes bénéficiant d'une complémentaire santé obligatoire dans leur entreprise, celles qui ont souscrit une assurance santé, prenant en charge les mêmes dépenses que la CMU complémentaire, peuvent la résilier et obtenir le remboursement des sommes versées à ce titre, dès que les conditions sont requises.

2.6.2 - Libre choix de l'organisme

Le bénéficiaire a le libre choix : soit l'ENIM ; soit une mutuelle, institution de prévoyance ou société d'assurance notées sur une liste arrêtée par le préfet.

2.6.3 - Décision d'attribution de la CMU complémentaire :

C'est l'ENIM qui l'accorde pour 12 mois et transmet une attestation à présenter aux professionnels de santé. Si un organisme complémentaire doit intervenir, il y a un formulaire d'adhésion pour une mutuelle et un contrat s'il s'agit d'une institution de prévoyance ou d'une société d'assurance. Elle prend effet à la date de décision de l'ENIM.

IV - Action sanitaire et sociale

1 - Aide pour frais d'obsèques

Les familles disposant de faibles ressources peuvent obtenir de l'ENIM une aide pour frais d'obsèques à condition :

- d'avoir assumé la charge des frais funéraires ;
- de ne pas avoir droit à l'allocation-décès ;
- de n'avoir aucun droit à la succession ou, dans le cas contraire, de ne pas recueillir une somme supérieure à 2 617 € au 1er janvier 2003 ;
- d'avoir un quotient familial, résultant de la division de toutes les ressources du foyer par le nombre de personnes y vivant, inférieur au 1er janvier 2003 à 953 € par mois pour une personne seule, à 1 516 € par mois pour un foyer de deux personnes (et à 335 € par mois, en plus, par personne supplémentaire).

2 - Les prestations supplémentaires et les secours

(marins actifs ou pensionnés) comme **l'amélioration de l'habitat, l'aide aux vacances, l'aide aux frais de téléalarme** (marins pensionnés) sont soumis aux mêmes conditions de ressources.

3 - Pour l'aide aux frais de chauffage,

les plafonds de ressources au 1er janvier 2003 sont les suivants : 761 € /mois pour une personne seule, 1 257 € /mois pour deux personnes et 335 € par personne en plus.

4 - Pour l'aide ménagère à domicile

Les plafonds de ressources pour la garde à domicile (150 h max./an) sont de 761 € /mois pour une personne seule, 1 257 € /mois pour deux personnes et 335 € par personne en plus au 1er janvier 2003.

5 - En cas de naufrage ou d'accident du travail maritime mortel,

le bureau des interventions sociales de l'ENIM verse un secours d'urgence dont les montants (circulaire ENIM du 8 janvier 2003) sont :

- 6 100 € pour son épouse, ou sa concubine, ou ses ascendants lorsque le marin est veuf ou célibataire.
- 1 100 € par enfant à charge.

Ceci concerne les familles de marins en activité, employés au secteur artisanal (pêche ou commerce), qu'ils soient patrons ou salariés.

Nota : Dans le calcul des ressources, on ne retient pas l'allocation-logement ni l'APL, mais on ne déduit pas non plus les charges de logement.

V - Cotisations obligatoires

Les indemnités journalières des marins non pensionnés subissent une retenue de 10,85 %.

Les pensions CRM et CGP sont obligatoirement soumises à cotisations pour la CSG déductible (3,80 %), pour la CSG et la CRDS non déductibles (2,40 % et 0,50 %). La CRDS (0,50 %) s'applique à tous sauf aux titulaires du fond de solidarité vieillesse. La CSG à 3,80 % s'applique aussi aux pensionnés même non imposables si leur revenu fiscal de référence excède un certain montant.

Nota : Le cumul des pensions servies par les 2 caisses de l'ENIM - la CRM pour la vieillesse et la CGP pour l'invalidité et la maladie - est :

- exclu en cas de pension CRM anticipée,
- admis en cas de pension CGP liée aux accidents ou maladies professionnels,
- exclu en cas de pension CGP ne résultant pas d'accidents ou maladies professionnels : le marin devant opter soit pour la pension CRM soit pour la pension CGP (dans ce dernier cas, la pension CGP n'est que suspendue).

VI - Caisses d'allocations familiales

La Caisse maritime d'allocations familiales est chargée de la gestion du versement des allocations familiales pour les marins, ostréiculteurs et conchyliculteurs.

La caisse dont le siège social est situé à La Rochelle (14 bis rue Villeneuve - BP 518 - 17022 La Rochelle cedex 01 ✆ **05 46 41 21 11** - 🖷 **05 46 41 02 01**), comprend également **8 Antennes** et **1 Bureau d'Accueil** et des permanences sont assurées (renseignements dans les antennes). De plus, les assistants sociaux de l'Union sociale maritime et du Service social des pêches maritimes sont à votre disposition pour vous renseigner sur vos droits, prestations légales, extra-légales, etc.

Boulogne
114 quai Gambetta
62200 Boulogne sur Mer
✆ **03 21 30 74 81**

Saint-Malo
54 boulevard des Talards
35400 Saint-Malo
✆ **02 99 56 56 99**

Douarnenez
Terre-plein du Port
B.P. 405
29174 Douarnenez cedex
✆ **02 98 92 37 40**

Guilvinec
62 rue de la Marine
29730 Le Guilvinec
✆ **02 98 58 12 98**

Concarneau
Anciennes glacières concarnoises
Quai de la Criée - B.P. 223
29182 Concarneau
✆ **02 98 97 06 96**

Lorient
2 passage du Blavet
56100 Lorient
✆ **02 97 84 89 10**

La Rochelle
14 bis rue Villeneuve
B.P. 518
17022 La Rochelle cedex 1
✆ **05 46 41 84 83 et 84 84**

Sète
9 quai Louis Pasteur
34200 Sète
✆ **04 67 74 31 82**

Bureau d'Accueil d'Arcachon
79 boulevard de la Plage
Résidence Joséphine
33120 Arcachon
✆ **05 56 83 29 57**

1 - Allocataires

– Les marins en activité ou situation assimilée (maladie, maternité, congés payés, congés de paternité, etc.) relevant du régime d'assurance des marins, institué par le décret loi du 17/06/1938 modifié, et résidant en France métropolitaine.

– Les anciens marins professionnels sans activité et titulaires :

- soit d'une pension versée par la caisse de retraite des marins,
- soit d'une pension d'invalidité ou d'une pension pour accident professionnel attribué par la Caisse générale de prévoyance,

– Les marins professionnels interrompant leur activité pour suivre les cours d'une école de navigation maritime ou les stages de formation professionnelle continue institués par la loi du 16 juillet 1971 dans le cadre de l'éducation permanente,

– Les marins professionnels en chômage,

– Les conjoints, concubins, pacsés sans activité ou dont le contrat de travail a été rompu et sans revenu de substitution, des personnels relevant de l'une des catégories ci-dessus,

– Les veuves sans activité des marins professionnels salariés et non salariés titulaires :

- soit d'une pension de réversion versée par la caisse de retraite des marins,
- soit d'une pension de veuve de victime d'accident professionnel versée par la caisse de prévoyance,
- soit d'une pension de réversion versée par la caisse générale de prévoyance au titre de l'invalidité maladie.

Nota - 1. - *Il existe des conventions internationales visant les salariés travaillant en France et dont les familles résident dans certains pays étrangers.*

Le nouveau règlement CEE du 30 octobre 1989 accorde aux travailleurs CEE occupés en France, et dont la famille réside dans un autre état-membre, le droit aux prestations familiales prévues par la législation de l'état de résidence de la famille.

Nota - 2. - *Pour garder ses droits aux prestations de la CGP et de la Caisse d'allocations familiales, il est **nécessaire** de se faire inscrire et de pointer comme **demandeur d'emploi**.*

2 - Prestations

Nous ne pouvons tout dire ici concernant les prestations (montants, plafonds de ressources, âges, etc.) tant ce serait long. Nous vous donnons seulement la liste des prestations légales.

- Allocation jeune enfant
- Allocation d'éducation spéciale
- Allocation de soutien familial
- Complément familial
- Revenu minimum d'insertion (1)
- Allocation logement familial
- Aide personnalisée au logement (1)
- Allocation de parent isolé
- Allocation familiales
- Allocation parentale d'éducation
- Allocation de rentrée scolaire
- Allocation adulte handicapé
- Prime de déménagement
- Allocation d'adoption
- Allocation logement social
- Aide aux familles employant une assistante maternelle
- Allocation de garde d'enfant à domicile

Il convient cependant de noter que les caisses disposent d'un budget d'action sanitaire et sociale permettant de distribuer des prestations dites « extra-légales ».

3 - Cotisations

3.1 - Pêche

L'assiette des cotisations est constituée par les salaires forfaitaires de l'ENIM dont les montants sont fixés périodiquement par arrêté ministériel et modulés selon les catégories professionnelles.

3.1.1 - Pêche industrielle (Catégorie 1)

Les entreprises de pêche industrielle sont soumises au même système déclaratif que les employeurs du régime général : la CNAFPM leur adresse un bordereau récapitulatif des cotisations (BRC) destiné à être retourné complété du montant des salaires et des cotisations correspondantes, et accompagné du règlement des cotisations.

Taux :

AF	CSG	CRDS	FNAL	Taxe prévoyance complémentaire	Transport
5,40 %	7,50 %	0,50 %	0,10% (0,40 % pour les entreprises de plus de 9 salariés)	8 %	Variable selon les agglomérations

3.1.2 - Pêche artisanale (Catégorie 3)

Les travailleurs indépendants sont soumis à un système de cotisations imposées : la CNAFPM leur adresse un avis d'échéance sur lequel figure le montant des cotisations dues pour le trimestre échu, détaillées en nature de cotisations pour chaque marin.

Taux :

A.F.	C.S.G.	C.R.D.S.	Contribution formation professionnelle
5,40 %	7,50 %	0,50 %	0,15 du plafond annuel de la SS

3.2 - Commerce

Employeurs : l'assiette des cotisations est constituée par **les salaires réels. Travailleurs indépendants :** l'assiette est constituée par **les revenus professionnels.** La CSG est calculée sur 95 % du salaire brut réel.

Taux : les taux de cotisations sont identiques pour les deux organismes.

➨ **Les exonérations**

Les cotisants de la CNAFPM et de la CNAFMC bénéficient du droit à exonération de cotisations sous certaines conditions fixées par voie réglementaire :

- Exonération définitive

- *Conditions :* travailleur indépendant âgé de plus de 65 ans et ayant assumé la charge d'au moins 4 enfants jusqu'à l'âge de 14 ans pendant 9 ans.
- *Nature de l'exonération :* toutes cotisations (AF, CSG, CRDS, CFP)
- *Procédure d'exonération :* demande à adresser à la CNAFPM

- Exonération annuelle et renouvelable

- *Conditions :* travailleur indépendant ayant des revenus professionnels inférieurs au salaire de base retenu pour le calcul des prestations familiales ; le revenu à prendre en considération est celui de l'avant dernière année par rapport à l'année exonérée.
- *Nature de l'exonération* : toutes cotisations (AF, CSG, CRDS).

---

(1) Versée par les C.A.F. départementales.

Plaisance

Le développement de la plaisance a conduit à la mise en place d'une réglementation qui, sans être une entrave, vise à sauvegarder la vie humaine en mer. Chacun doit donc se pénétrer des règlements, bien sûr incomplets, qui suivent et ne pas hésiter à contacter les administrations compétentes.

Avant tout achat de plans même « dits » homologués, avant transformations, reprises de navires ayant eu une autre activité, contacter les services des Affaires Maritimes (en particulier les centres de sécurité des navires). Un titre de propriété sera exigé.

I - Francisation et immatriculation

1 - Voiliers et bateaux à moteur ⩽ 3 tonneaux de JB

Si la francisation n'est pas exigée sauf en cas de navigation dans les eaux territoriales étrangères, l'immatriculation est obligatoire. Un bateau neuf acheté par un propriétaire unique peut être immatriculé par correspondance au centre administratif des Affaires Maritimes de Saint-Servan ou dans un service des Affaires Maritimes. Les Affaires Maritimes délivrent alors un titre de navigation de couleur bleue dite « carte de circulation » et ne nécessitant pas de visa annuel. Pour un transfert de propriété, s'adresser au quartier d'immatriculation du navire ou au CAAM de St-Malo (27, quai Solidor - 35408 Saint-Malo cedex - Tél. : 02 99 19 60 00)

Les propriétaires de navires de 2 à 3 TJB qui disposaient jusqu'à présent d'un acte de francisation doivent demander la radiation de la francisation (sauf déplacement à l'étranger) pour se faire délivrer une simple carte de circulation. Il faut se rendre d'abord aux Douanes puis aux Affaires Maritimes.

2 - Voiliers et bateaux à moteur > 3 tonneaux de JB

Francisation et immatriculation sont obligatoires. La demande est établie, sur le formulaire n° 300 auprès du bureau des Douanes. Celui-ci délivre le document commun « Acte de francisation et titre de navigation » de couleur orange après avoir rempli la première partie. La deuxième partie sera complétée par les Affaires Maritimes après immatriculation.

Des droits de francisation et de navigation sont perçus sur le bateau et sur le moteur de plus de 11 CV. Des abattements pour vétusté sont appliqués. Tous les ans, les Douanes adressent un avis de mise en recouvrement directement au domicile du titulaire qui doit payer avant le 1er avril sous peine de majoration (10 %). Celui-ci doit donc signaler un éventuel changement d'adresse. Il y a cependant exonération pour les bateaux appartenant à une association agréée par « Jeunesse et Sports » ou à des Français résidant à l'étranger et navigant hors de France.

En cas de changement de nom, de port d'attache, des caractéristiques du navire, de propriétaire, des formalités sont à effectuer auprès des Douanes et des Affaires Maritimes. Ainsi pour un navire d'occasion déjà francisé, le vendeur est tenu de faire modifier l'acte de francisation au bureau des Douanes du port d'attache et aux Affaires Maritimes dans un délai d'un mois à compter de la vente. L'acheteur aura intérêt à se renseigner auprès des Douanes sur la main levée des hypothèques.

DOCUMENTS À FOURNIR	Nbre
Demande de francisation pour les navires de plus de 3 Tx (service des Douanes du port d'attache)	2
Certificat de jauge-type et déclaration écrite de conformité	1
Certificat de non-similitude de nom pour les plus de 10 tx (Affaires Maritimes)	1
Fiche statistique et matriculaire (Affaires Maritimes du port d'attache ou vendeur)	2
Facture du vendeur (navire et moteur)	1
Pièce d'identité justifiant votre nationalité française (ou photocopie)	1
Photo d'identité pour la délivrance d'un acte de francisation	2
Relevé d'identité bancaire ou postal pour la délivrance d'un acte de francisation	1

Quand le propriétaire du navire est une association civile de plaisanciers ou une entreprise commerciale de location, la dénomination exacte et le siège de la société ou de l'entreprise, ou le nom et le domicile commercial du loueur sont inscrits sur le document, la mention « Société nautique » ou « Location de bateaux » étant, selon le cas, portée à la ligne « profession ».

Le document commun délivré au propriétaire d'un navire de - 25 tonneaux de J.B. peut être valablement présenté par tout utilisateur du navire pouvant produire, à l'appui, un contrat de location ou de co-location en bonne et due forme.

Pour les navires de - 3 tonneaux de J.B., le locataire pourra être éventuellement amené à justifier, sur présentation de la carte de circulation du titulaire, de sa qualité de locataire.

Néanmoins, l'utilisation d'un navire de plaisance à titre gracieux par un tiers est autorisée sous réserve que celui-ci soit en possession du titre de navigation et d'une lettre de prêt.

II - Marques extérieures d'identité

Le numéro d'immatriculation est composé des initiales du quartier, d'une lettre et de cinq chiffres et fait partie des marques extérieures d'identité des navires à moteur d'une puissance égale ou supérieure à 10 CV (7,36 kW).

Les annexes devront porter simplement la mention « AXE » suivie du nom, lettres et n° d'immatriculation du navire.

- Marque I : Nom du navire et nom du quartier d'immatriculation, en lettres de couleur claire sur fond foncé ou de couleur foncée sur fond clair, à la poupe (pas de dimension imposée).
- Marque II : Nom du navire à l'avant, dans les conditions ci-dessus.

• Marque III : Initiales du quartier et numéro d'immatriculation, en lettres et chiffres d'au moins 18 cm de hauteur, 10 cm de largeur et 2,5 cm de trait de chaque côté de la coque ou des superstructures.

Nota. – *La marque extérieure d'identité peut être remplacée par :*

a) Le numéro fédéral délivré par la Fédération Française Motonautique pour la participation à des épreuves sportives. Ces bateaux porteront en outre, peinte sur l'arrière, de chaque bord, une cocarde ou un pavillon tricolore.

b) Le numéro d'immatriculation délivré par la préfecture de police de Paris.

	Jauge brute du navire	Puissance réelle maximum du ou des moteurs	Marques
Voiliers	J.B. ⩾ 25 tx		I et II
	2 tx ⩽ J.B. < 25 tx		I
	J.B. < 2 tx		Néant
Navires à moteur	J.B. ⩾ 25 tx		I, II et III
	2 tx ⩽ J.B. < 25 tx	P ⩾ 10 CV	I et III
		P < 10 CV	I
	J.B. < 2 tx	P ⩾ 10 CV	III
		P < 10 CV	Néant

III - Carte mer et permis mer
Décret n° 92-1166 du 21.10.92 à effet du 01.01.93

Un titre est obligatoire pour piloter en mer un navire à moteur dont la puissance réelle du ou des moteurs est supérieure à 6 CV (4,5 KW). Mais il est également exigé pour les voiliers à moteur auxiliaire définis à l'article 224-1-05 de l'Arrêté du 23 novembre 1987 (voir texte après le règlement international pour prévenir les abordages en mer dans votre Almanach).

L'âge minimum requis pour se présenter aux examens est de 16 ans. Le permis bateau donne droit de piloter uniquement à titre d'agrément. Toute personne désirant commander un navire de plaisance à titre lucratif doit avoir la qualification exigée d'un capitaine professionnel et détenir le brevet de patron plaisance voile (PPV) ou de capitaine de yacht.

Les titulaires des anciens permis (A,B,C) gardent leurs prérogatives. Les titulaires du permis A pourront obtenir le permis hauturier après la réussite d'une épreuve théorique de navigation. La limite des 25 tonneaux n'est plus opposable aux titulaires du permis B.

1 - Catégories de permis

• La CARTE MER est valable pour une navigation de jour jusqu'à 5 milles d'un ABRI à bord d'un navire dont la puissance motrice comprise entre 6 CV (4,5 KW) et 50 CV (37 KW) : épreuve théorique sous forme d'un questionnaire à choix multiple (priorités, balisage, météo, etc...) et épreuve pratique (manœuvre sur parcours).

• Le PERMIS MER CÔTIER, limité à 5 milles d'un abri, permet une navigation diurne et nocturne sur un navire dont la puissance est supérieure* à 50 CV (37 KW) : questions à choix multiple (priorités, balisage de jour et de nuit, météo, etc) et épreuve pratique.

• Le PERMIS MER HAUTURIER est valable pour toute autre navigation* : questions à choix multiple, épreuve de navigation (carte, calculs de marée, etc.) et épreuve pratique.

Certains personnels de la Marine marchande et de la Marine nationale, titulaires de brevets ou certificats, peuvent obtenir sans examen le permis bateau. Ils sont désignés par arrêté du ministre.

(*) Une mention spéciale est obligatoire pour les navires surmotorisés et les aéroglisseurs.

2 - Dossier et centre d'examen

Le dossier de candidature doit comprendre :

- 1 photo d'identité,
- 1 formulaire d'inscription précisant le titre demandé,
- 1 timbre fiscal correspondant au droit d'inscription,
- 1 timbre fiscal correspondant au droit de délivrance du titre,
- 1 photocopie d'une pièce d'identité officielle en cours de validité,
- 1 certificat d'aptitude physique délivré par un médecin (pour le permis côtier et le permis hauturier). Pour la carte mer, une attestation sur l'honneur du candidat est suffisante,
- 1 photocopie du permis de conduire en eaux intérieures (si le candidat en est titulaire et pour la carte mer seulement).

Des centres d'examen existent à Paris (voir ministère de l'Équipement, des Transports et du Logement - Bureau de la plaisance et des activités nautiques - 22, rue Monge - 75005 PARIS - ✆ 01.40.81.72.71), dans les grandes villes de l'intérieur du territoire et dans chaque service des Affaires Maritimes.

IV - Renseignements divers

La pêche maritime de loisir est régie par le décret n° 90-618 du 11 juillet 1990, modifié par le décret 99-1163 du 21.12.1999 ainsi que par l'arrêté du 21.12.99 (JO du 30.12.99) fixant le poids ou la taille des poissons et autres espèces.

1 - La pêche en mer

Un titre de navigation ou un permis de circulation est obligatoire pour pratiquer la pêche en mer. Par définition, les annexes en sont donc exclues. Il est interdit, par bateau, de détenir et d'utiliser d'autres engins de pêche que ceux prévus par le texte ci-dessus désigné :

- des lignes gréées pour l'ensemble d'un maximum de 12 hameçons ;
- deux palangres munies chacune de 30 hameçons maximum ;
- deux casiers à crustacés ;
- une foëne ;
- une épuisette ou « salabre ».

En mer du Nord, Manche et Atlantique, est également autorisé l'usage d'un trémail d'une longueur maximale de 50 m et d'une hauteur maximale de 2 m en pêche, sauf dans la partie des eaux salées des estuaires et des embouchures des fleuves et rivières en amont d'une limite fixée par arrêté du ministre chargé des pêches maritimes.

En Bretagne, Pays de Loire et Aquitaine, est autorisé un carrelet par navire et trois balances par personne embarquée selon les conditions définies à l'art. 6 du décret 99-1163 du 21.12.1999.

L'utilisation des viviers ou nasses pour la conservation des produits de la pêche est interdite sauf autorisation particulière. La pêche au filet fixe (arrêté du 02 juillet 1992) est soumise à autorisation annuelle. Il s'agit des filets (L = 50 m, H = 2 m, maximum) à nappe ou à poche, calés dans la zone de balancement des marées, accessibles à pied à marée basse. Les piquets de fixation doivent porter les nom et prénom de l'usager.

RAPPELS :

- La pêche à la palangre, à pied, est interdite du 1er juin au 30 septembre en Bretagne Nord.
- La pêche à pied des ormeaux est autorisée en région Bretagne soit 20/jour/pêcheur, sauf du 15 juin au 31 Août.
- La pêche aux oursins est totalement interdite en Bretagne Nord du 16/04 au 14/10.
- Les engins de pêche doivent être efficacement balisés (lettres du quartier et n° du bateau) pour les engins mouillés à partir d'un navire (nom et prénom pour les engins mis à pieds).
- Se renseigner au quartier sur l'existence de mesures particulières (cantonnement, etc.) : ainsi, en région Bretagne, la pêche aux « pouces-pieds », ou anatifes, ouverte en Bretagne Vendée du 16/01 au 14/03 et du 16/09 au 14/11 est limitée à 3 kg/pêcheur (quartier GV).

TAILLES MINIMALES (en cm) EN MANCHE ET ATLANTIQUE

(2) Région 2 au Nord du 48e parallèle.

(3) Région 3 au Sud du 48e parallèle.

Lorsque aucune taille n'est indiquée, cela signifie que nous n'avions pas le renseignement.Ce tableau est une combinaison des règlements C.E.E., français et professionnels.

Les CRPM (Comités régionaux des pêches maritimes) ou les CLPM (Comités locaux) peuvent prendre des dispositions particulières localement s'imposant de droit aux professionnels comme aux pêcheurs de loisir. Il est donc recommandé de s'enquérir des dispositions auprès des Affaires Maritimes du lieu de pêche. Pour exemple voir le nota ci-dessous.

Nota : arrêtés 41/2002 et 45/2002 du préfet de la région Bretagne
- ormeaux : 9 cm
- palourde : 4 cm
- langouste : 9,5 cm de la pointe du rostre jusqu'au point médian de la bordure distale du céphalothorax.

NOM	2	3	NOM	2	3	NOM	2	3	NOM	2	3
Bar	36	36	Limande sole	25	25	Églefin	24	24	Ormeau	9	8
Barbue	30	30	Merlan	23	23	Maquereau (3)			Pétoncle	4	4
Cardine	25	20	Merlu (2)	30	27	Araignées dont les "mousses"	12	12	Palourde	3,5	3,5
Congre	58	58	Mulet	20	20				Coque	3	3
Dorade grise	23	23	Plie (1)	25	25	Tourteau	14	13	Huître plate	5	5
Dorade rose	25	25	Plie grise	28	28	Crevette	3	3	Huître creuse	6	6
Julienne	70		Rouget	15	15	Langouste	23	23	Moule	4	4
Lieu jaune	30	30	Sole	24	24	Étrille	5	5	Praire	4	4
Lieu noir	35	35	Turbot	30	30	Coquilles St-Jacques				10,5	10,5
Limande	15	23	Saumon	50	50	Bulot				4,5	4,5

Homard : 8,5 cm de céphalothorax et 24 cm de longueur totale en région 2.
Langoustine : 25 mm de céphallothorax et 85 mm de longueur totale en région 2 et 3.
20 mm de céphalothorax et 70 mm de longueur totale en Ouest. Ecosse et mer d'Irlande.

(1) 23 cm en Mer du Nord. (2) 27 cm en mer du Nord. (3) 20 cm sauf 30 cm en mer du Nord.

IL EST INTERDIT DE COLPORTER, METTRE EN VENTE, VENDRE SOUS QUELQUE FORME QUE CE SOIT ET D'ACHETER sciemment les produits issus de la pêche de loisir.

2 - La pêche à pied

Certaines zones littorales connaissent des problèmes de salubrité, dûs à la présence de coliformes fécaux et de toxiques comme le dinophysis ou l'alexandrium, tels que la pêche des coquillages est interdite temporairement ou de façon permanente.

Se renseigner auprès des mairies littorales ou aux Affaires maritimes.

3 - La chasse sous-marine

Pour pratiquer la chasse sous-marine, il faut être âgé de plus de 16 ans et pouvoir présenter le récépissé de déclaration d'exercice de pêche sous-marine délivré par les Affaires maritimes valable pour l'année en cours (1) sur production d'une attestation d'assurance certifiant que la responsabilité civile est garantie pour une somme illimitée, en raison des accidents corporels occasionnés par tout acte de pêche sous-marine. Établie sur un carnet à souche, cette déclaration vaut pour toutes les eaux métropolitaines.

Il est interdit:

- d'utiliser tout équipement respiratoire, autonome ou non, permettant à une personne immergée de respirer sans revenir à la surface ;
- d'utiliser un fusil à gaz comprimé autrement que par la force de l'utilisateur ;
- de détenir un fusil chargé hors de l'eau ;
- de détenir en même temps sur le navire scaphandre autonome, engins de chasse sous-marine et/ou une foëne ;
- de chasser entre le coucher et le lever du soleil ;
- de chasser à moins de 150 m des navires ou embarcations de pêche, ainsi que des filets signalés par un balisage apparent ;
- de prendre le poisson capturé dans d'autres engins de pêche ;
- d'utiliser des foyers lumineux ;
- de vendre les prises.

(1) Les membres d'une société de pêche sous-marine affiliée à la Fédération française d'études et de sports sous-marins sont dispensés de cette déclaration. Ils doivent néanmoins pouvoir présenter leur carte d'adhérent de la société à tout agent chargé du contrôle.

Le pêcheur sous-marin doit respecter la réglementation générale des pêches maritimes (par ex. : ne pas harponner un poisson n'ayant pas la taille réglementaire, respecter les mêmes zones et époques de captures imposées aux pêcheurs professionnels) et la réglementation particulière à la pêche sous-marine (*techniques employées, sécurité* : interdiction de pêcher dans certaines zones, près des ports ou sur les plages ; *protection des espèces ou de la pêche professionnelle* : interdiction de la pêche sous-marine des ormeaux et des oursins, capture des crustacés autorisée seulement à la main, pêche des araignées limitée à six par personne et par jour, pêche interdite à proximité des concessions conchylicoles et des filets).

Le pêcheur sous-marin doit se signaler en surface par le pavillon réglementaire « Alfa » ou par un pavillon rouge portant une croix de Saint-André, ou par un pavillon rouge portant une diagonale blanche.

Qu'il s'agisse de pêche en mer à bord d'un navire ou de chasse sous-marine, il faut toujours consulter la réglementation du quartier dans les clubs ou aux Affaires maritimes.

4 - Signalisation des mouvements

Pour toute sortie en mer, il est recommandé de faire connaître à sa famille ou à ses amis la date de départ, la date prévue d'arrivée à destination ainsi qu'une description du navire (type, couleur, voilure...) ainsi que tout changement dans le programme (relâche imprévue).

L'arrêté du 16-04-58 prévoit que vous pouvez remplir un avis de partance indiquant l'itinéraire, les dates, les escales, l'identité des passagers et les caractéristiques principales du navire à adresser au CROSS concerné. De même pour accélérer les recherches si besoin est, il est recommandé de remplir un avis de passage aux Affaires maritimes ou à la capitainerie du port.

Enfin tout plaisancier ralliant un port avec un retard important sur les prévisions ou ayant demandé du secours et ayant réussi à rallier un port par ses propres moyens est tenu d'en aviser aussitôt les autorités : CROSS, Affaires maritimes, gendarmerie...

Les avis de partance et de passage ne sont pas obligatoires mais il y a tant d'alertes déclenchées, de recherches entreprises, de sauveteurs à la peine, qui ne se justifieraient pas si les intéressés avaient pensé à donner de leurs nouvelles.

MARINE MARCHANDE
AFFAIRES MARITIMES

AVIS de PASSAGE
(YACHT PASSAGE)

RESERVE AU PORT (Do not fill)
PORT de PLAISANCE DE

NAVIRES DE PLAISANCE

CROSS : | Ma | A | Med | Co | (A remplir et à remettre avant le départ en croisière).

Exemplaire : C.A.A.M.

1 — NAVIRE *(SHIP)*

CATEGORIE DE NAVIGATION *French vessel only* ☐ 1re ☐ 2e ☐ 3e ☐ 4e ☐ 5e

NOM *Name of vessel* : ------------------------------
NATIONALITÉ du NAVIRE *Vessi's nationality* :
QUARTIER *Port of Registry* : ------------------------------
et N° D'IMMATRICULATION *and Number of registry* :
NOM de la Série ou Type *Serial Name* : ------------------------------
LONGUEUR *Lenght* :

ASPECT EXTÉRIEUR : COULEUR de COQUE *Colour of hull* — de PONT *Colour of deck* — de ROOF *Colour of roof*

NOMBRE de MATS *Number of Mast* — COULEUR de VOILE *Sails colour* — NUMERO de VOILE *Sails number* ------

(1) MOYENS de PROPULSION : ☐ VOILE UNIQUEMENT *Sail only* ☐ MOTEUR UNIQUEMENT *Motor only* MIXTE *Motor sailer*

(1) ÉQUIPEMENT DE SÉCURITÉ : ☐ RADEAU PNEUMATIQUE *Inflatable liferaft* ☐ ANNEXE *Tender*

2 — CROISIÈRE *(TRIP)*

NAVIRE VENANT DE *Coming from* : ------------------------------ DATE ARRIVEE *Date of arrival*
ALLANT A *Bound to* : ------------------------------ DATE DEPART *Date of departure*
PUIS A *Then to* : ------------------------------

3 — PERSONNES *(SHIP'S CREW)*

NOM du CAPITAINE *Skipper's name* : ------------------------------
PERSONNES à JOINDRE en cas d'ACCIDENT *Person to call in case of casualty* : ------------------------------
NOMBRE DE PERSONNES A BORD *Number of persons on board* : ----------
ADRESSE *Address* : ------------------------------
N° TÉL. *Phone number* : ------------------------------

(1) Cocher la case correspondante (1) Mark off the right division

Signature

A : ------------------------------ LE *Date* : ------------------------------

Billon U 46 N 05-78

V - Matériel de sécurité obligatoire en plaisance (Approuvé ou homologué) - Arrêté du 23.11.1987

Catégories de navigation	Abri
6° : jusqu'à 2 milles d'un abri **5°** : » 5 » » » **4°** : » 20 » » » **3°** : » 60 » » » **2°** : » 200 » » » **1°** : au-delà	Port ou plan d'eau où le navire peut facilement trouver refuge et où les personnes embarquées peuvent être mises en sécurité. **Embarcations légères** 1) Embarcations d'une longueur H.T. de moins de 5 m. 2) Les voiliers de sport légers, embarcations à voile sans lest fixe et dépourvues d'une cabine, d'une masse totale inférieure à 300 kg. 3) Les voiliers de sport à quille, c'est-à-dire tout voilier ouvert muni d'un lest et destiné à la compétition. 4) Les embarcations pneumatiques. 5) Embarcations mues exclusivement par l'énergie humaine.

A = autres B = embarcations légères de plaisance	A						B	
	1	2	3	4	5	6	5	6
Sauvetage								
- RADEAUX ET ENGINS DE SAUVETAGE COLLECTIFS (pouvant recevoir toutes les personnes présentes à bord)								
- classe II 1975 (plaisance) et manuel de survie	1	1						
- classe II allégée 1975 (plaisance) ou classe IV 1975 et manuel de survie			1					
- classe V 1975 (plaisance) : valable aussi pour navire inférieur à 8 m en 3ᵉ cat.				1				
- engins flottants approuvés					1			
- BOUÉES DE SAUVETAGE AVEC SOURCE LUMINEUSE (sauf en 5ᵉ cat.) :								
- 2 bouées obligatoires sur navire ⩾ 15 m	1	1	1	1	1			
- BRASSIERES DE SAUVETAGE (1 par pers. à bord et + 10 % si + de 10 pers. à bord)	●	●	●	●	●	●	●	●
N.B. : • Si les engins flottants sont exigés, la bouée en tient lieu pour 1 personne.								
Assèchement								
- Écope munie d'un bout relié au navire (sauf si le cockpit est autovideur)							1	1
- Seau rigide de 7 litres minim., muni d'un bout	2	2	2	2	1			
- Pompe à bras (sur navire de plus de 8 m)				1				
- Pompe à bras fixe manœuvrable de l'extérieur (0,5 l/coup / ou 500 l/h)	1	1	1					
- Pompe fixe à bras (0,5 l/coup), mécanique ou électrique (500 l/h), manœuvrable de l'intérieur	1	1	1					
- Jeu de pinoches coniques en bois de différents diamètres	1	1	1	1	1	1		
Lutte contre l'incendie								
- Extincteur(s), selon puissance moteur(s) et habitabilité du navire (voir tableaux 1 et 2 de l'art. 224-2-30)	●	●	●	●	●	●	●	●
• Tout navire habitable (quel que soit son mode de propulsion) doit avoir au moins 1 extincteur du type 21 B.								
• Tout navire équipé d'une installation électrique de la cat. B doit avoir au moins 1 extincteur diélectrique.								
• Tout navire habitable de + 10 m doit posséder 1 ou plusieurs extincteurs supplémentaires (voir tableau 3 de l'art. 224-2-30).								
• Tout navire muni d'une installation fixe par gaz inerte (obligatoire sur navire utilisant le combustible du 1er groupe : essence auto, supercarburant, white-spirit, pétrole lampant... et d'une puissance ⩾110 kW) doit posséder en plus 1 extincteur portatif couvrant 1/4 de la puissance motrice installée et en plus de ceux du tableau 3 s'il est habitable.								
• Un navire de plus de 15 m doit avoir un réseau d'incendie.								
• Un orifice avec obturateur pour extinction incendie dans compartiment moteur (sauf si installation à gaz inerte).								
Signalisation de détresse								
- Feux et marques prescrits par le règlement international pour prévenir les abordages en mer (2 A et 2 B) : fanaux approuvés pour navires ⩾ 7 m, boule noire de mouillage, cône noir,	●	●	●	●	●	●	●	●
- Réflecteur radar sur navire à coque non métallique	1	1	1	1				
- Miroir de signalisation	1	1	1	1	1			
- Pavillon national + pavillon NC (0,4 m x 0,3 m en 3ᵉ, 4ᵉ et 5ᵉ cat.) (0,6 m x 0,5 m en 1ʳᵉ et 2ᵉ cat.)	1	1	1	1	1			
- Lampe torche étanche (pouvant envoyer des signaux morse) en état de marche	2	2	2	1	1		1	
- Corne de brume	1	1	1	1	1		1	
- Cloche (sur navire du plus de 12 m)	1	1	1	1	1			
- Fusées à parachute	4	4	4	3				
- Signaux fumigènes flottants	2	2	2					
- Feux rouges automatiques à main	6	6	6	3	3		3	
- Matériel médical et pharmaceutique : 1 boîte de secours (voir annexe 224-0-A.8)	n° 3	n° 3	n° 3	n° 2	n° 1			
• En 1ʳᵉ cat., la boîte n° 3 doit être complétée selon le type de navigation et le nombre de personnes à bord.								

A = autres B = embarcations légères de plaisance	A 1	A 2	A 3	A 4	A 5	A 6	B 5	B 6
Mouillage et manœuvre								
- Ligne de mouillage (ancre, chaîne de 8 m minimum, cablot) : voir art. 224-2.46 et Annexe 224-O-A.6	1	1	1	1	1	1		
- Ligne de mouillage (ancre, chaîne de 2 fois la longueur du navire, cablot) : en plus de la 1re pour navire ⩾ 9 m et ⩾ 3 tonnes	1	1	1	1	1	1		
- Ancre ou grappin efficace avec chaîne ou cablot, amarré au navire, de longueur appropriée							1	1
- Gaffe	1	1	1	1	1	1		
- 2 avirons ou 1 godille avec dispositif de nage ou 1 pagaie							1	1
- Aviron assez long et un dispositif de nage (ou 2 pagaies) pour un navire de - 8 m et équipé d'un moteur	1	1	1	1	1	1		
- Taquet ou bitte d'amarrage et chaumard ou dispositif équivalent à l'avant permettant le remorquage du navire	1	1	1	1	1	1	1	1
- Filin pour remorquage par mer agitée (s'il n'y a qu'une ligne de mouillage)	1	1	1	1	1	1		
- Barre franche de secours si la barre est commandée à distance (sauf hors-bord)	1	1	1	1	1	1		
N.B. : Chaque ligne de mouillage doit faire au moins 5 fois la longueur du navire, peut être entièrement constituée de chaîne. Au moins une ligne est montée à poste et est étalinguée en permanence								
Instruments et documents de navigation								
- Sextant (avec les tables nécessaires à la navigation astronomique)	1							
- Montre d'habitacle (ou montre-bracelet de précision en 2e, 3e ou 4e cat.)	1	1	1	1				
- Baromètre	1	1	1	1				
- Jumelles marines ou monoculaires	1	1	1					
- Sonde à main	1	1	1	1				
- Loch totalisateur	1	1	1					
- Compas à pointes sèches (non réglementaire mais utile)	1	1	1	1				
- Rapporteur (ou instrument équivalent)	1	1	1	1				
- Compas de route (* : ou compas de route pouvant faire des relèvements en 4e cat.)	1	1	1	1*	1		1	
- Compas de relèvement (conforme aux normes, déviation affichée ou compensée si importante en 1re, 2e et 3e cat.)	1	1	1	1*				
- Récepteur radioélectrique (BLU utilisée en service mobile maritime en 1re et 2e cat.)	1	1	1	1				
- Journal de bord	1	1	1					
- Guide du navigateur du SHOM	1	1						
- Annuaire des marées (ou ouvrage équivalent) : non exigé en Méditerranée	1	1	1	1	1			
- (a) Ouvrages 2 A, 2 B, 3 C ou « Naviguer en sécurité » et 1 D du SHOM.			1	1	1			
- (a) Code international des signaux (édition française) pour les navires équipés d'un E/R radiotéléphone	1	1	1	1	1	1		
- (a) Décrets et règlements relatifs à la sécurité des navires de plaisance de - 25 m	1	1	1	1				
- (a) Ouvrages, documents et instructions nautiques comprenant notamment un livre des feux et les cartes nécessaires au voyage entrepris ou à la région fréquentée	1	1	1	1				
- (a) Cartes de la région fréquentée					1			
Matériel d'armement et de rechange								
• VOILIERS ET CROISEURS MIXTES :								
- Jeu de voile permettant de faire route	1	1	1	1	1	1		
- Jeu de manœuvres courantes complet	1	1	1	1	1	1		
- Tourmentin	1	1	1	1	1	1		
- Dispositif de réduction de voilure	1	1	1	1	1	1		
- Harnais de sécurité (1 par personne embarquée)	●	●	●	●				
- Jeu de filins assortis de rechange pour manœuvres courantes	1	1	1					
- Poulies et manilles de rechange pour manœuvres usuelles	●	●	●					
- Outillage apte à libérer le gréement dormant (cisailles)	1	1	1					
- 1 ligne de chaque bord pour accrochage des harnais (pouvant être remplacée par la filière de protection en 4e cat.)	●	●	●	●				
- Dispositifs pour crocher les harnais sur et sous les multicoques	●	●	●					
• NAVIRES A MOTEUR OU CROISEURS MIXTES :								
Tous moteurs :								
- Jeux d'outils de démontage	1	1	1	1				
- Quelques boulons appropriés au moteur	●	●	●	●				
- Quelques tuyaux ou raccords souples avec colliers de serrage	●	●	●	●				
- Fusibles pour l'installation électrique	●	●	●	●				
- Courroies de rechange	●	●	●	●				
Moteurs à allumage par compression (Diesel) :								
- Injecteur taré et tuyau d'injecteur monté sur son porte-injecteur	1	1	1	1				
- Cartouche de filtre à gasole	1	1	1	1				
Moteurs à essence :								
- Jeu de bougies d'allumage de rechange	1	1	1	1				
- Bobine d'allumage et condensateur	1	1	1	1				
- Clé à bougies	1	1	1	1				
• EMBARCATIONS PNEUMATIQUES : un gonfleur							1	1
• Dispositif de sécurité pour les moteurs à essence coupant automatiquement l'allumage ou, à défaut, les gaz en cas d'éjection ou de malaise du pilote pour une puissance réelle maxi. de plus de 4,5 kW							1	1
• Réserve d'eau potable suffisante dans un réservoir de qualité « alimentaire »	1	1	1					

Quelques remarques

1 - Les indications portées sur les appareils et accessoires de sécurité (navigation, sauvetage, incendie, épuisement) et sur les notices d'entretien et de maintenance doivent être rédigées en français.

2 - Le matériel de sécurité doit être contrôlé annuellement.

3 - Les navires participant à des opérations de plongée doivent respecter la règle 27 e du code international pour prévenir les abordages en mer. Les navires de - 7 m peuvent montrer un pavillon A de 0,50 m de guindant minimum, visible sur tout l'horizon et maintenu déployé.

4 - Le nom du navire et les lettres d'identification du quartier d'immatriculation doivent être inscrits de manière indélébile sur les bouées de sauvetage et les engins flottants embarqués à bord. Les navires doivent être dotés d'une plaque signalétique (art. 224-1.12 et 224-1.14).

5 - Vérifier à l'achat que la date de péremption des signaux de détresse est gravée et non collée.

6 - Il peut être utile d'avoir aussi quelques goupilles cassantes et fendues.

(a) Les documents peuvent être remplacés par d'autres ouvrages comportant les renseignements et informations officiels y figurant dans leur intégralité et constamment remis à jour.

Liste des agents agréés par le service hydrographique et océanographique de la marine (SHOM)

✆ = Téléphone - 📠 = Fax

(Adm.) : agents agréés par le service hydrographique britannique (Admiralty chart agent) - (VPC) : agents assurant la vente par correspondance

AGENTS PROFESSIONNELS

(stock complet)

75 - PARIS

• LIBRAIRIE MARITIME OUTREMER (VPC et Adm.)
17, rue Jacob - 75006 PARIS
✆ 01 46 33 47 48 - 📠 01 43 29 96 77

76 - HARFLEUR

• NAUTIC SERVICE (VPC et Adm.)
Z.A.C. de Rogerville-Oudalle, BP 60
✆ 02 35 51 75 30 - 📠 02 35 45 70 85

AGENTS COMMISSIONNES

14 - DEAUVILLE

• TOP MARINE -A.D.-
quai des Marchands
✆ 02 31 88 65 55 - 📠 02 31 88 11 60

14 - OUISTREHAM

• Ets LEQUERTIER (VPC) -A.D.-
Bassin de plaisance, BP 20
✆ 02 31 96 07 75 - 📠 02 31 96 66 71

• LOCALAIN MARINE (VPC) - USHIP -
Bassin de plaisance, BP 102
✆ 02 31 97 11 42 - 📠 02 31 96 73 22

17 - LA ROCHELLE

• ATLANTIC LOISIRS (VPC)
Z.A. Port des Minimes, BP 3258
✆ 05 46 44 21 35 - 📠 05 46 45 49 15

• COMPTOIR DES PÊCHEURS SARDINIERS
Port de pêche, quai Coureau
✆ 05 46 41 31 66 - 📠 05 46 41 68 20

• LIBRAIRIE SAINT-NICOLAS (VPC)
61, rue Saint-Nicolas
✆ 05 46 50 20 92 - 📠 05 46 50 20 93

• MARE MAGNUM (VPC) -A.D.-
Avenue Michel Crepeau, Z.A.C. les Minimes
✆ 05 46 45 49 49 - 📠 05 46 44 74 82

• NAVIGATLANTIQUE (VPC)
Z.A. Port des Minimes
✆ 05 46 44 53 77 - 📠 05 46 44 81 78

17 - ROYAN

• LA VOILERIE (VPC) - USHIP -
Voûtes du Port
✆ 05 46 38 36 95 - 📠 05 46 39 97 15

17 - SAINT-MARTIN-EN-RÉ

• CHANTIERS NAVALS
Quai Launay Razilly
✆ 05 46 09 21 06 - 📠 05 46 09 01 56

22 - BINIC

• JEAN BART MARINE
Quai Jean Bart, BP 15
✆ 02 96 73 75 28 - 📠 02 96 73 34 11

22 - LÉZARDRIEUX

• TRIEUX MARINE -A.D.-
BP 27, Le Port
✆ 02 96 20 14 71 - 📠 02 96 20 11 09

22 - PAIMPOL

• DAUPHIN-NAUTIC
Quai Armand Dayo
✆ 02 96 22 01 72 - 📠 02 96 20 44 40

22 - PERROS-GUIREC

• SHIP MARINE (BIG SHIP)
Résidence du Levant, 91, rue Ernest Renan
✆ 02 96 91 11 88 - 📠 02 96 91 27 25

22 - SAINT- QUAY- PORTRIEUX

• COOPÉRATIVE MARITIME
24, quai de la République
✆ 02 96 70 42 06 - 📠 02 96 70 49 28

22 - TRÉBEURDEN

• CAP MARINE -A.D.-
44, rue de Trozoul, Port de plaisance
✆ 02 96 15 49 49 - 📠 02 96 15 49 50

22 - TRÉGUIER

• CO-PER-MARINE
Pont-Canada, Trédarzec
✆ 02 96 92 35 72 - 📠 02 96 92 39 98

29 - AUDIERNE

• COOPÉRATIVE MARITIME
Quai Jean Jaurès
✆ 02 98 70 05 37 - 📠 02 98 70 02 41

29 - BENODET

• ACCASTILLAGE DE L'ODET
Port de plaisance, BP 62
✆ 02 98 57 26 11 - 📠 02 98 57 27 77

29 - BREST

• A. LE COUTEUR - USHIP -
Port de plaisance, BP 31
✆ 02 98 02 49 02 - 📠 02 98 41 76 25

• BERTHELOT S.A.
11, rue Colonel Berthaud
✆ 02 98 44 33 22 - 📠 02 98 80 06 07

• COMPTOIR MARITIME (VPC)
Port du Moulin Blanc
✆ 02 98 02 30 04 - 📠 02 98 02 79 83

• NAVI-OUEST -A.D.-
Rue Alain Colas
✆ 02 98 33 12 12 - 📠 02 98 33 88 99

• LIBRAIRIE MÉRIDIENNE
31, rue Traverse
✆ 02 98 46 59 15 - 📠 02 98 46 59 15

29 - CAMARET SUR MER

• COOPÉRATIVE MARITIME
Quai Téphany
✆ 02 98 27 91 03 - 📠 02 98 27 85 54

• MAISON DE LA PRESSE
1, place St Thomas
✆ 02 98 27 90 88 - 📠 02 98 27 87 65

29 - CARANTEC

• COOPÉRATIVE MARITIME
1, rue Albert Louppe
✆ 02 98 67 01 85 - 📠 02 98 67 92 37

29 - CONCARNEAU

• COOPÉRATIVE MARITIME
Rue des Chalutiers, BP 635
✆ 02 98 97 55 76 - 📠 02 98 50 88 68

• S.A. GLOAGUEN
03, rue des Senneurs, BP 619
✆ 02 98 97 04 08 - 📠 02 98 50 81 45

• TOUT POUR LA MARINE - ETS. BARZIC (VPC)
Quai Carnot - BP 331
✆ 02 98 97 01 57 - 📠 02 98 50 88 80

• VOILERIE LE ROSE
19, avenue Docteur Pierre-Nicolas - BP 135
✆ 02 98 97 04 28 - 📠 02 98 50 75 83

29 - DOËLAN

• COOPÉRATIVE MARITIME
Port de Doëlan - CLOHARS CARNOET
✆ 02 98 71 52 87

29 - DOUARNENEZ

• COMPTOIR MARITIME
Port de plaisance, quai de l'Yser, Tréboul
✆ 02 98 74 33 68 - 📠 02 98 92 13 19

• COOPÉRATIVE MARITIME
Terre-plein du Port, BP 237
✆ 02 98 92 14 00 - 📠 02 98 92 13 19

• IROISE NAUTIC -A.D.-
Place Victor Salez
✆ 02 98 74 29 38 - 📠 02 98 74 37 98

29 - L'ABER WRAC'H

• COOPÉRATIVE MARITIME
Terre-plein du Port
✆ 02 98 04 90 16 - 📠 02 98 04 84 12

29 - LA FORÊT-FOUESNANT

• P.L.F. MARINE (VPC) -A.D.-
Port-la-Forêt
✆ 02 98 56 96 04 - 📠 02 98 56 81 36

29 - LE CONQUET

• COOPÉRATIVE MARITIME
6, rue L. Jourden
✆ 02 98 89 01 85 - 📠 02 98 89 05 34

29 - LE GUILVINEC

• COOPÉRATIVE MARITIME
Terre-plein du Port
✆ 02 98 58 10 31 - 📠 02 98 58 90 56

29 - LESCONIL

• COOPÉRATIVE MARITIME
Terre-plein du Port
✆ 02 98 87 80 36 - 📠 02 98 82 24 12

29 - LOCTUDY

• LE COMPTOIR DE LA MER (VPC)
Port de plaisance, BP 6
✆ 02 98 87 41 12 - 📠 02 98 87 55 05

29 - PRIMEL

• COOPÉRATIVE MARITIME
Le Diben
✆ 02 98 72 31 57 - 📠 02 98 72 30 92

29 - QUIMPER

• LE COMPTOIR DE LA MER
494, route de Rosporden, BP 669
✆ 02 98 52 80 90 - 📠 02 98 52 89 99

• OCEAN DIFFUSION (VPC) - USHIP -
Z.A. de Creac'h Gwen - 7, rue Président Sadate
✆ 02 98 52 22 20 - 📠 02 98 52 20 83

29 - ROSCOFF

• COOPÉRATIVE MARITIME
Quai d'Auxerre
✆ 02 98 61 10 60 - 📠 02 98 61 29 81

29 - ST-GUENOLÉ-PENMARC'H

• COOPÉRATIVE MARITIME
Terre-plein du Port
✆ 02 98 58 66 24 - 📠 02 98 58 87 56

29 - SAINTE-MARINE

• COMPTOIR MARITIME
Cale Quéméré
✆ 02 98 56 31 74 - 📠 02 98 87 55 05

31- RAMONVILLE SAINT-AGNE

• L'ARCHIPEL DU CAP - A.D.-
Rue Hermes, Batiment Marine,
Parc Technologique du Canal
✆ 05 61 73 86 11 - 📠 05 61 73 86 10

31 - TOULOUSE

• TOULOUSE PRESSE (VPC)
60, rue Bayard
✆ 05 61 62 82 10 - 📠 05 61 99 63 69

33 - ANDERNOS

• COOPÉRATIVE MARITIME D'AVITAILLEMENT
(succursale d'Arcachon)
89, boulevard de la République
✆ 05 56 82 00 62 - 📠 05 56 82 00 62

33 - ARCACHON

• COOPÉRATIVE MARITIME D'AVITAILLEMENT
2, quai Silhouette
✆ 05 56 83 42 12 - 📠 05 56 83 42 12

• S.N.C. COOPÉRATIVE MARITIME
COMPTOIR DU PECHEUR ARCACHONNAIS
Quai Goslar, BP 13
✆ 05 56 83 46 60 - 📠 05 56 54 83 07

33 - BORDEAUX

• C.N.S.O. -A.D.-
Bassin à flots n° 2, Hangar 27, rue Lucien Faure
✆ 05 56 39 03 90 - 🖷 05 56 39 03 91

• CORDERIE ET VOILERIE DE L'ATLANTIQUE (VPC) - USHIP -
271, boulevard Alfred Daney
✆ 05 56 43 19 61 - 🖷 05 56 50 87 87

• LE COMPAS
Bassin à flot n°2, Quai Ouest
✆ 05 56 50 60 02 - 🖷 05 56 39 42 73

33 - GRAND-PIQUEY

• COOPÉRATIVE MARITIME D'AVITAILLEMENT (succursale d'Arcachon)
Route de Bordeaux
✆ 05 56 60 51 08 - 🖷 05 56 60 51 08

33 - GUJAN-MESTRAS

• COOPERATIVE MARITIME D'AVITAILLEMENT (succursale d'Arcachon)
1, rue de l'Yser
✆ 05 56 66 41 90 - 🖷 05 56 66 41 90

33 - LA TESTE-DE-BUCH

• COOPERATIVE MARITIME D'AVITAILLEMENT (succursale d'Arcachon)
Jetée Ouest, Port Ostréicole
✆ 05 56 54 67 66 - 🖷 05 56 54 67 66

35 - RENNES

• ARIANE - LIBRAIRIE DU VOYAGE (VPC)
20, rue du Capitaine Alfred Dreyfus
✆ 02 99 79 68 47 - 🖷 02 99 78 27 59

35 - SAINT-JOUAN-DES-GUERETS

• SUMALO MARINE
RN 137, Z.A.C. la Chesnais
✆ 02 99 81 47 52 - 🖷 02 99 82 80 90

35 - SAINT-MALO

• CHANTIER NAVAL DE LA VILLE AUDRAIN -A.D.-
1 bis, avenue Louis-Martin
✆ 02 99 56 48 06 - 🖷 02 99 56 95 52

• LIBRAIRIE MARITIME
5, rue Broussais
✆ 02 99 40 91 73 - 🖷 02 99 40 00 78

• NAVILOC
Port de plaisance des Bas Sablons - BP 104
✆ 02 99 82 12 72 - 🖷 02 99 81 31 86

• VOILERIE RICHARD (VPC) - USHIP -
3, rue du Glorioux, BP 103
✆ 02 99 81 63 81 - 🖷 02 99 82 11 27

44 - LA TURBALLE

• COOPERATIVE MARITIME TURBALLAISE
2, quai Saint-Jacques, BP 20
✆ 02 40 62 80 05 - 🖷 02 40 23 33 08

44 - NANTES

• PRO SHIP S.A. (VPC)
18, quai des Antilles
✆ 02 40 12 04 44 - 🖷 02 40 12 04 33

44 - SAINT-HERBLAIN

• NANTES ACCASTILLAGE (VPC) (A.D.)
Porte de Sautron, périphérique ouest, avenue des Lions
✆ 02 40 63 10 12 - 🖷 02 40 63 29 00

44 - SAINT-NAZAIRE

• LE COMPTOIR DU PÊCHEUR (VPC)
4, boulevard René Coty
✆ 02 40 22 21 71 - 🖷 02 40 66 10 05

50 - CHERBOURG

• CHANTIERS NAVALS CHANTEREYNE (VPC) -A.D.-
Port Chantereyne
✆ 02 33 94 15 50 - 🖷 02 33 08 01 77

50 - GRANVILLE

• CHANTIER NAVAL HÉREL -A.D.-
11, rue Clément Desmaisons
✆ 02 33 62 20 00 - 🖷 02 33 49 12 40

• LA MARINE
2, rue Saint-Sauveur
✆ 02 33 50 71 31 - 🖷 02 33 50 29 83

56 - ARZON

• MASSIF MARINE -A.D.-
Zone du Redo
✆ 02 97 53 61 94 - 🖷 02 97 53 61 70

• NAUTILOC (VPC)
Port du Crouesty
✆ 02 97 53 76 57 - 🖷 02 97 53 81 06

56 - AURAY

• ARMORIQUE DIFFUSION -A.D.-
Z.A.C. de Kerfontaine, Pluneret
✆ 02 97 24 18 89 - 🖷 02 97 56 25 07

• LE COMPTOIR DE LA MER
Z.A. de Kerbois
✆ 02 97 24 04 97 - 🖷 02 97 24 48 47

56 - ÉTEL

• LE COMPTOIR DE LA MER
Cours des quais
✆ 02 97 55 30 76 - 🖷 02 97 55 23 58

56 - GROIX

• LE COMPTOIR DE LA MER
Port Tudy
✆ 02 97 86 80 03

56 - LA TRINITÉ-SUR-MER

• E.U.R.L. QUAI OUEST - DEMI-CLÉ
36, 37, Cours des quais
✆ 02 97 55 80 80 - 🖷 02 97 30 12 63

• VOILERIE LE PORT - USHIP -
Cours des quais, rue des Frères Kermorvant
✆ 02 97 55 72 07 - 🖷 02 97 30 12 15

56 - LARMOR-PLAGE

• A.F. MER (VPC) - USHIP -
Port de plaisance de Kernevel
✆ 02 97 65 43 44 - 🖷 02 97 65 53 54

56 - LORIENT

• COOPERATIVE MARITIME DES PÊCHEURS ET OSTRÉICULTEURS DE LORIENT
8, rue Alphonse Rio, CP n° 12
✆ 02 97 87 20 80 - 🖷 02 97 87 20 89

• DOCKS ET ENTREPOTS MARITIMES DE KEROMAN (Adm.)
12, boulevard Abbé Le Cam
✆ 02 97 87 14 00 - 🖷 02 97 87 14 01

• LE COMPTOIR DE LA MER
87, avenue de la Perrière
✆ 02 97 87 08 63 - 🖷 02 97 37 17 64

56 - QUIBERON

• LIBRAIRIE DE PORT-MARIA (VPC)
1, quai de l'Océan
✆ 02 97 50 01 43 - 🖷 02 97 50 17 23

56 - THEIX

• ÉCOMER
Saint-Léonard
✆ 02 97 42 40 80 - 🖷 02 97 47 63 65

56 - VANNES

• VOILERIE DANIEL - BIG SHIP -
37, rue Ferdinand Le Dressay
Rive gauche du port
✆ 02 97 47 14 41 - 🖷 02 97 62 04 06

• VOILERIE DANIEL
Rond-point du Vincin
✆ 02 97 62 01 02 - 🖷 02 97 62 04 06

• VOILERIE LE PORT - USHIP -
11, rue Saint-Vincent, CP 93910
✆ 02 97 42 54 01 - 🖷 02 97 47 08 25

59 - DUNKERQUE

• BLEU MARINE (VPC) - USHIP -
Terre Plein Guillain
✆ 03 28 63 93 33 - 🖷 03 28 63 16 09

• MARINE DIFFUSION (VPC) -A.D.-
Quai des Monitors
✆ 03 28 59 18 19 - 🖷 03 28 63 18 19

59 - GRAVELINES

• FLANDRE MARINE -A.D.-
Quai Ouest, Bassin Vauban
✆ 03 28 65 34 01 - 🖷 03 28 65 44 24

62 - BOULOGNE-SUR-MER

• MAJUSCULE - LIBRAIRIE DUMINY
48, rue Faidherbe
✆ 03 21 87 43 44 - 🖷 03 21 87 60 43

64 - ANGLET

• ANGLET NAUTIQUE
110 bis avenue de l'Adour
✆ 05 59 63 51 91 - 🖷 05 59 42 06 19

64 - HENDAYE

• COMPTOIR MARITIME BASQUE
Quai de la Floride
✆ 05 59 20 22 14 - 🖷 05 59 20 56 27

64 - SAINT-JEAN-DE-LUZ

• LE COMPTOIR DU PÊCHEUR
Port de Larraldenia, Ciboure
✆ 05 59 47 13 54 - 🖷 05 59 47 12 81

75 - Paris

• AU VIEUX CAMPEUR (VPC)
48, rue des Ecoles
✆ 01 43 29 12 32 - 🖷 01 46 34 14 16

• ESPACE I.G.N.
Institut Géographique National
107, rue de la Boétie
✆ 01 43 98 85 13 - 🖷 01 43 98 85 11

• L'ASTROLABE (VPC)
46, rue de Provence
✆ 01 42 85 42 95 - 🖷 01 42 82 11 62

• LA FLOTTE FRANCAISE (VPC)
131, boulevard de Charonne
✆ 01 53 27 62 00 - 🖷 01 53 27 62 10

• LIBRAIRIE MARITIME LE YACHT (VPC)
55, avenue de la Grande Armée
✆ 01 45 00 17 99 - 🖷 01 45 00 10 02

• NAUTI-STORE
40, avenue de la Grande Armée
✆ 01 43 80 28 28 - 🖷 01 42 67 61 55

76 - DIEPPE

• LATITUDE 45 - A.D.-
91, quai Henri IV
✆ 02 35 84 14 69 - 🖷 02 35 40 19 17

76 - LE HAVRE

• ACCASTIMER - A.D.-
120, rue Augustin Normand
✆ 02 35 43 43 62 - 🖷 02 35 21 66 07

76 - ROUEN

• PAPETERIE DU PORT (VPC)
68, quai du Havre
✆ 02 35 71 45 82 - 🖷 02 35 71 11 01

76 SAINT-VALÉRY-EN-CAUX

• LATITUDE 45 - A.D.-
26 quai du Havre
✆ 02 35 97 20 80 - 🖷 02 35 97 21 74

85 - LES SABLES D'OLONNE

• L'AVENIR DE L'ENTENTE CORDIALE COOPERATIVE MARITIME
Quai de la Cabaude
✆ 02 51 21 03 58 - 🖷 02 51 21 37 20

• MASSIF MARINE - A.D.-
Port Olona
✆ 02 51 32 30 24 - 🖷 02 51 32 29 72

• SABLAISE NAUTIQUE (VPC)
BIG SHIP
Port Olona, BP 158
✆ 02 51 32 62 16 - 🖷 02 51 21 22 30

85 - NOIRMOUTIER

• VOILERIE BURGAUD (VPC) - USHIP -
17, quai Cassard
✆ 02 51 39 12 66 - 🖷 02 51 39 56 93

85 - ST-GILLES-CROIX-DE-VIE

• COOPERATIVE MARITIME (VPC)
Quai Marcel Bernard
✆ 02 51 55 31 39 - 🖷 02 51 54 75 70

• MASSIF MARINE - A.D.-
Route de la Roche
✆ 02 51 55 42 07 - 🖷 02 51 54 25 52

85 - SAINT-GILLES-PORT-LA-VIE

• MASSIF MARINE - A.D.-
Forum Port-la-Vie
✆ 02 51 55 45 17

91 - GRIGNY

• SPORTS NAUTIQUES S.A.R.L. (VPC) - USHIP -
25, route nationale 7
✆ 01 69 06 99 09 - 🖷 01 69 06 92 60

92 - BOULOGNE-BILLANCOURT

• PARIS MARINE - A.D.-
6 à 16, rue de Soussière
✆ 01 48 25 81 21 - 🖷 01 48 25 89 39

SERVICE HYDROGRAPHIQUE ET OCÉANOGRAPHIQUE DE LA MARINE

DOCUMENTS OFFICIELS

Documents officiels publiés par le SHOM, à utiliser à bord des bateaux de plaisance d'une longueur inférieure à 25 mètres, selon leur catégorie de navigation.

DOCUMENT	Catégorie	Observations
Guide du Navigateur (Ouvrage n°1 du SHOM)	1 et 2	Volumes 1, 2 et 3
Ouvrages 2A, 2B, 3C ou "Naviguer en sécurité" et 1D	3, 4, 5	
Annuaire des marées	1 à 5	Non exigé en Méditerranée.
Code international des signaux (Ouvrage 32)		Pour les navires munis d'un émetteur-récepteur de radiotéléphonie.

Nota : L'ouvrage "Naviguer en sécurité" regroupe le contenu des ouvrages 2A, 2B, 3C et donne en plus un ensemble de renseignements nécessaires au plaisancier.

Le groupe d'avis aux navigateurs (GAN) peut être consulté gratuitement sur le site Internet du SHOM : http://www.shom.fr. Il contient toutes les informations permettant chaque semaine, la mise à jour des documents nautiques du SHOM.
Des renseignements sur les produits et les activités du SHOM, ainsi que les prédictions de marées sont également disponibles sur "www.shom.fr"

La découverte de dangers nouveaux ou suspects pour la navigation, des anomalies dans les aides à la navigation doivent être immédiatement transmises à l'EPSHOM (adresse ci-dessous). Vous pouvez utiliser le formulaire prévu à cet effet au verso.

Veuillez m'adresser gratuitement *Le petit catalogue* :

Nom : ....

Adresse : ....

....

Code postal : ....

Ville ....

Adresse :
EPSHOM
Section Distribution
BP 30316
29603 Brest Cedex

1er janvier 1er juin 2004

MISE A JOUR

Pour mettre votre Almanach du Marin Breton à jour des principales corrections publiées par le Service Hydrographique et Océanographique de la Marine, il vous suffit de nous retourner ce coupon à :

L'ŒUVRE DU MARIN BRETON
24, quai de la douane
29200 BREST CEDEX
✆ 02 98 44 06 00 - 🖷 02 98 44 92 41
Courriel : marin-breton@wanadoo.fr
http://www.marinbreton.com

Nom : ____________________

Prénom : ____________________

Adresse : ____________________

Mél : ____________________

(Joindre 2 x 0,75 € en timbres-poste pour frais d'envoi)

EN NAVIGATION, BANNISSEZ L'À-PEU-PRÈS

N'HÉSITEZ PAS À INFORMER LE SERVICE HYDROGRAPHIQUE ET OCÉANOGRAPHIQUE DE LA MARINE (voir adresse au recto) DE TOUTES VOS OBSERVATIONS relatives à la sécurité en mer (communications radiomaritimes, balisage, phares et feux, etc.) en précisant la date et le lieu.

(K)

Je vous invite à transmettre

Type de bateau : ____________________

Port d'attache : ____________________

Type de navigation : ____________________

Zone fréquentées : ____________________

Ce que vous aimez dans l'Almanach : ____________________

Ce que vous n'aimez pas dans l'Almanach : ____________________

Suggestions : ____________________

2004 JANVIER		
1	J	**J. de l'an**
2	V	S. Basile
3	S	Se Geneviève
4	D	S. Odilon
5	L	Epiphanie
6	M	S. Mélaine
7	M	S. Raymond
8	J	S. Lucien
9	V	Se Alix
10	S	S. Guillaume
11	D	S. Paulin
12	L	Se Tatiana
13	M	Se Yvette
14	M	Se Nina
15	J	S. Rémi
16	V	S. Marcel
17	S	Se Roseline
18	D	Se Prisca
19	L	S. Marius
20	M	S. Sébastien
21	M	Se Agnès
22	J	S. Vincent
23	V	S. Barnard
24	S	S. Fr. de Sales
25	D	Conv. St Paul
26	L	Se Paule
27	M	Se Angèle
28	M	S. Th. d'Aquin
29	J	S. Gildas
30	V	Se Martine
31	S	Se Marcelle

FÉVRIER		
1	D	Se Ella
2	L	Présentation
3	M	S. Blaise
4	M	Se Véronique
5	J	Se Agathe
6	V	S. Gaston
7	S	Se Eugénie
8	D	Se Jacqueline
9	L	Se Apolline
10	M	S. Arnaud
11	M	N.-D. Lourdes
12	J	S. Félix
13	V	Se Béatrice
14	S	S. Valentin
15	D	S. Claude
16	L	Se Julienne
17	M	S. Alexis
18	M	Se Bernadette
19	J	S. Gabin
20	V	Se Aimée
21	S	S. P. Damien
22	D	Se Isabelle
23	L	S. Lazare
24	M	S. Modeste
25	M	S. Roméo
26	J	S. Nestor
27	V	Se Honorine
28	S	S. Romain
29	D	Carême

MARS		
1	L	S. Aubin
2	M	S. Ch. le Bon
3	M	S. Guénolé
4	J	Mardi-Gras
5	V	Cendres
6	S	Se Colette
7	D	Se Félicité
8	L	S. Jean de Dieu
9	M	Carême
10	M	S. Vivien
11	J	Se Rosine
12	V	Se Justine
13	S	S. Rodrigue
14	D	Se Mathilde
15	L	Se Louise
16	M	Se Bénédicte
17	M	S. Patrice
18	J	S. Cyrille
19	V	S. Joseph
20	S	S. Herbert
21	D	PRINTEMPS
22	L	Se Léa
23	M	S. Victorien
24	M	S. Cath. Su.
25	J	Annonciation
26	V	Se Larissa
27	S	S. Habib
28	D	S. Gontran
29	L	Se Gwladys
30	M	S. Amédée
31	M	S. Benjamin

AVRIL		
1	J	S. Huges
2	V	Se Sandrine
3	S	S. Richard
4	D	Rameaux
5	L	Se Irène
6	M	S. Marcellin
7	M	S.-B. de la Salle
8	J	Se Julie
9	V	S. Gautier
10	S	S. Fulbert
11	D	**Pâques**
12	L	**L. de Pâques**
13	M	Se Ida
14	M	S. Maxime
15	J	S. Paterne
16	V	S. Benoit J.
17	S	S. Anicet
18	D	**Se Parfait**
19	L	Se Emma
20	M	Se Odette
21	M	S. Anselme
22	J	S. Alexandre
23	V	S. Georges
24	S	S. Fidèle
25	D	S. Marc
26	L	Se Alida
27	M	Souv. Déportés
28	M	Se Valérie
29	J	Se Cath. de Sienne
30	V	S. Robert

Printemps : le 21 Mars

MAI		
1	S	**Fête du Travail**
2	D	S. Boris
3	L	SS. Ph. Jacques
4	M	S. Sylvain
5	M	Se Judith
6	J	Se Prudence
7	V	Se Gisèle
8	S	**Victoire 1945**
9	D	S. Pacôme
10	L	Se Solange
11	M	Fête Jeanne d'Arc
12	M	S. Achille
13	J	Se Rolande
14	V	S. Matthias
15	S	Se Denise
16	D	S. Honoré
17	L	S. Pascal
18	M	S. Eric
19	M	S. Yves
20	J	**Ascension**
21	V	S. Constantin
22	S	S. Emile
23	D	S. Didier
24	L	S. Donatien
25	M	Se Sophie
26	M	S. Bérenger
27	J	S. Augustin
28	V	S. Germain
29	S	S. Aymard
30	D	**Pentecôte**
31	L	**L. de Pentecôte**

JUIN		
1	M	S. Justin
2	M	Se Blandine
3	J	S. Kévin
4	V	Se Clotilde
5	S	S. Igor
6	D	Fête des Mères
7	L	S. Gilbert
8	M	S. Médard
9	M	Se Diane
10	J	S. Landry
11	V	S. Barnabé
12	S	S. Guy
13	D	S. Antoine de P.
14	L	S. Elisée
15	M	Se Germaine
16	M	S. J-F. Régis
17	J	S. Hervé
18	V	S. Léonce
19	S	S. Romuald
20	D	Fête des Pères
21	L	ÉTÉ
22	M	S. Alban
23	M	Se Audrey
24	J	S. Jean-Bapt.
25	V	S. Prosper
26	S	S. Anthelme
27	D	S. Fernand
28	L	S. Irénée
29	M	SS. Pierre/Paul
30	M	S. Martial

Été : le 21 Juin

2004 JUILLET		
1	J	S. Thierry
2	V	S. Martinien
3	S	S. Thomas
4	D	S. Florent
5	L	S. Antoine
6	M	Se Mariette
7	M	S. Raoul
8	J	S. Thibaut
9	V	Se Amandine
10	S	S. Ulrich
11	D	S. Benoit
12	L	S. Olivier
13	M	SS. Henri/Joël
14	M	**Fête Nationale**
15	J	S. Donald
16	V	N.-D. Mt-Carmel
17	S	Se Charlotte
18	D	S. Frédéric
19	L	S. Arsène
20	M	Se Marina
21	M	S. Victor
22	J	Se Marie. Mad.
23	V	Se Brigitte
24	S	Se Christine
25	D	S. Jacques
26	L	Se Anne/Joachim
27	M	Se Nathalie
28	M	S. Samson
29	J	Se Marthe
30	V	Se Juliette
31	S	S. Ignace de L.

AOÛT		
1	D	S. Alphonse
2	L	S. Julien-Ey.
3	M	Se Lydie
4	M	S. J.-M. Vianney
5	J	S. Abel
6	V	Transfiguration
7	S	S. Gaétan
8	D	S. Dominique
9	L	S. Amour
10	M	S. Laurent
11	M	Se Claire
12	J	Se Clarisse
13	V	S. Hippolyte
14	S	S. Evrard
15	D	**Assomption**
16	L	S. Armel
17	M	S. Hyacinthe
18	M	Se Hélène
19	J	S. Jean Eudes
20	V	S. Bernard
21	S	S. Christophe
22	D	S. Fabrice
23	L	Se Rose de L.
24	M	S. Barthélémy
25	M	S. Louis
26	J	Se Natacha
27	V	Se Monique
28	S	S. Augustin
29	D	Se Sabine
30	L	S. Fiacre
31	M	S. Aristide

SEPTEMBRE		
1	M	S. Gilles
2	J	Se Ingrid
3	V	S. Grégoire
4	S	Se Rosalie
5	D	Se Raïssa
6	L	S. Bertrand
7	M	Se Reine
8	M	Nativité N.-D.
9	J	S. Alain
10	V	Se Inès
11	S	S. Adelphe
12	D	S. Apollinaire
13	L	S. Aimé
14	M	La Sainte-Croix
15	M	S. Roland
16	J	Se Edith
17	V	S. Renaud
18	S	Se Nadège
19	D	Se Emilie
20	L	S. Davy
21	M	S. Matthieu
22	M	S. Maurice
23	J	AUTOMNE
24	V	S. Thècle
25	S	S. Hermann
26	D	SS. Côme/Damien
27	L	S. Vinc. de Paul
28	M	S. Venceslas
29	M	S. Michel
30	J	S. Jérôme

Automne : le 23 Septembre

OCTOBRE		
1	V	Se Th. de l'E.-J.
2	S	S. Léger
3	D	S. Gérard
4	L	S. François d'A.
5	M	Se Fleur
6	M	S. Bruno
7	J	S. Serge
8	V	Se Pélagie
9	S	S. Denis
10	D	S. Ghislain
11	L	S. Firmin
12	M	S. Wilfried
13	M	S. Géraud
14	J	S. Juste
15	V	Se Th.d'Avila
16	S	Se Edwige
17	D	S. Baudouin
18	L	S. Luc
19	M	S. René
20	M	Se Adeline
21	J	Se Céline
22	V	Se Élodie
23	S	S. Jean de C.
24	D	S. Florentin
25	L	S. Crépin
26	M	S. Dimitri
27	M	Se Emeline
28	J	SS. Simon, Jude
29	V	S. Narcisse
30	S	S. Bienvenue
31	D	S. Quentin

NOVEMBRE		
1	L	**Toussaint**
2	M	Défunts
3	M	S. Hubert
4	J	S. Charles
5	V	Se Sylvie
6	S	Se Bertille
7	D	Se Carine
8	L	S. Geoffroy
9	M	S. Théodore
10	M	S. Léon
11	J	**Armistice 1918**
12	V	S. Christian
13	S	S. Brice
14	D	Se Sidoine
15	L	S. Albert
16	M	Se Marguerite
17	M	Se Elisabeth
18	J	Se Aude
19	V	S. Tanguy
20	S	S. Edmond
21	D	Prés. à Marie
22	L	Se Cécile
23	M	S. Clément
24	M	Christ Roi
25	J	Se Cath. L.
26	V	Se Delphine
27	S	S. Séverin
28	D	S. Jacq. de la M.
29	L	S. Saturnin
30	M	Avent

Hiver : le 22 décembre

DÉCEMBRE		
1	M	Se Florence
2	J	Se Viviane
3	V	S. Xavier
4	S	Se Barbara
5	D	S. Gérald
6	L	S. Nicolas
7	M	S. Ambroise
8	M	Imm. Conception
9	J	S. P. Fourier
10	V	S. Romaric
11	S	S. Daniel
12	D	S J.-F. Chantal
13	L	Se Lucie
14	M	Se Odile
15	M	Se Ninon
16	J	Se Alice
17	V	S. Gaël
18	S	S. Gatien
19	D	S. Urbain
20	L	Abraham
21	M	S. P. Canisius
22	M	HIVER
23	J	S. Armand
24	V	Se Adèle
25	S	**Noël**
26	D	S. Etienne
27	L	S. Jean-l'Apôtre
28	M	Sainte Famille
29	M	S. David
30	J	S. Roger
31	V	S. Sylvestre

Vacances scolaires

Zone A	Zone B	Zone C
Caen - Clermont-Ferrand Montpellier - Nancy/Metz Nantes - Rennes - Toulouse Grenoble - Lyon	Aix/Marseille - Amiens Besançon - Dijon - Lille Limoges - Nice Orléans/Tours - Poitiers Reims - Rouen - Strasbourg	Bordeaux Créteil Paris Versailles

Vacances et zones		2003/2004	2004/2005
Rentrée	Enseignants	lundi 01/09/2003	mercredi 01/09/2004
Rentrée	Collèges Lycées Écoles	**mardi 02/09/2003**	**jeudi 02/09/2004**
Toussaint		mercredi 22/10/2003 lundi 03/11/2003	samedi 23/10/2004 jeudi 04/11/2004
Noël		samedi 20/12/2003 lundi 05/01/2004	samedi 18/12/2004 lundi 03/01/2005
Hiver	A	samedi 07/02/2004 lundi 23/02/2004	samedi 12/02/2005 lundi 28/02/2005
Hiver	B	samedi 21/02/2004 lundi 08/03/2004	samedi 05/02/2005 lundi 21/02/2005
Hiver	C	samedi 14/02/2004 lundi 01/03/2004	samedi 19/02/2005 lundi 07/03/2005
Printemps	A	samedi 03/04/2004 lundi 19/04/2004	samedi 16/04/2005 lundi 02/05/2005
Printemps	B	samedi 17/04/2004 lundi 03/05/2004	samedi 09/04/2005 lundi 25/04/2005
Printemps	C	samedi 10/04/2004 lundi 26/04/2004	samedi 23/04/2005 lundi 09/05/2005
Début des Vacances d'été		mercredi 30/06/2004	samedi 02/07/2005

Les enseignants appelés à participer aux opérations liées aux examens sont en service jusqu'à la date fixée pour la clôture de ces examens par la note de service établissant le calendrier de la session.
Le départ en vacances a lieu après la classe, la reprise des cours le matin des jours indiqués.

Quelques coordonnées utiles

Organisme	Minitel	Courriel	Site internet
Caisse nationale d'allocations familliales des pêches maritimes	3615 CNAFPM		
La Touline (reclassement des marins sans emploi)	3615 LE MARIN	latouline@latouline.com latouline@wanadoo.fr	www.latouline.com
Météorologie nationale	3615 METEO		www.meteo.fr
Service hydrographique et océanographique de la marine	3615 SHOM	gan@shom.fr (information nautique rapide) distribution@shom.fr (délivrance des documents nautiques)	www.shom.fr
Bureau des longitudes	3616 BDL		www.bdl.fr
Institut français de la mer	3616 CEDIM		

Salade de crevettes aux fruits frais

Pour 4 personnes - Préparation 30 min sans cuisson + 30 min de marinade

400 g de grosses crevettes roses cuites
2 citrons verts
2 mangues
1 orange non traitée
2 pommes rouges + 2 vertes
2 brins de cerfeuil
1 oignon
1 pointe de pâte de piment
4 cuillères à soupe d'huile d'arachide ou de sésame
sel

1. Décortiquez les crevettes en laissant le dernier anneau et la queue. Incisez le dos avec un couteau et retirez le boyau.

2. Déposez les crevettes dans un plat et arrosez-les avec le jus d'un citron vert mélangé avec un peu de sel, le piment et deux cuillerées d'huile. Laissez mariner au frais pendant 30 minutes.

3. Coupez les mangues de part et d'autre du noyau. Incisez la chair en cubes, retournez les demi-mangues, puis détachez les cubes avec un couteau. Lavez les pommes, séchez-les et coupez-les en deux pour retirer le cœur. Débitez-les en lamelles translucides et arrosez-les avec le jus du deuxième citron.

4. Égouttez les crevettes (gardez la marinade). Déposez-les dans un saladier, ajoutez les lamelles de pomme et les petits dés de mangues ; mélangez bien. Rincez l'orange et essuyez-la. Prélevez son zeste, râpez-le et pressez la moitié du fruit. Pelez et ciselez finement l'oignon.

5. Fouettez la marinade des crevettes avec le jus d'orange, du sel et le reste d'huile. Ajoutez le zeste d'orange râpé et l'oignon ciselé. Versez cette sauce sur la salade. Décorez de pluches de cerfeuil et servez sans attendre.

Larguer les amarres

Il était temps de lâcher les comptoirs,
Il était temps de se faire oublier.
Coup de faubert des embruns au bossoir[1],
De l'eau de mer pour pouvoir effacer.
Des aventures
Et des soucis
Mal arrimés.
Qui n'a biture,
Ou vieux roulis,
A relover[2] ?

Il était temps de riper nos galoches,
" Retour à bord, à virer la coupée ! "
Il était temps de revoir si la pioche
Entrait encor' dedans son écubier.
Quand notre cœur
A pris sa charge,
À barotter[3]
Faut, remorqueur,
Tirer au large,
À déborder.

Il était temps de changer de mouillage,
Ça fait des nuits que l'on draguait ce fond.
De la pression au cheval de lavage[4],
Il en faut tant pour rincer nos maillons.
Adieu ma peine,
Adieu refrain,
Adieu chanson,
Adieu sirène,
Moitié putain,
Moitié poisson.

Il était temps de larguer les amarres
Car cette escale avait bien trop duré.
Reprends en main ton destin et la barre,
Dans peu de temps nous allons débouquer[5].
La mer, vois-tu,
Ça te reprend,
D'autorité.
Ne pleure plus,
Cela s'apprend,
C'est le métier.

Il était temps de lâcher les comptoirs,
Il était temps pour nous d'appareiller.
Coup de faubert des embruns au bossoir,
À chaque adieu l'addition est salée.
Ne pleure plus,
Cela s'apprend,
C'est le métier.
Larme perdue,
Mais l'Océan
Est retrouvé.

Coda (bis) :
Larme perdue,
Mais l'Océan
Est retrouvé !

Georges Tanneau
Mars 1994

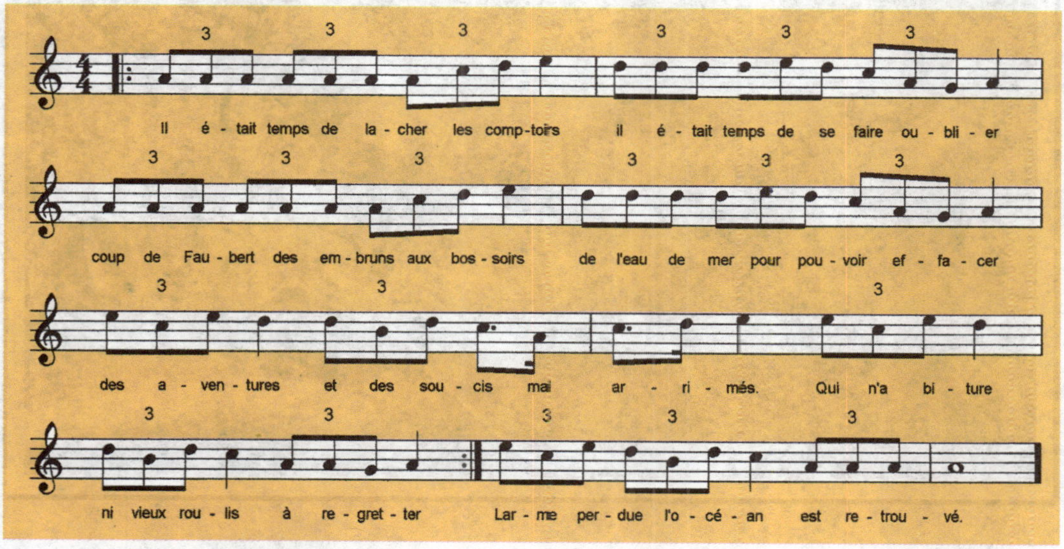

---

1 Lieu où se tient l'homme de veille. Autrefois, bossoir d'ancre. De nos jours, extrémité de l'aileron tribord ou bâbord d'une passerelle.
2 Remettre de l'ordre dans un cordage, une amarre.
3 Charger jusqu'aux barrots de pont, c'est-à-dire : à bloc.
4 Pompe servant à nettoyer (à l'eau de mer) le pont, les ancres, les chaînes, etc.
5 Sortir d'un chenal, d'une passe, d'un estuaire. Son contraire est embouquer.

Clin d'œil sur 2005...

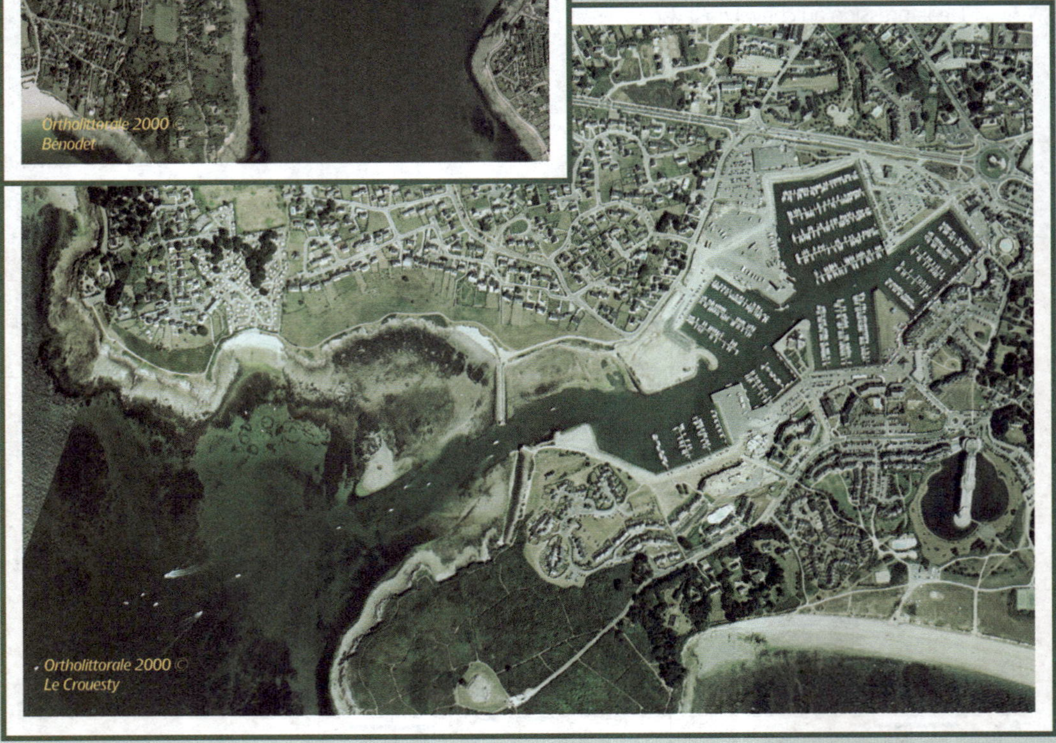

Ortholittorale 2000 ©
Port-La-Forêt

Ortholittorale 2000 ©
La Trinité-sur-Mer

Ortholittorale 2000 ©
Le Palais

Ortholittorale 2000 ©
Pornichet

Ortholittorale 2000 ©
Arcachon

Ortholittorale 2000 ©
Saint-Gilles-Croix-de-Vie

Cet almanach est aussi le vôtre.

Soyez notre correspondant local.

Merci d'avance. Contactez-nous !

Ortholittorale 2000 ©
La Rochelle

Pour votre sécurité, actualisez votre almanach.

Demandez-nous ses mises à jour gratuites en janvier et juin.

Composition : A.L.J. Création - Montfort
Dépôt légal : novembre 2003

Imprimeur : Oberthur - Rennes
N° d'impression : 5240